U0574522

域外漢籍珍本文庫編纂出版委員會

域外漢籍珍本文庫

第一輯

子部

西南師範大學出版社

人民出版社

中國社會科學院中國歷史研究所
中國人民大學國學院
主持編纂

域外漢籍珍本文庫編纂出版委員會

漢籍之路

——《域外漢籍珍本文庫》序言

中國歷史上的對外文化交流有兩條道路：一條是絲綢之路，傳播中國的物質文化；一條是漢籍之路，傳播中國的精神文化。

絲綢之路主要是中外物質文化交流的道路，這是舉世公認的。絲綢之路（silkroad）的概念，是十九世紀後期由德國學者提出的。各國研究者接受了這一概念，並習慣用它來解釋古代中外文化交流的歷史。但是，現在看來，這一概念有一定的局限。首先，中外文化交流不僅僅是物質互換，還有精神的溝通。絲綢之路概念的緣起，是對東西方商貿交流的研究，對精神文化的關注稍顯薄弱。其次，中外交流不完全是中國與西方的交流，也包括與東方其他各國的交流。儘管到了今天，絲綢之路的概念經過開拓，形成沙漠絲路、草原絲路、海上絲路三個部分，可是仍然無法包容中国與東亞、東南亞諸國交流的內容。再次，中外文化交流與經濟商貿交流的線路，也不完全相同，在歷史時間上也有較大的差異。所有這些，便是我們提出漢籍之路（bookroad）的原因。

漢籍是中國精神文化的載體，漢籍之路是中外精神文化交流的道路。沿著漢籍傳播的軌跡，尋找中外精神文化交流的道路，應該是當代學者和出版人的責任。這些年，有志於此的學者，做了很多工作；有的學者就提出用書籍之路的概念，來研究中日文化交流。但是仔細想來，書籍之路的提法不如漢籍之路明確，探究的範圍也不應該局限在兩國之間，應該把漢籍之路作為打開古代中外精神文化交流史的鑰匙。

漢籍之路的概念發萌於《域外漢籍珍本文庫》叢書的編纂工作。在海外漢籍的版本調查、珍稀文獻的收集整理過程中，我們逐漸認識到漢籍文獻流傳海外的一些特點。一般來說，漢字文化是中國民族文化的結晶，浸潤了傳播的途徑點面結合。在近代，漢籍的傳播是被動的、線性的，珍貴的文獻被不平等交易或戰爭掠奪到海外。毫無疑問，漢籍傳播的形式與道路，無法與傳統意義上的絲綢之路重合，而這方面的工作又是研究中外文化交流的主要內容。這樣，突破絲綢之路的傳統思路，構建研究中國文化傳播與交流新的理論模式，也就成為必然要求。絲綢之路是一條商貿的道路，漢籍之路是一條文化的道路。區別這兩條道路，對於釐清我們概念的誤會，拓展研究的視野，將會有一定的意義。當然，這還有待於學術界的研究，有待於學者們的認同，有待於我們更多的共識。

《域外漢籍珍本文庫》叢書是國家『十一五』重大文化出版工程項目，寫入《國家『十一五』文化發展綱要》之中。域外漢籍珍本是指國外圖書館、研究機構和個人收藏的、國內不見或少見的漢文古籍文獻，內容有三：其一指我國歷史上流失到海外的漢文著述；其二指域外翻刻、整理、注釋的漢文著作（如和刻本、高麗刻本、安南刻本等）；其三指原採用漢字的國家與地區學人用漢文撰寫的、與漢文化有關的著述。這些文獻內容豐富，涉及中國經學、史學、佛學、道學、民間宗教、通關檔案、傳記、文學、政制、雜記等各個方面，彌足珍貴，是研究中國傳統文化的重要資料，是研究中外文化交流的核心資料，同時是研究歷史上東亞漢語言文化圈的基本資料，是中華文化的珍貴遺產。

胡錦濤同志在黨的十七大報告中，強調了『做好文化典籍整理工作』對『弘揚中華文化，建設中華民族共有精神家園』的重要性。當前，隨著我國經濟的迅速發展，我國政府與民間有多個斥重金回購流失文物的舉措，但是對佚散海外的漢文古籍的回購、複製、整理工作重視並不夠。域外漢籍珍本是中華文化的寶貴財富，更應該引起我們的重視。

《域外漢籍珍本文庫》叢書計劃出版一套影印古籍，共計八百本，囊括兩千餘種珍稀典籍，應該是當代中國最輝煌的出版工程之一。從某種意義上說，對流失國外珍稀文獻的搜尋整理，不是一項簡單的文化活動，更主要的目的是通過這項活動，妥善保存中華文化遺產，豐富中華文化內涵，熔鑄中華文化精神，從而強化中華民族的尊嚴，提升國家的形象。同時，佚散在海外的漢籍文獻，由於各個國家重視程度的不同、保護手段的差異，文獻的品相也各有不同，因此，儘快地刊印無法再生的域外漢籍珍本，應該是迫在眉睫的重大出版任務。

改革開放以來，我國對外交往日益頻繁，與許許多多國家互結友好，以漢字為特質的中華文化也得到世界各國文化學術界的重視，整理域外漢籍不僅是國內學者的呼籲，也是國外學者的倡議。在這種良好的條件下，我們經過反復論證，決定在學界鼎力襄助下，編纂出版《域外漢籍珍本文庫》，以留下前人超越時空的智慧和豐富多彩的文化典籍。

毋庸諱言，《域外漢籍珍本文庫》叢書的編纂，也將給中外文化交流史研究積累豐富的學術資料，給漢籍之路的理論注入更深厚的文化內涵，流失在海外的漢文古籍便是『漢籍之路』閃亮的標識。我國的出版工作者應該弘揚漢籍之路理論，推動漢籍收集出版工作，使中華文化的價值進一步得到世界的認同。

《域外漢籍珍本文庫》資料搜集與編纂已進行多年，版本調查、編目、複製、出版等各項工作進展有序。作爲成果的《文庫》將由西南師範大學出版社、人民出版社共同出版。今年，本叢書第一輯將與學者、讀者見面，特應編者與出版者之邀而為序，茲綴數語，以表心志。

戊子仲秋

柳斌杰

編纂凡例

甲　本叢書所收著作為海內外各機構或個人收藏之域外漢籍善本、孤本、稀見本。

乙　本叢書收書，大致包含三類：

一、中國歷史上流失到海外的漢文著述。

二、域外鈔錄、翻刻、整理、注釋的漢文著作（如和刻本、高麗刻本、安南刻本等）。

三、原採用漢字的國家與地區學人用漢文撰寫的、與漢文化有關的著述。

此外，近數百年來歐美來華傳教士用漢字或雙語撰寫的、與漢文化有關的著述，作爲附類也酌情收入。

丙　漢籍域外刻本、鈔本與域外漢文著作常帶有其本民族語言符號，如和刻本中常有日文訓讀標記，高麗刻本、安南刻本也有類似或其他標記。這類刻本因其記錄了漢籍全文或片斷，間接地反映漢籍古貌，故有其獨到版本價值，茲一併納入叢書之中。

丁　本叢書均為影印，原版舛誤，均不修飾，以存其真。

戊　本叢書均製成上下欄之統一格式，簡約版面，便宜閱讀。

二

己　本叢書按四部分類法，分爲經、史、子、集四部，各部之下再分數類，同類文獻均按作者生年編次。作者年代無可考者置於年代可考者之後。此外，各類若有域外學人漢文著述，則統一置於最後，亦按作者生年編次。

庚　本叢書所收每種古籍，均撰寫提要，為讀者提供有關此文獻之基本學術線索。

辛　本叢書對於同一種古籍之不同版本，若均為稀善者，則兼收並蓄。

域外漢籍珍本文庫編纂出版委員會

二〇〇八年九月一日

子部目次

第一冊

第二冊

第三冊

第四冊

第五冊

第六册

標題句解孔子家語

提要

《標題句解孔子家語》三卷，元王廣謀撰，日本東京大學東洋文化研究所藏日本慶長四年（一五九九年）活字印本。每半葉七行十七字，左右雙邊，白口，雙魚尾。《孔子家語》一書最早著録於《漢書·藝文志》，凡二十七卷，孔子門人所撰，其書早佚。唐顔師古注《漢書》時，曾指出二十七卷本『非今所有家語』。顔師古所云今本《孔子家語》，乃三國時魏王肅十卷本。宋王柏《家語考》、清姚際恒《古今僞書考》、范家相《家語證僞》、孫志祖《家語疏證》均認為是僞書。宋朱熹《朱子語録》、清陳士珂和錢馥的《孔子家語疏證》序跋，黄震《黄氏日抄》等則持有異議。然而一千多年來，該書廣為流傳，《四庫全書總目》説：其書流傳已久，且遺文軼事，往往多見於其中。故自唐以來，知其僞而不能廢也。

新刊標題句解孔子家語目録

猷堂　王廣謀　景猷

目録　二

今將素王事紀別作一卷附後刊行幸鑒

新刊標題句解孔子家語目録終

標題句解孔子家語卷上

猷堂王 廣謀 景猷 句解

相魯第一 魯定公相位闕孔子攝行相事故以名篇

孔子初仕爲中都宰。孔子初仕魯爲中都宰中都魯之屬邑制爲養生送死之節。定生事死葬之禮使無過不及故謂之節長幼異食。老少所食不同禮年十五異食彊弱異任。任謂力作之事各從所任不用弱者也男女別塗。男女有別不同路而行路無拾遺。道上失物人不敢取器不彫僞。器尚質不飾詐爲四寸之棺。棺喪具木厚四寸五寸之槨。槨盛棺之具木厚五寸因丘陵爲墳。因地勢高下爲墓不封不樹。不聚土爲墓不植松栢行之一年。爲政得一歲而西方之諸侯則焉。魯國居東故西方諸侯皆法之定公謂孔子曰。定公顧謂子曰學子此法。效子治中都之法以治魯國何如。以此法治魯國可乎孔子對曰。孔子答言雖天下可乎。以此法治天下亦可何但魯國而已哉。何止可治魯國

孔子爲司寇

攝行相事文事武備

（而已、）於是二年、定公以爲司空。（過二歲、公用子、作掌百工之官。）乃別五土之性。（一曰山林、二曰川澤、三曰丘陵、四曰墳衍、五曰原隰、子分別五土之性、）而物各得其所生之宜。（百物各得土地宜所而生、）咸得厥所。（所產皆得其地、）先時季氏葬昭公于墓道之南。（先季平子逐魯昭公、死于乾侯、平子別而葬之、貶之、不令近先公也、言葬不近祖墳、）孔子溝而合諸墓焉。（子乃使開昭公墓、移合葬於衆公之墓、）謂季桓子曰、（子謂桓子言、桓子平子之子、）貶君以彰己罪、非禮也。（言平子別葬昭公、是貶君之過、彰平子之罪、非禮所宜、）今合之、（今合葬於祖墳、）所以揜夫子之不臣。（所以掩蔽平子不臣之罪、夫子指平子也、）由司空爲魯大司寇。（孔子自司空、爲魯掌刑之官、）設法而不用。（定刑法而民不犯、）無姦民。（無姦軌之民、）定公與齊侯會于夾谷。（定公十年、與齊侯會盟于夾谷、今祝其縣、）孔子攝相事。（子權相職、）曰、（子謂定公言、）臣聞有文事者、必有武備。（今公出夾谷、雖尚文物、亦須有武備、）有武事者、必有文備。（既有武事、亦兼尚文德以輔之、）

切　紂于

裔不謀夏夷不亂華

古者諸侯並出疆。（古之諸侯出其疆界、）必具官以從。（必具文臣武職以相隨、）請具左右司馬。（請公備左右二司馬、）定公從之。（公從其請、）至會所。（同至夾谷所會之處、）爲壇位、土階三等。（作壇場設三級之階、）以遇禮相見。（以會遇之禮、與齊侯相見、遇禮、簡略之禮也、）揖讓而登。（賓主揖遜登位、）獻酢既畢。（燕享酬酢已訖、）齊使萊人、（齊侯使東夷人、）以兵鼓譟劫定公。（用兵鼓、張威以懼公、東夷雷鼓曰譟、）孔子歷階而進。（孔子躡土階而上進、）以公退。（挈定公以退避、）曰、士以兵之。（子言萊人用兵鼓謀而至、）吾兩君爲好。（我魯齊二君修好禮、）裔夷之俘。（裔邊塞之人、夷狄也、俘者、陣中生獲之人、）敢以兵亂之。（言裔夷俘、輙敢用兵威以亂兩君之好、）非齊君所以命諸侯也。（即非齊君所以與諸侯修好之禮也、）裔不謀夏。（邊人不得與中國之謀議、）夷不亂華。（夷人不得紊亂中華之法、）俘不干盟。（俘虜之人、不得干與盟會之事、）兵不偪好。（兵威不得迫修好之所、）於神爲不祥。（在神祇爲不吉之事、）於德爲僁義。（在德爲過）

俳 音排

一本子作予

斬侏儒

乘 去声

愆之義於人為失禮在人則為失禮君必不然言齊君必不如此齊侯心怍齊侯聞夫子之言其心愧怍麾而避之指揮使萊人等退避之有頃少時閒齊奏宮中之樂齊侯使伶官奏宮中樂俳優侏儒戲於前俳優雜劇人侏儒矮人呈戲於兩君之前孔子趨進歷階而上子趨蹌進前逐階而升不盡一等立於中階不敢登第一級階上曰匹夫熒侮諸侯者罪應誅言一匹之夫熒惑諸侯者其罪當殺請右司馬速加刑焉孔子請右司馬急履刑於是斬侏儒司馬乃斬矮人齊侯懼有慙色齊侯乃恐面有愧容將盟將盟誓修好齊人加載書齊人乃執筆加於誓書上曰齊師出境言齊三軍出境界而不以兵車三百乘從我者魯不使三百乘兵車息從齊君者有如此盟如此盟誓孔子使茲無還孔子使魯大夫茲無還者對曰魯大夫對齊人言而不返我汶陽之田言汝不還前將所侵過魯地汶陽之田吾以供命者亦如之我使齊供職之臣亦不得還齊亦如齊之盟言齊侯

罷 皮彼切

粺 蒲賣切

齊返汶陽田

將設享禮齊侯將行燕享之禮孔子以梁丘據曰孔子與梁丘據言齊魯之故齊魯舊事吾子何不聞焉吾子指丘據也言汝豈不聞其故乎事既成矣盟事已成而又享之又行燕享之禮是勤執事是徒勞執事之人且犧象不出門夫犧象之尊在法不出國門嘉樂不野合樂之嘉者不於野外合奏享而既具是棄禮享禮太過則失其禮若其不具禮苟不備是用粃粺則如用粃粺也粃穀不成粃粺似禾之草用粃粺君辱禮用粃粺則君受辱棄禮名惡廢禮則名不美子盍圖之子亦指丘據也言汝何不謀之夫享所以昭德也夫燕禮者明其德也不昭不如其已享不明德不如不享乃不果享乃不行享禮齊侯歸齊侯還國責其群臣曰乃詰責齊之衆官言魯以君子道輔其君魯國臣用君子之道以佐其主而子獨以夷狄道教寡人責齊臣言汝用夷狄之道以教寡德之人使得罪使我得罪於魯君於是乃歸所侵魯之四邑及汶陽之田齊乃還魯鄆讙龜陰四縣及汶

三家過制　費音秘　一本侍作待　隳三都城

陽田、孔子言於定公曰、孔子謂定公曰家不藏甲、卿大夫稱家、不得蓄甲兵邑無百雉之城、城三堵曰雉、縣有百雉、過制也、古之制也、古法如此今三家過制、三家孟孫叔孫季孫也、過制築城於邑、請皆損之、請魯君損其過制乃使季氏宰仲由隳三都、子路為季氏宰、孔子使壞三家之都城叔孫不得意於季氏、叔孫不得志於季氏宰、因費宰公山弗擾、乃因費邑宰公山弗擾、率費人以襲魯、糾率費邑之人民、舉兵以抵魯師、孔子以公與季孫叔孫孟孫、孔子侍魯公及三子、入于費氏之宮、入費邑之宮中、登武子之臺、升武子臺上、費人攻之及臺側、費師攻魯公至於臺畔、孔子命申句須樂頎勒士衆下伐之、孔子使二人率衆下臺伐之、費人北、費師敗、遂隳三都之城、乃壞三家都城、彊公室、尊魯國之公室、弱私家、弱三家之私家、尊君卑臣、君臣有定分、政化大行、而教化盛行、

始誅第二

子為司寇攝相事、即戮亂政大夫、故名始誅篇、

孔子為司冦　孔子誅少正卯　一本宮闕作觀闕　[illegible]去声

孔子為魯司寇、定公十四年、公以孔子為司冦、攝行相事、相位闕、子攝行相事、有喜色、有喜悅之容、仲由問曰、子路問夫子曰由聞君子禍至不懼、仲由聞君子之人、禍至不恐、福至不喜、福至不悅、今夫子得位而喜、何也、今夫子得行相位而喜、是何也、孔子曰、然、孔子答仲由曰如此、有是言也、有此言、不曰樂以貴下人乎、不言喜悅以貴禮下於人耶、於是朝政、子乃與朝廷之政事、七日而誅亂政大夫少正卯、權相七日、朝有亂政大夫少正卯者、孔子戮之、戮之于兩觀之下、殺之于兩宮闕之下、尸於朝三日、陳正卯尸於朝、令衆三日子貢進曰、子貢進謂子言夫少正卯、魯之聞人也、少正卯乃魯國名譽之人也、今夫子為政而始誅之、今夫子初相、方為政即誅之、或者為失乎、詎或人言、夫子得無有過失歟、孔子曰、孔子言、居吾語汝、爾在此、我爲汝言、天下有大惡者五、天下有大不美者五事而竊盜不與焉、盜竊雖不美、不在此五惡之數內、一曰、心逆而險、第一

切掫 九則　　切行 孟下

是處心逆詐姧險二曰行僻而堅二是所行所為怪僻堅固三曰言偽而辯三是所言詐偽強辯四曰記醜而傳四是所行非義五曰順非而澤五是順意為非強文飾其過此五者其惡廣大有一於人已上五惡人有其一則不免君子之誅不免為君子所殺而必正卯皆兼有之必正卯一身兼有此五惡其居處足以掫徒成黨其所居處易得聚徒衆成羣黨其談說足以飾褒榮衆其言談易得文飾褒揚耿耀衆人其彊禦足以返是獨立其剛強抗禦反非為是獨立不改此乃人之姧雄者也此是大姧之長者也不可以不除不可不除去之夫殷湯誅尹諧尹諧有惡成湯誅之文王誅潘正潘正有惡周文誅之周公誅管蔡管叔蔡叔欲害周公故公誅之太公誅華士虛偽之士太公誅之管仲誅付乙管仲殺付乙子產誅史何子產除史何凡此七子此七人皆異世而同誅者生世不同所誅則一以七子異世而同惡以上七人生於殊時其惡則一故不

訟子止切狴　之父　禮部

可赦也其罪惡皆不可貸也詩云憂心悄悄毛詩言心悄悄而憂抑者慍于群小乃是衆小人之為惡也小人成羣小人成羣結黨斯足憂矣斯可憂心矣○孔子為魯大司寇子在魯國為大司寇有父子訟者有父子相訟夫子同狴執之孔子收父子同囚于牢獄三月不別因之三月不與分別是非其父請止其父就夫子求止其訟夫子赦之焉孔子貸之季孫聞之不悅季孫聞夫子赦父子不喜曰司寇欺余言司寇欺罔我曩告余曰昔嘗與我言國家必先以孝國家必以孝為先務余今戮一不孝我今殺一不孝之人以教民孝以教百姓使知孝不亦可乎豈有不可而又赦何哉何為赦之冉有以告孔子冉有以季孫所言告夫子子喟然嘆曰夫子喟然嗟歎嗚呼嗟歎之辭上失其道在上之人失其教民之道而殺其下而殺戮其下民非理也非治國之道不教以孝不教民使知孝而聽其獄而聽斷其獄訟是殺不辜則是殺無罪也三軍大敗三軍之敗乃是訓練

犴音岸　歛去声　三年百姓正

不精不可斬也、不可責其敢而斬之、獄犴不治、牢獄不平、不可刑也、不可施刑於人、何者、是何也、上教之不行、蓋是在上教化不行罪不在民故也、非百姓之罪也、夫慢令謹誅、賊也、徵慢君令、專於殺戮者、謂之賊、徵歛無時、暴也、無時取於民財者、則謂之暴、不試責成、虐也、不試用於民、責其有成者、則謂之虐、政無此三者、為政無此三者之失、然後刑可即也、而後可以就刑、書云、尚書言、義刑義殺、刑殺皆當合義、勿庸以即汝心、勿用以就

汝心之所安、惟曰未有慎事、惟言未有順、言必教而後刑也、言必先教民、教之不從、而後殺之、既陳道德以先服之、既施道德、以服乎民、而猶不可、而民尚不可服、尚賢以勸之、尚用賢德之人、以勸諭之、又不可、勸之又不從、即廢之、則棄之、又不可、棄又不可、而後以威憚之、然後用威令以懼之、若是三年、如此三歲之久、而百姓正矣、則民歸正道矣、其有邪民不從化者、若有奸民不遵上之教化者、然後待之以刑、乃用刑威、以殺

刑錯不用　閒音閑

之則民咸知罪矣、則百姓皆知有罪、合當就刑、詩云、毛詩言、天子是毗、以此教民之道、輔於天子、俾民不迷、使百姓不迷惑、是以威厲而不試、於是刑法雖嚴、不用施於民、刑錯而不用、刑置而無所施、今世則不然、今世則不如古法、亂其教、教法紛亂不一、繁其刑、民犯刑者多、故用刑亦多、使民迷惑而陷焉、使百姓皆蒙墮於刑獄中、又從而制之、又用法、以刑之、故刑彌繁、於是刑法愈多、而盜不勝也、而民為盜者、不可勝數也、

王言解第三

夫子閒居、謂曾子曰、今未聞王者之言、故以此名篇、

孔子閒居、孔子在燕私閒暇之時、曾參侍、曾子侍坐、孔子曰、參乎、孔子呼曾子名、今之君子、言今時君子人、唯士與大夫之言聞也、但聞有官之大夫與出仕之人言語、至於君子之言者希、君子之正言少聞也、於乎、嗟歎之辭、吾以王言之、我以王者之言語汝、其不出戶牖而化天下、王者正言、不必出戶庭、而天下自從化也、曾子下席而對曰、參出位對夫子而言、敢問何謂

內脩七教外行三至

王者言、王者之言何如。孔子不應。夫子嘿然不答。曾子肅然而懼、參懍然恐懼。摳衣而退、整衣服而退。負席而立。倚所坐之位而起身聳立。有頃、須臾間。孔子顧謂曰、面謂曾子言。參、汝可語明王之道與。汝參還可言明王之道否。曾子曰、非敢以爲足也。參不敢謂足可言王道。請因所聞而學焉。請因夫子所言聞而學之。子曰、夫道者所以明德也。人所通行之謂道、足於己之謂德。依道而行者、所以昭吾之德也。德者所以尊道也。人之有德、所行之道、乃尊重。是以非德道不尊。人無德則道不尊。非道德不明。非遵道而行、則不明其德。是故昔者明王、故古之哲王。內脩七教、在內則脩其教法有七事。外行三至、在外則行三至之道。至者至極之理。七教脩、然後可以守、明王脩七教、則可守國。三至行、然後可以征。三至既行、則可行征伐之事。故曰、內脩七教而上不勞、在內能脩七教、則君不勞而治。外行三至而財不費。在外既行三至、則國無所費。此之謂明

左禹右皐

一本吏作更

何謂七教

王之道也。明王之道如此。曾子曰、可得聞乎。參言不勞不費、可得聞耶。孔子曰、夫子言。昔者帝舜、古之虞舜。左禹而右皐陶、伯禹居左、皐陶居右。不下席而天下治、不用下位天下自治。夫如此何上之勞乎。如此何在上之勞哉。政之不中、君之患也。政教不得其中、乃君之病。令之不行、臣之罪也。號令不行、人臣之過。若乃十一而稅、古者稅法、君取其一、民得其九。用民之力、歲不過三日、君數役於民、一歲不過三日。入山澤以其時而無征、斧斤以時入山林、吏不收民之稅。關譏市廛皆不收賦。關外但譏異服異言、及市廛皆不收其賦稅。此則生財之路、而明王節之。此乃國家生財之道、明王與節約之。何財之費乎。何至費用其財。曾子曰、敢問何謂七教。參問夫子、何者爲七教。孔子曰、夫子言。上敬老則下益孝、上之人尊敬老人、則下愈盡孝。上尊齒則下益悌、上之人尊其年齒、則下愈悌於長上。上樂施、則下益寬。上喜於博施、則下愈得寬。上親賢、則下擇

七教治民之本

一本臣作政

何謂三至

友（上親近賢者，則下亦擇友而交）。上好德，則下不隱（上好有德之人，則賢者皆出）。上惡貪，則下耻爭（上疾貪財，則下以爭利為羞耻）。上廉讓，則下耻節（上清絜謙遜，則下亦知耻守節）。此之謂七教（此七教之目）。七教者，治民之本也（七教為治民之本）。七者脩，則四海無刑民矣（七教既脩，則天下無犯法之民）。上之親下也，如手足之於腹心（上之親下，正如手足與腹心相親近）。下之親上也，如幼子之於慈母矣（民之親於君，正如赤子之慕慈母）。上下相親如此（君民如此相親），故令則從（號令則民樂從），施則行（發施則民奉行），民懷其德（百姓懷君之德），近者悅服（中國心悅誠服），遠者來附（遠方亦來臣附），政之致也（君臣所致）。曾子曰：敢問何謂三至（參又問何者為三至）。孔子曰（夫子言）：至禮不讓而天下治（至極之禮不在謙遜，而致天下自治），至賞不費而天下士悅（至極之賞，不費財，而天下之士自歡悅），至樂無聲而天下民和（至極之樂，無聲音，而天下之民自和樂）。明

子言三至之道

王篤行三至（明哲之王力行此三至），故天下之君可得而知（所以天下之主可得知其明聖），天下之士可得而臣（天下之士可得而為臣），天下之民可得而用（天下百姓可得而使）。曾子曰（參言）：敢問此義何謂（敢問此三至意義如何）。孔子曰（夫子言）：古者明王必盡知天下良士之名（古先哲王必皆知忠良之名譽），既知其名，又知其實（既知其名譽，又知其實行），然後因天下之爵以尊之（因朝廷官爵以尊禮之），此之謂至禮不讓而天下治（此是至極之禮不遜讓，而天下自平治）。因天下之祿以富天下之士（因其爵祿，而使之富），此之謂至賞不費而天下之士悅（此是至極之賞，不費用，而天下士夫喜悅）。如此則天下之名譽興焉（能若此，則天下之名聲興起），此之謂至樂無聲而天下之民和（此所謂至極之樂無聲音，而天下百姓和樂）。

大婚解第四

（魯哀公問人道誰為大，孔子對以夫婦別，故以大婚名篇）

人道政爲大

別 彼列切

孔子侍坐於哀公（孔子侍魯哀公坐）公曰（哀公言）敢問人道誰爲大（敢問人道何者爲大）孔子對曰（夫子答言）君之及此言也（公言至此）百姓之惠也（百姓受公之恩惠也）臣敢無辭而對（夫子稱臣豈敢無說以對）人道政爲大（人之道莫大於爲政）夫政者正也（夫政者所以正百姓也）君爲正則百姓從而正矣（君行政於上則百姓皆得其正）公曰敢問爲政如之何（公問爲政之道如何）孔子對曰（夫子答言）夫婦別（夫婦之禮當有分別）男女親（男女能相親）君臣信（君臣之間有信）三者正（三者既得正）則庶物從之（百物從而皆得其正）公曰寡人願知所以行三者之道（公復問寡人願知所以行此三者之要）對曰古之爲政愛人爲大（夫子言古人爲政莫大於愛人）所以治愛人禮爲大（所以治愛人之道莫大於禮）所以治禮敬爲大（所以治禮之道莫大於敬）敬之至矣（禮至敬則極矣）大婚爲大（婚禮又爲大焉）大婚至矣（大婚爲敬之至）大婚既至（大婚既爲

迎 去聲

宗廟社稷之主

敬之至）冕而親迎（當端冕服親迎其來）親迎者敬之至也（身親迎迓此敬禮之至）愛與敬其政之本與（愛心與敬心乃爲政之根本也）公曰冕而親迎不已重乎（哀公曰戴冕親迎禮不太重乎）孔子曰合二姓之好（夫娶妻是合二姓之親）以爲天下宗廟社稷之主（君有子即位以爲天下宗社之主）君何謂已重焉（公何謂已太重）天地不合萬物不生（天地不相合萬物不生）大婚萬世之嗣也（夫婦婚娶萬世嗣續之本）昔三代明王必敬妻子也（昔三王皆敬重妻與子）蓋有道焉（蓋妻子有道寓其中）妻也者親之主也（妻爲親之端）子也者親之後也（子繼人之後故爲親之後嗣）敢不敬與（安敢不敬其妻與子）

儒行解第五

（孔子衣逢掖之衣冠章甫之冠以見魯哀公公問儒行故以名篇）

孔子在衛（夫子在衛國）冉求言於季孫曰（冉求謂魯季孫言）國有聖人而不能用（言魯國有聖德之夫子不能用）欲以

郤步求前　哀公館夫子　衣逢掖衣冠章甫冠

求治（欲求國治）是猶郤步而欲求及前人，不可得已（正如退行又欲追及前行之人，豈可得哉）。今孔子在衛，衛將用之（今夫子在衛國，衛君欲任用之），已有才而以貣鄰國（吾國有人，而不能用，郤與鄰國為憑藉），難以言智也（不可謂之智）。季孫以告哀公，公從之（季孫以冊求之言告于哀公，公從其言）。孔子既至舍（孔子既至魯傳舍），哀公館焉（公使孔子就舍）。公自阼階（公出降自東階），孔子賓階（夫子自西階而入），升堂立侍（升公堂立）。

家語上　十八

侍公（侍公傍）。公曰：夫子之服，其儒服與（公謂子曰，子衣儒者之衣服）？孔子對曰（子答公言）：丘少居魯（孔子稱名曰丘，年少時居魯國），衣逢掖之衣（衣深衣之褒大也），長居宋（及長則居宋地），冠章甫之冠（戴章甫之冠，章甫儒冠名）。丘聞之，君子之學也博（丘聞君子之學廣博），其服以鄉（所服其衣，只隨鄉俗），丘未知其為儒服也（丘不知其為儒衣也）。公曰：敢問儒行（公問儒者之德行）。哀公命席（公命以位，與子坐），孔子侍坐（子侍公坐傍），曰：儒

儒有席珍待聘　儒寶忠信　數上聲　戴仁抱義

有席上之珍以待聘（言儒者在坐上，如珍寶之貴，以待人聘），夙夜強學以待問（早夜強力務學，以待人咨問），懷忠信以待舉（必蘊忠信，以待君來召），其自立有如此者（儒之自卓立者如此）。儒有不寶金玉（儒者不以金玉為寶），而忠信以為寶（而以忠信為寶）；不求多積（不求多蓄積），多文以為富（以多才為富足）；其近人情有如此者（其合人情如此）。儒有可親而不可劫（儒可親以道，不可劫以威），可近而不可迫（可相近，不可勢迫），

家語上　十九

可殺而不可辱（寧殺其軀，不可坐辱），其過失可微辯，而不可面數（儒有小過，不可面責，但可緩緩與辯），其剛毅有如此者（其剛果如此）。儒有忠信以為甲冑（儒有忠信，如甲冑之保身），禮義以為干櫓（以禮義為干櫓，干楯也，櫓大戟也），戴仁而行（躬行以仁為首），抱義而處（處已以義），雖有暴政，不更其所（雖特有暴政，惟戴仁抱義，不易其所守），其自立有如此者（其特立如此）。儒有博學而不窮（儒者該博務學，無有窮已），篤行而不

毀方瓦合　澡身浴德

倦、（力行所學而無怠、）禮必以和、（禮以和爲貴、）優游以法、（優游有法則治、）慕賢而容衆、（希慕賢者、而能容衆人、）毀方而瓦合、（去己之大圭角、下與衆人小合、）其寬裕有如此者、（其情懷寬廣裕如此、）儒有推賢達能、不望其報、（儒者見賢則薦於君、見能則聞於上、不求其報已、）其舉賢援能、有如此者、（其進賢引能如此、）儒有澡身浴德、（儒常自絜濯其身、躰沐浴其德行、）世治不輕、（逢治世不自輕、）世亂不沮、（逢亂世不畏沮、）其特立獨行有如此者、（其特立獨行如此、）

哀公問禮　禮辨君臣上下　注上下一幼本作卑

問禮第六（哀公問大禮於孔子、故以名篇、）

哀公問於孔子曰、大禮何如、（哀公問孔子大禮、）子曰、丘聞之、（夫子答公、）民之所以生者、禮爲大、（百姓恃禮而生、禮實爲大、）非禮則無以節事天地之神、（非禮無以爲事天地神祇之節、）非禮則無以辨君臣上下長幼之位焉、（非禮何以別君臣上下尊幼之分、）非禮則無以別男女父子兄弟、婚姻親族疏數之交焉、（非禮何以分人倫親疎交處之事、）是故君子此爲之尊敬、（君子尊敬其禮、）然後以其所能、教順百姓、（於是以能行之禮、教百姓、使順禮而行、）夫禮初也、（禮之本也、）始於飲食、（禮始寓於飲食之中、）太古之時、（上古太始之時、）燔黍擘豚、（未有釜甑、燔米擘肉、加於燒石之上而食之、）汙罇而抔飲、（鑿地爲樽、以手掬飲、）蕢桴而土鼓、（以草爲搥、地爲鼓、）猶可以致敬於鬼神、（神享其德、不求備物、）昔之王者、（上古之王、）未有宮室、（未有殿宇、）冬則居營窟、（冬則掘地而處、）夏則居橧巢、（夏月居橧巢之上、柴曰橧、在樹曰巢、）未有火化、（未用火熟、）食草木之實、（惟食木果之蓏、）鳥獸之肉、飲其血、茹其毛、（鳥獸生食其毛血、）未有絲麻、衣其羽皮、（未有布帛、但毳鳥毛獸皮、）後聖人有作、（自後皇出、三）然後修火之利、（然後鑽燧取火、）範金合土、（冶金爲器之模範、合土以作瓴甓、）以爲臺榭宮室戶牖、（上棟下宇、由斯而作、）以炮以燔、（毛曰炮、加火曰燔也、）以烹以炙、（貫曰

抔 音裒　抔括抔同　橧 音曾　範金合土

養生送死

烹炮曰炙、以爲醴酪、酒曰醴、漿酢曰酪、治其絲麻以爲布帛、修絲爲帛、緝麻爲布、以養生送死、用以爲養生送死之具、以事鬼神、以祭祀鬼神、與其先祖、兼祀祖先、以正君臣、正君臣之位、以篤父子、厚父子之人倫、以睦兄弟、和睦兄弟、以齊上下夫婦、以定尊卑男女之分、此禮之大成也、禮之大備、

人有五儀

五儀解第七 哀公問治國於孔子、孔子答以人有五儀、故以名篇、

哀公問於孔子曰、公問夫子、寡人欲論魯國之士、與之爲治、言欲求吾國之士、與之治政事、敢問、如何取之、當何道以取之、孔子對曰、人有五儀、子言人有五等、有庸人、有士人、有君子、有賢人、有聖人、有此五者則治、審此五者、則治道畢矣、能知此五等、則爲治之道盡矣、公曰、敢問、何謂庸人、公問庸人如何、

庸人

孔子曰、子言、所謂庸人者、夫庸常人、心不存愼終之規、其心不存謹終之規戒、口不吐訓格之言、口不談書訓之法言、不擇賢以託其身、不選賢者以寄其一

士人

身、不力行以自定、不勤力行道以自定一身、見小闇大、而不知所務、所見小昧於大事、不知事務、從物如流、不知其所執、隨物流蕩、昧於所守、此則庸人也、庸人如此、公曰、何謂士人、公又問如何是士人、孔子曰、所謂士人者、子言夫所謂士人者、心有所定、心中有定見、計有所守、所守有定謀、雖不能盡道術之本、雖未盡道術之源、必有率也、必能行道術之事、雖不能備百善之美、雖未至全百善之美、必有處也、必有道以處其善、富貴不足以益、雖富貴而無所益、貧賤不足以損、雖貧賤亦無所損、此則士人也、此之謂士人、公曰、

君子

何謂君子、公問如何謂君子人、孔子曰、所謂君子者、子言所謂君子人者、言必忠信、而心不怨、所談必主忠信、其心無怨咎也、仁義在身、而色無伐、躬行仁義、而無矜伐之色、思慮通明、而辭不專、心思意慮昭明通達、不專尙言辭、篤行信道、自彊不息、德行純篤、信行聖道、強力不怠、君子也、是君子人、公曰、何謂

行去聲下同

賢人

宛音菀

聖人

賢人、公又問如何是賢人、孔子曰所謂賢人者、子言所謂賢人者、德不踰閑、依德而行不過其法、行中規繩、所行所爲有規矩準繩、言足以法於天下而不傷於身、其言可爲天下取法、言滿天下無口過、故不傷身、道足化於百姓而不傷於本、其道可化民、亦不害於身、富則天下無宛財、雖富有而無積財、施則天下不病貧、及其散施、則天下無患貧者、此賢者也、此之謂賢人、公曰何謂聖人、公問如何謂聖人、孔子曰所謂

聖人者、子言所謂聖人者、德合於天地、其德可配天地、變通無方、隨時變通、無執方之見、窮萬事之終始、究萬事之本末、協庶品之自然、合衆物之自然、明並日月、明德可並日月之光、化行若神、道化行於天下、如神不可測、下民不知其德、民罔德中不知其有德、此則聖人也、此之謂聖人、公曰善哉、公嘆曰美哉夫子之言、非子之賢則寡人不得聞此言也、非夫子有賢德、安得聞此言、雖然寡人未嘗知哀知憂知勞

難去声

興去聲

知懼知危、未嘗識哀戚憂愁勤勞恐懼危難之事、恐不足以行五儀之教、恐不足行五儀之訓、孔子對曰如君之言已知之矣、君如此言、已知五儀之故矣、丘亦無所聞焉、丘亦無復有所言矣、公曰非吾子寡人無以啓其心、公曰非吾夫子、寡人何以開發其心、吾子言也、吾夫子爲我言之、孔子曰君子入廟如右、君入太廟從右而入、登自阼階、由東階而升、仰視榱桷、擧目視其椽梁、俯察机筵、下視祖宗位、其器皆存、祭器皆在、而不覩其人、不見祖宗之主身、君以此思哀則哀可知矣、由此思其哀則知哀矣、昧爽夙興、未明時起、正其衣冠、整理冠服、平旦視朝、平明時臨朝、慮其危難、思其危亡之患、一物失理亂亡之端、有一物不得其道則亂亡自此始、君以此思憂則憂可知矣、由此思其憂則知憂矣、日出聽政、至于中冥、日出聽事於殿廷至于日午及日晩、諸侯子孫往來如賓、諸侯子孫來朝如客、行禮揖讓、愼其威儀、以禮相遜、謹其

君如舟民如水　注一本翻作覆

儀容君以此思勞則勞亦可知矣由此思其勞則知其勤勞矣緬然長思深遠而思出於四門出國四門之外周章遠望周匝見遥望者亡國之墟必將有數焉觀亡國舊墟必有定數焉君以此思懼則懼可知矣由此思其懼則知懼矣夫君者舟也君如舟船庶人者水也衆人如水水所以載舟水能載其船亦所覆舟亦能翻其船君以此思危則危可知矣由此思其危則知危矣君既明此五者君能知思此五者又少留意於五儀之事又略留心五儀之事理則政治何有失矣則政治安有所失又○哀公問於孔子曰公又問夫子寡人欲吾國小而能守大則攻其道如何我欲吾小國能自守而大國或來攻我則其道如何對曰子言使君朝廷有禮朝廷之上有禮上下相親君臣之間相親天下百姓皆君之民天下之人皆爲公之民將誰攻之何人肯來攻苟違此道如或反其道民畔如歸皆君之讎也

三子言志

漭音忙　瀁餘掌切

百姓背畔如歸去皆與君爲仇讎將與誰守將與何人共守其國公曰善哉哀公曰善哉之言於是廢山澤之禁乃棄捐山澤之林木弛關市之稅罷收開市之稅賦以惠百姓以惠于百姓

致思第八孔子遊於農山四望而歎曰於此致思無所不至矣因以名篇

孔子北遊於農山孔子北去至農山子路子貢顏淵侍側三子侍孔子側孔子曰二三子各言爾志吾將擇焉指三子曰爾各言爾之心志如何我將擇其是者子路進曰子路進前言其志由願得鐘鼓之音上震於天鳴鐘擊鼓其聲震動上天旍旗繽紛下蟠于地旌旗交錯下垂至地由當一隊而敵之仲由當爲一陣之強敵必也攘地千里必能攘却千里之地搴旗執馘取敵人之旗獲敵人而截其耳唯由能之唯由能此夫子曰勇哉孔子言由勇敢子貢復進曰子貢又進與夫子言賜願使齊楚合戰於漭瀁之野賜願令齊楚二

說 音悅

國、會伐于廣大之野、兩壘相望、（兩軍相望）挺刃交兵、（兵拔相交、）賜著縞衣白冠、（兵凶事、故子貢尚白衣素冠、）陳說其間、（談說於齊）（楚軍中、）推論利害、釋二國之患、（敷陳用兵之利害、言兩國之患）難、唯賜能之、（獨賜能此、）夫子曰、辯哉、（孔子言賜口辯、）顏回退而不言、（顏子退去不言、）孔子曰、回、汝獨無願乎、（汝何）（獨無所願、）對曰、回聞薰蕕不同器而藏、（回答夫子曰、回聞薰）（蕕之草、不可共一器而藏、薰香而蕕臭也、）堯桀不共國而治、（聖君亂主、）（不可同國而治）以其類異也、（其倫亦不同、）回願得明王聖主、輔相之、（回所願欲得明聖之君、而輔相之、）敷其五教、（敷布父義）（母慈兄友弟恭子孝、五者之教、）導之以禮樂、（又以禮樂輔導之、）使民城郭不脩、（使百姓不用築城郭、）溝池不越、（無有越於溝池者、）鑄劍戟以為農器、（銷兵器改作農器、）放牛馬於原藪、（牛馬）（不用、放散諸原野、）室家無離曠之思、（男女有室家、而無別離怨曠之）思、千歲無戰鬭之患、（千年無戰爭之病、）則由無所施

季羔為士師

羨 去聲

其勇、（子路無施勇之地、）而賜無所用其辯矣、（子貢辯口何所）施、夫子凜然曰、（孔子肅然而言、）美哉德也、（美哉回之德也、）子路抗手而對曰、（子路舉手對夫子言、）夫子何選焉、（三子之願、）（夫子何擇、）孔子曰、（子言、）不傷財、不害民、不繁詞、（不害財、不損下、無多言、）則顏氏之子有矣、（回有此三者、）

○季羔為衛之士師、（季羔為衛國獄官、）刖人之足、（刖罪人之足、）俄而衛有蒯聵之亂、（初衛靈公太子蒯聵得罪出奔晉、及靈公卒、立其子輒、蒯聵自晉襲衛、將子羔子路並仕於衛國、）季羔逃之、走郭門、（季羔避難走城門、）刖者守門焉、（季羔所刖之人守城門、）謂季羔曰、彼有缺、（謂季羔言、彼處有空、可入逃之、）季羔曰、君子不踰、（羔曰、君子之人、不可踰缺、）又曰、彼有竇、（彼處有穴可以避、）季羔曰、君子不隧、（羔又言、君子不從穴出、）又曰、於此有室、（刖者又曰此處有屋、）季羔乃入焉、（羔乃入屋逃之、）既而追者罷、（追羔者不追、）季羔將去、（羔將去、）謂刖者曰、（乃與刖者言、）吾不能虧主

難 去聲

注一本厲作暴

之法、而刖子之足、(我昔不敢虧主法、而親臨刖汝之足、)今吾在難、(今我正在患難之中、)正子報怨之時、(此正汝復報之時、)而逃我者三、何哉、(故三番教我走之、是如何、)刖者曰、斷足固我之罪、(刖者言、斷我足者、自是我罪、)昔公之治臣以法、(昔公斷我以法、)臨當論刑、(臨斷罪時、)君愀然不悅、(公心忽然不悅、)豈私臣哉、(豈有私於我、)天生君子、其道固然、(天生君子之人、行道固當如此、)此臣之所以悅君也、(此我所以喜公也、)孔子

聞之曰、(夫子知之曰、)善哉爲吏、(善哉季羔之爲吏、)其用法一也、(其行法均一、)思仁恕則樹德、(存仁恕之心、則植其德、)加嚴暴則樹怨、(一加嚴厲、則結怨於人、)公以行之、其子羔乎、(公心行法、惟子羔也、)孔子曰、武王正其身、(武王周君也、能正其一身、)以正其國、(正其一國、)正其國以正天下、(自國而及天下、)伐無道、(誅無道之國、)刑有罪、(犯法者刑之、)一動而天下正、(一舉動而天下皆正、)其事成矣、(以成就其事、)王者致其道、

子路修水備

食 音嗣

而萬民皆治、(王者所爲至於道、則百姓咸理、)天下順之、(天下皆歸順、)○子路爲蒲宰、爲水備、(仲由作蒲邑宰、爲隄防之具、)與其民脩溝洫、(同百姓疏導溝渠、)以民之勞煩苦也、(見百姓勞役辛苦、)人與之簞食一壺漿、(每人與之盂飯瓶酒、)孔子聞之、(夫子知之、)使子貢止之、(乃使子貢往止之、)子路忿然不悅、(子路不樂、)往見孔子曰、(去見夫子曰、)由也以暴雨將至、恐有水災、(由以驟雨次第至、恐大水爲災、)故與民脩溝

見 音現

洫以備之、(故使百姓疏導溝渠以防備之、)而民多匱餓者、(而百姓多有困匱飢餓者、)是以簞食壺漿而與之、(於是以酒飯與之、)夫子使賜止之、(夫子使子貢來止我、)是止由之行仁也、(是夫子止我行仁也、)孔子曰、(子言、)汝以民爲餓也、(汝若以百姓飢餓、)何不白於君發倉廩以賑之、(汝何不言之於君使發廩粟以貸之、)而以爾食饋之、(用汝私食與其民、)是明君之無惠、(是欲顯其君無恩惠及人、)而見己之德矣、(彰汝之有德於人也、)○

子路負米

從乘 竝去聲筃

子路見於孔子曰、子路見夫子言、負重涉遠、不擇地而休、荷重擔行遠道、則不擇地而息、家貧親老、不擇祿而仕、家貧親老急於奉養、故不待擇祿而出仕、昔者由也、事二親之時、仲由自言、往日事父母時、常食藜藿之實、常自食粗惡之菜菓、為親負米百里之外、為二親荷米於百里之外、親歿之後、二親既死、南遊於楚、南遊官於楚國、從車百乘、百乘之車相隨從、積粟萬鍾、積俸米至萬鍾之多、累裀而坐、重席而坐、列鼎而食、羅列鼎俎而食、願欲食藜藿為親負米、不可復得也、欲如昔時食藜藿為親荷米、豈得再如此、孔子曰、子言、由也事親、仲由之事父母、可謂生事盡力、死事盡思者也、生則能盡其力、死則能盡其思、

注一本荷作負

○楚昭王渡江、楚王渡江、江中有物、大如斗、江水中有物、大如斗、一圓而赤、形圓而色紅、直觸王舟、直抵王舟、舟人取之、舟人取之以上於王、王怪之、楚王怪見、使使問於孔子、使人至魯問夫子、子曰、此萍實也、夫子與使者言、此萍草之實也、

使 上如字下去聲

可剖而食之、吉祥也、可破開而食、吉祥之兆也、唯霸者為能獲焉、唯諸侯之伯者、方得此物、王食之、大美、楚王剖食之、其味甚美、子游問曰、子游因而問於孔子、夫子何以知其然、夫子因何得知此物可食、曰、吾昔之鄭、過乎陳之野、子言、我昨往鄭國經過乎陳國之野、聞童謠曰、聞兒童之歌云、楚王渡江得萍實、楚王過江得此萍實、大如斗、赤如日、如斗之大、如日之赤、剖而食之甜如蜜、破而食之、其甘如蜜、此楚王之應也、吾是以知之、此乃楚王之吉兆也、我故知之、

一本如何作何如

語 去聲

○子路治蒲、子路為蒲邑宰、請見於夫子曰、見孔子而言、由願受教於夫子、由也願聽受夫子之教誨、子曰、蒲其如何、子言蒲邑風俗何如、對曰、邑多壯士、又難治也、子路言、縣多強壯之人、難為治也、子曰、然、子言如此、吾語爾、我與爾言、恭而敬、可以攝勇、已能恭敬、可以攝服其強勇、寬而正、可以懷彊、行寬政、守正道、可以懷柔其強暴、愛而恕、可以容困、能愛恕、可以容其困之、溫而斷、可

注一本沮作阻　君子有三恕　君子有三思　施 夫声

以抑奸、（温和而能斷、可以沮抑其奸邪）如此加之、正不難矣、（以此數者治之、則正不難矣）

三恕第九（孔子曰、士能明三恕之本、可謂端身矣、故以名篇）

孔子曰、君子有三恕、（夫子言、君子有三恕之道、恕者反己之謂）有君不能事、有臣而求其使、非恕也、（爲臣不能事君、有臣而求其可使、不得謂之恕）有親不能孝、有子而求其報、非恕也、（爲子不能孝親、有子而求其報己、非恕也）有兄不能敬、有弟而求其順、非恕也、（爲弟不能敬兄、有弟而求其順己、亦非恕也）士能明於三恕之本、則可謂端身矣、（士人若能曉此三恕之本、則知正其身矣）孔子曰、君子有三思、不可不察也、（夫子言、君子所思有三條、不可不致察）故君子少思其長則務學、（年少則思長而無能、故務爲學）老思其死則務教、（年老則思死而人莫之思、故務教人）有思其窮則務施、（富有則思窮而人莫之救、故務施人）

○孔子觀於魯桓公之廟、有欹器焉、（孔子遊魯桓公廟中、見一傾欹之器）問於守廟者曰、此謂何器、（夫子問守廟者、此何等器具）對曰、此蓋爲宥坐之器、（此乃坐側鑑戒之器也）孔子曰、（夫子言）吾聞宥坐之器、（我聞此宥坐之器）虛則欹、（其中空虛則傾）中則正、（水注至中則常正）滿則覆、（水若太滿、則其器翻倒）明君以爲至誡、（明王用此器爲大鑑戒）故常置之於坐側、（常置此器於所坐之傍）顧謂弟子曰、（顧與衆弟子言）試注水焉、（試以水注之）乃注之水、（弟子乃瀉水於欹器中）中則正、（水至中則正）滿則覆、（水一滿器乃一翻）夫子喟然歎曰、（夫子乃嗟歎）嗚呼、（歎辭）夫物惡有滿而不覆者哉、（凡物豈有滿而不覆之理）子路進曰、（子路前問曰）敢問持滿有道乎、（敢問持守盈滿還有其道）子曰、聰明睿智、守之以愚、（夫子言、雖聰明睿智、不可太恃、當以愚昧守之）功被天下、守之以讓、（功德蓋天下、當以謙遜守之）勇力振世、守之以怯、（勇力絕世、當以柔懦守之）富有四海、守之以謙、（富有四海之內、當以謙恭守之）此所謂

宥坐之器　持滿有道　音爲

注一本能作子　乘爭並去聲　父有爭子　士有爭友

損之又損之之道也、此乃損而又損之道、○子貢問於孔子曰、子貢問夫子、子從父命、孝乎、能順從父命、可謂孝乎、臣從君命、貞乎、臣順從君命、可謂正乎、奚疑焉、一孝一正、又何疑之、孔子曰、昔者明王萬乘之國、古者萬乘天子之國、有爭臣七人、則主無過舉、天子有三公四輔、主諫諍以救其過失、千乘之國有爭臣五人、則社稷不危、諸侯之國諫臣有五人、則能保其社稷、百乘之家有爭臣三人、則祿位

不替、卿大夫之家有諫臣三人、則能保其祿位、父有爭子、不陷無禮、父有子能諫諍、則不陷於非禮、士有爭友、不行不義、士有朋友相諫諍、則不行非義之事、故子從父命、奚詎為孝、子順父命、豈得為孝、臣從君命、奚詎為貞、臣順君命、豈得為正、夫能審其所從、當詳審所從宜與不宜、之謂孝、之謂貞矣、則謂之孝、謂之正、

好生第十

舜之為政、好生而惡殺、因以名篇、

冠上声去如下字　好惡並去聲　忠為質仁為衛

魯哀公問於孔子曰、哀公問夫子、昔者舜冠何冠乎、古之舜帝戴何冠冕、對曰、君之問不先其大者、夫子言、公之所問、不先大道、公曰、其大何乎、公問、所謂大者何事、孔子曰、舜之為君也、子言、舜帝之為人君、其政好生而惡殺、其為政事好生惡殺、其任授賢而替不肖、其用人、則取其賢者、去其不肖者、德若天地而靜虛、德之大如天地、盡一而靜、化若四時而變物、神化使民如四時之變化萬物、是以四海承風、暢於

異類、天下咸奉承其風教、及於夷狄皆仰舜德、以鳳翔麟至、鳥獸馴德、鳳鳥至、麒麟出、禽獸皆順其德、無他也、其他無事、好生故也、惟行好生之政故能如此、○子路戎服見於孔子、拔劍而舞之、子路初見夫子、武裝拔劍而舞、尚勇也、曰、古之君子固以劍自衛乎、子路言、古人必以劍自護其一身乎、孔子曰、古之君子、忠以為質、仁以為衛、古之君子、以忠處己、以仁護身、不出環堵之室、而知千里之外、居於環堵之屋、而知千里外事、有

齊音咨　嗥音豪　楚王失弓　虞芮爭田　耕遜畔行遜路

不善則以忠化之、人有不善者、我則以忠道誘化之、侵暴則以仁固之、有侵犯暴逆者、我則以仁道固結之、何待劍乎、何必以劍自衛乎、子路曰、由乃今聞此言、子路言、由今聞夫子此語、請攝齊以受教、願攝齊升堂、受教於夫子、齊裳下緝也、○楚恭王出遊、亡烏嗥之弓、恭王出遊、而失其弓、烏嗥良弓之名、左右請求之、左右人請搜求之、王曰、止、王曰已之、楚王失弓、楚人得之、又何求之、楚王失其弓、而楚人得之、又何必求也、孔子聞之、曰、惜乎其不大也、夫子聞楚王之言曰、可惜其度量不廣也、不曰人遺弓人得之而已、何必楚也、但言人失弓人得之足矣、又何用言楚也、○虞芮二國爭田而訟、連年不決、二國爭田相訟、累年而不決斷、乃相謂曰、西伯仁也、二君乃相語曰、西伯仁人也、即周文王也、盍往質之、何不往彼質正、入其境、既至西伯疆界、則耕者讓畔、耕夫相遜不耕其田界之傍、行者讓路、行路人相遜而行、入其朝、至其國中、士讓爲大夫、士遜與大夫爲尊、

儕音柴　魯人不納釐婦　魯男子不納

大夫讓于卿、大夫遜與卿爲尊、虞芮之君曰、嘻、二國二君歎曰、吾儕小人也、我輩乃小人也、不可以入君子之朝、不可入君子之國、遂自相與而退、二君相共退去、咸以所爭之田爲閑田矣、皆以所爭田廢爲閑田、孔子曰、以此觀之、子言以此事觀之、文王之道、其不可加焉、文王之道無以加矣、不令而從、不教而聽、至矣哉、不施號令而人自從、不施教誨而民自聽、可謂至矣、○魯人有獨處室者、魯國有男子獨居於室、鄰之釐婦亦獨處一室、鄰居有寡婦亦獨居於室、夜暴風雨至、釐婦之室壞、釐婦之室爲風雨所損、夜趨而託焉、夜趨男子之室、欲託庇風雨、魯人閉戶而不納、君子閉門不納寡婦入、釐婦自牖與之言、寡婦隔窗與男子言、子何不仁而不納我乎、汝何爲不仁而不容我進、魯人曰、吾聞男女不六十不同居、男子言、我聞男女未六十歲不可同處、今子幼、吾亦幼、是以不納爾也、今汝尚少、我亦少、是以不敢容汝進也、婦人

小辯害義

曰、子何不如柳下惠然、婦人曰、汝何不學柳下惠之所爲、事見他書、魯人曰、柳下惠則可、男子言、柳下惠有德、故可納女、吾固不可、在我實是不可、吾將以吾之不可、學柳下惠之可、我將以我之不可爲、而學柳下惠之可爲、孔子聞之曰、善哉、夫子聞其事而稱善之、欲學柳下惠者、未有似於此者、凡欲學柳下惠之人、未有若魯男子也、期於至善、而不襲其爲、心期造極善之地、不襲他人所爲、不可謂智乎、可謂明智之人、○孔子曰、

小辯害義、夫子言、小人口辯害正義、小言破道、小人言語破碎大道、關雎興于鳥、而君子美之、毛詩關雎篇以鳥取興、君子美其詩、取其雌雄之有別、取其匹偶有分別、鹿鳴興于獸、而君子大之、鹿鳴篇以獸取興、君子大其詩、取其得食而相呼、取鹿相呼喚而食之意、若以鳥獸之名嫌之、固不可行也、如嫌其鳥獸之名、而不取其義、固不可以言詩、

觀周第十一

孔子適周、觀先王之制、因以名篇、

聃 他甘切

孔子問禮於老聃

注一本社作禮

仁者送人以言

孔子謂南宮敬叔曰、敬叔孟僖子子也、夫子與之言曰、吾聞老聃博古知今、我聞老子博古知今而好道、則吾師也、則是我之師也、今將往矣、今欲往見之、敬叔與俱至周、敬叔與夫子同往周京、問禮於老聃、見老子、問之以禮、訪樂於萇弘、見周大夫萇弘、問之以樂、歷郊社之所、過郊祀社祭之處、考明堂之則、究明堂之法則、察廟朝之度、審宗廟朝廷之制度、於是喟然曰、乃興歎言、吾乃今知周公之聖與周之所以

王也、我今始知周公之聖德、及周家之所以興王也、及去周、及離去周京時、老子送之曰、老子別夫子而言曰、吾聞富貴者送人以財、我聞富貴之人、則以財物贈人、仁者送人以言、仁者之人、則以言語贈人、吾雖不能富貴、而竊仁者之號、我雖非富貴之人、而竊居仁人之名、請送子以言乎、請以言語送夫子、凡當今之士、聰明深察、而近於死者、凡今之人、能聰明深察、而反近於死者、好譏議人者也、愛譏刺擬議人之故、博辯閎遠、而危

遠方弟子三千人　孔子觀明堂　扆 音倚

其身。能廣博辯論而宏遠，而反危其身者。好發人之惡者也。愛揚人之惡之故。孔子曰：敬奉教。夫子言敬受教誨。自周反魯，道彌尊矣。自周而歸魯，其道益尊。遠方弟子之進，蓋三千焉。遠地願為弟子來學道者，凡三千人。孔子觀乎明堂，睹四門墉，夫子觀周明堂及四門之墻。有堯舜之容、桀紂之象，見有堯舜桀紂之畫像。而各有善惡之狀、興廢之誡焉。堯舜為善則興，桀紂為惡則廢，其形狀可以為鑑誡。又有周公相成王，抱之負斧扆南面以朝諸侯之圖焉。又有周公抱成

王坐天子之位，以朝天下諸侯之圖。孔子徘徊而望之，夫子數曲而觀看。謂從者曰：顧謂弟子言。此周之所以盛也。此乃周家之所以隆盛也。夫明鏡所以察形，鏡之光者，可照其形。往古所以知今。往古之事，可以驗今。人主不務襲迹於其所以安存，人君不求蹈古人所以安存之迹。而忽怠所以危亡，而且怠忽於危亡之事。未有異於卻走而求及前人也。何異

入后稷廟金人銘背　樂 音洛　長 叶韻 如字　札 則八切

退走而欲追及前行之人。孔子觀周，入后稷之廟，夫子觀周，遂入太祖后稷之廟。有金人焉，廟中有金鑄人。參緘其口，三重封其口。而銘其背曰：銘刻於背上曰。古之慎言人也。此古者能謹言語之人也。戒之哉！當以為戒。無多言，多言多敗。人不可多言，若多言則多敗壞。無多事，多事多患。人無為多事，若多事則多患難。安樂必戒，雖處安樂，必警戒也。無所行悔。所悔之事，不可復行。勿謂何傷，其禍將長。莫言何傷，其患又將無窮。勿謂何害，其禍將大。莫言無害，其患又將成大。勿謂不聞，神將伺人。莫言無所

聞知，神明已窺伺人。焰焰不滅，炎炎若何。如火始焰焰而小，若不滅之，及炎炎而熾，則將如何。涓涓不壅，終為江河。如水涓涓細流，若不塞之，則終成江河。綿綿不絕，或成網羅。如綿綿微細，若不斷絕，則有成羅網。毫末不札，將尋斧柯。木如毫末之小，若不拔去，將用斧柯而斫。誠能慎之，福之根也。誠能謹戒，是為福之根本。口是何傷，禍之門也。口過毋罰無害，乃禍之門也。疆梁者不得

夫 去聲　注一本人作之　識 志音　夫子之教

其死、人之強梁者、終不得其死、好勝者必遇其敵、好勝人者、必遇人與之為敵、君子知天下之不可上也、故下之、君子則知天下之大、不可居其上、故居已下人、知衆人之不可先也、故後之、知衆人之多、不可居其先、故退已後之、温恭慎德、使人慕之、温和恭敬而謹其德行、使人仰慕之、江海雖左、長於百川、以其卑也、水以右為尊、江海雖在於左、亦能為百川長、以其能下也、天道無親、而能下人、上天之道雖無親、而其用亦能下人、戒之哉、毋言當以此為鑑戒也、孔子既讀斯文也、夫子讀銘文畢、顧謂弟子曰、小人識之、回顔與弟子言、我當記之、此言實而中、情而信、其言朴實而中理、近情而可信、

弟子行第十二

孔子弟子、升堂入室者、七十餘人、故以名篇

衛將軍文子、衛卿、名彌牟也、問於子貢曰、問子貢言、吾聞孔子之施教也、我聞夫子之設教、先之以詩書、先以詩書

行 去聲　顔回之行　冉雍之行

教人、而導之以孝悌、而後導之以孝悌之行、說之以仁義、敷陳以仁義之理、觀之以禮樂、示之以禮樂之事、然後成之以文德、終則以文德教成就之、蓋入室升堂者、七十有餘人、造道之閫奥者、凡七十二人、其孰為賢、諸人中誰為賢、其子貢對以不知、子貢以知人為難、故不對、文子曰、請聞其行、文子又言、願聞諸弟子所行如何、子貢曰、夫能夙興夜寐、子貢言、能早起夜卧而不倦、諷誦崇禮、讀誦而尊禮、行不貳過、貳毋也、有不善未嘗不知、知之未嘗復行、稱言不苟、舉言典法不苟且也、是顔回之行也、此顔回之行如此、若逢有德之君、世受顯命、不失厥名、若遇明君、則顔回世世受顯著之爵、不墜其美名、在貧如客、不以貧累志、矜莊如為客、使其臣如借、不有其臣、如借使之、不遷怒、不深怨、不録舊罪、不遷怒於人、不深怨人、亦不記人已過之罪、是冉雍之行也、此冉雍之行如此、不畏強禦、不避強禦之人、不侮矜寡、不敢忽矜寡之人、其言循性、循性不誣其情、材

仲由之行　冉求之行（好：去聲）　公西赤之行（相：去声）

任治戎，其材可治軍旅。是仲由之行也。此子路之行如此。孔子和之以文，子路好勇，夫子以文德和柔之。強乎武哉，文不勝其質。子路雖強勇，但文不勝其質。恭老卹幼，不忘賓旅，敬老存幼，雖在賓旅亦不忘之。好學博藝，省物而勤也。好學不倦，博覽六藝，省録諸事而能勤也。是冉求之行也。此冉求之行如此。孔子語之曰：夫子言曰。有好學則知，好學則謂之智。卹孤則惠，閔幼則謂之惠。恭則近禮，恭敬則近乎禮。勤則有繼。勤則常不斷絕。齊莊而能肅，齊心致敬而嚴肅。志通而好禮，心通達而愛禮。擯相兩君之事，輔兩君會好，助其事。篤雅有節，篤厚雅正而中節。是公西赤之行也。此公西華之行如此。孔子曰：二三子之欲學賓客之禮者，其於赤也。子謂弟子言二三子欲學擯相之事，當如公西赤也。滿而不盈，能持滿而不驕盈。實而如虛，雖飽於義理，常若空虛。過之如不及，作事雖已是，猶如未是。先王難之，是先王之所難。其貌恭，容貌恭敬。其德敦，德行

仲由之行　冉求之行（好：去聲）　公西赤之行（相：去声）

任治戎，其材可治軍旅。是仲由之行也。此子路之行如此。孔子和之以文，子路好勇，夫子以文德和柔之。強乎武哉，文不勝其質。子路雖強勇，但文不勝其質。恭老卹幼，不忘賓旅，敬老存幼，雖在賓旅亦不忘之。好學博藝，省物而勤也。好學不倦，博覽六藝，省録諸事而能勤也。是冉求之行也。此冉求之行如此。孔子語之曰：夫子言曰。有好學則知，好學則謂之智。卹孤則惠，閔幼則謂之惠。恭則近禮，恭敬則近乎禮。勤則有繼。勤則常不斷絕。齊莊而能肅，齊心致敬而嚴肅。志通而好禮，心通達而愛禮。擯相兩君之事，輔兩君會好，助其事。篤雅有節，篤厚雅正而中節。是公西赤之行也。此公西華之行如此。孔子曰：二三子之欲學賓客之禮者，其於赤也。子謂弟子言二三子欲學擯相之事，當如公西赤也。滿而不盈，能持滿而不驕盈。實而如虛，雖飽於義理，常若空虛。過之如不及，作事雖已是，猶如未是。先王難之，是先王之所難。其貌恭，容貌恭敬。其德敦，德行

家語上　四十六

子游之行　南容之行　子羔之行

㳙明之行也、此澹臺之行如此、先成其慮及事而用之、凡事必先成其思慮、及事至則用之、故動則不妄、所為無舛、是言偃之行也、此子游之行如此、獨居思仁、居於家則思仁、公言仁義、居官則言仁義、一日三復白圭之玷、玷缺也、詩云、白圭之玷、尚可磨也、斯言之玷、不可為也、一日三復、歎之至也、此宮縚之行也、此南容之行如此、自見孔子、未嘗越禮、見夫子之後、凡出入未嘗踰禮、足不履影、往來常迹故迹、不履影也、啓蟄不殺、春分蟄蟲啓戶、此時不復殺生、方長不折、春夏長養之時、不折草木、執親之喪、未嘗見齒、居父母喪、無笑容也、是高柴之行也、此子羔之行如此、凡此諸子、子貢謂文子言、凡此數弟子者、賜之所親覩者也、乃賜親見之者、吾子有命而訊賜、文子有命而問於賜、賜也固不足以知賢、賜自謙言、不足以知人之賢、

賢君第十三

哀公問孔子、當今之君孰賢、因以名篇、

哀公問於孔子曰、哀公問夫子、當今之君、孰為最

衛靈公賢　乘去声　縚此由切

賢、當世人君、何者最賢、孔子對曰、抑有衛靈公乎、子言衛靈公賢君也、公曰、何也、公言、靈公何得為賢、曰、公子渠牟、靈公之弟、其智足以治千乘、其智能足以治千乘諸侯之國、其信足以守之、其誠信能守國、靈公愛而任之、公愛渠牟、而任用之、又有士林國者、見賢必進之、有國士曰林國者、見有賢人則進於君而用之、而退與分其祿、君不用則分己俸以與人、是以無游放之士、當時國士無游放者、靈公賢而尊之、公以林國為賢、而尊禮之、又有士曰慶足者、又有國士曰慶足、國有大事則起而治之、衛國有大事、則慶足出而治之、無事則退而容賢、無事則退欲以容賢於朝、靈公悅而敬之、公喜慶足而敬重之、又有大夫史鰌、衛大夫史魚、以道去衛、有故去國、而靈公郊舍三日、公出郊舍以自悔、必待史鰌之入、而後敢入、待史魚反國、而後歸也、臣以此取之、以此謂靈公為賢君、不亦可乎、又有何不可、○子貢問於孔子曰、子貢問夫子、今之

鮑叔子皮賢　進賢爲賢　遠 去聲　經本作一正政

人臣孰爲賢（今世人臣何人爲賢）子曰吾未識也（子言我未識今之賢臣）往者齊有鮑叔鄭有子皮則賢者矣（但往昔齊國有鮑叔鄭國有子皮是賢人）子貢曰齊無管仲鄭無子產（子貢言管仲齊之賢臣子產鄭之賢臣今夫子不言二子是齊無管仲鄭無子產矣）子曰賜汝聞用力爲賢乎進賢爲賢乎（夫子呼子貢名曰汝所聞是以用力於當時者爲賢是以進賢於其君者爲賢）子貢曰進賢賢哉（子貢言進賢於君者爲賢）子曰然（夫子言是如此）吾聞鮑叔達管仲子皮達子產（我聞鮑叔進管仲子皮進子產矣）未聞二子之達賢已之才者也（未聞管仲子產能進人才之賢於已者）○顏淵問於孔子曰（顏回問夫子言）何以爲身（何以爲立身之道）子曰恭敬忠信而已矣（子言惟恭敬忠信則可矣）恭則遠於患（能恭則遠於患難）敬則人愛之（能敬則人皆愛之）忠則和於衆（盡忠則可和於衆人）信則人任之（有信則人任之以事）勤斯四者（勤行此四者）可以正國（以之正國

戶郎反　注本作一國家　鞮 音提　去聲

可也）豈特一身者哉（豈但一身而已）○子路問於孔子曰（子路問夫子言）賢君治國所先者何（賢君理國其道何先）子曰在於尊賢而賤不肖（子言在於尊敬賢人輕賤不肖）子路曰由聞晉中行氏（子路言由聞晉國有中行氏）尊賢賤不肖矣其亡何也（能尊賢賤不肖而國亦亡何也）子曰中行氏尊賢而不能用（子言中行氏雖能尊賢而不能用之）賤不肖而不能去（雖能賤不肖而不能去之）賢者怨之（賢者怨其不用已）不肖者讎之（不肖者惡其賤已故與君爲讎）怨讎並存於國（怨讎之人皆在國中）鄰敵搆兵於郊（鄰國結兵於郊野與之爲敵）雖欲無亡豈可得乎（中行雖欲國不亡惡得而不亡）○孔子喟然歎曰（夫子閒居興嘆而言）鄕使銅鞮伯華無死（伯華古之賢人也使其不死而見用）天下其有定矣（則天下得以治）其幼也敏而好學（其幼年敏速而好學）其壯也勇而不屈（及壯有勇而不撓）其老也有道而能下人（及老成有道德又能謙以下人）子

周公下白屋之士　惡音烏　斂去聲　去聲

路曰好學有勇則可也（子路言伯華好學有勇固可）若夫有道下人何哉（伯華既有道又下於人也）子曰吾聞以衆攻寡無不克也（以衆多而攻寡少則無有不勝者）以貴下賤無不得也（以尊貴而下於卑賤則無有不得其民者）昔周公居冢宰之尊制天下之政（昔者周公爲冢宰治天下之政）而猶下白屋之士（而且下於白屋之士）欲得士之用也（蓋欲得天下士而任用之）惡有有道而不下天下君子哉（豈有自有其道而不屈己天下之士）○哀公問政於孔子（哀公問夫子爲政之道）孔子對曰政之急者莫大乎使民富且壽也（子言爲政所當急者在於使民富足壽考）省力役（省其征役）薄賦斂（薄其税賦）則民富矣（民乃富足）敦禮教（厚其禮教）遠罪戾（使人遠於罪戾）則民壽矣（民乃壽考）公曰寡人欲行夫子之言（公言寡人欲行夫子所言）恐吾國貧矣（將恐吾國貧之）孔子曰詩云愷悌君子民之父母（夫子舉詩言樂易天子爲百姓父母）

政在節財　葉失涉反　解古賣反

未有子富而父母貧者也（未見有人子富足而父母貧乏者）

辯政第十四（齊君魯君葉公俱問政夫子答之不同子貢問之故辯政名篇）

子貢問於孔子曰（子貢問夫子言）昔者齊君問政（前時齊君問爲政之道）夫子曰政在節財（夫子對以爲政在於節財用）魯君問政（及魯君問爲政）夫子曰政在諭臣（夫子則對以爲政在於諭臣下）葉公問政（及葉公問爲政）夫子曰政在悅近而來遠（夫子則對以爲政在於近者悅而遠者來）三者之問一也（三者問政則一）而夫子應之不同（而夫子答之各自不同）然政在異端乎（豈爲政之道在於多端乎）子曰各因其事也（夫子言各因其事而對之所以救其失也）齊君爲國（夫齊君之治國）奢乎臺榭淫乎苑囿（修臺榭之美麗溺苑囿之宴樂）五官伎樂不解於時（其伶官伎樂無一時少息）一旦而賜人以千乘之家者三（一日賞大夫之官者三人千乘大夫之家也）故曰政在節

注一本國作侯

忠臣之諫有五

度　待洛

財（故言為政在於節財用、）魯君有臣三人、（孟孫叔孫季孫也、）內比周以愚其君、（在內則結為黨與、以愚惑其君、）外距諸侯之賓以蔽其明、（在外則黜諸國之賓客、以蒙蔽君之聰明、）故曰政在諭臣、（故言為政在於理諭臣下、）夫荊之地廣而都狹、（荊襲公所治之地、其土地雖廣、所都則狹、）民有離心、莫安其居、（百姓有離散之心、不遑安處、）故曰政在悅近而來遠、（故言為政在於近者悅、遠者來、）此三者所以為政殊矣、（以此三者為政不同、）故孔子

家語上　五十四

曰、忠臣之諫君有五義焉、（夫子言、忠臣諫爭其君、於義有五、）一曰譎諫、（正其事以譎諫其君、）二曰戇諫、（戇諫無文飾也、）三曰降諫、（卑降其體所以諫也、）四曰直諫、（以直道而諫君也、）五曰諷諫、（借他事引援而諫、）唯度主以行之、（唯在審度其君意向、而後行之、）吾從其諷諫乎、（諷諫依違遠罪避害者也、）○子貢問於孔子曰、（子貢問夫子言、）夫子之於子產晏子可謂至矣、（夫子之待二子敬望之甚、）敢問夫子所以與之者、（敢問夫子何為

使使下字去聲　商羊鳥名

趨　音促

而取之、）子曰、夫子產於民為惠主、（子言、子產之於治民、可謂德惠之主、）於學為傳物、（其於為學、乃傳物之君子、）晏子於君為忠臣、（晏子之於事君、可謂忠直之臣、）而行為敬敏、（其所行恭敬而敏速、）故吾皆以兄事之、（我故以事兄之禮事二子、）○齊有一足之鳥、飛集於公朝、舒翅而跳、（齊國有獨脚鳥、飛集于朝堂、展翼而跳躍、）齊侯怪之、（齊君大以為異、）使使聘魯問孔子、（遂使者聘於魯、問孔子、此為何鳥、）子曰、此鳥名商羊、水祥也、（子言、

家語上　五十五

此為商羊、鳥名、主有水災、）昔童兒屈脚振肩而跳、（昔有小兒屈其一足、振動兩肩、而跳躍者、）且謠曰、天將大雨、商羊鼓舞、（乃歌曰、天將有大雨、故商羊出而鼓舞、）今齊有之、其應至矣、（今齊國有此鳥、童謠之言應矣、）急告民趨治溝渠、修隄防、將有大水為災、（官吏命百姓、催治其溝渠、修其隄防、非久有水災也、）頃之大霖雨、水溢泛、（俄而果有大雨、川源水溢而泛、）諸國傷害民人、（他國皆為洪水傷損人民、）唯齊有備不敗、（惟齊國知防備、故不為害、）景公

宓單父 音伏音善甫

子貢為信陽宰

曰、聖人之言、信而有徵矣、齊景公言、夫子聖人、其言信然有驗也、孔子謂宓子賤曰、子賤孔子弟子、孔子與之言曰、子治單父、衆悅、汝治單父、而民喜悅、子何施而得之也、汝何為而得民之喜悅也、對曰、此地民有賢於不齊者五人、答言單父之民、賢於己者有五人焉、不齊子賤之名、不齊事之而稟度焉、不齊皆敬事之、凡事皆稟之以為法度、孔子歎曰、昔堯舜聽天下、夫子嗟歎而言曰、古有堯舜治天下、務求賢以自輔、專務求賢人以輔佐、

家語上　五十六

夫賢者百福之宗也、賢人為百福之所主、神明之主也、神明之所宗、惜乎不齊之以所治者小也、可惜子賤小於為治、○子貢為信陽宰、子貢為信陽邑宰、將行辭於孔子、將之官來告辭夫子、孔子曰、勤之慎之、子言當用勤謹於事、吾聞知為吏者、奉法以利民、我聞能為吏者、奉承國法以利益其百姓、不知為吏者、枉法以侵民、不能為吏者、枉用其法以侵害百姓、此怨之所由也、此召民怨之所起也、治官莫若平、在官

廉平之守不可改

子路治蒲

去声

治民莫若公平、臨財莫如廉、見其財利、莫如清廉、廉平之守、不可改也、廉平之道、須固守之、不可改易、匿人之善、斯謂蔽賢、隱匿人之善行、則是蔽於賢者、揚人之惡、斯為小人、播揚人之不美事、則謂之小人、內不相訓、而外相謗、非親睦也、在內不相訓戒、出外則相謗訕、則非親親以睦之道、言人之善、若己有之、說他人之善、如我自有其善、言人之惡、若己受之、說他人之惡、如我自受其惡、故君子無所不慎焉、是以君子之人、無所不用其敬、○

家語上　五十七

子路治蒲三年、子路為蒲邑宰、三歲之久、孔子過之、夫子從蒲邑過、入其境曰、善哉由也、入至蒲界、乃曰美哉由之為政、恭敬以信矣、能恭敬而有信、入其邑曰、善哉由也、至其邑、則又言美哉由之為政、忠信而寬矣、能忠信而寬和、至庭曰、善哉由也、及至公庭、又言美哉由之為政、明察以斷矣、能明察而有斷、子貢執轡而問曰、子貢為夫子御車、故執馬轡而問、夫子未見由之政、而三稱其善、言夫子未及見子路之政事、而三次稱美其善、其

易　去聲　辟　音闢　胡官切　注一本作以央

善可得聞乎、其政之善可知之否。孔子曰、吾見其政矣、子言我見由之政矣。入其境、初至其境界。田疇盡易、田疇無不耕治。草萊甚辟、草萊無不開辟。溝洫深治、而溝洫亦修治得深。此其恭敬以信、此子路能恭敬以信。故其民盡力也、故蒲邑之民皆盡其力。入其邑、及入其邑內。墻屋完固、墻屋完全而堅固。樹木甚茂、其林木甚茂盛。此其忠信以寬、此子路能忠信以寬。故其民不偷也、故蒲之民俗不偷薄也。至其庭、又至其公庭。庭甚清閑、公庭之間清閑無事。諸下用命、胥吏之屬無有不從其命令。此其明察以斷、此子路能明察於事而有決斷。故其政不擾也、故其政事不至於煩擾也。以此觀之、觀子路之政如此。雖三稱其善、庸盡其美乎、雖三次稱美其善亦豈能盡其美乎。

標題句解孔子家語卷上

行已有六本　行　去聲　唯　上聲　爭　去声

標題句解孔子家語卷中

六本第十五 篇首言六本之事、故以名篇。

孔子曰、行已有六本焉、夫子言人之一身所行有六本。然後為君子、斯為君子之人。立身有義矣、而孝為本、立身以孝為本。喪紀有禮矣、而哀為本、喪事以哀戚為本。戰陣有列矣、而勇為本、戰陣以勇為本。治政有理矣、而農為本、為政以農為本。居國有道矣、而嗣為本、為國以立子為本。生財有時矣、而力為本、生財以勤力為本。孔子曰、良藥苦口、而利於病、良藥雖苦口而益於病。忠言逆耳、而利於行、忠鯁之言雖逆人聽而利於所行。湯武以諤諤而昌、商湯周武由聽謇諤之言故昌盛。桀紂以唯唯而亡、夏桀殷紂其臣順意唯唯故亡其國。君無爭臣、父無爭子、兄無爭弟、士無爭友、無其過者、未之有也、君父兄士若無在下人諫爭、欲自少過者未有也。故曰、君失之臣得之、君有過臣得以諫

自損者必有益

父失之、子得之、父有過、子得以諫。兄失之、弟得之、兄有過、弟得以諫。己失之、友得之、己有過失、朋友得以諫。是以國無危亡之兆、家無悖亂之惡、國不至於危亡、家不至於悖逆。父子兄弟無失、而交友無絕也、父子兄弟俱無過失、朋友交遊亦無斷絕。○孔子讀易、至於損益、夫子讀周易、至損益二卦。喟然而歎、喟然與歎。子夏避席問曰、子夏避位、而問夫子。夫子何歎焉、夫子何所歎。孔子曰、夫自損者必有益之、人能自損、則有所益。自益者必有決之、自益者必至於夬夬。吾以是歎也、我由此而歎也。子夏曰、然則學者不可以益乎、子夏言、如此則學者不可有益乎。子曰、非道益之謂也、夫子言、非謂道不可益。道彌益而身彌損、道雖愈益、身當愈損。夫學者損其自多、學者當知自損其益。以虛受人、以謙虛而容人。故能成其滿、乃能持於盈滿。博哉天道、成而必變、大哉上天之道、既成於物、復變於物。凡持滿而能久者、未嘗有也、凡能持盈至於久者、未有也。

載 上聲

昔堯居天下之位、昔者帝堯居位、以治天下。猶允恭以持之、尚且敬信以謹持之。克讓以接下、能謙遜以接下情。是以千歲而益盛、迄今而踰彰、千歲而下、其德愈盛、至今而愈彰。夏桀昆吾、昆吾國與夏桀作亂。自滿而無極、自滿不止。亢意而不節、恣意而不知節。斬刈黎民如草芥焉、殺戮百姓、如刈草芥。天下討之、如誅匹夫、天下共伐之、如殺一匹夫焉。是以千載而惡著、迄今而不滅、千載以下、其惡愈著、至今而不泯滅。○孔子曰、吾死之後、則商也日益、夫子言、我死後、子夏日有所益。賜也日損、子貢日有所損。曾子曰、何謂也、曾參問是如何。子曰、商也好與賢己者處、子夏好與勝己之人相處。賜也好悅不若己者處、子貢好與不如己之人相處。不知其子、視其父、不知其子之善惡、惟觀其父。不知其人、視其友、不知其人之善惡、惟觀其所交之友。不知其君、視其所使、不知其君之善惡、惟觀其所用之人。不知其地、視其草木、

好 去聲

芝蘭俱化

郯 音談

不知其地土之肥瘠惟觀其地草木榮瘁如何故曰與善人居如入芝蘭之室（與善人同處如入芝蘭之室中）久而不聞其香即與之化矣（久後不聞其香氣與芝蘭俱化也）與不善人居如入鮑魚之肆（與不善人同處如入臭魚之店中）久而不聞其臭亦與之化矣（久後不知其臭氣亦與鮑魚俱化也）丹之所藏者赤（藏丹處必赤）漆之所藏者黑（藏漆處必黑）是以君子必慎其所與處者焉（故君子必謹其所與同處者）

辯物第十六（此章多辯論於事物故以名篇）

郯子朝魯（郯子朝於魯國）魯人問曰（魯人叔孫昭子也）少昊氏以鳥名官何也（少昊金天氏也少昊以鳥名官故魯人發問）對曰吾祖也我知之（郯子言少昊氏我之祖也我知其以鳥名官之故）昔黃帝以雲紀官故為雲師而雲名（黃帝軒轅氏也以雲紀其官長而為官名者也）炎帝以火（炎帝神農氏以火名官）共工以水（共工伯九州以水名官）太昊以龍（包羲氏以龍紀官）其義一也（火師而火名也龍師而龍名也）我高祖少昊摯之立也（我上祖少昊之初立也摯少昊名）鳳鳥適至（適有鳳鳥之祥瑞）是以紀之於鳥故為鳥師而鳥名（故以鳥紀其官長而為官名也）自

頊 許六切

顓頊氏以來不能紀遠乃紀於近（顓帝以來不紀遠而紀近）為民師而命以民事（以民事而紀官以民事而名官也）則不能故也（言不能紀遠也）孔子聞之（夫子聞郯子言）遂見郯子而學焉（遂往見之乃就學焉以郯子之知古也）

○叔孫氏之車

士曰子鉏商（叔孫氏魯大夫車士持車者子姓也鉏商名也）採薪於大野獲麟焉（因採薪於大野之中而獲其麟獸）折其前左足載以歸（傷折麟之前左足遂載之而歸）叔孫以為不祥棄之於郭外（叔孫氏以為怪物乃棄置於郭外）使人告孔子（使人問夫子）孔子往觀之曰麟也（孔子往郭外看之曰此麟獸也）胡為來哉胡為來哉（何為而來此再言之者傷嗟之甚）反袂拭面涕泣沾襟（夫子以麟出非其時故以袖拭面因泣下涕淚沾其衣）叔孫

麟出非時

文武之政布在方策

聞之、叔孫聞夫子之言、然後取之、遂取歸。子貢問曰、夫子何泣爾、子貢問夫子何為而泣。孔子曰、麟之至爲明王也、夫子言、麟仁獸也、明王在上則爲之出。出非其時而見害、今麟出不遇時、反為人所害。吾是以傷焉、此吾所以為感也。

哀公問政第十七

以首章之義、故以名篇。

哀公問政於孔子、公問政事於孔子。孔子對曰、文武之政布在方策、夫子答言、文王武王之政、事布在詩書方策之中。其人存則其政舉、文武在則其政舉而行之。其人亡則其政息、文武既沒則其政廢矣。天道敏生、上天生物至速。人道敏政、人得其道則其政行速。地道敏樹、地得其道生草木速。夫政也者、猶蒲盧也、蒲盧、果蠃也、取螟蛉而化之以為子、人君爲政化百姓亦如之也。待化以成、化民以成其政。故爲政在於得人、為政之要在於得人。取人以身、取人之道在於脩身。脩道以仁、欲脩其道以仁為本。仁者人也、人身具此生理、自有慈愛之意。親親爲大、仁之用莫大於

禮者政之本

親親。義者宜也、分別事理、各得其宜。尊賢爲大、義之用莫大於尊賢。親親之敎、敎、謂敎化。尊賢之等、等、謂差等。禮所以生也、禮所以節文斯二者而已。禮者政之本也、為政必以禮為本。是以君子不可以不脩身、為政在人、取人以身故也。思脩身不可以不事親、脩道以仁故也。思事親不可以不知人、欲盡親親之仁、必由尊賢之義。思知人不可以不知天、親親尊賢皆天理也。天下之達道有五、天下通行之道、其條有五。其所以行之者三、所以行者有三、智仁勇也。曰君臣也、君臣有義。父子也、父子有親。夫婦也、夫婦有別。昆弟也、兄弟有序。朋友也、朋友有信。五者天下之達道、上文五者、天下古今所共由之路也。智仁勇、智所以知此、仁所以體此、勇所以強此也。三者天下之達德也、三者天下古今所同得之理也。所以行之者一也、一者誠也。或生而知之、生知者智也。或學而知之、學知者仁也。或困而知之、困知者勇也。及其知之一也、合三知而言、皆智者之事、而知

強上聲　宰我問鬼神　祧他彫切　別彼列切

之者勇也）或安而行之（安行者智也）或利而行之（利行者仁也）或勉強而行之（勉強行者勇也）及其成功一也（合三行而言、皆仁者之事而成功者勇也）○宰我問於孔子曰（宰予問夫子言）吾聞鬼神之名而不知所謂（我聞鬼神之名而不知何以爲鬼神）敢問焉（敢問所謂鬼神者）孔子曰人生有氣有魂（子言、夫人之生有氣有魄、氣與魄陽也）氣者神之盛也（精氣者人神之盛也）夫生必死（有生必有死）死必歸土此謂鬼（死而必葬於土、故謂之鬼）魂氣歸于天此謂神（其魂氣則上升于天、故謂之神）合鬼與神而享之教之至也（合鬼神而事之、孝道之至、孝者教之所由生也）故築爲宮室（爲宗廟也）設爲宗祧（宗親廟也、祧遠廟也）春秋祭祀（四時祭祀祖先、言春秋者錯舉之也）以別親疎（以分別其親疎）教民反古復始（教百姓使知思古報本）不敢忘其所由生也（不敢少忘所生祖宗）昔者文王之祭也（周文王之祭祖）事死如事生（事死之禮、亦如事生）思死而不欲生

家語中　八

東野畢善御　舜巧於使民　造七到切

（思親之死而自不忍生）忌日則必哀（父母死日必致其哀）稱諱則如見親（稱父母之名則如見父母）祀之忠也（祭祀之盡忠也）詩云明發不寐有懷二人（達旦不寐所思惟父母也）敬而致之又從而思之（恭敬而致祭、從而致思者）又孝子之情也（此孝子之心）文王爲能得之矣（惟文王爲能得其孝道）

顏回第十八（魯定公問顏回東野畢善御、因以顏回名篇）

魯定公問於顏回曰（定公問顏淵言）子亦聞東野畢之善御乎（汝曾聞東野畢之善能御馬耶、東野畢定公御者）對曰善則善矣（回答公言其御馬固可謂善矣）然其馬將必佚（但所御之馬將恐不服駕御、越駕而走矣）公曰何以知之（公又問顏回言、汝何以知其馬必佚）對曰以政知之（回言觀其事知之）昔者帝舜巧於使民（古之虞舜善於御百姓）造父巧於使馬（周之造父善於御馬）舜不窮其民力（帝舜使民不窮困於民力）造父不窮其馬力（造父使馬不窮困於馬力）是以舜無佚民（舜無走佚之民）造

家語中　九

朝 直遥切　攫 厥縛切　注本作一奸好　度 待各切

父無佚馬、造父無走佚之馬、今東野畢之御也、今觀東野畢之御馬、升馬執轡銜體正矣、登馬執轡銜勒既正、步驟馳騁、馬之馳走、朝禮畢矣、盡禮之儀、歷險致遠、乘馬過險至遠、馬力盡矣、馬之力已極矣、然而猶乃求馬不已、馬力既極尚且鞭策不止、臣以此知之、觀其如此故知馬將必佚、公曰吾子之言、其義大矣、公謂回曰子言御馬有御民之大義、願少進乎、更欲盡聞其言、回曰、回答言、臣聞之、鳥窮則啄、回聞禽鳥為人所困、則必啄人、獸窮則攫、走獸為人所困則必搏、人窮則詐、人至於窮則必奸詐、馬窮則佚、馬至於窮則必佚走、自古及今、從古而至于今、未有窮其下、而能無危者也、未有窮困於下民、而能無危亡之患者、○顏回問君子、回問君子於夫子、孔子曰、夫子言、愛近仁、博愛於人、近於仁也、度近智、度事而行、近於智也、為己不重、輕於為己、為人不輕、重於為人、君子也夫、此之謂君子、顏回問小人、回問小人於夫子、孔子曰、夫子言、毀人之善

鮮 上聲　樂 五教切　注本作一肆健

以為辯、毀謗人之善事、以肆其口辯、狡許懷詐以為智、其心狡許姦詐、自以為智、幸人之有過、喜他人之有過失、恥學而羞不能、恥於學問、而自羞其不能、小人也、此之謂小人、顏回謂子路曰、顏淵與仲由言、力猛於德、勇力勝於德行、而得其死者鮮矣、欲其得善終者少也、盍慎諸焉、當謹於此、回知由好勇故、以此箴之、叔孫武叔見於顏回、武叔魯大夫、武叔多稱人之過而已評論之、武叔多言人之過失、又以己意評論之、顏回曰、吾聞諸孔子、曰、顏回謂武叔曰、吾嘗聞夫子言、言人之惡、非所以美己、談人惡者、非美身之道、言人之枉、非所以正己、談人邪者、非正身之道、故君子攻其惡、無攻人之惡、是以君子之人、惟攻己之過惡、不攻他人之過惡、

子路初見第十九 以首章之義名篇、

子路初見孔子、仲由始見夫子、子曰、汝何好樂、子問仲由、爾何所愛、對曰、好長劍、由答言、所好在長劍、子曰、吾非此之

操平聲

鏃作木切

問也、子言、我之問汝、非謂此也、徒謂以子之所能而加之以學問、但問汝既有所能、又當加學問之益、豈可及乎、則不可及也、子路曰學豈益哉、仲由言、學豈足爲益、子曰夫人君而無諫臣則失正、子言、人君若無諫諍之臣、則或失其正道、士而無教友則失聽、上無朋友相教訓、則或失於所聞、御狂馬不釋策、御狂馬者、不得釋箠策、操弓不反檠、弓不反於檠、然後可持、木受繩則直、斲木從繩、則正直、人受諫則聖、爲人而從諫諍、則至

於聖、受學重問、孰不順哉、受師教學、好問理義、孰有不順者、毀仁惡士、必近於刑、謗毀仁者、憎怒士人、必近於刑戮也、君子不可不學、君子之人、不可不爲學、子路曰南山有竹、不揉自直、子路又言、南山之竹、不假矯揉而自直、斬而用之達於犀革、伐而爲箭、可以貫於皮角之堅、以此言之、何學之有、以此觀之、又何待於學、子曰括而羽之、鏃而礪之、夫子言、箭末用翎、箭頭用鏃、其入之不亦深乎、射入則深、子路將行、辭於

注一本攝作魯

齊人遺女樂及文馬

孔子、辭夫子而歸、子曰、贈汝以車、贈汝以言乎、夫子言、今送汝以車馬乎、抑送以言語乎、子路曰請以言、子路言、請以言語贈我、子曰不強不達、子言、人不以強力、則不能自達、不勞無功、不能勤勞、則無功效、不忠無親、不忠直、則無人相親、不信無復、信近於義、言可復也、今而不信、則無可復、不恭失禮、不恭敬、則失其禮儀、慎此五者而已、惟謹行此五者而已、子路曰由請終身奉之、子路言、由請盡此一身而奉教、○孔子相魯、夫子攝相時、齊人患

其將霸、齊國恐魯國成霸者之道、欲敗其政、欲壞魯國政事、乃選好女子八十人、乃選美女八十人、衣以文飾而舞容璣、衣文繡之衣、舞容璣之曲、及文馬四十、及馬十乘、皆有文飾、以遺魯君、以貢獻於魯君、陳女樂、列文馬于魯城南高門外、陳列所貢之物于魯城南門外、季桓子微服往觀之、季桓子乃常服往省之、將受焉、欲受齊所貢女樂文馬、子路言於孔子曰、夫子可以行矣、子路告夫子曰、夫子可去矣、孔子曰魯

膰音煩

孔子去魯

以容取人之失子羽

孔箴問行已之道

今且郊、子言、今魯方郊祀、若致膰於大夫、君猶致祭肉、分與大夫、是則未廢其常、則是不廢其常禮、吾猶可以止也、在我未可去也、桓子既受女樂、魯國已受齊之女樂、君臣淫荒其君臣俱淫荒於女色、三日不聽國政、至於三日不治國事、郊又不致膰俎、郊祀又不致胙於其臣、孔子遂行、夫子見其廢禮於是去之、○澹臺子羽有君子之容、而行不勝其貌、澹臺滅明有君子之容貌而行事不稱焉、宰我有文雅之辭、而智不充其辯、宰予言辭雖文雅、而其智能不充於口辯、孔子曰、語云、

夫子言、俗語有云、相馬以輿、相馬當觀駕車之時、相士以居、相士人當觀於獨居之時、弗可廢矣、此言不可棄也、以容取人則失之子羽、以容貌取人則取子羽為失矣、以辭取人則失之宰予、以文辭取人、則取宰我為失矣、○孔箴問行已之道、孔箴、夫子兄子、問修身之道、子曰、夫子言、知而弗為、莫如勿知、既知可為而不為、不如不知、親而弗信、莫如勿親、既親於人、又不

中去聲

孔子厄於陳蔡

信之、不如勿與相親、樂之方至、樂而弗驕、喜之方來、不可乘喜而驕傲、患之所至、思而勿憂、患難將來、當思而不當憂、孔箴曰、行已乎、箴言、行已之道、止於此乎、子曰、攻其所不能、子言已有不能、當攻治之、備其所不足、已有不足當備全之、毋以其所不能疑人、勿以我不能而疑人之能、毋以其所能驕人、勿以已能而驕人之不能、終日言無遺已之憂、言無口過、故不至有憂、終日行不遺已之患、行無怨惡、故不至有患、惟智者有之、惟明智之人能如此、

在厄第二十

孔子厄於陳蔡乃以在厄名篇、

楚昭王聘孔子、楚昭王遣使聘召孔子、孔子往拜禮焉、孔子往楚國、拜昭王之禮命、路出于陳蔡、行路至于陳蔡之間、陳蔡大夫相與謀曰、陳蔡二國之臣相共謀議曰、孔子聖賢、孔子聖賢之人、其所刺譏、皆中諸侯之病、其諷諫、皆切中諸侯之時病、若用於楚、則陳蔡危矣、若孔子得用於楚、則二國皆危患矣、

徙 去聲

爲善天報以福

遂使徒兵距孔子不得行（乃命其徒率兵遮孔子路使不得去）絕糧七日（孔子不食者七日）外無所通（外無閒道可通）藜羹不充（藜藿之羹不充於口）從者皆病（隨從之人皆飢困）孔子愈慷慨講絃歌不衰（孔子益自慷慨講誦絃歌曾不少怠）乃召子路而問焉（遂召子路來問之）曰吾道非乎（吾道之不行）奚爲至於此（何爲至此）子路慍作色而對曰（子路含怒變顏色答夫子言）君子無所困（君子之道何爲困窮）意者夫子未仁與（豈夫子未能盡於仁乎）人之弗吾信也（故人不之信）意者夫子未智與（又豈夫子之未智乎）人之弗吾行也（故人不使通行而困窮也）且由也昔者聞諸夫子曰（昔由嘗聞夫子言）爲善者天報之以福（人能作善則天以福報之）爲不善者天報之以禍（作不善則天以禍報之）今夫子積德懷義（今夫子外積德內懷於義）行之久矣（行之於身亦已久矣）奚居之窮也（何爲所處窮困如是）子曰由未之識也（子謂子路曰由

語 去聲

逄 薄江切

芝蘭不以無人而不芳

汝未識此理）吾語汝（我與爾言之）汝以仁者爲必信也（汝言仁人必取信於人乎）則伯夷叔齊不餓死首陽（則夷齊不當餓死）汝以智者爲必用也（汝言智者必見用於人乎）則王子比干不見剖心（則比干不當爲紂所殺）汝以忠者爲必報也（汝言忠臣必得君之報乎）則關龍逄不見刑（則龍逄亦不當爲紂所殺）汝以諫者爲必聽也（汝言諫臣必得君之聽乎）則伍子胥不見殺（則子胥不當見殺於吳王矣）夫遇不遇者時也（時有遇不遇）賢不肖者才也（才有賢不肖）君子博學深謀而不遇時者衆矣（世之才智君子不得其時者多）何獨丘哉（豈惟我不遇哉）且芝蘭生於深林（夫芝蘭之草生深林中）不以無人而不芳（豈因無人往來而不吐其香乎）君子修道立德（君子修明其道成立其德）不爲窮困而改節（豈以一時之窮困而遂變其所守乎）爲之者人也（作輟在人）生死者命也（生死有命）是以晉重耳之有霸心生於曹衛（重耳晉文

句 音勾　會 古外切　夫子道大

公（為公子時出奔困於曹衛）越王句踐之有霸心生於會稽（越王之有霸心生於困于會稽之時）故居下而無憂者則思不遠（在下位而無患難之憂則思慮淺矣）處身而常逸者則志不廣（處身惟務逸樂則其志小矣）庸知其終始乎（汝何用知其終始或者若文公越王之時也）子路出（子路已出）召子貢告如子路（夫子召子貢入以告子路之言告之）子貢曰夫子之道至大（子貢答言夫子之道甚大）故天下莫能容（是以天下不能容）夫子

盍少貶焉（夫子何不少自損抑）子曰賜（子呼子貢名）良農能稼不必能穡（種曰稼斂曰穡言良農能既種之未必能斂穫之也）良工能巧不能為順（良工能巧不能每順人意）君子能脩其道綱而紀之（君子能脩明其道有綱而有紀）不必其能容（未必其人之能容）今不脩其道而求其容（今乃不脩其道而求人之見容）賜爾志不廣矣（子言賜志小矣）爾思不遠矣（所慮亦淺矣）子貢出（子貢已出）顏回入問亦如之（顏回乃入夫子問之亦如

君子無憂　樂 音落

問子貢之言）顏回曰夫子之道至大（顏回答言夫子之道甚大）天下莫不能容（而天下無所不能容）雖然夫子推而行之（然使夫子推行其道）世不我用（時君不能用我）有國之醜也（乃國家之恥也）夫子何病焉（夫子又何患之）不容然後見君子（世不能容乃見君子之道大）孔子欣然歎曰（夫子聞顏回言乃樂然而歎曰）有是哉（誠有如此也）〇子路問於孔子曰（子路問夫子言）君子亦有憂乎（君子有所憂否）子曰無也（夫子言無

憂）君子之脩行也（夫君子之行已）其未得也（未得其志）則樂其意（自能陶其情）既得之（此志已遂）又樂其治（又能安其事）是以有終身之樂無一日之憂（故君子常樂而不憂）小人則不然（小人反是）其未得也（所求未得）患弗得也（惟恐不得）既得之（所求既得）又恐失之（又懼其失）是以有終身之憂無一日之樂也（故小人常憂而不樂）〇曾子蔽衣而耕於魯（曾子衣弊衣耕於魯之野）魯君聞之而致邑

焉。曾君聞知，乃致為邑，使得祿以代耕。固辭不受，曰：曾子堅辭不肯受，乃曰：吾聞受人施者常畏人，我聞受人之惠者，見其人常有畏心。與人者常驕人，有物與人者，見之。縱君有賜不我驕也，縱使曾君有賜，而不傲忽於我。吾豈能勿畏乎？在我豈能不畏之。

注一本之作人

入官第二十一

子張問入官，因以名篇。

子張問入官於孔子，入官，謂當官治民之職。子曰：安身取譽為難。子言君官身安，得其善譽者難。子張曰：為之如何？子張又問何為可以安身取譽。子曰：已有善勿專，子言若有善政，不可專為已有。教不能勿怠，教民未能，勿懈怠。已過勿發，人已過誤，無所傷害，勿發揚之。失言勿掎，人有失言，勿掎角之。不善勿遂，已有不善，不可遂行。行事勿留，宜行之事，勿令留滯。君子入官，自此六者，君官能行此六者，則身安譽至而政從矣。則身安譽得，而民從政矣。且夫忿數者，獄之所由生也；忿怒不常，則事多抑枉，故獄訟自此而生。距諫者，慮之所以塞也；不聽人諫，則思慮必有蔽塞。慢易者，禮之所以失也；輕忽於事，則失禮教。怠惰者，時之所以後也；不勤於事，則失其時。奢侈者，財之所以不足也；不能節用，則財必乏。專獨者，事之所以不成也。自專而不任人，則事不成就。君子入官，除此六者，君官又能去此六者，則身安譽至而政從矣。則身安譽得，而民從政矣。故君子南面臨官，而公治之；君子南嚮治民，以公正之道。精智而略行之，精於智慮，舉其要而行之。進是利而除是害，利於民者行之，為民害者去之。無求其報焉，不求人報，則得民情矣。是故臨官不治則亂，臨莅官所不治，則民亂。亂生則爭之者至，亂既生，則有忿爭之事矣。明君必寬宥以容其民，明君之治民也，必尚寬宥以容之。慈愛優柔之，慈愛則不嚴，優柔則不迫。而民自得矣。而百姓自得其治。君上者，民之儀也；為君民之法式。有司執政者，民之表也；臣為民之表儀。邇臣便

子張問入官

數入聲

易去聲

君者民之儀

紘 切經本紘紞
丁敢 一紘作紘

度 切
待洛

注本作
一斯出

碑者、群僕之倫也、邇臣為辟、便碑、執事在君之左右者、倫、紀也、為衆之紀、故儀不正則民失、君儀不正則百姓皆失正、表不端則百姓亂、臣表不直則民不得而治、邇臣便碑則羣臣汙矣、邇臣同於便碑則羣臣合汙矣○古者聖主、上古聖德之君冕而前旒、冕而前垂十二旒所以蔽明也、所以蔽其明視也紘統充耳、紘纓從下而上紞冠之垂者所以掩聰也、所以掩其聰聽也水至清則無魚、至清之水則魚不居其中人至察則無徒、人太明察則人不敢相親枉而直之、使自得之、枉者必與直之使民自得其志、優而柔之、使自求之、寬和待民使之自求其宜揆而度之、使自索之、揆度其法以開示之使民自索得之民有小罪、民之有過其罪小必求其善以赦其過、當求其善以赦宥之處民有大罪、民之有過其罪大必原其故、以仁輔化、當推原其所以犯處以仁道輔助而化之如有死罪、或其罪當死其使之生則善也、則以道使之得生斯善矣是以上下親而不離、故上

焉
音烟

下相親而不離叛道化流而不蘊、道化流行而無有壅滯此治民之至道矣、此乃治民極至之道入官之大統矣、居官之大統紀也、子張既聞斯言、退而記之、子張聞夫子之言、乃退而記之、

困誓第二十二子貢問倦學困道、遂以困誓名其篇、

子貢問於孔子曰、子貢問夫子言、賜倦於學困於道矣、賜也息於問學、疲於行道、願息而事君可乎、願少休息出仕於君、如何、孔子曰、詩云、夫子舉詩言答之、温恭朝夕、執事有恪、温和恭敬於朝夕之間、所司之事當敬而無失、事君之難也、此事君之所難、焉可以息哉、安得休息、曰然則賜願息而事親、賜又言、願休息所學、以事父母、孔子曰、詩云、夫子又舉詩言答之、孝子不匱、永錫爾類、孝子之道不匱竭者、能以類相傳、長錫爾以善道也、事親之難也、此事親之所難、焉可以息哉、安得休息、○孔子自衛將入晉、夫子自衛國欲往晉國、至河、聞趙簡子殺

夭上声

注一本槃作樂琴一作操

養去聲

竇犨鳴犢及舜華、行至於河、乃聞簡子殺此二人、蓋晉之大夫也、乃臨河而歎曰、遂向河水而嗟歎曰、丘之不濟此命也、我之不得渡此河者、天之命也、丘聞之、我嘗有所聞、刳胎殺夭、則麒麟不至其郊、刳獸胎殺必畜者、則麒麟不敢至其郊、竭澤而漁、則蛟龍不處其淵、鑿川澤而取魚者、則蛟龍不敢居其淵、覆巢破卵則鳳凰不翔其邑、毀鳥巢破鳥卵者、則鳳凰不敢飛其邑、鳥獸之於不義尚知避之、夫鳥獸見不義之亟亦知退避、況於人乎、可以人而不如鳥獸、遂還息於鄒、乃歸息於鄒國、作槃琴以哀之、槃操琴曲名、作此以傷二大夫見殺、

家語中　二十四

○子路問於孔子曰、子路問夫子言、有人於此、今有人焉、夙興夜寐、早起而夜寐、耕耘樹藝、耕耘其田、種藝五穀、手足胼胝、手胼而足胝、以養其親、以奉養於父母、然而名不稱孝、何也、而且無孝之名、何也、孔子曰、夫子言、意者身不敬與、豈是未能敬其身乎、辭不順與、言語之不順乎、色不悅與、顏色之不悅乎、今盡力養親、

夫子厄於陳蔡

好去聲　樂如字　下同

而無三者之闕、今能竭力以事父母、而又無此三者之失、何謂無孝之名乎、何患名之不稱孝也、○孔子遭厄於陳蔡之間、夫子往楚、陳蔡大夫用兵拒之、絕糧七日、七日不食、弟子餒病、從者皆飢困、孔子絃歌、夫子彈琴而歌、子路入見曰、子路入問夫子曰、夫子之歌禮乎、夫子之所歌合禮乎、孔子弗應、夫子不答、曲終而曰、琴罷乃曰、由來吾語汝、由來吾與爾言、君子好樂爲無驕也、君子之好樂則無驕傲也、小人好樂爲無

家語中　二十五

懾也、小人之好樂則無畏懾也、子路悅、子路聞言而喜、援戚而舞、三終而出、乃執干戚以舞、三成而出、明日免於厄、次日得脫其厄、子貢執轡曰、子貢爲夫子御、故執轡而言、二三子從夫子、而遭此難也、二三弟子從夫子、而遇此厄難、其弗忘矣、不可忘也、孔子曰、善、夫子善其言、夫陳蔡之間、丘之幸也、子言陳蔡之厄、乃我之有幸也、二三子從丘者、皆幸也、二三弟子從我於陳蔡者、亦有幸也、吾聞之、吾嘗有聞、烈士不困行不彰、忠烈

匡人圍夫子　惡平聲　和去聲

之士（不遇困辱、則節行不彰著、）庸知其非激憤厲志之始於是乎、（安知此厄非激厲我自此始乎、）○孔子之宋、（夫子往宋國、）匡人簡子以甲士圍之、（匡人有簡子者、以兵圍夫子、）子路怒奮戟將與之戰、（子路發怒、持戈戟欲與匡人相戰、）孔子止之曰、（夫子止子路勿與戰乃言曰、）惡有修仁義而不免世俗之惡者乎、（安有修仁義之君子、能免世人之疾惡乎、）夫詩書之不講、（不講明於詩書、）禮樂之不習、（不習學於禮樂、）是丘之過也、

（則是我之過、）若以述先王好古法而爲咎者、（如述先王之道、好古人之法、而獲殃咎者、）則非丘之罪也、（此則非我之罪、）命之歌、（使子路歌、）予和汝、（夫子和子路、）子路彈琴而歌孔子和之、（子路乃援琴而歌、夫子和之、）曲三終、（歌三成、）匡人解甲而罷、（匡人引兵退、）孔子曰、（子言、）不觀高崖何以知顛墜之患、（未見高山、則不知有墜落之患、）不臨深泉何以知沒溺之患、（未見深水、則不知有沉溺之患、）不觀巨海何以知風

注本作一患險　累去声　卒子律切　朝直遥切

波之患、（未見大海、則不知有風波之患、）失之者、其不在此乎、（士能人之失身、豈不在此三患、）士愼此三者、則無累於身矣、（謹此三患者、則其身無累矣、）○衛蘧伯玉賢而靈公不用、（伯玉、衛之賢人、靈公不能用之、）彌子瑕不肖、反任之、（彌子、非賢人、公反用之、）史魚驟諫而不從、（史魚諫靈公而不聽、）史魚病、（史魚有疾、）將卒、命其子曰、（將死、謂其子言、）吾在衛朝、不能進蘧伯玉退彌子瑕、（吾在於衛、不能使君用伯玉之賢、棄彌子之不肖、）

是吾爲臣、不能正其君也、（是我爲人臣、不能正救其君、）不生而不能正其君、（在生不能正救其君、）則死無以成禮、（既死則不足備禮、）我死、汝置屍牖下、於我畢矣、（我死後、汝惟置尸於牖下、在我亦足矣、）其子從之、（子從其言、）靈公弔焉、（靈公往慰之、）其子以其父言告公、（其子以父所言告公、）公曰、是寡人之過也、（公言、此則寡人之過、）於是命之殯於客位、（公乃命殯於西階、）進蘧伯玉而用之、（遂進伯玉而任用之、）退彌子

夫聲

史魚屍諫

黃帝之德齊側皆切

長上聲

度入聲

注本作馴一定字音句

瑕而遐之、退彌子瑕而遐棄之、孔子聞之曰、夫子聞之乃言曰、古之諫者、死則已矣、自古之諫爭者、至死則亦已矣、未有如史魚死而屍諫、未見有如史魚死而猶以尸諫、忠感其君者也、忠誠感動於君、可不謂直乎、可謂直臣矣、

五帝德第二十三 宰我問五帝之德、乃以名篇、

宰我問黃帝、宰予問黃帝之德於夫子、孔子曰、子言、黃帝生而神靈、黃帝初生便靈異、弱而能言、幼小便能言語、幼睿齊

莊、敦敏誠信、又有此八者之德、長聰明、及長則聰明、治五氣、理五行之氣、設五量、設、置也、五量、謂權衡升斛尺丈里步十百、撫萬民、撫定百姓、度四方、商度四方、服牛乘馬、服牛使負重、乘馬使代步、擾馴猛獸、教養熊羆貔貅貙虎之猛獸、以與炎帝戰于阪泉之野、與神農氏相戰於阪泉、三戰而後克之、三戰方得勝、始垂衣裳、乃服上衣下裳、作為黼黻、白與黑謂之黼、若斧文、黑與青謂之黻、若兩己相背、治民以順天地之紀、治百姓以順天地與下之

直之

嚳

綱紀、知幽明之故、知鬼神禮樂之故、達死生存亡之說、通死生存亡之理、播時百穀、種是五穀、嘗味草木、嘗草木之氣味、仁厚及於鳥獸昆蟲、仁厚之德、流及鳥獸昆蟲之物、考日月星辰、考驗天文度數、勞耳目、勤心力、勞於視聽、勤於心力、用水火財物以生民、用水火財物之利、以生養萬民、宰我曰、請問帝顓頊、宰我又問顓帝、孔子曰、子言、顓頊淵而有謀、顓帝深沈有智謀、疏通以智、通達有智慮、養財以任地、生養財物、

任土地、履時以象天、順履四時、法象上天、依鬼神而制義、因鬼神而制之以義、治氣性以教衆、調和其氣性、以教百姓、絜誠以祭祀、絜誠心以祭祀神祇、巡四海以寧民、巡行四海、以安百姓、北至幽陵、其地北至幽州、南暨交趾、南及交趾、于西抵流沙、西至流沙之地、東極蟠木、東極蟠木之所、動靜之生、凡動植之生物、小大之物、及夫小大之物、日月所照、日月所照之地、莫不底屬、無不底乎而來服屬之也、宰我曰、請問帝嚳、宰予又問

施 去聲

（帝嚳）孔子曰、（子言）高辛生而神異、（帝嚳號高辛氏、初生便有神異、）自言其名、（自能言其名、）博施厚利、不於其身、（普施利物、不私於身、）聰以知遠、（聰聽足以知遠、）明以察微、（明視足以察微、）仁而威、惠而信、（仁而有威、惠而有信、）順天地之義、（以順天地尊卑之義、）知民所急、（知百姓之所急、）脩身而天下服、（自脩其身而天下咸服、）取地之財而節用焉、（取土地所生之財、節儉而用之、）撫教萬民而誨利之、（撫育百姓、而訓誨利益之、）歷日月之生

家語中　三十

帝堯之德

朔而迎送之、（作歷數望晦朔日月、未至而迎之、過而送之、）明鬼神而敬事之、（明鬼神之義而祭祀之、）其色也和、（顏色溫和、）其德也重、（德行重厚、）日月所照、風雨所至、（日月所照、風雨所至之地、）莫不從化、（無不服從其化、）宰我曰、請問帝堯、（宰予又問帝堯、）孔子曰、（子言、）陶唐其仁如天、（帝堯號陶唐氏、其仁廣大如天、）其智如神、（其智如神、不可測度、）就之如日、（如日之照、人咸就之、）望之如雲、（人仰望之、則如雲覆渥浸潤也、）富而不驕、（富有天下而不驕矜、）貴

載 上聲

說 音悅

帝舜之德

而能降、（貴為天子、而能自卑、）伯夷典禮、（伯夷掌禮、）夔龍典樂、（二臣掌樂、）流四凶而天下服、（流竄四凶、而天下咸服、）其言不忒、（言無差忒、）其德不回、（其德不回邪、）四海之內、舟輿所及、（凡天下四海之內、舟車所至之地、）莫不夷說、（無不夷平而心悅、）宰我曰、請問帝舜、（宰予又問舜帝、）孔子曰、（子言、）虞舜孝友、聞於四方、（帝舜號有虞氏、其孝友之德、著聞於四方、）陶漁事親、（為陶器、躬捕魚、以養其母、）寬裕而溫良、（寬和廣裕、溫柔良善、）敦敏而知

家語中　三十一

時、（敦厚敏疾、知時之宜、）畏天而愛民、（敬畏上天、愛養下民、）恤遠而親近、（寬恤遠方、親愛近民、）承受大命、（承受堯之大命、）依于二女、（堯妻舜以二女、舜動靜謀之於二女、）睿明智通、（有此四者之德、）為天下帝、（為天下之君、）命二十二臣、（詳見舜典、）率堯舊職、（率循堯帝舊典、）恭己而已、（舜但恭己南面而已、）天平地成、（天得其平、地得其成、）巡狩四海、（巡狩四方之諸侯、）五載一始、（五年一次、）三十年在位、（攝天子位三十年、）嗣帝五十載、（繼堯帝五十年、）陟方岳、

夏禹之德

死于蒼梧之野，而葬焉。（因巡狩登方岳，朝諸侯，乃死于蒼梧，遂葬焉。）宰我曰：請問禹。（宰子又問夏禹。）孔子曰：（子言。）夏后敏給克齊，（大禹號夏后氏，為人敏給而克齊。齊，疾也。）其德不爽，（其德無違忒。）其仁可親，（其仁可親近。）其言可信，（其言可聽信。）聲為律，（聲音應鍾律。）身為度，（以身為法度。）亹亹穆穆，（亹亹，勉也。穆穆，和也。）為紀為綱，（大曰綱，小曰紀。）其功為百神之主，（禹治水，天下既平，然後百神得其所。）其惠為民父母，（其恩惠及民，如父母之於子。）

左準繩右規矩

左準繩，右規矩，（準繩規矩，平直方員之器。左右，言常用也。）履四時，（所行合四時之宜。）據四海，（奄有四海之地。）任皋陶、伯益以贊其治，（用二臣以輔治。）興六師以征不庭，（用兵以伐不庭者。）四極之民，莫敢不服。（四方極至之地，百姓無有不服從其政化。）

康子問五帝

五帝第二十四

（季康子問五帝之名，因以名篇。）

季康子問於孔子曰：（康子問夫子言。）舊聞五帝之名，而不知其實，（相傳聞五帝名，不知其實。）請問何謂五帝。（請問如何謂五帝。）

夏 平聲　王 去聲　五帝配五行

孔子曰：昔丘也聞諸老聃曰，（子言昔我聞老子言。）天有五行，水火金木土，分時化育，以成萬物，（天生水火金木土，分王四時，以化成萬物。）其神謂之五帝。（五行之神名為五帝。）古之王者，易代而改號，取法五行，（古者人君更世換名號，取象於五行。）五行更王，終始相生，亦象其義。（法五行更王，終始相生，始以木德王天下，其次轉相承也。）是以太皞配木，（太昊以木德王。）炎帝配火，（炎帝以火德王。）黃帝配土，（黃帝以土德王。）少皞配金，（少昊以金德王。）顓頊配水，（顓帝以水德王。）

王 去声　勾 音鉤

康子曰：太皞氏其始之木，何如？（康子又問太昊其初取木何義。）孔子曰：五行用事，先起於木，（子言五行之用，先從太始。）木東方，萬物之初皆出焉，（木屬東方，萬物皆於東而生。）是故王者則之，而首以木德王天下，（於是王者取法之，先以木德王天下。）其次則以所生之行，轉相承也。（木生火，其次以火王，更相承續，終而復始。）康子曰：吾聞勾芒為木正，（康子又問吾聞勾芒

重 平聲

五祀不得稱帝

神爲木官。祝融爲火正、祝融神爲火官。蓐收爲金正、蓐收神爲金官。玄冥爲水正、玄冥神爲水官。后土爲土正、后土神爲土官。此五行之主而不亂稱曰帝者何也、此亦五行之主而不亂、皆名曰五帝者何也。孔子曰凡五正者五行之官名、子言此五正者五行之官名也。五行佐成上帝而稱五帝、五行所以輔佐上帝故神號爲五帝。太皞之屬配焉亦云帝從其號、故太昊之屬取法之亦稱爲帝。昔少皞氏之子有四叔、

少昊氏有四子。曰重曰該曰脩曰熈、四子之名。使重爲句芒、少昊使其子名重者爲句芒官。該爲蓐收、使該爲蓐收官。脩及熈爲玄冥、使脩與熈共爲玄冥官。顓頊氏之子曰黎爲祝融、顓帝子名黎使爲祝融官。共工氏之子曰句龍爲后土、共工氏子名句龍爲作后土官。此五者各以其所能業爲官職、各以一行之官爲職業之事。生爲上公、在生爵爲上公。死爲貴神、死則爲尊貴之神。別稱五祀不得稱帝、五祀上公之神故不

帝王所尚不同

得稱帝也。康子曰帝王改號於五行之德、各有所統、帝王易代改號取法五行終始相生各有所屬。則其所以相變者、皆主何事、在木家而尚赤所以問也。孔子曰所尚則各從其所王之德次焉、所尚之色各從其所王之次者、如木次火則尚赤也。夏后氏以金德王色尚黑、金次水故尚黑也。殷人用水德王色尚白、水家宜尚青而尚白者避土家之尚青。周人以木德王色尚赤、木次火故尚赤也。康子曰唐虞二帝、其所尚者何色、康子又問堯舜所尚何色。孔子曰堯以

火德王色尚黄、火次土故尚黄也。舜以土德王色尚青、土家宜尚白土者王於四季五行用事先起於木故尚青也。

御民猶御馬

執轡第二十五

閔子騫問政於夫子夫子以御馬對遂以執轡名篇。

閔子騫爲費宰問政於孔子、子騫爲費邑宰問政於孔子。子曰以德以法、子言爲政當以德以法。夫德法者御民

善御馬者

之具(德與法乃御民之具)猶御馬之有銜勒也(如御馬以銜鐵勒馬口也)君者人也(君猶御馬之人)吏者轡也(吏猶馬之轡也)刑者策也(刑法猶馬之鞭策也)夫人君之政(人君爲政于上)執其轡策而已(但執其轡策而已謂吏與刑也)古者天子以內史爲左右手(內史掌王公柄詔王治故王以爲左右手)以德法爲銜勒(德與法猶馬之銜勒)以百官爲轡(官吏猶馬之轡)以刑罰爲策(刑法猶馬之鞭策)以萬民爲馬(百姓猶馬)故御天下而

善御民者

不失(治天下而無所失)善御馬者(善於御馬者)正銜勒(正其銜勒)齊轡策(齊其轡策)均馬力(均平其力)和馬心(調和其心)故口無聲而馬應(不待呵叱而馬自應其步驟)轡策不舉而極千里(轡策不用舉而可至千里之遠)善御民者(善於御民者)壹其德法(德與法使其均壹)正其百官(百官使之正)以均齊民力(民力使之均平)和安民心(民心使之安和)故令不再而民順從(故號令一出而民皆聽從)刑不用(刑罰不用天下自治)是以

御天下以六官者

天地德之(天地以爲有德)而兆民懷之(百姓歸之)古之御天下者(古之人君治天下)以六官總治焉(有六典以總其政治)冢宰之官以成道(天官冢宰掌邦治輔成其道)司徒之官以成德(地官司徒掌邦敎輔成其德)宗伯之官以成仁(春官宗伯掌邦禮輔成其仁)司馬之官以成聖(夏官司馬掌邦治輔成其聖)司寇之官以成義(秋官司寇掌邦刑輔成其義)司空之官以成禮(冬官司空掌邦事輔成其禮)六官在手以爲轡

東西爲緯南北爲經

(人君之總六官猶六轡之在手)均仁以爲納(納所以驂馬力者)故曰御四馬者執六轡(御四馬者執其六轡)惟御天下者正六官(治天下者惟正其六官)○子夏曰商聞山書曰(子夏言商聞山書有云)地東西爲緯(地自東至西橫過猶緯也)南北爲經(自南至北直去猶經也)山爲積德(土生萬物故爲積德)川爲積刑(水或漂蕩故爲積刑)是故堅土之人剛(堅土之地其人剛強)弱土之人柔(弱土之地其人柔軟)墟土之人大(墟土之地其人壯大)

秏 古耗字 長 丁丈切 哀公問命性

沙土之人細沙土之地其人細小息土之人美息土細緻之土其地出人美貌秏土之人醜秏土麤疎之土其地出人醜惡羽蟲三百有六十而鳳爲之長羽蟲之屬三百六十鳳皇爲長毛蟲三百有六十而麟爲之長毛蟲之屬三百六十麒麟爲長甲蟲三百有六十而龜爲之長甲蟲之屬三百六十龜爲之長鱗蟲三百有六十而龍爲之長鱗蟲之屬三百六十龍爲之長倮蟲三百有六十而人爲之長倮蟲之屬三百六十人爲之長

本命解第二十六哀公問命與性故以本命解名篇

魯哀公問於孔子曰公問子曰夫人之命與性何謂也人之有命有性其義謂何孔子對曰子言分於道謂之命天以此理分命於人故謂之命形於一謂之性理賦於人理有一無二故謂之性化於陰陽象形而發謂之生二氣化育賦形爲人故謂之生化窮數盡謂之死氣化既窮壽數已盡則謂之死故命

冠 去聲 殺 色界切 別 彼列切

者性之始也有命而後有性故謂之始死者生之終也夫有生必有死故謂之終有始則必有終矣既有其始必有其終此理之必然也公曰禮男子三十而有室公又問曰禮云男年三十而有妻室女子二十而有夫也女年二十而有夫家豈不晚哉不亦爲晚孔子曰夫禮言其極不是過也子言夫禮特言其至極之時過此則男女失時矣男子二十而冠男年二十而加冠有爲人父之端既冠成人則有爲人父之端緒女子十五許

嫁女年十五許嫁而笄有適人之道既許嫁則適人之義有故聖人因時以合偶是以聖人因其婚嫁之時使其配合霜降而婦功成嫁娶者行焉季秋霜降嫁娶者始於此時氷泮而農桑起婚禮而殺於此二月氷泮而農桑事始起婚姻始殺於此時男子者任天道而長萬物者也爲男子者任天之道而長育萬物也是故審其倫而明其別故能審察人倫而明男子之別女子者順男子之教而長其理者也爲女子者當順

閫苦本反　閒音閑　語去聲　中中禮之中去聲

從男子之教，而爲男女長養其理分。是故無專制之義，而有三從之道：故女子不得自專，唯在於從人。幼從父兄，年幼從父兄之命。既嫁從夫，已出嫁則從夫命。夫死從子，夫既死則從子所行。言無再醮之端，禮無再醮之端緒。教令不出於閨門，言語不出閨房之外。事在供酒食而已，其事唯主中饋。無閫外之非儀也，閫門限也。詩曰：無非無儀，酒食是議。此聖人所以順男女之際，此聖人順夫婦交際之道。重婚姻之始也。重婚姻之本始。

論禮第二十七

子張子貢子游論及於禮，故以名篇。

孔子閒居，夫子燕私之時。子張、子貢、子游侍，三子侍夫子坐。論及於禮。講論至禮。孔子曰：「吾語汝以禮，夫子言我與汝言禮。」子貢越席而對曰：「敢問如何？」子貢過位問禮如何。子曰：「敬而不中禮謂之野，知敬而不合禮，則謂朴野之人。恭而不中禮謂之給，知恭而不合禮，則巧言足恭，成捷給之人。勇而不中禮謂之逆。勇敢而不合禮，則成悖逆之人。夫禮所以制中

郊社禘嘗之禮　長丁丈切　醮如字

也。」禮也者所制合乎中道也。子貢退，子貢退去。子游進曰：「敢問禮。」子游進而問禮。子曰：「郊社之禮，所以仁鬼神也。夫子言郊所以祭天也，社祭地也，其祭禮乃所以仁其鬼神也。禘嘗之禮，所以仁昭穆也。春祭祖曰禘，秋曰嘗。昭位南向，穆位北向。昭，父也；穆，子也。所以序尊卑之禮。饋奠之禮，所以仁死喪也。死喪則行饋奠之禮。射饗之禮，所以仁鄉黨也。燕射行鄉黨之禮。食饗之禮，所以仁賓客也。燕飲侍賓客之禮。明乎郊社之義、禘

嘗之禮，治國其如指諸掌而已。明此郊社禘嘗之禮，治天下如指掌之易。是故居家有禮，故長幼辨；居家有禮，則尊卑有別。閨門有禮，故三族和；閨門之內有禮，故三族和睦。朝廷有禮，故官爵序；朝廷有禮，則官爵有序。田獵有禮，故戎事閑；田獵有禮，則軍事閑雅。軍旅有禮，故武功成。軍旅有禮，則武功有成。」子游退，言偃退去。子張進曰：「敢問禮何謂也？」子張進問禮如何。子曰：「治國而無禮，譬猶瞽之無

相倀 去聲丑亮切

別 注本作一頓顏彼列切

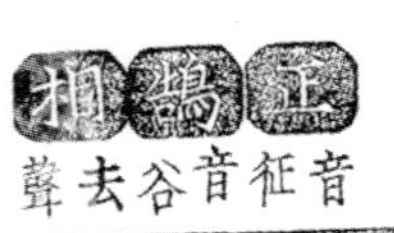
音征 音谷 去聲

相倀倀乎何所之、夫子言治國無禮、正猶瞽者無人扶持、倀倀何所往、譬猶終夜有求於幽室之中、非燭何以見、譬如晝夜求物於暗室之中、非燈燭安得見、故無禮、苟無禮、則手足無所措、手足何所安頓、耳目無所加、耳目何所用、進退揖讓無所制、進退揖遜、何以節制、是故居處長幼失其別、其平居尊甲之序、無以分別、閨門三族失其和、閨門族黨、皆不得和睦、朝廷官爵失其序、朝廷官爵無其序、田獵戎事失其

策、田獵武事失其策、軍旅武功失其勢、軍陣無威勢、是故古之君子、所以古者君子、不必親相與言也、不必親與之言、以禮樂相示而已矣、但以禮樂相示而已、

觀鄉射第二十八

孔子觀鄉射、故以名篇、

孔子觀於鄉射、夫子觀鄉射、喟然嘆曰、嗟嘆曰、脩身而發、能脩身、而後發矢、而不失正鵠者、中其所射者、其唯賢者乎、其賢人也、於是退而與門人習射於矍相

觶 音賓

好 去聲下同

之圃、夫子遂與弟子習射于矍相圃、蓋觀者如堵牆焉、外人觀夫子射、環遠而立、如揩之環、言人多也、使子路執弓矢、出延射者曰、夫子使子路持弓矢、出招延射者曰、奔軍之將、軍陣中敗走之將帥、亡國之大夫、與為人後者、不得入、亡國大夫及為人後者並不許入、其餘皆入、餘人皆得入射圃、蓋去者半、聞子路之語、去者一半人、又使公罔之裘序點揚觶而語曰、未射先行鄉飲酒禮、故使二子揚觶而言、觶、酒器也、幼壯孝悌、自幼至壯、常行孝弟、耆

老好禮、至老好禮不倦、不從流俗、常自立、不隨流俗、脩身以俟死者、脩身至老、死不變者、在此位、此等人皆得與鄉飲之位、蓋去者半、自去不敢居此位者半、序點揚觶而語曰、序點又舉酒器而言曰、好學不倦、好學不怠、好禮不變、好禮不變、耄期稱道而不亂者、八十九十之老、所言合道不雜者、在此位、此等人皆得與鄉飲位、蓋僅有存焉、衆聞序點之語、去者多、在此者僅有、射既闋、射已畢、子路進曰、由與二三子者之為司馬

易 去聲　蜡 音乍　樂 音洛　問郊祀　報本反始

何如、夫子使子路為司馬之職、故子路問夫子與二三子居此職如何、孔子曰、能用命矣、夫子言、能盡心矣、孔子曰、吾觀於鄉、吾觀於鄉射、而知王道之易易也、乃知王者之道甚易、○子貢觀於蜡、蜡、索也、歲十有二月、索羣神而祀之、今之臘也、孔子曰、賜也、樂乎、夫子問子貢曰、汝知其樂乎、對曰、一國之人皆若狂、言醉酒也、賜未知其為樂也、不知何以為樂、孔子曰、百日之勞、古者皆勤苦稼穡、有百日之勞、一日之樂、一日飲酒之樂、一日之澤、其樂乃君之恩澤、非爾所知也、此非爾之所知、一張一弛、一寬一嚴、文武之道也、此乃文武之政如此、

郊問第二十九

定公問夫子郊祀之義、故以名篇、

定公問於孔子曰、公問夫子、古之帝王、上古五帝三王、必郊祀其祖以配天、何也、皆郊祀其祖、以配於天、何也、孔子對曰、萬物本於天、夫子言、萬物皆天所生、人本乎祖、人則本原乎祖、郊之祭也、夫郊祭者、大報本反始也、報其本、反其初

殺 色界切

也、故以配上帝、故祭祖以合上天同祀、天垂象、聖人則之、上天垂日月星辰之象、聖人因而法之、所以明天道也、聖人昭明上天之道、公曰、寡人聞郊而莫同、何也、定公問夫子曰、郊禮有不同、何也、孔子曰、郊之祭也、迎長日之至也、周人以冬至日長、故迎而祭之、大報天而主日、配以月、大禮答天神、以日為中、合其月而祭、故周之始郊其月以日至、故周家初郊、取冬至之日也、其日用上辛、謂十一月上旬辛日、至於啓蟄之月、則又祈穀于上帝、至蟄蟲開戶之時、又為農祈年谷于天帝、此二者乃天子之禮也、此二祀乃天子所行之禮、魯無冬至大郊之事、魯國無冬至郊天之禮、降殺於天子、是以不同也、公降天子一等、其祀天之禮有減殺、故不同也、公曰、其言郊何也、公問所言郊禮何如、孔子曰、兆丘於南、所以就陽位也、立圓丘於南方、依陽位也、於郊、故謂之郊焉、於郊野之中、故謂之郊祭、曰、其牲器何如、公又問、其用牲與器何如、孔子曰、上帝

彼列切　被袞象天　音早

之牛角蠒栗、（祀上帝之牛、用其角方出如蠒栗者、言其小也、）后稷之牛唯具、（祭后稷之牛、則用全牛、）所以別事天神與人鬼也、（所以分別事神事鬼之不同也、）牲用騂、尚赤也、（牲用赤色、蓋周家尚赤也、）用犢、貴神也、（用牛犢者、取其質也、）器用陶匏、以象天地之性也、（用瓦器及匏、取天地自然之性也、）公曰、天子之郊、其禮儀可得聞乎、（公又問天子郊祀之禮、可以知不、）孔子對曰、臣聞天子卜郊、（夫子言臣所聞天子郊、先用龜卜吉日、）則受

命于祖廟、（受祭天之命于祖、）而作龜于禰宮、（而卜龜於父廟之中、）尊祖親考之義也、（此乃敬祖親父之義、）天子大裘以黼之、（天子入祭時、衣以大裘、其上畫黼文、）被袞象天、（被袞服以象天、）乘素車、貴其質也、（乘白輦、尚質朴也、）旂十有二旒、龍章而設以日月、所以法天也、（車前有旂、垂十二旒、上畫龍文日月、以象天文也、）服袞以臨燔柴、（服袞衣以臨祭、所燔柴取明、）戴冕璪十有二旒、（戴冕弁有十二垂旒、）則天數也、（法天十二數也、）是

三皇五帝不用五刑　上有制度則民知止

以君子無敢輕議於禮者也、（所以君子之人、不敢妄議論於禮也、）

五刑解第三十（冉有問五刑、故以名篇、）

冉有問於孔子曰、古者三皇五帝不用五刑、信乎、（冉有問、上古三皇五帝、不用五刑、其信然乎、）孔子曰、聖人之設防、貴其不犯也、（夫子言、聖人設刑法、以防閑於民、貴其不犯、）制五刑而不用、所以至治也、（制五等之刑、民不犯、所以極治、）凡

夫人之為姦邪竊盜靡法妄行者、（凡人之奸邪盜竊不法妄亂所為者、）生於不足、（多生於不足、）不足生於無度、（不能自足、多生於不能節約、）是以上有制度、則民知所止、（君為制度於上、以制其民、則民知所禁止、）民知所止、則不犯、（民既知止、則不犯君令、）故雖有姦邪賊盜靡法妄行之獄、而無陷刑之民、（雖設此等之刑獄、而民不陷入其中、）不孝者生於不仁、（夫不孝者、生於不知仁愛、）喪祭之禮、所以教仁愛也、（死喪

潮 音潮

注本作 一狠很

別 彼列切

祭祀之禮所以教民知有仁愛也喪祭之禮明則民孝矣喪祭之禮既明則民知孝道矣故雖有不孝之獄而無陷刑之民雖置不孝之獄而民不陷其中弒上者生於不義夫弒逆者蓋起於不知義朝聘之禮者所以明義也上設朝聘之禮者所以明貴賤尊卑之義也義必明則民不犯義既明則民不犯上故雖有弒上之獄而無陷刑之民雖置弒上之獄而民不陷其中鬭變者生於相陵鬭狠生於民之相欺陵相陵生於長

幼無序而遺敬讓民之相陵由於少長無倫忘其相敬相遜鄉飲酒之禮者所以明長幼之序而崇敬讓也行鄉飲酒之禮蓋明老少尊卑之序重敬遜也故雖有變鬭之獄而無陷刑之民雖置變鬭之獄而民不陷其中淫亂者生於男女無別淫邪作亂者起於男女混然無分別男女無別則夫婦失義男女無別則失夫妻之正義婚禮聘享者所以別男女明夫婦之義也婚聘之禮所以分別男女明夫妻之正義故雖有

塞 悉則反

汙 音烏

淫亂之獄而無陷刑之民雖置淫亂之獄而民不陷其中此五者刑罰之所從生各有源焉凡此五者刑法所由起也而各有其本不豫塞其源不先遏其犯刑之源而輒繩之以刑而動以刑法加之是謂為民設穽而陷之正如開坑穽以與民之入三皇五帝之所化民者如此古人化民若此雖有五刑之不用不亦可乎故雖有刑法但措而不用豈不可哉

○冉有問於孔子曰先王制法使刑不上於

大夫冉有問先王之制法使刑罰不加於大夫之身禮不下於庶人禮文不降於庶民然則大夫犯罪不可以加刑大夫有罪不可加刑乎庶人之行事不可以治於禮乎庶人作事不責之以禮乎孔子曰不然夫子言非此之謂也凡治君子以禮御其心所以屬之以廉恥之節也君以禮御臣使知有廉恥之節故古之大夫其有坐不廉汙穢而退放之者古之大夫有因貪汙不清廉而見黜者不謂之不廉汙

簠 音甫　簋 音鬼　罷 音皮　勝 音升　一作氂

穢而退放，不言其貪汙不廉而黜之。則曰簠簋不飾，惟言其不能整齊簠簋。有坐淫亂男女無別者，有犯淫亂男女無別之罪。不謂之淫亂男女無別，不言其淫亂無別。則曰帷幕不修也，惟言其帷箔之禮不能修飾。有坐罔上不忠者，有犯欺君不忠之罪。不謂之罔上不忠，不言其欺君不忠。則曰臣節未著，惟言其為臣不能顯其節。有坐罷軟不勝任者，有犯疲弱不能任事之過。不謂之罷軟不勝任，不言其疲弱不能任事。

則曰下官不職，惟言其下官不稱職，不斥其身也。有坐干國之紀者，有犯國法者。不謂之干國之紀，不言其犯國之法。則曰行事不請，惟言其不請命而擅行。此五者大夫既自定有罪名矣，臣犯此五條，則令其自定其所犯之罪。而為之諱，所以媿耻之，而猶為之隱諱者，正所以媿恥之也。是故大夫之罪，其在五刑之域者，聞而譴發，故大夫罪在五刑之數者，始譴責而發露其罪。則白冠氂纓，則冠素冠而氂纓。盤水加劒，造乎闕而自請罪，又以盤水而加劒於盤上，自詣闕庭而請罪於君。君不使有司執縛牽掣而加之也，君亦不令官司執縛牽掣以辱其身也。其有大罪者，有犯大罪者。君不使人捽引而刑殺之也，君亦不使人捽拽其身而刑戮之。曰子大夫自取之耳，惟言子大夫自犯其罪。吾遇子有禮矣，吾待汝亦有禮矣。以刑不上大夫，故刑法不上於大夫。而大夫亦不失其罪者，而大夫有罪亦不至於苟免者。教使然也，由君之教令使之自然故也。

凡所謂禮不下庶人者，夫言禮不下庶人者。以庶人遽其事而不能充禮，蓋以庶人忽遽於事而不能充周於禮儀。故不責之以備禮也，是以不責庶人之備禮也。冉有免席曰，冉有避席而言曰。言則美矣，夫子之言可謂善矣。求未之聞，求前未聞此言。退而記之，退而記誦其言。

刑政第三十一

仲弓問刑政，故以名篇。

仲弓問於孔子曰，冉雍問夫子言。雍聞至刑無所用

造 七到切　捽 昨没切　仲弓問刑政

太上以德教民

更　平聲

政、（雖聞至刑之中、無事乎政、）至政無所用刑、（至政之中、無事乎刑、）至刑無所用政、桀紂之世是也、（桀紂之君、有嚴刑無善政、）至政無所用刑、成康之世是也、（成康之君、有善政無嚴刑、）信乎、（信然如此乎、）孔子曰、（夫子言、）聖人之治化也、必刑政相參焉、（聖人治世、必以刑政相參而用、）太上以德教民、而以禮齊之、（太古之時、純用德以化民、又以禮齊一之、）其次以政事導民、以刑禁之、（其次則用政事引導於民、以刑法禁止之、）刑不刑也、（雖有刑而不用其刑、）

化之弗變、導之弗從、（至於化之而俗不革、導之而民不從、）傷義以敗俗、（傷於義、敗於俗、）於是乎用刑矣、（於是不得已、而用刑法矣、）刑、侀也、侀、成也、（刑者、侀也、侀者、成也、）壹成而不可更、（一成之後、不可更改、）故君子盡心焉、（是以君子每盡心於此、不敢輕易也、）孔子曰、大司寇、正刑明辟以察獄、（大司寇、獄官之長也、夫治獄必正其刑、明其罪、公心意以察獄情、）獄必三訊焉、（一日訊羣臣、二日訊羣吏、三日訊萬民、）有指無簡、則不聽

朝　直遥切

也、（簡、誠也、有其意、無其誠者、不論以為罪也、）附從輕、赦從重、（附人之罪、以輕為比、赦人之罪、以重為比、）疑則赦之、（獄有疑罪、則赦宥之、）是故爵人於朝、與衆共之也、（以官爵與人、必於朝中與衆共見之、）刑人於市、與衆棄之也、（凡刑戮罪人、必在市中與衆共棄之、）

標題句解孔子家語卷中

與音預

大道之行天下為公

標題句解孔子家語卷下

禮運第三十二

此篇、言先王之道因時沿革、故以禮運名篇、

孔子與於蜡賓、夫子仕魯、與於蜡祭之列、事畢出遊於觀之上、行禮既畢、因出遊宮闕之上、喟然而嘆、喟然、嘆息、而言偃侍曰、夫子何嘆也、子游侍側問曰、夫子所嘆何事、孔子曰、昔大道之行、夫子言、古者三皇五帝時、大道之行、與三代之英、英秀也、謂禹湯文武、吾未之逮也、吾不及見帝王之盛、而有記焉、有事可記也、大道之行、天下為公、大道行、則天下皆為公、選賢與能、講信脩睦、選用賢能、講習忠信親睦之道、故人不獨親其親、天下皆得親其所親、豈惟一人而已、不獨子其子、豈惟一人得子愛其子、老有所終、老者皆得有所終、壯有所用、壯者皆得所施為、矜寡孤疾、皆有所養、窮民無告者、皆得其養、是以姦謀閉而不興、故奸邪之謀、隱而不發、盜竊亂賊不作、盜賊作亂者、亦不起、

家語下　一

冠去聲

故外戶而不閉、夜間外門不必掩蔽、謂之大同、此所謂大同之世、今大道既隱、天下為家、今大道不行、天下之人、各各自為家、各親其親、各自親愛其親戚、各子其子、各自子愛其子、貨則為己、有財貨則為己而有、力則為人、力役則資人而為、城郭溝池以為固、設城郭溝池以自固、○孔子曰、夫禮先王所以承天之道以治人之情、夫子言、禮者所以奉天道治人情、列其鬼神、列祭鬼神之位、達於喪祭鄉射

家語下　二

冠婚朝聘、通喪祭鄉射冠婚朝聘、皆以禮行之、故聖人以禮示之、則天下國家可得以禮正矣、聖人用禮以示於人、通天下之人、皆得禮以正之、言偃曰、今之在位、莫知由禮、何也、子游言、今在位官僚、皆不從禮、何也、孔子曰、嗚呼哀哉、孔子嘆言、可哀也哉、我觀周道、幽厲傷也、我觀周家之道、至幽王厲王、皆傷其道也、吾捨魯何適、魯有聖人之風、故夫子言、捨魯國吾何往、夫魯之郊及禘、皆非禮、魯郊禘、皆不合禮、周公其已衰矣、周公

契音薛

聖人以天下爲一家中國爲一人

子孫不能行其禮義、則周公道衰矣、杞之郊也禹、杞夏之後、本郊也、周公以禹有令德、故令祀、宋之郊也契、宋殷之後、契湯之始祖、是天子之事守也、乃天子世守之事、天子以杞宋二王之後、天子以杞宋乃夏商二王之後、周公攝政致太平、周公相成王攝政七年、致太平之效、而與天子同是禮也、故得與天子同其禮、諸侯祭社稷宗廟、諸侯之祭祀社稷宗廟、上下皆奉其典、自上及下、皆奉行其典禮、而祝嘏莫敢易其常法、是謂大嘉、

祝史不敢變易其常行之法、○凡聖人能以天下爲一家、以中國爲一人、聖人智中大同、以天下之大合爲一家、以中國之衆合爲一人、何謂人情、喜怒哀懼愛惡欲七者、弗學而能、七情者、皆自人性中發出來、非學而後能、何謂人義、父慈子孝、兄良弟悌、夫義婦聽、長惠幼順、君仁臣忠、十者、謂之人義、自父子至君臣、十者、人之大義、講信脩睦、謂之人利、講明忠信脩睦之道、人之利也、爭奪相殺、謂之人患、爭奪

人者五行之秀

聖王脩義柄禮序

殺傷、乃人之患難、聖人之所以治人七情、脩十義、聖人治其七情、脩其十義、講信脩睦、講其忠信、使知所崇尚、脩其親睦、使知所辭遜、去爭奪、除其爭奪、舍禮何以治之、舍禮之外、何以爲治、○人者五行之秀、人爲五行之秀者、天秉陽垂日星、天持陽道、垂布日星、地秉陰載於山川、地持陰道、承載山川、播五行於四時、分而五行於四時、和四氣而後月生、四時之氣和而後月生焉、是以三五而盈、初一至十五、則月光生滿、三五而缺、十六

至三十、則月光漸缺、○夫禮本於太一、禮原於元氣混沌之初、分而爲天地、元氣判而分爲天地、轉而爲陰陽、運轉而爲二氣、變而爲四時、陰陽往來、而成四時、列而爲鬼神、分列爲鬼神、其降曰命、自上而下曰命、○聖王脩義之柄、禮之序、以治人情、聖人脩義可以操持、故曰柄、修禮以不紊、故曰序、以治人之情、人情者、聖人之田也、聖人之治人情、猶農夫之耕也、脩禮以耕之、脩禮以耕墾之、陳義以種之、陳義以種植之、講學以耨之、講學

冠郕問禮
去聲子冠

冠下
去聲同

以除其穢(以除其穢)，本仁以聚之(本仁愛之理以聚之)，播樂以安之(播音樂以安之，此所謂治人情)。

冠頌第三十三(郕隱公將冠問禮於夫子，故以名篇)

郕隱公既即位(郕隱公已即位之後)，將冠(將加冠於首)，使大夫因孟懿子問禮於孔子(使其大夫託孟懿子問冠禮於夫子)。子曰：其禮如世子之冠(其禮亦如世子冠禮)，冠於阼階，以著代也(冠於主人之階，以明其代父也)。醮於客位，加其有成(以酒醮於客位，敬而成之)。三加彌尊，導喻其志(始用緇布冠，次皮弁，次爵弁，三加而益尊貴，導喻其志意，使知敬式)。冠而字之，敬其名也(既冠而字之，所以敬其名也)。行冠事必於祖廟(冠禮行於祖廟之中)，以祼享之禮以將之(用灌獻之禮以行其敬)，以金石之樂節之(用金石之樂以為節奏)，所以自卑而尊先祖(自卑而尊敬祖宗)，示不敢擅(以示不敢自專)。懿子曰：今郕君之冠非禮也(懿子言今郕君之冠不合禮歟)？孔子曰：諸侯之

天子冠禮

經一本作立位

經一本作命天

冠如字

冔音許

毋音牟

有冠禮也，夏之末造也(夏之末世，始造諸侯冠禮)。有自來矣，今無譏焉(其禮有所自來，故今無譏其非)。天子冠者(天子自冠之禮)，武王崩(周武王既沒)，成王年十三而嗣立(成王即位幼冲)。周公攝政以治天下(周公位冢宰，攝行天子事)，冠成王而朝于祖，以見諸侯(為成王冠，先朝于祖宗，次見天下之諸侯)。周公命祝雍作頌曰(周公命祝史名雍者作冠頌云)：令月吉日(令，善也)，王始加元服(元，首也)。去王幼志(王去其幼小之志)，服袞職(袞職，盛服，有禮文也)。欽若昊命(敬順昊天之命)，六合是式(天地四方謂之六合，言為之法式)。率爾祖考(率循文武之道)，永永無極(其永久而無窮極)。此周公之制也(此周公之法度)。懿子曰：三王之冠，其異何也(懿子問三代之冠何不同)？孔子曰：周弁，殷冔，夏收，一也(孔子言周曰弁，殷曰冔，夏曰收，其實則同，皆祭服也)。三王共皮弁素緌(三代同用皮弁素緌)。委貌，周道也(周用委貌之冠)；章甫，殷道也(殷用章甫之冠)；毋追，夏后氏之

子羔問廟制

道也、（夏后氏用毋追之冠、皆常所服之冠也、）

廟制第三十四

（衛文子問宗廟之制、故以名篇、）

衛將軍文子（名彌牟、）將立三軍之廟於其家、（文子之私家、）使子羔訪於孔子、（使子羔問於夫子、）子曰、公廟設於私家、非古禮之所及、吾弗知、（夫子言公家之廟立於私室、古無是禮、吾不知也、）子羔曰、敢問尊卑立廟之制、可得而聞乎、（子羔問夫子言尊卑上下立廟之制度可得而知乎、）孔子曰、天下有王、分地建國、設祖宗、（子言有天下者分疆土、建國家、立祖宗廟、）是故天子立七廟、（天子立七廟、太祖有功則坐西向東為廟、）三昭三穆與太祖之廟七、（父為昭、子為穆、昭廟南向、穆廟北向、三昭三穆并太祖之廟為七廟、）太祖近廟皆月祭、（太祖及高祖以下親廟皆月祭之、）

祧 他彫切

遠廟為祧、（親盡則遷主於別所、曰祧廟、）享嘗乃止、（四時祭之、）諸侯立五廟、二昭二穆與太祖之廟而五、曰祖考廟、（諸侯惟五廟、名祖考廟、）大夫立三廟、一昭一穆與太祖之廟而三、曰皇考廟、（大夫三廟、曰皇考廟、）士立一廟、曰考廟、（士一廟、名考廟、）庶人無廟、四時祭於寢、（庶人不立廟、四時祭於正寢、）此自有虞以至于周之所不變也、（自虞至周四代行之而不更改、）古者祖有功、而宗有德、謂之祖宗者、其廟皆不毀也、（凡祖宗之廟皆不遷毀、）

辯樂解第三十五

（子路鼓琴、夫子知其不才、故以辯樂名篇、）

君子之音

子路鼓琴、（子路彈琴、）孔子聞之、（夫子聞其琴聲、）謂冉有曰、甚矣由之不才也、（子謂冉有曰子路不才之甚、）夫先王制音也、（先王之作音樂、）奏中聲以為節、流入於南、不歸於北、（制音樂得其中聲、其樂流入南方、不入北方、）夫南者生育之鄉、（南為生養之地、）北者殺伐之城、（北為殺戮之國、）故君子之音、溫柔居中、以養生育之氣、（君子樂音、溫柔得中、以養生育、）

小人之音

舜彈五絃之琴以歌南風

之性憂愁之感不加于心也憂抑之感不使加于心不暴厲之動不存于體中心温和其舉動不使暴厲加于身乃所謂治安之風此乃治安之風化小人之音則不然小人之樂則不如此亢麗微末以象殺伐之氣或高亢或微細以體殺伐之氣象中和之感不載於心中和之音感動於心不温和之動不存于體温和動盪不存于身乃所以爲亂之風此乃淫亂之風教昔者舜彈五絃之琴造南風之詩昔舜

彈五絃琴歌南風長養之詩其詩曰其詩辭曰南風之薰兮可以解吾民之慍兮南風之和可解我百姓抑鬱不平之氣南風之時兮可以阜吾民之財兮南風應其時可足我百姓之財唯脩此化故其興也勃焉舜惟能脩此教故勃焉而興德如泉流舜德流布如泉不竭殷紂好爲北鄙之聲紂好爲北鄙之聲音其廢也忽焉忽然而廢夫舜起布衣舜起自側微積德含和而終以帝積其德含其和而終至於爲帝紂爲天

子貢問玉

爲 去声

君子比德於玉

劌 呼外切

子荒淫暴亂而終以亡紂爲不道終至滅亡非各所修之致乎豈非所修有異有以致此乎今也匹夫之徒曾無意于先王之制今一匹夫之華無心學先王之制作而習亡國之聲惟習亡國之声音豈能保其六七尺之體哉安能保全其身乎

問玉第三十六

子貢問孔子貴玉賤珉因以名篇

子貢問於孔子曰子貢問夫子敢問君子貴玉而

賤珉何也君子貴於玉賤於珉其意何也爲玉之寡而珉之多乎豈爲玉少而珉多乎孔子曰非爲玉之寡故貴之珉之多故賤之非爲玉少珉多而貴賤之夫昔者君子比德於玉古之君子其德可比於玉温潤而澤仁也玉之温潤光澤比於仁也縝密以栗智也玉之縝密堅栗比於智也廉而不劌義也有廉隅而不割傷比於義也垂之如墜禮也佩之墜下如禮之謙卑也叩之其聲清越而長擊之其音清揚不已其終則

孚讀為浮　尹讀為筠　六藝之教　易去聲　屬音燭　比比至切

詘焉樂矣、及其聲音斷絕、更無餘響、如樂之息也、瑕不掩瑜、瑜不掩瑕、忠也、瑕、玉之疵也、玉之美者曰瑜、玉之美惡不相揜、比乎忠也、孚尹旁達、信也、孚尹、玉貌、旁達、無所不通、比於信也、氣如白虹、天也、氣貫如虹、玉之天也、精神見於山川、地也、玉在山時、精采發見於山川之間、玉之地也、圭璋特達、德也、雕琢為圭璋、其質挺特、玉之德也、天下莫不貴者、道也、天下之人、莫不以玉為貴、比道也、詩云、言念君子、溫其如玉、詩秦風小戎之辭、故君子貴

家語卷下　十一

之也、故君子貴玉、孔子曰、入其國、其教可知也、夫子言入人之國、即知其教化、其為人也、溫柔敦厚、詩教也、其為人溫良篤厚者、乃詩之教使然、疏通知遠、書教也、其人通貫達遠者、乃書教使然、廣博易良、樂教也、其人該博平易者、乃樂教使然、絜靜精微、易教也、其人清絜、知精知微者、乃易教使然、恭儉莊敬、禮教也、其人儉約端莊者、禮教使然、屬辭比事、春秋教也、其人合辭比事者、春秋教使然也、故詩之失愚、敦厚之失、則近於愚、書之

風雨霜露無非教

失誣、知遠之失、則近於誣、樂之失奢、廣博之失、則近於奢、易之失賊、精微之失、則近於賊害、禮之失煩、莊敬之失、則近於煩、春秋之失亂、辭事之失、則近於亂、其為人也、溫柔敦厚而不愚、則深於詩者矣、為人敦厚而不失於愚、乃深於詩教也、疏通知遠而不誣、則深於書者矣、知遠不誣、深於書也、廣博易良而不奢、則深於樂者矣、廣博不奢、深於樂也、絜靜精微而不賊、則深於易者矣、精微不賊、深於易也、恭儉莊

家語卷下　十二

敬而不煩、則深於禮者矣、恭敬不足、深於禮也、屬辭比事而不亂、則深於春秋者矣、辭事不亂、深於春秋也、天有四時、春夏秋冬、風雨霜露、無非教也、天之四時、風雨霜露、以生殺萬物者、無非教化、地載神氣、吐納雷霆、流形萬物、無非教也、地載一元之氣、雷霆流布、成萬物之形者、亦無非教化、清明在躬、志氣如神、聖人清明之德在身、則其志氣如神、有物將至、其兆必先、物、事也、言有事將至、必有其兆朕、是故天地

切 參 南

子路問屈節

夫子救魯

之教與聖人相參、天地教化與聖人相參錯

屈節解第三十七 子路問屈節於夫子因以名篇

子路問於孔子曰、子路問夫子 由聞丈夫居世富貴不能有益於物、夫夫處富貴之地而不能利益於物 處貧賤之中而不能屈節以求伸、居貧賤之中不能屈節以求伸其道 則不足以論乎人之域矣、不足論人之地位 孔子曰君子之行已期於必達、夫子言人之行已必期於顯達 於已可以屈則屈可以伸則伸、其身可屈則屈可伸則伸視時之何如爾 故屈節者所以有待、待人之知已也 求伸者所以及時、欲伸其道者當及時而伸 是以雖受屈而不毀其節、雖屈已於人不失其大節 志達而不犯於義、及其得志皆合乎義 孔子在衛、聞齊國田常將欲爲亂、夫子在衛國聞齊人田常專政有無君之心 而憚鮑晏、鮑氏晏氏齊之卿大夫田常畏之 因欲移其兵以伐魯、遂欲用兵以伐魯國 孔子會諸弟子而

使 夫聲

說 始銳切

告之曰、夫子會合衆弟子與之言 魯父母之國不可不救、魯乃父母之邦當救其難 今吾欲屈節於田常以救魯、今我欲屈已於田常以救魯難 二三子誰爲使、衆弟子誰能爲使 子貢請使夫子許之、子貢請爲使夫子許其往 遂如齊、子貢乃往齊國 說田常曰今子欲收功於魯實難、子貢謂田常言今子欲伐魯以取功此事實難 不若移兵於吳則易、不若徙兵以伐吳國其事則易 田常不悅、田常聞子貢之言而不悅 子貢曰夫憂在內者攻疆憂在外者攻弱、子貢言所憂在內者則攻強國在外則攻弱國 田常曰善、田常善其言 然兵甲已加魯矣、然而兵甲已及於魯地 子貢曰緩師、子貢言但緩其師行 吾請救於吳令救魯而伐齊、子因以兵迎之、我請往吳國使救魯伐齊子因以兵伐之 田常許諾、田常從子貢言 子貢遂南說吳、子貢乃往說吳王使其救魯伐齊 曰今齊國私千乘之魯與吾爭疆甚爲王患之、今者齊之國田常私伐魯國與我爭疆甚爲王

憂、)且夫救魯誅齊、(若能救魯誅齊、)利莫大焉、(吳之利甚大、)吳王曰、善、(吳王善子貢之言、)然吳嘗困越、(越嘗為吳所困、)越王今苦身養士、有報吳之心、(越王今勞身收養賢士、有報復吳讎之志、)先越然後可、(先伐越乃可救魯、)子貢曰、越之勁不過魯、吳之強不過齊、(吳越之強不加齊魯、)王置齊而伐越、(今王舍齊而先伐越、)則齊必私魯矣、(齊必私約魯以伐吳、)王方以存亡繼絕之名、(今王方以存人之亡、繼人之絕得名、)棄強齊而伐小越、(棄強大之齊、伐至小之越、)非勇也、(是無勇、)勇者不避難、(勇者無所畏、)仁者不窮約、(仁者不窮所約、)智者不失時、(乘時而為、)義者不絕世、(恤人之後、)今救魯伐齊、威加晉國、(救魯伐齊、威服於晉、)諸侯必相率而朝、(諸侯皆朝於吳、)霸業盛矣、(伯者之業盛矣、)臣請見越君、(子貢請往見越王、)令出兵以從、(使之出兵相從、)吳王悅、(吳王喜、)子貢之越、(子貢往越、)越王郊迎、(出郊接之、)曰、此蠻夷之國、(此夷狄之地、)大

諡　音稅

謟　音卹　注本作一謙辭

夫辱而臨之、(蒙大夫此來、)子貢曰、今者說吳王救魯伐齊、其志欲之而心畏越、(吳王心欲往、而畏於越、)曰、待伐越而後可、(吳王曰、待伐越方可、)且無報人之志而令人疑之、(未有復讎之心、使人先有疑、)拙矣、(謀甚拙、)有報人之意而使人知之、(有復讎之意、先使人知之、)殆乎、(亦危矣、)事未發而先聞者、(事未及發、而人先聞之、)危矣、(不亦殆哉、)三者舉事之患也、(三者作事之病、)今吳、(今吳國、)國家疲弊、(邦家困害、)百姓怨上、(民皆怨君、)伍胥以諫死、(伍子胥因諫而殺、)太宰嚭用事、(太宰嚭佞臣也、)此則報吳之時也、(今其復讎之時、)王誠能發卒以佐之、(若能發士卒以助吳、)重寶以悅其心、(用重寶以悅之、)卑辭以尊其禮、(謙遜以尊禮之、)則其伐齊必矣、(必往伐之、)此聖人所謂屈節求其達者也、(此夫子所謂屈節者、求事之濟也、)越王許諾、(王諾其說、)子貢返、(子貢歸吳、)越王悉境內之兵以事吳、(越王盡率一境之士卒以事吳、)吳

音稅　去聲

王乃受越王卒、（吳王受之）遂自發兵以伐齊、（乃自發兵以伐齊）敗之、（乃爲所敗）越遂襲吳之國、（越乃乘其敗而伐之）滅焉、（越乃滅吳）夫子曰夫其亂齊存魯、（使齊之亂魯之存）吾之初願、（夫子之欲）若強晉以敝吳、（若夫使晉強而吳害）使吳亡而越霸者、（使吳之亡而越之伯）賜之說也、（子貢說之力）美言傷信、（言雖善而失信於人）愼言哉、（人當愼言語）

七十二弟子解第三十八（孔門弟子升堂入室者、七十二人、故以此名篇。）

家語十　十七

顏回魯人字子淵、年二十九而髮白、三十一早死、（顏回少亡）孔子曰自吾有回、門人日益親、（夫子得回而弟子日相親）回以德行著名、孔子稱其仁焉、（回有德行孔子稱爲仁人）○閔損魯人字子騫以德行著名、孔子稱其孝焉、（孔子稱美其孝）○冉耕魯人字伯牛、以德行著名、有惡疾、孔子曰命也夫、（耕有癩疾夫子曰命也、皆汝）○冉雍字仲弓伯牛之宗族、（伯牛族人之子）生於不肖之父、以德行著名、（仲弓之父不賢生子有德行）○宰予字子我魯人、有口才以言語著名、（以口辨得名）○端木賜字子貢衛人、有口才著名、○冉求字子有仲弓之族、有才藝以政事著名、○仲由卞人字子路、有勇力才藝以政事著名、○言偃魯人字子游以文學著名、○卜商

家語十　十八

衛人字子夏以文學著名、○顓孫師陳人字子張有容貌姿質寬重、○曾參南武城人字子輿、志存孝道、孔子因之以作孝經、（孝經因曾子而作）○澹臺滅明武城人字子羽有君子之姿、爲人公正無私、○高柴齊人字子羔爲人篤學而有法、○宓不齊魯人字子賤爲單父宰、有才智仁愛百姓不忍欺、○樊須魯人字子

或下作弁誤乎　一本重作冲　音談　宓一作虙本經作　一學作孝音

識音志　妻去聲　曾點浴沂　志誌也

遲弱仕於季氏○有若魯人字子有爲人彊
識好古道○公西赤魯人字子華束帶立朝
閑賓客之儀○原憲宋人字子思清静守節
貧而樂道○公冶長魯人字子長爲人能忍
恥孔子以女妻之○南宮韜魯人字子容以
智自將世清不廢世濁不汚孔子以兄子妻
之○公析哀齊人字季沉未嘗屈節人臣孔

家語下　十九

子貴之○曾點曾參父字子晳禮教不行欲
修之孔子善焉論語所謂浴乎沂風乎舞雩
之下○顏由顏回父字季路孔子始教學於
闕里而受學○商瞿魯人字子木好易孔子
傳之志焉○漆雕開蔡人字子若習尚書不
樂仕○公良孺陳人字子正賢而有勇○秦
商魯人字不慈○顏刻魯人字子驕○司馬

魋徒回切　亢音剛　噲苦怪切

黎耕宋人字子牛爲性躁好言語見兄桓魋
行惡牛常憂之○巫馬期陳人字子期○梁
鱣齊人字叔魚○琴牢衛人字子開一字張
○冉儒魯人字子魚○顏辛魯人字子柳○
伯虔字楷○公孫寵衛人字子石○曹䘏○
陳亢陳人字子亢一字子禽○叔仲會魯人
字子期○秦祖字子南○奚箴字子偕○公

家語下　二十

祖茲字子之○廉絜字子曹○公西輿字子
上○宰父黒字子黒○公西減字子尚○穰
駟赤字子從○冉季字子産○薛邦字子從
○石處字里之○懸亶字子象○左郢字子
行○狄黒字哲之○商澤字子秀○任不齊
字子選○縈祈字子祺○顏噲字子聲○原
桃字子籍○公肩字子仲○秦非字子之○

漆雕從字子文〇燕級字子思〇公夏守字子乘〇勾井疆〇步叔乘字子車〇石子蜀字子明〇邽選字子飲〇施之常〇申績字子周〇樂欣字子聲〇顔之僕字子叔〇孔弗字子蔑（孔子兄之子）〇漆雕侈字子斂〇懸成字子横〇顔相字子襄

〇右七十二弟子皆升堂入室者

孔子氏族

本姓解第三十九（此篇論孔姓源流故以本姓名篇）

孔子之先宋之後也（孔子上祖宋國之後）微子啓帝乙之元子入爲王卿士（微子名啓入爲殷王卿士）微國名（微者國之號也）子爵（子者爵號也）周公相成王命微子於殷後（成王命微子繼殷後）與國于宋（宋國號）弟號微仲生宋（微子弟微仲生宋公）公宋公世爲宋卿（世世爲宋國卿）生正考甫（宋公生正考甫）考父生孔父嘉五世後以孔爲氏

注本一作錯雜

祖述堯舜憲章文武

生伯魚

爲（孔父嘉五世後遂以孔爲姓）叔梁紇（孔氏數世其叔梁紇）其妾生孟皮一字伯尼（梁紇妾生伯尼）求婚顔氏（梁紇再娶顔氏）禱尼丘之山生孔子（祈禱尼丘之山神遂生孔子）十九娶于宋之井官氏生伯魚（夫子十九歲娶井官氏乃生伯魚）魯昭公以鯉魚賜孔子榮君之貺故因名曰鯉而字伯魚（夫子生伯魚方值魯昭公以鯉賜夫子以君所惠爲榮故名曰鯉字伯魚）魚年五十先孔子卒（伯魚五十歲死在其父先）齊太史子

與謂南宮敬叔曰（太史與敬叔言夫子）孔子生於衰周（生在周末之世）先王典籍（先聖書籍）錯亂無紀（紛錯無統紀）而乃論百家之遺記考正其義（夫子將百家所存之典考諡其義理）祖述堯舜（本述堯舜之道）憲章文武（章法文王武王）刪詩述書（芟去毛詩定爲三百篇纂述尚書爲三十三篇）定禮理樂（諡定典禮修治惟樂）制作春秋（作春秋經）讃易道（作十翼等書以明周易之道）垂訓後嗣以爲法式（垂教後人使爲法式）其文德著矣

王肅注百蚤晨作

喆與哲同

王注人之下有當戶而坐

王注杖作仗

夢奠兩楹之間

文德彰明、凡所教誨束脩已上三千餘人、夫子教弟子、各以束脩禮見者、三千餘人、或者天將與素王乎、或者上天欲以夫子為素王、有德無位曰素、夫何其盛也、何如此之盛、

終記解第四十

言夫子終事、因以名篇、

孔子蚤作、夫子早起、負手曳杖、以手搭背曰負、曳者拖其杖也、逍遙於門、徜徉於門前、而歌曰、泰山其頹乎、歌曰、泰山將傾崩、梁木其壞乎、柱上梁木將損、喆人其萎乎、明哲之人其困頹乎、既歌而入、歌畢入門去、子貢聞之、子貢聞其歌、曰、泰山其頹、則吾將安仰、子貢曰、泰山已崩、我何所仰望、梁木其壞、吾將安杖、梁木既壞、我何所倚賴、哲人其萎、吾將安放、哲人已死、我何所倚放、夫子殆將病也、夫子將有疾、遂趨而入、遂入見夫子、夫子歎曰、賜、汝來何遲、夫子歎息謂子貢曰、爾何來之遲、予疇昔夢坐奠於兩楹之間、我昨夜夢坐兩楹之中、受人祭奠、夏后氏殯於東階之上、則猶在

王注周人殯於西階之上

王注有其孰能宗余

王注逮作殆

孔子死年七十二

王注有孔子年七十三

注喪畢次或留或去

注有因名其曰孔里焉

招虞人以旌

阼、夏時死者、置柩於東階主位、殷人殯於兩楹之間、即與賓主夾之、殯於西階之上、則猶賓之、殷人死者、置柩在賓主兩柱之中、在西階之上客位、而丘也、即殷人、夫子曰、我殷人也、夫明王不興、則天下孰能宗余、言當時無明王天下之人、孰能尊吾道、余逮將死、我次第死、遂寢病、七日而終、時年七十二矣、夫子遂寢疾、七日而死、年七十二、葬於魯城北泗水上、葬夫子於泗水上、二三子三年喪畢、羣弟子三年喪已終矣、惟子貢廬於墓六年、獨子貢結廬於夫子墓傍六年、自後羣弟子及魯人處於墓如家者、百有餘家、自後衆弟子、及魯國人居於夫子墓側者、百有餘家、因名曰孔里焉、名其地為孔里、

正論解第四十一

此篇皆言正道、故以正論名篇、

孔子在齊、夫子在齊國、齊侯出田、齊侯出田獵、招虞人以旌、不進、用旌招掌山澤之官、虞人不往、公使執之、齊侯使人執虞

韙 音偉

壞王注作懷

董狐古之良史

人、對曰、昔先君之田也、虞人對曰、昔先王之出田、旌以招大夫、用旌招大夫、弓以招士、用弓招士、皮冠以招虞人、用皮冠招虞人、臣不見皮冠故不敢進、臣不見招以皮冠、所以不敢來、乃舍之、齊侯乃釋之、孔子聞之曰、善哉守道不如守官、夫子聞之曰、嘉哉、守事君之道、不若能守其官職、君子韙之、君子美虞人之能守官、○孔子覽晉志、夫子觀晉史之所記、晉趙穿弒靈公、趙盾從弟弒靈公、趙盾亡、未及出而還、盾逃去、未及晉境而反、

史書趙盾弒君、太史書盾弒君、盾曰、不然、盾曰、不如此、史曰、子爲正卿、亡不出境、返不討賊、非子而誰、太史曰、汝爲晉之正卿、逃不出境、及反又不討賊、非汝殺其君而誰、盾曰、嗚呼、我之懷矣、盾嗟嘆曰、臣節已壞、自詒伊戚、自致其憂、其我之謂乎、謂我是已、孔子嘆曰、董狐古之良史也、夫子嗟嘆曰、董狐、古之良史官也、書法不隱、書事、不私匿人之善惡、趙宣子古之良大夫也、趙盾、古之良大夫、爲法受

校 音效

子產不毀鄉校

王注毀爲也ノ次ニ夫人朝夕退而遊焉トアリ

王注導之ノ次ニ有不如吾所聞而藥之

有德者以寬服民

惡、爲國法而受惡名、惜也、可惜、越境乃免、出其境則免矣、○鄭有鄉校、鄭國有鄉學校、鄉校之士、鄉學之士子、非論執政、議執政之非、毆明欲毀鄉校、毆明惡其毀執政、欲毀其鄉校、子產曰、何以毀爲也、子產曰、毀之何爲、夫議執政之善否、夫人議論執政之善不善處、其所善者吾則行之、議其善者、我則從之、其所否者、吾則改之、議其非者、我則改之、若之何其毀也、如之何而毀之、我聞忠言以損怨、我聞忠言可以損其怨、

不聞立威以防其怨、不聞恃威以防其怨、防怨猶防水也、防怨如隄防其水、大決所犯傷人必多、水一大決、傷人必甚、吾弗克救也、我不能救、不如小決使導之、不如稍稍決開使通導之、孔子聞是言也、夫子聞此語、曰、吾以是觀之、我由此觀之、人謂子產不仁、吾不信也、人言子產不仁、我未之信也、○鄭子產有疾、子產有病、謂子太叔曰、謂太叔曰、我死、我死後、子必爲政、汝必爲政事、唯有德者能以

鮮去聲

糺乙八切

子產古之遺愛

寬服民、唯有德者以寬服人。其次莫如猛、其次不如尚威猛。夫火烈、民望而畏之、火勢炎猛、民望而畏。故鮮死焉、所以少有蹈火而死。水濡弱、民狎而玩之、水性柔、民狎而玩。則多死焉、故人多溺死者。故寬難、所以尚寬治民則難。子產卒、子產死。子太叔為政、子太叔代為政事。不忍猛而寬、不欲尚猛惟尚寬。鄭國多掠盜、鄭國由是多盜。太叔悔之、太叔悔用寬。曰、吾早從夫子、我早嚮子產言。必不及此、必不至此多盜。孔子聞之曰、善哉、夫子聞之曰、羨哉。政寬則民慢、政太寬則民侮。慢則糾於猛、民慢侮則以猛攝之。猛則民殘、政猛則民傷殘。民殘則施之以寬、民傷殘則寬以濟之。寬以濟猛、猛以濟寬、寬猛相濟、寬以猛濟、猛以寬濟。政是以和、政所以和。子產之卒也、及子產之死也。孔子聞之曰、古之遺愛也、夫子曰、此子產餘愛及人也。○哀公問於孔子曰、寡人聞東益不祥、信有之乎、公問夫子東益之宅有不祥、信然乎。孔子曰、夫

不祥者五

損人自益、損他人以益己。身之不祥、一身之不祥也。棄老取幼、老則棄逐、幼則撫恤。家之不祥、一家之不祥也。擇賢而任不肖、揀退賢人、任用小人。國之不祥、此國之不祥。老者不教、老成人不教訓子弟。幼者不學、幼年不知務學。俗之不祥、此風俗之不祥。聖人伏匿、聖德之人藏隱。愚者擅權、愚昧之人出而專權。天下不祥、此天下之不祥也。不祥有五、有此五不祥。東益不與焉、不係於東益。

晉文公召天子

曲禮子貢問第四十二

子貢問曲禮、因以名篇。

子貢問於孔子曰、子貢問夫子。晉文公實召天子、而使諸侯朝焉、晉文公會諸侯于溫、召襄王、且使守於河陽、因使諸侯朝。夫子作春秋云、天王狩於河陽、何也、今夫子作春秋、乃言天王狩于河陽、是如何。孔子曰、以臣召君、不可以訓、夫子言以臣而召其君、不足以垂訓。亦書其率諸侯事天子而已、故書其率諸侯以事天子。孔子在宋、夫子在宋國。見桓魋自

愀 小七切　謚 音示　南宮敬叔載寶而朝　注一本主作王　喪 去聲

爲石槨三年而不成見桓魋作石槨三年未成夫子愀然曰夫子作色而言若是其靡也如此奢後死不如速朽之愈人之死不如速朽腐之爲也冉子僕曰冉有爲夫子僕而問曰禮凶事不豫此何謂也在禮喪事不豫備此何爲也夫子曰既死而議謚既沒之後方議謚號謚定而卜葬謚號既定方卜葬地既葬而立廟葬事既畢方立廟之皆臣子之事非所豫屬也此皆人臣人子之事不當以先屬備也況自爲之哉況桓

魋自爲石槨哉南宮敬叔以富得罪於定公奔衛敬叔因多財得罪於魯定公而奔走外國衛侯請復之衛侯請歸敬叔於朝載其寶以朝仍載其寶玉以朝主夫子聞之曰若是其貨也夫子聞知乃曰如此多財喪不若速貧之愈喪失位也失位不若速貧之爲上子游侍曰子游侍坐而問曰敢問何謂敢問何謂速貧孔子曰富而不好禮殃也夫子言富者多財不知好禮者殃及其身敬叔以富喪矣而又弗改敬叔本因富而失位今又

施 去聲

不能改過吾懼其有後患也吾恐後更有患敬叔聞之驟如孔氏敬叔見夫子之言逕往孔氏而謝焉而後循禮施散焉乃依循禮法而散其財貨孔子在齊夫子在齊國齊大旱春飢齊國大旱春月民飢景公問於孔子曰如之何齊侯問夫子救民當如何孔子曰凶年力役不興夫子言凶荒之歲不可勞役於百姓馳道不修君所行之道不修祈以幣玉祈禱惟用幣帛與玉不用牲禮祭祀不懸祭祀不作樂祀以下牲祭不用太牢惟

用少牢此賢君自貶以救民之禮也此賢德之君自貶損以救百姓之禮如此○孔子曰管仲鏤簋而朱紘簋祭器鏤刻而飾之也朱紘天子冕之綫旅樹而反坫旅施也樹屏也天子外屏諸侯內屏反坫在兩楹之間人君好會獻酢禮畢反爵於其上山節藻梲節栭刻爲山雲梲梁上短柱畫藻文也賢大夫也而難爲上管仲賢大夫也難於爲上晏平仲祀其先祖而豚肩不揜豆祭祀惟用豚肩不揜所盛之豆一狐裘三十年衣一狐裘三十年不換賢大

亡音無　惡音烏

夫也、而難為下、晏子亦賢大夫、難於為下、君子上不僭下、居上位不僭下、下不偪上、在下位不陵上、○子游問喪之具、子游問喪葬之具如何、孔子曰、稱家之有亡焉、夫子言、但隨家之有亡以為禮、曰有亡惡乎齊、有財無財何以為限、則孔子曰、有也則無過禮、夫子言、家有財則不可過乎禮、苟亡矣、斂手足形、還葬懸棺而封、誠無財矣、但斂其手足形體、而葬之、封讀為窆、人豈有非之者哉、豈有人言汝不足、故夫喪亡、與其哀不足而禮有餘、凡喪事、與其哀戚不足而禮文有餘、不若禮不足而哀有餘也、言喪主乎哀也、祭禮、與其敬不足而禮有餘、凡祭祀、與其恭敬不足而禮文有餘、不若禮不足而敬有餘也、言祭主乎敬也、

曲禮子夏問第四十三

子夏問曲禮、因以名篇、

子夏問於孔子曰、子夏問夫子、記云、周公相成王、教之以世子之禮、有諸、傳記言、周公以世子之禮教成王、果有是

抗世子法於伯禽　長丁丈反

事否、孔子曰、昔者成王嗣位、幼未能莅阼、夫子言、昔成王初為天子、幼年未能踐位、周公攝政而治、周公攝天子政、而治天下、抗世子之法於伯禽、舉世子之法於伯禽之身、欲王之知父子君臣之道、所以善成王也、欲令成王知父子君臣之道、正所以善其身也、夫知為人子者、然後可以為人父、能為人子、然後能為父、知為人臣者、然後可以為人君、能為人臣、然後能為君、知事人者、然後可以使人、能事人、然後能使人、是故抗世子之法於伯禽、故周公教伯禽、以世子之法、使成王知父子君臣長幼之義焉、又欲使成王知父子君臣長幼之義也、世子齒於學、世子入學與士序齒、則國人觀之曰、國人見之曰、此將君我而與我齒讓、何也、世子將為我之君、何為與我序年齒、曰、有父在則禮然、言有父在上、禮當如此、然而眾知父子之道矣、則眾皆知有父子之道、其二曰、其次見之曰、此將君我、而與我齒讓何也、辭同

璠步干切 璵音餘

上、曰、有君在、則禮然、言有君在上、禮當如此、然而衆知君臣之義也、則衆皆知君臣之義、有其三曰、又其次見之曰、此將君我而與我齒讓何也、解見上、曰、長長也、則禮然、言敬長之禮、則如此、然而衆知長幼之節矣、則衆知長幼之序、○季平子卒、平子、魯大夫、將以君之璠璵斂、欲用君之玉器同葬、又贈之以珠玉、贈以珠玉、孔子爲中都宰、聞之、時夫子仕魯聞其事、歷級而救焉、遽登階而救其失、曰送

而以寶玉、是猶曝尸於中原也、言送死而用寶玉、正如曝尸於中野、是招盜也、其示民以姦利之端、啓民起貪之心、姦而有害於死者、安用之、反有害於死者之身、安用寶玉哉、且孝子不順情以危親、且孝子不順人情以危其已死之親、忠臣不兆姦以陷君、忠臣不開姦盜之端以陷害其君、乃止、不用寶玉、○子路與子羔仕於衛、子路子羔俱仕衛國、衛有蒯聵之難、衛太子蒯聵奔宋、趙簡送蒯聵歸衛、衛人發兵擊之、不得入、孔子在魯

子路死於衛 醢音賄

聞之、夫子在魯國聞其事、曰、柴也其來、言高柴必不死而來、由也死矣、仲由必死於難、既而衛使至、曰子路死焉、言畢、衛國使者至言子路已死、夫子哭之於中庭、夫子哭子路於中庭、有人弔者、而夫子拜之、有人來弔夫子哭者、夫子拜之、已哭、進使者而問故、哭罷進衛使而問因由、使者曰、醢之矣、使者曰仲由之尸已爲醢矣、遂命覆醢、夫子乃命傾其家醢、

曲禮公西赤問第四十四

公西赤問曲禮、因以

名篇、

公西赤問於孔子曰、公西華問夫子、大夫以罪免卒、其葬也如之何、大夫以罪去國死、以何禮葬之、孔子曰、大夫廢其事、終身不仕、夫子言、大夫罷政、終身不仕官、死則葬之以士禮、降大夫一等、○子游問於孔子曰、子游問夫子、葬者塗車芻靈、自古有之、送葬用土爲車、束草爲人、從古如此、然今人或有偶、今有刻木爲偶人、是無益於喪、無益於死

質 音至

者、孔子曰、爲芻靈者、善矣、爲草人則善於後、爲偶人者、不仁、爲木人者、非仁德也、不殆於用人乎、何異於用生人乎、

○子路爲季氏宰、子路爲家臣、季氏祭、逮昏而奠、季氏祭祀、及暗始行奠禮、終日不足、繼以燭、一日行禮未畢、又繼之以燭、雖有彊力之容、肅敬之心、皆倦怠矣、雖強力行事、祗敬之心、皆倦怠矣、有司跛倚以臨祭、執事之人與祭足力皆乏、其爲不敬也、大矣、大爲不敬、他日祭、子路與焉、他日子路與祭、室事交于戶、室內執事之人、在於門中、堂事當于階、堂上執事之人、在於階前、質明而始行事、天明方行禮、晏朝而徹、日晏而畢、孔子聞之曰、夫子聞其事曰、孰爲由也而不知禮、子路亦知禮、

標題句解孔子家語卷之下

莊子音義

提要

《莊子音義》，唐陸德明撰，日本奈良天理大學藏南宋寶慶三年（一二二七年）大字本。《莊子音義》為《經典釋文》的一部分，專門解釋《莊子》一書中詞語的音和義，多保存古音古義，對理解《莊子》原文頗有助益，為世所重。此《莊子音義》為稀世珍本，與已影印出版的北京圖書館藏宋元遞修本《經典釋文・莊子音義》相比勘，訛誤較少，且較續古逸叢書所收宋本《莊子音義》多十五篇《音義》。

經典釋文卷第[illegible]

莊子音義上 内篇七

唐國子博士兼太子中允贈齊州刺史吳縣開國男陸德明撰

内篇内者對外立名說文云篇書也字從竹從廾者草名耳非也 逍音銷亦作消 遥如字亦作搖 遊如字亦作游逍遥遊者篇名義取閒放不拘怡適自得 第一 郭象注 夫音符 小大之場直良反 事稱尺證反 各當丁浪反 其分符問反 北冥本亦作溟覓經反北海也嵇康云取其溟漠無涯也梁簡文帝云窅冥無極故謂之冥東方朔十洲記云水黑色謂之冥海無風洪波百丈 鯤徐音昆李侯溫反大魚名也崔譔云鯤當為鯨簡文同 其幾居豈反下同 鵬步登反徐音朋郭甫登反崔音鳳云鵬即古鳳字非來儀之鳳也說文云朋及鵬皆古文鳳字也朋鳥象形鳳飛群鳥從以萬數故以鵬為朋黨字字林云鵬朋黨也古以為鳳字 夫莊音符發句之端皆同 性分符問反下皆同 逹觀古亂反 宜要一遥反 垂天之雲司馬彪云若雲垂天旁崔云垂猶邊也其大如天一面雲也 海運司馬云運轉也向秀云非海不行故曰海運簡文云運徙也 豈好呼報反下皆同 大處昌慮反下同 何厝七故反本又作措 齊諧戶皆反司馬及崔竝云人姓名簡文云書 志怪志記也怪異也 水擊崔云將飛舉翼擊水踉蹡也踉音亮蹡音七亮反

搏徒端反司馬云搏飛而上也一音博崔云拊翼徘徊而上也 扶搖徐音遥風名也司馬云上行風謂之扶搖爾雅云扶搖謂之飈郭璞云暴風從下上也 而上時掌反注同 自勝音升下同 決然喜缺反下同 數仞色主反下同 非樂音嶽又五孝反 搶七羊反 枋音方 野馬司馬云春月澤中遊氣也崔云天地閒氣如野馬馳也 塵埃音哀崔云天地閒氣蓊鬱似塵埃揚也 相吹如字崔本作炊 所馮皮冰反本亦作憑 色邪也嗟反助句不定之辭後放此 且夫音符 覆芳服反 杯崔本作盃 坳堂於交反又烏了反李又伊九反崔云堂道謂之坳司馬云塗地令平支遁云謂有坳垤形也 芥吉邁反徐古邁反一音古黠反李云小草也 則膠徐李古孝反一音如字崔云膠著地也李云黏也 稱事尺證反後同 其濟子細反本又作齊如字 之生本作作王字 至當丁浪反後皆同 而後乃今培音裴重也徐扶杯反又火罕反一音扶北反本或作陪 風絕句 背負青天一讀以背字屬上句 夭於表反司馬云折也 閼徐於葛反一音謁司馬云止也李云塞也 蜩音條司馬云蟬 學鳩如字一音於角反本又作鷽音同本或作鸒音預崔云學讀為滑滑鳩一名滑雕司馬云學鳩小鳩也李云鸒鷵也毛詩草木疏云鷵鳩班鳩也簡文云月令云鳴鳩拂其羽是也 我決向徐喜缺反李呼穴反李頤云疾貌 搶七良反司馬李云猶集也崔云著也支遁云搶突也 榆徐音踰木名也 枋徐音方李云檀

木也崔云本也或曰木名控苦貢反司馬云投也又云引也崔云叩也莽莫浪反或莫郎反蒼七蕩反或如字司馬云莽蒼近郊之色也李云近野也支遁云冢間也崔云草野之色三飡七丹反果然徐如字又苦火反衆家皆云飽貌舂東容反糧音良小知音智本亦作智下大知并注同下年知放此跂尚丘豉反後同累物劣僞反下皆同朝菌徐其隕反司馬云大芝之也天陰生糞上見日則死一名日及故不知月之終始也崔云糞上芝朝生暮死晦者不及朔朔者不及晦支遁云一名舜英朝生暮落潘尼云木槿也簡文云歘生之芝也歘音況物反晦朔朔旦也晦冥也惠本亦作蟪同蛄音姑司馬云惠蛄寒蟬也一名蝭蟧春生夏死夏生秋死崔云蛁蟧也或曰山蟬秋鳴者不及春春鳴者不及秋廣雅云蟪蛁蟧也案即楚詞云寒螿者也蝭音提蟧音勞又音遼蛁音彫螿音將冥本或作榠同靈李頤云冥靈木名也江南生以葉生爲春葉落爲秋此木以二千歲爲一年大椿丑倫反司馬云木一名橓橓木槿也崔音橓華同李云生江南一云生北戶南此木三萬二千歲爲一年彭祖李云名鏗堯臣封於彭城歷虞夏至商年七百歲故以久壽見聞世本云姓籛名鏗在商爲守藏史在周爲柱下史年八百歲籛音翦一云即老子也崔云堯臣仕殷世其人甫壽七百年王逸注楚辭天問云彭鏗即彭祖事帝堯彭祖至七百歲猶曰悔不壽恨枕晚而唾遠云帝嚳之玄孫特聞如字崔本作待聞之縣音玄豪分符問反又方云反棘李云湯時賢人又云是棘子崔云齊諧之徒識冥靈大椿者名也簡文云一曰湯廣大也

棘狹小也窮髮李云髮猶毛也司馬云北極之下無毛之地也崔云北方無毛地也案毛草也地理書云山以草木爲髮其廣古曠反數千色主反下同羊角司馬云風曲上行若羊角而上時掌反下同且適如字舊子餘反下同斥如字司馬云小澤也本亦作尺崔本同簡文云作尺非鴳於諫反字亦作鷃司馬云鴳鷃雀也騰躍曲若反翱翔五刀反蓬蒿好刀反知效音智下戶教反行下孟反比毗至反徐扶至反李云合也而徵如字司馬云信也崔支云成也宋榮子司馬李云宋國人也崔云賢者也猶然笑之崔李云猶笑貌案謂猶以爲笑譽之音餘加沮慈呂反敗也之竟居領反能復扶又反數數音朔下同徐所祿反一音桑縷反司馬云猶汲汲也崔云迫促意也簡文所喻反謂計數故閒音閑本亦作閑未樹司馬云樹立也未立至德也列子李云鄭人名御寇得風仙乘風而行與鄭穆公同時泠音零六氣司馬云陰陽風雨晦明也李云平旦爲朝霞日中爲正陽日入爲飛泉夜半爲沆瀣天玄地黃爲六王逸注楚辭云陵陽子明經言春食朝霞朝霞者日欲出時黃氣也秋食淪陰淪陰者日沒已後赤黃氣也冬食沆瀣沆瀣者北方夜半氣也夏食正陽正陽者南方日中氣也并天玄地黃之氣是爲六氣沆音戶黨反瀣音下界反支云天地四時之氣之辯如字變也崔本作和惡乎音烏注同无已音紀注同而王于況反本亦作至於針之鳩

一反或之林反堯唐帝也許由隱人也隱於箕山司馬云潁川陽城人簡文云陽城
槐里人李云字仲武爝本亦作燋音爵郭徂繳反司馬云然也向云人所然火也一云爝火謂小
火也字林云爝炬火也子召反燋所以然持火者子約反浸子鴆反灌古亂反天
下治直吏反下已治注天下治而治者也既治而治實而治者得以治音同能令
力呈反下同稷契息列反皆唐虞臣也稷周之始祖名棄契殷之始祖名能離
力智反玄應應對之應汎乎芳劒反非夫音扶下明夫同鷦
子遥反鷯音遼李云鷦鷯小鳥也郭璞云鷦鷯桃雀偃鼠如字李云鼷鼠也說文鼢
鼠一曰偃鼠鼢扶問反歸休乎君絕句一讀至乎字絕句君別讀懷豁
呼活反樂推音洛不厭於豔反庖人鮑交反徐扶交反掌廚人也周
禮有庖人職尸祝之六反傳鬼神辭曰祝樽子存反本亦作尊俎徐側呂反
肩吾李云賢人也司馬云神名連叔李云懷道人也接輿本又作與同音
餘接輿楚人也姓陸名通皇甫謐云接輿躬耕楚王遣使以黃金百鎰車二駟聘之不應无當
丁浪反司馬云言語宏大無隱當也驚怖普布反廣雅云懼也大有音泰徐勑佐反
逕徐古定反司馬本作莖庭勑定反李云逕庭謂激過也不近附近之近
藐音邈又妙紹簡文云遠也姑射徐音夜又食亦反李實夜反山名在北海中肌
居其反淖郭昌略反又徒學反字林文卓反蘇林漢書音火也約如字李云淖約柔弱

貌司馬云好貌處子在室女也黃屋車蓋以黃為裏一云冕裏黃也玉璽
音徙纓字或作嬰紱方物反字或作紼憔悴在遥反下在醉反至至
者本亦作至足者王德于況反本亦作至絕垠音銀又五根反本又作限吸
許及反神凝魚升反疵在斯反病也司馬云毀也一音子爾反癘音厲李音
賴惡病也本或作厲狂求匡反李云癡也李又九況反閒音閑澹然徒暫反恬
靜也皆齊才細反又如字而斷丁亂反瞽音古盲者無目如鼓皮也
與乎徐音豫下同之觀古亂反聾鹿工反不聞也者無以
與乎鍾鼓之聲崔尚司馬本此下更有眇者無以與乎眉目之好夫附者
不自為假文[illegible]夫知音智同知之同時女司馬云猶處女也向云時女虛靜柔順和
而不喧未嘗求人而為人所求也旁薄剛反李鋪剛反字又作磅同礴蒲博反李普各反司
馬云旁礴猶混同也世蘄徐音祈李云求也弊弊李扶世反徐扶計反簡文云弊
弊經營貌司馬本作蔽蔽不應應對之應苦思息嗣反大浸子鴆反
稽天音雞徐李音啓司馬云至也不溺奴歷反或奴學反禍難乃旦
反非辟音避塵垢古口反塵垢猶染汙粃本又作秕徐甫姊反又悲矣反
糠字亦作康音康粃糠猶煩碎陶徒刀反李移昭反本亦作鉤音同鑄之樹
反宋人宋今梁國睢陽縣殷後微子所封資章甫李云資貨也章甫殷

冠也以冠爲貨越今會稽山陰縣斷丁管反李徒短反司馬本作敦云敦斷也四子司馬李云王倪齧缺被衣許由汾水徐扶云反郭方聞反案汾水出太原今莊生寓言也司馬崔本作盆水窅然徐烏了反郭武駢反李云窅然猶悵然喪其息浪反注同

絶冥亡丁反之竟音境本亦作境惠子司馬云姓惠名施爲梁相魏王司馬云梁惠王也案魏自河東迁大梁故謂之魏或謂之梁也貽徐音怡郭與志反遺也大瓠徐音護之種章勇反而實五石司馬云實中容五石以盛音成剖之普口反爲瓢毗遥反徐扶堯反則瓠戶郭反司馬音護下同落簡文云瓠落猶廓落也司馬云瓠布護也落零落也言其形平而淺受水則零落而容也呺然本亦作号徐許橋反李云号然虛大貌崔作謌簡文同吾

爲于僞反掊之徐方垢反司馬云擊破也龜手愧悲反徐舉倫反李居危反向云拘坼也司馬云文坼如龜文也又云如龜攣縮也洴徐扶經反澼普歷反徐敷歷反郭李格歷反澼聲絖音曠小爾雅云絮細者謂之絖李云洴澼絖者漂絮於水上絖絮也能令力呈反不拘紀于反依字宜作跔紀于求于二反周書云天寒足跔是也坼勑白反漂匹妙反韋昭云以水擊絮爲漂說文作敝豐市反又匹例反絮胥慮反百金李云金方寸重一斤爲一金百金百斤也數金色主反鬻音育司馬云賣也技本或作伎其綺反以說始銳反又如字有難乃旦反之

將子匠反大敗必邁反不慮以爲大樽本亦作尊司馬云樽如酒器縛之於身浮於江湖可以自渡慮猶結綴也案所謂瓠舟蓬之心郭云蓬生非直達者向云蓬者短不暢曲士之謂樗勑魚反木名擁腫章勇反李云擁腫猶盤瘿不中丁仲反下同卷曲本又作拳同音權徐紀阮反李丘圓反同去如字李羗呂反狸力之反狌徐音姓郭音生又音星司馬云狸也狖音由救反敖者徐音五到反支云同彼怠傲謂承夫間殆也本又作傲同司馬音遨謂同遨翔之物而食之雞鼠之屬也跳音條不辟音避今本多作避下放此機辟毗赤反司馬云罔也罟徐音古斄牛郭呂之反徐李音來又音離司馬云旄牛无何有之鄉

廣莫之野謂寂絶無爲之地也簡文云莫大也彷薄剛反又音旁徨音皇彷徨猶翱翔也崔本作方羊簡文同廣雅云彷徉徙倚也

齊物論力頓反李如字第二

而惡烏路反南郭子綦音其司馬云居南郭因爲號隱於靳反馮也机音紀李本作凡而噓音虛吐氣爲噓向云息也荅焉本又作嗒同吐荅反又都納反注同解體貌似喪息浪反下同其耦本又作偶五口反匹也對也司馬云耦身也身與神爲耦顔成子游李云子綦弟子也姓顔名偃謚成字子游何居如字又音姬司馬云猶故也槁木枯老反注同家音寂本亦作寂莫

本亦作漢 女聞 音汝下皆同本亦作汝 人籟 力帶反簫也 籟夫 音扶 參 初林反 差 初宜反 所錯 七故反 見矣 賢遍反 大塊 苦怪反李苦對反說文同云俗由字也徐口回反徐李又胡罪反苦猥反司馬云大朴之貌衆家或作大槐班固同淮南子作大昧解者或以爲無或以爲元氣或以爲混成或以爲天謬也 噫 乙戒反注同以音蔭 萬竅 苦弔反 怒呺 胡刀反徐又許口反又胡到反 翏翏 良救反又六牧反長風聲也李本作飂音同又力竹反 畏 於鬼反郭烏罪反崔本作嵔 佳 醉癸反徐子唯反郭祖罪反李諸鬼反李頤云畏佳山阜貌 之竅 崔本作窾 似鼻似口 司馬云言風吹竅穴動作或似人鼻或似人口 似枅 音雞又音肩字林云柱上方木也簡文云欂櫨也 似圈 起權反郭音權杯圈也徐其阮反言如羊豕之闌圈也 似臼 其九反 似洼者 烏攜反李於花反又烏乖反郭烏蛙反司馬云若洼曲 汚者 音烏司馬云若汚下 激者 經歷反如水激也李古弔反司馬云聲若激喚也李又驅弔反 謞者 音孝李虛交反簡文云若箭去之聲司馬云若讙謞聲 叱者 昌實反徐音七司馬云若叱咄聲 吸者 許及反司馬云若噓吸聲也 叫者 古弔反郭古幼反李居曜反司馬云若譹哭聲 宎者 徐於堯反一音杳又於弔反司馬云深者也若深宎宎然 咬者 於交反或音狡司馬云聲哀切咬咬然又許拜反 唱于 如字 唱喁 五恭反徐又音愚又五斗反李云于喁聲之相和也 泠風 音零李云泠泠小風也 小和 胡臥反下及注皆同

飄風 鼻遙反又符遙反李敷遙反司馬云疾風也爾雅云回風爲飄 不稱 尺證反 其分 符問反下不出者同 厲風 司馬云大風向郭云烈風 濟 子細反向云止也 調調 音條 刁刁 徐都堯反向云調調刁刁皆動搖貌 動搖 如字又羊照反 比竹 毗志反又必履反李扶必反注同 豈復 扶又反 莫適 丁歷反 此重 直用反 大知 音智下及注同 閑閑 李云無所容貌簡文云廣博之貌 閒閒 古閑反有所閒別也 炎炎 于廉于凡二反又音談李作淡徒濫反李頤云同是非也簡文云美盛貌 詹詹 音占李頤云小辯之貌崔本作閻 魂交 司馬云精神交錯也 其覺 古孝反 形開 司馬云目開意悟也 與接爲構 司馬云人道交接構結驩愛也 縵者 末旦反簡文云寬心也 窖者 古孝反司馬云深也李云穴也案穴地藏穀曰窖簡文云深心也 小恐 曲勇反下及注同 惴惴 之瑞反李云小心貌爾雅云懼也 縵縵 李云齊死生貌 悸 其季反 機栝 古活反機弩牙栝箭栝 詛 側據反 盟 音明徐武耕反郭武病反 其殺 色界反徐色例反注同 其溺 奴狄反郭奴徼反 其厭 於葉反徐於冉反又於感反 如緘 徐古咸反 老洫 本亦作溢同音逸郭許鵙反又己質反 近死 附近之近 復陽 陽謂生也 哀樂 音洛 慹 之涉反司馬云不動貌 姚 郭音遙徐李勑弔反 佚 音逸 態 勑代反李又奴載反 蒸 之膺反 成菌 其隕反向云結也 以上 時掌反 萌 武耕

反 旦暮 本又作莫音同 相爲 于僞反下未爲同 而特 崔云特辞也
其眹 李除忍反兆也 趣舍 七喻反字或作取下音捨或音赦下皆放此 起
索 所百反 情當 丁浪反下皆同 別見 賢遍反 百骸 戶皆反
六藏 才浪反案心肺肝脾腎謂之五藏大小腸旁胱三焦謂之六府身別有九藏氣天地人天
以候頭角之氣人以候耳目之氣地以候口齒之氣三部各有天地人三三而九神藏五形藏四故九今
此云六氣未見所出 賅 徐古來反司馬云備也小爾雅同簡文云兼也 皆說 音悅注同今本
多即作悅字後皆放此 而更 音庚 其遞 音弟徐又音悌 不應 應對之應
无錯 七素反下同 雖復 扶又反下同 毀譽 音餘 物喪 息浪反
者鮮 息淺反 苶然 乃結反徐李乃協反崔音捻云忘貌簡文云疲病困之狀 所
好 呼報反下同 芒乎 莫剛反又音亡芒芒昧也簡文云芒同也 與有 音豫
而舍 音捨字亦作捨下同 昔至 崔云昔夕也向云昔者昨日之謂也 不強 其丈
反 吹也 如字又叱瑞反崔云吹猶籟也 鷇 苦豆反李音㲉司馬云鳥子欲出者也 惡乎
音烏下皆同 眞僞 一本作眞詭崔本作眞然 道焉 於虔反 實當 丁浪反後
可以意求不復重出 見於 賢遍反 更相 音庚 反覆 芳服反 彼復 扶又
反下同 道樞 尺朱反樞要也 以應 應對之應前注同後可以意求不復重音 天地一
指也萬物一馬也 崔云指百體之一體馬萬物之一物 浩然 戶老反 无

物不然无物不可 崔本此下更有可於可而不可於不可不可不可於不可而可
於 故爲 于僞反下爲是皆同 莛 徐音庭李音挺司馬云屋梁也 楹 音盈司馬云屋
柱也 厲 如字惡也李音賴司馬云病癩 西施 司馬云夏姬也案句踐所獻吳王美女也 恢
徐苦回反大也郭苦虺反簡文本作弔 恑 九委反徐九彼反李云戾也 憰怪 音決李云
憰乖也怪異也 楹縱 本亦作從司將容反 其分 如字 復通 扶又反 幾
矣 音機盡也下同徐具衣反 謂之道 向郭絕句崔讀謂之道勞云因自然是道之功
也 狙公 七徐反又緇慮反司馬云狙公典狙官也崔云養猨狙者也李云老狙也廣雅云狙
獼猴 賦芧 音序徐食汝反李音予司馬云橡子也 朝三莫四 司馬云朝
三升莫四升也 所好 呼報反下文皆同 天鈞 本又作均崔云鈞陶鈞也 可勝
音升 操弦 七刀反 執籥 羊灼反 昭文 司馬云古善琴者 枝策
司馬云枝柱也策杖也崔云舉杖以擊節 據梧 音吾司馬云梧琴也崔云琴瑟也 之知
音智 而瞑 亡千反 故載之末年 崔云書之於今也 堅白
司馬云謂堅石白馬之辯也又云公孫龍有淬劍之法謂之堅白崔同又云或曰設矛伐之說爲堅辯白
馬之名爲白 鼓簧 音黃 之綸 音倫崔云琴瑟弦也 滑疑 古沒反司馬云
亂也 㕁奇 求物反 好惡 並如字 未離 力智反 俄而
徐音我 確斯 苦角反斯又作㪿音賜李思利反 即復 扶又反 纖介

古邁反又音界秋豪如字依字應作毫司馬云兎毫在秋而成王逸注楚辭云銳毛也案毛至
秋而耎細故以喻小也大山音泰殤子短命者也或云年十九以下爲殤殊
稱尺證反善數色主反夫道未始有封崔云齊物
七章此連上章而班固說在外篇爲是于僞反有畛徐之忍反郭李音眞
謂封域畛陌也有左有右崔本作有在宥也異便婢面反有
倫有義崔本作有論有議有分如字注同類別彼列反下皆同
有爭爭鬬之爭注同故分如字下及注同不稱尺證反注同不嗛
郭欺簟反徐音謙不忮徐之豉反又音跂李之移反害也李云健也道昭音照

囩崔音刓徐五丸反司馬云圓也郭音團而幾徐其衣反向方本亦作嚮
音同下皆放此近彼附近之近遠實于万反注焉徐之喻反葆
光音保崔云若有若無謂之葆光宗膾徐古外反胥息徐反華胥國敖徐五
高反司馬云宗膾胥敖三國名也崔云宗一也膾二也胥敖三也聽朝直遥反妙
處昌慮反重明直龍反光被皮寄反神解音蟹齧
五結反缺丘悅反王倪徐五嵇反李音詣高士傳云王倪堯時賢人也天地篇云齧缺
之師惡乎音烏下皆同庸詎徐本作巨其庶反郭音鉅李云庸用也詎何也
猶言何用也服虔云詎猶未也復爲扶又反蛣丘一反蜣丘良反爾雅云

蛣蜣蜣蜋也乎女音汝注及下同巳不知音紀偏死司馬云偏
枯死也鰌徐音秋司馬云魚名惴之瑞反慄音栗恂郭音荀徐音峻恐貌
崔云戰也班固作眴也猨音袁猴音侯異便婢面反芻初俱反小爾雅
云秆謂之芻秆音古但反豢徐音患又胡滿反司馬云牛羊曰芻犬豕曰豢以所食得名也
麋音眉薦牋練反司馬云美草也崔云甘草也郭璞云三蒼云六畜所食曰薦蝍音即
且字或作蛆子徐反李云蝍且蟲名也廣雅云蜈公也爾雅云蒺藜蝍蛆郭璞注云似蝗大腹長角能
食蛇腦蒺音疾蔾音棃帶如字崔云蛇也司馬云小蛇也蝍蛆好食其眼鴟尺夷反
鴉本亦作鵶於加反崔云烏也耆市志反或作嗜崔本作甘美惡烏路反

猵篇面反徐敷面反又敷畏反郭李音偏狙七餘反司馬云狙一名獦牂似猨而狗頭憙與
雌猨交也崔云猵狙一名獦牂其雄憙與猨雌爲牝牡向云猵狙以猨爲雌也獦音葛爲雌
音妻一音如字毛嬙徐在良反司馬云毛嬙古美人一云越王美姬也麗姬力知
反下同麗姬晉獻公之嬖以爲夫人崔本作西施決喜缺反李云疾貌崔云疾走不顧爲決徐
古惠反郭音古穴反驟士救反又在遘反所好呼報反樊然音煩殽亂
徐户交反郭作散悉旦反之竟音境今本多作境下放此未解音蟹沍户故
反徐又户各反李又格反向云凍也崔云沍猶涸也蠆勑邁反又音豸介古邁反又音界瞿
鵲其俱反長梧子李云居長梧下因以爲名崔云名丘簡文云長梧封人也

夫子向云瞿鵲之師稱謂尺證反下放此而遊崔本作而施孟
浪如字徐武黨反或武葬反向云孟浪音漫瀾無所趣舍之謂李云猶較略也崔
云不精要之貌之行如字反下孟反皇帝本又作黄帝聽勑定反熒
音瑩磨之瑩本亦作瑩於迥反向司馬云聽熒疑惑也李云不光明貌崔云小明不大了也向崔本作韗
榮且女音汝下同亦大音泰徐李勑佐反注同時夜崔云時夜
司夜謂雞也見彈徒旦反鴞于驕反司馬云小鳩可炙毛詩草木疏云大如班鳩
綠色其肉甚美雞復扶又反下皆同下章注亦準此嘗爲于僞反旁日
月薄葬反徐扶葬反司馬云依也崔本作謗挾戶牒反崔李本作扶宇宙治救
反尸子云天地四方曰往古來今曰宙說文云舟輿所極覆曰宙脗本或作䐇郭音泯徐武軫
反李武粉反元波際之貌司馬云合也向音脣云若兩脣之相合也滑徐古沒反亂也向本作汩
音同崔戶八反云括口木也涽徐音昏向云汩涽未定之謂崔本作緡武巾反云繩也芚
徐徒奔反郭治本反司馬云渾沌不分察也崔云厚貌也或云束也李丑倫反怵心勑律反
參糅如救反相蘊本亦作緼徐於憤反郭於本反李於問反積也予惡
音烏下惡乎皆同說音悅注同相背音佩惡死烏路反注同弱
喪息浪反注同少而詩照反焉知於虔反下同至於王
所崔云六國時諸侯僭稱王因此謂獻公爲王也筐本亦作匡徐起狂反牀徐音

床司馬云筐牀安牀也崔云筐方也一云正牀也蘄音祈求也樂生音洛下同
覺而音教下及注皆同竊竊司馬云猶察察也牧乎崔本作跂
乎云踶跂強羊貌所好呼報反注同所惡烏路反神解音蟹
下同弔如字音的至也詭九委反異也其解音蟹徐戶解反蛻然
音悅又始銳反黮闇貪闇反李云黮闇不明貌惡能音烏音同和之
如字崔胡臥反天倪李音崖徐音詣郭音五底反李云分也崔云或作霓音同際也班固曰天
研曼徐音萬郭武半反衍徐以戰反司馬云曼衍無極也振如字崔云止也
又之忍反无竟如字極也崔作境罔兩郭云景外之微陰也向云景景之景也崔本
作罔浪云有無之狀景暎永反又如字本或作影俗也曩徐乃蕩反李云曏者也无
特本或作持崔云特辭也向云無特者行止無常也操與音餘蛇蚹音附
徐又音敷司馬云謂蛇腹下齟齬可以行者也齟音士女反齬音魚女反蜩徐音條喪息浪
反胡蝶徐徒協反司馬崔云蛺蝶也栩栩徐況羽反喜貌崔本作翩自
喻李云喻快也志與音餘下同崔云與哉然覺古孝反蘧蘧
徐音渠又其慮反李云有形貌崔作據據引大宗師云據然覺可樂音洛

養生主第三養生以此爲主也

有涯本又作崖魚佳反而知音智注下同好勝呼報反下升證反

雖復扶又反下皆同絶脊音族以慊苦簟反足也殆已向云疲困
之謂无近附近之近下同悶然亡本反又音門遠已于萬反緣
督以爲經李云緣順也督中也經常也郭崔同以養羊尚反注同庖
丁崔本作胞同白交反庖人丁其名也管子有屠牛坦一朝解九牛刀可剃毛爲于僞反
文惠君崔司馬云梁惠王也所倚徐於綺反向偃彼反徐又於佇反李音妖
所踦徐居彼反向魚彼反李云刺也砉然向呼賜反徐許賜反崔音畫又古鵙反李
又呼歷反司馬云皮骨相離聲嚮然許丈反郭許亮反本或無然字奏如字崔云闔也
騞呼獲反徐許雙反向他亦反又音麥崔云音近獲聲大於砉也中音丁仲反下皆同
桑林司馬云湯樂名崔云宋舞樂名案即左傳舞師題以旌夏是也經首向司馬云咸池
樂章也崔云樂章名也或云奏樂名因便婢面反閑解音蟹譆徐音熙李云歎
聲也技具綺反下同所好呼報反注同神遇向云暗與理會謂之神遇官
知止如字崔云官知謂有所掌在也向音智專所司察而後動謂之官智而神欲行
如字向云從手放意無心而得謂之神欲批備結反一音鋪迷反字林云擊也父迷父節二反大
郤徐去逆反郭音却崔李云間也之處昌慮反令離力呈反下同下力智反道
音導注同大窾徐苦管反又苦禾反崔郭司馬云空也向音空節解戶賣反技
經本或作徛其綺反徐音技肯徐苦等反說文作肎字林同口乃反云著骨肉也一曰骨無肉也崔

云許叔重曰骨間肉肯肯著也綮苦挺反崔向徐並音啓李烏係反又一音罄司馬云猶結處也經
槩古代反微礙五代反大軱音孤向郭云軱戾大骨也崔云槃結骨
衄刀女六反良庖司馬云良善也割也司馬云以刀割肉故歲歲更作
崔云歲一易刀猶堪割也族庖司馬云族雜也崔云族衆也硎音刑磨石也崔本作
形云新所受形也砥石音脂又之履反尚書傳云砥細於礪皆磨石也爲戒于僞
反下皆同屬目章欲反謋然化百反徐又許百反已解音蟹下皆同
提刀徐徒嵇反躊直留反躇直於反善刀善猶拭也拭
音式弢之他刀反公文軒司馬云姓公文氏名軒宋人也右師
司馬云宋人也簡文云官名惡乎音烏介音戒一音兀司馬云刖也向郭云偏刖也
崔本作兀又作跀云斷足也偏刖音月又五刮反天與其人與並音
餘又皆如字司馬云爲天命爲人事也使獨司馬云一足曰獨之知音智下之
知同一啄陟角反不蘄音祈求也樊中音煩李云藩也所以籠雉也向
郭同崔以爲園中也妙處昌慮反雖王于況反注同長王丁亮
反又直良反老聃吐藍反司馬云老子也秦失本又作佚各依字讀亦皆
音逸三號戶羔反注同倚戶於綺反少者詩照反先物
悉薦反又如字理上往一本往作住遯天徒遜反又作遁倍情

音裴加也又布對反本又作背 大深 音泰 憂樂 音洛下文注同 所錯 七路反 縣 音玄 解 亦蟹注同崔云以生爲縣以死爲解 指窮於爲薪 如字絶句爲猶前也 火傳 直專反注同 也 傳者相傳繼續也崔云薪火爝火也傳延也 之中 丁仲反

人間世第四 此人間見事世所常行者也

離人 力智反 不荷 胡我反又音河 其累 力僞反 顔回 孔子弟子姓顔名回字子淵魯人也 衞君 司馬云衞莊公蒯聵也案左傳衞莊公以魯哀十五年冬始入國時顔回已死不得爲莊公蓋是出公輒也 其行 下孟反 獨 崔云自專也向云與人異也郭云不與人同欲 國量 音亮李力章反 若蕉 似遥反徐在堯反向云草芥也崔云芟刈也其澤如見芟夷言野無青草 稱數 所主反 治國 直吏反 醫門 於其反 思其則 絶句崔李云則法也 有瘳 丑由反李云愈也 譆 音熙又於其反 役思 息嗣反 遠身 于萬反 而知 音智下及注同 所爲 于僞反 爭善 此及下爭名二字依字讀 雖復 扶又反下皆同 桀跖 之石反桀夏王也跖盜跖也 相札 徐於八反又側列反李云折也崔云夫也亦作軋崔又云或作礼相賓禮也 信矼 徐苦江反崔音控簡文云慤實貌 而強 其兩反注同 人惡有 烏路反下惡不肖及注同崔本有作育云賣也 鮮

不 息淺反 涉治 直吏反 迕 音誤 菑 音災下皆同 菑夫 音扶 不肖 音笑徐蘇叫反似也 惡用 音烏 若唯 郭如字一音唯癸反 无詔 絶句詔告也言也崔本作諮音頟云逆擊曰諮 王公將乘人 絶句 而鬭其捷 在接反崔讀若唯無諮王公絶句必將乘人而鬭絶句捷作接其接引續也 熒之 户扃反向崔本作營音熒 眼眩 玄遍反 容將形之 謂擎跽也 關龍逢 夏桀之賢臣 王子比干 殷紂之叔父 以下 返嫁反 傴 紆甫反 拊 徐向音撫李云傴拊謂憐愛之也崔云猶嘔呴謂養也 拂其 符弗反崔云違也又芳弗反 以擠 徐子計反又子禮反司馬云毒也一云陷也方言云滅也簡文云排也 是好 呼報也 欲令 力呈反 叢支 才公反 有扈 音户司馬云國名在始平郡案即今京兆鄠縣也 虛厲 如字又音墟李云居宅無人曰虛死而無後爲厲 語我 魚豫反下同 惡惡 皆音烏下同 挫之 子卧反 從容 七容反 不訾 向徐音紫崔云毀也 而上 時掌反下同 蘄乎 音祈 擎 徐其驚反 跽 徐其里反說文云長跪也 曲拳 音權 无疵 才斯反 謫之 直革反 諷責 非鳳反 大多 音泰徐勑佐反崔本作太 不諜 徐徒協反向吐頰反李云安也崔云間諜也 挾三 尺牒反 曰齊 本亦作齋同側皆反下同 其易 以豉反後皆同向崔云輕

易也暭天徐胡老反白云暭天自然也不茹徐音汝食也葷徐許云反

數月色主反去異起吕反下同未始得使絶句崔讀至實

字絶句不強其丈反无毒如字治也崔本作每云貪也而寓崔本

作如愚絶迹易无絶句向崔皆以無字屬下句者粗音麤有

知知者上音智下如字下句同闋者徐苦穴反司馬云空也虚室

生白崔云白者日光所照也司馬云室比喻心心能空虚則純白獨生也夫徇辭俊

反徐辭倫反李云使也心知音智注同所紐徐女酒反崔云系而行之曰紐簡文

云紐本也伏戲本又作羲亦作犧同許宜反即太暭三皇之始也几蘧其居反向

云古之帝王也李云上古帝王散焉悉旦反李云放也崔云德不及聖王爲散之聰

一本作聽竭喪息浪反葉公音攝子高楚大夫爲葉縣尹僭稱公姓沈

名諸梁字子高將使所吏反注及下待使同慄之音栗字云懼也常語

魚據反下同藏矣才浪反執泉家本李自然簡文作熱粗音麤又才古反

而不臧作郎反善也絶句一音才郎反句至爨字爨七亂反无欲清

七性反字宜從冫從冫者假借也清凉也之人言爨火爲食而不思清凉明火微而食宜儉薄

所饌士戀反内熱與音餘下慎與同向云食美食者必内熱則恐

懼丘勇反以任而林反一音而鴆反哀樂音洛注下同施乎如字

崔以豉反云移也而惡烏路反下皆同復以扶又反下注同傳意丈專

反下文并注同兩怒如字注同本又作怨下同夫易以豉反下文注皆同而

要一遥反則近附近之近共好呼報反大至音泰本亦作泰

徐敕佐反下同奇巧好字又苦孝反乎治直吏反有别彼列反

湛直林反又荅南反湎面善反淫液以隻反實喪息浪反注下同

偏辭音篇崔本作論音辯氣息並如字向本作謥噐云謥馬氏音息噐氣也崔本作

謥噐云喘息噐不調也又作葦字茀然徐符弗反郭敷夫反李音佛崔音勃心厲

如字李音賴蹴之子六反⿸疒兒疑賣反又音詣本又作疣音尤疵士賣反又

胡計反上若作疣此則才知反剋核幸格反所齊如字又才計反所惡

烏路反勸強其丈反下欲強同爲爲上如字下于僞反顏闔胡臘

反向崔本作盧魯之賢人隱者衛靈公左傳云名元大子音泰司馬云蒯聵也

蘧其居反伯玉名瑗衛大夫天殺如字謂如天殺物也徐所列反无

方李云方道也其知音智正女音汝下同反覆芳服反

爲蹶徐其月反郭音厥李舉衛反模格莫胡反孽魚列反將

惡烏路反悶然音門嬰兒李云喻無意也崔云喻騶遊也无町

徒頂反畦户圭反李云町畦畔埒也無畔埒無威儀也崔云喻守節无崖司馬云不

顧法也 无疵 似移反病也 不勝 音升 爲其 于僞反下同 分
之 如字 盛矢 音成下及注同矢或作屎同 以蝂 徐市軫反蛤類 溺 奴弔
反 蚉 音文或本作蟁同 蝱 孟庚反 僕緣 普木反徐敷木反向云僕僕然
蚉蝱緣馬稠㮣之貌崔音如字云僕御 羣著 直略反 而拊 李音撫又音付一音
附崔本作府音拊 卒然 踈律反本或作卒七忽反 曲轅 音袁司馬云曲轅曲道也
崔云道名 櫟 力狄反李云本名一云采也 蔽牛 必世反李云牛住其旁而不見 絜
向徐户結反徐又虎結反約束也 百圍 李云徑尺爲圍蓋十丈也 十仞 小爾雅云
四尺曰仞案七尺曰仞崔本作千仞或云八尺曰仞 旁十數 所具反崔云旁旁枝也

觀者 古奐反又音官 匠伯 伯匠石字也崔本亦作石 不輟 丁劣反 厭
於豔反又於瞻反 散木 悉但反徐悉旦反下同 則速 如字向崔本作數向所祿
反下同 腐 扶甫反 液 音亦 樠 亡言反向李莫干反郭武反司馬云液津液也樠
謂脂出樠樠然也崔云黑液出也 蠹 丁故反 見夢 胡薦反 女將 音汝
惡乎 音烏下同 相 側加反 橘 均必反 柚 由救反徐以救反 果
蓏 徐力果反 泄 徐思列反崔云泄洩同 苦其 如字崔本作枯 掊 普口反徐
方垢反 幾死 音祈又音機下同 數有 音朔 睥 普係反 睨 五係
反 而幾死之 絶句向同一讀連下散人爲句崔同 覺 古孝反 而

診 徐直信反司馬向云診占夢也 詬 李云呼豆反徐音姤 厲 如字司馬云詬辱也厲病
也 且幾 音機或音祈 翦乎 子淺反崔本作前于 不近 附近之近下同
義譽 音餘注同 長物 丁兩反 泊然 步各反 不與 音豫 南
伯 李云即南郭也伯長也 商之丘 司馬云今梁國睢陽縣是也 千乘
繩證反 隱 崔云傷於熱也 將芘 本亦作庇徐甫至反又悲位反崔本作比云芘也
所藾 音賴崔本作賴向云蔭也可以隱芘千乘也李同 所陰 於鴆反 異
材夫 音符 仰而 向崔本作從而 則拳 本亦作卷音權 軸 直竹反
解 李云如衣軸之直解也 咶 食紙反 嗅 崔云齅許救反 狂酲 音呈
李云狂如酲也病酒曰酲 爲之 于僞反下爲之皆同 荊氏 司馬云地名也一曰里名
宜楸栢桑 崔云荊氏之地宜此三木李云三木文木也 拱 恭勇反 把
百雅反徐甫雅反司馬云兩手曰拱一手曰把 而上 時掌反 狙 七餘反 猴 音侯
之杙 以職反又羊植反郭且羊反司馬作杙音八李云欲以栖戲狙猴也崔本作拔音跋云枷
也 三圍 崔云圍環八尺爲一圍 之麗 如字又音禮司馬云小船也又屋欐也
求禪 本亦作擅音膳 傍 薄剛反崔云禪傍棺也司馬云棺之全一邊者謂之禪傍 故
解 徐古賣反又佳買反注同向古避反 顙 息黨反司馬云額也 亢鼻 徐苦䍐反司馬
云高也頽折故鼻高崔云仰也 痔 徐直里反司馬隱創也 適河 司馬云謂沈人於河

𦧹也駢具恤營反支離疏司馬云形體支離不全貌疏其名也頤
以之反於項如字本作項亦如字司馬云言脊曲頸縮也淮南曰脊管高於頂也會
古外反徐古活反向音活撮子外反向徐子活反崔云會撮項椎也指天司馬云會
撮髻也古者髻在項中脊曲頭低故髻指天也向云兩肩竦而上會撮然也管崔本作筦在
上李云管腧也五藏之腧皆在上也兩髀本又作髀同音陛徐又甫婢反崔云僂人
腹在髀裏也爲脅許劫反司馬云脊曲髀豎故與脅並也挫徐子卧反郭祖禾反
崔云案也鍼執金反司馬云挫鍼縫衣也治繲佳賣反司馬云浣衣也向同崔作繲
音綫餬口徐音胡李云食也崔云字或作𥺢或作餂鼓筴初革反徐又音頰司馬云
鼓簸也小箕曰筴崔云鼓筴揲蓍鑽龜也播精如字一音所字則當作數精司馬云簡米曰精
崔云播精卜卦占兆也鼓筴播精言賣卜以食音嗣攘如羊反臂於其
閒如字司馬云閒裏也崔本作攘臂於其開云開門中也寵匿女力反三
鍾司馬云斛四斗曰鍾不與音豫豈爲于僞反治亂直吏
反下同僅音覲至易以豉反下同知以音智欲惡烏路反
知避舊本作寘云置也不勝音升畫地音獲迷陽司馬
云迷陽伏陽也言詐狂郤曲去逆反字書作𨒅廣雅云𨒅曲也山木自
寇也膏火自煎子然反也司馬云木生斧柄還自伐膏起火還

自洩崔云山有木故火焚也悗然亡本反
德充符第五崔云此遺形棄知以德實之驗也
兀者五忽反又音界李云刖足曰兀案篆書兀介字相似王駘音臺徐又音殆人姓
名也從之如字李才用反下同相若若如也弟子如夫子多少也常季
或云孔子弟子立不教坐不議司馬云立不教授坐不議論五
藏才浪反後同立也直後而未往耳李云自在衆人後未得往
師之耳能遠于萬反而王于況反李云勝也崔云君長也其與庸
亦遠矣與凡庸異也崔云庸常人也雖天地覆芳服反墜
本又作隊直類反李云天地猶不能變己況生死也怪迕五故反本亦作遻下同不
離力智反肝膽丁覽反美惡烏路反下皆同情背音佩
中智音智不慴之涉反所喪息浪反下及注同說始銳反又
音稅脫屨九具反本亦作屨所具反斷足丁管反爲己于僞反
最之徂會反徐采會反下注同司馬云聚也鑑古暫反流水崔本作沬
水云沬或作流保始之徵李云徵成也終始可保成也九軍崔李云天
子六軍諸侯三軍通爲九軍也簡文云兵書以攻九天收九地故謂之九軍自要一遥反
六骸崔云手足首身也彼且如字徐子余反下同假人古雅反借也徐

音遐讀連上句人字向下 申徒嘉 李云申徒氏嘉名 无人 雜篇作瞀人 刖者 音月又五刮反 之齂 昌慮反 而說 音悅注同 爭善 如字 知不可 如字又音智 羿 音詣徐胡係反善射人唐夏有之一云有窮之君篡夏者也 彀 音遘張弓也 中 如字 央 於良反舊於倉反郭云弓矢所及爲彀中 中地 丁仲反下不中注中地中與不中同 單豹 音善 怫然 扶弗反 知吾介 本又作兩通 子索 色百反注同 蹵 子六反 乃稱 如字舉也又尺證反 叔山无趾 音止李云叔山字無足趾 踵 朱勇反向郭云頻也崔云無趾故踵行 見 賢遍反 子不謹前 絶句一讀以謹字絶句 去其

蕘呂反 不爲 于僞反下不爲而爲皆同 前行 下孟反 語老 魚據反 賓賓 司馬云恭貌張云猶賢賢也崔云有所親疎也簡文云好名貌 且蘄 音祈 諔 尺叔反 詭 九委反李云諔詭奇異也 幻 滑辯反亦作幻 桎 之實反郭眞一反木在足也 梏 古毒反木在手也 爲己 于僞反下者爲人同 含己 音捨 一貫 古亂反 嚮隨 許丈反本作向下同 惡人 惡貌醜也 哀駘 音臺徐又音殆 它 徒何反李云哀駘醜貌它其名 常和 戶卧反下同 惡駭 胡楷反崔本作駴 役思 息嗣反 雌雄合乎前 李云禽獸屬也 亂行 戶剛反 期年 音基 傳國 太專反 悶然 音門

李云不覺貌崔云有頃之間也 後應 應對之應 汜 浮劔反不係也 醜乎 李云醜慙也崔云愧也 无幾 居豈反 與樂 音洛 嘗使於楚矣 使音所吏反本亦作遊本又直云嘗於楚矣 㹠子 本又作豚徒門反 食於 音飲邑錦反注同舊如字簡文同 眴若 本亦作瞬音舜司馬云驚貌崔云目動也謂死母目動 翣資 所甲反扇也武王所造宋均云武飾也李資送也崔本作翣秋音坎坎謂先人墳墓也 爲足 于僞反 不得復使 扶又反章末注同崔本作不得復使入云不復入直也 形好 呼報反 毀譽 音餘 不舍 音捨 以滑 音骨 淡然 徒蹔反 於兌 徒外反李云悅也 閒豫 音閑 无郤 去逆反

李云間也 是接而生時乎心者也 司馬云接至道而和氣在心也李云接萬物而施生順四時而俱作 情爲 于僞反 能離 力智反 閔子 孔子弟子閔子騫也 闉 音因郭烏年反 跂 音企郭其逆反 支離 无脤 徐市軫反又音脣司馬云闉跂企也闉跂支離言脚常曲行體不正卷縮也无脤名也崔云闉跂傴者也支離傴者也脤脣同簡文云跂行也脤臀也 說衛 始銳反又如字下說齊桓同 說之 音悅下悅之同 脰 音豆頸也 肩肩 胡田反又胡恩反李云羸小貌崔云猶玄玄也簡文云直貌 甕 烏送反郭於寵反 㼜 烏葬反郭於兩反李云甕㼜大癭貌崔同 大癭 一領反說文云瘤也 而知 音智下同 爲孽 魚列反司馬云

智慧生妖孽　約爲膠司馬云約束而後有如膠漆崔云約誓所以爲膠固　德爲
接司馬云散德以接物也　工爲商司馬云工巧而商賈起　惡用音烏下同
不斲陟角反　无喪息浪反　天鬻音育養也　天食音嗣亦如
字　受食如字又音嗣　沈思息嗣反亦如字　免難乃旦反　搖
若其勿反　搞木苦老反　羣分如字　眇亡小反簡文云陋也　謷
乎五羔反徐五報反簡文云放也今取遨遊義也　獨成其天如字崔本天字作大
云類同於人所以爲小情合於天所以爲大　惡得音烏下惡得同　吠扶廢反　一
分如字　足操七刀反　未解音蟹　无以好惡呼報反下烏路
反注同　祇足音支　倚樹於綺反　據槁苦老反　梧音吾　而
瞑音眠崔云據琴而睡也　而睡垂僞反　天選宣轉反舊思緩反
大宗師第六崔云遺形忘生當大宗此法也
天而生向崔本作失而生　知稱尺證反　不喪息浪反下皆同　或
好呼報反下同　不強其兩反　庸詎徐其庶反　則治直吏反　不
謩没乎反　不慄音栗　不濡而朱反　登假更百反至也　遠
火于萬反　有繫古愛反　其覺古孝反　深深李云內息之貌
以踵章勇反王穆夜云起息於踵遍體而深　以喉向云喘悸之息以喉爲節言情

欲奔競所致　其嗌音益郭音厄厄咽喉也　若哇獲媧反徐胡卦反又音絓崔一
音於佳反結也言咽喉之氣結礙不通也簡文云哇嘔也　其耆市志反　說生音悅
惡死烏路反　不訢音欣又音祈　不距本又作拒音巨李云欣出則營
生距入則惡死　翛然音蕭本又作儵徐音叔郭與久反李音悠向云翛然自然無心而自爾之
謂郭崔云往來不難之貌司馬云儵疾貌李同　猶復扶又反下非復同也　捐徐以全反
郭作揖一入反崔云或作揖所以行舟也　則背音佩　容寂本亦作寂崔本作宗　其
顙息黨反崔云額也　頯徐去軌反郭苦對反李音仇一音逵權也王云質朴無飾也向本作
頯云頯然大朴貌廣雅云頯大也五罪反　淒然七西反　煖然音暄徐況晚反　亡
國而不失人心崔云亡敵國而得其人心　行名下猛反　福
應應對之對　狐不偕司馬云古賢人也　務光皇甫謐云黃帝時人耳長
七寸　伯夷叔齊孤竹君之二子　箕子胥餘司馬云胥餘箕子名
也見尸子崔同又云尸子曰箕子胥餘沫身爲厲被髮佯狂或云尸子曰比干也胥餘其名　紀
他徒何反　申徒狄殷時人負石自沈於河崔本作司徒狄　皆舍音捨
下同　不承如字李云迎也又音拯　不上時掌反　與乎如字又音豫同
云疑貌　其觚音孤王云觚特立不羣也崔云觚稜也　邴邴徐音丙郭甫杏反向
云喜貌簡文云明貌　崔乎千罪反徐息罪反郭且雷反向云動貌簡文云速貌　滀乎

本又作傗勑六反司馬云色憤起貌王云富有德充也簡文云聚也厲乎如字崔本作廣云苞
羅若廣也謷乎五羔反徐五到反司馬云志遠貌王云高邁於俗也連乎如字
李云連緜長貌崔云蹇連也音輦似好呼報反下皆同悗乎亡本反字或作免李
云無匹貌王云廢忘也崔云婉順也治之直吏反爲脩本亦作脩兩得綽
乎昌略反崔本作淖常閘音閘夜旦如字崔本作鞎音怛其卓
中學反敢惡烏路反之竟音境泉涸户各反郭户格反爾雅云
竭也相呴況于況付二反相濡本又作濡音儒或一音如戍反以沫音末
相忘音亡下同譽堯音餘注同大塊苦怪反又苦對反徐胡罪反
佚我音逸於壑火各反乃揭其列其謁二反索所所百
反无樂音洛下文注同可勝音升善妖崔本作㚥同古夘反本又
作夭於表反簡文於橋反云異也善少詩照反否老音鄙本亦作鄙平
粹雖遂反可傳直專反注同在太極音泰之先一本
作之先宋崔本同先天悉薦反長於丁丈反稱也尺證反
狶韋氏許豈反郭褚伊反李音豕司馬云上古帝王名以挈徐苦結反郭苦
係反司馬云要也得天地要也崔云成也伏戲音羲崔本作伏戲氏以襲氣
母司馬云襲入也氣母元氣之母也崔云取元氣之本維斗李云北斗所以爲天下綱

維終古崔云終古久也鄭玄注周禮云終古猶言常也不忒它得反差也崔本作
代堪坏徐扶眉反郭孚杯反崔本邳司馬云堪坏神名人面獸形淮南作欽負崑
崘崑或作崐同音昆下力門反崐崘山名馮夷司馬云清泠傳曰馮夷華陰潼鄉隄首人
也服八石得水仙是爲河伯一云以八月庚子浴於河而溺死一云渡河溺死大川河也崔作
泰川肩吾司馬云山神不死至孔子時大山音泰又如字黃帝崔云
得道而上天也顓頊音專下許玉反玄宮李云顓頊帝高陽氏玄宮北方宮也月令
曰其帝顓頊其神玄冥禺強音虞郭語龍反司馬云山海經曰北海之渚有神人面鳥身珥
兩青蛇踐兩赤蛇名禺強崔云大荒經曰北海之神名曰禺強靈龜爲之使歸藏曰昔穆王子筮卦於禺
強案海外經云北方禺強黑身手足乘兩龍郭璞以爲水神人面鳥身簡文云北海神也一名禺京是黃
帝之孫也西王母山海經云狀如人狗尾蓬頭戴勝善嘯居海水之涯漢武內傳云西王母
與上元夫人降帝美容貌神仙人也少廣司馬云穴名崔云山名或云西方空界之名彭
祖解見逍遙篇崔云壽七百年或以爲仙不死五伯如字又音霸崔李云夏伯昆吾殷大
彭豕韋周齊桓晉文傅說音悅得之以相息亮反武丁奄
有天下乘東維騎箕尾而比於列星司馬
云傅說殷相也武丁殷王高宗也東維箕斗之間天漢津之東維也星經曰傅說一星在尾上言其乘東
維騎箕尾之間也崔云傅說死其精神乘東維託龍尾乃列宿今尾上有傅說星崔本此下更有其生無

父母死登假三年而形遯此言神人無能名者也凡二十二字揺然其物反南伯
子葵李云葵當為綦聲之誤也女偊徐音禹李音矩一云是婦人也年長
張丈反孺子本亦作孺如喻反李云弱子也惡惡可並音烏下惡乎同
卜梁倚魚綺反又其綺反李云卜梁姓倚名亦易以豉反參日
音三能朝如字李除遥反下同徹如字郭司馬去朝旦也徹達妙之道李云夫能洞照
不崇朝而遠徹不惡烏路反下同謋然喚活反殺生者不
死李云殺猶亡也亡生者不死也崔云除其營生為殺生生生者不生李云
矜生者不生也崔云常營其生為生生攖郭音縈徐於營反李於盈反崔云有所繫著也副
墨李云可以副貳玄墨也崔云此已下皆古人姓名或寓之耳無其人洛誦李云誦通
也苞洛無所不通也瞻明音占李云神明洞徹也聶許徐乃攝反李云許與也攝
而保之無所施與也需役徐音須李音儒云儒弱為役也王云需待也役亭毒也於
音烏又如字謳徐烏侯反李香于反云謳歌也欲化之貌王云謳謌謡也玄冥李云
強名曰玄視之冥然向郭云所以名無而非無也參七南反寥徐力彫反李云參高
也高邈寥曠不可名也疑始李云又疑無是始則始非無名也研粗七胡反
七重直龍反下同子祀崔云淮南作子永行年五十四而病傴僂子輿
本又作與音餘子犂禮兮反為尻苦羔反偉哉韋鬼反向云美

也崔云自此至鑑于井皆子祀自説病狀也拘拘郭音駒司馬云體拘攣也王云不中也
曲僂徐力主反於頂本亦作項崔本作釘音頂句俱樹反徐古侯反贅
徐之稅反指天李云句贅項椎也其形似贅言其上向也有沴音麗徐又徒顯反郭
奴結反云陵亂也李同崔本作㴸云滿也其心閒音閑崔以其心屬上句跰𨇤
步田反下悉田反崔本作邊鮮司馬云病不能行故跰𨇤也而鑑古暫反曰嗟
崔云此子輿辭女惡音汝下同下烏路反曰亡如字絶句子何
惡烏路反下及注同一音如字讀則連亡字為句浸子鴆反向云漸也予因
以求時夜一本無求字為彈徒旦反鴞户驕反炙章夜
反哀樂音洛縣音玄解音蟹下及注同向云縣解無所係也喘喘
川轉反又尺軟反崔本作喘喘環而如字徐音患李云繞也叱避昌失反无
怛丁達反崔本作靼音怛案怛驚也鄭衆注周禮考工記不能驚怛是也倚其於綺
反鼠肝向云委棄土壤而已王云取微蔑至賤蟲臂辟亦作膞崔本同
不翅徐詩知反彼近如字則悍本亦作捍胡旦反又音旱説文云捍抵也
我且如字徐子餘反鏌音莫鋣以嗟反鏌鋣劍名大鑪力吳反
惡乎音烏可解如字下同成然如字崔同向云成然縣解之貌本或作戍
音恤簡文云當作滅本又作眓呼括反視高貌本亦作俄然蘧然李音渠本作遽又其據

反澹然有形之貌覺古孝反向崔本此下更有發然汗出一句云無孫則津液通也崔云榮衞和通不一化爲懼也相與如字崔云猶親也或一音豫相爲如字或一音于僞反愛爲于僞反撓徐而小反郭許堯反挑徐徒了反郭李徒堯反又作兆李云撓挑猶宛轉也宛轉玄曠之中簡文云循環之名莫然如字崔云定也有閒如字崔李云頃也本亦作爲閒編曲必連反字林布千反郭父殄反史記甫連反李云曲蠶薄相和胡卧反我猶崔本作獨人猗於宜反崔云辭也哀樂音洛惡知音烏下皆同稱情尺證反无以命之崔李云命名也而淡徒暫反而離力知反下同而應應對之應下同數子所主反坦然吐但反使女音汝下同縣音玄注同疣音尤決徐古宄反𤴯胡■反潰胡對反端倪本或作淣同音崖徐音詣反覆芳服反芒然莫剛反李云無係之貌彷薄剛反徨音皇塵垢如字崔本作塚均云塚音墥均垢同齊人以風塵爲墥堁憒憒工内反說文蒼頡篇並云亂也以觀古亂反示也注同相造七報反詣也下同穿池本亦作地崔同相忘音亡下同畸人居宜反司馬云不耦也不耦於人謂闕於禮數也李其宜反云奇異也而侔音謀司馬云等也亦從也孟孫才李云三桓後其才名也崔云才或作牛應內應對之應惡知音烏下同焉知於虔反下

皆同覺者古孝反注下皆同駭形如字崔作咳云有嬰兒之形旦宅並如字王云旦暮改易宅是神居也李本作怛侘上丹末反下陟嫁反云驚惋之貌崔本作譁宅睇怛也所以乃崔本乃作惡庸詎其庶反下章同造適七報反注同獻笑向云獻善也王云章也意有適章於笑故曰獻笑及排皮皆反必樂音洛下同寥本亦作廖力彫反李良救反天一崔本作造敵不及獻笑不及整安排而造化不及眇眇不及雄漂浛雄漂浛不及蕇筮蕇筮乃入方漻天一以上時掌反意而子李云賢士也資女資給反爲軹之是反郭之忍反崔云軹辭也李云是也黥其京反劓魚器反李云毀道德以爲仁義不似黥乎破玄同以爲是非不似劓乎遙蕩王云縱散也恣七咨反又如字睢郭李云許維反徐許鼻反李王皆云恣睢自得貌復遊扶又反下同其藩甫煩反李音煩司馬向皆云崖也崔云域也盲者本又作眇崔本作目云目或作刑刑黥劓也以與音象下同之好如字又呼報反黼黻上音甫下音弗之觀古亂反无莊據梁司馬云皆人名李云无莊无莊飾也據梁強梁也鑪音盧捶本又作錘徐之睡反又之蘂反一音時蘂反李云錘鴟頭頗口句鐵以吹火也崔云盧謂之瓮捶當作甀盧甀之間言小甀也甀音丈僞反鍛丁亂反曰噫徐音醫李云歎聲也崔云辭也本亦作意音同又如字謂呼意而名也我爲于僞反注同𩐨子兮反司

馬云碎也長於丁丈反功見賢遍反下文同它日崔本作異日下亦然
復見扶又反下同樂生音洛又音嶽蹵然子六反崔云變色貌
墮許規反徐又待果反去起吕反知音智坐忘崔云端坐而忘无
好呼報反注同何惡烏路反霖雨本又作淋音林左傳云雨三日以往
爲霖裹音果食音嗣注同有不任音壬其聲而趨七住
反舉其詩焉崔云不任其聲憊也趨舉其詩無音曲也應應對之應下同
帝王第七崔云行不言之教使天下自以爲牛馬應爲帝王者也
齧缺王結反下丘悅反王倪五兮反四問而四不知

莊子音義上

向云事在齊物論中蒲衣子尸子云蒲衣八歲舜讓以天下崔云即被衣王倪之師也淮南
子曰齧缺問道於被衣泰氏司馬云上古帝王也崔云帝王也李云大庭氏又云無名之君
也藏仁才剛反崔云懷仁心以結人也本亦作臧作剛反善也簡文同以要一遥
反注同所好呼報反所惡烏路反之竟音境徐徐
如字崔本作袪袪其覺古孝反于于如字司馬云徐徐安隱貌于于無所
知貌簡文云徐徐于于寐之狀也日人實反中音仲亦如字始李云日中
始人姓名賢者也崔本無日字云中始賢人也以語魚據反女音汝後皆同出
經絶句司馬云出行也常也崔云出典法也經武義度人絶句式法也崔

云式用也用仁義以法度人也欺德簡文云欺妄也涉海鑿在洛反下同郭粗鶴
反河李云[illegible]海必陷波鑿河無成也蚉音文本亦作蟁同不勝音升確
乎苦學反李云堅貌崔本作槖音託矰則能反李云罔也之害崔本作菑
鼷音兮熏香云反天根崔李云人姓名也遊於殷陽李云
殷山名陽山之陽崔云殷陽地名司馬云殷泉也言向南遊也或作殷湯蓼水音了李云水名
也不豫司馬云嫌不漸豫太倉卒也簡文云豫悅也大初音泰乘夫
音符莽莫蕩反崔本作猛眇妙小反莽眇輕虛之狀也崔云猛眇之鳥首也取其行而
無迹壙徐苦廣反埌徐力黨反李音浪壙埌無滯爲名也崔云猶曠蕩也无狹

戶交反帠徐音藝又魚例反司馬云法也一本作寱牛世反崔本作爲而自治
直吏反下文同又復扶又反於淡徒暫反徐大敢反於漠音莫陽
子居李云居名也子男子通稱嚮許亮反李許兩反疾強梁崔云所在
疾強梁之人也李云敏疾如嚮也簡文云如嚮應聲之疾故是強梁之貌物徹疏明司馬
云物事也徹通也事能通而開明也崔云無物不達無物不明不勸其眷反胥如字
司馬云疏也簡文云相也易音亦崔以豉反云相輕易也簡文同技徐其綺反簡文云藝也
係如字崔本作繫或云作繫簡文云音繫怵心勑律反來田李云虎豹
以皮有文章見獵也田獵也猨音袁狙七餘反之便毗肩反舊扶面反

斄音來李音貍崔云旄牛也 來藉司馬云藉繩也由捷見結縛也崔云藉繫也 蹵
然子六反改容之貌 之治直吏反 貸吐代反 神巫曰季
咸李云女曰巫男曰覡季咸名 不憙許忌反 心醉向云迷惑於其道也
壺子司馬云名林鄭人列子師 旣其文李云旣盡也 得道與
音餘 衆雌而无雄而又奚卵焉司馬云言汝受訓未熟故
未成若衆雌無雄則無卵也 世亢苦浪反 必信崔云絶句 相女息亮
反注下同 示之本亦作視崔云視示之也 嘻徐音熙郭許意也 句數所主
反 鄉吾許亮反本作嚮亦作向崔本作康云向也 地文與土同也崔云文猶

理也 不震不正並如字崔本作不誫不止云如動不動也 誠應應對之應
後同 杜德機崔云塞吾德之機 有瘳丑留反 功見賢遍反
不齊側皆反本又作齋下同 且復扶又反 泊心白博反又音魄 得
暦七故反字又作措同 管闚去規反 鯢五兮反 桓司馬云鯢桓二
魚名也簡文云鯢鯨魚也桓盤桓也崔本作鯢拒云魚所處之方穴也又云拒或作桓 之審
郭如字簡文云處也司馬云審當爲蟠蟠聚也崔本作潘云四流所鍾之域也 淵有九名
淮南子云有九旋之淵許愼注云至深也 治亂直吏反 失而走如字徐音
逸 己滅崔云滅不見也 委於危反 蛇以支反委蛇至順之貌 爲

弟徐音頹丈回反 靡弟靡不窮之貌崔云猶遜伏也 波流如字崔本作波隨云
常隨從也 爲其于僞反 妻爨七判反 食豕音嗣下同 彫
琢竹角反 去華羌呂反 塊然徐苦怪反又苦對反 紛而芳云
反崔云亂貌 封哉崔本作戎云封戎散亂也 知主音智注同 无眹
直忍反崔云兆也 應而不藏如字本又作藏亦依字讀 儵音叔李云喻有
象也 忽李云喻無形也 渾胡本反 沌徒本反崔云渾沌無孔竅也李云清濁未
分也此喻自然簡文云儵忽取神速爲名渾沌以合和爲貌神速譬有爲合和譬無爲 七竅
苦叫反說文云孔也 七日而渾沌死崔云言不順自然強開耳目也

經典釋文卷第二十六

經典釋文■

莊子音義中 外篇十五

唐國子博士兼太子中允贈齊州刺史吳縣開國男陸德明撰

莊子外篇駢拇第八 舉事以名篇

駢 步田反廣雅云並也李云併也 拇 音母足大指也司馬云駢拇謂足拇指連第二指也崔云諸指連大指也 枝指 如字三蒼云枝指手有六指也崔云音歧謂指有歧也 而侈 昌是反徐處豉反郭云多貌司馬云溢也崔云過也 於德 崔云德猶容也 附贅 章銳反廣雅云疣也釋名云橫生一肉屬著體也一云瘤結也 縣 音玄 疣 音尤 而侈於性 司馬云性人之本體也駢拇枝指附贅縣疣此四者各出於形性而非形性之正於衆人爲侈耳於形爲侈於性爲多故在手爲莫用之肉於足爲無施之指也王云性者受生之質德者全生之本駢枝受生而有不可多於德贅疣形後而生不可多於性此四者以況才智德行 夫 音符發句之端放此 至治 直吏反 之分 符問反後可以意求 物皆有之 之或作定 五藏 才浪反後皆同黃帝素問云肝心脾肺腎爲五藏 淫僻 本又作辟匹亦反徐敷赤反注及篇末同 於仁義之行 下孟反崔云駢枝贅疣雖非性之正亦出於形不可去也五藏之情雖非道德之正亦列於性不可治也今設仁義之教以治五藏之情猶削駢枝贅疣也既傷自然之理更益其疾也 橫復 扶又反徐篇末注皆同 至當 丁浪反後皆放此

黼黻 音甫下音弗周禮云白與黑謂之黼黑與青謂之黻 煌煌 音皇廣雅云光光也向崔本作韗向云馬氏音煌毛詩傳云皇皇猶煌煌也煌又音晃 非乎 向云非乎言是也 離朱 司馬云黃帝時人百步見秋毫之末一云見千里鍼鋒孟子作離婁 是已 向云猶是也 五聲 本亦作五音 師曠 司馬云晉賢大夫也善音律能致鬼神史記云冀州南和人生而無目 擢德 音濯司馬云拔也 簧鼓 音黃謂笙簧也鼓動也 曾史 曾參史鰌也曾參行仁史鰌行義 跖 之石反 纍 劣彼反 瓦 危委反向同崔如字一云瓦當作丸 結繩 李云言小辯危辭若結繩之纍瓦也崔云聚無用之語如瓦之纍繩之結也 竄 七亂反爾雅云微也一云藏也 句 紀具反司馬云竄句謂邪說微隱穿鑿文句也一音鉤 敝 本亦作蹩徐音婢郭父結李步計反司馬云罷也 跬 徐丘婢反郭音屑向崔本作跬向丘氏反云近也司馬同李却垂反一云敝跬分外用力之貌 譽 音餘 楊墨 崔李云楊朱墨翟也 容思 息嗣反 檮杌 上徒刀反下音兀 此數 色主反下文此數音同 不爲跂 其知反崔本作枝音同或渠支反 鳧 音符 脛 形定反釋名云莖也直而長如物莖也本又作踁 ■ 戶各反 斷之 丁管反下及注同 去憂 起呂反注云憂去甚同 意 如字下同亦作醫 齕 李音紇恨反齒斷也徐胡■反郭又胡突反 啼 音提崔本作諦 蒿目 好羔反司馬云亂也李云蒿目快性之貌 蒿令 力呈反下同 於難 乃旦反 後拯 拯救之拯 饕 吐刀反杜

頊注左傳云貪財曰饕 囂囂許橋反又五羔反字林云聲也崔云憂世之貌 屈崔本作詘 折之熱反謂屈折支體爲禮樂也 呴況於反李況付反本又作傴於禹反 俞音臾李音喻本又作呴音詡謂呴喻顏色爲仁義之貌 纆音墨廣雅云索也 索悉各反下同 連連司馬云謂連續仁義遊道德閒也 衹足音支 使喪息浪反下已喪同 以撓而小反郭呼堯反又許羔反廣雅云亂也又奴爪反 功見賢遍反 性與音餘此可以意消息後皆放此 三代夏殷周也 以上時掌反 槃夷並如字謂創傷也依字應作瘢痍 殉辭俊反徐辭倫反司馬云營也崔云殺身從之曰殉 鶉音純又音敦 鷇口豆反 禿吐木反 揮斥上音耀下音赤 臧作郎反崔云好書曰臧方言云齊之北鄙燕之北郊凡民男而壻婢謂之臧女而婦奴謂之獲張揖云壻婢之子謂之臧婦奴之子謂之獲 與穀如字爾雅云善也崔本作穀云孺子曰穀 牧羊牧養之牧 挾音協 筴字又作策初革反李云竹簡也古以寫書長二尺四寸 博塞悉代反塞博之類也漢書云吾立壽王以善格五待詔謂博塞也 首陽山名在河東蒲坂縣死謂餓而死 東陵李云謂泰山也一云陵名今名東平陵屬濟南郡 又惡音烏 取君子小人於其閒哉崔本無小人於三字 屬其郭時欲反謂係屬也徐音燭謂屬著也下皆同 雖通如楊墨一本無此句 俞兒音揄李式揄反司馬云古之善識味人也崔云尸子曰膳俞兒和之以薑桂爲人主上食淮南云俞兒狄牙嘗淄澠之水而別之一云俞兒黃帝時人狄牙則易牙齊桓公時識味人也一云俞兒亦齊人淮南子一本作申兒疑申當爲史 不累劣僞反後皆放此 舍己音捨 愧乎崔本作聭云聭愧同 之行下孟反注同 冥復音服 從容七容反 吹如字又昌僞反字亦作炊

馬蹄第九

舉事以名篇

馬釋名云武也王弼注易云在下而行者也 蹄音提司馬云馬足甲也 禦魚呂反廣雅云敵也崔本作辟 齕恨發反又胡切反 翹祁饒反 足崔本作尾 而陸司馬云陸跳也字書作䮨䮨馬健也 駑音奴惡馬也 驥音冀千里善馬也 義許宜反又如字徐音儀崔本同一本作羲 臺崔云羲臺猶靈臺也 路寢路正也大也崔云路寢正室 而惡烏路反 伯樂音洛下同伯樂姓孫名陽善馭馬石氏星經云伯樂天星名主典天馬孫陽善馭故以爲名 剔之敕歷反字林云剃也徐詩赤反向崔本作鬄向音郝 雒之音洛司馬云燒謂燒鐵以爍之剔謂翦其毛刻謂削其甲雒謂羈雒其頭也 羈居宜反廣雅云勒也 馽丁邑反徐丁立反絆也李音述本或作馵非也馵之樹反司馬向崔本並作縶向云馬氏音竦崔云絆前兩足也 編之必然反 皁才老反櫪也一云槽也崔云馬閑也 棧士板反徐在簡反又士諫反編木作櫪似牀曰棧以禦濕也崔云木棚也 不治直吏反 驟士救反 橛向徐其月反司馬云銜也崔云鑣也 飾徐音

式司馬云排銜也謂加飾於馬鑣也鞭必然反筴初革反杜注左傳云馬檛也檛音竹瓜反陶道刀反謂窯也窯音弋消反埴徐時力反崔云土也司馬云埴土可以爲陶器尚書傳云土黏曰埴釋名云埴膱也膱音之食反中規丁仲反下皆同應繩應對之應後不音者放此揉曲汝久反撟居兆反拂房弗反去者羌呂反天放如字崔本作牧云養也塡塡徐音田又徒偃反質重貌崔云重遲也一云詳徐貌淮南作莫莫顚顚丁田反崔云專一也淮南作瞋瞋蹊徐音兮李云徑也隧徐音遂崔云道也連屬其鄉王云既無國異家殊故其鄉連屬混胡本反芒莫剛反淡徒暫反漠音莫遂長丁丈反又直良反

无吞敕恩反又音天攀本又作扳普班反援音袁廣雅云牽也引也闚去規反物馴似遵反或音純惡乎音烏不離力智反注皆同素樸普剝反蹩步結反向崔本作弊音同躠本又作薛悉結反向崔本作殺音同一音素葛反踶直氏反向同崔音緹跂丘氏反一音呂氏反崔音枝李云蹩躠踶跂皆用心爲仁義之貌澶本又作僤徒旦反又吐旦反向崔本作但音僤漫武半反向崔本作曼音同李云澶漫猶縱逸也崔云但曼淫衍也一云澶漫牽引也摘敕歷反又陟革反辟匹壁反向音檗徐敷歷反李父歷反本或作僻音同李云糾擿邪辟而爲禮也一音婦赤反法也崔云擿辟多節始分如字下分皆同犧尊音羲尊或作樽司馬云畫犧牛象以飾樽

也王肅云刻爲牛頭鄭玄云畫鳳皇羽飾尊婆娑然也音先河反珪璋音章李云皆器名也銳上方下曰珪半珪曰璋情性不離如字別離也交頸頸領也居郢反又祁盈反相靡如字李云摩也一云愛也相踶大計反又徒兮反又徒祁反李云踶蹋也廣雅字韻聲類並同通俗文云小蹋謂之踶馬知李音智下同衡扼於革反衡轅前橫木縛軛者也扼又馬頸者也月題徒兮反司馬崔云馬領上當顱如月形者也介徐古八反倪徐五佳反郭五第反李云介倪猶睥睨也崔云介出俾倪也闉音因鷙徐敕二反郭音蹟曼武半反郭武諫反李云闉曲也鷙抵也曼突也崔云闉扼鷙曼距扼頓遲也司馬云言曲頸於扼以抵突也一云鷙曼旁出也詭九彼反銜

口中勒也或云詭銜吐出銜也竊轡齧轡也崔云詭銜竊轡戾銜橛盜糶轡也態作吐代反赫本或作蒜呼白反胥氏司馬云赫胥氏上古帝王也一云有赫然之德使民胥附故曰赫胥蓋炎帝也含哺音步縣企音玄踶直氏反跂丘氏反好知呼報反下音智

胠篋第十舉事以名篇

胠李起居反史記作脅徐起法反一音虛乏反司馬云從旁開爲胠一云發也篋苦協反探吐南反囊乃剛反匱其位反檻也必攝如字李云結也崔云收也緘古緘反縢向崔本作縢同徒登反崔云約也案廣雅云緘縢皆繩也扃古熒反崔

李云闌也鐍古穴反李云紐也崔云環舌也知也如字又音智下同揭徐其謁反
又音桀三蒼云舉也擔也負也擔丁甘反而趨七須反李云走也唯恐
丘用反鄉之本又作向亦作鄉同許亮反爲大盜于僞反下及下注而爲同
積者如字李子賜反罔罟音古罔之通名耒力對反徐力猥反郭呂匱反李
云犁也一云耜柄也耨乃荳反李云鋤也或云以木爲鋤柄所刺徐七智反闔户臘
反四竟音境下之竟同治邑直吏反屋周禮夫三爲屋州五黨爲州
二千五百家也閭五比爲閭二十五家也鄉五州爲鄉萬二千五百家也田成子
齊大夫陳恒也一旦宋元嘉中本作一日殺音試齊君簡公也春秋哀公十四年
陳恒殺之于舒州而盜其國司馬云謂割安邑以東至琅琊自爲封邑也聖
知音智下同十二世有齊國自敬仲至莊子九世知齊政自太公和至威王
三世爲齊侯故云十二世也以守如字舊音狩比干剖普口反謂割心
也崔本作節云支解也萇直良反弘胣本又作肔徐勑紙反郭詩氏反崔云讀若
拕或作施字胣裂也淮南子曰萇弘鈹裂而死司馬云胣剔也萇弘周靈王賢臣也案左傳是周景王敬
王之大夫魯哀公三年六月周人殺萇弘一云刳腸曰胣子胥靡密池反司馬如字云
縻也崔云爛之於池中也案子胥伍員也諫夫差夫差不從賜之屬鏤以死投之江也焉得
於虔反故跖之石反之藏才浪反又如字知可如字本或作知可否

分均符問反又如字无治直吏反下文始治同魯酒薄而邯
音寒鄲音丹邯鄲趙國都也圍楚宣王朝諸侯魯恭公後至而酒薄宣王怒欲辱之恭公
不受命乃曰我周公之胤長於諸侯行天子禮樂勲
在周室我送酒已失禮方責其薄無乃大甚遂不辭
而還宣王怒乃發兵與齊攻魯梁惠王常欲擊趙而
畏楚救楚以魯爲事故梁得圍邯鄲言事相由也亦
感應宣王名熊良夫悼王之子恭公名奮穆公之子
許慎注淮南云楚會諸侯魯趙俱獻酒於楚王魯酒
薄而趙酒厚楚之主酒吏求酒於趙趙不與吏怒乃
以趙厚酒易魯薄酒奏之楚王以趙酒薄故圍邯鄲
也掊普口反擊徐古歷反縱舍音捨注同閑邪似嗟反去
華起呂反下注去欲去其皆同聖人已死則大盜不起向云
事業日新新者爲生故者爲死故曰聖人已死也乘
天地之正御日新之變得實而損其名歸真而忘其
塗則大盜息矣爭尚爭鬬之爭後皆同聖人不死大盜不
止向云聖人不死言守故而不日新牽名而不造實也大盜不止不亦宜乎爲之斗
斛以量之向云自此以下皆所以明苟非其人雖法無益權衡李云權稱
錘衡稱衡也錘音直僞反符璽音徙矯之居表反竊鉤鉤謂帶也
揭其謁其列二反斧鉞音越能禁音今又居鴆反下不可禁同擿
玉持赤反義與擲字同崔云擿投棄之也郭都革反李云刻也殫音丹盡也鑠
絕郭李詩灼反向徐音藥崔云燒斷之也竽徐音于瑟本亦作埊塞

瞽曠崔本塞作杜云塞也膠音交徐古孝反喪矣息浪反攦郭呂
係反又力結反徐所綺反李云折也崔云撕之也工倕音垂堯時巧者也一名睡蜘
音知蛛音誅蛣起一反蜣音羌之行下孟反鉗李巨炎反又其嚴反
攘如羊反之帥本又作率同所類反不鑠失灼反崔云不消壞也向音爚
不僻四亦反爚徐音藥三蒼云火光銷也司馬崔云散也此數所主反
容成氏司馬云此十二氏皆古帝王驪徐力池反李音犁畜徐敕六反
伏戲音羲慊口簟反樂其音洛而不相往來
一本作不相與往來檢元嘉中郭注本及崔向永和中本並無與字至治直吏反注同頸

如字李巨盈反
贏音盈崔云裹也廣雅云負也糧音良而趣七于反徐七喻反
上好呼報反注下皆同弩音怒畢弋機變李云兎網曰畢
繳射曰弋弩牙曰機之知音智下及注并下知詐皆同鉤餌如志反罔
罟罾音曾笱鉤釣鉤也餌魚餌也廣雅云罟謂之罔罾魚網也爾雅云嫠婦之笱謂之
罶削七妙反格古百反李云削格所以施羅罔也羅落罝子斜反
罘本又作罦音浮爾雅云鳥罟謂之羅兎罟謂之罝罬謂之罦罦覆車也郭璞云今翻車也
漸毒李云漸漬之毒不覺深也崔云漸毒猶深害頡戶結反滑于八反頡
滑謂難料理也崔云纏屈也李音骨滑稽也一云頡滑不正之語也解苦懈反垢苦豆

反司馬崔云解垢隔角也或云詭曲之辭每每李云猶昏昏也舍己音捨下文同
上悖李郭云必內反又音佩司馬云薄食也下爍失約反崔云消也司馬云崩竭
也崔向本作爍同徐音藥中墮許規反毀也之施始豉反惴本亦作蜵
又作喘川兗反向音揣耎耳轉反崔云蠉蝡動蟲也一云惴耎謂無足蟲肖翹音消
下音祁饒反崔云肖翹植物也李云翾飛之屬也種種向章勇反李云謹慤貌一云淳厚也
而說音悅下同役役李云鬼黠貌一云有爲人也恬徒謙反惔
徒暫反徐大敢反啍啍李之閏反又之純反郭音惇以己誨人之貌下同司馬云少智貌徐
許彭反又許剛反向本作啍音亨崔本上句作啍啍少知而芒也一云啍啍壯健之貌

在宥第十一以義名篇

聞在宥音又寬也則治直吏反下治亂同欲惡烏路反好
欲呼報反有治天下者哉崔本作有治天下者材失云強治之
是材之失也人樂音洛恬徒謙反瘁瘁在季反病也廣雅云憂也
崔本作醉愉音瑜徐音喻故譽音餘毗於如字司馬云助也一云并
也思慮息嗣反大過音泰喬向欽消反或去夭反郭音矯李音驕
詰李去吉反徐起列反崔云喬詰意不平也卓敕角反郭丁角反向音草鷙
敕二反李猪栗反向猪立反又敕栗反崔云卓鷙行不平也之行下孟反能勝

音升匈匈音凶而且如字徐子餘反說明音悅下同是悖
必內反徐蒲沒反是相息亮反助也下及注皆同於技其綺反李音歧崔同云不
端也說知音智於疵疾斯反臠力轉反崔本作欒卷卷勉反徐
居阮反司馬云臠卷不申舒之狀也崔同一云相牽引也傖音倉崔本作戕囊如字崔云
戕囊猶搶攘乃復扶又反而去起慮反之邪崔本唯此一字
作邪餘皆作耶齊戒本又作齋同側皆反跪其詭反郭音危莅音利又音類
无解如字一音蟹散也龍見賢遍反向崔本作覞向音見崔音睍從
容七容反炊昌睡反又昌規反本或作吹同累劣僞反司馬云炊累猶動升也向
云如埃塵之自動也崔瞿向崔本作臞向求朱反崔瞿人姓名也老聃吐藍切
女慎音汝攖於營反又於盈反司馬云引也崔云羈落也排皮皆反崔本作
俳進上時掌反注及下同其易以豉反囚殺如字徐所例反
言囚殺萬物也淖昌略反又直角反廉劌居衛反司馬云傷也廣雅云利也
琢丁角反縣而天音玄向本無而字云希高慕遠故曰縣天僨向粉問反
廣雅云僵也郭音奔驕如字又居表反郭云僨驕者不可禁之勢自見賢遍反下同
股音古脛本曰股胈畔末反向父末反李扶蓋反云白肉也或云字當作紱紱蔽膝也崔云胈脡也
脛刑定反讙音歡兜丁侯反崇山南裔也堯六十年放讙兜于崇山

投三苗崔本投作殺尚書作竄三苗者縉雲氏之子即饕餮也三峗音危
本亦作危三峗西裔之山也今屬天水堯六十六年竄三苗于三危共工音恭共工官名即窮
奇也幽都李云即幽州也尚書作幽州北裔也堯六十四年流共工于幽州施及以智
反崔云延也大駭駭驚也愈粗音麤下同愚知音智下及注同
好知呼報反注同釿音斤本亦作斤鋸音據制焉釿鋸制謂加肉
刑也繩墨殺焉並如字崔云謂彈正殺之椎直追反鑿在洛反
決焉古穴反又苦穴反崔云肉刑故用椎鑿脊脊音藉在亦反相踐藉也本
亦作肴肴廣雅云肴亂也大山音泰亦如字嵁苦巖反一音苦咸反又苦巖反巖
音嚴語銜反一音喦語咸反以眩玄遍反惡直烏路反蕃徒音煩
殊死如字廣雅云殊斷也司馬云決也一云誅也字林云死也說文同又云漢令曰蠻夷長有
罪當殊之崔本作殀死相枕之鴆反桁戶剛反司馬云腳長械也楊向音
陽崔云械夾頸及脛者皆曰桁楊離力氏反又力智反跂丘氏反又丘豉反攘
如羊反桎之實反梏古毒反意如字又音醫无愧崔本
作聭腐音輔方復扶又反接李如字向徐音燮郭慈接反槢
郭李音習向徐徒燮反司馬云接槢械楔音息節反崔本作熠云讀爲牒或作謵字接槢桎梏梁也淮南
曰大者爲柱梁小者爲接槢也鑿在洛反又在報反枘人銳反向本作內音同三蒼云

柱頭枘也鑿頭㭊木如柱頭枘 遠於 于萬反下同 而禦 魚呂反本又作御音同

焉知 於虔反 嗃矢 許交反又亦作嚆向云嗃矢矢之鳴者郭云矢之猛者字林云嗃大呼也崔本作蒿云蕭蒿可以為箭或作矯矯操也崔本此下更有有無之相生也則甚曾史與桀跖生有無也又惡得無相轂也凡二十四字 大治 直吏反 去其 起呂反 廣成子 或云即老子也 空同 司馬云當北斗下山也爾雅云北戴斗極為空同一曰在梁國虞城東三十里 質也 廣雅云質正也 氣不待族而雨 司馬云族聚也未聚而雨言澤少 草木不待黃而落 司馬云言殺氣多也爾雅云落死也 益以 崔本作蓋以 佞人 如字郭音寧 翦翦 如字郭司馬云善辯也一曰佞貌李云淺短貌或云狹小之貌 捐 悅全反 閒居 音閑

下注同 復往 扶又反 邀之 古堯反要也 南首 音狩 蹷 其月反又音厥驚而起也 天下治 直吏反 吾語 魚據反下同 女 音汝後放此 窈窈 烏了反 不邪 似嗟反 我為 于偽反下同 物將自壯 側亮反謂不治天下則眾物皆自任自任而壯也 之稱 尺證反 百昌 司馬云猶百物也 當我 如字 緡乎 武巾反郭音泯泯合也 遠我 于萬反 昏乎 如字暗也司馬云緡昏並無心之謂也 雲將 子匠反下同李云雲主帥也 扶搖 扶亦作夫音符李云扶搖神木也生東海

一云風也 鴻蒙 如字司馬云自然元氣也一云海上氣也 拊 孚甫反一音甫 脾 本又作髀音陛徐甫婢反又甫姊反 雀 本又作爵同將略反 躍 司馬云雀躍若雀浴也一云如雀之跳躍也 倘 尺掌反一音吐郎反李吐黨反司馬云欲止貌李云自失貌 贄 之二反又猪立反又魚列反李云不動貌 叟 本又作傁素口反郭蹤溝反司馬云長者稱 不輟 丁劣反李云止也 曰吁 況于反亦作呼 鬱結 如字崔本作綰音結 掉 徒弔反 有宋 如字國名也本作宗者非 鞅掌 於丈反毛詩傳云鞅掌失容也今此言自得而正也 之放 方往反効也注同 止蟲 如字本亦作昆蟲崔本作正蟲 皆坐 才卧反 意 音醫本又作噫下皆同 僊僊 音仙

墮 許規反 涬 戶頂反又音幸 溟 亡頂反司馬云涬溟自然氣也 渾渾 戶本反 沌沌 徒本反 不離 力智反下及注皆同 而惡 烏路反 因眾以寧所聞 因眾人之所聞見委而任之則自寧安 不如眾技 其綺反 眾矣 若役我之知逵眾人眾人之技多於我矣安得而不自困哉 此攬 音覽本亦作覽 僥 古堯反徐古了反字或作儌 倖 音幸一云僥倖求利不止之貌 幾何 居豈反郭巨機反 不喪 息浪反下及注同 萬分 如字又扶問反 饕 吐刀反 冒 亡北反又亡報反 於嚮 許丈反本又作響注及下同 挈 苦結反廣雅云持也 撓撓 而小反 惡 音烏 足

復扶又反則治直吏反一毉而女力反中而不可
不高者德也中者順也順其性一而高也不易以豉反下注同應
動憶升反物者莫足爲也分外反而不可
不爲分內也不與音預
天地第十二以事名篇
天地釋名云天顯也高顯在上也又坦也坦然高遠也地底也其體底下載萬物也禮統云天
地者元氣之所生萬物之祖也易說云元氣初分清輕上爲天濁重下爲地其治直吏反注
同下官治并注亦同人卒尊忽反君原原本也非邪也
以嗟反本又作爲技也其綺反注下同記曰書名也云老子所作夫子
司馬云莊子也一云老子也此兩夫子曰元嘉本皆爲別章崔本亦爾覆載芳富反
洋洋音羊又音詳不刳口吳反又口侯反崔本作軒云寬悅之貌而
去起呂反循音旬或作脩挫作卧韜吐刀反廣雅云藏也沛物貝
反字林云流也物逝崔本逝作啓云開也滂沛普旁反不近附近
之近不樂音洛縣解上音玄下音蟹不以王于況反下王德
並同蜕然始銳反又音悅漻李良由反徐力蕭反廣雅下巧反云清貌非好
呼報反而知音智注同而供音恭本亦作恭確苦學反斯音賜

又如字赤水李云水出崐崘山下還歸音旋玄珠司馬云道眞也
使知音智注及下音同索之所白反下同喫口懈反詬口豆
反司馬云喫詬多力也王倪徐五兮反被衣音披要之一遙反注
同圾本又作岌五急反又五合反郭李云危也給數音朔在去起呂反
於強其丈反方且如字凡言方且者言方將有所爲也物絯徐戶
隔反廣雅公才反云束也與郭義同今用廣雅音令應力呈反治亂直吏反注
同之率色類反注又色律反殺君音試本又作弒音同華胡化
反又胡花反司馬云地名也封人司馬云守封疆人也曰嘻音熙請
祝之又反又州六反女獨音汝後同鶉居音淳鶉居謂無常處也又
云如鶉之居猶言野處鷇口豆反食爾雅云生哺鷇鷇食者言仰物而足也就
閒音閑注同上僊音仙伯成子高通變經云老子從此天地
開闢以來吾身一千二百變後世得道伯成子高是也闔本亦作盍胡臘反无落
落猶廢也俋俋徐於執反徐直立反李云耕貌一云耕入行貌又音秩又於十反字林云勇壯
貌治成直吏反能閒閒廁之閒不與音預侗音洞又音
同泰初易說云氣之始也有分符問反无閒如字留
動留或作流喙丁豆反又充芮喜穢二反緡緡武巾反夫子

仲尼也相方如字又甫往反本亦作放甫往反注同強以其兩反
縣音玄寓音宇司馬云辨明白若縣室在人前也易見以豉反技
係其綺反執留如字本又作猫音同一本作貍亦如字司馬云猫竹鼠也一云執留
之狗謂有能故被留係成愁思也猨音袁狙七徐反之便婢面反徐扶面
反司馬云言便捷見捕復■扶又反將一本作蔣閭力於反勉
宇亦作菟音免又音晚郭音問將閭勉人姓名也一云姓將閭名菟或云姓蔣名閭勉也季徹
人姓名也蓋季氏之族魯君或云定公知中丁仲反不輯音集
爾雅云和也又側立反郭思魚反局局其玉反一云大笑之貌螳蜋音堂
郎車軼音轍不勝音升注同自爲遽其據反本又作
劇觀臺古亂反注同覤覤許逆反又生責反或云驚懼之貌汒
若本或作芒武剛反郭武蕩反舉滅舉皆也閼然音門豈
兄元嘉本作豈足溟亡頂反涬戶頂反圃布戶反又音布圃也李云菜蔬
曰圃畦戶圭反李云埒中曰畦說文云五十畝曰畦隧音遂李云道也甕烏送反字
亦作瓮搰搰苦骨反徐李苦滑反郭忽滑反用力貌一音胡沒反有械戶戒
反字亦作械李云器械也浸子鴆反司馬云灌也卬音仰本又作仰挈水口節
反若抽敕留反李云引也司馬崔本作流數如所角反徐所錄反泆

湯音逸本或作溢李云疾速如湯沸溢也司馬本作佚蕩云言其往來數疾如佚蕩佚蕩唐佚也
橰本又作橋或作皐同音羔徐居橋反司馬李云桔橰也吾師謂老子也瞞
武版反又亡安反字林云目皆平貌李天典反慰一音門又亡千反司馬本作憮音武崔本作無於
于竝如字本或作吙吁音同司馬云夸誕貌一云行仁恩之貌以蓋衆司馬本蓋
作善墮許規反无乏乏廢也卑陬走侯反徐側留反李云卑陬愧
懼貌一云頗色不自得也頊頊本又作旭旭許玉反李云自失貌向之許亮反本
又作鄉音同後倣此復有扶又反夫人音符下夫人同汒乎莫剛
反之心或作道譽之音餘下同謷然五羔反司馬本作警儻
然本亦作黨司馬本作儻同勑蕩反郭吐更反渾胡本反沌徒本反背
今音佩之易以豉反諄郭之倫反又迷倫反芒本或作汒武剛反
李云望之諄諄察之芒芒故曰諄芒一云姓名也或云霧氣也大壑火各反李云大壑東
海也苑風本亦作苑徐於阮反李云小貌謂遊世俗也一云苑風人姓名一云扶搖大風也
之濱音賓酌焉一本作取焉橫目之民李云倮蟲之屬
欲令其治之也願聞本或依司馬本作問下同聖治直吏反下皆同官
施如支反又始智反司馬云施政布教各得其宜手撓而小反又而了反司馬云動也
一云謂指麾四方也顧指如字向云顧指者言指麾顧盼而治也或音頤本亦作頤以之

反謂擧頭指麾也美惡烏路反怊乎音超字林云悵也徐尺遙反郭
音條儻乎敕黨反司馬本作儻德人之容羊凶反或云依注當作容
天地樂音洛注同銷亡徐音消混冥胡本反門无
鬼司馬本作无畏云門姓无畏字也赤張滿本或作蒲稽古兮反李
云門赤張氏也无鬼蒲稽名也均治直吏反下及注均治並同之與音餘本又作邪
復何扶又反下章注同瘍音羊李云頭創也言創以喻亂求虞氏藥治之司馬
云疕瘍也患創初良反禿吐木反髢大細反司馬云髲也又吐帝反
郭音毛李云髲髮也操藥七刀反樵然將遙反又音樵如標方小
反徐方遙反又方妙反言樹標之枝無心在上也校胡孝反李音較一本作枝蠢郭勑
允反動也无傳丈專反不諛羊朱反郭胎附反不諂敕檢反
不肖音笑之道音導下同豈有背音佩則勃
步忽反謂己諛人本多作衆人下同司馬云衆人凡人也則怫
符弗反郭敷謂反相坐才卧反注同與夫音符不解音蟹又佳
買反不靈本又作無靈司馬云靈曉也祈嚮許亮反司馬云祈求也
大聲司馬云謂咸池六英之樂也折楊之列反皇荂況于
反又撫于反本又作華音花司馬本作里華嗑然許甲反李云折楊皇華皆古歌曲也

嗑笑聲也本又作嗌烏邀反司馬本作榼嘖曲仕責反本又作嗑以二缶
缶應作垂鍾應作踵言垂脚空中必不得有之適也司馬本作二垂鍾云鍾注意也所適
司馬云至也而強其丈反下注同比憂毗志反司馬本作鼻云始也趣
令力呈反下同令解音蟹厲音賴又如字遽巨據反本或作遽音
同汲汲音急苛役音河犧音羲又素河反其斷徒亂反下
同本或作故困如字本或作悃音同慢子公反郭音俊又素奏反李云困慢猶刻賊不
通也中丁仲反顙桑蕩反濁口本又作噣音同滑心李音骨本
亦作噣雛力智反跂丘豉反鷸尹必反徐音述本又作鷸音同鳥名也一
名翠似燕紺色出鬱林取其羽毛以飾冠笏音忽紳音申帶也柴柵楚格
反郭音策外重直龍反纆音墨繳音灼郭古弔反睆睆環版
反又戶鰥反李云窮視貌一云眠目貌交臂歷指司馬云交臂反縛也歷指
猶歷摟貌檻戶覽反

天道第十三以義名篇

无所積積謂滯積不通六通謂六氣陰陽風雨晦明四辟毗亦
反謂四方開也昧音妹鐃心乃孝反又女交反一音而小反中準丁仲反
大匠或云天子也淡徒暫反巍巍魚歸反不與音預

俞俞羊朱反廣雅云喜也又音喻　從容七容反　南鄉許亮反本
亦作嚮　素王往況反注同　而閒音閑　人樂音洛下同　䪡
子兮反　為戾力計反暴也　長於丁丈反章末同　天樂音洛章內
同　而王往況反注及下王天同　祟雖遂反徐息類反李云禍也　畜天
許六反注同　知雖音智下愚知同　自說音悅　咎音羔　繇音遙　明
斷丁亂反　本在於上末在於下李云本天道末人道
也　之辟毗赤反　比詳毗志反下同一音如字云比校詳審　治之
直吏反下治之至注至治之道同　衰音崔　經田結反　隆殺所界反

長先而少詩照反　萌區曲俱反　朝廷直遙反　原
省所景反原除省㢊也　必分方云反　知謀音智　大平音泰
迕道音悟司馬云橫也　而說徐音稅又如字　不敖五報反　兩
施始豉反　膠膠交夘反司馬云和也　擾擾而小反司馬云柔也案如
注意膠膠擾擾動亂之貌　之王往況反　藏書司馬云藏其所著書也　徵
藏才浪反司馬云徵藏藏名也一云徵典也　史藏府之史　老聃吐甘反或云老
聃是孔子時老子號也　免而歸言老子見周之末不復可匡所以辭去也　繙
敷袁反徐又音盤又音煩司馬煩冤也　十二經說者云詩書禮樂

六經合為十二經也一說云易上下經并十易為十二又一云春秋十二公經也　以說如字
又始銳反絕句　老聃中丁仲反　其說如字絕句　曰大音泰
徐敕佐反　謾末旦反郭武諫反　中心物本亦作勿　愷開待反司馬云樂也
曰意於其反司馬云不平聲也下同　幾乎音機司馬本作頎云頎長也復言長
也　迂乎音于　牧乎司馬云牧養也　放德方往反　偈偈
居謁反又巨謁反或云用力之貌　揭仁其謁反又音桀　士成綺如字又魚
紙反士成綺人姓名也　顧見賢遍反下同　百舍司馬云百日止宿也　重
直龍反　趼古顯反司馬云胝也胝音陟其反許慎云足指約中斷傷為趼　餘蔬所居

反又音所司馬云蔬讀曰糈糈粒也鼠壤內有遺餘之粒穢惡過甚也一云如鼠之推壤餘益疏外也
棄妹一本作妹之者　不仁釋名云妹末也謂末學之徒須慈誘之乃見棄薄不仁之
甚也　生熟司馬云生膾也一云生熟謂好惡也　而積子亦反李子賜反　斂
力撿反李貍鹽反　復見扶又反　有刺千賜反　正郤去逆反或云息
也　夫巧苦教反又如字　知音智　為脫徒活反注同　毀譽音餘下同
容行如字　顙頯上息黨反下去軌反本又作顯如字司馬本作𩓠　闞郭許
覽反又火斬反又火暫反　虓火交反　豁火括反　踶直氏反　跂去氏反
邊竟音境　有人焉其名為竊邊垂之人不聞知禮樂之

正縱有言語偶會墳典皆是竊盜所得其道何足語哉司馬云言遠方嘗有是人奮棅音柄司馬云威權也李丑倫反一本作棟言傳大專反後同爲其于僞反知者如字下同或並音智去尚起呂反栢公李云齊桓公也名小白而輪扁音篇又符殄反司馬云斲輪人也名扁斲陟角反椎直追反而上時掌反糟音遭李云酒滓也魄普各反司馬云爛食曰魄一云糟爛爲魄本又作粕音同許愼云粕已漉麤糟也或普白反謂魂魄也已夫音符絕句或如字甘如字又音酣司馬云甘者緩也苦者急也有數李云色注反數術也人與如字又一音餘可傳直專反注同

天運司馬作天負第十四以義名篇

其運爾雅云運徙也廣雅云轉也推而如字一音吐回反司馬本作誰緘古咸反徐古陷反司馬本作咸云引也爲雨于僞反下及注同隆施音弛式氏反淫樂音洛又音嶽而勸司馬本勸作倦云讀曰送言誰無所作主送天往來運轉無已也有上時掌反彷薄皇反徨音皇司馬本作旁皇云旁皇飆風也噓音虛吸許急反披芳皮反拂芳弗反郭扶拂反披拂風貌司馬本作翇巫咸祒赤遙反郭音條又音紹李云巫咸郡相也祒寄名也吾語魚據反女音汝後皆同六極司馬云四方上下也商大音泰下文大息

同宰蕩司馬云商宋也大宰官也蕩字也府藏才浪反蕩聞之一本蕩作盈崔本同或云盈太宰字郢以井反又以政反楚都也在江陵北冥山司馬云北海山名也[illegible]于萬反孝易以豉反下皆同濡沫音末孝悌[illegible]并焉必領反棄除也下同去華起呂反北門成人姓名也洞庭徒逆反之戄如字或音句下同一本作矍音况縛反案說文戄是正字矍古文復聞扶又反下注同徼之如字古本多作徼大清音泰迭起大節反一本作遞大計反循生似倫反蟄蟲沈執反郭音執爾雅云靜也霆音廷又音挺徒佞反雷也一僨方問反司馬云仆也

在阬苦庚反爾雅云虛也塗郤去逆反與隙義同其兌徒外反爲量音亮不離力智反儻敕黨反一音敞倚於於綺反槁枯老反目知音智齊限才細反委於危反徐如字蛇以支反又作施徐音絁叢生才公反林樂音洛亦如字布揮音輝廣雅云振也於窈烏了反稽於古兮反心說音悅注同焱氏必遙反本亦作炎苞裹音包本或作包祟雖遂反師金李云師魯大師也金其名也之行下孟反芻狗李云結芻爲狗巫祝用之盛音成下同篋苦牒反本或作筐衍延善反郭怡面反李云笥也盛

狗之物也司馬云合也齊戒側皆反本亦作齋蘇者李云蘇草也取草者
得以炊也案方言云江淮南楚之閒謂之蘇史記云樵蘇後爨注云蘇取草也爨之七九反
將復扶又反必且如字徐子餘反數音朔眯李音米又音美字林
云物入眼爲病也司馬云厭也音一琰反推之郭吐回反又如字下同陸與音餘
下同今蘄音祈求也无方之傳直專反下注同司馬云方常也桔
音結槔音羔於治直吏反注同柤側加反柚由救反猨
狙上音表下七餘反而衣於既反齕音紇挽音晚盡去
起呂反慊苦牒反李云足也本亦作嗛音同而矉徐扶眞反又符人反通俗文云

蹙頞曰矉其里絕句捧心敷勇反郭音奉挈苦結反之沛
音貝司馬云老子陳國相人相今屬苦縣與沛相近惡乎音烏下同名公器
也釋名云名鳴也公平也器用也尹文子云名有三科一曰命物之名方圓是也二曰毀譽之名善惡
是也三曰況謂之名愛憎是也今此是毀譽之名也蘧音渠司馬郭云蘧廬猶傳舍也覯
古豆反見也遇也之虛音墟本亦作墟苟簡王云苟且也簡略也司馬
本簡作閒云分別也不貸敕代反司馬云施與也之圃音補易養
以豉反注同以爲物于僞反操之七刀反舍之音捨注同
喪息浪反湮者音因李云塞也亦滯也郭音煙又烏節反司馬本作歅疑也簡文作

甄云隔也天門一云謂心也一云大道也播甫佐反又彼我反穅音康字亦
作康蚊音文字亦作蟁虻音盲字亦作蝱噆子盍反郭子合反司馬云齧也通
昔昔夜也憯然七感反乃憒扶粉反本又作憒古內反亦
放方往反風而動司馬云放依也依無爲之風而動也易持
易行並以豉反傑然郭居竭反又居謁反巨竭反夫揭其列其謁
二反鵠本又作鶴同胡洛反白黔巨淹反徐其金反司馬云黑也之觀古亂
反司馬本作讙泉涸胡洛反相呴況付反又況于反相濡如主
反又如喻反以沫音末相忘並如字不談本亦作不言嗋

許劫反合也龍見賢遍反賜亦本又作賜也倨堂居慮反跂
也夫三王本或作三皇依注作王是也餘皆作三皇余語魚據反下同
則強其丈反爲其于僞反殺其殺並所戒反降也注同
孕以證反孩亥才反說文云笑也別人彼列反下同爲種章勇
反注同大駭胡楷反復言扶又反之知音智下同上
悖補對反下睽苦圭反又音圭乖也中墮許規反之施式豉反
憯於七感反蠣敕邁反又音例本亦作厲郭音賴又敕界反蠆許謁反或
敕邁反或云依字上當作蠆下當作蠍通俗文云長尾爲蠆短尾爲蠍鮮規之獸

李云鮮規明貌一云小蟲也一云小獸也蹵蹵子六反奸音干三蒼云犯也
鉤用鉤取也甚矣夫音符篇末同難說始銳反治
世直吏反白鶂五歷反三蒼云鶂鶂也司馬云鳥子也之相視眸
茂侯反子不運而風化司馬云相待風氣而化生也又云相視而成陰
陽蟲雄鳴於上風雌應於下風而化
一本作而風化司馬云雄者鼃類雌者鼈類類自為雌雄故風
化或說云方之物類猶如草七異種而同類也山海經云亶爰之山有獸焉其狀如狸而有髮其名曰師類
帶山有鳥其狀如烏五采文其名曰奇類皆自牝牡也可勝音升可壅於勇反

復見扶又反下賢遍反又如字烏鵲孺如喻反李云孚乳而生也魚
傅音附又音付本亦作傅直專反沫音末司馬云傅沫者以沫相育也一云傅口中沫相
與而生子也細要一遙反者化蜂之屬也司馬云取桑蟲祝使似巳也案即詩
所謂螟蛉有子果蠃負之是舍音捨長張丈反

刻意第十五以義名篇

刻意司馬云刻削也峻其意也案謂削意令峻也廣雅云意志也尚行下孟反
離世力智反高論力困反怨誹非謂反徐音非李云非世無道
怨己不遇也為亢苦浪反李云窮高曰亢枯槁苦老反赴淵

司馬云枯槁若鮑焦介推赴淵若申徒狄所好呼報反下及注皆同為治直吏反
此朝直遙反下同藪素口反處閒音閑下同魡魚
本亦作釣同彫叫反吹呴況于反字亦作喣呼吸許及反吐故
納新李云吐故氣納新氣也熊經如字李古定反司馬云若熊之攀樹而引
氣也鳥申如字郭音信司馬云若鳥之嚬呻也道引音導下同李云導氣令和
引體令柔此數所主反僅其靳反焉能於虔反澹大暫
反徐音談然一本作澹而百行下孟反下及篇末百行同恬惔大暫反徐
音談下皆同質也質正也而喪息浪反人休虛休反息也下
及注同平易以豉反下及注皆同无難乃旦反下同邪氣似嗟反下同
蛻然音悅又始銳反去知起呂反其覺古孝反粹雖遂反
不罷音皮悲樂音洛下同好惡烏路反於忤五故反
確苦角反纖介音界干越之劍司馬云干吳也吳越出善劍也李云
干谿越山出名劍案吳有谿名干谿越有山名若耶並出善鐵鑄為名劍也柙而戶甲反下
蟠音盤郭音煩倩乎七練反之觀古喚反鞹苦郭反

繕性第十六以義名篇

繕性善戰反崔云治也或云善也性性本也滑音骨亂也崔云治也思以

李息吏反注役思同方復扶又反下無復雖復同必離力智反下文同去
欲起呂反治道如字又直吏反養知音智下以意求之樂也
音洛注同信行下孟反注同下以行小行注行者行立皆放此偏音遍不冒
苦報反崔云覆也在混胡本反芒莫剛反崔云混混芒芒未分時也澹
徒暫反不擾而小反燧人音遂興治直吏反澆古堯
反本亦作澆醇本亦作淳音純之稱尺證反心與心識如字
衆本悉同向本作職云彼我之心競爲先識矣郭注既與向同則亦當作職也博溺乃歷反郭
奴學反世喪息浪反下及注皆同并見賢遍反祇所音支淡
大暫反泊音薄危然如字郭云獨正貌司馬本作恑云獨立貌崔本作垝音如累垝
之垝垝然自持安固貌於坦敕但反塊然苦對反樂全音洛注下
皆同儻來吐黨反崔本作黨云衆也可圉魚呂反本又作禦不爲
于僞反下同倒置之民崔云逆其性命而不順也向云以外易內可謂倒置

秋水第十七借物名篇

秋水李云水生於春壯於秋白虎通云水準也灌河古亂反涇流
音經司馬云涇通也崔本作徑云直度曰徑又云字或作淫雨涘音俟涯也渚司馬
云水中可居曰渚釋名云渚遮也體高能遮水使從旁回也崖字又作涯亦作厓並同

不辯牛馬辯別也言廣大故望不分別也河伯姓馮名夷一名冰夷
一名已見太宗馮遲師篇一云姓呂名公子馮夷是公子之妻爲盡津忍反北海
李云東海之北是也面目盳莫剛反又音旁又音望本亦作望洋音羊司馬
崔云盳洋猶望羊仰視貌向若向徐音嚮許亮反司馬云若海神聞道百
李云萬分之一也今我睹舊音覩案說文睹今字覩古字睹見也崔本作今睹或云
睹示也大方之家司馬云方道也理分扶問反後同以語
如字下同於虛音墟本亦作墟風俗通云墟虛也崔云拘於井中之空也夏蟲
戶嫁反曲士司馬云鄉曲之士也尾閭崔云海東川名司馬云泄海水出外者也
泄之息列反又與世反量數音亮注及下同而縣音玄下同快
然於亮反又於良反之竟音境礨力罪反向同崔音壘李力對反空
音孔礨孔小穴也李云小封也一云蟻冢也稊米徒兮反司馬云稊米小米也李云稊草也
案郭注爾雅稊似稗稗音蒲賣反大倉音泰人卒尊忽反司馬云衆也崔子
恤反云盡也五常之所連司馬云謂連續仁義也崔云連續也本亦作五
帝所爭側耕反任士之所勞李云任能也勞服也證
鄉許亮反崔云往也向郭云明也又虛丈反掇專劣反郭云短也而不跂
如字一本作念下注亦然坦坎但反不說音悅不愕五各反舍

故音捨之倪五佳反徐音詣郭五米反下同垺李普回反徐音孚謂盛也郭芳尤反崔音裒之殺殺衆也畀便婢面反徐扶面反注皆同精粗七胡反下同能分如字不能論本或作諭爲利于僞反故措七故反行殊下孟反下堯桀之行同辟異匹亦反无己音紀惡至音烏下同其稱尺證反可勝音升自爲于僞反注內自爲相爲皆同餘如字之噲音快又古邁反又古會反之者燕相子之也噲燕王名也司馬云燕王噲拙於謀用蘇代之說數堯舜讓位與子之三年而國亂而王往況反白公名勝楚平王之孫白縣尹僭稱公作亂而死事見左傳哀公十六年梁麗司馬

李音禮一音如字司馬云梁麗小船也崔云屋棟也窒珍悉反爾雅云塞也崔李同說文都節反騏音其驥音冀驊戶花反騮音留李云騏驥驊騮皆駿馬也捕音步本又作搏徐音付狸力之反狌音姓向同又音生崔本作鼬由又反殊技其綺反鴟尺夷反崔云鴟鵂鶹與委梟同夜撮七括反崔本作最音同蚤音早說文跳蟲齧人者也淮南子鴟夷夜聚蚤察分豪末許慎云鴟夜聚食蚤蝨不失也司馬本作蚤音文云鵂鶹夜取蚤食今郭本亦有作蚤者崔本作爪云鵂鶹夜聚人爪於巢中也瞋尺夷反向敷辰反司馬云張也崔音眩又師慎反本或作瞋師是或云師順也師治直吏反注皆同不舍音捨下同篡夫初患反取也下如字女惡音汝後放此下音烏反

秋水十七

衍如字又以戰反崔云無所貴賤乃反爲美也本亦作畔衍李云猶漫衍合爲一家反覆芳服反與道大蹇向紀輦反徐紀偃反本或作與天道蹇崔本蹇作浣云猶洽也謝施如字司馬云謝代也施用也崔云不代其德是謂謝施參初林反差初宜反嚴乎魚檢反又如字繇繇音由泛泛孚劒反字又作汎畛之忍反域于逼反舊于目反令去力呈反五藏才浪反其薄如字崔云謂以體著之之行如字蹢文益反又持革反躅丈綠反又音濁屈伸音申反要於妙反夔求龜反一足獸也李云黃帝在位諸侯於東海流山得奇獸其狀如牛蒼色無角一足能走出入水即風雨目光如日月其音如雷

名曰夔黃帝殺之取皮以冒鼓聲聞五百里憐音蓮蚿音賢又音玄司馬云馬蚿蟲也廣雅云蛆渠馬蚿蚿憐蛇蛇憐風風憐目目憐心司馬云夔一足蚿多足蛇無足風無形目形綴於此明流於彼心則質幽爲神遊外趻勑甚反郭菟減反一音初稟反卓本亦作踔同勑角反李云趻卓行貌唾吐卧反噴普悶反又芳奔反又孚問反如霧音務郭武貢反可勝音升悗然亡本反蓬蓬步東反徐扶公反李云風貌鰌音秋李云藉也藉則削也本又作蹭折大之舌反蜚大音飛又扶貴反孔子子六反又七六反迫也遊於匡宋人圍之數色主反匝子合反司馬云宋當

作衛匡衛邑也衛人誤圍孔子以爲陽虎虎嘗暴於匡人又孔子弟子顏尅時與虎俱後尅爲孔子御至匡匡人共識尅又孔子容貌與虎相似故匡人共圍之**不惙**本又作輟同丁劣反**入見**賢遍反**吾語**魚據反**蛟**音交**漁父**音甫**兒**徐履反**大難**乃旦反**閒堂**音閑**无幾**居豈反**將甲**如字本字作持甲**公孫龍問於魏牟**司馬云龍趙人牟魏之公子**少學**詩照反**長而**張丈反**之行**下孟反**之知**音智**沈焉**莫剛反郭音莽**論之**力困反**及與**音余下助句放此**所閒**如字本亦作閑兩通本或作閡**吾喙**許穢反又昌銳反**隱机**於靳反**大息**音泰**埳井**音坎郭音陷**之鼃**本亦作蛙戶媧反司馬云埳井壞井也鼃水蟲形似蝦蟇**之鱉**必滅反字亦作鼈**吾樂**音洛下之樂大樂同**跳**音條**井幹**古旦反司馬云井闌也諸詮之音西京賦作韓音**甃**側救反李云如闌以塼爲之著井底闌也字林壯謬反云井壁也**赴水**如字司馬本作踣云赴也**蹶**其月反又音厥**泥則沒足滅跗**方于反郭音附司馬云滅沒也跗足跗也李云言踊躍於甃中**還**音旋司馬云顧視也**虷**音寒井中赤蟲也一名蜎爾雅云蜎蠉郭注云井中小蛣蟩赤蟲也蜎音求兗反蠉音況袞反蛣蟩音吉厥**蟹**戶買反**科斗**苦禾反科斗蝦蟇子也**夫擅**市戰反專也**一壑**火各反**已縶**豬立

反司馬云拘也三蒼云絆也**非樂**音岳又五教也**逡**七旬反**九潦**音老**弗爲**于僞反下同**頃久**司馬云猶早晚也**適適**始赤反又文革反郭菟狄反**規規**如字又虛役反李徐紀皆云適適規規皆驚視自失貌**之竟**音境後同**蚉**音文**商蚷**音渠郭音巨司馬云商蚷蟲名北燕謂之馬蚿一本作蚿徐市軫反**不勝**音升**可強**其丈反**方趾**音此郭時紫反又側買反廣雅云蹋也蹈也履也司馬云側也**大皇**音泰**奭然**音釋**四解**戶買反**索之**所白反**壽陵餘子**司馬云壽陵邑名未應丁夫爲餘子**邯**音寒**鄲**音丹邯鄲趙國都也**匍**音蒲又音符**匐**蒲北反又音服**口呿**起據反司馬云開也李音祛又巨劫反**濮水**音卜陳地水也**楚王**司馬云威王也**先焉**先謂宣其言也**巾笥**息嗣反或音司**而藏之**李云藏之以笥覆之以巾**惠子相**息亮反下同**梁**相梁惠王**子恐**丘勇反**搜**字又作搜或作瘦所求反李悉溝反云索也說文云求也**鵷**於袁反**鶵**仕俱反李云鵷鶵鸞鳳之屬也**醴泉**音禮李云泉甘如醴**嚇**本亦作呼同許嫁反又許伯反司馬云嚇怒其聲恐其奪已也詩箋云以口拒人曰嚇**嗜**時志反**好**呼報反**豪梁**本亦作濠音同司馬云濠水名也石絕水曰梁**儵魚**徐音條說文直留反李音由白魚也爾雅云鮂黑鰦郭注即白儵也一音篠謂白儵魚也**從容**七容反**魚樂**

音洛注下皆同以難乃且反方復扶又反其處昌慮反
至樂音洛第十八以義名篇
至樂音洛篇內不出者皆同至極也樂歡也奚惡烏路反惛惛
音昏又音門蹲七旬反郭音存又趣允反循音旬又音脣勿爭爭鬭之爭
下同誙誙戸耕反徐苦耕反又胡挺反李云趣死貌崔云以是爲非以非爲是爲誙誙本又作
脛脛鏗苦耕反鎗七羊反近乎附近之近芒乎李音荒又呼晃
反下同芴乎音忽下同萬物職職司馬云職職猶祝祝也李云繁
殖貌案爾雅職主也謂各有主而區別箕踞音據盆謂瓦缶也長子
丁丈反无槩古代反司馬云感也又音骨哀亂貌巨室巨大也司馬云以天
地爲室也噭噭古弔反又古堯反將令力呈反支離叔與
滑音骨崔本作滈介音界叔李云支離忘形滑介忘智言二子乃識化也冥
伯之丘李云丘名喻杳冥也崐崘力門反之虛音墟所
休休息反左肘竹九反司馬本作肘音跌云肘足上也蹙蹙紀衛
反動也惡之烏路反後皆同垢也音茍之墳音墳髑音獨
髏音樓髐苦堯反徐又許堯反本呼交反司馬李云白骨貌有枯形也撽苦弔
反又古的反說文作擊云旁擊也馬捶拙蘂反又之睡反馬杖也愧遺唯季

反凍丁貢反餒奴罪反援音袁枕而針鴆反見夢
賢遍反從然七容反從容也李徐子用反縱逸也復生音服又扶又反深
矉音頻蹙本又作顰又作蹴同子六反頞於葛反李云矉顰者愁貌而復
扶又反褚小豬許反綆格猛反汲索也汲居及反所適適或作通
皇帝謂三皇五帝也司馬本作黃帝而重直用反舍內音捨且
女音汝後同海鳥司馬云國語曰爰居也止魯東門之外三日臧文仲使國人祭之不
云魯侯也爰居一名雜縣舉頭高八尺樊光注爾雅云形似鳳皇御而音訝觴音傷
于廟司馬云飲之於廟中也九韶常遙反舜樂名眩玄遍反司馬本作玄
音眩視如字徐市至反臠里轉反壇太丹反司馬本作澶音但云水沙澶也
食之音嗣鰷音條又音篠李徒由反一音由隨行戶剛反委於危
反蛇以支反又如字譊譊乃交反咸池堯樂名之樂如字
人卒寸忽反司馬音子忽反云衆也還而音患又旋面反其好呼報反
道從如字司馬云從道旁也本或作徒攓居輦反徐紀偃反又起虔反司馬云拔也
或音蹶蓬步東反徐扶公反若果一本作汝果元嘉本作汝過養司馬
本作暮云死也予果元嘉本作予過歡乎司馬本作讙云呼聲謂生也種
章勇反注同有幾居豈反可勝音升得水則爲

𢇍此古絕字徐音絕今讀音繼司馬本作繼云萬物雖有兆朕得水土氣乃相繼而生也本或作斷又作續斷得水土之際則爲鼃戶媧反蠙步田反徐扶賢反郭父因反又音賓李婢軫反之衣司馬云言物根在水土際布在水中就水上視不見抄之可得如張緜在水中楚人謂之鼃蠙之衣生於陵屯司馬音徒門反云阜也郭音純則爲陵舄音昔司馬云言物因水成而陸產生於陵屯化作車前改名陵舄也一名澤舄隨燥溼變也然不知其祖言物化無常形也人之死也亦或化爲草木草木之精或化爲人也陵舄得鬱棲則爲烏足司馬云鬱棲蟲名烏足草名生水邊也言鬱棲在陵舄之中則化爲烏足也李云鬱棲糞壤也言陵舄在糞化爲烏足也

烏足之根爲蠐音齊螬音曹司馬本作螬蠐云蝎也其葉爲胡蝶音牒司馬云胡蝶蛺蝶也草化爲蟲蟲化爲草未始有極胡蝶胥也一名胥也化而爲蟲生於竈下司馬云得熱氣而生也其狀若脫宅括反司馬音悅云新出皮悅好也其名爲鴝其俱反掇丁活反鴝掇千日爲鳥其名爲乾餘骨乾音干乾餘骨之沫音末李云口中汁也爲斯彌李云蟲也斯彌爲食如字司馬本作蝕醯許兮反李音海司馬云蝕醯若酒上蠛蠓也蠛音眠結反蠓音無孔反頤以之反輅生乎

食醯輅音路一音洛黃軦音軦徐李休往反司馬云頤輅黃軦皆蟲名生乎九猷音由李云九宜爲久久老也猷蟲名也瞀莫豆反又莫住反又亡角反芮如銳反徐加悅反生乎腐音輔蠸音權郭音歡司馬云亦蟲名也爾雅云一名守瓜一云蚡鼠也羊奚比毗志反乎不箰息尹反司馬云羊奚草名根似蕪菁與久竹比合而爲物皆生於非類也久竹生青寧司馬云蟲名青寧生程李云未聞程生馬馬生人俗本多誤故具錄之

達生第十九以義名篇

達生達暢也通也廣雅云生出也物稱尺證反无離力智反下同大甚音泰幾足徐其依反常敻昌慮反相天息亮反關尹李云關令尹喜也不窒珍悉反蹈火徒報反非知音智之列音例本或作所子語魚據反女音汝後同相遠于萬反焉得於虔反无郤去逆反之墜字或作隊同直類反後皆同乘亦音繩又繩證反遻音悟郭音愕爾雅云遻迕也郭注云謂干觸不慴之涉反懼也李郭音習鏌音莫本亦作莫干李云鏌耶干將皆古之利劍名吳越春秋云吳王闔閭使干將造劍劍有二狀一曰干將二曰鏌耶鏌耶干將劍名也忮

心之跂反郭李音支害也字書云佷也飄瓦匹遥反郭李云落也雖復扶又
反下章同中人丁仲反不厭李於豔反徐於贍反幾乎音機或音
祈痀郭於禹反李徐居具反又其禹反僂郭音縷李徐良付反承一本作美
蜩音條蟬也猶掇丁活反拾也五六月司馬云黏蟬時也累丸
劣彼反下同司馬云謂累之於竿頭也者錙側其反銖音殊若厥
本或作橛同其月反株音誅拘其俱反郭音俱李云厥豎也豎若株拘也若槁
苦老反不分如字操舟七曹反下章同數能音朔注下同鶩
音木鴨也之覆芳服反注下同猶其車却也元嘉本無車字
惡往音烏閒暇音閑瓦注之樹反李云擊也憚徒丹反又
音丹又丈旦反忌惡也一曰難也殙武典反又音昬又音門本亦作殙說文云殙矜也元嘉本
作昏所要一遥反田開之李云開之其名也周威公崔本
作周威公竈祝腎上之六反下市軫反字又作賢音同本或作賢學生司馬
云學養生之道也務中丁仲反下章注而中適同吾子與祝腎
遊司馬本以吾子屬上句更云子與祝腎遊操七曹反拔蒲末反徐甫末反李
云把也篲似歲反徐以醉反郭子稅反李尋恚反信醉反或蘇忽反帚也亦何聞
於夫子絕句而鞭如字崔本作趨云匿也視其羸瘦在後者匿著牢中養之

也單豹音善李云單豹隱人姓名也而水飲元嘉本作飲水縣
音玄薄司馬云簾也无不走也司馬云走至也言無不至門奉貴富也李
云走往也去其起呂反畏塗司馬云阻險道可畏懼者也卒徒
子忽反亦知音智衽而甚反徐而鴆反李云卧衣也鄭注禮記云卧席也動
皆之死地一本無地字不冒音墨牢筴初革反李云牢
豕室也筴木欄也說如字又始銳反彘直例反本亦作豕奚惡烏路反
𤛓音患司馬云養也本亦作犧日齊側皆反後章同藉在夜反又在亦反
尻苦羔反彫俎莊呂反畫飾之俎也爲彘于僞反下自爲爲彘同
食以音嗣糠音康糟音遭錯之七故反置也又如字本又作措腞
音直轉反又敕轉反楯食準反徐敕荀反李敕準反司馬云腞猶篆也楯猶案也聚僂
力主反司馬云聚僂器名也今冢壙中注爲之一云聚僂棺槨也一云聚當作菆才官反僂當作蔞力久
反謂殯於菆塗蔞翣之中去反一本作公反誒於代反郭音熙說文云可惡之辭也
李呼該反一音哀詒吐代反郭音怡李音臺司馬云懈倦貌李云誒詒失魂魄也數
日所主反司馬本作數月皇子告敖如字司馬云皇姓告敖字齊之賢士
也鬼惡音烏忿拂粉反李房粉反滀敕六反之氣散而
不反則爲不足李云忿滿也滀結聚也精神有逆則陰陽內結內魂魄散

於外故曰不足上時掌反下同而不下則使人善怒

下而不上則使人善忘忘尚反李云陽散陰凝故怒陰

發陽伏故忘也不上不下中丁仲反身當心則爲

病李云上下不和則陰陽爭而攻心心精神主故病也沈有履司馬本作沈有

漏云沈水汙泥也漏神名竈有髻音結徐胡節反郭音詰李音吉司馬云髻竈神著赤

衣狀如美女霆音庭又音挺又徒佞反倍音裴徐扶來反阿鮭本亦作蛙

戶蝸反徐胡佳反蠪音龍又音聾躍之司馬云倍阿神名也鮭蠪狀如小兒長一

尺四寸黑衣赤幘大冠帶劒持戟泆陽音逸司馬云泆陽豹頭馬尾一作狗頭一云神名也

罔象如字司馬本作無傷云狀如小兒赤黑色赤爪大耳長臂一云水神名峷本又

作莘所巾反又音臻司馬云狀如狗有角文身五采夔求龜反司馬云狀如鼓而一足方

音傍本亦作彷同皇本亦作徨同司馬云方皇狀如蛇兩頭五采文委於危反又如字

朱冠司馬本作俞冠云俞國之冠也其制似螺惡聞雷烏路反捧

芳勇反其首司馬本同一本作手辴敕引反徐敕一反又敕私反司馬云笑貌李云

大笑貌紀渻所景反徐所幸反人姓名也一本作消爲于僞反王司馬云齊

王也虛憍居喬反又巨消反李云高也司馬云高仰頭也猶應應對之應下同

嚮許丈反本亦作響景於領反又如字李云應響鳴顧景行呂梁司馬云河

水有石絶處也今西河離石西有此縣絶世謂之黃梁淮南子曰古者龍門未鑿河出孟門之上也縣

水音玄三十仞音刃七尺曰仞流沫音末黿音元鼉

徒多反或音檀鼈字又作鱉必滅反有苦如字司馬云病也拯之拯救

之拯數百所主反被髮皮寄反行歌司馬本作行道云常行之

道也長乎丁丈反下同與齊司馬云齊回水如磨齊也郭云磨翁而旋入者

齊也與汨胡忽反司馬云涌波也郭云回伏而涌出者汨也梓音子慶李云

魯大匠也梓官名慶其名也鐻音據司馬云樂器也似夾鍾耗呼報反司馬云損也

氣李云氣耗則心動心動則神不專也非譽音餘輒然丁協反輒然不

動貌无公朝直遙反注同骨消如字本亦作滑消成見賢遍

反材中丁仲反是與音餘東野稷李云東野姓稷名也

司馬云孫卿作東野畢以御見賢遍反下同莊公李云魯莊公也

或云內篇曰顏闔將傅衛靈公太子問於蘧伯玉則不與魯莊同時當是衛莊公中繩丁仲

下同文弗過也司馬云謂過織組之文也使之鉤百而

反司馬云稷自矜其能圓而騐之如鉤復迹百反而不知止顏闔戶臘反元嘉本作盧

工倕音垂又音睡旋而蓋矩指與物化而

不以心稽音雞司馬本矩作瞿云工倕堯工巧人也旋圓也瞿句也倕工巧任規以

見爲圓覆蓋其句指不以施度也是與化之物不以心稽留也不桎之實反司馬云閡也
之易以豉反足屨九住反要帶一遥反踵門
章勇反司馬云至也而詫敕駕反又呼駕反郭都駕反司馬云告也李本作託云屬也子
扁慶子音篇又符殄反李云扁姓慶子字也臨難乃旦反賓於
必刃反惡遇音烏下同芒然武剛反彷徨元嘉本作房皇音同
長而丁丈反注同飾知音智明汙音烏若揭其列反又
其謁反九竅苦弔反跛彼我反蹇紀輦反又紀偃反徐其偃反而
比如字又毗志反說之音悅爲具于僞反奏九韶元嘉
本作奏韶武以樂音洛下同食之音嗣委於危反蛇如字李云
大鳥吞蛇司馬云委蛇泥鰌款啓李云款空也啓開也如空之開所見小也鼷音兮
鴳字又作鷃音晏

山木第二十舉事以名篇

山中釋名云山產也產生物也說文云山宣也謂能宣散氣生萬物也大木釋名
云木冒也冒地而生也字林云木衆樹之總名白虎通云木踊也夫出如字夫者夫子
謂莊子也本或即作夫子豎市主反烹之普彭反煑也无譽音餘
无訾音紫毀也徐音疵一上如字又時掌反爲量音亮人

倫之傳直專反司馬云事類可傳行也則剉子臥反本亦作挫同之
鄉如字一音許亮反市南宜僚了蕭反徐力遥反司馬云熊宜僚也居市
南因爲號也李云姓熊名宜僚左傳云市南有熊宜僚楚人也案无須臾離
力智反絕句崔本無離字居然崔讀以居字連上句尚行下孟反豐
狐司馬云豐大也胥疏如字司馬云胥須也疏菜也李云胥相也謂相望疏草也機
辟婢亦反刳形音枯廣雅云屠也去皮起呂反下去欲去君同
洒心先典反本亦作洗音同去欲如字徐音慾欲令力呈反章末同
可樂音洛无形倨音據司馬云無倨傲其形躓之實反又知吏反
礙五代反无留居司馬云無留安其居我无食一本我作餓
不與音預大莫莫無也方舟司馬云方並也徧心必善
反爾雅云急也則呼火故反下同張歙許及反徐許輒反郭跌獵反張開也
歙歙也北宮奢李云衛大夫居北宮因以爲號奢其名也爲衛于僞反
賦斂力豔反爲壇但丹反李云祭也鑄之故爲壇也上下之
縣音玄司馬云八音備爲縣而聲高下王子慶忌李云王族也慶忌周大夫
也怪其蕑速故問之怕然步各反侗乎吐功敕動二反無知貌字林云大貌
一音慟儻敕蕩反萃乎在醉反芒乎莫郎反欣說

音悅強梁多力也曲傳音附司馬云謂曲附已者隨之也本或作傳張戀反
不挫子卧反大音泰公任如字李云大公大夫稱任其名子幾
音祈又音機子惡烏路反注及下同於好呼報反章內同翂翂
音紛字或作湓翐翐音秩徐音族字或作濈司馬云翂翂翐翐舒遲貌一云飛不高貌李
云羽翼聲迫脅而棲李云不敢獨棲迫脅在衆鳥中纔足容身而宿辟害之至
也從容七容反其緒緒次緒也行列戶剛反下亂行同不
斥音尺卒不子恤反終也又七忽反飾知音智明汙音烏
揭其列其謁二反爲迕五故反者墮許規反去功起呂
反居得行如字又下孟反注同泊步洛反衣裘於既反褐戶割反
杼食汝反又音序子桑雽音戶本又作雩音于李云桑姓雽其名隱人也或云
姓桑雽名隱伐樹於衛一本作伐樹於宋削迹於衛此數所主
反何與音餘下放此假古雅反李云國名林回司馬云殷之逃民之
姓名爲其如字下同又皆于僞反布與布謂貨財也淡如字又徒
暫反无挹音揖李云無所執持也去飾起呂反眞司馬本作真
泠音零禹司馬云泠曉也謂以眞道曉語禹也泠或爲命又作令命猶教也莊
子衣於既反大布司馬云麤布也正緳賢節反又苦結反司

馬云帶也係履李云履穿故係而過古禾反魏王司馬云惠王也
憊皮拜反又薄計反司馬本作病螣音騰本亦作騰枏音南木名攬舊歷
敢反蔓音萬郭武半反而王往況反司馬本作往長丁亮反本又作張音同司
馬直良反云兩枝相去長遠也羿音詣或戶係反逢蒙符恭反徐扶公反司馬云
羿古之善射者逢蒙羿之弟子眄莫練反舊莫顯反本或作盻普計反睨音詣郭五米反
李云邪視也長技其綺反柘棘章夜反枳吉氏反又音紙枸
音矩悼如字又直弔反不便婢面反注同辯相息亮反見心賢遍
強爲其丈反槁木苦老反下同猋氏必遙反古之無爲帝
王也犁然力兮反又力牛反司馬云犁然猶栗然有當丁浪反還
目音旋而窺徐起規反造大司馬云造適也損易以豉反注
下同窮桎之實反運物司馬云運動也之泄息列反司馬云發也
徐以世反言與之言我也莫知音智鷾音意鴯音而或云
鷾鴯燕也目之所不宜處昌呂反言不可止處目已羅絡知之故棄之
其禪市戰反司馬云授予也焉知於虔反下同雕徐音彫本亦作彫
陵之樊音煩司馬云雕陵陵名樊藩也謂遊栗園藩籬之內也樊或作楙楙古野字
翼廣光浪反運寸司馬云可回一寸也感周之顙息蕩

反李云感觸也翼翍不逝目大不覩司馬云翍大也曲折曰逝
李云翼大逝難目大視希故不見人蹇起虔反躩李驅碧反徐九縛反司馬云疾
行也案即論語云足躩如也執彈徒旦反留之力救反司馬云宿留伺其
便也螳音堂蜋音郎執翳於計反司馬云執草以自翳也搏之郭音
博徐音付之見乎賢遍反其眞司馬云眞身也怵■敕律
反誶之本又作訊音問也司馬云以周爲盗栗也三月不庭一本作三
日司馬云不出坐庭中三月藺力信反一本作藺且子餘反司馬云藺且莊子弟子
夷易以豉反不■直洛反自見賢遍反上捂普口
反陽子司馬云陽子也而去起呂反之行下孟反
田子方第二十一以人名篇
田子方李云魏文侯師也名無擇數稱雙角反又所主反下同谿
音溪又音兮司馬本作雞工李云谿工賢人也褓眞音保本亦作保大絜
音泰物邪似嗟反儻然敕蕩反司馬云失志貌而語魚據反
聖知音智之行下孟反形解戶買反口鉗其炎反徐
其嚴反直如字本亦作眞下句同元嘉本此作眞下句作直土梗更猛反司馬云
土梗土人也遭雨則壞温伯雪子李云南國賢人也蘄音祈從

容七容反槃辟婢亦反遺如字本又作逶於危反蛇以支反
其道音導夫人音符目擊而道存矣司馬云見
其目動而神實已著也擊動也郭云目裁往意已達奔逸司馬本逸作徹瞠敕庚反又
丑郎反字林云直視貌一音杜哽反又敕孟反不比而周毗志反滔乎
前吐刀反謂無人君之器滔聚其前也又杜高反惡可音烏察與音餘
下哀與同自喪息浪反下章同薰然許云反日徂如字司馬本作
疽云病也能令力呈反下章注同女音汝殆著乎吾所
以著也郭著音張慮反注同又一音張略反司馬云吾所以著者外化也汝殆庶於此耳吾
一不化者則非汝所及也是求馬於唐肆也郭云唐肆非停馬處
也李同又云唐亭也司馬本作廣肆云廣庭也求馬於市肆廣庭非其所也馬處昌慮反
可復扶又反不舍音捨離俗力智反下章文同被髮
皮寄反而干本或作乾慹乃牒反又丁立反司馬云不動貌説文云怖也泊
步各反便而待待或作侍見曰賢遍反眩玄遍反與
音餘下同掘若徐音兀槁木苦老反而欸訓弗反口
辟必亦反司馬云辟卷不開也又婢亦反徐敷赤反嘗爲于僞反且
孰如字舊子餘反至樂音洛下及注同行小下孟反又如字胷

次李云次中也　能滑古没反　所介音界　解乎戶買反注同
汋音灼又上若反李以略反李云取也　醯雞許西反郭云醯雞甕中之蠛蠓也司馬云若酒上蠛蠓也
甕中烏弄反　蠛云結反　蠓無孔反
莊子見賢遍反亦如字　魯哀公司馬云莊子與魏惠王齊威王同時在哀公後百二十年
冠古亂反　圜冠音圓　履句音矩徐其俱反李云方也
屨徐居具反　緩戶管反司馬本作綬　佩玦古穴反　而斷丁亂反
號於國號號令也　故飯煩晚反　忘其賤與之政也謂忘其飯牛之賤也
受揖而立司馬云受命揖而立也

舐本或作䑛食紙反　儃儃吐但反徐音但李云舒閒之貌　般字又作般
礴傍各反徐敷各反司馬云般礴謂箕坐也　臝本又作臝同力果反司馬云將畫故解衣見形
神閒音閑　文王觀於臧李云臧地名也司馬本作文王微服而觀於臧
文夫本或作丈人　旦而屬音燭　之夫夫皆方于反司馬云夫夫大夫也一云夫夫古讀爲大夫
䫇而占反郭李而兼反又而銜反　駮馬邦角反
偏朱蹄李云一蹄偏赤也　瘳乎敕留反　蹵然子六反本或作愀在久七小二反
先君王也司馬云言先君王靈神之所致　之令本或作命
王其无它司馬云無違令　列士壞音怪

下同　植音值　散羣司馬云植行列也散羣言不養徒衆也一云植者疆界頭造屋以待諫者也
長丁丈反下同　官者不成德司馬云不利功名也　四竟音境
斔斛音庚李云六斛四斗曰斔司馬本作斔斞云斔讀曰鍾斞讀曰臾
下同　大師音泰　昧然音妹　泛然徐敷劍反　夜遁徐困反
刺焉七賜反　爲伯昏于僞反　盈貫古亂反司馬云鏑也
鏑丁歷反　措七故反　其肘竹九反　如拒音矩本亦作矩字
適矢丁歷反　復沓扶又反注及下同　歃色洽反又初洽反
逡巡七旬反　汗流戶旦反　揮音輝　斥音尺李音託郭云揮斥猶放縱

怵然敕律反　有恂李又作眴音荀爾雅云恂慄也　目之志
恂謂眴也欲以眴悅人之目故林也　於中丁仲反又如字中精神也　所喪息浪反後章同
栩栩況甫反　躊直留反　躇直於反　得刧居業反元嘉本作却
伏戲音羲　大山音泰　无介音界　不憊皮拜反
以爲于僞反下同　凡君如字司馬云凡國名在汲郡共縣案左傳凡周公之後也隱七年天王使凡伯來聘俗本此後有孔子窮於陳蔡及孔子謂顏回二章與讓王篇同衆家並於讓王篇音之檢此二章無郭注似如重出古本皆無謂無者是也

知北遊第二十二以義名篇

知北遊(音智又如字)於玄水之上(李云玄水水名司馬崔本
(上作北)隱弅(符云反又音紛又符紛反李云隱出弅起丘貌)白水(水名)狐
闋(苦穴反司馬李云孤闋丘名)而睹(丁古反)狂屈(求勿反徐又其述反)
(司馬向崔本作詘李云狂屈佯張似人而非也)以之言(司馬云之是也)唉(哀在反徐
烏來反李音熈云應聲)語若(魚據反)不近(附近之近下同)其易
(以豉反注同)更相(音庚)所惡(烏路反注同)復化(扶又反下同)
之標(必遙反)大美(謂覆載之美也)扁(音篇又音幡)未離
(力智反)其內(謂不能出自化也)惛然(音昏又音泯)油然(音由
反)
(謂無所給惜也)物畜(本亦作滀同敕六反注同)被衣(音披本亦作披)瞳
(敕紅反郭莬絳反李云未知有貌)齧缺睡寐(體向所說畏其視聽以寐耳受
道速故被衣喜也)大說(音悅)若槁(苦老反)媒媒(音妹又武朋反)
晦晦(音誨李云媒媒晦貌)丞(如字李云舜師也一云古有四輔前疑後丞蓋官名)有
夫(音符)魄然(苦對反)委形(司馬云委積也)委蛻(吐卧反又
音悅又敕外反又始銳反又始劣反)天地之強陽氣也(郭云強陽
猶運動耳案言天地尚運動況氣聚之生何可得執而留也)晏(於諫反徐於顯反又於見
反)閒(音閑)齊戒(側皆反)瀹(音藥或云漬也)掊(普口反徐方垢反)

而知(音智)窅然(烏了反)將爲(于僞反)无形(謂太
初也)形本生於精(謂常道也)九竅(苦弔反)卵生
(力營反)易種(章勇反)邀於(古堯反)思慮(息嗣反)
恂達(音荀)天不得不高(謂不得一道不能爲高也)道與
(音餘下皆同)慱之不必知(觀異書爲慱)以斷(端管反注同)
魏魏(魚威反)則復(扶又反)運量(音亮)萬物而
不匱(求位反謂任物自動運物物各足量也)之贍(涉豔反下同)直
且(如字舊子餘反)喑(音蔭郭音闇李音飲一音於感反)醷(於界反郭於感反李
音意一音他感反李郭皆云喑醷聚氣貌)幾何(居豈反)果蓏(徐力果反)
白駒(或云日也)過郤(去逆反本亦作隙隙孔也)勃然(步忽反)油
然(音由)漻然(音流李音礫)天弢(敕刀反字林云弓衣也)墮其
(許規反)天袠(陳筆反)宛乎(於阮反)絪(音因本亦作烟音因)縕
(於云反本亦作熅音同)則敗(補邁反)悗然(亡本反)東郭子
(李云居東郭也)惡乎(音烏)欲令(力呈反)螻(力侯反)蟻(魚綺
反)在苐(大西反又作稊)薜(步計反本又作稗蒲賣反李云苐薜二草名)瓦
甓(本又作礕步歷反)屎(尸旨反舊詩旨反本或作矢)溺(乃弔反)正

獲之問於監古銜反市履狶虛豈反每下愈況李云正亭卒也獲其名也監市市魁也狶大豕也履踐也夫市魁履豕履其股脚狶難肥處故知豕肥耳問道亦況下賤則知道也瘦色救反之處昌慮反周徧音遍澹而徒暫反而閒音閑寥音遼已驚如字本亦作騖音務[illegible]音旁本亦作傍徨音皇馮皮冰反又普耕反又步耕反閎音宏李云馮宏皆大也郭云虛廓之謂也衰殺色界反徐所例反下同婀於河反荷甘音河本或作苛老龍吉李云懷道人也隱机於靳反下同闔戶戶臘反晝暝音眠奓郭處野反又音奢徐都嫁反又處夜反司馬云開也嚗然音剝又孚邈反徐孚貌反李云放杖聲也投杖本亦作放杖僻陋匹亦反慢武平反徐无見反郭如字訑徒昌反徐徒見反郭音但已矣夫音符弇音奄堈音剛弔李云弇堈體道人弔其名繫焉謂爲物所歸投也猶復扶又反與无爲之知並如字中而歎崔本中作印去𢾆起呂反大初音太㚒落力含反窅然烏了反摶之音博大馬捶郭之捶鉤者年八十矣而不失豪芒音丁果反徐之累反李之睡反大馬司馬也司馬郭云捶者玷捶鉤之輕重而不失豪芒也或說云

江東三魏之間人皆謂鍛爲捶音字亦同郭失之今不從此說也玷丁恬反捶丁果反巧與音餘下同而好呼報反以長丁丈反明日復扶又反見賢遍反又爲于僞反未有子孫而有孫子言其要有由不得無故而有傳世故有子孫不得無子而有孫也如是天地不得先無而今有也有先悉薦反下及注同之圍音又之圍五布反又音布相韲子兮反和也義冠古亂反山林與音餘下同而樂音洛注下音同能禦魚呂反強其丈反齊知之才細反又如字

經典釋文卷第

經典釋文

莊子音義下 [雜篇 十一]

唐國子博士兼太子中允贈齊州刺史吳縣開國男陸德明撰

莊子雜篇庚桑第二十三［以人名篇本或作庚桑楚］

老聃之役［司馬云役學徒弟子也廣雅云役使也］庚桑楚［司馬云楚名庚桑姓也太史公書作亢桑］偏得［向音篇］畏［本或作㟪又作猥同烏罪反向於鬼反］壘［崔本作纍同力罪反向良裴反李云㟪壘山名也或云在魯又云在梁州］畫然［音獲］知者［音智注同］挈然［本又作契同若計反向云知也又苦結反廣雅云提也］遠之［于萬反司馬云言人以仁智爲臣妾庚桑悉棄仁智也］擁［於勇反］腫［章勇反本亦作踵］鞅掌［於丈反郭云擁腫朴也鞅掌自得也崔云擁腫無知貌鞅掌不仁意向云二句朴纍之謂司馬云皆醜貌也］大壤［而掌反本亦作纕崔本同又如羊反廣雅云豐也］洒然［素殄反又悉禮反崔李云驚貌向蘇很反］日計之而不足［向云無旦夕小利也］歲計之而有餘［向云順時而大穰也］正得 秋而萬寶成［天地以萬物爲寶至秋而成也元嘉本作萬實］大道已 行矣［本或作天道］環［如字廣雅云圓也］堵［丁魯反司馬云一丈曰堵環堵者面各一丈言小也］俎豆［側吕反崔云俎豆食我於衆人間］杓［郭音的又匹幺反又音弔］

廣雅云𣗳末也郭云爲物之標杓也王云斯由己爲人準的也向云馬氏作馰音的 標［必遥反一音必小反］尋常之溝［八尺曰尋倍尋曰常尋常之溝則周禮洫澮之廣深也洫廣深八尺澮廣二尋深二仞也］所還［音旋回也崔本作逮］鯢［五兮反］鰌［音秋］爲之制［廣雅云制折也謂小魚得曲折也王云制謂擅之也鯢鰌專制於小溝也］步仞之丘陵［六尺爲步七尺曰仞廣一步高一仞也孔安國云八尺曰仞小爾雅云四尺曰仞］蘖［魚竭反］狐爲之祥［李云祥怪也狐狸憙爲妖孽言各有宜宜不失則大人有豐禄也王云野狐依之作妖祥也崔云蠱狐以小丘爲善也祥善也］函［音含］車之獸［李云獸大如車也一云大容車］介而［音戒廣雅云獨也又古黠反一本作分謂分張也元嘉本同］離山［力智反下注同］吞舟［敕恩切又音天］碭而失水［徒浪反謂碭溢而失水也崔本作去水陸居也］則蟻［魚綺反］苦之［如字向云馬氏作最又作窮］深眇［彌小反］則粗［七奴反後皆同］二子者［向崔郭皆云堯舜也］蓬［蒲空反］將令［力呈反］而櫛［莊筆反又作擳亦作𢷗皆同郭音節徐側冀反］數米［色主反］而炊［昌垂反向云理於小利也］竊竊［如字司馬云細語也一云計校之貌崔本作察察］軋［烏黠反向音乙］戾拂［符弗反］任知［音智注同］有殺［音試本又作弒下同］穴阫［普回反向音裴云阫牆也言無所畏忌］吾語［魚據反］女［音汝後皆放此］南榮趎［昌于反向音疇一音紹俱反徐直俱］

反又敖俱反又𢾊由反李云夷桑弟子也漢書古今人表作南榮疇或作儔又作壽淮南作南榮幬云敖
蹻趹步百舍不休亦作幬 蹵然 子六反 已長 丁丈反 將惡 音烏 其
分 扶問反後以意求之 思慮 息吏反下同 可強 其丈反下章可強同 亦
辟 婢亦反開也崔云相著也音必亦反 或開 開廁之開注同 勉聞道 崔向
云勉強也本或作踐 達耳矣 崔向云僅達於耳未徹入於心 奔蜂 孚恭反司馬云
奔蜂小蜂也一云土蜂 藿蠋 音蜀司馬云豆藿中大青蟲也 越雞 司馬向云小雞
也或云荆雞也 能伏 扶又反 鵠 本一作鶴同戶各反一音戶沃反 卵 力管反
魯雞 向云大雞也今蜀雞也 羸糧 音盈案方言羸儋也齊楚陳宋之閒謂之羸一
音果 曰唯 唯癸反 挾三 音協 懼然 向紀具反本又作戄音同又況縛反
因失吾問 元嘉本問作聞 向吾 息浪反嚮同 胥睫 音接釋名云目
毛也 規規 李云失神貌一云細小貌 若喪 息浪反注同 揭 其列其謁二反
竿 音干 而求諸海也 向云言以短小之物欲測深大之域也 女亡
人哉 崔云喪亡性情之人也 所好 呼報反 去其 起呂反 所惡
烏路反注同 復見 扶又反 洒濯 文角反 鬱鬱 崔云孰洒貌 津
如字崔本作律律云惡貌 猶有惡也 李云惡計未盡也 外韄 音獲向
韄崔云䩬韄也又如字本亦作韄音獲又乙䌰反又烏邈反又音韄李云縛也三蒼云佩刀靶韋也

而捉 徐側角反崔作促云迫促也 內揵 郭其輦反徐其偃反關也向云閉也又音
蹇下同 繆 莫侯反又音稠結也崔向云綢繆也 放道 如字向方往反云依也 加
病 如字元嘉本作知病崔本作駕云加也 衛生 李云防衛其生令合道也 當則
丁浪反後放此 能舍 音捨下同 翛 音蕭徐始六反又音育崔本作隨云順也 侗 本又
作洞大董反又音慟向敕動反云直而無累之謂三蒼云殼直貌崔同字林云大也 礙也 五代反
反 戶羔反本又作號音同 而嗌 音益崔云喉也司馬云咽也李音厄謂噎也一云
本作而不嗌案如李音有不字 不嗄 於邁反本又作嚘徐音憂司馬云楚人謂啼極無聲爲嗄
崔本作喝云啞也 終日握 李云捲手曰握 不掜 五禮反向音藝崔云寄也廣雅
云掜也 共其 如字崔云壹也 不瞚 字又作瞬同音舜動也本或作瞋莫經反
偏不 徐音篇 委 於危反 蛇 以支反 冰解 音蟹 交食 崔云
交俱也李云共也 交樂 音洛 相攖 於營反徐又音嬰廣雅云亂也崔云揩貫也
若槁 苦老反 惡有 音烏 愛惡 烏路反下同 宇泰定 王云
宇器宇也謂器宇閒泰則靜定也 學者學其所不能學也
言人皆欲學其所不能知凡所能者故是能於所能夫能於所能者則雖習非習也 敗之 補邁
反或作則元嘉本作則 備物以將形 備具也將順也 億度 待洛反
以滑 音骨 靈臺 郭云心也案謂心有靈智能任持也許慎云人心以上氣所往來也

不見其誠已而發謂不自照其內而外馳也每發而不當丁浪反爾雅云每雖也謂雖有發動不中當幽閒音閑券內字又作卷徐音勸券分符問反下同崔云券分明也則宜方云反期費芳貴反下同廣雅云期卒也費耗也言若存分外而不止者卒有所費耗也以爲于僞反賈人音古人見其跂猶之魁苦回反安也一云主也然謂衆人已見其跂求分外而猶自安可羞愧之甚也物且且始也焉於虔反注同莫憯七坎反廣雅云痛也元嘉本作潛鏌音莫鋣也嗟反鏌鋣良劒名五藏才浪反後皆放此其分符問反注及下皆同一音方云反所惡烏路反下及注皆同故出而不反謂情識外馳而不反觀於內也見其鬼王云永淪危殆資死之術已行及之故曰見鬼也出而得是謂得死若情識外馳以爲得者是曰得死耳非理也滅而有實鬼之一也廣雅云滅殄也盡也實塞也既殄塞純朴之道而外馳澆薄之境雖復行尺於世與鬼何別故云鬼一也出无本入无竅苦弔反出生也入死也本始也竅孔也所以知有形累於無形者以其出入無本竅故也欻然訓勿反乎處昌據反下注同有長丁丈反增也又如字下注同本剽本亦作標同甫小反崔云末也李怖遥反徐又敷遥反下同有所出夫生必有所出也而死此明所出是無也既是無矣何能有所出邪竅者有實

既言有竅竅必有實求實不得驗亦無也有實而无乎處者宇也三蒼云四方上下爲宇宇雖有實而無定處可求也有長而无本剽者宙也三蒼云往古來今曰宙說文曰舟輿所極覆爲宙長猶增也本始也宙雖有增長亦不知其始末所至者也惡乎音烏爲喪息浪反注同融液音亦以分方云反注同爲尻苦羔反昭景也著丁略反又張慮反又戴本亦作載也甲氏也著張慮反久也又丁略反封也非一也一說云昭景甲三者皆楚同宗也著戴者謂著冠世世處楚朝爲衆人所戴仰也著封者謂世世說封邑而光著久也昭景甲三姓雖異論本則同也崔云昭景二姓楚之所顯戴皆甲姓顯封雖非一姓同出公族喻死生同也此兩說與注不同聊出之耳已復扶又反有生黬徐於減反司馬云黬黶有疵也有疵者欲披除之李烏感反字林云釜底黑也披普皮反然曰移是或云黬然聚而生披然散而死也臘力闔反者之有膍音毗司馬云牛百葉也本或作昆音昆偉也胲古來反足大指也崔云備也案臘者大祭備物而肴有膍胲此雖從散禮應具不可散棄也其偃於晚反司馬郭皆云屏廁也又於建反屏廁步定反又必領反下同爲是于僞反溲所留反因以死償節常亮反廣雅云償報也復也案謂殺身以成名節成而身死故曰以死償節也爲知音智蜩音條學鳩本或作鷽音同踶女展反司馬李云蹈也廣

雅云履也鷙五報反廣雅云妄也嫗於禹反注同詡之況甫反未曾
才能反辟金必領反除也又婢亦反之勃本又作悖同必妹反之謬
如字一本作繆亡侯反亦音謬去德起呂反惡欲烏路反哀樂音洛
累德劣僞反後注同知能音智不盪本亦作蕩徒黨反郭云動也又徒浪
反又吐浪反德之光一本光字作先睨也魚計反又五禮反視也謂
治直吏反羿五計反徐又戶計反中微丁仲反注同巳譽章餘後章
同而俍音良崔云良工也又音浪唯蟲一本唯作雖下句亦爾言蟲自能爲蟲者
天也惡天烏路反下同威也崔本作或也之籠力東反所好
呼報反下及注文同湯以胞本又作庖白交反人籠伊尹伊尹好廚
故湯用爲庖人也秦穆公以五羊之皮籠百里奚
百里奚好秦而拘於宛故秦穆公以五羊皮贖之於楚也或云百里奚好五色皮裘故因其所好也介
音界郭云刖也又古黠反廣雅云獨也崔本作兀移畫敕紙反又音他又與紙反本亦作移
司馬云畫飾容之具無足故不復愛之一云移離也崔云移畫不拘法度也不復扶又反
胥靡司馬云刑徒人也一云癃人也崔云腐刑也夫復音服徐扶又反謵
音習不餽其愧反廣雅云遺也一音愧元嘉本作愧而志人復者溫復之謂也謵
謵也夫人謵謵者雖復小事皆所至惜今溫復人之所習既復之矣而不還歸以饋遺之此至愚不獲人

之所惜者也無復相爲之情故曰志人侮之亡甫反

徐無鬼第二十四以人名篇

徐無鬼緡山人魏之隱士也司馬本作緡山人徐無鬼女商人名也李云無鬼女
商並魏幸臣魏武侯名擊文侯之子治安邑武侯勞之力報反唯
山林之勞一音如字餘並下章並力報反盈耆時志反下注同長丁丈反好
呼報反下注下章同惡烏路反下注下章同黜敕律反退也本又作出音同司馬本作咄
掔苦田反又口閑反爾雅云固也崔云引去也司馬云牽也超然司馬云猶悵然也
不說音悅下文大說同語君魚據反吾相息亮反下皆同下之
質一本無質字執飽而止司馬以執字絕句云放下之能執禽也是
狸德也謂貪如狐狸也示日音示司馬本作視云視日瞻遠也若亡
其一一身也謂精神不動若無其身也直者中繩丁仲反下皆同司馬云直
謂馬齒曲謂背上方謂頭圓謂目成材字亦作才言自然已足不須教習也若卹
音恤若失音逸司馬本作佚李云卹失皆驚竦若飛也若喪息浪反下章注同
其一言喪其耦也超軼李音逸徐徒列反崔云徹也廣雅云過也以說如字
又始銳反下皆同司馬作悅從說子容反金版本又作板薄版反又如字六
弢吐刀反司馬崔云金版六弢皆周書篇名或曰祕讖也本又作六韜謂太公六韜文武虎豹龍

犬也樂音洛意末同鵷一諫反吾君說音悅越之流人
越遠也司馬云流人有罪見流徙者也數日所主反及期音基夫逃
司馬本作処也虛空者司馬云故懷冢処爲空虛也藜力西反藋徒弔
反本或作櫂同柱誅矩反司馬云塞也乎鼪音生又音姓鼬由救反之
逕本亦作徑司馬云徑道也本又作跡元嘉本作迭徐音逸崔云迭跡踉位其空
司馬云良良人謂燃虛者也位其空謂処虛空之間也良或作踉音同跫然郭巨恭反李曲
恭反又曲勇反悚也徐苦江反又祛咼反司馬云喜貌崔云行人之聲而喜矣李云喻武
侯之無人君之德而恿在防衛之閒雖臨朝矯厲愈非其意及得其所思猶逃竄之閒人音安能不跫然

大七五

改貌釋然而喜也謦苦頂反又音謦欬苦愛反一音器李云謦欬喻言笑也但呼聞所
好猶大悅況骨肉之情歡之至也久矣夫音扶後放此食芧音序又食
汝反本亦作芧栗韭音久或卄下作者非也以賓必刃本或作擯司馬云擯棄也
又人反李云賓客也欲干李云干求也社稷之福邪李云謂善言嘉
謀可以利社稷也萬乘繩證反不自許司馬云許與也夫姦
病王云姦者以正從邪也謂病也所病之何也李云服而無對也或云養瘴天
地之平獨恣其欲自許不損於神而以姦爲病故不知所以以此爲病何爲乎偃兵偃息也
成固有伐變固外戰王云成功在已亦衆所不與欲無有伐其可得

乎夫爲生形造又伐焉非本所圖勢之變也既有僞伐得無戰乎鶴列李云謂兵如鶴之列
行司馬云鶴列鍾鼓也麗如字又力智反力支反譙本亦作嶕在道反司馬郭李皆云麗
譙樓觀名也案謂華麗而嶕嶢无徒司馬云徒步也錙壇徐側其反錙壇壇名无
藏一本作臧司馬本同逆於得司馬本作德李云凡非理而貪貪得而居之此藏逆
於德內者也孰有貪得而可以德不失哉固宜無藏而捨之又云謂有貪則逆道也惡乎音烏
下同勿攖一縈反又一盈反已脫音奪大隗五罪反司馬崔本作泰隗
或云大隗神名也一云大道也具茨一本作次同祀咨反又音資司馬本作㳄山名也司馬云
在滎陽密縣東今名泰隗山昌寓音禹驂乘繩證反驂乘車右也謵音習

元嘉本作謂崔同⿸尸多舒氏反崔本作⿸广多本亦作朋蒲登反徐扶恒反前馬司馬云二
人先馬導也昆閽音昏滑音骨稽音雞後車司馬云二人後車後
襄城之野李云地名七聖黃帝一方明二昌寓三張若四謂朋五昆閽六
滑稽七也予少詩召反瞀莫豆反郭音務李云風眩貌司馬云瞀讀曰眊謂眩眊也
長者丁丈反乘日之車司馬云以日爲車也元嘉本車作居少
痊七全反李云除也且復扶又反去其起呂反下注同知士
音智不樂音洛下不樂及注同察士李云察識也淩李云謂相淩轢誶
音信廣雅云問也又音崇又音峻一本作訙皆囿音又非強其丈反興

朝直遙反、十民李云善治民也矜難乃旦反枯槁苦老反後章同
宿名宿[illegible]俱久也王云枯槁一生以爲娛其所寢宿唯名而已廣治直吏反貴
際謂盟會事不比毗志反下同商賈音古則壯李云壯猶疾也
則惰徒卧反所者時志反而樂音洛以要一遙反
匍音扶又音蒲匐音服又蒲北反而中丁仲反注同復相扶又反
魯遽音渠又其據反李云魯遽人姓名也一云周初時人爨七亂反又七端反
爲之于僞反廢一廢置也改調徒弔反注皆同无當丁浪
反合也相拂扶弗反蹢呈亦反投也司馬云齊人憎其子蹢之於宋使門者守之
令形不全自以爲是鈃鍾音刑徐戶挺反又字林云鈃似小鍾而長頸又云似壺而大以
束縛郭云恐其破傷也案此言賤子貴鈃自以爲是也唐子謂失亡子也遺
類遺亡也亡種類故也惠施畔道而好辯猶齊人遠子而愛鍾也遠索所百反而
與舟人鬭司馬云夜上人船人必擠已於水也擠排也未始離力智
反注同於岑士金反徐在林反又語審反謂崖岸也獨上時掌反從
者才用反郢人以井反楚人也漢書音義作獿人服虔云獿人之善塗墍者施廣領堊
大袖以仰塗而領袖不汚有小飛泥誤著其鼻因令匠石揮斤而斲之獿音溫韋昭乃回反
烏洛反慢本亦作漫郭莫干反徐莫但反李云猶塗也爲寡人于僞反大

病謂死也惡乎音烏屬國音燭欲與如字又音餘且鉤
鉤反也亦作拘音同又音俱上忘而下畔言在上不自高於下無背者也下
人遐嫁反所措七故反故僅其靳反狙七徐反恂然
音舜徐音荀又思俊反司馬云遽也深蓁徐仕巾反一音側巾反委於危反蛇
餘支反攫俱縛反徐居碧反三蒼云搏也郭又七段反司馬本作擭搎本又作搔素報
反徐本作搸七活反司馬本作絛見賢遍反巧如字或苦孝反崔本作攻王射
食亦反下同搏音博相者息亮反司馬云佐王獵者也趨射音促急也
執死司馬云見執而死也之狙也之猶是也本或作是其便婢面反
以敖司馬本作悖云很也董梧有道者也師其德以鋤色以助士居反本
亦作鋤去樂起呂反隱於靳反噓音虛入見賢遍反夫
物之尤也音符一本作夫子則如字山穴之中司馬本同李云齊南
山穴也一本作之口田禾齊君也尊德故國人慶之鬻之羊六反彼惡
音烏下同自喪息浪反而泊步各反觴之音商李云酒器之揔名也
孫叔敖執爵案左傳孫叔敖是楚莊王相孔子未生哀公十六年仲尼卒後白公
爲亂宜僚未嘗仕楚又宣十二年傳楚有熊相宜僚則與叔敖同時去孔子甚遠蓋寄言也兩
家之難乃旦反注同解音蟹注同司馬云宜僚楚之勇士也善弄丸楚白公勝將

作亂殺令尹子西子期石乞曰市南有熊宜僚者若
得之可以當五百人乃往告之不許也承之以劍不
動弄丸如故曰吾亦不泄子白公遂殺子西子期歎息兩家而已宜僚不預其患 甘寢秉
羽 如字又音翮司馬本作翼云讀曰翮或作翅雩舞者之所執崔本作翼 郢人投
兵 司馬云言叔敖願安寢恬卧以養德於廟堂之上折衝於千里之外敵國不敢犯郢人投兵無所攻
伐也郢楚都也 喙 許穢反又丁豆反或昌銳反 三尺 三尺言長也司馬云喙息也宜
僚弄丸而弭難叔敖除備以折衝丘亦願有歎息其三尺三尺七首劍 彼之謂此
之謂 郭云彼謂二子此謂仲尼也司馬云彼謂甘寢此謂弄丸 總 音揔 不能
同 一本作相同 善吠 伐廢反司馬云不別客主而吠不止 善言 司馬云失
本遂末而言不止也 不舍 音捨 循古而不摩 一本作磨郭云摩拭也王
云摩消滅也雖常通物而不失及已雖理於今常循於古之道焉自古及今其名不摩滅也 摩
拭 音式 九方歅 音因李烏雞反又音煙善相馬人淮南子作九方皐 爲我
于僞反 相吾子 息亮反 梱 音困又口本反子綦子名 瞿然 紀具反司
馬云喜貌本亦作瞿吁縛反字林云大視貌李云驚視貌 索然 悉各反又色白反司馬云涕下
貌 禦福 魚呂反距也逆也 未嘗 如字本或作曽才能反 而牂 子郎
反爾雅云牝羊也 於奧 烏報反西南隅未地也一曰豕牢也 好田 呼報反
於宎 字又作窔烏弔反徐烏了反司馬云東北隅也一云東南隅鶉火地生鶉也一云窟也郭

徒忽反字則穴下犬 遊於天地 司馬本地作汨云亂也崔本同 邀 古堯反遇也
樂 音洛 之儻 時亮反又音賞 怪行 下孟反注同 無幾 居豈反
於燕 音煙 全而鬻之 音育絕句一本作鬻之難 刖 音月又五刮反
易 以豉反注同 售也 受又反 渠公 或云渠公齊之富室爲街正買梱自
代終身食肉至死一云渠公屠者與梱君臣同食肉也 之街 音佳一本作術 然身
食肉終 本或作身肉食者誤 畜畜 許六反郭他六反李云行仁貌王云卹愛
勤勞之貌 其人與 如字 人相食與 音餘言將馳走於仁義不復營
農飢則相食 與之 音餘 所惡 烏路反 之行 下孟反 且
假夫禽貪者器 司馬云禽之貪者殺害無極仁義貪者傷害無窮 覌
郭薄結反云割也向芳舌反司馬云暫見貌又甫莅反又普結反又初栗反 劑 子隨反 暖
吁爰反又吁晩反柔貌 姝 昌朱反妖貌 濡 音儒又音如安也 需 音須濡需謂偷
安須臾之頃 卷 音權 婁 音縷卷婁猶拘攣也 自說 音悅 之竟 音境
蝨 音瑟 奎 若圭反本亦作本 曲隈 烏回反向云股閒也 暖室 奴緩反又
虛袁反一本作安室 操 七曹反 羊肉不慕蟻 魚綺反李云年長心勞無
愛樂之志是猶羊肉不慕蟻也 羶也 設然反 羶行 下孟反 至鄧 向云
邑名 之虛 音墟本又作墟 童土 如字又音杜向云童土地無草木也 齒長

丁丈反注同 若少詩召反 惡衆烏路反 非好呼報反 不
比毗志反下注同 煬郭音羊徐餘亮反 和李云煬炙也爲和氣所炙 於蟻
棄知音智 於魚得計於羊棄意司馬云蟻得水則死
魚得水則生羊得水則病一說云眞人無羶故不致
蟻是蟻棄智也共處相忘之大道無沾濡之德是魚
得計也羊無羶行而不致蟻是羊棄意也 能去起呂反 或復扶又反 菫
音謹郭音覲徐音勤司馬云烏頭也治風冷痺 桔音結本亦作結 梗古猛反司馬云桔梗
治心腹血瘀瘕痺 雞廱徐於容反本或作雍音同司馬云即雞頭也一名芡與藕子合爲散
服之延年 豕零司馬本作豕囊云一名豬苓根似豬卵可以治渴案四者皆藥草名 是
時爲帝者也司馬云藥草有時迭相爲帝謂其王相休廢各得所用也 勝
言音升 句踐音鉤 甲楯純尹反徐音尹 棲於音西李云登山曰棲
會古外反 稽音雞 種章勇反越大夫名也吳越春秋云姓文字少禽 所以
存本又作可以存言越雖亡可以存也 知 鴟尺夷反 脛刑定反 解之
佳買反司馬云去也一音懈 有損有形自然相累世能累物物能累人故大夫種所以不免
也 不磷鄰刃反 恃本亦作持 源而往者也水由源往雖遇
風日不能損也道成其性雖在於世不能移也 之長丁丈反注同 茲莘所巾反郭
云聚也李云多也本又作萃 恃其所不蹍女展反李云一足常不往故能行廣

遠也 解之音蟹下同又佳買反 令各力呈反下同 不撓乃孝反 樞
尺朱反 頡徐下結反 滑乎八反向云頡滑謂錯亂也 揚搉音角又苦學反三蒼
云搉敵也許云揚搉粗略法度王云搉略而揚顯之 或解佳買反注同 復於音服
又扶又反

則陽第二十五以人名篇

則陽司馬云名則陽字彭陽也一云姓彭名則陽周初人也 夷節楚臣 王
果司馬云楚賢人 譚音談本亦作談李云說也郭徒堪反徐徒暗反 公閱休
隱士也閱音悅 擉初角反又敕角反司馬云刺也郭音觸徐丁録反一音捉 樊音煩李云
傍也司馬云陰也廣雅云邊也 予宅司馬云以隱居山陰自顯也 有知音智注同
顛冥音眠司馬云顛冥猶迷惑也言其交結人主情馳富貴 暍音謁字林云傷暑也
之施始豉反下同 能撓乃孝反又呼毛反王云惟正德以至道服之使人以才辯
奪之故能泥撓之也 淡然徒暫反 而化卑居高而以卑爲本也本或作而化卑
於人也 不喪息浪反 而飲於鴆反 一閒音閑 綢直周反
繆亡侯反綢繆猶纏緜也又云深奧也 周盡一體所鑒綢繆精麤洞盡故言周盡
一體一體天也 復命搖作搖動也萬物動作生長各有天然則是復其命也 命
之也名命也 憂乎智音智 而所行恒無幾居豈

反時其有止也若之何王云憂乎智謂有爲者以形智不至爲憂也不知用智必喪喪而更以不知爲憂及其智之所行有弊無濟故其憂患相接無須臾停息故曰恒無幾時其有止也不能遺智去憂非可憂如何則不知其美於人生便有見物之美而爲無心人與作名言鏡耳故人美之若不相告即莫知其美於人好之呼報反注同暢然喜悅貌之緡民忍反徐音氏郭云合也司馬云盛也十九謂見十識九也見見聞聞見所見聞所聞臺縣音玄衆閒音閑注同元嘉本作閑冉相息亮反注同郭云冉相氏古聖王嘗舍音捨注同皆殉辭俊反所行之備而不洫音溢郭許的反李虛域反濫也王云壞敗也無心皆行何往而不至故曰皆殉也所行行備而物我無傷故無壞敗也門尹登恒向云門尹官名登恒人名爲之于僞反下同傅之音付下同不與音預之名嬴音盈法得其兩見賢遍反注同得其隨成之道以司其名名實法立故得兩見猶人鑑之相得也寄治直吏反容成老子師也魏瑩郭本作瑩音瑩磨之瑩今本多作鎣乙耕反司馬云魏惠王也與田侯一本作田侯牟司馬云田侯齊威王也名牟桓公子案史記威王名因不名牟約徐於妙反又如字司馬云約誓在惠王二十六年背之音佩刺之七賜反犀首魏官名也司馬云若今虎牙將軍公孫衍爲此官元嘉本作齒首萬乘繩證反爲君

于僞反下請爲君同忌也出走忌長而走或言圍之也元嘉本忌作亡扶敕一反三蒼云擊也郭云秩又豬栗反折其之舌反季子魏臣又壞音怪華子亦魏臣也惠子惠施也而見賢遍反下同戴晉人梁國賢人惠施薦之於魏王蝸音瓜郭音戈李云蝸蟲有兩角俗謂之蝸牛三蒼云小牛螺也一云俗名黃犢數萬色主反逐北如字又音佩軍走曰北曰噫於其反言與音餘雖復扶又反惝音敞字林云惘也又吐蕩反莞音管本亦作管嗃許交反管聲玉篇呼洛反又呼教反廣雅云鳴也劍首司馬云謂劍環頭小孔也吷音血又呼悅反司馬云吷然如風過所譽音餘蟻丘魚綺反李云蟻丘山名之漿李云賣漿家司馬云謂逆旅舍以菰蔣草覆之也登極司馬云極屋棟也升之以觀也一云極平頭屋也稯稯音揔字亦作揔李云聚貌本又作稷一本作稷初力反聖人僕謂懷聖德而隱僕隸也司馬本僕作樸謂聖人坏樸也藏於畔王云脩田農之業是隱藏於壠畔銷音消司馬云小也損其本亦作損不胥胥絜也不絜世也本或作肯陸沈司馬云當顯而反隱如無水而沈也長梧封人長梧地名封人守封疆之人子牢司馬云即琴牢孔子弟子鹵音魯莽莫古反又如字滅裂猶短草也李云謂不熟也郭云鹵莽滅裂輕脫末略不盡其分也司馬云鹵莽猶麤粗也謂淺耕稀種也滅裂斷其草也芸音云除草也變

齊才細反司馬如字云變更也謂更變所法也齊同也 擾音憂司馬云鉏也廣雅云推也字林

云摩田器也 厭滄音孤本又作殰 離其力智反下同 以衆爲

如字王云凡事所可爲者也遯離滅亡皆猶衆爲衆爲所謂鹵莽也司馬本作爲偽 欲惡烏路

反注並同 之孽魚列反 萑音九葦類 葦于鬼反蘆也 蒹古恬反薕也

葭音加亦蘆也 並潰回內反 漏發李云謂精氣散泄上潰下漏不擇所

出也 漂本亦作瘭徐敷妙反又四招反一音必招反 疽七餘反瘭疽謂病瘡膿出也

疥音界 溲本或作瘦所求反 膏司馬云謂虛勞人尿上生肥白沫也皆爲利欲感動

失其正氣不如深耕熟擾之有實 不齊才細反又如字 栢矩有道之人 辜

辜罪也李云謂應死人也元嘉本作幸人 強之其良反字亦作彊 朝服直遙

反 幕音莫司馬云覆也 號天户刀反 大菑音哉 離之離著

也 所好呼報反 匿女力反 爲物而愚一本作遇 不識

反物性而強令識之 大爲難而罪不敢王云凡所施爲者皆用物之所

能則莫不易而敢矣而故大爲艱難令出不能物有不敢者則因罪之 所易以豉反

不勝音升注同 民知音智下同 遽其居反 詘起勿反廣雅云曲也郭音

黜 然與音餘又如字 然乎言未然 大史音太 大弢吐刀

反人名 伯常騫起虔反人名 狶本亦作俙同虛豈反又音希郭音郗李音熈

韋李云狶韋者太史官名 湛丁南反樂之久也李常淫反 樂音洛 不應

應對之應 諸侯之際司馬云盟會之事 同濫徐胡暫反或力暫反浴器

也 史鰌音秋司馬云史魚也 所搏音博 弊郭作幣帛也徐扶世反司馬音

蔽云引衣裳自蔽 而扶翼司馬云謂公及浴女相扶翼自隱也此殊郭義 故墓

一本作大墓 沙丘地名 掘之其月反又其勿反 數仞所主反 洗

西禮反 不馮音憑 其子靈公郭讀絕句司馬以其子字絕句云言

子孫不足可憑故使公得此槨爲冢也 奪而里而汝也里居槨也一本作奪而埋之

蒯起怪反 聵五怪反蒯聵衛莊公名 女槨音汝下昌慮反 之見賢遍

反 大公音太下同 丘里之言李云四井爲邑四邑爲丘五家爲鄰五鄰

爲里古者鄰里井邑土風不同猶今鄉曲各自有方俗而物不齊同 十姓百名一姓爲十

人十姓爲百名則有異有同故合散以定之 積卑如字又音婢 合水一本作合

流 合并而爲公合羣小之稱以爲至公之一也 天不賜賜與也

國治直吏反 淳淳如字王云流動流貌 反覆芳服反 所拂

扶弗反戾也又音弗又音弼 自殉殊面廣雅云面向也謂心各不同而自殉焉殊

向自殉是非天隔故有所正者亦有斯差 離也力智反 比于大澤本亦

作宅 百材皆度度居也雖別區異所大澤爲居雖木石萬端同以大山爲壇此可以

當丘里之言也而讀李云讀猶語也強字巨丈反惡起音烏欲
惡烏路反橋起居表反下同又音羔王云高勁言所起之勁疾也片合音判
如字隨序謂變化相隨有次序也序或作原一本作享橋運之相使
橋運謂相橋代頓至次序以相通理橋運以相制使也所復扶又反季眞接
子李云二賢人孰徧音遍徐音篇吠符廢反大知音智不
可徂一本作阻

外物第二十六以義名篇

外物王云夫忘懷於我者固無對於天下然後外物無所用心焉若乃有所執爲者諒亦無時
而妙矣而化爲碧呂氏春秋藏其血三年化爲碧玉孝巳李云殷高
宗之大子曾參李云曾參至孝爲父所憎嘗見絕糧而後穌大紘音駭又音該又
胡待反水中有火乃焚大槐司馬云水中有火謂電也焚謂霹火
此時燒大樹也兩陷司馬云兩謂心與膽也陷破也畏雷霆甚憂心膽破陷也憂樂
音樂螴郭音陳又楮允反徐敕盡反蜳郭音惇又桂允反徐剌轉反李餘准反司馬云螴蜳
讀曰冲融言怖畏之氣忡融兩溢不安定也若縣音玄慰暋武巾反李音昏又音
泯慰鬱也暋悶也沈屯張倫反司馬云沈深也屯難也僓音頹又呼壞反郭云順也
貸粟音特或一音他得反監河侯古銜反說苑作魏文侯將貸

他代反而呼火故反鮒音附廣雅云鰿也鰿音迹波臣司馬云謂波蕩之臣
激西古狄反早索所白反枯魚李云猶乾魚也任公子
如字下同李云任國名大鉤本亦作鈎巨緇司馬云大黑綸也犗郭古邁反
云犍牛也徐音界說文云騬也司馬云犧牛也騬音繩犍紀言反爲餌音二蹲音存
會古外反稽古兮反會稽山名今爲郡也期年本亦作朞同音基言必久其事
後乃能感也錎沒音陷字林猶陷字也鶩揚徐音務一本作鶩鬐徐求
夷反李音須憚丹末反赫火百反千里言千里皆懼若魚司馬
云大魚名若海神也或云若魚猶言此魚而腊音昔制河諸般反依字應作浙漢書
音義音逝河亦江也北人名水皆曰河浙江今在餘杭郡後漢以爲吳會分界司馬云浙江今在會稽錢
唐輇七全反又視專反又音權李云輇量人也本或作軨小也本又或作輕諷說
方鳳反揭其列其謁二反竿累劣彼反謂次足不得並足也本亦作纍司馬云力追
反云綸也趣本又作趨同七須反灌瀆司馬云漑灌之瀆守鯢五兮反
鮒音附又音蒲本亦作蒲李云鯢鮒皆小魚也臚力於反一音盧蘇林注漢書云上傳語告
下曰臚臚猶行也傳治戀反又丈專反向云從上語下曰臚傳一音張戀反遽也東
方作矣司馬云謂日出也襦而朱反青青之麥司馬云此
逸詩刺死人也陵陂彼宜反布施始豉反壓本亦作擪同乃恊反郭於

琰反又敕頰反字則云擘一指案也其顊本亦作嘁許幾反司馬云頤下毛也金椎
直追反控苦江反徐別彼列反老萊子楚人也出薪
出採薪也趨下音促李云下短也未僂李云未上謂頭前也又謂背膂也後
耳司馬云耳却後却近附近之近視若營四海夫勞形役智以
應世務失其自然者故堯有亢龍之喻舜有卷僂之談周公類之走狼仲尼比之逸狗豈不或信哉傴
律悲反舊魚鬼反又魚威反去起呂反注同而本又作女躬矜躬矜爲身矜修
善行容知音智容智謂飾智爲容好蹙然子六反業可得進
問可行仁義於世乎令老力成反而鶩本亦作敖同五報反下同下或
作鶩窶其矩反之行下孟反其易以豉反相結以隱
郭云隱括也李云隱病患也雖相引以名聲是相結以病患譽堯音餘而閉本一
文注並作門反无非傷也反逆於理動无非邪也似嗟
反動矜於是也聖人躊音疇躇直居反以興事以每成
功每者每有成功也躊躇者從容也從容與事雖有成功聖人不存猶致弊迹流毒百世況乎矜
善行而載之已哉不遠于萬反宋元君李云元公也案元公名佐平公之子
阿門司馬云阿屋曲簷也宰路李云淵名龜所居予爲如字又于僞反
使河所吏反漁者音魚余音預且子餘反姓余名且也覺古孝

反令力成反會朝直遥反下同剞口孤反鑽左端反又左亂反
遺筴初革反見夢賢遍反知能音智下及注同知有所
困一本作知有所不周至知音智下注皆同鵜徒兮反鶘鵜鶘水鳥也
名陶河去小起呂反下注同不矯居表反石師石者匠名也謂無人
爲師匠教之者也一本作所師又作碩師厠足音側又音測墊丁念反司馬崔云下
也本又作塹七念反掘也致黃泉致至也本亦作至得強其丈反之
行下孟反注同任與音餘覆墜直類反所好呼報反狶
虚豈反不波波高下貌不僻匹亦反顫舒延反哽庚猛反塞也
跈女展反郭云踐也廣雅云履也止也本或作蹍同不殺如字一音於斬反其
竇音豆胞普交反腹中胎有重直龍反閬音浪郭云空曠也勃
谿音奚勃爭也谿空也司馬云勃谿反戾也無虛空以容其私則反戾共鬬爭也六鑿存報
反相攘如羊反郭云逆也司馬云謂六情攘奪誸音賢郭音玄急也向本作弦云
堅正也柴柴積也郭云塞也銚七遥反削也能有所穿削也又他堯反鎒乃豆
反似鋤田具也到植時力反又音值立也本亦作置司馬云鋤拔反之更生者曰到植眥
子斯反徐子智反本亦作榍子淺反三蒼云榍猶揃也玉篇云滅也搣本亦作摵音滅又武齊字
林云批也批音千米反非佚音逸以駴戶楷反王云謂駭百姓之視聽也徐音戒

謂上不同下也 演門 似善反宋城門名 紀他 徒何反 而踆 音存字林云古蹲字徐七旬反又音尊 窾水 音款又音科司馬云水名 弔之 司馬云恐其自沈故弔之 踣 徐芳附反普豆反字林云僵也李云頓也郭薄拯反 荃 七全反崔音孫香草也可以餌魚或云積柴水中使魚依而食焉一云魚笱也 蹄 大兮反兔罥也又云兔弶也係其脚故曰蹄也罥音古縣反弶音巨亮反 得夫 音符

寓言第二十七 以義名篇

寓言十九 寓寄也以人不信己故託之他人十言而九見信也 重言 謂為人所重者之言也 卮言 字又作巵音支字略云巵圓酒器也李起宜反王云夫巵器滿即傾空則仰隨物而變非執一守故者也施之於言而隨人從變已無常主者也司馬云謂支離無首尾言也 天倪 音崔徐音詣 藉 郭云藉借也李云因也 譽之 音餘注同 耆艾 五蓋反 曼衍 以戰反 復不 扶又反下同 惡乎 音烏下同 皆 種 章勇反 才知 音智 而好 呼報反注同 惡 烏路反注同 藴 音悟又五各反逆也 三釜 小爾雅云六斗四升曰釜 心樂 音洛下注同 不 泊 其器反 參 所金反 无所縣 音玄下同 其罪乎 縣係也心再化於祿所存者親也雖係祿而係於罪也 以為 于僞反 以養 羊尚反下同 如鸛 本亦作觀同古亂反 蚊 音文 虻 孟庚反司馬云觀雀飛疾與蚊相過忽然不覺也王云鸛蚊取大小相縣以喻三釜三千鍾之多少元嘉本作如鸛蚊蝱字 子綦 音其 所 復 扶又反 天籟 力帶反 則喪 息浪反 惡乎 音烏下同 天 有歷 一本作天有歷數 景 音影又如字本或作影 也括 古活反司馬云謂括髮也 被髮 皮寄反 搜搜 本又作叟同素口反又素刀反又音蕭向云動貌 蜩甲 音條司馬云蜩甲蟬蛻皮也 蛇蛻 音悅又吐臥反又始銳反 吾屯 徒門反聚也 陽子居 姓陽名戎字子居 之沛 音貝 邀 古堯反要也遇也玉篇云求也抄也遮也 盥 音管小爾雅云澡也洒也 漱 所又反 巾櫛 莊乙反 不閒 音閑下同一音如字 睢睢 郭呼維反徐許圭反 盱盱 香于反又許吳反又音虛廣雅云睢睢盱盱元氣也而汝也言汝與元氣合德去其矜驕誰復能同此心解異郭義 跋 步末反 畏難 乃旦反 踈遠 于萬反 蹵 子六反 家公 李云主人公也一讀舍者迎將其家為句 煬 羊尚反又音羊向反炊也 去其 起呂反

讓王第二十八 以事名篇

子州支父 音甫李云支父字也即支伯也 幽憂之病 王云謂其病深固也 善卷 卷勉反居阮反又音眷李云姓善名卷 衣皮 於既反下同 其處 昌慮反 石戶 本亦作后 之農 李云石戶地名農農人也 捲捲 音權郭音眷用力貌 葆力 音保字亦作保 以入於海 司馬云凡言入者皆

居其洲島之上與其曲隈中也大王音太下同亶丁但反父音甫下同邠筆貧反徐甫巾反不以所用養害所養地所以養人也今爭以殺人是以地害人也人爲地養故不以地故害人也因杖直亮反筴初革反相連力展反司馬云連讀曰輦岐山其宜反或祁支反不以養傷身不以利累形王云富貴有養而不以昧養傷身貧賤無利而不以求利累形也弑其音試王子搜素羔反又悉遘反又邀遘反李云王子名淮南子作翳丹穴爾雅云南戴日爲丹穴以艾五蓋反王輿一本作王輿援音爰而呼火故反本或作歎以舍音捨非惡烏路反下及下章眞惡同

子華子司馬云魏人也昭僖侯司馬云韓侯攫俱碧反俱縛二反又史虢反李云取也廢李云棄也司馬云病也一云攫者援書銘廢者斬右手其輕於韓又遠絶句魯君一本作魯侯李云哀公也首音麤徐七餘反李云有子麻也本或作麤非也飯牛符晚反之使所吏反下及下章同家與音餘而遺唯季反下皆同復來音服或音扶又反下章皆同緒餘並如字徐上音奢下以嗟反司馬李云緒者殘也謂殘餘也土敕雅反又片賈行賈二反又音如字苴側雅反又知雅反司馬云土苴如糞草也李云土苴糟魄也皆不眞物也一云土苴無心之貌必察其所以之王云聖人眞以持身餘以爲國故其動作必察

之爲所以之者謂德所加之方也所爲者謂所以待物也動作於此不必察也所要一遥反子陽鄭相不好呼報反即令力呈反拊心徐音撫得佚音逸樂音洛君過古卧反本亦作遇作難乃旦反下章同殺子陽子陽嚴酷罪者無赦舍人折弓畏子陽怒責因國人逐猘狗而殺子陽楚昭王名軫平王子屠羊說音悅或如字從者才用反強之其丈反見之賢遍反下同之知音智入郢以井反毀約如字徐於妙反而見如字亦賢遍反爲我于僞反三旌三公位也司馬本作三珪云謂諸侯之三卿皆執珪也妄施如字又始豉反茨徐疾私反李云蓋屋

也蓬戶織蓬爲戶桑以爲樞尺朱反司馬云屈桑條爲戶樞也甕牖音酉司馬云破甕爲牖二室司馬云夫妻各一室褐下葛反郭音葛字或作褐爲塞悉代反司馬云以褐衣塞牖也匡坐而弦司馬云匡正也案弦謂弦歌中紺古暗反李云爲中衣加素爲表華冠胡化反以華木皮爲冠縱履所倚反或所買反本或作縰并下曳縰同三蒼解詁作躧云躡也聲類或作屣韋昭蘇寄反通俗文云屣不著跟曰屣司馬本作踐李云縰履謂履無跟也王云體之能攝舉而曳之也履或作屨杖藜以藜爲杖也司馬本作扶杖也應門自對反門也嘻許其反逡巡七旬反希世而行司馬云希望也所行常顧世譽而動故曰希世而行比

周毗志反爲人于僞反下爲己同教以爲己學當爲己教當爲人
今反不然也仁義之慝吐得反惡也司馬云謂依託仁義爲姦惡緼袍
紆粉反司馬云謂麻緼爲絮論語云衣敝緼袍是也種本亦作腫章勇反噲古外反徐
古活反司馬云種噲剝錯也王云盈虛不常之貌胼薄田反胝竹尼反肘竹久
反見賢遍反飦之然反字或作饘廣雅云糜也一云紀言反家語云厚粥一音干謂干餅
粥之六反又音育自樂音洛愀七小反徐在九反又七了反子了反又資酉反李音
秋又遙反一本作欣行脩下孟反不怍在洛反爾雅云慙也又音昨公
子牟司馬云魏之公子封中山名牟瞻子賢人也淮南作詹魏闕淮南

莊釋下

作魏司馬本同云魏讀曰巍象巍觀闕人君門也言心存榮貴許慎云天子兩觀也重生李云
重存生之道者則名利輕輕則易絕矣此人身居江海心貪榮利故以此戒之自勝音升下同
不能自勝則從絕句一讀至神字絕句无惡如字又烏路反
乎絕句一讀連下不能自勝爲句重傷直用反下同萬乘繩證反不
火食無嘉本無火字不糝素感反甚憊皮拜反伐樹
於宋孔子之宋與弟子習禮大樹下宋司馬桓魋欲殺孔子伐其樹孔子遂行藉藉毀也又
云陵藉也一云鑿也或云係也喟去愧反又苦怪反語之魚據反臨難
乃旦反之隘音厄又於懈反削然如字李云反琴聲亦作俏音消扢許訖

反又巨乙反魚乙反李云奮舞貌司馬云喜貌執干干楯也亦樂音洛下同虞
於潁陽廣雅云虞安也安於潁陽一本作娛娛樂也共伯音恭下同得
乎共首司馬云共伯名和脩其行好賢人諸侯皆以爲賢周厲王之難天子曠絕諸侯皆請
以爲天子共伯不聽即于王位十四年大旱屋焚卜于太陽兆曰厲王爲祟召公乃立宣王共伯復歸于
宗逍遙得意共山之首共丘山今在河內共縣西魯連子云共伯後歸後于國得意共山之首紀年云共
伯和即于王位孟康注漢書古今人表以爲入爲三公本或作丘首畎古犬反畝司馬云壟
上曰畝壟中曰畎厚行下孟反下章同漫我武諫反徐武畔反下章同清
泠音零之淵山海經云在江南一云在南陽郡西崿山下瞀光音務又莫

豆反本或作務強力李云阻兵須力忍垢司馬云垢辱也李云弑君須忍垢也
數閭音朔椆水直留反本又作桐水徐音同又徒董反又音封本又作稠司馬本作
洞云洞水在潁川一云在范陽郡界知者音智其難乃旦反廬水音閭
司馬云作盧水在遼東西界一云在北平郡界淡然徒暫反无槩古代反
孤竹司馬云孤竹國在遼西令支縣界伯夷叔齊其君之二子也令音郎定反支音巨移反
血牲一本作殺牲司馬本作血之以牲嘻許其反一音於其反祈喜如字
徐許記反盡治直吏反揚行下孟反下吾行戾行同以說音悅
以要一遥反故被皮義反貪冒亡北反或亡報反下同稷

契息列反之噲音快篡初患反唐云或曰讓王之篇其章多重生而務光二三子自投于水何也荅曰莊書之興存乎反本反本之由先于去榮是以明讓王之一高標傲世之逸志旨在不降以厲俗無厚身以全生所以時有重生之辭者亦歸棄榮之意耳深於塵務之爲弊也其次者雖復被褐啜粥保身而已其全道尚高而超俗自逸寧投身於清冷終不屈於世累也此舊集音有聊復錄之於義無當也

盜跖第二十九以人名篇

孔子與柳下季爲友柳下惠姓展名獲字季禽一云字子禽居柳下而施德惠一云惠謚也一云柳下邑名案左傳云展禽是魯僖公時人至孔子生八十餘年若至子路之死百五六十歲不得爲友是寄言也盜跖之石反李奇注漢書云跖秦之大盜也從才用反卒尊忽反下同樞戶尺朱反徐苦溝反司馬云破人戶樞而取物也入保鄭注禮記曰小城曰保能詔如字教也竊爲于僞反下請爲爲我竊爲使爲皆同說之始銳反飄風婢遙反徐扶遙反易辱以豉反大山音太膾古外反餔布吳反徐甫吳反字林云日申時食也上時掌反此夫音符又如字冠古亂反枝木之冠如字司馬云冠多華飾如木之枝繁帶死牛之脅許劫反司馬云取牛皮爲大革帶繆說音謬孝弟音悌本亦作悌而儌古堯反復通扶又反下同

願望履幕下司馬本幕作綦一云言視不敢望跖面望履綦結而還也反走小却行也瞋赤眞反徐赤夷反廣雅云張也如乳如樹反少長詩召反下丁丈反皆說音悅下同知維音智勇悍戶旦反激丹古歷反司馬云明也齊貝一本作含貝音中丁仲反南使所吏反下三字同數百所主反下同罷兵如字徐扶彼反共祭音恭之行下孟反下同恂民一本作順民後亦爾吾譽音餘下同好面呼報反下同背音佩下同橡音象煬羊亮反蚩尤神農時諸侯始造兵者也神農之後第八帝曰榆罔世蚩尤氏強與榆罔爭王逐榆罔榆罔與黃帝合謀擊殺蚩尤漢書音義云蚩古之天子一曰庶人貪者涿鹿音卓本又作濁司馬云涿鹿地名故城今在上谷郡西南八十里武王殺音試下同摓衣本又作縫扶恭反徐扶公反又音馮淺帶縫帶使淺狹矯言紀表反說子路始銳反又如字去其起呂反危冠李云危高也子路好勇冠似雄雞形背負豭斗用表己勇也其卒子卹反身菹莊居反以爲于僞反下同堯不慈不授子也文王拘羑里紂之二十年囚文王而強其丈反可羞如字本又作惡烏路反負石自投於河申徒狄將投於河崔嘉止之曰吾聞聖人曰仁民父母若濡足故不救溺人可乎申徒狄曰不然昔桀殺龍逢紂殺比干而亡天下吳殺子胥

陳殺泄冶而滅其國非聖人不仁不用故也遂沈河而死 以食 音嗣 燔死 音煩燒也
尾生 一本作微生戰國策作尾生高高誘以爲魯人 磔 竹客反廣雅云張也 操 七曹
反 瓢 婢遥反 而乞者 李云言上四人不得其死猶豬狗乞兒流轉溝中者也乞
或作走 離名 力智反 念本 本或作卒 剖心 普口反 以說
如字又始銳反 上壽 音受又如字下同 瘦 色又反 能說 音悅 亟去
紀力反急也本或作極 无復 扶又反 狂狂 如字又九況反 汲汲 本亦
作伋音急又音及 詐巧 苦孝反又如字 上車 時掌反 三失 息暫反又
如字 芒然 莫剛反 有行 如字 自炙 夂又反 疾走料 音聊
扁頭 音鞭又蒲顯反徐扶顯反本或作編音同 須 一本作頭編虎須 幾不 音祈
可去 起呂反 滿苟得 人姓 盍 胡臘反 爲行 下孟反下
注同盍何不也勸何不爲德行 臧聚 司馬云謂臧獲盜濫竊聚之人 有怍 音昨 宰
相 息亮反下相而同 入嫂 先早反司馬云以嫂爲室家 爲臣 臣或作相
殺君 申志反 論則 力頓反 悖戰 布內反 亦拂 扶弗反
長幼 丁丈反 五紀 司馬云歲日月星辰歷數 六位 君臣父子夫婦 爲
別 彼列反下同 堯殺長子 崔云堯殺長子考監明 舜流母
弟 弟謂象曰流放也孟子云舜封象於有庳不得有爲於其國天子之吏治其國而納貢稅焉

故謂之放也 爲適 丁歷反 且子正爲名 假設之辭也爲音子僞反
下爲利同 不監 本亦作鑑同 吾日 人實反 无約 如字徐於妙反 抉
眼 烏穴反 鮑子立乾 司馬云鮑子名焦周末人汙時君不仕採蔬而食子貢見
之謂曰何爲不仕食祿荅曰無可仕者子貢曰汙其君不食其祿惡其政不踐其土今子惡其君處其土
食其蔬何志行之相違乎鮑焦遂棄其蔬而餓死韓詩外傳同又云槁洛水之上也 勝子自
理 一本理作俚本又作申子自理或云謂申徒狄抱甕之河也一本作申子不自理謂申生也
孔子不見母 李云未聞 匡子不見父 司馬云匡子名章齊
人諫其父爲父所逐終身不見父案此事見孟子 所傳 文專反 无足 一本作無
知 則下 遐嫁反下同 樂意 音洛下同 知不 音智下知謀同 故
推正不忘邪 忘或作妄言君臣但推尋正道不忘故不用富貴邪爲智力不足故
不用邪 過世之士焉 言人心易動但人與賢人俱生便自謂過於世人況親自
爲富貴者守 慘 七感反 怛 丹曷反 之恐 丘勇反 窮美 窮猶
盡也 究埶 音勢本亦作勢一音藝究竟也 俠人 音協 欲惡 烏路反 要
名 一遥反 長阨 音厄又烏賣反 筦 音管本亦作管 籥 音藥一本筦籥作燻
篪 口嗛 苦簟反 醪 力刀反 侅溺 徐音礙五代反又戶該反飲食至咽
爲侅一云徧也 於馮氣 馮音憤憤滿也下同言憤畜不通之氣也 而上 時掌反

取慰(慰亦作畏)不舍(音捨下同)戚醮(在遙反李云顦顇也又音子妙反)
疑刦(許業反又曲業反)内周樓疏(李云重樓內匝疏軒外通謂設備守具)
財單(音丹本或作斷音析)繚(音了又魯吊反理也)

說劍第三十(以事名篇)

趙文王(司馬云惠文王也名何武靈王子後莊子三百五十年洞紀云周赧王十七年趙惠文王之元年一云案長歷推惠文王與莊子相値恐彪之言誤)喜劍(許記反下同)夾門(郭李音協又古洽反)好之(呼報反下同)无厭(於鹽反又於豔反)悝(苦回反太子名)募(音慕又音務)說王(如字解也又音悅)與使(所吏反)以幣從(才用反一本作以幣從軍)上說(如字又始銳反下同)蓬(步公反本或作鎽同)頭(蓬頭謂著兜鉾也有毦故如蓬)突鬢(必刃反司馬本作賓云賓讀爲鬢)垂冠(將欲鬬故冠低傾也)曼胡(莫干反司馬云曼胡之纓謂麤纓無文理也)短後之衣(爲便於事也)瞋目(赤夷赤眞二反)語難(如字艱難也勇士憤氣積於心胷言不流利也又乃旦反旣怒而語爲人所畏難司馬云說相擊也)乃說(音悅下大說同)與見(賢遍反下劍見同又如字)王脫(一本作說同土活反)千里不留行(司馬云十步與一人相擊輙殺之故千里不留於行也)乃校(司馬云考校取其勝者也校本或作教)士敦(如字司馬云敦斷也試使用劍相擊斷截也一音丁回反)御杖(直亮反)所奉(司馬本作所奏)燕(音煙)谿(燕谿地名在燕國)石城(在塞反)鍔(五各反司馬云劍刃也一云劍稜也)鐔(音淫三蒼云徒感反劍口也徐徒南反又徒各反謂劍鐶也司馬云劍珥也)爲夾(古協反司馬云把也一本作鋏同一云鐔從稜向背鋏從稜向刃也)裹以(音果)行以秋冬(隨天道以行止也)芒然(莫剛反)肝肺(芳廢反)竊爲(于僞反)而上(時掌反下同)三環(如字又音患繞也聞義而愧繞饌三周不能坐食)服斃(婢世反司馬云忿不見禮皆自殺也)

漁父第三十一(以人名篇)

緇維(司馬云黑林名也本或作帷)杏壇(司馬云澤中高處也杏云壇名)有漁父者(音甫取魚父也一云是范蠡元嘉本作有漁者父則如)須眉(本亦作鬢眉)交白(如字李云俱也一本作皎)揄(音遙又音偷又褚由反謂垂手衣內而行也李音投投揮也又士由反)袂(面世反李音芮)以上(時掌反)距陸(李云距至也)飾禮(如字本又作飭音敕)下以化齊民(李云齊等也許慎云齊等之民也如淳云齊民猶平民元嘉本作化於齊民後句如無於字)君與(音餘下同)以危(危或作僞)其分(如字本又作介音界司馬云離也)杖(直亮反)挐(女居反司馬云橈也音饒)鄉而(香亮反或作嚮同)緖言(猶先言也)竊待

侍作作侍咳若代反唾吐卧反相丘息亮反曰嘻香其反
之好呼報反下同丘少詩召反下同而經子之所以
經經營也司馬云經理也正治直吏反下官事不治同不屬音燭長少
丁丈反後遇長同不勝音升行不下孟反工技其綺反貢
職職或作賦春秋後倫朝覲不及等比也不飭音敕不泰
本又作大音同徐敕佐反後同八疵祀知反之揔李云謂監也道言
音導稱譽音餘以敗補邁反惡人烏路反下同之慝他得
反善否悲美反惡也又方九反兩容頰適善惡皆容顏貌調適也頰
或作頰以挂音卦別也又音圭之叨吐刀反很胡墾反能去
起呂反愀然在九反又七小反難語魚據反下同本或作悟愈數
音朔不離力智反故強其丈反下同歡樂音洛下同祿祿
如字又音錄謂形見為禮也司馬云錄領錄也蚤音早字亦作早湛丁南反下同丘
得過也謂得過失也過或作遇而比如字謂親見比數也又毗志反乃
刺七亦反波定李云謂戰如波也案謂船行故水波去遠則波定旁車
步浪反萬乘繩證反下同倨音據傲五報反曲要一遙反
磬折之設反湛於湛或作其下人遐嫁反下及注同而閒

音閑蝡如兗反
列禦寇第三十二以人名篇或無列字
瞀人音茂又音務奚方李云方道也吾驚焉李云見人惑己
即違道故驚也惡乎音烏十餐子祥反本亦作漿司馬云餐讀曰漿十家並賣
漿也五餐先饋饋遺也謂十家中五家先見遺王云皆先饋進於己不解
音蟹司馬音懈形諜徒協反郭云便辟也說文云閒也成光司馬云形諜於衰成
光華也便辟婢亦反貴老謂重禦寇過於老人而整子兮反亂
也為食音嗣贏音盈萬乘繩證反而效如字本又作校古孝
反保女司馬云保附也无幾居豈反敦杖音頓司馬云豎也蹙
之子六反賓者本亦作儐同必刃反謂通客之人跣而先典反暨
乎其器反發藥如字司馬本作廢云置也而焉於虔反揺而
本才一本才作性又无謂也動揺本才以致求者又非道德之謂也
小言言不入道故曰小言人毒以其多患故曰人毒莫覺莫悟
何相孰也彼不敢告汝汝又不自覺何期相孰哉王云小言為毒曾无告語也孰誰
也謂誰相親愛者既无告語此不相親愛之至也而知音智食而一本作飽食而
敖遊本又作遨五刀反下同汎若芳劒反緩也司馬云緩名也呻

音申謂吟詠學問之聲也崔云呻誦也本或作呻吟來氏地名崔云來儒服也之地
崔本作之地蛇云地蛇者山田茶種也祇音支郭李云適也言適三年而成也司馬云巨移反
謂神祇祐之也河潤九里河從乾位來乾陽數九也使其弟墨謂使
緩弟翟成墨也闔胡嘗視其良闔語助也胡何也良者良人庠緩也言何
不試視緩墓上已化爲秋栢之實良或作埌音浪冢也而見賢遍反令墨力呈
反相捽才骨反言穿井之人爲已有造泉之功而捽飲者不知泉之天然也喻緩不知翟天
然之墨而忿之捽一音子晦反不知音智注同學父本或作父仍自而證
反本又作認同道易以豉反知雖音智應其如字當也朱泙
李音平郭敷音反徐敷耕反漫末旦反又末干反司馬云朱泙漫支離益皆人姓名屠音徒
單音丹盡也千金之家如字本亦作賈又作價皆音嫁三絕句崔云用千
金者三也一本作三年則上句至家絕技成其綺反愼於兵愼或作順
恬徒謙反惔徒暫反本亦作淡之知音智注及下爲知同不離力智
反苞苴子餘反司馬云苞苴有苞裹也竿音干牘音獨司馬云謂竹簡爲書以相
問遺脩意氣也以遺唯季反下同敝精神郭婢世反一音必世反道
物音導注同甘冥如字本亦作瞑又音眠發泄息列反徐以世反泊
然步各反悲哉乎一本作悲哉悲哉爲于僞反宋王司馬

云偃王也使秦所吏反數所主反乘繩證反下同王說音悅
阨於懈反窘其隕反又巨韻反撟苦老反又祛矯反本亦作橋居表反項
李云撟項羸瘦貌司馬云項撟立也黃馘古獲反徐況璧反爾雅云獲也司馬云謂面黃
熟也秦王司馬云惠王也痤徂禾反䑛字又作舐食紙反痔治紀反
愈下本亦作愈同瘳敕由反圾魚及反又五臘反危也令飾力呈
下同以視音示下同能復扶又反女與音餘又如字下顯與同之
見賢遍反離實力智反施於始豉反下注同而識如字又申
志反商賈音古鉻音據戉音越捶之蘂反桎之實反梏
古毒反宵人王云非明正之徒謂之宵夜之人也訙之本又作訊音信問也
愿音願廣雅云謹慤也有長丁丈反若不肖外如長者內不似也
有順王作愼憬音環又許沿反徐音絹三蒼云急腹也王云研辨也外愼研辨常務
質訥縵武半反又武諫反李云內實堅外如縵也釬胡旦反又音干急也一云情貌相反
卒然寸忽反其知音智其側側不正也一云謂醉者喜傾側冠也王云
側謂凡爲不正也側或作則易觀以豉反搜之所求反正考父
音甫宋湣公之玄孫弗父何之曾孫而傴紆矩反而僂力矩反三命
公士一命大夫再命卿三命而夫郭云凡夫也呂鉅矯貌孰協唐

許 協同也唐唐堯許許由皆皆崇讓者也言考父與而夫誰同於唐許也 睫 音接 採射
食亦反 自好 呼報反注同 呰 四爾反又芳爾反郭云呰也 呰也 子爾
反 皆思奉之矣 本或作皆畢事也 美鼻 人鹽反 未曾
才能反 偃佒 於丈反本亦作央同偃佒守分歸一也 杖物 直亮反 知
慧 音智 乃厚其身耳 元嘉本後作厚一本作乃後恬無怨也 傀
郭徐呼懷反字林公回反云偉也 恬解 音蟹 於知 音智 者肖 音消郭云
釋散也 十乘 繩證反下同 驕穉 直吏反又池夷反李云自驕而穉莊子也
緯蕭 如字緯織也蕭荻蒿也織蕭以爲畚而賣之本不作葦音同 鍛之 丁亂
反謂搥破之 九重 直龍反 驪龍 力馳反驪龍黑龍也 頷下 户感反
韲 子兮反 粉夫 音符 若挾 户牒反 僉曰 七潛反 其
使 所吏反 衣以 於既反 食以 音嗣 芻叔 初俱反芻草也叔大
豆也 太廟 音太 髑 音獨 髏 音樓 矉 毗人反 顣 子六反 珠
璣 音祈又音機一音其既反 齎 音資本或作濟子詣反 鳶 以全反 螻
音樓 蟻 魚綺反

天下第三十三 以義名篇

惡乎 音烏 不離 力智反下注不離離性下章離於同 兆於 本或作逃 爲

行 下孟反章内同 薰然 許云反温和貌崔云以慈仁爲馨聞也 之粗 七奴
反卷内皆同 以參 本又作操同七曹反宜也 以稽 音雞考也 蕃息 音煩
畜 敕六反又許六反 藏 如字又才浪反 醇 順倫反 四辟 婢亦反本又作闢
鄒 莊由反孔子父所封邑 道志 音導下道皆同 以名分 扶問反 尚
復 扶又反下章不復同 未易 以豉反 得一 徧得一術 自好 呼報反注
及下同 好惡 烏路反 淡 本又作澹徒暫反 漠 音莫 衆技 其綺反
不徧 音遍 稱神 尺證反下章同 哀矣 如字本或作喪息浪反 不
侈 尺紙反又尺氏反 不暉 如字崔本作渾 則瘁 在醉反 自矯 居表
反 墨翟 宋大夫尚儉素 禽滑 音骨又户八反 釐 力之反又音熙禽滑釐墨
翟弟子也不順五帝三王之樂嫌其奢 而說 音悦下注同後聞風而說皆同 大過
音太舊敕佐反後大過大多大少放此 大順 順或作循 度衆 徒各反 非
樂節用 墨子二篇名 汜 芳劔反 愛兼利 化同已儉爲汜愛兼利
令百 力呈反下同 有夏 户雅反 有濩 音護 有辟 音壁
作武 武樂名 七重 直龍反下同 未敗 敗或作毀 墨子 是一
家之正故不可以爲敗也崔云未壞其道 非歌 生應歌而墨以歌爲非也 樂而 音洛
下及注同 觳 郭苦角反徐户角反郭李皆云無潤也 其行 下孟反下注以成其行同

能任音壬湮洪水音因又音煙塞也没也掘地而注之海使水由地下也引禹之
儉同己之道支川本或作支流自操七曹反槀舊古考反崔郭音託
字則應作槖崔云囊也司馬云盛土器也耜音似釋名耜似也似齒斷物三蒼云耒頭鐵也崔云
梩也司馬云盛水器也而九音鳩本亦作鳩聚也雜本或作籴音同崔云所治非一
故曰雜也腓音肥又符畏反无胈步葛反又甫物反又符蓋反脛刑定反
甚雨如字崔本甚作湛音淫櫛側筆反裘褐户葛反跂其逆反
蹻紀略反李云麻曰屩木曰屐屐與跂同屩與蹻同一云鞋類也一音居玉反以藉鞋下也相
息亮反里勤司馬云墨師也姓相里名勤苦獲已齒李云二人姓字
也而倍郭音佩又蒱罪反譎古穴反崔云決也相訾音紫以觭
紀宜反又音寄不仵音誤徐音五仵同也巨子向崔本作鉅向云墨家號其道理成
者爲鉅子若儒家之碩儒治之直吏反之好呼報反注同爲其于僞
反枯槁苦老反不舍也音捨下章同忮之豉反逆也司馬崔云害
也字書云很也又音支韋昭音洎白心崔云明白其心也白或作任宋銒音形
徐胡冷反郭音堅尹文崔云齊宣王時人著書一篇華山之冠華山
上下均平作冠象之表己心均平也以別彼列反又如字宥爲始始首也崔
云以別善惡宥不及也聏崔本作聏音而郭音餌司馬云色厚貌崔郭王云和也聏和萬物物

合則歡矣一云調也合驩以道化物和而調之合意則歡強以其丈反下皆同令
合力呈下同上說音悅又如字下教上謂國主也悅上之教下也一云說猶教
也上教教下也聒古活反謂強聒其耳而語之也見厭於豔反徐於贍反爲人
于僞反下自爲同圖傲五報反苛察音河一本作苛其行下孟反又
如字不當丁浪反崔本作黨云至公無黨也易而以豉反於知
音智下棄知同田駢薄田反齊人也遊稷下著書十五篇慎子云名廣不徧音遍
不至一本作不王无遺如字本又作貴去己起呂反章内注同冷
音零汰音泰徐徒蓋反郭云冷汰猶聽放也一云冷汰猶沙汰也謂沙汰使之冷然也皆冷汰之歸於
一以此爲道理也或音裔又音替謑胡啓反又音奚又苦迷反說文云恥也五米反髁户寡反郭
其禍反謑髁訛倪不正貌王云謂謹刻也无任無所施任也王云雖謹刻於法而猶能不自任
以事事不與衆共之則無爲尚賢所以笑也横復扶又反无行下孟反下人之
行同椎直追反拍普百反輐五管反又胡亂反又五亂反徐胡管反圓也
斷丁管反又丁亂反方也王云椎拍輐斷皆刑截者所用不師知音智魏
然魚威反李五回反若飄婢遥反一音必遥反爾雅云回風爲飄之還
音旋一音環若磨末佐反又如字石之隧音遂回也徐絕句一讀至全字絕句
全而无非磨石所剴礱細全在人其德全無見非責時言其無心也不離

力智反夫塊苦對反或苦猥反欲令力呈反窢其亦作罭又作閾況
逼反又火麥反向郭云逆風聲惡可音烏不見觀一本作不聚觀於鯇
五管反又五亂反斷丁管反郭云鯇斷無圭角也一本無斷字韙于鬼反是也槩
乎古愛反澹然徒暫反關尹關令尹喜也或云尹喜字公度老
聃他甘反即老子也爲喜著書十九篇以濡如兖反一音儒謙下遐嫁反
若響許丈反芴音忽谿苦兮反之垢音苟冲泊步各反
巋去軌反又去類反本或作魏不費芳味反蜘音知蛛音誅工
倕音垂大初音泰去甚起呂反迕逆五故反无軟如兖
反本或作濡音同挫作卧反芴元嘉本作寂漠音莫宛與音餘下同
芒乎莫剛反下同謬悠謂若忘於情實者也荒唐謂廣大無域畔者也
而儻丁蕩反徐敕蕩反觭音羇徐起宜反莊語並如字郭云莊莊周也一云莊
端正也一本作壯側亮反大也以巵音支不敖五報反倪音詣不
譴遣戰反瓌古回反瑋瓌瑋奇特也連犿本亦作抃同芳袁反
又音權又敕晚反李云皆宛轉貌一云相從之貌謂與物相從不違故無傷也參初林反注同
差初宜反注同諔尺叔反而辟婢亦反深閎音宏稠適
稠者調本亦作調不蜕音悦徐始銳反又敕外反汪注烏黃反惠施

惠施子名五車尺蛇反又音居舛川兖反徐尺允反駁邦角反不中
丁仲反厤古歷字本亦作歷物之意分別歷說之至大无
外謂之大一至小无內謂之小一司馬云無外不
可一無內不可分故謂之一也天下所謂大小皆非形所謂一二非至名也至形無形至名無名无
厚不可積也其大千里司馬云物言形爲有形之外爲無無形與
有相爲表裏故刑物之厚盡於無厚無厚與有同一體也其有厚大者其無厚亦大高因廣立有因無積
則其可積因不可積者苟其可積何但千里乎天與地卑如字又音婢山與
澤平李云以地比天則地卑於天若宇宙之高則天地皆卑天地皆卑則山與澤平矣日
方中方睨音詣物方生方死李云睨側視也謂日方中而景已復
昃謂景方昃而光已復沒謂光方沒而明已復升凡中側之與升沒若轉樞循環自相與爲前後始
終無別則存亡死生與之何殊也大同而與小同異此之謂
小同異萬物畢同畢異此之謂大同異
同體異分故曰小同異死生禍福寒暑晝夜動靜變化衆辨莫同異之至也衆異同於一物同之至也則
萬物之同異一矣若堅白無不合無不離也若火含陰水含陽火中之陰異於水水中之陽異於火然則
水異於水火異於火至異異所同至同同所異故曰大同異南方無窮而有
窮司馬云四方無窮也李云四方無窮故無四方上下皆不能處其窮會有窮耳一云知四方之

無窮是以無無窮無窮也形不盡形色不盡色形與色相盡也知不窮知物不窮物知與物相盡也獨言南方舉一隅也

今日適越而昔來　智之適物物之適智形有所止智有所行智有所守形有所從故形智往來相爲逆旅也鑒以鑒影而鑒亦有影兩鑒相鑒則重影無窮萬物入於一智而智無閒萬物入於一物而物無朕天在心中則身在天外心在天內則天在心外也遠而思親者往也病而思親者來也智在物爲物物在智爲智司馬云彼日猶此日則見此猶見彼也彼猶此見則吳與越人交相見矣

連環可解也　司馬云夫物盡於形形盡之外則非物也連環所貫貫於無環非貫於環也若兩環不相貫則雖連環故可解也

我知天之中央燕之北越之南是也　司馬云燕之去越有數而南北之遠無窮由無窮觀有數則燕越之閒未始有分也天下無方故所在爲中循環無端故所行爲始也

汜芳劒反愛萬物天地一體也　李云日月可觀而目不可見愛出於身而所愛在物天地爲首足萬物爲五藏故肝膽之別合於一人一人之別合於一體也

爲大觀古亂反於天下　所謂自以爲最也

曉辯　字林云辯慧也

樂之音洛

卵有毛　司馬云胎卵之生必有毛羽雞伏鵠卵卵不爲雞則生類於鵠也毛氣成毛羽氣成羽雖胎卵未生而毛羽之性已著矣故鳶肩蜂目寄感之分也龍顏虎喙威靈之氣也神以引明氣以成質質之所尅如戶牖明暗之懸以晝夜性相近習相遠則性之明遠有習於生

雞三足　司馬云雞兩足所以行而非動也故行由足發動由神御今雞雖兩足須神而行故曰三足也

郢有天下　郢楚都也在江陵北七十里李云九州之內於宇宙之中未萬中之一分也故舉天下者以喻盡而名大夫非大若各指其所有而言其未足雖郢方千里亦可有天下也

犬可以爲羊　司馬云名以名物而非物也犬羊之名非犬羊也非羊可以名爲羊則犬可以名羊鄭人謂玉未理者曰璞周人謂鼠腊者亦曰璞故形在於物名在於人

馬有卵　李云形之所託名之可寄皆假耳非眞也故犬羊無定名胎卵無定形故鳥可以有胎馬可以有卵也一云小異者大同犬羊之與胎卵無分於鳥馬也

丁子有尾　李云夫萬物無定形形無定稱在上爲首在下爲尾世人謂右行曲波爲尾今丁子二字雖左行曲波亦是尾也

火不熱　司馬云木生於水火生於木木以水潤火以木光金寒於水而熱於火而寒熱相兼無窮水火之性有盡謂火熱水寒是偏舉也偏舉則水熱火寒可也一云猶金木加於人有楚痛楚痛發於人而金木非楚痛也如處水之鳥火生之蟲則火不熱也

山出口　司馬云形聲氣色合而成物律呂以聲兼形玄黃以色兼質呼於一山一山皆應一山之聲入於耳形與聲並行是山猶耳口也

輪不蹍本又作跈女展反地也　司馬云地平輪圓則輪之所行者跡也

目不見　司馬云水中視魚必先見水光中視物必先見光魚之濡鱗非曝鱗異於曝鱗則視濡也光之曜形異於不曜則視見於曜形非見形也目不夜見非暗晝見非明有假也所以見者明也目不假光而後明無以見光故目之於物未嘗有見也

指不至至不絕　司馬云夫指之取物不能自至要假物故至也然假物由指不絕也一云指之取火以鉗刺鼠以錐故假於物指是不至也

龜長於蛇

司馬云蛇形雖長而命不久龜形雖短而命甚長矩不方規不可以爲圓司馬云矩雖爲方而非方規雖爲圓而非圓譬繩爲直而非直也鑿曹報反不圍枘如銳反司馬云鑿枘異質合爲一形鑿積於枘則鑿枘異圍鑿枘異圍是不相圍也飛鳥之景音影未嘗動也司馬云鳥之蔽光猶魚之蔽水魚動蔽水而水不動鳥動影生影生光亡亡非往生非來墨子曰影不徙也鏃子木反郭音族徐朱角反三蒼云矢鏑也矢之疾而有不行不止之時司馬云形分止勢分行形分明者行遲勢分明者行疾目明無形分無所止則其疾無間矢疾而有間者中有止也質薄而可離中有無及者也狗非犬司馬云狗犬同實異名名實合則彼所謂狗此所謂犬也名實離則彼所謂狗異於犬也黃馬驪力知反又音梨牛三司馬云牛馬以二爲三曰牛曰馬曰牛馬形之三也曰黃曰驪曰黃驪色之三也曰黃馬曰驪牛曰黃馬驪牛形與色爲三也故曰一與言爲二二與一爲三也白狗黑司馬云狗之目眇謂之眇狗狗之目大不曰大狗此乃一是一非然則白狗黑目亦可爲黑狗孤駒未嘗有母李云駒生有母言孤則無母孤稱立則母名去也嘗爲駒之母故孤駒未嘗有母也本亦無此句一尺一本無一字之捶章蘂反日取其半萬世不竭司馬云捶杖也若其可折則常有兩若其不可折其一常存故曰萬世不竭桓團李云人姓名徐徒丸反之囿音又其柢丁計反天地其壯乎司馬云惠施唯以天地爲壯於已也施存雄而无術司馬云意在勝人而無道理之術倚人本或作畸同紀宜反李云異也黃繚音了李而小反云賢人也不墜直類反霆音廷又音挺徧爲音遍下于僞反隩烏報反李云深也謂其道深一蚉音文一蝱孟庚反愈貴羊主反李云自謂所慕愈貴近於道也駘李音殆蕩駘者放也放蕩不得也悲夫音符論者力困反較音角評音病不中丁仲反或倦本亦作勌同其思息嗣反不邪似嗟反好事呼報反子玄之注論其大體眞可謂得莊生之旨矣郭生前歎濠梁之塗說余亦晚覩貴遊之妄談斯所謂異代同風何可復言也或曰莊惠標濠梁之契發郢匠之模而云其書五車其言不中何也豈契若郢匠寢同寢斤而相非之言如此之甚者也答曰夫不失欲極有教之肆神明其言者豈得不善其辭而盡其喻乎莊生振徽音於七篇列斯文於世重言盡陟玄之路從事展有辭之叙雖談無貴辯而教無虛唱然其文易覽其趣難窺造懷而未達者有過理之嫌祛斯之弊故大舉惠子之云辯也

經典釋文卷第二十七

淶園吏書瓌偉詼詭河南氏目為知本獨訓注增衍虛譚余少時嘗得元英師疏其解釋明白不穿鑿不艱深讀之易曉長落宦海書失之久楚游復得於士友開卷瞭然如見故人亟鋟諸梓以廣其傳云彊圉大囦獻中和節壽春魏峴

定本韓非子纂聞

提要

《定本韓非子纂聞》二十卷，日本松皋圓撰，日本崇文院刊本。白口。左右雙邊。單魚尾，每半葉十行二十一字。前有《定本韓非子纂聞題言》。是書初為四卷，仿《經典釋文》，列舉正文，而以小字增讀。後以不便誦讀。又復具載本文，散入諸說於其下，旁有日文句讀，以便於童蒙。本書選擇善本，兼引宋明諸家之說。

定本韓非子纂聞題言

一寬政丁巳之秋。予得謝病。屏居于青山之下。閒曠少事。專心斯業。顧諸子中。唯韓非書。尤切世情。能明是非。其文古峭簡深。固不易讀也。而句字之間。多參錯疑滯矣。舊注猥陋。姑且勿論。若明刻諸本。載何氏傍注。亦淺俗不足取也。至我先儒物山諸子。頗發其幽旨微文。而未悉矣。予爲發憤考校數本。因資諸家纂輯異聞。採摭典故。預是有益。隨見旁羅。及辛酉冬。始得畢業。題增讀。增物氏之讀也。凡四卷。初嫌簡帙重大。倣經典釋文例。表舉正文一二字。而小書增讀。不便誦讀。甚苦參索。既梓行世。不可悔也。後復編一書。具載本文。散入諸說于其下。傍施國讀。以便童蒙。更名定本韓非子。恨家世貧。不能謀再舉。以頒同好也。文化戊辰之夏。卜居于白渠之上。因得初訪福山藩太田全齋。同好相投。一面如故。會其韓子翊毳活版成。見惠一部。予乃報以定本。既無副本以備遺忘。因爲是舉。加以翊說。名曰定本韓非子纂聞。凡二十卷。殊以記所聞而已。如其序目凡例總評附錄。別爲一卷。

一注家之要。在見善本。不見善本。則從文強說。承誤附會。時本蓋翻合刻本。所謂趙宗伯宗宋本者。趙如源王道焜同校本。蓋物氏所見。而宇氏具舉異同者。凌瀛初訂注本。關君長手校。趙世楷重訂本。井仲龍家藏。及予有增讀之舉也。並見借與。其於奬成勸誘也。可謂厚矣。如太田氏所見韓非子神駒。雜黃舊注。略加傍注。吳勉學本則獨載正文耳。要之除時本外。諸家之刻。率蹈一轍。無甚異同。故今曰某一作某。不必具列諸刻之名。但擇其善者而從之。所以名定本也。其紕繆不足言者。置之標閒矣。時本無批評。今因重訂本具載。以供操觚者之覽焉。

一所引經傳百家之語。削其游辭。獨取要實。若舊注宋刻載者稱舊注。明本載者稱傍注。以別之。皆采其簡至切當者。餘悉削去。我先儒說亦沿此例。字我先儒。非敢妄也。注家自有法耳。江都物茂卿讀韓非子三卷。服子遷云。中歲作未成者。必須訣刪定而後視人者也。今觀其書。雖疎謬不少。然發明亦多。在物氏則未成者。在它人則未易成者。上毛山仲質考本無成書。披覽之次。輒爲標箋。證引諸書。闡幽探賾。其所益幾與讀敵抗。多有二氏之說者以此也。南總宇子廸讀韓非子補四卷。具舉物本異同耳。於文鮮所解說。

於讀無少添削。佐倉井子章韓子正誤一卷。說既不多。故少可據。非敢私意進退先輩也。見本書者當自辨焉。至若翦毳。亦刈其繁蕪。務取精要者。各有所見不同。非特爲異也。

一太田氏謂。初見秦存韓二篇。非韓子之筆也。故別爲附錄。予不取焉。臆斷于千載之下。妄意割裂。變亂篇章。恐非信古闕疑之道。若使試論全書之文。則如孤憤五蠹說林說難內儲外儲解老喩老八姦六反十過顯學說疑難篇。皆峭深無微瑕者。主道揚權八經等三篇。最奇古簡奧。味之愈有味者。已上諸篇。謂之

內篇可也。如有度篇。多與管子文同。飭令篇與商子。微有煩省耳。何古人之相蹈襲如此。其他難言亡徵飭邪詭使和氏姦劫觀行大體心度制分諸篇。比諸上諸篇。似文詞頗淺近易見者。謂之外篇可也。初見秦存韓愛臣三守南面安危守道用人功名難勢問辯問田定法忠孝人主諸篇。間多過激之論。昔賢之指斥韓子者。多坐于是。而備內忠孝二篇。尤其甚者。謂之雜篇可也。案二世李斯竝稱引是書。其競尙可想已。毋乃或好事者投時好。而擬託攙入者乎。然此皆在觀者之宜潛心精覽也。非注家之所臆裁私論

也。是乃開卷第一義。取舍相異者也。餘不具論。若夫旁搜羣籍。廣閱類書。發先輩之所未發者極衆。可謂刻苦勤精熟者。予避三舍焉。

一案史記。趙簡子疾。五日不知人。索隱曰。案韓子曰十日不知人。所記異也。楊愼希姓錄曰。渫子古賢人。見韓非子。本草狗部。李時珍曰。韓非云。蠅營狗苟。此類今本無載也。楊倞荀子注李善文選注等。引是書文。與今本大異者。多有之。嗚呼刓闕。行善本亡。可勝歎哉。聖主得賢臣頌注引韓非子曰。負長劍。赴榛薄。刺虎豹。赴深淵。斷蛟龍。亡命注引韓非子曰。解其長劍。免其危冠。今本無見。疑胡非子訛也。

一明世諸儒。嗜是書者。特驗乎文麗。以供作文之資耳。

非有所見以發其義。抑亦末也。愚謂是書寔先秦之古書也。故多古事古言。前賢通儒。莫不援采以驗經傳。朱子易本義亦引此文。豈擯斥之而不讀乎。凡古文缺是書。而義明者亦多矣。今擧一二。詩曰以按徂旅。孟子引詩文作徂莒。案韓子曰。昔者文王侵孟克莒擧酆。可見孟子作莒者近之。又孟子載曾子語。自反而縮。雖千萬人吾往矣。韓子作行直則怒於諸侯。乃知朱注訓縮爲直者得之。至他莊列諸子史策諸書。疑文滯義。得韓子而始發明者。竝見纂聞中。此不悉言。此予之所取于此也。觀者察諸。

文化六年歲次己巳夏六月　江都　松皐圓識

韓子序

奎章閣侍書學士臣犴謹昧死言。（高祖紀注張晏曰秦以爲人臣上書當昧犯死罪而言故曰昧死）臣犴所校讎中秘書。（校一作挍）有韓子五十三篇。考之班固藝文志。韓子五十五篇。今已亡其二篇。又史記本傳小司馬索隱注。（一作註）有說林上下篇。今止存上篇。亡其下篇。又第十卷內儲說下八微內。亡去似類一章有反一章參疑一章。其廢置章亦有殘缺不全。與處士臣謙家藏本無異。（臣謙未考）今因之不敢妄爲增定。舊有李瓚注。（李瓚無考）鄙陋無取。臣犴盡爲削去。謹與臣謙考讎。略加傍注。既成。倣前漢劉向。以殺青。書可繕寫。（劉向列子序校讎從中書已定皆以殺青書可繕寫韓文殺青謂汗簡刮去青皮也）案韓子名非。七國時韓之諸公子也。以書諫韓王安。不用。退而發憤。觀往者得失之變。著書十餘萬言。秦王見其書曰。嗟乎寡人得見此人與之游。死不恨矣。韓王乃遣非入秦。秦王悅之。爲李斯姚賈所害。其書言法術之事。賤虛名。貴實用。破浮淫。督耕戰。明賞罰。營富彊。臣犴竊謂人主智略不足。而徒以仁厚自守。終歸於削弱耳。故孔明手寫中韓書。以進後主。孟孝裕亦往往以爲言。（此事又見楊愼孔明寫中韓書論山仲質曰蜀志孟孝裕名元）蓋欲其以權略濟仁恕耳。今天下所急者法度之廢。所少者韓子之臣。伏惟萬幾之暇。取其書少留意焉。則聰明益而治功起。天下幸甚。

臣犴不勝惓惓。昧死上。至元三年秋七月庚午奎章閣侍書學士臣犴謹昧死頓首進上。

合刻管子韓非子序（見王弇州續稿。時本載之頗有脫誤。今爲校正。）

汝師之爲諸子。（汝師，趙用賢字也。曾學于王元美，與之相善。爲治也。孟子固哉高叟之爲詩也。）於道好莊周列禦寇。於術好管子韓非子。謂其文辭毋論高妙。（毋又作亡。）而所結撰之大旨。（山曰：撰，述也。楚辭結撰至思。）遠者出人意表。（人或作入，誤。梁袁憲引諸生與之談論，新意出人意表。）而邇者能發人之所欲發於所不能發。（人人欲有所出，而其材思不足以發之，惟韓子能發之。）顧獨管子韓非子不甚行世。（顧，念也。）卽行而其傳者多遺脫謬誤。讀之使人不勝也。往往不盡卷。而庋之高閣。（山曰：韓愈詩：春秋三傳束高閣。）於是悉其貲力。後先購善本凡數十。窮丹鉛之用。而後授梓。（山曰：韓愈詩：丹鉛事點勘。）梓成。謂世貞曰。子其序之。世貞曰。唯唯。夫敬仲欲存糾於齊不得。改而縛

於小白。卒相之。爲天下萬世榮。非子欲存韓於秦不得。改而走秦。卒受僇。爲天下後世笑。夫見榮之與見笑於人也。奚啻隔霄淵。雖然是二君子者其始寧不欲出奇捐生。以殉所事哉。（史記陳平六出奇計。殉，營也。又以死從事曰殉。所事指君。）然而奇有所不得不屈。奇屈而生有所不得不愛。愛生而欲有所自見。（見其奇材。）則不得。終避讎敵甘心焉。（山曰：左傳：管召讎也，請受而甘心焉。）而臣事之。夫二君子者。其所以愛生一也。（一無其字。）然而有相有僇者。何也。齊不成霸形。而桓公之霸心發則機合。機合（元脫此二字。）仲不得不重。秦并天下之形成。亡所事非。（亡，昔無。）而非以并天下之說說之。（元脫一說字。）欲勝其素所任之臣而自衒功。則

機不合。韓子初見秦王、乃讒其謀臣皆不盡忠、是其意欲誘之而出其上也、山曰拔卽擅字、機不合。非不得不輕。夫豈唯輕而已。秦之幸非之利秦。幸猶冀也、以不若虞非之利韓遠也。虞度也、秦人意度韓子入說、爲秦國之利、然比諸其欲爲宗國之利、必不如也、故不用之、史記李斯姚賈毀韓非曰、韓非韓之諸公子也、今王欲幷天下、非終爲韓不爲秦、此人之情也、不如以過法誅之、今夫始皇者。固暴伉嗜殺人也。然其明智寧出齊桓下。鮑子一薦仲而立相。李斯一閒非而立僇。非二子之工於薦與閒若是也。勢也。必用之與必不用、時勢使之與也、夫勢之所在則天也。天不欲南洚楚。北洚戎狄蠶食周。洚亦大也、孟子洚水者洪水也、史記自穆公以來稍蠶食諸侯、正義云蠶食桑葉漸進必盡、故委仲於齊。以爲周屏翰。毛詩之屏之翰、唐趙匡凝曰、吾爲國屏翰、渠敢有他志、天不欲碩果韓芽五國。齊楚趙魏燕垂亡之國、令之再然、如蘖木之生芽蘖也、山曰周易碩果不食、弃而授之秦。而轉授漢。天生韓子而不用者、以其厭七雄之亂也、故聽非子之庾紲仰藥。謂鴆、而不之恤。集氏雜乘引史記瘐死獄中、說文束縛捽抴爲臾、字又作臾、潛確類書引漢書作庾紲、縲紲也、或捽字訛、山曰、庾宜作瘐、漢宣帝詔曰、繫者或以掠辜若飢寒瘐死獄中、蘇林曰瘐病也、或作瘉、韻會漢律囚徒以飢寒而死者曰瘐、夫鮑子者助天爲福者也。非能爲福者也。李斯者助天爲虐者也。非能爲虐者也。然則管子與非子材班乎。孟子注班齊等之貌、曰惡乎班。夫管子者太公亞也。太公所毘。父子皆聖辟。毘毗同輔也、尙書毗予一人、辟君也、指文王武王、其用國三分之一也。論語三分天下而有其二、而以當必渙之受。受紂也、或說受命也、管子之毘中人也。桓公中材之主、其用國九分之一也。山曰孟子海內之地方千里者九、齊集有其一、而以當方勁之楚與戎狄。管子之時、最難爲力、然則太公仲而周王。管子抑而齊霸。周不太公不廢王。文武與君雖賢、太公必致王業、齊不管子。不爲霸

固也。桓公中材、必待管仲、乃始成業、山曰謂其必然也、不然而管子之書尙在。其論四維。管子國有四維、一曰禮、二曰義、三曰廉、四曰恥、辨心術。亦寧無敬怠義欲之微旨一二乎。山曰大戴禮引丹書曰、敬勝怠者吉、怠勝敬者滅、義勝欲者從、欲勝義者凶、孔子蓋深知之。故慨然而歎曰。如其仁如其仁。見憲問篇、世固未有不仁其德。而仁其功者。非子之所爲言。理鑿鑿辨悍。衡名實。推見至隱。一無辨悍二字、衡猶覈也、而其伎殫於富彊而已。秦不用非。不害幷天下。以秦之守守之必亡。用非可以幷天下。幷天下而以秦之守守之。無救亡。夫幷天下之與亡俱等。亦安所事非子。是故非子之於霸若不足。而管子之於霸蓋有餘也。然則文殊乎。曰不殊也。管子齊鉅卿也。鉅大也、如孟子鉅室、諸法語名跡。門人家老能筆之。稷下之學士大夫能飾之。其於文也。辯而覈。肆而典。能爲戰國始著者也。韓非子韓之疏屬公子也。有所著述。以發其蓄。而鳴其不平。其於文也。峭而深。奇而破的。此下或有者也二字、山曰世說云、王武子賭王君之牛、王武子先射、一起便破的、能以戰國終者也。毋論吾洙泗家言。以較魯儒之左準右繩差不類。然何至摧名法家。苛察徼繞。錯若惠施公孫龍之汜濫詭誖哉。摧名法家、摧名法之人、錯雜錯也、一本作叉、山曰、徼繳字誤、太史公自序、名家苛察繳繞、注猶纏繞也、其言各十餘萬而羸。言如老子五千言之言、羸嬴通、音盈、餘也、謂其書皆有十餘萬字之多也、度不能無傳而少有益者。傅附同、要之非西京以後傳益也。吾故曰不殊也。蓋管子之言。後見汰於孟氏。孟子管仲曾西之所不爲也、而極於宋。韓

子之言。太史公若心喜之。而列之老子傳。唐以尊老子。故析之。（析元作抑誤。史伯夷傳正義云。老子莊子。開元二十一年奉勅升居列傳首。）宋以絀老子。故復合之。其析其合。要非以爲韓非子也。嗟夫儒至宋而衰矣。彼其睥睨三代之後。以末世。無一可者。而不能不心折於孔明。乃孔明則自比於管子。而勸後主讀韓非子之書。何以故。宋儒之所得淺。而孔明之所得深故也。宋以名舍之。是故小遇遼小不振。大遇金大不振。孔明以實取之。是故蕞爾之蜀。與彊魏角。而恒踞其上。嗟夫汝師之所爲合刻也。其悠然而抱膝也。毋乃有世思哉。（蜀志注引魏略曰。諸葛亮在荊州。以建安初與潁川石廣元徐元直汝南孟公威等俱游學。三人務於精熟。而亮獨觀其大略。每晨夜從容抱膝長嘯。而謂三人曰。卿三人仕進可至刺史郡守也。）汝師曰。否否。吾嗜其文辭。若薦三臠者。以味薦而已矣。（山曰。周禮醢人掌四豆之實。朝事之豆。其實韭菹醓醢。昌本麋臡。菁菹鹿臡。茆菹麋臡。臡落桓反。）吳郡王世貞撰。

（此文章句恐有誤。今姑從原。）

重刻韓非子序

文章家嘗論喜快之言毗於陽。哀怨之言毗於陰。（物茂卿曰。莊子。人大喜邪毗於陽。大怒邪毗於陰。）陽則飄飛而曼衍。莊周列禦寇是已。陰則磯切而參差。屈原韓非馬遷是已。屈原怨而哀。韓非怨而憤。馬遷怨而悲。自吾夫子曰可以怨。而大舜以怨慕孝。屈原馬遷以哀怨忠。韓非之書。十餘萬言。皆成於發憤感怨。賤虛言。貴實用。明賞罰。破浮淫。極法術之變。詭而不失其正者也。蓋非爲韓疎屬公子。畸致乏援。至一見王棄不用。卒之秦。雖欲存韓。不可得。爲李斯所譖。身戮以死。其爲怨憤。寧忍言哉。今天下名法駁而治功起。所急者不在權略。而正在仁恕。又與何犿之言異。安所事非之書用之。黄文章之道。日峭而深。宜乎膾炙其詞。弇州所謂薦三臠者以味薦耳。（臠元作臡誤。）余友趙濬之諸同社。（濬之名如源。錢塘人。）嗜古若渴。尤嗜非之書。始焉讎其訛舛。已而彙諸家異同箋評之。復請正諸先輩。板行之。其爲好亦已甚矣。雖然昔馬遷傳韓非。附與老子。謂本原道德之意。孔明以非之書進後主。而自擬於管樂。其寄託不亦遠乎。則吾儕嗜非。不徒鹽其文詞。而天下用非者。又寧止其法術已哉。漫次爲敘。武林王道焜昭平父題。

圓曰。王道焜不徒弄文墨者。蓋亦節義之士也。故爲詳載其傳于左。案明史稿曰。王道焜字昭平。錢塘人。父國柱。舉人。兗州同知。道焜以天啓元年舉於鄉。崇禎時。歷福寧州學正。南平知縣。以薦遷南雄同知。會光澤寇發。其父老言。非道焜不能平。撫按爲請詔改邵武同知。知光澤縣事。撫勦兼施。部內底定。莊烈帝破格求賢。盡徵天下賢能吏。撫按以道焜名聞。吏部言。同知不當與考選。擬授職方主事。道焜不平。抗疏言。御史王孫蕃由知州改授。知州同知。秩皆五品。知州可改。同知獨不可改乎。疏奏。温旨令假考方待命。都城陷。遂微服南還。及杭州不守。道焜慨然謂其子均曰。世受國恩。死固分也。遂投繯而死。

韓子凡例 董汝衡所識也

一漢志隋唐志皆云。韓非子二十卷五十五篇。而王伯厚獨言今本五十六篇。元何犿至元中所進韓子。止五十三篇。謂姦劫亡一篇。說林亡下篇。內儲說下篇六微內似類以下亡。故章則世之不見全本。亦已久矣。今按古本說林下篇之首。尚有伯樂教二人相踶馬等凡十六條。近本俱自上篇田伯鼎好士章。遝接下篇蟲有蚘章。所以遂謂脫此下篇。其實未嘗亡也。又據近刻六微篇後共闕二十八條。亦按古本校定。共爲五十五篇。獨伯厚本無從而考。然此書遂庶幾于大全矣。覽者幸無妄意于牽合剸裂矣。

一按隋唐志云。韓子注不詳名氏。元何犿本獨謂舊有李瓚注。鄙陋無取。盡爲削去。不知犿又何據而指爲李瓚也。今所載注語。果涉瑣猥無識。第因宋本具列。不敢輕加刪削。第但也。要以存舊章而已。

一按宋本。和氏第十三。姦劫第十四。篇目既具。文亦無闕。時本乃自和雖獻璧而未美未爲王之害也。王世本作主。下遝接我以淸廉事上句。既脫和氏末章。又幷姦劫篇目而失之。讀者至此往往有殘缺之歎。近本乃不加詳考。至幷姦劫篇目亦行削去。使古人成書。幾爲臆說所廢。今復校定。一准宋本。覽者究心。當自得其完闕之實。

一是書譌缺既久。歷考近本。無慮數十。皆出一軌。至閱道藏中所載。乃知近本又承此而譌也。（宋史王欽若傳。爲景靈宮使。閱道藏。得趙氏神仙事跡四十人。輸于郎廡。又老學庵筆記。閩中有習左道者。謂之明教。亦有明教經。甚多刻板摹印。妄取道藏中校定官名銜贅其後。）獨宋板大篇。完整毋闕。而句字之間。參錯復多。今依諸本更定。其間或有舛謬不可解者。尚餘十一。不敢强爲之說。以俟博雅者重加采輯。庶幾此刻爲之先驅耳。

重訂韓子凡例

一先秦文莫如韓子古峭。今鉛槧之士。豔其文詞。珍爲帳中秘有以也。第諸刻舛駁。向稱陳氏泊趙宗伯二本最善。（載陳深批評者。號陳氏迂評本。）陳祖何犿。而趙宗宋本。茲刻互證於二家云。

一漢志隋唐志。韓子俱五十五篇。（物曰。王應麟玉海。韓子隋志唐志同二十卷目一卷。今本五十六篇。注不詳名氏。）元何犿所進。止五十三篇。謂姦劫亡一篇。說林亡下篇。今按古本說林下篇之首。有伯樂以下凡十六條。今本但自上篇田伯鼎章。遝接下篇蟲有蚘章。所以遂謂脫。其實未嘗亡也。今悉補入。

一按宋本和氏篇後。有姦劫弑臣一篇。文亦無闕。近本乃自和獻璧而未美未爲王之害也。下遝接我以淸廉事上句。既脫和氏後半。又幷姦劫篇目而失之。今悉校定。

一內儲說六微爲亡其二十八條。今照古本補入。但篇目仍依何本五十三篇。似爲無害。

一批如陳氏迂評。海內所豔邏如楊升庵孫月峯。俱有批本。倂采他選評語雅馴深妙者。用爲鼓吹。裁定出家大人同社諸先生。而手爲讎校。則不佞世楷也。校成於天啓五年季夏朔日。錢塘趙世楷細美甫識。

淩瀛初訂注本凡例闕君長曰凡五條若其二條則因所謂漢志宋本舊例稍爲删略故不更錄

一何本殘缺頗多又失去二篇無益參考第其注釋可採獨存其序

一是書坊刻粗率字畫不端更有魯魚之謬讀者不能無恨焉玆嚴加考校而尤酷意精工煥然一新非昔比矣識者當自拭目

一凡遇篇目各成終始不與後篇牽連爲一以便嗜古者隨已見以披覽焉

案先秦之文百氏倡說韓子獸其的彀焉今鉛槧之士豔其文詞珍爲帳中祕也靡不家習而戶尊

之第是書自唐宋以來病其峭刻黜而不講故其文字多舛駁而不讎市亦無售幾于失傳也不佞遍覓諸本止陳氏迂評趙宗伯本稱善陳祖何犿而趙宗宋本也不佞尤于二氏中互相究考反覆讎校訛謬之疵什去其八矣及閱何氏所載傍注間有漏遺竊不自量從而折衷之要之彷彿舊章何敢妄意牽割也其間或有金根之謬不能盡解者則俟博雅君子刊定之守柔子識

韓子總評蓋亦汝師所輯者也

太史公曰韓子引繩墨切事情明是非其極慘礉少恩皆原於道德之意史注礉胡革反謂用法慘急而鞠礉深刻也

〇此下元有漢志法家韓非子五十五篇隋唐志二十卷目一卷注不詳名氏一條案此事已見凡例且非評也故爲削去

劉勰文心雕龍曰慎到析密理之巧韓非著博喻之富

劉勰南北朝東莞人文心雕龍所著書名

蜀志先主敕曰申韓之書益人智意可觀誦之

晁氏曰楊升庵外集云晁公武讀書志載人名地理多誤山曰文獻通考云晁公武著讀書記二十卷韓非喜刑名法家之學作孤憤五蠹說林說難十餘萬言書凡五十五篇其極刻覈無誠悃謂夫婦父子舉不足相信見備

內篇而有解老喻老篇故太史公以爲大要皆原於道德之意以解老喻老二篇徵韓子本出于老子司馬貞索隱已有此說也殊不知主道揚榷諸篇與老子旨正相合矣如喻老解老二篇則其餘習也吾讀韓子者當自知之夫老子之言高矣世皆怪其流裔何至於此殊不知老子之書有將欲歙之必固張之及欲上人者必以言下之欲先人者必以身後之等言是出於詐此所以一傳而爲非歟案老子曰我無爲而民自化我無事而民自富我好靜而民自正又曰民多智巧萬物滋起又曰以智治國國之賊不以智治國國之德此等語乃尚法術愚黔首之說所由出也文子曰智者不相教能者不相受故聖人立法以導民之心各使自然故生者無德死者無怨天地不仁以萬物爲芻狗夫慈愛仁義者近狹之道也又曰聖人內修其本而不外飾其末厲其精神偃其知見故漠然無爲而無不爲也無治而無不治也所謂無爲者不先物爲也無治者不易自然也此等語與主道揚榷諸篇古義相同蓋古道家者流所傳如此晁氏之論未爲得之

高氏子略曰。山曰宋高似孫著子略。韓子書往往尚法。以神其用。薄仁義。厲刑名。背詩書。課名實。心術辭旨。皆商鞅李斯治秦之法。而非又欲凌跨之。此始皇之所投合。而李斯之所忌者。非迄坐是爲斯所殺。而秦卽以亡。固不待始皇之用其言也。說難一篇。殊爲切於事情者。惟其切切於求售。是以先爲之說。而後說於人。亦庶幾萬一焉耳。太史公以其說之難也。固嘗悲之。抑亦有所感慨而發者歟。有所或作忠憤。嗚呼。士不遇。視時以趨。使其盡遇。固無足道。而況說難孤憤之作。有如非之不遇者乎。揚雄氏曰。秦之士賤而拘。見法言。信哉。

黃氏日抄曰。宋黃震字東發慈谿人。韓非盡斥堯舜湯武孔子。見忠孝篇。此後人附託之尤彰彰者。黃氏未之考耳。而兼取中不害商鞅法術之說。見問辯定法諸篇。蓋亦後人之擬作者。決非韓子之筆也。加深刻焉。至謂妻子亦害己者。見備內篇。而不可信。蓋自謂獨智足舞一世矣。然以疏遠。一旦說人之國。乃欲其主首去貴近。指初見秦篇譏秦之謀臣不盡忠也。將誰汝容耶。送死秦獄。愚莫與比。然觀其書。猶有足警後世之惑者。方是時。先王道熄。處士橫議。往往故爲無稽寓言。以相戲劇。彼其爲是言者。亦未嘗自謂眞有此事也。後世襲取其餘而神之。流俗因信以爲眞。而異端之說。遂至禍天下。奈何韓非之辯具在。而不察耶。非之言曰。白馬非馬。齊稷下之辯者屈焉。及乘白馬之賦而籍之。此句有誤。詳外儲左上篇。不見其非白也。蓋虛辭空辯。可以勝一國。考實按形。不能謾一人。今人於異端。有嘗核其實者否耶。非之言曰。宋人有欲爲燕王削棘刺之端爲猿母者。猿母字倒。必三月齋。然後能見。知王之必不能久齋。而給之爾。王乃養之三乘。冶工言王曰。果然。則其所以削者必小。今臣冶人也。無以爲削。此不然之物也。因囚而問之。果妄。乃殺之。今人於異端。果嘗有訊其妄者否耶。鄭人爭年者謂。我與黃帝之兄同年。非能笑之。今異端自謂出於無始之前。其爲黃帝之兄甚矣。而人莫不信。趙主父施鉤梯而緣播吾。刻人蹟其上。廣三尺長五尺。而勒之曰。主父常遊此。非能笑之。今異端往往鑿蹟崖石之巔。其爲播吾之蹟愈悖矣。而人反以爲神。非之辨誣。若此者衆。姑取節焉。以告惑者。

增 胡元瑞筆叢曰。余讀韓非書。若孤憤五蠹八姦十過諸篇。亡論其文詞瑰瑋。其抉摘隱微。燁如懸鏡。實天下之奇作也。太史悲其作說難。而卒自罹于禍。余以戰國所稱游說之士。若儀秦睢衍之類。率揣摩時事。以行其術。外則挾諸侯強大之勢。內則結羣小昵嬖之援。恫疑怵愓。激諷詭隨。故捷如轉圜。而亡弗響應。非之道。乃欲一切劃剔而埽除之。其與從横家言。正如冰炭之反。若之何其弗至于殺其身也。即微斯賈之譖。秦用非以取天下而相之。亦必不免商君吳起是已。夫又何疑焉。

又曰。秦漢間聖賢稱謂。與後世殊不同。臧紇聖于春秋。韓非聖于戰國。揚雄張衡聖于東西京。彼何人哉。推此則知孟稱惠夷。未足盡憑。自注云。韓非仲尼並稱。見孔叢子。（武臣問篇）世但知老子同傳。此更駭聞。

圓曰。延享丙寅時本刻成。平安芥彥章題其末曰。

古先聖王有不忍人之心。行不忍人之政。五刑之屬三千。有時乎行。然三宥八議。行以不忍人之心。此古先聖王所以仁覆天下也。申韓之徒。以忍人之心。立忍人之法。引繩墨。攻事情。循名責實。參伍不失。此可行乎一時富强之計。而非長世經國之道也。愚謂不然。夫良醫之除甚病也。施劇劑。聖人之刑亂國也。用重典。公子生遭喪亂。宗國削弱。以爲非富國强兵。無以供軍應敵也。非信賞必罰。無以塞邪止姦也。而世之飾仁義爲迂弘。欲以治危亂垂亡之國者。猶之腐索而御馯馬也。其蹈徐偃燕噲之轍必矣。故曰時異備異。公子之言。蓋救時病之藥石哉。但除史遷所記。及主道揚權解老喻老八說八經六反八姦說疑詭使顯學難等諸篇外。多爲後人擬託附益。試令讀者擇而用之。則於治國乎何有。此諸葛亮何犿之所以各進其主也。

太田氏語予曰。大學衍義補引朱子曰。法家者流往往常患其過於慘刻。今之士大夫恥爲法官。更相循襲。以寬大爲事。於法之當死者。反求之以生之。殊不知明于五刑以弼五教。雖舜亦不免教之不從。刑以督之。懲一人而天下知所勸戒。所謂辟

以止辟。雖曰殺之。而仁愛之實已行乎中。今非法以求其生。則人無所懲懼。陷於法者愈衆。雖曰仁之。適以害之。聖人亦不曾徒用政刑。致德禮已行。天下既治。亦不曾不用政刑。故書說刑期于無刑。只是存心期於無刑。而初非可廢也。朱子之言。與六反八說諸篇所說正同。朱子言之。則爲仁愛。韓子言之。則爲慘刻。其故何也。蓋濫于聲譽者多。而覈于情實者寡也。又曰。慈母有敗子。嚴家無格虜。此即尚書威克厥愛允濟。愛克厥威允罔功之意也。唐李靖對太宗曰。愛設於先。威設於後。不可反

是也。若威加於前。愛救於後。無益於事矣。尚書所以愼戒其終。非所以作謀於始也。愚謂讀韓子者。能觀先後弛張之用。而體李衛公之心。以行其術。則其功豈止富國强兵已哉。予聞此論。贊歎不止。因錄于此。

韓非子目錄（一無非字）

目錄終

重訂韓子附錄 凡六條

韓非傳 元載集解及索隱注今加删略焉 史記

韓非者韓之諸公子也。喜刑名法術之學。索隱曰著書五十餘篇號曰韓子○刑形通史記張叔傳注韋昭曰有刑名之書欲令名實相副也索隱曰案劉向別錄云申子學號曰刑名者循名以責實其尊君卑臣崇上抑下合於六經也漢書張歐傳注說者云刑刑家名名家也卽太史公所論六家之二也此說非矣 而其歸本於黃老。索隱曰案韓子書有解老喻老二篇是大抵亦崇黃老之學也○引解老喻老證韓子原於道德不熟讀韓子者也說見總評 非爲人口吃。不能道說。而善著書。與李斯俱事荀卿。斯自以爲不如非。非見韓之削弱。數以書諫韓王。索隱曰韓王安 韓王不能用。於是韓非疾治國不務脩明其法制。執勢以御其臣下。富國强兵。而以求人任賢。反擧浮淫之蠹。而加之於功實之上。○疾字意管到此

以爲儒者用文亂法。而俠者以武犯禁。○見五蠹篇 寬則寵名譽之人。急則用介冑之士。今者所養非所用。所用非所養。○出顯學篇謂所常養者名譽之人卽儒俠之類也而有急難則驅介冑之士赴之是所用者與所養者常相反也以謂學士劍客之無益于國也 悲廉直不容於邪枉之臣。索隱曰又悲奸邪諂諛之臣不容廉直之士也○法術之士與當塗之臣如仇而不相容見孤憤篇 觀往者得失之變。故作孤憤五蠹內外儲說林說難十餘萬言。索隱曰此皆非所著書篇名也孤憤孤直不容於時也五蠹蠹政之事有五也內儲謂明君執術以制臣利之在己故曰內也外儲謂明君觀聽臣下之言行以斷其賞罰賞罰在彼故曰外也儲蓄二事所謂明君也說林者廣說諸事其多如林故曰說林今韓子有說林上下篇說難者說前人行事與己不同而詰難之也○說難謂游說之道不容易也詰難古人行事者今見有難篇四篇索隱何失之于目睫間豈其所見本說難下更有難字因爲是說歟 然韓非知說之難。爲說難書甚具。終死於秦。不能自脫。說難曰。索隱曰說音稅難者奴丹反謂游說之道爲難故曰說難其書詞甚高故特載之然此篇亦與韓子微異煩省小不同劉伯莊亦申其意粗釋其微文幽旨故有劉氏之說也 凡說之難。非吾知之有以說之難也。又非吾辯之難能明吾意之難也。又非吾敢橫佚能盡之難也。索隱曰韓子橫佚作橫失 凡說之難。在知所說之心。可以吾說當之。所說出於爲名高者也。而說之以厚利。則見下節而遇卑賤。必棄遠矣。索隱曰謂所說之人主中心本出欲立高名者也說臣乃陳厚利是其見下節也旣不會高情故遇卑賤必弃遠矣劉氏云稽古羲黃祖述堯舜是爲名高也 所說出於厚利者也。而說之以名高。則見無心而遠事情。必不收矣。索隱曰亦謂所說之君出意本規厚利而說臣乃陳名高之節則是說者無心遠於事情必不收用也故劉氏云若秦孝公志於强國而商鞅說以帝王故怒而不用也 所說實爲厚利。而顯爲名高者也。索隱曰韓子實字作陰顯者陽也謂其君實爲厚利而詐欲爲名高之節 而說之以名高。則陽收其身。而實疏之。若說之以厚利。則陰用其言。而顯棄其身。

索隱曰若下文云鄭武公陰欲伐胡而關其思極論深計雖知說當終遭顯戮 此之不可不知也。夫事以密成。語以泄敗。未必其身泄之也。而語及其所匿之事。如是者身危。貴人有過端。而說者明言善議。以推其惡者。則身危。周澤未渥也。而語極知。說行而有功。則德亡。說不行而有敗。則見疑。如是者身危。索隱曰德亡韓子作則見忘然見忘勝於德亡也思意未深據評時政不爲所信更致嫌疑若下文隣父以墻壞有盜却爲見疑卽此類也 夫貴人得計。而欲自以爲功。說者與知焉。則身危。彼顯有所出事。乃自以爲也。故說者與知。則身危。也字韓子作他他故他事也注史記者皆不言及故今正之 彊之以其所必不爲。索隱曰劉氏云若項羽必欲衣錦東歸而說者强述關中遂旨忤情自招誅滅 止之以其所不能已者身危。索隱曰劉氏云若漢景帝決廢栗太子而周亞夫强欲止之竟不從其言後遂下獄 故曰。與之論大人。則以

史記注涉上有博字。

化下史記有亦字。

爲間己。與之論細人。則以爲鬻權。（索隱曰韓子作賣重。）論其所愛。則以爲借資。論其所憎。則以爲嘗己。徑省其辭。則不知而屈之。汎濫博文。則多而久之。（索隱曰謂人主志在簡要而說者務於游辭汎濫涉文華則君上嫌其多迂遠文而無實也。）順事陳意。則曰怯懦而不盡。慮事廣肆。則曰草野而倨侮。此說之難。不可不知也。凡說之務。在知飾所說之所敬。而滅其所醜。（索隱曰說士當知夫人主之所敬而特以文飾之其有所避諱而醜之則當滅其事端而不言也。）彼自知其計。則毋以其失窮之。自勇其斷。則毋以其敵怒之。（索隱曰謂人主自勇其斷說士無以己意而攻間之是以卑下之謀自敵於上而致譴怒也。）自多其力。則無以其難概之。（索隱曰概猶格也。劉氏云秦昭王決欲攻趙白起苦說其難遂己之心拒格君上故致杜郵之僇。）規異事與同計。譽異人與同行者。則以飾之無傷也。有與同失者。則明飾其無失也。大忠無所拂辭。（索隱曰拂音佛大忠志在匡君於咨君初不從則止待君之悅而又進諫故無所拂悟於君也。）悟言無所擊排。（索隱曰謂大忠說諫之詞本欲歸於安人興化非別有所擊射排擯也案韓子作繫摩。）乃後申其辯智焉。此所以親近不疑。知盡之難也。（徐廣曰知一作得難一作辭。索隱曰言人臣盡知事上之道難也韓子作得盡之辭。）得曠日彌久。而周澤既渥。（索隱曰言君臣道合曠日已久誠著於君也君之澤周浹於臣魚水相須鹽梅相和。）深計而不疑。交爭而不罪。迺明計利害。以致其功。直指是非。以飾其身。以此相持。此說之成也。伊尹爲庖。百里奚爲虜。皆所由干其上也。故此二子者皆聖人也。猶不能無役身而涉世。如此其汙也。則非能仕之所設也。（索隱曰韓子作能士之所恥也。）宋有富人。天雨墻壞。其子曰。不築且有盜。其鄰人之父亦云。暮而果大亡其

財。其家甚知其子。而疑鄰人之父。昔者鄭武公欲伐胡。迺以其子妻之。因問羣臣曰。吾欲用兵。誰可伐者。關其思曰。胡可伐。迺戮關其思曰。胡兄弟之國也。子言伐之何也。胡君聞之。以鄭爲親己。而不備鄭。鄭人襲胡取之。此二說者。其知皆當矣。然而甚者爲戮。薄者見疑。非知之難也。處知則難矣。昔者彌子瑕見愛於衛君。衛國之法。竊駕君車者罪至刖。既而彌子之母病。人聞往夜告之。彌子矯駕君車而出。君聞之而賢之曰。孝哉。爲母之故而犯刖罪。與君游果園。彌子食桃而甘。不盡而奉君。君曰。愛我哉。忘其口而念我。及彌子色衰而愛弛。得罪於君。君曰。是嘗駕吾車。又嘗食我以其餘桃。故彌子之行。未變於初也。前見賢而後獲罪者。愛憎之至變也。故有愛於主。則知當而加親。見憎於主。則罪當而加疏。故諫說之士。不可不察愛憎之主而後說之矣。夫龍之爲蟲也。可擾狎而騎也。然其喉下有逆鱗徑尺。人有嬰之。則必殺人。人主亦有逆鱗。說之者能無嬰人主之逆鱗。則幾矣。（索隱曰庶幾於咨諫說也。）人或傳其書至秦。秦王見孤憤五蠹之書曰。嗟乎。寡人得見此人。與之游。死不恨矣。李斯曰。此韓非之所著書也。秦因急攻韓。韓王始不用非。及急。迺遣非使秦。秦王悅之。未信用。李斯姚賈害之。毀之曰。

王下史記有後字。

韓非韓之諸公子也。今王欲幷諸侯。非終爲韓。不爲秦。此人之情也。今王不用。久留而歸之。此自遺患也。不如以過法誅之。秦王以爲然。下吏治非。李斯使人遺非藥。使自殺。韓非欲自陳。不得見。秦王悔之。使人赦之。非已死矣。申子韓子皆著書傳於後世。學者多有。余獨悲韓子爲說難。而不能自脫耳。太史公曰。申子卑卑。索隱曰。自勉勵之意。施之於名實。韓子引繩墨。切事情。明是非。其極慘礉少恩。皆原於道德之意。而老子深遠矣。

姚賈譖殺韓非　戰國策

四國爲一。將以攻秦。秦王召羣臣賓客六十人。而問焉

曰。四國爲一。將以圖秦。寡人屈於內。而百姓靡於外。爲之奈何。羣臣莫對。姚賈對曰。賈願出使四國。必絕其謀。而按其兵。乃資車百乘金千金。衣以其衣。帶以其劍。帶元作舞。今從國策劉本。姚賈辭行。絕其謀。止其兵。與之爲交以報秦。秦王大悅。賈封千戶。以爲上卿。韓非短之曰。賈以珠玉重寶。南使荊齊。北使燕代之間。三年。四國之交未必合也。而珍珠重寶盡於內。是賈以王之權。外自交於諸侯。願王察之。且梁監門子。嘗盜於梁。臣於趙而逐。取世監門子。梁之大盜。趙之逐臣。與同知社稷之計。非所以厲羣臣也。王召姚賈而問曰。吾聞子以寡人財交於諸侯。有諸。對曰。有。王曰。有何面目復見寡人。對曰。曾參孝其親。天下願以爲子。子胥忠於君。天下願以爲臣。貞女工巧。天下願以爲妃。今賈忠王。而王不知也。賈不歸四國。尙何之。使賈不忠於君。四國之王。尙焉用賈之身。桀聽讒而誅其良將。紂聽讒而殺其忠臣。至身死國亡。今王聽讒則無忠臣矣。王曰。梁監門子。梁之大盜。趙之逐臣。姚賈曰。太公望齊之逐夫。朝歌之廢屠。子良之逐臣。棘津之讎不庸。讎售同。蓋嘗自售求傭。而棘津之人。無願役之者也。太宰德夫曰。庸用也。不必讀爲傭。文王用之而王。管仲其鄙之賈人也。鄙下元有人字。南陽之敝幽。魯之免囚。桓公用之而霸。百里奚虞之乞人。傳賣以五羊之皮。穆公相

之而朝西戎。文公用中山盜。而勝於城濮。此四士者皆有詬醜。大誹天下。明主用之。知其可與立功也。使若卞隨務光申屠狄。人主豈得其用哉。故明主不取其汙。不聽其非。察其爲己用。故可以存社稷。雖有外誹者不聽。雖有高世之名。無咫尺之功者不賞。是以羣臣莫敢以虛願望於上。秦王曰。然。乃復使姚賈而誅韓非。

李斯督責之術　元載集解索隱。今加抄略。　史記

李斯數欲請間諫。二世不許。而二世責問李斯曰。吾有私議。而有所聞於韓子也。曰。堯之有天下也。堂高三尺。采椽不斲。○二世紀作刮。茅茨不剪。雖逆旅之宿。不勤於此矣。冬

日鹿裘。夏日葛衣。粢糲之食。藜藿之羹。飯土甑。○二世紀作塯。啜土鉶。音刑。雖監門之養。不觳於此矣。徐廣曰、觳音學。一作㲉。推也。索隱曰、爾雅云、觳盡也。言監門下人飯、猶不盡此。徐氏云一作㲉、則字宜作較。鄒氏音角。○四案荀子論墨子曰、瘠則不足欲。注瘠奉養薄也。莊子說墨子曰、其生也勤、其死也薄、其道大觳。郭云、觳無潤也。義與瘠同。今案史記一本作㲉、㲉亦與觳義同。管子曰、剛而不觳。注觳薄也。史注皆非。禹鑿龍門。通大夏。疏九河。曲九防。決渟水。致之海。○二世紀致作放。而股無胈。胈膚毳皮。脛無毛。手足胼胝。面目黎黑。遂以死於外。葬於會稽。臣虜之勞。不烈於此矣。然則夫所貴於有天下者。豈欲苦形勞神。身處逆旅之宿。口食監門之養。手持臣虜之作哉。此不肖人之所勉也。非賢者之所務也。彼賢者之有天下也。專用天下適己而已矣。此所以貴於有天下也。夫

所謂賢人者。必能安天下而治萬民。今身且不能利。將惡能治天下哉。故吾願肆志廣欲。長享天下而無害。爲之奈何。李斯子由爲三川守。羣盜吳廣等西略地過去。弗能禁。章邯以破逐廣等兵。使者覆案三川相屬。誚讓斯居三公位。如何令盜如此。李斯恐懼重爵祿。不知所出。乃阿二世意。欲求容。以書對曰。夫賢主者。必且能全道而行督責之術者也。索隱曰、督者察也。察其罪責之以刑罰也。○督名責實、卽形名之術。督責之。則臣不敢不竭能以徇其主矣。此臣主之分定。上下之義明。則天下賢不肖。莫敢不盡力竭任。以徇其君矣。是故主獨制於天下。而無所制也。能窮樂之極矣。賢明之

記無責字。

主也。可不察焉。故申子曰。有天下而不恣睢。索隱曰、恣音資二反、睢音呼季反、恣睢猶放縱也。謂肆情縱恣也。命之曰以天下爲桎梏者。無他焉。不能督責。而顧以其身勞於天下之民。若堯禹然。故謂之桎梏也。夫不能修申韓之明術。行督責之道。專以天下自適也。而徒務苦形勞神。以身徇百姓。則是黔首之役。非畜天下者也。何足貴哉。夫以人徇己。則己貴而人賤。以己徇人。則己賤而人貴。故徇人者賤。而人所徇者貴。自古及今。未有不然者也。凡古之所爲尊賢者。爲其貴也。而所爲惡不肖者。爲其賤也。而堯禹以身徇天下者也。因隨而尊之。則亦失所爲尊賢之心矣。夫可謂大謬矣。謂

之爲桎梏。不亦宜乎。不能責督之過也。故韓子曰。慈母有敗子。而嚴家無格虜者。何也。索隱曰、格強捍也。虜奴隸也。則能罰之加焉必也。故商君之法。○韓子作殷之法。刑棄灰於道者。夫棄灰薄罪也。而被刑重罰也。彼惟明主爲能深責督輕罪。夫罪輕且督深。而況有重罪乎。故民不敢犯也。是故韓子曰。布帛尋常。庸人不釋。索隱曰、八尺曰尋、倍尋曰常。以言其少也。謂庸人見則取之不釋。以其罪輕也。故下云罰不必行。卽庸人弗釋尋常也。○案說山訓注、釋舍也。搏取也。鑠金百鎰。盜跖不搏者。索隱曰、爾雅云、鑠美也。謂百鎰之美金在地。雖有盜跖之行。亦不取者。爲其財多而罪重也。故下云搏必隨手刑。盜跖不搏也。搏猶攫取也。凡鳥翔搏物、必轉足取攫。故人取物亦云搏也。非庸人之心重尋常之利深。而盜跖之欲淺也。又不以盜跖之行爲輕百鎰之重也。搏必隨手刑。則盜跖不搏百鎰。

而罰不必行也。則庸人不釋尋常。是故城高五丈。而樓季不輕犯也。許慎曰樓季魏文侯之弟。王孫子曰樓季之兄。泰山之高百仞。而跛牂牧其上。詩曰牂羊羵首。毛萇云牡曰牂。夫樓季也。而難五丈之限。豈跛牂也。而易百仞之高哉。陗塹之勢異也。索隱曰陗峻也。高也。音七笑反。塹音漸。以謂峭峻則難登。故樓季難五丈之限。平漸則易陟。故跛牂牧於泰山也。明主聖王之所以能久處尊位。長執重勢。而獨擅天下之利者。非有異道也。能獨斷而審督責。必深罰。故天下不敢犯也。今不務所以不犯。而事慈母之所以敗子也。則亦不察於聖人之論矣。夫不能行聖人之術。則舍爲天下役。何事哉。可不哀耶。索隱曰舍猶廢也。止也。謂爲人主不能行聖人督責之術。則已廢止。何爲勤身苦心爲天下所役。是何哉。可不哀哉。言其非也。○舍猶除也。言除爲天下之役外。復何所事乎。言其必以身爲天下百姓所役也。上文云以身徇百姓。則是黔首之役。非畜天下者也。索隱誤。且夫儉節仁義之人立於朝。則荒肆之樂輟矣。諫說論理之臣間於側。則流漫之志詘矣。烈士死節之行顯於世。則淫康之虞廢矣。故明主能外此三者。而獨操主術以制聽從之臣。而修其明法。故身尊而勢重也。凡賢主者。必將能拂世摩俗。而廢其所惡。立其所欲。索隱曰拂音扶弗反。摩音莫何反。拂世言與世情乖戾也。摩俗言摩礪於俗使從己也。故生則有尊重之勢。死則有賢明之謚也。是以明君獨斷。故權不在臣也。然後能滅仁義之途。掩馳說之口。困烈士之行。塞聰掩明。內獨視聽。故外不可傾以仁義烈士之行。而內不可奪以諫說忿爭之辯。故能犖然獨行恣睢之心。而

莫之敢逆。若此然後可謂能明申韓之術。而修商君之法。法修術明。而天下亂者。未之聞也。故曰。王道約而易操也。唯明主爲能行之。若此則謂督責之誠。則臣無邪。臣無邪。則天下安。天下安。則主嚴尊。主嚴尊。則督責必。督責必。則所求得。所求得。則國家富。國家富。則君樂豐。故督責之術設。則所欲無不得矣。群臣百姓救過不給。何變之敢圖。若此則帝道備。而可謂能明君臣之術矣。雖申韓復生。不能加也。

案李斯之文。爲絕品上乘之文。其在先秦。號稱第一也。然二世李斯皆能稱引韓子。當時百家之書盡火。而何韓子獨存。意其爲法律之書。故亦不去也。惜乎李斯以至妙之文。懷不仁之術。而投諸不令之朝。如置煙霄紛絕流晒耳。故曰。人以文爲表。文以人爲重。言不文行不遠。文不人亦不可行。此蓋趙世楷所識。

煙霄句不……今姑從原。

韓非論

眉山蘇軾

聖人之所爲惡夫異端。盡力而排之者。非異端之能亂天下。而天下之亂所由出也。昔周之衰。有老聃莊周列禦寇之徒。更爲虛無淡泊之言。而治其猖狂浮游之說。紛紜顚倒。而卒歸於無有。由其道者。蕩然莫得其當。是

以忘乎富貴之樂而齊乎死生之分此不得志於天下高世遠舉之人所以放心而無憂雖非聖人之道而其用意固亦無惡於天下自老聃之死百餘年有商鞅韓非著書言治天下無若形名之賢及秦用之終於勝廣之亂教化不足而法有餘秦以不祀而天下被其毒後世之學者知申韓之罪而不知老聃莊周之使然何者仁義之道起於夫婦父子兄弟相愛之間而禮法刑政之原出於君臣上下相忌之際相愛則有所不忍相忌則有所不敢不敢與不忍之心合而後聖人之道得存乎其中今老聃莊周論君臣父子之間汎汎乎若萍游

於江湖而適相値也夫是以父不足愛而君不足忌不忌其君不愛其父則仁不足以懷義不足以勸禮樂不足以化此四者皆不足用而欲置天下於無有夫無有豈誠足以治天下哉商鞅韓非求爲其說而不得得其所以輕天下而齊萬物之術是以敢爲殘忍而無疑今夫不忍殺人而不足以爲仁而仁亦不足以治民則是殺人不足以爲不仁而不仁亦不足以亂天下如此則舉天下唯吾之所爲刀鋸斧鉞何施而不可昔者夫子未嘗一日易其言雖天下之小物亦莫不有所畏今其視天下眇然若不足爲者此其所以輕殺人歟太史遷曰申子卑卑施於名實韓子引繩墨切事情明是非其極慘礉少恩皆原於道德之意嘗讀而思之事固有不相謀而相感者莊老之後其禍爲申韓由三代之衰至于今凡所以亂聖人之道者其弊固已多矣而未知其所終奈何其不爲之所也

韓非論　蘇轍

商鞅以法治秦而申不害以術治韓憲令著於官府刑罰必於民心賞存乎愼法罰加乎姦令所謂法也因任而授官循名而責實操生殺之柄課羣臣之能所謂術也法者臣之所師而術者君之所執也及韓非之學並

取申商而兼任法術法之所止雖有聖智不用也術之所操雖有父子不信也使人君據法術之自然而無所復爲此申韓所謂老子之道而實非也彼申商各行其說耳然秦韓之治行於一時而其害見於久遠使非不幸獲用於世其害將有不可勝言者矣太史公悲韓非知說之難而卒以說死故載其說難於篇然古之君子循理而言言之利害不存乎心說言出而必合雖有不合要已無媿於中矣豈復立法而求其必售邪今非先立法而後說人既已不知說矣而況非之所以說秦蓋求禍之道乎太史公以李陵之事不合於漢武帝終身

廢辱。是以深悲之歟。

孔明寫申韓書（出于外集）

成都楊愼

宋儒論孔明爲後主寫申韓管子六韜曰。孔明不以經子輔導少主。而乃以刑名兵法何邪。唐子西云。人君不問撥亂守文。要以制略爲貴。後主寬厚。襟量有餘。而權略智謀不足。當時識者咸以爲憂。六韜述兵權。多奇計。管子貴輕重。愼權衡。申子覈名實。韓子攻事情。施之後主。正中其病。藥無高下。要在對病。萬金良藥與病不對。亦何補哉。（此論見唐庚著三國雜事。）此言當矣。予又觀古文苑載。先主臨終勅後主曰。申韓之書。益人意思。可觀誦之。三國志

載。孟孝裕問郤正太子淸尙。正以虔恭仁恕答之。孝裕曰。如君所道。皆家門所有耳。吾今所問。欲其知權略知調何如耳。然則孝裕之見。蓋與孔明合。而後主之觀申韓書。亦先主遺命也。獨以是病孔明。不惟不成人之美。亦不知時務矣。

附錄終

定本韓非子纂聞卷第一

（一無非字。一作卷之一。全篇同。篇題下不逐第而數之。下皆倣此。）

初見秦。存韓。難言。愛臣。主道。

江都　松皐圓纂聞

初見秦第一

（物茂卿讀韓非子曰。秦策載此文。發端作張儀說秦王曰。鮑彪以所說皆張儀死後事。而刪去張儀二字。爲西周謂齊王之比。吳注詆其失考。言非以韓王安稱藩使秦。始皇十三年也。次年見殺。圓案。吳注。王應麟云。姚氏謂韓非子第一篇。呂成公麗澤集又取此。）

臣聞不知而言不智。知而不言不忠。（國策聞下有之字。不智不忠上有爲字。凡舉異同。他書文義劣者不復。下皆倣此。○太田□□韓非子翊毳曰。凡言聞者。率稱古語舊事。吾聞當聞之類皆是。）爲人臣不忠當死。言而不當亦當死。（策作言不審。吳注。卽上云不智也。物曰。當看古文變化處。）雖然（鮑注。謂已未。能如言也。）臣願悉言所聞。唯大王裁其罪。（鮑注。悉。詳盡也。裁。制也。物曰。冀察其言當否以裁其有罪無罪。）臣聞（國卽

上所聞事。）天下陰燕陽魏。連荆固齊。收韓而成從（[illegible]魏南故曰陽。策注。時山東國齊楚爲大。故從人連結之恃以爲固。物曰。案蘇秦傳。趙爲從長。故此不言趙。北燕南魏。專據趙立言。韓最親秦。乃從家所損。故曰收。且韓非固護之詞耳。圓案。高誘曰。違關西曰横。合山東曰從。春秋正義云。楚荆一木二名。故以國號亦得二名。又秦紀索隱正義皆云。楚稱荆者。以避莊襄王諱。策注亦云。爲始皇避其父諱。皆非。）將西面以與強秦爲難。（一作秦強。策無強字。）臣竊笑之。（多見其不知量也。）世有二亡。而天下得之。其此之謂乎。（一作三亡。策同。吳注。韓作二亡。物曰。謂天下得二亡之道也。蓋謂秦必霸有天下而六國必亡也。）臣聞之曰。以亂攻治者亡。以邪攻正者亡。（一有以逆攻順者亡句。策同。吳注。韓無此句。）今天下之府庫不盈。囷倉空虛。（高誘云。圓曰囷。方曰倉。吳注。府庫藏貨財。若囷倉藏穀粟者。）悉其士民。（悉悉起其兵。）張軍數十百萬。（策注。張去聲。）其頓首戴羽。爲將軍斷死於前。不至千人。皆以言死。（一無此二十字。策同。是注韓有此文。○山仲質曰。國語。郤叔虎被羽先升。注。羽。鳥羽。係於背。若今軍將負眊矣。又漢書五威將皆負鷩鳥之毛。謂戴鳥羽而爲將軍者也。至當作止。不止千人。謂不

鞻也。國莊子曼胡之纓，疏云謂屯頭抹額也。頓首卽屯頭也。羽獵賦棠楯負羽，別賦負羽從軍。博雅毦兜鍪上飾也。斷死於前，決死於前，決死於未戰之前也。國謂戴羽絕句，尉繚子左軍蒼旗卒戴蒼羽，右軍白旗卒戴白羽，中軍黃旗卒戴黃羽是也。蓋謂山東之民從軍者，能奉將軍之命，為之奮鬭致死于軍前者亦必多矣，平生皆云我必死服，然臨戰事則皆奔北，不能如言也。謂非無勇奮之士，而在上者不能信賞必罰以鼓其勇耳。白刃在前，斧鑕在後，策注鑕不進戰者故在後。而却走不能死也。非其士民不能死也，上不能故也。國策無此句。難篇行人燭過曰，亦有君之不能耳，士無弊也。言賞則不與，言罰則不行。賞罰不信，故士民不死也。今秦出號令而行賞罰，有功無功相事也。山曰荀子秦人功賞相長也，五甲首而隸五家，事役也，使有功者役無功者，所以勸戰士也。物口不論已有功未有功皆從事戰鬭，蓋言賞罰明之效也。出其父母懷衽之中，衽策作袵，同。注衣衿也。生未嘗見寇，耳聞戰鬭，一說闕字。頓足徒裼，吳注頓蹋也，徒言空手，裼袒裼露臂也。國前漢楊惲傳頓足起舞，後漢書傳頓足而跋，注猶果足也。又遊仙窟擧手頓足，雅合宮商。中山傳信錄太平曲云，小頭起立執笠頓足，又云交手頓足按節如前。張儀傳秦人捐甲徒裼以趨敵。博雅徒裼袒也。國奚恐號𧿹字訛，張儀傳秦帶甲百餘萬，號𧿹科頭，注音徒促跳躍也。又云偏擧一足曰號𧿹，則與頓足字更切，謂戰士勇奮之狀也。犯白刃，國中庸白刃可蹈也。蹈鑪炭，鑪策作爐，國左傳盈其隧炭陳以待命，墨子說守經事云五步一竈門有鑪炭，說苑齊兵至莒城下，莒人以炭賁地，陽侯重伏盾伏炭華舟杞梁乘而入。斷死於前者，策注以死自斷，吳注斷死生之斷，部玩反。山曰荀子為之出死斷亡以覆救之。皆是也。策作比是也，物曰兩者義同，猶言者然也，論語滔滔者天下皆是，是字亦訓然。夫斷生與斷死者不同。者一作也，策同，注言死難。而民為之者，是貴奮死也。策無死字，國據兵斷死者上賞人之勇奮死戰。故夫一人奮死可以對十，十可以對百，百可以對千，千可以對萬，萬可以剋天下矣。對策作合，吳注對當也，義長。鮑曰剋云勝此物，謂之克，若魁則殺也。吳曰克魁通，國白虎通一人必死當十人，尉繚子一武仗劍擊於市，萬人無不避之者，臣謂非一人之獨勇，萬人皆不肯也，何則必死與必生固不侔也。今秦地策有形字。折長補短，方數千里，折猶絕也，孟子今滕絕長補短，墨子古者湯封於亳，絕長續短，地方百里，策作斷長續短，荀子禮者斷長續短。名師數十百萬。策注名謂有勇決之師，國謂某部各有名號也。六韜練士篇軍中有勇敢樂死傷者聚為一卒，

名曰冒功之士，又有陷陳之士勇銳之士是也。秦之號令賞罰，地形利害，天下莫若也。以此與天下，策注與言與之爭也。天下不足兼而有也。國萬人奮死可勝天下，今有數十百萬，是并天下有餘力也。是故秦戰未嘗不剋，攻未嘗不取，所當未嘗不破，策注當相值也。開地數千里，此其大功也。國其一作此，策同。然而兵甲頓，士民病，蓄積索，田疇荒，囷倉虛，四鄰諸侯不服，霸王之名不成。策注此頓言其勞弊，索盡也，疇耕治之田，國孟子注一井曰疇。此無異故，策注猶言無他事也。其謀臣皆不盡其忠也。策無上其字。吳注韓非謂張儀以秦殉韓魏，甘茂以秦殉周，穰侯應侯攻他國以成其私，所誠非一人也。臣敢言之。國護其父兄大臣之過，故曰敢，敢者冒昧之意。往者齊南破荊，東破宋，西服秦，北破燕，中使韓魏。策有之君二字。荀子說齊閔王亦曰，強南足以破楚，中足以擧宋，西足以詘秦，北足以敗燕，注史記齊閔王二十三年與秦敗楚乎重丘，南割楚之淮北，三十八年伐宋，宋王走死於溫，二十六年與韓魏攻秦至函谷軍焉。閻案，史表閔十年破燕，吳氏云齊宣王二十九年伐燕取之，此據孟子為說，然荀韓史策皆云閔王，安知孟子必不謬乎。山曰使，使令之，一作伏，又作服。土地廣而兵強。策無土字。戰剋攻取，詔令天下。詔令猶言號令也，鮑云時未稱詔，此秦史之言耳，吳曰詔告命之也。下文詔之及後策趙王之敎詔之，使者明詔之類。齊之清濟濁河，吳注左傳齊履西至于河，國燕策燕王曰吾聞齊有清濟濁河，以為固，注齊水色至清，俗書大傳河色黃赤，衆川之流，蓋濁之積也，左傳俟河之清，人壽幾何，魏都賦清沽如濟，濁醪如河，杜甫詩濁河遂不汙清濟。足以為限，秦策高注有險塞，故曰限。長城巨防，足以為塞。策作鉅防，蘇秦傳同，注濟北盧有防門，又有長城東至海，後志注防門卽鉅防。國竹書紀年周顯王十八年齊築房以為長城，博物志齊南有長城巨防陽關之險，北有河濟，足以為固。齊五戰之國也。舊注謂五破國，鮑注上所謂南破東破之類，吳注四面及中央受兵，物曰齊地偏東，不可言四面受兵，吳注非，國猶言五勝也。一戰不剋而無齊。舊注謂樂毅破齊於濟西。由是觀之，夫戰者萬乘之存亡也。舊注謂秦宜以齊為戒也。且臣聞之，一無臣字。曰：削迹無遺根，莊子孔子削迹於衛，策作削株掘根。無與禍鄰，禍乃不存。物云根鄰存一叶，傍注起下文秦破三國而不取，復與為和，是不除根也。秦與荊人戰，大

此言秦破楚而不以失計

破荆。襲郢。取洞庭策注楊州記大湖一名洞庭亭一名震澤一名洞庭五湖吳注五湖說不一索隱曰具區洮滆彭蠡青草洞庭又說太湖射陽青草丹陽官亭官亭即彭蠡張勃吳錄謂太湖別名或說太湖中自有五湖𨻶汲冢周書東南楊州其藪澤曰具區其川三江其浸五湖固案此曰洞庭五湖則似不可并太湖而數之江南。策注即漢志所謂江南地廣者荆王君臣亡走。策無君臣東服於陳。物曰服策作伏是即伏匿意山曰荀子令楚父死焉國舉焉負三王之廟而辟於陳蔡之間注楚頃襄王二十一年秦將白起遂拔我郢郢燒先王墓夷陵襄王兵散遂不復戰東北保於陳城當此時也。隨荆以兵。益兵窮追則荆可舉。策注拔其國如舉物然言易也荆可舉。策無可字則民足貪也。地足利也。山曰詩民之貪亂箋貪猶欲也東以弱齊燕。中以凌三晉。齊燕勢弱則皆親秦凌侵也然則是一舉。策注舉行也而霸王之名可成也。四鄰諸侯可朝也。策注使之朝秦而謀臣不爲。舍此而不行引軍而退。復與荆人爲和。令荆人得收亡國。聚散民。立社稷主。置宗廟令。策無稷字下文同令屬下諸本皆𨻶

定本韓非子纂聞卷第一　四　崇文院

禮郊特牲將以爲社稷主爲先祖後宗廟令蓋掌陵園者如漢時大廟令祠祀令也率天下西面以與秦爲難。此固以失霸王之道一矣。策以作已通天下又比周。策作比志而軍華下。𨻶華陽之下也大王以詔破之。史表秦昭三十四年白起擊魏華陽軍芒卯走得三晉將斬首十五萬物曰國策詔作詐吳注以韓爲是案此謂此出於王獨斷以見謀臣不盡忠也兵至梁郭下。策注改郭作都圍梁數旬。則梁可拔。拔梁則魏可舉。策注梁以都言魏全國也舉魏則荆趙之意絕。策注魏居二國之中而爲與國故舉魏則二國不通荆趙之意絕。則趙危。策注趙尤近秦趙危則荆狐疑。狐性多疑故曰狐疑策作孤一字東以弱齊燕。中以凌三晉。然則是一舉。而霸王之名可成也。四鄰諸侯可朝也。而謀臣不爲。引軍而退。復與魏氏爲和。令魏氏反收亡國。聚散民。立社稷主。置宗廟令。反復也策無反字此固以失霸王之道

第一段結

此言秦拔梁而不取失計

第二段結

破趙不取又失

榜曰秦戰最勝如長平之勝秦最悔莫如不乘取趙以致後來鄲王齕之敗故此痛切言之可秦王覺悟此其痛瘵處

方與趙故言趙特多

二矣。前者穰侯之治秦也。魏冉相秦封於穰用一國之兵。而欲以成兩國之功。舊注穰侯營私邑謀秦故曰兩國策注秦及穰侯所封也如封剛壽以廣陶之類物曰史記穰侯傳昭王三十六年相國穰侯言客卿竈欲伐齊取剛壽以自廣其陶邑於是魏人范雎自言張祿先生譏穰侯之伐齊乃越三晉以攻齊也以此時奸說昭王昭王於是用范雎是故兵終身暴露於外。士民疲病於內。策作罷病霸王之名不成。此固以失霸王之道三矣。趙氏中央之國也。雜民所居也。舊注趙居邯鄲燕之南齊之西魏之北韓之東故曰中央兼四國之人故曰雜其民輕而難用也。策注輕則其志不堅𨻶四通之國其民大抵輕剽好利難用於戰鬬也號令不治。賞罰不信。地形不便。𨻶四方受敵下不能盡其民力。上則政法不修下則民力偸惰策下作上彼固亡國之形也。而不憂民萌。萌策作氓同注在野曰氓悉其士民。軍於長平之下。以爭韓上黨。趙孝成王四年秦攻韓上黨道絕其民皆不欲降秦於是上黨守馮亭遣人請降於趙趙受其降爲發兵軍於長平以抗秦兵事詳史記

定本韓非子纂聞卷第一　五　崇文院

大王以詔破之。𨻶史記韓桓惠王十四年秦拔趙上黨殺馬服子卒四十餘萬於長平拔武安。秦策趙王封蘇秦爲武安君注趙邑正義云潞州武安縣又趙奢傳注在邯鄲西當是時也。上文作此時古文不拘趙氏上下不相親也。貴賤不相信也。𨻶白起傳武安君破趙兵前後斬首虜四十五萬人趙人大震然則邯鄲不守。拔邯鄲。筦山東河間。策作完河間無山東二字物曰國策淖齒管齊之權注管猶管權之管專之也𨻶筦管榦通食貨志欲擅榦山海之利注榦謂主領也引軍而去。西攻修武。𨻶魏世家正義云懷州修武縣本殷之寗邑韓詩外傳曰武王伐紂勒兵於寗改名修武踰羊腸。𨻶趙世家注太行山坂道名降上黨。一作踰華絳上黨代四十六縣。四策作三上黨七十縣。策作十七趙策上黨之守馮亭曰今有城市之邑七十吳注史作十七不用一領甲。不苦一士民。此皆秦有也。策作皆秦之有也以代上黨。不戰而畢爲秦矣。一無以字策同畢下一有反字〇以猶念也𨻶畢必通東陽河外。不戰而畢反爲齊矣。策注東陽屬清河此本趙所得齊地今趙弱故齊復取之則益弱矣中山呼沲以

王志遠合稱引沙隨程氏云非書有存韓篇故李斯言非終爲韓不爲秦也後人以以此罪書剛于非者之則乃有秉韓之論道鑑諸非欲覆宗國則非也

第四段結

張協曰從說迫出秦行精神又於趙軍中更作三段波瀾疊疊

北。不戰而舉爲燕矣。沲策作池。周禮作惡池。古字通。吳注。韓作呼沱○策注。呼沲在代。鹵城燕衆敗取之。圓當時之勢。利於親齊燕。故欲與之分趙地也。然則是趙舉。趙舉則韓亡。亡上策有必字。吳氏云。非之言及於亡韓。是豈可不爲寒心。甚矣其忍也。圓謂韓而言亡者。以見其不黨于宗國也。入說之道。似有不得不然者矣。韓亡則荊魏不能獨立。荊魏不能獨立。則是一舉而壞韓。詩傳。壞瘣也。謂傷病。蠹魏。策注。蠹者。病其中也。拔荊。策作挾荊。東以弱齊燕。燕上一有强字。吳注引同。案東以弱齊燕。上文已兩見。決白馬之口。山曰。蘇秦傳。決白馬之口。魏無外黃濟陽。索隱曰。案白馬河津在東郡。決其流灌外黃濟陽也。以沃魏氏。傍注。沃灌也。是一舉而三晉亡。從者敗也。圓韓魏趙亡。則合從之計不成。大王垂拱以須之。策注。須胥同。待也。天下徧隨而服矣。策作編隨。注。以繩次物曰編。編隨。言衆隨而降伏也。諸本從之。物曰。編最奇古。吳注。韓作則偏隨而服矣。務。霸王之名可成也。一無也字。○上云徧隨而服。故此不復言四鄰諸侯可朝也。而謀臣不爲。引軍而退。復與趙氏爲和。夫以大王之明。

定本韓非子纂聞卷第一　六　崇文院

秦兵之强。弃霸王之業。地曾不可得。謂不得尺土也。乃取欺於亡國。是謀臣之拙也。策注。亡國以長平之敗言。趙。圓謂取欺猶見侮也。上曰亡國之形。下曰趙當亡。故此喚爲亡國。且夫趙當亡而不亡。秦當霸而不霸。天下固以量秦之謀臣一矣。度其不盡忠。圓量智多少。乃復悉士卒。以攻邯鄲。不能拔也。圓秦昭王信應侯之言。不果攻趙。既而息民繕兵。復伐趙不利。强起武安君。武安君不肯行。更使王陵代。王陵伐趙。圍邯鄲十七月不降。弃甲負弩。物曰。謂棄甲及其所負弩。古文辭法。戰竦而却。却退也。吳注。韓作澤。圓案澤釋通。謂釋兵也。亦通。圓竦悚同。考證云。戰竦。心不安也。竊也。策作戚慄。天下固已量秦力二矣。軍乃引而退。并於李下。策注。後志河內有李城。趙封李同之父於此。吳注。韓作李下。圖并如孫子并敵一向之并。與屏通。案秦策。五國伐秦。義渠之君大敗秦人於李帛之下。豈指此耶。李帛之下云李下。猶華陽之下稱華下也。大王又并軍而至。策王作致。屬下。與戰不能尅之也。又不能反運罷而去。運一作軍。策作又交罷却。○此言進退俱難。其卒遂互罷兵也。秦策。秦使校大夫王陵將而伐趙。陵戰不利。亡

評曰。文緊甚。假收末段。而前四段收。妙手。

五校。復谿發軍。更使王齕代王陵伐趙。圍邯鄲八九月。死傷者衆。而弗下。趙王出輕鋭以寇其後。秦數不利。遂罷圍是也。傍注。運罷猶交罷也。天下固量秦力三矣。圖量上宜有已字。內者量吾謀臣。外者極吾兵力。極疲極。策注。言度其力之所至。由是觀之。臣以爲天下之從。幾不難矣。策作豈其難矣。舊注。諸侯知秦兵頓民疲。則從谿堅。故曰不難。內者吾甲兵頓。士民病。蓄積索。田疇荒。囷倉虛。外者天下皆比意甚固。策注。比密也。言其志親。願大王有以慮之也。且臣聞之曰。戰戰栗栗。日慎一日。策無曰字。○淮南子。堯戒曰。戰戰慄慄。日慎一日。人莫躓於山。而躓於垤。圖說苑。戰戰栗栗。日慎其事。賈誼新書。執事而臨民者。日戒慎一日。尙書。兢兢業業。一日二日萬幾。馬融云。一日二日。猶日日也。傅雅。戰戰栗栗。懼也。苟慎其道。天下可有。物曰。栗日一叶。道有一叶。圖苟誠也。湯盤銘曰。苟日新。董仲舒曰。堯兢兢日行其道。何以知其然也。昔者紂爲天子。將率天下甲兵百萬。率音帥。圖尙書。紂有億兆夷人。十萬曰億。十億曰兆。兆恰百萬。左飲於淇溪。右飲於洹谿。一作洹水。策同。圖左

定本韓非子纂聞卷第一　七　崇文院

右謂左右軍也。毛詩。淇水在右。世本古義。淇水出相州林慮縣。東流。相衝之山東面。故以北爲左。南爲右。方案殷都之右。於周爲左。故曰左飲。廣輿記。淇屬彰德府。古朝歌地。項羽記注。洹水在安陽縣北。去朝歌一百五十里。通雅。洹。戶千切。淇水竭。而洹水不流。策注。亦竭。以與周武王爲難。武王將素甲三千。國語注。素甲。白甲也。策注。絹素爲之。非金革也。圖武王在喪服。故用素甲。戰一日。日一作夜。而破紂之國。圖周禮注。國謂城郭中也。禽其身。據其地。而有其民。天下莫傷。無傷殷之亡也。知伯率三國之衆。圖智氏及韓魏。以攻趙襄主於晉陽。策注。禮大夫稱主。決水而灌之三月。策作三年。十過篇。圖晉陽三年。吳注。趙策亦兩云三年。城且拔矣。襄主鑽龜。莊子。七十二鑽而無遺策。司馬彪曰。鑽謂命卜。以所卜事而灼之也。筮占兆。以視利害。山曰。策作錯龜數筮占兆。龜策傳。灼龜觀兆。飾邪篇。鑿龜數策。荀子。錯龜陳卦。注。謂以火爇荊華灼之也。詩云。爰契我龜。箋云。契灼我龜而卜之。策注。灼龜拆處曰兆。圖周禮注。兆者灼龜發於火。其形可占者也。何國可降。圖命卜之辭也。乃使其臣張孟談。使如字。謂以事委之。於是乃潛行而出。圖四面盡水。故潛行。反知

張榜曰以起處作收處妙絕

孫鑛曰亦是遠交近攻汪道昆曰末段一正一反總通篇之意作結

張榜曰即承上一反收君妙筆末似方讀讀而一句已算殺矣

張榜曰非之說多破而爲韓之情亦甚顯至李斯諫辯者實刺心語耳而韓非之忠情如見此豈非既死後李斯之徒後纂其短即然不宜在韓子書中

孫鑛曰文氣甚勁有餘

趙本題注韓宗國也秦王欲得非於是急攻韓韓王遣非使秦秦王悅李斯忌而間之

伯之約。策注使韓魏背之。得兩國之衆。以攻知伯。禽其身。以復襄主之初。使趙氏復寧如初。策作成襄主之功。今秦地折長補短。方數千里。名師數十百萬。秦國之號令賞罰。地形利害。天下莫如也。上曰若此曰如古文不拘。以此與天下。天下可兼而有也。一無而字。臣昧死願望見大王。國蔡邕獨斷漢承秦法。羣臣上書皆曰昧死。言所以破天下之從。舉趙亡韓。臣荊魏。親齊燕。以成霸王之名。朝四鄰諸侯之道。言字意管到此。策注舉猶拔也。齊燕二國去秦遠未可加兵。故親之以寬兵力。其後秦滅諸侯二國獨後亡。以此故也。國觀親齊燕語。恐非韓子之說也。此篇蓋合從者爲齊燕游說者耳。大王誠聽其說。國誠策作試。是尉繚子試聽臣之術。一舉而天下之從不破。趙不舉。韓不亡。荊魏不臣。齊燕不親。霸王之名不成。四鄰諸侯不朝。大王斬臣以徇國。策注徇行以示人也。以爲爲王謀不忠者也。元脫一爲字。今從吳氏所引本補。

存韓第二

韓事秦三十餘年。出則爲扞蔽。韓策尙靳謂秦王曰韓之於秦也。居爲隱蔽。出爲鴈行。今韓已病矣。田齊世家周子曰趙之於齊楚扞蔽也。猶齒之有唇也。山曰扞楯也。管子一馬其甲七其蔽五。注蔽所以捍車馬也。國左傳釋文引詩干城干本作扞。案蔽亦楯也。難篇犀楯。呂春秋作犀蔽。入則爲蓆薦。物曰蓆薦在下。猶言臣妾。但謂出入唯秦之從耳。秦衍文。不然上下必有缺文。特出銳師。趙策曰者秦楚戰於藍田。韓出銳師以佐秦。即此類。取韓地而隨之。每秦有事于他國。韓則悉起國中之兵以隨其役也。國取如取吾田疇而伍之之取。謂擧國地以隨其後。怨懸於天下。功歸於強秦。秦伐他國而韓佐之。故韓受其怨。而秦常獨享戰勝得地之功也。國懸猶結也。韓雖諸國從秦之役。故與天下共結怨仇。而其事秦之功則獨歸于秦也。且夫韓入貢職。與郡縣無異也。今臣竊聞貴臣之計。今下一有日字。舉兵將伐韓。夫趙氏聚士卒。養從徒。物曰蘇秦之徒爲從說者。欲贅天下之

趙用賢曰非直指貴人之失計宜乎謂之目爲從說而終不能免也范睢三見秦王皆先言左右之誤貴先言外事以晉秦王非智不及此矣

兵。舊注贅連綴也。山曰說苑梁王贅其羣臣而議其過。詩傳贅屬也。國詩疏贅猶綴也。謂繫綴而屬之也。孟子曰屬其耆老。書傳曰贅其耆老。是贅爲屬也。明。秦不弱則諸侯必滅宗廟。欲西面行其意。國秦強則六國必亡。明辨此說。以爲合從。秦在西故西面。非一日之計也。物曰蘇秦以來。趙爲從長。今釋趙之患。而攘內臣之韓。釋舍也。攘除也。則天下明趙氏之計矣。山曰明猶信也。物曰謂天下益明白合從之利也。夫韓小國也。而以應天下四擊。趙世家趙四戰之國也。其民習兵。與此意同。國佩文韻府引作四擊。擊小擊也。主辱臣苦。上下相與同憂久矣。修守備。戒強敵。有蓄積。有一作存。築城池以固守。一作守國。〇物曰謂韓雖小國處天下之中。故常應四方來擊者。而習守禦之計也。今伐韓未可一年而滅。拔一城而退。則權輕於天下。天下摧我兵矣。物曰權秦權。我亦秦也。山曰詩傳摧沮也。一說恐揣字訛。揣度秦兵力也。韓叛則魏應之。趙據齊以爲原。國據以固其本。如川之有源也。如此則以韓魏資趙假齊。物曰資助也。假藉也。言韓魏叛秦則與齊趙合。是助力於趙藉勢於齊也。以固其從。而以與爭強。趙之福。而秦之禍也。夫進而擊趙不能取。退而攻韓弗能拔。則陷銳之卒。國陷陳勇銳之士也。吳都賦士有陷堅之銳。懃於野戰。懃一作勤同。〇列子人有懃[illegible]其懃者。原道訓注勤勞也。負任之旅。物曰卽轉餉者。旅亦卒也。國旅衆也。荀子注任負車任重之車也。又趙策使民不得耕作。糧食輓賃不可給也。鹽鐵論甲士死於軍旅中士罷於轉漕。罷於內攻。物曰罷疲同。國呂氏春秋趙孔靑大敗齊人。得車二千。得尸三萬。以爲二京。寧越謂孔靑曰惜矣。不如歸尸以內攻之。越聞之古善戰者莎隨賁服卻舍延尸。車甲盡於戰。府庫盡於葬。此之謂內攻之。則合羣苦弱以敵。謂連合羣困苦疲弱者足以敵秦。卽指韓魏之屬也。楚策夫約從者聚羣弱而攻至強也。而共二萬乘。楚策是楚魏共趙也。注共謂與魏共攻之。二萬乘齊趙也。韓魏與齊趙共從。親則趙益強。非所以亡趙之心也。物曰秦之本心欲離從孤趙而後圖之也。均如貴臣之計。臣一作人。〇攻內臣之韓而不親。舍外敵之趙而不伐。皆失計也。故謂之均。列子均天下之至理也。國相如傳均之二策。寧許以負秦曲。國語鈞之死也。無必假手於武王。注鈞同也。繆稱訓鈞之哭也。注鈞等也。國說苑鈞若子之方。豈足以變駭童子哉。則秦必

張榜曰見二疏妙。

爲天下兵質矣。魏策，君何釋以天下圖智氏，而獨以我國爲天下質乎。又云，今我構難於秦，兵爲招質。呂子注，招的中據皮者。荀子注，質射侯的正鵠也。物曰，質的也，謂天下之鋒必聚于秦也。陛下雖以金石相弊，則兼天下之日未也。古詩，人生非金石。注引此文作雖與金石相弊，兼天下未有日也。七發注同。○山曰，以與通。魯仲連傳，與天壤相弊。物曰，謂陛下之壽雖使與金石同盡也，一統之業猶在久遠，而不親自享之也。陛下字可見秦未稱皇帝時已用之矣，後乃沿用其舊禮耳。鳳孔叢子，率由前訓，將與天地相敝矣。郭璞不死樹贊，不死之樹，壽蔽天地。敝弊蔽通，弊壞也。舊注，盡也。蔡邕獨斷，陛下者，陛階也，所由升堂也。天子必有近臣執兵陳於陛側，以戒不虞。謂之陛下者，羣臣與天子言，不敢指斥天子，故呼陛下者而告之也。今賤臣之進愚計，一無進字。使人使荊，重幣用事之臣。物曰，謂行重幣賂楚用事之臣也。明趙之所以欺秦者。趙數陵侮秦國，故今伐之，明說此事，令楚不援趙也。與魏質以安其心。先是魏黨于趙，今趙見伐，則魏必懼，將益協和以敵秦，故先送質子以與之和，令其意安。從韓而伐趙。韓固事秦，故發其兵。趙雖與齊爲一，不足患也。楚魏不動，則趙所恃者獨齊耳。二國事畢，舊注，齊趙。則韓可以移書定也。韓一作轉。○謂攻齊趙之事已終，則弱韓可發一紙檄而定服之，不須加兵。

是我一舉。下云一動，意同。二國有亡形，則荊魏又必自服矣。故曰，兵者凶器也，越語注，謂害人。山曰，見尉繚子、說苑，出孫子。不可不審用也。以秦與趙敵衡，以猶念也。稱衡見亡徵，提衡見有度。鳳謂匹敵不衡也。加以齊，齊同親趙。今又背韓，使韓背秦。而未有以堅荊魏之心矣。一戰而不勝，則禍構矣。構結也。計者所以定事也，不可不察也。韓秦強弱在今年耳。韓字誤，當作趙。伐韓則趙強，攻趙則秦強，成敗強弱在此一舉。韓子意欲嫁禍於趙，使韓免於兵也。且趙與諸侯陰謀久矣。應上文非一日之計也句。夫一動而弱於諸侯，危事。攻韓而不能拔，則韓輕勢弱，故曰危事。爲計而使諸侯有意我之心，釋趙之患而攻內臣之韓，則諸侯內懼，不敢事秦也。物曰，意疑慮也，我謂秦也。至殆也。殆亦危也。見二疏。卽上文均如貴人之計是也。疏一作疏。物曰，見示也。疏謂計拙也，示計疏拙者二也。非所以強於諸侯也。謂失霸術。臣竊願陛下之幸熟

趙用賢曰此是當時紀載之文并敘李斯語。

張榜曰斯與非同門乃互相傾擠如此。

孫鑛曰斯二段與前非所說文氣却一律想俱爲非學者所述。

張榜曰敘事甚然。

圖之。夫攻伐而使從者間焉，一無夫字。間作閒。不可悔也。物曰，謂使合從之士得其隙以伺之，雖悔之不及也。

李斯上書。一本全篇連接，無此及下題。○字子迪說韓非子補云，李斯此書及上韓王書，蓋後人收於此，而案二書並繫後人擬作，恐非出于斯手也。前書釋秦策范雎之言，後書演趙策秦王之語，是附託之最易見者。

詔以韓客之所上書，言韓之未可舉，下臣斯。一重書字。○文選注，章表奏駁，六國及秦漢兼謂之上書。臣斯甚以爲不然。一無臣斯二字。或曰，甚字衍文。秦之有韓，若人之有心腹之病也。吳語，伍子胥曰，譬越之在吳也，猶人之有腹心之疾也。夫齊魯疥癬也。秦策范雎曰，秦韓之地形相錯如繡，秦之有韓，若木之有蠹，人之病心腹。天下有變，爲秦害者莫大於韓。虛處則㤥。舊注，㤥妨也，音艾。傍注，音改。物曰，謂虛曠無事以處則但覺稍有妨碍已。心腹之病，蓋謂疝積之類。鳳一說，虛丘墟，高燥之地也。莊子，民濕寢則腰疾偏死，木處則惴慄恂懼。然若居濕地，著而不去，以極走則發矣。然字舊讀屬上。物曰，極劇同，有勞劇奔走之事則發也。靈樞內經，濕氣勝者爲著痹。注，重著不移，濕從上化。說文云，痹濕病也。詩傳，骭瘍爲微，腫足爲尰。箋云，此人居下濕之地，故生微腫之疾。荀子箴賦，反覆甚極。注，極與亟同。又小學，范魯公詩，亟走多顚躓。此謂濕病重著而不移去，以此疾走則爲腰足之疾發矣。

夫韓雖臣於秦，未嘗不爲秦病。今若有卒報之事，物曰，卒報猶云告急變也。韓不可信也。秦與趙爲難，荊蘇使齊，未知何如。物曰，荊蘇人姓名，是時使齊，說救其與趙絕矣，而未反命，故曰未知何如。以臣觀之，則趙之交未必以荊蘇絕也。若不絕，是悉趙而應二萬乘也。二萬乘，齊趙也。趙悉發其兵，而齊又助之，則是秦敵於萬乘之國二也。齊策，悉趙涉河關。注，悉悉起其兵。夫韓不服秦之義，而服於強也。今專於齊趙，專以攻齊趙爲事，如極走者。則韓必爲腹心之病而發矣。韓與荊有謀，諸侯應之，則秦必復見崤塞之患。趙策，昔歲崤下之事，韓爲中軍，以與諸侯攻秦。案，五國伐秦，以楚主盟，故曰韓與荊有謀。下文秦先報伐楚，亦由此也。又齊策，齊宣王西攻秦，秦爲齊兵困於崤塞之上，十年攘地，秦人遠迹不服。吳注，秦惠後七年，五國擊秦，齊師獨後不敢他戰，無考。國策又云，韓襄王五十四年，與齊魏擊秦於函谷、河渭

李坤曰斯之急正在此

陳深曰李斯之深計名爲忠秦實乃間非

絶一日注函嶠地近圖書序秦穆公伐鄭晉襄公帥師敗諸嶠孔傳嶠秦要塞圓案物氏亦謂蓋指孟明敗績之事非也非之來也。非韓子名

未必不以其能存韓也。爲重於韓也。未一作大一無不字〇謂欲使韓國安存且有威重於諸國故來說耳西周策注凡言重皆制人而不制於人者也辯說屬辭。飾非詐謀。以釣利於秦。主術訓注釣取也圓後黨錮傳注引非作辯秦下有也字而以韓利闚陛下。舊注闚伺王意因隙入說以求韓利夫秦韓之交親。則非重矣。舊注見重於二國也此自便之計也。便利也臣視非之言。卽前上書文其淫說靡辯才甚。飾其淫靡之說以惑人聽才敏爲甚臣恐陛下淫非之辯。淫猶惑也而聽其盜心。飾姦釣利故曰盜心物曰縱其盜賊之心因不詳察事情。情實也今以臣愚議。秦發兵而未名所伐。物曰謂不聲言其伐何國也下未名所之同則韓之用事者。以事秦爲計矣。舊注疑其伐己臣斯請往見韓王。使來入見。物曰謂使韓王入朝大王見。因內其身而勿遣。物曰內入聲其身指

韓王山曰內因字訛稍召其社稷之臣。以與韓人爲市。社稷之臣卽用事者物曰與韓人約以地易王如市易然則韓可深割也。東周策注割謂出地因令象武發東郡之卒。象武秦臣姓名希姓錄收此東郡秦所置蒙驁伐魏取之闚兵於境上。而未名所之。闚猶闚也之適也則齊人懼。而從蘇之計。圓謂與趙絶交是我兵未出。而勁韓以威擒。强齊以義從矣。聞於諸侯也。趙氏破膽。圓賈誼傳大諸侯之有異心者破膽而不敢謀荆人狐疑。必有忠計。謂以事秦爲計也自秦而言之故曰忠計荆人不動。魏不足患也。則諸侯可蠶食而盡。趙世家正義蠶食桑葉漸進必盡也趙氏可得與敵矣。願陛下幸察愚臣之計無忽。察一作審秦遂遣斯使韓也。圓此記者之詞

李斯上書韓王

先言秦之有施於韓次言韓之報秦無德見曲在韓

陳深曰此敍秦韓報施之事及諸侯不直韓

李斯往詔韓王。未得見。因上書曰。昔秦韓戮力一意。以不相侵。天下莫敢犯。如此者數世矣。國語晉注戮力竹切字當作勠從力者幷力也然諸本皆從戈古字通用荅康呂靜音留又字林音遼前時五諸侯嘗相與共伐韓。時一作世先時字見趙策五諸侯伐韓未聞或說五字衍文秦發兵以救之。史記韓傳王二十三年趙魏攻我華陽秦使白起救之豈是耶韓居中國。地不能滿千里。而所以得與諸侯班位於天下。君臣相保者。山曰左傳族姓班位孟子周室之班爵祿也注班列也以世世相教事秦之力也。此謂韓之地狹兵寡恃秦以存不能獨立于天下也先時五諸侯共伐秦。秦策五國伐秦楚策五國約以伐秦注秦惠文君後七年韓魏趙燕齊共伐秦圓案秦紀年表所記五國名各不一楚世家蘇秦約從六國共攻秦楚懷王爲從長至函谷關秦擊之五國皆引歸齊獨後因考韓秦者實六國也楚爲盟主故不數之而云五國歟韓反與諸侯。先爲雁行。以嚮秦軍於關下矣。魏策雁行頓刃注以次進也或云先共字訛關函谷關圓先謂率爲前導也韓世家韓必德王也必不爲雁行以來蘇秦傳使

弱燕爲雁行而强秦敝其後皆爲同心旅進之義與王制兄弟之國雁行少異諸侯兵困力極。無奈何。諸侯兵罷。杜倉相秦。杜倉秦臣〇秦策呂不韋說楊泉曰子傒有承國之業士倉又輔之士土字訛卽杜倉也焦氏筆乘士卽古杜字省文士姓杜伯之後左傳士穀及士會士燮士鞅士當作土傳寫耳又詩徹彼桑土土讀爲杜起兵發將。以報天下之怨。發下疑少卒字而先攻荆。楚爲從長故先報伐荆令尹患之曰。夫韓以秦爲不義。而與秦兄弟。共苦天下。已又背秦先爲雁行以攻關。物曰謂初韓以秦爲不義後遂與秦爲兄弟今又背秦此卽所謂展轉展轉反覆也韓則居中國。展轉不可知。已上楚數韓罪之辭天下共割韓上地十城。以謝秦解其兵。上地上黨之地趙策秦王謂公子他曰昔歲殽下之事韓爲中軍以與諸侯攻秦韓與秦接境壤界其地不能千里展轉不可約日者秦楚戰於藍田韓出銳師以佐秦秦戰不利因轉與楚不固信盟唯便是從韓之在我心腹之疾吾將伐之何如公子他曰王出兵於韓韓必懼懼則可以不戰而深取割王曰善乃起兵一軍臨滎陽一軍臨大行韓恐使陽城君入謝於秦請效上黨之地以和卽此事也〇上地說不一荀子韓之上地方數百里完全富具而趙趙注上黨之地也始皇紀王翦將上地正義云上郡上縣今綏

孫詒讓曰色深

州等。趙策，其死士皆列之於上地。注：韓之上流。吳注：地之上者。魏策：芒卯謂魏王曰：王所患者上地也。注：上流之近秦者。楚策：韓之上地不通。吳注：後語作上黨。韓策：張儀曰：秦下甲據宜陽，斷絕韓之上地。又云：夫塞成皋，絕上地，則王之國危矣。案韓之上地指上黨言也。物氏以爲膏腴，失之。又見內儲。圖：列子及呂春秋、淮南子皆曰：牛缺者，上地之大儒也。高誘曰：上地，美地也。與此不同。釋名云：黨，所也。在山上，其地最高，故曰上黨是也。

夫韓嘗一背秦。而國迫地侵。兵弱至今。所以然者。聽姦人之浮說。不權事實。人一作臣。○浮虛之說，指合從之計。故雖殺戮姦臣。不能使韓復强。今趙欲聚兵士卒。以秦爲事。兵士卒三字一意。使人來借道。言欲伐秦。其勢必先韓而後秦。且臣聞之。脣亡則齒寒。夫秦韓不得無同憂。其形可見。一疊欲伐秦三字。○此段專祖宮之奇諫虞君之說。魏欲發兵以攻韓。秦使人將使者於韓。物曰：將，送也。魏欲攻韓，以告秦，秦送其使者於韓，蓄言秦待韓意殷也。今秦王使臣斯來。而不得見。恐左右襲曩姦臣之計。使韓復有亡地之患。左右云者，不敢斥韓王也。襲，重也。曩，昔也。臣斯不得見。請歸報。秦韓之交必絕矣。斯之來使。以奉秦王之歡心。願效便計。計之利於韓者。豈陛下所以逆賤臣者耶。逆猶拒也，謂不見也。國語：晉伐翟，翟人出逆之。○山曰：以陛下稱它國之王，它書未見。臣斯願得一見前。一作得一。進道愚計。退就菹戮。道，言也。山曰：漢志梟其首，菹其肉於市。注：菹，謂醢也。集韻又作葅。圖：楚辭比干菹醢。韓策：其姊不避菹醢之誅。願陛下有意焉。請曲意而見之。今殺臣於韓。則大王不足以强。若不聽臣之計。則禍必構矣。秦發兵不留行。謂其疾進。而韓之社稷憂矣。臣斯暴身於韓之市。則雖欲察賤臣愚忠之計。不可得已。邊鄙殘。國固守。鼓鐸之聲聞於耳。一脫聞字。而乃用臣斯之計晚矣。國趙策：秦攻趙，鼓鐸之音聞於北堂。周禮：族師以鼓鐸旗物帥而至。且夫韓之兵於天下可知也。謂其寡弱。

姚用賢曰：文意邃奇，字字奇[illegible]。陳深曰：整整十二[illegible]內却有長短參差，句不同。劉辰翁曰：蒼然莽古，此先秦之辭，西漢便自別。趙本題注此亦爲初見秦之詞，愼閒孫坑，故其文連類譚肆，感忿特奇。圓曰：疑依說難而假託者。

圖五國共敗而使韓獨割地，其爲可知也。今又背强秦。夫棄城而敗軍。則反掖之寇。必襲城矣。山曰：夫字恐衍。傍注：反掖謂肘腋之欲叛者也。圖：字彙補：掖與腋同。城盡則聚散。聚散則無軍矣。積聚散則無以供軍。使城固守。則秦必興兵而圍王一都。一字恐王字下畫誤分而衍也。韓都滎陽。圖：此段析前修守備，戒强敵，有蓄積，築城池，以固守之說。道不通則難必謀。其勢必不救。一無必字。左右計之者不用。及其危急，雖有智者不能施計。願陛下熟圖之。若臣斯之所言。有不應事實者。照上不權事實。願大王幸使得畢辭於前。乃就吏誅不晚也。秦王飲食不甘。遊觀不樂。心不在焉。意專在圖趙。使臣斯來言。願得身見。因急與陛下有計也。欲議伐趙之計。今使臣不通。則韓之信未可知也。使其使臣不得引見，則韓事秦之情未可信也。夫秦必釋趙之患。而移兵於韓。願陛下幸復察圖之。而賜臣報決。圖：佩文引賜作使。後志：宗室有犯法，當髡以上，宗正以聞，乃報決。

難言第三

臣非非難言也。東周策注：難，畏阻恐。圖：臣非云者，蓋上韓王也。博雅云：畏，憚難也。所以難言者。言物曰：此字蒙下十一柱。順比滑澤。澤一作滜。○物曰：順比，比序順下也。山曰：荀子使天下莫不順比從服。注：比，親附也。毛詩：克順克比。左傳：慈和徧服曰順，擇善而從之曰比。字書：滑，有光潤也。荀子：順非而澤。注：有潤澤也。圖：管子：爲人弟者比順以敬。論語義疏：比是親狎之義。楚辭：將突梯滑稽，如脂如韋。注：順滑澤也。博雅：膏，滑澤也。管子：順惡而澤。注：善潤飾之，令有光澤。孟子：潤澤之在君與子。洋洋纚纚然。舊注：洋洋，美盛貌。纚纚，有編次也。山曰：論語：洋洋乎盈耳哉。離騷：索胡繩之纚纚。圖：尚書：聖謨洋洋，嘉言孔彰。纚，色蟹反，所以韜髮也。周禮：追師掌王后之首服，爲副編次。注：編，編列髮爲之。次，次弟髮爲之。亦纚笄總而已。是纚有編次之義也。則見以爲華而不實。祭屈原文注引見下有者字。○見以爲，猶見謂也。圖：左傳：陽處父華而不實。注：言過其行。敦祗恭厚。鯁固愼完。謹慤密固，執不回，謂其朴直不轉利也。物曰：鯁，硬同。山曰：鯁，骨不下咽也。世謂謇謇爲骨鯁者，直言難受，如骨之哽咽也。圖：爾雅疏：敦，厚相勉也。徐鍇曰：眞心爲愼。莊子：不以物挫志之謂完。則見以爲拙而不倫。■中庸毛猶有倫毛詩維號斯言有倫有脊傳倫道脊理也。多言繁稱。秦策繁稱文辭天下不治■言古言也古人有言先民有言之類荀子多言則文而類稱稱古言也由禮必則古昔稱先王鬼谷子繁稱文辭者博也。連類比物。■史記鄒陽辭雖不遜然其比物連類有足悲者學記古之學者比物醜類。則見以爲虛而無用。總微說約。總取精微務就簡約。■總括也說文聚束也約要也孟子博學而詳說之將以反約也淮南要略訓總要擧凡而語不剖判。徑省而不飾。徑直遂也■合類纂語引飾作煩荀子少言則徑而省論而法。則見以爲劌而不辯。說文劌利傷也。激意親近。探知人情。意一作急探一作深○山曰激微字訛論語惡徼以爲知者物曰親近迫切也■激徼通家語佐之徼其志注徼射其志也探知人情謂以意搜索。知其內情也。則見以爲僭而不讓。僭一作譖。閎大廣博。■鄒衍傳其言閎大不經中寬曰閎百家類纂作宏。妙遠不測。山曰妙眇通遠也。則見以爲夸而無用。■莊子今子之言大而無用。纖計小談。■百家類纂作家計貨殖傳周人既纖注儉嗇也東方朔傳孜書計注計謂用算也此說射利運籌瑣猥之事也莊子彼所小言盡人毒也注細巧入人爲小言也。以具數言。物曰謂以錢數爲言也■疑算數誤算又作箕具又作算故相混歟世本

黃帝時隸首作算數。則見以爲陋。■荀子少見曰陋。言而近世。物曰近世近俗也山曰荀子遠擧則病繆近世則病傭。辭不悖逆。委曲遜順不危激也。則見以爲貪生而諛上。■荀子以不善和人者謂之諛。言而遠俗。詭譟人間。則見以爲誕。詭譟詭異譟詐遠世也■孔叢子請以人間近事喩之荀子易言曰誕○物曰譟字未得其解圓案有度篇陰譟不得闢其佞說疑篇譟詐之人詭使篇險譟佻反覆又云譟險讒諛者任譟譟互用說文作趮疾也釋名燥也物燥乃動而飛揚主術訓狡躁康荒國語驕躁淫暴管子躁作姦邪僞詐之人又云民淫躁行私晉翻晦傳王弘兄弟輕躁昧進五代薛希甫性褊而躁進唐韋渠牟爲人佻躁志向浮淺嚴震輕躁多姦謀呂渭性險躁諂詭而好利文藝傳杜甫性褊躁傲誕杜易簡李邕皆險躁荀子躁者皆化而愨愨躁反對似有欺詐之義論語言未及之而言謂之躁魯論荀子作傲則知躁傲義亦相近■躁多言也繫辭傳躁人之辭多。捷敏辯給。繁於文采。■捷速給足也。則見以爲史。山曰論語文勝質則史聘禮記辭無常遜而說辭多則史少則不達■國語史獻書注周禮外史掌書外令掌四方之志掌三皇五帝之書史者蓋虛文少實意。殊釋文學。以質信言。信一作性。則見以爲鄙。■殊絕棄也管子質信極忠張釋之傳具以質言注質誠也鄙與都反俗曰野樸。時稱詩書。道法往古。物曰道卽道中庸之道■學記當其可之謂時時稱詩書如孟子說齊梁之君也周禮誦方氏道四方之政事與其上下之志誦四方之傳道注道猶言也傳道世世所傳說往古之事也爲王誦之若今論聖德堯舜之道矣。則見以爲誦。毛詩誦言如醉箋云誦詩書之言則冥臥如醉。此臣非之所以難言而重患也。重憚也。故度量雖正。未必聽也。義理雖全。未必用也。大王若以此不信。■以上文見以爲之事不信術士之言也。則小者以爲毀訾誹謗。大者患禍災害死亡及其身。■說難篇厚者爲戮薄者見疑。故子胥善謀而吳戮之。■吳王夫差信讒賜伍子胥屬鏤之劍以死出史記。仲尼善說。而匡圍之。■孔子狀類陽虎匡人以爲陽虎圍之事詳家語又孟子宰我子貢善爲說辭孔子兼之是善說也。管夷吾實賢。而魯囚之。■魯殺公子糾束縛管仲以效于齊見左傳。故此三大夫豈不賢哉。而三君不明也。匡簡子宋大夫也而弁曰三君屬文之宜。上古有湯至聖也。■有如有周不顯之有詩疏以周文卑故言有以助之。伊尹至智也。夫至智說至聖。然且七十說而不

受。身執鼎俎。爲庖宰。昵近習親。而湯乃僅知其賢而用之。七十說爲宰雜家之說也■國語注僅猶言纔能也公羊傳注僅猶劣也勤用力意。故曰。以至智說至聖。未必至而見受也。伊尹說湯是也。至至前也又有致意山曰荀子凡說之難以至卑遇至高以至治接至亂未可直至也■荀子大小至不至之變注至猶當也呂子理奚由至注至猶得也。以智說愚。必不聽。文王說紂是也。故文王說紂。而紂囚之。殷紀九侯有好女入之紂九侯之女不憙淫紂怒殺之而醢九侯鄂侯爭之強辯之疾并脯鄂侯西伯昌聞之竊歎崇侯虎知之以告紂紂囚西伯羑里案文王說紂書傳散逸其詳不可得而知也然近得實夫見同列二人之死畏罪懍口不得已而竊歎鄉黨自好者不爲也史記所傳策士之談也。翼侯炙。史策云鄂侯淮南子息侯蓋一人也晉世家索隱翼本晉都自孝侯以下一號翼侯平陽絳邑縣東翼城是也世本叔虞居鄂正義云鄂地與絳州夏縣相近案曲沃莊伯弑晉孝侯于翼晉人復立孝侯子郤爲君是爲鄂侯可見翼鄂本一邑也。鬼侯腊。史作九侯注在鄴縣■說文腊乾肉也。比干剖心。■比干諫紂紂怒曰吾聞聖人之心有七竅信諸乃遂殺之剖視其心見史記。比干紂之諸父。梅伯醢。呂春秋紂爲無道殺梅伯而醢之殺鬼侯而脯之以翼訓醢息侯之女薦梅伯之醢注紂時諸侯也淩稚隆史

案孫子從下無外字

評以梅伯爲鄂侯未之考耳。夷吾束縛。見上。而曹羈奔陳。山曰春秋莊二十四年冬曹羈出奔陳公羊傳戎將
侵曹曹羈諫曰戎衆以無義君請勿自敵也曹伯曰不可三諫不從遂去之故君子以爲得君臣之義也。伯里子道乞。鄒陽書百里奚乞食
於道路山曰見修務訓圖穀梁傳釋文百里奚百本或作伯。傳說轉鬻。舊注轉次而傭故曰轉鬻圖呂春秋百里奚未遇時飯牛于秦傳鬻
以五羊之皮文子百里奚傳賣管仲束縛合而觀之轉鬻者百里奚非傳說也豈鬻與版築音近而誤混耶轉鬻轉移而賣論衡竇廣國年四五歲爲人所掠賣傳賣十
餘家卽此類也日知錄引王逸九思云管束縛兮桎梏百貿易兮傳賣賣音鬻方案賣價通周禮司市徵價釋文音育。孫子臏脚於魏。
字書臏膝端蓋骨也刖去臏骨使不得行圖龍涓嘗與孫子同學兵法涓爲魏將軍自以所能不及因以法刖之。吳起收泣於岸
門。圖收泣猶揮涕也傳稚收振也又案呂子今本作吳起抿泣而應之抿拭同洞簫賦鼻涕抆淚注抆亦拭也收或抆字訛。痛西河之爲
秦。丘遲書吳子之泣西河注呂氏春秋曰吳起治西河王錯譖之魏武侯武侯使人召吳起至岸門止車而立望西泣數行下其僕曰竊觀公之志視天下若舍
屣今去西河而泣何也吳起雪涕應之曰子弗識也君誠知我而使我畢能秦必亡西河今君聽讒人之議而不知我西河之爲秦取不久矣。卒枝解
於楚。秦策注支解斷其四肢案起傳宗戚大臣射刺起死。公叔座。圖商君傳公孫座索隱云在戈反。言國器反

爲悖。國器治國之材圖悖惑也毛詩匪用其良覆俾我悖。公孫鞅奔秦。商君傳公叔座疾魏惠王往問之公叔曰臣之中庶子公
孫鞅年雖少有奇才願王擧國而聽之惠王謂左右曰公叔病甚悲乎欲令寡人以國聽公孫鞅豈不悖哉公叔死公孫鞅西游於秦。關龍逢斬。
希姓錄引潛夫論作豢龍逢圖桀爲酒池關龍逢進諫立而不去朝桀囚而殺之見韓詩外傳。萇弘分胣。舊注胣裂也敕氏反山曰莊子音
者龍逢斬比干剖萇弘胣子胥靡文粹云萇弘周靈王賢臣刳腸曰胣林注胣裂也釋文引淮南子曰萇弘鈹裂而死鈹讀曰披今案氾論訓作車裂圖又見內儲。
尹子穽于棘。未聞案說苑有秦始皇誅諫宣太后之事者從以蒺藜之事蓋古者戮辱人屍以荆棘蒺藜歟傍注投于棘穽也圖穽坎也易
坎卦繫用徽纆寘于叢棘大學衍義補引程傳曰以其陷之深取牢獄爲喩也臣案坎爲刑獄荀九家易坎爲叢棘前漢翟方進傳云王莽盡壞翟義第宅汙池之又云
至皆同坑以棘五毒并葬之蓋古有設此刑者。司馬子期死。而浮于江。史記楚惠王十年白公作亂殺子西子期于朝
浮于江未聞蓋投屍于江中也楊升庵外集云修文御覽引吳越春秋逸篇吳王死後越浮西子于江令隨鴟夷以終蕉氏筆乘古人多倒語以浮訓沈也圖中山亦有
司馬子期未知孰是。田明辜射。田明未聞山曰辜射疑卽辜磔見內儲圓案墨子中有司出其所治則從外淫之法其罪射射磔古音相通圖
過秦論有齊明豈卽田明耶。宓子賤西門豹不鬬。而死人手。二子不令終未聞。董安

榜曰一轉寘飾力

讀曰稱用額意

趙本題注人主不得擅權人臣不得擅威

曰爲蹈孟子語見弄韓子之手也

于死。而陳於市。左傳知文子使告於趙孟尉先發難者趙孟患之董安于縊死趙孟尸諸市以告知氏然後趙氏寧。宰予
不免於田常。家語及呂子說苑人間訓李斯傳並有此說索隱云左氏無宰我與田常作亂之文然有闞止字子我田闞爭寵子我爲陳恒
所殺恐字與宰予相涉因誤云圖又見史弟子傳宋張淏雲谷雜記亦詳辯之略云說苑載諸御鞅諫齊簡公語與左氏正同獨以闞止爲宰予者則後人誤以闞氏
之子我爲宰氏之子我最分明夫一名字之混遂至賢逆無辨曾參殺人眞可畏哉。范雎折脅於魏。詳于史記本傳。此十
數人者。皆世之仁賢忠良有道術之士也。仁一作人。不幸而
遇悖亂闇惑之主而死。然則雖賢聖不能逃死亡避戮
辱者。何也。則愚者難說也。故君子難言也。且至言忤於
耳。而倒於心。倒反也山曰家語良藥苦於口而利於病忠言逆於耳而利於行又見呂子及淮南王傳圖至言至誠之言商君傳至言實也。
非賢聖莫能聽。願大王熟察之也。

愛臣第四

愛臣太親。必危其身。人臣太貴。必易主位。貴一作擅位一作命〇圖愛臣左右
嬖臣人大字誤人主篇作大臣孤憤篇萬乘之患大臣太重千乘之患左右太信秦策大臣太重者國危左右太親者身危。主妾無等。圖等
補里反叶下子。必危嫡子。舊注主謂室主山曰漢書袁盎諫文帝曰今陛下既已立后夫人廼妾妾主豈可同坐哉圖謂趙策吳注齊侯使尚
張言公稱主君子家子曰齊卑君矣主君大夫之稱也秦策甘茂引樂羊曰主君之功魏策魯侯擇言稱主君之尊蓋三晉以大夫爲諸侯故猶仍之趙稱簡主襄主是
也今案戰國時呼君王爲主君呼國后爲主妻呼君父爲主父呼太后爲主母呼相國爲相室之類亦自三晉變舊稱始也韓子韓人故書中多用之。兄弟
不服。必危社稷。山曰八經篇權籍不失兄弟不侵圖服鼻墨反叶下稷。臣聞千乘之君無
備。必有百乘之臣在其側。以徙其民。而傾其國。萬乘之
君無備。必有千乘之家在其側。以徙其威。而傾其國。物曰
徙其民使民歸于己也山曰孟子萬乘之國弒其君者必千乘之家千乘之國弒其君者必百乘之家。是以姦臣蕃息。主道
衰亡。是故諸侯之博大。天子之害也。羣臣之太富。君主

之敗也。將相之後主而隆家。此君人者所外也。後一作管。隆下有國字。○後主。忘君也。孟子。未有義而後其君者也。隆家。私家隆盛也。八經篇。家隆劫弒之難起。山曰。外謂出奔它國也。下終於外同。萬物莫如身之至貴也。位之至尊也。主威之重也。一脫也字。主勢之隆也。此四美者。不求於外。不請於人。議之而得之矣。君自思議行之乃得四美。故曰。人主不能用其富。則終於外也。圝如魯昭公見逐。薨於乾侯也。此君人者之所職也。職一作識。○職。主也。人主當主四美。不得借人。昔者紂之亡。西伯三分天下而有其二。周之卑。東遷以後。諸侯力征。王室遂卑。皆從諸侯之博大也。井曰。從凶也。晉之分也。舊注。韓魏趙分晉國。齊之奪也。舊注。陳恒弒齊簡公。皆以羣臣之太富也。夫燕宋之所以弒其君者。皆此類也。此多作以。今從一本。○燕公孫操弒惠王。宋皇喜劫弒宋君。皆太富之類也。故上比之殷周。中比之齊晉。下比之燕宋。莫不從

定本韓非子纂聞卷第一　二十　崇文院

此術也。從山氏補比之齊晉下五字。○此術謂博大富盛也。圝比猶視也。是故明君之蓄其臣也。蓄畜同。養也。盡之以法。井曰。御之以法。必盡其罰。卽不赦死。不宥刑也。質之以備。井曰。正姦禁邪。各有戒備。不令大臣作威福也。卽是故大臣之祿以下文也。故不赦死。不宥刑。赦死宥刑。是謂威淫。舊注。淫。散也。社稷將危。國家偏威。舊注。君威散臣威成。是故大臣之祿雖大。不得藉威城市。城市謂都邑之有城市者。借以作威。史記。馮亭曰。有城市之邑十七。山曰。孔子世家。家臣無藏甲。大夫無百雉之城。黨與雖衆。不得臣士卒。傍注。不得以君之士卒爲臣也。圝黨與屬官也。古者兵車一乘。甲士三人。步卒七十二人。國有大事則使大夫率以出征。不得私役。故人臣處國。無私朝。私相朝謁。傍注。私家之朝。居軍無私交。私愛懷衆。恐生姦謀。其府庫不得私貸於家。舊注。不欲令其樹福也。此明君之所以禁其邪。或云。宜有也字。卽上質之以備。令大臣不生覬心也。是故不得四從。傍注。私交四鄰。不載奇兵。物曰。奇邪之兵。乃兵器之非常用者。士民不得載之。山曰。奇宜作寄。非傳。國語注。傳。驛也。竹絹切。遽傳車也。其據切。載奇兵

孫鑛曰。通篇俱韻語。然似連珠。亦兩用韻。陳深曰。通篇論人君之術。純是老子作用。此本篇注人君操虛靜無爲而羣臣各效其職。不敢擅權而壅蔽其上。此是一片文字。

革。物曰。戰國時。傳遽不得不載兵器。山曰。宜作載寄兵者。罪死不赦。此明君之所以備不虞者也。

主道第五

道者萬物之始。是非之紀也。物曰。韓子出老氏。故所謂道者虛靜也。萬物生於虛。故曰萬物之始也。虛靜則明。故曰是非之紀也。紀。紀綱。猶言主也。舊注。物從道生。故曰始也。圝老子。有物混成。先天地生。字之曰道。管子。虛者萬物之始也。羣書治要引尸子曰。神也者萬物之始。萬事之紀也。管子。名者聖人之所以紀萬物也。鶡冠子。理也者所以紀名也。呂春秋。理也者是非之宗也。紀字有數義。呂子注。猶貫因也。樂記注。總要之名。周語注。猶綜理也。是以明君守始。以知萬物之源。圝守始。體道也。虛靜以守。則物自來應之。故其源可知也。治紀以知善敗之端。端。事之端緒也。物曰。善敗。成敗也。圝綜理其名。則是非井然。故知功罪所由也。故虛靜以待。卽守始也。呂子。去想去意。虛靜以待。山曰。揚榷篇。聖人執一以靜。使名自命。令事自定。又云。聖人執要。四方來效。虛而待之。彼自以之。令山曰。衍文。圝案。有度篇。順上之爲。從主之法。虛靜待令。而無是非也。彼說臣道。與此不同。令名自命也。令事自定也。名事。

定本韓非子纂聞卷第一　二十一　崇文院

卽形名也。言者名也。事者形也。二柄篇。循合形名。者言不異事也。圝管子。靜心以待之。物至而名自治之。賈誼新書。明主者南面而正。淸虛而靜。令名自宣。令物自定。如鑑之應。如衡之稱。晉世家。師服曰。異哉。君之命子也。太子曰仇。仇者讎也。少子曰成師。成師大號。成之者也。名自命也。物自定也。虛則知實之情。靜則知動之正。動下之字多作者。○物曰。上句應萬物之始。下句應是非善敗。實者物也。動則有是有非。是非不惑謂之正。有言者自爲名。卽自命也。圝以其言授其事。當否自效。故曰自爲名。有事者自爲形。卽自定也。圝案其名責其實。功罪自分。故曰自爲形。形名參同。君乃無事焉。歸之其情。物曰。參考形名。皆歸于一也。情。卽物情。歸之物情。則君不與焉。圝說文。同。合會也。參同形名。使名當其實。實當其名也。歸之其情。謂萬物各反其所而得其情也。管子。循名而案實。案實而定名。名實相爲情。又云。君不動。政令陳下而萬功成。心不動。使四支耳目而萬物情。呂子。今日南面。而邪自正。而天下皆反其情。○方案。益稷曰。敷納以言。明庶以功。車服以庸。左傳趙衰引夏書作明試以功。此語卽形名之學所由出也。二柄篇。爲人臣者陳事而言。君以其言授其事。是敷納以言也。又云。以其事責其功。是明試以功也。又云。功當其事。事當其言則賞。功不當其事。事不當其言則罰。是車服以庸也。故曰。君無見其所欲。君見其所欲。臣將自雕琢。將自元作自將。寫者殺次。○物曰。見猶示也。圝王氏合雅。淵鑑類函。鹽鐵論注。並作將自。老子。我無

欲而民自樸。樸與離琢相反。韻會小補引此文云。琢叶都木切。君無見其意。君見其意。臣將自表異。欲謂好惡。意謂舊知。故曰。去好去惡。臣乃見素。二柄篇舊注。君無好惡。則臣無因爲僞。其誠素自見。矣。物曰。素謂本眞。卽離琢之反也。圝去謂不示也。好惡者情之見于外者也。國策。示情素注。素愫通。誠也。莊子。素也者謂其無所與雜也。去舊去智。臣乃自備。各自戒飭守其職也。物曰。去舊去仁也。去故舊之愛也。圝去舊去巧也。舊故也。管子。恬愉無爲。去智與故。原道訓。不設智故。注。智故巧飾也。俶眞訓。不以曲故是非相尤。注。曲故曲巧也。故有智而不以慮。井曰。不用智也。使萬物知其處。處所義同。外儲子之處。人之所欲也。兵略訓。諸侯沮膽其處。內儲。乃悚懼其所也。論語。雅頌各得其所。左傳。不如早爲之所。又曰。患不孝。不患無所。尙書天問。毖我成功所。荀子。天下曉然皆知其所。圝謂使羣臣士民各知其分位也。有行而不以賢。物曰。不自賢也。觀臣下之所因。臣下飾行以因君之好惡。故審察之。有勇而不以怒。使羣臣盡其武。行者仁也。八經篇。行義示則主威分。智仁勇三者。天下之達德也。人君之高行也。任衆智盡慮。則益明。役衆賢盡仁。則有功。用衆力盡武。則兵强。是爲大智大仁大勇。是故去智而有明。去賢而有功。去勇而有强。舊注。去君智則臣智自明。去君賢則

臣事有功。去君勇則臣武自强。羣臣守職。百官有常。各循國法。不肯用私。因能而使之。物曰。因其材能。而任使之。是謂習常。圝習如習坎習卜之習。與襲通。重複因仍之義也。賈誼新書。襲常緣道謂之道。老子。見小曰明。守柔曰强。用其光。復歸其明。無遺身殃。是謂襲常。樂書。習常襲舊而已。水經注。風山上有穴如輪。風氣蕭瑟。習常不止。故曰。寂乎其無位而處。漻乎莫得其所。物曰。漻寥同。莫得其所。謂莫有方所。不可測識也。圝察此說入君體道虛靜無爲恬惔自守也。道在不可見。何由知其處所哉。上林賦。寂漻無聲。圝老子。寂兮寥兮。注。無形體也。管子。位者謂其所立也。孟子。子產曰。得其所哉。明君無爲於上。羣臣竦懼乎下。乎一作於。○圝竦悚同。書孔傳。怵惕悚懼也。楚琳引字書云。悚懼戰慄也。鄧析子。掩目塞耳。萬民震恐。明君之道。使智者盡其慮。而君因以斷事。故君不窮於智。賢者效其材。效一作敕。○效呈見也。君因而任之。故君不窮於能。能用衆智。能役衆能。何窮之有。有功則君有其賢。圝廣雅。有取也。詩傳。有藏之也。有過則臣任其罪。故君不窮於名。君下一有子字。圝名聲譽也。是故不賢而爲賢者師。不智

而爲智者正。爲智間一有上字。○圝周禮注。師正皆長也。師之言帥也。正之言政也。臣有其勞。君有其成功。舊注。君取臣勞以爲己功。此之謂賢主之經也。舊注。經常法也。道在不可見。一本別提。用在不可知。旣無形體。豈得見之。施設無方。何由知之。圝道微玄虛。求乃不得。故曰。在不可見。用謂道之用可施行者。六韜。道在不可見。事在不可聞。勝在不可知。說山訓。鼻之所以息。耳之所以聽。終以其無用者爲用矣。又云。走不以手。縛手走不能疾。飛不以尾。屈尾飛不能遠。物之用者。必待不用者矣。虛靜無事。以闇見疵。君去智巧。深自韜晦。則可以察彼態度。觀其疵瑕也。譬之如居闇室者。內能見外。而使彼不可見我也。矜而自用。則羣臣匿情飾行。離琢表異。無不爲矣。觀行篇。鏡無見疵之罪。齊策。齊貌辨之爲人也多疵。注。疵病也。謂過失。見而不見。聞而不聞。知而不知。見而爲不見者。聞而爲不聞者。知而爲不知者。詭使挾知倒言反事。人主操術用權之事。令人不得意度窺伺矣。道在不可見。用在不可知。卽是此意。知其言以往。勿變勿更。以參合閱焉。言者臣下所陳之言也。下通言同。謂人君聽臣言之後。必令其言前後相符。名實互當。勿得變更以容詐矣。參驗合考。閱其當否。以斷功罪。君之職也。聽言之道。須先察知其情。而後受之。故不云聽而云知也。物曰。其言者名也。知其言以往。循名也。以參合閱焉。責實也。唯循名責實四字。敷衍成十四字。勿變勿更。謂

固守斯術也。卽下文保吾所以往也。曰參合曰稽同曰同合。意同。圝孟子。我知言。言出於口。爲辭。辭爲是非。知斯術以從事也。勿變勿更。不易常經也。閱知范睢傳關閱。其實器之閱。事物至前。一一而數之也。繫辭傳。愼斯術以往。其无所失矣。老子。執大象天下往。又云。自古至今。其名不去。以閱衆甫。原道訓。萬物之總。皆閱一孔。官有一人。勿令通言。則萬物皆盡函。庶官勵翼。各守其業。則萬事皆包容。無所漏泄。呈功于君也。禮書注。函音含。謂包容也。圝官有一人。謂每官中必有一人知陰事者也。通猶漏也。甲所知者。不使漏之於乙也。內儲。明主之問臣。一人知之。一人不知也。如是者。明主在上。羣臣直議於下。掩其跡。一無掩字。匿其端。下不能原。原謂本其意而忖度之。圝行事可驗曰跡。心情之首曰端。禮記。欲惡者心之大端也。鄧析子。爲君者滅形匿影。羣下無私。管子。明君者閉其門。塞其塗。弇其迹。使民毋由接於淫非之地。去其智。絕其能。下不能意。管子。君子善謀。小人善意。注。以意度之也。物曰。意臆度也。保吾所以往。而稽同之。知其言以往。固保守之。不使易辭。參考合同。以斷賞罰。謹執其柄。而固握之。絕其望。破其意。毋使人欲之。賞罰之權。國之利器。君獨操之。不肯示人。傍注。執柄固則杜人覬心也。不謹其閉。不固其門。虎乃將存。大臣懷姦邪之意者。作威作福。衆所畏服。故名曰虎。圝管子。門者謂耳目也。人主之

陳深曰。非愼疾奸臣欲散其黨。故名之曰虎曰賊。

心。譬猶城也。耳目譬猶門也。姦臣以聲色百端攻之。不愼其事。不掩其情。賊乃將生。左右近臣。黨姦臣者。每伺動靜。以爲主害。故名曰賊。弑其主。代其所。人莫不與。故謂之虎。弑一作擅。代一作作逼。所指君位。處其主之側。爲姦臣。聞其主之忒。故謂之賊。聞元作闚。竊者誤耳。側忒賊一叶。爲去音。忒謂過失也。外儲內聞主之情。以告外。管子。姦邪在主之側者。不能勿惡也。惟惡之則必候主閒而日夜危之。國忒慝通。隱情也。管子古有二言。牆有耳。伏寇在側。此謂謀易漏。姦臣常欲聞君密謀。因以成私者也。散其黨。收其餘。物曰。餘謂不常存也。姦臣黨者也。收不黨者。以爲君之私人。閉其門。奪其輔。奪一作奔。國乃無虎。大臣爵祿。爲之節制。以殺威重。故曰奪輔。大不可量。深不可測。同合刑名。審驗法式。擅爲者誅。國乃無賊。刑形通。凡刑名字。後倣此。擅爲者不待令也。國六韜。夫王者之道。若天之高不可極也。若淵之深不可測也。形實也。史張叔傳索隱。引劉向別錄曰。申子學號曰形名者。循名以責實。其尊君卑臣。崇上抑下。合於六經也。字或作刑。當讀爲形。漢書張歐傳注。說者云刑刑家。名名家也。卽太史公所論六家之二也。非

是故人主有五壅。執柄不固。則五患生。臣閉其主曰壅。一作臣擅行主。○如魯三桓外障距

諸侯四鄰之士。內比周以愚其君之類。臣制財利曰壅。如齊田氏上請爵祿以予羣臣。下大斗斛以貸百姓之類。臣擅行令曰壅。亡徵篇。出軍命將太重。邊地任守太尊。專制擅命。徑爲而無所請者可亡也。臣得行義曰壅。八姦篇。散公財以悅民人。行小惠以取百姓。使朝廷市井皆勸譽己。以塞其主而成其私也。臣得樹人曰壅。亡徵篇。大臣專制。樹羈旅以爲黨。詭使篇。大臣官人。比周不法。行威利在下。則主卑而大臣重矣。臣閉其主。則主失明。臣制財利。則主失德。臣擅行令。則主失制。臣得行義。則主失名。臣得樹人。則主失黨。此人主之所以獨擅也。非人臣之所以得操也。人主之道。靜退以爲寶。老子三寶。一曰。不敢爲天下先。不自操事。而知拙與巧。不自計慮。而知福與咎。不親操計。故能知之。當局則暗。是以不言而善應。不約而善增。山曰。增當作會。字之誤也。國老子。不言而善應。不召而自來。管子。不言之言。應也。應也者。以其出爲之入者也。執其名。務其應。言已應則執其契。事已會。元作增。則操其

陳深曰。至此又說出賞罰來。皆御臣之事也。

符。此卽周合形名也。國契執以責人者。符合以取信者。符契之所合。賞罰之所生也。故羣臣陳其言。君以其言授其事。以其事責其功。元脫下以字。從二柄補。○卽執契也。功當其事。事當其言則賞。功不當其事。事不當其言則誅。卽合符也。國凡誅罰者不必殺戮。敗毀嫚怒。皆其屬也。禮記。齒路馬有誅。周禮司救。誅讓。注。誅責也。古者重刑。且責怒之。末卽罪也。周禮又云。凡民之有衺惡者。三讓而罰。三罰而士加明刑。恥諸嘉石。役諸司空。說文云。罰辠之小者。从刀从詈。未以刀有所賊。但持刀罵詈則應罰也。誅罰字義。固本如此。讀者審之。庶幾乎免慘礉少恩之譏矣。明君之道。不得陳言而不當。一脫得字。是故明君之行賞也。曖乎如時雨。百姓利其澤。物曰。曖藹同。國褚淵碑文。曖有餘暉。注。溫貌。莊子曰。曖然似春。韻會。藹音靉。與曖同。雲貌。其行罰也。畏乎如雷霆。神聖不能解也。物曰。畏威同。國雖有神聖之人。不能以智辯貨賄解其罪也。左傳。民奉其君。畏之如雷霆。尉繚子。今世諺曰。千金不死。百金不刑。試聽臣之術。雖有堯舜之智。不能關一辭。雖有萬金。不能用一銖。故明君無偷賞。無赦罰。國偷苟且也。申鑒云。明主不妄賞。不徒愛其財也。賞妄行焉。則善不勸矣。賞

偷則功臣墮其業。國百家類纂。引臣作名。三略。善惡同則功臣倦。罰赦則姦臣易爲非。元作赦罰。從山氏正。臣一作人。○易爲非。輕犯罪也。國百家類纂作姦人。合纂類語。非下有也。是故誠有功則雖疏賤必賞。誠有過則雖近愛必誅。疏賤必賞。國元無此句。鹽鐵論注引有之。近愛必誅。則疏賤者不怠。而近愛者不驕也。

定本韓非子纂聞卷第一終

孫鏘曰微古 劉辰翁曰此等章句法感時子厚酷傚之 趙用賢曰不立設目不審分界遂立命兩溜溜無涯而法度章然具足先秦文字饒然西漢則少遜矣 又曰句法甚奇 趙本題法奉法則國强廢法則國弱群臣百官一於法而無私則國治

定本韓非子纂聞卷第二　有度　二柄　揚權　八姦

江都　松皐圓纂聞

有度第六

圓有法度之制者以加羣臣之上則主不可欺以詐僞故以名篇

國無常强。無常弱。奉法者强。則國强。奉法者弱。則國弱。圓奉行也行法者指執政官吏也家語孔子曰知爲吏者奉法以利民舊注强謂不曲法從私荊莊王幷國二十六。開地三千里。楚莊王滅國史記載庸舒二國耳物曰開地下曰啓地古文率多此圓啓開通用如微子啓公子啓方或作開莊王之氓社稷也。而荊以亡。史記楚得枳而國亡齊得宋而國亡注燕昭王三十三年秦拔楚鄢郢圓魏策注凡言亡非必國滅也舊注荊全之時與其亡時民及社稷未嘗改易而全亡遂殊者則由奉法有强弱也齊桓公幷國三十。啓地三千里。國語桓公卽位數年東南多淫亂者萊莒徐夷吳越一戰帥服三十一國荀子齊桓公幷國三十五注謂滅譚滅遂滅項之類其餘所未盡聞也

桓公之氓社稷也。而齊以亡。圓莊王擧孫叔敖爲令尹桓公任管仲爲相有法度之制者以加羣臣之上也故致霸强至其後嗣不能用賢者行其法故招削弱也燕昭王以河爲境。昭元作襄下同從山氏正以薊爲國。涿郡薊縣燕之國都圓周禮注國謂城郭中也襲涿方城。燕策注後志涿郡方城縣有督亢亭刺客傳注引劉向別錄曰督亢膏腴之地蓋謂重襲美土以立國也覽冥訓重襲石室圓襲如習坎重險之習揚雄城門校尉箴襲險重固西京賦重門襲固姦宄是防淮南子閨門重襲以避姦賊廣雅注襲重也此謂以涿郡方城爲國之重蔽也殘齊。謂遣樂毅破齊下其七十餘城盡以屬燕平中山。飾邪篇東縣齊國南盡中山之地史表燕昭十七年佐趙共滅中山有燕者重。舊注鄰國得燕爲黨者則勢重無燕者輕。昭王之氓社稷也。而燕以亡。韓策燕亡於齊注亡謂喪地吳注前此四年齊人破燕魏安釐王攻趙救燕。取地河東。舊注河東故南燕國所在時魏救燕燕人德之故以河東故國與魏也攻盡陶魏之地。物曰魏字恐誤圓案飾邪篇魏數年東嚮攻盡陶衛魏策朱己曰東至陶衛之郊注衛在河淇之間與陶接故范蠡亦云愚謂此書魏衛二字多混內儲陽山君相衛又云使齊韓約而攻衛又云宋石衛將也皆指魏言十過篇齊衛之間一本作齊魏蓋戰國末衛削弱屬魏故謂魏爲衛猶韓之稱鄭爾加兵於

孫鏘曰又今且寬說以下設國之亂弱由不審法度而臣下用非其人

齊。私平陸之都。平陸齊地大邑曰都圓私謂獨專利也孟子私龍斷家語私千乘之魯國策私商於之地以利也攻韓拔管。魏策秦攻韓之管注後志河南管城注在京縣東北舊注管故管叔所都勝於淇下。未聞蓋敗韓兵睢陽之事。荊軍老而走。舊注魏與楚相持於睢陽而楚師遁師久曰老左傳老師費財老字義同蔡召陵之事。荊軍破。圓魏世家右蔡召陵與楚兵決於陳郊注上蔡召陵二縣並在豫州兵四布於天下。威行於冠帶之國。史記國策不載安僖王强盛之事敗軍喪地率無虛歲但三十年信陵君帥五國之兵破秦軍於河外走蒙驁遂乘勝逐秦軍至函谷關抑秦兵秦兵不敢出豈指此歟圓冠帶之國謂諸夏也以別於斷髮左衽韓詩外傳楚王曰齊乃冠帶之國也安釐王死。一無王字而魏以亡。史記信陵君卒之歲安僖王亦薨秦使蒙驁攻魏拔二十城初置東郡韓策魏亡於秦注孟子曰西喪地故有荊莊齊桓。一有公字則荊齊可以霸。有燕昭魏安釐。則燕魏可以强。燕用樂毅魏有信陵故得威强今皆亡國者。其羣臣官吏皆務所以亂。而不務所以治也。所以亂私也所以治法也國卽奉法者弱也其國亂弱矣。又皆釋國

法。而私其外。非從則橫私務外交傍注營私于國法之外則是負薪而救火也。亂弱甚矣。不明內治而恃外援爲弊更甚故當今之時。能去私曲。就公法者。民安而國治。能去私行。行公法者。則兵强而敵弱。故審得失。有法度之制者。以加羣臣之上。一作加于又作加以則主不可欺以詐僞。傍注守法之臣使位羣臣之上○案故審得失已下至主讎法則可也與管子明法篇文大同審得失。有權衡之稱者。以聽遠事。則主不可欺以天下之輕重。有法度之制者守法之臣也委之裁決國政修內治也有權衡之稱者智術之士也令其聽察外事愼鄰交也管子有法度之制者不可巧以詐僞有權衡之稱者不可欺以輕重物曰輕重從權衡之稱生言天下之勢也稱等子也今若以譽進能。則臣離上而下比周。若以黨擧官。擧疑當作與則民務交而不求用於法。謂營私交弃公法也舊注能由譽進所以比周於下求其虛譽也官由黨擧所以務交求其親援也故官之失能者。官選失謬各逞材能其國亂。以譽爲

賞。以毀爲罰也。衆所譽不察而擢任衆所毀不察而降黜故庶官曠而國法廢管子今主釋法以譽進能則臣離上而下比周矣以黨舉官則民務交而不求用矣是故官之失治也是主以譽爲賞以毀爲罰也然則喜賞惡罰之人離公道而行私術矣比周以相爲匿是忘主死交以進其譽故交衆者譽多外內朋黨雖有大姦其蔽主多矣 則好賞惡罰之人。釋公行。行私術。比周以相爲也。爲猶助也顧據管子也恐匿字訛謂匿姦掩非也 忘主外交。以進其與。舊注與謂黨與 則其下所以爲上者薄矣。外交私交鄰國以藉其勢也薄謂不爲君盡力也 交衆與多。外內朋黨。雖有大過。其蔽多矣。舊注朋黨既多遞相隱蔽雖有大過無從而知 故忠臣危死於非罪。姦邪之臣安利於無功。物曰危死危且死也安利安且利也舊注忠臣橫以非罪而見昭邪臣輒以無功而獲利 忠臣危死。而不以其罪。則良臣伏矣。危上有之所以三字者非 姦邪之臣。安利不以功。則姦臣進矣。舊注違傷其類故良臣伏同氣相求故奸臣進 此亡之本也。若是則羣臣廢法。而重私行。輕公法矣。

重私行元作行私重竊者殺文從山氏正管子是以忠臣非罪而死而邪臣起於非功所死者非罪所起者非功也然則爲人臣者重私而輕公矣十至私人之門不一至於庭百慮其家不一圖國 數至能人之門。不一至主之廷。一或作壹下同物曰君以爲能故謂之能人

以下極言人臣殉私之弊

百慮私家之便。不一圖主之國。屬數雖多。非所以尊君也。百官雖具。非所以任國也。忘主營私不任國事也明法解曰雖有勇力之士大臣私之而非以奉其主也雖有聖智之臣大臣私之而非以治其國也故屬數雖多不得進也百官雖具不得制也舊注屬數謂君徒屬之數也任謂當其事也管子注所屬之數雖曰衆多無不黨私故非尊君也 然則主有人主之名。而實託於羣臣之家也。管無此語山曰左傳公室四分民食於他與此意同顧管子有百乘之守而實無尺壤之用是謂託食之君 故臣曰。亡國之廷無人焉。舊注無憂國之人也臣韓非自謂也山曰三守篇人主雖賢不能獨計而人臣有不敢忠主則國爲亡國矣是謂國無臣國無臣者豈郎中虛而朝臣少哉羣臣持祿養交行私道而不效公忠此謂明劫又左傳師慧過宋朝將私焉其相曰朝也慧曰無人焉列女傳江乙母曰所謂無人者非無人也無理人也皆與此意少異 廷無人者。非朝廷之衰也。家務相益。不務厚國。大

臣務相尊。而不務尊君。管子此之謂國無人國無人者非朝臣之衰也家與家務於相益不務尊君也大臣務相貴而不任國小臣持祿養佼不以官爲事故官失其能顧大夫稱家互相囑託虛踐官榮 小臣奉祿養交。不以官爲事。奉持也養交務私交也墨子仕者持祿游者養佼禮書官者養交安祿而已荀子偷合苟容以持祿養交而已耳注養其與君交接之道不忤犯使怒也非 此其所以然者。由主之不上斷於法。而信下爲之也。信任也

以下言人主當審法以擇人

任下毀譽以行賞罰也管無此語 故明主。管作是故先王之治國也 使法擇人。不自舉也。使法量功。不自度也。明試以功則賢能自效形名相參則功罪自斷舊注擇人量功之條布在方冊謂成國之舊制也管子注設法者自著擇人量功之條不勞自舉度也二說意同皆未爲得之 能者不可蔽。一作弊通 敗者不可飾。譽者不能進。非者弗能退。非誹通管子故能匿而不可蔽敗而不可飾也譽者不能進而誹者不能退也 則君臣之間。明辯而易治。辯辨通別也賢愚功罪明白分別治功自成管子然則君臣之間明別明別則易治也主雖不身下爲而守法爲之可也 故主讎法則可也。舊注讎謂校定可否 賢者之爲人臣。北面

委質。無有二心。顧質贄通 朝廷不敢辭賤。軍旅不敢辭難。

以下言官得其人自能盡事于上也楊愼曰先秦古書如此西漢以下不能道其隻字

順上之爲。從主之法。虛心以待令。而無是非也。卑職卽辭危事卽避是不從上之役使者也奉官待令莫有擅行不敢以其私學誹議主之法令是謂忠臣 故有口不以私言。有目不以私視。而上盡制之。不懷私心故其好惡皆宰於君 爲人臣者。譬之若手。上以修頭。下以修足。足雖賤不敢辭物曰修猶循也 清暖寒熱。不得不救。字典凊清同涼也 [入]物曰恐衍 鏌鋣傅體。不敢弗搏。搏手擊也兵雖危不肯避舊注利刃近體手必搏之顧考工記刺兵同强舉圍欲重重欲傅人傅近也搏當作摶老子摶之不得名曰夷莊子摶扶搖而上者陳圖南名摶字希夷卽取此李斯傳索隱摶猶攬也取也西京賦摭紫貝摶者龜注摶摭皆拾收之名然今本並從甫寸未知孰是 無私賢哲之臣。無私智能之士。傍注以公任人人無外望 故民不越鄉而交。顧老子使民重死而不遠徙又云民至老死不相往來 無百里之慼。慼一作蹙 物曰恐當作戚蓋百里之親戚卽不越鄉而交意顧管子倍堯之時人民之俗不相知不出百里而來足以此推彼足蹙字誤 貴賤不相踰。

愚智提衡而立。治之至也。愚智不済相對而立。如持衡也。飾邪篇自以爲與秦提衡。八經篇大臣兩重提衡而不踦。陳琳檄抗衡上國。注毛萇詩傳曰抗擧也。鄭玄周禮注曰稱上曰衡。抗衡謂對擧以爭輕重也。管子與天子提衡。注提持也。合衆弱以事一强者謂之衡。此說非。圖張湯傳贊相與提衡。注臣瓚曰衡平也。謂二人齊。今夫輕爵祿。易去亡。以擇其主。臣不謂廉。易去亡謂去此他適。輕於去就也。字曰鵜士寧云臣韓非自謂也。詐說逆法。倍主强諫。臣不謂忠。倍背。謂陵君。行惠施利。收下爲名。臣不謂仁。八姦篇散公財以悅民人。行小惠以取百姓。使朝廷市井皆勸譽己以塞其上而成其所欲。離俗隱居。而以非上。臣不謂義。上一作主。外使諸侯。內耗其國。借外諸侯之威以脅制之。令其國虛耗也。伺其危亡。險陂以恐其主。元作危險之陂。窩者謏耳。鄰敵來侵。危亡將至。乘時伺閒。騁其險詖陂智之辯以恐喝其君。不得不因己以謀事也。荀子險陂傾側。注陂與詖同。曰。交非我不親。怨非我不解。而主乃信之。以國聽之。縱橫之說率皆如此。以國事委任之。卑主之名。以顯其身。毀國之厚。以利其家。

臣不謂智。謂使其主割地稱臣。以事大國。而己乃圖富顯。取封爵也。孤憤篇國地削而私家富。主上卑而大臣重。故主失勢而臣得國。主更稱藩臣。而相室剖符。當戰國末處士橫議。說客爲𡚶其害殊大。故詳言之。此數物者。險世之說也。數物指時俗所謂廉忠仁義智也。險世猶亂世也。圖古者謂仁義孝悌名目爲物。周禮大司徒以鄉三物教萬民。注物猶事也。荀子所以持險奉凶也。注險謂不平之時。而先王之法所簡也。物曰簡斥也。山曰梁鴻傳簡斥數嬖。圖簡謂擇而去之。王制簡不帥教者。先王之法曰。臣毋或作威。毋或作利。從王之指。此下疑脫毋或作好一句。毋或作惡。從王之道。見尚書洪範。文有小異。指旨通。圖威謂刑罰殺戮。利謂慶賞賜予。能循公道者。不得以私之好惡愛憎人民也。古者世治之民。山曰宜作治世。奉公法。廢私術。專意一行。具以待任。意行專一。不懷外私。即虛心以待令也。蓄其材能以供君之用也。論語儒有席上之珍以待聘。荀子欲修政美國。則莫若求其人。彼或蓄積而待之。蘊注。治世之人所具意行。不用之於私。唯以待君之任耳。夫爲人主。爲下元有之字。從荀注刪。而身察百官。則日不足。力不給也。也字從荀注補。且上用目。則下飾觀。上用耳。則下

孫鏘曰長短句錯便有致。

飾聲。上用慮。則下繁辭。此說人主矜而自用之害也。用目用耳。逞聰明也。用慮役智也。先王以三者爲不足。故舍己能。而因法數。審賞罰。聰明智巧。雖爲典常。故不足恃以爲治也。先王之所守要。故法省而不侵。獨制四海之內。圖四目達四聰所守者得要也。揚權篇事在四方。要在中央。聖人執要。四方來效。聰智不得用其詐。陰躁不得關其佞。陰一作險。○佞口才也。佞幸傳公卿皆因關說。索隱曰關通也。通其詞說。劉氏云有所言說皆關由之。又梁孝王世家有所關說於帝。索隱曰關涉說於帝也。心度篇賞功爵任而邪無所關。主術訓市南宜僚弄丸而兩家之難無所關其辭。山曰聖主得賢臣頌進退得關其忠任職得行其術。注關猶用也。圖陰如陰謀陰邪之陰。尉繚子雖有堯舜之智不能關一辭。姦邪無所依。詐術詭辯既不得用。無可依因以成姦邪。以由法數審賞罰也。遠在千里外。不敢易其辭。圖尚書惟截截善諞言俾君子易辭。說苑反言易辭。勢在郎中。不敢蔽善飾非。秦策段産曰今臣處郎中。注郎廊通。大事記謂此時郎中親近。舊注爲郎居中近侍之官。朝廷羣下。直湊單微。不敢相踰越。湊湊字訛。三王世家西湊月氏。正義云湊音臻。此謂上自朝廷諸官徑至單孤微賤之人各守其職。

莫相侵也。漢書王莽知中外殫微。因母后之權。與此義別。圖王文憲集序雖單門後進必加善誘。注單謂寒也。故治不足。而日有餘。上之任勢使然也。荀子今以一人兼聽天下。日有餘而治不足者。使人爲之也。注治不足謂所治之事少而不足。謂不足治也。日有餘謂兼聽之日有餘也。尸子曰堯南撫交阯北懷幽都東西至日之所出入。有餘日而不足於治者恕也。舊注任用之勢不違法數使之然也。夫人臣之侵其主也。如地形焉。積漸以往。積一作卽。使人主失端。東西易面。而不自知。圖道路之勢南嚮行者乍已乍未。委靡旋轉數百步外不覺子午已易面矣。奸臣之侵陵其君者亦復如之。管子姦臣之敗其主也積漸積微。使主迷惑而不自知也。賈誼新書事之適亂如地形之惑人也。積漸而往。俄而東西易面而人不自知也。外儲臣殺君子殺父者皆非一日之積也。有漸而至矣。故先王立司南。以端朝夕。圖崔豹古今注越裳氏使者迷其歸路。周公錫以文錦二疋。軿車五乘。皆設司南之制。鬼谷子鄭人之取玉也載司南之車爲其不惑也。曰設司南之制曰載司南之車。可見司南與車二物。舊說司南卽指南車。恐誤。司南其制蓋如今南針盤者。故可以正朝夕也。考工記爲規識日出之景與日入之景。蓺參諸日中之景夜考之極星以正朝夕。管子猶立朝夕於運鈞之上。檐竿而欲定其末。注立朝夕所以正東西也。故明主使其羣臣不遊意於法之外。不爲

孫鑛曰，妙以法之善者結。

劉辰翁曰，句絕精。

惠於法之內。管子注，謂不屈法以成私也。圖明法解，明主雖心之所愛，而無功者不賞也，雖心之所憎，而無罪者弗罰也，案法式而驗得失，非法度不留意，故明法曰，先王之治國也，不淫意於法之外，行私惠而賞無功，則是使民偷幸而望於上也，行私惠而赦有罪，則是使民輕上而易爲非也，夫舍公法用私惠，明主不爲也，故明法曰，不爲惠於法之內。動無非法。凡其舉動必從法制。法所以凌過外私也。過下一有遊字，一作滅私。○凌猶正也，管子作動無非法者，所以禁過而外私也，舊注，外，遺也。嚴刑所以遂令懲下也。管無此語，舊注，遂，通也。威不貸錯，制不共門。管子，威不兩錯，政不二門，說苑引管子，威作權，錯如刑錯而不試之措，謂設施也，八經篇，賞罰下共則威分，舊注，威當主錯，故不貸，臣令錯制當主裁，故不共，臣同門，圖門謂所出也。威制共，則衆邪彰矣。舊注，謂衆邪顯用也。法不信，則君行危矣。行當作位，家語，政不正則君位危，外儲，下上校則上位危。刑不斷，則邪不勝矣。山曰，勝如勝殘去殺之勝，圖衆邪益彰，不可勝誅也。故曰，巧匠目意中繩，然必先以規矩爲度。管子，雖有巧目利手，不如拙規矩之正方圓也，山曰，禮記，目巧之室，注，謂但用巧目，意作室，不由法度也。上智捷舉中事，必以先王之法爲比。井曰，上智，至智也，圖目視意度，不外

定本韓非子纂聞卷第二　七　崇文院

繩墨，巧之至也，敏捷舉行，亦適事宜，智之上也，然守規矩，因道法者，爲智巧之不可恃以爲常也，王制注，比，例也。故繩直而枉木斲，準夷而高科削。傍注，夷，平也，舊注，科，等也，削，高等令就下，山曰，孟子，流水之爲物也，不盈科不行，說卦傳，離，其於木也，爲科上槁，釋文，科，苦禾反，空也，蓋謂高卑皆削平也，圖說文，科，厄木節也，疑與瘣通，如科頭作魁頭，可證，毛詩，壞木，爾雅作瘣，釋文，木瘣腫也。權衡縣而重益輕，斗石設而多益少。故以法治國，舉措而已矣。管子，以法治國，則舉措而已，注，但舉而置之，無不行也，又家語，聖人明於禮樂，舉而措之而已，禮記注，措猶施行也，舊注，減重益輕，權衡乃平，減多益少，斗石乃滿，舉法措之，國治自平，圖商子，臣聞古之明君，錯法而民無邪，舉事而材自練。法不阿貴，繩不撓曲。阿亦曲也，不爲貴者而枉，不爲曲者而屈。法之所加，智者弗能辭，勇者弗敢爭，刑過不避大臣，賞善不遺匹夫。誠有罪，雖貴近必誅，誠有功，雖疏賤必賞。故矯上之失，詰下之邪。矯，正也，詰，窮也。治亂決繆。圖紛亂者治之，繆結者決之。絀羨齊非，一民之軌，莫如法。羨，有餘也，非，羨之反也，有餘者裁而退之，不足者進而齊之，示民軌度，令其平一歸于正也，舊注，絀其健羨，齊其爲非，絀音黜，山曰，司馬遷傳，天道之要

趙本題注，賞罰不出于己，而使人臣擅之，故有弒劫之禍。

陳深曰，二柄語出愼子。

楊深曰，句若宕。

陳深曰，服狗之句，喩語甚好。

王維楨曰，兩端殺氣，文極有情。

去健羨，荀子，無取健，健，貪也，注，健羨之人，必多貪欲。屬官威民，退淫殆，止詐僞，莫如刑。荀子，勸屬之民，注，屬之欲反，或讀爲厲，山曰，論語，鄭聲淫，佞人殆。刑重則不敢以貴易賤。易，輕也，謂陵侮。法審則上尊而不侵。上尊而不侵則主強而守要。所守得要，故君威強。故先王貴之而傳之。一無上之字，兩之字皆指法，舊注，謂傳之於後也。人主釋法用私，則上下不別矣。

二柄第七

明主之所導制其臣者，圖唐類鑑作明王制其臣者，藝文類聚同，而臣下有下字。二柄而已矣。導，道字訛，道由也，八姦篇作道。二柄者，刑德也。何謂刑德。曰，殺戮之謂刑，慶賞之謂德。爲人臣者畏誅罰而利慶賞，故人主自用其刑德，則羣臣畏其威而歸其利矣。世之姦臣則不然。世上一有故字。所惡則能得之其主而罪之，所愛則能得之其主而賞之。因私愛憎，說主從己，借其刑賞以進退之。今人主非使賞罰之威利出於

定本韓非子纂聞卷第二　八　崇文院

己也，聽其臣而行其刑賞，則一國之人皆畏其臣而易其君，歸其臣而去其君矣。舊注，臣用罰則民輕君，臣用賞則民去君。此人主失刑德之患也。夫虎之所以能服狗者爪牙也。圖思綺堂文集，附虎賦注，引爪上有施字，下虎反無反字。使虎釋其爪牙而使狗用之，則虎反服於狗矣。從山氏補於字。人主者以刑德制臣者也，今君人者釋其刑德而使臣用之，則君反制於臣矣。故田常上請爵祿而行之羣臣。山曰，左傳，欒施高強奔魯，陳鮑分其室，陳桓子召子山，私具幄幕器用，從者之衣屨，而反棘焉，子商亦如之，而反其邑，子周亦如之，而與之夫于，反子城子公公孫捷，而皆益其祿，凡公子公孫之無祿者，私分之邑，國之貧約孤寡者，私與之粟，穆孟姬爲之請高唐，陳氏始大。下大斗斛而

俞樾曰刑當作形。

陳深曰此言人君任法而不當督功，故人臣不在立功，但宜守法。

俞樾曰當若干有大功稱一句文奇而意盡。

陳深曰法太密恐太刻恐拂人情。

施於百姓。事見外儲。此簡公失德。而田常用之也。故簡公見弑。子罕謂宋君曰。夫慶賞賜予者。民之所喜也。君自行之。殺戮刑罰者。民之所惡也。臣請當之。當受也。代君受惡。於是宋君失刑。而子罕用之。故宋君見劫。又見外儲。道應訓。呂春秋。韓詩外傳。說苑所載。大略相同。然左傳。史記。樂喜字子罕。宋良大夫也。事平公元公。無劫弑之事。山氏桊亦疑之。圓案。內儲。皇喜與戴驩爭事。遂殺宋君而奪其政。恐皇氏樂氏同出于宋戴公。子罕名喜。與皇喜相涉。故訛傳爾。猶宰予之於闞止也。一以同字而被誣。一以同名而見冤。可謂賢哲之不幸也。田常徒用德。而簡公弑。子罕徒用刑。而宋君劫。徒獨也。謂不兼。故今之為人臣者。之一作世。兼刑德而用之。則是世主之危甚於簡公宋君也。故劫殺擁蔽之主。殺弑通。擁讀曰壅。兼失刑德。兼元作非。字書殘缺耳。或云并字誤。而使臣用之。而不危亡者。則未嘗有也。人主將欲禁姦。則審合刑

名者。言不異事也。人主以下別提。今更合之。并曰。言不異事。釋上文也。舊注。言名也。事形也。言事以相考。則合否可知也。圓上二句蓋古語。故云者以別之。為人臣者。陳事而言。君以其言授之事。主道篇。之作其。專圓衍文。以其事責其功。功當其事。事當其言。則賞。功不當其事。事不當其言則罰。故羣臣其言大而功小者則罰。非罰小功也。罰功不當名也。羣臣其言小而功大者亦罰。非不說於大功也。以為不當名之害。甚於有大功。故罰。之元作也。從山氏正。昔者韓昭侯醉而寢。典冠者見君之寒也。故加衣於君之上。覺寢而說。舊注。寢寤曰覺。山曰。毛詩寤寐求之。傳。寤覺。寐寢也。箋云。謂后妃覺寢則常求此賢女。圓淵鑑引作寢覺。文順。問左右曰。誰加衣者。左右對曰。典冠。君因兼罪典衣與典冠。圓罪謂誚責之。其罪典衣。以為失其事也。其罪

孫鑛曰分解作破說

俞樾曰引喻直切無字不踏實。

典冠。以為越其職也。非不惡寒也。以為侵官之害甚於寒。圓淵鑑有也字。○圓謂。典衣典冠。俱在左右小臣。而異職掌。猶尚沐尚浴之各置也。典冠而加衣。本出於忠愛也。然過而賞焉。恐它臣之徼功生事也。君無令則典衣之不加衣。固無罪。然必加罰者。儆它臣之不事事也。中子曰。治不踰官。雖知不言。昭侯學于中子。故行斯術耳。故明主之畜臣。臣圓月令廣義無臣字。不得越官而有功。不得陳言而不當。越官則死。不當則罪。守業其官。以官為己守業。謂盡力于其職也。山曰。左傳。蠢駘能業其官。所言者貞也。死者復生。生者不愧其言為貞。謂其言事相符。無詐僞掩飾也。則羣臣不得朋黨相為矣。不能互相薦達。圓私利也。人主有二患。舊本別提。今接連之。釋法則二患生。任賢則臣將乘於賢。以劫其君。圓既無識人之鑒。徒舉名譽之士。則僞賢者得譎能以欺之。妄舉則事沮不勝。舊注。妄舉。謂不擇賢也。沮毀敗也。圓若舍名譽。妄意舉用。則愚不肖並進。官事廢沮。不勝其任。故人主好賢。則羣臣飾行。以要君欲。要徼通。則是羣臣之情不效。舊注。效顯也。圓字彙補。效音晶。事露也。韻會。呈見也。羣臣

之情不效。則人主無以異其臣矣。不能別其賢愚也。舊注。莫不飾行。故眞僞不分也。圓說文。異。分也。故越王好勇。而民多輕死。內儲。越王勾踐出見怒蠅而式之。民有自剄以頭獻者。主術訓。靈王好細腰。而民有殺食自饑也。越王好勇而民皆處危爭死也。靈王好細腰。而國中多餓人。墨子。昔者楚靈王好士細腰。故靈王之臣。皆以一飯為節。脇息而後帶。扶墻而後起。比期年。朝有黧黑之色。楚策。昔者先君靈王好小腰。楚士約食。馮而能立。式而能起。荀子。楚莊王好細腰。而朝有餓人。管子。楚王好細腰。而美人省食。愚謂。莊王賢君。豈有僻好。恐荀子傳誤。婦女細腰。態度可悅。蓋管子近情。解唐詩者。宜引管子。而皆以男子之事證之。不當。齊桓公妬外而好內。十過篇無外字。圓百家類纂同。故豎刁自宮以治內。圓宮割勢也。左傳。齊侯好內。多內寵。內嬖如夫人者六人。韻會。房室曰內。桓公好味。易牙蒸其首子而進之。首子長子也。史記。微子開者。殷帝乙之首子也。列子。晏子皆云。越之東。有啖人之國。其首子死。則解而食之。謂之宜弟。圓易宜音適。大戴禮及論衡作狄牙。殷紀。簡狄。索隱曰。舊本作簡易。可見狄易古音同也。毛詩。建爾元子。傳。元首也。燕子噲好賢。故子之明不受國。外儲。潘壽說燕王曰。王不如以國讓子之。堯讓許由。許由不受。今王以國讓子之。子之必不受也。蓋子之徼使潘壽明說己不受國之義。以愚弄燕噲也。故

王先謙曰，人有二句，猶往有力。

劉辰翁曰，用韻似箴銘者，皆可誦。道本因注，揚，明揚也。闡揚人君用權之事。三篇皆用韻，乃四句古詩。

君見惡。則羣臣匿端。君見好。則羣臣誣能。舊注，匿其端，避所惡。誣其能，欲見用。人主欲見。則羣臣之情態得其資矣。物曰，欲見，好惡示也。羣臣以君之好惡，爲取利之資，則千情萬態，從此起矣。故子之託於賢。以奪其君者也。豎刁易牙因君之欲。以侵其君者也。其卒子噲以亂死。桓公蟲流出戶而不葬。戶一作尸。譔，山曰，呂春秋，蟲流出於戶。又云，用豎刁而蟲出於戶。此其故何也。人君以情借臣之患也。■借猶示也。人臣之情。非必能愛其君也。爲重利之故也。君臣之間，非父子之親也，唯爲爵祿之利所役使耳。今人主不掩其情。不匿其端。而使人臣有緣以侵其主。則羣臣爲子之田常不難矣。緣，因也。舊注，緣其好惡之情也。物曰，上言豎刁易牙，下言田常，謂刁牙之禍所極也。■緣如緣木緣階之緣。故曰。去好去惡。羣臣見素。見上。羣臣見素。則人君不蔽矣。人一作大，非。○此篇始卒意脉貫串，舊本分爲三章，失之。

揚權第八

舊注，揚，謂舉之使明也。傍注，闡揚人君用權之事。■權者賞罰之柄也。

天有大命。人有大命。■天有大命，不知所以然而然者。人有大命，謂人之所稟于天也。揚子法言，命者天之命也，非人爲也。中庸，天命之謂性。春秋繁露，人始生有大命。汲冢周書，天生民而有大命。又曰，天有常性，人有常順。六韜，天有常形，民有常性，與天下共其生，而天下靜矣。夫香美脆味。七發注，脆作膬。厚酒肥肉。甘口而病形。病一作疾。■刺客傳，可以旦夕得甘毳以養親。曹參傳注，醇酒不澆，謂厚酒也。孟子曰，庖有肥肉。曼理皓齒。司馬相如傳索隱，理作服。說情而損精。一損作捐。呂春秋，肥肉厚酒，務以相強，命曰爛腸之食。靡曼皓齒，鄭衛之音，務以自樂，命曰伐性之斧。注，靡曼，細理弱肌美色也。皓齒，謂齒如瓠犀也。又張揖曰，曼，澤也。故去甚去泰。山曰，語出老子。身乃無害。井曰，一節。○■案，飲食男女，大欲存焉，稟之于天，本之于性，人之所以不能必無，而不可必絕者也。爲人君者，最當節抑以去泰甚。耽之過度，則不啻病形損精而已，害于而政，害于而國。好內則同牀之姦乘之，好味則在旁之姦因之，衆邪百害，從此起矣。雖有聰明之資，富強之實，必遇劫弑之難，壅蔽之禍。故須先務制色食之欲，然後治國之權，始可施行也。此篇首言此二者，以此故也。權不欲見。素無爲也。道在不可見，故人主行賞罰之柄，亦不欲示于人也。■賈誼新書，道者所以從接物也，其本者謂之虛，其末者謂之術。虛者，言其精微也，平素而無設儲也。友人海鹽氏曰，無爲，不與也，猶言不關彼事也，非四股不動，思慮不用之謂也。事在四方。要在中央。■管子，事督乎法，法出乎權，權出乎道。莊子，要在於主，詳在於臣。素問注，要，樞紐也。聖人執要。四方來效。效，致也。謂羣臣各以其言與事，貢致于君也。有度篇，聖王之所守要，故法省而不侵，獨制四海之內。虛而待之。彼自以之。虛靜以待，則羣下各以其情來應也。■舊注，以，用也。君但虛心以待之，彼則各自用其能也。案莊子，道也者，萬物之要也。爲人君者，執要而待之。呂春秋，愉易平靜以待之，使夫自以之，因然而然，使夫自言之，意全同。四海既藏。道陰見陽。四方之事，來效于我，中心藏之，察其當否，以行賞罰。道之以刑，懲其姦慝，見之以德，勸其忠善也。曰道曰見，用權之辭。主道篇，言已應則執其契，事已會則操其符。符契之所合，賞罰之所生也。與此意互相發。舊法，四海，即四方也。物曰，陰，刑也。陽，德也。■大戴禮，陽曰德，陰曰刑。刑德，賞罰也。鹽鐵論，王者南面而聽天下，背陰而向陽，前德而後刑。左右既立。開門而當。物曰，左右亦謂刑德，下文與二俱行，二亦刑德也。■案，開門，發政令也。信賞必罰之道已設，則施政下令，賞當其功，罰當其罪也。勿變勿易。與二俱行。使臣之言與事，必相符合，勿得變易以容姦詐，因操賞罰以統制之。主道篇，知其言以往，勿變勿更，以參合閱

焉，即是此意。■勿變勿易，謂此不易之道，必莫去此而它求也。文言傳，終日乾乾，與時俱行。行之不已。是謂履理也。已，止同。能行此術，孳孳不懈，是謂履行道理之君也。井曰，一節。夫物者有所宜。材者有所施。物有短長大小方圓堅脆輕重白黑之分，而其施用各有所宜。人材亦然，萬智萬能，各有所適，取長去短，人各自力，則庶事立而衆功成。各處其宜。故上下無爲。■君臣異道，各修其職，而不相關，是謂無爲。使雞司夜。■莊子，見卵而求時夜。說苑，猶狗之吠盜，雞之視夜。文選擬古詩，譬彼伺晨鳥。注，尸子曰，使雞伺晨時視伺司，用字不同而各有味。雞栖曰塒，亦取時夜之義。令狸執鼠。■鹽鐵論注引，狸作猫。猫一名家狸，狸一名野猫，二獸形性相類，故互名焉。爾雅翊，猫色有似狸者，通謂之狸。亦一說也。說苑，騏驥騄駬，一日千里，然使捕鼠，曾不如百錢之狸。皆用其能。上乃無事。■字典引此云，事，疎吏切，書上聲，叶上鼠。上有所長。事乃不方。所長，謂聰明智巧也。不方，謂凡事沮廢，不得方正也。主道篇，去智而有明，去賢而有功，去勇而有強。矜而好能。下之所欺。矜而自用，好騁智能，代臣操事，則反爲臣所欺蔽也。主道篇，去其智，絕其能，下不能意。辯惠好生。下因其材。惠慧通。飾令篇，法已定矣，不以善言售法。八經篇，慈仁聽則法制毀。內儲，成驩以太仁弱齊國，卜皮以慈惠亡魏王。舊注，材即辯惠也。■好生，謂以私愛赦有罪也。與尙書好生之德不同。滴子辯

顧曰非著書激之詞觀此

懸亂之贄也慈仁過之母也材質性也中庸天之生物必因其材而篤焉上下易用。國故不治。物曰故猶是以也下文下故素正同井曰一節圝以任人爲用者君道也以自任爲用者臣道也用一之道。以名爲首。名者言也必正名乎名不正則言不順故首正之圝用一謂執要也要道莫二故謂之一曰用一曰執要曰執一互變文耳名正物定。名倚物徙。楊升庵外集云老子知足不辱知止不殆足與辱拉韻止與殆拉韻韓子此語亦以正拉定以倚拉徙也淮南子蘇秦步曰何故趨曰何故馳亦是韻語古人多用韻八字之內而四韻者僅見此三條耳圝治要引申子曰昔者堯之治天下也以名其名正而天下治桀之治天下也亦以名其名倚而天下亂藝文類聚引申子曰一言正天下定一言倚天下靡故聖人執一以靜。使名自命。令事自定。圝治要引尸子君人者苟能正名愚智盡情執一以靜令名自正令事自定佩文韻府引鄧析子明君審一萬物自定不見其采。下故素正。主道篇去好去惡臣乃見素去舊去智臣乃自備采文采謂好惡舊智之類因而任之。彼自事之。因而予之。彼將自舉之。因材而授任彼智固能辨之事功自成因能而予官彼力固能勝之職任自舉正與處之。與當作而或古字通使皆自定之。上以名舉之。人主正名而處其上則事物之情自然定乎下也如是則舉臣所陳

定本韓非子纂聞卷第二　十三　崇文院

之言反覆參察功罪自斷不知其名。復修其形。舊注形事也循名以求事則其名可知也依注修循字訛唐人書循如修故古書多相混訛耳上曰以名舉之此曰復循其形蓋謂以其言先考事之成敗以其事反察言之當否反覆考同循環無端也圝尹文子形以定名名以定事事以驗名察其所以然則形名之與事物無所隱其理矣管子索其端則知其名注端謂善敗之端也形名參同。用其所生。圝主道篇言已應則執其契事已會則操其符符契之所合賞罰之所生也二者誠信。下乃貢情。圝二者賞罰也賞信罰必則羣臣莫致飾行匿情以干其上也貢上致也管子財力之貢於上也必由中央之人說苑君使臣自貢其能則萬一之不失矣子華子直言者道以情貢也尸子有虞之君天下也使天下貢善殷周之君天下也使天下貢才謹修所事。待命於天。所事謂君職也信賞必罰以御羣下能修君道者也衰職無闕國家平治天欲禍則禍天欲王則王守成理因自然待天之命無爲之極也圝事之成敗亦繫於天故曰待命毋失其要。乃爲聖人。因握要柄修其所事先王之所守者要也并曰一節聖人之道。去智與巧。圝尸子執一之道去智與巧智巧不去。難以爲常。有度篇上用目則下飾觀上用耳則下飾聲上用慮則下繁辭先王以三者爲不足故舍己能而因法數審賞罰法制度數可常行也民人用之。其身多殃。主上用之。其國

荣坤曰道不同於萬物數句深得主理

危亡。深戒智巧之害也圝大智不智大巧不巧世所謂智多姦智也窮於所不知而姦生矣世所謂巧多僞巧也窮於所不能而僞生矣殃身害國可不愼哉因天之道。反形之理。因天之道任自然也反形之理循名案實也大體篇不以智累心不以私累己寄治亂於法術託是非於賞罰屬輕重於權衡不逆天理不傷情性此卽因道反理者也物曰反復也圝復理卽上文履理也如論語復禮漢書作履禮可證督參鞠之。督責參考推窮事情卽形名參同也終則有始。山曰有晉又物曰謂其用不窮也圝督參鞠如儀式刑字法六韜聖人守此而萬物化何窮之有終而復始虛靜以後。未嘗用己。元作以靜寫者誤改解老篇理定而物易割也故議於大庭而後言則立權議之士知之矣議言之士計會規矩也聖人盡隨於萬物之規矩故曰不敢爲天下先山曰荀子心何以知曰虛一而靜家語舜之爲君也德如天地而靜虛虛靜君德也不獨道家者流尙之後宜作待上文虛而待之主道篇虛靜以待圓謂後先之反也卽待字意奚必改作凡主之患。必同其端。主一作人又作上○君臣異道故治功立代臣操事則爲大患信而勿同。萬民一從。信任責成則君威尊而臣民服下文上不與共之民乃寵之內儲賞罰下共則威分所謂共者卽同端也物曰信如信步之信并曰一節夫道者。弘大而無形。圝老子大象無形德者。覈理而普至。至於羣生。圝明驗事實曰覈至如如川之方至之至普至謂其徧流

定本韓非子纂聞卷第二　十四　崇文院

無所不施也羣生萬物也管子無爲之謂道舍之之謂德故道之與德無間故言之者不別也間之理者謂其所以舍也又云理者明分以諭義之意也又云無形則無所位迕無所位迕故徧流萬物而不變荀子孔子曰夫水大徧與諸生而無爲也似德斟酌用之。萬物皆盛。而不與其寧。其指萬物斟酌用之道體廣深萬物斟酌而資用之并曰萬物生于道各致其盛而不復與萬物同寧也圝大道若水大包羣生而無好惜萬物得之以盛此道之功也功成而不居焉國語注斟取酌行也道者下周於事。凡事必有道而存其間焉故曰下周因稽而命。與時死生。元作生死今從注文韻諧○道寓於事因以考成萬物之理舊注而汝也死生猶廢興也圝平準書注稽滿貯也解老篇萬物各異理而道盡稽萬物之理故不得不化不得不化故無常操無常操是以死生氣稟焉萬智斟酌焉萬事廢興焉此謂道者下流周徧萬事因貯其命可以死則死可以生則生無常操也參名異事。通一同情。異分也名與事卽形名也道者萬物之所然也萬理之所稽也因道按名則萬物之形自分明也道體無二能達此理則萬類之情可齊同也圝莊子唯達者知通爲一又曰恢恑憰怪道通爲一子華子通於一萬事畢賈誼新書明者神氣在內則無光而爲之明則有輝於外矣內外通一則爲得失也故曰。道不同於萬物。德不同於陰陽。衡不同於輕重。繩不同於出入。和不同於燥濕。君

楊愼曰禱似小篆

不同於羣臣。道生萬物德成陰陽衡知輕重繩正出入和均燥濕君制羣臣皆由其不同于彼也物曰和主調聲律它樂器皆以燥濕變唯和不變◉爾雅大笙謂之巢小者謂之和注十三簧者也說苑天有燥濕絃有緩急宮商移徙不可知也 凡此六者道之出也。◉六者幷道數之其本同出于道皆體致彼而不致於彼之理 道無雙。故曰一。◉雙古雙字原道訓所謂一者無匹合於天下者也 卓然獨立塊然獨處 是故明君貴獨。◉六韜大哉聖人之德獨見樂哉又云一者能獨往獨來 道之容。山曰貴獨字倒明君獨貴道之容虛靜無爲象道之體也莊子宋鈃尹文語心之容命之曰心之行容字義同 君臣不同道。下以名禱。君授事責成臣承任勞力是異道也臣陳其言效功求賞故曰羣下以名禱求於君名者言也 君操其名。臣效其形。形名參同。上下和調。一有也字幷曰一衍 凡聽之道。原本別提今接上文 以其所出。反以爲之入。凡聽云者人主所聽聽政聽訟之類不啻聽言而已故下曰聽言之道以別之凡聽事者須以奈何爲道就事起問使彼能自盡其智辯窮其事情是乃以我所出問者還反以爲來入于我者之地也說難篇彼顯有所出事乃以爲他故也所出義同舊注事有未審必出言以難之彼必求其理以入於此也物曰君人之道唯務入己而不從我出之也◉以其所出于口反以入于我耳也管子應也者以其出爲之入者也呂子人主出聲應容不可不審凡主有識言不欲先人唱我和人先我隨以其出爲之入以其言爲之名取其實以責其名則說者不敢妄言而人主之所執其要矣 故審名以定位。明分以辯類。辯辨通別也位者是非之處也舊注審察其名則事位自定明識其分則物類自辯◉類謂事義之比類 聽言之道。溶若甚醉。舊注溶閑漫貌凡聽言者欲闇以招明愚以求智故闇然若甚醉者則言者自盡而畢奏矣◉謂溶猶靜也毛詩誦言如醉 脣乎齒乎。吾不爲始乎。齒乎脣乎。愈惛惛乎。惛昏通舊注脣齒可以發言語也吾不爲始彼自爲始吾愈惛惛彼愈昭昭◉不爲始者彼先我隨也愈惛惛者吾惛不能進於是之謂也初曰脣齒次曰齒脣一以諧韻一以演義欲其反覆察微旨也春秋繁露孔子曰書之重辭之複嗚呼不可不察也其中心有美焉 彼自離之。吾因以知之。舊注離謂分析也◉左傳注離陳也 是非輻湊。上不與構。湊一作輳構一作搆舊注所陳之言或是或非如輻之湊皆發自下情上不與之爲構構結也◉事在四方要在中央故事是非一歸于君也東京賦萬方輻湊注文子曰羣臣輻湊張湛曰如衆輻之集於轂也幷曰一衍 虛靜無爲。道之情也。參伍比物。事之形也。荀子欲潛以深欲參以伍注參伍猶錯雜也繫辭傳云參伍以變錯綜其數◉不可形容故謂之情實事可驗故謂之形汲冢周書頑貪以疑疑意以兩平兩以參參伍以權趙廣漢傳鉤距者設欲知馬賈

定本韓非子纂聞卷第二　十五　崇文院

王衆信曰此篇近莊而困閑內寓寧語視解老篇尤卓

則先問狗已問羊又問牛然後及馬參伍其賈以類相準則知馬之貴賤不失實矣春秋繁露論春秋者合而通之緣而求之五其比偶其類又云比而偶之弁合于其可數也周禮司會以參互攷日成注故書互作巨今案巨如鉤距之距又司會以逆邦國都鄙官府之治注逆受而鉤考之又以逆職歲注參互鉤考之 參之以比物。伍之以合虛。荀子注及周易本義引作合參楊升庵外集比物合虛皆參伍考之以知物之虛實也荀注誤引朱子又自荀注見之原不自韓非子出也物曰只是參伍以比物合虛也虛者道也弄文如此方是奇遂◉有形之物則參錯之以比類相準也無形之名則交互之以偶合可數也顧寧人曰知錄反以作合參爲是者誤愚謂此文與算法方程名義同參者和加錯雜也貫和賤多加少之類伍者互乘也比物者左右布置也合虛者空行因乘也 根幹不革。舊注參三也伍五也所陳之事或三之以比物之情或五之以合虛之數常令根幹堅植不有移革也 則動溶不失矣。溶元作泄從山氏正〇根幹喩法數也法數治國之本也若能循之不亂以私智巧辯則其動靜得宜無所失也動溶猶動靜也山曰原道訓動溶無形之域而翱翔忽區之上◉世事有時轉移制令隨宜損益若國家通典則有一定大經不可革之譬如草木枝葉或彫而根幹不改也易曰時止則止時行則行動靜不失其時 動之溶之。無爲而改之。動靜舉止一皆循法即無爲也虛靜無爲而黎民於變時雍老子我無爲而民自化我無事而民自富物曰謂其所爲不可改易也上兩之字別是一法舊注雖有所改無爲而爲也◉之字足句左傳鸖之鵒之公出辱之同法溶者從容閒暇之意改化也莊子處無爲而物自化國策子胥入江而不改史記作化秦紀黔首改化字義可見 喜之則多事。物曰貴名言 惡之則生怨。◉之字無意義言喜則怒可知言惡則愛可知許平仲曰人君惟無喜怒也有則賞其喜以市恩鼓其怒以張勢人君惟無愛憎也有則假其愛以濟私藉其憎以復怨 去喜去惡。虛心以爲道舍。去上一有故字◉管子虛其欲神將入舍掃除不潔神乃留處莊子唯道集虛虛者心齋也解老篇爲之欲之則德無舍幷曰一衍 上不與共之。民乃寵之。上不與臣共事則民尊寵而敬服之外儲賞罰共則禁令不行◉威權一出乎君故民皆寵賴之多門則下不堪命 上不與義之。使獨爲之。字曰鶡冠子寧云義宜作議◉荀子注義謂裁斷也獨猶專任也鶡冠子明主之治世也急於求人弗獨爲也 上固閉內扃。從室視庭。舊注閉內扃閉心以察臣也由內以觀外猶從室而視庭也◉扃者關戶之木喩內情也術不欲見故固閉之文子中欲不出謂之扃外邪不入謂之閉從室視庭謂我能視彼而不使彼視我也易曰不出戶庭先咎子曰亂之所生也則言語以爲階君不密則失臣是以君子愼密而不出也堂室戶庭並喩心術也 參咫尺已具。◉一無參字 皆之其處。參驗諸咫尺謂執要也有度篇朔廷堂下直湊單微不敢相踰越此卽各適其所不相犯錯也舊注八寸曰咫◉汲冢周書太子晉曰視道如咫注咫喩近也 以賞者賞。以刑者刑。

定本韓非子纂聞卷第二　十六　崇文院

形名參同功罪自斷因其所爲。各以自成。善惡必及。孰敢不信。羣臣承任操事
各有所成有功則必賞有過則必罰謂法明之効也舊注所爲善惡既各自成善必及賞惡必及刑刑賞不差誰敢不信規矩既設。三隅
乃列。賞善刑惡必及其身法制既設于此勸懲乃行于彼謂形名之効也井曰一節圖規矩喩法度也凡方物正其一隅則餘三隅皆自正矣淮南子經營四
隅還反於樞注隅猶方也案李陵贈詩各在天一隅蘇武答詩作一方方隅義同八經篇名號賞罰法令三隅主上不神。下將有
因。因因其好惡也傍注神者隱而莫測者也既不神則可測故可因也其事不當。下考其常。君自操事或有過失
則羣下輙引常理考校以譏其當否也八經篇脫易不自神曰彈威又云明主之行制也天其用人也鬼天則不非鬼則不困曰神曰天曰鬼皆謂其尊嚴周密不可測
度也若天若地。是謂累解。舊注天地高厚不可測者也君用意如天地則下因下考之累可解也山曰荀子和調累解注
使嬰累解釋也圖解叶音記莊子哀樂不能入也古者是謂帝之懸解又云惡欲喜怒哀樂者累德也案書絕嗜禁欲所以除累若地若天。
孰疏孰親。管子如地如天何私何親如月如日唯君之節圖管子聖人若天然無私覆也若地然無私載也能象天地。
是謂聖人。井曰一節欲治其內。置而勿親。欲治其外。官置一

定本韓非子纂聞卷第二　十七　崇文院

人。圖置立也周禮太宰立其監置其輔官置一人謂每官必立一人爲監察也左右近臣則雖置之亦不得借誠情以昵褻之恐其人因近幸以爲壅蔽也文武
諸官州縣之吏則必別置使相督察不得成私也圖案此說近之但主道篇云官有一人此云官置一人可見多員之官則別置之若少員則擇忠實者以爲耳目而已
管子上有五官下有五橫注橫謂紀察之官也亦是此意不使自恣。安得并移。元作移并從山氏正韻諧〇既有監督不
得擅行其私豈有并兼移奪之事乎大臣之門。唯恐多人。舊注威權聚焉故人趨之井曰一節凡治之
極。下不能得。無功者僥幸有罪者或免是謂之得圖明主周密故下不能得其情也周合刑名。刑形通民
乃守職。圖周亦合也百家類纂作用去此更求。是謂大惑。此指形名之術猾民愈衆。
姦邪滿側。猾亂也去形名之害如此故曰。毋富人而貸焉。毋貴人而逼
焉。太富則作福貸下太貴則作威逼上毋專信一人。而失其都國焉。亡徵篇用一人爲門戶者可亡
也腓大於股。難以趣走。趣趨通一作趨舊注臣重於君難以爲理井曰一節圖釋名疾行曰趨疾趨曰走左傳末大必
折尾大不掉主失其神。虎隨其後。圖六韜可怒而不怒臣乃爲虎主上不知。虎將爲

臣虎之實

狗。舊注失神謂可測知也爲虎隨後以伺其隙主既不知臣之爲虎則皆畏威藏用外若狗然所以陰謀其事也圖外儲大臣爲猛狗而齕有道之士古人常以
猛虎猛狗喩大臣作威者也主不蚤止。狗益無已。舊注謂君不知而早禁之則皆爲狗從其朋黨無有已時虎
成其羣。以弑其母。弑一作殺舊注母卽君也爲主而無臣。奚國之有。圖三守篇
人臣有不敢忠主則國爲亡國矣是謂國無臣也主施其法。大虎將怯。主施其刑。大虎
自寧。自寧謂守其分無覬心也法刑狗信。虎化爲人。復反其眞。徇元作狥山曰宜作狥〇
史記徐注徇亦信也反眞謂盡誠奉上也井曰一節欲爲其國。必伐其聚。舊注聚謂朋黨交結圖論語皇疏爲猶治也
不伐其聚。彼將聚衆。欲爲其地。必適其賜。物曰地國殊矣謂制其采邑也圖地
井地龍子曰治地莫善於助適等也周禮司勳掌六鄕賞地之法以等其功不適其賜。亂人求益。賜益叶圖當作益求
彼求我予。假仇人斧。仇一作讎荀子賓盜糧借賊兵李斯亦云國聽其請謁輙乃許之彼益長大我彌消弱如假仇人以
利器也假之不可。彼將用之以伐我。井曰一節黃帝有言曰。上下

定本韓非子纂聞卷第二　十八　崇文院

一日百戰。君利在見功而爵祿臣利在無功而富貴上下異利故百戰也下匿其私。用試其上。上
操度量。以割其下。圖此說所以百戰之故也路史載丹書井此四句爲黃帝語恐編纂誤故度量之立。
主之寶也。黨與之具。臣之寶也。圖度量以公立黨與以私具臣之所不弑
其君者。黨與不具也。故上失扶寸。下得尋常。焦氏筆乘扶讀爲膚公羊傳曰
膚寸而合注側手爲膚按指爲寸山曰投壺注鋪四指曰扶井曰一節圖八尺曰尋倍尋曰常有國之君。不大其都。山曰
左傳都城過百雉國之害也先王之制大都不過參國之一中五之一小九之一有道之臣。不貴其家。忘家報國舊注
大夫稱家有道之君。不貴其臣。傍注臣將貴盛逼己貴之富之。備將代之。
代一作伐物曰備預防也圖之字足句太貴作威太富作福威福俱備篡弑之漸備危恐殆。急置太子。禍乃
無從起。恐戒懼意舊注太子者君之副貳國之重鎭也必速置之則禍端自息矣井曰一節圖備國之危恐身之殆早立太子以絕孽孽希望之心三
守篇三守不完則國危身殆內索出圉。必身自執其度。圖度一叶量恐衍圖索者內求之義說文作

索入家摻也。秦紀。關中大索二十日。周禮。方相氏以索室毆疫。圂禦通。外防之義。毛詩。外禦其侮。內索外圂。謂入則索內宄。出則禦外姦也。禮記。內以治宗廟之禮。出以治直言之禮。射雉賦。內無固守。出不交戰。皆以出對內。字法同。我執一度。世間無限長短。無不可度焉。我執一量。世間無限多少。無不可量焉。權亦如之。曰權。曰要。曰一。曰度量。準一貫耳。**厚者虧之。薄者摩之。**摩一作靡。下同。古字通用。厚猶甚也。薄。次于甚者也。太甚者虧損之。不甚者摩刓之。令其戒愼奉法度也。八姦篇。甚者舉兵以聚邊境。薄者數內大使。說難篇。厚者為戮。薄者見疑。史記。厚作甚。墨子皆是其義。而非人之義。是以厚者有闕而薄者有爭。考其字義。猶言大小耳。宇曰。餘子綽云。靡讀奢靡之靡。圝管子。富者靡之。貧者為之。此百姓之息生。**虧摩有量。毋使民比周。同欺其上。**有量謂中度也。**虧之若月。**圝卒奪則恐。故漸虧之。使不知也。**摩之若爇。**舊注。若鑽火之取熱不得中息。**簡令謹誅。必盡其罰。**法令煩則易犯。故擇而省之。必盡謂不枉法而赦赦也。家語。慢令謹誅賊也。又云。緩令急誅。是謂之暴。與此義不同。**毋弛而弓。一棲兩雄。**圝法釋禁。臣將擬君。圝而。汝也。弓喻刑罰。棲棲同。**一棲兩雄。其鬬𪙛𪙛。**舊注。爭鬬貌。圝案。𪙛齗音近。魯世家贊。洙泗之間齗齗如也。索隱云。齗音五艱反。鬬爭貌。圝楚辭。猛犬狺狺而迎吠兮。廣韻本作犷。集韻本作㹞。又作𤞞。犬爭也。又管子。北郭有狗嚾嚾。且暮欲齧我猳。河書引洛水至商顏下。服虔云。顏音崖。顧炎武云。崖當作岸。又魏略。臺中三狗啀喍

不可當。惠琳云。啀喍。犬鬬也。**豺狼在牢。其羊不繁。**姦臣擅事。則良臣去。牢。欄也。山曰。繁讀蕃息之蕃。圝羊可牧養。故以喻民。舊注。豺狼。喻吏之貪殘者。**一家二貴。事乃無功。夫妻持政。子無適從。**大臣擬主。則下惑貳。不知誰從也。適。主也。左傳。一國三公。吾誰適從。井曰。一節。**為人君者。數披其木。毋使木枝扶疏。**秦策詩曰。木實繁者披其枝。披其枝者傷其心。大其都者危其國。尊其臣者卑其主。注。披。折也。晉靡反。舊注。木喻臣也。披謂落其枝也。喻削臣之威勢。毋令太盛也。圝說文云。扶疏。四布也。**木枝扶疏。將塞公閭。私門將實。公庭將虛。主將壅圍。**舊注。圍。𤄃也。依注。圍𤄃字訛。注圍圄倒。干至私人之門。不一至主之庭。則將比周壅蔽以圍繞其君也。圝徵魚通押。**數披其木。毋使木枝外拒。**舊注。拒謂枝之旁生者也。**木枝外拒。將逼主處。**臣威太重。將代君位。**數披其木。毋使枝大本小。**圝本喻君。**枝大本小。將不勝春風。**物曰。風叶心。喻。山曰。春多風。呂春秋。春之德風也。不必以恩惠為解。圝風俗通。春者蠢也。蠢蠢搖動也。說苑。吾不能以春風風人。吾不能以夏雨雨人。枝大本小。末必折也。一曰風至。則將不勝動搖矣。臣強君弱。末必亡也。一曰有施私惠為春風者。則將不勝劫奪矣。**不勝春風。枝將害**

劉辰翁曰。枝將害心句佳甚。古豁曰。足塞傳心。

陳深曰。每段必用何謂二字喚醒。通本題注摹寫姦臣作用情實。杜詞千年如見。可謂古今奇絕妙品。文字頭從神氣有餘。千載如見。使夫人觀之。可謂面熱汗流。

心。圝木心喻國。尙書。臣之有作福作威玉食。其害于而家。凶于而國。**公子既衆。宗室憂唫。**井曰。一節。圝公子。枝。圝宗室。根本也。唫古吟字。**止之之道。數披其木。毋使枝茂。**父兄衆強。大臣專權。危國之道也。宜加裁制。早為之所。**木枝數披。黨與乃離。掘其根本。木乃不神。**秦策。削株掘根。無與禍鄰。山曰。神恐當作伸。圝神謂逞威也。**塡其洶淵。毋使水淸。**權不欲見。以闇見疵。宜閉內扃以絕羣下奔競之路也。舊注。淵者水之停積。水淸鑒之者必衆。以喻族強附之者必多也。圝塡。塞。洶。涌也。楚辭。聽波聲之洶洶。**探其懷。奪之威。**舊注。探懷謂測知其所欲為也。圝三略。夫高鳥死。良弓藏。敵國滅。良臣亡。亡者非喪其身也。謂奪其威。廢其權也。封之於朝。極人臣之位。以顯其功。中州善國。以富其家。美色珍玩。以說其心。夫人衆一合而不可卒離。威權一與而不可卒移。還師罷軍。存亡之階。故弱之以位。奪之以國。是謂霸者之略。**主上用之。若電若雷。**舊注。威不下分。則君命神而可畏矣。

八姦第九

凡人臣之所道成姦者有八術。道。由也。**一曰。同牀。**同上元衍在字。圝合纂類

語無在字。**何謂同牀。曰。貴夫人愛孺子。便僻好色。此人主之所惑也。**貴愛皆謂被親幸者也。圝策注。孺子。婦人之美稱。亦見外儲。山曰。僻讀曰嬖。舊注。好色。美好之色。圝合纂類語。此作凡。文選注。孺子。宮人也。便嬖。美色。謂闒豎頑童也。**託於燕處之虞。乘醉飽之時。而求其所欲。此必聽之術也。**燕。宴也。虞。娛通。趙策。客見趙王曰。郭偃之法。有所謂柔雍者。王知之乎。王曰。未之聞也。所謂柔雍者。便辟左右之人及夫人愛孺子也。此皆能乘王之醉昏而求所欲於王者。是能得之於內。則大臣為之枉法於外矣。舊注。乘。因也。或說。燕處。退朝而居也。外儲。易萌燕之處。燕居不嚴。醉飽易惑。請謁乞求。無不聽焉。圝乘下疑宜有於字。**為人臣者。內事之以金玉。使惑其主。此之謂同牀。二曰。在旁。何謂在旁。曰。優笑侏儒。左右近習。此人主未命而唯唯。未使而諾諾。先意承旨。觀貌察色。以先主心者也。**楊升庵外集引此云。方氏曰。唯唯。聲速而質。諾諾。辭緩而文。優笑又見難二篇及詭使篇。案齊語。優笑在前。賢材在後。注。倡俳也。謔戲貌察色。合纂類語作觀察顏色。舊注。優笑謂俳優能嘲笑者。上林賦注。俳優侏儒。皆樂人也。周禮所謂𩐈樂者也。家語。湯武以諤諤而昌。桀紂以唯唯而亡。商君傳。千人之

慎曰、此篇暢達、古雄精悉。

諸。（諸不如一士之諤諤。羣書治要引尹文子曰、語曰、佞辯可以熒惑鬼神。探人之心、度人之欲、得之於眉睫之間、承之於言行之先。）此皆俱進俱退。皆應皆對。（翊二皆字、讀爲偕。）一辭同軌。以移主心者也。（軌、迹也。進退應對、唯命之從、偸合苟容、無所可否也。）爲人臣者。內事之以金玉玩好。外爲之行不法。使之化其主。此之謂在旁。（化、改也。謂移君意。）三曰。父兄。何謂父兄。曰。側室公子。人主之所親愛也。（翊禮記、公庶子生、就側室。左傳注、側室、支子。公子、母弟以下、非嫡者也。）大臣廷吏。人主之所與度計也。此皆盡力畢議人主之所必聽也。爲人臣者事公子側室。以音聲子女。（翊前曰側室公子、此曰公子側室、互文以見非側室之公子也。）收大臣廷吏。以辭言處約。（言辭相約、餌以爵祿。未有實叙、故曰辭言處約。說疑篇、陰相約結以相同也、虛相與爵祿以相勸也。舊注、收謂收攝其心。）言事。事成則進爵益祿。以勸其心。使犯其主。（使其人進議於主、以便私計。主聽事行、則請主之爵祿以賞其人、果前約也。父兄之臣亦眩其利、屢犯主顏、爲姦人游說矣。）此之謂父兄。（側室公子同姓之臣、其族於君爲伯叔父、同異母兄弟、從父昆弟以下者、總稱父兄。）四曰。養殃。何謂養殃。曰。人主樂美宮室臺池。（樂、去音。）好飾子女狗馬。以娛其心。此人主之殃也。爲人臣者。盡民力以美宮室臺池。重賦斂以飾子女狗馬。以娛其主。而亂其心。從其所欲。而樹私利其間。此之謂養殃。（從謂曰、縱上禍主惡、下竭民產、姦人居間、養成國殃、以營私利。）五曰。民萌。（翊萌、氓同。）何謂民萌。曰。爲人臣者。散公財以說民人。行小惠以取百姓。（謂示私恩、收民心也。）使朝廷市井皆勸譽己。以塞其主。而成其所欲。（私延虛譽、以蔽主明。）此之謂民萌。（翊此條文法與前後不同。）六曰。流行。（說客雄辯、如水流行、無停滯也。）何謂流行。曰。人主者固壅其言談。（物日言談壅而不前、爲人主之固然。）希於聽論議。（舊注、君門隔於九重、賢俊希得與接、故論議罕聽也。）易移

陳深曰、已上歷陳姦態、而此知又救之術之之法、剖胸洞心矣。

以辯說。（易移、易誘惑也。易、以豉反。）爲人臣者。求諸侯之辯士。養國中之能說者。使之以語其私。爲巧文之言。流行之辭。（翊毛詩、哿矣能言、巧言如流、俾躬處休。）示之以利勢。懼之以患害。（欲有所納、示其勢安利以勸誘之。欲有所去、陳其事危害以恐喝之。）施屬虛辭。（舊注、設施綴屬浮虛之辭。）以壞其主。（詩傳、壞、瘣也。謂傷病也。山曰、壞當作環。荀子、朋黨比周以環主、圖私爲務。注、環、繞其主、不使賢臣得用也。翊案、環讀曰瘝。康誥、弗康瘝其君。傳、瘝、病也。翊壞營誤、營熒通、詳見五蠹。）此之謂流行。七曰。威強。何謂威強。曰。君人者。以羣臣百姓爲威強者也。羣臣百姓之所善。則君善之。非羣臣百姓之所善。則君不善之。（世主專任下之誹譽。）爲人臣者。聚帶劍之客。養必死之士。以彰其威明。（明、名通。帶劍必死之士、謂俠客也。）爲己者必利。不爲己者必死。（謂以私劍窮之。）以恐其羣臣百姓。而行其私。此之謂威強。八曰。四方。何謂四方。曰。君人者。國小則事大國。兵弱則畏強兵。大國之所索。小國必聽。強兵之所加。弱兵必服。爲人臣者。重賦斂。盡府庫。虛其國。以事大國。而用其威。求誘其君。甚者舉兵以聚邊境。而制斂於內。（舉兵謂密招敵兵、令攻己國、如陳需招楚兵、公叔內齊軍之類。物曰、制斂謂稽制聚斂也。）薄者數內大使。以震其君。（大使、重使也。魏策、信陵君大怒、遣大使之安陵。此謂其小者、則令所黨國屢致使者於己、以示交親、使君震眩也。翊月令、毋以割地、行大使、出大幣。）使之恐懼。此之謂四方。凡此八者。人臣之所以道成姦。世主所以壅劫失其所有也。（所有謂國。）不可不察焉。明君之於內也。娛其色。而不行其謁。不使私請。（舊注、所以防初姦之同牀也。翊行猶用也。）其於左右也。使其身。（八經篇、一用以務近習。使謂使令之。）必責其言。不使益辭。（益宜作易、音之誤也。有度篇、遠在千里外、不敢易其辭。勢在郞中、不敢蔽善飾

陳深曰此篇句假並複然錯綜變互不厭其煩覆見有味值激思例

非舊注所以防二姦之在旁也。其於父兄大臣也，聽其言也，必使以罰任於後。舊注言不當則罰之國任責也。不令妄舉。舉行也舊注所以防三姦之父兄也。其於觀樂玩好也，必令之有所出。謂有官掌之者也。不使擅進[不使]擅退。羣臣虞其意。下不使衍或宜移羣臣上舊注所以防四姦之養殃也虞度也必不令度君意擅有所進退也。其於德施也，縱禁財，發墳倉。東京賦發京倉散禁財注禁財禁藏也散發禁庫之財墳當作積毛詩迺積迺倉蹶三王世家開禁倉賑貧窮羽獵賦開禁苑散公儲案墳大也京倉京亦訓大管子開九墳發故屋辟故窌以假貸禁財備非常之財也。利於民者，必出於君，不使人臣私其德。舊注所以防五姦之民萌也。其於說議也，稱譽者所善，毀疵者所惡。惡猶譏也。必實其能，察其過，不使羣臣相爲語。實有能者舉之誠有過者去之不得飾非誣能也舊注所以防六姦之流行也。其於勇力之士也，軍旅之功無踰賞，踰偸字訛主道篇明君無偸賞無赦罰。邑鬭之勇無赦罪。邑鬭私鬭也。不使羣臣行私財。舊注所以防七姦之威強也不使行私財於勇士也。其於諸侯之求索也，法則聽之，不法則距之。所謂亡君者，所謂以下一本別提非。非莫有其國也，而有之者皆非己有也。非己有者卽上文失其所有也舊注雖有其國令臣執制而有之也。令臣以外爲制於內，則是君人者亡也。姦臣假外諸侯之威以爲制其國則君有人主之名而失其實者也。聽大國爲救亡也，而亡亟於不聽，故不聽。事大國者本欲恃以爲黨援也當時姦臣多藉其威以劫其君則人主之亡也比之不事大國者更爲急亡故明主務明內治不聽大國不法之索蓋恐敵國廢置之害也。[羣臣]衍文羣臣知不聽，則不外市諸侯。一脫市字外交取利故曰外市。諸侯之不聽，之字蓋句孟子惟奕秋之爲聽同法。則不受其臣之誣其君矣。大國諸侯我所畏也猶且不聽況於我臣欺蔽誣專爲姦說者豈被誘惑而受用乎。明主之爲官職爵祿也，已上所以防八姦之四方也當時山東諸國之臣各養外交爲主誤國其弊尤甚故殊詳之與上二條不同。所以進賢材勸有功也。一本別提非。故曰：賢材者處厚祿，

任大官；功大者有尊爵，受重賞。官賢者量其能，賦祿者稱其功。稱副也國語公屬百官賦祿注賦授也。是以賢者不誣能以事其主，有功者樂進其業，故事成功立。今則不然，不課賢不肖，山曰課試也。不論有功勞，從山氏補不字。用諸侯之重，說四方之害也舊注諸侯以其勢位之重有所委屬而君用之。聽左右之謁，說在旁之害也同牀之姦亦在其中。父兄大臣上請爵祿於主，一主作上說父兄之害也。而下賣之以收財利，說民萌之害也養殃亦在其中。及以樹私黨。說威強流行之害也。故財利多者買官以爲貴，貨賄取官如市買然。有左右之交者請謁以成重。重勢重。功勞之臣不論，官職之遷失謬。謂失材賢。是以吏偸官而外交，不欲守官以進其業惟務外交以尋尊顯。弃事而財親。弃事不事其事也謂大國之索聽左右之謁故有此二弊也物曰財親昵於貨也。是以賢者懈怠而不勸，有功者隳而簡其業。不盡力于其職也物曰簡略也隳隳又作墮並與惰通。此亡國之風也。八姦競起國不得存。

定本韓非子纂聞卷第二終

定本韓非子纂聞卷第三

十過。

江都 松皐圓纂聞

十過第十

陳深曰。先有後十件事。方冠十柱。

十過。一曰。行小忠。則大忠之賊也。（賊害也。）二曰。顧小利。則大利之殘也。（殘猶敗也。圓劉勰新論。小利大利之殘。）三曰。行僻自用。無禮諸侯。則亡身之至也。（行僻所行不正也。自用擅行己意也。其極必至亡身。）四曰。不務聽治。而好五音。則窮身之事也。（圓周禮大宰。王眡治朝則贊聽治。）五曰。貪愎喜利。則滅國殺身之本也。（圓愎戾也。）六曰。耽於女樂。不顧國政。則亡國之禍也。七曰。離內遠遊。而忽於諫士。則危身之道也。（內國內。忽略也。）八曰。過而不聽於忠臣。而獨行其意。則滅高名。爲人笑之始也。（物曰。爲人笑。爲人所笑也。）九曰。內不量力。外恃諸侯。則削國之患也。十曰。國小無禮。不用諫士。則絶世之勢也。（圓益稷。用殄厥世。呂刑。苗民無辭于罰。乃絶厥世。荀子注。世謂繼也。又周禮注。父死子立曰世。）

孫鑛曰。有波有瀾。陳深曰。每條貫以

奚謂小忠。昔者楚共王與晉厲公戰於鄢陵。楚師敗。而共王傷其目。（魏錡射王中其左目。）酣戰之時。（酣戰猶言戰半也。）司馬子反渴而求飲。豎穀陽操觴酒而進之。（豎豎同。楚語注。穀陽子反之內豎也。高誘曰。豎小使也。人間訓呂春秋作陽穀。圓左傳作穀陽豎。淵鑑類函同。周禮內豎注。豎未冠者之官名。吳語觴酒豆肉注。觴爵名。呂子作黍酒。）子反曰。嘻。（圓廉頗傳注。嘻乃驚而怒之辭。）退。（圓句。）酒也。豎穀陽曰。非酒也。（圓軍中禁酒。）（一無豎字。一無也字。）子反受而飲之。子反之爲人也。嗜酒而甘之。弗能絶於口而醉。（圓尚書。甘酒嗜欲。傳。甘嗜無厭足也。）戰既罷。共王欲復戰。令人召司馬子反。司馬子反辭以心疾。（圓淮南子作痛。）共王駕而自往。入其幄中。聞酒臭而還曰。今日之戰。不穀親傷。（高誘曰。不穀不祿也。人君謙以自稱也。圓禮。四夷之國雖大曰子。自稱曰不穀。）所恃者司馬也。而司馬又醉如此。是亡楚國之社稷。（圓亡忘通。）而不恤吾衆也。不穀無復戰矣。於是還師而去。斬司馬子反以爲大戮。故豎穀陽之進酒。不以讎子反也。（圓讎淮南子作欲禍。）其心忠愛之。而適足以殺之。故曰。行小忠則大忠之賊也。

陳深曰。語多枝冗。不及左氏遠矣。

孫鑛曰。妙論侈語。

奚謂顧小利。昔者晉獻公欲假道於虞以伐虢。荀息曰。君其以垂棘之璧。與屈產之乘。賂虞公。求假道焉。必假我道。（公羊傳注。乘備駟也。圓左傳注。屈地生良馬。垂棘出美玉。故以爲名。四馬曰乘。自晉適虢。途出於虞。故假道也。）君曰。垂棘之璧。吾先君之寶也。屈產之乘。寡人之駿馬也。若受吾幣。不假之道。將奈何。（圓之一作我。）荀息曰。彼不假我道。必不敢受吾幣。若受吾幣。而假我道。則是寶猶取之內府。而藏之外府也。（圓周禮有內府外府。皆掌貨賄之藏。）馬猶取之內廄。而著之外廄也。君勿憂。君曰。諾。乃使荀息以垂棘之璧。與屈產之乘。賂虞公。而求假道焉。虞公貪利其璧與馬。而欲許之。宮之奇諫曰。不可許。夫虞之有虢也。如車之有輔。輔依車。車亦依輔。（毛詩。廼棄爾輔。廼輔爾載。圓輔兩旁夾車之木也。高誘杜預皆泥前有脣亡齒寒之語。以牙頰解車輔。失之。）虞虢之勢正

孫鑛曰有爲荀息意又有惜馬意大是喜極之語情境妙絕

是也。物曰正是字古亦有若假之道。則虢朝亡。而虞夕從之矣。不可。
願勿許。虞公弗聽。遂假之道。荀息伐虢。而還反。處三年。
興兵伐虞。又尅之。淮南子還反伐虞喩老篇還反滅虞圖公羊傳還四年反取虞注還復往故言反晉語注處三年後三年也案
傳二年伐虢五年伐虞閒隔四年古四字積畫遂訛脫爲三耳荀息牽馬操璧。而報獻公。獻公說
曰。璧則猶是也。圖穀梁傳注言如故也雖然馬齒亦益長矣。晉世家馬則吾馬齒亦老
矣注公羊傳曰荀息見曰臣之謀何如獻公曰子之謀則已行矣寶則吾寶也雖然吾馬之齒亦已長矣蓋戲之也何休曰以馬齒戲喩荀息年老也圖禮記疏齒年也
故虞公之兵殆而地削者。何也。愛小利。而不慮其害。故
曰。顧小利。則大利之殘也。
奚謂行僻。昔者楚靈王爲申之會。圖左傳注申在鄧州南陽縣三十里宋太子
後至。執而囚之。狎徐君。左傳宋太子佐後至王田於武城久而不見徐子𠯛出也以爲武焉故執諸申與此微異舊注

狎輕傳之拘齊慶封。圖慶封齊大夫中射士諫曰。合諸侯。不可無禮。此
存亡之機也。大學其機如此疏機關機也又說文主發謂之機中射士左傳作椒擧史記伍擧舊注中射士官有上中下山曰說林上下並
有中射之士未見上射下射案中如中涓中郎之中射音謝呂春秋荆威王好制有中謝佐制者注中謝官名圓謂楚策鮑注射人之在中者吳注引韓子注亦失考也
圖陳軫傳索隱中謝謂侍御之官也又案儀禮射人納賓注射人爲擯者也秦紀正義引漢表曰僕射秦官射音夜古者重武官有主射以督課之也昔者
桀爲有戎之會。而有緍叛之。有戎左傳作仍史記有仍杜預云仍緍國名圖古今韻會仍字注引古今人表
有扔君集韻或作㺱亦省作戎竹書紀年帝癸十一年會諸侯于仍有緍氏逃歸遂滅有緍紂爲黎丘之蒐。而戎狄
叛之。黎丘左傳作黎史記黎山服虔曰東夷國名案思玄賦梁叟患夫黎丘兮注呂氏春秋曰梁國之北地名黎丘有奇鬼焉圖春獵曰蒐竹書紀年帝辛四
年大蒐于黎作炮烙之刑由無禮也。君其圖之。君不聽。遂行其意。卽自用也居
未期年。靈王南遊。羣臣從而劫之。靈王餓而死乾溪之
上。申會在魯昭四年乾谿之難在十三年此云未期年謬矣故曰。行僻自用。無禮諸侯。則亡

身之至也。
奚謂好音。昔者衛靈公將之晉。至濮水之上。圖藝文類聚至下有於字
月令廣義至作宿舍說文濮水出東郡濮陽南入鉅野稅車而放馬。設舍以宿。西征賦稅駕西周注引作稅馬而牧
法言曰仲尼之駕稅矣李軌曰稅舍也圖李斯傳索隱稅駕猶解駕謂休息也夜分而聞鼓新聲者而說之。
荀子注分半也王瓚詩注聞下有有字養生論注同登樓賦注衛靈公泊濮水夜分而聞有鼓琴者寡婦賦注同而瑟作琴使人問左右。
盡報弗聞。樂書無使人二字下同圖謂使數人往問旁水左右鄉里何者鼓之悉白不有所聞之處矣故下云似鬼神內儲因問旁鄉左右
乃召師涓而告之曰。有鼓新聲者。使人問左右。盡報弗
聞。其狀似鬼神。子爲聽而寫之。文選注引爲下有我字師涓衛樂太師殷紀紂使師涓作新淫聲師
涓乃師延之誤因幷及之圖凡以彼輸於此之謂寫也師涓曰。諾。因靜坐。選注端坐樂書同圖朝鮮版選注作靖坐撫
琴而寫之。樂書撫作援師涓明日報曰。臣得之矣。而未習也。請

復一宿習之。圖論衡作請矣宿而習之靈公曰。諾。樂書作可因復留宿。明日而
習之。樂書明日報曰習矣遂去之晉。晉平公觴之於施夷之臺。樂書施惠正義
云一本慶祁之堂山曰施夷臺名左傳晉侯築虒祁之宮注虒祁地名圖劉歆遂初賦過下虒而歎息兮悲平公之作臺水經注斷梁城卽上虒亭是虒有上下猶屈有
南北也施夷虒祁聲音相近因轉訛耳周禮釋文𧌒音夷移天子傳注觴者所以進酒因云觴耳酒酣。靈公起[公]衍文樂書無起
公字曰。有新聲。願請以示。圖論衡請下有奏字平公曰。善。乃召師涓。令
坐師曠之旁。援琴鼓之。鼓一作撫圖藝文類聚作鼓未終。師曠撫止之曰。
此亡國之聲。不可遂也。禮記注撫抑也圖晉語平公說新聲注作師曠撫其手而止之曰此亡國之音也平
公曰。此道奚出。道從也師曠曰。此師延之所作。圖樂書有也字論衡有淫聲二字
與紂爲靡靡之樂也。圖晉語注昔師延爲紂作靡靡之樂水經注同汲冢周書商俗靡靡上林賦俳優侏儒狄鞮之唱所
以娛耳目樂心意者麗靡爛漫於前韓詩外傳昔者桀爲酒池糟隄縱靡靡之樂列女傳桀造爛漫之樂可見靡麗爛漫淫邪之調總名靡靡不獨指紂之樂也

楊愼曰。老譜語未足折衷。

及武王伐紂。師延東走。至於濮水而自投。故聞此聲者。必於濮水之上。國上濱也。先聞此聲者。其國必削。蓋世所傳說故述之。不可遂。平公曰。寡人所好者音也。人下宜有之字。子其使遂之。師涓鼓究之。物曰。謂終其曲。平公問師曠曰。此所謂何聲也。師曠曰。此所謂清商也。公曰。清商固最悲乎。樂書首無此最悲乎。師曠曰。不如清徵。公曰。清徵可得而聞乎。師曠曰。不可。古之聽清徵者。皆有德義之君也。國淵鑑聽字作得聞。今吾君德薄。不足以聽。平公曰。寡人之所好者音也。願試聽之。師曠不得已。援琴而鼓。一奏之。有玄鶴二八。道南方來。山海經風道北來。天乃大水。楊愼補注引作玄鶴二八道南方而來。國淵鑑引韓子曰。師曠鼓琴。有玄鶴銜珠於中庭舞。初學記同。二八。八隻二列也。穆天子傳。爰舞白鶴二八。是日天子鼓道其下而鳴。注。道。從也。引此文。

集於郎門之垝。舊注。垝。棟端也。國案。樂書無之垝二字。郎作廊。通。魏世家及說苑。范座因上屋騎危。喪大記中屋履危。注。危。棟上也。代醉編鵠上高城之垝。而巢於高檐之頤。國風俗通作進於廊門之扈。論衡作郭門之上危。藝文類聚郎作郭。漢書顏注。廊。堂下周屋也。爾雅。垝謂之坫。疏。垝是堂角端也。再奏之。而列。國風俗通作成列。三奏之。延頸而鳴。舒翼而舞。延頸之曲水詩注作師曠援琴一奏。有玄鶴二八來集。再奏而列。三奏延頸而鳴。攄翼而舞。國廣雅。攄。張也。遊仙窟注。頸作頭。音中宮商之聲。二字衍文。琴賦注無之。國風俗通同。聲聞于天。國論衡聞作吁。又作徹。平公大說。坐者皆喜。平公提觴而起。提一作提。國淵鑑起下有爲字。藝文類聚同。爲師曠壽。反坐而問曰。音莫悲於清徵乎。一無坐字。國諸書有坐字。師曠曰。不如清角。南都賦注。清徵之聲不如清角。許愼曰。清角弦急。其聲清也。平公曰。清角可得而聞乎。師曠曰。不可。昔者黃帝合鬼神於泰山之上。赭白馬賦。代驂象輿。注引黃作皇。無之上字。國佩文韻府合作祭。論衡泰上有西字。淵鑑藝文同。玉海大晟樂書。黃帝鼓清角之琴。以大合鬼神而鳳凰蔽日。又引梁元帝纂要。古琴名有清角。黃帝之琴。引此文。黃帝下有作清角三字。駕象

楊愼曰。或垝色旅[illegible]。

車。國論衡作象輿。玉海引家語曰。山出器車。注。出銀瓮丹甑之器及象車。後漢書注引崔駰東巡頌。登天靈之威輅。駕太一之象車。宋符瑞志。王者至孝則出象車。山之精也。又孔叢子。楚昭王以安車象飾因宰予以遺孔子。楚辭雜瑤象以爲車。皆謂以象牙飾車也。而六蛟龍。國論衡作玄龍。玉海交龍。子虛賦。乘鏤象。六玉虬。七發。六駕蛟龍。畢方並鎋。舊注。畢方神名。鎋蒲末切。國案。鎋一作轄。齊策注。鎋轄同。車軸端鍵也。羽獵賦。蚩尤並轂。注。楚辭曰。選衆以並轂。又引此文作並轂。並步渾切。國氾論訓。木生畢方。注。木之精也。公羊傳注。滕薛俠轂。韻會。俠。並也。蚩尤居前。管子。黃帝六相。蚩尤太常奢龍祝融大封后土。又云。黃帝得蚩尤而明乎天道。故使爲當時。當掌字訛。注。謂知天時之所當也。國案。秦策。黃帝伐涿鹿而禽蚩尤。恐非此及管子所稱者歟。國居前爲先導也。荀子。天子出門。諸侯持輪挾輿先馬。玉海引作並轂。風伯進掃。雨師灑道。應璩書。風伯掃途。雨師灑道。國原道訓。雨師灑道。風伯掃塵。山海經。黃帝令應龍攻蚩尤。蚩尤請風伯雨師。以縱大風雨。虎狼在前。國五帝紀。黃帝教熊羆貔貅貙虎。鬼神在後。騰蛇伏地。騰一作螣。國爾雅。螣。螣蛇。注。龍類。能起雲霧而遊其中也。友人福田子健曰。騰螣通。莊子騰猿。陸本作螣。云昔螣。又徒登反。國案。秦族訓。螣蛇雄鳴於上風。雌鳴於下風而成形。荀子。螣蛇無足而飛。文子作螣。家語說苑皆云。螣蛇遊於霧露。乘於風雨而行。主術訓。螣蛇游霧而動。說山訓。龜策傳皆云。騰蛇游霧而殆於蝍蛆。吳都賦。躍龍蛇。楚辭。騰蛇兮後從。考檢諸書。騰螣互用。難勢篇亦作螣。鳳皇

覆上。國論衡作白雲覆上。大合鬼神。蓋謂會諸侯也。猶禹會羣神于會稽山也。作爲清角。國穆天子傳注。大謂盛作之。莊子北門成問黃帝曰。帝張咸池之樂於洞庭之野。建之以太清。太清豈即清角耶。今吾君德薄。不足聽之。吾元作主。依上文正。國後漢儒林傳注引無主字。足下有以字。藝文類聚同。案主君大夫之稱也。平公霸主。師曠豈以主君稱之。今本有主字者誤。聽之將恐有敗。喩老篇扁鵲曰。不治將恐深。或云。似文發次。國藝文類聚敗下有也。平公曰。寡人老矣。所好者音也。願遂聽之。師曠不得已而鼓之。一奏之。有玄雲從西北方起。國藝文類聚作來。再奏之。大風至。大雨隨之。國風俗通。暴風亟至。大雨灑沛。裂帷幕。破俎豆。墮廊瓦。坐者散走。平公恐懼。伏于廊室之間。國風俗通作側室。晉國大旱。赤地三年。焦氏筆乘。古人謂空盡無物曰赤。如赤地赤貧赤族是也。國後漢臧宮傳。旱蝗赤地。注。謂在地之物皆盡也。說苑云。晉平公時。赤地千里。神異經。魃所見之國大旱。赤地千里。周禮。犬赤股。疏。股裏無毛。謂之赤股。非謂肉赤。平公之身遂癃病。元作瘗病。覽冥訓。昔者師曠奏白雪之音。而神物爲之下。風雨暴至。平公癃病。晉地

陳深曰。此條累千餘言。不勝枝冗。先秦人作文。不肯設字減句。好往遇便。與左氏書乃不同。

孫鑛曰。春語皆出魏色。君目韻語。乃多極奇。覺未盡於法。

赤地。注。癰病篤疾。赤地旱也。圖案。史記。衛靈公五年。如晉。當晉昭公二年。此云平公。觴之。不合。蓋亦雜家之說。不足深辨耳。圖淵鑑及藝文類聚作癰病。今本作壅者非。風俗通作疾痛。周禮注。廢疾謂癰病也。故曰。不務聽治。而好五音不已。上文無此二字。圖風俗通。聽作德。無不已二字。則窮身之事也。

奚謂貪愎。昔者智伯瑤率趙韓魏。而伐范中行滅之。舊注。瑤智伯名。趙策吳注。范氏士會之後。荀林父將中行。後因以官爲氏。反歸休兵數年。因令人請地於韓。韓康子欲勿與。段規諫曰。不可不與也。策注。段規韓人。吳注。姓譜。段鄭共叔段之後。圖日知錄。後漢段熲。其先出鄭共叔段。古人無以祖父名爲氏者。凡若此類。皆不通之說。案段氏當出自段干。史記老子之子名宗。爲魏將。封於段干。魏世家有段干木。段干子。田完世家有段干朋。夫智伯之爲人也。智一作知。下同。好利而驁愎。驁一作驚。○驁傲同。國策。驁復。吳注。韓子作驁愎。圖匈奴傳。天性忿驁。注。驁。狠也。又管子。下愈覆驁。而不聽從。彼來請地而弗與。則移兵於韓必矣。君其與之。與之彼狃。又將請地他國。地下。策有於字。

舊注。狃習也。得地於韓。則將生心它求也。圖爾雅。狃復也。注。狃伏復爲也。他國且有不聽。不聽則智伯必加之兵。如是韓可以免於患。而待其事之變。策無其字。康子曰。諾。策作善。因令使者致萬家之縣一於智伯。圖縣。策作邑。下同。智伯說。又令人請地於魏。魏宣子欲勿與。補一魏字。此及國策說苑作宣。諸書並皆作桓。故策注改作桓。趙葭諫曰。彼請地於韓。韓與之。今請地於魏。魏弗與。則是魏內自強。而外怒智伯也。策注。趙葭魏人。物曰。自恃其強。所以怒彼也。○趙葭。淮南子作任登。說苑。任增。魏策。說林。任章。其人異而言同。如弗予。其措兵於魏必矣。不如予之。宣子曰。諾。從山氏補曰字。因令人致萬家之縣一於智伯。智伯又令人之趙。請蔡皋狼之地。策注。漢志。西河郡有皋狼縣。又有藺縣。蔡或藺字訛。趙襄子弗與。智伯因陰約韓魏。將以伐趙。襄子召張孟談而告之。策約

楊慎曰。詞氣甚雅。

作結。義同。策疊趙字。國語。張談注。趙襄子之宰也。此云孟談者。蓋配字而呼之。曰。夫智伯之爲人也。陽親而陰疏。親元作規。從國策正。圖百家類纂作親。策疏作疎。通。三使韓魏。而寡人不與焉。與音預。舊注。三使陰以相約。知有異志也。其措兵於寡人必矣。今吾安居而可。可據何地以待敵也。○趙襄子自稱寡人者。後人所記。非當時語也。張孟談曰。夫董閼于簡主之才臣也。閼本音遏。平聲。爲安。他書多作安于。大夫稱主。策作簡子。其治晉陽。策其作世。說苑。董安于治晉陽。問政於蹇老。國語注。晉陽趙氏邑。而尹鐸循之。舊注。其治迹。知曹參之代蕭何也。晉語。趙簡子使尹鐸治晉陽。注。尹鐸。簡子家臣。策注。趙臣。繼安于者。舊注。尹鐸安于之屬大夫。未知何據。其餘教猶存。君其定居晉陽而已矣。策注。君謂襄子。圖晉語。簡子誡襄子。晉國有難。而無以尹鐸爲少。無以晉陽爲遠。必以爲歸。由此觀之。則雖因孟談之進議。實簡子之貽謀也。君曰。諾。乃召延陵生。令將車騎。先至晉陽。車上元衍軍字。從游俠傳集解所引刪。徐廣曰。代郡亦有延陵縣。圖策無軍字。爲是。至作之。案延陵生趙臣。策作延陵君。非。君因從之。君至而行其城郭。及五官之藏。物曰。五官之藏未詳。山曰。月令。審五

庫之量。金鐵皮革筋角齒羽箭幹脂膠丹漆。或是耶。圖案此云五官之藏。五蠹篇云。犯五官之禁。戰國五官之制未聞。齊策。五官之計。吳注。案記曾子問。諸侯出。命國家五官而後行。注云。五官五大夫典事者。此說差爲近之。五官制不一。并錄以備考。曲禮。天子之五官。司徒司馬司空司士司寇。又云。五官之長曰伯。左傳。五行之官。謂之五官。楚語。有天地神民類物之官。謂之五官。莊子。五官六府。辟草木。寔倉廩。又云。五官殊職。君不私。故國治。墨子。城上吏比五官者。皆賜公乘。管子。上有五官以牧其民。又云。四正五官。國之體也。又云。君不爲五官。五官治。天文訓。何謂五官。東方爲田。南方爲司馬。西方爲理。北方爲司空。中央爲都。兵略訓。將軍不與五官之事。而爲五官督。說苑。長五官。有如子貢者乎。樂記。荀子。五官謂耳目鼻口心也。又家語。漢元后傳。五官謂女樂之官也。因附于此。城郭不治。倉無積粟。府無儲錢。庫無甲兵。邑無守具。此五者各有守吏。蓋藏。蓋屬五官之所分掌也。襄子懼。乃召張孟談曰。寡人行城郭及五官之藏。皆不備具。吾將何以應敵。張孟談曰。臣聞聖人之治藏於臣。不藏於府庫。山曰。臣當作民。音之誤也。淮南子。西門豹對魏文侯曰。臣聞王主富民。霸主富武。亡國富庫。今王欲爲霸王者也。臣故稸積於民。務修其教。不治城郭。孟子。地利不如人和。君其出令。令民自遺三年

之食。有餘粟者入之倉。遺三年之用。有餘錢者入之府。有奇人者。有上一有遺字。使治城郭之繕。物曰、奇人餘子也。舊注、奇餘也。謂閒人。奇音羈。圓案、司馬彪莊子注、未應丁夫曰餘子。二說遺有奇人者。謂除廢疾者。其餘悉發之也。奇畸同。莊子、畸人者、畸於人而侔於天。國周禮、凡起徒役、毋過家一人、以其餘爲羨。又云、凡國之大事致民、大故致餘子。注、餘子謂羨也。疏、一家兄弟雖多、除一人爲正卒、正卒之外、其餘皆爲羨卒。平準書、浮食奇民。說文、繕、補也。慧琳引珠叢曰、凡治故造新、皆謂之繕。君夕出令。明日倉不容粟。府無積錢。物曰、謂府無復積錢之所。庫不受甲兵。不容不受、謂其充溢。居五日。而城郭已治。守備已具。君召張孟談而問之曰。吾城郭已治。守備已具。錢粟已足。甲兵有餘。吾奈無箭何。國乃召張孟談、至此百九十五字、策作召張孟談曰、吾城郭已完、府庫足用、倉廩實矣、無矢奈何。張孟談曰。臣聞董子之治晉陽也。國董子、藝文類聚作董安子。下董子同。公宮之垣。皆以荻蒿楛楚牆之。牆、策作廧。注、垣牆也。荻、萑葦屬。爾雅、蕭荻。注、即蒿。楚、荊也。圓案、書孔傳、楛中矢幹。釋文、音戶。國荻蒿

二草楛楚二本皆可爲矢。管子、地高則溝之、下則隄之。命之曰金城。樹以荊棘、上相穡著、所以爲固也。穡音牆。舊讀牆之屬下。有楛高至于丈。謂其長茂中用也。國策作其高至于丈。餘藝文類聚作其高十丈。君發而用之。於是發而試之。其堅則雖箘簵之勁。弗能過也。書孔傳、箘簵美竹也。一作箘幹。策作箘簵。注、箘音窘。國藝文類聚過作適。淵鑑同。增韻、勁堅也。君曰。吾箭已足矣。奈無金何。孟子、扣輪去金。金五金之總稱。策作吾銅少若何。張孟談曰。臣聞董子之治晉陽也。依上文補之字。策亦有。公宮令舍之堂。皆以鍊銅爲柱質。策無令舍二字。堂作室。注、質礎也。圓案、質礩同。說林訓注、礎柱下石礩也。物曰、令舍縣令之舍。國光武紀、皇考南頓君初爲濟陽令。注、蔡邕光武碑文、光武將生、皇考以令舍不顯、開宮後殿居之而生。君發而用之。於是發而用之。有餘金矣。號令已定。守備已具。三國之兵果至。三國、智氏韓魏。至則乘晉陽之城。策無果至二字。至則云者、見其鋒銳。國乘謂蟻附而攻之。遂戰三月。弗能拔。因舒軍而圍之。決晉陽之水以灌之。策作晉水。無陽之字。勝舒軍、謂

劉辰翁曰。摘寫有太史公筆意。

移營舒開、不迫城也、久圍者然。物曰、舒、張軍襲。圍晉陽三年。城中巢居而處。一作窠居。淮南子作緣木。懸釜而炊。財食將盡。士大夫羸病。國策作士卒。襄子謂張孟談曰。糧食匱。財力盡。士大夫羸病。吾恐不能守矣。欲以城下。策注、謂將降。何國之可下。三國中孰爲可降也。策作何如二字。張孟談曰。臣聞之。亡弗能存。危弗能安。則無爲貴智矣。智下策有士字。國語、王孫雄曰、危事不可以爲安、死事不可以爲生、則無爲貴知矣。國此語亦見鬼谷子。無爲猶無益也。史記、伍子胥曰、俱滅無爲也。范雎曰、以臣之言爲不可、久留臣無爲也。其義可見。君失此計者。謂欲降者君之失計也。淮南子無此句。策作君釋此計、勿復言也。文具。臣請試潛行而出。見韓魏之君。策有襄子曰諾四字。張孟談見韓魏之君曰。臣聞脣亡齒寒。語出左傳。今智伯率二君而伐趙。趙將亡矣。趙亡則二君爲之次。國淮南子有不及今附圖之禍將及二君之文。二君曰。我知其然也。雖然智伯之爲

人也。麤中而少親。策注、麤粗同。吳注、粗厲少仁愛。物曰、中心麤暴。國麤中、即上陰疏也。淮南子作粗中。詩鄭箋云、疏麤也。我謀而覺。則其禍必至矣。爲之奈何。國而如也。策作我謀未遂而知。淮南子作謀而泄事必敗。張孟談曰。謀出二君之口。而入臣之耳。人莫之知也。國淮南子有且同情相成、同利相死。君其圖之之文。二君因與張孟談約三軍之反。三軍、趙及韓魏。一作二君。策作陰約三軍。無之反字。與之期日夜。某日之夜。約期之詞。下云至於期日之夜、即此。策注曰、既夜。舊讀夜字屬下句。夜潛入城。令人不知也。亦通。淮南子無日夜二字。遣孟談入晉陽。以報二君之反於襄子。二君韓康魏宣。一作三軍。襄子迎孟談而再拜之。且恐且喜。恐謀泄、喜約成。二君以約遣張孟談。國以已通。策無且恐且喜二君以約遣九字。因朝智伯而出。遇智過於轅門之外。策注、智過、智伯之族。圓謂、國語智果。注、晉大夫。說苑絺疵。蓋一人也。項羽紀注、軍行以車爲陣、轅相向爲門。國周禮注、轅門謂王行止宿阻險之處、備非常、次車以爲藩、則仰車以其轅表門。智過怪其色。因入見智伯曰。二君

貌將有變。策貌作殆。君曰。何如。策注。君智伯。對曰。從策補此二字。其行矜而意高。非他時之節也。君不如先之。內懷叛謀。蔑視智氏。行步驕矜。志氣高傲也。物曰節。禮節也。端周語注。節體也。君曰。吾與二主約謹矣。破趙而三分其地。寡人所以親之。策注。訓親與二國約。必不侵欺。兵之著於晉陽三年。策注。著謂附其城。今旦暮將拔之而嚮其利。策嚮作饗。物曰饗享同。何乃將有他心。必不然。子釋勿憂。勿出於口。明旦二主又朝而出。復見智過於轅門。智過入見曰。君以臣之言告二主乎。君曰。何以知之。曰。今日二主朝而出。見臣而其色動。而視屬臣。畏憚其人。驚遽失容。故曰色動。案焦氏筆乘屬注通視屬。卽注視也。此必有變。君不如殺之。君曰。子置勿復言。智過曰。不可。必殺之。若不能殺。遂親之。君曰。親

之奈何。智過曰。魏宣子之謀臣曰趙葭。韓康子之謀臣曰段規。策注。宣康二謚。皆恐非當時之言。此皆能移其君之計。君與其二君約。策作其與。破趙國。因封二子者各萬家之縣一。策無國字。如是則二主之心可以無變矣。策作可不變而君得其所欲矣。智伯曰。破趙而三分其地。又封二子者各萬家之縣一。則吾所得者少。不可。智過見其言之不聽也。聽猶用也。出。圝句。因更其族爲輔氏。策有遂去不見四字。吳注。晉語智宣子將以瑤爲後。知果曰。不如霄也。弗聽。知果別族於太史爲輔氏。通鑑取此。與策前後不同。圝左傳疏。族者屬也。與其子孫共相聯屬。其傍支別屬。則各自立氏。釋例曰。別而稱之謂之氏。合而言之則爲族。○國策此下有張孟談聞之。入見襄子曰。臣遇智過於轅門之外。其視有疑臣之心。入見智伯出更其姓。今暮不擊。必後之矣。襄子曰。諾。使張孟談見韓魏之君。五十五字。上文又有張孟談因朝智伯及智過對曰臣遇張孟談於轅門之外其志矜其行高等之文。恐謂張孟談約期歸城。豈復出見智伯乎。注家乃以兵交使在其間爲回護者。遂爲不通。當以韓子所傳爲正。至於期日之夜。趙氏

楊愼曰。如此筆力。吳越[illegible]左氏有之。而不多讓。

殺其守隄之吏。圝其指智氏。而決其水灌智伯軍。智伯軍救水而亂。韓魏翼而擊之。策注。左右夾擊。淮南子作疏隊。襄子將卒犯其前。大敗智伯之軍。而擒智伯。一作智氏之軍。智伯身死軍破。國分爲三。爲天下笑。故曰。貪愎好利。則滅國殺身之本也。晉世家。出公十七年。知伯分范中行地。哀公四年。三晉殺知伯。而年表乃云。哀三年分地。六年殺智伯。是史記自爲舛錯。今依韓子。智伯滅范中行。反歸休兵數年。又云兵之著於晉陽三年。則知年表所記之謬矣。

奚謂耽於女樂。昔者戎王使由余聘於秦。穆公問之曰。寡人嘗聞道。而未得目見之也。謂唯聞道之名。未有以道之實相論者也。願聞古之明主。得國失國常何以。元作何常以。寫者誤。一無常字。說苑作當何以。當亦常字訛。山曰。禮記亡國恒於斯。得國恒於斯。圝孟子人恒過。又云。國恒亡。朱注。恒常也。猶言大率也。由余對曰。臣嘗得聞之矣。常以

儉得之。以奢失之。穆公曰。寡人不辱。忘其不肖。而問道於子。子以儉對寡人。何也。由余對曰。臣聞。昔者堯有天下。飯於土簋。飲於土鉶。秦紀注。呂靜云。飯器謂之簋。如淳云。鉶飯器之屬。瓦器也。圝淵鑑作啜於土形。其地南至交趾。北至幽都。東西至日月之所出入者。莫不賓服。墨子。古者堯治天下。南撫交阯。北降幽都。東西至日所出入。莫不賓服。逮至其厚愛民也。黍稷不二。羹胾不重。飯於土塯。啜於土形。斗以酌。俛仰周旋威儀之禮。聖王弗爲。圝案堯典。羲叔居南交。和叔居朔方曰幽都。羲仲宅東賓寅出日。和仲宅西賓餞納日。堯禪天下。圝淵鑑禪作釋。下同。虞舜受之。作爲食器。斬山木而財之。說苑財作裁。通。削鋸修之迹。齊俗訓。剬削鋸注。剬兩刃勾刀也。之對下其。揚權篇。探其懷。奪之威。字法同。圝舊注磨其斧跡。淮南子。剬剛無迹。人巧之妙。四聲字苑。鋸似刀有齒者。流漆墨其上。墨黑字誤。說苑作猶漆黑之以爲器。案流猶並揉音訛。揉漆對上削鋸。圝路史削鑢脩之迹。流揉其上。輸之宮。㱿淵鑑作銷銅鐵修其刃。猶漆黑之以爲器。輸之於宮。以爲食器。諸侯以爲益侈。國之不服者十三。

舜禪天下。而傳之於禹。禹作為祭器。一作酒器。墨染其外。□說苑作墨漆。淵鑑墨漆。而朱畫其內。縵帛為茵。說苑作縵帛為茵蓐。□淵鑑同。物曰。通雅云。縵無文之帛也。或說。晉語乘縵不舉。注。縵車無文也。因謂此說後世漸趨奢麗。似不宜為無文之義。縵當作曼。氾論訓。綈綿曼帛。注。細帛也。□周官卿乘夏縵。注。無緣也。茵。蓐也。路史注作襉。蔣席頗緣。舊注。蔣草名。圓案。原道訓。浸潭苽蔣。注。苽者蔣實。其米曰彫胡。頗加帽額。孝文紀正義引晉刑法志。布其衣裾而無頗緣。宋策。宋王為無頗之冠。注。冠不覆額。額頗義同。世呼扁額。或亦稱頗。主術訓。越席不緣。□路史注作頗緣。淵鑑同。非。說文。蔣。菰也。廣志。菰可以為席。溫於蒲。王子淵僮約云。當編蔣織箔也。觴酌有采。說苑觴勺有彩。□博古圖亦作彩。觴卮也。酌斗柄。采文采。而樽俎有飾。□樽盛酒。俎載牲。此彌侈矣。而國之不服者三十三。夏后氏沒。說苑以沒。山曰。沒猶滅也。繫辭傳。伏犧氏沒。神農氏作。殷人受之。□淵鑑作殷周。作為大路。而建九旒。路一作輅。□大路玉輅。旒旗旒之垂者。食器雕琢。觴酌刻鏤。□謂彫鏤雲雷之形。四壁堊墀。說苑四壁四帷。□淵鑑同。堊白土也。說文。墀涂地也。徐曰。階上之地也。堊墀白土飾墀也。茵席彫文。此彌侈矣。而國之不服

者五十三。君子皆知文章矣。而欲服者彌少。□淵鑑知作好。少作侈。臣故曰。儉其道也。□謂儉為得國之道。由余出。公乃召內史廖而告之曰。寡人聞。鄰國有聖人。敵國之憂也。敵國對鄰國言也。□此語又見晏子。尚書睿作聖。又云。惟聖罔念作狂。孔傳。於事無不通之謂聖。此聖字本義也。周官六德。與智仁中和並言。莊子盜跖。共勇義智仁同稱。古公亶父於呂牙。孟軻於伯夷伊尹柳下惠。魯人於臧紇。荀卿於子弓。桓公於管仲。穆公於由余。皆以聖呼之。與後世大不同。今由余聖人也。寡人患之。吾將奈何。內史廖曰。臣聞戎王之居。僻陋而道遠。未嘗聞中國之聲。一無聲字。君其遺之女樂。以亂其政。□汲冢周書。淫樂破正。武之毀也。而後為由余請期。□請緩歸期。以疏其間。間元作諫。音之誤也。從史記說苑正。□穆天子傳。道里悠遠。山川間之。注。間音諫。彼君臣有間。而後可圖也。君曰。諾。乃使史廖以女樂二八。遺戎王。因為由余請期。史上有內字。晉語注。女樂。今伎女也。八人為佾。備

李坤曰。彼歸之日。可以出走。由余亦知是乎。然卒去之秦。則由余固早有心奉君矣。

劉辰翁曰。此下缺精。

八音也。左傳注。十六人也。□韓詩外傳作二列。藝文類聚作三人。楚辭注。二八。二列也。邢昺曰。佾列也。長楊賦。掉八列之舞。戎王許諾。見其女樂而說之。設酒張飲。日以聽樂。終歲不遷。牛馬半死。物曰。不逐水草之利。故牛馬半死也。□藝文類聚遷作還。誤。匈奴傳。其畜之所多則馬牛羊。逐水草遷徙。唐書太宗貞觀二年。北頡利政亂。鄭元璹使還。言於上曰。戎狄興衰。專以羊馬為候。由余歸。因諫戎王。戎王不聽。由余遂去之秦。秦穆公迎而拜之上卿。一不重秦字。問其兵勢與其地形。既以得之。以已同。舉兵而伐之。兼國十二。開地千里。故曰。耽於女樂。不顧國政。亡國之禍也。

奚謂離內遠遊。昔者田成子遊於海而樂之。號令諸大夫曰。言歸者死。顏涿聚曰。君遊海而樂之。奈臣有圖國者何。臣一作人。呂春秋。顏涿聚梁父之大盜也。學於孔子。氾論訓作喙聚。史記濁鄒孟子讎由。又左傳犂丘之戰。齊師敗績。晉伯親禽顏庚。注。齊大夫顏涿聚。

也。君雖樂之。將安得。說說云。君且安得樂此海也。田成子曰。寡人布令曰。言歸者死。今子犯寡人之令。援戈將擊之。援取也。顏涿聚曰。昔桀殺關龍逄。而紂殺王子比干。今君雖殺臣之身以三之可也。說苑云。以臣參此二人者。臣言為國。非為身也。延頸而前曰。君擊之矣。君乃釋戈趣駕而歸。趣音促。至三日。說苑作中道。而聞國人有謀不內田成子者矣。□至如公至自齊之至。此謂還後三日其事始聞也。田成子所以遂有齊國者。顏涿聚之力也。□說苑為顏燭趨諫齊景公事。案齊景公海遊見外儲及晏列諸子。且田成子齊卿。不宜自稱寡人。顏涿聚齊大夫。未必呼之為君。當以說苑所傳為正也。故曰。離內遠遊。則危身之道也。

奚謂過而不聽於忠臣。昔者齊桓公九合諸侯。一匡天

下。史記正義九合左傳云魯莊十三年會北杏十四年十五年會于鄄十六年同盟于幽僖四年侵蔡遂伐楚五年會首止六年伐鄭八年盟于洮九年會葵丘是也一匡謂定襄王爲天子之位也■五等諸侯論鳩合同志以謀王室左傳召穆公糾合宗族于成周而作詩鄭生傳足下起糾合之衆收散亂之兵案九與鳩糾通左傳注糾收也然國語及管子謂兵車之會六乘車之會三偶符其數故相傳爲九會之義也晉世家悼公曰自吾用魏絳九合諸侯可見九是聚收之義也一匡匡叛亂者而統一之論衡作一正天下爲五伯長。孟子五伯桓公爲盛■五伯齊桓晉文宋襄楚莊秦穆管仲佐之。■論語桓公九合諸侯不以兵車管仲之力也管仲老不能用事。休居於家。桓公從而問之曰。仲父家居有病。即不幸而不起此病。政安遷之。一無此病二字管子作此疾■仲字也父男子之美稱曾禮之爲仲父猶魯哀公誄孔子稱尼父也管仲曰。臣老矣。不可問也。雖然。臣聞之。知臣莫若君。知子莫若父。君其試以心決之。君曰。鮑叔牙何如。管仲曰。不可。鮑叔牙爲人。剛愎而上悍。鮑上一有夫字悍作捍荀子注悍凶暴也物曰上尙同■說文尙高也悍如扞格之扞上悍謂以强禦自高也剛則犯民以暴。愎則不得民心。悍則下不爲用。其心不懼。一作不共■臨事不懼也非霸者之佐也。公曰。然則豎刁何如。管仲曰。不可。夫人之情。莫不愛其身。公妬而好內。豎刁自獖以爲治內。二柄篇作自宮■一篇同家語史記墳羊國語說苑羵羊王肅唐固皆云雖雄未成者字又作獖易釋文劉云豕去勢曰獖舊注猶斲勢也其身不愛。又安能愛君。公曰。然則衞公子開方何如。一無公字一無衞字管仲曰。不可。齊衞之間。不過十日之行。■一作齊魏百家類纂同開方爲事君欲適君之故。適順也順適其意十五年不歸見其父母。此非人情也。其父母之不親也。又能親君乎。公曰。然則易牙何如。管仲曰。不可。夫易牙爲君主味。君之所未嘗食。唯人肉耳。易牙蒸其首子而進之。君所知也。人之情莫

不愛其子。今蒸其子以爲膳於君。其子弗愛。又安能愛君乎。公曰。然則孰可。管仲曰。隰朋可。其爲人也。堅中而廉外。少欲而多信。中心堅貞外有廉隅夫堅中則足以爲表。廉外則可以大任。物曰二句交互看廉外而堅中足以爲表準堅中而廉外足以大任也少欲則能臨其衆。多信則能親鄰國。此霸者之佐也。君其用之。君曰諾。居一年餘。管仲死。一說此文誤倒宜云管仲死居一年餘君遂不用隰朋。而與豎刁。物曰與之以政刁莅事三年。桓公南遊堂阜。■齊魯境豎刁率易牙衞公子開方及大臣爲亂。桓公渴餒而死南門之寢。公守之室。身死三月不收。蟲出于戶。一作尸誤○正義引呂氏春秋曰桓公有病易牙豎刁相與作亂塞宮門築高墻不通人有一婦人踰墻入至公所公曰我欲食婦人曰吾無所得公曰我欲飲婦人曰吾無所得公慨然歎蒙衣袂而死乎壽宮蟲流出于戶蓋以楊門之扇三月不葬物曰公守室名井曰守猶閉也閉公于室也■管子易牙豎刁堂阜公子開方四人作難圍公一室不得出是也故桓公之兵。橫行天下。爲五伯長。卒見弒於其臣。而滅高名。爲天下笑者。何也。不用管仲之過也。故曰過而不聽於忠臣。獨行其意。則滅其高名。爲人笑之始也。

奚謂內不量力。昔者秦之攻宜陽。韓氏急。韓襄王四年秦使甘茂攻我宜陽明年拔之斬首六萬然公仲請和事史策載在宣惠王十六年而發端作秦韓戰于濁澤與此異公仲朋謂韓君曰。與國不可恃也。公仲韓相國朋其名史策作侈策注與謂山東豈如因張儀爲和於秦哉。■時儀相秦策有今秦之心欲伐楚句因賂以名都。而南與伐楚。■策注名都都邑有田於時者案左傳注大都以名通者則不繫國鹽鐵論燕之涿薊趙之邯鄲魏之溫軹韓之滎陽齊之臨菑楚之宛丘鄭之陽翟二周之三川富冠海內皆爲天下名都是患解於秦。而害交於楚也。■謂嫁害于楚君曰。善。君一作公乃警公仲之行。

醬，策作徵。舊注，醬，飭戒也。將西和秦。（策作講于秦。）楚王聞之懼。召陳軫而告之曰。韓朋將西和秦。今將奈何。陳軫曰。秦得韓之都。而驅其練甲。（圞簡練之兵也。策有秦之欲伐我久矣句。）秦韓爲一。以南鄉楚。此秦王之所以廟祠而求也。（物曰。謂祈求也。圞策作禱祠。周禮注，求福曰禱，得求曰祠。）其爲楚害必矣。王其趣發信臣。多其車。重其幣。以奉韓。（趣，促也。使所親任之臣奉致之者，蓋欲韓之信其事也。過秦論，信臣精卒。淮陰侯傳，令齊王使其信臣招所亡。城楊升庵外集中，居陶傳道信人驗至長安。劉虞傳，道路壅塞，信命竟不得通。其曰信人，可信任之人。劉虞傳減去人字，謂信人之命猶不可通也。昔人語尙簡省，直以信爲使者。物曰，信臣，使臣也。圞丹鉛總錄，越絕，糧告糴于吳，使素忠爲信。古者謂使者曰信。）曰。不穀之國雖小。卒已悉起。願大國之信意於秦也。（舊注，信，申也。案，策作遂肆意。）因願大國令使者入境。視楚之起卒也。（教使此言說韓。）韓使人之楚。楚王因發車騎陳之下路。（圞楚之北道也。）謂韓使者曰。報

韓君言。（教其歸報。）弊邑之兵。今將入境矣。使者還報韓君。韓君大說。（說一作悅。）止公仲。（史有之行二字。）公仲曰。不可。夫以實告我者秦也。以名救我者楚也。聽楚之虛言。而輕誣强秦之實禍。則危國之本也。（誣猶言侮也。史策作絕强秦之敵。）韓君弗聽。公仲怒而歸。十日不朝。宜陽益急。韓君令使者趣卒於楚。（趣，疾也。督使疾救。東周策，卽且趣我攻西周。）冠蓋相望而卒無至者。（使者冠蓋相望於道。往來頻也。）宜陽果拔。爲諸侯笑。故曰。內不量力。外恃諸侯者。則國削之患也。（國削，上文作削國。）

奚謂國小無禮。昔者晉公子重耳出亡過於曹。曹君袒裼而觀之。（袒裼有二說。左傳，其裸浴，薄而觀其駢脅。國語，曹公聞其駢脅，欲觀其狀，止其舍，諜其將浴，設微薄而觀之。呂春秋淮南子皆云，使之袒而捕池魚。）釐負羈與叔瞻侍於前。（叔瞻，鄭文公臣叔瞻伯。呂子作被瞻。此云諫曹君者，蓋鄭亦有觀駢脅之事，因誤混耳。喻老篇，叔瞻諫鄭君，則與諸書合矣。晉語，文公誅觀狀以伐鄭。叔瞻曰，天禍鄭國，使淫觀狀。賈逵云，鄭復效曹觀公駢脅之狀，故伐之。）叔瞻謂曹君曰。臣觀晉公子。非常人也。君遇之無禮。彼若有時反國而起兵。卽恐爲曹傷。（傷，害也。）君不如殺之。曹君弗聽。釐負羈歸而不樂。其妻問之曰。公從外來而有不樂之色。何也。負羈曰。吾聞之。有福不及。禍來連我。（舊注，君之有福，未必及己。其禍之至，當逮于我也。）今日吾君召晉公子。其遇之無禮。我與在前。吾是以不樂。（與音預。）其妻曰。吾觀晉公子。萬乘之主也。其左右從者。萬乘之相也。今窮而出亡過於曹。（窮，謂遇驪姬之難也。）曹遇之無禮。此若反國。必誅無禮。則曹其首也。（自曹而始也。國語作首誅。）

子奚不先自貳焉。（左傳注，別異於曹也。）負羈曰。諾。盛黃金於壺。充之以餐。加璧其上。夜令人遺公子。公子見使者。再拜。受其餐而辭其璧。公子自曹入楚。自楚入秦。入秦三年。秦穆公召羣臣而謀曰。昔者晉獻公與寡人交。諸侯莫弗聞。獻公不幸離羣臣。（物曰。謂死。）出入十年矣。其嗣子不善。（自獻公死十年內外之間，奚齊悼子見弒，而惠公立，亦不君也。）吾恐此將令其宗廟不祓除而社稷不血食也。（周語，敬其祓除。注，猶拂除也。圞說文，血，祭所薦牲血也。）如是弗定。則非與人交之道。吾欲輔重耳而入之晉。何如。羣臣皆曰。善。公因起卒。革車五百乘。疇騎二千。步卒五萬。輔重耳入之于晉。立爲晉君。（圞革車，兵車。五百乘，三萬七千五百人。疇騎，同伍相保，精練之騎也。齊語，伍之人祭祀同福，死喪同恤，禍災共之，人與人相疇，家與家相疇。管

（子作入與人相保。案。楚語臣能自壽也。注。壽保也。噂壽通。荀子君嚱。新序作尹壽。又與儔通。王逸楚辭注。四人爲儔。六韜陰戰之法。一騎當步卒四人。四人當一騎。又云。置騎之吏數。五騎一長。十騎一吏。百騎一卒。二百騎一將。是猶綱有紀綱也。左傳所謂紀綱之僕或此。）重耳卽位三年。擧兵而伐曹矣。因令人告曹君曰。懸叔瞻而出之。我且殺而以爲大戮。（山曰。懸縋也。）又令人告釐負羈曰。軍旅薄城。吾知子不違也。（薄迫也。山曰。違去也。鼎。汲冢周書。芮良夫曰。無道左右。臣乃違。注。違畔也。）其表子之閭。寡人將以爲令。令軍勿敢犯。曹人聞之。率其親戚而保釐負羈之閭者。七百餘家。此禮之所用也。故曹小國也。而迫於晉楚之間。其君之危。猶累卵也。而以無禮涖之。此所以絶世也。故曰。國小無禮。不用諫臣。則絶世之勢也。

定本韓非子纂聞卷第三

定本韓非子纂聞卷第三　終

孫鑛曰文氣甚奇險其辭鋒却以肆筆以得之議論則刻深痛快法度縝嚴綦之文有架柞有眼目有起結有抬攝有照應都勸齊整何適字妥謹揚古文無紀律

按本題法術之士與當塗者不兩存當塗進則法術之士退法術之士進則當塗者退然法術之士疎而當塗日親則終於不勝也

張榜曰截然兩段而其中迂迴分合轉之不窮此扶風固文所因也

定本韓非子纂聞卷第四

孤憤、說難、和氏、姦劫。

江都　松皐圓纂聞

孤憤第十一

（史記索隱曰，謂憤孤直不容於時也。舊注，法術之士，既無黨與，孤獨而已，故其材用終不見明，卞生既以抱玉而長號，韓公由之鬱謀而內憤。國楚辭注，憤，懣也。）

智術之士，必遠見而明察。（國合纂類語見作覽。）不明察，不能燭私。能法之士，必強毅而勁直。不勁直，不能矯姦。（燭，照也。矯，正也。）人臣循令而從事，案法而治官，非所謂重人也。（從山氏補所字。國術上之令，奉主之法，是大臣之忠于國者，非我所謂重人也。）重人也者，無令而擅爲，虧法以利私，耗國以便家，力能得其君。（謂其智力能得君之恩遇也。孟子，管仲得君如彼其專也。舊注，其力尚能得君，從己況其餘乎。）此所爲重人也。（爲謂通，一作謂。）智術之士，明察聽用，且燭重人之陰情。能法之士，勁直聽用，且矯重人之姦行。（且，將也。明察之智，勁直之材，爲君聽用也。毛詩，聽用我謀。物曰，聽猶待也。重人，當塗用事之臣，威權重者。）故智術能法之士用，則貴重之臣必在繩之外也。（舊注，必見削除。）是智法之士與當塗之人，不可兩存之仇也。（當塗，卽孟子當路也。國郭璞詩，長揖當塗人。注，當仕路也。六韜，殺及當路貴重之臣，是刑上極也。蘇秦傳，今秦已當路。）當塗之人擅事要，則外內爲之用矣。（事要，權柄，謂賞刑也。國外，諸侯，內，百官。）是以諸侯不因，則事不應，故敵國爲之訟。（不應，謂所索之事不聽也。物曰，訟，頌也。國稱其功美也。三略，佞臣在上，一軍皆訟。）百官不因，則業不進，故羣臣爲之用。（阿附重人，則雖無功，官業榮遷，故爭趨之。）郎中不因，則不得近主，故左右爲之匿。（近主，爲主親近也。舊注，匿，匿非也。）

陳深曰此兩段是對偶而文氣變化不滯

孫鑛曰兩段各五車而長短句錯出絕有參差渾然無痕

學士不因，則養祿薄禮卑，故學士爲之談也。（禮卑，不見尊禮也。外儲，夫人主之所鏡照者，諸侯之士徒也，今諸侯之士徒，皆私門之黨也。人主之所以自羽翊者，巖穴之士徒也，今巖穴之士徒，皆私門之舍人也。舊注，談，謂爲重人延譽也。國百家類纂，發，祿作主情，合纂類語，無也字。談，謂蘇代爲子之游說之類。）此四助者，邪臣之所以自飾也。重人不能忠主而進其仇，（仇指智法之士。）人主不能越四助而燭察其臣，（國不能去四助之壅蔽，而知姦臣之內情也。）故人主愈弊，而大臣愈重。（弊，蔽通。下弊主同。）凡當塗者之於人主也，希不信愛也，又且習故。（便習舊故，新旅之反也。楚策注，習，所昵者。）若夫卽主心，同好惡，（舊注，重人擧措常就主心，同其好惡。）固其所自進也。（用此術取進幸於君，爲當塗者固然。）官爵貴重，朋黨又衆，而一國爲之訟。（皆爲重人延譽也。）則法術之士欲干上者，（國干，要也。）非有所信愛之親，習故之澤也。（所近字誤，下作近愛。信澤，恩也。管子，近者以信近親愛，有求其主。）又將以法術之言，矯人主阿辟之心，（阿，曲也。辟，音僻。國欲格君非心。）是與人主相反也。處勢卑賤，無黨孤特。夫以疏遠與近愛信爭，其數不勝也。（疏，一作疎。舊注，數，理也。）以新旅與習故爭，其數不勝也。以反主意與同好爭，其數不勝也。以輕賤與貴重爭，其數不勝也。以一口與一國爭，其數不勝也。（一口，一人之口，與下文一口惑主者義不同。一國，謂國中士民皆黨重人。）法術之士，操五不勝之勢，以歲數而又不得見。（物曰，謂得見之日少也。）當塗之人，乘五勝之資，而旦暮獨說於前。（謂其親密。）故法術之士，奚道得進，而人主奚時得悟乎。（物曰，道，由也。）故資必不勝，而勢不兩存，法術之士焉得不危。（舊注，法術之人既資必不可勝之數，又與重人勢不相容，則必危而見陷矣。）其可以罪過誣者，公法而誅之。（其所行事，似有過失，則誣罔而罪之。國佩文韻府，公上有以字。）其不可被以罪過者。以私劍而窮之。窮窮治也私劍刺客也是明法術而逆主上者。不僇於吏誅。必死於私劍矣。逆謂臣主之失也山曰主上字出管子宮國篇朋黨比周以弊主。言曲以便私者。必信於重人矣。矣一作也言曲爲重人曜之類故其可以功伐借者。以官爵貴之。其所行事似有功勞則借名而貴之舊注積功曰伐其可借以美名者。以外權重之。物曰謂借外諸侯之權也是以弊主上而趨於私門者。不顯於官爵。必重於外權矣。舊注趨向也今人主不合參驗而行誅。下篇周參驗而審言辭周合義同山曰合宜作因不待見功而爵祿。不合參驗故可誣良臣以罰不待見功故可借私人以賞故法術之士。安能蒙死亡而進其說。山曰蒙讀爲冒姦邪之臣。安肯乘利而退其身。或說乘乖字誤故主上愈卑。私門益尊。愈一作遇夫越雖國富兵強。中國

之主皆知無益於己也。曰非吾所得制也。今有國者。雖亦非吾所得制地廣人衆。然而人主壅蔽。大臣專權。是國爲越也。也與越無異八姦篇所謂亡君者非莫有其國也而有之者皆非己有也令臣以外爲制於內則是君人者亡也知不類越。而不知不類其國。不察其類者也。上知一作智物曰謂人主皆能知其國與越不相類而不知其國今已非其舊國也人主所以謂齊亡者。山曰主宜作之非地與城亡也。呂氏弗制。而田氏用之也。一無也字呂氏姜姓田氏嬀姓田恒之子田和篡呂齊自立周安王命爲侯所以謂晉亡者。亦非地與城亡也。姬氏不制。而六卿專之也。姬晉姓晉世家景公十二年晉始作六卿今大臣執柄。獨斷而上不知收。是人主不明也。今指山東諸國不必限韓也舊注人主不知收取其柄而自執之與死人同病者。不可生也。與亡國同事者。不可存也。山曰尚書與治同道罔不興與亂同事罔不亡荀子道亡國之法與亡國之人爲之則亦亡潛夫

張榜曰前二段二喻皆言大臣太重總成一中段

論有此語而事作行植譚新論引傳曰與死人同病者不可爲醫與亡國同政者不可爲謀今襲跡於齊晉。跡一作蹟家語人主不務襲跡於其所以安存荀子能揜迹於文武舊注襲重也欲國安存。不可得也。令臣專制其國而君怠數處其上則臣爲田氏六卿必矣凡法術之難行也。不獨萬乘。千乘亦然。萬乘大國千乘小國人主之左右。不必智也。人主於人。有所智而聽之。因與左右論其言。是與愚人論智也。人主之左右。不必賢也。人主於人。有所賢而禮之。因與左右論其行。是與不肖論賢也。荀子令人主有六患使賢者爲之則與不肖者規之使智者慮之則與愚者論之使修士行之則與汙邪之人疑之雖欲成立得乎哉呂春秋新序亦有此論智者決策於愚人。賢士程行於不肖。說文程品也物曰謂評論其行事也則賢智之士羞。而人主之論悖矣。說人主信左右毀譽之害也人主篇亦有此論人臣之欲得官者。其修士且以精潔固身。荀子注士者修立之稱也精清通外儲顯學作清又

晉語小心精潔注不忍辱也其智士且以治辯進業。辯辨通別也荀子上宣明則下治辨矣其修士不能以貨賂事人。恃其精潔。或說其修士宜作其修智之士恃其精潔四字疑舊注文混入正文而更不能以枉法爲治。舊注智士不重說似闕文案智士以治辯進業故不能以枉法爲治也此說修士而智士攝在其中修士智士又見八說篇則修智之士。不事左右。恃其清潔不聽請謁矣。不枉法也人主之左右。行非伯夷也。求索不得。貨賂不至。則精辯之功息。而毀誣之言起矣。精辯清潔治辨治辯之功制於近習。辯元作亂寫者誤精潔之行。決於毀譽。則修智之吏廢。而人主之明塞矣。如西門豹請復治鄴之類不以功伐決智行。智智士行修士不以參伍審罪過。舊注決智行當以功伐審罪過當參伍之參比驗也伍偶會也而聽左右近習之言。則無能之士在廷。而愚汙之吏處官矣。傍注左右近習既皆小人同氣相求同聲相應故所親愛皆無能與愚汙之人

張榜曰。此段皆言左右太信。總成一中段。

張榜曰。總成大臣太重。左右太信。二中段。成前半一大段。

人臣大罪。人主大失。是後半一大段。

陳深曰。小段小結束。大段大結束。從來文字機密無如此者。

而必用之也。萬乘之患。大臣太重。千乘之患。左右太信。萬乘千乘互文。其實大小之國皆然。愛臣篇。愛臣太親。必危其身。人臣太貴。必易主位。人主之所公患也。荀子注。公。共也。公共有此患。物曰。通患也。且人臣有大罪。人主有大失。臣主之利。與相異者也。物曰。與相。相與也。何以明之哉。曰。主利在有能而任官。臣利在無能而得事。圓事。任也。主利在有勞而爵祿。臣利在無功而富貴。主利在豪傑使能。舊注。豪傑之人。有材能者乃使用之。臣利在朋黨用私。是以國地削。而私家富。主上卑。而大臣重。使君割地以事大國。而臣居間取富貴也。有度篇。卑主之名以顯其身。毀國之厚以利其家。故主失勢。而臣得國。倚藉外權。擅制國事。威勢之所以下移也。主更稱蕃臣。而相室剖符。物曰。謂主稱臣於他國。而臣乃受封也。相室。國相也。圓史記。蘇秦說魏襄王曰。今乃有意西面而事秦。稱東藩。臣竊爲大王恥之。孝文紀注。張晏曰。符以代古之圭璋。從簡易也。范睢傳。穰侯使者操王之重。決制於諸侯。剖符於天下。漢書敘傳。輿衞剖符。注。謂封之。○舊注。相室。家臣也。漢志。董仲舒曰。李梅實。臣下强也。記曰。不當華而華。易大夫。不當實而實。易相室。顏注。亦謂家臣也。圓案。三晉以大夫爲諸侯。猶仍舊號。故呼相國爲相室也。八經篇。相室約其廷臣。內儲。國君好內則太子危。好外則相室危。亡徵篇。相室輕而典謁重。皆指執政大臣。舊注以家臣爲解。非也。漢志。相室在大夫上。亦謂相國。室實韻諧。故稱相室。顏氏未之考耳。又秦策及平原君傳。相室諫公父文伯之母。正義云。謂傳姆之類。鮑彪云。室家之相。此女也。男曰家老。愚謂家老諫其主母。復何嫌乎。二注皆拘。因幷辯之。此人臣之所以譎主便私也。舊注。譎。誑也。設詐謀以誑誤其主。故當世之重臣。主變勢而得固寵者。十無二三。物曰。主變勢。只是主失勢也。舊注。變。謂行譎詐。以移主意。非也。圓謂十無二三。言其少也。井曰。主悟重臣自取富貴。故黜罰之。圓固故通。戰國策。魯仲連謂新垣平曰。秦無已而帝。則且變易諸侯之臣。而將軍又何得故寵乎。是其故何也。人臣之罪大也。臣有大罪者。其行欺主也。其罪當死亡也。智士者遠見。而畏於死亡。必不從重人矣。賢士者修廉。而羞與姦臣欺其主。必不從重人矣。人一作臣。是當塗者之徒屬。非愚而不知患者。必汙而不避姦

張榜曰。發臣之大罪三百餘言。而君之大失承上點明而已。此文字變化處。

司馬光曰。若非最得意之文。幾失意之過。孫鑛曰。奇古精鍊。章法字句無閒。

張榜曰。天地間乃有此等文字。鳳洲謂其人巧極天工。錯非虛也。

趙本題注。太史公曰。余獨悲韓子爲說難而不能自脫耳。楊子雲曰。非作說難而卒死乎說難。何反也。曰。說難蓋其所以死也。君子以禮動。以義止。合則進。否則退。確乎不憂其不合也。夫說人而憂其不合。則亦無所不至矣。司馬光曰。探人心何顏色而求合。則邪佞諂諛無所不至。適足取死。說難終篇。非最得意之文。殆失意之過。孫鑛曰。凡說之難。句出谷子。谷不啻數語。然亦工。公子遂衍其師說。

者也。大臣挾愚汙之人。上與之欺主。下與之收利。侵漁朋黨。舊注。侵奪百姓。如漁者之取魚也。圓商子。秩官之吏隱下而漁百姓。此民之蠹也。比周相與。左傳注。比。近。周。密也。一口惑主敗法。以亂士民。使國家危削。主上勞辱。此大罪也。勞辱。謂稱藩事人也。臣有大罪。而主弗禁。此大失也。使其主有大失於上。臣有大罪於下。索國之不亡者。不可得也。

說難第十二

索隱曰。游說之道爲難。故曰說難。舊注。夫說者有逆順之機。順以招福。逆而致禍。失之毫釐。差以千里。此說之所以難也。圓案。太史公自序。易曰。失之毫釐。差以千里。徐注。一云。差以毫釐。謬以千里。裴注。今易無此語。易緯有之。又經解。易曰。君子愼始。差若毫釐。謬以千里。史記本傳。亦載此篇。間有小異。附錄中收本傳。宜參看之。故不具舉其異同也。

凡說之難。荀子。凡說之難。以至卑遇至高。以至治接至亂。未可直至也。非吾知之有以說之難也。物曰。謂知未足以說之。則雖欲說之不可也。是知似難矣。然亦非韓子所謂難也。又非吾辯之能明吾意

之難也。物曰。謂雖智未有辯。則不得能明吾意也。是辯以難矣。然亦非韓子所謂難也。又非吾敢橫失而能盡之難也。物曰。索隱云。韓子橫失作橫佚。謂弘放其說。無顧忌也。圓案莊子自失而走。荀子。其馬將失。皆失佚通用。此句謂雖辯不勇。則不能盡言。是勇似難矣。然亦非韓子所謂難也。凡說之難。在知所說之心。可以吾說當之。索隱曰。劉氏云。所說之心。謂人君之心也。審明人君之意。可以吾說投合其情。故曰當之。所說出於爲名高者也。劉氏云。稽古羲黃。祖述堯舜。是爲名高也。而說之以厚利。則見下節而遇卑賤。所說之君。其本意在飾名譽。慕高節。而以營富厚。制財利之說說之。則君必謂其人志節凡下。而以卑猥賤俗之事。待人者也。物曰。見遇皆見以爲之意。或云七啓。當軌見藉。値足遇賤。字法同。圓遇卑賤。對下遠事情。遇。待遇。以見以爲解者非。張景陽詩。陽春無和者。巴人皆下節。必弃遠矣。舊注。必弃遺而疎遠矣。所說出於厚利者也。而說之以名高。則見無心而遠事情。必不收矣。舊注。所說之君。出意本規厚利。而今陳名高之節。彼則以爲說者無相時之心。疎濶事物事情。必不收用也。劉氏云。若秦孝公志於强國。而商鞅說以帝王。故怒而不用也。所說陰爲厚利。而顯爲名高者也。史記陰作實。索

方望溪曰極知盡知其事與心之蘊也

隱曰謂其君實爲厚利而詐欲爲名高之節也而說之以名高。則陽收其身。而實疏之。徒見外貌不知內情故不親任說之以厚利。則陰用其言。顯弃其身矣。舊注私用其言明弃其身以飾其名高也索隱曰若鄭武公陰欲伐胡而關其思極論深計雖知說當終遺顯戮矣此不可不察也。夫事以密成。語以泄敗。機事不密語言漏泄則功不成未必其身泄之也。語及所匿之事。如此者身危。說者語次泛及陰事則似先知其密謀今以發動之君疑其人泄之於外必欲除之以滅口也彼顯有所出事。一作事而山曰其猶之也乃以成他故。故亦事也說者不徒知所出而已矣。又知其所以爲。如此者身危。人主公然有所行之事然其本意別有在焉陽託其名欲因之以成其私心所欲爲也說者不獨能知借名之由耳又兼知其陰情所欲爲之事則必猜忌而相危矣或曰如齊桓公惡蔡姬乃以其附楚之名伐蔡附楚顯出也惡蔡姬乃其所以爲也物曰史記作彼顯有所出事迺以爲也故說者與知焉則身危以此推彼也字當作他字字畫殘缺爲爾故字說不去規異事而當。知者揣之外而得之。事泄於外。必以爲己

也。如此者身危。國說者嘗爲君規畫而當事機他時又有內謀知謀之士自外意度而得其謀因致發露則疑說者不密而漏泄也如齊桓公欲伐莒密與管仲謀之而東郭垂自外察其動貌而知之周澤未渥也。而語極知。周親澤恩渥厚也索隱曰輒吐衷誠極知其道也國極知致吾知也說行而有功。則見忘。一作德忘史記德亡索隱曰韓子作見忘勝說不行而有敗。則見疑。如此者身危。索隱曰恩意未深輒評時政不爲所信更致嫌疑若鄰父以墻壞有盜知爲見疑卽此類也貴人有過端。而說者明言禮義。以挑其惡。如此者身危。一無下者字過端過失之端見于外也舊注挑謂發揚傍注正言以擿發其惡貴人或得計。而欲自以爲功。說者與知焉。如此者身危。得計計事得宜也物曰得一計於他人也彊以其所不能爲。止以其所不能已。如此者身危。舊注不能而强不已而止必謂說者不計事情而與怒也劉氏云若項羽必欲衣錦東歸而說者强諫關中違旨忤情自招誅滅張之以其所必不爲也若漢景帝決廢栗太子而周亞夫强欲止之竟不從其言後遂下獄止之以其所不能已也故與之論大人。則以爲閒己矣。與之

孫鑛曰上言陳說下乃事情妙論

論細人。則以爲賣重。史作鬻權大人與所說之主同等者細人微者也閒如閒然之閒說貴人之事則謂援引以閒讒吾短也說賤者之事則謂薦擧以賣弄我權也論其所愛。則以爲藉資。舊注藉君所愛以爲己取利之資論其所憎。則以爲嘗己也。舊注嘗試也謂試己含怒之淺深也物曰史無也字徑省其說。索隱曰人主意在文華說者徑捷省略其詞則以爲不智而拙之。君謂愚陋而鄙拙也拙一作詘史作屈米鹽博辯。酷吏傳減宣爲左內史其治米鹽事大小皆關其手山曰天官書凌雜米鹽正義云凌雜交亂也米鹽細碎也國黃霸傳米鹽靡密初若煩碎則以爲多而交之。君謂煩多而交雜也舊注米鹽之爲物也積聚以成斛斛謂博明細雜之物則謂已多合而猥交之物曰史記米鹽作汎濫交作久久爲勝索隱曰人主志在簡要而說者務於浮辭汎濫博涉文華則君上嫌其多迂誕因久而厭之略事陳意。則曰怯懦而不盡。舊注略言其事粗陳其意則謂怯懾懦弱有所畏懼不敢具言也國新序荀息曰宮之奇爲人也達心而懦達心則其言之略懦則不能强諫國語齊國佐見其語盡慮事廣肆。則曰草野而倨侮。慮謀也肆放也謀事廣放無警撿也則謂鄙俗傲慢不知禮節也舊注肆陳也所說之事廣有陳說不爲忌諱則謂凡鄙俗直而侮慢也國荀子注廣讀曰曠趙策臣南方草野之人也禮記騷騷爾則野疏

田野之人急切無禮此說之難。不可不知也。凡說之務。在知飾所說之所矜。而滅其所恥。舊注知其所矜則隨而光飾之知其所恥則隨而掩滅之苟能如此則順旨而不忤也國矜自美也彼有私急也。必以公義示而强之。私急私心所急之事物曰强之强壯之也其意有下也。然而不能已。說者因爲之飾其美。而少其不爲也。司馬貞云少者不足之辭物曰謂其意頗自以爲卑下而不能已是故不能舍己以從他則說者因爲主飾其美而勉爲之反以其不爲爲少也其心有高也。而實不能及。說者爲之擧其過而見其惡。而多其不行也。高誘云多猶賢也謂其意有所景慕高仰而其材實不能企及是故不能奮發以行之則說者就暴揚其事之過惡反以其不行爲賢也有所矜以智能。所一作欲則爲之擧異事之同類者。多爲之地。使之資說於我。而佯不知也。以資其智。舊注多擧與彼同類之異事以寬所取之地令其取說於我而我佯爲不知者所以助其智也欲內相存之言。則必以美名明之。

而微見其合於私利也。楚策注微不顯也見猶示也相存之言安利之計也明說能用此計必得譬譽則密與彼之所私利者相合故不得不納其言也物曰微見謂隱隱乎言外使其思而自得之欲陳危害之事。則顯其毀誹。而微見其合於私患也。事之危害于國家者顯論若行此事必罹謗譏則密與彼之所私患者相合故不得不去其事也譽異人與同行者。乃所以譽彼也規異事與同計者。乃所以謀此也有與同汙者。則必以大飾其無傷也。有與同敗者。則必以明飾其無失也。異人之行與彼同汙異事之計與彼同敗說者盛爲文飾以明其於義無所傷失也案孟子說齊宣王曰無傷也是乃仁術也王如好色好貨與百姓同之於王何有此亦救汙敗之類也彼自多其力。則毋以其難概之也。彼矜其力自謂多大則不得舉彼力難勝之事以阻格之舊注概礙也索隱曰概猶格也劉氏云若秦昭王決欲攻趙白起若說其難遂己之心拒格君上故致杜郵之僇。自勇其斷。其一作之則無以其謫怒之。謫謂過失也彼矜聽斷自謂勇決則不得引彼所失誤之事以激怒之物曰史謫作敵勝自智其計。則毋以其敗窮之。彼矜計策自謂多智則不得說當所困敗之事以窮屈之舊注凡此皆所以護其短而養其長也大意無所拂忤。辭言無所繫縻。所說大意順合莫逆出詞發言亦不犯觸也繫縻猶言犯觸也一作繫摩史作擊排索隱曰韓子作擊摩案擊摩亦排斥之義墨子相踵相投相擊相摩○史記大忠無所拂辭悟言無所擊排以此推彼忠意字誤辭悟殺矣悟當作悟悟忤同大意無所拂悟辭言無所擊排意義自明司馬貞等從文强解遂爲不穩然後極騁智辯焉。此廼所以親近不疑。而得盡辭也。廼所以元作道所得盡者誤索隱曰韓子作得盡之辭也物曰史記作此所以親近不疑知盡之難也伊尹爲宰。史宰作庖百里奚爲虜。虜奴隷也皆所以干其上也。案干要也此二人者。皆聖人也。然猶不能無役身以進也。身執賤役乃始進用如此其汙也。如上一衍加字汙謂宰虜今以吾言爲宰虜。而可以聽用而振世。物曰謂辱身猶可況於損詘言語乎案振救也此非能仕之所恥也。仕士通荀子有致仕篇索隱曰韓子作能士夫曠日離久。舊注離猶經也案廣雅離遠也晉語注離歷也過秦論曠日長久而周澤既渥。既一作未深計而不疑。引爭而不罪。

方密溪曰飾當作飭謂直指是非以匡飭君身也

史引作交案管子上下交引而不和同引亦爭也左傳引其封疆注引正也則明割利害。以致其功。舊注割斷也直指是非。以飾其身。謂得直言極諫之名以光飾其身也舊注直指謂無所廻避也以此相持。此說之成也。君容直言臣盡忠計以此互相保守此談說之樂也昔者鄭武公欲伐胡。正義云胡歸姓在豫州郾城縣界故先以其女妻胡君。以娛其意。阮瑀伐曹公書陰有鄭武取胡之計注引無故字女作子因問於羣臣。吾欲用兵。誰可伐者。選注作因而問其羣臣曰吾所用兵誰可伐者大夫關其思對曰。胡可伐。武公怒而戮之曰。胡兄弟之國也。子言伐之。何也。案竹書紀年周平王八年鄭殺其大夫關其思胡鄭異姓而曰兄弟者晉語注兄弟婚姻之稱也張儀傳秦楚娶婦嫁女長爲兄弟之國胡君聞之。以鄭爲親己。遂不備鄭。鄭人襲胡取之。宋有富人。天雨牆壞。其子曰。不築必將有盜。其鄰人之父亦云。案方言凡尊老南楚謂之父或謂之父老暮而果大亡其財。舊注此夕盜至其家甚智其子。而疑鄰人之父。此二人者。說皆當矣。元作說者傳寫殺次史記作此二人說者其知皆當矣厚者爲戮。薄者見疑。史厚作甚厚薄猶大小也案雅言篇小者以爲毁譽誹謗大者患禍災害死亡及其身則非知之難也。處知則難也。舊注處用其知不得其宜故或見疑或見戮也案尙書非知之艱行之惟艱左傳非知之實難將在行之故繞朝之言當矣。左傳文十三年注繞朝秦大夫其爲聖人於晉。而爲戮於秦也。此不可不察也。一無也字舊注晉人謀取士會於秦繞朝贈之以策曰子無謂秦無人吾謀適不用也其言非不當也晉人雖以爲聖後秦竟以其言戮之是亦處知失宜也昔者彌子瑕有寵於衛君。衛國之法。竊駕君車者罪刖。宇曰羣書治要刖作跀下同彌子瑕母病。文選注無瑕字人閒往夜告彌子。諸本及史記選注說苑治要閒作間案間密也義爲長人謂彌子家人案藝文類聚作其人有夜告彌子叔孫通傳間往來索隱曰謂非時也陳涉傳又間令吳廣之次近所旁叢祠中索隱曰間音中間之間鄭氏云間謂竊令人行也彌子矯駕君車以出。中山王孺子妾歌彌子矯後駕注說文曰矯擅也又引此文出下有於門二字案治要出

趙本題注以和氏獻玉爲見人主不能御臣忠誠不分則人臣之爲和氏者少矣

劉辰翁曰一結餘波嫋嫋

作嬌。呂春秋嬌鄭伯之命注擅稱君命曰嬌。君聞而賢之曰。孝哉。爲母之故。忘其刖罪。選注作犯刖罪。云刖古刖字。圓史記治要藝文類聚並同選注。異日與君遊於果園。食桃而甘。不盡以其半啗。說苑奉君。治要啖君。圓淵鑑啖君。史記不盡而奉君。藝文類聚以其餘獻君。君曰。愛我哉。圓藝文作忠哉。佩文忠乎。忘其口味。以啗寡人。圓史記忘其口而念我。淵鑑食我。治要佩文無味字。藝文同。而以作而。及彌子色衰愛弛。得罪於君。圓弛解也。君曰。是固嘗矯駕吾車。圓固故通。治要作故。圓藝文佩文同。又嘗啗我以餘桃。圓佩文餘上有其字。故彌子之行。未變於初也。治要變作移。而以前之所以見賢。而後獲罪者。當作而所以前之見賢。文錯誤也。史記說苑作前見賢三字。愛憎之變也。變上史記有至字。說苑有生字。治要愛上有人主字。故有愛於主。則智當而加親。有憎於主。則智不當。見罪而加疏。疏一作踈。治要無見罪字。故諫說談論之士。不可不察愛憎之主。而後說焉。史記無談論字。夫龍之爲蟲也擾柔。蟲一作虫。元無擾字。從選注補。可狎而騎也。山曰。左傳蔡墨曰。蟲莫知於龍。以其不生得也。圓毛詩釋文。蟲直忠反。本或作虫。非也。虫音許鬼反。論衡柔作鳴。誤。燕策注。狎作擾。史作擾狎。無柔字。佩文作可擾柔而騎。然其喉下有逆鱗徑尺。若人有嬰之者。則必殺人。舊注。嬰。觸也。圓爾雅翄。龍之亢有逆鱗一尺。而不可脅也。則爲能升而不及反。故曰亢龍有悔。人主亦有逆鱗。說者能無嬰人主之逆鱗。圓事文要言有乎字。則幾矣。索隱曰。庶幾乎善諫說矣。三國名臣序贊注引此段。與今本大異。龍之爲蟲也擾柔可狎而騎。然其喉下有逆鱗徑尺之處。若嬰之則殺人。人主有逆鱗。說者嬰之則不幾矣。圓臣軌注作。龍爲蟲也擾柔而可撫而騎。然而喉下有逆鱗徑尺之處。若嬰之則殺人。人主亦有逆鱗。說者嬰之則不幾全矣。後漢李雲傳注作。夫龍之爲蟲也。可狎而馴也。然其喉下有逆鱗。嬰之則殺人。人主有逆鱗。說者嬰之。則亦幾矣。

劉辰翁曰句健

楊愼曰題字理字妙絕

和氏第十三

楚人和氏得玉璞楚山中。盧諶詩注作楚人卞和得璞玉於荊山之中。七啓注楚人和氏得璞玉於楚山之中。宦者傳論注及曹植書注二處皆同。而璞玉作玉璞。圓唐類鑑作卞和得石於楚山中。藝文類聚無璞字。後志注引荊州記云。州西北三十里有清谿。谿北卽荊山。首曰景山。卽卞和抱璞處。奉而獻之厲王。楚世家。霄敖子熊眴立。是爲蚡冒。十七年卒。弟熊通立。五十一年卒。子文王熊貲立。疑蚡冒追謚厲王。獻。鄒陽書注。楚人和氏得璞玉於楚山之中。奉而獻之武王。武王使玉人相之。玉人曰。石也。王刖和左足。武王薨。成王卽位。和又獻之。玉人又曰。石也。刖其右足。答賓戲注。楚人和氏得璞玉於楚山之中。奉而獻之成王。使玉人理其璞而得寶焉。遂名曰和氏之璧。曹植書注文同。而成王作文王。同出一手。同引一書。而其有異如此。豈傳寫誤使然乎。但云武王者甚謬。文王之子熊艱立。五年。弟熊惲殺之代立。是爲成王。則其去武王時。亦已遠矣。圓高誘云。厲王。共王之庶子熊麇也。厲王使玉人相之。物曰。玉人之玉。韻書皆音鱗。正字通非之。玉人曰。石也。王以和爲誑。而刖其左足。及厲王薨。武王卽位。和又奉其璞。而獻之武王。武王使玉人相之。又曰。石也。王又以和爲誑。而刖其右足。武王薨。文王卽位。和乃抱其璞。而哭於楚山之下。三日三夜。泪盡而繼之以血。江淹書。泣盡而繼之以血也。注引此文。云卞和乃抱其璞而哭於楚山。三日三夜。泣盡繼之以血。王聞之。使人問其故曰。天下之刖者多矣。子奚哭之悲也。和曰。吾非悲刖也。悲夫寶玉而題之以石。貞士而名之以誑。此吾所以悲也。王乃使玉人理其璞。而得寶焉。遂命曰和氏之璧。鄒陽傳注。應劭曰。卞和得玉璞。獻之武王。武王示玉人。玉人曰。石也。刖和右足。武王沒。復獻文王。玉人復曰。石也。刖其左足。至成王時。卞和抱璞哭於郊。乃使玉人攻之。果得寶玉。索隱曰。事見國語及呂氏春秋。山曰。又見新序。邏題目也。治玉曰理。月令廣義引此。厲王作懷王。文王作共王。文亦有異。而云王使取剖之。得寶玉。封爲陵陽侯。不就。蓋其說本出雜書。故語陋耳。雲谷雜記云。案楚世家。熊通自立爲武王。是楚之王。自熊通始。其先初無所謂厲王者。豈卽其先蚡冒耶。今姑置而勿論。且以武王初卽位之年言之。是歲爲周平王之三十一年。歲在辛丑。至文王卽位之年壬辰。已五十二年矣。若以厲王。尚不止于此。和雖三歲。不應歷年如是之久。疑有舛誤處。然此事見于他書者。亦多異同。新序無文王。而有共王。淮南子注。及前漢鄒陽。並後漢孔融。及陳元三傳注。俱無厲王。而有成王。又趙壹傳注。引琴操。又有懷王及子平王。其不同如此。旣無明據。不敢以臆見定其是非。但武王至共王。已六世。幾乎百年。平王在懷王之前。相去甚遠。初非父子。此乃謬妄顯然者也。夫珠玉人主之所急也。和雖獻璞而未美。未爲主之害也。凡例主作王。舊注所獻之璞，設令未美，亦無害於主也。然猶兩足斬。而寶乃論。物曰，句法。論寶若此其難也。今人主之於法術也。未必和璧之急也。而禁羣臣士民之私邪。邪音耶。謂人主欲禁下之姦私，非用法術則不可也。然世主求法術之心，未必如求和璧之急也。夫獻所急求之寶，猶犯兩刖，況於法術格其非心，自非明主，莫之能聽，苟不傾意以求法術，則將何以禁下之姦私乎。極言用法術之難也。然則有道者之不僇也。特帝王之璞未獻耳。有道者，法術之士也。法術可以致帝王，而未蒙採用，故曰帝王之璞也。夫法術爲治國之寶，其可貴重，萬倍於和璧，而其獻納之難，亦萬倍於論寶，則懷法術干世主者，不見疎斥，必遭刑戮。極言獻法術之難也。主用術。則大臣不得擅斷。近習不敢賣重。官行法。則浮萌趨於耕農。浮萌，游民。謂商工也。而游士危於戰陳。游士，游宦之士。謂儒俠也。墨子游者資俠。則法術者。乃羣臣士民之所禍也。人主非能倍大臣之議。越民萌之誹。獨周乎道言也。

倍音背。人主篇周作合，義同。物曰，道言，有道之言。國楚辭：雖不周於今之人兮。注：周，合也。則法術之士。雖至死亡。道必不論矣。國鹽鐵論注引新序曰：荊人卞和得玉璞而獻之荊厲王，使玉尹相之，曰：石也。王以和爲謾，而斷其左足。厲王薨，武王即位，和復奉玉璞而獻之武王，使玉尹相之，曰：石也。又以爲謾，而斷其右足。武王薨，共王即位，和乃奉玉璞而哭於荊山中，三日三夜，泣盡而繼之以血。共王聞之，使人問之曰：天下之刖者衆矣，子獨何哭之悲也。對曰：寶玉而名之曰石，貞士而戮之以謾，此臣之所以悲也。共王曰：惜矣吾先王之聽，難剖石而易斬人之足。夫死者不可生，斷者不可屬，何聽之殊也。乃使人理其璞，而得寶焉，故名之曰和氏之璧。故曰：珠玉者，人主之所貴也，和雖獻寶而美，未爲玉尹用也。進寶且若彼之難也，況進賢人乎。賢人與姦臣，猶仇讎也，於庸君，意不合。夫欲使姦臣進其讎於不合意之君，其難萬倍於和氏之璧，又無斷兩足之臣以推其難，猶拔山也。千歲一合，若繼踵然後霸王之君興焉。其賢而不用，不可勝載，故有道者之未戮也，宜白玉之璞未獻耳。昔者吳起教楚悼王。以楚國之俗曰。大臣太重。封君太衆。物曰，戰國之士封者，皆以君爲號也。若此則上偪主。而下虐民。此貧國弱兵之道也。貧作貪，誤。不如使封君之子孫。三世而收爵祿。喻老篇：楚邦之法，祿臣再世而收地。功臣之子襲封，如故，至孫收之，是再世食祿，三世則絕也。彼曰再世，此曰三世，其實同耳。莊王之時已有此制，經久廢弛，故重修之，非吳子所創也。絕滅百吏之祿秩。損不急之枝官。舊注，枝官非要急者，如樹枝然，養樹者必披落其枝，爲政者亦損其閑冗。國宋景文詩：何言漢樸學，正似楚枝官。用此語也。案枝恐技字訛，技官，王制所云凡執技以事上者。宋順宗時，罷翰林醫工、相工、占星、射覆冗食者四十二人，文宗時，省教坊樂官、翰林待詔、伎術官幷總監諸色職掌內冗員，共一千二百七十人，是亦損枝官也。以奉選練之士。史記蔡澤曰：吳起爲楚悼王立法，卑減大臣之威重，罷無能，廢無用，損不急之官，塞私門之請，一楚國之俗，禁游客之民，精耕戰之士，功已成矣，而卒枝解。悼王行之。期年而薨矣。吳起枝解於楚。枝解見難言篇。商君教秦孝公。以連什伍。設告坐之過。商君傳：令民爲什伍，而相收司連坐，不告姦者腰斬，告姦者與斬敵首同賞，匿姦者與降敵同罰。注：五家爲保，十家相連。國呂子高注：適，責也。燔詩書而明法令。物曰：觀此言，則不始於李斯也。國案秦始皇三十四年，李斯請令天下敢藏詩書百家語者，悉詣廷尉雜燒之，斯蓋襲鞅之故術以毒天下也。塞私門之請。不得私諸謁也。而遂公家之勞。有功勞於公家者，不滯其賞，遂，通也。禁游宦之民。謂儒俠類。舊注，不守本業，游散求官者。而顯耕戰之士。顯謂重用。孝公行之。主以尊安。

國以富強。八年而薨。商君車裂於秦。史表，秦孝公十年，公孫鞅爲大良造，定變法之令，後十五年，孝公薨，此云八年，不合，疑脫十字。山曰：此事又見下篇及泰族訓。國商君書與太子有隙，太子立，公子虔之徒譖之，商君大恐，謀反，事露，遂伏誅。楚不用吳起而削亂。秦行商君法而富強。二子之言也已當矣。然而枝解吳起。而車裂商君者。何也。大臣苦法。而細民惡治也。猷法術固難，而行之亦不易，既能行之，守之更難，極言法術之士孤危否窮，難乎免矣。當今之世。大臣貪重。細民安亂。甚於秦楚之俗。大臣皆圖富利，欲逞私威；小民苟安故俗，惡致治者；比之吳子用楚、商鞅用秦之時，其弊更甚。謂時俗之極澆漓也。而人主無悼王孝公之聽。則法術之士。安能蒙二子之危也。而明己之法術哉。此世所以亂無霸王也。帝王之璞，掩沒不用，故世不治，人主孤憤，並有此論。

松皋曰危字用字法何等工雅。

趙本題注，此下缺姦劫弒世本亡其篇首四百五十六

姦劫弒臣第十四

字。今補其文。補其目而合於和氏之後。

陳深曰。韓子妥議此數言皆扱擿懼姦恐不得行其說。然卒死于讒命也。

凡姦臣皆欲順人主之心。以取親幸之勢者也。字曰。治要親作親。是以主有所善。臣從而譽之。主有所憎。臣因而毀之。阿主好惡。凡人之大體。物曰。猶大率也。取舍同者。則相是也。取舍異者。則相非也。今人臣之所譽者。人主之所是也。此之謂同取。人臣之所毀者。人主之所非也。此之謂同舍。謂任下之誹譽。夫取舍合同。從治要補同字。而相與逆者。未嘗聞也。此人臣之所以信幸之道也。治要以作取。夫姦臣得乘信幸之勢。以毀譽進退羣臣者也。從治要補也字。毀譽進退既因姦臣。則羣臣皆趨附之。人主非有術數以御之也。有一作所。非參驗以審之也。治要無二也字。圖佩文參上有上字。案上尚通。必將以曩之合己。信今之言。姦臣阿諛。同其好惡。故其所言。莫不信用。此幸臣之所以得欺主成私

者也。故主必欺於上。而臣必重於下矣。治要欺作蔽。此之謂擅主之臣。擅制其主。國有擅主之臣。則羣下不得盡其智力以陳其忠。治要無上其字。百官之吏。不得奉法以致其功矣。治要法作令。功作力。何以明之。夫安利者就之。危害者去之。此人之情也。今爲臣盡力以致功。竭智以陳忠者。其身困而家貧。父子羅其害。爲姦臣所危陷。爲姦利以蔽人主。蔽一作弊。行財貨以事貴重之臣者。身尊家富。父子被其澤。人焉能去安利之道。而就危害之處哉。治國若此。其過也。而上欲下之無姦。吏之奉法。其不可得亦明矣。故左右知貞信之不可以得安利也。必曰。我以忠信事上。積功勞而求安。是猶盲而

欲知黑白之情。必不幾矣。物曰。情實也。幾期同。圖爲不疑傳注。幾讀曰冀。慧琳引徐云。冀又作覬。同覦致反。爾雅云。覬望也。又廣韻。覬或作幾。左傳。庸可幾乎。史記發字例。幾晉記。又冀望字也。商子。下官之冀遷者。皆曰多貨則上官可得而欲也。曰我不以貨事上而求遷者。則如以狸餌鼠爾。必不冀矣。子華子。是縱檻於陸。而發軔於川也。其亦不可以幸而冀矣。張儀傳。無異垂千鈞之重於鳥卵之上。必無幸矣。字法同。若以道化行正理。不趨富貴。事上而求安。道化。法術可以化導天下者也。不趨富貴。謂廉潔也。是猶聾而欲審清濁之聲也。愈不幾矣。二者不可以得。一有安字。又有安我二字。我利字訛。安能無相比周蔽主上。爲姦私以適重人哉。適順也。此必不顧人主之義矣。孟子。未有義而後其君者也。其百官之吏。亦知方正之不可以得安也。安下或脫利字。必曰。我以清廉事上而求安。若無規矩而欲爲方圓也。必不幾矣。若以守法不朋黨。治官而求安。是猶以足搔頂也。愈不幾矣。矣元作也。從山氏正。

二者不可以得。或說。此下當有安利二字。安能無廢法行私。以適重人哉。此必不顧君上之法矣。故以私爲重人者衆。而以法事君者少矣。爲猶助也。圖百家類纂。重人作重臣。是以主孤於上。而臣成黨於下。此田成之所以弒簡公者也。夫有術者之爲人臣也。得效度數之言。上明主法。下困姦臣。以尊主安國者也。是以度數之言。得效于前。則賞罰必用于後矣。法度術數。所以審賞罰也。人主誠明於聖人之術。而不苟於世俗之言。說苑。不固溺於流俗。不拘繫於左右。山曰。苟拘字訛。循名實而定是非。因參驗而審言辭。因參驗按實也。審言辭循名也。循名按實。以斷事之是非。卽用度數也。山曰。鄧析子。循名案實。君之事也。奉法宣令。臣之職也。是以左右近習之臣。知僞詐之不可以得安也。一作詐僞。必曰。我不去姦私之行。

慎曰句古稚共

盡力竭智以事主。而乃以相與比周。妄毀譽以求安。是猶負千鈞之重。陷於不測之淵。而求生也。必不幾矣。百官之吏。亦知爲姦私之不可以得安也。必曰我不以清廉方正奉法。乃以貪汙之心。枉法以取私利。是猶上高陵之顚。墮峻谿之下。而求生也。從山氏補也字。必不幾矣。顚巓同。峻谿深谷也。安危之道。若此其明也。左右安能以虛言惑主。而百官安敢以貪漁居下。一無居字。是以臣得陳其忠而不蔽。忠節上達無壅隔者。下得守其職而不怨。因能承任。故無伏怨。此管仲之所以治齊。而商君之所以强秦也。從是觀之。則聖人之治國也。固有使人不得不愛我之道。而不恃人之以愛爲我也。山曰顯學篇夫聖人之治國。不恃人之爲吾善也。而用其不得爲非也。呂子不侵篇亦有此論。恃人之以愛爲我者危矣。一無爲字。恃吾不可不爲者安矣。下之欲惡皆制于君則皆爲上盡力矣。外儲秦昭王曰彼民之所以爲我用者非以吾愛之爲我用者也。以吾勢之爲我用者也。

夫君臣非有骨肉之親。以計合也。正直之道。可以得利。則臣盡力以事主。正直之道。不可以得安。則臣行私以干上。明主知之。故設利害之道。以示天下而已矣。奉公者信賞以示利。行私者必罰以示害。[夫]國矣字尾誤分。是以人主雖不口教百官。不目索姦衺。而國已治矣。衺邪同。國不目索三字偶文作無一字。人主者。非目若離婁乃爲明也。非耳若師曠乃爲聰也。目必不任其數。而待目以爲明。所見者少矣。非不弊之術也。治要無目必字。下耳必同。弊作蔽通。耳必不因其勢。而待耳以爲聰。所聞者寡矣。非不欺之術

楊慎曰句嗣逸多致

楊慎曰古句

也。明主者使天下不得不爲己視。天下不得不爲己聽。治要天上有使字。故身在深宮之中。而明照四海之內。而天下弗能蔽。弗能欺者。何也。闇亂之道廢。而聰明之勢興也。連什伍賞告姦則無壅蔽詐僞之患也。顧治要照作燭無者何二字。故善任勢者國安。不知因其勢者國危。古秦之俗。羣臣廢法而服私。羣元作君。從山氏正。服行也。是以國亂兵弱而主卑。商君說秦孝公。以變法易俗。而明公道。賞告姦。困末作。而利本事。困一作因。末作商工。本事耕農也。平準書。高祖乃令賈人不得衣絲乘車。重租稅以困辱之。國食貨志。以調盈虛。以收奇羡。則官富實而末民困。當此之時。秦民習故俗之有罪可以得免。無功可以得尊顯也。故輕犯新法。於是犯之者。其誅重而必。告之者。其賞厚而信。故姦莫不得而被刑者

衆。民疾怨。而衆過日聞。孝公不聽。遂行商君之法。疾惡也。謗書滿篋。潛言盈耳。而能不惑聽。爲君難也。民後知有罪之必誅。而告姦者衆也。告元作私。寫者誤。宇曰宜作私姦者不容也。故民莫犯。其刑無所加。是以國治而兵强。地廣而主尊。廣一作一。謂威克愛。故刑期于無刑。而致富强。此其所以然者。匿罪之罰重。而告姦之賞厚也。此亦使天下必爲己視聽之道也。至治之法術已明矣。而世學者弗知也。且夫世之愚學。皆不知治亂之情。讘詼多誦先古之書。以亂當世之治。灌夫傳乃效女兒呫囁耳語。韋昭云。附耳小語聲也。案荀子注。古字口與言多通。則讘囁通。詼呫音近。又禮記呫嗶。義亦相類。凌瀛初本傍注。讘音聶。詼音頰。細語也。趙世楷本傍注。讘多言也。詼妄語也。國讘音攝。與囁通。詼與唼通。如左傳鄭伯捷。公羊作接。史記作唼。儀禮挾乘矢。注古文作接。列子釋文。唼或作映。喋唼。鴨喋食也。妄談細語之聲似之。智慮不足以避穽井之陷。始皇紀楊慎評引無此句。山曰中庸人皆曰予知。驅而納諸罟擭陷

穿之中而莫之知辟也。又妄非有術之士。妄引上世之頌語反誹教時之要務。聽其言者危。用其計者亂。此亦愚之至大。而患之至甚者也。俱與有術之士。有談說之名。而實相去千萬也。此夫名同而實有異者也。夫世愚學之人。傍注指儒者稱先王。比有術之士也。猶蟷垤之比大陵也。蟷垤蟻封大阜曰陵。其相去遠矣。而聖人者審於是非之實。察於治亂之情也。故其治國也。正明法。陳嚴刑。將以救羣生之亂。去天下之禍。使強不淩弱。衆不暴寡。耆老得遂。幼孤得長。邊境不侵。君臣相親。父子相保。而無死亡繫虜之患。將字意管到此潘岳關中詩注淩作陵云蒼頡篇曰陵侵也得遂謂終天年也。此亦功之至厚者也。功一作公。愚人不知。顧以爲暴。顧反也。愚者固欲治。而惡

其所以治者。者元作皆從山氏正。惡危而喜其所以危者。何以知之。夫嚴刑重罰者。民之所惡也。而國之所以治也。哀憐百姓。輕刑罰者。民之所喜也。補也字。而國之所以危也。聖人爲法國者。物曰爲法於國也或說法治字誤。必逆於世。而順於道德。謂去世之私愛而從法之嚴斷也。知之者同於義而異於俗。弗知之者異於義而同於俗。圓安于故俗也。天下知之者少。則義非而俗勝矣。從字氏補而俗勝三字先王之義陳嚴刑者世俗反以爲非也圓一有此三字。處非道之位。謂立于闇亂之朝也自此以下至非明主弗能聽也三百八拾四字或在上文此田成之所以簡公也之下未詳孰是。被衆口之譖。卽民疾怨而衆過日聞也。溺於當世之言。謂爲俗說所固溺也不順道德以義爲非故斥有術之士。而欲當嚴天子而求安。幾不亦難哉。幾讀曰豈物曰此段稍難解當嚴天子言犯人主之心也山曰嚴如孟子嚴諸侯呂子萬乘之嚴主之嚴趙岐云嚴尊也又大學鄭注嚴謂可畏敬也圓非其

楊愼曰辭命刺譏

孫鑛曰妙句

王維楨曰賭寡人情可謂殘刻無餘

道而處之故曰非道之位鹽鐵論處非其位行非其道蟲子不勝其任而處其位非此位之人也。此夫智士所以至死而不顯於世者也。楚莊王之弟春申君。有愛妾曰余。物曰言楚莊王之弟別是一人非黃歇也。春申君之正妻子曰甲。中山策立陰簡以爲正妻余蓋其姓甲恐非名史記任少卿曰某子甲何不來乎萬石君長子建次子甲次子乙注史失其名故曰甲乙物曰正妻嫡妻。余欲君之弃其妻也。因自傷其身。以視君而泣。傷其身若被楚撻者狀也物曰視示也。曰。得爲君之妾甚幸。雖然適夫人。非所以事君也。適君。非所以事夫人也。適順適其意也。身故不肖。故固通。力不足以適二主。其勢不俱適。與其死夫人所者。不若賜死君前。夫人所猶言夫人手。妾以賜死。若復幸於左右。一無此十字以已同謂妾已死後左右被幸者恐復如妾不免乎夫人妬忌不特妾身不肖而得罪耳不顧其身而愼吾後蓋倒言以激之也。願君必察之。無爲人笑。君因信妾余之詐。爲弃正

妻。弃廢也。余又欲殺甲而以其子爲後。因自裂其親身衣之裏。以示君而泣。親身衣左傳云衵服也吾友林子博曰裏宜作褒字又作裏楚竣鄭褒注褒衵同圓廣雅親近也字典襯近身衣也玉篇衵女人近身衣也。曰。余之得幸君之日久矣。甲非不知也。今乃欲強戲余。余與爭之。至裂余之衣。而此。圓而如也如此者相示之詞。子之不孝。莫大於此矣。君怒而殺甲也。故妻以妾余之詐弃。而子以之死。圓之字亦指妾詐。從是觀之。父之愛子也。尚可以毀而害也。尚元作而竊者誤一無而字圓百家類纂作夫父之愛子也猶可以害也。君臣之相與也。非有父子之親也。而羣臣之毀言。非特一妾之口也。羣一作君。何怪夫賢聖之戮死哉。此商君之所以車裂於秦。而吳起之所以枝解於楚者也。凡人臣者。有罪固不欲誅。無

孫鏘曰。與孟子離婁篇同。然孟精而此粗。

功者皆欲尊顯。而聖人之治國也。賞不加於無功。而誅必行於有罪者也。然則有術數者之爲人臣也。固左右姦臣之所害。非明主弗能聽也。世之學術者。說人主。不曰乘威嚴之勢。以困姦衺之臣。而皆曰仁義惠愛而已矣。(■孟子說魏王曰。王亦曰。仁義而已矣。世儒祖之。)世主美仁義之名。而不察其實。是以大者國亡身死。小者地削主卑。(割地稱藩。)何以明之。夫施與貧困者。此世之所謂仁義也。(一無與字。從山氏補也。)哀憐百姓。不忍誅罰者。此世之所謂惠愛也。夫有施與貧困。則無功者得賞。不忍誅罰。則暴亂者不止。國有無功得賞者。則民外不務當敵斬首。內不急力田疾作。(元作不外。寫者殺次。)皆欲行

貨財。事富貴。爲私善。立名譽。以取尊官厚俸。(爲私善。謂務曲學也。)故姦私之臣愈衆。而暴亂之徒愈勝。不亡何待。夫嚴刑者。民之所畏也。重罰者。民之所惡也。故聖人陳其所畏。以禁其衺。設其所惡。以防其姦。是以國安而暴亂不起。吾以是明仁義惠愛之不足用。而嚴刑重罰之可以治國也。無捶策之威。銜橛之備。雖造父不能以服馬。(西征賦。懼銜橛之或變。注。漢書音義張揖曰。銜。勒也。司馬彪莊子注。橛。騑馬口中長銜也。■王吉傳顏注。橛。車鉤心也。)無規矩之法。繩墨之端。雖王爾不能以成方圓。(本經訓注。王爾古之巧匠。■端。正也。繩墨所以正曲直也。)無威嚴之勢。賞罰之法。雖堯舜不能以爲治。今世主皆輕釋重罰嚴誅。行愛惠而欲霸王之功。亦不可幾也。(一無欲字。)故能爲

主者。明賞設利以勸之。使民以功賞。而不以仁義賜。(見功則賞。不爲私賜。)嚴刑重罰以禁之。使民以罪誅。而不以愛惠免。(有罪必罰。不爲私赦。)是以無功者不望。而有罪者不幸矣。託於犀車良馬之上。則可以陸犯阪阻之患。(犀車。外儲難勢並作固車。義同。)乘舟之安。持檝之利。則可以水絕江河之難。(墨子。車以行陵陸。舟以行川谷。荀子。假舟檝者。非能水也。而絕江河。注。絕。過也。■匈奴傳注。直渡曰絕。)操法術之數。行重罰嚴誅。則可以致霸王之功。治國之有法術賞罰。猶陸行之有犀車良馬也。水行之有輕舟便檝也。乘之者遂得其成。伊尹得之湯以王。管仲得之齊以霸。商君得之秦以强。此三人者。皆明於霸王之術。察於治强之數。而不以牽於世俗之言。(■牽

猶拘也。)適當世明主之意。則有直任布衣之士。立爲卿相之處。(處一作功。處。位也。外儲。子之處。人之所欲也。)處位治國。則有尊主廣地之實。此之謂足貴之臣。湯得伊尹。以百里之地。立爲天子。桓公得管仲。立爲五霸主。(十過篇主作長。山曰。主。首也。)九合諸侯。一匡天下。孝公得商君。地以廣。兵以强。故有忠臣者。(一脫臣字。)外無敵國之患。內無亂臣之憂。長安於天下。而名垂後世。所謂忠臣也。若夫豫讓爲智伯臣也。上不能說人主。使之明法術度數之理。以避禍難之患。下不能領御其衆。以安其國。及襄子之殺智伯也。豫讓乃自黔劓。敗其形容。以爲智伯報襄子之仇。(黔一作黥。同。黑也。山曰。黔當作黥。■秦策。黥劓其傳。賈誼傳。與衆庶同黥劓髠刖。文云。豫讓釁面吞炭。注。釁。黑。)

楊慎曰：與論語下字別，亦有致。

也。以春薰入之。案，黔鉗並同，以鐵束頭髮也。戰國時未有鉗罪，山說得之。是雖有殘形殺身，以爲人主之名，而實無益於智伯。若秋毫之末。一無有字。謂無秋毫之末益于智伯也。此吾之所下也。下猶卑也。而世主以爲忠而高之。古有伯夷叔齊者，武王讓以天下而弗受。此事他無所見，蓋策士之談也。二人餓死首陽之陵。若此臣者，一無者字。不畏重誅，不利重賞，不可以罰禁也，不可以賞使也。此之謂無益之臣也。吾所少而去也。而世主之所多而求也。多猶賢也。諺曰：厲憐王。莊子：厲之人夜半生其子。刺客傳注：厲音賴。索隱曰：古多借厲爲賴，今癩字從病，故楚有賴鄉，亦作厲字。案自此至篇末見楚策，而云荀子爲書謝春申君曰：厲人憐王。注：厲雖惡疾，猶愈於劫弑，故反憐王。劉辰翁曰：此韓非語，荀不應用。吳云：韓非正用荀語也。山曰：又見韓詩外傳。國山海經注引作厲人憐者，哀不如己者之義也。莊子：夔憐蚿，蚿憐蛇，是也。此不恭之言也。所擬非倫，故曰不遜。雖然古無虛諺，不可不察也。此謂劫

弑死亡之主言也。謂爲通。策作爲弑。一作殺。人主無法術以御其臣，一無主字。雖長年而美材，大臣猶將得勢擅事主斷，而各爲其私急，主斷見外儲。而恐父兄豪傑之士借人主之力，以禁誅於己也。父兄，同姓之臣。禁誅，謂禁其姦而誅之。故弑賢長而立幼弱，廢正適而立不義。適音嫡，一作的。不義，謂庶孽不宜立者，特推立之以結私恩也。國穀梁傳：諸侯與正。注：正，謂嫡長也。韓詩外傳作廢正直而用不善。故春秋記之曰：楚王子圍將聘於鄭，未出境，聞王病而反。因入問病，入，入臥內。策無因入二字。以其冠纓絞王而殺之，遂自立也。策注：昭元年。齊崔杼其妻美，策其作之。國韓詩外傳同。而莊公通之，數如崔氏之室。及如，往也。公往，崔子之徒賈舉率崔子之徒而攻公。公入室，請與之分國，崔子不許。公請自刃於廟，左傳注：求還廟自殺。崔子

楊慎曰：敘得古宕。

孫鑛曰：詳遠略近。

又不聽。公乃走踰於北牆。賈舉射公，中其股。公墜。落於牆也。崔子之徒以戈斫公而死之。斫音酌，斬也。死猶殺也。策作射中其股，遂殺之。而立其弟景公。策注：襄二十五年。近之所見，策之作代。國韓詩外傳作近世。李兌之用趙也，餓主父百日而死。淖齒之用齊也，秦策注：淖齒，楚相。楚使救齊，因相之。索隱曰：淖，姓也，音尼敎反。愚案：淖當音卓。呂春秋正名篇作卓齒，貨殖傳卓氏，徐注：卓一作淖。國小學句讀：淖音鬧。擢湣王之筋，湣閔同。策注：擢，引也。懸之廟梁，宿昔而死。策昔作夕。秦策范雎說秦王曰：李兌管趙，因主父於沙丘，百日而餓死；淖齒管齊，擢王筋，懸之於廟梁，宿昔而死。注：案韻：夕，夜也。通作昔。事在閔四十年。故厲雖癰腫疕瘍，厲疾皮肉腫起，如癰潰。楚策作癰腫。韓策臃腫。莊子擁腫。國疕瘍，策作胞疾，韓詩外傳作痂疵。莊子釋文引李注：擁腫猶盤瘿也。周禮醫師：疕瘍者造焉。注：疕，頭瘍，亦謂禿也。上比於春秋，未至於絞頸射股也；下比於近世，一作勢臣。策作近代。未至於餓死擢筋也。故劫弑死亡之君，此其心之憂懼，形之苦痛也，必甚於厲矣。一無於字。他書亦有。由此觀之，雖厲憐王可也。策作雖厲。

定本韓非子纂聞卷第四終

陳深曰前抑後揚。體法甚奇。

四十七可亡也一律下。句法甚奇。

趙本題注凡四十七亡徵而末以數語結束之亦古今奇觀也。

定本韓非子纂聞卷第五

亡徵、三守、備內、南面、飾邪、

江都　松皐圓纂聞

亡徵第十五

凡人主之國小而家大。大夫稱家。權輕而臣重者。可亡也。圓凡者不必之辭。羣書治要引尹文子。國貧小家富大。君權輕臣勢重。亡國也。簡法禁而務謀慮。荒封內而恃交援者。可亡也。簡猶慢也。務謀慮。用私智也。荒封內。怠內政也。羣臣爲學。門子好辯。務私學者必好空辯。傍注。門子謂門下人也。山曰。周禮。其正室皆謂之門子。注。正室嫡子也。左傳鄭六卿及其大夫門子。注。卿之嫡子也。商賈外積。小民內困者。可亡也。內困一作右仗。財貨輸于外。不流通。故封內之民困弊也。圓周禮注。行曰商。處曰賈。外積私藏也。說林篇。衛人嫁女。教之曰。必私積聚。爲人婦而出常也。呂春秋記此事云。嫁不必生也。衣器之物。可外藏以備不生。外私之義可見也。徵賦無常。故皆私藏以避之也。孟子。市廛而不征。法而不廛。則天下之商皆悅而願藏於其市矣。

好宮室臺榭陂池。圓書孔傳。澤障曰陂。停水曰池。李巡云。臺積土爲之。臺上有屋曰榭。事車服器玩好。以飾車馬服章器用玩弄之物爲事。罷露百姓。列子。氣甚猛而形甚露。注。有膽氣而體羸虛。秦策。諸侯見齊之罷露。注。在野曰露。管子。匡貧窶賑罷露。注。疾憊裸露者。孟子。是率天下而路也。注。路。勞弊也。呂春秋不屈篇。作罷潞。物曰。罷露疲羸通。煎靡貨財者。可亡也。外儲。罷苦百姓。煎靡財貨。備內篇。水煎沸竭盡其上。五蠹篇。粟沸靡之財。秦策。靡其財。注。集韻。靡靡同壞也。楚辭。精瓊靡以爲粻。注。靡屑也。墨子。轉民之事。靡民之財。荀子。論刀布賦斂。曰以相傾倒以靡弊之。注。靡盡也。或讀爲糜。散也。荅客難。至則靡耳。注。說文曰。靡爛也。亡皮切。靡與縻古字通用。此謂人主奢侈。費用無度。貨財窮竭。如旅爛然。故曰旅靡。圓通雅引。枚乘傳。漸靡使然。漸煎通。引韓子此說。恐非。汲冢周書史記解曰。宮室破國。昔者有洛氏宮室無常。池囿廣大。工功日進。以後更前。民不得休。農失其時。飢饉無食。成商伐之。有洛以亡。用時日。事鬼神。信卜筮。而好祭祀者。可亡也。王制。假於鬼神時日卜筮以疑衆殺。呂春秋。今世尙卜筮禱祠。故疾病愈來。圓逸周書。昔者玄都賢鬼道。廢人事天。謀臣不用。龜策是從。神巫用國。哲士在外。玄都以亡。聽以爵。不待參驗。聽人言。則妄予爵賞。一作不以衆言參驗。無聽以爵三字。用一人爲門戶者。可亡也。出入皆由一人之言。圓令一人處要地也。官職可以重求。爵祿可以貨得者。可亡也。行財賄因重人則得遷擢。緩心而無成。柔茹而寡斷。見事遲緩則無成功。山曰。毛詩柔則茹之。好惡無決。而無所定立者。可亡也。圓漢元帝紀贊。元帝少而好儒。及卽位。召用儒生。委之以政。牽制文義。優游不斷。孝宣之業衰焉。茹與懦軟義同。字彙引楊愼曰。古篆軟硬之軟。畏懦之懦。老懦之懦。皆作耎。通雅引淮南子。飛蚉之生。蝡蝡然日數寸。北魏呼柔然爲蠕蠕。卽蝡蝡也。北齊書作茹茹。蝡音耎。卽軟字也。饕貪而無饜。近利而好得者。可亡也。論語。戒之在得。圓漢志注。貪甚曰饕。孟子注。饜足也。喜淫刑而不周於法。一無刑字。周合也。好辯說而不求其用。濫於文麗。物曰。文章麗辭。而不顧其功者。可亡也。淺薄而易見。漏泄而無藏。不能周密。而通羣臣之語者。可亡也。事以密成。語以泄敗。圓通猶漏也。狠剛而不和。愎諫而好勝。不顧社稷。而輕爲自信者。可

亡也。好勝人者。不能舍己以從諫也。自信自用也。圓袁紹傳引狠作很。注引無字。說文。很不聽從也。愎戾也。逸周書。狠而無親者亡。昔者縣宗之君。狠而無聽。執事不從。宗職者疑。發大事。羣臣解體。國無立功。縣宗以亡。恃交援而簡近鄰。怙强大之救。而侮所迫之國者。可亡也。物曰。所迫。所密邇者。圓怙亦恃也。西周策。郝莒亡於齊。陳蔡亡於楚。此皆恃交援而輕近敵者也。羈旅僑士。左傳。羈旅之臣。注。羈寄。旅客也。山曰。旅寓曰僑。圓周禮注。羈旅過行寄止者也。重帑在外。左傳。送其帑于晉。注。帑妻子也。殷紀。帑僇汝。凌稚隆云。帑孥同。趙策。宮室小而帑不衆。注。帑金幣所藏。奐注。帑與孥通。詩注。子孫也。圓謂妻子人所愛重。爲身重累。故曰重帑。墨子。幷蓄有處。重質有居。重質亦謂以妻子爲質者也。八經篇。外國之置諸吏者。誅其親暱重帑。則外不藉矣。物曰。明從它國來說者。上間謀計。下與民事者。可亡也。山曰。左傳。諸侯釋位以間王政。注。間猶與也。民信其相。下不能其上。能下疑缺戴字。晉語。民不能戴其上也久矣。山曰。其當作共。共奉也。或說。能好也。新序。吾兩君之不相能也。說苑。譬如水火之不相能也。主愛信之。而弗能廢者。可亡也。上得主寵。下收民心。恐生異謀。境內之傑不事。而求封外之士。事用也。不以功伐課試。而好以名問舉錯。

妄信誹譽。圖間聞通。毛詩亦不隕厥問。羈旅超貴。超作起誤。以陵故常者。可亡也。羈旅卽封外之士。不次超用。陵越國之常典也。呂春秋。任登薦二人。趙襄子用爲中大夫。相室諫曰。中大夫晉重列也。今無功而受。非晉國之故也。圖故常故舊習常之臣也。左傳單獻公棄親用羈。圖頃之族殺獻公。又中無字曰。臣聞親不在外。羈不在內。輕其敵正。敵音嫡。姦劫篇廢正適。庶子稱衡。物曰。謂與嫡子相抗也。太子未定。而主卽世者。可亡也。圖君立曰卽位。其死曰卽世。書於世本也。魯語。工史書世。宗祝書昭穆。大心而無悔。國亂而自多。不料境內之資。而易其隣敵者。可亡也。大心猶放膽也。春秋時。宋有樂大心。自多。自賢也。飾邪篇。國亂飾高。亦謂不量其資力也。易輕也。物曰。大心字見荀子不苟篇。韓詩角弓之傳。國小而不處卑。不以卑遜自處也。力少而不畏强。無禮而侮大鄰。貪愎而拙交者。可亡也。拙交不善于鄰交也。太子已置。圖雜記注。置猶立也。而娶於强敵。以爲后妻。則太子危。后妻后也。亦見內儲。如是則羣臣易慮。謂改視以輕儲君。若費無極譖太子建類。羣臣易慮者。可亡也。怯

懾而弱守。蚤見而心柔懦。知有可斷。而弗敢行者。可亡也。可上一有謂字。懦弱自守。無膽量也。韓信傳。智誠知之。決弗敢行者。百事之禍也。圖怯勇之反。懾失氣也。出君在外。而國更置質太子未反。而君易子。謂君出亡在外。而國別立君。太子爲質于他國。而君更立太子也。如是則國攜。攜訓離貳。亦倒語也。春秋。衛多此亂。國攜者可亡也。挫辱大臣。而狎其身。狎謂輕侮。刑戮小民。而逆其使。并曰。逆虐之音。卽虐使也。或說使當作便。懷怒思恥。而專習則賊生。怒當作怨。內儲。是懷怨而借之間也。謂使臣民懷怨思恥。而君專習恒無悛心也。圖淵鑑作怨。賊生者。可亡也。大臣兩重。父兄衆强。內黨外援。以爭事勢者。可亡也。物曰。兩重。謂大臣爭權也。圖內結黨與。外借交援。周禮。暴內陵外。注。內謂其國。外謂諸侯。逸周書。智能均而不親。並重事君者危。昔者有南氏有二臣。貴寵力鈞。勢敵競進。爭權。下爭朋黨。而君不禁。南氏以亡。婢妾之言聽。圖多內寵。愛玩之知用。圖任外嬖。外內悲惋。而數行不法者。可亡也。圖惋驚歎也。謂上下怨望也。簡侮大臣。

無禮父兄。勞苦百姓。殺戮不辜者。可亡也。好以智矯法。矯曲也。一作驕。時以私雜公。以私智枉公法。以辯言亂害制。法禁變易。號令數下者。可亡也。圖逸周書。好變故易常者亡。昔者陽氏之君自伐而好變。事無故業。官無定位。民運於下。陽氏以亡。地無固。一作無地固。城郭惡。惡謂不修。無畜積。畜或作蓄。財物寡。無守戰之備。而輕攻伐者。可亡也。種類不壽。圖禮書。先祖者類之本也。正義云。類種類。主數卽世。世一作位。嬰兒爲君。大臣專制。樹羈旅以爲黨。數割地以待交者。可亡也。立私德於新臣。結私交於他國。令其皆黨于己也。山曰。待當作恃。太子尊顯。徒屬衆强。多大國之交。而威勢蚤具者。可亡也。圖羽翊早成。弑奪之漸。偏褊而心急。輕疾而易動。發心悁忿。而不訾前後者。可亡也。偏褊。躁暴不平也。如邾莊公類。一作譽。褊悁猶同。怒也。山曰。訾貲同。量也。圖悁躁急也。主多怒而好用兵。簡本教而輕戰

攻者。可亡也。本教耕農。貴臣相妬。臣一作人。大臣隆盛。外藉敵國。內困百姓。以攻怨讎。而人主弗誅者。可亡也。困與藉對。宜作因字。內外樹黨。私相攻伐。如魯季郈齊田闞類。君不肖而側室賢。太子輕而庶子伉。秦策。天下莫之伉。注。集韻四也。吳注。伉抗通。當也。官吏弱而人民桀。謂桀猾難制也。一作傑。如此則國躁。國躁者。可亡也。圖袁紹傳注。太子作嫡子。伉作重。藏怒而弗發。懸辠而弗誅。懸謂舉示之也。雖四篇。明君不懸怒。山曰。大學。見不善而不能退。退而不能遠。過也。圖精神訓。不可懸以利。注。懸視也。使羣臣陰憎而愈憂懼。而久未可知者。可亡也。待罪經久而其誅赦未可測知。故倖萬一以行亂賊。出軍命將太重。邊地任守太尊。專制擅命。徑爲而無所請者。可亡也。一無而字。請一作謂。○徑直遂也。私意從事。不請君命。孤憤篇。無令而擅爲也。后妻淫亂。主母畜穢。主母國太后也。畜穢。如宣太后愛嫪毐也。外內混通。男女無別。是謂兩主。兩主者。可亡

又纂一作大臣不因左右而見據此與謁近臣主賓贊之事出納君命者足依幸傳寵閔孺貴幸公卿者因謂說節此類。

也。圖周禮宮正、掌辨內外而時禁、注分別外人內人、禁其非時出入。逸周書內外相間、下撓其民、民無所附、三苗以亡。后妻賤而婢妾貴。太子卑而庶子尊。相室輕而典謁重。如此則內外乖。內外乖者。可亡也。相室相國。典謁蓋外嬖行請謁者。典主也。大臣甚貴。偏黨衆強。壅塞主斷。而重擅國者。可亡也。重擅國、謂招勢重、專政柄也。圖壅塞蔽主明也。逸周書、昔者有巢氏有亂臣而貴、任之以國、假之以權、擅國而主斷、君已而奪之、臣怒而生變、有巢以亡。私門之官用。馬府之世絀。絀音黜、謂功臣之家被黜退也。一作桀。物曰、謂將帥世官也。圖舊注、馬府軍馬之府、立功者也。方案馬幕字誤、如下馬陵爲蝦蟆陵、可証。李牧傳、市租皆輸入幕府、索隱曰、古者出征爲將帥、軍還則罷、理無常處、以幕帟爲府署、故曰幕府。世謂子孫也。列子、衞端木叔者、子貢之世也。鄉曲之善擧。官職之勞廢。貴私行而賤公功者。可亡也。山曰、鄉曲之善、謂處士顯名者。圖國策注、曲謂里之一曲。如韋曲杜曲也。公家虛而大臣實。官帑空竭。私家益富。正戶貧而寄寓富。圖正戶、謂有正籍不移徙之民也。周語、國有寄寓。注、寓亦寄也。耕戰之士困。末作之民利者。可亡

也。見大利而不趨。聞禍端而不備。淺薄於爭守之事。而務以仁義自飾者。可亡也。自飾、務虛譽也。圖太玄、飾自好。不爲人主之孝。而慕匹夫之孝。不顧社稷之利。而聽主母之令。女子用國。刑餘用事者。可亡也。國君以社稷爲重、唯主母之命是從、淫行穢德、內外無別、婦寺預政、釀成禍亂、豈足以爲孝哉。八經篇、任吏責、臣主母不放。辭辯而不法。心智而無術。主多能而不以法度從事者。可亡也。君之多能、代臣執事、私辯邪智、偶爲拒諫好勝之資。新臣進而故臣退。新一作親、一作故人。不肖用事。而賢良伏。無功貴而勞苦賤。如是則下怨。下怨者可亡也。圖逸周書、昔者有果氏好以新易故、故者疾怨、新故不和、內爭朋黨、陰事外權、有果以亡。父兄大臣。祿秩過功。章服侵等。宮室供養太侈。而人主弗禁。則臣心無窮。臣心無窮者。可亡也。弗一作勿。大臣富盛、車馬衣服、居處飲食、僭侈過制。

張榜曰、連用可亡也、而以亡徵二句收、下仍疊一可亡也、極得機勢。

孫鑛曰、凡四十七亡、似亦此方作一結案、如洪江千里來以一溢奇哉。

緒本題注、守固密、毋漏言、獨威獨斷、不聽他人毀譽、守自裁故、毋移大臣。

張榜曰、情態畢肖。

則其欲利之心益長、不奪不饜也。圖周語、爲車服旗章以旌之、注、上下有等、所以章明貴賤、爲之表識也。又云、服物采章、注、采色文章也。左傳、物有服章、注、尊卑別也。公壻公孫。與民同門。暴傲其鄰者。可亡也。物曰、同門、同里閈也。亡徵者非曰必亡也。一無也字。言其可亡也。夫兩堯不能相王。兩桀不能相亡也。亡王之機。必其治亂其強弱相踦者也。趙策、齊秦非復合也、必有踦重者矣。注、或作觭、云、角一俯一仰曰觭、謂有一重也。吳注、公羊傳、踦閭、何休說、開一扇閉一扇、一人在內一人在外曰踦。說苑、男女切踦、節倚字義訓偏。說苑及齊俗訓作踦、呂春秋作倚。物曰、踦奇也、謂不兩立。山曰、呂春秋長攻篇有此論。木之折也。必通蠹。牆之壞也。必通隙。說苑雜言篇有此語。然木雖蠹。無疾風不折。牆雖隙。無大雨不壞。萬乘之主。有能服術行法。以爲亡徵之君風雨者。其兼天下不難矣。服行也。凡國有危亡之徵者、遇賢明之君來討則亡、譬如壞木敗牆、待風雨而倒也。○當時諸侯勢敵、德鈞、戰爭不已、無有一人能行法術、致一統者、故著此篇、其慨世憂民之情深矣。

三守第十六

人主有三守。三守完。則國安身榮。三守不完。則國危身殆。何謂三守。人臣有議當途之失。用事之過。譽臣之情。譽元作擧。寓者誤也。南面篇、忠臣不聽、而譽臣獨任、當途用事、譽臣能人、皆指重人得愛幸者、交衆黨多、廣養虛譽、君謂此人實有材能、故據要津、用事權也。人主不心藏。中心藏之。而漏之近習能人。亡徵篇、不能周密、而通羣臣之語者、可亡也。使人臣之欲有言者。不敢不下適近習能人之心。而乃上以聞人主。使字意管到此、謂欲陳言進議者、必先順適重人之意、然後乃敢達于君也、不則必爲重人見危陷、因君之不周密也。然則端言直道之人不得見。而忠直日疏。山曰、人主泄言、一守不全。愛人不獨利也。物曰、謂人主雖愛而不能獨利所愛之人。待譽而後利之。憎人不獨害也。待非而後害之。然則人主無威。而重在左右矣。二柄篇、今人主非使賞罰之威

張榜曰總揮一句收盡下勢

利出於己也聽其臣而行其賞罰則一國之人皆畏其臣而易其君歸其臣而去其君矣山曰安信毀譽二守不完 惡自治之勞憚。
憚難也 使羣臣輻湊用事。因傳柄移籍。籍一作藉政柄權籍傳移于下 使殺生
之機。奪予之要。在大臣。謂信賞罰之權 如是者侵。山曰大臣擅制三守不完 此謂
三守不完。三守不完則劫殺之徵也。凡劫有三。有朋劫。
有事劫。有刑劫。人臣有大臣之尊。外操國
圖朋元作明佩文韻府作朋義長 要。以資羣臣。外字疑矣圖要政柄 使外內之事。非己不得行。孤憤篇當塗之人擅
事要則內外為之用矣諸侯不因則事不應百官不因則業不進 雖有賢良。逆者必有禍。而順者
必有福。八姦篇為己者必利不為己者必死以恐其羣臣百姓而行其私 然則羣臣莫敢忠主憂
國。以爭社稷之利害。人主雖賢。不能獨計。而人臣有不
敢忠主。則國為亡國矣。此謂國無臣。國無臣者。豈郎中

定本韓非子纂聞卷第五　七　崇文院

虛。而朝臣少哉。羣臣持祿養交。行私道。而不效公忠。一道
一作通此段已見有度圖佩文效作致 此謂朋劫。一守不完故生此患圖朋劫朋黨劫君 鬻寵擅權。矯外
以勝內。物曰謂矯言外難以喝制國內 險言禍福得失之形。以阿主之好惡。
物曰險言危言也圖劉向傳注險言曰詖阿曲從也佩文主上有人字 人主聽之。卑身輕國以資之。有度
篇外使諸侯內耗其國伺其危亡險陂以恐其主曰交非我不親怨非我不解而主乃信之以國聽之 事敗。與主分其禍。
而功成。則臣獨專之。諸用事之人。一心同辭。以語其美。
則主言惡者。物曰謂首發其罪惡者 必不信矣。信一作言 此謂事劫。二守不完則構
事難以脅劫之 至於守司囹圄。禁制刑罰。人臣擅之。此謂刑劫。三守
不完臣作威嚴圖囹圄牢獄也 三守不完。則三劫者起。三守完則三劫者止。
三劫者止則王矣。者止一作止塞

趙本題注備內者父子夫妻骨肉相近之間猶亦恐切但人事之發審實所不道

陳深曰總此一句含蓄全章

孫鑛曰說到此際直覺刺心傍血矣

何法照閒極妙後人鮮用

王維楨曰此論條理之言歷代人主皆然

字法

備內第十七
人主之患在於信人。信人則制於人。借誠示情則被脅制 人臣之於
其君。非有骨肉之親也。縛於勢而不得不事也。故為人
臣者。窺覘其君臣也。無須臾之休。圖謂欲徼射君意而中之 而人主怠
傲處其上。此世所以有劫君弒主也。為人主而大信其
子。則姦臣得乘於子以成其私。故李兌傅趙王。而餓主
父。乘因也傅附同李兌事見姦劫篇 為人主而大信其妻。則姦臣得乘於妻
以成其私。故優施傅麗姬。殺申生而立奚齊。晉語獻公之優曰施注施其名
也莊子麗之姬艾封人之子也毛詩釋文麗本或作驪同力馳反 夫以妻之近。與子之親。而猶不
可信。則其餘無可信者矣。且萬乘之主。千乘之君。后妃

定本韓非子纂聞卷第五　八　崇文院

夫人嫡子為太子者。或有欲其君之蚤死者。一無上子字 何以
知其然。夫妻者。非有骨肉之恩也。夫音扶 愛則親。不愛則
疏。語曰。其母好者其子抱。山曰留侯世家母愛者子抱圖正韻抱蒲報反音暴 然則其
為之反也。物曰謂就語之意而說其反也 其母惡者其子釋。圖韻補釋春遇切音戍叶上惡 丈
夫年五十。而好色未解也。婦人年三十。而美色衰矣。物曰
解懈同山曰杜欽傳男子五十好色未衰婦人四十容貌改前以改前之容待於未衰之年則正后自疑而支庶有間嫡 以衰美之婦人。
事好色之丈夫。則身見疏賤。而子疑不為後。謂所生子恐不得繼君位也一
作其子疑不為主山曰子疑殺夫 此后妃夫人之所以冀其君之死者也。唯
母為后。而子為主。則令無不行。禁無不止。男女之樂。不
減於先君。而擅萬乘不疑。謂有國母之權 此鴆毒扼昧之所以用

一說左實作在挑在春秋猶云屏在春秋

也。圝釋名，縊，挖也。方案，昧，蔑也。如公子彭生拉魯桓公類。荀子唐蔑注，楚將唐昧。昧與蔑同。人間訓夫鴻鵠之未孚於卵也，一指蔑之則靡而無形矣。故桃左春秋曰。人主之疾死者。不能處半。桃一作挑。物曰，挑左春秋未詳。疾死，以疾死也。圝主術訓，春秋二百四十二年，亡國五十二，弒君三十六。人主弗知。則亂多資。人主怠傲，不爲戒備，則姦臣多因妻子以爲作亂之資。故曰。利君死者衆。則人主危。故王良愛馬。越王勾踐愛人。爲戰與馳。欲用之于馳逐戰鬪，故愛之耳。醫善吮人之傷。含人之血。非骨肉之親也。利所加也。欲得重糈故也。圝初學記，骨肉作肌骨，利下有之字。故輿人成輿。則欲人之富貴。不徒行也。匠人成棺。則欲人之夭死也。圝愼子，匠人成棺，不憎人死，利之所在，忘其醜也。漢志，鬻棺者欲歲之疫，非憎人欲殺之，利在於人死也。非輿人仁而匠人賊也。人不貴。則輿不售。人不死。則棺不買。情非憎人也。利在人之死也。山曰，孟子，矢人豈不仁於函人哉，矢人唯恐不傷人，函人唯恐傷人，巫匠亦然，故術不可不愼也。故后妃

夫人太子之黨成。而欲君之死也。君不死。則勢不重。情非憎君也。利在君之死也。故人主不可以不加心於利已死者。圝一無以字，加上有重字。故日月暈圍於外。其賊在內。趙策，暈作暉，楊升庵外集范無字曰，大都疑國，大臣疑主，亂之媒也。都疑則交爭，臣疑則並令，禍之深者也。故日，日月暉於外，其賊在內，謹避其所憎，而禍在於所愛。圝周禮眡祲有十煇，覽冥訓君臣乖心，則背譎見於天。注，日旁五色氣，在兩邊外出爲背，內向爲譎。備其所憎。禍在所愛。物曰，謂內外愛憎相反也。圝關冠子張軍衛外，禍反在內，所備甚遠，賊在所愛。是故明主不擧不參之事。主一作王。物曰，謂未嘗參驗之事也。不食非常之食。遠聽而近視。以審內外之失。一作外內。遠則鄰敵，近則妻子。皆審聽察以正其失。省同異之言。以知朋黨之分。八經篇，觀聽之勢，其徵在比周而賞異，誅罰而罪同。圝一辭同軌爲同，分爭公直爲異。偶參伍之驗。以責陳言之實。一作三五。荀子注與此同。圝偶，合也。執後以應前。按法以治衆。衆端以參觀。舊注，衆事之端，相參而觀。士

劉氏翁曰徭役多則民苦乃名賞也天下之譽權勢之實

孫未盡精奇然有鋒

孫鑛曰蘇氏父子每言戚法然自貴近始道得之此也

無幸賞。賞無偸行。偸元作踰，寫者誤。飾邪篇，主過予，則人偸幸。主道篇，明君無偸賞，無赦罰。殺必當罪。有罪不赦。則姦邪無所容其私矣。一脫有罪二字。徭役多則民苦。民苦則權勢起。權勢起則復除重。詭使篇，士卒之逃事伏匿，附託有威之門以避徭賦，而上不得者萬數。重，如重欲無厭之重。重，多也。圝民不堪命，則不得不趨附貴重之臣，以避之，是權勢之所由起也。魯語，任力以夫，而議其老幼。注，力謂徭役，老幼則有復除也。周禮，其舍者國中貴者賢者能者服公事者老者疾者皆舍。注，舍者謂有復除，舍不收役事也。史記發字例，復音覆，除役之也。晉書戚琥，軍國未豐，百姓不贍，一歲不登，便有菜色者，誠由官衆事殷，復除猥濫，蠶食者多，而親農者少也。復除重。則貴人富。苦民以富貴人。起勢以藉人臣。人宜作大。非天下長利也。民多行貨以求復除，故借權勢以致富利也。舊注，藉，假借也。故曰 圝曰字衍。徭役少則民安。民安則下無重權。下無重權則權勢滅。權勢滅則德在上矣。民既無求，晏然自安，貴重之人無由作姦，主恩下流而不壅矣。圝帝範注引此而云，徭役少則民安，徭役多則民苦，蓋約略此文也。今夫水之勝火亦明矣。然而釜

鬵間之。詩傳，鬵，釜屬。疏，又大釜也。釋文，音尋，一作釜鬲，下同。間猶隔也。水煎沸竭盡其上。而火得熾盛焚其下。水失其所以勝者矣。今夫治之禁姦。又明於此。治宜作法。謂以水火之喩，觀法姦之分，則其理明白可知也。又一作未。然守法之臣。貴重之臣，執法禁者，與法術之士別。爲釜鬵之行。居中成姦，掩蔽主聽。則法獨明於胷中而已。圝句。失其所以禁姦者矣。物曰，謂獨明乎人主之心，而不行于下也。圝謂法之禁姦，猶水之滅火也，而今不勝姦者，由當途之臣爲之間隔也。上古之傳言。家語，上世之傳。春秋所記。犯法爲逆。以成大姦者。未嘗不從尊貴之臣也。犯一作枉。從，由也。然而法令之所以備。刑罰之所以誅。常於卑賤。圝刑不上極也。是以其民絕望。無所告愬。大臣比周。蔽上爲一。陰相善而陽相惡。以示無私。相爲耳目。以候主隙。伺其間隙，欲以危之。人主掩蔽。無道得聞。道，由也。主有

孫鑛曰，通篇皆說御臣。又曰，懇切。張榜曰，文甚曲折。趙本題注，前篇患在信人，此篇患在不信人。

此轉更妙。

孫鑛曰，此段亦曲折可思。

趙用賢曰，審法未擾淨。

名而無實。元作有主殺夫。臣專法而行之。周天子是也。平王已後，周室遂卑，徒以空言彌縫天下，如贅疣然。偏借其權勢。則上下易位矣。偏借言其專也。此言人臣之不可借權勢也。或說此十一字疑舊注文混入正文。

南面第十八

人主之過。在已任在臣矣。又必反與其所不任者備之。已任在臣，謂既委任一臣也。井曰，上在字管下十六字。此其說必與其所任者爲讎。謂其說相反也。而主反制於其所不任者。共議與備所以見制。令所與備人者。且曩之所備也。或說所與備者，所不任者也，所備者，所任者也，謂其所不任者，今反制於主，猶昔之所任也。山曰，與讀曰以，圓謂人恐之字訛。既無獨斷之明，又乏識人之鑒，已任甲而與乙備之，又任乙而更與丙備之，取舍失度，進退無常，今所與丙備之之乙，則是昔者所嘗備甲者也。人主不能明法而制大臣之威。無道得小臣之信矣。矣一作也。小臣皆畏

大臣之威，莫敢盡誠奉上也。物曰，道，由也。人主釋法。而以臣備臣。則相愛者比周而相譽。相憎者朋黨而相非。非譽交爭。則主惑亂矣。荀子經非譽而恬失民，集氏華乘泰族訓，經誹譽以導之，齊俗訓，聽失于誹譽，誹毀通用。人臣者非名譽請謁。無以進取。非背法專制。無以爲威。非假於忠信。無以不禁。畏其禁誅，故外僞飾忠信之行。三者惛主壞法之資也。養私交，擅私威，飾私行，資此三者以成姦謀。人主使人臣雖有智能。不得背法而專制。圓人主宜作明主。雖有賢行。不得踰功而先勞。未有見功則無進用以取富貴，況養虛望行私謁者，何得踰功勞之臣而先賞乎。雖有忠信。不得釋法而不禁。此之謂明法。人主有誘於事者。有壅於言者。二者不可不察也。人臣易言事者。必索資以事誣主。易，輕也。曰交非我不親，怨非我不解之類，皆容易談事者也。物曰，索資，求助也。主誘而不察。因而多

孫鑛曰，戰國人臣之欺諸侯，如諸孫子，其事如此。

之。以其誣說爲資。則是臣反以事制主也。如是者謂之誘於事。補此二字。誘於事者。困於患矣。圓一無矣字。其進言少。其退費多。進言所爲之事，少即少得也，退察所出之費，多即大費也。雖有功其進言不信。少得大費，既不相應，亦誣說也。夫不信者有罪。有功者必賞。則羣臣莫敢飾言以惛主。一無夫字，罪下有事字。主道者使人臣前言不復於後。後言不復於前。事雖有功。必伏其罪。謂之任下。論語注，復猶覆也。皇疏，復猶驗也。任下，謂執陳言之實以責成功也。人臣爲主設事。而恐其非也。恐羣臣誹議也。則先出說設言曰。議是事者。妬事者也。心懷妬忌，欲沮嘉謀，故誹議之，預述此言以固主意，防人議也。人主藏是言。不更聽羣臣。羣臣畏是言。不敢議事。二勢者用。物曰，指上人主羣臣二句，此勢之所必至，故曰二勢。則忠臣不聽。而譽臣獨任。如是者謂之壅於言。壅於

言者。制於臣矣。譽臣見上。主道者使人臣必有言之責。又有不言之責。必一作知。言無端末。辯無參驗者。參一作所。此言之責也。以不言避責。持重位者。此不言之責也。孟子，我無言責。人主使人臣言者。必知其端。以責其實。督其實用。不言者。必問其取舍。以爲之資。物曰，資，助也。則人臣莫敢妄言矣。又不敢默然矣。言默則皆有責也。人主欲爲事。不通其端末。而以明其欲有爲之意者。欲有所爲之事，不留意以察其始終成敗之理。其爲不得利。必以害反。物曰，謂其所爲不得有利，必以害應之也。知此者。任理去欲。一無此四字。擧事有道。任理因法數也，去欲不雜私也。計其入多。其出少者。可爲也。即行事有道也。惑主不然。計其入。不計其出。出雖倍其入。不知其害。則是名得而實

亡。如是者功小而害大矣。凡功者。其入多。其出少。乃可謂功。今大費無罪。而少得爲功。則人臣出大費。而成小功。小功成。而主亦有害。不知治者。必曰。無變古。毋易常。毋者禁止之詞。愚學之徒不知時權其言如此。變與不變。聖人不聽。正治而已。山曰正猶期也孟子必有事焉而勿正。圖淮南子天下豈有常法哉當於世事得於人理順於天地祥於鬼神則可以正治矣廣雅正要也。然則古之無變。常之毋易。在常古之可與不可。可則因之不可則改之。伊尹毋變殷。太公毋變周。則湯武不王矣。管仲毋易齊。郭偃毋更晉。則桓文不霸矣。變謂改革也易更皆謂損益而有輕重意不同一本共作變字山曰趙策郭偃之法又見新序善謀篇圖案晉語注郭偃卜偃也呂春秋作郭偃墨子作高偃物氏謂孤偃者非。凡人難變古者。憚易民之安也。難憚皆畏阻意圖愚民愚治苟安故俗。夫不變古者。襲亂之迹。適民心者。恣姦之行。汙俗常變而不變者重亂不治也民心好亂而順之者縱姦不禁也。民愚而不知亂。上懦而不能更。是治之失也。卽憚難而無勇決也。人主者。明能知治。嚴必行之。物曰明嚴二字法家所尙。故雖拂於民。必立其治。拂於民逆民心也汜論訓夫夏商之衰也不變法而亡三代之起也不相襲而王。說在商君之內外。而鐵殳重盾而豫戒也。物曰謂其說見於商君之行故曰說在也鐵殳重盾以豫備於民在內如此在外亦如此也商君傳趙良曰君之出也後車十數從車載甲多力而駢脅者爲驂乘持矛而操闟戟者旁車而趨此一物不具君固不出謂此也并曰自此至篇末疑儲說脫簡而失傳者也圖商君變法民多疾怨故出入爲之備也。故郭偃之始治也。文公有官卒。左傳秦送衛於晉三千人實紀綱之僕豈是耶。管仲之始治也。之字從迂注補圖玉海同。桓公有武車。戒民之備也。齊語桓公有革車八百乘齊策齊車之良五家之兵注管仲軍令始於五家爲軌七命列輕武注司馬彪續漢書曰輕車古之戰車不巾不蓋案禹治河而民聚瓦石欲擊之子產治鄭而民皆謗讟欲殺之欲修法正姦者不得不爲護身計也圖六韜選車士之法有武車之士曲禮武車授綏。是以愚贛窳惰之民。苦小費而忘大利也。故

趙本題注人主不立法度以御臣不用法度之臣以行法而禁姦臣以解法取亡。陳深曰先言三國皆信龜策鬼神而不修明法度。

貪虎受阿謗。忘一作亡疵病也疏懶如病者。而輾小變。而失長便。故鄒賈非載旅。輾一作輾物曰輾振驚也山曰輾字字書無之圖賈誼新書臨制不犯謂之嚴反嚴爲輾輾或作輾。狎習於亂。而容於治。故鄭人不能歸。容於治不務治也載旅字見詩因考貪虎豈鹹虎黃鳥剌其殉死也鄭人疑高克詩序鄭人惡高克使帥師次于河上久而不召師潰而歸高克奔陳高克進之不以禮文公退之不以道危國亡師之本也物曰貪虎鄒賈鄭人小並未詳。

飾邪第十九

鑿龜數筴。兆曰大吉。而以攻燕者趙也。鑿龜鑽龜也圖周禮作龜注謂鑿龜令可爇也龜策傳諸靈數鑽。鑿龜數筴。兆曰大吉。而以攻趙者燕也。劇辛之事燕。無功而社稷危。劇辛燕昭王時自趙來仕燕世家燕王喜十三年使劇辛伐趙趙使龐煖擊之取燕軍二萬殺劇辛。鄒衍之事燕。無功而國道絕。蓋亦伐趙爲趙大敗士卒多死王使燕國男女無別故云國道絕也然史策無考圖穀梁傳大閱者何閱兵車也修教明諭國道也。趙代先得意於燕。謂禽劇辛趙并代地故曰趙代。後得意於齊。趙悼襄王四年龐煖將趙楚魏燕之銳師攻秦蕞不拔移攻齊取饒安謂此也。國亂節高。謂乘屢勝之勢高大自飾而不知國貧困弱民力疲弊也。自以爲與秦提衡。提衡見有度篇謂其力足抗秦也亡徵篇大心而無悔國亂而自多不料境內之資而易其鄰敵者可亡也指此類。非趙龜神而燕龜欺也。强可服弱故趙勝小不敵大故燕敗非龜筮之爲神欺也。趙又嘗鑿龜數筴。而北伐燕。將劫燕以逆秦。兆曰大吉。逆一作道又作襲蓋當時秦方親燕故伐之以逆秦迹即飾高而與之抗也晉語翟人出逆申生注逆距申生也秦策天下必爲從將以逆之齊策專志一力以逆秦注逆謂拒之。始攻大梁。大梁魏都非燕地疑有誤。而秦出上黨矣。謂出兵於上黨將伐趙以救燕及下之後上黨屬秦。兵至釐。而六城拔矣。釐本齊地後屬燕魏策齊伐釐莒而晉人亡曹是也。至陽城。秦拔鄴矣。趙悼襄王九年趙攻燕取貍陽城矣未罷秦攻鄴拔之又燕策使燕攻陽城及貍鮑注燕地吳注據此策則燕取之於齊者也大事記引正義云燕無貍陽當作漁陽案此策兩云陽城及貍則正義說未可據也今以韓子推之貍貍並釐字訛正義不考而妄改字固非吳氏亦不知此書正作釐可惜。龐援揄兵而南。龐援趙將史援作煖揄引也聞秦深侵故舍攻燕之事引兵南歸也。則鄣盡矣。圖鄣本魏地趙世家悼襄王六

孫鑛曰。東得文勢拼齊。

運用四非字。孫鑛曰。三換至此始應。然却又不說明。爲有餘味。

年。魏與趙鄗。白起傳。陷趙軍。取二鄗。索隱云。鄗堡城也。又史記。燕孝王十九年。秦拔趙之鄗九城。方案。六城二鄗并鄗。正符其數。屬鄗諸城。悉爲秦拔取。故曰鄗盡。臣。故曰。趙龜雖無遠見於燕。且宜近見於秦。初卜伐燕逆秦。示以大吉。而今無功而多喪地。是龜欺也。秦以其大吉。辟地有實。救燕有名。圖地實利。救弱美名。卜兆有驗。趙以其大吉。地削兵辱。主不得意而死。史記。悼襄王九年。秦拔我閼與鄴九城。是歲王卒。又非秦龜神而趙龜欺也。強弱異勢。吉凶自分。猶燕之與趙也。初時者。魏數年東鄉。攻盡陶衛。見有度篇。圖初時謂安僖王時。屬禮注。既刮殺而攻盡宿肉。乃養之。數年西鄉。以失其國。喪地于秦。此非豐隆。思玄賦。豐隆雲師。注。雷公也。咎曰。楚辭曰。吾令豐隆乘雲兮。諸家之說。皆曰雲師。此賦別言雲師。明豐隆爲雷也。故留舊說。以廣異聞。圓案。天文訓。季春三月。豐隆乃出。以將其雨。高誘云。雷也。可見豐隆爲雷。非異聞也。雷乘雲者。而說者之云雲師。恐謬。物曰。雷神以方位言者。未詳。五行。謂水火金木壤星也。說苑。天之五星。運氣於五行。物曰。五行當與王相連看。太乙。物曰。卽帝座也。天官書。中宮天極星。其一明者。太乙常居也。索隱引春秋合誠圖曰。紫微太帝座。太一之精也。圖天文訓。太微太乙之庭也。注。太乙天神。王相。王又作旺。圖五行之氣。行

於四時。更迭代謝。號曰王相。如春木王。火相。土死。金囚。水休。類其爲星名。未聞。攝提。物曰。天官書。太角者天王帝廷。其兩旁各有三星。鼎足勾之。曰攝提。攝提者。直斗杓所指。以建時節也。圖淵鑑引荊州星占云。攝提東向。天下無事。六神。天官書。斗魁戴匡六星。曰文昌宮。一曰上將。二曰次將。三曰貴相。四曰司命。五曰司中。六曰司祿。豈是耶。圖六韜。六甲之分。微妙之神。淵鑑引黃帝問玄女兵法曰。軍有六神。乘之以克。六神。甲子旬在魁。甲戌旬在勝光。甲申旬在弧。甲午旬在罔中。甲辰旬在功曹。甲寅旬在神后。此六神爲戰主。五括。物曰。未詳。疑大棓也。圖括會。音近義同。如會撮作活撮。可見。天官書。五星皆從而聚於一舍。其下之國。可以義致天下。武備志。五星同舍曰合。同宿曰聚。亦謂之會。一曰。光芒相逮曰會。天河。天官書。鉞北北河。南南河。索隱引宋均曰。兩河六星知逆邪也。又疑天阿。然天文訓。四守天阿。又云。天阿者羣神之闕也。注。天阿星名。圖晉天文志。天高西一星曰天河。主察山林妖變。殷槍。槍一作搶。物曰。天官書。歲星其失次舍以下。進而東北三月。生天棓。長四丈。末兌。退而西南三月。生天槍。長數丈。兩頭兌。豈是乎。圓案。天槍爲兵亂之祥。非吉星也。而云天槍色赤而有角。其國昌。色赤黃而沉。所居野穰。因考殷宜讀左輪朱殷之殷。與黫同。殷槍。謂天槍黫然赤者。歲星。圖天官書。歲星所在國。不可伐。荀子。武王之誅紂也。行之日。以兵忌。東面而迎太歲。注。尸子曰。武王伐紂。魚辛諫曰。歲在北方。不北征。［非］恐衍。下同。數年在西也。傍注。俱吉星也。東向而勝。又非天缺。缺一作觖。大人賦。貫列缺之倒景兮。涉豐隆之滂濞。注。列缺天門也。思玄賦。豐隆軯其震霆兮。列缺曄其照夜。注。列缺電也。物

陳深曰。至此始說出本旨。

曰。有殘缺不祥意。弧逆。圖天官書。狼下有四星。曰弧。不順。主兵。思玄賦。彎威弧之拔剌。曰不順。曰拔剌。皆是逆意。刑星。物曰。太白也。熒惑。物曰。天官書。雖有明天子。必視熒惑所在。圖廣雅。熒惑謂之罰星。奎。物曰。天官書。奎曰封豕。命名周凶。圖蘇竟傳。奎爲毒螫。主庫兵。台。物曰。或三台耶。然非凶星。疑。圓案。天官書。三台色不和。爲凶戾。漢興言星者。甘石諸家。與天官書天文訓。頗有不同。則戰國時星名候法。必有與後世大異者。淺學所未究焉。［非］數年在東也。傍注。俱凶星也。西向而敗。故曰。龜筴鬼神。不足以舉勝。補以字。圖孫子。先知者。不可取於鬼神。左右背鄉。不足以專戰。圖天文訓。左前刑。右背德。擊鉤陳之衝辰。以戰則勝。以攻必克。刑德皆星名。尉繚子。按天官曰。背水陳爲絕地。向阪陳爲廢軍。武王伐紂。背濟水向山阪而陳。遂滅商。然而恃之。愚莫大焉。古者先王盡力於親民。加事於明法。務修人事。彼法明則忠臣勸。罰必則邪臣止。忠勸邪止。而地廣主尊者。秦是也。羣臣朋黨比周。以隱正道。行私曲。而地削主卑者。山東是也。秦修法而強。山東舍法而弱。亂弱者亡。人之性也。宜作今之勢也。字音轉訛。

治強者王。古之道也。越王勾踐恃大朋之龜。與吳戰而不勝。朋或作明。圖易曰。或益之十朋之龜。崔憬云。大貝龜之最神者也。玉海引公羊傳疏云。禮記曰。文王得白馬朱鬣。大貝元龜。太玄。古者寶龜而貨貝。後世君子易之以金幣。漢志說。王莽貨貝云。大貝四寸八分以上。二枚爲一朋。身臣入官于吳。見喩老篇。雜記。官於大夫。注。官猶仕也。山曰。官當作宦。反國弃龜。明法親民。以報吳。則夫差爲擒。故恃鬼神者慢於法。恃諸侯者危其國。曹恃齊而不聽宋。齊攻荊而宋滅曹。史記。宋景公三十年。曹倍宋。又倍晉。宋伐曹。晉不救。遂滅曹。荊恃吳而不聽齊。越伐吳而齊滅荊。荊字必誤。或莒字誤。許恃荊而不聽魏。荊攻宋。而魏滅許。左傳定六年。鄭滅許。因楚敗也。哀元年。許男從楚子圍蔡。注。許復見者。蓋楚封之。它無考。鄭恃魏而不聽韓。魏攻荊。而韓滅鄭。魏策注。周安王十一年。魏韓趙敗楚師于太梁榆關。鮑注。鄭君乙二十一年。韓哀侯滅之。圓案。西周策。宛恃秦而輕晉。秦饑而宛亡。鄭恃魏而輕韓。魏攻蔡而鄭亡。邾莒亡於齊。陳蔡亡於楚。齊策。莒恃越而滅。蔡恃晉而滅。魏策。昔者曹恃齊而輕晉。齊伐釐莒。而晉人亡

曰重此方績民

曹紛恃齊而輕越齊和氏亂而越人亡紛鄭恃魏而輕韓魏伐渝關而韓氏亡鄭原恃秦而輕晉秦饑年穀大凶而晉人亡原中山恃齊魏以輕趙齊魏伐楚而趙亡中山此皆策士之談故其事多與史傳所記不合不足深辨矣今者韓國小而恃大國。主慢而聽秦魏。恃齊荆爲用。而小國愈亡。慢謂舍法亡謂喪地故恃人不足以廣壤。而韓不見也。不知此理荆爲攻魏。而加兵許鄢。魏策吳注史作許鄢索隱曰潁川有許鄢二縣又有鄢陵縣故所稱多惑齊攻任扈而削魏。任故國黃帝後所封漢志扈在扶風不足以存鄭。而韓弗知也。此鄭亦韓也互文耳韓世家索隱引紀年云魏武侯二十一年韓滅鄭明年晉桓公邑韓哀侯于鄭因改號曰鄭故國策謂韓惠王曰鄭惠王猶魏徙大梁稱梁王然也謂荆陽爲攻魏而取其許鄢齊亦爲攻魏而取其任扈蓋是時魏攻韓韓求援於齊荆故齊荆爲發兵伐魏名爲救韓而其實各營私利削取魏地而韓不知二國之不足恃以存國也然此事史傳未有所考此皆不明其法禁。以治其國。恃外以滅其社稷者也。臣故曰。明於治之數。則國雖小富。賞罰敬信。民雖寡强。信賞必罰明治道也賞罰無度。國雖

大。兵弱者。地非其地。民非其民也。有地不能治有民不爲用與亡同無地無民。堯舜不能以王。三代不能以强。雖有堯舜禹湯武之聖智不能成帝王富强之功也人主又以過予。人臣又以徒取。過予僞賞也徒取無功而受也舍法律而言先王明君之功者。一作言先王以明古君之功者上任之以國。愚學妄稱先王必誤國事臣故曰。是以今之人。從山氏補此四字願古之功。以古之賞。賞今之人也。主以是過予。而臣以此徒取矣。主過予則人偷幸。人一作臣偷幸苟且徼倖也臣徒取則功不尊。無功者受賞。則財匱而民望。賞多濫則官帑乏功不尊則民怨望財匱而民望。則民不盡力矣。故用賞過者失民。用刑過者民不畏。有賞不足以勸。有刑不足以禁。則國雖大必危。故曰小知不可使謀事。小忠不可使主

法。荆恭王與晉厲公戰于鄢陵。荆師敗。恭王傷。酣戰而司馬子反渴而求飲。子反豎穀陽奉卮酒而進之。子反元作其友寫者誤子反曰。去之。此酒也。豎穀陽曰。非也。子反受而飲之。子反爲人。嗜酒甘之。不能絕之於口。醉而臥。恭王欲復戰而謀事。使人召子反。子反辭以心疾。恭王駕而往視之。入幄中。聞酒臭而還曰。今日之戰。寡人目親傷。晉魏錡射恭王中其目所恃者司馬。司馬又如此。是亡荆國之社稷。而不恤吾衆也。[illegible]亡忘通寡人無與復戰矣。罷師而去之。斬子反以爲大戮。故曰豎穀陽之進酒也。十過篇無曰字非以端惡子反也。舊注端故也[illegible]案詩序無禮義故箋云故猶端也呂春秋明日端復飲於市注端故也東周策注稱故者特爲之[illegible]墨子失火者斬端失火以爲事者車裂實

心以忠愛之。而適足以殺之而已矣。此行小忠而賊大忠者也。故曰小忠大忠之賊也。若使小忠主法。則必將赦罪。赦罪以相愛。是與下安矣。苟順民心不知治術然而妨害於治民者也。當魏之方明。立辟從憲令行之時。立辟從謂守建國之法也傍注明謂明法度也山曰說苑詩書辟立非我也而可以厲心以此推彼辟立殺次當作立辟[illegible]懸法示人曰憲有功者必賞。有罪者必誅。强匡天下。威行四鄰。有度篇云兵四布於天下威行於冠帶之國謂此也及法慢妄予。而國日削矣。當趙之方明。國律從。大軍之時。律亦法也大軍士卒多也或疑缺一字[illegible]易曰師出以律周禮大師執同律以聽軍聲而詔吉凶律書六律爲萬事根本焉其於兵械尤所重故曰望敵知吉凶聞律效勝負百王不易之道也人衆兵强。辟地齊燕。藺廉頗李牧等任用日及國律慢。用者弱。而國日削矣。當燕之方明。奉法審官斷之時。奉法之吏審行官斷謂昭王時也官治必有賞罰故

孫鑛曰二事用先後字操得好。

陳深曰文轉到人主。

曰官斷。東縣齊國。（燕策，樂毅攻齊，下七十餘城，盡郡縣之而屬燕。）南盡中山之地。（史表，燕趙王十七年，佐趙滅中山。盡謂多取其地也。）及奉法已亡，官斷不用，左右交爭，論從其下。（謂任下之誹譽。）則兵弱而地削，國制於鄰敵矣。故曰，明法者強，慢法者弱。（故一作語。）強弱如是其明矣，而世主弗為，國亡宜矣。（舍法不行，國之危亡，固其宜也。）語曰，家有常業，雖饑不餓。（饑一作飢，傍注，饑謂歲饑。）國有常法，雖危不亡。夫舍常法而從私意，則臣下飾於智能。（一無下字。）臣下飾於智能，則法禁不立矣。（圖飾智能成姦邪，篇名因此。）是妄意之道行，治國之道廢也。治國之道，去害治者，則不惑於智能，不矯於名譽矣。（矯，曲也。）昔者舜使吏決鴻水，先令有功而舜殺之。（吏謂鯀也。殛鯀在舜攝政時。夏紀，鴻水滔天。索隱曰，鴻，大也。物曰，謂吏不待令而治水有功，舜以其不待命而誅之。）禹朝諸侯於會稽之上，（侯下一有之君字。圖淵鑑有於字。）防風之君後至，而禹斬之。（圖防風，汪芒氏之君名，詳見魯語。）以此觀之，先令者斬，則古者必貴如令矣。（山曰，胤征，政典曰，先時者殺無赦，不及時者殺無赦。傍注，如令者法也。圖百家類纂必作先。三墳曰，先時者殺，不及時者殺。管子，虧令者死，益令者死。左傳注。）故鏡執清而無事，美惡從而比焉。（不能蔽也。）衡執正而無事，輕重從而載焉。（不能欺也。圖治要引申子，鏡設精無為而美惡自備，衡設平無為而輕重自得。）夫搖鏡則不得為明，搖衡則不得為正，法之謂也。（以私意枉公法，則不能禁姦也。）故先王以道為常，以法為本。本治者名尊，本亂者名絕。（能守道法，功名自立。）凡智能明通，有以則行，無以則止。（以，用也。其人存則舉，其人亡則廢。）故智能單道，不可傳於人。（單殫通。管子詩記，人無失辭，行殫道，無失義。注，殫盡也。智能明通，盡其道也。然限一人之所資用，不可相傳以為常也。）而道法萬全，智能多失。（智者千慮，必有一失，況不智乎。）夫懸衡而

連五故字法。

陳深曰又說到人臣賣官。

孫鑛曰此處文勢似弛慢。

知平，設規而知圓，萬全之道也。（設法斷事，萬舉不失也。圖有度篇，巧匠目意中繩，然必先以規矩為度。上智捷舉中事，必以先王之法為比。）明主使民飾於道之故，故佚而有功。（物曰，故，事也。謂法術。）釋規而任巧，釋法而任智，惑亂之道也。亂主使民飾於智，不知道之故，故勞而無功。（圖老子，以智治國，國之賊。）釋法禁而聽請謁，羣臣賣官於上，取賞於下，是以利在私家，而威在羣臣。故民無盡力事主之心，而務為交於上。（附炎趨利。）民好上交，則貨財上流，而巧說者用。若是則有功者愈少。（一無則字。）姦臣愈進而材臣退，則主惑而不知所行，民聚而不知所道。（道，從也。）此廢法禁，後功勞，舉名譽，聽請謁之失也。凡敗法之人，必設詐託物以求親，（物，事也。圖求親，幸於上也。）又好言天下之所希有。此暴君亂主之所以惑也，人心賢佐之所以侵也。（為邪說所侵陵。）故人臣稱伊尹管仲之功，則背法飾智有資。（伊尹放太甲，管仲忍縲紲，姦人舉為口實，以為枉法誣能之資。）稱比干子胥之忠而見殺，則疾爭強諫有辭。（補爭字，說疑篇，疾爭強諫以勝其君。）夫上稱賢明，下稱暴亂，不可以取類。（賢明如殷湯齊桓，智能如伊尹管仲，暴亂如商紂夫差，忠直如比干子胥，是皆世間所希有之事，非可以取比類者也。然必援引以飾其說，誣亦甚矣。難勢篇，且夫堯舜桀紂千世而一出，是比肩隨踵而生也。世之治者不絕於中，與此論意類。）若是者禁。君之立法以為是也。（疑當作禁君之法立智以為是也，謂制其君不得行法。）今人臣多立其私智，以法為非者，以邪為智。（一作是邪以智。）過法立智，如是者，禁主之道也。（今人臣以下四十一字，文義重複，疑有衍誤。物曰，過法，以法為過也。）明主之道，必明於公私之分，明法制，去私恩。夫令必行，禁必止，人主之公義也。必行其

陳深曰、此敗國悖理之言。

趙用賢曰、謂君臣以計合、是上下交相御以術也、此其爲非之說乎。

私。信於朋友。不可爲賞勸。不可爲罰沮。人臣之私義也。私義行則亂。公義行則治。故公私有分。公私之義、各有其分。人臣有私心。有公義。人一作大。修身潔白。而行公行正。居官無私。人臣之公義也。汙行從欲。安身利家。人臣之私心也。後君忘國、是從欲也、曲禮、欲不可從。明主在上。則人臣去私心。行公義。亂主在上。則人臣去公義。行私心。故君臣異心。上下之心、所利不同。君以計畜臣。臣以計事君。君臣之交計也。君垂爵祿以易下死、臣竭智力以取上賞。害身而利國。臣弗爲也。害國而利臣。君不行也。臣之情。害身無利。君之情。害國無親。人君以國爲親。君臣也者。以計合者也。至夫臨難必死。盡智竭力。爲法爲之也。故先王明賞以勸之。嚴刑以威之。賞刑明。則民盡死。民盡死。則兵强主尊。刑賞不察。則民無功而求得。有罪而幸免。則兵弱主卑。求得賞、濫也、幸免刑、過也。故先王賢佐盡力竭智。謂盡智力、以飾法令。故曰。公私不可不明。法禁不可不審。先王知之矣。

定本韓非子纂聞卷第五終

借本舊評、解老別出標題。陳深曰、解無意義、且不得老子之必、但取其文之反覆、有緩急往來、不可爲制之患。趙本題注、申韓之學出於老氏、故作解老。楊升庵外集曰、蜀人黎隅子實嘗曰、莊周韓非終日求道而知巧入焉、終日求眞實而浮僞入焉、古之歸人也。孫鑛曰、大有滑稽之致。

定本韓非子纂聞卷第六

江都　松皐圓纂聞

解老

解老第二十

傍注、申韓之學出於老子、故作解老。

德者內也。得者外也。物曰、蓋以德取義於得、故且分德得於內外而言、德而不見其得也。圓說文、德者外得於人、內得於己也。上德不德。言其神不淫於外也。長門賦、神悅悅而外淫、注、廣雅曰、淫、游也、引此文作神不淫放也。神不淫於外。則身全。圓不役耳目、則百度貞。身全之謂德。德者得身也。山曰、樂記、德者得也、鄉飲酒義、德也者得於身也、故曰古之學道術者、將以得身也、是故聖人務焉。凡德者。以無爲集。以無欲成。圓心無所關、則德來集、不徇於物、則能成立。以不思安。以不用固。不思則虛、不用則靜、虛靜則安、安則守固、外誘之私、不能引之。爲之欲之。則德無舍。物曰、舍、宅也、承上神不淫於外言也。德無舍則不全。用之思之。則不固。圓思之者勞、用之者勤、勤勞不已、則守不固而外邪入。不固則無功。無功生於德。爲欲思用以德爲務、則無集成之功、一作無功則生有德。德則無德。以德爲務、反失其德。不德則有德。有上元有在字、從閔君長說刪。故曰。上德不德。是以有德。所以貴無爲無思爲虛者。張景陽雜詩注、作無虛非。謂其意無所制也。圓周易、无思也、无爲也、寂然不動、荀子、人生而有知、知而有志、志也者臧也、然而有所謂虛、不以所已臧害所將受謂之虛、關尹子、人無以無知無爲爲無我、雖有知有爲、不害其爲無我、譬之火、躁動不停、未嘗有我。夫無術者。物曰、謂不知道術者。故以無爲無思爲虛也。故者特爲之也、物曰、故、故常也、圓故、固通。夫故以無爲無思爲虛者。其意常不忘虛。是制於爲虛也。圓齊俗訓、常欲在於虛、則有不能爲虛矣、若夫不爲虛而自虛者、是所欲而不能致也。虛者謂其意無所制也。今制於爲虛。是不虛也。圓以心捉心以

張榜曰僩於爲虛則不虛一語見道

陳深曰章法長短句法無一不妙

意追意終身不得也 虛者之無爲也。不以無爲爲有常。▣井無爲無思而忘之始爲眞虛
不以無爲爲有常。則虛。虛則德盛。▣繫辭傳曰新之謂盛德老子道盅而用之或不盈夫虛心以
爲道舍則和氣日入以致其盛猶盅器皿以爲用也物或盈之則不爲用矣 德盛之謂上德。故曰。上德無
爲。而無不爲也。老子不作以▣上德於彼無所關也而其於己無不修成故曰無不爲也
仁者。謂其中心欣然愛人也。其喜人之有福。而惡人之
有禍也。生心之所不能已也。▣生心猶云性也於文生心爲性天命之謂性人之於仁心猶天之有元氣也
出於自然而不能已者也元字仁字从二从人天地之大德所以生生者在天爲元在人爲仁此不云性而云生心者唯人之生心能爲然孟子仁人心也莊子愛人利
物之謂仁可見萬類各有其性而不有此心矣 非求其報也。山曰孟子今人乍見孺子將入於井皆有怵惕惻隱之心非所以內交於孺子
之父母也非所以要譽於鄕黨朋友也非惡其聲而然也 故曰。上仁爲之。而無以爲也。▣爲不能已而爲之
耳無有所作爲而求報也

義者。君臣上下之事也。補也字事一作禮 父子貴賤之差也。知交
朋友之接也。物曰知交知識交接之人▣公羊傳同門爲朋說文同志爲友 親疏內外之分也。▣管
子君臣父子人間之事謂之義 臣事君宜。下懷上宜。懷歸也 子事父宜。賤敬貴
宜。知交朋友之相助也宜。一作友朋 親者內而疏者外宜。義
者謂其宜也。▣管子義者謂各處其宜也 宜而爲之。故曰。上義爲之。而有
以爲也。義者衆外故有爲也
禮者所以貌情也。一作情貌謂因禮以見內情于外貌也荀子文貌情用注文謂禮物貌謂威儀情謂中誠用謂語言▣管子登
降揖讓貴賤有等親疏之體謂之禮說苑書曰五事一曰貌貌者男子之所以恭敬婦人之所以姣好也行步中矩折旋中規立則磬折拱則抱鼓淮南子注貌謹也
羣義之文章也。山曰禮記三年之喪何也曰稱情而立文因以飾羣別親疏貴賤之節而弗可損益也▣禮器先王之立禮也有本
有文忠信禮之本也義理禮之文也樂書禮自外作故文注文猶動也禮肅人貌在外故云動也晉語貌情之華也言貌之機也身爲情成於中言身之文也周語變前

之文章注章表也 君臣父子之交也。▣曲禮君臣上下父子兄弟非禮不定 貴賤賢不肖之
所以別也。中心懷而不諭。▣古詩幸有弦歌曲可以諭中懷 故疾趨卑拜而
明之。▣漢匡衡疏中心與之殊異故禮探其情而見之外也白虎通人所以相拜者以表其情意屈節卑體尊人事也 實心愛而
不知。中心愛敬而彼不知 故好言繁辭以信之。謂使彼信敬愛之實 禮者。外飾之
所以諭內也。飾作節誤 故曰。禮以情貌也。此故曰者重言上文非引老子也謂以內情爲貌飾也▣
管子禮者因人之情緣義之理而爲之節文者也故禮謂有理也理也者明分以諭義之意也或說據上文以上宜有所字 凡人之爲外
物動也。謂被誘惑 不知其爲身之禮也。▣其爲倒宜作爲其身 衆人之爲禮
也。▣脩務訓注衆凡也 以尊他人也。故時勸時衰。▣時者常之反 君子之爲禮。
以爲其身。▣孔子曰君子無不敬敬也者敬身爲大 以爲其身。故神之爲上禮。神者中誠
之謂也物曰突出一神字難其解▣身神音通故曰神之爾雅神愼也風俗通神者信也此謂上禮不爲無人而少怠也 上禮神而衆人

貳。貳謂別異▣君子行禮中外一致而衆人二之不一矣管子一而無貳是謂知道毛詩毋貳爾心 故不能相應。不能
相應。故曰。上禮爲之。而莫之應。▣君子爲實心之禮衆人爲外貌之禮故莫之能答也 衆
人雖貳。聖人復恭敬。盡手足之禮也不衰。論語注復踐行也物曰復反復也▣
復猶履也論語克己復禮晉語以克復其所是也洪範貌曰恭孟子禮人不答反其敬玉藻足容重手容恭祭統手足不苟動必依於禮○復上一有之字 故
曰。攘臂而仍之。老子仍作扔傍注仍就也奮而就之驅而納之于禮也▣攘臂而仍之猶言拂衣從之雖人不答憤然自反而因就
之孟子馮婦攘臂下車慧琳引考聲云攘拒捍也玉篇除袂出臂曰攘心憤發而氣勇也爾雅仍因也論語仍舊貫又詩傳仍就也因就義同 道有積
而德有功。▣尙書允懷于茲道積于厥躬 德者。道之功。功有實。而實有光。
▣春秋繁露精神者性之內充也孟子充實之謂美充實而有光輝之謂大周易大畜剛健篤實輝光日新其德 仁者。德之光。毛詩顯顯
令德箋云顯光也呂春秋愛敬盡於事親光耀加於百姓 光有澤。而澤有事。▣賈誼新書德者道之澤也大學德潤身 義
者。仁之事也。事有禮。而禮有文。禮者。義之文也。故曰。失

張榜曰。情語。

噱起妙。

孫鑛曰。名言。

却解得好。

孫鑛曰。此憤激之詞。

道而後失德。失德而後失仁。失仁而後失義。失義而後失禮。老子無下四失字。道者本也。其本既失。德仁義禮逐次散失。有名無實。皆屬虛僞。禮爲情貌者也。文爲質飾者也。夫君子取情而去貌。好質而惡飾。好者美之也。惡者不修也。如娍郭惡之惡。圝好如靜好之好。惡如惡衣服之惡。謂取內而舍外。急本而緩本也。夫恃貌而論情者。其情惡也。須飾而論質者。其質衰也。須待也。何以論之。和氏之璧。不飾以五采。圝尚書以五采彰施于五色。鄭注性曰采施曰色。隋侯之珠。隋宜作隨。圝隋隨同。淮南子注。隨侯見大蛇傷斷以藥傅而塗之。後蛇於夜中銜大珠以報之。論衡隨侯以藥作珠。精耀如眞。亦一說也。不飾以銀黃。銀黃蓋一種寶物。如珊瑚琅玕類。景福殿賦。點以銀黃。爍以琅玕。李善云。黃謂黃金。非也。銀黃與琅玕對。知是一物。非謂銀與黃金也。廣絕交論。早綰銀黃。漢書武帝以璽書責樓船將軍楊僕曰。懷銀黃。垂三組。誇鄉里。山海經。集獲之水。其陽多丹粟。其陰多銀黃。楊愼補注。銀黃漢代用以爲佩。唐太宗賜房玄齡銀黃帶。宋人小說云。其物貴於黃金。楊說近之。但銀黃帶非昉于漢。戰國有之。說苑。魯仲連謂田單曰。今將軍東有掖邑之封。西有淄上之寶。金銀黃帶。馳騁乎淄澠之間。佩黃金印。垂銀黃帶。言

其貴盛也。又吳任臣山海經廣注引楊愼曰。卽黃銀也。楊說見前。正作銀黃。不言黃銀。吳氏甚謬。圝案。世素無稱黃銀者。然唐本草載黃銀。李時珍綱目收之金部。因引瑞物圖及泊宅編。白氏六帖等爲證。不知黃銀本銀黃字倒誤。所引諸書。元作銀黃。無一作黃銀者。李氏强誤倒作黃銀以飾其說耳。自此之後。覩本草者或謂銀類或謂卽黃銅。愈說愈失。故爲詳之。其質至美。物不足以飾之。山曰。家語。孔子曰。吾聞丹漆不文。白玉不彫。何也。質有餘。不受飾故也。夫物之待飾而後行者。其質不美也。是以父子之間。其禮樸而不明。禮說君臣之際。甚嚴而詳。父子則不然者。以其親有餘也。圝考聲。樸凡物未彫刻。樸揣也。故曰。禮薄也。圝下擧全文。故此略之。凡物不竝盛。陰陽是也。圝春秋繁露。陰與陽相反之物也。理相奪予。威德是也。理一作義。圝威謂刑罰。德謂慶賞。實厚者貌薄。父子之禮是也。由是觀之。禮繁者實心衰也。然則爲禮者事通人之樸心者也。物曰。謂以鑿混沌之竅爲務也。衆人之爲禮也。人應則輕歡。不應則責怨。今爲禮者事通人之樸心。而資之以相責

噱起妙。

孫鑛曰。作兩叚解。有趣。

解得最好。

之分。能毋爭乎。有爭則亂。故曰。夫禮者忠信之薄也。而亂之首乎。老子乎作也。○首始也。先物行。先理動。之謂前識。圝識者意有所認也。與知字別。孫子先知者不可取於鬼神。不可象於事。不可驗於度。必取於人。知敵之情者也。先知前識之分可見。前識者。無緣而妄意度也。妄作忘。非。無緣。不緣道理也。用人篇。夫規矩而妄意度也。何以論之。詹何坐。列子注。詹何蓋隱者也。楚人以善釣聞於國。弟子侍。有牛鳴於門外。弟子曰。是黑牛也。而白題。題額也。詹何曰。然。是黑牛也。而白在其角。圝論衡角作蹄。下同。淵鑑引列子而今列子無載。使人視之。果黑牛而以布裹其角。蓋防犯觸者也。以詹子之術。嬰衆人之心。嬰攖同。莊子。老聃曰。汝愼勿攖人心。華焉殆矣。物曰。謂以前識之術。攖亂人心。則人紛然用其智。所以危殆也。華焉猶紛然也。圝嬰謂榮絡飾之。越絕書。嬰以白璧。纏以黃金。荀子。處女嬰寶珠。此謂以前識之術飾其智也。世俗以妄意而中爲聖。卽華也。非實也。盜跖所謂妄意室中之藏聖也。華實之反。殆審之反。莊

子。水之守土也審。影之守人也審。又云。目之於明也殆。耳之於聰也殆。心之於殉也殆。林西仲云。殆字反前審字。又公羊傳相與往殆乎晉注。殆疑也。齊人語。故曰。道之華也。嘗試釋詹子之察。而使五尺之愚童子視之。亦知其黑牛而以布裹其角也。故以詹子之察。苦心傷神。而後與五尺之愚童子同功。是以曰愚之首也。故曰。前識者道之華也。而愚之首也。老子首作始。所謂大丈夫者。謂其智之大也。圝禮記。夫也者以知帥人者也。管子。心司慮。慮必順言。言得謂之知。所謂處其厚。不處其薄者。行情實而去禮貌也。所謂處其實。不處其華者。必緣理不徑絕也。管子兵法。徑於絕地。物曰。絕謂無路也。徑云者。就無路處而求路徑也。圝管子。緣義之理。韓詩外傳。夫水者緣理而行。莊子崔注。直渡曰徑。漢書顏注。直渡曰絕。徑絕皆直渡之義。譬如望遠樹者。徑絕妄意以爲松則松也。以爲柏則柏也。假令得實。亦偶中耳。就近驗之。則始能知其爲何樹之眞也。荀子。心有徵知。徵知則緣耳而知聲可也。緣目而知形可也。卽不徑絕之意。所

淵深曰，句如貫珠。

孫鑛曰，兩段論禍福，甚正大且曲折。

謂去彼取此者。去貌徑絕。貌上疑脫禮字。而取緣理好情實也。
井曰，好宜作行。故曰。去彼取此。宇曰，篇首至此，老子三十八章。■謂去外貌之薄，與徑絕之華，而取緣理之審，與行情實之厚也。
人有禍則心畏恐。心畏恐則行端直。行端直則思慮熟。
思慮熟則得事理。行端直則無禍害。無禍害則盡天年。
得事理則必成功。盡天年則全而壽。必成功則富與貴。
與讀曰而。全壽富貴之謂福。一脫貴字。而福本於有禍。山曰，本下宜有生字。■繫辭傳，小懲
而大誡，此小人之福也。吳越春秋，禍爲德根，憂爲禍堂。故曰。禍兮福之所倚。■老子無之字。以成其
功也。重解因禍慎事遂得成功之義。或說五字衍文。
人有福則富貴至。富貴至則衣食美。衣食美則驕心生。
驕心生則行邪僻而動弃理。舉動失理。行邪僻則身死夭。動

弃理則無成功。夫內有死夭之難而外無成功之名者。
大禍也。而禍本生於有福。故曰。福兮禍之所伏。
夫緣道理以從事者。無不能成。■道者，人之所由，理者，人之所循。無不能成
者。大能成天子之勢尊。而小易得卿相將軍之賞祿。夫
弃道理而妄舉動者。雖上有天子諸侯之勢尊。而下有
倚頓陶朱卜祝之富。猶失其民人而亡其財資也。倚一作猗，貨殖
傳同。陶朱，陶之富賈，貨殖傳，謂范蠡變姓名者。其誣賢士已甚。卜祝未聞。卜，姓也。有卜商、卜皮，或木叔音轉。列子，有富人端木叔者，子貢之世也。物曰，豈卜祝多福歟，將
別有所指歟。補孔叢子，猗頓，魯之窮士也，耕則常飢，桑則常寒，聞術於朱公。朱公教之曰，子欲速富，當畜五牸。從之，遂興富于猗氏之南。衆人之輕
弃道理而易妄舉動者。不知其禍福之深大。而道闊遠
若是也。物曰，闊遠，廣大也。故諭人曰。孰知其極。人疑之字誤。極，至也。老子，此下有其無正，邪正復爲

淵深曰，妙處只在一倒。

茅坤曰，此段論有道之士，自是迥別，至無徵而潤亦秀潤。

奇，善復爲妖，三句，韓子不釋。人莫不欲富貴全壽。而未有能免於貧賤死
夭之禍也。心欲富貴全壽。而今貧賤死夭。是不能至於
其所欲至也。凡失其所欲至之路。而妄行者。之謂迷。補至
字。■經籍纂詁引，作行之則爲迷。迷則不能至於其所欲至矣。今衆人之不
能至於其所欲至。故曰迷。衆人之所不能至於其所欲
至也。自天地之剖判。以至于今。故曰。人之迷也。其日故
以久矣。一無日字。故以周已通，老子，民之迷也，其日固久。
所謂方者。內外相應也。言行相稱也。■易曰，敬以直內，義以方外。周語，中能應外，忠也。晉
語，言，身之文也，言文而發之，合而後行，離則有釁。所謂廉者。必死生之命也。輕恬資財
也。物曰，必，固守也。恬，不動心也。■說文，必，分極也。賈誼新書，克行遂節謂之必。說苑，孔子曰，忠而不死，不廉。案知窮達之分者，死不苟辭，生不苟取，不汲汲於富

貴，不戚戚於貧賤。所謂直者。義必公正。立心不偏黨也。一無立字。■管子，正彼天植，植，
立也。所謂光者。官爵尊貴。衣裘壯麗也。今有道之士。雖中
外信順。不以誹謗窮墮。物曰，窮墮，方之反。罷貪，廉之反。邪私，直之反。賤貧，光之反。■信順，謂言信行順也。晉語，陽子之
貌濟，其言匱，非其實也。若中不濟，而外強之，其卒將復中外易矣。若外內類，而言反之，瀆其信也。瀆情通。呂春秋，君子達於道之謂達，窮於道之謂窮。雖
死節輕財。不以侮罷羞貪。罷，罷弱不任事者，賢之反也。荀子，無國而不有賢士，無國而不有罷士。又云，賢能不
待次而舉，罷不能不待須而廢。說苑，賢者進以顯榮，罷者退而勞力。墨子，我罷不肖，我從事不疾。齊語，罷士無伍。注，罷，病也。無行曰罷。罷如字。補荀子，節者，死生此者也。
雖義端不黨。不以去邪罪私。義作異。義端，義必公正也。■晉語，郤至曰，仁人不黨。又云，舉以其私，黨也。
雖勢尊衣美。不以夸賤欺貧。山曰，欺猶陵也。漢高功臣頌，形可以暴，志不可陵。注，陵，欺也。其故
何也。使失路者而肯聽習問知。即不成迷也。物曰，謂聽於慣習之人，而問於
知識之士也。下以能代習可見。今衆人之所以欲成功。而反爲敗者。生於不

張榜曰四語出老子

舊本標注老子有治人事天莫若嗇

知道理而不肯問知而聽能。衆人不肯問知聽能。而聖人強以其禍敗適之則怨。物曰適讀謫同。■禍宜作過。衆人多而聖人寡。寡之不勝衆數也。數理也。今擧動而與天下爲讎。非全身長生之道也。是以行軌節而擧之。擧猶示也。物曰所謂四不者。軌節也。■賈誼新書緣法循理謂之軌。伏羲誠必謂之節。故曰。方而不割。廉而不劌。直而不肆。光而不燿。荀子注廉棱也。說文曰劌利傷也。但有廉隅不至於兩傷也。家語注劌割也。不割傷也。呂春秋廉而劌注廉利也。劌缺傷也。傍注道無係著執之則非。不欲其察。察以爲明也。宇曰。自入有禍至此。老子五十八章。■四不者。不爲太甚也。方言凡草木刺人自關而東或謂之劌。

聰明睿智天也。■聽之審曰聰。視之審曰明。思之審曰睿。知之審曰智。皆稟於天而出於性。非人之所得而爲也。動靜思慮人也。動爲明。靜爲聽。思爲睿。慮爲智。■凡人之性。各有聰明睿智。而其中有上中下三等。其爲品也。千殊萬端。小大異器。而莫不具聰明睿智之性。此人之所以殊乎禽獸也。或謂性有三品。不知等品字義不同。三等萬品而其爲萬物之靈者一也。人也者。乘於天明

以視。寄於天聽以聽。託於天智以思慮。楊升庵外集。此古之格言。而韓非引之。山曰。書天聽明自我民聽明。天明威自我民明威。又云。天視自我民視。天聽自我民聽。故視強。則目不明。聽甚。則耳不聽。思慮過度。則智識亂。目不明。則不能決黑白之分。耳不聽。則不能別清濁之聲。智識亂。則不能審得失之地。物曰。地境也。山曰。地所在也。■蟲政傳多人不能無生得失。七諫惟往古之得失兮。八經篇審利害之地。■冠子。理之所居謂之地。目不能決黑白之色。則謂之盲。耳不能別清濁之聲。則謂之聾。心不能審得失之地。則謂之狂。盲則不能避晝日之險。物曰。謂白日。避險也。■友人海鹽氏曰。險讀曰瞼。說文目上下瞼也。目眩也。主衡訓道有智則惑。德有心則險。心有目則眩。可見險有眩惑之義也。聾則不能知雷霆之害。■鹽鐵論日月之明而盲者不能見。雷霆之聲而聾者不能聞。狂則不能免人間法令之禍。山曰。呂子重己篇亦有此論。書之所謂治人者。適

陳仁錫曰文字精神玄妙必平日於老子書濃泳其骨髓撥拾其英華故自然隨筆舒寫說得如此微妙精神

動靜之節。省思慮之費也。物曰。書卽老子書。所謂事天者。不極聰明之力。不盡智識之任。任用也。苟極盡。則費神多。費神多。則盲聾悖狂之禍至。是以嗇之。傍注嗇者有餘不盡用之意。嗇之者。愛其精神。嗇其智識也。故曰。治人事天。莫如嗇。

衆人之用神也躁。釋名躁燥也。物燥乃動而飛揚。躁則多費。多費之謂侈。聖人之用神也靜。靜則少費。少費之謂嗇。嗇之爲術也。生於道理。爲一作謂。夫能嗇也。是從於道。而服於理者也。■服行也。衆人離於患。陷於禍。猶未知退。而不服從道理。而一作啻。聖人雖未見禍患之形。一作患禍。物曰。蚤字以雖未見字解。虛無服從於道理。以稱蚤服。以上疑缺是字。故曰。夫唯嗇。是謂蚤服。一作夫謂嗇是以蚤服。■老子服作復。知治

人者。一本別提。其思慮靜。知事天者。其孔竅虛。■孟子存其心養其性所以事天也。文子九竅者精神之戶牖也。思慮靜。故德不去。孔竅虛。則和氣日入。故曰重積德。夫能令故德不去。新和氣日至者。蚤服者也。■呂春秋伊尹曰。凡事之本。必先治身。嗇其大寶。用其新。棄其陳。湊理遂通。精氣日新。邪氣盡去。及其天年。此之謂眞人。故曰。蚤服是謂重積德。老子是謂作謂之。積德而後神靜。神靜而後和多。和多而後計得。■大學靜而后能安。安而后能慮。慮而后能得。安和義相近。得卽計得也。計得而後能御萬物。能御萬物則戰易勝敵。兵者國之大事。故言及之。戰易勝敵。而論必蓋世。■垓下歌力拔山兮氣蓋世。論必蓋世。故曰。無不克。無不克。本於重積德。■和氣重積。而後道心能克人心。至大至剛。塞于天地之間。故曰。重積德。則無不克。戰易勝敵。則兼有天下。論必蓋世。則民人從。進兼天下。而退從民人。

孝坤曰。此者道也。開口便說道字。出來數段文。纔不同。道理却是一般。范無隱曰。解得老子意。讀之令人神爽。

其術遠。則衆人莫見其端末。莫見其端末。是以莫知其極。故曰。無不克。則莫知其極。凡有國而後亡之。有身而後殃之。不可謂能有其國。能保其身。夫能有其國。必能安其社稷。能保其身。必能終其天年。而後可謂能有其國。能保其身矣。夫能有其國。保其身者。必且體道。體者身行也。圖易曰。君子體仁足以長人。毛詩。體無咎言。坊記引。體作履。義同。體道則其智深。其智深則其會遠。物曰。會謂會極處。圖周禮注。會大計。趙世家。父母愛子則爲之計深遠。其會遠。衆人莫能見其所極。唯夫能令人不見其事極。不見其事極者。爲能保其身有其國。故曰。莫知其極。則可以有國。老子無則字。一疊莫知其極四字。國下有母字。所謂有國之母。母者道也。國下母字疑衍。道也者。生於所以有國之術。

所以有國之術關君長曰。六字衍文。故謂之有國之母。夫道以與世周旋者。者一作也。其建生也長。持祿也久。故曰。有國之母可以長久。

樹木有曼根。有直根。物曰。曼長也。謂橫根也。亦有蔓義。直根者。書之所謂柢也。補直字。正字通引此而云。直曰。曼橫曰。柢誤。圖淵鑑直根曰根。蔓根曰柢非也。曼作蔓。非。柢也者。木之所以建生也。曼根者。木之所以持生也。德也者。人之所以建生也。祿也者。人之所以持生也。今建於理者。其持祿也久。故曰。深其根。體其道者。其生日長。故曰。固其柢。柢固則生長。根深則視久。故曰。深其根。固其柢。長生久視之道也。老子作是謂深根固柢。呂春秋重己篇。荀子榮辱篇。家語賢君篇。說苑修文篇。並有長生久視語。非後世必以神仙爲言之比也。高誘云。視活也。宇曰。自聽明

睿智至此。老子五十九章。

工人數變業。則失其功。作者數搖徙。則亡其功。徙役也。元作徙。從山氏正。一人之作。日亡半日。十日則亡五人之功矣。萬人之作。日亡半日。十日則亡五萬人之功矣。然則數變業者。其人彌衆。其虧彌大矣。治要人作民。凡法令更。則利害易。一本別提。利害易。則民務變。民務變之謂變業。下民字從治要補。故以理觀之。事大衆而數搖之。則少成功。事役也。藏大器而數徙之。則多敗傷。徙作徙誤。烹小鮮而數撓之。則賊其澤。物曰。賊害也。澤者味之和也。猶色之澤也。山曰。治要澤作宰。圖鮮生魚也。治大國而數變法。則民苦之。是以有道之君。貴靜而重變法。而元作不。從治要改。重憚也。圖百家類纂作而。藝文類聚淵鑑靜上有虛字。六韜聖人務靜之。天有常形。民有常生。與天下共其生。而天下靜矣。故曰。治大國者。若烹小鮮。老子無者字。傍注治國者擾之則民亂。烹鮮者撓之則味變。治民若烹鮮。靜以治之而已。

人處疾。則貴醫。一接上文。有禍。則畏鬼。聖人在上。則民少欲。民少欲。則血氣治。而舉動理。血氣治。則少疾病。補此七字。舉動理。則少禍害。夫內無痤疽癉痔之害。而外無刑罰法誅之禍。其輕恬鬼也甚。痤癰也。山曰。左傳注。癉疽。惡瘡也。故曰。以道莅天下。其鬼不神。治世之民。不與鬼神相害也。故曰。非其鬼不神也。其神不傷人也。一無人字。老子無二也字。圖呂刑。乃命重黎。絕地天通。楚語。古者民神不雜。無相侵瀆。是謂絕地天通。鬼祟疾人之謂鬼傷人。人逐除之之謂人傷鬼也。圖困學紀聞引莊子逸篇。游鳧問雄黃曰。今逐疫出魅。擊鼓呼譟。何也。雄黃曰。黔首多疾。黃帝氏立巫咸。使黔首沐浴齋戒。以通九竅。鳴鼓振鐸。以動其心。勞形趨步。以發陰

(陽之氣，飲酒茹葱以通五藏，夫擊鼓呼譟，逐疫出魅，黔首不知，以爲魅祟也。祟音遂。)民犯法令之謂民傷上。上刑戮民之謂上傷民。民不犯法，則上亦不行刑。上不行刑之謂上不傷人。故曰聖人亦不傷民。(老子，非其神不傷人，聖人亦不傷人，民字作夫。圜下句。)上不與民相害，而人不與鬼相傷，故曰兩不相傷。民不敢犯法，則上內不用刑罰，而外不事利其產業。(以利民產爲務，則反病之。山曰，荀子爲事利，爭貨財。)上內不用刑罰，而外不事利其產業，則民蕃息。民蕃息而畜積盛。民蕃息而畜積盛之謂有德。凡所謂祟者，魂魄去而精神亂。(圜左傳疏，附形之靈爲魄，附氣之靈爲魂。洪範五行傳注，陰陽之神曰精氣，精性之神曰魂魄。)精神亂則無德。鬼不祟人則魂魄不去。魂魄不去，而精神不亂。(而一作則。)精神不亂之謂有德。上盛畜積，而鬼不亂其精神，則德盡在於民矣。故曰兩不相傷，則德交歸焉。(老子則作故。宇曰，自工人至此，老子六十章。)言其德上下交盛，而俱歸于民也。(圜重解之也。兩相加曰交。)

有道之君，(一接前章。)外無怨讎於鄰敵，而內有德澤於人民。夫外無怨讎於鄰敵者，其遇諸侯也有禮義。(有上元衍外字。)內有德澤於人民者，其治人事也務本。(謂勸耕農。)遇諸侯有禮義，則役希起。治民事務本，則淫奢止。凡馬之所以大用者，外供甲兵，而內給淫奢也。今有道之君，外希用甲兵，而內禁淫奢。上不事馬於戰鬭逐北，而民不以馬遠通淫物。(奇技淫巧無用之物。一作遠通淫物。)所積力唯田疇。(說文，疇耕治之田也。蔡邕曰，穀田曰田，麻田曰疇。圜鹽鐵論注，)

(傳注，唯人無羽毛，必資衣以禦寒也。)

(無通物所積四字。)積力於田疇。(於一作唯。)必且糞灌。故曰天下有道，却走馬以糞也。(老子無也字。圜鹽鐵論注，引許愼曰，却，止也，糞，田也，止馬不以走，但以田，行至德之效也。東京賦，却走馬以糞車。)

人君無道，則內暴虐其民，(君下一有者字。)而外侵欺其鄰國。內暴虐則民產絕，外侵欺則兵數起。民產絕則畜生少。(物曰，畜生初見。)兵數起則士卒盡。畜生少則戎馬乏。士卒盡則軍危殆。戎馬乏則將馬出。(物曰，將馬，豈將車之馬耶。山曰，將走音訛，如送迎作將迎，可見。圜周禮校人掌王馬之政，辨六馬之屬，有種馬、戎馬、齊馬、道馬、田馬、駑馬。)軍危殆則近臣役。(圜騶其所愛以殉之也。左傳，左司馬沉尹戍帥都君子與王馬之屬以濟師。師一作郎。此類也。)馬者軍之大用。郊者言其近也。今所以給軍之(之宜作者。)具於將馬近臣。(謂於將馬近臣，取具足也。)故曰天下無道，戎馬生於郊矣。(老子無矣字。)

人有欲則計會亂，計會亂而有欲甚，有欲甚則邪心勝。邪心勝則事經絕。(山曰，事經，事之常紀也。并曰，經當作徑。事徑絕，不緣理也。圜百家類纂作經。)事經絕則禍難生。由是觀之，禍難生於邪心，邪心誘於可欲。可欲之類，進則教良民爲姦，退則令善人有禍。(山曰，敎平聲，魯語不敎魚長。)姦起則上侵弱君，禍至則民人多傷。然則可欲之類，上侵弱君而下傷人民。夫上侵弱君而下傷人民者，大罪也。故曰罪莫大於可欲。(罪作禍，誤。)是以聖人不引五色，不淫於聲樂。(山曰，引，猶誘也。圜引下少於字。)明君賤玩好而去淫麗。(圜不役耳目，禁奢侈也。)人無毛羽，不衣則不犯寒。上不屬天而下不著地。(山曰，竈錯傳，根著之類。注，根著地者。圜淵鑑，人上有凡字。易乾鑿度，根著浮流。注，根著者草木也，浮流者人衆鳥獸也。)以腸胃爲根本，不食

茅坤曰此詳不知足之禍讀之惻然

陳深曰此段甚閎肆雄妙

則不能活。是以不免於欲利之心。列子楊朱曰人肖天地之類懷五常之性有生之最靈者人也人者爪牙不足以供守衛肌膚不足以自捍禦趨走不足以逃利害無毛羽以禦寒暑必將資物以養性任智而不恃力也物曰謂旣不屬天地則不得不自爲存活之計也■獸有毛鳥有羽日月星辰上繫於天草木金石下著於地唯人不然非借他物則不能爲生活矣飲食入腸胃而氣輪乎腠理若草木糞根本而氣達乎莖幹故曰根本。欲利之心不除。其身之憂也。故聖人衣足以犯寒。食足以充虛。則不憂矣。呂春秋其爲飲食酏醴也足以適味充虛而已矣墨子其爲食也足以增氣充虛物云虛飢也■虛腹也。衆人則不然。大爲諸侯。小餘千金之資。其欲得之憂不除也。■論語孔注得貪得也。胥靡有免。死罪時活。今不知足者之憂。終身不解。故曰。禍莫大於不知足。謂囚徒之役于官者期限滿則免除死罪之人或幸遇赦惟欲利之爲憂累也沒世終身無解脫也賈誼傳傳說胥靡索隱曰胥相靡隨也古者相隨坐輕刑之名也師古云謂刑徒之人以鐵鎖相連繫也。故欲利甚則憂。■則本多作於吳本作則。憂則疾生。疾生而智慧衰。智慧衰

則失度量。失度量則妄舉動。妄舉動則禍害至。禍害至而疾嬰內。■嬰繞也。疾嬰內則痛禍薄外。薄音迫。痛禍薄外。則苦痛雜於腸胃之間。苦痛雜於腸胃之間。一無此句。則傷人也憯。主術訓兵莫憯於志而莫邪爲下注憯利也。憯則退而自咎。退而自咎也。生於欲利。故曰。咎莫憯於欲利。老子憯作大利作得喩老篇同■咎字叶下足字字曰自有道之君至此老子四十六章。道者萬物之所然也。萬理之所稽也。稽考也■稽謂會計之計平準書稽市物李奇云滿貯也韋昭云留待也家語禮記皆云古入以稽王肅云同也鄭玄云猶合也。理者成物之文也。物曰妙。道者萬物之所以成也。■管子別交正分之謂理順理而不失之謂道。故因道理之者也。因元作曰寫者誤謂萬物因道以得理也。物有理不可以相薄。物曰薄侵也■薄迫也縱理者不可橫折橫理者不可縱裂。物有理不可以相薄。故理之爲物之制。萬物各異理。萬

孫鑛曰全用莊周章法

張榜曰章法句法字法俱奇肆

物各異理。而道盡稽萬物之理。故不得不化。■化謂自然調理也。不得不不化。故無常操。■與時變化故無一定之度也莊子罔兩問景曰曩子行今子止曩子坐今子起何其無特操歟。無常操。一無此句。是以死生氣稟焉。■論衡彊壽弱夭謂稟氣渥薄也。萬智斟酌焉。資而用之謂其廣深。萬事廢興焉。天得之以高。地得之以藏。維斗得之以成其威。莊子維斗得之終古不忒物曰斗之所向必敗故曰威也或謂威如等威之威與位同■天文訓帝張四維運之以斗曲禮招搖在上急繕其怒注招搖北斗七星也柳文招搖輝鋩注北斗建指之星術家謂之破軍淮南子云北斗所擊不可與敵。日月得之。以恆其光。莊子日月得之終古不息■易曰恆久也尚書大傳帝乃載歌曰日月有常。五常得之。以常其位。■莊子天有六極五常內經五常之氣太過不及其發異也禮記注五常五行也。列星得之。以端其行。■鹽鐵論列星正則衆星齊尚書大傳星辰有行四時從之傅玄詩列宿自成行注列宿二十八宿。四時得之。以御其變氣。■三候爲中六候爲節變化之氣故曰變氣內經五日謂之候三候謂之氣六氣謂之時管子聖人御正六氣之變。軒轅得之。以擅

四方。物曰謂朝萬國■案莊子黃帝得之以登雲天■丹鉛錄引石氏星經云中宮黃帝其精黃龍爲軒轅天文訓其帝黃帝其佐后土執繩而制四方。赤松得之。與天地統。淮南子作赤誦子物曰統謂與天地相終始也■列仙傳赤松子神農時雨師也易曰乃統天楚辭與天地兮比壽孫楚書可與泰山共相終始。聖人得之。以成文章。■文章謂禮樂刑政也。道與堯舜俱智。與接輿俱狂。山曰尚書惟聖罔念作狂惟狂能念作聖■論語狂者進取又云古之狂也肆。與桀紂俱滅。與湯武俱昌。以爲近乎。遊於四極。以爲遠乎。常在吾側。■瞻之在前忽焉在後。以爲暗乎。其光昭昭。以爲明乎。其物冥冥。■周禮以五雲之物注物色也天無正色得日光而昭失日光而冥卽玄字意。而功成天地。和化雷霆。宇內之物。恃之以成。凡道之情。不制不形。■情實也老子大制不割大象無形。柔弱隨時。與理相應。萬物得之以死。得之以生。萬物得之以敗。得之以成。■下萬物宜作萬事萬物死生萬事成敗皆有道焉非偶然也。道譬之如水。溺者

多飲之卽死。渴者適飲之卽生。卽一作則。譬之若劍戟。愚人以行忿則禍生。聖人以誅暴則福成。故得之以死。得之以生。得之以敗。得之以成。道者至此汎說道理。老子昔之得一者天得一以清地得一以寧神得一以靈谷得一以盈萬物得一以生侯王得一以爲天下貞揚權篇道無雙故曰一與此節意相發矣鵜士寧曰故下宜有曰字今老子無此語矣

人希見生象也。而得死象之骨。案其圖以想其生也。汜論訓蛇擧首尺而修短可知也象見其牙而大小可論也圜古今韻會引此而云象南方之大獸中國人不識但見其畫故言圖寫似之爲像宋景文筆記引此而骨作圖案上有又字想作相下同想相也目有所覩相而心念其形狀也寡婦賦心存兮目想梁書文學傳臆想東都賓懷南岳故諸人之所以意想者。皆謂之象也。圜筆記無諸字修務訓注諸衆也大象無形仁者見之謂之仁智者見之謂之智百姓日用而不知也佛書羣盲摸象之喻本此〇祖庭事苑引六度經鏡面王令引羣盲摸象問曰汝曹見象乎持足者對曰象如漆桶持尾者言如掃帚持尾本者言如杖持腹者言如鼓持脅者言如壁持背者言如高几持耳者言如簸箕持頭者言如魁持牙者言如角持鼻者言如大索因共諍言眞如我言王大笑曰瞽乎瞽乎汝猶不見便作偈曰今爲無眼會空諍自謂諦覩一云餘非坐一象相怨涅般經象喩佛性盲喩衆生 今道雖不可得聞見。老子視之不見名曰夷聽之不聞名曰希搏之不得名曰微三者不可致詰故混而爲一其上不皦其下不昧繩繩兮不可名復歸於無物是謂無狀之狀無象之象 聖人執其見功。以處其見形。元作見其殺矣 故曰。無狀之狀。無物之象。老子物作象而道應訓與此同 凡理者。方圓長短麤靡堅脆之分也。物曰靡細也 故理定而物可得道也。一無物字 故理有存亡。有死生。有盛衰。此下一有定字 夫物之一存一亡。乍死乍生。初盛而後衰者。不可謂常。唯夫與天地之剖判也俱生。至天地之消散也。不死不衰者謂常。常下一有者字圜謂下少之字 而常者無攸易。無定理。圜爾雅攸所也世本古義攸之爲所其義難詳據說文以攸爲行水又引秦嶧山刻石中汥字與此同文疑爲淨泛不定之義以所訓攸亦是無定在之辭耳 無定理。非在於常所。是以不可道也。一無所字主道篇寂乎其無位而處漻乎莫得其所或說所是衍矣

陳仁錫曰爪角二字是一段眼目陳深曰借說虎兕亦妙

宜云是所以不可道也圜常所者平生一定之境也 聖人觀其玄虛。用其周行。揚權篇道者下周於事因稽而命與時死生玄虛道之體周行道之用也 强字之曰道。老子有物混成先天地生寂兮寥兮獨立不改周行而不殆可以爲天下母吾不知其名字之曰道强爲之名曰大 然而可論。圜無始以前此物無名名立而後始可論說也 故曰。道之可道。非常道也。一無之字老子無也字并曰道者萬物之所然也至此總是一章此篇皆解下經此章獨解上經圜謂世所稱道者是可履行之道也非吾所謂不死不衰之道也

人始於生。而卒於死。始之謂出。卒之謂入。故曰出生入死。人之身三百六十節。圜素問節之交三百六十五會 四肢與九竅。其大具也。四肢與九竅十有三。此下元衍者字 十有三者之動靜。盡屬於生焉。屬之謂徒也。故曰。生之徒也。一無也字 十有三者 此四字疑衍 至其死也。十有三具者。皆還而屬之於死。死之徒亦有十三。故曰。生之徒十有三。死之徒十有三。凡民之生生而生者固動。物曰生生上生生出也下生生活也圜尚書汝萬民之不生生蔡注樂生興事則其生也厚是謂生生 動盡則損也。而動不止。是損而不止也。損而不止。則生盡。生盡之謂死。則十有三具者。皆爲死地也。一叠死字 故曰。民之生生而動。動皆之死地。亦十有三。亦作之誤老子人之生動之死地亦十有三圜詩傳之至也 是以聖人愛精神。而貴虛靜。虛元作處從山氏正 此甚大於兕虎之害。此句上宜有不愛精神而貴虛靜八字并曰疑有缺文圜此八字疑宜移網羅之爪角害之下乃順 夫兕虎有域。動靜有時。避其域。省其時。則免其兕虎之害矣。民獨知兕虎之有爪角也。而莫知萬物之盡有爪角也。故不免於萬物之害。圜元脫故字爪角字暗解畏字畏古作𤰈从鬼頭爪鬼頭卽角也 何以論之。時雨降集。曠野閒

孫鑛曰最深至有原委。王維禎曰理亦深至。

靜而以昏晨犯山川。則風露之爪角害之。事上不忠。輕犯禁令。則刑法之爪角害之。處鄉不節。飾元作節，從山氏正。憎愛無度。則爭鬬之爪角害之。嗜欲無限。動靜不節。則痤疽之爪角害之。好用其私智。而弃道理。則網羅之爪角害之。老子，天網恢恢，疎而不漏。兕虎有域。而萬害有原。物曰，原源同。避其域。塞其原。則免於諸害矣。傍注，王德之人不爲種種所害，以其無死地也。凡兵革者。一本別提。所以備害也。重生者。雖入軍。無忿爭之心。無忿爭之心。則無所用救害之備。此非獨謂野處之軍也。喻老篇，子夏曰，吾入見先王之義則榮之，出見富貴之樂又樂之，兩者戰於胸中，未知勝負，故臞。蓋謂外物攻之也。聖人之遊世也。無害人之心。無害人之心。則必無人害。無人害。則不備人。故曰。入軍不備

甲兵。備一作被，老子作避。入山不恃備以救害。故曰。陸行不遇兕虎。此句元與入軍不備甲兵句錯誤易地，今從翊說正。遠諸害。故曰。兕無所投其角。虎無所錯其爪。兵無所容其刃。刃一作刀。不設備而必無害。天地之道理也。圖我無害心，孰肯害之。體天地之道。故曰。無死地焉。圖聖人德象天地，能遠諸害，以蹈長久之道，故其動作無有死地。老子，天長地久。動無死地。而謂之善攝生矣。人始於生至此。老子五十章，亦十有三下云，夫何故，以其生生之厚。蓋聞善攝生者，又兵無所容其刃下云，夫何故，以其無死地焉。

愛子者孳於子。重生者孳於身。貴功者孳於事。傍注，慈者不忍之謂。不忍者齋也。慈母之於弱子也。務致其福。務致其福。一無此句。則事除其禍。事亦務也。事除其禍。則思慮熟。思慮熟。則得事理。得事理。則必成功。必成功。則其行之也不疑。不疑之謂勇。

張榜曰怨播周公曰三字奇特。又曰名言可味。

孫鑛曰章法甚奇肆。

聖人之於萬事也。盡如慈母之爲弱子慮也。故見必行之道。見必行之道則明。圖句。其從事亦不疑。物曰，八字一句，謂其從事也明白無疑。不疑之謂勇。不疑生於慈。故曰。慈故能勇。山曰，仁者必有勇意。周公曰。冬日之閉凍也不固。則春夏之長草木也不茂。圖越絕書，方冬三月之時，地不內藏，則根荄不成，即春不生。毛萇詩傳，豐年之冬，必有積雪。朱子曰，雪非能爲年，其所以然者，以凝結陽氣在地，至來歲發達而生長萬物也。天地不能常侈常費。而況於人乎。老子，飄風不終朝，驟雨不終日，孰爲此，天地，天地尚不能久。故萬物必有盛衰。萬事必有弛張。山曰，雜記，張而不弛，文武弗能也，弛而不張，文武弗爲也，一張一弛，文武之道也。國家必有文武。官治必有賞罰。是以智士儉用其財。則家富。聖人愛寶其神。則精盛。圖精盛，德也，富潤屋，德潤身，即儉用愛寶固閉不洩意。人君重戰其卒。則民衆。民衆則國廣。是以舉之曰。儉故

能廣。舉，示也。凡物之有形者。元別提，今接上。易裁也。易割也。何以論之。有形。則有短長。有短長。則有小大。有小大。則有方圓。有方圓。則有堅脆。有堅脆。則有輕重。有輕重。則有白黑。短長大小。方圓堅脆。輕重白黑。之謂理。理定而物易割也。故議於大庭而後言。則立權議之士知之矣。權議，權謀也。知，如乾知大始之知。物曰，謂王公發號令，必與大臣共議，亦不爲天下先意。權，權衡之權。知，主之也。故欲成方圓。而隨於規矩。則萬事之功形矣。於一作其。而萬物莫不有規矩。議言之士。計會規矩也。聖人盡隨於萬物之規矩。故曰。不敢爲天下先。不敢爲天下先。則事無不事。功無不功。而議必蓋世。欲無處大官。其可得乎。處大官之謂爲成事長。是以

徑者大道之反也。

故曰。不敢爲天下先。故能爲成事長。老子。事作器。慈於子者。不敢絕衣食。元別提。今接上。圝慈之言孳也。盡心盡力孳孳不已意。慈於身者。不敢離法度。慈於方圓者。不敢舍規矩。故臨兵而慈於士吏。則戰勝敵。慈於器械。則城堅固。故曰。慈。以戰則勝。以元作於。從老子正。以守則固。夫能自全也。而盡隨於萬物之理者。必且有天生。老子。天將救之。以慈衞之。故曰天生也。天生也者。生心也。圝生心猶云性也。在天爲元氣。在人爲仁心。故天下之道。盡之生也。天地以生物爲常。故窮陰撤而初陽來。名之曰復。可見天下之道。悉往於生也。聖人則之。愛人利物。卽慈仁也。若以慈衞之也。事必萬全。而擧無不當。則謂之寶矣。圝孳孳爲善。守道保性。萬擧萬當。事無所失。則可爲寶矣。故曰。吾有三寶。持而寶之。人始至此。老子六十七章。作吾有三寶。保而持之。一曰慈。二曰儉。三曰不敢爲天下先。案保寶古字通。史記。九鼎保玉。

書之所謂大道也者。端道也。圝賈誼新書。吏理不辟謂之端。所謂貌施也者。邪道也。老子。使我介然有知。行於大道。唯施是畏。案今老子無貌字。豈謂外貌施文飾耶。圝貌字衍文。施音迤。孟子注。施者。邪施而行也。齊俗訓。去非者。非批邪施也。去忤於心者。注。施。微曲也。所謂徑大者。佳麗也。大字疑衍。老子。大道甚夷。而民好徑。戰國策宮他曰。佳麗好玩。漢嚴安疏。佳麗珍怪。順于耳目。此謂好徑趨利。必務佳麗也。圝曹植詩。佳麗殊百城。注。戰國策曰。趙佳麗之所出也。高誘曰。佳大也。麗美也。佳麗也者。邪道之分也。外務佳麗。內無誠悃。所以逐歸於邪施也。朝甚除也者。獄訟繁也。傍注。除冀除潔清也。圝謝靈運詩。虛館絕諍訟。注。蘗子曰。禹治天下。朝廷之間。可以羅雀也。獄訟繁。則田荒。圝獄訟屢起。連累逮繫。男離耕耘。婦廢蠶織。田荒則府倉虛。傍注。外雖街飾。而內實空虛也。府倉虛。則國貧。國貧而民俗淫侈。民俗淫侈。則衣食之業絕。衣食之業絕。則民不得無飾巧詐。飾巧詐。則知采文。采飾文章。務淫侈也。圝貨殖傳。文采千匹。注。文。文繒也。帛之有色者曰文。知采文之謂服文采。獄訟繁。倉廩虛。而有

猪飼彥博曰。今本誤作盜夸。與竽字相近而誤也。

茅坤曰。疑有譌誤。謂韓子逕談法家者。

以淫侈爲俗。則國之傷也。若以利劍刺之。故曰帶利劍。知采文者。儒以文亂法也。帶利劍者。俠以武犯禁也。諸夫飾智故。以至於傷國者。其私家必富。原道訓。不設智故。注。巧詐也。圝呂春秋。釋智謀。去巧故。注。巧故。僞詐也。私家必富。故曰。資貨有餘。老子作貨資。國有若是者。則愚民不得無術而效之。漢隸字源。術述通。謂祖述而傚之也。山曰。術當作怵。或古字通。怵誠同。廣韻。誠。誘也。友人原子禮云。術如娥子時術之術。效之。則小盜生。由是觀之。大姦作。則小盜隨。大姦唱。則小盜和。竽也者。五聲之長者也。圝佩文無下者字。周禮注。竽三十六簧。故竽先。則鐘瑟皆隨。竽唱。則諸樂皆和。圝事文類聚玄樂作色。淵鑑作音。今大姦作。則俗之民唱。物曰。有獨立之民。故曰俗之民。以別之。圝之字語助。莊子。厲之人。俗之民唱。則小盜必和。故曰。服文采。帶利劍。厭飮食。而貨資有餘者。是之謂盜竽矣。補曰。字書之所謂至此。老子五十三章。楊升庵

外集。老子盜誇。諸本亦皆作誇。今據韓子改作竽。韓子說已有誇。又與餘字韻叶。且韓去老不遠。當得其眞。故宜從之。雖使老子復生。不能易此字也。柳子厚押韻。林鬳翁劉會孟皆作誇。蓋不考之過。河上公注亦作誇。豈有如此低神仙乎。人無愚智。一接前章。莫不有趨舍。原道訓。趨舍指湊。莊子。吾辭受趨舍。趨取通。卽取舍也。恬淡平安。莫不知禍福之所由來。凡人皆知就利避害。然惟平心無事之日。能察取舍之所宜。利害之所在。而行之耳。若外物誘惑之。則昏眩變亂。不得其正也。下分恬淡平安言之。屬文之宜。得於好惡。得如貧得之得。一說。恐碍字訛。怵於淫物。而後變亂。圝管子。人迫於惡。則失其所好。怵於所好。則忘其所惡。淫物。凡百尤物珍玩無用之器也。所以然者。引於外物。亂於玩好也。引。誘也。恬淡有趨舍之義。平安知禍福之計。而今也玩好變之。外物引之。引之而往。故曰拔。拔一作校誤。至。山曰。至宜作脫。拔脫連讀。老子。善建者不拔。善抱者不脫。子孫以祭祀不輟。圝佩文至字絕句。聖人不然。一建其趨舍。雖見所好之物。不能引之。謂不拔。一於其情。一圝

(舊本題注此章逸，獨以明老子之言。)

(下疑有脫字。)雖有可欲之類，神不爲動。(於恐效字誤。▣以禮制心，一播其情，雖有食色之類誘之，精神固守，不外馳也。)神不爲動之謂不脫。爲人子孫者，體此道以守宗廟，宗廟不滅，之謂祭祀不絕。身以積精爲德，(物曰，謂保精積之身也。)家以資財爲德，鄉國天下皆以民爲德。今治身而外物不能亂其精神，故曰：修之身，其德乃眞。(老子之下有於字，下皆同。)眞者愼之固也。(▣眞心爲愼，愼其獨者所以保眞也。)治家而無用之物(而字從物氏補。)不能動其計，則資有餘，故曰：修之家，其德有餘。(老子有作乃。)治鄉者行此節，則家之有餘者益衆，故曰：修之鄉，其德乃長。(行此節，謂去無用之物也。)治邦者行此節，則鄉之有德者益衆，故曰：修之邦，其德乃豐。莅天下者行此節，則民之生莫不受其澤，故

曰：修之天下，其德乃普。修身者以此別君子小人，治鄉治邦莅天下者，各以此科適觀息耗，則萬不失一。(廣雅，科，條也。謂隨鄉國天下之條，以觀其德長豐普之多少也。文子，息耗減益，過於不贊。▣息耗猶消長也。董仲舒對策，察天下之息耗。易曰，君子道長，小人道消。)故曰：以身觀身，以家觀家，以鄉觀鄉，以邦觀邦，以天下觀天下，吾奚以知天下之然也，以此。

喻老第二十一

(一本屬七卷。)

天下有道，無急患，則曰靜，(▣二字衍文，與下文不離位曰靜相涉而衍也。)遽傳不用。(遽傳見上。)故曰：卻走馬以糞。天下無道，攻擊不休，相守數年不已，(文選注作攻戰無已。)甲冑生蟣蝨，(長楊賦，鞮鍪生蟣蝨。)鷰雀處帷幄，而兵不歸。(氾論訓作不休息。注，生蟣蝨，不離體也。帷，幕也。處，猶巢也。▣周禮注，在旁曰帷，四合象宮室曰幄。釋名，帷，圍也，以自障圍也。四聲字苑，幄，大帳也。)故曰：

戎馬生於郊。翟人有獻豐狐玄豹之皮於晉文公，(莊子，豐狐文豹。說苑，封狐玄豹。案左傳晉悼公四年，無終子嘉父使孟樂如晉，因魏莊子納虎豹之皮。此云文公，異傳聞耳。▣山海經，玄豹玄虎玄狐蓬尾。注，蓬，叢也。阻留反。說苑曰，蓬狐文豹之皮。案今本作封，蓋封豐蓬三字通。毛詩，有芃者狐。芃音蓬。又云，有狐綏綏。何楷云，綏通作緌，冠結之餘散而下垂者，謂之緌，狐尾之垂似之。)文公受客皮而歎曰：此以皮之美自爲罪。(▣藝文類聚無客字。說苑，大夫欒枝曰，地廣而不平，財聚而不散，獨非狐豹之罪乎。莊子，是何罪之有哉，其皮爲之災也。逸周書，文之美而以身剝。)夫治國者以名號爲罪，徐偃王是也。(▣水經注，徐偃王治國，仁義著聞。欲舟行上國，乃導溝陳蔡之間，得朱弓矢，以爲得天瑞，遂因名爲號，自稱徐偃王。江淮諸侯服從者三十六國。周王聞之，命楚伐之。偃王愛民不鬪，遂爲楚敗。)以城與地爲罪，虞號是也。(▣兩以上一有則字。)故曰：罪莫大於可欲。(▣我有可欲之物，則人欲得之，得罪之道也。)智伯兼范中行，而攻趙不已，韓魏反之，軍敗晉陽，身死高梁之東。(左傳注，高梁，晉地，在平陽楊氏縣西南。人間訓，智伯死乎高梁之東。)遂卒被分，(三晉分智氏地。)漆其首以爲溲器。(捡戰

國策及淮南子說苑史記漢書等，並作飲器。韋昭云，椑榼也。晉灼云，虎子之屬。或云，飲酒器。索隱云，皆非也。椑榼所以盛酒耳，非用飲者。晉氏以爲褻器者，以韓子呂氏春秋並云襄子漆智伯頭爲溲杯故也。正義云，酒器也。每賓會設之，示恨深也。匈奴傳，韓昌張猛與匈奴盟，以月氏王頭爲飲器者，共飲共盟。董份曰，決非盛酒。死骨人所諱者，何以酒乎。蓋深怨而辱之爲溲器耳。圓案，難三篇作飲杯，呂子義賞篇，斷智伯頭以爲觴，蓋溲器形類酒杯，故曰飲器。椑榼亦褻器，非盛酒者。道應訓注，飲器溺器。椑榼也。吳師道從索隱說，未之考耶。▣海鹽氏云，溲器酒器，非溺器也。儀禮士虞禮，明齊溲酒。溲釀通。集韻，黍酒也。)故曰：禍莫大於不知足。虞君欲屈產之乘與垂棘之璧，不聽宮之奇，故邦亡身死。故曰：咎莫憯於欲得。邦以存爲常，霸王其可也；身以生爲常，富貴其可也。(▣可字，詮言訓作寄，宜從之。常存常生，亦已足矣。伯王富貴，其餘事耳。)不欲自害，則邦不亡，身不死。(▣死亡之來，皆有自取。)故曰：知足之爲足矣。(老子作知足之足常足。)

楚莊王既勝晉于河雍，(一接上文，晉字元作狩，從下文及人間訓正之。史記，莊王十七年，敗晉師于河上，遂至衡雍。而

茅坤曰。韓非正貫。然亦叔敖之智。

陳深曰。老子魚不脫於淵。

歸高誘云。莊王敗晉荀林父之師於郯。郯河雍地也。■藝文類聚淵鑑並作晉。歸而賞孫叔敖。歸國行賞。孫叔敖請漢間之地沙石之處。漢間之地寢丘。漢固始縣。楚人間訓。滑稽傳。呂春秋並爲孫叔敖死後封其子事。楚邦之法。祿臣再世收地。唯孫叔敖獨在。■淵鑑在作存。藝文類聚同。此不以其邦爲收者瘠也。邦下疑缺法字。物曰。不以邦法故收其邑也。■瘠謂磽确。故九世而祀不絕。故曰。善建不拔。善抱不脫。子孫以其祭祀世世不輟。孫叔敖之謂也。老子。善建者不拔。善抱者不脫。子孫以祭祀不輟。

制在己曰重。不爲人制。故得威重。■制謂殺生之柄。不離位曰靜。能守君位。故得虛靜。重則能使輕。靜則能使躁。故曰。重爲輕根。靜爲躁君。邦者人君之輜重也。故曰。君子終日行。不離輜重也。此二句元倒錯。從山氏正。老子。君子作聖人。■韓安國傳注。輜謂衣車。重謂載重物車也。行者之資。總曰輜重。左傳伯宗辟重。主父生傳其邦。此離其

輜重者也。史記趙武靈王二十七年五月大朝于東宮。傳國立王子何以爲王。是爲惠文王。武靈王自號爲主父。物曰。生傳其邦。謂未薨之時。已逐其位也。故雖有代雲中之樂。超然已無趙矣。代及雲中。趙所幷地。■老子。雖有榮觀燕處超然。主父萬乘之主。而以身輕於天下。謂讓位也。■老子。如何萬乘之主。而以身輕天下也。趙世家。主父詐自爲使者入秦。秦昭王不知。已而怪其狀甚偉。非人臣之度。使人逐之。而主父馳已脫關矣。審問之。乃主父也。秦人大驚。此亦輕身之事也。無勢之謂輕。離位之謂躁。是以生幽而死。主父幽囚餓死事見前。故曰。輕則失臣。老子。臣作根。躁則失君。主父之謂也。

勢重者。人君之淵也。君人者。勢重於人臣之間。物曰。謂君威獨行於其臣。故不可爲臣所奪也。失則不可復得也。勢重一失。難可再收也。亦見內儲。■失字宜移在勢重上。乃穩。簡公失之於田成。晉公失之於六卿。而邦亡身死。故曰。魚不可脫於深淵。老子。無深字。賞罰者。邦之利器也。在君則制臣。在

臣則勝君。君見賞。臣則損之以爲德。樹私恩以自重。君見罰。臣則益之以爲威。則字與左傳山有木工則度之同法。損益字與荀子可道而從之奚以損之而亂。不可道而離之奚以益之而治同法。物曰。爲威於下也。■見示也。損益字宜易。地管子。制令之布於民也。必由中央之人。中央之人以緩爲急。急可以取威。以急爲緩。緩可以惠民。注。君雖曰緩。左右行之乃爲急。故能取威也。君雖曰急。左右行之乃爲緩。故能爲惠也。人君見賞。而人臣用其勢。人君見罰。而人臣乘其威。故曰。邦之利器。不可以示人。老子。邦作國。

越王入宦於吳。而勸之伐齊以弊吳。宦一作官。史記越使大夫種言吳王曰。竊聞大王困暴齊而撫周室。請悉越竟內士卒三千人。孤請自被堅執銳以先士卒受矢石。吳兵既勝齊人於艾陵。哀十一年。■艾陵。齊地。張之於江濟。吳語。吳之起師北征。闕爲深溝於齊魯之間。北屬之沂。西屬之濟。以會晉公于黃池。強之於黃池。杜預云。陳留封丘縣南有黃亭。近濟水。故可制於五湖。齊俗訓。越王勝夫差於五湖。■越語。越王遂興師伐吳。至於五湖。汲冢周書。東南揚州。其藪澤曰具區。其川三江。其浸五湖。故曰。將欲翕之。必固張之。將欲

弱之。必固強之。老子翕作歙。固姑通。人間訓。固試往復問之。列子作姑復問之。■呂春秋固作先。穀梁傳注。故猶先也。晉獻公將欲襲虞。遺之以璧馬。遺一作道。■掩其不備曰襲。智伯將襲仇由。遺之以廣車。宜云。遺之大鐘載以廣車。見說林篇。周禮廣車之卒注。橫陣之車。左傳使御廣車而行注。兵車也。仇由。狄國名。故曰。將欲取之。必固與之。老子取作奪。說林篇周書曰。將欲敗之。必姑輔之。將欲取之。必姑予之。老子蓋引用周書語也。

起事於無形。一接上文。而要大功於天下。物曰。要邀同。謂邀而求之。是謂微明。■語出老子。起事於無形者。微也。要大功於天下者。明也。易曰。幾者。動之微。吉之先見者也。君子見幾而作。君子知微知彰。知柔知剛。萬夫之望。處小弱而重自卑。■既自處以寡弱。而復能自卑下也。是謂弱勝強也。元無是字。弱上有損字。從老子正。

有形之類。元別提。今合之。大必起於小。行久之物。外儲。凡姦者行久而成積。族必起於少。族猶多也。一作旅。旅亦衆也。■族讀曰湊。聚多也。莊子。雲氣不待族而雨。故曰。天下之難事。必作於易。天下之大事。必作於細。是以欲制物者。於其細

孫讓曰。亦是借字。

也。及其末大易制。故曰。圖難於其易也。爲大於其細也。難下大下一有乎字。老子無兩也字。千丈之堤。以螻蟻之穴潰。圖慧琳引爾雅曰。大者蚍蜉。小者蛆子也。俗呼總名蟻。一云。大曰蟻。小曰蟻。百尺之室。以突隙之烟焚。呂春秋。巨坊溜螻。而漂邑殺人。突洩一熛而焚宮燒積。人間訓千里之隄。以螻蟻之穴漏。百尋之屋。以突隙之烟焚。注。突。竈也。字又作埃。說苑見竈直突傍有積薪。集韻。埃竈窗也。圖淵鑑尺作丈。室作屋。烟作熛。故曰。白圭之行隄也。塞其穴。孟子。白圭曰。丹之治水也。愈於禹。注。丹名。圭字。周人也。圖淵鑑圭作珪。丈人之愼火也。塗其隙。丈人。主人翁也。七命。匠斲其樸。伶倫均其聲。古人取對。不必拘也。圖老人持杖。故曰丈人。猶論語杖者也。治要引尸子。屋焚而人救之。則知德之。年老者使塗隙戒突。故終身無失火之患。而不知德也。桓譚新論。淳于髡至鄰家。見其竈突之直。而積薪在傍。謂曰。此且有火。使爲曲突。而徙薪。鄰家不聽。後果焚其屋。鄰里救火。乃滅。烹羊具酒。謝救火者。不肯呼髡。智士譏之曰。曲突徙薪無恩澤。燋頭爛額爲上客。蓋傷其賤本而貴末也。說苑載漢霍氏未滅時。茂陵徐福上疏。言宜以時抑制。書三上。不聽。既而果夷族。於是人或爲徐生上書曰。客有過主人。見其竈直突。傍有積薪。客謂主人。更爲曲突。遠徙其薪。主人嘿然不應。俄而家果失火。鄉里共救之。幸而得息。於是殺牛置酒。謝其鄰人。灼爛者在上行。餘各以功次坐。而不錄言曲突者。人謂主人曰。鄉使聽客之言。不費牛酒。終無火患。案此

及尸佼。漢人皆取爲言者。蓋古有此語也。然桓譚獨謂淳于髡者。異聞耳。是以白圭無水難。丈人無火患。此皆愼易以避難。敬細以遠大者也。謂戒細事而遠大患也。扁鵲。史記正義。黃帝時。有醫扁鵲。又秦策。扁鵲見秦武王。并此爲三。皆時代異。見晉桓公。晉元作蔡。史記作齊。故標注云。疑當作齊。非也。今從古本作晉桓公。公一作侯。下文亦作侯。寫者誤。今悉改正。〇七發注引此云。扁鵲謂晉桓侯曰。君有疾在腠理。猶可湯熨。若在骨髓。司命不能醫也。桓侯初不信。後病。遣召扁鵲。鵲逃。桓侯遂死。又養生論。桓公抱將死之疾。而怒扁鵲之先見。注。引此云。扁鵲謂晉桓侯曰。君有疾在腠理。史記曰。扁鵲療趙簡子。東過齊。見桓侯。東晳曰。齊桓在簡子前。且二百歲。小白後齊無桓公。田和子有桓侯午。去簡子首末相距二百八年。史記自爲舛錯。臣瓚曰。魏桓公。新序曰。扁鵲見晉桓侯。韋昭曰。魏無桓侯。然此桓侯。竟不知何國也。圓案。李善辨之未悉也。晉世家。烈侯卒。子孝公頎立。索隱曰。紀年以孝公爲桓公。故韓子有晉桓公。因考扁鵲傳。簡子疾五日不知人。索隱曰。案韓子曰。十日不知人。所記異也。然則古本或亦載簡子事耶。又今新序雜二篇。亦作齊桓侯。與臣瓚所見本別。立有間。扁鵲曰。君有疾在腠理。不治將恐深。山曰。將恐字倒。圖春秋後語。齊桓侯六年。越醫扁鵲過齊。桓侯客待之。入朝見曰。君有疾云云。扁鵲已逃。桓侯遂卒。子威王立。又竹書紀年注。及後漢郭玉傳注引此。作晉桓侯。今本作公。與下文不合。公宜作侯。慧琳引儀禮鄭注。腠。皮膚理也。又素

張榜曰。語語金石。

問。注。腠。謂津液滲泄之所。桓公曰。寡人無。公元作侯。下同。圖新序無下有疾字。扁鵲出。桓公曰。醫之好利。補利字。欲治不病以爲功。一無欲字。山曰。史記作醫之好利也。欲以不病者爲功。新序同。圖庸醫常喜於無病之人。而以治未病爲言。以釣名利。故桓侯云爾。居十日。扁鵲復見曰。君之病在肌膚。不治將益深。益一作易。音之誤也。桓公不應。扁鵲出。桓公又不說。說一作悅。下同。居十日。扁鵲復見曰。君之病在腸胃。不治將益深。桓公又不應。扁鵲出。桓公又不說。居十日。扁鵲望桓公而還走。桓公故使人問之。故者。特爲之也。物曰。故姑通。圖史記春秋後語作使人問其故。扁鵲曰。疾在腠理。湯熨之所及也。在肌膚。鍼石之所及也。在腸胃。火齊之所及也。圖扁鵲傳。湯液毒熨。謂以藥湯熨斗。安帖病處也。素問。風寒客於人。或痹不仁腫痛。當是之時。可湯熨及火灸刺而去之。又有藥熨之法。本草。砭石。鍼石。注。砭石。如玉。可以爲鍼。案鍼。金針。砭石針也。韓詩外傳。扁鵲入砥鍼礪石。石即砭也。火齊。謂藥酒。本草所謂爆劑者也。史記後

語作酒醪。所指一也。倉公傳。飲以火齊湯。又云液湯火齊逐熱。又云夫藥石者有陰陽水火之齊。石氏星經。酒醪五齊之屬。周禮注。齊。水火多少之量也。荀子注。火齊得謂生熟齊和得宜也。月令。乃命大酋秫稻必齊。麴糵必時。湛熾必潔。水泉必香。陶器必良。火齊必得。鄭用六物。大酋監之。毋有差貸。大酋酒官之長也。又周禮酒正辨五齊之名。一曰泛齊。注。如今宜成醪矣。可見酒醪火齊非別物也。素問有湯液醪醴論。古多用之。在骨髓。司命之所屬。無奈何也。禮記注。司命主督察三命。東方朔曰。司命之神。總鬼錄者。莊子。吾使司命復生子形。管子。其爲殺生。急於司命。此謂司命之所主。非人力之可及也。史記。雖司命無奈之何。物曰。屬。連也。謂司命連綴之言。其不可解也。圖楚辭注。司命星名。主知死生。書孔傳。屬。逮也。言司命之所逮。而人無奈何也。吳越春秋。今日壬午。時如南方。命屬上天。新序無屬字。今在骨髓。臣是以無請也。居五日。桓公體痛。圖後語痛作病。使人索扁鵲。已逃秦矣。圖後語索作召。史記秦作去。新序作扁鵲已逃之秦矣。桓公遂死。故良醫之治病也。攻之於腠理。此皆爭之於小者也。及其未大。引爭正之。夫事之禍福。亦有腠理之地。故聖人蚤從事焉。故下元衍曰字。從新序刪。圖扁鵲傳。使聖人預知微。能使良醫蚤從事。則疾可已。身可活也。昔晉公子重耳

出亡。過鄭。鄭君不禮。叔瞻諫曰。此賢公子也。君厚待之。可以積德。鄭君不聽。叔瞻又諫曰。不厚待之。（一無待之二字。）不若殺之。無令有後患。鄭君又不聽。及公子返晉邦。擧兵伐鄭。大破之。取八城焉。（見十過篇。）晉獻公以垂棘之璧。假道於虞。而伐虢。大夫宮之奇諫曰。不可。脣亡而齒寒。虞虢相救。非相德也。（德。恩也。脣齒相倚。不得不相救也。）今日晉滅虢。明日虞必隨之亡。虞君不聽。受其璧。而假之道。晉已取虢。還反滅虞。（見十過篇。）此二臣者。（叔瞻宮之奇。）皆爭於腠理者也。而二君不用也。然則叔瞻宮之奇。亦虞鄭之扁鵲也。而二君不聽。故鄭以破。虞以亡。故曰。其安易持也。其未兆易謀也。（物曰。未及其危曰安。）

（圓案。持猶守也。圖老子無也字。）

昔者紂爲象箸。（一本接上。）而箕子怖。（索隱曰。箸持略反。周禮六樽。有犧尊箸壺泰山箸尊者。箸地無足是也。劉氏音直廣反則杯箸亦食用之器。圓案。齊俗訓。糟丘生乎象櫡。櫡字正作櫡。劉說得之。箕子。馬融王肅說紂之諸父。服虔杜預說紂之庶兄也。怖。懼也。說山訓作唏。注。驚號唏也。齊俗訓作悖。繆稱訓作譏。圖路史注。宋世家云。箕子紂之親戚也。蓋外親也。說者謂諸父庶兄者。皆無正文。以意言之。龜策傳。象箸而箕。後漢書。徵子垂泣于象箸。史表怖作唏。方言。哀而不泣曰唏。然據下文怖字義爲長。）以爲象箸。必不加於土鉶。（圖鉶。羹器。藝文類聚作刑。）必將犀玉之杯。（圖將。用也。杯。盛羹器。索隱以酒杯解誤。）象箸玉杯。必不羹菽藿。（圖藿。鹿豆也。）則必旄象豹胎。（一無則字。呂春秋。肉之美者。旄象之約。七命。玄豹之胎。七發。豢豹之胎。注。六韜曰。武王伐紂。得二大夫而問之曰。殷國將有妖乎。對曰。有。殷君陳玉杯象箸。玉杯象箸。不盛菽藿之羹。必將熊膰豹胎。七命。髦殘象白。注。高誘曰。髦。髦牛也。在西方。象。象獸也。在南方。取其遠方物也。圖藝文類聚作必犛豹胎。淵鑑同。豹似虎圜文。）旄象豹胎。必不衣短褐。而食於茅屋之下。（說林。裋作短。非。食作舍。是。過秦論。夫寒者利裋褐。徐廣云。裋。小襦也。音豎。索隱引趙岐云。褐以毛織之。若馬衣也。圖唐詩解引茅作茆。）

李坤曰。吾畏其卒。故怖其始。與老成之言。

則錦衣九重。廣室高臺。（圖九辨。君之門九重。注。天子九門。愚謂。九如九皐九天九泉之九。極言其深沈狀也。）吾畏其卒。故怖其始。居五年。紂爲肉圃。設炮烙。登糟丘。臨酒池。紂遂以亡。（列女傳。爲膏銅柱。下加炭火。令有罪者行焉。輒墮炭中。紂與妲己笑。名曰炮烙之刑。荀子注。烙古責反。謂炮烙本爲燔炙設。後以爲刑具耳。）故箕子見象箸。以知天下之禍。故曰。見小曰明。（圖宋世家。紂始爲象箸。箕子歎曰。彼爲象箸。必爲玉桮。玉桮則必思遠方珍怪之物而御之。輿馬宮室之漸自此始。不可振也。）勾踐入宦於吳。（一接上文。山曰。宦宜作宧。下同。）身執干戈。爲吳王洗馬。（洗宜作先。越語。越王卑事夫差。宦士三百人於吳。其身親爲夫差前馬。注。前驅在馬前也。荀子。挾輿先馬。注。導馬也。道應訓。越王勾踐親執戈爲吳王先馬走。注。先馬前而走也。輟耕錄。前漢志。太子先馬。如淳曰。前驅也。國語。先馬。先之也。從先見反。今韻書作蘇典反。字作洗。愚意此類當從其正義。不當從其訛音。）故能殺夫差於姑蘇。（圖淵鑑宦作臣。作破姑蘇。）文王見詈於玉門。（圖當作羈。字畫殘缺耳。玉作王。誤。竹書紀年。帝辛九年。作瓊室。立玉門。十一年。執王季于塞庫。羈文王于玉門。趙策希寫曰。昔者文王拘於牖里。而武王羈於玉門。注。項羽紀。成皐北門。注。玉門。此事不經見。呂春秋。武

王不忘玉門之辱。高注引道應訓。文王歸。乃築靈臺。作玉門。相女童。擊鐘鼓。示與紂同。武王以此爲辱。非矣。玉門之辱。謂見羈也。愚謂。文王困於羑里。武王亦從囚焉。此曰文王見羈於玉門。下曰武王之王也。不病羈。雖四篇曰。武身受羈。以其父子共被羈紮也。楊升庵外集。玉門地在成皐。戰國策。武王有玉門之難。比文王有羑里之厄。其後漢高帝滎陽之敗。亦獨與滕公逃出成皐玉門。此一玉門。聖賢之君兩危矣。圖羈爲本字。六書正譌作羈。云。去宜切。俗作羈。非。案羈訛爲罵。遂誤爲詈耳。）顏色不變。而武王擒紂於牧野。故曰。守柔曰強。越王之霸也。不病宦。武王之王也。不病詈。（圖儀禮。恐不能共事以病吾子。注。病猶辱也。友人海鹽氏云。左傳。宋公靳南宮長萬曰。吾弗敬子矣。病之。又云。夏徵舒病之。皆羞慚之義也。）故曰。聖人之不病也。以其不病。是以無病也。（老子。聖人不病。以其病病。是以不病。圖聖人不羞衆人之所羞也。反羞衆人之所不羞。是故無羞也。）宋之鄙人得璞玉。而獻之子罕。子罕不受。鄙人曰。此寶也。宜爲君子器。不宜爲細人用。子罕曰。爾以玉爲寶。我以不受子玉爲寶。是鄙人欲玉。而子罕不欲玉。故曰。欲

陳深曰。此焚書之漸。

列子說符。

茅坤曰。此段原出列子。韓子分在此。比事連類以明老子之言。

不欲。不貴難得之貨。欲不欲猶言寡欲也。見六十四章。又老子。不貴難得之貨。使民不爲盜。不見可欲。使心不亂。子罕事。見精神訓。山曰。左傳襄十五年。新序節士篇。呂子異寶篇。並有此事。

王壽負書而行。一併前章。見徐馮於周。道應訓注。王壽古好書之人。徐馮周之隱者也。徐馮曰。徐元作塗。從道應訓正。事者爲也。爲生於時。知者無常事。知下宜有時字。道應訓事者應變而動。變生於時。故知時者無常行。物曰。知者無常事。謂不可爲典要也。圖逸周書。欲爲不得生。羅網欲彼天〻是生爲。注。爲謂云爲之事也。周書又云。合爲在因時。應事則易成。繫辭傳。通變之謂爲。書者言也。言生於知。知者不藏書。道應訓。書者言之所出也。言出於知者。知者藏書。圖繫辭傳子曰。書不盡言。言不盡意。然則聖人之意其不可見乎。案書策所載。不如口訣。口訣所存。不如意授。意授所教。不如自悟。自悟者知也。故智者不藏書。今子何獨負之而行。戰國策。蘇秦去秦而歸。負書擔囊。圖書籍爲衆人不曉道者所權設也。既得其意。則所權設者。固爲筌蹄矣。於是王壽因焚其書而儛之。高誘云。自喜焚其書。故舞也。故知者不以言談教。物曰。謂不以言爲教也。而慧者不以藏書篋。圖慧者之篋。非

藏書也。所韞者異矣。此世之所過也。而王壽復之。物曰。謂復古也。是學不學也。故曰。學不學。復歸衆人之所過也。老子無歸字。圖學衆人之所不學者。故不藏書。

夫物有常容。山曰。左傳。事有其物。物有其容。今君之容。非其物也。因乘以導之。圖因道理之數。乘天地之資。以利導之。因隨物之容。圖牛形壯大多力。因穿鼻引重。馬性善走易馴。因駕車行遠。故靜則建乎德。老子。廣德如不足。建德如偸。動則順乎道。宋人有爲其君以象爲楮葉者。列子。象作玉。泰族訓注。象。象牙也。三年而成。豐殺莖柯。毫芒繁澤。豐殺猶大小也。泰族訓。繁澤作顏澤。卽色澤也。圖殺衰小也。謂葉形本豐滿而末尖角也。列子作鋒殺。繁澤猶肥澤也。樂記。曲直繁瘠。繁瘠之反也。亂之楮葉之中。而不可別也。此人遂以功食祿於宋邦。列子聞之曰。使天地三年而成一葉。則物之有葉者寡矣。圖功巧字訛。列子名圄寇。鄭人。故不乘天地之資。而載一人之身。載一作成。物曰。載。事也。山曰。家語。周公載己行德。注。載亦行也。

陳深曰。微言。王維楨曰。此段道理。

孫鑛曰。是精言妙論。可通於爲學忘助之戒。翊引文子曰。聖人之道。其猶造父之御馬也。內得於中心。外合乎馬志。故能取道致遠。氣力有餘。

圖荀子。以國載之。注。載猶任也。不隨道理之數。而學一人之智。此皆一葉之行也。故冬耕之稼。后稷不能羨也。物曰。羨。餘也。山曰。羨宜作美。此語見呂春秋首時篇。圖種穀曰稼。羨字照下不足字。豐年之禾。之元作大。寫者誤。臧獲不能惡也。藏臧同。司馬遷書。臧獲奴婢。晉灼曰。敗敵所獲虜爲奴隸。韋昭曰。老人以婢爲妻。生子曰獲。以善人爲妻。生子曰臧。荊揚海岱淮濟之間。罵奴曰臧。罵婢曰獲。齊之北鄙。燕之北郊。凡人男而歸婢謂之臧。女而歸奴謂之獲。皆異方罵奴婢之醜稱也。荀子注。方言。燕齊亡奴謂之臧。亡婢謂之獲。或曰。取貨謂之臧。擒得謂之獲。皆謂有罪爲奴婢者。故周禮。其奴婢男子入于罪隸。女子入于舂槀。圖案。荀子禮論。臧穀。莊子臧與穀。穀獲一音之轉也。物曰。惡。荒也。以一人力。則后稷不足。隨自然。則臧獲有餘。故曰。恃萬物之自然。而不敢爲也。老子恃作輔。圖敢者冒昧之義。

空竅者。神明之戶牖也。一接上文。傍注。空音孔。圖案。精神訓。夫孔竅者。精神之戶牖也。而氣志者。五藏之使候也。焦氏筆乘。引周禮。眡其鑽空。空孔通。耳目竭於聲色。精神竭于外貌。故中無主。中

無主。則禍福雖如丘山。無從識之。故曰。不出於戶。可以知天下。不闚於牖。可以知天道。老子無兩於字。下知作見。此言神明之不離其實也。物曰。謂中有主也。圖謂精神之不淫于外也。春秋繁露。古之道士有言曰。將欲無陵。固守一德。此言神無離形。則氣多內充。而忍饑寒也。

趙襄主學御於王子期。主一作王。禮。大夫稱主。子期。王良字。詳見外儲。俄而與子期逐。圖孫子傳。田忌數與齊諸公子馳逐重射。漢志注。晉灼曰。競走曰逐。謂馳逐爭先後爲勝負也。三易馬而三後。圖疑馬不良。故屢易馬也。襄主曰。子之教我御。術未盡也。對曰。術已盡。用之則過也。凡御之所貴。馬體安于車。人心調于馬。而後可以追速致遠。追元作進。誤。荀子。欲得善馭及速致遠。則莫若王良造父。說林訓。造父之所以追速致遠者。非轡銜奏。主術訓。夫載重而馬羸。雖造父不能以致遠。車輕馬良。雖中工可使追速也。案。難勢篇作追速。今君後則欲逮臣。先則恐逮于

陳深曰希有。

臣。恐爲子期所追及也。夫誘道爭遠。誘道謂爲取道所誘恐也。山曰誘一作誇。非先則後也。而先後心在于臣。神明離其實也。尙何以調于馬。心下一有皆字。此君之所以後也。白公勝慮亂。內儲篇注慮謀也。圈列子注慮猶度也謀度作亂。罷朝倒杖而策。銳貫頤。策銳即策錣也頤同。列子及道應訓作罷朝而立倒杖策錣上貫頤。張滿曰錣杖末鋒高誘曰白公將爲父復讎因思慮之策馬捶端有針以刺馬謂之錣。或說宜作倒杖策而。血流至于地。而不知。鄭人聞之曰。頤之忘。將何爲忘哉。物曰謂不忘怨也。圓案他書作何不忘哉高誘曰白公之父死鄭人預之故懼之史記白公父太子建亡在鄭鄭人殺之。故曰。其出彌遠者。其智彌少。老子無者字智作知。此言智周乎遠。則所遺在近也。圈道應訓此言精神之越於外智慮之蕩於內則不能漏理其形也是故神之所用者遠則所遺者近也。是以聖人無常行也。物曰謂不泥也。能竝知。知元作智誤。故曰。不行而知。鄒陽書公聰並觀。注並觀謂無偏也。圈隸辨引滿山石闕銘並天四海金石文字記云並天普天也古人省文。能竝視。故曰。不見而

明。老子明作名宜讀曰明。圈聖主得賢臣頌聖主不徧窺望而視已明夫無行而知者神之至也易曰唯神也故不疾而速不行而至鬼谷子不見而命不行而至。隨時以擧事。因資而立功。用萬物之能。而獲利其上。能御萬物各用其能故得所利。故曰。不爲而成。井曰趙襄主至此凡一章世本白公勝別提者非。

楚莊王莅政三年。一接前章。無令發。無政爲也。物曰謂不發令不爲政也。圈說命曰王宅憂亮陰三祀既免喪其惟弗言孔傳除喪猶不言政案莊王意蓋亦類之。右司馬御座。御侍也右司馬呂春秋云成公賈新序云士慶楚世家云伍擧人異而言同又滑稽傳楚策載淳于髡諫楚威王語相類所記異也。而與王隱。呂春秋隱作讔音於謹反廋語也裴駰曰隱謂隱藏其意也齊東野語古之所謂廋辭即今隱語而俗所謂謎也圓案古隱語並用韻說苑載晉人咎犯與平公隱之類可考矣圈據荀子賦篇諸賦文法與此正類隱者蓋賦之流耶。曰。有鳥止南方之阜。圈呂春秋止下有於字邑居曰止鳥集亦曰止荊楚南土故曰南方大陵曰阜指楚都也。水經注丹陽城據山跨阜周八里餘楚熊繹始封之所都也。三年不翅。圈翅鼓翅也謂不擧動也。不飛不鳴。圈喻不行。一令不言一政。嘿然無聲。圈恭默思道。此爲何名。物曰謂名之爲何也。王曰。三年不翅。

茅坤曰此諫言是人主之通患知之則爲莊王之自反不知則爲夫差之違諫以好勝。

將以長羽翼。圈管子桓公曰寡人之有仲父也猶飛鳴之有羽翮也漢高祖見四皓輔惠帝曰羽翮已成。不飛不鳴。將以觀民則。呂春秋作其不鳴將以覽民則也尙書弘敷五典式和民則管子諫爭死節臣下之則也又云毋先物動以觀其則毛詩敬愼威儀維民之則楚語是知天咫安知民則徐鍇曰則節也莊子醉之以酒而觀其則六韜則字作態遊仙窟自隱多恣則注則態也此謂莊王不先物動其意在察臣下之態度也。雖無飛。飛必沖天。圈韻會引說文翀上飛也从羽中聲通作沖楚世家一蜚沖天鷦鷯賦注沖中也列子曰穆王執化人之袪騰而上者中天而止猶云傅于天也呂子注沖至也素問注沖猶升也。雖無鳴。鳴必驚人。圈人音然叶上天。子釋之。釋舍也。不穀知之矣。處半年。乃自聽政。所廢者十。所起者九。誅大臣五。擧處士六。而邦大治。擧兵誅齊。敗之徐州。徐作徐誤齊策楚威王戰勝於徐州注魯之薛六國時曰徐州吳注徐詞余反左氏作舒說文作郐圓案莊王六年代宋十三年滅舒此云誅齊敗徐州者誤。勝晉於河雍。見上。合諸侯於宋。遂霸天下。莊王不爲小善。故有大名。小下元衍害字。不蚤見示。故有大功。故曰。大器晚

成。大音希聲。圈後漢郎顗傳注聲震宇內謂之大音其動有時故希聲也無所不容謂之大器其功既博故晚成也。

楚王欲伐越。莊子諫曰。王之伐越。何也。元作楚莊王欲伐越杜子諫曰從荀子注正之。任昉代齊明帝表雖自見之明庸近所蔽注作莊子曰伐越何也莊子莊周也。曰。政亂兵弱。選注曰上有王字。莊子曰。臣愚患智之如目也。一無愚字智之元作之智從選注正。能見百步之外。而不能自見其睫。選注睫作睞同山曰越世家齊使者說越王曰吾不貴用智之如目見毫毛而不見其睫。王之兵。自敗於秦晉。喪地數百里。此兵之弱也。莊王時無此事知今本誤圈楚史檮杌有愚字淵鑑睫作皆。莊蹻爲盜於境內。而吏不能禁。此政之亂也。荀子莊蹻起楚分而爲三四注蹻初爲盜後爲楚將又見樂書索隱曰蹻其略反楚將之名呂春秋注莊蹻楚威王之時大盜也楊升庵外集引此文與今本同而云漢西南夷傳莊蹻者楚莊王之苗裔也以其衆王滇去莊王時百年此又一莊蹻也楊慎不考荀注因誤分爲二人耳。王之弱亂。非越之下也。謂過於越也。而欲伐越。一無而字。此智之如目也。王乃止。故知之難。

不在見人。在自見。故曰。自見之謂明。老子作自見者明。

子夏見曾子。曾子曰。何肥也。對曰。戰勝。故肥也。曾子曰。何謂也。子夏曰。吾入見先王之義。則榮之。精神訓榮作說。𨻶樂書。先王之義作夫子之道。出見富貴之樂。又榮之。兩者戰於胸中。未知勝負。故臞。𨻶荀子。志意脩。德行厚。知慮明。是榮之由中出者也。夫是之謂義榮。爵列尊。貢祿厚。形勢勝。上爲天子諸侯。下爲卿相士大夫。是榮之從外至者也。夫是之謂勢榮。此謂勢榮之人心攻外。義榮之道心守內。外物衆而內志孤。故致臞瘠也。𦵏少肉也。今先王之義勝。故肥。高誘云。精神內守。無所思慮。故肥。𨻶佩文作夫子之義勝而肥也。孔叢子子夏讀書章云。上見堯舜之德。下見三王之義。忽不知憂患與死也。是以志之難也。不在勝人。在自勝也。故曰。自勝之謂强。老子作自勝者强。此章一接前章。

周有玉版。山曰。竹書紀年。帝辛四十年。王使膠鬲求玉于周。𨻶大戴禮。周后娠成王於身。立而不跂。坐而不差。獨處不倨。雖怒不詈。胎敎之謂也。書之玉版。藏之金匱。爲後世戒。太史公自序。金匱玉版。素問有玉版篇。案。金版玉版皆所以書冊命錄箴戒者也。若莊子金版六弢。管子版法。是也。紂使膠鬲索之。文王不予。費仲來求。因予之。是膠鬲賢。而費仲無道也。周惡賢者之得志也。故予費仲。文王擧太公於渭濱者。貴之也。而資費仲玉版者。是愛之也。故曰。不貴其師。不愛其資。物曰。謂不惡小人也。雖知大迷。大一作太。是謂要妙。○內儲云。文王資費仲。而遊於紂之傍。令之間紂而亂其心。愚謂聖人豈有此事哉。呂覽載紂使膠鬲來問師至之日。武王與之期日。犯雨而行。恐其違期而紂殺膠鬲也。聖人之愛賢者。至厚如此。佯拒玉版以疏間之。斷無此理。朱長春注管子曰。史以陰謀誣文王太公。管氏書又以陰謀誣成湯伊尹。道德之家。有激以非聖。而名法權數之家。有挾以誣聖。此戰國策士之藉口哉。愚於此等章亦云

定本韓非子纂聞卷第六 終

定本韓非子纂聞卷第七

說林上下

江都　松皐圓纂聞

說林上第二十二 索隱曰。廣說諸事。其多如林。故曰說林。

湯以伐桀。精神訓注。無以字。物曰。以已同。而恐天下言己爲貪也。因乃讓天下於務光。高誘曰。務光湯時隱士。而恐務光之受之也。乃使人說務光曰。湯殺君。而欲傳惡聲于子。精神訓注。湯弑其君。將歸不義之名於子也。故讓天下於子。務光因自投於河。精神訓注。因抱石投於深淵而死。○列子云。昔者堯舜僞以天下讓許由善卷。而不失天下。此言一出。而莊周剽安蠶述之。湯讓務光。武讓伯夷。皆戰國之訛言也。

秦武王令甘茂擇所欲爲於僕與行事。孟子注。行事。使事也。物曰。行事。行人也。僕。大僕也。謂令就二官。擇其所欲也。𨻶書序。穆王命伯冏爲周大僕正。疏云。與君同車。最爲親近。故春秋隨侯寵少師以爲車右。漢書。文帝愛趙同。命之爲御。孟卯曰。公不如爲僕。孟卯。外儲作昭卯。秦紀芒卯。索隱曰。魏將。譙周曰。孟卯也。公所長者使也。公雖爲僕。王猶使之於公也。物曰。謂以公爲使也。公佩僕璽。而爲行事。是兼官也。始皇紀注引蔡邕曰。璽。印信也。古者尊卑共之。月令曰。固封璽。左傳曰。季武子璽書追而與之。此諸侯大夫印稱璽也。

子圉見孔子於商太宰。商。宋也。孔子出。子圉入請問客。人請事之次問之。物曰。請問。問客何如也。客指孔子也。太宰曰。吾已見孔子。則視子猶蚤虱之細者也。吾今見之於君。子圉恐孔子貴於君也。因謂太宰。謂一作請。曰。君已見孔子。君一作已。恐君亦將視之猶蚤虱也。恐君。元作孔子。一無此二字。從初潭正。井曰。之宜作子。太宰因弗復見也。弗一作勿。

魏惠王爲臼里之盟。韓策作魏王爲九重之盟。注一本九里。大事記引之。姚同。將復立於天子。傍注。復立。謂更置也。彭喜謂鄭君曰。君勿聽。策彭作房。鄭君作韓王。大國惡有天子。小國利之。若君與大不聽。魏焉能與小立之。大小策作大國小國。吳注。大事記引韓非子云。戰國策所載與此同。但止言魏王而不言惠王。所謂將復立天子者。是時七國既稱王。不以周爲天子也。盟不知何年。附載於愼靚王三年。魏惠王薨之前。

晉人伐邢。春秋莊三十一年冬。狄伐邢。次年正月。齊人救邢。此云晉人者。謬。齊桓公將救之。鮑叔曰。太蚤。蚤早同。邢不亡。逗 晉不敝。句 晉不敝。逗 齊不重。句 且夫持危之功。荀子注。持。扶翊也。不如存亡之德大。存亡國。繼絕世。德之大者。君不如晚救之以敝晉。盡力攻邢。晉兵罷敝。齊實利。晉敝則齊威重。是吾利也。待邢亡而復存之。其名實美。桓公乃弗救。

子胥出走。史表楚平王七年。伍員奔吳。邊候得之。邊候。候吏守邊境者。子胥曰。上索我者。物曰。上始見。以我有美珠也。今我已亡之矣。吳越春秋。子胥奔吳。夜行晝伏。出到昭關。關吏執之。子胥詐曰。王之所以索我者。以我有美珠也。今我已亡矣。我將告子欲取之。關吏因舍焉。又見史記。我且曰子取吞之。燕策載張丑謂燕境吏語。與此同。而吞之下云。燕王必當殺子。刳子腹及子之腸矣。夫欲得之君。不可說以利。吾要且死。子腸亦且寸絕。境吏恐而赦之。候因釋之。團藝文類聚者作也。索作求。因作憂而二字。

慶封爲亂於齊。史記齊景公三年。慶封爲亂奔魯。遂奔吳。事詳于襄二十八年左傳。而欲走越。其族人曰。晉近。奚不之晉。慶封曰。越遠。利以避難。族人曰。變此心也。居晉而可。不變此心也。雖遠越。物曰。謂雖更遠於越也。其可以安乎。山曰。說苑載。事同。

智伯索地於魏宣子。見十過篇。魏宣子弗予。任章曰。何故不予。魏策注。任章。魏人。宣子曰。無故請地。故弗予。任章曰。無故索地。鄰國必恐。彼重欲無厭。天下必懼。策注。重猶多也。君予之地。智伯必驕而輕敵。鄰邦必懼而相親。以相親之兵。待輕敵之國。則智伯之命不長矣。伯一作氏。策同。周書曰。將欲敗之。必姑輔之。將欲取之。必姑予之。吳注引王應麟云。此豈蘇秦所讀周書陰符者歟。老氏之言出于此。朱子曰。老子爲柱下史。故見此書。團困學紀聞說同。又玉海引通史云。周書與尚書相類。卽孔子刪約百篇之外。凡爲七十一章。君不如予之。以驕智伯。且君何釋以天下圖智氏。以與通。釋一作措。誤。策注。何舍此而不爲。而獨以吾國爲智氏質乎。質字見存韓篇。謂智氏之鋒聚于魏也。吳注。與之以地。猶質也。鮑注作資。云。舍此不圖。適足爲智氏來伐之資也。皆非。君曰。善。乃與之萬戶之邑。智伯大說。說一作悅。因索地於趙。弗與。策疊趙字。因圍晉陽。韓魏反之外。趙氏應之內。智氏自亡。策自作遂。物曰。自亡。獨亡也。

秦康公築臺三年。荊人起兵。將欲以兵攻齊。任妄曰。饑召兵。疾召兵。勞召兵。亂召兵。飢饉疾疫。勞役內亂。皆敵兵乘隙之資也。君築臺三年。今荊人起兵。將攻齊。臣恐其攻齊爲聲。名爲攻齊。而以襲秦爲實也。團汲冢周書。伐亂伐疾伐役。武之順也。不如備之。戍東邊。荊人輟行。輟。止也。

齊攻宋。宋使臧孫子南求救於荊。荊王大說。元脫王字。從宋策補。許救之甚勸。勸元作歡。竊者誤。策注。勸。力也。臧孫子憂而反。其御曰。索救而得。今子有憂色。何也。臧孫子曰。宋小而齊大。夫救小宋而惡於大齊。惡猶言仇也。本或作悉。非。此人之所以憂也。而荊王說。必以

石節

機節。孫按曰此絶戰國文字。

堅我也。堅宋意。令不降。我堅而齊敝。荆之所利也。臧孫子乃歸。齊人拔五城於宋。而荆救不至。

魏文侯借道於趙。而攻中山。趙烈侯策注。攻中山。魏十七年。此元年。趙肅侯將不許。策無肅字。魏文趙肅相去殆六十年。宜作烈侯爲正。趙刻曰。君過矣。策作趙利。魏攻中山。而弗能取。則魏必罷。音疲。罷則魏輕。魏輕則趙重。魏拔中山。必不能越趙而有中山也。是用兵者魏也。而得地者趙也。君必許之。許之而大歡。歡謂示喜色也。彼將知君利之也。必將輟行。君不如借之道。示以不得已也。

鴟夷子皮事田成子。索隱引此而云。鴟夷子皮蓋范蠡也。圓謂蠡賢者也。報吳霸越業已足矣。何故更助篡弒之賊以求顯乎。且田成子弒簡公之後八年。越滅吳。蠡乃去越。是時田氏篡齊之勢既成。尙誰爲難。而有出走之事乎。則知子皮之非蠡亦明矣。以子皮爲蠡者。史遷之厚誣賢者也。案

春秋末。稱鴟夷子皮者有三。一楚之賢人。說苑云。鴟夷子皮日侍於屈春。損頗爲友是也。一齊之姦商。詭稱范蠡變姓名者。太史列之貨殖傳是也。一齊人。黨于田氏者爲三。氾論訓。私門成黨而公道不行。故使陳成田常鴟夷子皮得成其難。注。殺簡公之難也。墨子。齊景公欲封孔子以尼谿。晏子止之。孔丘乃志怒於景公與晏子。乃樹鴟夷子皮於田常之門。說苑。宰我夜伏卒。將以攻田成子。令於卒中曰。不見旌節毋起。鴟夷子皮聞之。告田成子。田成子爲旌節以起宰我之卒。以攻之。遂殘之也。吾欲爲賢者。晉汗洗冤。故詳論之。友人原子穰嘗謂范蠡之扁舟於江湖。肥遯高蹈。不可蹤跡也。故越王邑之于會稽。以見追慕之切。猶晉文公之封介山子推也。案國語曰。蠡之去浮五湖。莫知其所終極。是爲得實。如史記戰變名易姓。適齊爲鴟夷子皮。居陶爲朱公。三致千金。事跡淺顯如此。越之君臣。豈有留而不問哉。廣輿記稱洞庭包山有蠡宅。鳳陽府蒙城有蠡家。亦可以見其一隱。而不再出于世矣。此言正與吾意合。并錄之。田成氏去齊。走而之燕。史記闞止之難。成子出舍于庫。聞公猶怒。將出。子行止之曰。需事之賊也。遂殺簡公。立平公。此云去齊。傳聞之異也。鴟夷子皮負傳而從。傍注。傳信也。以繒帛爲之。出入關合信也。圓藝文類聚走而二字作亡。淵鑑同。周禮司關。凡所達貨財。則以節傳出之。如淳曰。兩行書繒帛。分持其一。出入關。合之乃得過。謂之傳。又古今注。凡傳皆以木爲之。長五寸。書符信於上。又以一板封之。皆封以御史印章。所以爲信也。若今過所矣。至望邑。蓋博望也。在鄧州向城縣西。圓風俗通云。春秋國語有寓望。謂今亭也。子皮曰。子獨不聞涸澤之蛇乎。

權節。

莊節。

涸澤蛇將徙。有小蛇。謂大蛇曰。子行而我隨之。圓藝文類聚作大蛇行小蛇隨之。淵鑑同。人以爲蛇之行者耳。必有殺子。不如相銜負我以行。圓藝文類聚疊子字。人必以我爲神君也。一無必字。圓藝文類聚無君字。乃相銜負。以越公道而行。人皆避之曰。神君也。圓管子上下無時謂之神。故涸澤數百歲谷之不徙。水之不絶者生慶忌。其狀如人。又涸川之精曰蟡。一頭而兩身。其形如蛇。案涸澤有是神。固人之所服也。故常蛇佯爲之耳。晉志臨淄有大蛇。負二小蛇。入漢城陽景王祠中。五行家異而紀之。衆亦信之。古今一轍也。今子美而我惡。以子爲我上客。千乘之君也。以子爲我使者。萬乘之卿也。使者使令之人。卽下舍人也。大國之卿必富。故人敬之。子不如爲我舍人。齊策吳注引顏師古云。舍人親近左右之通稱。遂以爲私屬官號。田成子因負傳而隨之。至逆旅。圓韋昭云。旅客也。逆客而舍之。逆旅之君待之甚敬。因獻酒肉。君宜作父。逆旅之父見下。圓父篆文[illegible]。君篆文[illegible]。相似誤耳。

溫人之周。溫屬河內。周不納客。問之曰。客耶。對曰。主人。東周策吳注。姚云。一本周不內。問曰客邪。韓非文同。問其巷人。策無人字。而不知也。吏因囚之。君使人問之曰。子非周人也。而自謂非客。何也。對曰。臣少也誦詩。策也作而。曰。普天之下。莫非王土。率土之濱。莫非王臣。毛詩小雅北山篇普作溥。策注。普徧。率循也。圓率通作衛。猶云周廻也。濱猶上也。如海濱曰海上也。今君天子。則我天子之臣也。豈有爲人之臣。而又爲之客哉。故曰主人也。君使出之。送出境也。策作君乃使吏出之。

韓宣王謂樛留曰。吾欲兩用公仲公叔。其可乎。公仲名侈。公叔名伯嬰。後故爲韓相國。韓宣惠王策注。樛留韓人。吳注。樛居尤反。漢有樛氏。通鑑大事記作繆。山曰。又見內儲雜一。對曰。不可。晉用六卿而國分。後爲三晉。簡公兩用田成闞止。而簡公殺。策注。事見哀十四年。物曰。

殺弑通。魏兩用犀首張儀。而西河之外亡。吳注大事記魏惠後十三年張儀相魏。魏不事秦。秦以公孫衍代相儀。留魏四歲。後說魏王。久之乃去。二人更迭用。衍相儀留。猶兩用也。今王兩用之。其多力者。樹其黨。寡力者。借外權。借外諸侯之威。羣臣有內樹黨以驕主。有外為交以削地。則王之國危矣。兩有字猶或也。策云。羣臣或內樹其黨以擅其主。或外為交以削其地。則王之國必危矣。案驕主擅主義同。訓驕矜以制主也。或矯字誤。

紹績昧醉寐。而亡其裘。紹績複姓。希姓錄收此。裘裘古文。宋君曰。醉足以亡裘乎。對曰。桀以醉亡天下。而康誥曰。毋彝酒。今見酒誥。彝酒者常酒也。者字元在毋彝酒下誤。常酒者。天子失天下。匹夫失其身。

管仲隰朋從於桓公。而伐孤竹。春往冬反。迷惑失道。齊世家桓公二十三年。伐山戎至于孤竹而還。地理志令支縣有孤竹城。管仲曰。老馬之智可用也。乃放

老馬而隨之。遂得道。圖佩文韻府用作師。舊注蒙求作從。齊桓公而伐孤竹國。春行冬還。迷失道。遂得道作遂得歸國。百家類纂作夏反。藝文類聚得道下有焉字。淵鑑同。行山中無水。圖藝文淵鑑無行字。隰朋曰。蟻冬居山之陽。夏居山之陰。圖山南曰陽。冬煖。山北曰陰。夏涼。蟻壤一寸而仞有水。謂蟻封高一寸。則其下深仞。必得水也。圖月令廣義作蟻壤寸而有水。事文類聚亦無仞字。爾雅翊作蟻壤守而有水。壤守卽土封也。亦似有味。然李德裕蚍蜉賦驗寸壤而得泉。用此事也。未詳孰是。友人海鹽氏云。抱朴子山鳩知晴雨於將來。不能明天文。蛇螘知潛水之所居。不能達地理。螘性雖避水而亦惡乾燥之地。故擇水氣所升而就焉。所以蟻封之下有水也。乃掘地。遂得水。以管仲之聖。而隰朋之智。蒙求注無之聖而三字。圖而猶與也。脩務訓又況羸天下之憂。而海內之事者乎。字法同。至其所不知。不難師於老馬與蟻。今人不知以其愚心。而師聖人之智。不亦過乎。

有獻不死之藥於荊王者。謁者操之以入。楚策注。謁者掌賓贊受事也。中射之士問曰。可食乎。中射見十過篇。圖陳軫傳作中謝。曰。可。因奪而食之。王大怒。使人殺中射之士。中射之士使人說王曰。臣問謁者。策疊此二字。曰可食。謁者云爾。臣故食之。是臣無罪。而罪在謁者也。且客獻不死之藥。臣食之而王殺臣。是死藥也。是客欺王也。夫殺無罪之臣。而明人之欺王也。物曰。謂暴王之見欺也。不如釋臣。王乃不殺。吳注自齊威宣燕昭使人入海求三神山。而方士盛。楚臣有獻不死之藥者。知當時此術蔓延浸淫。不獨燕齊然也。

田駟欺鄒君。田駟見趙策。鄒君將使人殺之。田駟恐。告惠子。惠子見鄒君曰。今有人見君。則眣其一目。奚如。傍注眣訖洽反。與睒同。眇也。圖案字書睒目細暗也。蓋詐疾一目。如眇狀。謂不敬也。山曰。列子矢來注睫子而眶不睫。釋文睫本作眣。目瞬也。圖偏目視人。蓋當時侮謾人之狀。趙策云。望我而笑。是狎

也。卽此類。君曰。我必殺之。惠子曰。瞽兩目眣。君奚為不殺。君曰。不能勿眣。圖藝文類聚作瞽眣兩目。淵鑑同。事文要玄不殺之不作弗。下同。惠子曰。田駟東慢齊侯。南欺荊王。圖慢謾通。欺也。駟之於欺人。瞽也。君奚怨焉。鄒君乃不殺。

魯穆公使衆公子或宦於晉。或宦於荊。宦一作官。傍注兩宦蓋樹援也。犁鉏曰。犁黎昔近。史記作黎鉏。內儲黎且去仲尼。卽此人也。豈初事齊。後適魯歟。假人於越。而救溺子。越人雖善遊。子必不生矣。遊一作游。通。山曰。此喩又見難勢用人。失火而取水於海。海水雖多。火必不滅矣。遠水不救近火也。今晉與荊雖強。而齊近魯。患其不救乎。謂齊近鄰而恃遠交。不能救急患也。或讀近字句。

嚴遂不善周君。物曰句。患之。物曰。句并曰。有缺文。圖案宜疊周君二字。嚴遂重於韓君。嘗因事與周君相惡。恐其為周

害故患之。馮沮曰。東周策作馮且。鮑注改作睢。云元作且。睢之省也。猶趙作肖。齊作立。故後唐且史作睢。吳注且當依本文。圓謂且宜據韓子。讀爲沮。策注失之。嚴遂相。而韓傀貴於君。謂爲韓君所貴重也。不如行賊於韓傀。則君必以爲嚴氏也。以二人爭勢相惡也。國策嚴氏爲賊。而陽豎與焉。道周。周君留之十四日。載以乘車駟馬而遣之。韓使人讓周。周君患之。客謂周君曰。正語之曰。寡人知嚴氏之爲賊。而陽豎與之。故留之十四日以待命。小國不足以容賊。君之使又不至。是以遣之。今據韓子考之。蓋周君用馮沮之言。與陽豎密謀。使之行賊。故來道于周。周君厚待之。使逃于他國。以免死耳。注策者不知。故并及之。但陽豎宜作陽堅。國策東孟之會。韓王及相皆在焉。聶政刺韓傀。兼中哀侯。又云。東孟之會。聶政陽堅刺相兼君。許異蹴哀侯而殪之。立以爲鄭君。故哀侯爲君。而許異終身相焉。案兼君君哀侯也。前云兼中哀侯是也。而曰蹴哀侯曰哀侯爲君。竊者誤。兩哀侯並宜作懿侯。又烈王五年。韓嚴遂殺哀侯。解題引正義云。紀年晉桓公邑哀侯於鄭。韓山堅賊其君哀侯。而立韓若山。山堅乃韓嚴。若山乃懿侯也。案山堅乃陽堅也。謂韓嚴者誤。刺客傳嚴仲子事哀侯。與韓相俠累有郤。使聶政刺俠累。俠累乃韓傀也。字音轉訛。而韓世家乃云。烈侯三年。聶政殺俠累。又云。哀侯六年。韓嚴弑哀侯。是史記自爲舛錯。分爲二事。而兩書之。馬遷之疏也。案嚴遂韓人。姓嚴。名遂。字仲子。而史記或書韓嚴。或書韓遂。亦其疏也。通鑑書嚴遂弑哀侯。大事記因之。綱目書嚴遂。下注哀侯以韓傀爲相。而愛韓遂。二人相害。遂刺傀於朝。併中哀侯。此與國策及內儲所記相合。蓋聶政行賊。嚴遂陽堅爲之內應。周君亦陰

助之。而刺客傳不言及者。欲專聶政之孤身直往。刺相兼君。以見其勇耳。自韓世家誤記此事。溫公與劉道原書。蘇氏古史。皆疑之。吳師道國策注亦仍史謬。遂臆斷以聶政之事爲嚴遂。在烈侯三年。而弑哀侯者。乃韓嚴。在哀侯六年。是以韓之嚴遂。分爲二人也。果如其說。則韓傀俠累亦將分爲兩人。其謬彰然。故詳辨焉。

張譴相韓。張良傳索隱韓有張弄疾。及張譴。恐非張良之先也。病將死。公乘無正懷三十金。而問其疾。公乘官姓也。魏文侯臣有公乘不仁。見說苑。居一月。韓王自問張譴曰。若子死。將誰使代子。依標注補韓王二字。答曰。無正重法而畏上。雖然不如公子食我之得民也。公族而得民心。正中其忌。國語楊食我。晉注食祥史切。張譴死。因相公乘無正。

樂羊爲魏將。而攻中山。其子在中山。國藝文類聚將而作文侯。魏策子下有時字。說苑云。中山懸其子示樂羊。樂羊不爲衰志。攻之愈急。中山之君烹其子。而遺之羹。樂羊坐於幕下而啜之。策注啜飲也。國策云烹之作羹。致於樂羊。人間訓遺之鼎羹。治要及初學記藝文類聚無羹字。治要無坐於幕下而啜之七字。盡一杯。國人間訓樂羊爲使者跪而啜三杯。說苑中山見其誠也。不忍共戰。果下之。遂爲文侯開地。後漢書注引國策。此下有而攻拔中山五字。文侯謂堵師贊曰。樂羊以我故。而食其子之肉。堵師姓也。春秋有堵師比。策作覩斯贊。春秋後語與此同。答曰。其子而食之。策云其子之肉尚食之。且誰不食。樂羊罷中山。文侯賞其功。而疑其心。孟孫獵得麑。此章元別提。從呂春秋乃中山策諸書連合之。高誘云孟孫魯大夫。使秦西巴載之持歸。其母隨之而啼。秦西巴弗忍而與之。說苑及人間訓忍下有縱字。國載之持歸。治要作持之以歸。後漢書注及藝文事文淵鑑作持之二字。與之作與其母。孟孫歸至而求麑。國至如至自齊之至。亦歸也。諸類書並作適至。答曰。余弗忍而與其母。孟孫大怒逐之。居三月。人間訓居一年。復召以爲其子傅。其御曰。人間訓左右曰。曩將罪之。今召以爲其子傅。何也。元無其字。從治要召以爲作使。字諸類書作爲其子。孟孫曰。夫不忍麑。又且忍吾子乎。國人間訓夫一麑而不忍。又何

況於人乎。諸類書天下有子字。故曰。巧詐不如拙誠。樂羊以有功見疑。秦西巴以有罪益信。

曾從子善相劍者也。衛君怨吳王。曾從子曰。吳王好劍。臣相劍者也。臣請爲吳王相劍。拔而示之。因爲君刺之。衛君曰。子之爲是也。元作爲之。從井氏正。非緣義也。爲利也。吳強而富。衛弱而貧。子必往。吾恐子爲吳王用之於我也。乃逐之。

紂爲象箸。見喻老篇。箕子怖。怖一作悕。箕上一有而字。以爲象箸不盛羹於土簋。則必犀玉之杯。玉杯象箸。必不盛菽藿。則必旄象豹胎。旄象豹胎。必不衣短褐而舍茅茨之下。則必錦衣九

評語 陳澧曰此戰攻服之術周公豈爲之

危語

重。高臺廣室也。屋蓋曰茨以茅覆屋也短宜作裋喻者作裋荀子衣則豎褐不完注僮豎之褐亦短褐也齊俗訓裋褐不掩形而煬竈口列子臉衣則裋褐釋文裋音豎方言複襦也說文粗衣也又敝布襦也又襜褕短者曰裋褕有作短褐者誤又案墨子舍其文錦鄰有短褐而欲竊之宋策作鄰有裋褐注豎使之褐吳注一本短褐姚注引韓文考異裋一作短方云貨殖傳用裋字董彥遠洪慶善皆辨古無短褐字實誼賈禹貨殖傳班彪劉平張衡傳凡六見班彪論漢書作裋文選則用下管切是唐儒兩用之故少陵以長纓爲對而史記孟嘗傳國策墨子語皆傳寫之誤今案國策短一作裋史記士不得裋褐司馬貞亦音豎班彪王命論短字韋昭曰當作裋又淮南子巫馬期絻衣短褐高誘無說未必皆傳寫之訛柳子厚亦嘗用之安知韓公之必不然乎兩存以俟知者圓案作短者非齊俗訓必有昔廬跣跔裋褐不完者高誘云楚人謂袍爲裋褐大布也謂高誘無說者失考 稱此以求。則天下不足矣。謂雖天下之富不足供其欲也 聖人見微以知明。明元作萌從山氏正 見端以知末。故見象箸而怖。知天下之不足也。一無之字

周公旦已勝殷。將攻商蓋。商蓋疑卽商奄也墨子周公旦非關叔辭三公東處於商蓋孟子周公相武王誅紂伐奄注奄東方無道之國又左傳祝鮀說伯禽始封事曰因商奄之民注商奄國名與四國流言或迸散在魯又周紀正義云魯爲大庭氏之故國又是商奄之地圓奄蓋義皆訓覆故一國而得二名猶荆楚一木二名故以國號亦得二名也史記吳世家公子蓋餘左傳作掩餘可證 辛公甲曰。山曰左傳昔辛甲之爲太史也注周武王太史圓竹書紀年帝辛三十九年大夫辛甲出奔周漢志有辛甲二十九篇注紂臣七十五諫而去周封之 大難攻。小易服。不如服衆小以劫之。以威劫脅 乃攻九夷。馬融曰東方之夷有九種也 而商蓋服矣。圓毛詩周公東征四國是皇傳四國管蔡商奄書序成王東伐淮夷遂踐奄商與奄本二國也而此及墨子路史似爲一國者蓋奄小國附近若一故彙稱耳其實亦非以爲一國也

一語

紂爲長夜之飲。圓殷記評引考要云紂爲淫樂以百二十日爲一夜謂之長夜飲束行酒騎行炙醉而忘其日辰甲子又論衡云傳語紂爲長夜之飲言坐在深室之中閉牖擧燭故曰長夜 悞以失日。悞誤譌字一作懼圓悞當作娛劉昭漢志紂作淫虐喪其甲子 問其左右。盡不知也。乃使人問箕子。箕子謂其徒曰。爲天下主。而一國皆失日。天下其危矣。一國皆不知。而我獨知之。吾其危矣。辭以醉而不知。傍注懼獨醒也

語

魯人身善織屨。圓事文要玄屨作履 妻善織縞。而欲徙於越。或謂之曰。子必窮矣。魯人曰。何也。曰屨爲履之也。而越人跣行。圓事文要玄作履飾足也 縞爲冠之也。而越人被髮。以子之所長。游於不用之國。圓游遊通 欲無窮。其可得乎。欲下元有使字從說苑刪又莊子宋人資章甫而適諸越越人文身斷髮無所用之說山訓亦載之與此章意同

變語

陳軫貴於魏王。惠子曰。必善事左右。魏策陳軫作田需必上有子字 夫楊逗橫樹之卽生。倒樹之卽生。折而樹之又生。圓世本古義引草木志略柳曰天棘斬其枝橫倒曲直插之皆生 然使十人樹之。而一人拔之則毋生楊矣。矣一作王 夫以十人之衆。樹易生之物。一無夫字衆作故 而不勝一人者。何也。樹之難而去之易也。子雖工自樹於王。而欲去子者衆。子必危矣。吳注此與孟子雖有天下易生之物云云語相類而意在自樹矣子必善事左右則君子小人之用心可見矣圓廣雅工巧也又大戴禮注工能也

變語

魯季孫新弒其君。經世書云三桓作難弒其君哀公圓廣雅新初也 吳起仕焉。或謂起曰。夫死者始死而血。已血而衄。物曰衄死血也圓後漢段熲傳注傷敗曰衄廣雅衄縮也音朒 已衄而灰。物曰死血色變似炭也炭亦謂之灰古語 已灰而土。圓論衡人死血脈竭竭而精氣滅滅而形體朽朽而成灰土 反其土也。無可爲者矣。今季孫乃始血。謂行弒逆 其毋乃未可知也。山曰毋音無也耶通或說毋恐衄字誤謂已弒君其次或誅除賢者亦未可知也 吳起因去之晉。

隰斯彌見田成子。隰斯彌齊大夫隰朋之後 田成子與登臺四望。三面皆暢。暢一作暘時則訓暘月昔暢月令作暢物曰謂無壅蔽也 南望隰子家之樹蔽之。田成子亦不言。隰子歸。使人伐之。斧離數創。毛詩斧以斯之爾雅斯離也謂斧析其樹已創

刘辰翁曰。微言甚妙。　逆語。楊慎曰。見莊子。　妬語　孫鑛曰。斷案。　智語　陳深曰。與西門豹鄭子陽事同。

斷數處也。圖汲冢周書柯之矣也。離其枝離析也。隰子止之。其相室曰。何變之數也。山曰。數音促。離二篇吾士之數弊也。呂春秋作遬弊。圖集韻數音速。賈生傳淹數之度兮。注數速也。隰子曰。古者有諺曰。知淵中之魚者不祥。山曰。列子周諺有言察見淵魚者不祥。吳王濞傳察見淵中魚不祥。索隱曰。又見文子。夫田子將有大事。謂行篡弑。而我示之知微。我必危矣。不伐樹。未有罪也。知人之所不言。其罪大矣。乃不伐也。

楊子過於宋東之逆旅。列子之下有於字。莊子作宿於逆旅。楊子楊朱也。宋東宋之東境。說苑云鄭桓公東會封於鄭。暮舍於宋東之逆旅。有妾二人。其惡者貴。美者賤。楊子問其故。逆旅之父答曰。美者自美。吾不知其美也。惡者自惡。吾不知其惡也。列莊父作小子。物曰。父老人。謂主人也。山曰。老子天下皆知美之爲美斯惡已。皆知善之爲善斯不善已。是也。楊子謂弟子曰。行賢而去自賢之心。莊子心作行。焉往而不美。莊子作不愛哉。

衛人嫁其子而教之。氾論訓作宋人。曰。必私積聚。爲人婦而出常也。其成居幸也。氾論訓私藏而富其於以復嫁易其子聽父之計竊而藏之。其子因私積聚。其姑以爲多私而出之。其子所以反者。以一作自。倍其所以嫁。其父不自罪於教子非也。而自知其益富。知音智。以其子多得財爲智也。氾論訓其父不自非也。而反得其計。知爲出藏財而不知藏財所以出也。爲論如此。豈不悖哉。山曰。又見呂春秋。今人臣之處官者。皆是類也。姦贓得罪。猶衛人之子也。

魯丹三說中山之君。而不受也。因散五十金事其左右。復見。未語。而君與之食。魯丹出而不反舍。遂去中山。其御曰。及見。乃始善我。何故去之。魯丹曰。夫以人言善我。必以人言罪我。管子客謂桓公曰。臣聞取人以人者。其去人也亦用人。吾不仕矣。與此意同。山曰。莊子云子列子窮。鄭子陽令官遺

駭語　奇語　詐語

之粟。子列子不受。笑謂其妻曰。君非自知我也。以人之言而遺我粟。至其罪我。又且以人之言。此吾所以不受也。未出境。而公子惡之曰。爲趙來間。惡猶讒也。間諜也。中山君因索而罪之。

田伯鼎好士而存其君。其詳未聞。白公好士而亂荊。其好士則同。其所以好士之爲則異。從山氏補好士之三字。公孫支自刖。而尊百里。支作友誤。說苑臣術篇載公孫支事極詳。而其自刖未聞。豎刁自宮而諂桓公。其自刑則同。其所以自刑之爲則異。一無以字。慧子曰。慧惠通。惠施也。而希姓錄收爲別入非。狂者東走。狂作往刊者誤。逐者亦東走。其東走則同。其所以東走之爲則異。故曰。同事之人。不可不審察也。

說林下第二十三

伯樂教二人相踶馬。漢武帝詔。馬或奔踶。注聲類曰。踶蹋也。杜計切。相與之簡子廄觀

馬。一人舉踶馬。舉猶示也。物曰。謂就馬羣而指命之也。其一人從後而循之。圖謂旋繞往來也。三撫其尻。而馬不踶。此自以爲失相。此指舉踶馬者。其一人曰。子非失相也。此其爲馬也。踒肩而腫膝。踒讀痿痹之痿。說苑踒人日夜願一起。痿肩肩無力也。夫踶馬也者。舉後而任前。前足據地用力。而後得舉後足以踶跋也。腫膝不可任也。故後不舉。子巧於相踶馬。而拙於任腫膝。圖不知腫膝之不可任則拙也。夫事[必]有所必歸。而以有所腫膝而不任。雖有賢者或有所牽制則不能騁材奏功也。以字虛字。無意義。智者之所獨知也。惠子曰。置猿於柙中。假異訓作置猨檻中。則與豚同。故勢不便。非所以逞能也。

衛將軍文子見曾子。文子衛卿。公孫彌牟。曾子不起。而延於坐席。圖魯語注延進也。曲禮注延導之也。又高紀謝之延上坐。正身於奧。不起迎。居上坐皆不敬也。圖曲禮爲人子者居不主奧。疏主猶坐也。室中西南

隅謂之奥正身坐如尸卽主也賈誼新書尋常之室無奥剽之位則父子不別奥上位也剽末位也荀子注剽末也文子謂其御曰。曾子愚人也哉。以我爲君子也。君子安可毋敬也。以我爲暴人也。暴人安可侮也。曾子不僇。命也。曾子雖浩浩驕富貴豈到傲慢如此

亦策士之曲說也山曰命宜作卒形之誤也卒卽幸字圖僇猶辱也

鳥有翢翢者。傍注翢音周友人金谷世雄曰濟確居類書引禽經鵃鵃之信不如雁周周之智不如鴻又引此文亦作周周阮籍詩周周尙銜羽蛩蛩亦念飢周周銜羽以免顚仆蛩蛩負蟨以求美草言鳥獸尙知相依也案周周蓋如蛩蛩距虛之類二鳥相比而飮于河者圖太平御覽埤雅並引禽經通雅今禽經無此語案慧琳云扇扇上設戰反下設旃反離騷上音利下音梨推此則知凡重言者上音去聲下音平聲也周周亦宜上音軴下音誅重首而屈尾。文選注作鳥有周周者首重而尾屈瑯琊代醉編同將欲飮於河。則必顚乃銜其羽而飮之。選注代醉無其字金谷曰飮之謂使一鳥得飮也圖佩文翢作周屈尾作尾屈無其字人之所有飮不足者。代醉人上有今字飮作饑物曰不足以飮也謂不能以飮也不可不索其羽也。選注可下有以字也

作矣代醉作不可以不愛其羽也金谷曰謂求銜其羽者以喩事必待衆助以成也圖羽當作友友古作習博古圖商父乙鼎友史之友作羽可證毛詩嚶其鳴矣求其友聲是鳥求友之義也岑參詩願託周周羽相銜谿水湄通雅引轉注略周音誅莊子周周銜羽以濟

鱣似蛇。蠶似蠋。管子欲小則化如蠶蠋注蠋蠶中蟲說林訓今鱓之與蛇蠶之與蠋狀相類而愛憎異山曰又見說苑圖爾雅翼鱣作鱓蛇下有而字後漢楊震傳注鱣音善引此文續漢書謝承書並作鱓蓋古字通人見蛇則驚駭。見蠋則毛起。漁者持鱣。婦人拾蠶。利之所在。皆爲賁諸。楚策賁諸懷錐刀注孟賁專諸諸吳人刺王子慶忌者山曰內儲作孟賁圖淵鑑作皆賁育也漁上有而字

伯樂教其所憎者。相千里之馬。教其所愛者。相駑馬。千里之馬時一。其利緩。駑馬日售。其利急。圖淵鑑作以千里馬世一有其利少駑馬多其利多也此周書所謂下言而上用者惑也。其言如卑下而用實高上者卽相駑馬類氾論訓昔者周書有言曰上言者下用也下言者上用也上用者常也下言者權也注用可否相濟也周書周史所記之書井曰惑字衍文圖文子引老子曰上言者下用也下言者上用也上言者常用也下言者權用也

桓赫曰。戰國策有杜赫疑桓杜訛刻削之道。鼻莫如大。目莫如小。圖國策今子東國之桃梗也刻削子以爲人鼻大可小。小不可大也。目小可大。大不可小也。擧事亦然。擧行也爲其必可復者也。則事寡敗矣。必元作不寫者誤耳物氏山氏並爲衍文

崇侯惡來知不適紂之誅也。謂不順適紂意則被誅也適一作遇而不見武王之滅之也。比干子胥知其君之必亡也。而不知身之死也。故曰。崇侯惡來知心而不知事。比干子胥知事而不知心。聖人其備矣。

宋太宰貴而主斷。謂其專決季子將見宋君。梁子聞之曰。語

必可與太宰三坐乎。三坐宋君太宰季子同坐也齊策張儀因與公孫衍參坐於衞君之前注三人合坐不然將不免。季子因說以貴主而輕國。物曰主謂大夫圖與其媚於奥寧媚於竈意

陳保曰以素出以汙入狗且惑之況於人乎

楊朱之弟楊布。衣素衣而出。天雨。逗解素衣。衣緇衣而反。圖楚策令尹子文緇帛之衣以朝緇黑色儉而難汙也其狗不知而吠之。山曰列子而上有迎字楊布怒。將擊之。楊朱曰。子毋擊也。子亦猶是。曩者使女狗白而往。黑而來。子豈能毋怪哉。

惠子曰。羿執鞅持扞。山曰鞅宜作抉抉決同鉤弦也井曰決以韋爲藉故或从革歟圖案東京賦注決以象骨爲之著右手巨指所以鉤弦闓體也扞或作捍內則注捍拾也可以捍弦又作釬管子弛弓脫釬注所以扞弦又楚策注拾以皮爲之著於左臂以遂弦也又作杅漢尹賞傳注杅臂衣也圖毛詩注韘抉也能射御則佩之周禮注抉音決抉矢時所以持弦之飾也蔣魴切韻韘音畢在臂避弦具操弓關機。關彎通機弩牙也圖說文主發謂之機越人爭爲持的。知其必中弱子扞弓。原道訓扞烏號之弓注扞張也尸子鴻鵠在上

扞弓彊弩，若發若否。間二五，弗知。非二五，難記也。欲鴻鵠之心切也。山曰，呂春秋，因扞弓而射之，注扞引也。■山海經有人方扞弓射黃蛇，注扞挽也，音紆。慈母入室閉戶。故曰可必。則越人不疑羿。不可必。則慈母逃弱子。

桓公問管仲曰。■富補曰字。富有涯乎。■謂富有際限乎。答曰。水之以涯。其無水者也。富之以涯。其富已足者也。山曰，兩以字並宜作爲。■有水無水之際爲涯。人不能自止於足。不知止足之分。而亡其富之涯乎。山氏足字絕句，案范睢傳亡其言臣者賤而不可用乎，余有丁曰，亡字轉語，猶言無乃也，■讀亡字句亦通。

宋之富賈有監止子者。與人爭買百金之璞玉。因佯失而毀之。負其百金。物曰，負償也。而理其毀瑕。得千鎰焉。攻玉曰理，玉病曰瑕。二十四兩曰鎰。事有舉之而有敗。而賢其毋舉之者。負之時也。謂舉事者或有始敗而終利者，人見其始敗，乃以無舉者爲賢，不知此乃聰慧如監止子者，償百金得千鎰之時也。

有欲以御見荊王者。衆騶妒之。■左傳使訓羣騶知禮，周禮注每廐爲一閑，有趣馬十八人。因曰臣能撽鹿。山曰撽宜作徼，子虛賦徼𨙸受詘，■撽徼通，封禪文徼麋鹿之怪獸，徼遮也，能要擊鹿之技也。見王。詭辭始得引見。王爲御。不及鹿。自御及之。■客代王御，乃得及鹿。王善其御也。乃言衆騶妒之。姦臣障距賢者亦復如之。

荊令公子將伐陳。此事時代無考。丈人送之曰。晉強。不可不愼也。晉將救陳，故豫戒之。公子曰。丈人奚憂。吾爲丈人破晉。丈人曰。可。嘆其輕敵之詞。吾方廬陳南門之外。井曰，廬凶居也。■左傳廬於曹，注廬舍也。此謂吾方寄止其地而覩子之敗矣。公子曰。是何也。曰。我笑句踐也。爲人之如是其易也。爲猶若也。易謂衆人視事爲容易也。己獨何爲密密十年難乎。己指句踐也，密如忠孝篇悅密惷愚之密，密密謂密勿勤苦也。山曰，越語范蠡曰夫十年謀之而一朝弃之，其可乎。

堯以天下讓許由。許由逃之。舍於家人。家人藏其皮冠。夫弃天下。而藏其皮冠。是不知許由者也。代辭引唐子西云，許由不受堯之天下，逃諸逆旅，逆旅人疑其竊皮冠，此雖寓言，然人識見相遼殊，啻九牛一毛，其不知心者往往類此。

三虱相與訟。一虱過之曰。訟者奚說。三虱曰。爭肥饒之地。一虱曰。若亦不患臘之至。而茅之燥耳。燥宜作爍，若汝也。臘祭名，秦紀正義云，十二月臘日也，音盧盍反，莊子濡需者豕蝨是也，擇疏鬣自以爲廣宮大囿，奎蹄曲隈，乳間股腳，自以爲安室利處，不知屠者之一旦鼓臂布草操煙火，而己與豕俱焦也。山曰，耳字語助，東周策夫鼎者非效醯壺醬甀耳，可懷挾提挈以至齊者也。■後漢楊敞傳歲時伏臘烹羊炰羔，茅音類以茅燭去彘毛而炰之，耳當作耶。若又奚患。於是乃相與聚。嘬其母而食之。嘬苦怪反，孟子注相與食之也。彘者虱所由生，故謂之母。彘臞。人乃弗殺。■佩文引五色線韓子曰，三蝨在豕上相與語，一蝨過之曰奚說，一虱曰爭肥饒者，一虱答曰

把豕不度臘，相與聚食其瘦者，人乃不殺。

蟲有蚘者。傍注蚘一作蚖，■蚖譌字，蚖即虺字。一身兩口。爭食相齕也。一無食字。遂相食因自殺。山曰，顏氏家訓吾初讀莊子蜆二首，韓非子蟲有蜆者，一身兩口，爭食相齕，遂相殺也，茫然不識此字何音，逢人輒問了無解者，按爾雅諸書蠶蛹名蜆，又非二首兩口貪害之物，後見古今字詁此亦古虺字，積年凝滯豁然霧解，又韻會虺字注引爾雅翼載韓子文，與家訓同，■案字書蚘胡㤄切，人腹中長蟲也，與蜆音近，宜作蜆字，■佩文蚘作蜆，慧琳音義蛇虺注引同，蚖蛇注，虺一身兩口頭尾相似，蛇蚖注，古文虫蜆二形，同呼鬼反，引此文，齕作齧，虺毒注引蚘作虺，方案天問雄虺九首，九岐音近，如鬼候爲九侯，可證，博古圖蟠虺紋或作〰或作◎，辰己之己，篆文作己，蓋兩頭蛇，或謂之虺。人臣之爭事。而亡其國者。皆蚘類也。

宮有堊。器有滌。則潔矣。■釋名堊亞也，先泥之以灰飾之也，滌謂以漆流酒器也。行身亦然。無滌堊之地。則寡非矣。井曰，謂無可滌可堊之地，極其修潔，所以少過失也。

公子糾將爲亂。桓公使使者視之。使者報曰。笑不樂。視

不見。（心不在焉。）必爲亂。（山曰，白公策鐵貫頤顙。）乃使魯人殺之。（事在魯莊九年。■晉語叔魚生，其母視之，注猶相察也。下文吳使人來也，固視將軍同。）

公孫弘斷髮。而爲越王騎。（中山策吳注，案戰國有兩公孫弘，一在齊爲孟嘗君見秦昭王者，一在中山與洪平津爲三，韓子所言又一人也。）公孫喜使人絕之曰。吾不與子爲昆弟矣。（愧其用夏變夷。）公孫弘曰。我斷髮。子斷頸而爲人用兵。（■佩文人上有國字。）我將謂子何。周南之戰。公孫喜死焉。（周南周之南界，卽伊闕也。史記韓僖王三年，使公孫喜率周魏之師攻秦，秦敗我二十四萬，虜喜于伊闕。）

有與悍者鄰。欲賣宅而避之。（荀子注，悍凶暴也。）人曰。是其貫將滿也。（宇曰，尙書商罪貫盈，左傳使疾其民，以盈其貫，將可殪也。注貫猶習也。）子姑待之。（此句上一有遂去之，或曰勿之矣八字，非。）答曰。吾恐其以我滿貫也。（物曰，謂殺我以滿其貫也。）遂去之。（一無之字。）故曰。物之

定本韓非子纂聞卷第七　十八　崇文院

幾者。非所靡也。（舊注，幾危也，靡隨也。山曰，周易君子見幾而作，不俟終日。靡讀羈靡之靡。■淵鑑悍作猛，賣作買，將滿也作之滿矣。詩傳，靡靡猶遲遲也。荀子靡之儇之，注猶言緩之急之也。此謂事之幾微初發者，非所優游遲緩也。）

孔子謂弟子曰。孰能導子西之釣名也。（物曰，謂導之使其釣名也。■要略訓注，導諫也。公孫弘傳，誠飾詐欲以釣名。顏師古云，釣取也，若釣魚之謂也。）子貢曰。賜也能。乃導之不復疑也。（物曰，謂其落子貢計中，不復回意也。■子西有好名之癖，故子貢教導之。）孔子曰。寬哉。（歎子西性寬厚也。宇曰，此句上疑有脫文。）不被於利。絜哉。（絜潔通。務名者必疎於利也。物曰，寬哉，謂不寬也。不被於利，不得謂之潔也。）民性有恆（山曰，寬絜疑宜易地。）曲爲曲。直爲直。（■此章難讀，疑有脫誤，蓋謂寬裕廉潔不被於利，則疎濶於爲身計也，強直之不容於世者，此民性之常也，以此處世，非全身之道也。）孔子曰。（宇曰，三字衍文。）子西不免。（句）白公之難。子西死焉。故曰。直於行者。曲於欲。（物曰，謂逆人情也。■五蠹篇直於君而曲於父，家語直己而曲於人，皆同例文。）

晉中行文子出亡。過於縣邑。（文子荀寅也。史記晉定公二十二年奔齊。）從者曰。此嗇夫。公之故人。公奚不休舍且待後車。（左傳鄭伯有居窟室，朝者曰公焉在，注家臣故謂伯有爲公。魏策注嗇夫，書注主幣之官，秦制鄉有嗇夫，職獄訟，收賦稅，漢有虎圈嗇夫，所職不同，皆小臣名。）文子曰。吾嘗好音。此人遺我鳴琴。（■琴謂之鳴者，取其遇風自成音響也。傅玄琴賦序，齊桓公有鳴琴曰號鐘，楚莊王有鳴琴曰繞梁。）吾好珮。此人遺我玉環。是不振我過者也。（補不字。說苑是不非吾過者也。振救也。荀子武侯曰，天使夫子振寡人之過也，注振舉也。）以求容於我者。（王肅家語注作是不振吾過自容於我者也。）吾恐其以我求容於人也。乃去之。果收文子後車二乘。而獻之其君矣。（■其君晉侯也。）

周趮謂宮他曰。（魏策作周肖，鮑注魏人。東周策高注，宮他周臣。）爲我謂齊王曰。以齊資我於魏。請以魏事王。宮他曰。不可。是示之無魏也。（策作是示齊輕也，注魏臣而假重於外，是示齊以無魏之重也。）齊王必不資於無魏者。而以怨有魏者。（策無以字，怨作害。西周策是公有秦也，注有謂得其意。楚策韓公叔有齊魏，注得二國之援也。物曰，謂爲力能制魏者所怨惡也。）公不如

定本韓非子纂聞卷第七　十九　崇文院

曰以王之所欲。臣請以魏聽王。（謂令周趮以此說齊。）齊王必以公爲有魏也。必因公。是公有齊也。因以有齊魏矣。（因齊之資以得魏重，是有二國之交也。）

白圭謂宋大尹曰。（大元作令，從宋策正。吳注，左傳哀二十六年，宋景公無子，取得與啓畜諸公宮，又云六卿三族降聽政，因大尹以達，注大尹近官有寵者也。）君長自知政。公無事矣。（策注，知政言親國事，舊注無事謂失權也。）今君少主也。而務名。（■策無此語。謝靈運詩矜名道不足，注引此文作宋君少主也而務矜名。）不如令荊賀君之孝也。則君不奪公位。而大敬重公。（公位策作太后之事，因考大尹蓋被幸於太后者。）則公常用宋矣。（策注見用於宋。）

管仲鮑叔相謂曰。君亂甚矣。必失國。齊國之諸公子。其

趙用賢曰。歸結本章上。極明。

機括

王維楨曰。明快婉約。不讓左氏。

可輔者。非公子糾則小白也。與子人事一人焉。物曰。人猶各也。先達者相收。約相收用。管仲乃從公子糾。鮑叔從小白。國人果弑君。魯莊八年。齊公孫無知弑其君襄公。自立。公子糾奔魯。公子小白奔莒。小白先入爲君。魯人拘管仲而效之。致之于齊。鮑叔言而相之。故諺曰。巫咸雖善祝。不能自祓也。列子有神巫。自齊來處於鄭。曰巫咸。七發扁鵲治內。巫咸治外。圖楚辭巫咸將夕降兮。注巫咸古神巫也。當殷中宗之世。秦醫雖善除。不能自彈也。物曰。除除疾也。彈毋言針砭。山曰。六反篇夫彈疽者痛。外儲不能使人以半寸砥石彈之。圓謂秦醫扁鵲也。史記扁鵲者渤海郡鄭人也。姓秦氏。名越人。秦策吳注。案周禮釋文引史記云。姓秦名少齊。越人。今史記無少齊字。恐釋文爲是。彼時所見本未缺也。越人似非名字。圓案穆稱訓駱醫以治病。注駱醫越醫也。則知秦少齊爲駱越之人明矣。正義云。家於盧國。因號盧醫。酉陽雜俎盧城之東有扁鵲冢。云魏時針藥之士以卮腊禱之。所謂盧醫也。圓謂盧醫疑卽駱醫之音轉耳。秦策扁鵲請除注欲去其病也。圖參同契云。扁鵲操鍼。巫咸叩鼓。治要引尸子曰。弱子有疾。慈毋之見秦醫也。不爭禮貌。方言云。病愈者或謂之除。以管仲之聖。而待鮑叔之助。此鄙諺所

謂虜自賣裘而不售。士自譽辯而不信者也。自賣自譽其身。不因人也。蓋戰國俗買奴僕。以皮裘爲價。如百里奚爲虜。鬻五羊皮之類。案隱曰。虜奴隸也。

荆王伐吳。吳使沮衞蹶融犒於荆師。山曰。左傳吳子使其弟蹶由犒師。注犒勞也。荆將軍曰。縛之。殺以釁鼓。問之曰。汝來卜乎。汝一作女。答曰。卜。卜吉乎。曰。吉。荆人曰。今荆將欲以女釁鼓。一無以字。其吉何也。補吉字。說苑作其吉如何。答曰。是故其所以吉也。故固通。又東周策注故猶舊也。說苑是吾所謂吉也。吳使人來也。固視將軍。人一作臣。軍下一有怒字。將軍怒。將深溝高壘。將軍不怒。將懈怠。今也將軍殺臣。則吳必警守矣。且國之卜。非爲一臣卜。圖左傳且吳社稷是卜。豈爲一人。夫殺一臣。而存一國。其不言吉何也。言字疑衍。且死者無知。則以臣釁鼓無益也。圖說

機括

機括。陳深曰。倚相二策。所謂鑿其情隱。

活

文釁血祭也。周禮靈鼓注。釁者殺牲以血之。神之也。司馬法血于鼙鼓者。神我器也。死者有知也。臣將當戰之時。臣使鼓不鳴。荆人因不殺也。傍注楚人素信鬼。故懼而不殺。圖人間訓荆人鬼。

知伯將伐仇由。精神訓注仇由近晉之狄國也。西周策昔者智伯欲伐厹由。遺之大鐘。載以廣車。因隨以兵。厹由卒亡。無備故也。注夷國。屬臨淮。漢志由作猶。又九域圖并州有仇猶城。引此。吳注括地志云。并州盂縣外城俗名原仇山。又史記樗里傳作仇猶。韓子仇繇。呂氏春秋。劉氏外紀厹繇。高注或作仇酋。漢志臨淮乃泗之譌。水經氏路史謂非智伯所伐者。厹音求。字又作㕣叭。而道險難不通。樗里傳正義引有險字。今從之。乃鑄大鐘。遺仇由之君。正義作遺之載以廣車。仇由之君大說。除道將內之。物曰。內入聲。下同。赤章曼枝曰。不可。正義章作草。呂覽與此同。此小之所以事大也。而今也大以來。物曰。謂大國以此來賂也。卒必隨之。不可內也。物曰。卒兵卒也。仇由之君不聽。遂內之。赤章曼枝因斷轂而驅至於齊。高誘云。山中道狹。故斷車轂而行去也。七月。正義作十九日。而仇由亡矣。

越已勝吳。又索卒於荆而攻晉。左史倚相謂荆王。說苑作莊王。非。曰。夫越破吳。豪士死。銳卒盡。大甲傷。倚相見魯昭十二年。王此五十八年。荆王惠王也。說苑越甲至齊。家語銳兵盡於齊。重甲困於晉。吳越之兵以甲爲名。蓋其軍制。物曰。大甲謂壯魁之士能衣大甲者。圖漢志魏氏武卒。衣三屬之甲。服虔云。作大甲三屬。竟人身也。今又索卒以攻晉。示我不病也。不如起師以分吳。以一作與。荆王曰。善。因起師而從越。物曰。謂就軍與戰也。越王怒。將擊之。大夫種曰。不可。吾豪士盡。大甲傷。我與戰必不剋。不如賂之。乃割露山之陰五百里以賂之。露山蓋在江淮之間。史記越滅吳而不能正江淮之北。楚東侵廣地至泗上。

荆伐陳。圖瀧鑑荆下有人字。吳救之。軍間三十里。雨十日。夜星。圖星暒同。韻會引說文云。雨而夜除星見也。徐曰。今作晴。集韻或作暒。漢志天暒而景星見。注孟康曰。暒精明也。字典玉篇雨止也。晴明也。無雲也。字典總要作姓。又作惺。

楊慎曰：魏不助韓，以得二國之心，奇甚。

孫鑛曰：淨有致。

左史倚相謂子期曰：子期公子結也。魯哀十年，楚公子結伐陳，吳延州來季子救陳，交退，無破吳事，此蓋異聞。雨十日，甲輯而兵聚。避雨屯集，士氣鬱結，今忽遇霽，故知來襲也。說苑作吳必夜至，甲裂壘壞，彼必薄我。顧楚史梼杌云：楚莊王伐陳，吳救之，雨十日十夜晴，左史倚相曰：吳必夜至，甲列壘壞，彼必薄我，何不行列鼓出待之。吳師至，見楚成陳而還，左史倚相曰：追之，吳行六十里而無功，王罷卒寢，果擊之，吳師大敗。說苑文有小異。吳人必至，不如備之。乃為陳。陳未成也，而吳人至，見荊陳而反。物曰：陳謂成陳。左史曰：吳反復六十里，復一作覆。其君子必休，小人必食。我行三十里擊之，必可敗也。乃從之。謂追吳兵而尾之。遂破吳軍。

韓趙相與為難，韓索兵於魏。韓下元有子字，從魏策刪。曰：願借師以伐趙。魏文侯曰：寡人與趙兄弟，不可以從。策作不敢從。趙又索兵攻韓，文侯曰：寡人與韓兄弟，不敢從。二國不得兵，怒而反。已乃知文侯以搆於己，以與通。策作已。乃皆朝魏。物曰：搆講同，和也。內儲下又云：為魏王搆之。顧案：策注：二國不伐，知魏和之。又西周策注：講，和解也。吳注引甘茂傳索隱鄒氏講讀曰媾。又曰：史漢媾講兩字常雜亂，按媾搆講亦然，今凡為和解之義者，定讀從媾，為交結之義者，字當從才，後皆倣此。

齊伐魯，索讒鼎。左傳讒鼎之銘曰：昧旦丕顯，後世猶怠。注：讒鼎名。芥隱筆記引字書曰：贗，偽物也。引此文曰：齊伐魯，索饞鼎，魯以其鴈往。古止用鴈字。物曰：呂氏春秋作岑鼎。山曰：新序同。顧：左傳疏服虔曰：疾，讒之鼎。一云：讒，地名，禹鑄九鼎於甘讒之地。方案：明堂位作崇鼎，讒鐵音通，鐵又作鍔，鍔與岑崇字形相類。又字彙補：總，崇甘切，音讒。周禮廛人掌斂市總布，杜子春注：總當作儳，謂無肆立持者之稅也。總崇音近，則知崇讒古昔相訛。魯以其鴈往。傍注：鴈與贗同。顧：魯下一有人字。齊人曰：鴈也。魯人曰：真也。齊人曰：人字從山氏補。使樂正子春來，吾將聽子。山曰：呂覽、新序作柳下惠。魯君請樂正子春。請令說齊。樂正子春曰：胡不以其真往也？顧：胡，何也。君曰：我愛之。答曰：臣亦愛臣之信。顧：淵鑑引韓子曰：齊伐魯索鐵鼎，魯以其贗往，齊人知其贗也，曰：必以柳下惠之言為信。魯人以告。惠曰：奚不以真者與之。曰：吾所愛也。惠曰：吾亦愛吾鼎。

楊慎曰：海大魚三字突出異警人。

韓咎立為君，未定也。弟在周，韓襄王策吳注：大事記：韓世家襄王十二年，太子嬰死，公子咎、公子蟣虱爭為太子。蟣虱質於楚，楚欲內之，遂圍雍氏。蟣虱遂不得歸韓，韓立咎為太子。國策與世家所載參錯重複，不可詳考也。周欲重之，而恐韓咎入，韓之不立也。入韓之三字從韓策補。綦毋恢曰：西周策高注：綦毋恢，周臣。不若以車百乘送之，得立，因曰為戒；謂為途中戒備。不立，弟不得立。則曰來效賊也。賊害也。弟在它國，樹黨爭位，則害于韓咎，故來致之。蓋反辭以德韓咎也。策云：韓咎立，因以為戒者，恐誤。

靖郭君將城薛，人間訓注：靖郭君，齊威王子也，封於薛。鮑注：田嬰，謚。吳注：此據史文。索隱曰：靖郭或封邑號，漢駟鈞亦封靖郭侯。客多以諫者。齊策無者字。靖郭君謂謁者曰：毋為客通。齊人有請見者曰：臣請三言而已。顧：言，字也，如老子五千言。過三言，臣請烹。策過作益，義同。靖郭君因見之。客趨進曰：海大魚。因反走。靖郭君曰：請聞其說。新序作少請進。客曰：臣不敢以死為戲。初約就烹。靖郭君曰：願為寡人言之。答曰：君聞大魚乎？聞上策有不字。網不能止，繳不能絓也。諸書作鉤不能牽也。顧：繳，弋射也，絓挂同。蕩而失水，螻蟻得意焉。莊子：吞舟之魚，碭而失水，則蟻能苦之。策注：蕩，放也，言自放肆。物曰：蕩，流蕩也，言其失所。今夫齊亦君之海也。君長有齊，奚以薛為？君失齊，雖隆薛城至於天，猶無益也。隆，高也。壘子城為隆，五十丈。靖郭君曰：善。乃輟不城薛。策無不字。

荊王弟在秦，秦不出也。說苑作楚公子午使於秦，秦囚之。中射之士曰：資臣百金，臣能出之。因載百金之晉，見叔向曰：荊王弟在秦，秦不出也。請以百金委。委謂以事相託也。此下一有叔向字。叔向受金而以見之晉平公曰：可以城壺丘矣。在傳晉人以宋五大夫在彭城者歸，寘諸瓠丘。注：晉地，河東東垣縣東南有壺

(丘，秦城此地，則或有不利于秦者也。)平公曰：何也。對曰：荊王弟在秦，秦不出也。是秦惡荊也，必不敢禁我城壺丘。若禁之，我曰：爲我出荊王之弟，吾不城也。彼如出之，可以德荊。(東周策注：德，恩之也。)彼不出，是卒惡也，必不敢禁我城壺丘矣。公曰：善。乃城壺丘。謂秦公(恐秦伯，或秦人誤。)曰：爲我出荊王之弟，吾不城也。秦因出之。荊王大說，以鍊金百鎰遺晉。(鍊金卽鍊金，詳見五蠹篇。)

闔廬攻郢，(在魯定四年。)戰三勝。問子胥曰：可以退乎。子胥對曰：溺人者，(物曰：言溺人於水也。)一飲而止，(物曰：言其人飲水一口也。)則無溺者，以其不休也。(飲水不止，故致溺死。)不如乘之以沈之。(▣以溺爲喻，故曰沈之。說苑：吳王闔廬與荊人戰於柏舉，大勝之，至於郢郊，五敗荊人。闔廬之臣五人進諫曰：夫深入遠報，非王之利也，王其返乎。五人將鍥頭，闔廬未之應。五人之頭墜於馬前，闔廬懼，召伍子胥而問焉。子胥曰：五臣者懼也。夫五敗之人，其懼甚矣，王姑少進。遂入郢，南至江，北至方城，方三千里，皆服於吳矣。)

鄭人有一子，將宦，(言宦游它適也。說難篇爲宋富人事。)謂其家曰：必築壞墻，是不善人將竊。其巷人亦云。不時築，而人果竊之。以其子爲智，以巷人告者爲盜。

定本韓非子纂聞卷第七　終

(趙本題注：此六篇摠論法術。)

(陳深曰：堯桀賁育離朱烏獲盜跖曾史等語，皆雜已甚矣，並寄飾之詞，雖移不害。)

定本韓非子纂聞卷第八

觀行、安危、守道、用人、功名、大體。

江都　松皐圓纂聞

觀行第二十四

古之人目短於自見，故以鏡觀面；智短於自知，(▣後漢宦者傳注作自規。)故以道正己。(▣後漢朱穆傳注引武王鏡銘曰：以鏡自照，見形容；以人自照，見吉凶。)故鏡無見疵之罪，道無明過之怨。目失鏡，則無以正鬚眉；身失道，則無以知迷惑。西門豹之性急，故佩韋以緩己；(任昉序文，夷雅之體，無待韋弦。注引作自緩。▣淵鑑同。上文怨作惡。後漢書注、藝文類聚、初學記並同。)

董安于之心緩，(▣後漢第五倫傳注，心作性。)故佩弦以自急。(李善曰：韋皮繩，喻緩也；弦弓弦，喻急也。)故以有餘補不足，(一無有字。▣治要、淵鑑、藝文類聚皆有。)以長續短之謂明主。(▣淵鑑以上有能字。)天下有信數三：(元別提物曰：信數，謂術數之必然者。▣齊策注：信猶恃也。)一曰智有所不能立，(傍注在得人。)二曰力有所不能舉，(傍注在求助。)三曰強有所不能勝。(傍注在法術。)故雖有堯之智而無眾人之助，大功不立；有烏獲之勁而不得人助，不能自舉；(▣荀子：雖有國士之力，不能自舉其身，非無力也，勢不可也。)有賁育之強，(▣孟賁、夏育，皆古之勇士。)而無法術，不得長生。故勢有不可得，(勢一作世。治要與此同。)事有不可成。故烏獲輕千鈞而重其身，非其身重於千鈞也，勢不便也。離朱易百步而難眉睫，(孟子注：黃帝亡其玄珠，使離朱索之。離朱卽離婁也。字曰治要作離婁。▣記檀弓邾婁，釋文：邾人呼邾聲曰婁。)非百步近而眉睫遠也，道不可也。故明主不楊倞曰，儀方準繩。

窮烏獲以其不能自擧。不困離朱以其不能自見。因可勢。物曰，勢之可者。求易道。易爲之道。故用力寡而功名立。時有滿虛。事有利害。物有死生。人主爲三者發喜怒之色。則金石之士離心焉。金石之士，謂耿介之士也。聖賢之人。補人字。之人形似而脫耳。測淺深矣。測一作揆。黥布傳有以闚陛下，韋昭曰，闚見陛下深淺也。吳質牋初至承前未知深淺，注猶善惡也。此謂聖賢之人覦其喜怒不中以窺測君之善惡也。故明主觀人。不使人觀己。明於堯不能獨成。烏獲之不能自擧。一無之字。賁育之不能自勝於法術。於元作以，上文云無法術不能長生，故知以字誤。則觀行之道畢矣。

安危第二十五

安術有七。危道有六。安術。一曰賞罰隨是非。二曰禍福隨善惡。善則福隨，惡則禍隨。三曰死生隨法度。四曰有賢不肖而無愛惡。五曰有愚智而無非譽。六曰有尺寸而無意度。七曰有信而無詐。危道。一本別提。一曰斲削於繩之內。二曰斷割於法之外。繆稱訓，繩之內與繩之外，皆失直者也。三曰利人之所害。四曰樂人之所禍。五曰危人之所安。外儲，利所禁，禁所利，雖神不行；譽所罪，毀所賞，雖堯不治。六曰所愛不親。所惡不疏。如此則人失其所以樂生。而忘其所以重死。人不樂生。則人主不尊。貴不足以勸之。不重死。則令不行也。一無也字。圖樂生則思賞，故主尊；重死則畏罰，故令行。使天下元別提。皆極智能於儀表。盡力於權衡。謂各盡智力，不用之於私也。物曰，儀表權衡，皆謂法令也。圖左傳引之表儀，儀身之則也，表位之識也。呂春秋今夫射者儀毫而失牆，注，儀，望也。以動則勝。以靜則安。治世使人樂生於爲是。

東溪曰，治病在忍，治亂在聞忠。

愛身於爲非。小人少。而君子多。故社稷長立。國家久安。長一作常。山曰，功名篇太山之功長立於國家，圖常長通。奔車之上無仲尼。覆舟之下無伯夷。友人金谷世雄曰，當危急之時，仲尼之智不能施計，故曰無仲尼；値變亂之世，伯夷之廉不得相讓，故曰無伯夷。五雜俎，奔車之上無仲尼，覆舟之下無伯夷，性之者也。孔子家兒不識罵，曾子家兒不識鬭，習之者也。其云性之非矣。下文安則智慮生，危則爭鄙起，其義可見。故號令者。國之舟車也。圖鄧析子勢者君之輿，威者君之策，臣者君之馬，民者君之輪。勢固則輿安，威定則策勁，臣順則馬良，民和則輪利。爲國失此，必有奔馬覆車折輪敗載之患。荀子君者舟，臣者水，水者浮舟，水者覆舟。安則智廉生。危則爭鄙起。故安國之法。若饑而食。寒而衣。不令而自然也。先王寄治理於竹帛。一無治字。物曰，竹帛謂法令之書也。圖中庸文武之政布在方策。其道順。故後世服。今使人饑寒去衣食。一無饑寒字。一作去饑寒。雖賁育不能行。廢自然。雖順道而不立。强勇之所不能行。雖上不能安。雖一作則。上以無厭責已盡。則下對無有。物曰，謂下財已盡而上之欲猶無饜，誅求無已，則下何以應上哉。對，應也。無有則輕法。謂小人窮斯濫矣。法所以爲國也。而輕之則功不立。名不成。聞古扁鵲之治甚病也。甚作其，刊者誤。以刀刺骨。聖人之救危國也。以忠拂耳。忠言必逆於耳。刺骨故小痛在體。而長利在身。拂耳故小逆在心。而久福在國。故甚病之人。利在忍痛。猛毅之君。福以拂耳。元作以福，從山氏正。忍痛故扁鵲盡巧。拂耳則子胥不失。圖句。壽安之術也。病者能忍痛，故得壽；忠臣不失身，故國安。病而不忍痛。則失扁鵲之巧。危而不拂耳。則失聖人之意。非有先生論，佛於耳，注引拂作佛，而云字書曰，佛，違也，佛扶勿切。如此長利不遠垂。功名不久立。人主不自刻以堯。元別提。物曰，刻如克己之克。山曰，讀如剋期之剋，莊子有刻意篇。而責人臣以子胥。謂君不能容直言如堯而反欲下之盡忠謀如子胥不可得也。是幸殷人之盡如比干。物曰幸猶冀也。盡如比干。一脫此句。則上不失。下不亡。君不明則臣飾詐試使殷人盡忠輔導盡如比干則紂雖無道亦無所失亡也。不權其力。而有田成。而幸其臣盡如比干。故國不得一安。臣一作身。誤謂君不能盡力於權衡用法術燭臣下故臣下飾詐觀望如陳恆而君不知之反冀臣下盡效忠直所以危也傍注謂人君以桀紂自待而以比干子胥望臣則國終不安。廢堯舜而立桀紂。則人不得樂所長。而憂所短。失所長。則國家無功。守所短。則民不樂生。以無功御不樂生。不可行於齊民。圖如淳曰無有貴賤謂之齊民若今言平人也。如此則上無以使下。下無以事上。安危在是非。元別提。不在於強弱。存亡在虛實。不在於衆寡。故齊萬乘也。齊下一有故字物曰上言田成故此擧齊國爲況。而名實不稱。上空虛於國內。下充滿於名實。故臣得以成其簒弑

也。下作不誤一作奪主殺天子也傳寫訛舛。而無是非。上失賞罰是非淆亂。賞於無功。使讒諛以詐僞爲貴。誅於無罪。使傴以天性剖背。謂誅無辜也圖宋康王剖傴之背。以詐僞爲是。天性爲非。小得勝大矣。罪一作事傍注傴僂人也。使讒諛以詐僞爲是。傍注誅貴不明是以召亂。明主堅內。元別提。故不外失。堅內明內治也。失之近。傍注謂近失正國之理也。而不亡於遠者。無有。亡失也墨子無法儀而其事能成者無有物曰猶云未之有也。故周之奪殷也。拾遺於庭。圖拾遺謂其易也庭廷通公孫賀傳朝廷多事此謂殷紂無道故周得行陰德以傾之論衡不求自至不爲自成是名爲遇猶拾遺於道擁棄於野也。使殷不遺於朝。則周不敢望秋毫於境。而況敢易位乎。不能秋毫侵取其地況於易奪天子之位乎。明主之道忠法。元別提物曰謂盡於法也。其法忠心。物曰謂盡於心也。故臨之而法。去之而思。謂臨民以法則去後見思也。堯無膠漆之約於當世。而道行。一句讀下句同圖春秋繁露以德爲國者甘於飴蜜固於膠漆古詩緣以結不

陳深曰賞罰明則下盡力。

陳深曰對懷依人不犯。

解以膠投漆中誰能別離此注韓詩外傳云子夏曰實之與實如膠與漆。舜無置錐之地於後世。而德結。枚乘書舜無立錐之地以有天下注引此文淮南子堯無百戸之郭舜無置錐之地以有天下趙策蘇秦曰臣聞堯無三夫之分舜無咫尺之地以有天下注此說士無據之辭且舜顓頊之後有國於虞其側微特在下爾枚乘及韓子所云皆此類也圖謂諸書所云實如吳氏之辯獨此文不然謂堯於當世之民嘗無膠漆之約而令行禁止如堅約者臨之而法也舜於後世之民嘗無置錐之地以行恩威而萬世稱其德不已者去之而思也堯舜盡心行法故德被萬世也李善注枚乘書宜引國策或淮南子而引此文義殊不當蓋舊讀分爲二句李吳二氏亦承其誤故耳。能立道於往古。而垂德於萬世者。之謂明主。

守道第二十六

聖主之立法也。其賞足以勸善。其威足以勝暴。其備足以必完。一無必字。法與下治字相似而衍圖藝文類聚主作人無法字。治世之臣。功多者位尊。力極者賞厚。物曰極謂勤務。情盡者名立。物曰情謂情實。善之生如春。惡

之死如秋。荀子流言止惡言死焉注死猶盡也鄭康成曰死之言澌澌猶消盡也物曰如春如秋謂無私也。故民勸極力。而樂盡情。此之謂上下相得。上下相得。故能使用力者自極於權衡。而至於任鄙。史記力則任鄙智則樗里。戰士出死而願爲賁育。願一作怨物曰出死出死力也。守道者皆懷金石之心。以死子胥之節。皆一作出又作由圖謝玄暉詩既秉丹石心注引作皆字後漢王常傳輔翼漢室心如金石眞忠臣也管子士懷耿介之心不蔭惡木之枝金石謂其守志堅固不可奪也。用力者爲任鄙。戰如賁育。守爲金石。則君人者高枕而守已完矣。古之善守者。元別提。以其所重。禁其所輕。以其所難。止其所易。山曰內儲殷法刑弃灰傳曰無弃灰所易也斷手所惡也行所易不關所惡古人以爲易故行之。故小人與君子俱正。君子小人元易地從山氏正。盜跖與曾史俱廉。曾曾參史史魚。何以知之。夫貪盜不赴谿而掇金。赴谿而掇金。則身

孫鑛曰快喻懇切

不全。賁育不量敵。則無勇名。盜跖不計可。則利不成。明主之守禁也。賁育見侵於其所不能勝。盜跖見害於其所不能取。故能禁賁育之所不能犯。守盜跖之所不能取。則暴者守愿。邪者反正。大勇愿。巨盜貞。則天下公平。而齊民之情正矣。圖申鑒云投百金于前白刃加其頸雖巨跖弗敢掇也善立法者若茲則終身不掇矣故盜跖可使與伯夷同功。人主離法失人。元別提。則免於伯夷不妄取。免元作危從井氏正物曰下皆伯夷亦危也伯夷則不妄取故云愚謂物說似通然觀下不免字則牽强。而不免於田成盜跖之禍也。也上一有而字。今天下無一伯夷。而姦人不絕世。故立法度量。法與度量治國之本。度量信。則伯夷不失是。物曰不失衆名也。而盜跖不得非。物曰不得爲非也。法分明。則賢不得奪不肖。强不得侵弱。衆不得暴寡。

託天下於堯之法。則貞士不失分。物曰謂不失其所也。姦人不徼幸。寄千金於羿之矢。物曰謂置千金於羿彀中也。則伯夷不得亡。而盜跖不敢取。堯明於不失姦。故天下無邪。羿巧於不失發。故千金不亡。邪人不售。而盜跖止。如此。故圖不載宰予。不擧六卿。宰予闞止也齊之闞止晉之六卿皆亂臣也圖傳其事以爲世戒圖周禮秋官丹圖注雖盤盂之屬有圖象者也。書不著子胥。書元作書從井氏正下云忠臣無失身之畫。不明夫差。下云君人者無亡國之圖井曰明亦著也。孫吳之略廢。盜跖之心伏。孫武吳起皆善兵略者廢謂無所用也伏謂絕覬望也。人主甘服於玉堂之中。物曰甘服猶垂拱也圖老子甘其食美其服謂無外慕也陸賈新語者老甘味于堂丁男耕耘于野解嘲歷金門上玉堂其語本此。而無瞋目切齒傾取之患。瞋一作瞑非魏策曰夜捡腕瞋目切齒注瞋張目也刺客傳索隱曰切齒謂齒相磨切也奮怒之貌物曰切齒下藏於字衆脣下亦爾。人臣垂拱於金城之內。圖垂衣拱手謂晏然無事也管子命之曰金城三都賦金城石郭注謂堅也。而無扼腕聚脣嗟唶之禍。索隱曰掌後曰腕勇者奮厲必先以左手扼右手也聚脣蓋憂歎者必聚脣吁唸也或焦脣誤呂春秋焦脣乾肺或聚眉誤卽攢眉也傍注唶子夜切鳴也此謂君臣晏然無事矣圖嗟嘆也唶歎也鄧析子恬臥而功自成優游而政自治豈在振目捡腕手執鞭朴而後爲治歟。服虎而不以柙。馬融云柙檻也。禁姦而不以法。傍注無法聖人所難注立中人易守。塞僞而不以符。符節所以合信。此賁育之所患。堯舜之所難也。故設柙非所以備鼠也。所以使怯弱能服虎也。立法非所以備曾史也。所以使庸主能止盜跖也。爲符非所以豫尾生也。史記蘇秦曰信如尾生與女子期於梁下女子不來水至不去抱柱而死燕策注卽微生高也物曰豫備也。所以使衆人不相謾也。圖謾欺也。不恃比干之死節。不下一有獨字。不幸亂臣之無詐也。恃怯士之所能服。持猶守也一作恃。握庸主之所易守。當今之世。爲人主忠計。爲天下結德者。利莫長於

此。此上一有如字圖東京賦洪恩素畜人心固結注國語寗莊子曰民無結不可以固。故君人者。無亡國之圖。而忠臣無失身之畫。明於尊位必賞。賞一作法。故能使人盡力於權衡。死節於官職。圖上文功多者位尊力極者賞厚。通於賁育之情。不以死易生。一句讀下句同。明於盜跖之貪。不以財易身。明一作惑誤。則守國之道畢備矣。

用人第二十七

聞古之善用人者。必循天順人。而明賞罰。圖東京賦應天順人注周易曰湯武革命應乎天而順乎人。循天則用力寡而功立。順人則刑罰省而令行。明賞罰。則伯夷盜跖不亂。如此則白黑分矣。治國之臣。效功於國。以履位。見能於官。以受職。盡力於權衡。以

孫鑛曰。此言廢法不可爲治。

茅坤曰。刑名家開口見不發賞罰二字。

任事。人臣皆宜其能。各得其材能所宜也。物曰。如宜其室家之宜。友人飯子適曰。如與子宜之之宜。䌘揚權篇。各處其宜。故上下無爲。勝其官。輕其任。而莫懷餘力於心。莫負兼官之責於君。物曰。兼官則責多而力不給也。責荷也。任也。䌘管子。必責以恥。注。責猶被也。故內無伏怨之亂。物曰。伏怨蓄怨也。外無矯服之患。外詐服事。莫盡忠也。䌘佩文作焉服。明君使事不相干。故莫訟。使士不兼官。故技長。使人不同功。故莫爭言。言元作訟。從飭令篇。爭訟止。技長立。則強弱不鬬力。物曰。鬬角通。冰炭不合形。謂賢愚功罪自分也。天下莫得相傷。治之至也。釋法術而心治。物曰。謂以心爲治也。堯不能正一國。去規矩而妄意度。奚仲不能成一輪。奚仲見難勢篇。宇曰。治要無度字。廢尺寸而差短長。物曰。差夾也。王爾不能半中。半中二字宜作成半圓。姦劫篇。無規矩之法。繩墨之端。雖王爾不能以成方圓。使中主守法術。拙匠守規矩尺

定本韓非子纂聞卷第八　八　崇文院

寸。則萬不失矣。下守字治要作執。䌘濡鑑同。藝文類聚無尺寸二字。君人者。能去賢巧之所不能。而守中拙之所萬不失。而字從治要補。則人力盡。而功名立。明主立可爲之賞。元別提。設可避之罰。故賢者勸賞。而不見子胥之禍。不肖者少罪而不見傴剖背。見安危篇。盲者處平。而不遇深谿。遇一作過。謂刑法正。則無辜者不陷也。愚者守靜。而不陷險危。如此則上下之恩結矣。古之人曰。其心難知。喜怒難中也。中適也。山曰。中庸喜怒哀樂之未發。謂之中。發而中節。謂之和。故以表示目。以鼓語耳。以法教心。䌘管子兵法有三官。一曰鼓。二曰金。三曰旗。五教一曰教其目以形色之旗。五曰教其心以賞罰之誠。君人者。釋三易之數。而行一難知之心。上云心治也。如此則怒積於上。而怨積於下。禁之不止。令之不行。故上怒也。言賞不信。言罰不當。故下怨也。以積怒。而御積怨。則兩

孫鑛曰。此等語又覺忠厚。

危矣。明主之表易見。元別提。故約立。賞信罰必。故民服矣。其教易知。故言用。其法易爲。故令行。三者立。而上無私心。則下得循法而治。望表而動。隨繩而斲。䌘治要引尸子。陳繩而斲之。則巧拙易知也。淮南子。循繩而斲則不過矣。因攢而縫。山曰。攢贊通。字典引禮書通云。贊通作攢。剪衣之形。隨其形而縫之也。䌘嚴助傳。張揖注。贊古剪字。如此則上無私威之毒。而下無愚拙之誅。故上居明而少怒。下盡忠而少罪。聞之曰。元別提。舉事無患者。堯不得也。物曰。謂雖堯不能也。而世未嘗無事也。也一作之。秦策。天下未嘗無事也。非從則橫也。君人者。不輕爵祿。不易富貴。不可與救危國。易亦輕也。䌘重爵祿。而不能貴人。非所以厲廉恥也。傲富貴而不能下人。非所以招仁義也。故人主。一作明主。厲廉恥。招仁義。物曰。恥字下藏以字。山曰。招猶揭也。莊子。自虞氏招仁義以亂天下也。天下莫不奔命於仁義。䌘東京賦。招有道於側陋。注。招明也。離一篇。萬乘之主。不好仁義。亦無以下布衣之士。昔者介子推無爵祿。而

定本韓非子纂聞卷第八　九　崇文院

義隨文公。不忍口腹。而仁割其股。股元作肌。寫者誤。莊子。介子推至忠也。自割其股。以食文公。說苑。介子推從者懸書宮門曰。龍饑無食。一蛇割股。䌘韓詩外傳。晉公子重耳之亡也。過曹。里鳧須以從。因竊其資而逃。重耳無糧。餒不能行。介之推割其股肉。以食重耳。然後能行。故人主結其德。書圖著其名。人主樂乎使人以公盡力。而苦乎以私奪威。私威竊柄。主之所惡。人臣安乎以能受職。而苦乎以一負二。舊注。謂一身兩役。君不諒也。故明主除人臣之所苦。而立人主之所樂。授任責成。故公忠盡力。不負兼官之責。上下之利。莫長於此。不察私門之內。謂不能燭姦情也。數以德追禍。此句元在偷快下。從諸家說移置于此。蓋傳寫誤。舊注。禍賊當誅。而反以德報之。䌘親幸姦人。若追禍而及之也。佩文追作返。輕慮重事。厚誅薄罪。久怨細過。長侮偷快。物曰。重事而輕慮之。薄罪而厚誅之。細過而久怨之。偷快而長侮之。是斷手而續以玉也。故世有易身之患。物曰。謂易主也。自主言之。故不云主而云身。䌘孟子。貴戚之卿。君有大過則諫。反覆之不聽。則易位。案易身即易位

楊慎曰彈所入髓。

也。人主立難爲。（元別提。物曰。難爲之法也。）而罪不及。（物曰。不矜。不能也。）則私怨生。人臣失所長。而奉難給。則伏怨結。勞苦不撫循。憂悲不哀憐。喜則譽小人。賢不肖俱賞。怒則毀君子。使伯夷與盜跖俱辱。故臣有叛主。（傍注。人主喜怒無常。則臣下生心。足以召亂。）使燕王內憎其民。（元別提。）而外愛魯人。則燕不用。而魯不附。民見憎。不能盡力而務功。（爲君見憎。孰敢效忠。）魯見說。而不能離死命。而親他主。（物曰。離死命。不問死生也。）如此則人臣爲隙穴。而人主獨立。（爲隙穴。謂挾姦盜之心也。備內篇。相爲耳目。以候主隙。孟子。鑽穴隙以相窺。物曰。如宮室有隙穴。謂內朽也。圓隙突隙穴蟻穴。見喻老篇。）以隙穴之臣。而事獨立之主。此之謂危殆。釋儀的而妄發。（元別提。）雖中而不巧。（物曰。儀的。的也。的爲射者表儀。故謂的爲儀。如井儀亦爾。圓呂春秋。今夫射者儀毫而失牆。注。儀望也。）釋法制而妄怒。雖殺戮。

孫鑛曰老熟。

陳深曰得天得人得技得勢則功名易成。

孫鑛曰殺字起下。

孫鑛曰公子固好用此串字法是波瀾是頓挫亦自可喜合二叢一見變國佳。

而姦人不恐。罪生甲。禍歸乙。伏怨乃結。故至治之國。有賞罰而無喜怒。故聖人極有刑法。（山曰。極讀曰殛。）而死無螫毒。故姦人服。（傍注。聖人以無心行法。故人不怨。）發矢中的。賞罰當符。（圓主道篇。符契之所合。賞罰之所生也。）故堯復生。羿復立。（物曰。謂雖曰堯羿再生可也。）如此則上無殷夏之患。下無比干之禍。君高枕。而臣樂業。道蔽天地。德極萬世矣。夫人主不塞隙穴。（元別提。物曰。隙穴者宮室所以傾覆也。）而勞力於赭堊。（物曰。外飾也。圓赭赤土。堊白土。）暴雨疾風必壞。不去眉睫之禍。而慕賁育之死。（謂不能厲耕戰之士。而徒慕古之勇士也。）不謹蕭牆之患。而固金城於遠境。（圓論語。鄭注。蕭之言肅也。牆謂屏也。方案。記郊特牲。周人尚臭。蕭合黍稷。臭陽達於牆屋。故既奠然後焫蕭合羶薌。凡祭愼諸此。卽蕭牆之義。如後世以椒塗壁曰椒房之比。）不用近賢之謀。而外結萬乘之交於千里。飄風一旦起。（喻急難也。）則賁育不及救。而外交不及至。禍莫大於此。當今之世。爲人主忠計者。必無使燕王說魯人。無使近世慕賢於古。無使越人以救中國溺者。（下使元作思。音之誤也。山曰。此喻見說林上。）如此則上下親。內功立。外名成。

功名第二十八

明君之所以立功成名者四。一曰天時。二曰人心。三曰技能。四曰勢位。非天時。雖十堯不能冬生一穗。（山曰。喻老篇冬耕之稼。后稷不能羨也。）逆人心。雖賁育不能盡人力。故得天時。則不務而自生。得人心。則不趣而自勸。（趣音促。）因技能。則不急而自疾。得勢位。則不進而名成。（進上元有推字。從治要刪。）若水之流。（號令行而不窮窒也。）若船之浮。（因其自然。不役私智。）守自然之道。行毋窮之令。故曰明主。夫有材而無勢。（元別提此段。論勢位也。）雖賢不能制不肖。故立尺材於高山之上。而下臨千仞之谿。（一作則臨十仞之谿。孟子。不揣其本而齊其末。方寸之木。可使高於岑樓。山曰。荀子。西方有木焉。名曰射干。莖長四寸。生於高山之上。而臨百仞之淵。木莖非能長也。所居者然也。）材非長也。位高也。桀爲天子。能制天下。非賢也。勢重也。堯爲匹夫。不能正三家。（難勢篇作不能治三人。義同。）非不肖也。位卑也。千鈞得船則浮。錙銖失船則沈。非千鈞輕。錙銖重也。（鈞一作金。非。圓藝文類聚。輕下有而字。）有勢之與無勢也。故短之臨高也以位。不肖之制賢也以勢。人主者。天下一力以共載之。（山曰。載戴通。下不載於世同。圓案。晉語注。載奉也。）故安。衆同心以共立之。故尊。人臣守所長。盡所能。故忠。以尊主御忠臣。（一疊主字衍。）則長樂生而功名成。名實相待而成。形影相應而立。（待一作持，七啓注，立作生，謂臣輔君立功，如影之從形也。）故臣主同欲而異使。（便作使，竄者誤。內儲，君臣之利異，故人臣莫忠。）人主之患。在莫之應。故曰。一手獨拍。雖疾無聲。人臣之憂。在不得一。故曰。右手畫圓。左手畫方。不能兩成。（纂，官則力難給，功不成也。山曰，此喻又見外儲。圖淵鑑，持作須，影作體，立作生，拍作拃，不能兩成作則不兩成，兩手俱畫，心不得專，故不成也。）故曰。至治之國。君若桴臣若鼓。（圖君倡臣應，桴擊鼓杖。）技若車。事若馬。（物曰，技謂臣之材，事謂臣之職。）故人有餘力易於應。而技有餘巧便於事。（便一作易。）立功者不足於力。親近者不足於信。成名者不足於勢。（不足謂有餘也，足猶饜也。）近者已親。而遠者不結。則名不稱實者也。（一無者字，名實相副，乃能及遠。）聖人德若堯舜。行若伯夷。而位不載於世。

（物曰，謂不爲世所推奉也。）則功不立。名不遂。（遂成也。）故古之能致功名者。衆人助之以力。近者結之以誠。（誠作成，寫者誤，上云，親近者不足於信。）遠者譽之以名。尊者載之以勢。（尊者謂貴戚大臣也，傍注，人主德盛則勢尊，勢尊則多助，多助之至，則功名成。）如此。故太山之功。長立於國家。（解嘲注，太作泰，長一作常，太山喻高。）而日月之明。（文選注，明作名通。）久著於天地。此堯之所以南面而守名。（名一作功。）舜之所以北面而效功也。（效一作收。）

趙本題注，辭既遒頴，意亦醇細，不詭於道，疑此篇

大體第二十九

古之人君全大體者。（元無人君二字，從四子講德論注補。）望天地。觀江海。因山谷。（全大體謂持治國之大要，無闕也。天地覆載無私，江海廣大能容，山谷高深莫測。物曰，望觀亦因字意。圖孟子，從其大體爲大人。禮記，凡禮之大體，體天地，法四時，則陰陽，順人情，故謂之禮。）日月所照。四時所行。（圖治要無所字。）雲布風動。（圖德澤雲布四方，風動。）不以智累心。不以私累己。（山曰，治要私作心。）寄治亂於法術。託是非於賞罰。屬輕重於權衡。（謂不雜私智也。）不逆天理。（奉天時也。）不傷情性。（順入情也。）不吹毛而求小疵。不洗垢而察難知。（圖淵鑑，察難知作索瘢。）不引繩之外。不推繩之內。（圖荀子，辨姦猶引繩以持曲直。南史張緬居憲司，推繩無所顧望。）不急法之外。不緩法之內。（必循法也。）守成理。（物曰，現成之理。）因自然。禍福生乎道法。而不出乎愛惡。榮辱之責。在乎己。而不在乎人。（賞罰隨是非，禍福隨善惡。）故至安之世。法如朝露。純樸不散。（圖絲之不雜曰純，木之未斲曰樸。莊子，唐虞始爲天下，梟淳散樸。淮南子注，梟澆同。）心無結怨。口無煩言。（尙書，結怨于民。左傳，嘖有煩言。注，煩言忿爭。）故車馬不疲弊於遠路。旌旗不亂於大澤。萬民不失命於寇戎。雄駿不創壽於旗幢。（秦策，天下駿雄。圖駿俊音同，字彙補，創作戕，幢作旛，佩文，創作戕，釋名，創戕也。）

王維楨曰，此數句體記秩奇雋新超然上乘。

（慧琳云，創古文戧。韓延壽傳，晉灼注，幢旌幢也。顏注，幢麾也。此謂搴旗之勇士，不賊害其命於戰陣也。吳子，教戰之令，強者持旌旗。尉繚子，力卒謂經旗，全曲六翳，有拔距伸鉤強梁多力潰破金鼓，絕滅旌旗者，聚爲一卒，名曰勇力之士。）豪傑不著名於圖書。不錄功於盤盂。（廣絕交論，鏤金版而鐫盤盂，書玉牒而刻鐘鼎。注，墨子曰，琢之盤盂，銘於鐘鼎，傳於後世。又呂春秋，功名著于盤盂，銘篆著于壺鑑。又云，功績銘乎金石，著乎盤盂。注，盤盂之器，皆銘其功也。趙策，著之盤盂。鮑注，取太公爲武王作盤盂之銘，非也。漢志及田蚡傳，有孔甲盤盂，與此不同。）記年之牒空虛。（國家平安，無事可書。圖如竹書紀年，類三代世表云，余讀諜記。）故曰。利莫長於簡。福莫久於安。使匠石以千歲之壽。操鉤視規矩。舉繩墨而正太山。（匠石出莊子。圖鉤所以爲曲也。莊子，直者中繩，曲者中鉤。一作鈎，非。）使賁育帶干將。而齊萬民。雖盡力於巧。極威於壽。（威作盛，寫者誤。）太山不正。民不能齊。故曰。古之牧天下者。不使匠石極巧。以敗太山之體。不使賁育盡威。以傷萬民之性。因道全法。君子樂而大姦止。澹然閒靜。

趙用賢曰李斯所讓

因天命，持大體。故使人無離法之罪，魚無失水之禍。離如雉離於羅之離。圞內儲，勢重者，人主之淵也；君者，勢重之魚也。如此，故天下少不治。少一作無。上不天元別提。則下不徧覆；心不地，則物不必載。物曰：謂君上之心當如天地也。必，畢通。圞治要作畢。太山不立好惡，故能成其高；江海不擇小助，故能成其富。擇一作澤。管子：海不辭水，故能成其大；山不辭土石，故能成其高；明主不厭人，故能成其衆。李斯書：是以太山不讓土壤，故能成其大；河海不擇細流，故能就其深；王者不卻衆庶，故能明其德。陳思王表：江海稱其大者，以無不容。注：墨子曰：江河不惡小谷之滿己也，故能大；聖人者，事無辭也，物無違也，故能爲天下器。故大人寄形於天地，而萬物備；圞寄形，謂體之也。論語：子曰：天何言哉，四時行焉，百物成焉。歷心於山海，而國家富。字書：歷，錯也。莊子：交臂歷指。墨子非攻下篇：歷爲山川。歷、籍義同，藉，因也。又與措通，置也。置心如太山江海，謂其高大無不容也。物曰：如因山谷也。字曰：治要歷作措。上無忿怒之毒，圞治要毒作志。下無伏怨之患。字曰：治要怨作慾。上下交樸，樸，無飾也。一作順。以道爲舍。喩老篇：爲之欲之，則德無舍；無有姦詐，所以舍止于道也。物曰：舍，宅也。故長利積，大功立，名成於前，德垂於後，治之至也。○此卷六篇文義綴屬，一意貫串，如後人强分立篇目者，觀者詳焉。

定本韓非子纂聞卷第八終

孫鑛曰：是連珠之體，何者？絕精簡。蓋公子有此者。張榜曰：韓設六徵，大體奇，可與管子而合參觀，成連珠，演連珠之原始。趙本匯注：儲說雖於衆人之道不知中，然賞信可以數，無必罰可以禁邪巧，何可以得人之情，縱言可以悟主，取其術而不敢其心，用之亦可以助致。

定本韓非子纂聞卷第九

內儲說上

江都　松皐圓纂聞

內儲說上七術第三十

一本七術二字別提，下篇六微同。○索隱曰：明君執術以御臣下，利之在己，故曰內也。舊注：儲，聚也，謂其所聚說，皆君之內謀也。圞謂儲畜其說，以備人主之用也。儲說分內外，外儲分左右，皆以簡編重多，非有他義例也，猶老子經分上下，莊子篇分內外也。○圓案：儲說，古人或謂之連珠。楊升庵外集云：北史李先傳：魏帝召先讀韓子連珠二十二篇。韓子，韓非子。韓非書中有連語，先列其目，而後著其解，謂之連珠。據此則連珠之體，兆于韓非。任昉文章緣起謂連珠始於揚雄，非也。

主之所用也七術，所察也六微。七術：一曰衆端參觀，備內篇：衆端以參觀。舊注：衆事之端，相參而觀也。二曰必罰明威，三曰信賞盡能，四曰一聽責下，圓守其聽而不惑貳，故曰一聽。物曰：謂一一聽之，而一一責之。五曰疑詔詭使，物曰：疑詔，以疑事告命之。舊注：疑危而制之，謡詭而使之，則下不敢隱情也。六曰挾知而問，以我所知而佯問之，與孟子挾賢挾知別。七曰倒言反事。舊注：或倒其言，或反其事，則姦情可得而盡也。此七者，主之所用也。

觀聽不參，則誠不聞；圞觀行聽言不相參察，則其實情不上聞也。聽有門戶，則臣壅塞。物曰：謂君所聽信唯一人，猶家所出入唯一門也。圞娶臣當要路，則羣下出入皆由之，如門戶然，所以壅蔽君明也。其說在侏儒之夢見竈，與哀公之稱莫衆而迷。與字元在惠子上，從山氏移于此。○事具于傳，故不煩說，下皆倣此。故齊人見河伯，物曰：使主見河伯也。惠子之言亡其半也。圞侏儒、哀公二事，觀聽不參、聽有門戶也；齊人、惠子二事，謂誠不聞與臣壅塞也。其患在豎牛之餓叔孫，而江乙之說荆俗也。乙一作乞。山曰：說苑、新序並作江乙。楚策注：江乙，魏人，後乃事楚。圓案：豎牛、江乙二事，皆證壅塞之禍也。嗣公欲治不知，舊注：謂不知治術也。故使有敵。嗣公，嗣君也。呂春秋注：衛平侯之子也，秦貶其號曰君。敵，謂使其貴勢匹敵以相參。

也。是以明主推積鐵之類，而察一市之患。一有也字。國事文要玄同。積鐵喻周密也。一市喻衆口也。謂明主周密，事事有備，不爲衆口所詐惑也。

參觀一

愛多者，則法不立；威寡者，則下侵上。是以刑罰不必，則禁令不行。其說在董子之行石邑，與子產之教游吉也。故仲尼說隕霜，而殷法刑弃灰；將行去樂池。史記惠文君七年，樂池相秦。注：池音他。正義云：樂音岳，池徒河反。又趙武靈王十一年，使樂池送公子職於燕。傍注：將行官名。圜案：大人賦「使勾芒其將行兮」，顏注：領從者也。物曰：謂辭樂池而去也。而公孫鞅重輕罪。物曰：謂使輕罪重也。是以麗水之金不守，而積澤之火不救。成驩以太仁弱齊國，物曰：謂以齊國爲當弱也。卜皮以慈惠亡魏王。物曰：亦謂以魏王爲必亡也。管仲知之，故斷死人；物曰：斷，斬也。嗣公知之，故

買胥靡。

張榜曰：式怒鼃者。

必罰二

賞譽薄而謾者，下不用。物曰：賞譽重而賞輕而譽也。舊注：謾，欺也。賞譽厚而信者，下輕死。其說在文子稱若獸鹿。故越王焚宮室，而吳起倚車轅，李悝斷訟以射。宋崇門以毀死。以居喪者毀見賞，而人傚致死。勾踐知之，故式怒鼃；昭侯知之，故藏弊袴。厚賞之使人爲賁諸也。婦人之拾蠶，漁者之握鱣，是以效之。效，白也。以此明知其理也。舊注：拾蠶握鱣而不懼者，利在故也。此得利忘難之效也。物曰：謂效其拾蠶握鱣也。

賞譽三

一聽則愚智必分。必元作不，下必參同。傅寫訛耳。八經篇：聽不一則後悖於前，後悖於前則愚智不分。與此正相反也。守聽不貳。

儀曰：使聽不貳。

能使臣言前後相符，不得容詐，則其智愚自分，不得掩也。責下則人臣必參。互相參督，不成姦也。圜八經篇：一聽則毋墮墜之累。又云：聽不參則無以責下。其說在索鄭與吹竽。其患在申子之以趙紹、韓沓爲嘗試。趙一作道，非。荀子嘗試之說鋒起矣。注：謂假借以事試爲之也。莊子曰：嘗試論之。又秦策：豈敢以疑事嘗試於王乎。注：嘗，亦試也。故公子汜議割河東，而應侯謀弛上黨。魏之索鄭，素無此理。而韓王患之，可謂恐矣。濫同吹竽，必三百人，其濫極矣。申子先使近臣伺主意，而後發言。公子汜議和，設兩端，曰：王講亦悔，不講亦悔。應侯受韓趙之賂，欲爲之移上黨之兵，而以臨東陽爲辭。又不肯堅執其議，預爲逃罪之地，反問王曰：王意如何。此皆挾詐爲嘗試之說，以愚弄其君者也。一聽責下，則臣下不得爲此行以欺主也。

一聽四

數見久待而不任，姦則鹿散。數，經引見。待命已久，而未肯委任其人。謂選材能，察言行。用人之不輕忽也。物曰：卽下龐敬事。使人問他，則不鬻私。舊注：鬻猶售也。圜案：使私人先微探問他事情，然後言之，則其擿發如神，衆皆畏懼，不肯售其私也。是以龐敬還公大夫，而戴驩詔視輜車。驩一作讙。物曰：詔令

也。周主亡玉簪，商太宰論牛矢。商，宋也。宋太宰卽戴驩也。上云戴驩，故此云商太宰。舊注：故亡玉簪以求神明之譽，詭論牛矢以求聽察之名。

詭使五

挾知而問，知元作智，下同。從經文正。則不知者至。舊注：挾已所知而有所問，則雖不知者，莫不皆知也。圜案：韓昭侯知南門外黃犢食苗，下令禁之，而昭侯所不知之三鄉，舉而上之，是不知者至也。圜挾，懷也，藏也。深知一物，衆隱皆變。物，事也。舊注：謂於一物知之能深，則衆隱伏所不知者，莫不變而露見矣。其說在昭侯之握一爪也。故必審南門，而三鄉得。審卽上云深知之義。周主索曲杖，而羣臣懼。卜皮事庶子，事猶役也。謂密役使庶子，令其佯愛御史之妾，探其陰情也。西門豹詳遺轄。傳文詳作佯，通。

挾智六

倒言反事，以嘗所疑，則姦情得。舊注：倒錯其言，反爲其事，以試其所疑也。故陽山

謾樛豎。(樛姓也。韓有樛留。人問訓注。豎小使也。)淖齒爲秦使，(謂使私人詐爲秦使。)齊人欲爲亂。子之以白馬。子產離訟者。嗣公過關市。(■市當作吏。)

倒言七

右經(一接前行。)

㊀(一作傳一二下倣此例。傍注凡九事。)[侏儒之夢見竈]衛靈公之時，彌子瑕有寵，專於衛國。侏儒有見公者，曰：臣之夢踐矣。(侏儒短人。文選注作朱儒。則似人姓名。踐一作賤。難四篇作淺。皆誤。物曰：踐謂夢有驗也。■左傳亦晉之妖夢是踐。注：踐厭也。案：王莽傳注：厭當也。周語克厭天心注：厭合也。又左傳竝襲於夢。襲亦合也。踐即夢協之義。)公曰：何夢？對曰：夢見竈，爲見公也。公怒曰：吾聞見人主者夢見日。(■詩傳：日君象。)奚爲見寡人而夢見竈？對曰：夫日兼燭天下，(劉禎詩：衆燭八紘內。)一物不能當也。(傍注：當蔽也。山曰：八經篇邪說當上。)人君兼燭一國，

(一有人字。)一人不能擁也。(舊注：一人不能擁君之明也。案：擁壅通。)故將見人主者夢見日。夫竈一人煬焉，則後人無從見矣。(列子：煬者避竈。釋文：煬音揚。司馬彪云：對火曰煬。淮南子云：富人衣纂錦，賈人煬竈口。舊注：謂一人煬則蔽竈之光，故後人不見之。煬燃也。)今或者一人有煬君者乎。(一無上者字。舊注：此譏彌子瑕專擁蔽主明也。)則臣雖夢見竈，不亦可乎。

[哀公之稱莫衆而迷]魯哀公問於孔子曰：鄙諺曰：莫衆而迷。(物曰：謂莫衆之與，則迷也。■與衆謀事，而迷惑者無之。)今寡人舉事，(舉行也。)與羣臣慮之，而國愈亂，其故何也？孔子對曰：明主之問臣，一人知之，一人不知也。(謂其直議不比周也。)如是者，明主在上，羣臣直議於下。今羣臣無不一辭同軌乎季孫者，(軌迹也。一辭同迹，謂其阿比也。)舉魯國盡化爲一。(舊注：舉國既化爲一，則安得論其是非也。)君雖問境內之人，猶不免於亂也。一曰：晏嬰

初潭李曰妙語。

茅坤曰此是戰國策士之談。

孫鑛曰痛快波瀾。

聘于魯。(元作晏子聘魯。■誤。一作晏子聘魯。■晏子春秋同。)哀公問曰：(山曰：晏子春秋作昭公。似勝。)語曰：莫三人而迷。(山曰：論語子曰：三人行必有我師焉。■來篆文■國語：人三爲衆。)今寡人與一國慮之，魯不免於亂，何也？晏子曰：古之所謂莫三人而迷者，一人失之，二人得之，三人足以爲衆矣。故曰莫三人而迷。今魯國之羣臣以千百數，一言於季氏之私。(物曰：謂一其言於季氏之私也。其言皆私季氏也。)人數非不衆，所言者一人也，安得三哉。

[齊人見河伯]齊人有謂齊王曰：河伯大神也。(河伯水神也。竹書紀年：洛伯用與河伯馮夷鬪。五雜俎云：洛伯河伯乃二諸侯也，而後世傅會之，遂以馮夷爲河伯之名也。山曰：左傳昭大神要言焉。■大神尊大之神。左傳用昭乞盟于爾大神。荀子居如大神，動如天帝。)王何不試與之遇乎？臣請使王遇之。爲壇場大水之上，而與王立之焉。有間，大魚動，因曰：此河伯。(舊注：直信一人之言，故有斯弊。傍注：姦臣設事以愚其君，皆此類也。■說文：壇祭場也。場祭神道也。顏師古曰：築土爲壇，除地爲場。上濱也。如川上汶上之上。)

[惠子之言亡其半也]張儀欲以秦韓與魏之勢伐齊荊，(魏策作以魏合於秦韓而攻齊楚。)而惠施欲以齊荊偃兵。(舊注：謂以齊荊爲援，則秦韓不敢加兵，故兵可偃也。■呂春秋：古聖王有義兵而無有偃兵。兵之所自來者上矣。管子：寢兵之說勝，則險阻不守。■學篇：宋榮子之議，設不鬪爭。蓋惠施述偃兵之說也。)二人爭之，羣臣左右皆爲張子言，而以攻齊荊爲利，而莫爲惠子言。王果聽張子，而以惠子言爲不可。攻齊荊事已定，惠子入見。王言曰：先生毋言矣。(■惠子未言，而王先發，故云王言曰，如家語孔子遂言曰，論語曾子言曰之類皆是。)攻齊荊之事果利矣，一國盡以爲然。惠子曰：(曰元作因，誤。策作惠子謂王曰。)說不可不察也。夫攻齊荊之事也誠利，(補攻字。)一國盡以爲利，是何智者之衆也。攻齊荊之事誠不利，一國盡以爲利，何

張榜曰。當時利口之徒。俱是如此。

陳深曰。叙事不及左氏。

楊愼曰。與齊桓公事同。

愚者之衆也。凡謀者疑也。呂春秋。凡謀者疑也。疑則從事斷。義。舊注。有疑然後謀也。■左傳。者難爲謀。疑也者誠疑以爲可者半。以爲不可者半。舊注。若誠有疑。則半可半不可。今一國盡以爲可。是王亡半也。舊注。無致疑之人。故曰亡其半。劫主者固亡其半者也。物曰。固謂其固然之理也。■策云。小事也。謂可者。謂不可者正半。況大事乎。以魏合於秦韓。而攻齊楚。大事也。而王之羣臣皆以爲可。不知是其可也。如是其明耶。亡羣臣之智術也。如是其同耶。是其可也。未如是其明也。而羣臣之智術也。又非皆同也。是其有半塞也。所謂劫主者失其半者也。

【豎牛之餓叔孫】叔孫相魯。貴而主斷。主其制斷。其所愛者曰豎牛。亦擅用叔孫之令。見昭四年。叔孫有子曰壬。豎牛妬而欲殺之。因與壬游於魯君所。魯君賜之玉環。壬拜受之。而不敢佩。使豎牛請之叔孫。■玉藻。君賜車馬。乘以拜賜。衣服服以拜賜。壬請之叔孫者。敬父也。豎牛欺之曰。吾已爲爾請之矣。使爾佩之。壬因佩之。豎牛因謂叔孫。

何不見壬於君乎。叔孫曰。孺子何足見也。豎牛曰。壬固已數見於君矣。一無君矣二字。君賜之玉環。壬已佩之矣。叔孫召壬見之。而果佩之。叔孫怒而殺壬。左傳云。遂逐仲壬奔齊。壬兄曰丙。豎牛又妬而欲殺之。叔孫爲丙鑄鐘。鐘成。丙不敢擊。使豎牛請之叔孫。豎牛不爲請。又欺之曰。吾已爲爾請之矣。使爾擊之。丙因擊之。叔孫聞之曰。丙不請而擅擊鐘。怒而逐之。左傳云。又使拘孟丙而殺諸外。丙出走齊。居一年。豎牛爲謝叔孫。叔孫使豎牛召之。又不召而報之曰。吾已召之矣。丙怒甚。不肯來。叔孫大怒。使人殺之。二子已死。叔孫有病。豎牛因獨養之。而去左右不內人。物曰。去上聲。內入聲。曰。叔孫不欲聞

陳深曰。此是託喩。

人聲。因不食而餓死。死一作殺。叔孫已死。豎牛因不發喪也。徙其府庫重寶。空之而奔齊。夫聽所信之言。而子父爲人僇。人指豎牛。此不參之患也。

【江乙之說荆俗】江乙爲魏王使荆。謂荆王曰。臣入王之境內。聞王之國俗曰。君子不蔽人之美。不言人之惡。誠有之乎。山曰。家語。君子成人之善。不成人之惡。王曰。有之。然則若白公之亂。得無危乎。然上楚策有江乙曰三字。舊注。不言人惡。則白公得成其姦謀。故危。策注。白公太子建子勝。哀十六年。建以讒奔鄭。鄭人殺之。勝請伐鄭。子西不從。勝怒殺子西。劫惠王。誠得如此。臣免死罪矣。舊注。有惡不言何罪之有。

【嗣公欲治不知故使有敵】衛嗣君重如耳。愛世姬。荀子注。君作公。世作泄。下同。似勝。案泄姓也。陳有泄冶。魏世家。如耳見衛君。索隱。魏大夫。案如耳初居衛。後乃事魏。而恐其皆因其愛重以壅己也。荀注。無下其字。乃

貴薄疑以敵如耳。敵下一有之字。說山訓。薄疑說衛嗣君以王術。呂春秋。衛嗣君欲重稅。薄疑止之。外儲。薄疑謂趙簡主。蓋初居趙。後乃事衛。尊魏姬以耦世姬。荀注作魏妃。耦猶敵也。曰。以是相參也。嗣君知欲無壅。而未得其術也。夫不使賤議貴。下偪上。賤者得議貴者之過。是在下者侵逼在上者也。一作下必坐上。■管子。明主者兼聽獨斷。多其門戶。羣臣之道。下得明上。賤得言貴。故姦人不敢欺。而必待勢重之鈞也。而後敢相議。鈞等也。物曰。勢重謂威權也。則是益樹壅塞之臣也。謂無御下之術。而兩用之。使其敵耦。則彼將各立黨以欺主也。爲蔽更甚。嗣君之壅乃始。自是始也。衛世家。酒之失婦人是用故紂之亂自此始。一作乃殆。毛詩。殆與公子同歸。傳。殆始也。

【明主推積鐵之類】夫矢來有鄕。舊注。鄕方也。山曰。孟子。出入無時。莫知其鄕。物曰。鄕向同。下一鄕同。則積鐵以備一鄕。舊注。謂聚鐵於身以備一處。卽甲之不全者也。■積鐵謂鍊鐵者。葉葉積累。更迭煆鍊。乃爲精鐵也。矢來無鄕。則爲鐵室以備之。【備之】二字剩衍。則體不傷。芥隱筆記。鐵室。鐵甲之還身者。因樹屋書影。案甲自面至

茅坤曰語意頓挫跌宕傷感

孫鑛曰有波有態

足各有名不聞稱鐵室詳其意恐如昔人所云油衣以瓦爲之則不漏耳山曰室室屋舊注甲之全者自首至足無不有鐵故曰鐵室 故彼以盡備之不傷。此以盡敵之無姦也。物曰敵備也之指臣彌內情不見外姦莫闚人主之鐵室也故人主周密如鐵室則賤能議貴下必侵上則姦無從起矣此盡敵之術也

察一市之患 龐恭與太子質於邯鄲。龐恭疑卽龐敬魏策作龐葱注太子魏太子 謂魏王曰。今一人言市有虎。王信之乎。顧馬援傳注恭作共太上有魏字謂上有共字 曰。不信。二人言市有虎。王信之乎。曰。不信。策作寡人疑之矣 三人言市有虎。王信之乎。王曰。寡人信之。顧今乃信之故更端云王曰也 龐恭曰。夫市之無虎也明矣。然而三人言而成虎。今邯鄲之去魏也遠於市。策有而字 議臣者過於三人。願王察之。山曰新序魏王曰寡人知之矣及龐恭自邯鄲反讒口果至遂不得見顧後漢書注三人言成虎作三人言而誠有虎議作謗察上有熟字 龐恭從邯鄲反。竟不得見。策云於是辭行而讒言先至後太子罷質果不得見注史不書太子質事

（二）傍注凡十一事皆言誅罰必而人不犯

董子之行石邑 董閼于爲趙上地守。上地蓋指晉陽見十過篇 行石邑山中。顧句唐韓翃有宿石邑山中詩蓋取此語作題如綿上山中類徐廣云石邑在常山又括地志在恒州鹿泉縣藝文類聚閼作安濼鑑邑作阜中作見屬下讀鹽鐵論注同 澗深峭如牆。王融策秀才文訪游禽於絕澗注作深澗峭如牆顧山夾水曰澗 深百仞。因問其旁鄉左右。物曰謂其傍鄉邑在其左右者 曰。人嘗有入此者乎。選注問其左右人曰嘗有人入此者乎 對曰。無有。曰。嬰兒癡聾狂悖之人。嘗有入此者乎。選注嬰兒盲聾狂悖有入此者乎 對曰。無有。牛馬犬彘。嘗有入此者乎。對曰。無有。董閼于喟然太息曰。吾能治矣。顧藝文類聚太息作歎 使吾法之無赦。法一作治選注使吾法無赦也 猶入澗之必死也。選注無也字 則人莫之敢犯也。何爲不治之。選注則民莫敢犯何爲不治顧藝文類聚人作民

茅坤曰蓋世立法不宜有此然記曰殷人先罰而後賞及秦商鞅大抵尙嚴刑

子產之敎游吉 子產相鄭。病將死。謂游吉曰。我死後子必用鄭。必以嚴莅人。顧論語不莊以涖之則民不敬包咸曰不嚴以臨之則民不敬從其上 夫火形嚴。故人鮮灼。水形懦。故人多溺。一無故字 子必嚴子之刑。無令溺子之懦。子產死。子上一衍故字 游吉不肯嚴刑。肯一作行又作忍行二字 鄭少年相率爲盜。處於萑澤。左傳作萑苻之澤顧萑雚同音桓 將遂以爲鄭禍。游吉率車騎與戰。一日一夜。僅能尅之。游吉喟然歎曰。吾蚤行夫子之教。必不悔至於此矣。

仲尼說隕霜 魯哀公問於仲尼曰。春秋之記曰。冬十二月。賈霜不殺菽。何爲記此。山曰魯僖三十三年冬十有二月隕霜不殺草李梅實又定元年冬十月隕霜殺菽 仲尼對曰。此言可以殺而不殺也。夫宜殺而不殺。梅李冬實。一梅作桃 天失道。草木猶犯干之。而況於人君乎。舊注人君失道至下凌之宜矣顧穀梁傳曰未可殺而殺舉重也可殺而不殺舉輕也注重謂菽也輕謂草也輕者不死則重者不死可知

殷法刑弃灰 殷之法。李斯傳作商君之法 刑弃灰於街者。正義作棄灰於衢者刑山曰漢志秦連相坐之法弃灰於道者黥孟康曰商鞅爲政以弃灰於道必坋人坋人必鬭故設黥刑以絕其源也顧鹽鐵論注街作道淵鑑同初學記作弃灰於街者刑棄弃播弃也鏃颺而投諸路衢非委置死灰於穢地之謂 子貢以爲重。問之仲尼。仲尼曰。知治之道也。夫弃灰於街必掩人。正義掩作燔舊注灰塵播揚著掩翳人顧道如生財有大道之道謂知治之大體也孔子謂爲明器者知喪之道矣字法同掩謂乘其不備而揜之也韓詩外傳將入戶視必下不掩人不備也 掩人。人必怒。怒則鬭。鬭必三族相殘也。此殘三族之道也。顧周禮注三族謂父子孫秦紀如淳注父族母族妻族 雖刑之可也。因鬭起獄連累被害故設此刑顧初學記掩作播殘作殺雖上有然則二字淵鑑播作燔非 且夫重罰者。人之所惡也。而無弃灰。人之所易也。使人行之所易。之猶

其也。而無離所惡。物曰。離罹同。此治之道也。一無也字。一曰。殷之法。弃灰於公道者。斷其手。子貢曰。弃灰之罪輕。斷手之罰重。古人何太毅也。物曰。毅忍也。曰。無弃灰所易也。斷手所惡也。行所易。不關所惡。物曰。關由也。古人以爲易。故行之。

將行去樂池

中山之相樂池。以車百乘使趙。選其客之有智能者。以爲將行。中道而亂。樂池曰。吾以公爲有智。而使公爲將行。今中道而亂。何也。客因辭而去。曰。公不知治。有威足以服人。而利足以勸人。故能治之。今臣君之少客也。少客猶言下客也。趙策。甯虞商以爲大客。少客大客之反也。山曰。少如太宰少宰之少。▣孟嘗君傳所謂客之居下坐者也。夫從少正長。從賤治貴。物曰。從自也。而不得操其利害之柄以制之。此所

以亂也。嘗試使臣彼之善者。我能以爲卿相。彼不善者。我能以斬其首。使字意管到此。何故而不治。

公孫鞅重輕罪

公孫鞅之法也。重輕罪。重罪者人之所難犯也。而小過者人之所易去也。使人去其所易。無離其所難。此治之道。夫小過不生。大罪不至。是人無罪。而亂不生也。舊注。今重輕罪。輕罪易避。故能無罪而不生亂也。一曰。公孫鞅曰。▣見商子靳令篇。行刑重其輕者。輕者不至。重者不來。是謂以刑去刑也。舊注。以重刑去輕刑。

麗水之金不守

荊南之地。麗水之中生金。圓機活法。韓子。麗水在益州永昌郡。中有金。如糖浮出於水中。此金勝於他金。又楊升庵外集。荊南麗水。今之麗陽也。案。荀子注引作淮南。非。人多竊采之。荀注。民多竊采之。采金之禁。句絕。得而輒辜磔於市。得捕得也。荀注作行。▣上句荀子。斬斷枯磔。注。枯弃市暴屍也。磔車裂也。周禮。以▣辜祭四方百物。注。謂

孫鑛曰。太仁不可以爲國。

披磔牲也。或者枯與▣辜義同歟。又引此而云。疑辜卽枯也。又莊子。有辜人。謂犯罪應死之人。所辜磔甚衆。從荀注補所辜磔三字。壅離其水也。荀注。無此句。山曰。離讀曰籬。舊注。又設防禁遮擁。不令人輕近。其水也。▣韻會。輙每事卽然也。周禮。殺王之親者辜之。注。辜之言枯也。案。枯刳通。玉篇。刳空物腸也。壅離謂刑屍甚多。壅閼水流而附離岸際也。而人竊金不止。夫罪莫重辜磔於市。猶不止者。不必得也。舊注。謂犯罪者不必一一皆得。而有免脫者。人幸其免脫而輕犯重罪也。故今有人於此。從山氏補人字。曰。予汝天下。而殺汝身。庸人不爲也。予與通。山曰。又見呂春秋。夫有天下大利也。猶不爲者。知必死。故不必得也。則雖辜磔。竊金不止。知必死。則雖予之天下。不爲也。一無雖予之三字。

積澤之火不救

魯人燒積澤。管子。齊之北澤燒火。注。獵而行火曰燒。式服反。天北風。火南倚。舊注。火勢南靡。恐燒國。▣周禮注。國中城郭中也。事文類聚。無人字。淵鑑。倚作向。哀公懼。自將衆趣救火者。

物曰。趣促同。左右無人。盡逐獸。而人不救。乃召問仲尼。仲尼曰。夫逐獸者樂而無罰。救火者苦而無賞。此火之所以無救也。▣藝文類聚。無作不。哀公曰。善。仲尼曰。事急不及以賞。字曰。句。救火者盡賞之。則國不足以當於人。雖悉國貲賞之。不能充當其人也。▣當一作賞。藝文類聚同。▣上有舉字。人作民。下文賞作罰。淵鑑同。是。請徒行罰。罰元作賞。誤。徒獨也。不兼賞也。哀公曰。善。於是仲尼乃下令曰。不救火者。比降北之罪。逐獸者比入禁之罪。孟子。臣聞郊關之內有囿。方四十里。殺其麋鹿者。如殺人之罪。此齊也。魯亦有此制耶。▣周禮。山虞使地之民守其厲禁。又云。春秋之斬木。不入禁。注。禁者虞衡守禽之厲禁也。令未下遍。事文類聚。作令下未遍。淵鑑同。而火已救矣。

成驩以太仁弱齊國

成驩謂齊王曰。荀子注。成作戴。而云。戴驩宋臣。蓋爲唐鞅所逐奔齊。王太仁。太不忍人。王曰。太仁太不忍人。非善名邪。對曰。此人臣之善

也。非人主之所行也。夫人臣必仁而後可與謀。不忍人而後可近也。不仁則不可與謀。忍人則不可近也。王曰。然則寡人安所太仁。安不忍人。（照上所字不上去所字照略法）對曰。王太仁於薛公。（物曰謂優禮也）而太不忍於諸田。（諸田公族。物曰謂宥罪也）太仁薛公。則大臣無重。（薛公獨重。則他大臣失威）太不忍諸田。則父兄犯法。大臣無重。則兵弱於外。（士不用命。所以取敗）父兄犯法。則政亂於內。兵弱於外。政亂於內。此亡國之本也。

〔卜皮以慈惠亡魏王〕魏惠王謂卜皮曰。子聞寡人之聲聞。亦何如焉。（物曰聲聞謂外人所稱也）對曰。臣聞王之慈惠也。王欣然喜曰。然則功且安至。對曰。王之功至於亡。王曰。慈惠行善也。（行去音）行之而亡何也。卜皮對曰。夫慈者不忍。而惠者好與也。不忍則不誅有過。好予則不待有功而賞。有過不罪。無功受賞。雖亡不亦可乎。（刑賞俱濫。招亡之道）

〔管仲知之故斷死人〕齊國好厚葬。布帛盡於衣衾。材木盡於棺槨。桓公患之。以告管仲曰。布帛盡則無以爲蔽。（管子。一馬其甲七。其蔽五。注。蔽所以捍車馬也。物曰。帷之屬。軍中以遮敵望者。山曰。蔽讀爲幣。圖淵鑑作幣）材木盡則無以爲守備。而人厚葬之不休。禁之奈何。管仲對曰。凡人之有爲也。非名之則利之也。（物曰謂非以此爲名則以此爲利也）於是乃下令曰。棺槨過度者。戮其尸。罪夫當喪者。（物曰謂喪主也。山曰當掌通。甘泉賦。伏鉤陳使當兵。掌喪者相喪禮者）夫戮尸無名。（尸元作死。從山氏正）罪當喪者無利。人何故爲之也。

陳深曰小有忍則大有所獨忍於賞則有伐與之財忍於誅則有攻孝之責不情之爲也

〔嗣公知之故買胥靡〕衛嗣君之時。（衛策無之字）有胥靡逃之魏。因爲襄王之后治病。（策注。靡忙皮切。晉灼曰。胥相靡隨也。顏曰。連繫使相隨而服役之。猶今囚徒以鐵鎖相連繫也。圓案賈誼傳徐注胥靡刑也。此云爲魏王后治病。宜從徐義爲長。圖莊子釋文引崔注亦爲腐刑）衛嗣君聞之。使人請以五十金買之。五反而魏王不予。（使者五往而未許也）乃以左氏易之。（外儲吳起衛左氏中人也。舊注左氏都邑名。策注衛地缺。吳注恥其失政廢刑故必贖之）羣臣左右諫曰。夫以一都買胥靡。可乎。君曰。（君元作王。從策正之）非子之所知也。夫治無小而亂無大。（策注大小謂國。山曰虞書宥過無大刑故無小。商書爾惟德罔小萬邦惟慶爾惟不德罔大墜厥宗。物曰謂治法不以小忽之則無大亂）法不立而誅不必。雖有十左氏無益也。法立而誅必。雖失十左氏無害也。（圖策云教化喩於民三百之城足以爲治。民無廉恥雖有十左氏將何以用之）魏王聞之曰。主欲治而不聽之。不祥。因載而往。徒獻之。（舊注徒獻胥靡不取都金）

㊂（傍注凡十二事皆言賞信而人自奮也）〔文子稱若獸鹿〕齊王問於文子曰。治國何如。（圖文子修老氏之道著書數篇）對曰。夫賞罰之爲道。利器也。君固握之。不可以示人。（山曰語本老子）若如臣者。（圖猶左傳若而人列子如而夫者之比猶云凡庸也）猶獸鹿也。（圖李斯傳。禽鹿視肉）唯薦草而就。（管子薦草多衍則六畜易繁也。注薦茂草也。晉子見反。莊子麋鹿食薦注稠草也。舊注獸鹿就薦草人臣歸厚賞）

〔越王焚宮室〕越王問於大夫文種曰。吾欲伐吳。可乎。（一無文字。吳越春秋大夫種姓文名種字子禽）對曰。可矣。吾賞厚而信。罰嚴而必。（圖淵鑑吾作君）君欲知之。何不試焚宮室。於是遂焚宮室。人莫救之。乃下令曰。人之救火死者。（元作者死救火）比死敵之賞。救火而不死者。比勝敵之賞。不救火者。比降北之罪。（一作北降。圖救火者死。藝文類聚作救火而死者）人塗其體被濡衣而走火者。（走一作赴。圖淵鑑人作民之二字。無而字）左三千人。右三劉辰翁曰，商君徙木之令亦然。

千人。物曰，以泥塗體，以水濡衣而赴之，皆所以防火燒也。左右蓋其羣制。此知必勝之勢也。墨子，昔越王勾踐好士之勇，教馴其臣，和合之，焚舟失火，試其士曰，越國之寶盡在此，越王親自鼓其士而進之，士聞鼓音，破碎亂行，蹈火而死者，左右百人有餘，越王擊金退之。左右越王好士，宮門左右，舍食客也。韓詩外傳，晉平公曰，吾食客門左千人，右千人，何爲不好士乎。卽此類也。事文類集亦載此事，發端作越王思報吳，冬則抱氷，夏則抱火，其餘與藝文淵鑑所引韓子文同。

吳起倚車轅

吳起爲魏武侯西河之守。秦有小亭臨境。物曰，亭，亭障。大學衍義補，案班史武紀所謂城障列亭，匈奴傳所謂建塞徼起亭隧，是乃古人候望之所，今世所謂營堡墩臺之類也。吳起欲攻之。不去則甚害田者。時來錄，害，踐禾稼。去之則不足以徵甲兵。舊注，亭小，故也。於是乃倚一車轅於北門之外，而令之曰，有能徙此於南門之外者，從山氏補於字。賜之上田上宅。人莫之徙也。及有徙之者，還賜之如令。還音旋，謂不遷延也。俄又置一石赤菽東門之外，而

以射決訟。

令之曰，有能徙此於西門之外者，賜之如初。人爭徙之。乃下令[大夫]二字衍文。曰，明日且攻亭，有能先登者，仕之國大夫。賜之上田宅。初學記作赤黍，困學紀聞、淵鑑同。樊噲傳，賜爵國大夫，正義云，爵第六級也。山曰，呂春秋亦載此事，國大夫作長大夫。人爭趨之，於是攻亭，一朝而拔之。

李悝斷訟以射

李悝爲魏文侯上地之守。史記，魏有李悝盡地力之教。漢志，李子三十三篇，注，李悝相魏文侯，富國强兵。而欲人之善射也，乃下令曰，人之有狐疑之訟者，漢書顏注，狐之爲獸，其性多疑，每渡冰河，且聽且渡，故言疑者稱狐疑也。令之射的，舊注，的，所射質。藝文類聚的作狗，佩文淵鑑同。中之者勝，不中者負。令下人皆疾習射，日夜不休。及與秦人戰，大敗之，以人之善戰射也。類林無此七字，戰字疑衍，與善音近。

宋崇門以毀死

宋崇門之巷人，服喪而毀，甚瘠。莊子，演門有親死者，以善毀爵爲官師，其黨人毀死者半。物曰，崇門，巷名。上以爲慈愛於親，物曰，上指宋君。擧以爲官師。居喪致瘠曰毀，師，長也。禮記，官師一廟。穆天子傳注，官師，羣士號也。明年人之所以毀死者，歲十餘人。子之服親喪者，爲愛之也，而尙可以賞勸也，況君上之於民乎。

勾踐知之故式怒鼃

越王慮伐吳，舊注，慮，謀也。欲人之輕死也，出見怒鼃，物曰，謂鼃鼈者。乃爲之式。物曰，式，軾同。論語疏，式者車之橫木，男子立乘，有所敬則俯而憑式，遂以式爲敬名。從者曰，奚敬於此。王曰，爲其有氣故也。明年請以頭獻王者，歲十餘人。由此觀之，譽之足以殺人矣。殺一作勸。舊注，謂譽勇則人以頭獻。一曰，越王勾踐見怒鼃而式之，御者曰，何爲式。王曰，鼃有氣如此，可無爲式乎。士人聞之曰，鼃有氣，王猶爲式，況於士人有勇者乎。一無士字。是歲人有自剄死以其頭獻者。舊注，剄，割也。

故越王將復吳，物曰，復，報也。而試其教，燔臺而鼓之，使民赴火者，賞在火也。臨江而鼓之，使人赴水者，賞在水也。賞厚而信，則民不避水火。臨戰而鼓之，從翊說補此二字。使人絕頭刳腹而無顧心者，賞在兵也。又況據法而進賢，其助甚此矣。式怒鼃，避螳螂，小術耳，猶可以鼓舞士氣，何況明主守法術，任賢智者，其所助成之功，豈止於是乎。

昭侯知之故藏弊袴

韓昭侯使人藏弊袴，侍者曰，君亦不仁矣。仁鄙之反。董仲舒傳，或仁或鄙。陽虎曰，爲仁不富。孫子，愛爵祿百金，不知敵之情者，不仁之至也。不仁謂其鄙悋。弊袴不以賜左右而藏之。昭侯曰，非子之所知也。吾聞明主之愛一嚬一笑，嚬有爲嚬，而笑有爲笑。物曰，山曰，之字宜在聞下。嚬笑，喜怒之小者，喜怒，賞罰之小者，明主愼之，不妄爲也。爲皆去聲。今夫袴豈特嚬笑哉。袴之與嚬笑遠矣。吾必待有

芥坤曰，心有所利，則忘有所忘，此必然之義。

孫鑛曰，鄭對適中機，故聽。

王維楨曰，綜核之，則無異竽矣。

功者。故收藏之。未有予也。

【婦人之拾蠶漁者之握鱣】鱣似蛇。蠶似蠋。郭璞云，蠋似蠶，大如指。人見蛇則驚駭。見蠋則毛起。然而婦人拾蠶。漁者握鱣。利之所在。則忘其所惡。皆爲孟賁。已見說林。顧百家類纂有矣字。

【四】凡五事，皆謂主惑而臣欺之。【秦鄭】魏王謂鄭王曰。始鄭梁一國也。秦策注，新鄭，滎陽是時已爲韓。策凡言鄭者韓也。魏都大梁，因稱梁。已而別。今願復得鄭而合之梁。鄭君患之。召羣臣而與之謀所以對魏。鄭公子謂鄭君曰。此甚易應也。君對魏曰。以鄭爲故魏而可合也。則弊邑亦願得梁而合之鄭。魏王乃止。呂春秋載，魏惠王欲使韓復立晉後，而韓對以魏先立之，魏王乃止。其事與此所記相類。此皆設事以試人智之說。秦策齊太后以玉連環，亦此類。

【吹竽】齊宣王使人吹竽。必三百人。南郭處士請爲王吹竽。宣王說之。廩食以數百人。舊注，廩，給也。顧佩文以作比。宣王死。湣王立。好一一聽之。處士逃。顧淵鑑引此而云，齊宣王使人吹竽，必三百人齊吹。南郭先生不善竽而濫於三百人之中，以食祿。宣王死，湣王立，好一一聽之，先生乃逃。事文類聚，文同，不善竽作不知竽。一曰。韓昭侯曰。吹竽者衆。吾無以知其善者。田嚴對曰。一一而聽之。顧事文類聚，田岩曰，使一一吹之，乃知其濫也。

【申子之以趙紹韓沓爲嘗試】趙令人因申子於韓請兵。句。物曰，將以攻魏。申子欲言之君。而恐君之疑己外市也。之下一有欲字。舊注，爲外請兵，取其貨利，故曰外市。不則恐惡於趙。不，方有反。惡如字。謂失趙之交也。乃令趙紹韓沓嘗試君之動貌。而後言之。許不之貌見於舉動，可以偵察，故曰動貌。內則知昭侯之意。外則有得趙之功。得趙，謂得趙意與之交善也。韓策云，魏之圍邯鄲也，申不害始合於韓，然未知王之所欲也，恐言而未必中於王也。王問申子

曰。吾誰與而可。對曰。此安危之要。國家之大事也。臣請深惟而苦思之。乃微謂趙卓韓鼂曰。子皆國之辯士也。夫爲人臣者。言可必用。盡忠而已矣。二人各進議於王以事。申子微視王之所說以言於王。王大說。

【公子汜議割河東】三國兵至。秦王謂樓緩 秦元作韓，寫者誤。秦昭襄王策，三國攻秦入函谷，秦王謂樓緩。注，魏記魏襄王三十一年，與齊魏共攻秦。樓緩，趙人。見穰侯傳，昭王九年相秦而免。曰。三國之兵深矣。寡人欲割河東而講何如。策注，河東，大河之東，非地名。吳注，講媾同。顧田齊世家湣王二十六年，齊與韓魏共攻秦，至函谷關焉。二十八年，秦與韓河外以和。秦世家昭襄王十年，樓緩爲丞相。十一年，齊韓魏趙宋中山五國共攻秦，至鹽氏而還。秦與韓魏河外及封陵以和。十二年，樓緩免。魏世家哀王二十三年，秦復予我河外及封陵以和。據是則韓字誤明矣。對曰。夫割河東大費也。免國於患大功也。此父兄之任也。公族與國同休戚，故宜任此事。王何不召公子汜而問焉。策汜作池。王召公子汜而告之。對曰。講亦悔。不講亦悔。策有王曰何也對曰六字。王今割河東而講。三國歸。王必曰。三國固且去矣。吾特以三城送之。策有此講之悔也句。舊注，三國自去，又與之城，是徒以三城爲送，此悔之辭。不講。三國入也。一無入字。謂入關也。【入韓】此二字舊注文，混入正文。則國必大舉矣。蘇秦傳，王易國舉。索隱曰，舉猶拔也。王必大悔。此下一衍王字。曰。不獻三城也。臣故曰。王講亦悔。不講亦悔。王曰。爲我悔也。爲猶若也。如列子說符篇，爲我死，王必封汝。呂春秋長見篇，爲不能聽。字法同。下篇爲近王，必掩口，亦然。寧亡三城而悔。句。無危乃悔。元作無悔，寫者誤倒。兵入國危，悔之無及，故不爲也。寡人斷講矣。策云，鈞吾悔也，寧亡三城而悔，無危咸陽而悔也，寡人決講矣，卒使公子池以三城講於三國之兵，乃退。吳注，緩之不自言，池以兩悔言，皆藉其主之術也。案，三城者，武遂與韓，封陵與魏，齊城與齊。武遂、封陵在河東，齊城無考。事在年表秦昭九年下。十一年書韓與齊魏擊秦，秦與我武遂。大事記謂卽此年事，誤分也。

【應侯謀弛上黨】應侯謂秦王曰。王得宛葉藍田陽夏。西周策注，宛葉二縣屬南陽。顧應侯，秦相范雎也。穰侯傳，秦昭王十五年，取楚之宛。葉、藍田、陽夏皆楚地。斷河內。顧穰侯傳，拔魏之河內。困梁鄭。梁，魏也。鄭，韓也。所以未王者。趙未服也。弛上黨兵而【已】以臨東陽。兵字元作已。

在一二字字形似而譌分也已以音同遂衍已字或不知已以通用而妄剩以字也
弛弛同下文作弛易荀子境內之事有弛易齵差者矣弛移通案秦敗長平之軍取
上黨發兵守之應侯意欲移易其戍兵以臨置之於東陽也東陽趙地見初見秦山
日爾雅矢弛也弛易也弛蓋移徙之義圓案白起傳秦昭王四十七年武安君坑趙
降卒四十萬人趙人大震明年韓趙恐使蘇代厚幣說秦相應侯於是應侯言於秦
王曰秦兵勞請許韓趙之割地以和且休士卒王聽之割韓垣雍趙六城以和卽是
時事也應侯受蘇代之賂聽韓趙之請因爲韓趙游說欲移易守上黨之兵以緩韓趙之患也而特以臨東陽爲辭耳則邯鄲口中虱
也。謂可一齧而盡也圓爾雅蝨口上有猶字淵鑑同王拱而朝天下。後者以兵中之。物曰
後者後至者舊注中傷也然上黨之安樂其處甚劇。荀子云韓之上地方數百里完全富足而趙趙馮亭云上
黨有城市之邑十七則雖被兵之餘其地繁劇富庶可知也圓其處二字與甚劇字相似而剩衍也左傳行者甚衆釋文甚本作其史孟荀傳劇子之言應劭注作處子
二字形似故易混亂廣雅甚劇也臣恐弛之而不聽。奈何。奈何問之辭也上黨本韓地而近於趙應侯恐二國後或
爭取其地因以爲己罪故却問王使王自決也王曰。必弛易之矣。舊注謂移易其兵以臨東陽吾斷定矣
⑤傍注凡四事皆用伺察以得人之情龐敬還公大夫龐敬縣令也。遣市者行。而召公大

夫而還之。百官表公大夫秦爵第六等蓋魏亦置也物曰謂市散時悉放市人使去而特喚公大夫在市者使還也圓案市者治市衆小吏也公大
夫市者之長也圓後漢明紀注商君爲秦制爵二十級其第七級有公大夫傅子曰領行伍兵立有間。無以詔之。卒遣
行。物曰謂龐敬與公大夫同立少時而一無所告語之其卒悉皆放還也舊注不命而卒遣去俱不測其由也市者以爲令與
公大夫有言。不相信。以至無姦。物曰謂市人皆謂龐敬與大夫相語而大夫雖以實告之亦不信也
圓謂賤吏與其長互相猜懼故無阿同以爲姦利也
戴驩詔視輜車戴驩爲宋太宰。元無爲字從荀子注補夜使人物曰命人也曰。吾聞數
夜有乘輜車。至李史門者。輜車車之有衣蔽者圓說文輜臥車也謹爲我伺之。
荀注有字在數上輜作輜下同至作之伺作司使人報。物曰所命之人來報白也曰。不見輜車。見有奉
笥而與李史語者。有間李史受笥。荀注使人作使者無語者有間李五字舊注遣伺輜車故實奉
笥本令伺奉笥彼當易其辭圓說文笥飯及衣之器也

周主亡玉簪周主亡玉簪。令吏求之。三日不能得也。周主令人
求。而得之家人之屋間。周主曰。吾知吏之不事事也。舊注
不事於臣之事也案曾參世家賓客見參不事事注如淳曰不事丞相之事圓呂春秋注事治也周禮注事任也又案事猶守也論語請事斯語矣韓詩外傳魏文侯曰
寡人雖不敏請守斯語矣求簪三日不得之。吾令人求之。不移日而得
之。於是吏皆聳懼。以君爲神明也。元作爲君從山氏正圓聳音悚一作悚
商太宰論牛矢商太宰使少庶子之市。顧反而問之曰。何見於市。
始皇策高注少庶子官名圓商君傳中庶子索隱曰周禮夏官言之諸子文王世子謂之庶子官有太中少後世有左右中內外對曰。無見
也。太宰曰。雖然何見也。對曰。市南門之外。甚衆牛車。僅
可以行耳。物曰謂車衆塞路也太宰因誡使者。卽少庶子無敢告人吾所
問於女。物曰人下藏以字因召市吏。而誚之曰。市門之外。何多牛

屎。市吏甚怪太宰知之疾也。乃悚懼其所也。圓主道篇羣臣悚懼乎下所猶
分位也呂春秋四蛇得其所
⑥傍注凡五事亦言伺察以得人之情昭侯之握一爪韓昭侯握爪。而佯亡一爪。求之甚
急。圓人主翦爪必收貯之喪大記云君大夫鬊爪實于綠中注生時積而不弃今死爲小囊盛之而實于棺內之四隅也左右因割
其爪而效之。圓效致也昭侯以此察左右之臣不誠。一無此字圓爾雅蜤作韓
昭侯握而佯亡一蚤求之甚急左右因取其蚤而效之昭侯以此察左右之不誠也淵鑑及佩文事文所載大同握下有痒字其蚤作其蚤蝨潛確類書亦爪作蚤案爪
蚤音近蚤蝨之蚤又作蜤因誤解以爪作蚤也遂少變文以適其說杜撰甚矣百家類纂爪作瓜不誠作誠不割此以爪訛爲瓜獻割爲副觚之義其魚魯更甚矣
必審南門而三鄕得韓昭侯使騎於縣。物曰謂命騎士往縣巡視也使者報。物曰使者所命之人也兩使字
皆非行人之義昭侯問曰。何見也。對曰。無所見也。昭侯曰。雖然何
見。曰。南門之外。有黃犢食苗道左者。山曰毛詩生于道左箋云道左道東也圓儀禮注凡

鄕內以入爲左右、鄕外以出爲左右。昭侯謂使者、毋敢洩吾所問於女。乃下令曰、當苗時、禁牛馬入人田中。國有令。（顧：百家類纂國作固。）而吏不以爲事。（事、務也。）牛馬甚多入人田中。亟舉其數上之。不得。（逗）將重其罪。於是三鄕舉而上之。昭侯曰、未盡也。復往審之。乃得南門之外黃犢。吏以昭侯爲明察、皆悚懼其所。而不敢爲非。

【周主索曲杖】周主下令索曲杖。（蓋杖頭屈曲者。）吏求之數日、不能得。周主私使人求之。不移日而得之。乃謂吏曰、吾知吏不事事也。曲杖甚易得也。（元脫得字。顧：淵鑑有得字。）而吏不能得。我令人求之。不移日而得之。豈可謂忠哉。（顧：藝文類聚、忠下有我字。）吏乃皆悚懼其所、以君爲神明。

【卜皮事庶子】卜皮爲縣令。其御吏汙穢、而有愛妾。卜皮乃使少庶子佯愛之。（物曰、佯愛妾也。）以知御吏陰情。

【西門豹佯遺轄】西門豹爲鄴令。佯亡其車轄。令吏求之、不能得。使人求之、而得之家人屋間。

㈦傍注凡六事、皆言用術。【陽山謾樛豎】陽山君相衛。（衛、魏也。此時衛削弱屬魏、如一國。故謂魏爲衛、猶韓之稱鄭也。下篇使齊韓約而攻衛、又云、宋石衛將也、皆指魏言也。陽山君、魏人也。楚策魏策皆有此人。注、山陽屬魏。）聞王之疑己也。乃僞謗樛豎以知之。（此卽楚商臣饗江芉之故智。）

【淖齒爲秦使】淖齒聞齊王之惡己也。乃矯爲秦使以知之。（矯、詐也。謂使私人詐爲秦使者、佯譏淖齒、則齊王必且以情告之。）

矯僞曰、以臣伺君、陰陽狙詐之術。

【齊人欲爲亂】齊人有欲爲亂者。恐王知之。因詐逐所愛者、令走王知之。（山曰、謂使走王所、而知其動靜也。）

【子之以白馬】子之相燕。坐而佯言曰、走出門者何。（逗）白馬也。（詭言是何物也、因復詭言、豈是白馬邪。）左右皆言不見。（是誠。）有一人走追之。報曰、有。（是詐。）子之以此知左右之不誠信。

【子產離訟者】有相與訟者。子產離之。（謂繫之于別處。）而無使得通辭。（使得、一作得使。）倒其言以告而知之。（一本外儲左上篇末有此章、使得作得使、倒作到、之作也。倒、反也。舊注謂倒此言以告彼、彼言以告此、則知訟者之情實。）

【嗣公過關市】衛嗣公使人爲客過關市。（顧：市宜作吏、下並同。）關市苛難之。（一本外儲左上篇末有此章、爲作僞、無客過二字、苛作何、何難謂誰何譏難也。山曰、苛讀爲呵。）因事關市以金。（事、謂賂之。與、衍文。一本無之。）關吏乃舍之。（乃、一作又。）嗣公謂關吏（謂、一作爲。）曰、某時有客過。

而予汝金。（而下一有所字。予作與。）而汝因遺之。（此五字一作因譴之。）關吏乃大恐。（一作關市大恐。）而以嗣公爲明察。（一無而字。荀子注作衛嗣公使過客關市、賂之以金、後召關市問、其有客過與汝金、汝迴遣之。關市大恐、以嗣公爲明察。又王世貞送劉憲議序云、嗣公使人詐去、行金津吏、而抵津吏罪。與今本所載異、抑別有見歟。顧：關吏乃大恐、百家類纂吏作市、非也。）

右傳（一無此二字。）

定本韓非子纂聞卷第九　終

茅坤曰。上失其一。臣以爲百。是人主竊石。

陳深曰。事見左傳。

一律直述。去若疏脫離然。却正是以奇爲變也。

定本韓非子纂聞卷第十

內儲說下

江都　松皐圓纂聞

內儲說下六微第三十一

六微。一曰。權借在下。物曰。在下臣也。謂以權借臣也。二曰。利異外借。物曰。謂君臣所利各異。而臣必借外權。以自重也。三曰。託於似類。四曰。利害有反。五曰。參疑內爭。物曰。參疑。謂臣下勢相耦者也。六曰。敵國廢置。此六者主之所察也。

權勢不可以借人。上失其一。臣以爲百。所謂上失扶寸。下得尋常者也。故臣得借則力多。力多則內外爲用。外諸侯。內百官。皆爲之用。內外爲用。

則人主壅。其說在老聃之言失魚也。失元作夫。誤。外儲左下。郎臣將爲夫少室周。字法同。是以人主久語。而左右鬻懷刷。謂人主愛其左右。溫言慰撫。則輒賣之以成威重也。懷。愛也。尉一作刷。圞濶鑑同。非也。車千秋傳。尉安衆庶。顏注。尉安之字。本無心也。是以漢書往往存古體字。其患在胥僮之諫厲公。與州侯之一言。山曰。宜作一口。而燕人浴矢也。圞而猶與也。儲說前後尤多此法。須以義會。

權借一

君臣之利異。故人臣莫忠。故臣利立。而主利滅。主利在公正。盡忠。臣利在朋黨成私。故私義立。則公義塞。是以姦臣者。召敵兵以內除。去害己者。舉外事以眩主。矯言外難。令主眩惑。必從己言也。秦策注。眩目無常主也。故爲惑。苟成其私利。不顧國患。其說在衛人之夫妻禱祝也。元作妻夫。殺次。故戴歇議子弟。而三桓攻昭公。劫一作攻。公叔內齊軍。而翟黃召韓兵。黃。傳文作璜。太宰嚭

拚語工與是漢書翩伍技所自出。陳深曰。此段一句一事。如連環綴玉。每句用一而字。如綫之有貫。非此法則事實不能成章。也。兩漢六朝多用此。

說大夫種。大成牛教申不害。成牛宜作成午。見傳。司馬喜告趙王。呂倉規秦楚。圞規當作親。謂外交與之親也。宋石遺衛君書。白圭教暴譴。

利異二

似類之事。人主之所以失誅。而大臣之所以成私也。是以門人捐水。而夷射誅。濟陽自矯。而二人罪。司馬喜殺爰騫。而季辛誅。鄭袖言惡臭。而新人劓。費無忌教郄宛。而令尹誅。忌傳文作極。古晉同。郄史記左傳並作郤。案焦氏筆乘云。春秋宣九年。晉郤缺。郤古郄字。漢有郤正。晉有郄超郄鑒。圓案。趙策。郄疵謂智伯。注。郄勑黎反。元和姓纂。已姓。青陽氏之後。據此則郄與郤本自不同。焦氏合爲一。似誤。而韓子正作郄。則未可非也。陳需殺張壽。而犀首走。楊升庵外集。走作逃。故燒芻廥。而中山罪。說文。廥芻藁之藏也。殺老儒。而濟陽賞也。楊愼曰。古人文法。皆有所祖。班固漢書曰。子翬謀桓。而魯隱危。欒書搆郤。而晉厲弑。豎牛奔走。叔孫卒。郈伯毀季。昭公逐。費忌納女。楚建走。宰

嚭讒胥。夫差喪。李園進妹。春申斃。上官譖屈。懷王執。趙高敗斯。二世縊。伊戾坎盟。宋痤死。江充造蠱。太子殺。息夫作姦。東平誅。宋景文唐書贊效之。爲姦臣贊曰。三宰嚋凶。牝奪晨。林甫將蕃。黃屋奔。鬼質敗謀。元輿奮。崔柳倒持。李宗覆。東坡贈宋壽昌詩。用此法。又奇矣。其本並祖于韓子此文也。圞門人。門者。公羊傳云。閽者何。門人也。

似類三

事起而有所利。其君主之。君元作尸。字畫殘缺。有所害。必反察之。反覆詳察。是以明主之論也。國害則省其利者。臣害則察其反者。圞國有所害。則省察其享利者。臣有被害。則考覆彼欲利者。其說在楚兵至而陳需相。圞魏有兵害。而陳需享其利。黍種貴而廩吏覆。圞爾雅。覆審察也。是以昭奚恤執販茅。黍種貴。則知廩吏必成姦。故覆治之。倉廥焚。則知販茅者放火射利。故捕問之。皆國有患害。則察利之者也。圞說文。販。買賤賣貴也。而僖侯譙其次。譙責也。次謂其次當爲尙宰者。魏策。安邑之御史死。其次恐不得也。文公髮繞炙。圞譙次繞炙二事。皆謂臣害也。而穰侯請立帝。秦立爲帝。則穰侯必益封。此亦有所利。而爲之者耳。

有反四

參疑之勢。亂之所由生也。參謂其勢相參耦也。疑似也。類也。亦有擬意。故明主愼之。是以晉驪姬殺太子申生。而鄭夫人用毒藥。衞州吁殺其君完。完衞君名。公子根取東周。王子職甚有寵。而商臣果作亂。以上五事。后妻過寵。庶孽得勢。因釀禍亂之證。嚴遂韓廆爭。而哀侯果遇賊。田常闞止戴驩皇喜敵。而宋君簡公殺。三事皆謂大臣兩重。權勢參敵。因致亂也。其說在孤突之稱二好。與鄭昭之對未生也。二事皆論好色之弊。

參疑五

敵之所務。在淫察而就靡。靡細也。謂深察敵情。以成就其微細之謀也。山曰。淫音深。列子淫思七日。又云指河曲之淫隈。是也。物曰。謂察淫靡而成就之。人主不察。則敵廢置矣。置立也。謂我臣之用舍廢立。皆出于敵謀也。

故文王資費仲。而秦王患楚使。黎且去仲尼。而干象沮甘茂。四事皆言敵國廢置之害。是以子胥宣言。而子常用。集韻。宣揚也。揚言以沮賢者。內美人。而虞虢亡。啗二國以利。令賢者不用也。佯遺書。而萇弘死。用雞猳。而鄶傑盡。此末元題廢置六三字。經終題廟攻七三字。六微之外。不宜有廟攻。山氏嘗疑之。案上文總叙六微。止言六曰敵國廢置。而無廟攻之目。何犿序云。六微內亡去三章。其廢置章亦有殘缺不全。而未嘗言及廟攻章。此蓋後人因章中有此謂廟攻之語。妄意割裂。以添此章名者耳。今謹考正以復舊章。參疑廢置之事。明主絕之於內。而施之於外。八經篇。廢置之事。生於內則治。生於外則亂。是以明主以功論之內。而以利資之外。是故國治而敵亂。卽亂亡之道。臣憎則起外若眩。臣愛則起內若藥。資其輕者。輔其弱者。卽施參疑廢置於敵國之術也。此謂廟攻。圖呂春秋云。修之廟堂之上。折衝千里之外。又孫子所謂廟算。尉繚子所謂廟勝之論。其義亦相近。參伍既用於內。絕之於內。錯綜比驗。無有參疑廢置之禍。觀聽又行於外。觀四目。達四聰。遠察敵情。則敵僞得。內政修。外事治。敵情僞皆得發見。其說在秦侏儒之告惠

孫鑛曰。亦前章老子利器不可示人之意。

文君也。故襄疵言襲鄴。而嗣公賜令蓆。三章皆行觀聽於外之術。

廢置六

右經

㊀一作傳一。下並同。傍注。凡五事。皆言姦臣勢重而危國。老聃之言夫魚。勢重者人主之淵也。君者勢重之魚也。君元作臣。從山氏正。魚失於淵。而不可復得也。人主失其勢重於臣。而不可復收也。古之人難正言。物曰。以其言君臣之間也。圖商君傳。僕請終日正言。西周策。容謂周君曰。正語之。秦策注。不敢正語。以肘藥之。皆不顯言之義。故託之於魚。賞罰者利器也。元別提。君操之以制臣。臣得之以壅主。故君先見所賞。則臣鬻之以爲德。君先見所罰。則臣鬻之以爲威。喻老篇。上鬻作損。下鬻作弃。故曰。國之利器。不可以示人。見老子傍注。老子曰。魚不可脫於淵。

人主久語而左右鬻懷尉

靖郭君相齊。與故人久語。則故人富。衆謂其人與君親暱。因藉附之。懷左右尉。則左右重。因其懷愛。慰藉之資。外售以買威重。久語懷尉小資也。物曰。謂所資者少也。猶以成富重。況於吏勢乎。圖佩文富下有重字。

胥僮之諫厲公

晉厲公之時。六卿貴。胥僮長魚矯諫曰。大臣貴重。敵主爭事。物曰。敵主謂與主相抗也。外市樹黨。下亂國法。上以劫主。而國不危者。未嘗有也。公曰。善。乃誅三卿。魯成十七年十二月。晉殺其大夫郤錡郤犨郤至。胥僮長魚矯又諫曰。夫同罪之人偏誅而不盡。物曰。謂誅其一半也。是懷怨而借之間也。物曰。謂使其懷怨。而借之以間隙也。公曰。吾一朝而夷三卿。予不忍盡也。夷滅也。長魚矯對曰。公不忍之。彼將忍公。公不聽。居三月。諸卿作難。遂殺厲公。成十八年春正月。晉殺其大夫胥僮。庚申晉弑

孫傍曰季突至是無限生趣

其君州蒲晉語長魚矯既殺三郤請公殺欒書中行偃不聽乃奔翟三月厲公弑而分其地。此傳聞謬

〔州侯之一言〕州侯相荊貴而主斷。策注謂其專決荊王疑之。因問左右。左右對曰。荀子注無一左右無有。謂無專斷之事如出一口也。皆黨州侯爲之匿也楚策莊辛謂楚襄王曰君王左州侯右夏侯又荀子楚之州侯可謂態臣者也注楚襄王倿臣也而楚宣王策江乙爲魏使於楚章云州侯相楚貴甚矣而主斷左右俱曰無有如出一口矣案江乙使楚事見上篇自宣王至襄王其間歷威王懷王江乙安得引數十年後襄王之臣州侯之事以對宣王哉國策合爲一章其謬昭著宜從韓子分爲二章鮑吳諸家曾不論及何也圝晏子春秋景公射出質堂上唱善若出一口孔叢子衛君言計是非而羣臣和者如出一口無有謂無有私姦也

〔燕人俗矢〕燕人無惑。故浴狗矢。故特爲之物曰無故也圝千金方魘者使人尿其面上可愈此扁鵲法又云牛馬屎絞取汁飲之亦得以人溺解之燕人其妻山曰其猶之也有私通於士。毛詩求我庶士士如歸妻以穀士女皆指未娶者秦策某日夕某孺子內某士荀子處女莫不願得以爲士注士者未取妻之稱易曰老婦得其士夫圝先略題事後詳演之下三桓刼昭公章亦用此法其夫早自外而來。士適出。夫曰。何客也。其妻曰。無客。問

左右。左右言無有。如出一口。其妻曰。公惑易也。因浴之以狗矢。漢表樂平侯訴病狂易免注病狂而改易本性也物曰謂病惑而視聽變易也圝周禮注恠民狂易陸音以豉反徐音陽柳子厚李赤傳豈狂易病惑耶淵鑑刑法總載狂易殺人注謂狂而易性也周語眩惑轉易又晉語注猶人有狂易之疾音注易音盈隻切又以豉切徐又音陽禮傳從此案漢書問答引姚察說病狂而易常性也又狂發而無慮易於去就字或作傷說文云傷轉也弋豉切又晏子春秋廢置不周於君前謂之易音義云易此傷字假音一曰。燕人李季好遠出。其妻有私通於士。元作私有從山氏正季突至。突然歸家也圝方言江湘之間凡卒相見謂之棐相見或曰突士在內中。圝組會房室曰內妻患之。其室婦曰。物曰謂其奴之妻也令公子裸而解髮。直出門。吾屬佯不見也。物曰公子指假夫圝文選注引博物志曰王孫公子皆古人相推敬之辭也赤體被髮像鬼形也於是公子從其計。疾走出門。季曰。是何人也。家室皆曰。無有。季曰。吾見鬼乎。婦人曰。然。爲之奈何。曰。取五姓之矢浴之。舊注矢一作尿物曰五家之尿也或說姓當作牲圝左傳注五牲牛羊豕犬雞淵鑑室婦作妾五姓之矢作五牲之水藝文類聚同季曰。諾。乃浴以矢。一曰。浴以蘭湯。傍注以喩姦臣比周而蒙上也圝楚辭浴蘭湯兮沐芳王逸云言己將脩饗祭以事雲神乃先使靈巫浴蘭湯初學記引劉義慶幽明錄曰廟方四丈不墉壁道廣四尺夾樹蘭香齋者煮以沐浴然後親祭焉

陳深曰三桓弃故昭公奔

㈡傍注凡十一事皆言人臣挾外交以自厲

〔衛人之夫妻禱祝〕衛人有夫妻禱者。而祝曰。使我無故得百束布。其夫曰。何少也。對曰。益是。物曰若多於此數也子將以買妾。夫妻異利猶君臣之各務其便也圝藝文類聚作妻曰益則子將取妾矣

〔戴歇議子弟〕荊公欲宦諸公子於四隣。荊公一作荊王荊字誤宦作魯說林爲魯穆公黎鉏事戴歇曰。不可。宦公子於四鄰。四鄰必重之。公子出者重。公元作曰從山氏正〔重〕山曰衍文則必爲所重之國黨。物曰謂黨其所宦之國也則是教子於外市也。不便。

〔三桓劫昭公〕魯孟孫叔孫季孫。相與戮力劫昭公。與字從山氏補戮勠通并力也遂奪其國。而擅其制。山曰制政通呂春秋昨日之羊子爲制左傳作疇昔之羊子爲政圝有度篇制不共門管子作政不二門魯三桓偪。昭公攻季孫氏。而孟孫氏叔孫氏。相與謀曰。救之乎。叔孫氏之御者曰。我家臣也。一無者字安知公家。凡有季孫與無季孫。於我孰利。皆曰。無季孫。必無叔孫。然則救之。御者之詞於是撞西北隅而入。撞謂突圝孟孫見叔孫之旗入。亦救之。三桓爲一。昭公不勝。逐之死於乾侯。逐之三桓逐昭公也昭公二十五年己亥公孫于齊三十二年己未公薨于乾侯杜預云乾侯在魏郡斥丘縣晉境內邑案魯三桓偪已下見左傳疑脫一曰二字圝呂春秋作昭公懼遂出奔齊卒於乾侯因考逐之二字當作遂之齊

〔公叔內齊軍〕公叔相韓。而有功齊。謂有得齊交之功也與上文有得趙之功意同公仲甚重於

王。公叔恐王之相公仲也。使齊韓約而攻衛。衛魏也。一作魏。公叔因內齊軍於鄭。鄭韓也。以劫其君。以固其位。而信兩國之約。

翟黃召韓兵

翟璜魏王之臣也。璜元作璜誤。說苑翟黃字璜魏文侯臣。而善於韓。乃召韓兵。令之攻魏。因請爲魏王搆之。以自重也。物曰搆講同和也。

太宰嚭說大夫種

越王攻吳王。吳王謝而告服。越王欲許之。范蠡大夫種曰。不可。昔天以越與吳。與一作予。吳不受。今天反夫差。物曰反報也。亦天禍也。越語今將反此義以報此禍也。以吳予越。再拜受之。不可許也。太宰嚭遺大夫種書曰。狡兔盡。則良犬烹。敵國滅。則謀臣亡。越世家范蠡自齊遺大夫種書曰蜚鳥盡良弓藏狡兔死走狗烹又韓信曰狡兔死良狗烹高鳥盡良弓藏敵國破謀臣亡注狡猶猾也。

索隱曰吳越春秋作郄兎戰國策曰東郭逡海內狡兔也圖謂范蠡既隱復何遺書以戒大夫種乎果然則使謀臣悉去越王孤立于上也決無此理史記所傳謬妄明矣吳越春秋吳王書其矢而射種蠡之軍辭曰吾聞狡兔以死其犬就烹敵國如滅謀臣必亡今吳病矣大夫何慮乎。大夫何不釋吳而患越乎。釋舍也吳存則爲越患謀臣猶見聳用也。大夫種受書讀之。太息而歎。書言合理故爲慨歎。曰。殺之。殺宰嚭也下篇直躬證父荊令尹曰殺之同法山曰越世家越王誅太宰嚭伍子胥傳同。越與吳同命。天命滅吳而反不取則猶吳違天命存越以取亡也故曰同命爲忠臣者憂國忘身今不滅吳吳必報越故不聽書言也圖吳越春秋大夫種書矢射之曰吳與越同音共律上合星宿下共一理而吳侵伐太過據此考之則此章尾恐有闕文。

大成牛數申不害

大成牛從趙謂申不害於韓。成一作臣非韓策牛作午趙下有交字誤案趙世家成侯種三年大戊午爲相徐注戊一作成希姓錄大戊午戰國策諫趙武靈王獵者其後有大祚榮因考大姓也則作戊午者字熟宜從之國策吳注史記申不害者荊人也故趙之賤臣學術以干韓昭侯用爲相。曰。以韓重我於趙。請以趙重子於韓。是子有兩韓。我有兩趙。策有也字。

司馬喜告趙王

司馬喜中山君之臣也。鄒陽書司馬喜臏腳於宋而相中山中山攷鮮虞國左傳定四年荀寅曰諸侯方貳中山不服中山之名初見於斯。而善於趙。常以中山之謀微告趙王。常一作嘗微密也。

呂倉規秦楚

呂倉魏王之臣也。一合前條非。而善於秦荊。微諷秦荊。令之攻魏。因請行和。以自重也。諷一作風。

宋石遺衛君書

宋石衛將也。衛魏也一作魏。衛君荊將也。兩國構難。構結也。二子皆將。宋石遺衛君書曰。二軍相當。當猶敵也。兩旗相望。唯毋一戰。戰必不兩存。此乃兩主之事也。與子無有私怨也。一無也字。善者相避也。井曰若善我言則須相避而毋戰也國下篇善者入門而左與此義同。

白圭教暴譴

白圭相魏。暴譴相韓。暴姓也秦有暴鳶又案說林篇張譴相韓豈即此人。白圭謂暴譴曰。子以韓輔我於魏。我以魏待子於韓。待禮待亦輔字意我以間一有請字。臣長用魏。子長用韓。二長字一作常圖四書釋地引貨殖傳白圭周人也當魏文侯時此一白圭也圭其名孟子白圭曰丹之治水也愈於禹此一白圭也圭則字爾先後自不同時韓子白圭相魏鄒陽書白圭戰亡六城爲魏取中山中山人惡之魏文侯文侯投以夜光之璧魏拔中山在文侯十七年癸酉下逮孟子乙酉至梁凡七十三年爲國之將相者尚能存於爾時乎縱存於爾時孟子與之晤對其爵之尊齒之高當何如隆禮而曰子之吾子之云乎故斷其爲兩人也。

門人捐水而夷射誅

（三）凡六事。

齊中大夫有夷射者。中大夫官名。御飲於王。御侍也。醉甚。而出倚於郎門。郎門見十過篇。門者刖跪請曰。足下無意賜之餘瀝乎。說苑正諫刖跪諫齊景公外儲左下作刖危危跪通荀子蟹六跪而二螯注跪足也韓子以刖足爲刖跪愼子曰有虞氏之誅也以畫跪當黥圖滑稽傳淳于髠曰親有嚴客侍酒於前時賜餘瀝不過二斗徑醉矣廣雅瀝酒也案說苑侏儒有餘酒而死士渴。夷射叱曰。去。元作曰叱去寫者誤秦策文信侯叱去曰吳注姚曰曾本叱曰去語勝。刑餘之人。何事乃敢乞飲長者。

以下近本俱脫。今從宋板校定。儀曰。五段事相總。謂讒人計害

刖跪走退。及夷射去。刖跪因捐水郎門霤下。類溺者之狀。明日王出而訶之曰。誰溺於是。訶責也。刖跪對曰。臣不見也。雖然昨日中大夫夷射立於此。王因誅夷射而殺之。山曰。左傳載邾莊公夷射姑事。正同此記異聞。

濟陽自矯而二人罪

魏王臣二人不善濟陽君。濟陽君蓋魏嬖臣。蘇秦傳正義。濟陽故城在曹州宛朐縣西南。濟陽君因僞令人矯王命。而謀攻己。擅稱君命曰矯。王使人問濟陽君曰。誰與恨。對曰。無敢與恨。雖然嘗與二人不善。不足以至於此。王問左右。左右曰。固然。皆黨濟陽君。王因誅二人者。

司馬喜殺爰騫而季辛誅

季辛與爰騫相怨。司馬喜新與季辛惡。惡猶仇也。因微令人殺爰騫。中山之君以爲季辛也。案問其相怨。故謂季辛殺之。因誅之。

鄭袖言惡臭而新人劓

荆王所愛妾有鄭袖者。楚世家。鄭袖者。楚懷王幸姬也。楚策吳注引周紫芝楚辭說云。鄭國之女。多美而善舞。鄭袖當是善舞。故名焉。袖者所以舞也。荆王新得美女。鄭袖因教之曰。王甚喜人之掩口也。爲近王必掩口。爲猶若也。美女入見。近王。因掩口。王問其故。鄭袖曰。此固言惡王之臭。及王與鄭袖美女三人坐。袖因先誡御者曰。王適有言。必亟聽從王言。圖御者。待者也。美女前近王。甚數掩口。甚數猶言最頻也。王勃然怒曰。劓之。御者因揄刀而劓新人。補者字。揄引也。一曰。魏王遺荆王美人。荆王甚悅之。夫人鄭袖知王悅愛之也。亦悅愛之甚於王。衣服玩好。擇其所欲爲之。楚策有宮室臥具擇其所善而爲之句。王曰。夫人知我愛新人也。其悅愛之甚於寡人。策云。婦人所以事夫者色也。而妬者其情也。今鄭袖知寡人之說新人也。其愛之甚於寡人。此孝子之所以養親。從策補之字。忠臣之所以事君也。夫人知王之不以己爲妬也。策不字在妬上。因謂新人曰。王甚悅愛子。然惡子之鼻。子見王常掩鼻。則王長幸子矣。長一作常。於是新人從之。每見王常掩鼻。王謂夫人曰。新人見寡人常掩鼻何也。對曰。不已知也。策作妾知也。劣物曰。謂非我所知也。圖己之字訛。王強問之。對曰。頃嘗言惡聞王臭。策注。王蓋有臭疾。王怒曰。劓之。夫人先誡御者曰。王適有言。必可從命。恐新人自理而己反得罪。故預先囑之。御者因揄刀而劓美人。

費無忌教郄宛而令尹誅

費無極荆令尹之近者也。謂其與令尹親近也。郄宛新事令尹。事者非必臣之。如左傳萇弘事劉文公之比。左傳云。郤宛字子惡。令尹甚愛之。無極因謂令尹曰。君愛宛甚。何不一爲酒其家。物曰。爲酒置酒也。圖後漢袁譚傳注。爲猶置也。吳越春秋。令尹作平王。而云王愛幸宛。一國所知。何不爲酒一至宛家。以示群臣於宛之厚。下文亦有小異。毛詩疏。盍訓何不也。此相勸之辭。令尹曰。善。因令之爲具於郄宛之家。無極教宛曰。令尹甚傲而好兵。子必謹敬。先亟陳兵堂下及門庭。宛因爲之。爲之如其言也。下篇多有。皆倣此。令尹往而大驚曰。此何也。怪其陳兵。無極曰。君殆。逗去之。句事未可知也。左傳。吾幾禍子。子惡將爲子不利。案。殆危也。物曰。語辭。山曰。亟字訛。令尹大怒。舉兵而誅郄宛。遂殺之。

陳需殺張壽而犀首走

犀首與張壽爲怨。陳需新入。自楚入魏。不善犀首。因

使人微殺張壽。魏王以爲犀首也。乃誅之。（誅云者非必殺之。秦策注。犀首公孫衍也。陰晉人。司馬彪曰。犀首魏官名。若今虎牙將軍。史記。衍初相魏。張儀已卒之後。入相秦。秦下篇。犀首抵罪於梁王。走而入秦。謂此也。）

[燒芻廥而中山罪]中山有賤公子。馬甚瘦。車甚弊。（弊敗。）左右有私不善者。乃爲之請王曰。公子甚貧。馬甚瘦。王何不益之馬食。王不許。左右因微令夜燒芻廄。（據經文廄宜作廥。）王以爲賤公子也。乃誅之。

[殺老儒而濟陽賞]魏有老儒。不善濟陽君。客有與老儒私怨者。因攻老儒殺之。以德於濟陽君曰。臣爲其不善君也。故爲君殺之。（恩之之詞。）濟陽君因不察而賞之。一曰。濟陽君有少庶子者不見知。欲入愛於君者。（上者疑衍。山曰。下者也誤。）齊使老儒掘藥於馬梨之山。（馬梨山名。所在未聞。）濟陽少庶子欲以爲功。入見於君曰。齊使老儒掘藥於馬梨之山。名掘藥也。實間君之國。君殺之。（物曰。間諜也。）是將以濟陽君抵罪於齊矣。（高紀注。抵至也。又當也。此謂彼持魏國陰事。歸告於齊。使濟陽君當罪也。）臣請刺之。君曰。可。於是明日得之城陰而刺之。濟陽君還益親之。

（四）（凡五事）[楚兵至而陳需相]陳需魏王之臣也。善於荊王。而令荊攻魏。荊攻魏。因請爲魏王行解之。（解猶和也。）因以荊勢相魏。

[黍種貴而廩吏覆]韓昭侯之時。黍種常貴甚。（山曰。常讀爲嘗。）昭侯令人覆廩吏。（守廩之吏。）果竊黍種而糶之甚多。（圖淵鑑。常作嘗。廩下更有廩字。無甚多二字。）

[昭奚恤執販茅]昭奚恤之用荊也。有燒倉廥窌者。而不知其人。（字典引此而云。窌音義未詳。字曰。疑窌字誤。圓案荀子有囷窌。注。窌窖也。地藏曰窖。窌匹貌反。圖考工記註。穿地曰窌。）昭奚恤令吏執販茅者而問之。果燒也。（芻藁之藏焚則草料貴而售速。故密焚之。）

[僖侯譖其次]昭僖侯之時。宰人上食。而羹中有生肝焉。昭侯召宰人之次。而誚之曰。若何爲置生肝寡人羹中。宰人頓首服死罪曰。竊欲去尚宰人也。（輟耕錄。尚書秦官。在殿中主發書。故云尚。猶主也。如尚方尚食等之尚。並音時亮反。後世乃以尚書之尚訛爲辰羊反。德明亦音平聲。韻書遂兩收之。當從其正義。不當從其訛音。又焦氏筆乘。秦置六尚。又有尚沐尚席。古字少。故多省文。以轉注合周禮之言。則諸尚字皆古掌字。省文。）一曰。僖侯浴。湯中有礫。僖侯曰。尚浴免。則有當代者乎。左右對曰。有。僖侯曰。召而來。譙之曰。何爲置礫湯中。對曰。尚浴免。則臣得代之。是以置礫湯中。（圖淵鑑。前條欲去尚宰人也。作以爲有欲去上食宰也。事文類聚。後條免作黜。章末有也字。）

[文公髮繞炙]晉文公之時。（元脫晉字。一本有晉字。）宰臣上炙而髮繞之。（圖晉乘。臣作人。事文同。）文公召宰人而譙之曰。女欲寡人之哽耶。（圖藝文。事文。譙作誚。淵鑑作詰。下同。哽咽塞也。）宰人頓首再拜請曰。有死罪三。援礪砥刀。利猶干將也。切肉肉斷。而髮不斷。臣之罪一也。援木而貫臠。而不見髮。臣之罪二也。奉熾爐炭火盡赤紅。而炙熟而髮不燒。臣之罪三也。（代醉引晉乘。上而作及。）堂下得微有疾臣者乎。（微無也。疾惡也。微上元有無字。晉乘無之。或宜云無有微疾。圖莊子。得微往見跖耶。周禮。醫無閭。楚辭作於微閭。可見微無聲近也。藝文。事文。淵鑑。請曰下有臣字。不斷作不絕。木作錐。熾作炙。燒作焦。無無字。）公曰。善。乃召其堂下而譙之。果然。乃誅之。（圖藝文。疾作嫉。事文。堂下二字作黨。謝承後漢書。魯國陳正叔爲大官令。時黃門郎宿與正叔有隙。因進食。以髮貫炙中。光武見髮。勅斷正叔。正叔曰。臣有當死罪三。熾以爐炭。增冶吐炎。燒爛肉而髮不銷。臣罪一也。拔出佩刀。砥礪五石。鋒肥截骨。不能斷髮。臣罪二也。臣與丞

及庖人六目而視不如黃門兩目臣罪三也詔赦之收黃門一曰。晉平公觴客。穆天子傳觴西王母於瑤池之上也山曰天官書張案爲廚主觴客少庶子進炙。而髮繞之。平公趣殺炮人。趣疾也毋有反令。物曰謂使莫有請也炮人呼天曰。嗟乎。臣有三罪。死而不自知乎。平公曰。何謂也。對曰。臣刀之利風靡。物曰如風靡草骨斷而髮不斷。是臣之一死也。桑炭炙之。肉紅白而髮不焦。是臣之二死也。圖案問生桑炭炙巾又云以生桑炭置之坎中毛詩樵彼桑薪朱子云桑薪薪之善者又雜記畢以桑注畢貫牲體之木也炙熟。又重睫而視之。髮繞炙而目不見。是臣之三死也。意者堂下其有翳憎臣者乎。翳蔽也殺臣不亦蚤乎。圖瀬鑑翳憎作潛蚤作枉

穰侯請立帝　穰侯相秦。而齊強。穰侯欲立秦爲帝。而齊不聽。因

請立齊爲東帝。而不能成也。史表秦昭十九年十月與齊湣王稱帝十二月復皆稱王案史策蘇代說齊王曰願受帝號而勿備稱於是齊去帝稱王

㊄凡十事

晉驪姬殺太子申生　晉獻公之時。驪姬貴擬於后妻。物曰后妻后也而欲以其子奚齊代太子申生。因惡申生於君而殺之。惡猶讒也一作患非魯僖四年十二月戊申太子申生縊于新城遂立奚齊爲太子。

鄭夫人用毒藥　鄭君已立太子矣。而有所愛美女。欲以其子爲後。夫人恐。因用毒藥賊君殺之。毒藥謂鴆也西周策注殺人不以道曰賊殺弒通

衛州吁殺其君完　衛州吁重於衛。擬於君。羣臣百姓盡畏其勢重。州吁果殺其君。魯隱四年而奪之政。

公子根取東周　公子朝周太子也。弟公子根甚有寵於君。君死。遂以東周叛。分爲兩國。公子根雖三篇作公子宰說疑篇周威公身殺國分爲二豈是耶又國語王子朝景王之長庶子也左傳王子朝據王城曰西王敬王居狄泉曰東王與此所記頗亦相類山曰周紀考王封其弟于河南是爲桓公索隱曰世本名揭桓公卒子威公立威公卒子惠公代立乃封其少子于鞏以奉王號東周惠公索隱名班居洛陽與此所載異

王子職甚有寵而商臣果作亂　楚成王以商臣爲太子。既而又欲置王子職。置立也王元作公下同非商臣作亂。遂攻殺成王。山曰左傳文元年一曰。楚成王以商臣爲太子。從山氏補以字既欲置王子職。商臣聞之未察也。乃爲其傅潘崇。爲謂通左傳作告曰。奈何察之。潘崇曰。饗江羋而勿敬也。杜預云江羋成王妹嫁于江太子聽之。聽用其謀江羋曰。呼。役夫。宜君王之欲廢女而立職也。杜預云呼發聲役夫賤者稱商臣曰。信矣。潘崇曰。能事之乎。杜注問能事職不曰。不能。能之諸侯乎。之適也之上元有爲字從山氏刪左傳作行乎明刻從之

作能行乎曰。不能。能舉大事乎。杜注謂弒君曰。能。於是乃起宿營之甲。而攻成王。營宜作衞音之誤也左傳作宮甲成王請食熊膰而死。杜注熊膰難熟冀久將有外救不許。遂自殺。一有之字

嚴遂韓廆爭而哀侯果遇賊　韓廆相韓哀侯。說林及韓策作韓傀吳注史作韓相俠累索隱引高誘云韓傀俠累也韓非作廆蓋文類聚引作韓傀傀與俠累字音有差互訛轉也嚴遂重於君。二人甚相害也。嚴遂乃令人刺韓廆於朝。韓廆走君而抱之。策云走而抱哀侯遂刺韓廆。而兼中哀侯。元無中字從國策補侯下一有亡字蓋中訛亡因誤倒也

田常闞止戴驩皇喜敵而宋君簡公殺　田恒相齊。闞止重於簡公。二人相憎。而欲相賊也。田恒因行私惠。以取其國。遂殺簡公。而奪之政。山曰事見左哀六年及十四年戴驩爲宋太宰。元爲別條者非皇喜重於君。二人爭

陳深曰此以胎諫也。

事而相害也。皇喜遂殺宋君。而奪其政。他篇及諸書稱子罕者，卽此皇喜也。說見二柄。

狐突之稱二好 狐突曰。國君好內。則太子危。好外則相室危。相室見孤憤篇。山曰，晉語，狐突諫獻公曰，突聞之國君好艾，大夫殆，好內，適子殆，注，好內多嬖妾也，嬖妾專寵，故適子殆，好艾多嬖臣也，嬖臣害正，故大夫殆，圓案，五雜俎，孟子曰，知好色則慕少艾，又引國語一說，謂艾者外也，妻子爲內，少艾爲外也，愚謂一說近是，而國語艾字乃外音訛耳。

鄭昭之對未生 鄭君問鄭昭曰。太子亦何如。對曰。太子未生也。君曰。太子已置。而曰未生何也。對曰。太子雖置。然而君之好色不已。所愛有子。君必愛之。愛之則必欲以爲後。臣故曰。太子未生也。

㊅凡十一事。文王資費仲 文王資費仲。而遊於紂之旁。物曰，遊，游說也。令之間紂。間一作諫。而亂其心。此及喩老篇，資玉版事，俱策士之談也。

秦王患楚使 荊王使人之秦。秦王甚禮之。王曰。敵國有賢者。國之憂也。十過篇秦穆公患由余，語正同，此載異聞耳。今荊王之使者甚賢。寡人患之。羣臣曰。曰上一有諫字。以王之賢聖。與國之資厚。患荊王之賢人。愚元作願，從物氏正。王何不深知之。而陰有之。東周策注，有言善之，圓左傳，公孫明知叔孫于齊，注，相親知也。深知，猶深結也。荊以爲外用也。物曰，爲敵國用。則必誅之。

黎且去仲尼 仲尼爲政於魯。道不拾遺。齊景公患之。黎且謂景公。史作黎鉏，左傳黎彌。曰。去仲尼猶吹毛耳。言其輕易。君何不迎之以重祿高位。遺哀公女樂。山曰，哀宜作定，家語及諸書作定公。以驕榮其意。山曰，榮讀曰熒，惑也。家語，其談說足以飾邪熒衆，荀子作營，注，營讀爲熒。哀公新樂之。新一作必。必怠於政。仲尼必諫。諫必輕絕於魯。景公曰。善。乃令黎且以女樂六遺哀

公。六字二八字，誤合下條同。哀公樂之。果怠於政。仲尼諫。不聽。去而之楚。圓意林引黎且作黎沮，後漢馮衍傳注作犂鉏，無謂景公三字，遺哀公女樂作遺魯公以女樂，無樂字，哀公新作魯公二字，諫下有而不聽三字，無六字，遺哀公作遺魯二字，果作公，去而之楚作遂去之。

干象沮甘茂 楚王謂干象。史作范蜎，楚策范環，吳注，史楚懷王新與秦婚而懽，秦聞甘茂在楚，使人謂楚王曰，願送甘茂於秦，故有此問也。山曰，楚宣王，策有楚人子象，疑干子訛，然時代較遠，疑矣。圓干象卽范環也，干范音近，象環易混，又世本古義云，蜎當通作蠉，凡偏旁用肙者多易混，如狷或作獧，蜎或作蠉也，據此則史蜎字卽環字誤从虫耳。曰。吾欲以楚扶甘茂而相之秦。可乎。謂以楚之重扶翊其人爲秦相也。干象對曰。不可也。王曰。何也。曰。甘茂少而事史舉先生。史舉上蔡之監門也。史作下蔡。大不事君。小不事家。策作小不知處室，圓晏子春秋，進不能事上，退不能爲家，傲世樂業，枯槁爲名，不疑其所守者，可謂能行其道乎。以苛刻聞天下。策作苛廉，注，苛小節也，圓刻約也，管子，小廉而苛忲。茂事之順焉。策注，謂不失其意。惠王之明。策有武王之察一句。張儀之辨也。辨辯通，策作好譖。茂事之取十官。而免於罪。是茂賢也。王曰。相人敵國。而相賢。其不可何也。干象曰。前時王使邵滑之越。扶邵滑爲越相。五年而能亡越。過秦論召滑，注引邵作召，亡越作滅之，又史記，王前嘗用召滑而郡江東，注，召音劭，滑音依字。所以然者。越亂而楚治也。日者知用之越。今亡之秦。亡忘通，下同，史作而忘用諸秦。不亦太亟也乎。亟急也，史作臣以王爲鉅過矣，策云，茂誠賢者也，然而不可相秦，秦之有賢相也，非楚國之利也，且王嘗用召滑於越而納句章，昧之難，越亂，故楚南塞瀨湖而野江東，計王之功所以能如此者，越亂而楚治也，今王已用之於越而忘之於秦，臣以爲王鉅速忘矣，注，鉅詎通，愚謂甘茂賢必不肯亂也，以間甘茂。王曰。然則爲之奈何。干象對曰。不如相共立。策作公孫郝，注，史作向壽，圓甘茂傳，向壽者宣太后外族也，而與昭王少相長，故任用。王曰。共立可相何也。對曰。共立少見愛幸。長爲貴卿。策云，夫公孫郝之於秦王親也，少與之同衣，長與之同車，被王衣以聽事，眞大王之相也，王相之，楚國之大利也。被王衣。圓王玉誤，列子，日日獻玉衣，荀

襍識曰萇弘之死明矣又載爲此說以㥘後世

子服五采雜間色重文繡加飾之以珠玉一說王衣與王同衣 含杜若。圖神女賦沐蘭澤含若芳如漢郎官含雞舌香 握玉環。圖禮記行則有環佩之聲 以聽於朝。且利以亂秦矣。舊注共立一云公子蔡圖甘茂傳作公孫奭

子胥宣言而子常用 吳攻荊。子胥使人宣言於荊 圖吳越春秋使上有陰字 曰。子期用。將擊之。子期公子結也忌其賢故間之 子常用。將去之。子常囊瓦也栢舉之敗奔鄭 荊人聞之。因用子常。而退子期也。吳人擊之。遂勝之。

內美人而虞虢亡 晉獻公伐虞虢。一作欲伐虞無虢字圖通鑑作欲伐虢 乃遺之屈產之乘。璧馬遺虞 垂棘之璧。女樂六。女樂遺虢 以榮其意。而亂其政。秦策夫晉獻公欲伐郭而憚舟之僑存荀息曰周書有言美女破居乃遺之女樂以亂其政

李云瑰

佯遺書而萇弘死 叔向之讒萇弘也。讒謂間之圖讒當作殘秦策張儀之殘樗里疾也注殘害也 爲書曰。說苑云數見萇弘於周因佯遺書曰文具 萇弘謂叔向曰。已上九字一作爲萇弘書以謂叔向曰 子爲我謂

晉君。所與君期者。時可矣。何不亟以兵來。因佯遺其書周君之庭。而急去行。疑宜作行去 周以萇弘爲賣周也。乃誅萇弘而殺之。一無此三字說苑云子起晉國之兵以攻周吾廢劉氏而立單氏劉氏請之君曰此萇弘也乃殺之又周語及范中行之難萇弘與之晉人以爲討廿八年殺萇弘與此不同

用雞猳而鄶傑盡 鄭桓公將欲襲鄶。韋昭曰鄶妘姓徐廣曰在密縣 先問鄶之豪傑良臣辯智果敢之士。書其姓名。書元作盡與一無其字今從說苑 擇鄶之良田賂之。爲官爵之名而書之。因設爲壇場郭門之外而埋之。元作爲設從山氏正孟子設爲庠序學校以教之 釁之以雞猳。山曰平原君傳毛遂曰取雞狗馬之血來索隱曰盟之所用貴賤不同天子用牛及馬諸侯用犬及猳大夫以下用雞 若盟狀。山曰此事與宋伊戾譏太子痤相類圖世本古義引猳作豭 鄶君以爲內難也。而盡殺其良臣。桓公襲鄶遂取之。

秦侏儒之告惠文君 秦侏儒善於荊王。而陰有善荊王左右。有晉又 而內重於惠文君。荊適有謀。侏儒常先聞之。以告惠文君。

襄疵言襲鄴 鄴令襄疵。陰善趙王左右。趙王謀襲鄴。襄疵常輒聞。而先言之魏王。魏王備之。一無一魏王 趙乃輟還。輟作輙寫者誤

嗣公賜令席 衛嗣君之時。有人於令之左右。有人謂囑其人寄我耳目陰察其擧動也孟子云有人於穆公之側亦是 縣令有發蓐。發起臥蓐也墨子云城上日一發席蓐令相錯發有匿不言人所挾藏在禁中者斷王世貞送劉憲議序夫邑令不具籍籍章勞士之賜籍正用此事而文大異抑別有見歟圖晏子春秋發席傳傳薦 而席弊甚。嗣公還令人遺之席曰。吾聞汝今者發蓐。而席弊甚。賜汝席。山曰遺音遺 縣令大驚。以君爲神也。

右傳一無此二字

定本韓非子纂聞卷第十 終

趙本無注，凡六節。茅逕刪此物感括成文，其辭在後。孫鑛曰：精研內篇，中更增波折。

更增波折，章法三皆如字，又三非字，間三皆字。李淳曰：約拱精簡，此全工緻地步。

陳深曰：一句爲一義，如緝珠綴玉串，成八寶。

外儲左上。

外儲說左上第三十二。

索隱曰：觀聽臣下之言行，以斷其賞罰，賞罰在彼，故曰外也。圓案：外者對內之辭，因以別篇，不必以在彼爲解。

江都　松皐圓纂聞

㊀明主之道，如有若之應宓子也。一本無㊀，下皆倣此。暗主之聽言也，暗元作明，寫者誤。美其辯；其觀行也，賢其遠。墨子其於仁義也，則大其遠也。物曰：遠即所謂離世也。故羣臣士民之道言者迂弘，物曰：迂弘謂迂濶也，即上文辯也。圓：賢其遠，八說篇所云貴遠功之行也。道言對下行身，道說其言論也。傳云：今世之談也，皆道辯說文辭之言。孝經：非先王之法言不敢道。字義可見。其行身也離世。辯問篇：亂世之聽言也，以難知爲察，以博文爲辯；其觀行也，以離羣爲賢，以犯上爲抗。物曰：離世，與世離違也，即上文遠也。

其說在田鳩對荊王也。故墨子爲木鳶，謳癸築武宮。夫藥酒用言，物曰：藥酒。藥也，古多用藥酒也。圓謂：用言，有用之言，即忠言也。圓：素問注：醪藥謂藥酒也。又鹽鐵論：藥酒病之利也，正言治之藥也。明君聖主之所獨知也。君一作在，以一作所。

㊁人主之聽言也，不以功用爲的，則說者多棘刺白馬之說；不以儀的爲關，則射者皆如羿也。物曰：關彎同，謂彎弓也。圓謂：儀的見用人篇。圓：關貫通，鄉射禮：不貫不釋。注：貫猶中也。人主於說也，皆如燕王學道也；而長說者，物曰：韻說而不已也。皆如鄭人爭年也。是以言有纖察微難而非務也。荀子：君子行不貴苟難，說不貴苟察。注：察，聰察也。故李惠宋墨皆畫策也。李，李克，見難二篇。李克、惠施、宋鈃、墨翟四子之說，巧而非急務，如畫策之巧，而與策同用也。山曰：李，李悝也。又荀子愼墨季惠百家之說誠不詳，注：季惠，惠施也，或曰季即莊子云季眞之莫爲者也。

孫鑛曰：章法更簡。

陳深曰：收拾總一片。

張榜曰：諸賦作頌。

又曰：季子聞而笑之，韓侍郎云：季梁也。列子曰：季梁楊朱之友也。圓謂：荀注無適一之說，以此推彼，季乃李字訛。論有迂深閎大非用也。圓：非上少而字。人主濫惑其論之深閎，而反忘其實用，譬如以故畏震瞻車狀皆鬼魅也。畏懼震眩之心，見畫圖者，皆以爲鬼魅也。車當作畫，俗作畫，故相訛耳。畫狀即圖畫鬼魅之形狀也。若作車字，則荀子所云：夏首之南有人焉，曰涓蜀梁，其爲人也，愚而善畏，明月而宵行，俯見其影，以爲伏鬼也，仰視其髮，以爲立魅也，背而走，比至其家，失氣而死。氾論訓所云：怯者夜見立表，以爲鬼，見寢石，以爲虎也。說山訓所云：以束薪爲鬼，揭而走之類，其意始協，而與傳文不合。案劉逵注三都賦序云：蓋韓非所謂畫鬼魅易爲，好畫狗馬難爲工之類也。乃知古本相承如此，傳文非誤，故知車畫字訛也。行而拂難堅确非功也。行元作言，從翊說正。故務卞鮑介墨翟皆堅瓠也。務光、卞隨、鮑焦、介之推四子之行，拂世難爲，至堅卒确之事，如堅瓠之無用也。山曰：二字複衍。且虞慶詘匠也而屋壞，詘一作拙。物曰：謂詰匠使屈也。范且窮工而弓折。物曰：虞慶，虞卿也；范且，范雎也。是故求其誠者，非歸餉也不可。虞范之虛辭，如塵飯塗羹，皆近兒戲而無益于事也。

㊂夫挾相爲則責望，自爲則事行。物曰：謂其事不塞也。責，怨怨望也。圓：爾雅：挾，藏也。公羊傳注：挾，懷也。

毛詩疏：相，兩相之辭。後漢杜林傳注：望，恨也。治要引愼子：用人之自爲，不用人之爲我，則莫不可得而用矣，此之謂因。又引尹文子：田子曰：人皆自爲，而不能爲人，故君人者使人使其自爲用，而不使爲我用也。故父子或怨譟，相爲之設。山曰：譟，譙字誤。取庸作者進美羹。取庸作，謂欲得傭作之功也。中山策吳注：此書取字多爲與之者而得其心之義也。此取字亦然。圓：淮南子：取傭而強飯之，莫之愛也，有所爲則恩不接矣。說在文公之先宣言，與句踐之稱姑蘇也。姑蘇元作如皇，乃字畫殘缺爲闕。此二事皆名爲民，則其所以自爲也。故桓公藏蔡怒而攻楚，名爲天子伐楚，而實自爲。吳起懷瘳實而吮傷。物曰：創瘳則有實用，吳起懷此心，故吮傷，亦自爲也。圓：藏懷字暗解上文挾字。且先王之賦頌，鐘鼎之銘，皆潘吾之跡，華山之博也。賦頌箴銘之類，事皆稱譽過實，蓋有所爲而爲之耳。後世不知，而謂實有此事，猶人主好誇大者，爲人跡博箭以欺後世也。圓：祭統：夫鼎有銘，銘者自名也，自名以稱揚其先祖之美，而明著之後世者也。爲先祖者莫不有美焉，莫不有惡焉，銘之義，稱美而不稱惡，此孝子孝孫之心也。然先王所期者利也，所用者力也。先王所行，皆要實利，而任功力，故其事跡有經有權，後世稱譽亦過其實，此不可盡信之證也。孟子所云：盡信書則不如無書，而愚學盡信之，可謂

孫鑛曰事愜而指富與他段說又別陳深曰尤精約

恐矣。欒社之諺。自辭說也。先王隨時宜行事權要在期利用力以救世弊耳猶行詐僞而反國者引欒社之諺以自解說。也自一作目非。請許學者而行。山曰句。宛曼於先王。試請唯聽用愚學者使行其意則必稱古昔先王以將蔓延無用之說也。或者不宜今乎。學者所行徒誦上世之頌語不識救時之實務所以失事宜也。如是不能更也。法度逐世損益政令因事弛張愚學專襲先古之迹不達時變所以爲愚誣也。鄭縣人得車軛也。衛人佐弋也。卜子妻爲弊袴也。而其少者也。已上四事皆喻學者之愚戇誤事也。下篇鄭縣人賣豚事當在此下。物曰少者卽傳侍長者飲事而語意過簡短且傳買櫝事不見于經或有缺文。先王之言。有其所爲小。而世意之大者。有其所爲大。而世意之小者。未可必知也。物曰謂先王之細事而後世以爲大事者有之先王之大事而後世以爲小事者有之雖然其實邈遠之世不可得知也。說在宋人之解書。與梁人之讀記也。二事以喻記誦之學謬解惑說失先王本意也。故先王有郢書。而後世多燕說。世儒見古人過譽失實之事强爲之說而欲施用以致治也猶郢人誤書擧燭而燕人臆說以

爲尙明也。夫不適國事。不通治國之事宜也。而謀先王。必則古昔稱先王者愚學之通弊也。皆歸取度者也。不能因世變施治術者猶愚者不知以足試履也。

四 利之所在民歸之。名之所彰士死之。凡人之所爲事非名之則利之也。是以功外於法。而賞加焉。則上不能得所利於下。功必合法然後國賴其利。名外於法。而譽加焉。則士勸名。而不畜之於君。法慢則臣行私義蓄積聲譽而無奉上之心也物曰謂士雖勸名而君不能蓄其利于己也。故中章胥己仕。物曰中章胥己兩人姓名。而中牟之民。棄田圃而隨文學者。邑之半。平公腓痛足痺。而不敢壞坐。物曰謂倦坐而起也。晉國之辭仕託慕者。國之錘。託一作托音通。物曰託詞譽慕其人也錘一作鈞傳文作錘案八說篇死傷者軍之乘注乘言其半也錘乘字似或有一誤山曰錘疑與陲通豈言國之邊陲亦皆附託趨慕耶圓案呂春秋今割國之錙錘注言訓雖割國之錙錘以事人注六兩曰錙倍錙曰錘荀子割國之錙銖注韓詩外傳作國之疆垂垂與陲同禮記儒行雖分國如錙銖莊子累丸二而不墜則失者錙銖揚雄傳雖頗割其三垂以贍齊民案錙銖錙錘蓋分割之稱也檢字書錘八銖也以二十四銖爲兩則錘當三分之一蓋假言國中三之一附依思慕也。此三士者。傍注中章胥己叔向。言襲法。則官府之籍也。物曰襲因也圓周禮太宰以八灋治官府趙策國有固籍兵有常經又曰子知官府之籍不知器械之利鮑注籍猶令甲吳注固故通。行中事。則如令之民也。物曰如令奉法也圓案中適也如令字見飾邪。二君之禮太甚。言行不拂法令臣之道耳何特尊禮之乎。若言離法。而行遠功。則繩外民也。物曰謂不奉法也。二君又何禮之。禮之當亡。卽下李疵視中山議。且居學之士。卽學士不仕者六反篇文學之士遊居厚養圓居居士學學士禮記大學之敎也時敎必有正業退息必有居學莊子語仁義忠信恭儉推讓爲修而已矣此平生之士敎誨之人遊居學士之所好也。國無事不用力。有難不被甲。禮之則惰修耕戰之功。耕一作畊下同。不禮則周主上之法。周上疑脫不字禮賢下士主上之法也故不禮之則不合法也亡微篇喜淫刑而不周於法周禮國中賢者復除之戰國時尙沿用此制學士免其徭役亦優賢之遺也。國安則尊顯。危則爲屈公之威。晉語注威畏也。人主

奚得於居學之士哉。物曰不獲利也。故明主論李疵視中山也。圓視覘也。

五 詩曰。不躬不親。庶民不信。詩小雅節南山篇毛詩不作弗謂不躬行而親示之則下不信從也。傅說之以無衣紫。物曰傅官名。子產之以鄭簡。購强之以宋襄。子產一作授字一無購强之三字補下以字以猶於也。責之以尊厚耕戰。二子皆知治術故厲耕戰之士而尊厚之以此責其君也。夫不明分。君親細事失其職也。不責誠。不能督下以務實用。而以躬親蒞下。蒞莅同臨也。且爲下走睡臥。與夫揜弊微服。物曰揜弊微服無傳缺文也。孔丘不知。故稱猶盂。鄒君不知。故先自僇。物曰僇辱也。明主之道。如叔向賦獵。與昭侯之奚聽也。山曰獵宜作祿音之誤也晉語叔向爲太傅實賦祿八姦篇賦祿者稱其功。

六 小信成。則大信立。故明主積於信。能積累而行之故民信矣。賞罰不

陳深曰。箕鄭書法。

信。則禁令不行。說在文公之攻原。與箕鄭救餓也。是以吳起須故人而食。物曰。須待也。文公會虞人而獵。故明主表信。如曾子殺彘也。患在楚厲王擊警鼓。楚一作聲。上一無此字。與李悝謾兩和也。揚升庵外集云。韓子兩和軍門曰和。又云華表漢書注作和表。禮記字林俱作桓表。公室視桓楹。注桓墓前表柱也。華和桓三音相混。尙書桓夷底績水經注作和夷。桓譚新論晉中經簿作華譚。又焦氏筆乘云。此三字古通用。圓案。國策欒水嚙其墓見棺之前和。注和棺兩頭木也。案和卽桓楹也。山曰。周禮大司馬以旌爲左右和之門。注軍門曰和。今謂之壘門。立兩旌以爲之。案楚世家徐注懷王六年。昭陽移和而攻齊。軍門曰和。又楚策景陽乃開西和門。西征賦距華蓋於壘和。李善注和軍營之正門也。良曰壘和軍門也。又孫子兵法兩軍相對曰和。齊策章子爲齊將。與秦軍交和而舍。是也。又孝文紀非謗之木。韋昭注。慮政有闕失。使書于木。此堯時然也。後世因以爲飾。今宮外橋梁頭四柱木是也。索隱引崔浩云。以木貫表柱。交互四出。名桓表。陳楚俗桓聲近和。又云。和表卽今之華表。則三字互相訛也。圓徐鍇云。華本音和。又云。表雙立爲桓。漢法。亭表四角建大木。貫以方板。名曰桓表。縣所治兩邊各一也。賈誼新書。期果言當謂之信。反信爲慢。慢謾音同。

作偶事舜鳴

右經

㊀一作傳一。下同。傍注。凡五事。皆言學士善辯而無實用。

有若之愛宓子

宓子賤治單父。宓音伏。漢伏生云。子賤之後。單父魯邑。有若見之曰。子何臞也。宓子曰。君不知賤不肖。物曰。賤不肖自稱辭。使治單父。官事急。心憂之。故臞也。有若曰。昔者舜鼓五絃。此下疑少之琴二字。他書竝云五絃之琴。詮言訓。舜彈五絃之琴。而歌南風之詩。注。古琴五絃。至周有七律。增爲七絃也。又樂記。昔者舜爲五絃之琴。以歌南風。注。南風長養之風也。歌南風之詩。而天下治。家語載其詩曰。南風之薰兮。可以解吾民之慍兮。南風之時兮。可以阜吾民之財兮。今以單父之細也。治之而憂。治天下將奈何乎。檢家語及呂春秋。韓詩外傳。說苑等。宓子彈鳴琴。身不下堂。而單父治。與此不同。故有術而御之。身坐於廟堂之上。有處女子之色。山曰。謂形不勞也。莊子。綽約如處子。無害於治。無術而御之。身雖瘁臞。猶未有益。此條謂人主宜修其職。執術御下。不操細務。已下所陳數事。尙實用。黜虛辯。卽其術也。

田鳩對荆王

楚王謂田鳩曰。道應訓。墨者有田鳩者。欲見秦惠王。周年不得見。往見楚王。楚王甚悅之。圓呂春秋田鳩齊人。漢志有田俅子三篇。墨子者顯學也。物曰。謂學術顯于世者。其身體則可。傍注。體行之也。其言多而不辯。何也。而字無意義。曰。昔秦伯嫁其女於晉公子。案。晉世家。穆公以宗女五人。妻重耳。豈指此耶。令晉趙本爲衍文。爲之飾裝。從衣文之媵七十人。至晉。七一作十。誤。揚升庵外集作文衣。孔子世家。於是選齊國女子好者八十人。皆衣文衣而舞康樂。圓佩文無衣文之三字。詩傳。錦文衣也。說文云。媵送也。載仲培鼠璞云。媵逆婚之名。晉人愛其妾。而賤公女。此可謂善嫁妾。而未可謂善嫁女也。楚人有賣其珠於鄭者。爲木蘭之櫃。薰桂椒之櫝。桂椒薰木爲之外櫝。物曰。櫝薰桂椒也。圓本草。木蘭皮似桂而香。狀如楠樹。高數仞。去皮不死。七啓云。薰以幽若。初學記作爲之木蘭之匱。薰桂之櫝。飾以珠玉。綴以玫瑰。綴以珠玉。飾以玫瑰。圓唐韻。玫瑰火齊珠也。輯以翡翠。輯集也。圓古者飾器物以鳥羽。周禮注。犧尊飾翡翠是也。西都賦注。翡翠大小如爵。雄赤曰翡。雌青曰翠。淵鑑引傅子云。漢末一筆之柙。彫以黃金。飾以和璧。

綴以隨珠。語與此類。鄭人買其櫝。而還其珠。此可謂善賣櫝矣。未可謂善鬻珠也。圓佩文。未作不。今世之談也。皆道辯說文辭之言。人主覽其文。而忘有用。圓友人鹽田氏曰。覽當作濫。亡微篇。濫於文麗。而不顧其功。墨子之說。傳先王之道。王一作正。論聖人之言。以宣告人。若辯其辭。則恐人懷其文。懷愛也。忘其直。物曰。直實也。山曰。直作眞。以文害用也。此與楚人鬻珠。秦伯嫁女同類。故其言多不辯。

墨子爲木鳶

墨子爲木鳶。三年而成。句蜚一日而敗。蜚古飛字。墨子公輸子。創竹木以爲鵲。成而飛之。三日不下。公輸子自以爲至巧。子墨子謂公輸子曰。子之爲鵲也。不如翟之爲車轄。須臾斲三寸之木。而任五十石之重。故所爲功。利於人謂之巧。不功利於人。謂之拙。列子。夫班輸之雲梯。墨翟之飛鳶。注。墨子作木鳶。飛三日不集。長笛賦注。淮南子曰。魯班古之巧人。公輸班也。爲木鳶而飛。論衡曰。魯班玄木爲鳶。飛三日不止。案。墨子創竹以爲鵲。鵲三日不行。韓子曰。爲木鳶。三年成。飛一日而敗。抱朴子曰。墨子名翟。宋人。或云孔子時人。或云在後。今案。其人在七十子後。圓案。魯班與孔子相及而墨子與魯班䟽論則其去孔子不遠矣。弟子曰。先生之巧。至能使木鳶飛。王字屬上讀非。墨子曰。吾不如爲車輗者巧也。一無吾字。圝佩文。飛下有乎字。案輗輨端橫木。用咫尺之木。不費一朝之事。而引三十石之任。致遠力多。久於歲數。今我爲鳶三年成。蜚一日而敗。惠子聞之曰。墨子大巧。巧爲輗。拙爲鳶。圝以輗爲巧。以鳶爲拙。與老子大巧若拙之旨相同。故曰大巧。

謳癸築武宮

宋王與齊仇也。傍注。蓋王偃時。築武宮。圝宋王與齊戰而有功。故築武宮以示子孫。左傳季文子以審之功。立武宮。謳癸倡。物曰。癸人名。善謳。故曰謳癸。圝陳暘樂書云。昔梁孝王築睢陽城。擊小鼓。爲下杵之節。使相倡和。後世因爲睢陽操焉。案倡發歌句也。行者止觀。築者不倦。王聞召而賜之。對曰。臣師射稽之謳。又賢於癸。王召射稽。使之謳。行者不止。傍注。勸力之歌過者不顧。築者知倦。傍注。用力深也。王曰。行者不止。築者知倦。其謳不勝如癸美。何也。勝如二字一意。楚策夫梟之不勝不如五散亦明矣。并曰。如字宜移謳下。對曰。王試度其功。癸四板。射稽八板。傍注。功多。擿其堅。擿謂動發之也。癸五寸。射稽二寸。傍注。入堅也。圝詩傳。一丈爲板。五板爲堵。疏。五板謂累五板也。板廣二尺。故周禮說一堵之牆長丈高一丈。鄭箋引春秋傳曰。五板爲堵。五堵爲雉。雉長三丈。則板六尺。依鄭說。是板廣一尺二寸也。史丹傳注。擿。𥐻也。佩文引其堅其作之。

藥酒用言

夫良藥苦於口。而智者勸而飲之。圝鹽鐵論注。若作鍼。勸勉也。知其入而能已疾也。物曰。已。療也。忠言拂於耳。而明主聽之。知其可以致功也。圝家語。孔子曰。良藥苦於口。而利於病。忠言逆於耳而利於行。鹽鐵論語同家語。而良藥作藥酒。

㈡傍注。凡十一事。言虛詞無實用。

棘刺

宋人有請爲燕王以棘刺之端爲母猴者。黄氏日抄。請作欲。以作削。母猴作猿母。非。案。棘刺之端。謂至細也。列子。紀昌與飛衛二人交射於野。飛衛之矢先窮。以棘刺之端扞之。而無差焉。物曰。母猴沐猴也。山曰。母猕通借。書牧誓。釋文。牧如字。徐一音茂。說文作坶。字林。音母。汲冢紀年作坶野。可證。呂春秋。玃似母猴。母猴似人。漢書張晏注。沐猴卽獮猴也。圝淵鑑引作沐猴。必三月齋。然後能觀之。物曰。方始可見也。燕王因以三乘養之。周禮。四丘爲乘。管子。方六里爲一乘之地也。一乘者四馬也。此云三乘五乘。蓋以乘地計俸祿也。圝荀子。有三乘之地者。事二世。注。祭法所謂適士立二廟也。又云。有五乘之地者。事三世。注。古者十里爲成。成出革車一乘。五乘之地。謂大夫有采地者得立三廟也。右御治工言王曰。治工。治人時爲右御。臣聞人主無十日不燕之齋。物曰。燕。宴也。今知王不能久齋以觀無用之器也。故以三月爲期。凡刻削者。以其所以削必小。物曰。所以削。刀也。今臣治人也。無以爲之削。物曰。謂棘刺作母猴極細。雖欲作之。而無其刀也。削刀也。此不然物也。物曰。必無之物也。王必察之。王因囚而問之。果妄。乃殺之。日抄云。必三月齋。然後能見。知王之必不能久齋。而始之爾。王乃養之三乘。冶工言王曰。果然則其所以削者必小。今臣冶人也。無以爲削。此不然之物也。因囚而問之。果妄。乃殺之。冶人謂王曰。計無度量。言談之士。多棘刺之說也。圝上二句。淵鑑一作士有虛名。一曰。此條見魏都賦注。與今本文頗異。今多從選注。燕王好微巧。元無燕王二字。山堂肆考。亦有。物曰。微巧。纖微之巧。衛人曰。曰一作有。能以棘刺之端。爲母猴。選注。能上有臣字。圝藝文類聚云。燕王徵巧。衛人請以棘刺之端爲母猴。母猴成。燕王說之。養之以五乘之奉。選注。無中之字。奉俸同。○說苑。齊莊公且伐莒。爲車五乘之賓。而杞梁華舟獨不與焉。頃觀尾州關氏說苑纂註。引韓子此文爲證。其義殊爲不當。彼曰。車五乘之賓。謂選勇士五乘。而特賓禮之也。呂春秋云。晉文公造五兩之士五乘。銳卒千人。先以接敵。注。兩技也。五乘十五人也。此與說苑五乘義同。纂註謬妄。不一而足。予欲爲子政忠臣。悉改正之。力疲未能。因記于此。王曰。吾試觀客爲棘刺之母猴。選注。試作請。衛人曰。臣爲棘刺之母猴也。此十一字。元作客曰。人主欲觀之。必半歲不入宮。不飲酒食肉。雨霽日出。視之晏陰之間。而棘刺之母猴。乃可見也。月令。定陰晏之所成。注。晏安也。陰稱安。列子。孔周曰。吾有三劍。二曰承影。將旦昧爽之交。日夕昏明之際。北面而察之。淡淡焉若有物存。莫識其狀。又云。孔周來丹與齋七日。晏陰之間。授其下劍。釋文云。晏晚暮也。圝案。晏如難三篇晏室獨處。曾史之所慢也之晏。亦闇字意。晏陰。日色晻曖不明之時。上文所云。將旦昧爽之交。日夕昏明之際。皆指陰晏言也。圝漢郊祀志。晏温。如淳曰。三輔謂日出清濟爲晏。案。至微者非向微陰。

（則雖察視。故以雨新止天淸霽之時也。）燕王因養衛人。（藝文類聚此句上有燕王曰寡人不能觀也九字。）而不能
觀其母猴。（元無而字。選注無其字。）鄭人有臺下之冶者。（元無人字。考工記鄭之刀遷乎其地而弗能爲良地氣然也。據此鄭地多良冶矣。）謂燕王曰。（選注無燕字。）臣爲削者也。（一無爲字。）諸微物
必以削削之。（選注物作巧。山曰考工記築氏爲削長尺博寸合六成規注今之書刀。）而所削必大於
削。今棘刺之端。不容削鋒。難以治棘刺之端。（選注無此八字。一無此七字。）
王試觀客之削。則能與不能可知也。（元無則字。）王曰。善。謂衛
人曰。客爲棘刺之母猴。何以理之。（此十一字元作客爲棘刺之。）曰。以削。
（一作客爲棘刺之端以削。）王曰。吾欲觀客之削也。（此九字元作吾欲觀見之。）客曰。臣請之
舍取之。（選注無之舍二字。物曰之往也。）因逃。（今本止此。）冶人謂王曰。上之無度量。
言談之士。多棘刺之說也。（選注有此文。）

【白馬之說】兒說宋人善辯者也。（人間訓兒說巧於閉結無不解。注兒說宋大夫。○此章元有缺誤。今考諸書補正。）持
白馬非馬也。（也字宜作之說二字。）服齊稷下之辯者。（楊升庵外集無服字。者下有屈焉二字。孟荀傳
索隱曰。稷齊之城門也。齊之學士集於稷門之下也。列子白馬非馬注。此論見存。多有辯之者。皆不弘通。故闕而不論。文云白馬非馬。形名離也。注離猶分也。白馬論曰。
馬者所以命形也。白者所以命色也。命色者非命形也。尋此等語。如何可解。而猶不歷然。）及乘白馬而過關。（元無及字。外集曰抄
皆有。）則顧白馬之賦而籍之。（而元作故。從他書正。山曰顧如平帝紀顧金錢。季布傳顧直之顧。案漢志貧者欲
顧更錢者。亥直者出錢顧之。吳王濞傳正義引漢書並作雇。井曰賦征也。雖操白馬非馬之說。不得不出馬賦也。圓謂籍猶取也。一作藉通。荀子好用其籍斂矣。又云籍
斂忘費。管子古者輕賦稅而弛籍斂。今本弛作肥。非。又云厚籍斂于百姓。鹽鐵論籍斂不過什一。墨子其使民勞其籍斂厚。又云將必厚措斂于萬民。又荀子窮籍而無
極。管子今君之籍取以正。籍之爲取義可見矣。鼂錯傳顧其功。注顧讎也。後漢宦者傳賤買十分雇一。注雇謂讎其價也。慧琳音義雇猶答賽償報之謂也。風俗通太
原郝子廉嘗過姊飯。留錢十五錢。默置席下去。雖曰何有同生之家而顧錢者哉。管子云關賦百取一。）不見其非白也。（他書有此
句。）蓋虛辭空辯。可以勝一國。（元作虛辭則能勝一國。）考實按形。不能謾

一人。（設下元有於字。傍注持白馬非馬之說。而服齊稷下之辯者屈焉。及乘白馬而過關。則馬之黑白是非明矣。言虛詞易勝。考實難欺也。初學記引劉
向略記。公孫龍持白馬之論以度關。）
【用者皆如羿】夫新砥礪殺矢。（山曰周禮司弓矢殺矢用諸近射田獵。考工記冶氏爲殺矢。刃長寸。圍寸。鋌十之。重三垸。圓新如莊
子若新發硎之新。砥礪謂磨而利之。呂春秋砥礪五兵。漢蕭望之傳底厲鋒鍔。禮記砥礪廉隅。韓詩外傳扁鵲入砥鍼礪石。）彀弩而射。（圓彀
引也。）雖冥而妄發。其端未嘗不中秋毫也。（圓冥瞑通。）然而莫能
復其處。（山曰列子鏃矢復沓。方矢復寓。毛詩四矢反兮。箋云反復也。禮射三而止。每射四矢。皆得其故處。此之謂復。）不可謂善
射。（可一作能。）無常儀的也。（山曰呂春秋處方篇亦有此論。圓案莊子射者非前期而中。謂之善射。天下皆羿也。）設五
寸之的。（圓毛詩疏引爾雅云。射張皮謂之侯。侯中者謂之鵠。鵠中者謂之正。正方二尺也。正中者謂之槷。方六寸也。槷則質也。又王肅曰質方四寸。可
見古的之度。在四寸六寸之間。故曰五寸之的。）引十步之遠。（引猶去也。設山訓矢之於十步也。貫兕甲。）非羿逢蒙
不能必全者。有常儀的也。（孟子云逢蒙學射于羿。）有度難。而無度易

也。有常儀的。則羿逢蒙以五寸爲巧。無常儀的。則以妄
發而中秋毫爲拙。故無度而應之。則辯士繁說。（物曰謂辯士得繁多
其說也。）設度而待之。（待對上應字。元作持。傳寫訛。）雖知者猶畏失也。不敢妄
言。今人主聽說。不應之以度。而說其辯。（說音悅。）不度之以
功。而譽其行。此人主所以長欺。而說者所以長養也。（物曰
養蘇也。圓長常也。）

【燕王學道】客有教燕王爲不死之道者。王使人學之。所使學
者。未及學而客死。王大怒誅之。王不知客之欺己。而誅
學者之晚也。夫信不然之物。而誅無罪之臣。不察之患
也。且人所急。無如其身。不能自使其身無死。（從列子補身字。）安

孫鑛曰敍多而詞陳深曰畫可照視而不可陳觀如今皮幔

能使王長生哉。

鄭人爭年 鄭人有相與爭年者。圝淵鑑此下有一曰吾與堯同年七字。案周禮黨正屬民飲酒正齒位。蓋以年齒高下爲坐次。因致爭也。其一人曰。我與黃帝之兄同年。訟此而不決。訟爭也。決一作訣通。以後息者爲勝耳。圝氣衰而先息者爲負。聲屬而後止者爲勝。

李惠宋墨皆畫策也 客有爲周君畫筴者。筴經文作策同。馬捶也。一作筴。傍注筯也。則與挾通。三年而成。君觀之。與髹筴者同狀。傍注髹赤黑色。圝景福殿賦注。刷漆爲髹。周君大怒。畫筴者曰。築十版之牆。鑿八尺之牖。圝十版高二丈。說文。在牆曰牖。在屋曰窻。而以日始出時。加之其上而觀。周君爲之。爲之如其言也。見上篇。望見其狀。盡成龍蛇禽獸車馬萬物之狀備具。周君大悅。此畫筴之功。一無此字。非不微難也。物曰。讀纖微甚難描也。然其用與素髹筴同。

傍注。謂終歸無用也。物曰。素平常也。圝禮記注。凡物無飾曰素。

畏震瞻車狀皆鬼魅也 客有爲齊王畫者。齊王問曰。畫孰最難者。曰。犬馬難。孰易者。王再問也。曰。鬼魅最易。夫犬馬人所知也。旦暮罄於前。氾論訓。今夫圖工好畫鬼魅而憎圖狗馬者何也。鬼魅不世出而狗馬可日見也。物曰。罄盡也。謂能盡觀其形狀也。圝罄磬音通。釋名。磬罄也。通典引禮記盧注。磬麗繫也。莊子。今指馬之百體而不得馬。而馬係於前者。立其百體而謂之馬也。係繫同。不可類之。故難。易曰。犬馬最難。鬼魅最易。犬馬旦暮在人之前。不類不可類之。故難。鬼魅無形。無形不見。故易。藝文類聚淵鑑。犬作狗。暮下無罄字。鬼神以下作鬼魅無形無形者不可類似也。鬼神無形者。不罄於前。故易之也。圝風俗通自序。昔有爲齊王畫者。王問畫孰最難最觀故易。

務卞鮑介皆堅瓠也 齊有居士田仲者。荀子注。田仲齊人。處於陵。不食兄祿。辭富貴。爲人灌園。號曰於陵仲子。物曰。居士初見。圝齊策。趙威后曰。於陵子仲尙存乎。是其爲人也。上不臣於王。下不治其家。中不索交諸侯。此率民而出於無用者。何爲至今不殺乎。案。陳田古音同。孟子作陳仲子。

楊慎曰妙語爽而雋

宋人屈穀見之。七命云。鑽屈穀之瓠。注引穀作穀。下並同。圝佩文亦作穀。曰。穀聞先生之義。不恃仰人而食。今穀有樹瓠之道。堅如石。厚而無竅。獻之。選注作謂之曰。穀有巨瓠。堅如石。厚而無竅。效之先生。圝後漢書孔融傳注見上。有往字。道作供。獻之作願獻之先生。仲曰。夫瓠所貴者。謂其可以盛也。謂爲通。圝後漢書注。田仲曰。夫子徒謂我也。凡貴於樹瓠者。今厚而無竅。則不可剖以盛物。而任重。圝後漢書注無剖字。無重字。堅如石。則不可以剖而以斟。吾無以瓠爲也。選注田仲曰。堅如石不可剖而斷。厚而無竅不可以受水槳。吾無用此瓠以爲也。圝後漢書注。剖作割。瓠上有此字。曰。然。穀將以欲弃之。難一篇。與將欲。蹙齊國。句法同。今田仲不恃仰人而食。亦無益人之國。亦堅瓠之類也。選注屈穀曰然。其棄物乎。曰然。今先生雖不恃人之食。亦無益人之國矣。猶可棄之瓠也。田仲若有所失。慨而不對。案此與今本大異。而選注語順事具。當見善本也。惠子謂莊子曰。魏王賂我大瓠之種。我樹之成而實五石。以盛水槳。其堅不能自擧也。剖之以爲瓠。則瓠落無所容。非不呺然大也。吾爲其無用而掊之。與屈生嘲陳仲意同。○圝呂春秋莊子皆云。湯將

伐桀。因卞隨而謀。卞隨曰。非吾事也。湯曰。孰可。曰。吾不知也。湯又因務光而謀。務光曰。非吾事也。湯曰。孰可。曰。吾不知也。湯遂與伊尹謀伐桀。尅之。以讓卞隨。卞隨辭曰。后之伐桀也謀乎我。必以我爲賊也。勝桀而讓我。必以我爲貪也。吾生乎亂世。而無道之人再來漫我以其辱行。吾不忍數聞也。乃自投潁水而死。湯又讓務光。務光辭曰。廢上非義也。殺民非仁也。人犯其難。我享其利。非廉也。吾聞之曰。非其義者不受其祿。無道之世不踐其土。況尊我乎。吾不忍久見也。乃負石而自沉於廬水。列士傳云。鮑焦怨世不用己。採蔬於道。子貢難曰。非其世而採其蔬。此焦之有哉。棄其蔬乃立枯洛水之上。風俗通云。鮑焦耕田而食。穿井而飲。於山中食棗。或曰。此棗子所植耶。焦遂強嘔吐而死。賈誼新書云。晉文公反國。介子推無爵祿。遂去而之介山之上。文公求之不得。乃焚其山。子推不出而焚死。呂春秋說苑等所記殊詳。務卞鮑介其行拂難。無益于世。故比之堅瓠也。

劉辰翁曰辨似詭譏

虞慶詘匠而屋壞 虞慶爲屋。人間訓。虞慶作高陽魋。呂春秋作高陽應。謂匠人曰。屋太尊。太一作大。物曰。尊崇通。高也。匠人對曰。此新屋也。塗濡而椽生。圝椽屋角。夫濡塗重。而生椽撓。夫上一衍虞慶曰不然五字。以撓椽任重塗。此宜卑。虞慶曰。不然。更日久。物曰。更平聲。則塗乾而椽燥。塗乾則輕。椽燥則直。

陳深曰意先意緊意重意複意有來意不蹶妙在曲折

以直椽任輕塗。一脫以字。此益尊。匠人詘。趙策魏王聽此言也甚詘注詘者詘辭塞也。爲之而屋壞。淮南子云匠人窮於辭無以對受令而爲室其始成竘然善也而後果敗管子云棟生撓不勝任則屋覆而不怨者其理然也物曰爲之謂依虞言而作之也。一曰。物曰凡言一曰者後人舉異本也前後諸篇倣此。虞慶將爲屋。匠人曰。材生而塗濡。夫材生則撓塗濡則重。以撓任重。今雖成久必壞。虞慶曰。材乾則直塗乾則輕。今成得乾。成元作誠從顧說正。日以輕直。雖久必不壞。匠人詘。作之成。有間屋果壞。

范且窮工而弓折

范且曰。弓之折。必於其盡也。山曰盡猶終也。不於其始也。且睢通史記唐睢國策說苑作唐且■百川學海引東州冢間碑古聖賢名云秦范且又衞策吳注古人以且名者皆子余反如夏無且唐且龍且之類是也。夫工人張弓也。伏檠三旬而蹈弦。毛詩角弓傳不善紲檠巧用則翩然而反疏檠者藏弓定體之器謂未成弓時內於檠中也釋文檠音景。弓匣也物曰蹈弦謂蹈弓而弦之也。一日犯機。物曰謂注箭也。是節之其始。

而暴之其盡也。焉得無折。此下元衍范且曰不然五字。伏檠一日。而蹈弦三旬而犯機。是暴之其始。而節之其盡也。工人窮也。爲之弓折。物曰其辭窮而不能勝范且之辯也依其攷爲之而弓折。范且虞慶之言。元別提案此及棘刺白馬皆連二事作一議論亦一例也。皆文辯辭勝。而反事之情。■情實也。人主說而不禁。此所以敗也。夫不謀治强之功。而豔乎辯說文麗之聲。豔一作艶物曰豔羨也山曰文麗字見齊俗訓■增韻豔歆羨也。是却有術之士。而任壞屋折弓也。物曰謂任虞范。故人主之於國事也。皆不達乎工匠之構屋張弓也。然而士窮乎范且虞慶者。士謂有術之人。爲虛辭其無用而勝。迂實事其無易而窮也。二其字猶之也物曰爲去音謂人之所以屈於虞范者以虛辭雖無用而能勝。實事無變易而數屈故也■實用之事千歲無易而反窮也。人主多無用之辯。而少無易之言。

適用賈曰事不奇以精意妙

多猶賢也少猶劣也。此所以亂也。今世之爲范且虞慶者不輟。而人主說之不止。是貴敗折之類。而以知術之人爲工匠也。物曰謂賤知術之人。工匠不得施其技巧。補工匠二字。故屋壞弓折。知治之人。不得行其方術。故國亂而主危。曰知術曰知治即知治術之人也■方法也。

非歸餉也不可

夫嬰兒相與戲也。以塵爲飯。以塗爲羹。以木爲胾。■胾切肉。然至日晚必歸饟者。物曰饟餉同謂歸家而食也。塵飯塗羹。可以戲。而不可食也。夫稱上古之傳。物曰去音。頌辯而不慤。頌美也物曰頌誦同。道先王仁義。而不能正國者。此亦可以戲。而不可以爲治也。夫慕仁義而弱亂者三晉也。不慕而治强者秦也。然而秦强而未帝者。治未畢也。物曰謂雖治未盡其術也。

陳深曰三喩貼人實切事理此入奇不迂濶

㊂ 傍注凡父子或十六事

怨譙

人爲嬰兒也。父母養之簡。子長而怨。子盛壯成人。其供養薄。父母怒而誚之。■誚古譙字方言自關而西秦晉之間凡言相責讓曰譙。子父至親也。而或譙或怨者。皆挾相爲。而不周於爲己也。謂藏相爲之心者不如自爲之盡也物曰周盡也■典引注周備也又孟子周于利者凶年不能殺。

取庸作者進美羹

夫買庸而播耕者。元合前章今從經文別之買元作賣誤五蠧篇買庸而決竇物曰庸傭同■播降種也。主人費家而美食。物曰謂務美備者之食而不顧捐貨也。調布而求易錢者。非愛庸客也。魏都賦刀布貿而無算注刀布錢刀之謂也荀卿書曰省刀布之斂■貨布蓋如今之楮幣與錢相權爲用難獨行也貨布比錢賤而不便故調貨之必求與錢交易而以錢與庸者亦厚待之意也廣雅調貨也又日知錄調有更易之意猶琴瑟之更張乃調也周禮載師里布注里布者布參印書廣二寸長二尺以爲幣貿易物又王莽傳貨布長二寸五分廣一寸直貨錢二十五求易求貿易也賈誼新書鄒穆公有令食鳬鴈者必以秕毋以粟於是求易于民者二石粟得一石秕。曰。如是耕者且深。耨者熟耘也。孟子深耕易耨。庸客致力而疾耕耘。[者]衍文。盡功而正畦陌疇時者。功元作巧，從井氏正。對上力字。疇田隴也。時畦中有封也。非愛主人也。曰。如是羹且美。錢布且易云也。傭者云爾。故爲盡力。此其養功力。物曰。謂以功力自養。有父子之澤矣。澤恩也。而心調於用者。物曰。謂實心爲之於事。調適也。皆挾自爲心也。故人行事施予。以利之爲心。則越人易和。以害之爲心。則父子離且怨。此章亦連事合論之例也。

[文公之先宣言]文公伐宋。宜作文王伐崇。經文亦誤。乃先宣言曰。吾聞宋君無道。蔑侮長老。分財不中。山曰。中適也。均也。家語。衣冠中動作愼。教令不信。余來爲民誅之。說苑。文王欲伐崇。先宣言曰。余聞崇侯虎蔑侮父兄。不敬長老。聽獄不中。分財不均。百姓力盡。不得衣食。余將來征之。唯爲民。乃伐崇。令毋壞室。毋塡井。毋伐樹木。毋動六畜。有不如令者死無赦。崇人聞之。因請降。

[句踐之稱姑蘇]越伐吳。乃先宣言曰。我聞吳王築姑蘇之臺。姑蘇元作如皇。掘深池。罷苦百姓。煎靡財貨。見亡徵篇。以盡民力。余來爲民誅之。一無來字。墨子。吳王夫差築姑蘇之臺。七年不成。及如此則吳有離罷之心。越王句踐視吳上下不相得。收其衆以復其讎。

[桓公藏蔡怒而攻楚]蔡女爲桓公妻。桓公與之乘舟。夫人蕩舟。賈逵云。蕩搖也。桓公大懼。禁之不止。怒而出之。乃且復召之。國謂未之絕也。因復更嫁之。物曰。謂蔡。桓公大怒。將伐蔡。仲父諫曰。夫以寢席之戲。不足以伐人之國。功業不可冀也。請無以此爲規也。謂不可以爲法也。桓公不聽。仲父曰。必不得已。楚之菁茅。不貢於天子三年矣。杜預云。尙書。包匭菁茅。茅之爲異。未聞。案。括地志。辰州盧溪縣西南有包茅山。武陽記。山際出包茅。有刺而三脊。國管子。江淮之間。一茅而三脊。名曰菁茅。左傳。齊數楚罪曰。爾貢包茅不入。王祭不共。無以縮酒。君不如舉兵爲天子伐楚。

孫鑛曰。名實顚倒。先虛後實。固有態。

陳深曰。先王之賦。邵鐘鼎之銘。皆此類。

楚服。因還襲蔡。曰。余爲天子伐楚。而蔡不以兵聽從。遂滅之。此義於名。而利於實。故必有爲天子誅之名。一無爲字。而有報讎之實。傍注。上三事。皆借名興師也。國齊策。微用兵而寄於義。注。謂隱其用兵之眞情。而寄寓於義以爲名也。上三事皆此類。

[吳起懷瘳實而吮傷]吳起爲魏將。而攻中山。軍人有病疽者。吳起跪而自吮其膿。傷者之母泣。泣上元衍立字。國佩文無立字。藝文類聚作立而泣。人問曰。將軍於若子如是。若汝也。尙何爲而泣。國藝文。有乎字。對曰。吳起吮其父之瘡而父死。國藝文云。吳子吮其父之瘡。而殺之涇水之上。今安知不殺是子乎。今是子又將死也。吾是以泣。吾上元衍今字。悼其感恩死敵故泣。

[潘吾之跡]趙主父令工施鉤梯。而緣潘吾。潘吾指常山也。蘇秦傳徐注。常山有蒲吾縣。正義云。番音

婆。又音蒲。又音盤。則作潘亦通。或謂宜作番。黃氏曰抄作播吾。恐非。國鉤梯可鉤引上高者。緣攀躋也。刻疏人迹其上。曰抄迹作蹤。同。物曰。疏人巨人。廣三尺。長五尺。國玉海無此語。而勒之曰。主父常遊於此。國常嘗通。玉海潘作番。佩文作趙主父使匠人施鉤梯。刻巨人跡于潘吾。勒其上曰。主父常遊于此。

[華山之博]秦昭王令工施鉤梯。而上華山。以松栢之心。爲博箭。長八尺。物曰。博箭博簙也。國說卦傳。其於木也。爲堅多心。禮記。其在人也。如松栢之有志也。玉海。無箭長八尺棊長八寸八字。棊長八寸。古博經云。博法二人相對坐向局。局分爲十二道。兩頭當中名爲水。用棊十二。故法六白六黑。又用魚二枚。置於水中。其擲采以瓊爲之。而勒之曰。昭王嘗與天神。博於此矣。字曰。李于鱗太華山記。東南行三里。望衞叔卿之博臺。在別巓。爲埒不盡匡尺。中如砥。可坐十人。匡南北繿繿也。欲度者先握繿自懸匡中。乃距匡自汰。令就繿。不得繿。還距匡自汰。得而後釋所自懸繿也。此卽秦昭王使人施鉤梯也。國佩文此矣作此山。案。穆天子傳。穆王五日觀於鍾山。乃爲銘迹於縣圃之上。以詔後世。山海經。著山之首。曰休與之山。其上有石焉。名曰帝臺之棋。風俗通。漢武帝與仙人對博。碁沒石中。馬蹄跡處。于今尙存。好名之主。所爲虛妄。率皆類此。

築社之諺自辭說也

文公反國。至河、令曰。元無曰字。鮑昭東武吟、棄席思君幄、注引有曰字、是。籩豆捐之。席蓐捐之。蓐一作褥、下同。手足胼胝。玉篇、胼胝、皮厚也。手胼足胝、家語、手足胼胝。面目黧黑者後之。秦策注、集韻、黧、黑黃色、吳注、黧、黑色、集韻誤、又荀子、顏色黧黑、注、黧讀爲梨、謂面如凍梨之色也。選注作犂黑。圈治要作梨黑。咎犯聞之而夜哭。說山訓、文公棄荏席、後黴黑、咎犯辭歸、指此事也、注誤。公曰。寡人出亡二十年。乃今得反國。咎犯聞之不喜而哭。圈聞之二字、與上文相混而誤衍也。說苑、咎犯作夫子、治要作咎氏、並無聞之二字。意者不欲寡人反國耶。元無者字、從選注補。咎犯對曰。籩豆所以食也。而君捐之。此四字從選注補。席蓐所以臥也。而君捐之。選注、捐作棄。圈治要同。手足胼胝。面目黧黑。勞有功者也。選注、有勞功者也。而君後之。今臣有與在後中。有晉又、與音預。說苑作臣在所蔽之中矣。選注無有字。圈治要同。不勝其哀故哭。選注、有之字。圈治要有也字。且臣爲君行詐僞以反

國者衆矣。晉語、臣從君還軫、巡於天下、惡甚多矣。物曰、衆謂多其事也。圈左傳云、及河、子犯以璧授公子曰、臣負羈紲、從君巡於天下、臣之罪甚多矣、臣猶知之、而況君乎、請由是亡。公子曰、所不與舅氏同心者、有如白水、投其璧于河。臣尚自惡也。而況於君。圈治要、有乎字。再拜而辭。文公止之曰。諺曰。築社者攓撅而置之。攓一作攐、又作搴。端冕而祀之。攓撅其衣、非禮容也。築置之時、不得不然、以喻未反之日、多行詐僞、以求反國、亦權時宜也。毛詩、褰裳涉溱、曲禮、暑毋褰裳、字又作攐、人間訓、江水之始出於岷山也、可攐裳而越也、內則云、不涉不撅、注、撅、揭衣也、詩傳、揭、褰衣也、說苑、猶倮而嘗高撅者、呂春秋、子胥兩袪高蹶、撅蹶竝與撅通。圈墨子云、子以三年之喪、非三日之喪、是猶倮謂撅者不恭也。置、立也、祭法云、大夫以下、成群立社曰置社、玉藻云、諸侯玄端以祭、裨冕以朝、左傳云、弁冕端委以治民。淵鑑引記纂淵海云、魏太武謂古弼曰、吾聞築社之役、蹇蹙而築之、端冕而事之、神與之福。今子與我取之。而不與我治之。與我置之。而不與我祀之焉可。解左驂而盟于河。

鄭縣人得車軛

鄭縣人有得車軛者。物曰、縣人、鄭人也。圈軛、轅端橫木。而不知其名。問人曰。此何種也。物曰、種、品也、物也。對曰。此車軛也。俄又復得一。問人曰。此是何種也。對曰。此車軛也。問者大怒曰。曩者曰車軛。今又曰車軛。是何衆也。此女欺我也。遂與之鬭。愚者聽實、反以爲安。

衛人佐弋

衛人有佐弋者。秦紀、誅佐弋竭、百官表、秦時少府有佐弋、漢武帝改爲佽飛、掌弋射者。鳥至。因先以其裷麾之。鳥驚而不射也。裷疑與絭通、閒居賦、異絭同機、注、張晏曰、連弩三十絭、共一臂、然絭弩弓也、李奇曰、絭弓也、字林音卷、又李陵書、張空弮、弮絭義同、井曰、裷、繳布也。圈說山訓、執彈而招鳥、與此意同、案射雉賦、屏發布而累息、注、屏除其布、不敢散氣、意者恐徼有所聞、便驚而逝也、案發繳通、唐韻、弋射收繳具也、發布疑即裷也、蓋謂弓繳之纏轉卷者也。

卜子妻爲弊袴

鄭縣人卜子使其妻爲袴。其妻問曰。今袴何如。井曰、請其制也。夫曰。象吾故袴。妻子因毀新。令如故袴。此元在文公反國條下、今因經次移

置此。井曰、圈意于故之一言、故毀新也。山曰、妻子、妻也、莊子載列子妻曰、妾聞爲有道者之妻子、皆得佚樂、魏晉以來、謂妻爲妻子、有所本也。圈顧炎武日知錄、今人謂妻爲妻子、引此文爲證、又杜詩、結髮爲妻子、席不煖君牀。淵鑑作妻因毀新袴爲孔。

經缺

鄭縣人乙子妻之市。之、適也。買鼈以歸。過潁水。以爲渴也。物曰、其意謂鼈渴也。因縱而飲之。遂亡其鼈。

經缺

鄭縣人賣豚。人問其價。曰。道遠日暮。圈伍子胥傳、日暮途遠。安暇語汝。此條元在下篇傳五之末、而不經見、蓋謂唯恐肉之敗、而不知售之便也、其愚蔽與縱鼈事類、故移于此。

而其少者

夫少者侍長者飲。長者飲。亦自飲也。曲禮、侍飲於長者、酒進則起、拜受於尊所、長者辭、少者反席而飲、長者舉未釂、少者不敢飲、注、不敢先長者、盡爵曰釂、圈謂少者不達禮意、輒效長者之爲也。一曰。魯人有自喜者。史記、景帝曰、魏其者沾沾自喜耳、多易、又自好見顏學。見長年飲酒。不能釂則唾之。亦效唾之。一曰。宋人有少者。亦欲效善。見長者飲無餘。

見上一有則字。非堪酒飲也。堪元作斟，從山氏正。飲一作餘。而欲盡之。酒飲各有量，已不堪飲，而欲必盡，爵其不及亂者幾希。

【宋人之解書】書曰。紳之束之。蓋謂修飭不放縱之意也。圖論語疏，以帶束腰，垂其餘以爲飾，謂之紳。宋人有治者。物曰，學者也。因重帶自紳束也。圖複重二帶，以束其腰也。人曰。是何也。對曰。書言之固然。

【梁人之讀記】書曰。既雕既琢。還歸其樸。莊子北宮奢曰，奢聞之，既彫既琢，復歸於樸。原道訓，已彫已琢，還反於樸。齊俗訓同，而還作遂。山曰，老子常德乃足，復歸於樸。列子，彫琢復朴，塊然獨以其形立。圖爾雅，玉謂之彫，彫謂之琢。梁人有治者。動作言學。舉事於文。物曰，動作輒說所學，舉事必文之也。曰。難之。物曰，自言故難之者，是學也。顧失其實。顧反也。案難之猶難哉，自難其行事之過文也。人曰。是何也。對曰。書言之固然。

此條一接前條誤。

【郢書燕說】郢人有遺燕相國書者。圖藝文作鄭人。夜書。火不明。因謂持燭者曰。舉燭。云。云者其意將云爾而未發也。如上文錢布且易云也。圖古今韻會引郭璞曰，古以人執燭，後易之以鐙。而過書舉燭。圖百家類纂，既而過作書舉燭。舉燭非書意也。燕相受書。而說之曰。傍注，說解也。圖淵鑑作悅，下同。舉燭者尚明也。圖舉上也，燭照也，故爲尚明。藝文事文過作誤，尚作高，下同。淵鑑同。尚明也者。舉賢而任之。燕相白王。王大說。一無一王字。圖月令廣義，任之作任也。國以治。治則治矣。非書意也。今世學者。多似此類。學上一衍舉字。

【歸取度】鄭人有且買履者。買元作置。唐宋人謂收買或曰置，然買義爲長。圖釋名，帥履曰不借，注言賤易有，各自置，不假借也。置字義同。淵鑑作鄭人欲買履。丹鉛錄引說郛開顏集作鄭人買履者。先自度其足。而置之其坐。至之市而忘操之。已得履。乃曰。吾忘持度。反歸取之。及反。市罷。遂不得履。人曰。何不試之以足。曰。寧信度。無自信也。

物曰，是所學書中語。圖淵鑑之市之作往，反歸反作乃，信度下有數字，頃新錄而置之其坐五字作爲度二字，至之市至作乃，無已字，無持字，反歸反作亟，無及反八字。

無作亡。

（四）傍注，凡中章得五事。【已仕】王登爲中牟令。呂春秋作任登。圖王壬字訛，任姓也。左傳不敢與諸任齒，魏人有任章，秦人有任安，見說林篇。又穀梁傳宋公王臣卒，左氏公羊竝作王臣。王壬字形相似易訛。日知錄王姓引此相證，失考。上言於襄主。呂作上計於趙襄子。曰。中牟有士曰中章胥已者。其身甚修。其學甚博。君何不舉之。主曰。子見之。物曰，謂汝須偕來謁見于我也。我將爲中大夫。圖中大夫始見，與春秋上中下大夫別。漢武帝改爲光祿大夫。相室諫曰。中大夫晉重列也。周語注，列位次也。今無功而受。非晉臣之意。呂作非晉國之故也。物曰，謂違群臣之意。君其耳而未之目邪。徒聞其名，未察其實。襄主曰。我取登。既耳而目之矣。登之所取。又耳而目之。是耳目人。終無已也。終一作絕。非呂子注，謂耳登之名，目登之實。登之所舉，豈復假耳目乎哉。圖孔叢子，昔舜臣堯，官才任賢，堯一從之。左右曰，人君用士，當自任耳目，而取信於人，無乃不可乎。堯曰，吾之舉舜，已耳目之矣，今舜所舉人，吾又耳目之，是則耳目人終無已也。王登一日而見二中大夫。齊策，淳于髡一日而見七人於王，句法同。詣薦達也。予之田宅。中牟之人。弃其田耘。賣宅圃。而隨文學者邑之半矣。

【平公腓痛足痺而不敢壞坐】叔向御坐。平公請事。物曰，叔向侍坐平公而請事也。山氏分爲二句，云平公就叔向受教也。晉語悼公召叔向使傅太子彪，注彪平公也。公腓痛足痺。轉筋而不敢壞坐。圖腓脛後肉，脚肚也。絕交書，危坐一時，痺不得搖。蒼頡篇，痿痺不能行也。脚氣論，轉筋由脚弱所生也。晉國聞之。皆曰。叔向賢者。平公禮之。轉筋而不敢壞坐。晉國之辭仕託慕叔向者。國之錘矣。圖嵇康高士傳，晉平公與唐亥坐而出，叔向入，公曳一足，叔向問之，公曰，吾侍唐子，腓痛足痺，而不敢申。叔向不悅，公曰，子欲貴吾爵子，欲富吾祿子，夫唐先生非欲也，非正坐無以養也。淵鑑載此事，謂出韓子者誤。

爲屈公之威 鄭縣人有屈公者。聞敵恐。物曰，句。因死。恐已。因生。物曰，皆二字句，謂其怯也。蹟屈公如愚公威公類，撓屈怯懦，因名屈公，如今之綽號也。方言，凡尊老周晉秦隴謂之公，或謂之翁。淵鑑載蔡威公閉門而哭三日，泣盡繼之以血。鄰人問之，威公曰，吾國且亡，吾數諫君，君不用，是以知將亡也。案威畏同，畏公綽號也。

李疵視中山 趙主父使李疵視中山可攻不也。還報曰。中山可伐也。君不亟伐。將後齊燕。主父曰。何故可攻。李疵對曰。其君好見巖穴之士。元作見好，從字氏正。所傾蓋與車。以見窮閭隘巷之士。以十數。中山策作七十家。注，傾者却不御也。與之同車，皆所尊禮者。圓案，鄭陽書傾蓋如故，索隱曰，家語孔子遇程子於塗，傾蓋而語。又志林云，傾蓋者道行相遇，軿車對語，兩蓋相切，小欹之義也。文選注，文穎曰，傾蓋猶交蓋駐車也。伉禮下布衣之士。以百數矣。秦策注，集韻，伉匹也。吳注，伉抗通，當也。君曰。以子言論。是賢君也。安可攻。圓三略云，軍讖曰，主聘儒賢，姦雄乃遷，主聘巖穴，士乃得實。案，禮賢下士，古之道也，故曰賢君。疵曰。不然。夫好見

巖穴之士而朝之。見元作顯，音之訛也。則戰士怠於行陳。上尊學者。物曰，上尙同。下士居朝。卑賤之士不次登用也。山曰，宜作下朝居士。則農夫惰於田。戰士怠於行陳者。則兵弱也。農夫惰於田者。則國貧也。兵弱於敵。國貧於內。而不亡者。未之有也。伐之不亦可乎。主父曰。善。擧兵而伐中山。遂滅之。之一作也。趙武靈王二十一年，攻中山，惠文王三年，滅之。〇吳師道云，大事記據呂氏春秋，晉太史屠黍謂周威公曰，中山之俗，以晝爲夜，以夜繼日，男女切倚，固無別焉，其主弗之禁，此亡國之風也。居二年，中山果亡。若使賢俊盛多，尊禮無失，則當時風俗，安得至此乎。圓謂，人主徒慕仁義之名，不察仁義之實，則所禮者皆虛譽也，而所用者皆僞賢也，僞足以爲取亡之資耳。燕噲亡於前，中山滅於後，未可一槩論也。

(五) 傍注，凡傳說之以八事。 無衣紫 齊王好紫衣。一作衣紫。齊人皆好也。齊國五素不得一紫。齊王患紫貴。傳說王曰。詩云。不躬不親。庶

民不信。今王欲民無衣紫者。王請自解紫衣而朝。群臣有紫衣進者。曰。盍遠。盍元作益，從字氏正。盍何不也。寡人惡臭。是日也。郞中莫衣紫。是月也。國中莫衣紫。是歲也。境內莫衣紫。此條元被一曰二字，案經云傳說之，則宜爲本傳，故移置前。一曰。齊桓公好服紫。一國盡服紫。當是時也。五素不得一紫。桓公患之。任昉策秀才文，昔紫衣賤服，猶化齊風。注，作當時十素不得一紫。公患之。謂管仲曰。寡人好服紫。紫貴甚。一國百姓。好服紫不已。寡人奈何。山曰，蘇代遺燕昭王書曰，齊紫敗素也。正義引云，公患之，管仲曰，君欲止之，何不試勿衣也。公謂左右曰，惡紫臭。公語三日，境內莫有衣紫者。圓燕策注引五素作十素。管仲曰。君何不試勿衣紫也。謂左右曰。吾甚惡紫之臭。公曰。諾。此三字元在下紫臭下，寫者誤混，今從宋本標注正。於是左右適有衣紫而進者。公必曰。少却。吾惡紫臭。於是日。郞中莫

衣紫。其明日。國中莫衣紫。三日。境內莫衣紫也。選注，告管仲，管仲曰，君欲止之，何不自誡勿衣也，謂左右曰，甚惡紫臭，公曰，諾，於是日，郞中莫衣紫，其明日，國中莫有紫衣，三日，境內莫衣紫。圓國中城郭中也。爾雅翼引境內莫下有有字。

子產之以鄭簡 鄭簡公謂子產曰。國小迫於荊晉之間。今城郭不完。兵甲不備。不可以待不虞。子產曰。臣閉其外也已遠矣。而守其內也已固矣。雖小國。猶不危之也。君其勿憂。是以沒簡公身無患。一曰。補此二字。子產相鄭。見說苑，一本分爲別章，非。簡公謂子產曰。飮酒不樂。一有也字。俎豆不大。鐘鼓竽瑟不鳴。寡人之事不一。物曰，此結上數句，而謂其所職繁多也。圓不一，說苑作也一字。國家不定。百姓不治。耕戰不輯睦。亦子之罪。圓謂娛樂者子事也，而勞苦者子任也，蓋戲言以專任之。子有職。寡人亦有職。各守其職。子產退而爲政五年。國無盜賊。

道不拾遺。桃棗蔭於街者莫有援也。(呂春秋子產相鄭十八年刑三人殺二人桃李之垂於行者莫之援也錐刀之遺於道者莫之舉也注援攀也) 錐刀遺道。三日可反。(物曰援謂援枝而偸其實也錐刀小物也遺小物於道路三日之後猶可反覓也) 三年不變。(國管子黃帝之治也置法而不變使民安其法者也) 民無飢色。(色元作也從井氏正國治要引尸子鄭簡公謂子產曰飲酒之不樂鐘鼓之不鳴寡人之任也國家之不乂朝廷之不治與諸侯交之不得志子之任也子產治鄭國無盜賊道無餓人孔子曰若鄭簡公之好樂雖抱鐘而朝可也困學記聞王氏合雅引尸子子之任也下有子無入寡人之樂寡人無入子之朝二句子產治鄭下有城門不閉一句)

【購強之以宋襄】宋襄公與楚人戰於涿谷上。(穀梁傳戰于泓水之上山曰左傳僖二十二年作泓國淵鑑引作戰于涿谷之上) 宋人既成列矣。楚人未及濟。右司馬購強。趨而諫曰。(山曰購強左氏作公子目夷傳寫轉訛) 楚人衆而宋人寡。請使楚人半涉。未成列而擊之必敗。襄公曰。寡人聞之。(一無之字) 君子不重傷。(子下一有曰字) 不擒二毛。不推人於險。不迫人於阨。(宋世家迫作困) 不鼓不成列。(何休云軍法以鼓戰以金止不鼓不戰也不成列未成陣也) 今楚未濟而擊之害義。(謂違君子之道) 請使楚人畢涉成陳而後鼓士進之。右司馬曰。君不愛宋民。腹心不完。(國詩云赳赳武夫公侯腹心) 特爲義耳。(物曰云特云耳可見無術也) 公曰。不反列。且行法。(物曰且將也) 右司馬反列。楚人已成列撰陳矣。(撰結也) 公乃鼓之。宋人大敗。公傷股。三日而死。(宋世家襄公十四年夏公病傷於泓而竟卒此云三日與諸書不合國穀梁作七月是案僖廿二年傷明年五月卒) 此乃慕自親仁義之禍。(戰陳之間不厭詐僞拘束小義以誤大事死固宜矣) 夫必恃人主之自躬親。(三字一意恃疑待誤) 而後民聽從。是則將令人主耕以爲上。服戰鴈行也。民乃肯耕戰。(山曰上宜作下物曰謂以耕爲上務也服行也謂躬親行戰而與士卒雁行旅進也) 則人主不泰危乎。

而人臣不泰安乎。(物曰泰太同)

【下徒】齊景公遊少海。(少海詳見下篇晏子作菑說苑作棗) 傳騎從中來謁曰。嬰疾甚。且死。恐公後之。(物曰傳驛也謁告也嬰晏子名) 景公遽起。傳騎又至。景公曰。趨駕煩且之乘。(趨速通疾也煩且蓋良馬名備驪曰乘國煩且晏子作繁駔繁煩並與蕃通且駔通明堂位周人黃馬蕃鬣尸子云馬有騏驎駔駿又劉廣世七輿云駿駔之馬影不及形麗不暇輿) 使騶子韓樞御之。行數百步。以騶爲不疾。奪轡代之御。可數百步。以馬爲不進。【盡】(衍文國進盡古音同見列子此衍盡字) 釋車而走。以煩且之良。而騶子韓樞之巧。(國而猶與也) 而以爲不如下走也。(徐安陵昭王碑文齊殞晏子行哭致禮注晏子春秋曰齊景公遊於淄晏子死公擧鞭而馳自以爲遲下車而趨知不如車之駛則又乘之比至國四下而趨至則伏尸而哭曰百姓誰復告我惡邪案此與今本晏子外編所載文異故備錄之)

【睡臥】魏昭王欲與官事。(物曰與預同) 謂孟嘗君曰。寡人欲與官事。(史記齊湣王滅宋益驕欲去孟嘗君孟嘗君恐乃如魏魏昭王以爲相) 君曰。王欲與官事。則何不試習讀法。昭王讀法十餘簡。而睡臥矣。王曰。寡人不能讀此法。夫不躬親其勢柄。而欲爲人臣所宜爲者也。睡不亦宜乎。

一曰。田嬰相齊。(此條元在外儲右下人齊則獨聞淖齒條之下編者誤耳) 人有說王者。曰。終歲之計。王不一以數日之間自聽之。(謂王亦宜以數日之間暇爲一聽其計會也) 則無以知吏之姦邪得失也。王曰。善。田嬰聞之。卽遽請於王而聽其計。王將聽之矣。田嬰令官具押券斗石参升之計。(参古累字十参爲累小數之名山曰押花押也國押書撿也日知錄引此而謂後世書押之祖也券要約之書也参疑區誤参古作厽酷似品字因逸亡歟) 王自聽計。計不勝聽。罷。(一字句) 食後復坐。不復暮食矣。田嬰復謂曰。群臣所終歲日夜不敢偷怠之事也。王以一夕聽之。則群臣有爲勸勉矣。王曰。諾。俄而王已睡矣。吏盡揄刀削其押券升石之計。揄引也。一作偸非。王自聽之。亂乃始生。山曰。又見齊策。圈通鑑。靖郭君謂齊王曰。五官之計。不可不日聽而數覽也。王從之。已而厭之。悉以委嬰。嬰由是得專權。又唐太宗時。言事者多請上親覽奏表。以防壅蔽。上以問魏徵。對曰。斯人不知大體。必使陛下一一親之。豈惟朝堂。州縣之事。亦當親之矣。其言與此意適合。

孔丘不知故稱猶盂　孔子曰。爲人君者猶盂也。圈方言。盌謂之盂。治要引。尸子。爲人君作君子。後漢宦者傳引尸子。君如杅。民如水。杅方則水方。杅圜則水圜。民猶水也。盂方水方。盂圜水圜。荀子。君者槃也。槃圓而水圓。君者盂也。盂方而水方。圈西京賦注。字書曰。圜亦圓字也。

鄒君不知故先自僇　鄒君好服長纓。任昉策秀才文。長纓鄒好。且變鄒俗。注引無服字。左右皆服。長纓甚貴。鄒君患之。問左右。左右曰。選注。曰上有對字。君好服。選注。有之字。百姓亦多服。是以貴。選注。以作故。鄒君因先自斷其纓而出。鄒字從選注補。

國中皆不服長纓。君不能下令爲百姓服度以禁之。物曰。謂制爲百姓衣服之度也。乃斷纓出以示民。是先戮以蒞民也。非有先生論。戮及先人。注。鄭玄注禮記曰。戮猶辱也。

叔向賦獵　叔向賦獵。山曰。賦如呂子有度篇。賦兵之賦。謂分配也。下篇賦十儒子亦然。獵祿字訛。閔案。墨子播賦百事。晉語。公屬百官。賦職任功。注。賦授也。功多者受多。功少者受少。

昭侯之奚聽　韓昭侯謂申子曰。法度甚不易行也。一無不字。圈迂評本及焦氏類林引並有不字。申子曰。法者見功而與賞。因能而授官。授元作受。誤。定法篇用任而授官。荀子。量能而授官。今君設法度。而聽左右之請。此所以難行也。昭侯曰。吾自今以來知行法矣。寡人奚聽矣。物曰。不聽也。一日。圈日元作曰。誤。謂異日也。申子請仕其從兄官。申子已下見韓策。注言使其從兄仕于官。昭侯曰。非所學於子也。聽子之謁。敗子之道乎。亡其用子之謁。亡吾無用謁乎官則廢其數故不聽也。申子辟舍請罪。策云。申子請仕其從兄官。昭侯不許也。申子有怨色。昭侯曰。非所謂學於子者也。聽子之謁而廢子之道乎。又亡其行子之術而廢子之請乎。子嘗教寡人循功勞視次第。今有所求。此我將奚聽乎。申子乃避舍請罪曰。君眞其人也。案。策與此同叙一事。然申子教昭侯語此在前。策置末。文體變化。各極其妙。

揚惟曰。積語。

陳深曰。二事皆不失信。

（六）傍注。凡八事。皆論信。

文公之攻原　晉文公攻原。裹十日糧。遂與大夫期十日。道應訓注。原周邑。周襄王以原賜文公。原叛。故伐之。至原十日。而原不下。擊金而退。罷兵而去。士有從原中出者。物曰。原中上原城中。曰。原三日卽下矣。群臣左右諫曰。夫原之食竭力盡矣。君姑待之。公曰。吾與士期十日。不去。是亡吾信也。得原失信。吾不爲也。遂罷兵而去。原人聞曰。有君如彼其信也。可無歸乎。乃降公。

衛人聞曰。道應訓作溫人。有君如彼其信也。可無從乎。乃降公。圈晉乘有溫人聞之亦降六字。孔子聞而記之曰。攻原得衛者信也。山曰。攻原事見左傳及晉語新序呂氏春秋。

箕鄭救餓　文公問箕鄭曰。救餓奈何。晉語注。箕鄭晉大夫。山曰。餓宜作饑。對曰。信。山曰。論語。自古皆有死。民無信不立。公曰。安信。曰。信名。韋注。百官尊卑之號。信名則群臣守職。善惡不踰。百事不怠。信事。韋注。謂使民事各得其時。則不失天時。百姓不偸。偸元作踰。國語作民從事有業。圈踰偸通。西京賦。敬愼威儀。示民不偸。我有嘉賓。其樂愉愉。是偸古有愉音也。天時不失則百穀升。民不偸怠則田野治。信義則近親勸勉而遠者歸之矣。

吳起須故人而食　吳起出遇故人。而止之食。故人曰。諾。今返而御。今元作令。從山氏正。井曰。御御食也。吳子曰。待公而食。故人至暮不來。起不食待之。明日蚤令人求故人。蚤早同 故人來。方與之食。

文侯會虞人而獵

魏文侯與虞人期獵。魏策注虞人掌山澤之官吳注孟子注守苑囿之吏鮑誤以書註官言之 明日會天疾風。左右止文侯。諫止勿往 不聽曰。不可。宇曰治要無不字 以風疾之故而失信。吾不爲也。遂自驅車往。犯風而罷虞人。物曰自往罷散之也國策云乃往身自罷之魏於是乎始強

曾子殺彘

曾子之妻之市。其子隨之而泣。其母曰。女還。論令還家 顧反爲女殺彘。顧亦反也自市反也顧反字見內儲趙策 適市來。物曰適往來歸也國治要作妻適市來 曾子欲捕彘殺之。妻止之曰。特與嬰兒戲耳。曾子曰。嬰兒非與戲也。物曰謂汝雖與嬰兒戲也嬰兒之心其實不與汝戲也 嬰兒非有知也。待父母而學者也。聽父母之教。國曲禮幼子常視毋誑 今子欺之。是教子欺也。

父欺子而不信其母。父一作受宇曰治要作母欺子而子不信其母 非所以成教也。所字從治要補 遂烹彘也。治要烹作殺無也字

楚厲王擊警鼓

楚厲王有警。爲鼓以與百姓爲戒。飲酒醉。過而擊之也。民大驚。使人止曰。吾醉而與左右戲。過擊之也。民皆罷。居數月。有警。擊鼓而民不赴。乃更令明號。申明號令 而民信之。周幽王爲烽燧大鼓事頗亦相類

李悝謾兩和

李悝警其兩和曰。謹警。敵人旦暮且至擊汝。如是者再三。而敵不至。兩和懈而不信李悝。而一作怠 居數月。秦人來襲之。至幾奪其軍。此不信患也。一曰。李悝與秦人戰。謂左和曰。速上。右和已上矣。又馳而至右和曰。左和已上矣。左右和曰上矣。物曰六字疑衍 於是皆爭上。奮勇乘城 其明年與秦人戰。秦人襲之。至幾奪其軍。此不信之患。此末一有有相與訟者子產離之衛嗣公使人僞關市二條物曰並見內儲上錯誤在此

右傳

定本韓非子纂聞卷第十一　終

定本韓非子纂聞卷第十二

外儲左下

江都　松皐圓纂聞

外儲說左下第三十三

㊀一本無圜下同以罪受誅。人不怨上。跀危生子皐。危跪通見上物曰生活也以功受賞。臣不德君。翟璜操右契而乘軒。韓策或謂公仲曰操右契而爲公責德於秦魏之王注左契待合而已右契可以責取策田齊世家執左契以責於秦韓左右字訛山曰曲禮獻粟者執右契注契券要也右爲尊老子聖人執左契而不責於人物曰謂其心不以乘軒爲君恩如預與約契然也襄王不知。故昭卯五乘而履屩。昭卯芒卯也履屩與乘軒相反謂賞不當功也上不過任。臣不誣能。卽臣將爲夫少室周。夫作失寫者誤

㊁恃勢而不恃信。故東郭牙議管仲。恃術而不恃信。故渾軒非文公。勢術在我貞信在彼故有術之主。信賞以盡能。必罰以禁邪。雖有駁行。必得所利。舊注駁行謂不貞白而駁雜者簡主之相陽虎。哀公問一足。

㊂不失臣主之理。從山氏補不字則文王自履而矜。物曰矜謂以此爲是也不易朝燕之處。舊注朝堂當莊燕居當肆則季孫終身莊而遇賊。此下經文散逸下傳所述數事無係著也臣主不失理則優待過度朝燕不易處則尊禮失常黍桃異等以辨貴賤冠履有分以明尊卑匡倩之對仲尼之語皆論尊君卑臣之意

㊃利所禁。禁所利。雖神不行。罰者所禁也而譽存焉賞者所利也而毀存焉公私相反毀譽失實雖有神聖不能行也譽所罪。毀所賞。雖堯不治。六反篇名賞在乎私惡當罪之民而毀害在乎公善宜賞之士索國之富強不可得也夫爲門而不使入。委利而不使進。亂之所以產也。上懸慶賞以示民利是爲門也名實相悖刑賞惑貳則孰敢勸進而效公忠乎是委弃而不使入也詭使篇所說時弊卽是也齊侯不聽左右。魏主不聽譽者。而明察照羣臣。則鉅不費金錢。孱不用玉璧。鉅者孱者猶言大者小者也假設以爲人名西門豹請復治鄴。足以知之。舊注足知左右能爲國害猶盜嬰兒之矜裘。與跀危子榮衣。以喩左右之誹譽失實也物曰盜人之子以其裘矜而示人刖者之子以其衣爲榮不愧子綽左右畫。以喩不能專斷而信誹譽其事必敗不得俱成去蟻驅蠅。以喩偏聽左右而禁姦邪姦邪愈彰安得無桓公之憂索官。與宣王之患臞馬也。此下傳載桓公問置吏事而經不見疑缺文也

㊄臣以卑儉爲行。則爵不足勸賞。勸一作觀誤寵光無節。則臣下侵偪。說在苗賁皇非獻伯。孔子議晏嬰。故仲尼論管仲與孫叔敖。而出入之容變。物曰出過也入不足也謂儉者侈者容貌自別而仲尼刺之則同也舊注管仲太奢孫叔太儉皆失中也圖論語小德出入可也荀子小節一出焉一入焉中君也管子上君全善其次出入焉陽虎之言見其臣也。見謂薦達上篇壬登一日而見二中大夫物曰謂陽虎說薦其臣於君也而簡主之應也失主術。應下一有人臣二字應答失義卽下樹枳棘事朋黨相和。臣下得欲。則人主孤。羣臣公擧。下不相和。則人主明。陽虎將爲趙武之賢。解狐之公。而簡主以爲枳棘。非所以教國也。孔子議晏嬰事傳闕案雜記云孔子曰管仲鏤簋而朱紘旅樹而反坫山節而藻梲賢大夫也而難爲上也晏平仲祀其先人豚肩不揜豆賢大夫也而難爲下也君子下不僭上上不偪下圖又出家語發端作子貢問曰管仲失於奢晏子失於儉其俱失矣二者孰賢不揜豆下有一狐裘三十年六字其餘文大同

㊅公室卑。則忌直言。私行勝。則少公功。朋黨阿私則誰肯去姦效忠哉說在文子之直言。武子之用杖。子產忠諫。子國譙怒。梁車

民案口雖然實心而非疑對而悅之

用法。而成侯收璽。管仲以公。而封人謗怨。封元作國，從傳文及舊注正，蓋封因音訛，邦又以義訛國耳。舊注，管仲不報封人之恩，唯賢是用，故封人怨謗也。

右經

㊀一作傳一，無圖，刖危生下同，案凡四事，子皋 孔子相衛。據論語及左傳，無孔子相衛之事，蓋當是時孔悝作亂，逐出公輒，偶因同姓謬傳耳。家語，季羔為衛之士師，刖人之足，俄而衛有蒯聵之亂，季羔逃之走郭門是也。弟子子皋為獄吏。刖人足。所跀者守門。人有惡孔子於衛君者。惡猶讒也。曰。仲尼欲作亂。從山氏補仲字。衛君欲執孔子。孔子走。弟子皆逃。子皋從出門。跀危引之。而逃之門下室中。顧下之字通雅作于。吏追不得。夜半子皋問跀危曰。吾不能虧主之法令。而親跀子之足。是子報仇之時也。仇一作讎，仇下一有怨字。而子何故乃肯逃我。我何以

得此於子。跀危曰。吾斷足也。固吾罪當之。不可奈何。然方公之欲治臣也。公傾側法令。先後臣以言。燕策，莫為臣先後者，注，先後為之助也。物曰，傾側枉也，先後或先或後，保護者狀也。顧周禮士師以五戒先後刑罰，毋使罪麗于民，注，先後猶左右也，助也。尚書，和懌先後迷民，孔傳，先後謂教訓也。後漢伏湛傳，實足以先後王室，注，先後相導也。欲臣之免也甚。而臣知之。及獄決罪定。公憱然不悅。形於顏色。家語憱作愀，勝。臣見又知之。非私臣而然也。夫天性仁心固然也。此臣之所以悅而德公也。孔子曰。元在秦韓攻魏條下，山曰，宜移置此，連接前章，家語說苑等皆爾。善為吏者樹德。不能為吏者樹怨。槩者平量者也。顧槩平斗斛之木也。吏者平法者也。治國者不可失平也。

翟璜操右契而乘軒 田子方從齊之魏。望翟黃乘軒騎駕出。舊注，既乘軒車，又有

輕騎。圓案，黃經作璜，魏文侯以大夫為諸侯，以其所乘大夫車賜之，示寵榮也。說苑，翟黃乘軒車，載華蓋，黃金之勒，約鎮簟席，其騶八十乘，子方望之以為君也。方以為文侯也。顧子方名無擇。移車異路避之。則徒翟黃也。徒空也。方問曰。子奚乘是車也。曰。君謀欲伐中山。臣薦翟角而謀得。顧翟角見竹書紀年。果伐之。臣薦樂羊而中山拔。魏文十七年，攻降中山。得中山。憂欲治之。中山新附，人心易搖，欲使治之，而難其人，故憂慮之。臣薦李克而中山治。李克治中山，見難二篇，後使太子擊代之，見說苑。是以君賜此車。方曰。寵之稱功尚薄。推薦賢材，國賴其利，賞寵雖殊，以功稱量，猶且為薄。

昭卯五乘而履屩 秦韓攻魏。昭卯西說。而秦韓罷。齊荆攻魏。卯東說。而齊荆罷。顧西說強秦，東說強齊，而弱者自罷。魏襄王養之以五乘將軍。舊注，養以五乘，使為將軍。卯曰。伯夷以將軍葬於首陽山之下。而天下曰。

夫以伯夷之賢與其稱仁。而以將軍葬。是手足不掩也。此策士假託之說，非實有此事也。謂己功大而賞祿薄，譬之伯夷節高而葬之以卑官。武王讓以天下而不受，況於將軍之贈，反足為汙耳。莊子云，伯夷叔齊餓死於首陽之山，骨肉不葬，卯之寓言可知也。今臣罷四國之兵。而王乃與臣五乘。此其稱功猶羸縢而履屩。羸宜作贏，縢元作勝，誤，秦策，贏縢履屩，負書擔橐，注，贏倫追反，纚也，纍字通用，易，羸其角，疏云，拘纍纏繞也。釋文，鄭虞作纍，張作虆，詩采菽云，邪幅在下，注，如今行縢也，偪束其脛，自足至膝，故曰在下，疏云，說文，縢緘也，名行縢者，謂行而緘束之也。蹻經作屩，通，虞卿傳，躡蹻擔簦。躡蹻，徐注，蹻草履也，索隱，音腳，案，著行縢，穿草屩，者賤人之事也，襄王不知信賞勸衆之道，故使卯自言己功大宜貴顯，而未免卑賤也。顧贏羸通，趙策，贏縢負書擔橐，秦策注，方言，擔齊楚陳宋曰攍，通作贏，佩文引勝作縢，案，勝縢字誤，唐韻，縢囊之可帶也，氾論訓，蘇秦匹夫徒步之人也，靻蹻贏蓋，於陵子云，臣之足辟跣而宜臣蹻，不稱大夫履也，臣之體倚隅而宜臣之口，恬憺而宜臣糟糠，不任大夫服與食也。此謂薄賞與大功不相稱，當猶且賤人之囊鞋耳，未稱貴人之衣履也。

師臣將為夫少室周 少室周者古之貞廉潔慤者也。少室姓，周其名。案，山有大室少室，因以別族，作希姓錄者不收何也。為趙襄主力士。與中牟徐子角力。不若也。入言

孫詒讓曰數[illegible]假饒

之襄主。以自代也。襄主曰，子之處，人所欲也。處猶位也。力士車右與君同車。最爲親近。左傳隨侯寵少師以爲車右。漢書文帝寵趙談命之爲御。可見其職親密。衆所羨欲。何爲言徐子以自代。曰，臣以力事君者也。今徐子力多臣。此臣爲多。臣不以自代，恐他人言之而爲罪也。舊注，有蔽賢之罪。一曰，少室周爲襄主驂乘，晉語襄主作簡子。至晉陽，有力士牛子耕。子耕字也。晉語作牛談。與角力而不勝。周言於主曰，主之所以使臣驂乘者，以臣多力也。今有多力於臣者，願進之。驂作騎，寫者誤。

（二）凡四事。論用人。東郭牙讓管仲 齊桓公將立管仲爲仲父。元脫此三字。說苑作立仲父。令羣臣曰，寡人將立管仲爲仲父，善者入門而左，不善者入門而右。東郭牙中門而立。公曰，寡人立管仲爲仲父，

令曰善者左，不善者右。今子何爲中門而立。牙曰，以管仲之智，爲能謀天下乎。公曰，能。以斷，爲敢行大事乎。公曰，敢。牙曰，若知能謀天下，若元作君誤。斷敢行大事，君因專屬之以國柄焉。一無以字。以管仲之能，一無之字。乘公之勢，以治齊國，得無危乎。公曰，善。乃令隰朋治內，管仲治外以相參。一無此三字。

渾軒非文公 晉文公出亡，箕鄭挈壺餐而從。列子釋文，餐音孫，水澆飯也。迷而失道，與公相失，飢而道立。立元作泣。顧泣立字訛。禮記載孔子與弟子相失，獨立鄭東門，與此義同。寢餓而不敢食。物曰寢，寑同。及文公反國，舉兵攻原而拔之。文公曰，夫輕忍飢餒之患，而必全壺餐，是將不以原叛。乃舉

趙用賢曰此節臣與虞之言。陳奇猷曰[illegible]狙詐作使。

以爲原令。案內外傳，爲趙衰事。大夫渾軒聞而非之。渾軒寺人披也。內外傳又云勃鞮，史記之履鞮。曰，以不動壺餐之故，知其不以原叛也，不亦無術乎。一知作怙。晉乘知作信。故明主者，不恃其不我叛也，恃吾不可叛也。不恃其不我欺也，恃吾不可欺也。握刑賞之柄，則下不得欺叛也。

簡主之相陽虎 陽虎議曰，主賢明則悉心以事之，不肖則飾姦而試之。逐於魯，疑於齊，走而之趙。魯定九年。趙簡主迎而相之。左右曰，虎善竊人國政，何故相也。簡主曰，陽虎務取之，我務守之。遂執術而御之。陽虎不敢爲非，以善事簡主，興主之強，幾至於霸也。

哀公問一足 魯哀公問於孔子曰，吾聞古者有夔一足，其果信

有一足乎。孔子對曰，不也。夔非一足也。夔者忿戾惡心，人多不說喜也。據左傳，樂正后夔娶有仍氏之女，生伯封，實有豕心，貪惏無饜，忿纇無期，謂之封豕。然忿戾惡心者伯封也，非夔也。雖然，其所以得免於人害者，以其信也。人皆曰，獨此一足矣。夔非一足也，一而足也。哀公曰，審而是，固足矣。物曰，而如也。一曰，哀公問於孔子曰，吾聞夔一足，信乎。曰，夔人也，何故一足。莊子夔謂蛇曰，吾以一足趻踔而行。家語山之怪夔。索隱曰，一足獸也。彼其無他異，無它伎能。而獨通於聲。堯曰，夔一而足矣。使爲樂正。故君子曰，夔有一足。呂春秋無有字。非一足也。仲尼燕居云，達於樂而不達於禮，謂之偏。案偏踦也。踦一足也。夔一足獸，見山海經。蓋后夔偏於樂，故譏稱夔，猶周棄善樹藝爲后稷也。古人命名，或以所能，若殳斨熊羆之類亦是也。玉海引孔叢子，魯哀公曰，吾聞夔一足，有異於人，信乎。子曰，昔重黎舉夔而進，又欲求人而佐焉。舜曰，夫樂天地之精也，惟聖人能和六律，均五聲，和樂之本，以通八風，夔能若此，一而足矣。又後漢曹褒傳，昔堯作大章，一夔足矣。爾雅翼云，魯哀

公問夔一足。孔子以舞語告之。見孔叢子。王子黃論夔不達於禮。疑其竊愆。孔子以爲古之人達於禮而不達於樂。謂之素。達於樂而不達於禮。謂之偏。夫夔達於樂而不達於禮。是以傳於此名也。蓋禮樂皆得。然後爲成人。而不學禮者。則無以立。夔自以達樂而不達於禮。若夔歟一足。然蓋有所不備。是故以爲名。諱之至也。

㈢傍注。凡七事。[文王自履而矜]文王伐崇。至鳳黃虛。虛一作墟。同。黃皇音通。治要作至黃鳳墟而韈繫解。韈繫解。因自結。圖說文。韈足衣也。係結束也。淵鑑至鳳凰墟而韈係解。因自結之。太公望曰。何爲也。小臣當卽充指顧之役。故問何爲自結也。王曰。上君與處。皆其師。元脫上字。皆上一有上字。淵鑑作上君。中皆其友。下盡其使也。燕策。郭隗曰。帝者與師處。王者與友處。伯者與臣處。亡國與役處。今皆先君之臣。故無可使也。治要。左右顧無可令結係。文王曰。吾聞上君之所與處者。盡其師也。中君之所與處者。盡其友也。下君之所與處者。盡其使也。今寡人雖不肖。所與處者。皆先君之人也。故無可令結之者也。圖初學記作顧無左右令繫。文王乃自結之。餘與治要文同。案先君謂太王王季。

一曰。晉文公與楚戰。至黃鳳之陵。履繫解。因自結之。淵圖鑑楚下有人字。黃鳳作鳳凰。丹鉛新錄同。而陵作陸。履繫解作絲履陸。初學記作係履墮。左右曰。不可以使人乎。公

曰。吾聞上君所與居。皆其所畏也。畏謂嚴敬。孟子。曾西曰。吾先子之所畏也。中君之所與居。皆其所愛也。謂相友愛。下君之所與居。皆其所侮也。使役之材可侮弄者。寡人雖不肖。先君之人皆在。是以難之也。呂春秋。周武王至殷郊。係墮。五人御於前。莫肯之爲。曰。吾所以事君者。非係也。武王左釋白羽。右釋黃鉞。勉而自爲係。五雜俎。文王伐崇。至鳳凰之墟。而襪繫解。武王伐紂至商山而襪係解。晉文公與楚戰至黃鳳之陵。而履係解。皆一事而異聞也。

[季孫終身莊而遇賊]季孫好士。終身莊。盡莊敬之道。欲終身行之。居處衣服。常如朝廷。而季孫適懈。有過失。而不能長爲也。故客以爲厭易己。易慢也。相與怨之。遂殺季孫。故君子去泰去甚。山曰。老子。聖人去甚去奢去泰。一曰。補此二字。南宮敬子問顏涿聚曰。季孫養孔子之徒。所朝服與坐者。以十數。而遇賊何也。曰。昔周成王近優侏儒。

此下不書經文

以逞其意。而與君子斷事。是以能成其欲於天下。從山氏補以字。尙書。俾予從欲治。四方風動。山曰。說苑載齊桓公事。正同。今季孫養孔子之徒。所朝服而與坐者以十數。而與優侏儒斷事。是以遇賊。圖孔子之徒。謂冉有季路之屬。遇賊蓋指陽虎囚季桓子。此云殺季孫。謬。故曰。不在所與居。在所與謀也。此章元爲別條。非也。

[經缺]孔子御坐於魯哀公。家語御作侍。哀公賜之桃與黍。哀公曰。請用。從家語補曰字。圖藝文佩文賜之作設。仲尼先飯黍。而後啗桃。圖淵鑑啗作噉。而云出韓詩外傳者恐誤。左右皆揜口而笑。哀公曰。黍者非飯之也。以雪桃也。王肅曰。雪拭也。圖內則云。桃曰膽之。注。桃多毛。拭治令靑滑如膽。仲尼對曰。丘知之矣。夫黍者五穀之長也。圖後漢明紀注。五穀。黍稷麥麻菽。祭先王爲上盛。物曰。謂粢盛中最貴者。圖黍稷在器曰盛。荀子。雲尙玄尊而用酒醴。先黍稷而飯稻粱。案孝經說。稷者五穀之長。與此異者。蓋周之先爲稷正。其祭不得用稷。故以黍爲上盛。果蓏有六。說文。

在木曰果。在地曰蓏。玉篇。有核曰果。無核曰蓏。家語作果屬。圖藝文果作菓。無蓏字。周禮籩人饋食之籩。其實棗栗桃乾藤榛實。而桃爲下。祭先王不得入廟。家語作祭祀不用。不登郊廟。案左傳。使巫以桃茢先祓殯。疏云。茢帚也。桃鬼所惡也。桃實之不得入廟。豈以此故耶。丘聞之也。一作之聞殺夬。君子以賤雪貴。不聞以貴雪賤。圖佩文無聞字。今以五穀之長。雪果蓏之下。是從上雪下也。圖爾雅翊。古人作履黏以黍米。謂之黎。其雪桃亦用黍。以黍黏去桃毛也。孔子先食黍。以黍爲五穀之先。桃爲五果之下。丘以爲妨義。故不敢以先於宗廟之盛也。

[經缺]簡主謂左右曰。補曰字。車席泰美。泰太同。夫冠雖賤。頭必戴之。屨雖貴。足必履之。貴賤謂價。說苑。冠雖故必加於首。履雖新必關於足。今車席如此太美。吾將何屨以履之。屨元作履。寫者誤。舊注。履所履。席太美。則更無美履以履之也。夫美下而耗上。妨義之本也。舊注。席美則屨又當美。屨美則衣又當美。求美不已。則居上者彌有所費。一曰。費仲說

（陳）深曰。絕似家語。

（陳）深曰。此段似春秋時文。

紂曰。西伯昌賢。百姓悅之。諸侯附焉。不可不誅。不誅必爲殷患。紂曰。子言義主。（上篇主父曰以子言論是賢君也）何可誅。費仲曰。冠雖穿弊。必戴於頭。履雖五采。必踐之於地。（戴下似漏之字。丹鉛新錄引賈誼曰。古語云履雖鮮不加于首。冠雖敝不以苴履）今西伯昌人臣也。修義而人向之。卒爲天下患。其必昌乎。夫人欲以其賢爲其主。（夫人一作人人。欲一作不。圖夫人猶人人也。文王至賢。衆心歸之。皆欲以爲己君也）非可不誅也。（非讀曰不。古字通借）且主而誅臣。焉有過。紂曰。夫仁義者上所以勸下也。今昌好仁義。誅之不可。三說不用故亡。（此章元爲別條。經文殘缺。義不可知。然以前後例推考之。此章亦說冠履異用。上下之分不可淆亂。其意與前章全同。故補一曰以接前條。圖淵鑑引六韜曰。崇侯虎曰。今周伯昌懷仁而善謀。冠雖敝禮加於首。履雖新法以踐地。可及其未成而圖之）

經缺 齊宣王問匡倩。（圖一作巨倩。淵鑑瑟條作康倩。又博條作莊賈）曰。儒者博乎。曰。不也。王曰。何也。匡倩對曰。博貴梟。（圖淵鑑博作博也者三字。魏世家博之所以貴梟者。便則食。不便則止矣。注博頭有刻爲梟鳥形者。擲得梟者合食其子。若不便則爲餘行也。案字彙補操居言切音犍。唐韻操子樗蒲采名。或作操同。陸詞云音軒）勝者必殺梟。（古博之制未聞。蓋謂殺彼之梟則我勝矣）殺梟者是殺所貴也。（圖淵鑑所上有其字）儒者以爲害義。故不博也。（家語說苑載孔子對哀公語與此類。而云博兼二道。故不博也。案或貴或殺者即二道也）又問曰。儒者弋乎。曰。不也。弋者從下害於上者也。是從下傷君也。儒者以爲害義。故不弋也。（補也字）又問儒者鼓瑟乎。曰。不也。夫瑟以小絃爲大聲。以大絃爲小聲。是大小易序。貴賤易位。儒者以爲害義。故不鼓也。宣王曰。善。（案論語子弋不射宿。禮記君子無故不去琴瑟。孔門高弟如季路曾晳者亦皆鼓瑟。而今云不弋不鼓者。蓋宣王問博之次。偶然及之。故匡倩假辭以示其義耳。非謂儒者實惡之也）

陳深曰。豹言可爲悽愴。悽愴如是。此良吏所爲泣也。

劉辰翁曰。戲語耳。猶自奇辟。

經缺 仲尼曰。與其使民諂下也。寧使民諂上。（元接前章。從山氏爲別條。諂下阿黨也。諂上恭敬也。去拜乎上之泰。從拜乎下之禮。亦是此意也）

四 凡七事。論近臣。 鉅不費金錢 孱不用玉璧 鉅者齊之居士。（鉅經作鉅。通。山曰。呂春秋墨者有鉅者腹䵍。又云墨者鉅子孟勝。鉅大也。莊子以巨子爲聖人。物曰。居士再見）孱者魏之居士。（孱弱也。寡力者。山曰。張耳傳吾王孱王也）齊魏之君不明。不能親照境內。而聽左右之言。故二子費金璧而求入仕也。

西門豹請復治鄴 西門豹爲鄴令。清尅潔慤。（圖尅剋通。約也。貨殖傳清刻矜己諾）秋毫之端無私利也。而甚簡左右。（舊注謂不事左右也）左右因相與比周而惡之。居期年上計。（周禮少宰歲終則令羣吏致事。注若今上計。疏云漢之朝集使謂之上計吏。謂上一年計會文書及功狀也）君收其璽。（物曰。璽古者君臣皆稱）豹自請曰。臣昔者不知所以治鄴。

今臣得矣。願請璽復以治鄴。（魯語注古者大夫之印亦稱璽）不當。（不稱君意）請伏斧鑕之罪。文侯不忍而復與之。豹因重斂百姓。急事左右。期年上計。文侯迎而拜之。豹對曰。往年臣爲君治鄴。而君奪臣璽。今臣爲左右治鄴。而君拜臣。臣不能治矣。遂納璽而去。文侯不受曰。寡人曩不知子。今知矣。願子勉爲寡人治之。遂不受。（舊注不受豹所納之璽也。山曰。晏子春秋說苑爲晏子治東阿事）

盜嬰兒之矜裘 刖危子之榮衣 齊有狗盜之子。與刖危子戲而相誇。盜子曰。吾父之裘獨有尾。（史記孟嘗君客有能爲狗盜者。夜爲狗以入秦宮藏中。金谷世雄曰。論衡云世有衣狗裘爲狗盜者。人不覺知。假狗之皮毛。故人不意疑也。物曰。其所著裘像狗以盜。故有尾也）危子曰。吾父獨冬夏不失袴。（從舊注補夏字。寫者誤脫。舊注刖足者必衣袴。雖終冬夏無所損失也）

【子綽左右畫】子綽曰。人莫能左畫方。而右畫圓也。山曰，功名篇，右手畫圓，左手畫方，不能兩成。

陳深曰，蟻慕肉，蠅慕魚，人慕富貴。

【去蟻驅蠅】以肉去蟻。蟻愈多。以魚驅蠅。蠅愈至。元按，前條山曰，此語又見呂子功名篇。圜藝文、淵鑑，肉作骨。

【桓公之憂索官】桓公謂管仲曰。官少而索者衆。寡人憂之。管仲曰。君無聽左右之請。因能而授祿。授，元作受，從山氏正。錄功而與官。則莫敢索官。君何患焉。圜淵鑑，則作人。

孫鑛曰，簡短流便。

【宣王之患臞馬】韓宣王曰。吾馬菽粟多矣。甚臞何也。寡人患之。元王作子，大夫不宜稱寡人，作子者誤，今從經文。周市對曰。使騶盡粟以食。雖無肥不可得也。雖下一本有欲字，下同。名多與之。其實少。名下一有爲字，一有與字。雖無臞亦不可

得也。主不審其情實。坐而患之。馬猶不肥也。呼君稱主，仍舊俗也，坐而患之，見其無術之知壅蔽也。

多事說見本經文所敘。

趙用賢曰，勁而確，亦先秦之調，不易得。

【經缺】桓公問置吏於管仲。管仲曰。辯察於辭。清潔於貨。習人情。夷吾不如絃商。一不疊管仲二字，絃商齊臣，檢呂春秋及晏子、說苑、新序，竝作絃章。請立以爲大理。圜玉海云，有虞氏曰士，夏曰大理，周曰大司寇。登降肅讓。以明禮待賓。臣不如隰朋。新序肅作揖，山曰，肅揖通，曲禮主人肅客而入，又左傳爲事之故，敢肅使者，杜注，肅手至地，如今撎，其義亦通。請立以爲大行。圜周禮大行人掌大賓之禮及大客之儀，以親諸侯。墾草仞邑。辟地生粟。臣不如甯戚。元作甯武，甯者誤，呂春秋作甯成，亦非，山曰，新序仞作剏，是剏創同，楚鄉反，圜案，秦策，大夫種爲越王墾草剏邑，辟地殖穀，注，墾耕，剏造也，物曰，辟亦墾，圜舊注，仞入也，案管子、史記竝作入邑，又案，仞剏通，入無訓，非其事者，勿仞也，非其名者，非就也，字典引此而云，仞與認通。請立以爲大田。補立字。圜或說，田古農字。三軍既成陳。使士視死如歸。臣不如公子成父。請立以爲大司馬。補立字。犯顏極諫。臣不如東郭牙。請立以爲諫臣。治齊此五子足矣。將欲霸王。夷吾在此。此條經亡，蓋謂必如管仲之論人任材，然後左右欺罔之害始除矣。

㊄傍注，凡五事，皆論人臣。【苗賁皇非獻伯】孟獻伯相魯。圜藝文類聚，獻作鑄，淵鑑同。堂下生藿藜。門外長荊棘。食不二味。坐不重席。無衣帛之妾。居不粟馬。出不從車。晉叔向聞之。以告苗賁皇。席下一有晉字，標注，當在叔向上，今從之，補晉字。圜苗賁皇，楚鬬椒之子，奔晉，食邑于苗。賁皇非之曰。是出主之爵祿。以附下也。物曰，出謂出其分也，山曰，左襄五年及說苑，爲季文子之事。一曰。孟獻伯拜上卿。叔向往賀。門有御馬。不食禾。向曰。子無二馬二輿。何也。獻伯曰。吾觀國人。尙有飢色。是以不秣馬。飢一作饑。斑白者多徒行。孟子注，斑白者頭白斑斑

陳深曰，獻伯之儉，可以勵民，何必以法繩之也。

者。故不二輿。向曰。吾始賀子之拜卿。今賀子之儉也。向出語苗賁皇曰。助吾賀獻伯之儉也。物曰，助吾，借吾也。苗子曰。何賀焉。夫爵祿旂章所以異功伐。別賢不肖也。異分也，山曰，旂宜作旗，圜尙書旌別淑慝，疏云，旌旗所以表識貴賤也。故晉國之法。上大夫二輿二乘。中大夫二輿一乘。下大夫專乘。此明等級也。且夫卿必有軍事。是故循車馬。比卒乘。以備戎事。循一作脩，物曰，循巡視也，比比校也，圜循次序也，周禮凡軍旅會同，合其車之卒伍，而比其乘，屬其右，注，合比屬，謂次第相安習也。有難則以備不虞。平夷則以給朝事。今亂晉國之政。乏不虞之備。以成節儉。以潔私名。獻伯之儉也可與。謂其不可也，物曰，與平音。又何賀。

【仲尼論管仲與孫叔敖】管仲相齊。曰。臣貴矣。然而臣貧。桓公曰。使子

有三歸之家。曰。臣富矣。然而臣卑。桓公使立於高國之上。高氏國氏齊之命卿曰。臣尊矣。然而臣疏。乃立爲仲父。孔子聞而非之曰。泰侈偪上。一曰。管仲父出。朱蓋青衣。衣服壯麗出入顯赫置鼓而歸。圏初學記引三禮曰夏后氏足鼓殷人置鼓周人懸鼓注置音植亦作樹歸饋通論語詠而歸釋文鄭本作饋左傳宋左師每食擊鐘呂春秋有娀氏有二佚女飲食必以鼓主術訓堯舜禹湯武王伐鼙而食奏雍而徹此云置鼓而饋謂每食伐鼓也庭有陳鼎。所謂五鼎食者家有三歸。孔子曰。良大夫也。其侈偪上。禮器云管仲鏤簋朱紘山節藻梲君子以爲濫矣晏平仲祀其先人豚肩不揜豆澣衣濯冠以朝君子以爲隘矣孔叔敖相楚。元別提今依經接前章棧車牝馬。舊注棧車柴車也圓案說苑晏子衣緇布之衣麋鹿之裘棧軫之車而駕駑馬以朝毛詩小戎俴收傳俴淺收軫也小雅有棧之車傳役車也疏云庶人乘車也又周禮士乘棧車注不革鞔而漆之也列子駕馬棧車釋文晏子春秋及諸書皆作棧車謂編木爲之也棧士限切列子又云乘其華輅楚世家華露藍蔞注服虔云華露柴車素木輅也糲餅菜羹。枯魚之膳。列子食則粢糲釋文糲令達切粢稻餅也味類乾米不碎史記曰陳平食糠覈孟康曰麥糠中

不破者也蓋言粗舂粟麥爲粢餅食之也圏淵鑑羹條引孫叔敖爲令尹糲飯菜羹裘條引孫叔敖相楚衣羖羊裘冬羔裘。夏葛衣。圏佩文作冬日黑裘夏日葛裘面有飢色。飢一作饑則良大夫也。其儉偪下。此二句孔子語也○三歸說不一包氏云三姓女朱子云臺名事見說苑皆似未穩晏子春秋晏子老辭邑景公不許曰昔吾先君桓公有管仲恤勞齊國身老賞之以三歸澤及子孫今夫子亦相寡人欲爲夫子三歸澤及子孫豈不可哉據此語意包朱諸說全爲難通雖一篇亦云公曰使子有三歸之家說苑說此事而云賜之齊國之市租因考歸饋古音相近三歸卽三饋猶論語三飯四飯之義也每食設樂非富侈者則不能三饋之官故論語曰官事不攝而此書亦對五鼎而言大夫稱家三饋之家蓋謂有大夫之祿而極富者聊錄管見以質後賢

陽虎之言見其臣也而簡主之應也失主術以爲枳棘

陽虎去齊走趙。簡主問曰。吾聞。子善樹人。虎曰。臣居魯樹三人。皆爲令尹。縣令官尹與楚令尹別物曰令尹縣令也及虎抵罪於魯。皆搜索於虎也。臣居齊薦三人。一人得近王。一人爲縣令。一人爲候吏。候吏邊候守邊境者及臣得罪。近王者

陳深曰虎所樹者魯三人齊三人皆不忠於虎而忠於公主簡主答之失言

不見臣。縣令者迎臣執縛。候吏者追臣至境上。不及而止。虎不善樹人。主俛而笑。俛俯同曰。樹橘柚者。食之則甘。嗅之則香。樹枳棘者。成而刺人。說苑橘柚作桃李枳棘作蒺藜韓詩外傳魏文侯之時子質仕而獲罪謂簡主曰吾不復樹德簡主曰夫春樹桃李夏以得蔭其下秋以得食其實今子所樹非其人也故君子愼所樹。

趙武之賢

中牟無令。晉平公問趙武曰。中牟三國之股肱。季布傳文帝曰河東吾股肱郡故特召君耳舊注三國趙齊燕也邯鄲之肩髀。邯鄲趙都寡人欲得其良令也。誰使而可。武曰。邢伯子可。邢作刑誤圏左襄十八年晉大夫有邢侯公曰。非子之讎也。山曰也邪通曰。私讎不入公門。公又問曰。中府之令。誰使而可。中府蓋卽內府秦時趙高嘗爲中御府令曰。臣子可。故曰。外舉不避讎。內舉不避子。山曰呂春秋載祁奚薦解狐祁午事正同又見左傳襄三年君子謂祁奚於是能擧善矣稱其讎不爲諂立其子不爲比又襄二十一年叔向曰祁大夫外擧不棄讎內擧不失親其獨遺我乎又昭二十八年仲尼聞魏子之擧也以爲義曰近不失親遠不失擧可謂義矣趙武所

薦四十六人。一本別提非及武死。各就賓位。其無私德若此。一有也字圏初學記作趙武薦四十六人於其君及武之死也四十六人皆就賓位其無私德者若此又云趙武以薦白屋之士管庫者六十家事文同而無管庫二字

平公問叔向。元別提曰。羣臣孰賢。曰。趙武。公曰。子黨於師人。新序作子黨於子之師也黨一作然誤舊注向武之屬大夫故曰師人圏師長也韓文淵鑑羣上有吾字武下有賢字曰。武立如不勝衣。荀子云葉公子高微小短瘠行若將不勝衣言如不出口。圏孔叢子云趙文子其身如不勝衣其言如不出口非但體陋辭氣又吶韓詩外傳孔子曰昔者周公事文王行無專制事無由己身若不勝衣言若不出口然所擧士也數十人。皆得其意。謂各得其意行之所長也淵鑑一作然其所擧者數十人皆令德也而公家甚賴之。賴用賢之利及武之生也。武下元衍子字不利於家。死不託於孤。臣敢以爲賢也。平公至此解經文賢字也檀弓云趙文子與叔譽觀乎九原文子稱隨武子之德晉人謂文子知人文子其中退然如不勝衣其言吶吶然如不出諸其口所

舉於晉國，管庫之士七十有餘家，生不交利，死不屬其子焉。疏云：謂臨死時不私屬其子於君及朝廷也。▣新序云：對曰：臣敢言趙武之爲人也，立若不勝衣，言若不出於口，然其身舉士於白屋下者四十六人，皆得其意，而公家甚賴之。及文子之死也，四十六人皆就賓位，是以無私德也。臣故以爲賢也。白虎通說朋友之交曰：貨財通而不計，共憂患而相救，生不屬，死不託。

〔解狐之公〕解狐薦其讎於簡主以爲相。其讎以爲且幸釋己也，乃因往拜謝。狐乃引弓送而射之。▣藝文，送作迎。曰：夫薦汝公也，以汝能當之也。夫讎汝吾私怨也，不以私怨汝之故擁汝於吾君。擁壅同。故私怨不入公門。故下疑少曰字。一曰。一無此二字。解狐舉邢伯柳爲上黨守。柳往謝之曰：子釋罪，敢不再拜。曰：舉子公也，怨子私也。子往矣，怨子如初也。說苑：咎犯薦虞子羔爲西河守。文公問曰：非子之讎也？對曰：君問可爲守者，非問臣之讎也。虞子羔往謝之。咎犯曰：薦子者公也，怨之者私也，不以私事害公義。子其去矣，顧吾射子也。

左傳：初范氏之臣王生惡張柳朔，言諸昭子，使爲柏人。昭子曰：夫非而讎乎？對曰：私讎不及公，好不廢過，惡不去善，義之經也。晉語：趙簡子將罪尹鐸，鄧無正諫，簡子乃反賞尹鐸。初伯樂與尹鐸有怨，以其賞如伯樂氏，曰：子免我死，敢不歸祿。曰：吾爲主圖，非爲子也。怨如故焉。此書爲解狐事，異傳聞耳。▣淵鑑引此云：趙簡主問解狐孰可爲上黨守，曰荆伯柳。主曰：非子之讎乎？曰：舉賢不避讎也。治要云：解狐與邢伯柳爲怨，趙簡主問於解狐曰：孰可爲上黨守？對曰：邢伯柳可。簡主曰：非子之讎乎？對曰：臣聞忠臣之舉賢也，不避仇讎；其廢不肖也，不阿親近。簡主曰：善。遂以爲守。邢伯柳聞之，乃見解狐謝焉。解狐曰：舉子公也，怨子私也。往矣，怨子如異日。▣藝文、事文竝同。○此次元有鄭縣人賣豚條，不關經意，編者誤耳，故置上篇。

㊅傍注，凡四事。〔文子之直言　武子之用杖〕范文子喜直言，武子擊之以杖，曰：補夫直議者不爲人所容，無所容則危身，非徒危身，又將危父。晉語：范文子莫退於朝，武子曰：何莫也？對曰：有秦客廋辭於朝，大夫莫之能對也，吾知三焉。武子怒曰：爾童子何知，而三掩人于朝。擊之以杖，折委笄。五雜俎引三禮圖：笄，士以骨，大夫以象，蓋即今之簪耳。古男子皆戴之。折委笄，蓋謂童子未冠時也。

〔子產忠諫　子國譙怒〕子產者，子國之子也。子產忠於鄭君，子國譙怒

不見疑下當補楊倞云後門者君子守後門至賤者案十五字

之曰：夫介異於人臣，物曰：謂介特自異也。而獨忠於主。主賢明能聽汝，聽用汝言。不明將不汝聽。聽與不聽，未可必知，而汝已離於羣臣。離於羣臣，則必危汝身矣，非徒危己也，又且危父矣。▣左傳：鄭侵蔡，獲蔡司馬公子燮，鄭人皆喜，唯子產不順，曰：小國無文德而有武功，禍莫大焉。楚人來討，能勿從乎？從之，晉師必至。晉楚伐鄭，自今鄭國不四五年弗得寧矣。子國怒之曰：爾何知？國有大命而有正卿，童子言焉，將爲戮矣。韓子所傳，卽此事異聞也。

〔梁車用法而成侯收璽〕梁車新爲鄴令，其姉往看之。姉一作妹。暮而後門。後去昔呂春秋：戎夷違齊如魯，天大寒而後門。趙策：今日臣之來也暮，後郭門。注：郭門後至，不及其開時也。因考家語及毛萇詩傳所謂柳下惠嫗不逮門之女者，逮，及也，不及門閉時，故愽而止之舍焉。或說不逮門名，非也。荀子大略云：柳下惠與後門者同衣而不見疑。後門者，不逮門之女也。同衣卽响嫗之意也。楊倞注誤。閉。一字句，謂拒而不入也，見持法嚴也。因踰郭而入。車遂刖其足。趙成侯以爲不慈，奪之璽而免之令。▣月令廣義作：梁車薪爲鄴令，其姉往見之，值暮郭門閉，因踰郭而入，車薪刖其足，趙成侯奪璽而逐之。與今本頗異。

〔管仲以公而封人謗怨〕管仲束縛，自魯之齊，道而飢渴，過綺烏封人而乞食焉。烏元作鳥，誤。▣綺邑名，烏郞通。長笛賦：平陽郞中。注：郞，聚邑之名。服虔通俗文：營居曰郞。淵鑑作：路飢而泣，過綺邑乞食，封人跪饗之。封人跪而食之，甚敬。封人因竊謂仲曰：適幸及齊，幸一作達。不死而用齊，將何報我？曰：如子之言，謂秉齊權。我且賢之用，能之使，勞之論，我何以報子？封人怨之。

右傳

定本韓非子纂聞卷第十二　終

定本韓非子纂聞卷第十三

江都　松皐圓纂聞

外儲說右上第三十四

君所以治臣者有三。㊀〔一本無㊀。下同。〕勢不足以化。則除之。〔物曰。勢謂賞罰。〕師曠之對。晏子之說。皆舍勢之易也。而道行之難。〔執賞罰以制下則易行。慈惠以懷民則難。二子皆道說行惠之事。是舍易御之道也。舍元作合。寫者誤。難一篇。釋庸主之所易。道堯舜之所難。五蠹篇。舍必不亡之術。而道必滅之事。句法同。〕是與獸逐走也。未知除患。〔謂舍賞罰之權。而行惠以爭民。猶釋車輿之利。極力而逐獸也。謂其鑣及也。物曰。逐走與獸齊驅角其足也。山曰。左傳。諸侯競進。注。逐猶競也。〕患之可除。在子夏之說春秋也。善持勢者。蚤絕其姦萌。〔此二句卽說春秋意。〕故季孫讓仲尼以遇勢。而況錯之於君乎。〔讓責也。遇耦通。敵也。錯置也。子路行私惠。季孫人臣也。猶恐其勢對耦于己。故讓責之。人主能行斯術。則孰敢行私惠乎。〕是以太公望殺狂矞。而臧獲不乘驥。嗣公知之。故不駕鹿。〔不一作而。誤。徒負虛名而不爲世用者。猶驥之不可使令。鹿之不爲人用也。〕薛公知之。故與二欒博。〔畏之以殺客之威。誘之以賂客之厚。遂令二欒改意爲己。是亦知持勢之術者也。欒一作孿。圓。欒孿同。大玄經。兄弟不孿。注。重生爲欒。〕此皆知同異之反也。〔圓謂知臣主之利相反也。〕故明主之牧臣也。說在畜烏。〔示以恩威不得不懷君也。〕

㊁人主者利害之軺轂也。〔山曰。軺轂宜作招轂。圓案。轂鵠音訛。魏策。兵爲招質。招鵠質的也。圓。呂春秋。萬人操弓共射一招。招無不中者。又劉晝新論。萬人彎弧以向一鵠。鵠能無中乎。管子。轂可得中也。注。轂謂射質撻皮者也。〕射者衆。〔物曰。謂射利者。圓謂徼射君意而中之也。〕故人主共矣。〔下篇。賞罰共則禁令不行。八說篇。賞罰下共則威分。物曰。共謂與臣共之。〕是以好惡見。則下有因。而人主惑矣。〔物曰。因因好惡。〕辭言通。〔物曰。謂漏。〕則臣難言。

而主不神矣。〔恐漏而取禍。故噤口也。圓。賈誼新書。術事端則人主神。〕說在申子之言六慎。與唐易之言弋也。〔二事周密不見。〕患在國羊之請變。與宣王之太息也。〔二事謂不周密。〕明之以靖郭氏之獻十珥也。與犀首甘茂之道穴聞也。〔二事姦臣窺伺之術。依傳犀首二字衍。〕堂谿公知術。故問玉卮。昭侯能術。〔能善。〕故以聽獨寢。〔二事不漏之術。山曰。以已同。物曰。聽堂谿而後獨寢也。〕明主之道。在申子之勸獨斷也。

㊂術之不行有故。不殺其狗則酒酸。夫國亦有狗。且左右皆社鼠也。人主無堯之再誅。與莊王之應太子。而皆有薄媼之決蔡嫗也。〔高紀注。媼婦人長老之稱。又趙策。左師觸龍謂太后曰。媼之愛燕后。注。媼老女稱。案嫗亦老女也。滑稽傳。西門豹曰。是女子不好。煩大巫嫗。是也。薄母之謀事。取決於卜巫。以喻人主不能獨斷聽賢。而任左右也。〕知貴。〔山曰。依傳宜作如是。〕不能以教歌之法。先揆之。〔人主無一聽之術。則不能使其臣陳言。而先度之以法。察其功用也。〕吳起之出受妻。文公之斬顚頡。皆違其情者也。〔能拂私情。故行公法。〕故能使人彈疽者。必其忍痛者也。〔除惡創須忍痛。去姦臣宜違情。〕

右經

㊀〔一作傳一。下同。傍注凡五事。〕〔勢不足以化則除之〕賞之譽之不勸。罰之毀之不畏。四者加焉不變。則其除之。〔一無其字。〕

〔師曠之對〕齊景公之晉。從平公飲。師曠侍坐。始坐。〔一無此二字。〕景公問政於師曠曰。太師將奚以教寡人。〔師曠晉之瞽人。故殊問之。山曰。荀子云。太師掌修憲令。故問。〕師曠曰。君必惠民而已矣。〔從山氏補矣字。〕中坐酒酣將出。〔楚策。中飲。吳注。上林賦。酒中樂酣。注。飲酒半醉半醒也。中直衆反。〕又復問政於師曠曰。太師奚以教寡衡曰，草因意微，走無境，語中虛，然奄無音，妙絕。

坤曰，與左氏小

左氏却陝、

人。曰。君必惠民而已矣。景公出之舍。師曠送之。(送至旅館。)又問政於師曠。師曠曰。君必惠民而已矣。景公歸思。(物曰，句。)未醒而得師曠之所謂。(未醒，宜在歸思上，當時未悟，其旨，歸國熟思，乃始得之。)公子尾公子夏者。景公之二弟也。(公子尾，公子高之子，公孫蠆也，公子雅，公子欒之子，公孫竈也，二子皆齊惠公之孫，故晏子曰，二惠競爽猶可也，此云景公之弟，又云二弟出走，傳聞之謬也。)甚得齊民。家富貴而民說之。擬於公室。此危吾位者也。今謂我惠民者。使我與二弟爭民耶。於是反國。發廩粟。以賦衆貧。(賦，分配也。)散府餘財。以賜孤寡。倉無陳粟。(毛詩，我取其陳，食我農夫，傳，尊者食新，農夫食陳，山曰，荀子，年穀復熟，而陳積有餘，食貨志，大倉之粟，陳陳相因，充溢露積於外。)府無餘財。宮婦不御者。出嫁之。七十受祿米。鬻德施惠於民也。(一作惠施。)已與二弟爭民。(已以同，一作不誤。)居二年。二弟出走。

公子夏逃楚。公子尾走晉。

【晏子之說】景公與晏子。遊於少海。(少海見上篇，地形訓，東方曰大渚，曰少海，注，東方多水，故曰少海，亦澤名也，東周策，夫梁之君臣，欲得九鼎，謀之暉臺之下，少海之上，注，改作沙海，云，九域圖，開封有沙海，山海經，舞阜之山，南望幼海，東望榑木，楊愼補注，幼海，卽少海也，圖列子，齊景公游於牛山，北臨其國城，而流涕曰，美哉國乎，晏子春秋所記略同，案，少海，孟子所謂吾欲觀於轉附朝儛，遵海而南至于琅邪者也，牛山少海，皆齊東南境。)登栢寢之臺。(左傳作路寢，史記與此同，封禪書，少君曰，此器齊桓公十年陳於栢寢，服虔曰，地名，有臺，瓚曰，晏子書，栢寢臺名，正義云，括地志，在青州千乘縣東北。)而還望其國曰。美哉。泱泱乎。堂堂乎。後世將孰有此。(封禪書正義引，無還字，無泱泱乎三字，將孰作孰將，圖，左傳，美哉泱泱乎，表東海者，其太公乎，越絕書，此邦堂堂，被山帶河，史記，齊景公三十二年，彗星見，景公坐栢寢，嘆曰，堂堂誰有此乎。)晏子對曰。其田氏乎。(田下元有成字，從正義刪，下七處同，此雖記者之辭，然晏子不宜稱陳恒謚。)景公曰。寡人有此國也。而曰田氏有之。何也。晏子對曰。夫田氏甚得齊民。其於民也。上之請爵祿。行諸大臣。(見二柄篇。)下之私大斗斛區釜。以出貸。(貸作貸誤。)小斗斛區釜。以收之。(左傳，晏子曰，齊舊四量，豆區釜鍾，四升爲豆，各自其四，以登於釜，釜十則鍾，陳氏三量皆登一焉，鍾乃大矣，注，四豆爲區，區十六升，四區爲釜，釜六斗四升，加一，謂加舊量之一也，以五升爲豆，五豆爲區，五區爲釜，則區二斗，釜八斗，鍾八斛，宇曰，左傳晏子春秋皆云，以家量貸，而以公量收之，圖，周禮注，貸者，謂從官借本賈也。)殺一牛。取一豆肉。餘以食士。(物曰，謂僅取一豆肉，其餘皆與士食也。)終歲布帛。取二制焉。餘以衣士。(圖，管子，斗斛一量，丈尺一綧制，周禮，淳制，杜子春讀爲純，純，謂幅廣也，制，謂匹長也，鄭玄曰，天子巡守禮所云，制幣丈八尺，純四𥾤，歟，據此二制三丈六尺也，說苑，吳赤市使於智氏，假道於衛，寗文子具紵絺三百製，將以送之。)故市木之價。不加貴於山。澤之魚鹽龜鼈蠃蚌。不加貴於海。(蠃一作羸，蚌一作蚌，一脫加字，吳誤注，蠃蚌蛤之屬，宋庠云，蠃落戈切，亦作蠃，蚌步項切，亦作蜯，左傳注，賈如在山海，不加貴。)君重斂。而田氏厚施。齊嘗大飢。道旁餓死者。不可勝數也。父子相牽而趨田氏者。不聞不生。(皆得全活。)故周秦之民。相與歌之。(登謳，

遠及不止齊民。)曰。謳乎。其已乎。苞乎。其往歸田子乎。(苞殍通，管子，衆有遺苞者，其戰不必勝，注，戰士飢則力屈，故戰不勝也，此謂謳歌田氏之德乎，其止乎，猶畏公室，今君不恤，歲荒，我爲餓莩，乎則往歸田氏而求活耳，史記作嫗乎采芑，歸乎田成子，疑文缺誤也。)詩曰。雖無德與女。式歌且舞。(詩小雅車舝之篇，左傳注，義取雖無大德，要有喜說之心，欲歌舞之，式用也。)今田氏之德。而民歌舞。(民下一有之字。)民德歸之矣。故曰。其田氏乎。公泫然出涕。(禮記注，泫然，垂涕貌。)曰。不亦悲乎。寡人有國。而田氏有之。今爲之奈何。晏子對曰。君何患焉。若君欲奪之。則近賢而遠不肖。治其煩亂。緩其刑罰。(正義，緩作輕。)振貧窮。而恤孤寡。(振，救也，一作賑。)行恩惠。而給不足。(正義作崇節儉。)民將歸君。則雖有十田氏。其如君何。

【與歐逐走】或曰。(一接前章。)景公不知用勢。而師曠晏子不知除患。夫

顧曰：善持勢者，得民心，景公已民心矣，焉能持此論不當。

獵者託車輿之安，用六馬之足，使王良佐轡，則身不勞，而易及輕獸矣。物曰：疾足之獸。今釋車輿之利，捐六馬之足，與王良之御，而下走逐獸，則雖樓季之足，過秦論：樓季名。緩又見五蠹篇。無時及獸矣。時一作能。物曰：謂無及獸之時也。託良馬固車，則臧獲有餘。國者君之車也，勢者君之馬也。見難勢篇。夫不處勢以禁誅擅愛之臣，施私德以招民者，宜禁而誅之。而必德厚以與天下齊行以爭名，圖合纂類語，名作民。是皆不乘君之車，不因馬之利，舍車而下走者也。故曰：景公不知用勢之主也，而師曠晏子不知除患之臣也。○圖據左傳，晏子對景公曰：唯禮可以已之。左禮家施不及國，是與下文孔子曰夫禮天子愛天下同意，未可遽難晏子矣。

子夏之說春秋

子夏曰：春秋之記，臣殺君，子殺父者，殺一作弒，一接前章者非。以十數矣。皆非一日之積也，有漸而至矣。管子：春秋之記，臣有弒其君，子有弒其父者矣。注：春秋即周公之凡例，而諸侯之國史也。又東周策：春秋記臣弒君者以百數，皆大臣見尊者也。文言傳：臣弒其君，子弒其父，非一朝一夕之故，其所由來者漸矣，由辨之不早辨也。凡姦者行久而成積，積成而力多，力多而能殺，故明主蚤絕之。今田常之爲亂，有漸見矣，而君不誅。晏子不使其君禁侵陵之臣，而使其主行惠，故簡公受其禍。故子夏曰：善持勢者，蚤絕姦之萌。草之始生曰萌。

季孫讓仲尼以遏勢

季孫相魯，子路爲郈令。孔子世家：叔孫氏先墮郈。左傳注：東平無鹽縣東南有郈鄉亭。案說苑作蒲宰。魯以五月起衆爲長溝，當此之爲，物曰：爲役也。圖案齊語：遂使役官，注：役爲也。圖淵鑑爲作時。戰國策：歷山之爲，注：爲役也。子路以其私秩粟爲漿飯，要作溝者於五父之衢而餐之。禮記注：五父衢名。餐一作飡。物曰：要，邀同。圖要遮也。孟子使數人要於路。左傳注：五父衢道名，在魯國東南。孔子聞之，使子貢往覆其飯，擊毀其器。圖酈道元水經注引此云：魯以仲夏起長溝，子路爲蒲宰，以私粟饋衆，孔子使子貢毀其器焉。曰：魯君有民，子奚爲乃餐之。圖佩文曰上有聞字，之下有也字。

顧曰：以韓非往

陳深曰：此見齊君有民，而田常不得擅愛，禁之易也。

楊慎曰：太公望事，特設言以黜民耳。

子路怫然怒，攘肱而入，請曰：夫子疾由之爲仁義乎？所學於夫子者仁義也。仁義者，與天下共其所有，而同其利者也。一無者字。今以由之秩粟而餐民，不可何也？孔子曰：由之野也。謂不知禮。吾以女知之，女徒未及也。物曰：言吾始謂汝已知此禮也，而汝特未及知也。圖列女傳：吾謂汝知天下之理，今聞此言，故猶未也。新序：臣以王爲已知之矣，王尚未知之邪。皆同法。女故如是之不知禮也。故固通。女之餐之，爲愛之也。夫禮，天子愛天下，諸侯愛境內，大夫愛官職，士愛其家，過其所愛曰侵。今魯君有民，而子擅愛之，是子侵也，不亦誣乎？圖賈誼新書：在禮，天子愛天下，諸侯愛境內，大夫愛官，圖士庶各愛其家。言未卒，而季孫使者至，讓曰：肥也起民而使之，肥，季康子名。物曰：起民，謂役民也。先生使弟子令徒役而餐之，將奪肥之民耶？孔子駕而去魯。以孔子之賢，而季孫非魯君也，以人臣之資，假人主之術，蚤禁於未形，而子路不得行其私惠，而害不得生，況人主乎？以景公之勢，而禁田常之侵也，則必無劫弒之患矣。

太公望殺狂矞而臧獲不乘驥

太公望東封於齊，荀子注：無望東二字。齊東海上有居士曰狂矞、華士，昆弟二人者，說林訓：狂譎不受祿而誅，華士荀子作華仕，注同，而無曰字者字。立議曰：吾不臣天子，不友諸侯，耕作而食之，掘井而飲之，吾無求於人也。荀注：作字并字也字皆無。無上之名，無君之祿，名謂爵號。不事仕孫鑛曰。先秦戰國人作文。不肯減字減句。事往復事複句。甚自一種味也。如今對人談。意詳意明。若左氏檀弓殊簡。切上古之文尤尚。

趙用賢曰。辭雖屈曲。其理亦正。

劉辰翁曰。排語却好。

陳深曰。凡譬喻後。敘說正意。或齊譬喻字眼頓入正意內。

王維楨曰。此似簡靜。

而事力。荀注。無上事字。太公望至於營丘。齊世家。封師尙父於齊營丘。括地志。在青州臨淄縣北。使吏執殺之。以爲首誅。荀注。執下有而字。周公旦從魯聞之。發急傳而問之。傳。驛也。曰。夫二子賢者也。今日饗國而殺賢者何也。太公望曰。是昆弟二人立議曰。吾不臣天子。不友諸侯。耕作而食之。掘井而飲之。吾無求於人也。無上之名。無君之祿。不事仕而事力。荀注。無此八句。彼不臣天子者。是望不得而臣也。不友諸侯者。是望不得而使也。顧炎武曰。齊世家云。吾太公望子久矣。此妄爲之說也。周之太王。齊之太公。吳之太伯。有國之始祖。其義一也。顧說得之。案。博古圖周師望敦銘云。太師小子師望作䵼彝。可見望爲呂尙之名。與韓子合。史記傳誤。耕作而食之。掘井而飲之。無求於人者。是望不得以賞罰勸禁也。且無上名。雖知不爲望用。不仰君祿。雖賢不爲望功。不仕則不治。不任則不忠。治。治事。任。任職。荀注。無此六句。且先王之所以使其臣民者。非爵祿則刑罰也。今四者不足以使之。則望當誰爲君乎。不服兵革而顯。不親耕耨而名。又非所以教於國也。今有馬於此。如驥之狀者。天下之至良也。然而驅之不前。却之不止。左之不左。右之不右。則臧獲雖賤。不託其足。臧獲之所願託其足於驥者。以驥之可以追利辟害也。今不爲人用。臧獲雖賤。不託其足焉。已自謂以爲世之賢士。而不爲主用。行極賢而不用於君。此非明主之所臣也。亦驥之不可左右矣。是以誅之。一曰。太公望東封於齊。海上有賢者狂矞。太公

陳深曰。喻甚精切。

孫鑛曰。此段事跡文義俱奇警。

陳深曰。叙事縝密。矩度森然。

望聞之。往請焉。三却馬於門。而狂矞不報見也。太公望誅之。當是時也。周公旦在魯。馳往止之。比至。已誅之矣。周公旦曰。狂矞天下賢者也。夫子何爲誅之。太公望曰。狂矞也議。也如參也魯之也。謂狂矞之立議也。淵鑑議作義。不臣天子。不友諸侯。吾恐其亂法易教也。故以爲首誅。今有馬於此。形容似驥也。然驅之不往。引之不前。雖臧獲不託足以旋其軫也。旋一作施。非。晉語注。還軫猶回車也。還音旋。字書。軫。車之前後兩端之橫木也。

嗣公知之故不駕鹿

如耳說衛嗣公。淵鑑。公作君。衛嗣公說而太息。左右曰。公何爲不相也。公曰。夫馬似鹿者。而題之千金。山曰。題。品題也。頤案。南都賦。馬鹿超而龍驤。注引此云。馬如鹿者千金。然而有百金之馬。而無一金之鹿者。說山訓。馬之似鹿者千金。天下無千金之鹿。淵。初學記此下有何也二字。馬爲人用。而鹿不爲人用也。今如耳萬乘之相也。外有大國之意。其心不在衛。雖辯智亦不爲寡人用。吾是以不相也。

薛公知之故與二欒博

薛公之相魏昭侯也。薛公。孟嘗君田文也。相魏見上。左右有欒子者。俶務訓。夫欒子之相似者。唯其母能知之。注。欒音沓。山曰。欒宜作孿。生患反。一乳兩子也。曰陽胡潘。物曰。陽胡兄。潘弟歟。淵鑑。陽胡潘其句。淵鑑作有陽胡蕃者。其於王甚重。而不爲薛公。爲。于僞反。下爲公爲文皆同。薛公患之。於是乃召與之博。予之人百金。令之昆弟博。淵鑑作令與昆弟博戲。俄又益之人二百金。啗之以利。方博。有間。謁者言客張季子在門。季下一有之字。張姓。季字也。子者。謁者敬客之辭。公怫然怒。撫兵而授謁者曰。殺之。吾聞季之不爲文也。立有間。時。謁者踦躕未去。季羽在側曰。不

此註不可曉，今姑從舊。

然。羽作羽誤。羽篆文友，見博古圖。又案友古文作習。竊聞季爲公甚。顧其人陰。未聞耳。物曰：陰，如史記陰重。又曰：謂薛公殊未聞耳。圓案：顧，念也。萬石君傳周仁爲人陰重不泄。注：陰，密也。爲人密重不泄人言。乃輟不殺客。客謂張季。而大禮之。一無而字。曰。曩者聞季之不爲文也。故欲殺之。今誠爲文也。豈忘季哉。告廩獻千石之粟。圓周禮注：古者致物於人，尊之則曰獻。告府獻五百金。告騶私廄獻良馬固車二乘。謂命養馬者饋薛公私廄車馬于季也。圓私，私告也。因令奄將宮人之美妾二十人幷遺季也。奄，巷伯，見詩。將，送也。宮人疑宮中字誤。將殺季，畏之以威也。厚遺季，示之以利也。二欒在側聞之，安得不離從乎。張季事蓋亦以術假設，非實有此人也。欒子因相謂曰。爲公者必利。不爲公者必害。吾曹何愛不爲公。我輩有何所惜，而不助薛公乎。因私競勸而遂爲之。私一作斯，又作斯私二字。薛公以人臣之勢。假人主之術也。而害不得生。示以恩威，故去欒子不爲己之害也。況錯

之人主乎。

陳深曰：此喻甚奇。

說在畜烏 夫馴烏。元連前條。物曰：畜烏馴之。斷其下頷焉。斷其下頷。則必恃人而食。焉得不馴乎。焉，於虔反。夫明主畜臣亦然。令臣不得不利君之祿。不得無服上之名。夫利君之祿。服上之名。焉得不服。

孫鑛曰：增此一轉有波。

句法極妙。

㊁ 凡八事。

申子之言六愼 申子曰。上明見。人備之。物曰：謂上之明也見矣，人則備之也。其不明見。人惑之。其知見。人飾之。飾姦以試其智。不知見。人匿之。匿非以欺其惡。其無欲見。人伺之。伺間誘之。其有欲見。人餌之。陳利釣之。故曰。吾無從知之。惟無爲可以規之。人主無由知下之姦態，惟務虛靜無爲，則下各自效情，故可規度也。圓規，闚通。

劉辰翁曰：似銘似箴，句奇絕甚。

一曰。申子曰。愼而言也。物曰：而，汝也。下倣此。人且和女。和作知，寫者誤。愼而行也。人且隨女。圓隨，古音陪，與和字叶。列子：愼爾言，將有和之；愼爾行，將有隨之。管子：人不倡不和，天不始不隨。而有知見也。人且匿女。而無知見也。人且意女。意音臆，叶上匿。物曰：謂汝之有智可見，則人將自匿也；汝之無智可見，則人將臆度我也。女有知也。人且臧女。女無知也。人且行女。物曰：臧藏同，正與行字對。謂汝若有知此數者，則人將韞藏其材也；汝若不知此數者，則人將發露其材也。圓佩文匿作慝，行作知。案論語用則行，舍則藏。故曰。惟無爲可以規之。

唐易之言弋 田子方問唐易鞠曰。弋者何愼。對曰。鳥以數百目視之。子以二目御之。御猶對也。子謹周子廩。管子桓公明日弋在廩。注：廩所以盛米粟，禽鳥或多集焉，故於此弋也。非山曰：射雉賦𤓰場拄翳。又云：飛鳴薄廩。徐爰注：射者聞有雉聲，便除地爲場，拄翳於草，翳上加木枝衣之以葉。廩，翳中盛飲食處。今俗呼翳名曰倉也。物曰：周，周密之也。圓月令云：羅網畢翳。注：翳，射者所以自隱。田子方曰。善。子加之弋。我加之國。圓增韻：加，施也。鄭長者聞之曰。田子方知欲爲廩。而未得所以

爲廩。夫虛無無見者廩也。山曰：漢志道家者流有鄭長者一篇。注：六國時先韓子，韓子稱之。顏注：別錄云鄭人不知姓名。一曰。齊宣王問弋於唐易子曰。弋者奚貴。唐易子曰。在於謹廩。王曰。何謂謹廩。對曰。鳥以數十目視人。人以二目視鳥。奈何不謹廩也。佩文廩作懍。故曰在於謹廩也。王曰。然則爲天下。何以異此廩。異一作爲。今人主以二目視一國。一國以萬目視人主。將何以自爲廩乎。對曰。以下一有不字。對曰作聞之。圓合纂類語：將何以自爲廩乎，作何可不日謹廩乎。鄭長者有言曰。夫虛靜無爲而無見也。其可以爲此廩乎。鄭長者又見難二篇。

國羊之請變 國羊重於鄭君。聞君之惡己也。鄭君示其憎惡，故闇知之。侍飮。因先謂君曰。臣適不幸而有過。願君幸而告之。臣請變更。

陳深曰此人臣之巧於伺君而得君之情

孫鑛曰此節語稍冗而節節有情寫得意態生動

則臣免死罪矣。

宣王之太息

客有說韓宣王。宣王說而太息。歎其材也已見上文 左右引王之說之。以先告客以為德。上以字一作曰非物曰引舉也德恩也蹤引猶告也始皇紀諸生轉相告引左傳無所控告注控引也

靖郭氏之獻十珥

靖郭君之相齊也。王后死。未知所置。物曰置立也 乃獻玉珥以知之。一曰。薛公相齊。道應訓注薛公田嬰 齊威王夫人死。中有十孺子。子一作女 皆貴於王。貴謂親幸齊策作七孺子秦策注孺子婦人之美稱 薛公欲知王所欲立。而請置一人以為夫人。王聽之。則是說行於王。而重於置夫人也。物曰置夫人始立之夫人 王不聽。是說不行而輕於置夫人也。山曰楚策為昭魚事而云是智困而交絕立后也 欲先知王之所欲置。以勸王置之。於是為十玉珥。策注珥瑱也所以充耳 而美其一。楚策令其一善 而獻之王。以賦十孺子。山曰賦分配也 明日坐視美珥之所在。楚策無坐字道應訓作因問物曰坐視嘿視也 而勸王以為夫人。

犀首甘茂之道穴聞

甘茂相秦惠王。秦策無惠字下同 惠王愛公孫衍。與之間有所言。物曰謂屏人議事也 曰。寡人將相子。甘茂之吏道穴聞之。以告甘茂。道從也一作通策作道而聞之注引作道穴物曰地穴道也 甘茂入見王曰。王得賢相。臣敢再拜賀。王曰。寡人託國於子。安更得賢相。對曰。將相犀首。犀首公孫衍也衍居魏為此官 王曰。子安聞之。對曰。犀首告臣。王怒犀首之泄。乃逐之。策注逐逐衍 一曰。犀首天下之善將也。梁王之臣也。秦王欲得之與治天下。犀首曰。衍人臣也。一作衍其人臣

孫鑛曰卮喻人主漏言

者也 不敢離主之國。對秦使者之詞 居期年。犀首抵罪於梁王。事見內儲下 逃而入秦。秦王甚善之。樗里疾秦之將也。恐犀首之代之將也。鑿穴於王之所常隱語者。物曰謂王平日密議事室地下鑿穴道也 俄而王果與犀首計曰。吾欲攻韓奚如。犀首曰。秋可矣。王曰。吾欲以國累子。子必勿泄也。犀首反走。再拜曰。受命。瀾史評林引犀首下有先知樗里之反間也句 於是樗里疾已道穴聽之矣。郎中皆曰。兵秋起攻韓。犀首為將。飛語泄之郎中 於是日也。郎中盡知之。於是月也。境內盡知之。王召樗里疾曰。是何匈匈也。莊子自三代以下者匈匈為終以賞罰為事荀子掩耳以聽者聽漠漠以為哅哅又云君子不為小人匈匈也而輟行注匈匈喧嘩之聲也與訩同又許同反 何道出。物曰道從也 樗里疾曰。似犀首也。王曰。吾無與犀首言也。其犀首何哉。物曰謂汝之以為犀首者以何故也 樗里疾曰。犀首也羈旅。新抵罪。其心孤。是言自嫁於衆。物曰謂欲以此言求媚於衆也 王曰。然。使人召犀首。已逃入諸侯矣。

堂谿公問玉卮昭侯獨寢

堂谿公謂昭侯曰。希姓錄堂谿氏太伯之後堂谿地名在汝南西平圓案堂谿氏有二吳夫槩王奔楚楚封之於堂谿見左傳堂谿公薦公儀伯於周宣王見列子此堂谿在夫槩之前也 今有千金之玉卮。通而無當。可以盛水乎。三都賦序且夫玉卮無當雖寶非用注卮一名觶酒器也當底也楊升庵外集引此云廣韻當底也徐鉉云今俗猶有匡當之言又云荀子言之信者在乎區蓋之間區蓋覆物器凡言可信者如物在區蓋中不流溢也易曰有孚盈缶亦區蓋之義也莊子卮言日出正與區蓋相反韓子人主漏言如玉卮無當即流溢之謂也宋儒語錄云曾子之言盛水不漏義蓋如此 昭侯曰。不可。有瓦器而不漏。可以盛酒乎。昭侯曰。可。對曰。夫瓦器至賤也。不漏可以盛酒。雖有千金之玉卮。于上一有乎字 至貴而無當。

漏不可盛水。則人孰注漿哉。盛一作乘。圓案集韻、韻會、正韻、乘承盛三字音同。今爲人主。人下一有之字。而漏其羣臣之語。是猶無當之玉巵也。雖有聖智。莫盡其術。賢者難言。爲其漏也。昭侯曰。然。昭侯聞堂谿公之言。自此之後。欲發天下之大事。謂軍國事。未嘗不獨寢。恐夢言而使人知其謀也。物曰、夢言寢言也。一曰。堂谿公見昭侯。文選注、堂溪公見韓昭侯。曰。今有白玉之巵而無當。有瓦巵而有當。君渴將何以飲。選注作君事何取。君曰。以瓦巵。選注以作取。圓佩文並同。選注而上見昭侯作謂韓昭侯。藝文瓦巵並作瓦器。堂谿公曰。白玉之巵美。而君不以飲者。以其無當耶。君曰。然。堂谿公曰。爲人主而漏泄其羣臣之語。譬猶玉巵之無當。堂谿公每見而出。昭侯必獨臥。惟恐夢言泄於妻妾。圓淵鑑巵條作堂溪。空戒愼條堂作唐。

中子之勸獨斷

中子曰。元接前章非。獨視者謂明。獨聽者謂聰。能獨斷者。故可以爲天下主。故固通。圓佩文中子下有之言二字。主作王。獨視者猶燈下之暗。不使彼見。獨聽者猶深夜之靜。不使人聞。是皆無爲自晦之術而已。

超用賢曰、鼠喩中有狗、狗喩中有鼠、文勢相遞。

（三）凡八事。

不殺其狗則酒酸　左右皆社鼠

宋人有酤酒者。升概甚平。圓酤沽通。概量多少也。孔融傳注及藝文類聚作斗概。遇客甚謹。爲酒甚美。縣幟甚高著。應璩與滿寵書注引美作苦。無著字。楊升庵外集同而云幟謂之帘。帘謂之酒旗。唐韻帘字注、當云酒家懸幟。豈不雅乎。乃云酒家望子、俚甚可笑。圓晏子春秋作置表甚長。然不售。酒酸。選注然下有而字。圓藝文然下有而酒二字。事文引容齋隨筆作而酒不售遂至於酸。

孫鑛曰、比前詳略各有味。

怪其故。問其所知長者楊倩。選注長上有閭字。圓藝文同。而倩作靑。倩曰。汝狗猛耶。選注無耶字。圓漢書注倩上有楊字。曰。狗猛則酒何故而不售。選注酒下有美字。曰。人畏焉。或令孺子懷錢挈壺甕而往酤。侯幸傳正義、孺幼少也。圓選注作攜。壺甕淵鑑作挈一甕。藝文無而字。而狗迎而齕之。選注無上而字。迎一本作迓。圓漢書注無而字。此酒所以酸而不售也。圓佩文酒下有之字。夫國亦有狗。選注夫國亦然。圓淵鑑狗上有猛字。有道之士。懷其術。而欲以明萬乘之主。明謂曉諭也。選注作輔。大臣爲猛狗。迎而齕之。齕一作齚。此人主之所以蔽脅。而有道之士所以不用也。故桓公問管仲曰。治國最何患。對曰。最患社鼠矣。公曰。何患社鼠哉。對曰。君亦見夫爲社者乎。樹木而塗之。鼠穿其間。掘穴託其中。燻之則恐焚木。灌之則恐塗阤。物曰、阤頹落也。此社鼠之所以不得也。今人君之左右。出則爲勢重。而收利於民。入則比周。而蔽惡於君。相爲匿非。內間主之情以告外。外謂大臣及鄰國。外內爲重。內結君側、外交外臣、藉以爲威。諸臣百吏以爲害。害元作富、寫者誤。吏不誅則

亂法。誅之則君不安。據而有之。說苑據下有腹字。晏子同、腹覆字訛。謂據伏覆育保有之、謂其親愛難誅除也。韓詩外傳作君又幷覆而育之。此亦國之社鼠也。沈約彈王源云、孤鼠微物、亦蠹大猷。注、應璩詩曰、城狐不可掘、社鼠不可薰。晏子春秋曰、讒佞之人、隱在君側、猶社鼠不可薰也。去此乃治矣。故人臣執柄而擅禁。擅行法禁。明爲己者必利。而不爲己者心害。此亦猛狗也。夫大臣爲猛狗。而齕有道之士矣。左右又爲社鼠。而閒主之情矣。人主不覺如此。主焉得無壅。國焉得無亡乎。一曰。宋之酤酒者。有莊氏者。山曰、家語、初魯之販羊、有沈猶氏者、句法同。其酒常美。或使僕往酤莊氏之酒。其狗齕人。使者不敢往。乃酤佗家之酒。問曰。何爲不酤莊氏之酒。爲一作謂。對曰。今日莊氏之酒酸。故曰。

以鯀共工之誅爲堯之事。戰國說士之誑。楊倞曰。此戰國之說耳。

不殺其狗則酒酸。一曰。桓公問管仲曰。治國何患。對曰。最苦社鼠。夫社木而塗之。鼠因自託也。■晏子木上有束字。佩文自作曲。燻之則木焚。灌之則塗阤。此所以苦於社鼠也。今人君左右。出則爲勢重。以收利於民。入則比周謾侮。蔽惡以欺於君。不誅則亂法。誅之則人主危。據而有之。此亦社鼠也。故人臣執柄擅禁。明爲己者必利。不爲己者必害。亦猛狗也。故左右爲社鼠。用事者爲猛狗。則術不行矣。

堯之再誅

堯欲傳天下於舜。鯀諫曰。不祥哉。祥善也。■淵鑑鯀上有伯字。哉作也。孰以天下而傳之於匹夫乎。堯不聽。舉兵而誅殺鯀於羽山之郊。■墨子云。曰若昔者伯鯀帝之元子。廢帝之德庸。既乃刑之于羽之郊。共工又諫曰。孰以天下而傳之於匹夫乎。堯不聽。又舉兵而誅共工於幽之都。幽下一有州字。之字甦句。卽幽都也。於是天下莫敢言無傳天下於舜。仲尼聞之曰。堯之知舜之賢。非其難者也。夫至乎誅諫者必傳之舜。乃其難也。一曰。不以其所疑敗其所察則難也。■路史仲尼曰。堯知舜賢。非難也。不以所間敗所察。其難也。

荊王之應太子

荊莊王有茅門之法。曰。羣臣大夫諸公子入朝。馬蹄踐霤者。■楚史檮杌踐作蹂。說文云。霤屋簷前雨流下也。廷理斬其輈。戮其御。於是太子入朝。馬蹄踐霤。廷理斬其輈。戮其御。太子怒。入爲王泣曰。必爲我誅戮廷理。一無必字。王曰。法者所以敬宗廟。尊社稷。故能立法從令。尊敬社稷者。社稷之臣也。焉可

誅也。夫犯法廢令。不尊敬社稷者。是臣乘君。而下尚校也。乘陵也。尚上同。管子。不敬宗廟則民乃上校。朱長春云。謂爭而犯上也。臣乘君則主失威。下尚校則上位危。威失位危。社稷不守。吾將何以遺子孫。於是太子乃還走。避舍露宿三日。北面再拜。請死罪。一曰。楚王急召太子。楚國之法。車不得至於茆門。天雨。廷中有潦。太子遂驅車至於茆門。廷理曰。車不得至茆門。非法也。太子曰。王召急。不得須無潦。物曰。謂不能待雨餟庭潦乾之時也。遂驅之。廷理舉殳而擊其馬。敗其駕。太子入爲王泣曰。廷中多潦。驅車至茆門。廷理曰。非法也。舉殳擊臣馬。敗臣駕。王必誅之。王曰。前有老主而不踰。後有儲主而不屬。說苑作不豫。意同。謂不豫附託之也。矜矣諸本無此二字。說苑同。是眞吾守法之臣也。乃益爵二級。而開

後門出太子。勿復過。

薄媼之決蔡嫗

衞嗣君謂薄疑曰。子小寡人之國。以爲不足仕。則寡人力能仕子。請進爵以子爲上卿。乃進田萬頃。薄子曰。疑之母親疑。以疑爲能相萬乘所不窕也。所下文作而。氾論訓。紓之天下而不窕。注。窕綏也。■不窕謂力有餘也。司馬法云。力欲窕。然疑家巫有蔡嫗者。疑母甚愛信之。屬之家事焉。疑智足以信言家事。或說。信字衍文。疑母盡以聽疑也。然已與疑言者。亦必復決之於蔡嫗也。故論疑之智能。以疑爲能相萬乘而不窕也。論其親。則子母之間也。然猶不免議之於蔡嫗也。今疑之於人主也。非子母

趙用賢曰。先以臣子事寵轉言及君之左右。孫鑛曰。稱婉轉柄曲折。

陳深曰。起之少恩。宜乎不得其死。

之親也。而人主皆有蔡嫗。人主之蔡嫗。必其重人也。重人者能行私者也。夫行私者。繩之外也。而疑之所言。法之內也。繩之外與法之內。讐也。不相受也。一曰。衞君之晉。（晉魏也。孟子。晉國天下莫強焉。亦指魏言。）謂薄疑曰。吾欲與子皆行。（孟子。予及女皆亡。朱本作偕。毛詩。與子偕行。）薄疑曰。媼也在中。（物曰。謂家。）請歸與媼計之。衞君自請薄媼。薄媼曰。疑君之臣也。君有意從之。（物曰。謂欲以從行也。）甚善。衞君曰。吾以請之媼。（以已同。）媼許我矣。薄疑歸言之媼也曰。衞君之愛疑。奚與媼。媼曰。不如吾愛子也。衞君之賢疑。奚與媼也。曰。不如吾賢子也。媼與疑計家事。已決矣。乃更請決之於卜者蔡嫗。今衞君從疑而行。雖與疑決計。

必與他蔡嫗敗之。如是則疑不得長為臣矣。（矣一作也。）

教歌之法 夫教歌者。使先呼而詘之。（圓或曰。詘謂屈曲轉音聲也。）其聲反清徵者。乃教之。（反者變濁為清。轉宮為徵之謂也。圓反反覆。猶言合也。謂使其先呼為曲而察其聲合律呂者。知宜何歌而後教之。周禮。大師以六律為之音。注。以律視其人為之音。知其宜何歌也。疏云。大師以吹律為聲。又使其人作聲而合之。聽人聲與律呂之聲合。謂之為音。或合宮聲。或合商聲。或合角徵羽之聲。聽其人之聲。則知其宜歌何詩也。）一曰。教歌者先揆以法。（圓法謂律。）疾呼中宮。徐呼中徵。疾不中宮。徐不中徵。不可為教。（為一作謂。通。以喻其臣陳言之不中功用也。）

吳起之出愛妻 吳起衞左氏中人也。（左氏衞地。）使其妻織組。而幅狹於度。吳子使更之。其妻曰。諾。及成復度之。果不中度。吳子大怒。其妻對曰。吾始經之。而不可更也。（物曰。謂組之濶狹。在經之多少也。圓若不可更。則宜不諾。諾而不更。是前後之相悖也。故逐之。）吳子出之。其妻請其兄而索入。其兄曰。

孫鑛曰。何異木弗加山。魚弗加海。同工而意更深妙。

吳子為法者也。其為法也。且欲以與萬乘致功。（與讀如為。）必先踐之妻妾。然後行之。（圓左傳。踐修舊好。注。踐猶履行也。）子毋幾索入矣。（傍注。幾望也。）其妻之弟。又重於衞君。乃因以衞君之重請吳子。吳子不聽。遂去衞而入荊也。一曰。吳子示其妻以組。（子一作起。）曰。子為我織組。令之如是。組已就而效之。（效呈致也。圓效校通。比舊組也。）其組異善。（山曰。異如齊策異貴之異。圓案。異殊也。趙策。婦人異甚。）起曰。使子為組。令之如是。而今也異善。何也。其妻曰。用財若一也。（物曰。財謂料也。）加務善之。吳起曰。非語也。（物曰。謂非我所命也。）使之衣歸。（物曰。衣去聲。圓淵鑑若一無若字。語作詔。使之衣歸作歸之。）其父往請之。吳起曰。起家無虛言。（不允其請也。）

文公斬顚頡 晉文公問於狐偃曰。寡人甘肥周於堂。（物曰。謂遍噉於堂上客也。）

卮酒豆肉集於宮。（物曰。至宮中妻妾。則僅卮酒豆肉也。）壺酒不清。（物曰。謂不久停。）生肉不布。（圓布宜作希。希睎也。文子。肉凝而不食。酒澂而不飲。方言云。澂清也。列子。酒未清。肴未晞。）殺一牛。遍於國中。一歲之功。盡以衣士卒。（物曰。功女功。）其足以戰民乎。狐子曰。不足。文公曰。吾弛關市之征。而緩刑罰。其足以戰民乎。狐子曰。不足。文公曰。吾民之有喪資者。寡人親使郎中視事。（物曰。有喪資者。不貲之家。其資足以舉喪者也。其無喪資者。攝在下貧窮不足者中也。山曰。喪宜作易。左傳云。民易資者不求豐焉。明徵其辭。）有罪者赦之。貧窮不足者與之。其足以戰民乎。狐子對曰。不足。此皆所以慎產也。（物曰。慎順通。謂不違生產之道也。）而戰之者殺之也。民之從公也。為慎產也。公因而迎殺之。失所以為從公矣。曰。然則何如足以戰民乎。狐子對曰。令無得不戰。公曰。無衆用期字。左僖二十三年有此法。

王廉顗曰。賞欲得民之死力。在法必行。

得不戰奈何。狐子對曰。信賞必罰。其足以戰。賞信則人自爲戰。罰必則民不奔北。公曰。刑罰之極安至。對曰。不辟親貴。法行所愛。文公曰。善。明日令田於圃陸。期以日中爲期。後期者行軍法焉。於是公有所愛者曰顚頡。後期。吏請其罪。文公隕涕而憂。吏曰。請用事焉。遂斬顚頡之脊。以徇百姓。以明法之信也。腰斬者伏鑕上。故曰斬脊。顚頡事與左傳所記大異。山曰。脊宜作首。下同。而後百姓皆懼曰。君於顚頡之貴重。如彼甚也。而君猶行法焉。況於我則何有矣。有何所愛而宥罪乎。〇商子云。晉文公將欲明刑以親百姓。於是合諸侯於于宮。顚頡後至。請其罪。君曰。用事焉。吏遂斷顚頡之脊以殉。晉國之士稽爲皆懼曰。顚頡之有寵也。斷以殉。況於我乎。文公見民之可戰也。於是遂興兵。伐原克之。左傳。晉侯圍原。原降。遷原伯貫于冀。伐衛東其畝。取五鹿。左傳注。五鹿衛地。案呂春秋作東衛之畝。注。使

衛耕者皆東其畝。以遂晉亡也。又左傳。使齊之封內盡東其畝。注。使壟畝東西行。晉之伐齊。循壟東行易也。物曰。東畝謂使衛不背逆命也。攻陽。僖二十五年。晉侯次于陽樊。服虔云。陽樊邑名。樊仲山之所居。故曰陽樊。勝虢。闕。未伐曹。僖二十八年。南圍鄭。僖三十年。晉侯秦伯圍鄭。反之陴。之猶其也。晉語作反其埤。注。反撥也。埤城上女垣。呂春秋反鄭之陴。注。反覆也。覆鄭城陴而取之也。〇釋名。城上垣曰睥睨。亦曰陴。亦曰女墻。罷宋圍。楚圍宋。爲解之。還與荊人戰城濮。大敗荊人。返爲踐土之盟。遂成衡雍之義。成作城誤。義謂推尊周室。取義名也。左傳。甲午至衡雍。作王宮于踐土。呂春秋。尊天子於衡雍。注。晉侯率諸侯朝天子于衡雍。衡雍踐土。今之河陽。一舉而八有功。卽上所說八事。所以然者無他故異物。故物皆事也。墨子。古者聖人之所以濟事成功垂名於後世者。無他故異物焉。從狐偃之謀。假顚頡之脊也。

孫鑛曰。文勢如連環。

彈痤　忍痛

夫痤疽之痛也。非刺骨髓。則煩心不可支也。除癰疽者必須忍痛。使用針砭深刺治之。不則煩悶不可支持也。非如是。非知忍痛之利。不能使人以半寸砥石彈之。砥石石針之砥礪者。今人主之於治亦然。非不知有苦則安。不字宜移安上。謂治國者必須達情勝苦。不則國不得安也。〇世主非不知此理也。但不用心於治耳。欲治其國。非如是。非知先苦後安之理。不能聽聖知。而誅亂臣。亂臣者必重人。重人者必人主所甚親愛也。人主所甚親愛也者。是同堅白也。重人之於人主也。親密閉固。不可離間。猶堅白之論。不可分離也。公孫龍堅白論云。堅白石三可乎。曰不可。二可乎。曰可。謂目見石。但見白不知其堅。則謂之白石乎。觸石則知其堅。而不知其白。則謂之堅石。是堅白終不可合爲一也。〇此等語。則如何可解。遂不分析。故取喩耳。晉太康地記。汝南西平有龍淵水。可用淬刀劍。特堅利。故有堅白之論云。黃所以爲堅也。白所以爲利也。此論見呂春秋。夫以布衣之貲。謂其疎賤。欲以離人主堅白所愛。是猶以解左髀說右髀者。是身必死而說不行者也。解如支解之解。墨子。其首子死則解而食之。左傳。王何以戈擊之。解其左肩。字法同。舊注。人主之於重人。猶左右髀也。今說右髀曰必解左髀去。患右髀必不聽也。〇慧琳云。髀古文作[illegible]同。蒲米反。說文。股外也。

右傳

定本韓非子纂聞卷第十三　終

孫鏘曰，整飭。

一本圍注，職秩碎，一層見雜出不[illegible]。

江都　松皐圓纂聞

外儲說右下第三十五

(一)一本無圍，下同。賞罰共則禁令不行。舊注，令臣操之，故曰共也。圍商子法者君臣之所共操也，信者君臣之所共立也，權者君之所獨制也。何以明之。以造父於期。一疊明之二字。子罕爲出彘。分威之證。田恒爲圃池。德分之證。故宋君簡公弒。患在王良造父之共車。田連成竅之共琴也。

(二)治强生於法。弱亂生於阿。舊注，法曲則國弱亂。君明於此。則正賞罰。而非不仁也。由法嚴斷，則生治强，而止姦邪，此乃所以愛民也。爵祿生於功。誅罰生於罪。臣明於此。則盡死力。而非忠君也。盡力勤勞，則致爵祿，而遠罪戾，此乃所以安身也。君通於不仁。臣通於不忠。則可以王矣。昭襄知主情。而不發五苑。田鮪知臣情。故教田章。而公儀辭魚。

(三)人主者鑒於外也。人元作明，寫者誤，人主接四鄰之士，所以廣聞見也。而外事不得不成。四鄰之來使于我者，或失重人之意，則事必沮，不得成也。孤憤篇，當塗之人擅事要，則內外爲之用矣，是以諸侯不因則事不應，故敵國爲之訟矣。故蘇代非齊王。人主者。補者字。鑒於士也。謂禮賢下士，以資計謀也。士元作上，圍一本作士。而居者不適不顯。謂處士所說，不順適重人之旨，則不得致富顯也。孤憤篇，學士不因則養祿薄禮卑，故學士爲之談矣。故潘壽言禹情。人主無所覺悟。不察其姦詐者，無術故也。方吾知之。故恐同衣族。族上元衍於字，形似而衍。而況借於權乎。吳章知之。故說以佯。而況借於誠乎。趙王惡虎目而壅。虎目可惡，無害於治，重人瞋目，乃爲可畏。明主之

孫鏘曰，明深。

孫鏘曰，二喻疑顚可喪。

張榜曰，中飽字奇。

道。如周行人之却衛侯也。虛假之事，猶且禁之。

(四)人主者守法責成。以立功者也。責成，授臣以事，責其成功。聞雖有亂吏。而有獨善之民。元作有吏雖亂，傳寫錯誤，從山氏正。圍孟子，古人窮則獨善其身，達則兼善天下。不聞有亂民而有獨治之吏。舊注，子率以正，孰敢不正。故明主治吏。不治民。漢文帝曰，與朕治天下者，良二千石也，即亦此意。說在搖木之本。與引網之綱。繆稱訓，辟若伐樹而引其本，千枝萬葉則莫得弗從，呂春秋，有紀有綱，一引其紀，萬目皆起，一引其綱，萬目皆張。故失火之嗇夫。不可不論也。此下元有救火者吏操壺走火則一人之用也操鞭使人則役萬夫二十二字，是舊注文，誤混正文。故所遇術者。圍遇寓通，託也。如造父之遇驚馬。此下元有牽馬推車則不能進代御執轡持策則馬咸鶩矣十九字，亦舊注文，誤入正文。是以說在椎鍛平夷。榜檠矯直。椎鍛之夷，不平者，榜檠之正，不直者，聖人取法於此，舉用循吏，使其治政，一民之軌也。管子，彼十鈞之弓，不得排檠，不能自正，荀子，不得排檠，則不能自正，注，排檠，輔正弓弩之器也，又魏都賦注，檠，弓枻也，說山訓，檠不正而可以正弓，注，弓之掩牀也，音敬，榜，牓訓注，矯弓之材也。不然敗在淖齒用齊戮閔王。李兌用趙餓主父也。

(五)因事之理。則不勞而成。故茲鄭之踞轅而歌。以上高梁也。其患在趙簡主稅。吏請輕重。薄疑之言國中飽。稅，謂令吏收稅也，中如字，上空國帑，下竭民產，而姦吏居間致富也。簡主喜而府庫虛。百姓餓而姦吏富也。即國中飽事。故桓公巡民。而管仲省腐財怨女。淮南子，秋士悲，春女怨，圍怨讀爲蘊，蘊結之蘊。不然敗在延陵乘馬不得進。造父過之。而爲之泣也。敗元作則，從上文正。

右經

(一)一作傳一，下同，傍注。造父於期　造父御四馬。文選注，四作駟。馳驟周旋。赭白馬賦。

陳深曰、出彘尤妙、駙駕整飭、天或王良造父不能共駕。

纂纘曰、與上節若相關若不相關、以分共字作骰、畫異態而同旨。

服御順志、驕騄合度、而恣欲於馬者。元疊恣欲於馬四字、從選注刪。舊注、意之所欲、馬必隨之。擅轡筴之制也。選注作轡策制之也。然馬驚於出彘。驚一作趨、非。物曰、彘突出也。而造父不能禁制者。非轡筴之嚴不足也。威分於出彘也。舊注、彘亦令馬可畏。王子於期爲駙駕。山曰、說文、駙副馬也。駙駕蓋重駕也。駕十六馬也。晏子春秋、確王子羨臣于景公、以重駕、晏子曰、夫駕八固非制也、今又重此、其爲非制也、不滋甚乎、又西京賦、百馬同轡、注、陸賈新語曰、楚平王增駕百馬同行、又漢表顏注、非正駕車、皆爲副馬。轡筴不用。而擇欲於馬者。擅芻水之利也。然馬過於圃池。而駙駕敗者。非芻水之利不足也。德分於圃池也。圃池水草、招渴馬也。共車共琴故王良造父。天下之善御者也。然而使王良操左革。而叱咤之。物曰、革轡也。圓案、聖主得賢臣頌、王良執靶、韓哀附輿、注、漢書音義云、靶音霸、謂轡也。疑革靶義同、與圓唐韻、緣革轡也、又詩傳、革轡首也、疏引郭璞曰、轡靶也、然則馬轡所靶之外、有餘而垂者、謂之革也、項羽紀、喑啞叱咤、說苑、親在叱咤之聲、未嘗至于犬馬。使造父操右革。

而鞭笞之。馬不能行十里。共故也。田連成竅。天下善鼓琴者也。然而田連鼓上。成竅擽下。擽元作攊。而不能成曲。亦共故也。圓琴賦注引攊作擽、是、說文、擽一指按也。夫以王良造父之巧。共轡而御。不能使馬。人主安能與其臣共權。以爲治乎。從山氏補乎字。以田連成竅之巧。共琴而鼓。元脫鼓字、圓合纂類語引有鼓字。不能成曲。人主又安能與其臣共勢。以成功乎。一脫其字。一曰。造父爲齊王駙駕。秦策、王良之弟子駕云、取千里馬、遇造父之弟子、造父之弟子曰、馬不千里、此書亦云、造父爲齊王駙駕、疑造父春秋末着御者、王良同時之人也、然爲周穆王時人者、恐秦人降妖列子寓言也、史遷不察而傳以爲眞耳。渴馬服成。舊注、令馬忍渴而服習之、圓毛詩、維此六月、既成我服、莊子、及至伯樂曰、我善治馬、燒之剔之、饑之渴之、案饑之渴之、制其意欲、敎習之術也。效駕圃中。曲禮、僕展軨效駕、物曰、服馬既成、使王試觀也。渴馬見圃池。去車走池駕敗。王子於期爲趙簡主取道。緒白

子罕田恆、結案前二條。

陳深曰、含得巧。

馬賦、戒出豕之敗御、注引作王子期爲趙簡子御取道、爭千里之發、七發注同、楊升庵外集、韓子曰、王子期爲趙簡子御、子期王良字也、左傳杜注、以王良爲郵無恤、未知孰是、然韓子去王良時近、或得眞、圓案、於字語助、猶孟舍之爲孟施舍也、史記有樊於期、於期名也、與此不同、喻老篇亦作王子期、晉語注、郵無正、晉大夫郵良、又云、伯樂王良字、王褒傳顏注、參驗左氏及國語孟子、郵無恤郵良劉無正總一人也、今考呂子高注、孫明王良也、又云、王良晉大夫孫無正郵良也、字彙博字注、古有博勞、善相馬、博勞蓋伯樂音轉、覽冥訓注、王良晉大夫郵無恤子良也、一名孫無正、合而觀之、郵良郵無恤郵無正孫明孫無正劉無正王良王子期王子於期伯樂博勞子良總一人也、一人而多異稱者、未見此比、幷記于此。爭千里之表。物曰、表標也、山曰、表猶外也、圓蘢謂馳逐爲勝負也、五御有過君表、豈此語歟、取如論語進取之取、穀梁傳、擊者曰、所以鞭我者、其取道遠矣。其始發也。彘伏溝中。王子於期齊轡筴而進之。彘突出於溝中。馬驚駕敗。選注作敗駕。

子罕爲出彘　司城子罕謂宋君曰。慶賞賜與。民之所喜也。君自行之。殺戮誅罰。民之所惡也。臣請當之。宋君曰。諾。於是出威令。誅大臣。君曰。問子罕也。於是大臣畏之。細民歸

之。處期年。子罕殺宋君而奪政。故子罕爲出彘。以奪其君國。此事已見二柄、舊注、子罕用刑服國、是猶出彘用威懼馬。

田恆爲圃池　簡公在上位。罰重而誅嚴。厚賦斂而殺戮民。田成恆設慈愛。明寬厚。簡公以齊民爲渴馬。不以恩加民。而田成恆以仁厚爲圃池也。舊注、以仁濟物、猶圃池也。一曰。造父爲齊王駙駕。以渴服馬。百日而服成。一疊服成二字。請效駕齊王。王曰。效駕於圃中。造父驅車入圃。馬見圃池而走。或云、而上恐少駻字。造父不能禁。造父以渴服馬久矣。今馬見池。駻而走。駻馬突也、字又作悍。扞馯見五蠹篇。雖造父不能治。今簡公之法。禁其衆久矣。而田成恆利之。是田成恆傾圃池。而示渴民也。圓佩文、法上有以字、無兩成字。王

展翁曰、纚作拼、有點、

說、王良造父不共、圖田連成竅、能共琴、

法骨鯁、深曰、人法寡恩、情之蓍、

子於期爲宋君。爲千里之逐。（句頭元有一曰、）已駕察手吻文。（物曰、未詳、圖案、列子、齊輯乎轡銜之際、而急緩乎脣吻之和、因考察手吻文四字、與際乎吻之四字、全相類、豈傳寫相承、缺脫訛舛、存此四字歟、主術訓、又有此語、或說察手吻句、文字屬下句、宜作手察吻、謂手循馬吻、察其氣息也、）且發矣。（且將也、圖文且發矣、發法字誤、荀子、禁發而不稅、司馬法、會之以發禁者九、劉寅直解云、發當作法、毛詩、君子之馬、既閑且馳、傳曰、行中節、馳中法也、此即文且法矣意、）驅而前之。輪中繩。（圖車轍直、如引繩、）引而卻之。馬掩迹。（物曰、謂踏舊跡也、圖列子、輿輪之外、可使無餘轍、馬蹄之外、可使無餘地、此即中繩掩迹之義、）拊而發之。（拊擊也、圖戰國策、拊膝無答服、）彘逸出於竇中。馬退而卻。筴不能進也。（進下一有前字、）馬駻而走。轡不能止也。（止一作正、非、）司城子罕謂宋君。（句頭元有一曰、）曰。慶賞賜予者。民之所好也。君自行之。誅罰殺戮者。民之所惡也。臣請當之。於是戮細民。而誅大臣。君曰、與子罕議之。居期年。民知殺生之命制於子罕也。故一國歸焉。故子罕劫宋君。而奪其政。法不能禁也。故曰、子罕爲出彘。而田成恆爲圃池也。（恆一作常、）今令王良造父共車。人操一邊轡。而入門閭。（人猶各也、）駕必敗。而道不至也。（物曰、謂不能至道所盡處也、）令田連成竅共琴。人撫一絃而揮。則音必敗。而曲不遂矣。（令一作今、非、一無下而字、案自一曰造父爲齊王駙駕至此、一筆直敘、不宜分斷、舊本中間揷兩一曰字、遂使解經之意割裂不明也、今爲刪去、）

㈡（傍注凡四事、）［昭襄知主情］秦昭王有病。百姓里買牛。而家爲王禱。（圖佩文買作纚、）公孫述出見之。（述宜作衍、衍因形訛術、術因音訛述、）入賀王曰。百姓乃皆里買牛。爲王禱。王使人問之。果有之。王曰、訾之人二甲。（字典、訾貲通、說文、小罰以財自贖也、齊語、輕過而移諸甲兵、注、謂輕其過、使以甲兵贖罪、氾論訓、齊桓公將欲征戰、甲兵不足、令有重罪出三甲一戟、）夫非

太史公曰、韓子引繩墨、用是非、極慘礉少恩、正此類、

令而擅禱者。（一無者字、）是愛寡人也。夫愛寡人。寡人亦且改法而心與之相循。者是法不立。（者宜作則、謂吾將舍法而以慈愛之心、與民相從親、則是法廢也、）法不立。亂亡之道也。不如人罰二甲。而復與爲治。一曰。秦昭襄王病。（補昭字、）百姓爲之禱。病愈。殺牛塞禱。（墨子、寃去事已、塞禱、管子、桓公踐位、令釁社塞禱、又云、舉春祭、塞久禱、注、久禱而未報者、當享塞之、物曰、塞賽同、圖封禪書、冬賽禱祠、索隱曰、報神福也、）郎中閻遏。公孫衍出而見之。（一無而字、閻姓也、二世時有咸陽令閻樂、）曰、非社臘之時也。奚自殺牛而祠社。怪而問之。百姓曰。人主病。爲之禱。今病愈。殺牛塞禱。閻遏公孫衍說。見王拜賀曰。過堯舜矣。王驚曰。何謂也。對曰。堯舜其民。（其猶之也、）未至爲之禱也。今王病。而民以牛禱。病愈。殺牛塞禱。故臣竊以王爲過堯舜也。

王因使人問之。何里爲之。訾其里正與伍老。（里正、里長、伍老、伍長也、）屯二甲。（字典、引說文、曰、屯出也、）閻遏公孫衍媿不敢言。居數月。王飲酒酣樂。閻遏公孫衍謂王曰。前時臣竊以王爲過堯舜。非直敢諛也。堯舜病。且其民未至爲之禱也。今王病。而民以牛禱。病愈。殺牛塞禱。今乃訾其里正與伍老屯二甲。臣竊怪之。王曰。子何故不知於此。彼民之所以爲我用者。非以吾愛之爲我用者也。以吾勢之爲我用者也。（物曰、兩之字無義、圖我者、自彼之謂、吾者、自己之謂、爾雅、謂我身者、吾謂之朕、其義可見、）吾釋勢與民相收者。（者元作若、者寫誤、）是吾適不愛。而民因不爲我用也。（收謂收攝民心、）故遂絕愛道也。（物曰、謂斷絕吾與民以愛相收之路也、）

孫鑛曰、不以蔬栗活民之無功者、恐亂法、秦之急功利如此。

[不發五苑] 秦大饑。應侯請曰。五苑之草著蔬菜橡果棗栗。足以活民。請發之。舊注、草著謂草木著地而生也、山曰、舊錯傳、根著之類、亡不載也、注有根著地者、著音直略反、圓案、圓機活法引作秦飢、應侯謂王曰五苑之菜蔬橡棗栗足以活民請發與之、藝文類聚同、蔬菜草之可食者、唐韻、橡橡實也。昭襄王曰。吾秦法。使民有功而受賞。有罪而受誅。今發五苑之蔬果者。使民有功與無功俱賞也。夫使民有功與無功俱賞者。此亂之道也。夫發五苑而亂。不如弃棗蔬而治。一曰。今發五苑之蓏蔬棗栗。足以活民。今作令誤。是用民有功與無功爭取也。用猶使也、山曰、恐明字訛、圓案、藝文類聚用作使、爭上有互字。夫生而亂。不如死而治。大夫其釋之。物曰、謂舍置勿復言也。〇昭王意忌應侯之得民心、故不允其請耳、猶蕭何請予貧民地而漢高囚之也、秦法雖峻嚴少恩、豈坐視民之餓死哉。

楊愼曰、三復斯言、人人可自警省。

[田鮪知臣情故教田章] 田鮪教其子田章。秦策、齊懼、令田章以陽武合於趙。曰。欲利而身。先利而君。欲富而家。先富而國。而汝也。一曰。田鮪教其子田曰。主賣官爵。臣賣智力。致智力取官爵、如市易然、難一篇、臣盡死力以與君市、君垂爵祿以與臣市。故自恃。無恃人。自恃智力、富貴自至。

初潭李云、眞切至到、非道學好名所知。

[公儀辭魚] 公儀子相魯而嗜魚。元作公孫儀、與經及下文不合、故正之、道應訓作公儀休、史循吏傳同、高誘云、故魯博士也。一國盡爭買魚而獻之。公儀子不受。其弟諫曰。夫子嗜魚。而不受者何也。對曰。夫唯嗜魚。故不受也。夫卽受魚。必有下人之色。卽猶若也、史記多此字法、一作旣。有下人之色。將枉於法。枉於法。則免於相。圓淮南子、弟下有子字、焦氏類林無諫字、何上無者字、淵鑑引云、公儀休相魯而嗜魚、國人爭餽魚、公儀子不受曰、夫受人之魚、必有下人之色、色下於人、將枉於法、法枉則免於相矣。免於相。一無此三字。雖嗜魚。此必不

王維禎曰、此段曲折、凡爲吏者可自勉於廉。

能致我魚。必不一作不必、能下一有自給二字。我又不能自給魚。卽無受魚而不免於相。雖不受魚。元作雖嗜魚、從初潭正。我能長自給魚。圓焦氏類林作雖不受魚、我能常自給魚。此明夫恃人不如自恃也。一曰。補此二字。明於人之爲己者。不如己之自爲也。淮南子云、毋受魚而不免於相、則能長自給魚、此明於爲人爲己者也。

(三) 凡六事。[蘇代非齊王] 子之相燕。貴而主斷。蘇代爲齊使。燕策、爲齊使於燕、又云、蘇秦之在燕也、與其相子之爲婚、而蘇代與子之交。燕王問之曰。齊王亦何如主也。對曰。必不霸矣。燕王曰。何也。對曰。昔桓公之霸也。內事屬鮑叔。外事屬管仲。桓公被髮而御婦人。圓曲禮、僕御婦人、則進左手、後右手。日遊於市。此事又見難一篇、案燕策及呂春秋、荀子、與此同、爲齊桓事、而家語及孔子世家云、衛靈公與夫人同車、招搖於市、晏子及說苑云、齊景公正晝被髮乘六馬、御婦人、以出其事正相類。今齊王不信其大臣。策云、蘇代欲以激燕王、以厚任子之。於是燕王因益太信子之。子之聞之。使人遺蘇代金百鎰。而聽其所使之。策無之字。一曰。蘇代爲秦使燕。見無益子之。則必不得事而還。貢賜又不出。貢元作賞、字之誤也、物曰、貢貢秦賜、賜代、遂屬强解。於是見燕王。乃譽齊王。燕王曰。齊王何若是之賢也。則將必王乎。蘇代曰。救亡不暇。安得王哉。燕王曰。何也。曰。其任所愛不均。謂不專任。燕王曰。其任何也。問專任之道當何如。曰。昔者齊桓公愛管仲。置以爲仲父。內事理焉。外事斷焉。舉國而歸之。故一匡天下。九合諸侯。今齊任所愛不均。是以知其亡也。燕王曰。今吾任子之。天下未之聞也。於是明日張朝而聽子之。張朝、設朝也、圓專聽其所爲也。

潘壽說禹情

潘壽謂燕王。一接前條潘壽燕之處士史策作鹿毛壽春秋後語作厝毛壽 曰。王不如以國讓子之。人所以謂堯賢者。以其讓天下於許由。許由必不受也。或說必字衍 則是堯有讓許由之名。而實不失天下也。今王以國讓子之。子之必不受也。則是王有讓子之之名。而與堯同行也。於是燕王因舉國而屬子之。子字從國策補 子之大重。策注屬猶付也○魏策犀首謂張儀曰請令王讓先生以國王為堯舜矣先生弗受亦許由也衍因令王致萬戶之邑於先生 當時策士弄主如嬰兒不特潘壽也 一曰。潘壽隱者。燕使人聘之。潘壽見燕王曰。臣恐子之之如益也。王曰。何益哉。不知其為人名故問 對曰。古者禹死。將傳天下於益。啓之人因相與攻益而立啓。物曰啓之人啓之臣也 今王信愛子之。將傳國子之。太子之人盡懷印璽。

子之之人。無一人在朝廷者。王不幸棄羣臣。則子之亦益也。王因收吏璽。自三百石以上皆效之子之。子之大重。策注大事記以石計祿始見于此圓秦紀自六百石以上正義云上時掌反案漢志其能耕者不過百畮百畮之收不過百石王莽傳更名秩百石曰庶士三百石曰下士莽之去古未遠其制應同也 一曰。燕王欲傳國於子之。問之潘壽。對曰。已上十七字國策作或曰 禹愛益。而任天下於益。史記愛作薦 已而以啓人為吏。及老。而以啓為不足任天下。故傳天下於益。而勢重盡在啓也。已而啓與友黨攻益。而奪之天下。圓史作交黨國策姚本作支黨 是禹名傳天下於益。而實令啓自取之也。此禹之不及堯舜明矣。今王欲傳之子之。上之字策作國 而吏無非太子之人者也。是名傳之。而實令太子自取之也。燕王乃收璽。策璽作印 自三百石以上皆效之。石下策有吏字效之下有子之二字 子之遂重。圓策云子之南面行王事而噲老不聽政顧為臣 夫人主之所以鏡照者。此總蘇代潘壽二事而并論之元在一日潘壽隱者條下今移置此 諸侯之士徒也。解經文人主者鑒於外也之義 今諸侯之士徒。皆私門之黨也。人主之所以自羽翮者。巖穴之士徒也。解經文人主者鑒於士也之義羽翮為之助也 今巖穴之士徒。皆私門之舍人也。舍人私屬之官見上 是何也。奪褫之資。物曰謂予奪之柄也 在子之也。文賦注褫猶去也音直吏反○此下元有故吳章曰條今加一曰更移置下此篇編纂舊多錯誤蓋為後人妄所割裂易置也

方吾知之故恐同衣族

方吾子曰。吾聞之。古禮。行不與同服者同車。不與同族者共家。禮坊記君不與同姓同車與異姓同車不同服示民不嫌也以此坊民民猶得同姓以弑其君也圓周禮大司徒同衣服疏云士以上衣服皆有采章庶人皆同深衣而已左傳同族於禰廟注同族謂高祖以下 而況君人者。乃借其

權。而外其勢乎。外遺也

吳章知之故說以佯

吳章謂韓宣王曰。人主不可佯愛人。一日不可復憎。佯誠之反也一日異日也物曰佯猶言纔也圓佯猶假也 不可以佯憎人。圓佩文不上有人主二字 一日不可復愛也。故佯憎佯愛之徵見。謂示于下 則諛者因資。而毀譽之。雖有明主。不能復收。而況於以誠借人也。也耶通 一曰。吳章曰。人主不佯憎愛人。物曰不假一愛憎也 佯愛人。不得復憎也。佯憎人。不得復愛也。此文元在上文奪褫之資在子之也之下吳上有故字後人妄加故字接上文耳今因經文之次正之

趙王惡虎目而壅

趙王遊於圃中。左右以菟與虎而輟觀之。苑中檻圈畜虎也井曰以菟示之而止不與之也圓菟兎同輟收手也 盼然環其眼。盼一作盻字書盻匹見反集韻或作盼又匹限反動目也物曰盻五

分切怨視貌舊注環轉其眼以作怨也圓盼當作眄轉眼貌字典引說文盼眄眄音義自別韻補盼或作眄舉要盼又同眄非虎目也。左右曰：平陽君之目可惡過此。平陽君趙豹爲孝成王議上黨事見史記圓趙世家惠文王二十七年封趙豹爲平陽君注惠文王母弟見此未有害也。見平陽君之目如此者，則必死矣。謂見危中其明日，平陽君聞之，使人殺言者，而王不誅也。權臣擅殺不爲已者而不責問則益無忌憚此主明之所以壅蔽也

周行人之却衛侯 衛君入朝於周，周行人問其號。圓周禮大行人掌大賓之禮及大客之儀以親諸侯對曰：諸侯辟疆。圓曲禮諸侯見天子曰臣某侯某周行人却之曰：諸侯不得與天子同號。舊注開辟疆土者天子之事也衛君乃自更曰：諸侯燬，而後內之。仲尼聞之曰：遠哉禁偪。虛名不以借人，況實事乎。舊注名辟疆未必能辟疆故曰虛也山曰衛世家立戴公弟燬是爲文公注引賈誼書云昔者衛侯朝於周周行人問其名曰衛侯辟疆周行人還之曰啓疆辟疆天子

之號也諸侯弗得用衛侯更其名曰燬然後受之故善守上下之分者雖空名弗使踰焉○圓案代辭編引賈子審微篇而云此周惠王時事也然自古天子未聞有名此者而春秋時有遠啓疆戰國時有齊王田辟彊亦未聞有議其僭也圓漢書趙王遂弟辟彊注謂辟禦強梁者猶辟兵辟非耳案辟當音闢漢書注非

㊃凡五事 搖木之本 引網之綱 搖木者，一一攝其葉，則勞而不偏。圓說文攝引持也左右拊其本，而葉偏搖矣。舊注拊擊動也臨淵而搖木，鳥驚而高，魚恐而下。此三句游辭也曰淵曰魚以呼起下文網乃弄文處善張網者引其綱，若一一攝萬目而後得，則是勞而難，引其綱而魚已囊矣。故吏者，民之本綱者也。圓淵鑑無下者字故聖人治吏不治民。吏循良則民自治矣圓後漢百官志注太公陰符曰武王問曰願聞治亂之要太公曰其本在吏

失火之嗇夫 救火者，令吏挈壺甕而走火，則一人之用也。圓周禮挈壺氏掌挈壺以令軍井操鞭箠指麾而趣使人，趣促也則制萬夫。是以聖人不親細民，明主不躬小事。

造父之遇馬 造父方耨時，元接上非有子父乘車過者，馬驚而不行。其子下車牽馬，父下推車。下元作子從山氏正請造父助我推車。圓淵鑑我作之造父因收器，輟而寄載之。傍注器農器援其子父乘。父作之寫者誤乃始撿轡持筴。撿从木誤未之用也，馬咸騖矣。咸元作轡從經注正咸騖四馬齊進也圓騖猶馳也淮南子昔者王良造父之御也上車攝轡馬爲整齊即此使造父而不能御，雖盡力勞身助之推車，馬猶不肯行也。今使身佚且寄載，有德於人者，有術而御之也。故國者，君之車也；勢者，君之馬也。無術以御之，身雖勞，一無處字猶不免亂。舊注術則國之轡策有術以御之，身處佚樂之地，又致帝王之功也。

椎鍛榜檠 椎鍛者，所以平不夷也。夷亦平也榜檠者，所以矯不直也。矯正也聖人之爲法也，所以平不夷，矯不直也。賞公忠者罰姦惡者莫如法焉

淖齒李兌 淖齒之用齊也，一接上非擢閔王之筋；李兌之用趙也，餓殺主父。此二君者，皆不能用其椎鍛榜檠，故身死爲戮，而爲天下笑。一曰：入齊則獨聞淖齒，而不聞齊王；入趙則獨聞李兌，而不聞趙王。故曰：人主者不操術，則威勢輕而臣擅名。此下元有一曰田嬰相齊條誤今移左上一曰：武靈王使惠文王蒞政，李兌爲相。武靈王不以身躬親殺生之柄，故劫於李兌。

㊄凡四事 兹鄭之踞轅而歌 兹鄭子引輦上高梁，而不能支。橋勢隆起不可支持兹

陳深曰此喻設術。

鄭踞轅而歌。山曰左襄二十四年張骼輔躒皆踞轉而鼓琴，杜注無據，以此推彼，轉轅字誤。前者止。後者趨。輦乃上。物曰前行者輟而不進，後來者趨而赴之，皆助玆鄭而推挽之，樂其歌故也。使玆鄭無術以致人。則身雖絕力至死。王一作致。輦猶不上也。今身不至勞苦。而輦以上者。以已同。有術以致人之故也。一無人字。

趙簡主稅薄　疑言國中飽

趙簡主出稅者。令吏出行收其賦稅。吏請輕重。簡主曰。勿輕勿重。重則利入於上。若輕則利歸於民。吏無私利而止矣。止已同。元作正，寫者誤。舊注主不自定其輕重之術曰勿輕重而已，吏因擅意因以致富。薄疑謂趙簡主。元爲別條。曰。君之國中飽。簡主欣然而喜曰。何如爲。主謂國內之民富足故喜。對曰。府庫空虛於上。百姓貧餓於下。然而姦吏富矣。姦吏居中致富，故曰國中飽。山曰又見呂氏春秋。

李坤曰以間而用恩，恩多亦濟。

桓公巡民

齊桓公微服。以巡民家。人有年老而自養者。物曰自養自炊也。桓公問其故。對曰。臣有子三人。說苑作五人。家貧無以妻之。傭未及反。及字衍。說苑吾使傭而未返也。桓公歸以告管仲。管仲曰。畜積有腐弃之財。則人飢餓。宮中有怨女。則民無妻。桓公曰。善。乃論宮中所有婦人而嫁之。一無所字。下令於民曰。丈夫二十而室。婦人十五而嫁。一曰。桓公微服而行於民間。行巡行。有鹿門稷者。行年七十而無妻。桓公問管仲曰。有民老而無妻者乎。管仲曰。有。山曰句。鹿門稷者。行年七十矣。而無妻。桓公曰。何以令之有妻。管仲曰。臣聞之。上有積財。則民臣必匱乏於下。宮中有怨女。則有老而無妻者。

古樂府裁梁何承天詩鉛陵須良駟造父爲之泣，飾用此事也。延作鉛，與今本不同。

桓公曰。善。令於宮中。下令於宮中也。女子未嘗御。出嫁之。山曰嘗宜作當，曲禮大夫士去國，婦人不當御。注御接見也。乃令男子年二十而室。女年十五而嫁。則內無怨女。外無曠夫。孟子注曾使一國男女無有怨曠，皆使無過時之思也。

延陵乘馬不得進　造父過而爲之泣

延陵卓子乘蒼龍桃文之乘。月令天子駕倉龍，注馬八尺以上爲龍。案蒼龍桃文，馬青質有赤文，色如桃花也。公羊傳注乘備駟也。桃一作挑，[illegible]挑鋋桃三字，集韻同他彫切。淵鑑亦作桃文，以蒲梢爲對，案桃文桃花馬也。秦紀溫驪，徐本盜驪，鄒本騠驪，玉篇桃騂，皆以音近轉訛，不同，而實則桃文也。說者以盜爲竊，遂爲淺青馬者誤。鉤飾在前。山曰毛詩鉤膺鏤革，傳鉤膺樊纓也。疏云樊今馬大帶，纓今馬鞅也。莊子前有橛飾之患，後有鞭筴之威，釋文引司馬彪云飾排衡也。[illegible]周禮疏云鉤婁頷之鉤，詩云鉤膺鏤錫，鉤連言膺，明鉤在膺前也。錯錣在後。脩務訓今有良馬不待冊錣而行，案錯冊並宜讀爲策。氾論訓作策錣，注錣端頭箴也。列子釋文引許愼云錣馬策端有利鋒，所以刺不進也。原道訓勁策利錣，劉注錣讀蜹蠋之蜹，集韻鏋字注策端有鐵，本作錣。馬欲進。則鉤飾禁之。欲退。則錯錣貫之。馬因旁出。造父過而爲之泣涕曰。古之治

楊愼曰貪吏安可爲也，廉吏亦不可爲，此吏之所以泣也。

人亦然矣。夫賞所以勸之。而毀存焉。罰所以禁之。而譽加焉。儒俠之民，法所外也，而世尊之，耕戰之士，上所急也，而世賤之，是毀譽相反也。民中立而不知所由。此亦聖人之所爲泣也。一曰。延陵卓子乘蒼龍與翟文之乘。蒼龍爲服，翟文爲驂，故曰與也。爾雅注騂色如華而赤也。續博物志唐天寶中大宛進汗血馬，其六曰桃花叱撥。翟文亦桃文也，義同。翟讀曰耀，耀鋋同，原道訓騖霓注霓讀翟氏之翟。毛詩佻佻公子，韓詩作嬥嬥，可見翟古有兆音也。爾雅銚芅，注今羊桃也，或曰鬼桃，葉似桃，華白子如小麥，亦似桃。唐韻作䔄，音遙。前則有錯飾。錯宜作鉤，又疑鏑字訛。氾論訓注鏑口中央鐵，大如雞子中黃，所制馬口也。或說樂書云前有錯衡，所以登目也。索隱曰錯鏤衡扼爲文飾也。後則有利錣。進則引之。進一作筴。退則筴之。馬前不得進。後不得退。遂避而逸。因下抽刀而刎其脚。刎脚猶剄身，古人用字。李陵書不必拘也。造父見之泣。一無之字。終日不食。因仰天而歎曰。筴所以進之也。錯飾在前。引所以退之也。利錣在後。今人主以

標箋曰：鬱快而不若物之貌有致。

其清潔也進之，以其不適左右也退之，以其公正也譽之，以其不聽從也廢之。民懼，中立而不知所由，此聖人之所爲泣也。

右傳

定本韓非子纂聞卷第十四　終

本難注凡九條，難皆借古人以己意要歸于刑名，篇內皆以或字起斷案。

楞曰：諸難皆託環之事，設爲辨以逞其縱橫，顯以見才耳。利口非邪，然可長巧蓋人箋力。

定本韓非子纂聞卷第十五　難一　難二

江都　松皋圓纂聞

難一第三十六　索隱曰：難者，說前人行事與己不同而詰難之也。凡事是非未盡，假往來之辭，則曰難也。舊注：古人行事，或不合理。韓子立議，以難之也。

晉文公將與楚人戰，召舅犯問之曰：吾將與楚人戰，彼衆我寡，爲之奈何。呂春秋注：舅犯，狐偃也，字子犯，文公之舅也。舅犯對曰：一無對字。臣聞之，繁禮君子不厭忠信。句　舊注：禮繁縟，故曰繁禮。圓案：入間訓作仁義之事，君子不厭忠信。呂春秋作繁禮之君，不厭忠信。厭猶足也。務行忠信無倦怠也。戰陳之間，不厭詐僞。圓晉乘作服義之君，不足於信；服戰之君，不足於詐。君其詐之而已矣。文公辭舅犯，因召雍季而問之曰：我將與楚人戰，彼衆我寡，爲之奈何。雍季對曰：焚林而田，偷取多獸，後必無獸。人間訓：田作獵，偸取作愈多得獸。以詐遇民，偸取一時，後必無復。失信於民，不可再行也。舊注：偸，苟且也。圓西京賦：取樂今日，遑恤我後。注：言且快今日之苟樂焉。東京賦：今公子苟好勦民以媮樂。注：媮，僥倖也。僥倖一時之樂。媮音逾，韻會：他侯切，又與偸同。賈山至言云：媮合苟容。是媮有兩音也。管子云：與人交，多詐僞，無情實，偸取一切，謂烏集之交。養生論：馳騁常人之域，故有一切之壽。注：一切猶一時也。漢志：以意穿鑿，各取一切。注：苟順一時，非正道也。平帝紀：一切滿秩如眞。注：一切者，權時之事也。如以刀切物，苟取整齊，不顧長短縱橫，故曰一切。鹽鐵論：扇水都尉所言，當時之利權，一切之術也。治要引傳子云：競逐末利，而棄本業，苟合壹切之風起矣。吳漢傳云：一時之功也。注：一時言不可再遇也。李斯傳：請一切逐客。索隱曰：一切猶一例也。漢書注爲權時之義，亦未爲得也。案：一切一時義同，如索隱說乃爲佛書一切衆生之義，似失古訓矣。

君其正之而已矣。據呂春秋、淮南子等竝有此句，文勢完備，傳寫誤脫無疑，故爲補之。說苑、新序亦載此事。晉世家雍季作先軫，而爲先賞狐偃事。文呂子義賞篇與此同，而不苟篇爲趙衰郤子虎事。文公曰：善。辭雍季，以舅犯之謀與楚人戰以敗之。歸而行賞，先雍季而後舅犯。羣臣曰：

城濮之事。舅犯之謀也。（一無之字。）夫用其言而後其身。可乎。文公曰。此非若所知也。（若，汝也。元作君，誤。）夫舅犯言一時之權也。雍季言萬世之利也。（諸書云。吾豈可以先一時之權而後萬世之利也哉。）仲尼聞之曰。文公之霸也宜哉。既知一時之權。又知萬世之利。（戰國儒者引孔子語。其實出于孔子者。什之一也。率多假先聖之名。以取信於世者。如下文仲尼評趙襄子事。可以見已。讀者察焉。）或曰。雍季之對。不當文公之問。凡對問者有因。因小大緩急而對也。（事有小大。時有緩急。當因其宜獻替輔導。）所問高大。而對以卑狹。則明主弗受也。今文公問以少遇衆。而對曰後必無復。此非所以應也。且文公不知一時之權。又不知萬世之利。戰而勝。則國安而身定。兵强而威立。雖有後復。莫大於此。萬世之利。奚患

不至。（霸業既成。晉國賴之。若此大功。雖再有也。）戰而不勝。則國亡兵弱。身死名息。祓拂今日之死不及。（祓一作拔。周語注。拔除猶拂除也。音孚勿切。物曰。巫祝祓茀之。）安暇待萬世之利。（若宋襄公徒守小義。以傷於泓。無權故也。）待萬世之利。在今日之勝。今日之勝。在於詐敵。（元作詐於。寫者殺次。）詐敵萬世之利而已。故曰。雍季之對。不當文公之問。且文公又不知舅犯之言。舅犯所謂不厭詐僞者。不謂詐其民。（非言以詐遇民。）謂詐其敵也。敵者所伐之國也。後雖無復。何傷哉。（能殲滅之。不再舉者。乃爲大利。）文公之所以先雍季者。以其功耶。則所以勝楚破軍者。舅犯之謀也。以其善言耶。則雍季乃道其後之無復也。（道，說也。）此未有善言也。舅犯則以兼之矣。（以，猶與也。）舅犯曰。繁禮君子。不厭忠信者。忠所以愛其下也。信所以不欺其民也。夫既以愛而不欺矣。（以已同。）言孰善於此。然曰出於詐僞者。軍旅之計也。舅犯前有善言。後有戰勝。故舅犯有二功而後論。雍季無一焉而先賞。文公之霸。不亦宜乎。仲尼不知善賞也。（舊注。仲尼不知善賞之道。妄歎宜哉。○先聖嘗謂文公譎而不正。其無宜哉之褒可知也。案左傳有仲尼聞魏子之舉也以爲義之語。世儒謬傳此事而[illegible]設破者歟。）

歷山之農者侵畔。舜往耕焉。朞年甽畝正。（五帝紀正義引作。歷山之農相侵略。舜往耕。朞年耕者讓畔。山曰甽。畎同。圓案。周語注。一耕之發。廣尺深尺爲畎。百步爲畝。韋昭云。下曰畎。高曰畝。）河濱之漁者爭坻。（詩傳。坻，小渚也。音直尸反。舊注。坻，水中高地也。釣者依之。）舜往漁焉。朞年而讓長。（路史注。歷山在河東。乃首陽山。河濱在蒲陶城北。其南去歷山近。）東夷之陶者器苦窳。（齊語。辨其功苦。注。功，牢也。苦，脆也。荀子注。楛與苦同。惡也。凡器

物堅好者謂之功。濫惡者謂之苦。西京賦。鬻良雜苦。或云。楛讀爲沽。儀禮有沽功。鄭注。沽，麤也。史正義云。苦讀如盬。晉古案。楊升庵外集。楛盬盬字異而義同。詩。王事靡盬。傳。不堅也。左傳。皿蟲爲蠱。疏云。是亦不攻牢。不堅緻之謂也。史記索隱云。窳，游甫反。裴注。窳，病也。）舜往陶焉。朞年而器牢。（牢，攻固也。圓孟子。舜生於諸馮。東夷之人也。淵鑑引云。舜耕於歷山。農者讓畔。漁於雷澤。漁者讓長。藝文類聚引云。歷山農者侵畔。舜往耕。朞年耕者讓畔。河濱漁者爭坻。舜往漁。朞年而漁者讓長。東夷之陶者苦窳。舜往陶。朞年而器以牢。鹽鐵論注。坻作壇。案。壇坻同。當作坻。郎坻字。）仲尼歎曰。耕漁與陶。非舜官也。而舜往爲之者。所以救敗也。舜其信仁乎。乃躬耕處苦而民從之。故曰。聖人之德化乎。（乎，美辭。爾故曰。孔子稱古語也。孟子。君子之所過者化。朱注。君子，聖人之通稱。）

或問儒者曰。方此時也。堯安在。其人曰。堯爲天子。（儒者答也。）然則仲尼之聖堯奈何。（舊注。堯在上。容人爲惡。仲尼謂堯爲聖者奈何。）聖人明察在上位。將使天下無姦也。令耕漁不爭。陶器不窳。舜又何德

陳澧曰，戰國時爲此說以攻儒者。

而化。舊注，若堯已在上，則自有禮讓，何須舜以化之。舜之救敗也，則是堯有失也。賢舜則去堯之明察，聖堯則去舜之德化，不可兩得也。楚人有鬻楯與矛者，譽之曰，吾楯之堅，莫能陷也。又譽其矛曰，吾矛之利，於物無不陷也。陷洞刺也。或曰，以子之矛，陷子之楯，何如。其人弗能應也。此喩又見難勢篇。楊升庵外集，今人謂言不相副曰自矛盾，見尸子。夫不可陷之楯與無不陷之矛，不可同世而立。今堯舜之不可兩譽，矛楯之說也。且舜救敗，朞年已一過，三年已三過。已止同。舜有盡，壽有盡，天下過無已者。衆姦百僞，無有止時，若欲躬親操細事以化之，祇見其無術也。以有盡逐無已，所止者寡矣。賞罰使天下必行之，令曰，中程者賞，弗中程者誅。荀子，程者物之準也。注，程度量之總名。鄧析子，明君立法之後，中程者賞，缺

繩者誅。令朝至暮變，暮至朝變。謂改化之速也。十日而海內畢矣。天下雖廣，旬日乃遍。奚待朞年。舜猶不以此說堯令從。使堯聽從其言。己乃躬親，不亦無術乎。且夫以身爲苦，而後化民者，堯舜之所難也。處勢而令下者，令下行令于下。庸主之所易也。將治天下，釋庸主之所易，道堯舜之所難，未可與爲政也。○舜有國于虞，尙書云側微者，特言其在下耳。虞侯而興農商，雜處親操鄙事，豈有此理哉。然孟子亦云耕稼陶漁，固可疑也。蓋在虞日能敎其民，正經界，便漁釣，利器用，使其富庶，尙辭讓耳。管仲有病，桓公往問之，曰，仲父病，不幸卒於大命，將奚以告寡人。物曰天命，死生卽命之大者。管仲曰，微君言，臣故將謁之。管子作管仲對曰，微君之命臣也，故臣且謁之。注，謁謂有所告之物。曰，微無也，故固通。願君去豎刁，除易牙，遠衛公子開方。易牙爲君主味，君惟人肉未嘗。十過篇，君之所未嘗食，惟人肉耳。管子云，惟蒸嬰兒

孫鏘曰，弄之本意在此。

稍巧。

孫鏘曰，上是折難病，下乃辨治理。

劉辰翁曰，君臣設作市道說，而奇然偏激甚深。

之未嘗。易牙蒸其首子而進之。蒸通作烝，主術訓，烹其首子而餌之。夫人情莫不愛其子，今弗愛其子，安能愛君。君妬而好內，管子云，公喜宮而妒。豎刁自宮以治內。人情莫不愛其身，身且不愛，安能愛君。開方事君十五年，齊衛之間，不容數日行，弃其母，久宦不歸。宦一作官。其母不愛，安能愛君。臣聞之，務僞不長。務元作矜，誤。說苑作務。蓋虛不久。說苑蓋作葢。管子云，務爲不久，蓋虛不長。注，覆蓋虛妄。不得長掩圖案，務行詐僞，久必發露。管子僞作爲，誤。願君去此三子者也。管仲卒，死山曰衍文。而桓公弗行。一無而字。及桓公死，蟲出戶不葬。戶元作尸，下同，誤。管子云，死十一日，蟲出於戶。或曰，管仲所以見告桓公者，非有度者之言也。所以去豎刁易牙者，以不愛其身適君之欲也。曰不愛其身，安

能愛君，然則臣有盡死力以爲其君者，管仲將弗用也。曰不愛其死力，安能愛君，是欲君去忠臣也。舊注，盡死力亦不愛身也。一無欲字。且以不愛其身度其不愛其君，是將以管仲之不能死公子糾度其不死桓公也。公子糾之難，召忽死之，管仲不死。是管仲亦在所去之域矣。不死其君之難者，不愛其君也。明主之道不然，設民所欲以求其功，故爲爵祿以勸之；設民所惡以禁其姦，故爲刑罰以威之。慶賞信而刑罰必，故君擧功於臣而姦不用於上。功勞之臣擧用，姦邪之臣屛退。雖有豎刁，其奈君何。且臣盡死力以與君市，君垂爵祿以與臣市，君臣之際，非父子之親也，計數之所出也。舊注，君計臣力，臣計君祿。君有道，則臣盡力而姦不生。無

陳深曰。蘇老泉管仲論本于此。

道。則臣上塞主明。而下成私。管仲非明此度數於桓公也。使去豎刁。一豎刁又至。非絕姦之道也。且桓公所以身死蟲流。出戶不葬者。是臣重也。君釋法。故姦臣竊其威柄。臣重之實擅主也。有擅主之臣。則君令不下究。臣情不上通。一人之力。能隔君臣之間。使善敗不聞。禍福不通。故有不葬之患也。明主之道。一人不兼官。一官不兼事。劉文子。治世之職易守也。其事易爲也。其體易行也。其責易償也。是以人不兼官。官不兼事。又云。工無二伎。士不兼官。人得所宜。淵鑑引愼子。古者工不兼事。士不兼官。工不兼事。則事省。省則易勝。士不兼官。則職寡。寡則易守。卑賤不待尊貴而進。大臣不因左右而見。百官修通。羣臣輻湊。羣臣各效忠於君。如輻之集於轂也。有賞者。君見其功。有罰者。君知其罪。見知不悖於前。賞罰不弊於後。弊蔽通。舊注。可賞賞。可罰罰。

罰。無所蔽塞也。安有不葬之患。管仲非明此言於桓公也。不用此言。明論其君。使去三子。故曰。管仲無度矣。

襄子圍於晉陽中。氾論訓無中字。出圍賞有功者五人。高赫爲賞首。張孟談曰。晉陽之事。赫無大功。今爲賞首何也。襄子曰。晉陽之事。寡人國危。社稷殆矣。吾羣臣無不有驕侮之意者。不有元作有不。因氾論訓正。人間訓同。惟赫子不失君臣之禮。淮南子無子字。是以先之。仲尼聞之曰。善賞哉。襄子賞一人。而天下爲人臣者。莫敢失禮矣。晉陽之圍。在周定王十六年。距孔子卒二十七年。而云仲尼聞之。誕妄亦甚。或曰。仲尼不知善賞矣。夫善賞罰者。百官不敢侵職。羣臣不敢失禮。上設其法。而下無姦詐之心。如此則可謂

正文巧。

綠曰。國新破。未行法。襄子之賞也。韓子之言。常也。

善賞罰矣。使襄子於晉陽也。令不行。禁不止。是襄子無國。晉陽無君也。尙誰與守哉。今襄子於晉陽也。知氏灌之。穴竈生鼃。穴宜作沈。晉語。襄子乃走晉陽。晉師圍而灌之。沈竈產鼃。民無叛意。注。沈竈。懸釜而炊也。產鼃。鼃生於竈。晉注。鼃與蛙同。又趙策作臼竈。山曰。穴當作突。而民無反心。是君臣親也。襄子有君臣親之澤。操令行禁止之法。而猶有驕侮之臣。是襄子失罰也。爲人臣者。乘事而有功則賞。今赫僅不驕侮。而襄子賞之。是失賞也。舊注。臣不驕侮。僅合臣禮。非有善可賞也。明主賞不加於無功。罰不加於無罪。今襄子不誅驕侮之臣。而賞無功之赫。安在襄子之善賞也。故曰。仲尼不知善賞。

晉平公與羣臣飮。飮酣。乃喟然歎曰。莫樂爲人君。惟其言而莫之違。論語。人之言曰。予無樂乎爲君。唯其言而莫予違也。如其善而莫之違也。不亦善乎。如不善而莫之違也。不幾乎一言而喪邦

乎。吳語。伍子胥曰。今王播棄黎老。而孩童焉比謀。曰余言而不違。夫不違。乃違也。夫不違。亡之階也。師曠侍坐於前。援琴撞之。公披袵而避。劉左傳注。袵裳際。琴壞於壁。披袵一作披衽。公曰。太師誰撞。師曠曰。今者有小人言於側者。故撞之。公曰。寡人也。師曠曰。啞。是非君人者之言也。舊注。啞歎息之聲。劉啞惡同。孟子。惡是何言也。注。惡驚歎辭。師曠初爲不知者。撞之。故驚歎也。左右請除之。除治也。或塗字訛。齊俗訓。昔平公出言而不當。師曠擧琴而撞之。跌衽中壁。左右欲塗之。平公曰。舍之。以爲寡人失。孔子聞之曰。平公非不痛其體也。欲來諫者也。韓子聞之曰。羣臣失禮而不誅。是縱過也。有以也夫。平公之不霸也。公曰。釋之。以爲寡人戒。山曰。說苑爲魏文侯師經事。淵鑑引十二國史同。或曰。平公失君道。師曠失臣禮。夫非其行。而誅其身。君之於臣也。非其行。則陳其言。善諫不聽。善諫屢諫。則遠其身

者。臣之於君也。今師曠非平公之行。不陳人臣之諫。而行人主之誅。舉琴而親其體。物曰。親猶犯也。是逆上下之位。而失人臣之禮也。夫爲人臣者。君有過則諫。諫不聽則輕爵祿以待之。物曰。謂辭爵祿。以待君之悟也。此人臣之禮義也。今師曠非平公之過。舉琴而親其體。雖嚴父不加於子。而師曠行之於君。此大逆之術也。術道也。臣行大逆。平公喜而聽之。是失君道也。故平公之迹。不可行也。使人主過於聽。而不悟其失。師曠之行。亦不可行也。使姦臣襲極諫。襲因也。而飾弒君之道。不可謂兩明。此謂兩過。故曰平公失君道。師曠亦失臣禮矣。

齊桓公時有處士曰小臣稷。纘小臣官姓也。周禮有小臣。桓公三往而弗得見。桓公曰。吾聞布衣之士。不輕爵祿。無以易萬乘之主。易亦輕也。山曰。韓詩外傳作輕。纘皇甫謐高士傳作助。萬乘之主。不好仁義。亦無以下布衣之士。纘鹽鐵論。古者庶人耋老。而後衣絲。其餘則麻枲而已。故命曰布衣。於是五往乃得見之。

或曰。桓公不知仁義。夫仁義者。憂天下之害。趨一國之患。不避卑辱。謂之仁義。故伊尹以中國爲亂道。爲宰干湯。百里奚以秦爲亂道。爲虜干穆公。虜奴隷也。皆憂天下之害。趨一國之患。不辭卑辱。故謂之仁義。今桓公以萬乘之勢。下匹夫之士。將與欲憂齊國。外儲左上。將以欲弃之。句法同。而小臣

顧云。此段甚精。正書歸義無遺。可通。梓曰。揣結之文。有加此者。

不行見。小臣之忘民也。忘民不可謂仁義。仁義者。不失人臣之禮。不敗君臣之位者也。是故四封之內。執禽而朝。名曰臣。禽作會誤。山曰。顯學篇作執禽。是曲禮。凡摯。卿執羔。大夫執雁。士執雉。臣吏分職受事。名曰萌。臣吏謂庶人在官者。萌氓同。今小臣在民萌之衆。而逆君上之欲。故不可謂仁義。仁義不在焉。桓公又從而禮之。使小臣有智能。而遁桓公。是隱也。所謂懷寶而惑其國也。論語。予無隱乎爾也。宜刑。纘管子。遁上而遁民者。聖王之禁也。若無智能。而虛驕矜桓公。是誣也。宜戮。信陵君傳。意驕矜而有自功之色。蔡澤傳。有驕矜之色。山曰。列子。方虛驕而恃氣。小臣之行。非刑則戮。桓公不能領臣主之理。而禮刑戮之人。是桓公以輕上侮君之俗。教於齊國也。非所以爲治也。故曰桓公不知仁義。斥世主禮遇儒者之失也。纘樂記。領父子君臣之節。注。領猶治理也。

靡笄之役。晉語注。靡笄齊山名。魯成二年。晉郤克伐齊。從齊師於靡笄之下。戰于鞌。音注。靡或音摩。又索隱云。在濟南。與代地摩笄不同。又齊世家徐注。靡一作摩。左傳疏。靡音摩。笄音雞。韓獻子將斬人。韋昭云。獻子時爲司馬。將斬人以僇罪在可赦之者。郄獻子聞之。駕往救之。比至則已斬之矣。郄子因曰。胡不以徇。胡何也。徇一作殉。下同。纘司馬穰苴傳正義云。徇行示也。其僕曰。曩不將救之乎。郄子曰。吾敢不分謗乎。韋昭云。言欲與韓子分謗。共非。謂能如此。故從事不乖也。

或曰。郄子言不可不察也。非分謗也。韓子之所斬也若罪人。則不可救。救罪人。法之所以敗也。法敗則國亂。若非罪人。而勸之以徇。勸之以徇纘四字衍。是重不辜也。舊注。斬既不辜。

張榜曰。但即主心翻出。絕無繳語。而宛轉有勢。味愬不究。最快。

張榜曰。發餘獨透。

徇又不辜。是重不辜也。重不辜。民所以起怨者也。民怨則國危。郄子之言。非危則亂。不可不察也。且韓子之所斬若罪人。郄子奚分焉。斬若非罪人。則已斬之矣。而郄子乃至。是韓子之謗已成。而郄子且後至也。一脫子字。夫郄子曰以徇。胡不以徇。不足以分斬人之謗。而又生徇之謗。舊注。徇不辜者。益得一謗。是何言分謗也。昔者紂爲炮烙。呂春秋。紂嘗駁爛人手。因作銅烙。布火其下。令人走其上。人墮地而死。觀之以爲娛樂。故名爲炮烙之刑。崇侯惡來又曰斬涉者之脛也。奚分於紂之謗。尚書。斮朝涉之脛。孔傳。冬月見朝涉水者。謂其脛耐寒。斬而視之。舊注。此助爲虐。更益謗也。且民之望於上也甚矣。韓子弗得。且望郄子之得之也。得得道也。今郄子俱弗得。則民絕望於上矣。故曰郄子之言。非分謗也。益謗也。且郄

子之往救罪也。以韓子爲非也。不道其所以爲非。而勸之以徇。是使韓子不知其過也。夫下使民望絕於上。山曰。望絕宜作絕望。又使韓子不知其失。吾未得郄子之所以分謗者也。

桓公解管仲之束縛而相之。管仲曰。臣有寵矣。然而臣卑。有寵一作夜然。案夜乃位字訛。公曰。使子立高國之上。管仲曰。臣貴矣。然而臣貧。公曰。使子有三歸之家。管仲曰。臣富矣。然而臣疏。於是立以爲仲父。外儲左下。孔子聞而非之曰泰侈逼上。霄略曰。管仲以賤爲不可以治國。故請高國之上。以貧爲不可以治富。故請三歸。以疏爲不可以治親。故處仲父。管仲非貪以

注元脫宦字。據補。

使治也。史記正義引說苑云。齊桓公使管仲治國。管仲對曰。賤不能臨貴。桓公以爲上卿。而國不治。曰。何故。管仲對曰。貧不能使富。桓公賜之齊市租。而國不治。桓公曰。何故。對曰。疏不能制近。桓公立以爲仲父。齊國大安。而遂霸天下。孔子曰。管仲之賢。而不得此三權者。亦不能使其君南面而稱伯也。

或曰。今使臧獲奉君令詔卿相。莫敢不聽。詔告命之也。非卿相卑而臧獲尊也。主令所加。莫敢不從也。今使管仲之治。不緣桓公。舊注。謂擅出其令也。是無君也。國無君不可以爲治。若負桓公之威。下桓公之令。是臧獲之所以信也。信讀爲伸。奚待高國仲父之尊。而後行哉。當世之行事都丞之下徵令者。行事官名。見說林篇。舊注。都丞官之卑者。不辟尊貴。不就卑賤。舊注。二官雖卑。奉命徵令。亦不以尊貴卽避。卑賤卽就也。故行之而法者。雖巷伯信乎卿相。詩鄭箋云。巷伯奄官。左傳注。寺人掌宮內之事。

行之而非法者。雖大吏詘乎民萌。范睢傳。今自有秩以上至諸大吏。下及王左右。今管仲不務尊主明法。而事增寵益爵。是非管仲貪欲富貴。必闇而不知術也。故曰管仲有失行。霄略有過譽。

韓宣王問於樛留曰。曰字從說林補。吾欲兩用公仲公叔。其可乎。樛留對曰。昔魏兩用樓翟而亡西河。舊注。樓緩翟璜。圓案。說林作犀首張儀。楚兩用昭景而亡鄢郢。舊注。昭景楚之二姓。今君兩用公仲公叔。此必將爭事而外市。外交取利。則國必憂矣。

或曰。昔者齊桓公兩用管仲鮑叔。成湯兩用伊尹仲虺。夫兩用臣者國之憂。則是桓公不霸。成湯不王也。湣王

趙本題注：凡七章，皆借古人以伸己之說也。然其辯難攻擊之力，則惟以法術爲先，仁義爲後，而元氣變乎宗矣。

陳深曰：出左氏，然左傳深矣。

孫鑛曰：是刻薄之言，韓生之本行也。晏子爲近正矣。

注太簡到。

孫鑛曰：此亦法家之說。

一用淖齒而身死乎東廟。（身一作手。）主父一用李兌減食而死。主誠有術，兩用不爲患；無術，兩用則爭事而外市，一則專制而劫弒。今留無術以規上，（規，規箴。）使其主去兩用一，是不有西河鄗郢之憂，則必有身死減食之患。（秦策：李兌用趙，減食主父，百日而死。）是繆留未有善以知言也。

難二第三十七

景公過晏子曰：子宮小近市，請徙子家豫章之圃。晏子再拜而辭曰：且（山曰：左傳有君之先臣容焉，臣不足以嗣之，於臣侈矣等語，故曰且以承上文。晏子同此，失刪耳。）嬰家貧，待市食而朝暮趨之，不可以遠。景公笑曰：子家習市，識貴賤乎？是時景公繁於刑。晏子對曰：踊貴而屨賤。（踴，踊同。杜預云：刖足者屨。）景公曰：何故？對曰：刑多也。景公造然變色曰：寡人其暴乎！於是損刑五。（物曰：造愀同。字曰：晏子作公愀然改容，公爲是省于刑。山曰：道惠訓孔子造然革色，忠孝篇其容造焉，注：愁貌。溯：字彙補引忠孝篇而云造音戚，又大戴禮靈公造然失容，注：驚慘貌。家語作愀然，賈誼新書作戚然，新序作蹴然。）

或曰：晏子之貴踊，非其誠也，欲便辭以止多刑也。（舊注：卒問而應，非深思也。亂國重典，豈惡刑多，在當與不當耳，不在多少。山曰：周禮大司寇，刑亂國用重典。）此不察治之患也。夫刑當無多，不當無少。（舊注：苟不當，雖少猶以爲多也。）無以不當聞，而以太多說，無術之患也。敗軍之誅以千百數，猶北且不止；即治亂之刑如恐不勝，而姦尚不盡。今晏子不察其當否，而以太多爲說，不亦妄乎？夫惜草茅者耗禾穗，惠盜賊者傷良民。（管子：草茅不去，則害禾穀；盜賊不誅，則傷良心。溯：王符述赦論：養稂莠者傷禾稼，惠姦軌者賊良民。）今緩刑罰，

孫鑛曰：亦是重句法，但中著而字，而韻更出。

行寬惠，是利姦邪而害善人也，此非所以爲治也。

齊桓公飲酒醉，遺其冠，恥之，三日不朝。管仲曰：此非有國之恥也，公胡其不雪之以政？公曰：善。因發囷倉，（一作倉囷。）賜貧窮，論囹圄，出薄罪。處三日而民歌之曰：公胡不復遺冠乎！（溯：潤鑑上胡其無其字，冠上有其字，藝文同。）

或曰：管仲雪桓公之恥於小人，而生桓公之恥於君子矣。使桓公發倉囷而賜貧窮，論囹圄而出薄罪，非義也，不可以雪恥。（賞無功，赦有罪，反益恥耳，豈得洗白。）使之而義也，桓公宿義，（見義不爲，無勇也。宜速行之，何待遺冠？遺冠然後行之，是宿留其義也。繆稱訓：文王聞善如不及，宿不善如不祥。字曰：宿如宿諾之宿。溯：墨子：宿善者不祥。）須遺冠而後行之，則是桓公行義非爲遺冠也？（也，耶通。）是雖雪遺冠之恥於小人，而亦遺宿義之恥於君子矣。且夫發囷倉而賜貧窮者，是賞無功也；論囹圄而出薄罪者，是不誅過也。夫賞無功，則民偷幸而望於上；不誅過，則民不懲而易爲非。（無功者冀得賜，有罪者輕犯罪。）此亂之本也，安可以雪恥哉？

昔者文王侵盂、（盂一作盂。山曰：盂，邗通。周紀：明年伐邗，明年伐崇侯虎，而作豐邑。圓案：左傳齊國夏伐晉取盂，注：盂，晉地。）克莒、（毛詩：王赫斯怒，爰整其旅，以按徂旅。傳：旅，地名。案孟子引詩作以遏徂莒，近是。蓋密人侵阮徂共，故文王發兵以按遏密之兵，而徂伐莒也。詩人押韻，不宜重用旅字，其爲莒字音訛無疑。朱注鄭箋以師衆解，誤。）舉酆，（溯：路史：莒今密之莒縣。又云：春秋初年，紀子莒子爲盟于密，莒紀密之近也。毛詩：文王受命，有此武功，既伐于崇，作邑于豐。注：豐即崇國之地。）三舉事而紂惡之。（溯：詩正義雜引書傳所載，謂紂聞文王斷虞芮之訟，後又伐邗，伐密須，伐犬夷，三伐皆勝而始畏惡之。）文王乃懼，請入洛西之地、赤壤之國方千里，以請解炮烙之刑。（用兩請字。左傳隱八年：宋以幣請於衛，請先相見。昭元年：犯請於二子，請使女擇焉。）

疑皷著人

字法同。天下皆說。馬融云。壤天性和美也。此事又出殷紀。及齊俗訓。呂春秋。㴞泰誓疏作赤壤之田。釋名。壤瀼也。肥瀼意。地名有墨壤黃壤息壤。管子有赤壤白壤灰壤。禹貢疏引九章算術。穿地四爲壤。五壤爲息土。則壤是土和緩之名。仲尼聞之曰。仁哉文王。輕千里之國。而請解炮烙之刑。智哉文王。出千里之地。而得天下之心。㴞唐類鑑。仁作大。上里字作乘。藝文同。

或曰。仲尼以文王爲智也。不亦過乎。夫智者知禍難之地。而辟之者也。是以身不及於患也。使文王所以見惡於紂者。以其不得人心耶。使字意管到此。則雖索人心以解惡可也。解惡去紂之憎。紂以其太得人心而惡之。已又輕地以收人心。是重見疑也。益得民心。則益疑懼。固其所以桎梏囚於羑里也。紂囚文王於羑里。鄭長者有言。體道無爲無見也。體身行也。山曰。己見外儲右上。此最

宜於文王矣。不使人疑之也。深自韜晦。去彼畏惡。仲尼以文王爲智。未及此論也。

晉平公問叔向曰。昔者齊桓公九合諸侯。一匡天下。不識臣之力也。山曰。也耶通。㴞合纂類語。也作否。君之力耶。此四字。從文選注補。新序作不識其君之力乎。其臣之力乎。四字。講德論。文學夫子曰。昔成康之世。君之德歟。臣之力也。叔向對曰。管仲善制割。賓胥無善削縫。荀子有補削注。謂彌縫其闕。除去其惡也。隰朋善純緣。舊注。謂增飾也。㴞治要新序作補緣。衣成。君舉而服之。新序云。桓公知衣而已。亦臣之力也。君何力之有。師曠伏琴而笑之。公曰。太師奚笑也。師曠對曰。臣笑叔向之對君也。凡爲人臣者。猶炮宰。物曰。炮庖同。和五味而進之君。君弗食。孰敢强之也。臣請譬之。君者壤地也。臣者草木

顧廣圻曰二句是衍

張榜曰假亂非亂絶讀淨而有餘

也。必壤地美。然後草木碩大。㴞穆天子傳。草木碩美。又云。爰有大木碩草。亦君之力。似少也字。臣何力之有。

或曰。叔向師曠之對。皆偏辭也。夫一匡天下。九合諸侯。美之大者也。非專君之力也。又非專臣之力也。昔者宮之奇在虞。僖負羈在曹。二臣之智。言中事。發中功。虞曹俱亡者。何也。此有其臣。而無其君者也。且蹇叔處干而干亡。處秦而秦霸。非蹇叔愚於干。而智於秦也。此有君而無臣也。干一作于。又作虞。而作與。楊升庵外集。論段干姓事。云。案詩有出宿於干。今開封有刋溝。蹇叔處干而干亡。之秦而秦霸。卽證此文。也。案李斯書。迎蹇叔於宋。它無所考。一作于。蓋乃邘字。左傳。邘晉應韓武之穆也。周紀徐注。邘城在野王縣西北。山曰。作虞者是。蹇叔疑宜作百里奚。呂春秋。百里奚處乎虞而虞亡。處乎秦而秦霸。百里奚之處乎虞。知非愚也。其處乎秦。非加益也。有其本也。運命論。百里奚在虞而虞亡。在秦而秦霸。非不材於虞。而材於秦也。㴞路史亦

作于。晉刋。恐非。韻會邘字注。漢有邘侯。或作邗。杜預注。自邗穿溝入海。今邗溝也。是邗溝。晉于。非晉刋也。淮陰侯傳亦云。百里奚居虞而虞亡。在秦而秦霸。非愚於虞而智於秦也。用與不用。聽與不聽也。干虞音近而訛。當從山說。與諸書合。向曰。臣之力也。不然矣。傍注。以宮之奇僖負羈蹇叔觀之。則賢士必得聖主。而立功。昔者桓公宮中二市。婦閭二百。被髮而御婦人。東周策。齊桓公宮中女市。女閭七百。國人非之。注。閭里中門也。爲門市於宮中。使女子居之。物曰。宮中作市者二處。市各有閭。皆婦人主之。山曰。燕策作宮中七市。女閭七百。㴞淵鑑作昔者桓公宮中有三市。婦唱三百。案二市如漢靈帝列肆後宮是也。帝王世紀。紂宮九市。東方朔上疏云。殷作九市之宮。而諸侯畔。初學記引尸子。人言居天下者。瑤臺九累而堯白屋。黼黻九種而堯大布。宮中三市而堯鶉居。得管仲爲五伯長。失管仲。得豎刁。而身死蟲流出戶不葬。戶作尸誤。以爲非臣之力也。且不以管仲爲霸。以爲君之力也。且不以豎刁爲亂。昔者晉文公慕於齊女而亡歸。亡一作忘。山曰。詩。曷維其亡。箋云。亡之言忘也。咎犯極諫。故使得反晉國。一無得字。山曰。事詳于左傳僖二十三年。故桓公以管仲合。物曰。九合。

孫鑛曰。四語分四節辯之。各以原語襯起。而讓去略無痕。卓爲妙手。

文公以身犯霸。而師曠曰。君之力也。又不然矣。傍注以齊桓晉文觀之。則明君必待賢士而弘業。凡五霸所以能成功名於天下者。必君臣俱有力焉。故曰。叔向師曠之對。皆偏辭也。

齊桓公之時。晉客至。有司請禮。桓公曰。告仲父。若是者三。元脫若是二字。呂春秋新序皆有。舊注有司三請皆曰告仲父。而優笑曰。易哉爲君。一曰仲父。二曰仲父。山曰。優笑俳倡也。見說使篇。物曰。謂第一次而曰告仲父。第二次亦曰告仲父也。桓公曰。吾聞君人者。勞於索人。佚於使人。山曰。家語。賢君必自擇左右。勞於取人。佚於治事。荀子。君人勞於索之。而休於使之。吾得仲父已難矣。得仲父之後。得上一有又字。何爲不易乎哉。

或曰。桓公之所應優。非君人者之言也。桓公以君人爲勞於索人。何索人爲勞哉。伊尹自以爲宰干湯。百里奚

自以爲虜干穆公。物曰。秦紀奚作傒。虜所辱也。宰所羞也。蒙羞辱而接君上。賢者之憂世急也。然則君人者。無逆賢而已矣。逆迎也。或說。逆謂拒之。索賢不爲人主難。且官職所以任賢也。爵祿所以賞功也。設官職。陳爵祿。而士自至。君人者奚其勞哉。使人又非所佚也。人主雖使人。必以度量準之。以刑名參之。刑形通。以事遇於法則行。不遇於法則止。山曰。遇猶合也。功當其言則賞。不當則誅。以刑名收臣。以度量準下。此不可釋也。收攝羣臣。不得成姦。示以執法。令其依倣。此御下者所必用也。君人者。焉佚哉。索人不勞。使人不佚。而桓公曰。勞於索人。佚於使人者。不然。謂其言失理也。且桓公得管仲。又不難。管仲不死其君。而歸桓公。

王維楨曰。文字精奧。辯論不究。趙用賢曰。文字嚴密。精詰難不究。

陳深曰。故以貶駁公。譏切世主。

陳深曰。借管仲以伸己意。譏切時君。

張榜曰。此辯更奇。

鮑叔輕官讓能而任之。桓公得管仲。又不難明矣。已得管仲之後。奚遽易哉。奚遽又見五蠹篇。案吳語。此志也奚遽忘於諸侯之耳乎。列子。何遽遲速於其間乎。說苑。李克謂翟璜曰。予何遽失望於我。人間訓。此何遽不爲福乎。又云。塘有萬穴。塞其一。魚遽無由出。室有百戶。閉其一。盜遽無從入。魏都賦。奚遽不能與之踵武而齊其風。墨子。吾言何遽不善。而鬼神何遽不明。字又作渠。荀子。豈渠得免夫累乎。史記。尉他曰。使我居中國。何渠不若漢。陶淵明詩。脊考豈渠央。字又作詎。莊子。庸詎知吾所謂知之非不知乎。又作巨。列子力命篇。奚巨憂焉。又作距。難四篇。衛奚距然哉。又作鉅。楚策。范蝟曰。臣以爲王鉅速忘矣。遽渠詎巨距鉅。蓋古字通義。皆訓豈。奚遽。何渠。豈渠。庸詎。皆重語。猶言何其也。漢書。何遽不若漢。遽讀曰渠。史記作渠。顏注。有何促迫而不如漢也。誤。翊晉語。距非聖人。注。距猶自也。管仲非周公旦。周公旦假爲天子七年。成王壯。授之以政。非爲天下計也。爲其職也。夫不難奪子而行天下者。字曰。不字疑衍。山曰。子指成王。洛誥。周公曰。朕復子明辟。圓謂。難提阻意。必不背死君而事其讎。背死君而事其讎者。必不難奪子而行天下。不難奪子而行天下者。必不難

奪其君國矣。管仲公子糾之臣也。謀殺桓公而不能。其事不成。其君死而臣桓公。管仲之取舍。非周公旦。未可知也。若使管仲大賢也。且爲湯武。湯武桀紂之臣也。桀紂作亂。湯武奪之。今桓公以易居其上。是以桀紂之行。居湯武之上。桓公危矣。若使管仲不肖人也。且爲田常。田常簡公之臣也。而弒其君。今桓公以易居其上。是以簡公之易。居田常之上也。桓公又危矣。管仲非周公旦。亦以明矣。字曰。以已同。然爲湯武與田常。未可知也。爲湯武。有桀紂之危。爲田常。有簡公之亂也。已得仲父之後。桓公奚遽易哉。遽一作遽。若使桓公之任管仲。必知不欺己也。是知

孫鑛曰。層出新意。析得無遊避。

張榜曰。窕言窕貨字奇。

不欺主之臣也。然雖知不欺主之臣。今桓公以任管仲
之專。借豎刁易牙。借借權。一作借誤。蟲流出戶而不葬。戶作戶非。桓公不
知臣欺主與不欺主已明矣。而任臣如彼其專也。故曰。
桓公闇主。此論斥當世君臣之間也。
李克治中山。李克元作李兌。下竝同。寫者誤。外儲左下。翟璜曰。臣薦李克而中山治。是也。兌弑主父。與此別。苦陘令上
計而入多。趙世家注。陘者山絕之名。常山有井陘。中山有苦陘。上計見前。入租入也。李克曰。語言辨聽
之說語言下文作言語。勝辯辯通。下同。聽元作聽。下同誤。說音悅。不度於義。謂之窕言。謂濫辭辯聽察之說。
而不能以義理計其當否。是乃苟悅愛而眩惑者也。魏都賦。奉膠言而踰侈。劉逵注。李克書曰。言語辯聽之說。而不度於義者。謂之膠言。李善注。廣雅云。膠欺也。舊注。窕
苟且也。山曰。窕佻恍通。爾太史公自序。實中其聲者。謂之端。實不中其聲者。謂之窾。窾言不聽。姦乃不生。因窾言膠言推之。窕是空虛甘欺之義也。無山
林澤谷之利。而入多者。謂之窕貨。謂無竹木魚鹽之饒。而多租入者。是乃苟厚斂而汙于貨利也。

定本韓非子纂聞卷第十五　一八　崇文院

精到之文。

孫鑛曰。整齊錯綜。最見鍛煉之妙。

君子不聽窕言。不受窕貨。子姑免矣。免罷縣令之職也。
或曰。李子設辭曰。夫言語辯聽之說。言語一作語言。不度於義者。
謂之窕言。辯在言者。說客馳其雄辯。說在聽者。所聽之人說愛其辯。說非聽者
也。說元作言。則辯非言者也。言元作說。謂若言悅愛之非在聽。其辯者耶。則是其辯聽亦非在說客也。謂悅辯異人也。所
謂不度於義。非謂言者。言元作聽。必謂所聽也。察其言之當否者。必在所聽之人。以意裁
之也。非說客之自度計之也。李子之意。蓋亦如此。此段文有謬語。今正之。聽者非小人。則君子也。小人無
義。必不能度之義也。君子度之義。必不肯說也。君子不悅撫用之辯。
夫曰言語辯聽之說。不度於義者。必不誠之言也。眩辭辯聽。
惑而悅之者。小人也。不能度之以義。度之以義者。君子也。不必眩惑而悅之也。然則李子所說。全出于假託也。入多之爲窕貨也。
爲謂通。一作謂。未可遠行也。井曰。謂此語亦未可教人行世者也。李子之姦。弗蚤禁。使至

劉辰翁曰。文字變化不可捉摸。

於計。井曰。若知其姦。何不早禁。使遂其過而至上計時也。是遂過也。過一作禍。無術以知而入
多。而字無義。謂無知所以入多之術也。入多者穰也。舊注。穰豐多也。雖倍入。將奈何。舉事
愼陰陽之和。山曰。愼順通。種樹節四時之適。無早晩之失寒溫
之災。則入多。不以小功妨大務。不以私欲害人事。丈夫
盡於耕農。婦人力於織紝。則入多。謂無兵役之事。省土木之務。使民專力於田蠶也。務
於畜養之理。察於土地之宜。六畜遂。五穀殖。則入多。六畜
牛馬羊豕犬雞。遂長也。爾左傳。物土之宜。注。播殖之物。各從土宜。周禮職方氏。東南曰揚州。其畜宜鳥獸。其穀宜稻之類。明於權計。審於
地形。舟車機械之利。用力少。致功大。則入多。莊子。有機械者。心有機事。爾械
器之總名。機械如桔槔翻車之類。利商市關梁之行。爾周禮。合方氏。掌達天下之道路。注。津梁相湊。不得陷絕。能以
所有致所無。客商歸之。外貨留之。市廛而不稅。關譏而不征。是利其行也。則天下之商賈願藏於

定本韓非子纂聞卷第十五　一九　崇文院

其市矣。儉於財用。節於衣食。宮室器械。周於資用。不事玩
好。則入多。周者苟取備足。不求其外意。入多皆人爲也。已上所說入多之事。皆出人爲。若天
事風雨時。寒溫適。土地不加大。而有豐年之功。則入多。
人事天功二物者。皆入多。非山林澤谷之利也。井惟山林澤谷之利
爲旁入也。夫無山林澤谷之利入多。因謂之窕貨者。無術之
言也。
趙簡子圍衞之郛郭。爾郛城外大郭。犀楯犀櫓。齊策。攀衞櫓。注。戰陳高巢車爲櫓。舊注。以犀皮爲爲
櫓。櫓楯類。圓案。管子。兵尙爲盾。注。盾或著之爲。故曰爲盾。爾櫓大盾。立於矢石之所不及。從山氏補不字。山曰。呂春秋。趙
簡子攻衞附郭。自將兵。及戰且遠立。又居於犀蔽屏櫓之下。爾墨子備城者。積石百枚。重十鈞已上者。閑居賦。礮石雷駭。激矢蝱飛。注。礮石今之拋石也。范蠡兵法曰。飛
石重二斤。爲機發行三百步。鼓之而士不起。簡子投枹曰。烏乎。音嗚呼。吾之

士數弊也。枹擊鼓杖。山曰。數音速。呂春秋作遫。行人燭過免冑而對曰。此下元有臣聞之三字。䋎佩文引無此三字。周語。左右免冑而下。注。免脫也。亦有君之不能耳。士無弊者。䋎注。但君不能用之耳。臣聞之。從諸家說。移置于此。昔者吾先君獻公幷國十七。虞。虢。霍。魏。耿。應。韓。驪戎。皐落氏之屬。其餘未聞。服國三十八戰十有二勝。有晉又。是民之用也。獻公沒。惠公卽位。淫衍暴亂。衍宜作行。身好玉女。呂子注。美女也。䋎祭統。國君取夫人之辭曰。請君之玉女。秦人來侵。來一作寇。去絳十七里。絳晉都。亦是人之用也。惠公沒。文公受之。受作授誤。圍衛取鄴。晉文公伐鄴事。見呂春秋及新序。城濮之戰。五敗荊人。取尊名於天下。謂霸諸侯。亦此人之用也。亦有君不能耳。士無弊也。簡子乃去楯櫓。立矢石之所及。鼓之而士乘之。戰大勝。簡子曰。與吾得革車千乘。䋎佩文作百乘。不

如聞行人燭過之一言也。

或曰。行人未有以說也。不說所以用衆之道。乃道惠公以此人是敗。文公以此人是霸。徒道說舊事耳。未見所以用人也。簡子未可以速去楯櫓也。舊注。文公能以信賞必罰。未必去盾櫓親立於矢石閒。嚴親在圍。輕犯矢石。孝子之所愛親也。易曰。家有嚴君。父母之謂也。故曰嚴親。謂父親見圍。爲孝子者。奮敎不顧死也。孝子愛親。百數之一也。山曰。謂百族之子奉上。如孝子之愛親者。百數中僅有一。謂至少也。但爲賞罰所使。而赴敵耳。雖一篇。臣盡死力。以與君市。君垂爵祿。以與臣市。君臣之際。非父子之親也。計數之所出也。今以爲身處危。而人尙可戰。是以百族之子愛於上。皆若孝子之愛親也。謂以君臣之交。爲若父子也。是行人之誣也。一無之字。䋎周禮。司市。注。百族百姓也。好利惡害。夫人之所有也。謂人情皆然也。䋎左傳。夫人愁痛。注。夫人猶人人也。賞厚而信。人輕敵矣。好利之効。刑重而必。人不

趙用賢曰奇句

北矣。惡害之徵。長行徇上。數百不一人。無賞罰而自能奮戰。如孝子之敎父者。必稀少也。司馬遷書。以徇國家之急。注。徇從也。營也。長行未詳。蓋勵節操也。井曰。猶言忠實也。䋎猶高行也。管子。孝者人之高行也。謂孝者百善之長也。以此高行徇君上之事也。喜利畏罪。人莫不然。將衆者。不出乎莫不然之數。數理也。謂賞罰之道。而道乎百無一人之行。謂長行徇上也。或作失人誤。物曰。道由也。行人未知用衆之道也。信賞必罰。可以鼓兵氣耳。行人未曉此術也。

定本韓非子纂聞卷第十五終

江都 松皐圓纂聞

趙本題注。蔡姦在後。蔡姦在術。凡八章。皆備論事以明人主御臣不可無法術也。

孫鑛曰。著言痛嶽之爲。齊文論亦正。

難三第三十八

魯穆公問於子思曰。吾聞龐糲氏之子不孝。其行奚如。友人金谷世雄曰。論衡作龐糲是之子。𥳑孔叢子作龍欄。字彙補引此云。糲音未詳。案。蓋卽糲字。如調之爲譋。爛之爲爤。可見龐糲蓋龔欄。說文。龔檻也。以養獸。豈古有龔欄氏之官。養禽獸。因以爲姓者歟。子思對曰。君子尊賢以崇德。擧善以勸民。若夫過行。是細人之所識也。臣不知也。子思出。子服厲伯入見。左傳有子服惠伯。惠厲字相類。然年代較差。問龐糲氏子。子服厲伯對曰。其過三。𥳑傍注。言不止不孝一節也。皆君之所未嘗聞。自是之後。君貴子思。而賤子服厲伯也。

或曰。魯之公室。三世劫於季氏。不亦宜乎。三世昭定哀。明君求善而賞之。求姦而誅之。其得之一也。故以善聞之者。以說善同於上者也。以姦聞之者。以惡姦同於上者也。此宜賞譽之所及也。墨子亦有此論。舊注。聞善聞姦。俱當賞也。不以姦聞。是異於上。而下比周於姦者也。此宜毀罰之所及也。祖於商鞅告姦之法。今子思不以過聞。而穆公貴之。厲伯以姦聞。而穆公賤之。人情皆喜貴而惡賤。故季氏之亂成。而不上聞。此魯君之所以劫也。剽俗不言人之惡。江乙曰。然則若白公之亂。得無危乎。卽此意。且此亡王之俗。王主字訛。𥳑國語。皆亡王之後也。又云。皆亡王之爲也。取魯之民。傍注。指三家。幷曰。取鄒之音。所以自美。美謂誇飾。而穆公獨貴之。不亦倒乎。倒反也。𥳑案。齊語云。於子之屬。有不慈孝於父母者。有則以告。有而不以告。謂之下比。其罪五。荀子云。不下比以闇上。不上同以疾下。皆與此論意合。

劉辰翁曰。左氏財命。

文公出亡。避驪姬之難也。獻公使寺人披攻之蒲城。公元作子誤。披斬其袪。文公奔翟。國語注。伐蒲城。在魯僖五年。袪袂也。惠公卽位。又使攻之惠竇。惠竇。內外傳竝作渭濱。不得也。文公先逃。故不得殺。及文公反國。披求見。公曰。蒲城之役。君令一宿。左傳。令作命。下同。而汝卽至。𥳑卽日至。惠竇之難。君令三宿。而汝一宿。何其速也。披對曰。君令不二。二一作貳。除君之惡。惟恐不堪。國語。唯力所及。蒲人翟人。舊注。當時君爲蒲翟之人。余何有焉。國語注。於我有何義。而不殺君乎。今公卽位。其無蒲翟乎。國語注。獨無有所畏惡如蒲翟者乎。且桓公置射鉤。而相管仲。國語。乾時之役。申孫之矢。集於桓鉤。鉤近於袪。而無怨言。佐相以終成令名。𥳑漢書注。置釋也。君乃見之。

或曰。齊晉絕祀。不亦宜乎。桓公能用管仲之功。而忘射鉤之怨。文公能聽寺人之言。而弃斬袪之罪。桓公文公能容二子者也。一無者字。後世之君。明不及二公。後世之臣。賢不如二子。以不忠之臣。事不明之君。君不知。則有燕操子罕田常之賊。山曰。操公孫操也。趙世家。惠文王二十八年。燕將成安君公孫操弑其王。索隱曰。樂資云。其王卽惠王也。知之。則以管仲寺人自解。君必不誅。而自以爲有桓文之德。是臣讎君。而明不能燭。多假之資。自以爲賢而不戒。則雖無後嗣。不亦宜乎。且寺人之言也。直飾君令而不貳者。則是貞於君也。直但也。但以是說。自蔽其惡。是飾言也。死君復生。復作後誤。一無後字。

孫鑛曰、三節快吹綮之折、然亦有致。

陳深曰、三段分闡、須看其波瀾。

孫鑛曰、用賢人、不遠游、早置太子、管仲三射何害。今駁之、不無吹毛。

臣不愧而後爲貞。（宇曰、國語荀息曰、死人復生不悔、生人不愧、貞也。山曰、左傳、使死者反生、生者不愧乎其言、則可謂信矣。）今惠公朝卒、而暮事文公。寺人之不貳何如。

人有設桓公隱者曰、一難二難三難、何也。桓公不能對。以告管仲。管仲對曰、一難也、近優而遠士。二難也、去其國而數之海。三難也、君老而晚置太子。桓公曰、善。不擇日而廟禮太子。（物曰、之海、屢游海上也。山曰、不擇日、多不字、圓案也、字呼下句。說苑、晉人咎犯以隱于平公、申其左臂而詘五指。平公不能解。曰、歸之咎犯。則申其一指曰、是一也。便游赭堊、而峻城闕、二也。杜梁衣繡、士民無褐、三也。侏儒有餘酒、而死士渴、四也。民有饑色、而馬有粟秩、五也。近臣不敢諫、遠臣不敢達。平公曰、善也。字法同。𠀤或曰、不擇日、謂不及歷吉日也。謂速立太子也。）

或曰、管仲之射隱、不得也。（物曰、射隱、猜謎也。）士之用不在近遠、而俳優侏儒、固人主之所與燕也。（燕、謂游戲。）則近優而遠士、而

以爲治、非其難者也。夫處勢而不能用其有、而徒不去國。（夫、一作決。勢、一作世。皆非。○其有、謂勢也。）是以一人之力禁一國。以一人之力、禁一國者、少能勝之。（物曰、勝、平音。）明能照遠姦、而見隱微、必行之令。（禁令必行。）雖遠於海、（物曰、言其所游、雖更遠於海也。或說、於字誤、宜作游。）內必無變。然則去國之海、而不刼殺、非其難者也。楚成王置商臣以爲太子、又欲置公子職。商臣作難、遂弑成王。（見內儲下。）公子宰周太子也。（山曰、公子宰、內儲作公子朝、未知孰是。）公子根有寵、遂以東周反。（周、一作州。）分而爲兩國。此皆非晚置太子之患也。（皆早置太子、然反生禍亂。）夫分勢不二。（嫡庶之分、不疑貳也。）庶孽卑、寵無藉。（物曰、謂庶孽卑者、雖寵而不能藉勢也。）雖處耄老、晚置太子可也。然則晚置太子、庶孽不亂、又非其難

王維楨曰、此三難者、已在管仲對內。

陳深曰、章法句法、長短參差、因拙爲工。

者也。（從山氏補者字。）物之所謂難者、（物、事也。）必借人威勢、（威、一作成。）而勿使侵害己。（一無使字。）可謂一難也。貴妾不使二后。（傍注、內嬖六人。物曰、二、貳同。）二難也。愛孽不使危正適。（傍注、五公子。）專聽一臣、（傍注、豎刁等。）而不敢偶君。（偶、耦同、敵也。）此則可謂三難也。

葉公子高問政於仲尼。（荀子注、葉公、楚大夫沈尹戌之子、食邑於葉、名諸梁、字子高。楚僭稱王、其大夫稱公。葉音攝。）仲尼曰、政在悅近而來遠。（𠀤論語、近者說、遠者來。）魯哀公問政於仲尼。（元脫魯字、𠀤後漢書注引有魯字、鹽鐵論注同。）仲尼曰、政在選賢。齊景公問政於仲尼。（元脫魯字、𠀤後漢書注引有魯字、鹽鐵論注同。）仲尼曰、政在節財。［三］公出（山曰、三字衍文、此非一時之事也。𠀤尚書大傳作在于節用。漢武紀注引韓子同。又後漢崔寔政論、蓋孔子對葉公以來遠、哀公以臨人、景公以節禮。注引此云、此云臨人節禮、文不同也。）子貢問曰、三公問夫子政一也、夫子對之不同、何也。仲

尼曰、葉都大而國小、民有背心。故曰、政在悅近而來遠。魯哀公有大臣三人、（說苑無大字、家語同。注、孟孫叔孫季孫三人。）外障距諸侯四鄰之士、（家語說苑有以蔽其明句。）內比周而以愚於君。（於、一作其。家語無而字。○尚書大傳作內比周以惑其君。）使宗廟不掃除、社稷不血食者、必是三臣也。故曰、政在選賢。齊景公築雍門、（雍門、齊城門名。戰國時有雍門子周、蓋居此地、因以爲姓。）爲路寢、（晏子春秋、景公爲路寢之臺、令吏伐其期日、而不趣。要略訓、齊景公作爲路寢之臺、一朝以三千鍾贛。）一朝而以［三］百乘之家賜者三。（上三字衍。說苑無之。舊注、謂以大夫之業賜與爲寢者也。）故曰、政在節財。（𠀤尚書大傳、齊景公奢于臺榭、淫于苑囿、五官之樂不解、一旦而賜人百乘之家者三。）

或曰、仲尼之對、亡國之言也。葉民有倍心、（葉、一作恐、非。倍音背。）而說之以悅近而來遠、（一脫以字。）則是教民懷惠。惠之爲政、無功

者受賞。而有罪者免。此法之所以敗也。法敗而政亂。以亂政治敗民。未見其可也。且民有倍心者。君上之明。有所不及也。不紹葉公之明。紹繼也。繼而明之。一作詒誤。管子。周聽近遠以續明。注。遠近之事。周而聽之則其明不絶也。又七命。繼明代照。注。周易曰。大人以繼明。闕。太史公自序云。能紹明世。又云。太公孫。吳王子。能紹而明之。而使之悅近而來遠。是舍吾勢之所能禁。而使與天下行惠以爭民。非能持勢者也。上篇所謂舍勢之易也。而道行之難。是與獸逐走也。夫堯之賢。六王之冠也。堯舜禹湯文武六王。堯居其首。舜一徙而成邑。一元作三。從而戚包。包一作危。傳寫誤耳。管子。舜一徙成邑。二徙成都。三徙成國。又見史記。○享和壬戌之冬。增讀韓子書成。公于世。其書已載此說。後七年文化戊辰。太田氏韓子翼毳活板成。引王丹麓今世說云。陸麗京誦讀明敏。善思誤書。嘗閱韓非子至一從而戚包。曰是一徙而成邑也。後舍伸人覆射無一合者。惟第左城中之。今世說所載。正與愚考符合。奇矣。因具記之。而堯無天下矣。謂舜德若此。而行惠以爭民。雖堯不勝。況中君乎。闕。淵鑑引尸子云。舜一徙成邑。再徙成都。三徙成國。堯聞其賢。徵之草茅之中。與之語禮樂而不逆。與之語

政。簡而行。與之語道。廣大而不窮。於是妻之以媓。媵之以娥。九子事之。而託天下焉。有人無術以禁下。有人於此。固無禁下之術。恃爲堯而不失其民。不亦無術乎。堯元作舜。從宇氏正。明君見小姦於微。故民無大謀。行小誅於細。故民無大亂。此謂圖難者於其所易也。爲大者於其所細也。山曰。老子。圖難於其易。爲大於其細。天下難事。必作於易。天下大事。必作於細。今有功者必賞。賞者不德君。力之所致也。翟璜操右契而乘軒是也。有罪者必誅。誅者不怨上。罪之所生也。刖危生子皋是也。民知誅賞之皆起於身也。賞一作罰。一無之字。爲善福起。爲惡禍起。皆身自取之。謂賞罰明之效也。故習功利於業。謂習其業以致功利也。習一作疾。而不受賜於君。致功受賞。非私恩也。太上下知有之。知作智誤。山曰。出老子十七章。此言太上之下民無說也。太上之下。謂居明君之下者也。民知功必有賞。罪必有罰。以其無枉濫也。說音悅。卽不德君意。安取懷惠之民。上君無私。豈行惠愛以懷民哉。上君

孫鑛曰。言君明則羣臣各舉其賢以相進。不必自譽。

劉辰翁曰。有桀紂之侈。而又能爲五伯之冠。言不亦過當乎。

之民無利害。智愚各安其分。無有儌倖之念。說以悅近來遠。亦可舍已。墨子亦論此事云。葉公子高問曰。善爲政者奈之何。仲尼對曰。善爲政者。遠者近之。而舊者新之。子墨子聞之曰。葉公子高未得其問也。仲尼亦未得其所以對也。葉公子高豈不知善爲政者之遠者近之。舊者新之哉。問所以爲之若之何也。仲尼不以人之所不知告人。而以所知告之也。哀公有臣。外障距。內比周。以愚其君。而說之以選賢。此非功伐之論也。選其心之所謂賢者也。井曰。謂非知賢以功伐。徒以所悅爲賢也。使哀公知三子外障距。內比周也。則三子不一日立矣。此以平常君臣之理言之。當哀公時。三家秉柄已久。雖欲除之。末由也已。哀公不知選賢。選其心之所謂賢。故三子得任事。謂以三子爲賢。燕王噲賢子之。而非孫卿。史記。齊襄王時。而荀卿最爲老師。案。燕噲死在閔王十年。去襄王元年。蓋三十年。因知荀卿少時。與燕噲頗亦相及矣。非孫卿事。未得其詳。闕。日知錄引楚元王傳孫卿。師古曰。荀況。漢以宣帝諱改之。案。漢人不避嫌名。荀之爲孫。如孟卯之爲芒卯。司徒之爲申徒。語音之轉也。故身死爲僇。燕噲之亂。孟子謂在齊宣王時。而與史策及荀子不合。夫差

智太宰嚭。而愚子胥。故滅於越。魯君不必知賢。而說以選賢。是使哀公有夫差燕噲之患也。明君不自舉臣。臣相進也。不自賢。功相徇也。賢功以有功者爲賢也。有度篇。明主使法擇人。不自舉也。使法量功。不自度也。相薦相從。卽用法也。論之於任。試之於事。奏之於功。奏一作課。山曰。虞書。敷納以言。明庶以功。車服以庸。又見左傳二十七年。故群臣公正而無私。不隱賢。不進不肖。然則人主奚勞於選賢。景公以百乘之家。賜而說以節財。是使景公無術以享厚樂。而獨儉於上。未免於貧也。有君。以千里養其口腹。則雖桀紂不侈焉。雖太侈者。亦莫踰之。齊國方三千里。而桓公以其半自養。是侈於桀紂也。荀子。桓公閨門之內。般樂奢汰。以齊之分。奉之而不足。注。分半也。用稅賦之半也。然而能爲五霸冠者。知侈儉之地也。闕。管

孫鑛曰。以知下二字。繫上三段。

陳深曰。官百姓盡力利歸於上。則不待節財而自富。

子知侈儉。則百用節。爲君不能禁下。而自禁者。謂之劫。不能飾下。而自飾者。謂之亂。（山曰。飾讀爲飭。）不能節下。而自節者。謂之貧。（一無能字。）明君使人無私。以詐而食者必禁。（從山氏補必字。以詐而食。謂儒俠之類。游散之民也。）力盡於事。歸利於上者必聞。聞者必賞。（山曰。力盡殺。次宜作盡力。）汙穢爲私者必知。知者必誅。然故忠臣盡忠於公。民士竭力於家。百官精尅於上。（舊注。精廉尅己。山曰。精尅與清刻通。莊子有刻意篇。）侈倍景公。非國之患也。然則說之以節財。非其急者也。夫對三公。一言而三公可以無患。知下之謂也。（物曰。此下當有缺文。圓謂。此無葉公事。似爲缺文。而其實攙在禁於微。則姦無積中。上文明君見小姦於微。故民無大謀。行小誅於細。故民無大亂。卽指此也。）知下明。則禁於微。禁於微。則姦無積。姦無積。則無比周。無比周。則公私分。公私分。則

朋黨散。朋黨散。則無外障距。內比周之患。知下明。則見精沐。（沐謂無壅蔽也。管子。沐路傍之樹枝。使無尺寸之陰。此謂其所察見精細。沐淺也。物曰。謂精明如洗也。㴱友人海鹽氏引太玄經。鬼社轂哭。或得其沐。注。沐濯也。）見精沐。則誅賞明。誅賞明。則國不貧。故曰。一對而三公無患。知下之謂也。（對上文作言。）

鄭子產晨出。過東匠之閭。（東一作東。㴱淵鑑。晨上有嘗字。閭作門。案東匠街名。蓋子產所宅。論語云。東里子產。）聞婦人之哭也。（一無也字。）撫其御之手而聽之。（物曰。謂使御者暫輟其馬也。㴱曲禮。撫僕之手。注。撫小止之。）有閒。遣吏執而問之。（㴱淵鑑。問作訊。之作焉。）則手絞其夫者也。異日其御問曰。夫子何以知之。子產曰。其聲懼。凡人於其親愛也。始病而憂。臨死而懼。已死而哀。今哭已死。不哀而懼。（其夫既死。哭之當哀。）是以知其有姦也。（㴱淵鑑作吏問。故子產曰。凡人於所親愛者。下文今哭已死。作今夫已死。餘同。論衡。其聲懼。作其聲不慟。）

孫鑛曰。佳語。

王維楨曰。子產之智甚著。而非之論又過之。

文出戰國策。

或曰。子產之治。不亦多事也乎。（一無也字。）姦必得耳目之所及。而後知之。則鄭國之得姦者寡矣。不任典成之吏。（㴱周禮。大司寇。凡庶民之獄訟。以邦成弊之。注。邦成謂若今時決事比也。疏云。舊法成事品式。若今律。其有斷事。皆依舊事斷之。其無條。取比類以決之。故云決事比也。又趙策。愚者闇於成事。智者見於未萌。鹽鐵論注引鄧語曰。不知爲吏。視已成事。秦紀。丞相諸大臣皆受成事。倚辨於上。案典成猶典刑也。家語云。刑侀也。侀成也。）不察參伍之政。不明度量。恃盡聰明。勞智慮。而以知姦。不亦無術乎。且夫物衆而智寡。（物事也。）寡不勝衆。智不足以偏知物。故因物以知物。（謂參伍比類。以察事之情也。㴱尉繚子。太上神化。其次因物。文子。夫君子者不出戶以知天下者。因物以識物。因人以知人也。）下衆而上寡。寡不勝衆。（此下元有者言二字。從山氏刪。）君不足以偏知臣也。故因人以知人。（上文明君不自舉臣。臣相進也。卽亦此意。）是以形體不

勞而事治。智慮不用而姦得。故宋人語曰。一雀過羿。羿必得之。（一重羿字。）則羿誣矣。（舊注。羿雖善射。見雀未必一一得之。）以天下爲之羅。則雀不失矣。（莊子。一雀適羿。羿必得之。威也。以天下爲之籠。則雀無所逃。以此推彼。適過字訛。威惑字訛。此作誣。其義可見。）夫知姦亦有大羅。不失其一而已矣。（大羅謂法。）不修其理。而以己之胸察。爲之弓矢。則子產誣矣。老子曰。以智治國。國之賊也。（山曰。老子六十五章。）其子產之謂矣。（矣一作歟。）

秦昭王問於左右曰。今時韓魏孰與始強。左右對曰。弱於始也。（比昔爲弱。）今之如耳魏齊。（索隱云。如耳魏大夫。魏策注。魏齊魏相。）孰與曩之孟常芒卯。（常一作嘗。策同。毛詩。居常與許。箋云。常或作嘗。在薛之南。索隱云。孟嘗邑名。案。常嘗通。孟嘗君自齊之魏。魏昭王相之。芒卯魏將。）對曰。不及也。王曰。孟常芒卯率強韓魏。（策有之兵以伐秦五字。）猶無奈

鎮曰，事寫知伯驕狂，韓魏之怖情狀如畫。

劉辰翁曰，夫齊寡職無侵官，此末世之事，盛世不宜有，故周人不設諫官。鐵如中期讒毀琴例可不言。

鎮曰，與戰國策異。

鎮議曰，此說甚善。

寡人何也。（策云，今以無能之如耳魏齊，帥弱韓魏以攻秦，其無奈寡人何，亦明矣。）左右對曰，甚然。（物曰，謂甚當也。）中期推琴而對。（中一作鑄，又作仲。鮑彪云，秦武王時已出此人，至是四十四五年矣。吳師道云，史作中旗，說苑申旗。又云，此記其推琴而起對，猶論語記舍瑟也。莊子云，孔子推琴。史作馮琴。索隱引後語伏琴，韓子推琴，說苑伏琴。圓案，今作推琴，與策同，與吳氏所引異。）曰，王之料天下過矣。（策注，料，量也。）夫六晉之時，知氏最强。（圓案實韓輔錄，趙無恤襄子，范吉射昭子，智瑤襄子，荀寅文子，魏多襄子，韓不信簡子。此六族世爲晉卿，故有功名，實覇晉國，號曰六卿。）滅范中行，而從韓魏之兵，以伐趙，灌以晉水。（策注，晉水出晉陽縣西，東南流注汾水。）城之未沈者三板。（策注，板，高二尺。）知伯出。（策有行水二字。）魏宣子御，韓康子爲驂乘。（策宣作桓。注，徐無鬼疏，在左爲驂，在右爲御。）知伯曰，始吾不知水可以滅人之國。（始吾諸書作吾始。）吾乃今知之。汾水可以灌安邑，（高誘云，魏桓子邑。）絳水可以灌平陽。（高誘云，韓康子邑。）魏宣子肘韓康子，（策注，不敢正語，以肘策之。）康子踐宣子之

定本韓非子纂聞卷第十六　九　崇文院

足。肘足接乎車上，而知氏分於晉陽之下。（韓魏趙分其地。）今足下雖强，未若知氏。（齊策，張丐見魯君曰，臣來弔足下。劉黃裳曰，古之國君亦稱足下，與今大不侔矣。圓案，樂毅書亦稱燕惠王以足下也。）韓魏雖弱，未至如其在晉陽之下也。（在字從史策補，說苑亦有。）此天下方用肘足之時，願王勿易之也。（之字策在王下。）

或曰，昭王之問也有失，左右中期之對也有過。凡明主之治國也，任其勢。勢不可害，則雖强天下無奈何也。（强天下，謂天下莫强焉。）而況孟常芒卯韓魏，能奈我何。其勢可害也，則不肖如如耳魏齊及韓魏，猶能害之。（一無上如字。）然則害與不侵，在自恃而已矣。奚問乎。自恃其不可侵，（自一作曰。）則强與弱矣其擇焉。（務修內政，鄰國强弱，於我何關。）夫不能自恃，而問其奈何也，其不侵也幸矣。申子曰，失之數而求之信，則疑矣。（不察於理，徒信人言，反取疑惑之道也。）其昭王之謂也。知伯無度，從韓康魏宣，而圖以水灌滅其國，此知伯之所以國亡而身死，頭爲飲杯之故也。（其國一作人國。飲杯，飲器，見上。）今昭王乃問孰與始强，其畏有水人之患乎。（畏一作未。）雖有左右，非韓魏之二子也，（近臣侍左右耳，非有鄰敵可畏惡者也。）安有肘足之事。而中期曰，勿易，此虛言也。且中期之所官，琴瑟也，絃不調，弄不明，中期之任也。此中期所以事昭王者也。中期善承其任，未慊昭王也。（物曰，謂未能滿於昭王之心也。圓，莊子注，猶未足以慊其願也。釋文，慊，足也。）而爲所不知。（爲謂通。山曰，知如知政之知，謂越職也。）豈不妄哉。左右對之曰，弱於始，與不及則可矣。（此二語猶無害。）其曰甚然，則諛也。

定本韓非子纂聞卷第十六　一〇　崇文院

甚然之對，是諂辭也。申子曰，治不踰官，雖知不言。（此語出定法篇。）今中期不知，而尚言之。故曰，昭王之問有失，左右中期之對皆有過也。

管子曰，見其可，說之有證。（管子注，必有恩錫以驗，見喜無空然矣。）見其不可，惡之有形。（形，實也，對上證字，謂必施誅罰以示惡之實也。）賞罰信於所見，雖所不見，其敢爲之乎。（管子注，所見之處賞罰既信，則所不見懼而從教，不敢爲非也。）見其可，說之無證，見其不可，惡之無形，賞罰不信於所見，而求所不見之外，不可得也。（外恐化字誤。管子權修篇，欲爲其民者，必重盡其民力，無以畜之，則往而不可止也，無以牧之，則處而不可使也。遠人至而不去，則有以畜之也，民衆而可一，則有以牧之也。見其可也，喜之有徵，見其不可也，惡之有刑，賞罰信於其所見，雖其所不見，其敢爲之乎。見其可也，喜之無徵，見其不可也，惡之無刑，賞罰不信於其所見，而求其所不見之爲之化，不可得也。又九守篇，刑賞信必於耳目之所見，則其所不見，莫不闇化矣。）

穆曰。法術之辯一斷。

□穆曰。論亦正當。韓之學術固然。

或曰。廣廷嚴居。衆人之所肅也。晏室獨處。曾史之所慢也。晏一作宴。晏闇也。梁紀簡文曰。弗欺闇室。豈況三光。又云。謝方明雖暗室。未嘗有惰容。南史。阮長之曰。一生不侮暗室。觀人之所肅。非得情也。各飾其外。難見中實。且君上者。臣下之所爲飾也。好惡在所見。臣下之飾姦物。以愚其君必也。必待所見。以斷賞罰。故曰好惡在所見。一說在宜作有。謂示好惡也。明不能燭遠姦。見隱微。而待之以觀飾行。定賞罰。謂以此術待下也。物曰。飾行臣下所飾之行也。不亦弊乎。弊敗也。謂無廣假耳目之術。獨行所見。必有枉濫之弊也。或曰。弊讀爲蔽。管子曰。言於室。滿於室。言於堂。滿於堂。是謂天下王。傍注。謂明白洞達。衆人所共見共聞也。圓案。管子牧民篇。毋蔽汝惡。毋異汝度。賢者將不汝助。言室滿室。言堂滿堂。是謂聖王。劉績云。室在內。堂在外。人君在內言于室。在外言于堂。皆非私曲隱匿。充滿堂室。使人人皆知之。無所蔽異也。易係辭傳。子曰。君子居其室。出其言善。則千里之外應之。況其邇者乎。居其室。出其言不善。則千里之外違之。況其邇者乎。孝經。言滿天下。亡口過也。論衡。文貴夫順合衆心。不違人意。百人讀之莫譴。千人聞之莫怪。故管子曰。言室滿室。言堂滿堂。

或曰。管仲之所謂言室滿室。言堂滿堂者。非特謂遊戲飲食之言也。必謂大物也。管子云。賢不歯第擇衆。是貪大物也。周語。班先王之大物。以賞私德。注。大物謂隧也。隧先王之法也。荀子禮賦。爰有大物。注。夫人之大者。莫過於禮。故謂之大物。人主之大物。非法則術也。法者編著之圖籍。設之於官府。而布之於百姓者也。治國之事。莫急於法術者也。術者藏之於胷中。以偶衆端。而潛御群臣者也。偶合也。內儲衆端參觀。故法莫如顯。而術不欲見。劉晝新論。術藏於內。隨務應變。法設於外。適時御人。人用其道。而不知其數者術也。懸教設令。以示人者法也。是以明主言法。則境內卑賤。莫不聞知也。不獨滿於堂。用術則親愛近習。莫之得聞也。不得滿室。而管子猶曰言於室滿室。言於堂滿堂。非法術之言也。

陳深曰。此說不正當。且不顧白。

學習院本妨作切

劉辰翁曰。言衛有不臣之臣。而於君不知君之不明也。君之不明。君之失也。今穆子但言臣。而不言君。

難四第三十九 此篇及難勢篇。先設或難。而復更辯之。與上三篇異例。

衛孫文子聘於魯。山曰。左襄七年。公登亦登。杜注。禮登階。臣後君一等。叔孫穆子趨進曰。諸侯之會。寡君未嘗後衛君也。杜注。敵體竝登。今子不後寡君。一有一等二字。寡君未知所過也。子其少安。孫子無辭。亦無悛容。杜注。安徐。悛改也。穆子退而告人曰。孫子必亡。臣而不後君。過而不悛。亡之本也。劉漢五行志。趨上有相字。今子子其子上並有吾字。

或曰。天子失道。諸侯代之。代作伐。下同。從山氏正。故有湯武。諸侯失道。大夫代之。故有齊晉。物曰。田氏三卿。臣而代君者必亡。則是湯武不王。晉齊不立也。孫子君於衛。而後不臣於魯。物曰。謂孫子於衛僭君。故於魯不臣也。臣之君也。君有失也。故臣有得也。物曰。謂臣之所以僭君者。君有失故也。不命亡於有失之君。而命亡於有得之臣。物曰。謂其於有失之君。則不言其當亡也。不察魯不得誅衛大夫。而衛君之明。不知不悛之臣。孫子雖有是二也。以亡。其所以失。所以得君也。不知不悛之臣。衛君有失也。是二謂不臣不悛也。并曰。謂得失在君。不在孫子也。物曰。不察字。直管到此。圓謂其得其失。皆在君之明不明耳。穆子不察此理。故詆孫子。

或曰。臣主之施分也。分扶問反。物曰。臣主之施。謂君臣之設也。臣能奪君者。以得相踦也。物曰。得得勢也。踦不兩立也。圓案。趙策。踦重。鮑注作觭。云。角一俯一仰曰觭。言有一重也。吳注。公羊傳。踦閭何休說。開一扇。閉一扇。一人在內。一人在外曰踦。說苑。切踦。卽倚字義。皆訓偏也。衆亡徵篇。必其治亂其強弱相踦者也。與此同。故非其分而取者。衆之所奪也。惡其貪亂。故衆心離。辭其分而取者。民之所予也。傍注。謂分所當得。辭而后取也。是以桀索嶓山之女。上林賦郭注。引汲冢紀年云。桀伐嶓山。得女二人。曰琬曰琰。桀愛二女。斵其名于苕華之玉。案。嶓山蓋卽有緍。見十過篇。紂求比干之心。而天下離。湯身易名。未詳。案。說苑。昔者湯困於呂。文

（孫鑛曰。此言齊羣臣皆有陽虎之心。宜防羣臣。不必誅陽虎。）

王困於羑里。因考湯易字類。而名呂字亦相似。疑湯身困呂之訛歟。又寄書曰。予小子履。又稱天乙。易曰。帝乙歸妹。指成湯。則乙與履皆湯名也。似有易名之事。又古史戰。湯滅桀國。自謂曰。予甚武。號曰武王。詩曰。武王載旆。傳。武王湯也。然於義不合。白虎通云。湯本名履。後乃更變名乙。子孫法之。愚案。夏桀名履癸。湯亦名履。或有犯觸抵罪易名之嫌矣。）武身受詈。而海內服。（晉語字訛。見喻老篇。）趙咺走山。（山曰。咺宣字訛。左傳宣二年。晉靈公將殺趙宣子。宣子出奔。趙穿弒公於桃園。宣子未出山而還。注。山晉竟之山也。注毛詩。赫兮咺兮。韓詩作宣兮。）田氏外僕。而齊晉從。（外僕謂田成子出走。爲鴟夷子皮舍人事。見說林上。）則湯武之所以王。齊晉之所以立。非必以其君也。（謂非由僭君而得之也。）彼得之。而後以君處之。（物曰。謂湯武田趙。先得其勢。而後天下以君位與之。）今未有其所以得。（物曰。勢也。）而行其所以處。（物曰。位也。）是倒義而逆德也。倒義則事之所以敗也。逆德則怨之所以聚也。敗亡之不察。何也。

魯陽虎欲攻三桓。不剋而奔齊。（山曰。左定九年。）齊景公禮之。鮑文子諫曰。不可。陽虎有寵於季氏。而欲伐於季孫。貪其富也。今君富於季孫。而齊大於魯。陽虎所以盡詐也。（一詐作作。誤。物曰。謂盡其詐僞以媚景公也。山曰。左傳。茲陽虎所欲傾覆也。）景公乃囚陽虎。

或曰。千金之家。其子不仁。（爲仁不富。謂其貪鄙。）人之急利甚也。（井曰。不尚辭讓而至爭鬭。）桓公五伯之上也。（上猶長也。）爭國而殺其兄。其利大也。（享國之利大。故殺公子糾。）臣主之間。非兄弟之親也。劫殺之功。制萬乘而享大利。則群臣孰非陽虎也。（功一作謀。）事以微巧成。以疏拙敗。（微巧隱微巧密。不令人知也。疏說難篇。事以密成。語以泄敗。）群臣之未起。難也。其備未具也。群臣皆有陽虎之心。而君上不知。是微而巧也。陽虎貪於天下。（天下皆知陽虎之貪。）以欲攻上。是疏而拙也。必使景公加

（孫鑛曰。此責宜誅陽虎以儆羣臣。鮑文子之言非是。）（陳深曰。前後二段。言以誅陽虎之說爲正。）（前說非。後說是。）

誅於拙虎。（必一作不。）是鮑文子之說反也。臣之忠詐。在君所行也。君明而嚴。則群臣忠。君懦而闇。則群臣詐。知微之謂明。無救赦之謂嚴。（物曰。救赦謂救其罪而赦之也。）不知齊之巧臣。而誅魯之成亂。（巧臣蓋暗指田氏。成亂既成禍亂。即陽虎也。）不亦妄乎。

或曰。仁貪不同心。（人心不同。各如其面。貪仁異也。）故公子目夷辭宋。（宋桓公病。太子茲甫讓其庶兄目夷。目夷辭曰。能以國讓。仁孰大焉。臣不及也。且又不順。遂走而退。事出左傳。）而楚商臣弒父。（父成王也。）鄭去疾予弟。（史記。鄭靈公見殺。鄭人欲立其弟去疾。去疾讓其庶兄公子堅。堅立。是爲襄公。此云予弟不同。）而魯桓弒兄。（隱公。桓公之庶兄也。）五伯兼并。而以桓律人。則是皆無貞廉也。（五伯之事。吞弱并小。三王之罪人也。齊桓公爲盛。而殺兄享國。不可以訓也。以此比例而論人。則天下絕無貞廉之行也。意謂人仁廉貪鄙不同。不可一概論之。前論引齊桓事爲證。故此折之。）且君明而嚴。則群臣忠。陽虎爲亂於魯。不成而走入齊。（山曰。句。）而不誅。是承爲亂也。（物曰。齊受魯亂。）君明則知誅陽虎之可以濟亂也。此見微之情也。（濟正也。情實也。）語曰。諸侯以國爲親。君嚴則陽虎之罪不可失。此無救赦之實也。則誅陽虎。所以使群臣忠也。未知齊之巧臣。而廢明亂之罰。（物曰。明亂亂臣之彰彰者。）責於未然。而不誅昭昭之罪。此則妄矣。今誅魯之罪亂。（物曰。罪人也。）以威群臣之有姦心者。而可以得季孟叔孫之親。（三桓畏惡陽虎。而齊誅之。則三桓必德。而親事齊也。）鮑文之說何以爲反。

鄭伯將以高渠彌爲卿。（左桓十二年。）昭公惡之。（杜注。昭公鄭莊公子忽。）固諫不聽。（一渠彌作眯。）及昭公即位。懼其殺己也。辛卯弒昭公。而立子亶也。（左傳亶作亹。）君子曰。昭公知所惡矣。公子圉曰。高伯

王維楨曰。昭公既知所惡而不舉誅。當斷不斷。是以見弑。

其爲戮乎。（左傳作公子達。注。魯大夫。）報惡已甚矣。（左傳報作復。義同。杜注。復重也。非。物曰。謂彼惡我。而我報其仇也。）

或曰。公子圉之言也。不亦反乎。昭公之及於難者。報惡晚也。然則高伯之晚於死者。報惡甚也。明君不懸怒。（舊注。有怒不行。且舉之。曰懸怒。渤精神訓。不可懸以利。注。懸視也。）懸怒則臣懼罪。輕舉以行計。則人主危。（舉亦行也。妄行發事。以倖萬一。）故靈臺之飲。衛侯怒而不誅。故褚師作難。（左傳。衛侯爲靈臺于藉圃。與諸大夫飲酒焉。褚師聲子韈而登席。公怒。辭曰。臣有疾。公愈怒。褚師出。公戟其手曰。必斷而足。褚師遂作亂。衛侯出奔宋。）食黿之羮。鄭君怒而不誅。故子公殺君。（楚獻黿於鄭靈公。子公謂子家曰。吾食指動。必食異味。及入朝。見進黿羮。相視而笑。公問其故。具以實告。公召子公。獨弗予羮。怒。染其指於鼎。嘗之而出。公怒。欲殺子公。子公與子家謀弑靈公。事在左宣四年。）君子之擧知所惡。非甚之也。（物曰。擧猶曰也。）曰知之若是其明也。而不行誅焉。以及於死。（物曰。曰謂也。）故曰知所惡。以見其無

權也。人君非獨不足於見難而已。或不足於斷制。今昭公見惡。稽罪而不誅。（物曰。見惡。示憎惡也。稽。留也。）使渠彌含憎懼死。以徼幸。故不免於殺。是昭公之報惡不甚也。

或曰。報惡甚者。大誅報小罪。大誅報小罪也者。獄之至也。（刑獄之極。嚴斷者也。）獄之患。故非在所以誅也。以讎之衆也。（任意妄行。誅罰不當。則人不聊生。懷怨讎者必多。故誅一渠彌。渠彌又至。然則大誅報小罪。以盡殺之爲心者。固非所以除刑獄之患也。）是以晉厲公滅三郤。而欒中行作難。（見內儲。）鄭子都殺伯咺。而食鼎起禍。（未聞。）吳王誅子胥。而越勾踐成霸。則衛侯之逐。鄭靈之弑。不以褚師之不死。而子公之不誅也。（而猶與也。）以未可以怒。而有怒之色。未可誅。而有誅之心。（喜怒不中。所以招禍。）怒其當罪

王維楨曰。此釋高伯之弊。在昭公未即位之先。今既即位矣。容之可也。而有惡色。是以見弑。

張榜曰。三段各有一意。甚細密。

而誅。不逆人心。雖懸奚害。夫未立有罪。（爲太子時。衛其有罪。）即位之後。宿罪而誅。（物曰。宿罪猶宿怨也。）齊胡之所以滅也。（楚語。昔者齊騶馬繻以胡公入於貝水。注。騶馬繻。齊大夫。胡公。齊太公玄孫之子。胡公靖也。胡公虐馬繻。馬繻殺胡公。今案。騶馬。養馬之官。見詩。繻其名也。齊世家。胡公立。當周夷王之時。哀公之母弟山怨胡公。乃與其黨率營丘人。襲攻殺胡公。盡逐胡公子。繻蓋山之黨也。）君行之臣。猶有後患。況爲臣而行之君乎。誅既不當。而以盡爲心。（物曰。謂欲盡之。）是與天下爲讎也。則雖爲戮。不亦可乎。

衛靈公之時。（公字從內儲補。）彌子瑕有寵於衛國。侏儒有見公者。（侏儒。衛策作復塗偵。）曰。臣之夢淺矣。（淺。踐字誤。一作幾。）公曰。奚夢。夢見竈者爲見公也。公怒曰。吾聞見人主者。（見字從內儲補。）夢見日。奚爲見寡人。而夢見竈乎。侏儒曰。夫日兼照天下。一物不能當也。

（策。當作徼。義同。）人君兼照一國。一人不能壅也。故將見人主而夢日也。夫竈一人煬焉。則後人無從見矣。或者一人煬君邪。則臣雖夢竈。不亦可乎。（策注。煬炙燥也。吳注。煬餘亮反。莊子。煬者避竈。釋文。煬炊也。蓋炊而向竈者。）公曰。善。遂去雍鉏。退彌子瑕。而用司空狗。（左傳。季札適衛。說蘧瑗史狗。注。史朝之子文子。○雍鉏。策作癰疽。鮑注。孟子有其人。蓋醫之幸者。吳注。瘍醫也。韓子以爲雍鉏。則誤也。此說非。案。代醉編云。說苑引孟子曰。孔子於衛主雍睢。雍睢姓名也。與癰疽聲相近。趙岐云。癰疽之醫誤。東坡曾考正之。陳眉公十集亦載此說。人物考云。雍姓睢名。又名渠。圓案。孔子世家。衛靈公與婦人同車。宦者雍渠驂乘出。雍渠卽雍睢也。此作雍鉏。因考左傳襄二十六年。孫蒯從衛師。敗之圉。雍鉏獲殖綽。注。雍鉏孫氏臣也。據其年代。卽此人也。豈初事孫氏。後以宦者嬖於靈公耶。宜以此書作雍鉏爲正。則與左傳合。鉏字古或作且。故訛作睢。遂誤爲癰疽。其云雍渠者。亦疑且渠音轉。非別名也。策注反以韓子爲誤者。未之考耳。）

或曰。侏儒善假於夢。以見主道矣。（物曰。謂教示以君道也。）然靈公不知侏儒之言也。去雍鉏。退彌子瑕。而用司空狗者。是去

所愛而用所賢也。不以功伐課試，而徒用其心所謂賢者也。鄭子都賢慶建而壅焉。慶建人姓名。其事未聞。燕子噲賢子之而壅焉。前見。夫去所愛而用所賢。傍注，謂以所愛爲賢。未免使一人煬己也。不肖者煬主，不足以害明。今不加知而使賢者煬主。主一作己。則必危矣。物曰，謂己之智不倍明於昔，而以賢者煬己，己既不及賢者，故必危也。

或曰，屈到嗜芰。楚語注，屈到，楚卿屈蕩之子子夕也。芰，蔆也。文王嗜菖蒲菹。呂春秋注，菖本之菹也。案周禮醢人有昌本之菹。注，昌蒲根，切之四寸爲菹。說文，菹，酢菜。和酢以漬菜也。非正味也，而二賢尙之，所味不必美。晉靈侯說參無恤，史記，晉靈公六年，秦師范無恤御戎，豈此人耶，字曰，侯宜作公。燕噲賢子之，燕下一有王字，一疊之字，非。非正士也，而二君尊之，所賢不必賢也。非賢而用之，與愛而用之同，賓，實作賢，誤。誠賢而舉

之，與用所愛異狀。故楚莊舉孫叔而霸，孫叔名敖，元作叔孫，從山氏正。商辛用費仲而滅。此皆用所賢而事相反也。霸滅異迹。燕噲雖舉所賢，而同於用所愛。同一作隨。衞奚距然哉。距距通。見前。衞君用史狗，是眞賢也，何與燕噲同論。則侏儒之未見也。未下一有可字。君壅而不知其壅也。雍鉏彌子用事之時。已見之後，而知其壅也。故退壅臣，是加知之也。既加其明，故用眞賢。曰不加知，而使賢者煬己，則必危。前論云爾，故下文辨其非。而今以加知矣。山曰，以已同。則雖煬己必不危矣。謂去壅蔽之臣，而用賢者，賢者尊主盡忠，則雖用事煬主，亦無害己。傍注，所賢者誠賢，則不危也。

定本韓非子纂聞卷第十六　終

定本韓非子纂聞卷第十七

難勢　問辯　問田
定法　說疑　詭使

江都　松皐圓纂聞

難勢第四十

慎子曰，飛龍乘雲，騰蛇遊霧。說苑，騰蛇遊霧而升，騰龍乘雲而舉。騰蛇之騰與螣通。雲罷霧霽，而龍蛇與螾螘同矣。則失其所乘也。字曰，治要螾螘作蚯蚓。山曰，螾螘傳作引慎子同。顧坤雅同，而騰作螣，霽作除，乘下有故字。淵鑑，霽作散。鹽鐵論注，矣作也。賢人而詘於不肖者，賢上一有故字。則權輕位卑也。不肖而能服乎賢者，乎一作於。則權重位尊也。堯爲匹夫，不能治三人。物曰，謂寡亦治不得也。而桀爲天子，能亂天下。吾以此知勢位之足恃，而賢智之不足慕也。莊子說愼到曰，

棄知去己而緣不得已，謑髁無任而笑天下之尙賢也，縱脫無行而非天下之大聖也。荀子曰，慎子有見於後，無見於先。又曰，慎子蔽於法而不知賢。注，慎子齊宣王時處士，慎到也。其術本黃老，歸形名，多明不尙賢、不使能之道。故其說曰，多賢不可以多君，無賢不可以無君。其意但明得其法，雖無賢亦可爲治，而不知法待賢而後舉也。漢志，慎子四十二篇，班固曰，先申韓，申韓稱之也。夫弩弱而矢高者，激於風也。身不肖而令行者，得助於衆也。堯教於隸屬，物曰，謂身爲官師也。而民不聽。至於南面而王天下，令則行，禁則止。由此觀之，賢智未足以服衆，而勢位足以任賢者也。主術訓，堯爲匹夫，不能仁化一里，桀在上位，令行禁止。由此觀之，賢不足以爲治，而勢可以易俗明矣。治要引云，堯爲匹夫，不能使其鄰家，至南面而王，則令行禁止。由此觀之，賢不足以服不肖，而勢位足以屈賢矣。

應慎子曰。物曰，答於慎子而云也。飛龍乘雲，騰蛇遊霧，吾不以龍蛇爲不託於雲霧之勢也。雖然，夫釋賢而專任勢，釋一作擇。足

趙賢曰鬱鬱何等典籍審不漏皆人所求道

以爲治乎。愼子之論如此。則吾未得見也。不見其所以然之理也。夫有雲霧之勢。而能乘遊之者。龍蛇之材美也。美下一衍之字。今雲盛而螾弗能乘也。霧醲而蟺不能遊也。醲濃同。夫有盛雲醲霧之勢。而不能乘遊者。螾蟺之材薄也。今桀紂南面而王天下。以天子之威。爲之雲霧。而天下不免乎大亂者。桀紂之材薄也。且其人以堯之勢治天下。何以異桀之勢亂天下也。下下一有者字。愼子所論者如此。夫勢者非能必使賢者用己。而不肖者不用己也。物曰。兩己字。皆指勢言。賢者用之。則天下治。不肖者用之。則天下亂。人之情性。賢者寡。而不肖者衆。而以威勢之利。濟亂世之不肖人。濟成也。謂資之。則是以勢亂天下者

多矣。以勢治天下者寡矣。夫勢者便治而利亂者也。故周書曰。毋爲虎傅翼。將飛入邑。擇人而食之。圝此語見汲冢周書寤敬解。無爲字。邑作宮。東京賦。嬴氏搏翼。注引傳作搏同。賈誼傳。所謂假賊兵爲虎翼者也。應劭注引周書。與韓子文同。顔注。傅讀曰附。著也。夫乘不肖人於勢。是爲虎傅翼也。桀紂爲高臺深池。以盡民力。爲炮烙。以傷民性。桀紂得乘肆行者。乘一作成。乘乘勢也。管子。人臣之所以乘而爲姦者。句法同。南面之威。爲之翼也。使桀紂爲匹夫。未始行一。一作行。而身在刑戮矣。謂行一事而已被誅。不得肆行惡也。勢者養虎狼之心。而成暴亂之事者也。此天下之大患也。勢之於治亂。本末有位也。謂賢不肖皆得用之也。末元作未誤。忠孝篇。孔子本未知孝悌忠順之道也。物曰。位者一定之分也。而語專言勢之足以治天下者。井曰。語愼子語。則其智之所至者淺矣。夫良馬固車。

王鶴齡曰一嚼面本書丁始

茅坤曰擺出帳中字臨紗

孫鑛曰一句結如千鈞

使臧獲御之。則爲人笑。王良御之。而日取千里。山曰。外儲右上。亦有此論。車馬非異也。或至乎千里。或爲人笑。則巧拙相去遠矣。今以國爲車。以勢爲馬。以號令爲轡銜。以刑罰爲鞭筴。國下元有位字。無銜字。今從治要所引。使堯舜御之。則天下治。桀紂御之。則天下亂。則賢不肖相去遠矣。夫欲追速致遠。不知任王良。治要作追遠致速誤。荀子。欲得善馭及速致遠。則莫若王良造父。說林訓。造父之所以追速致遠者。非轡銜矣。主術訓。夫載重而馬羸。雖造父不能以致遠。車輕馬良。雖中工可使追速也。欲進利除害。不知任賢能。兩知字。治要作如。此則不知類之患也。圝淵鑑引尸子。夫馬者良工御之。則和順端正。致遠道矣。僕人御之。則蹶奔毀車矣。夫堯舜亦治民之王良也。

復應之曰。物曰。代愼子而辯也。〇此段元接上文。今從前篇例別提。其人以勢爲足恃以治官。其人指愼子也。客曰。必待賢乃治。則不然矣。斥客論之非也。夫勢者名一。而變無數者也。夫物有自然之形。不可移動者。則名曰勢。圝物遇事各作其勢。變遷之態。固罔極也。勢必於自然。則無爲言於勢矣。物曰。無爲猶無須也。吾所爲言勢者。言人之所設也。圝賈誼治安策云。夫立君臣。等上下。使父子有禮。六親有紀。此非天之所爲。人之所設也。夫人之所設。不爲不立。不植則僵。不修則壞。今日堯舜得勢而治。桀紂得勢而亂。補紂字。客論如此。吾非以堯桀爲不然也。雖然非人之所得設也。人上元有一字。依前後文誤衍無疑。圝謂客所謂勢者非指人之所設禮儀法度也。夫堯舜生而在上位。雖有十桀紂。不能亂者。則勢治也。桀紂亦生而在上位。雖有十堯舜。而亦不能治者。則勢亂也。圝唐類鑑。上治作安。下治作化。故曰。勢治者。則不可亂。而勢亂者。則不可治也。圝此語見商子定分篇。又愼子曰。夫論勢治者。雖委之不亂。勢亂者。雖勲之不治也。此自然之

王先慎曰。末又要歸于法度。中主守之。抱法處勢。力可以無窮。

勢也。非人之所得設也。若吾所言。謂人之所得設也而已矣。（設元作勢。晉之訛也。）賢何事焉。（謂何必以待賢爲務乎。〇當戰國時。處士橫議。虛飾文學。務養名望。迂於事情。乏於功用。世俗從而賢之。世主從而禮之。韓子此論。蓋亦有爲而發者耳。）何以明其然也。［客曰］（井山諸家。竝爲衍文。）人有鬻矛與楯者。譽其楯之堅。物莫能陷也。（物曰。陷刺而穿之也。山曰。已見難一。）俄而又譽其矛曰。吾矛之利。於物無不陷也。（於字從難一篇補。劉淵鑑引有於字。）有應之（有猶或也。一作人。）曰。以子之矛。陷子之楯。何如。其人弗能應也。以［爲］不可陷之楯。與無不陷之矛。爲名。（上爲字衍。）不可兩立也。夫賢之爲勢。不可禁。（若必待賢而後爲勢。不足以禁下也。）而勢之爲道也。無不禁。（謂賞罰之權也。）以不可禁之勢。與無不禁之道。（以此竝論。）此矛楯之說也。夫賢勢之不相容。亦明矣。且夫堯舜桀紂

千世而一出。是比肩隨踵而生也。（至聖之與至暴。普世之所希有者。雖隔千歲而一出。如比肩而立。隨踵而至也。今必效舉以飾其說。此不通之論也。山曰。呂春秋。千里而有一士。比肩也。累世而有一聖人。繼踵也。士與聖人之所自來。若此其難也。齊策。千里而一士。是比肩而立。百世而一聖。若隨踵而至也。）世之治者。不絕於中。（傍注。中中主也。物曰。治者爲政者。謂中材之主。相繼而出也。）吾所以爲言勢者。中也。中者上不及堯舜。而下亦不爲桀紂。抱法處勢則治。背法去勢則亂。今廢勢背法。而待堯舜。堯舜至乃治。是千世亂而一治也。（待賢之論。）抱法處勢。而待桀紂。桀紂至乃亂。是千世治而一亂也。（中主持勢。如慎子言。則治日多。而亂日少。）且夫治千而亂一。與治一而亂千也。是猶乘驥駬而分馳也。相去亦遠矣。（分馳。背馳也。駬疑騠字訛。山曰。列子有赤驥盜驪綠耳。字彙作綠駬。云駿馬也。）夫弃隱括之法。去度量之數。使奚仲爲車。不能成一輪。（隱檃

曰有治人無治
今欲待法而不
人此申韓之家
也

語五反文既奇
事理亦盡先秦
文如此

本篇注辯在破
士之言而伸其
棲之說

同。括作栝誤。荀子。拘木必將待檃括。注。正曲木之木也。又云。示諸檃括。注。矯揉木之器也。山曰。奚仲見守道篇。說文。正邪曲之器。揉曲者曰檃。正方者曰括。）無慶賞之勸。刑罰之威。釋勢委法。堯舜戶說而人辯之。不能治三家。夫勢之足用亦明矣。而曰必待賢。（客論。）則亦不然矣。且夫百日不食。以待粱肉。餓者不活。今待堯舜之賢。乃治當世之民。是猶待粱肉而救餓之說也。夫曰良馬固車。臧獲御之。則爲人笑。王良御之。則日取乎千里。（前論云爾。）吾不以爲然。夫待越人之善海游者。（游一作遊。山曰。已見說林。）以救中國之溺人。越人善游矣。而溺者不濟矣。（濟救也。）夫待古之王良。以馭今之馬。亦猶越人救溺之說也。不可亦明矣。夫良馬固車。五十里而一置。（山曰。置驛也。孟子。速於置郵而傳命。邱大學衍義補。許謙曰。字書。馬

遽曰置。步遞曰郵。漢西域傳。因騎置以聞。注。即今驛馬也。）使中手御之。追速致遠。可以及也。而千里可日致也。（謂計日而致也。荀子云。駑馬十駕。則亦及之。是也。）何必待古之王良乎。且御非使王良也。則必使臧獲敗之。治非使堯舜也。則必使桀紂亂之。此味非飴蜜也。（內則云。棗栗飴蜜以甘之。漢書注。以蘖消米。取汁而煎之。濡弱者爲飴。形怡怡然。）必苦菜亭歷也。（必上藏則字。月令云。苦菜秀。詩傳。荼苦菜也。爾雅。蕇亭歷。注。一名狗薺。山曰。本草。雷斆曰。葶藶子之苦入頂。）此則積辯累辭。離理失術。兩末之議也。（累重也。兩末謂失中也。猶言兩端也。脩務訓。上不及堯舜。下不及商均。美不及西施。惡不若嫫母。此教訓之所喻也。而芳澤之所施也。又云。今不稱九天之頂。則言黃泉之底。是兩末之端議。何可以公論乎。）奚可以難夫道理之言乎哉。（道理之言。謂慎子也。）客議未及此論也。（謂智之淺也。）

問辯第四十一

或問曰：辯安生乎？對曰：生於上之不明也。問者曰：上之不明因生辯也，何哉？對曰：明主之國，令者言最貴者也，法者事最適者也。言無二貴，法不兩適，故言行而不軌於法令者必禁。（軌猶順也。而字無義。迺而之古字通。論語君子恥其言而過其行，何晏集解而作之。）若其無法令而可以接詐、應變、生利、揣事者，上必采其言而責其實。（物曰：接詐應接敵人之詐。）言當則有大利，不當則有重罪。（形名之術。）是以愚者畏罪而不敢言，智者無以訟，（謂不爭言。）此所以無辯之故也。亂世則不然。主上有令，而民以文學非之；官府有法，而民以私行矯之。（矯曲也。）人主顧漸其法令，（顧反也。傍注：漸音尖，沒也。）而尊學者之智行，（尊一作進。）此世之所以多文學也。（上所尊禮，下皆風靡。）

夫言行者，以功用為之的彀者也。夫砥礪殺矢而以妄發，（見外儲左上。）其端未嘗不中秋毫也，然而不可謂善射者，無常儀的也。設五寸之的，引十步之遠，非羿逢蒙不能必中者，有常儀的也。（元脫儀的二字。）故有常則羿逢蒙以五寸的為巧，（巧一作功。）無常則以妄發之中秋毫為拙。今聽言觀行，不以功用為之的彀，（功一作公。）言雖至察，行雖至堅，則妄發之說也。是以亂世之聽言也，以難知為察，以博文為辯；其觀行也，以離羣為賢，以犯上為抗。人主者說辯察之言，尊賢抗之行，故夫作法術之人，（作猶行也。）立取舍之行，（謂擇義去私也。）別辭爭之論，（謂明理闢邪也。）而莫為之正。（世無明主，不能定其是非也。）是以

儒服帶劒者衆，而耕戰之士寡；堅白無厚之詞章，（堅白見上。莊子：無厚不可積也，其大千里。荀子：夫堅白同異，有厚無厚之察，非不察也。山曰：無厚又見呂子君守篇。物曰：章彰同。鄧析子無厚論云：天於人無厚也，君於民無厚也，父於子無厚也，兄於弟無厚也。何以言之？天不能屏勃厲之氣，全夭折之人，使為善之民必壽，此於民無厚也。凡民有穿窬為盜者，有詐偽相迷者，此皆生於不足，起於貧窮，而君必執法誅之，此於民無厚也。堯舜位為天子，而丹朱商均為布衣，此於子無厚也。周公誅管蔡，此於弟無厚也。推此言之，何厚之有。）而憲令之法息。（迺懸法示人曰憲。）故曰：上不明，則辯生焉。

問田第四十二

徐渠問田鳩曰：臣聞智士不襲下而遇君，（井曰：襲如襲級之襲，謂不歷卑官而見遇於君也。）聖人不見功而接上。（迺說苑：聖賢之相接也，不待久而親；能者之相見也，不待試而知矣。）今陽成義渠，明將也，（今一作令，非。案燕地有陽成，燕將有將渠，諫燕王喜伐趙者，或此人歟。迺佩文引作陽城，呂春秋、子華子並有陽城胥渠，蓋是人歟。）而措於卒伍；（元作毛伯，下同，寫者誤耳。措藉通，因也。謂自兵士積功而進為將也。顯學篇：明主之吏，宰相必起於州部，

猛將必發於卒伍。）公孫亶回，聖相也，而關於州部，何哉？（五蠹篇：州部之吏，操官兵。楚策：汗明謂春申君曰：今僕之不肖，阨於州部。注：集韻：部，統也，界也。案關，由也。謂由州縣之吏歷級至相也。山曰：荀子：倜然乃舉太公於州人而用之。）田鳩曰：此無他故異物，（異物亦他事也，見上。）主有度，上有術之故也。且足下獨不聞楚將宋觚而失其政，魏相馮離而亡其國。（宋觚、馮離皆人姓名，其事未聞。亡國謂喪地也。）二君者驅於聲詞，眩乎辯說，不試於卒伍，不關乎州部，故有失政亡國之患。由是觀之，夫無卒伍之試，州部之關，豈明主之備哉？（主下一有上字。）堂谿公謂韓子曰：（堂谿公，韓昭侯時人，在韓子前較遠，且味其辭氣，不似戰國人。王世貞所謂後人傳益者，蓋指此類也。）臣聞服禮辭讓，全之術也；（服行也。）修行退智，遂之道也。（物曰：退智藏智也。迺遂遂名也。）今先生立法術，設度數，臣竊以為危於身而

趙本題注：申不害相韓主術，商君相秦主法，二家之後，繼盛韓非也。孫鑛曰：此篇大意言申商偏于法術，故不能審治。陳深曰：以申商比之衣食，戰國之喜對如此，夫叢得不秦。

殆於軀。軀以支體言，身總稱也。何以效之。效白也。所聞先生術曰：楚不用吳起而削亂，秦行商君而富強。山曰：吳語：卒伍既具，無以行之。注：行猶用也。圓案：和氏篇：秦行商君法而富強，此脫法字。二子之言已當矣。然而吳起支解而商君車裂者，不逢世遇主之患也。逢遇不可必也，患禍不可斥也。夫舍乎全遂之道，而肆乎危殆之行，竊爲先生無取焉。韓子曰：臣明先生之言矣。物曰：謂吾請論汝也。夫治天下之柄，齊民萌之度，甚未易處也。然所以廢先生之教而行賤臣之所取者，生一作王，非。戰國時稱學士年長者爲先生，孟子呼宋牼爲先生是也。山曰：莊子載孔子柳下惠互以先生相稱矣。竊以爲立法術，設度數，所以利民萌便衆庶之道也。故不憚亂主闇上之患禍，而必思以齊民萌之資利者，仁智之行也。憚亂主闇上之患禍，而避乎死亡之害，知明而不見民萌之資利者，貪鄙之爲也。資利一作貣，夫利身誤。臣不忍嚮貪鄙之爲，不敢傷仁智之行。先生有幸臣之意，幸愛也。物曰：謂福我也。然有大傷臣之實。

定法第四十三

問者曰：申不害、公孫鞅，此二家之言孰急於國。應之曰：是不可程也。物曰：謂不可較優劣也。人不食十日則死，大寒之隆，不衣亦死。謂之衣食孰急於人，則是不可一無也，皆養生之具也。今申不害言術，而公孫鞅爲法。術者因任而授官，循名而責實，操殺生之柄，課羣臣之能者也。此人主之

申不害有術而無法，故韓不治。

法與術不可相無。

所執也。豪士賦序注所執作勢，非。法者憲令著於官府，刑罰必於民心，賞存乎慎法，慎順通。而罰加乎姦令者也。姦干同，犯也。此人臣之所師也。一無人字。君無術則弊於上，弊蔽通。臣無法則亂於下，此不可一無，皆帝王之具也。問者曰：一接上文。徒術而無法，徒法而無術，其不可何哉。徒獨也，謂不兼也。孟子：徒善不足以爲政，徒法不能以自行。對曰：申不害，韓昭侯之佐也。韓者，晉之別國也。晉之故法未息，而韓之新法又生，先君之令未收，而後君之令又下。申不害不擅其法，不一其憲令，則姦多。故利在故法前令則道之，利在新法後令則道之。山曰：道由也。故新相反，前後相悖。故上一衍利在二字，一作新故。則申不害雖使十昭侯用術，元作十使，山曰：十字宜移申上。而姦臣猶有所譎其辭矣。要略訓：申子者，韓昭釐之佐，韓晉別國也，地墩民險，而介於大國之間，晉國之故禮未滅，韓國之新法重出，先君之令未收，後君之令又下，新故相反，前後相繆，百官背亂，不知所用，故形名之書生焉。故託萬乘之勁韓七十年而不至於霸王者，七十殺文，宜作十七。申不害傳云：十五年，終申子之身，國治兵強。韓世家：昭侯八年，申子相；二十二年，申子卒。此差二年。雖用術於上，法不勤飾於官之患也。山曰：飾讀曰飭，下飾其法同。下有飭令篇。公孫鞅之治秦也，設告相坐而責其實，物曰：告相坐三字，對下什伍二字。山曰：見和氏篇。連什伍而同其罪，制分篇：圖姦之道，茲里相坐而已。綠友人鹽田氏曰：同富作司。商君傳：令民爲什伍而相收司連坐。管子：輔之以什，司之以伍。司伺通。賞厚而信，刑重而必，是以其民用力勞而不休，逐敵危而不却。謂勤耕戰。故其國富而兵強。然而無術以知姦，則以其富強也資人臣而已矣。偶爲姦臣取利之資，如張甘穰之類。及孝公、商君死，或說商君衍文。惠王即位，秦法

商鞅有法而無術，故秦不王。

未敗也。而張儀以秦殉韓魏。韓策。將以楚殉韓。注。殉言以死從之。顧莊子。小人則以身殉利。惠王死。武王卽位。甘茂以秦殉周。武王死。昭襄王卽位。穰侯越韓魏。而東攻齊五年。史表。秦昭王二十二年伐齊。次年破齊。三十七年伐齊剛壽。范睢傳。穰侯爲秦將。且欲越韓魏而伐齊剛壽。欲以廣其陶邑。案昭王十六年。封魏冉於穰。復益封於陶。而秦不益尺寸之地。寸一作土。乃城其陶邑之封。秦隱曰。陶定陶。應侯攻韓八年。史表。昭王四十二年拔韓少曲沃高平。次年拔汾陘。因城河上廣武。次年攻取南陽。次年取十城。蓋秦攻韓率無虛歲也。城其汝南之封。范睢傳。昭王三十七年。秦封范睢以應。號爲應侯。索隱曰。河東臨晉有應亭。又秦紀。以應爲太后養地。解者云。潁川之應鄉。未知孰是。圓案。秦策吳注引括地志。在汝州魯山縣東。秦策。應侯失韓之汝南。說者謂與應鄰。則在汝者爲是。昭王奪太后養地以封睢。亦惡矣。自是以來。諸用秦者。皆應穰之類也。謂營私忘國也。魏策。謂穰侯曰。君攻楚。得宛穰以廣陶。攻齊剛博。以廣陶。攻魏。得許鄢陵。以廣陶。故戰勝則大臣尊。益地則私封立。主無術以知姦也。商君雖十飾其法。人臣

反用其資。十飾謂其整飭之極也。奉法在臣。而行術在主。故上文云十昭侯用術。與此不同。山曰。商君宜移十字下。故乘强秦之資數十年。而不至於帝王者。法雖勤飾於官。雖作不誤。主無術於上之患也。問者曰。一本別提。主用申子之術。而官行商君之法。可乎。對曰。申子未盡於法也。法宜作術。顧一作術。申子言。治不踰官。此語又見難三。雖知弗言。治不踰官。謂之守職可也。知而弗言。是謂過也。韓子論云。申子是言則過也。孟子論告子曰。不得於心。勿求於氣。可。不得於言。勿求於心。不可。句法同。人主以一國目視。故視莫明焉。以一國耳聽。故聽莫聰焉。今知而弗言。則人主尚安假借矣。物曰。人主何所假耳目也。商君之法曰。斬一首者爵一級。欲爲官者爲五十石之官。遜商子。能得甲首一者。賞爵一級。益田一頃。秦紀徐注。斬戰士一首。賜爵一級。其欲爲官者五十石。曰甲首。曰戰士。明非厮隸也。斬二首者爵

本題注。此篇事今世之權臣情著明心術微暖君傾國之由。設奸臣蠹民。先將古人臣實不肯起。課曰。將言姦臣

事先設賞罰陵則姦臣退縮。

二級。欲爲官者爲百石之官。官爵之遷。與斬首之功相稱也。今有法曰。斬首者令爲醫匠。則屋不成。而病不已。已。愈也。夫匠者手巧也。而醫者齊藥也。齊一作劑。同。顧周禮。食醫掌和王之六食六飲六膳百羞百醬八珍之齊。疾醫以五藥養其病。注。五藥。草木蟲石穀。而以斬首之功爲之。則不當其能。今治官者智能也。今斬首者勇力也。力下一衍之所加三字。以勇力之所加。而治智能之官。是以斬首之功爲醫匠也。故曰。二子之於法術。皆未盡善也。

說疑第四十二

疑擬也。說似類之事難辨。世主迷惑。以至危其國也。

凡治之大者。非謂其賞罰之當也。一無非字。上君禁其心。賞一人而萬人勸。刑一人而萬人懲。若待事至而賞罰焉。無所勸懲。則不足以爲大也。賞無功之人。罰不辜之民。非所謂明

也。賞罰失當。君不明也。賞有功。罰有罪。而不失其當。乃在於人者也。非能生功止過者也。止於受賞受刑之人而已。未若不賞而生功。不罰而止過者也。是故禁姦之法。太上禁其心。大明法制。杜其邪念。是爲上君之道也。心度篇。聖人之治民。度於本。又云。治民者。禁姦於未萌。顧潛夫論上聖不務治民事而務治民心。大學衍義補引周禮士師掌五禁之法。以左右刑罰。賈公彥曰。凡設五刑者。刑期于無刑。於刑外豫設禁。禁民使其不犯於刑。是左右助刑罰。無使罰麗于民也。臣案。三代未有律令之名。而所謂禁者。卽是豫爲法制以禁之於未然。雖無律令之名。而律之意已具於此矣。其次禁其言。發於心。然後形于言。故見功授事。不用浮華虛飾之言。中君之道也。飾令篇。法已定矣。不以善言售法。任功則民少言。任善則民多言。國好言。此謂以易攻。其次禁其事。發於言。然後害于事。待事之至。而始禁之。則亦晚矣。此所以不能生功止過之故也。今世皆曰。尊主安國者。必以仁義智能。而不知卑主危國者之必以仁義智能也。故有道之主。遠仁義。去智能。服之以法。服行也。是以譽廣而名威。民治而國安。威宜作成。詭使篇。名之所以成。地之所以廣。戰士也。

陳奇猷曰：解言姦臣之事，先設自古人臣賢姦不同。

知用民之法也。凡術也者，主之所以執也。法也者，官之所以師也。[一無兩以字。]然使郎中日聞道於郎門之外，以至於境內日見法，又非其難者也。[法一作治。謂自近臣以至境內，使其日日聞道見法，是似難也，而非所謂難者也。道法，國之常典也。主無識人授任之術，而徒教示道法，則無益于治也。衞策注引作使郎中自聞道於郎門之內。物曰：文有缺誤。]昔者有扈氏有失度，[顧廣圻曰：路史，戶氏不恭，信相失度，威侮五行。]讙兜氏有孤男，[顧廣圻曰：路史，驩兜以嬖臣孤攻專權亡國。]三苗有成駒，[未聞。]桀有侯侈，[墨子：桀染於推哆大戲。疑推哆即侯侈也。又晏子：昔夏之衰也，有推侈大戲。主術訓：桀之力別觡伸鉤，索鐵歙金，推移大犧，水殺黿鼉，陸捕熊羆。案推移大犧即推侈大戲也。二人蓋以多力事桀者。呂春秋：殷湯良車七十乘，以戊子戰於郕，遂禽推移大犧。高誘云：桀多力能推大犧，因以爲號，恐非。路史：桀以羊辛侯哆爲相。墨子云：桀染於于辛推哆。古今人表作于莘、推侈。呂氏春秋作推多。]紂有崇侯虎，[顧廣圻曰：呂春秋：殷紂染於崇侯、惡來。]晉有優施。[晉語：獻公之優曰施。注：施其名也。優上一有狐字，非。]此六人者，亡國之臣也。言是如非，言非如是，[佞辯巧媚，變亂是非。]內險以

賊，[中心陰險殘賊。]其外小謹，以徵其善，[飾其外貌，似小心謹慎者，以爲己善之證兆也。說苑：內實頗險，外貌小謹。內實，中心也。頗詖通。管子：小謹者不大立。與此微異。]稱道往古，使良事沮，[道，說也。沮，敗也。物曰：謂舉往古以沮嘉謀也。]善禪其主，以集精微，[主一作至，非。一無使良以下十二字。禪擅通。其主，謂其力能擅制其主，以集成微密難知之姦謀也。管子：人臣之所以乘而爲姦者，擅主也。荀子：周公擅有天下。今無天下，非擅也。注：擅與禪同。山曰：家語：卜商爲人性不弘，好論精微。荀子：精微乎毫毛，而盈大乎宇宙。]亂之以其所好。[八姦篇：盡民力以美宮室臺池，重賦斂以飾子女狗馬，以娛其主而亂其心，從其所欲，而樹私利其間，此之謂養殃。]此夫郎中左右之類者也。[謂當時人主左右，率多此類之人也。]往世之主，有得人而身安國存者，有得人而身危國亡者。得人之名一也，而利害相千萬也。故人主左右，不可不愼也。[謂宜擇人。]爲人主者，誠明於臣之所言，則別賢不肖，如黑白矣。[顧廣圻曰：此臣，韓子自謂也。]若夫許由，[堯讓天下而不受者。]續牙，[呂春秋：堯舜得伯陽、續耳，然後成。注：皆賢人也。顧路史云：續牙友舜於貧。]

論古人臣用者，夫二字設起而斷以

今世之所用與古前後凡五段，皆用五個若夫。

此十二人皆清介不污之臣。

王維楨曰：銅亦類工。

此六人皆諫死之臣。

貴而遺之，爲續氏。注：續牙，人表又作續身，一作續耳，隸轉失之。]晉伯陽，[呂春秋：舜染於許由、伯陽。案晉蓋其姓。]秦顚頡，[疑即秦不空。或作秦不虛。路史作秦不字。]衞僑如，[疑雄陶也。人表作雄陶。]狐不稽，[莊子大宗師：狐不偕。蓋即是。]重明，[疑即靈甫。字形頗類。]董不識，[即東不訾。路史作東不識。]卞隨、務光，[殷湯讓天下而俱不受者。]伯夷、叔齊，[義不食周粟者。]此十二人者，[○齊策顏斶曰：舜有七友。注引陶淵明聖賢群輔錄云：雄陶、方回、續牙、伯陽、東不訾、秦不虛、靈甫七人，爲舜七友，並爲歷山雷澤之遊。又劉氏大記：舜年二十，孝友聞於人，七友常輔翊之。吳師道曰：又見皇甫謐逸士傳。不訾或云不識，不虛或云不空。尸子無靈甫。愚謂此類不可深考，或後人所妄造之。]皆上見利不喜，下臨難不恐，或與之天下而不取，有卑辱之名，則不樂食穀之利。[山曰：論語：國有道，穀。孔安國曰：穀，祿也。]夫見利不喜，上雖厚賞，無以勸之；臨難不恐，上雖嚴刑，無以威之。此之謂不令之民也。[謂不可使令也。太公誅狂矞，臧獲不乘驥，即是此意。]此十二人者，[一脫人字。]或伏死於窟穴，或槁死於草木，[莊子：鮑焦飾行非世，抱木而死。亦此

類。]或飢餓於山谷，或沈溺於水泉。有民如此，先古聖王皆不能臣，當今之世，將安用之？若夫關龍逢、王子比干、隨季梁，[左桓六年注：隨賢臣。]陳泄冶，[諫陳靈公事，見左宣九年。]楚申胥，[申包胥強諫事無考。豈指乞援於秦，數日立於秦廷歟。]吳子胥，此六人者，皆疾爭強諫以勝其君。言聽事行，則如師徒之合，[合一作動。物曰：如七十子之服從孔子也。顧司馬彪莊子注：徒，弟子也。]一言而不聽，一事而不行，則陵其主以語，[物曰：謂以言語陵辱其主。]從之以威，[物曰：謂抗威以從其語也。從，繼也。威上一有其字。]雖身死家破，要領不屬，手足異處，不難爲也。[要音腰。手宜作首。呂春秋：要領不屬，首足異處。注：屬，連也。魏策：要領之罪。注：斬刑也。禮記：是全要領。注：免於刑誅也。]如此臣者，先古聖王皆不能忍也，[物曰：謂怒。]當今之時，將安用之？若夫齊田恒，[一作田恆，非。]宋子罕，[蓋皇喜邪。]魯季孫意如，晉僑如，[晉字衍文。]

此九人皆姦賊之臣

左傳成十年宣伯通於穆姜欲去季孟而取其室不成奔齊又通聲孟子立於高國之間遂奔衛亦間於卿宣伯叔孫僑如也 衛子南勁。一無勁字周紀周子南君薛瓚曰汲冢古文謂衛將軍文子爲子南彌牟其後有子南勁朝于魏後惠成王如衛命子南勁爲侯 鄭太宰欣。未聞 楚白公。周單茶。未聞 燕子之。此九人者之爲其臣也。皆朋黨比周。以事其君。隱正道而行私曲。上偪君。下亂治。援外以撓內。謂借他國之威以撓君權 親下以謀上。親一作侵 不難爲也。如此臣者。唯聖王智主能禁之。若夫昏亂之君。能見之乎。不能獨姦情也

此十五人皆聖智之臣

若夫后稷。皐陶。伊尹。周公旦。太公望。管仲。隰朋。百里奚。蹇叔。舅犯。趙衰。范蠡。大夫種。逢同。越世家索隱逢同越大夫故楚有逢伯 華登。吳語夫申胥華登簡服吳國之士注華登宋司馬華費遂之子也華氏作亂於宋而敗登奔吳爲大夫 此十五人者之爲其臣也。一無之字爲其一作其爲 皆夙興夜寐。卑身賤體。竦心白

意。一無白字說苑虛心白意進善通道莊子天下人我之養畢足而止以此白心管子有白心篇溯說文悚敬也東方朔傳寡人將竦意而覽焉 明刑辟。治官職。以事其君。進善言。通道法。而不敢矜其善。物曰通道法謂說道術法令以通達君上也 有成功立事。而不敢伐其勞。不難破家以便國。殺身以安主。以其主爲高天泰山之尊。而以其身爲壑谷鬴洧之卑。物曰鬴洧水之澳洧如鬴之大者山曰爾雅九河有覆鬴注水中可居住而有狀如覆釜洧瀆源委之委 主有明名廣譽於國。物曰明名顯名 而身不難受壑谷鬴洧之卑。卑一作害 如此臣者。雖當昏亂之主。尚可致功。況於顯明之主乎。此謂霸王之佐也。若夫周滑伯。蓋威公臣括地志在洛州緱氏縣 鄭王孫申。蓋子陽黨王疑公誤 陳公孫寧。儀行父。皆陳大夫與靈公通於夏姬 荆芋尹申亥。芋尹申無宇之子也楚語殺陽豐愛子反之勞也而獸飮焉以斃於郢芋尹申亥從靈王之欲以隕於乾谿君子曰從而逆蓋謂其與君同好惡無所匡救也此與少師並彼與殺陽伍其意可見韋注引其葬靈王事此奉舊君之善而也豈可謂逆其云隕於乾谿必別有指 隨少

此十人皆邪佞之臣

師。左傳注隨大夫 越種干 此三字與上文越大夫種相混而衍 吳王孫雒。墨子吳王夫差染於王孫雒太宰嚭 說苑太宰嚭王孫雒偷合苟容以順夫差之志而伐吳二子沉身江湖頭懸越旗左國史諸書作王孫雄又王應麟曰黃池之會吳晉爭先雄之謀也然不能救吳之亡故呂覽云夫差染于王孫雄太宰嚭然則雄亦嚭之流耳 晉陽成泄。蓋智伯臣 齊竪刁。易牙。此十人者之爲其臣也。十下元衍二字 皆思小利而忘法義。進則揜蔽賢良。以陰闇其主。溯後漢郎顗傳正月以來陰闇連日 退則撓亂百官而爲禍難。皆輔其君。逢君之惡 共其欲。共讀曰供 苟得一說於主。被君悅愛 雖破國殺衆。不難爲也。有臣如此。雖當聖王。尚恐奪之。而況昏亂之君。其能無失乎。有臣如此者。皆身死國亡。爲天下笑。故周威公身殺。國分爲二。史記無此事豈周室衰史官失載耶 鄭

子陽身殺。國分爲三。史記鄭繻公殺其相子陽子陽之黨共殺繻公今參攷莊列及呂覽新序似鄭君遇弒不諱者故高誘注氾論訓云子陽鄭君或曰鄭相 陳靈公身死於夏徵舒氏。荆靈王死於乾谿之上。隨亡於荆。此下無越種干事故定爲衍文溯陳荆隨事見左傳 吳幷於越。知伯滅於晉陽之下。桓公身死。六十七日不收。元脫六十二字史記桓公尸在牀上六十七日 故曰。諂諛之臣。唯聖王知之。而亂主近之。故至身死國亡。聖王明君則不然。王一作主 內擧不避親。外擧不避讎。山曰左襄二十一年文 是在焉從而擧之。非在焉從而罰之。是以賢良遂進。而姦邪並退。遂通也山曰並宜作进或通溯尚書顚忠遂良荀子併己之私並併與屛音通 故一擧而能服諸侯。其在記曰。堯有丹朱。而舜有商均。莊子滿苟得曰堯殺其子舜流母弟孟子闢之其說舊矣 啓有五觀。溯竹書紀年帝啓十一年放季子武觀于西河注武觀卽五觀 商有太

孫鏘曰。自管蔡之外。如朱均太甲何嘗受誅。此設國之北言也。

劉辰翁曰。不以獨斷而隨衆毀譽。此奸臣所以要結左右而成其私也。

王樓續曰。文氣跌宕。無中生有。說事形容。

甲。武王有管蔡。楚語作文王。注。朱堯子。封於丹。均舜子。封於商。啓禹子。五觀啓子。太康兄弟。觀洛汭之地。書序曰。太康失國。昆弟五人。須於洛汭。傳曰。夏有觀扈。太甲湯孫。太丁之子。不遵湯法。伊尹不能正。放之於桐。管蔡文王子。周公兄也。五王之所誅者。皆父兄子弟之親也。而所殺亡其身。殘破其家者何也。以其害國傷民敗法圮類也。堯典。方命圮族。族卽類也。焦氏筆乘。圮古弊字。觀其所舉。或在山林藪澤巖穴之間。傅說呂望之屬。或在囹圄縲紲纆索之中。纆作縲誤。箕子管仲之屬。鸕賦。何異糾纆。字林。纆三合繩。史正義。音墨。薛瓚曰。纆索也。楊升庵外集。兩股曰纆。三股曰徽。古者獄中以墨索拘攣罪人。論語所謂縲紲也。縲黑索也。紲攣也。莊子。約束不以纆索。或在割烹芻牧飯牛之事。伊尹百里奚甯戚之屬。然而明主不羞其卑賤也。以其能可以明法便國利民。從而舉之。身安名尊。亂主則不然。不知其臣之意行。物曰。心行也。而任之以國。故小之名卑地削。大之國亡身死。不明於用臣也。死一作族。夫無數以度其臣者。物曰。謂無料臣之術。必以其衆人之口斷之。者一作而。一無必其二字。衆之所譽從而悅之。衆之所非從而憎之。故爲人臣者。破家殘貲。傍注。貲音粹。貨也。或曰。貲當作貲。隸文財字。內構黨與。外接巷族。以爲譽從。山曰。從讀曰頌。陰約結以相固也。虛相與爵祿以相勸也。一無與字。一無也字。物曰。私許爵祿。而未有實叙。故曰虛。且與我者將利之。不與我者將害之。衆貪其利。劫其威。彼誠喜則能利己。貪其利而歸之。忌文衍。怒則能害己。畏其威而從之。衆歸而民留之。物曰。謂民聚于彼也。以譽盈於國。發聞於主。主不能理其情。因以爲賢。彼又使譎詐之士。外假爲諸侯之寵使。假一作託。謂詐爲諸侯使者。自外來以貴寵己。如蘇代愚燕王。淖齒爲秦使之比。齊策。張儀乃使其舍人馮喜之楚。藉使之齊。亦此類。假之以輿馬。信之以瑞節。

孫鑛曰。借外使以要己。欲其君之信也。

孫鑛曰。奇論跌宕。任意說去。無中生有。看此則文字其不難矣。

瑞玉曰瑞。竹曰節。符者所以爲信。鎮之以辭令。鎮重也。爲辭命以鎮重之。物曰。鎮填通。填補其空缺。以文飾之。資之以幣帛。幣一作弊。使諸侯而淫說其主。使宜作役。淫猶惑也。存韓篇。淫說靡辯。物曰。淫當作遙。微挾私而公議。微不顯也。所爲使者。異國之主也。所爲談者。左右之人也。近臣比周爲之匿非。主說其言。而辯其辭。以此人者。天下之賢士也。以猶謂也。內外左右。其諷一而語同。外下一有之於二字。諷一辭同軌以譽姦臣。大者不難卑身撙位以下之。撙作尊誤。禮記。撙節退讓。劉管子。蹙齊撙詘注。撙節也。謂自節而卑屈也。小者高爵重祿以利之。夫姦人之爵祿重而黨與彌衆。附炎者多。又有姦邪之意。則姦人愈反而說之。黨與中有述篡奪之事者。所當譴斥。而姦人反益悅愛之。人一作臣。曰。傍注。他好人之逢迎者。設言黨與之說。姦臣如此。古之所謂聖王明君者。一作聖君明王者。非長幼弱也。及以次序也。謂非必生長於幼弱之中。以世次相及承也。晉語。公孫固曰。晉公子亡長幼注。從幼至長也。長展兩反。又案中也字或世字誤。世及父子曰世。兄弟曰及。以其構黨與。聚巷族。偪上弒君。而求其利也。有姦邪之意者。勸姦人以此說。彼曰。何知其然也。一知作如。傍注。姦臣問也。因曰。傍注。黨與答也。舜偪堯。禹偪舜。湯放桀。武王伐紂。此四王者。人臣弒其君者也。而天下譽之。察四王之情。貪得之意也。得下一有人字。度其行。暴亂之兵也。然四王自廣措也。而天下稱大焉。管子。詭俗異禮。大言放行。難其所爲。而高自錯者。聖王之禁也。注。錯置也。物曰。謂自廣大其舉措也。自顯名也。而天下稱明焉。則威足以臨天下。利足以蓋世。天下從之。又曰。黨與更增其說。以今時之所聞。田成子取齊。司城子罕取宋。太宰欣取鄭。單氏取周。單氏。上文云單荼也。左傳。單氏佐敬王。以伐王子朝。上篇以王子朝爲周太子。故云取周耶。或周威公身殺。國分爲二。此時單氏作亂耶。子南勁取衛。子南勁元作易牙之誤。韓魏趙孫鑛曰。通篇主意。在此一句。方說去。

王維楨曰。此言過當。

陳深曰。何至如此。豈有如此而不亡。蓋欲其明於任人也。

三子分晉。此八人臣之弑其君者也。八作六誤。姦臣聞此。蹙然舉耳。以為是也。莊子云。廣成子蹙然而起。司馬彪注。疾起貌。物曰。謂竦提其耳以聽之。故內構黨與。外接巷族。接作攄誤。觀時發事。一舉而取國家。且夫內以黨與。劫弑其君。外以諸侯之權。矯易其國。矯一作撟。物曰。矯易輕之也。隱正道。持私曲。上禁君。下撓治者。不可勝數也。是何也。則不明於擇臣也。記曰。周宣王以來。亡國數十。其臣弑君而取國者衆矣。而一字無。然則難之從內起。與從外作者相半也。一無然字。瀬。佩文。上從字作猶。猶由通。能一盡其民力。破國殺身者。尚皆賢主也。物曰。從外作難而亡者。猶為賢也。若夫轉法易位。全衆傳國。最其病也。物曰。謂難從內起而為姦臣所轉易其法令爵位。舉其國士衆民。以傳之者。是最下也。病謂可深痛也。山曰。一無此三十字。為人主者。

誠明於臣之所言。則雖罼弋馳騁。撞鐘舞女。國猶且存也。不明臣之所言。雖節儉勤勞。布衣惡食。布衣一作衣布。國猶且亡也。且作白。寫者誤。趙之先君敬侯。不修德行。而好縱恣。適身體之所安。耳目之所樂。冬日罼弋。夏日浮淫。從山氏補下日字。瀬。國語。宣公夏濫於泗淵。注。濫漬也。漬罟於泗水之淵以取魚也。案浮淫即濫也。為長夜。數日不廢御觴。山本氏云。照御觴。長夜下無飲字。照書法。瀬。蔡邕獨斷。御進也。凡加於身。飲食適於口。妃妾接於寢。皆曰御。不能飲者。以筩灌其口。進退不肅。應對不恭者。斬於前。故居處飲食。如此其不節也。制刑殺戮。如此其無度也。然敬侯享國數十年。享一作饗。案史記。敬侯名章。烈侯之子。立十二年卒。無富強淫侈之事也。兵不頓於敵國。地不虧於四鄰。頓義見初見秦。內無羣臣百官之亂。羣元作君。從山氏正。外無諸侯鄰國

韓詩外傳卷之[illegible]。鐘石不解於懸。

孫鑛曰。此五姦之目。

孫鑛曰。君無可疑之事。則姦臣無由而闚伺。

之患。明於所以任臣也。瀬。韓子有取於敬侯。其意猶孔子稱衛靈公為賢君也。燕君子噲。召公奭之後也。地方數千里。持戟數十萬。下十作千誤。不安子女之樂。不聽鐘石之聲。鐘石鐘磬。內不堙汙池臺榭。外不罼弋田獵。內下元有不字。從物氏刪。又親操耒耨。以修畎畝。子噲之苦身以憂民。如此其甚也。雖古之所謂聖王明君者。其勤身而憂世。不甚於此矣。然而子噲身死國亡。奪於子之。而天下笑之。此其何故也。不明乎所以任臣也。故曰。人臣有五姦。而主不知也。為人臣者。有侈用財貨賂。以取譽者。有務慶賞賜予。以移衆者。有務朋黨。狥智尊士。以擅逞者。狥智以智為事。有務解免赦罪獄。以事威者。物曰。財貨賂。解免赦。皆三言一物。如儀式

刑字法。有務奉下直曲。物曰。奉行民所毀譽以取媚於下也。怪言偉服瑰稱。以眩民耳目者。瑰稱大言也。新序。瑰意奇行。荀子。倚魁之行。江賦。傀奇之所窟宅。注。說文曰。傀偉也。管子。無偉服。無奇行。注。皆過越法度者。秦策。辯言偉服。注。偉奇也。山曰。荀子喬字嵬瑣。注。說文云。嵬高不平也。周禮。大司樂。大傀裁。則去樂。鄭云。傀猶怪也。晏子春秋。夸言傀行。嵬當與傀義同。瀬。莊子。達生之情者傀。司馬彪曰。傀大也。音瑰。六韜云。奇其冠帶。偉其衣服。博聞辯辭。虛論高議。以為容美。窮居靜處。而誹時俗。是姦人也。王者慎勿寵。此五者明君之所疑也。似賢而非賢。故明主猶或疑惑。不能去也。而聖主之所禁也。非孔子不能去誅少正卯也。去此五者。則謀詐之人。不敢北面談立。謀義見難言篇。物曰。談立立談。文言多。實行寡。而不當法者。不敢誣情以談說。物曰。文言繁辭。是以羣臣居則修身。動則任力。非上之令。不敢擅作疾言誣事。此聖王之所以牧臣下也。彼聖主明君。不適疑物。以闚其臣也。物曰。適主也。闚其臣。謂使其臣闚伺也。瀬。適偶也。對也。蘂林學山云。古字窺作闚。見疑物而無反者。

趙本題注詭者相反也謂使主本心歡治而所爲常相反也層層覆說皆憤激之詞雖爲當役者逢名號法令號士之懷二心私學讓上之法令者一氣說到底文字奇怪不厭重複意說愈有味

張榜曰一篇文字複說數四意論意有味皆古人所未發口天下之奇也

此下皆是複說

天下鮮矣。列子夫顏回能仁而不能反注反變也 故曰孽有擬適之子。適音嫡 配有擬妻之妾。廷有擬相之臣。臣有擬主之寵。擬疑義同並似類之義也楊升庵外集引此文作內有疑妻之妾妾有疑適之子外有疑相之臣臣有疑君之權比今本語勝又管子國之所以亂者四其所以亡者二內有疑妻之妾此宮亂也庶有疑適之子此家亂也朝有疑相之臣此國亂也任官無能此衆亂也 此四者國之所危也。故曰內寵並后。外寵貳政。枝子配適。大臣擬主。亂之道也。山曰左傳閔二年辛伯諗周桓公之辭枝作孽大臣擬主作大都耦國道作本 故周記曰。無尊妾而卑妻。無孽適子。而尊小枝。無尊嬖臣而匹上卿。無尊大臣以擬其主也。山曰穀梁傳僖九年有此語翊玉海引漢志周書七十一篇注周史記顏注劉向云周時誥誓號令也蓋孔子所論百篇之餘今所存者四十五篇末引此文 四擬者破。則上無意。下無怪也。物曰意疑也 四擬不破。則隕身滅國矣。翊淵鑑作四疑不破損身失國

詭使第四十三

聖人之所以爲治道者三。一曰利。二曰威。三曰名。夫利者所以得民也。威者所以行令也。名者上下之所同道也。物曰道由也 非此三者。雖有不急矣。物曰雖有之不足以爲急務也 今利非無有也。而民不化上。無功者受賞故民不勸 威非不存也。而下不聽從。有罪者或免故衆不懲 官非無法也。而治不當名。枉法務私 三者非不存也。而世一治一亂者何也。夫上之所貴。常與其所以爲治相反也。一無常字世爲政者每常如此 夫立名號所以爲尊也。今有賤名輕實者。世謂之高。名爵也實祿也 設爵位所以爲賤貴基也。物曰貴賤之基也 而簡上不求見者。世謂之賢。物曰簡上無禮於君上也 威利所以行令也。而無利輕威者。世謂之重。物曰無利蔑恩也 法令所以爲治也。而不從法令。爲私善者。世謂之忠。私善謂飾辭辯 官爵所以勸民也。而好名義。不進仕者。世謂之烈士。刑罰所以擅威也。而輕法不避刑戮死亡之罪者。世謂之勇夫。大字舊讀屬下 民之急名也。甚其求利也如此。徇名求譽比諸好利之心更爲甚急 則士之飢餓乏絕者。焉得無巖居苦身。以爭名於天下哉。故世之所以不治者。非下之罪。上失其道也。常貴其所以亂。而賤其所以治。是故下之所欲。常與上之所以爲治相詭也。今下而聽其上。上之所急也。而惇慤純信。用心一者。則謂之窶。翊惇厚也慤實也 守法固聽令審。則謂之愚。敬

上畏罪。則謂之怯。言時節。行中適。則謂之不肖。無二心私學。聽吏從教者。則謂之陋。二心懷私也私學飾文學也 難致。謂之正。不應徵辟 難予。謂之廉。不好利祿 難禁。謂之齊。不畏刑法翊爾雅齊壯也 有令不聽從。謂之勇。無利於上。謂之愿。寬惠行德。謂之仁。重厚自尊。謂之長者。私學成羣。謂之師徒。閑靜安居。謂之有思。翊堯典文思馬云道德純備謂之思漢書薛宣傳性密靜有思 損人逐利。謂之疾。人一作仁損害也疾謂敏疾於事也 險躁佻反覆。謂之智。佻偸同苟且也 先爲人而後自爲。類名號言。汎愛天下。謂之聖。一無言字翊類名號言比類名號爲言也難言篇以具數言篇以具數言以質信言句法同汎愛如墨子兼愛也春秋繁露云號凡而略名詳而目目者徧辨其事也凡者獨舉其事也享鬼神號一曰祭祭之散名春曰祠夏曰礿秋曰嘗冬曰烝獵禽獸號一曰田田之散名春苗秋蒐冬狩夏獮無有不皆中天意者物莫不有凡號號莫不有散名如是是故事各順於名名各順於天天人之際合而爲一同而通理動而相益順而相受謂之德道

(詩曰。維號斯言。有倫有迹。此之謂也。)言大不稱。而不可用。(所説夸大。不副事行。)行而乖於世者。謂之大人。(乖於世。謂違俗。)賤爵祿。不撓上者。謂之傑。(撓謂屈從。)下之漸行如此。(下之所行。漸靡令然。一無之字。)入則亂民。出則不使也。(入猶居也。不使不可使令也。一作便。)上宜禁其欲。滅其迹。(以法制斂變其惡俗。)而不止也。又從而尊之。是教下亂上以爲治也。凡上所治者刑罰也。(一無上字。)今有私行義者尊。(謂被顯用。)社稷之所以立者。安靜也。而躁險讒諛者任。四封之内。所以聽從者。信與德也。而陂知傾覆者使。令之所以行。威之所以立者。恭儉也。不聽上而巖居非世者顯。倉廩之所以實者。耕農之本務也。而綦組錦繡。刻畫爲末作者富。(綦綺綵也。)名之所以成。城池

之所以廣者。戰士也。今死士之孤。飢餓乞於道。(士或事字訛。一作戰。)而優笑酒徒之屬。桀車衣絲。(桀古乘字。一作乘。)賞祿所以盡民力。易下死也。(此語又見顯學篇。)今戰勝攻取之士。勞而賞不霑。(霑一作占。)而卜筮視手理。狐蟲爲順辭於前者日賜。(蟲古蠱字省文。山曰。左傳。夫狐蠱必其名也。物曰。視手理。韓子時有之。順辭諛辭也。○楊升庵外集。冶容誨淫。太平廣記引之冶作蠱。左傳。男惑女曰蠱。國語。蠱女維欲。西京賦。妖蠱豔天。南都賦。侍者蠱媚。五臣注作冶媚。馬融廣成頌。古冶字作蠱。字可證。或省作蟲。人姓也。詳希姓錄。)上握度量。所以擅生殺之柄也。今守度奉量之士。欲以忠嬰上而不得見。(物曰。嬰干也。)巧言利辭。行姦軌以偷倖世者數御。(軌宜作宄。或通。偸倖元作倖偸。殺次飾邪篇。主妄予。則人偸幸。難二篇。僥幸而望於上。物曰。數御屢侍也。)據法直言。名刑相當。循繩墨。誅姦人。所以爲上治也。而愈疏遠。(形刑通。)諂施順意從欲。以危世者近

習。(施讀曰譊。字書。譊多言也。酉孟子。施施從外來。注。喜悅貌。)悉租稅。專民力。所以備難。充倉府也。(備一作避。)而士卒之逃事伏匿。附託有威之門。以避徭賦。而上不得者萬數。(謂就權家以得復除者至多也。物曰。不得不得拶也。)夫陳善田利宅。所以戰士卒也。(一無陳字。戰上有厲字。顯學篇。夫陳良田大宅。設爵祿。所以易下死命也。)而斷頭裂腹播骨乎平原曠野者。無宅容身。身死田奪。(一無平曠二字。蠱子。今有平原廣野於此。被甲嬰胄。將往戰。酉晉世家。與君王。以兵車會平原廣澤。)而女妹有色。大臣左右無功者。擇宅而受。擇田而食。(女妹有色。其女若妹有姿色。幸於君者也。酉管子。近有色。遠有德。擇良田宅而取之。毛詩。俔天之妹。易卦有歸妹。皆取少艾之義。)賞利一從上出。所擅制下也。(制古制字。一作制。)而戰介之士不得職。(山曰。戰介耿介死戰之士。酉介甲也。顯學篇。雖至則用介士。)而閒居之士尊顯。(處士有私學者登用。)上以此爲教。名安得無卑。位安得無危。夫卑名

危位者。(一脫危字。)必下之不從法令。有二心。無私學。反逆世者也。(無一作務。古字通。墨子書多用惟務字。竝作惟無。物曰。反逆世。謂與世反逆也。酉務無通。如列子伯昏務人。莊子作亡人。可見。)而不禁其行。以破其羣。以散其黨。(上以元作不。從山氏正。)又從而尊之。用事者過矣。上之所以立廉恥者。所以屬下也。(家語。所以屬之以廉恥之節也。荀子。勸屬之民。注。屬之欲反。或讀爲厲。)今士大夫不羞汙泥醜辱而宦。(奴顏婢膝。行貨賄。事權貴。)女妹私義之門。不待次而宦。(次一作文誤。謂女妹入後宮與君有私暱之家。不次擢任也。)賞賜所以爲重也。(重恩重也。)而戰鬬有功之士貧賤。而便辟優徒超級。(超一作紹。辟讀曰嬖。優徒俳倡之屬。超級謂越次也。)名號誠信。所以通威也。而主揜障。(主明蔽塞。所以威命不下究也。)近習女謁並行。百官主爵遷人。(主爵謂以私意進退爵祿也。遷人謂從己者卽遷擢之。此二句說君之所以揜障也。)用事者過矣。大臣官人。(樹私恩也。)比

保鑑曰。一篇之目在此二句。總評。人情激於拂意之事。前憤悉之詞不一而足。甚之重詞之複。蓋嘆呼窮極以求紓其不平之氣而不暇。在大耳。如韓子詭使篇不過曰賢者顯名而居。姦人賴賞而富。而又足矣。乃至數十言而又多重複不次。不如是不足以發其憤懣耳。故文字不簡。不省往復為難。次而不次。為文義次而不次。惟深于文者得之。

周不法。行威利在下。大臣擅行恩威。故曰在下。內儲說云。權借在下。說疑篇。與我者將利之。不與我者將害之。則主卑而大臣重矣。夫立法令者。所以廢私也。從山氏補所字。法令行而私道廢矣。私者所以亂法也。而士有二心私學。巖居窞處。山曰。窞處猶窟處也。易曰。入于坎窞。窞音徒感反。託伏深慮。物曰。託言隱居。以便深慮。大者非世。細者惑下。上不禁。又從而尊之以名。化之以實。又從而尊之。前後兩見。此加以名二字。貶其虛名。而尊禮之也。化之以實。爵祿之利。變隱操也。是無功而顯。無勞而富也。如此則士之有二心私學者。焉得無深慮勉知詐。與誹謗法令。以求索與世相反者耶。一無上與字。物曰。勉知詐。勉用詐智也。耶一作也。通。凡亂上反世者。常士有二心私學者也。故本言曰。所以治者法也。所以亂者私也。本言。本當所說之言。墨子書多用之。法立則莫得為私矣。故曰。道私者亂。道法者治。山曰。道由也。上無其道。則智者有私辭。賢者有私意。上有私惠。下有私欲。無功幸賞。聖智成羣。造言作辭。以非法令於上。鄭周禮大司徒。造言之刑。注。訛言惑衆也。上不禁塞。又從而尊之。是教下不聽上。不從法也。以之教下。是以賢者顯名而居。姦人賴賞而富。賢者即姦人隱居養名者。世主不察而用之也。賢者顯名而居。姦人賴賞而富。是以上不勝下也。謂不能制其姦私也。

定本韓非子纂聞卷第十七 終

總本題注通篇分節。舉名是一片文字。主在破世學之論。既違名實行。是否帥至奇之文。陳深曰。一正一反。二什形本。

張榜曰。意同前篇而語加簡練。

定本韓非子纂聞卷第十八　六反　八經　八說

江都　松皐圓纂聞

六反第四十六

夫畏死遠難。降北之民也。夫一字脫。而世尊之曰貴生之士。鄭蓋斥子華子之徒。呂氏春秋有貴生篇。學道立方。離法之民也。方亦道也。而世尊之曰文學之士。上篇所謂士之有二心私學。與誹謗法令者也。游居厚養。牟食之民也。荀子。悖悖然唯飲食之見。注。悖悖愛欲之貌。方言云。悖愛也。宋魯之間曰牟。又楚策。下牟百姓。注。牟取也。案牟食猶素餐也。下牟知亦然。謂役私智。為誣妄也。物曰。牟蝥通。字曰。景紀。漁奪百姓。侵牟萬民。注。李奇曰。牟食苗根蟲也。侵牟食民。比之蟊賊也。而世尊之曰有能之士。語曲牟知。偽詐之民也。語一作委。鄭此牟與務通。與牟食別。而世尊之曰辯智之士。

行劍攻殺。暴憿之民也。字書。憿古堯反。行險也。物曰。憿徼同。鄭憿譏通。而世尊之曰磏勇之士。字書。磏音斂。廉潔也。一作礦。物曰。管子。磏石。石有稜者。韓詩外傳有磏仁。音廉。字曰。正字通。磏零年切。音廉。管子。不敢者。痤疽之磏石。案今本作毋敢者。痤疽之礦石。韓詩外傳有聖仁者。有智仁者。有德仁者。有磏仁者。山曰。磏宜作拳。毛詩。無拳無勇。傳。拳力也。又齊語。拳勇股肱之力。注。大勇為拳。吳都賦。覽將帥之拳勇。注。拳與權同。活賊匿姦。當死之民也。當一作嘗。誤。而世尊之曰任譽之士。物曰。任譽。任俠也。鄭商子。任譽姦之鼠也。此六民者。世之所譽也。民一作臣。赴險殉誠。死節之民也。從山氏補也字。殉徇通。不避危難。盡誠從事。是以死守臣節者也。鄭似文誠作箴。文選注。以身從物曰徇。而世少之曰失計之民也。鄭萬物莫若身之至貴。而今輕之。失計算也。曾相國世家。寡聞從令。全法之民也。秦隱。少者不足之詞。物曰。全法不干法也。而世少之曰樸陋之民也。力作而食。生利之民也。而世少之曰寡能之民也。嘉厚純粹。整穀之民也。純粹無二心私學也。穀一作愨。同。荀子。愨祿多少厚薄之稱。穀愨通用。

楊愼曰。二喩謂理髮治病必有所弃有所忍。爲治亦然。

而世少之曰愚戇之民也。重命畏事。尊上之民也。而世少之曰怯慴之民也。（畏一作思非。慴之涉反。）挫賊遏姦。明上之民也。（明上告姦察惡。使上耳目明也。）而世少之曰諂讒之民也。（諂謂古諂字。）此六民者。世之所毀也。姦僞無益之民六。而世譽之如彼。耕戰有益之民六。而世毀之如此。此之謂六反。布衣循私利而譽之。（私一作法非。）世主聽虛聲而禮之。禮之所在。利必加焉。百姓循私害而訾之。（訾毀也。）世主壅於俗而賤之。賤之所在。害必加焉。故名賞在乎私惡當罪之民。（物曰。名貴名譽。）而毀害在乎公善宜賞之士。索國之富强。不可得也。（已上先說六反之義。）

（已下數段。說除六姦之術。元逐段別提。今悉連合。）古者有諺（別提。）曰。爲政猶沐也。雖有弃髮。必爲之。（說山訓。今沐者墮髮。而猶爲之不止。以所去者少。所利者多也。〔愛〕衍文。）愛弃髮之費。而忘長髮之利。不知權者也。（宋景文公筆記云。櫛之於髮。不去亂。不能治。醫法之於人。不誅有罪。不能完善人。此謂損之而益。）夫彈痤者痛。（別提。）飮藥者苦。爲苦憊之故。不彈痤飮藥。（山曰。憊痛字誤。見詮言訓。）則身不活。病不已矣。（已愈也。）今上下之接。（別提。）無子父之澤。（澤恩也。君臣之間。非父子之親也。）而欲以行義禁下。（傍注。無法而以道義相禁。）則交必有郤矣。（郤隙同。）且父母之於子也。產男則相賀。產女則殺之。（殺滅也。毛詩。乃生女子。載寢之地。箋云。寢於地。卑之也。）此俱出父母之懷衽。然男子受賀。女子殺之者。慮其後便。計之長利也。（之猶其也。）故父母之於子也。猶用計算之心以相待也。而況無父子之澤乎。今學者之說人主也。（別提。）皆去求利之心。出相愛

張榜曰。布情最透。

之道。是求人主之過於父母之親也。（一無於字。）此不熟於論恩。（論議思慮。固不精熟。故爲此說也。思一作恩非。）詐而誣也。故明主不受也。聖人之治也。審於法禁。法禁明著。則官法。（謂羣臣奉法也。法者官之所師也。故曰官法。井曰。官法絕句。法治誤。）必於賞罰。賞罰不阿。則民用。（井曰。謂爲上盡力也。）〔官〕（井曰。衍文。）官治則國富。（官治郎百吏奉法也。）國富則兵强。而霸王之業成矣。霸王者人主之大利也。人主挾大利以聽治。故其任官者當能。其賞罰無私。使士民明焉。盡力致死。則功伐可立。而爵祿可致。爵祿致。而富貴之業成矣。（下致一作至。案明字盡皆到此。謂使其明知致富貴之道。）（物曰。明爲猶勉爲也。）富貴者人臣之大利也。人臣挾大利以從事。故其行危至死。其力盡而不望。（行危不避難也。不望不冀望賞。唯盡力耳。物曰。望怨望也。危下少而字。）

此謂君不仁。臣不忠。則可以霸王矣。（可上元衍不字。矣一作也。外儲云。治强生於法。弱亂生於阿。君明於此。則正賞罰。而非不仁也。爵祿生於功。誅罰生於罪。臣明於此。則盡死力。而非忠君也。君通於不仁。臣通於不忠。則可以王矣。仁謂私恩。）夫姦必知則備。（謂自戒飭。）必誅則止。不知則肆。不誅則行。夫陳輕貨於幽隱。雖曾史可疑也。（物曰。輕貨貨之可懷者也。）懸百金於市。雖大盜不取也。（五蠹篇。布帛尋常。庸人不釋。鑠金百鎰。盜跖不掇。不必害。則不釋尋常。必害則手不掇百鎰。故明主必其誅也。又見守道篇。傳子云。懸千金於市。人不敢取者。分定也。委一錢於路。童子爭者。分不定也。）不知。則曾史可疑於幽隱。必知。則大盜不敢掇懸金於市。（不敢掇一作不取。）故明主之治國也。衆其守。而重其罪。（衆守謂告姦相關也。）使民以法禁。而不以廉止。（止一作耻。）母之愛子也倍父。父令之行於子者十母。（物曰。十倍母也。）吏之於民無愛。令之行於民也萬父母。父母積愛而令

孫鑛曰。一段而三轉而愈轉。

窮。吏威嚴而民聽從。（吏下一有用字。一無從字。）嚴愛之筴。亦可決矣。（筴策同。）且父母之所以求於子也。動作則欲其安利也。行身則欲其遠罪也。君上之於民也。有難則用其死。安平則盡其力。親以厚愛。關子於安利而不聽。（關由也。謂使其遠危害也。內儲云。不關所惡。）君以無愛利。求民之死力而令行。明主知之。故不養恩愛之心。而增威嚴之勢。故母厚愛處子。（處養子之道也。）多敗。（少成立者。）推愛也。（舊注。推行也。物曰。推有推廣意。恩情廣也。）父薄愛教笞子。多成。（成一作善。）用嚴也。今家人之治產也。（別提。）相忍以饑寒。相強以勞苦。雖當軍旅之難。飢饉之患。（當一作犯。）溫衣美食者。必是家也。相憐以衣食。相惠以佚樂。天飢歲荒。嫁妻賣子者。必是家也。故

法之爲道。前苦而長利。仁之爲道。偷樂而後窮。（物曰。偷樂暫樂。）聖人權其輕重。出其大利。（出猶由也。）故用法之相忍。而弃仁人之相憐也。學者之言。皆曰輕刑。（刑一作法。）此亂亡之術也。凡賞罰之必者。勸禁也。賞厚則所欲之得也疾。罰重則所惡之禁也急。（惡一作惠。非。司馬法曰。賞不踰時。欲民速得爲善之利也。罰不遷列。欲民速覩爲不善之害也。）夫欲利者必惡害。害者利之反也。反於所欲。焉得無惡。欲治者必惡亂。亂者治之反也。是故欲治甚者。其賞必厚矣。其惡亂甚者。其罰必重矣。今取於輕刑者。（儒者所取。）其惡亂不甚也。其欲治又不甚也。此非特無術也。又乃無行。（物曰。謂其不仁。）是故決賢不肖愚智之分。在賞

罰之輕重。且夫重刑者。非爲罪人也。明主之法揆也。（山曰。孟子。上無道揆也。下無法守也。）治賊非法所揆也。（法元作治。下句同。物曰。謂非止刑一姦也。）法所揆者。是治死人也。刑盜非法所刑也。（法元作治。下句同。刑重盜賊之罪。而欲使民不敢爲姦也。非爲惡盜賊而刑也。）法所刑也者。是治胥靡也。（莊子。殺盜非殺人。即是此意。）故曰。重一姦之罪。而止境內之邪。此所以爲治也。重罰者盜賊也。（物曰。盜賊受之。）而悼懼者良民也。欲治者奚疑於重刑。若夫厚賞者。非獨賞功也。又勸一國。受賞者甘利。未賞者慕業。是報一人之功。而勸境內之衆也。欲治者何疑於厚賞。今不知治者。皆曰重刑傷民。輕刑可以止姦。何必於重哉。此不察於治者也。夫以重止者。未必以輕止也。以輕止

者。必以重止矣。是以上設重刑者。而姦盡止。（而猶則也。井曰。者字衍。）姦盡止。則此奚傷於民也。所謂重刑者。姦之所利者細。而上之所加焉者大也。（傍注。刑弃灰之說。）民不以小利蒙大罪。（蒙一作加。）故姦必止者也。所謂輕刑者。姦之所利者大。上之所加焉者小也。民慕其利。而傲其罪。故姦不止。（傲慢也。謂易犯。）故先聖有諺。（山曰。諺言字誤。八說篇。先聖有言。）曰。不躓於山。而躓於垤。（人間訓。堯戒曰。戰戰慄慄。日愼一日。人莫躓於山。而躓於垤。呂春秋。人之情。不蹷於山而蹷於垤。注。垤蟻封也。蟻封卑小。人輕之。故顚蹷也。楊升庵外集引古音略例。黃帝巾机銘云。予居民上。搖搖恐夕不至朝。惕惕恐朝不至夕。兢兢慄慄。日愼一日。人莫躓于山。而躓于垤。爾毛詩。鸛鳴于垤。垤土高也。字或作凸。）山者大。故人順之。（順愼通。）垤微小。故人易之也。今輕刑罰。民必易之。犯而不誅。是驅國而弃之也。犯而誅之。是爲民設陷也。是

張榜曰。権刻削而能言必所欲言。

故輕罪者。民之垤也。是以輕罪之爲民道也。（一脫是字。物曰。謂取輕罪。）非亂國也。則設民陷也。此則可謂傷民矣。（謂一作爲。）今學者皆道書策之頌語。（別提。物曰。頌語溢美之語。㴑曲禮。先生書策琴瑟。莊子。挾策讀書。）不察當世之實事。曰。上不愛民。賦斂常重。則用不足而下恐上。故天下大亂。（用財用也。山曰。則宜作財。）此以爲足其財用。以加愛焉。雖輕刑罰。可以治也。（一無此字。以一作而。此指學者。）此言不然矣。凡人之取重罰。（重下一衍貨字。）固已足之之後也。雖財用足而厚愛之。然而輕刑。猶之亂也。（物曰。謂民既富足。上又厚愛而輕刑之。則猶是亂之道也。）夫富家之愛子。（富作當誤。）財貨足用。財貨足用。則輕用。輕用則侈泰。親愛之則不忍。不忍則驕恣。侈泰則家貧。驕恣則行暴。此雖財用足而愛厚。（雖一作則。）輕刑之患也。（刑元作利。從字氏正。）凡人之生也。財用足則隳於用力。（㴑隳惰通。）上治懦（懦一作治。）則肆於爲非。財用足而力作者神農也。（㴑呂春秋。神農之書曰。一夫不耕。天下有受其饑者。一婦不織。天下有受其寒者。文子。神農之法曰。丈夫丁壯不耕。天下有受其饑者。婦人當年不織。天下有受其寒者。故身親耕。妻親織。以爲天下先。）上治懦而行修者曾史也。夫民之不及神農曾史。亦已明矣。（一無已字。）老聃有言。（別提。）曰。知足不辱。知止不殆。（山曰。老子四十四章。）夫以殆辱之故。而不求於足之外者老聃也。今以爲足民而可以治。是以民爲皆如老聃也。故桀貴在天子。（山曰。在宜作爲。）而不足於尊。富有四海之內。而不足於寶。君人者。雖足民。不能足使爲天子。（假令足民。不能使之富足如爲天子。天子者。足之極也。貪人猶以爲不足。）而桀未必以爲天子爲

孫鑛曰。排兩排有勢。

應前。

孫鑛曰。雙句收便議。

遒本題注。設立法爲案網密。句句精神。字字嚴酌。小心之文。

足也。（一無上爲字。）則雖足民。何可以爲治也。故明主之治國也。適其時事。以致財物。論其稅賦。以均貧富。厚其爵祿。以盡賢能。重其刑罰。以禁姦邪。使民以力得富。以事致貴。以過受罪。以功致賞。而不念慈惠之賜。此帝王之政也。（㴑治要。念作望。）人皆寐。（別提。）則盲者不知。皆嘿。則喑者不知。（物曰。皆謂不可知也。）覺而使之視。問而使之對。則喑盲者窮矣。不聽其言也。則無術者不知。不任其身也。則不肖者不知。聽其言而求其當。任其身而責其功。則無術不肖者窮矣。夫欲得力士而聽其自言。雖庸人與烏獲不可別也。授之以鼎俎。則罷健效矣。（罷疲弱也。效白也。）故官職者。能士之鼎俎也。任之以事。而愚智分矣。故無術者得於不用。不肖者得於不任。（得謂自得而安其分也。物曰。皆謂其以爲得計也。）言不用而自文以爲辯。身不任而自飾以爲高。庸主眩其辯。濫其高。而尊貴之。（庸一作世。）是不須視而定明也。不待對而定辯也。喑盲者不得矣。（物曰。如奏盗不得之得也。）明主聽其言。必責其用。觀其行。必求其功。然則虛舊之學不談。（虛舊謂稱先古而無實者。一作虛奮。）矜誣之行不飾矣。（㴑鹽鐵論。文學桎梏於舊術。人物志云。矜奮侈陵者。毀塞之險途也。）

八說第四十七

爲故人行私。謂之不弃。（物曰。不弃故舊也。㴑論語。故舊無大故。則不棄也。）以公財分施。謂之仁人。輕祿重身。謂之君子。枉法曲親。謂之有行。（親己

楊慎曰：纂飭細密。

孫鑛曰：轉得好。

者曲宥之，世謂有行義之人也。弃官寵交，謂之有俠。（有宜作游，音之誤也。如觀國作觀游可見。荀悅曰：立氣齊，作威福，結私交以立強於世者，謂之游俠。弃官而愛交友者，如虞卿不重萬戶侯卿相之印，與魏齊間行去趙之類也。或曰：有如有恩之有。愚謂此有字與上有行相混訛耳。或說非。）離世遁上，謂之高傲。交爭逆令，謂之剛材。行惠取衆，謂之得民。（此八者，世俗之所稱譽也。）不弃者，吏有姦也。仁人者，公財損也。君子者，民難使也。有行者，法制毀也。有俠者，官職曠也。高傲者，民不事也。剛材者，令不行也。得民者，君上孤也。此八者，匹夫之私譽，人主之大敗也。反此八者，匹夫之私毀，人主之公利也。人主不察社稷之利害，而用匹夫之私譽，索國之無危亂，不可得矣。（已上先說八說之義，下文詳述用人之術，乃所以去此八者也。此篇與六反篇同法。元每段別提，今不從。）任人以事，存亡治亂之機也。（別提。）無

術以任人，無所任而不敗。人君之所任，非辯智則修潔也。任人者，使有勢也。（任官用事，自然勢重。）智士者，未必信也。（世謂智者或多姦詐。）為多其智，因惑其信也。（惑以為信。）以智士之計，處乘勢之資，而為其私急，則君必欺焉。（私急見姦劫及說難。）為智者之不可信也，故任修士者，使斷事也。修士者，未必智。（溯少也字。）為潔其身，因惑其智。（行修潔者或多愚暗。）以愚人之所惛，處治事之官，而為其所然，（物曰：謂務為其愚心所然之事也。）則事必亂矣。故無術以用人，任智則君欺，任修則事亂，此無術之患也。（事上一衍君字。）明君之道，賤德義，貴法術，倒言而詭使，參聽無門戶。（舊注：人莫能測。）故智者不得詐欺。（管子：明主者，兼聽獨斷，多其門戶；羣臣之道，下得明上，賤得言貴，故姦人不敢欺。山曰：內儲云：聽有門戶，則臣壅塞。又亡徵篇：用一

孫鑛曰：遂取四說古道之不可用于今。

人為門戶者，可亡也。）計功而行賞，程能而授事，（說文：程，品也。）察端而觀失，（衆端參觀，責其過矣。）有過者罪，有能者得，（得謂舉用。）故愚者不得任事。（一無得字。）智者不敢欺，愚者不敢斷，則事無失矣。察士然後能知之，不可以為令。（別提。）夫民不盡察。（察士，士之明察者。齊策：明主察相。）賢者然後能行之，不可以為法。夫民不盡賢。（溯此語見商子定分篇。又管子：智者知之，愚者不知，不可以教民；巧者能之，拙者不能，不可以教民也。）楊朱墨翟，天下之所察也，千世亂而卒不決，（楊墨之道相反，莫定其是非者。）雖察而不可以為官職之令。鮑焦華角，天下之所賢也，鮑焦木枯，（莊子：鮑焦飾行非世，抱木而死。說苑：鮑焦抱木而立枯。）華角赴河，（荀子：負石而赴河，是行之難為者也，而申徒狄能之。注：負石自沉於河。）雖賢不可以為耕戰之士。（五蠹篇：世之所謂賢者，貞信之行也；所謂智者，微妙之言也。微妙之言，上智之所難知也。今為衆人法，而以上智之所難知，則民無從識之矣。與此段意相同。山曰：賢下宜有

而字。）故人主之所察，（一無所字。）智士盡其辨焉；（士下一有能字。）人主之所尊，能士盡其行焉。今世主察無用之辯，尊遠功之行，（奇行之遠於功用者。）索國之富強，不可得也。博習辯智如孔墨，（別提。）孔墨不耕耨，則國何得焉？（無益於國。）修孝寡欲如曾史，曾史不戰攻，則國何利焉？匹夫有私便，人主有公利。不作而養足，不仕而名顯，此私便也。息文學而明法度，塞私便而一功勞，此公利也。錯法以道民也，（錯、措同。設置也。）而又貴文學，則民之師法也疑；（師上一衍所字。）賞功以勸民也，而又尊行修，則民之產利也惰。夫貴文學以疑法，尊行修以貳功，索國之富強，不可得也。搢笏干戚，（別提。溯搢插也。玉藻云：史進象笏，書思對命。穆天子傳注：笏長三尺，杼上椎頭，一名

銛鐵一本作鉆鐵

毲亦謂之大圭。干楯也。戚鉞也。干戚舞者所執。商子說湯武之事云。假武事行文教。倒載戟戈。搢笏作爲樂。以申其德。樂記說武王克殷事云。裨冕搢笏。而虎賁之士說
劍也。不適有方鐵銛。五蠹篇執干戚舞。有苗乃服。共工之戰。鐵銛距者及乎敵。又云是干戚用於古不用於今也。故曰事異則備變。
適音敵。舊注方楯也。銛箭鏃也。山曰鐵銛又見趙策。渊有如發彼有的之有。語助也。墨子云人擅有方。又云五十步一方。方尙必爲闞命守之。尙上通。初學記引何承天
纂文云。銛鐵有距。施竹頭以之擲。稚鎰傅雅云鉾謂之銛。謂如鏡也。登降周旋。渊樂記升降上下周還裼襲禮之文也。此謂古者以禮取士之
法也。不逮日中奏百。山曰荀子魏氏之武卒。以度取之。衣三屬之甲。操十二石之弩。負服矢五十箇。置戈其上。冠軸帶劍。贏三日之
糧。日中而趨百里。中試則復其戶。利其田宅。渊毛詩予曰有奔奏。奏走通。蒙恬傳北走瑯邪。索隱走音奏。鄒氏音鏃。淵鑑引漢志注日中一日之中也。貍首
射侯。大射注貍之言不來也。其詩有射諸侯首不朝者之言。因以名篇。射義载貍首詩云曾孫侯氏。四正具舉。小大莫處。御於君所。渊樂記武王克殷散
軍而郊射。左射貍首。右射騶虞。而貫革之射息也。周禮凡射王以騶虞爲節。諸侯以貍首爲節。鄉飲酒禮天子熊侯白質。諸侯麋侯赤質。大夫布侯畫以虎豹。士布侯畫
以鹿豕。不當强弩趨發。當敵也。楊升庵外集引荀子注趨作趣。渊蘇秦傳天下之强弓勁弩皆從韓出。谿子少府時力距來者皆
射六百步之外。趙鵲通。鼂錯傳材官騶發矢道同的。顔注騶謂矢之善者。騶發發騶矢以射也。干城距衝。毛詩公侯干城傳干扞也。箋云干也。

城也。皆所以禦難也。墨子扞士受賞賜者。守必身自致之。山曰荀子是渠衝入穴而求利也。注渠大也。渠衝攻城之大車也。詩曰臨衝閑閑。韓子作距衝。蓋言可以距右
矣。世璠案汜論晚世之兵。隆衝以攻。渠幨以守。注隆高也。衝所以臨敵城突壞之。渠塹也。一曰渠甲名。幨幨也。所以禦矢也。又尉繚子古人曰無蒙衝而攻。無渠答而守。
是謂無善之軍。圓案齊策攀衝櫓。注衝陷陣車。正作轒。又案諸書所用渠距字義不一。秦族訓守不待渠塹而固。攻不待隆衝而拔。費誓孔傳當築攻敵壘距堙之屬。墨
子城上之備。渠譫藉車行棧行樓。又云城上二步一渠。渠立程丈三尺。冠長十尺。辟長六尺。二步一荅。廣九尺。袤十二尺。又云衝臨梯皆以衝衝之。渠長丈五尺。其埋者
三尺。矢長丈二尺。渠廣丈六尺。其弟丈二尺。渠之垂者四尺。樹渠無傳葉五寸。梯渠十丈一梯。又云迹弩之車。左右有鉤距方三寸。輪厚尺二寸。鉤距臂博尺四寸。厚七
寸。長六尺。又云客卽穴。亦穴而應之。爲鐵鉤距。長四尺者財自足。穴徹以鉤客穴者。此距衝距宜讀爲渠。通稚渠衝臨衝也。不若堙穴伏
櫜。櫜元作櫜。今從荀注。銛百發櫜隔句押韻。荀注穴作內誤。山曰尉繚子地狹而人衆者。則築大堙以臨之。公羊傳子反乘堙而窺宋城。左傳晏弱攻萊。堙之環
城附於堞。注堙土山也。圓案墨子今之世常所以攻者。臨鉤衝梯堙水穴突。堙水築堙以灌水也。穴突穿穴以突城也。又云城上爲三四井。使聽耳者伏而聽之。審知穴
之所在。穴而迎之。又云古人有善攻者。穴土而入。縛柱施火以壞城。又云具鑪橐以牛皮。鑪有兩瓶。以橋起之。又云穴內口爲竈。令如窯。令容七八員艾。左右竇皆如
之。竈用四橐。穴且遇。以頡皐衝之。疾鼓橐熏之。必令明習橐事者。勿令離竈口。案穴且遇穴中與敵相遇也。本經訓注橐冶鑪排橐也。渊佩文冬韻堙穴作埋內非。櫜作

陳深曰。先以戰喻。又以沐喻。喻中有喻。

櫜。是櫜韻引作櫜誤。案伏櫜同字。又作韥。唐韻韥箭藏。拜反。韋囊吹火也。顧野王云。所以吹冶火令熾之囊也。祭統云韔者備也。保辟傳服牛乘馬。說文引作犕牛。可見伏
古有備音也。南宋時孟宗政守棗陽。金人募鑿銀鑛石工。晝夜攻城。宗政穿井縱透。卽施毒煙烈火。鼓韛以薰之。此亦伏櫜之意也。古人亟於
德。中世逐於智。當今爭於力。亟一作極。山曰亟急也。五蠹篇上古競於道德。中世逐於智謀。當今爭於氣力。
古者寡事而備簡。樸陋而不盡。渊荀子百工以巧盡械器。注盡謂精於事。故有珧
銚而推車者。推作推誤。下推政同。秦策無把銚推耨之勢。注銚芸田器。吳注徐案詩傳錢銚也。七遙反。字與鍬同。耨亦芸苗器。莊子作耨。汜
論訓古者剡耜而耕。摩蜃而耨。注蜃大蛤。摩令利用之耨。說林訓古之所爲不可更。則推車至今無蟬匷。注蟬匷車類。山曰爾雅蜃小者珧。音遙。莊子銚鎒於是乎始脩。
齊策操銚鎒與農夫居隴畝之中。舊注珧音堯。蜃屬。珧音挑。銚鎒劉創之器也。以蜃爲銚。卽推輪也。上古摩蜃而耨也。案注文宜作推車卽推輪也。不然意義涉兩端矣。
渊珧銚卽蜃車也。周禮注蜃車柩路也。柩路載柳。四輪迫地而行。有似於蜃。因取名焉。禮記作櫬。或作輇字。書輇無輻車。斫直木爲之。如椎輪。案銚音軺。說文軺小車也。
車之別名。又釋名輿棺之車。其蓋曰柳。亦曰鼈甲。似鼈甲然也。陸機羽扇賦夫創始者恆樸。而飾終者必妍。是故烹飪起于熱石。玉輅基于椎輪。鹽鐵論諸生妄言議者。
令可詳用。無徒守椎車之語。滑稽而不可修。注椎音硾。文選序椎輪爲太輅之始。注椎輪古棧車。海篇竹木車曰棧。儀禮旣夕賓奠幣于棧。柩車亦謂之棧。珧銚椎車蓋

一物也。古者人寡而相親。物多而輕利易讓。故有揖讓而
傳天下者。然則行揖讓。高慈惠。而道仁厚。皆推政也。渊謂
上古質朴之政也。處多事之時。用寡事之器。非智者之備也。當大
爭之世。而循揖讓之軌。非聖人之治也。軌迹也。聖上或衍古字。渊鹽鐵論注亦無古字。
故智者不乘推車。聖人不行推政也。法所以制事。事所
以名功也。法立而有難。世移俗變。則法令有難行者也。權其難而事成則
立之。事成而有害。權其害而功多則爲之。無難之法。無
害之功。天下無有也。是以拔千丈之都。敗十萬之衆。死
傷者軍之乘。舊注乘謂其半也。山曰國之錘也。見外儲左上。乘垂字似。或有一誤。渊管子不無有三分而去其乘適足。注乘亦三分之一也。
甲兵折挫。士卒死傷。而賀戰勝得地者。出其小害計其

大利也。夫沐者有弃髮，除者傷血肉。除者彈治疰者。秦策扁鵲謂除，注：欲去其病也。山曰：二喻見六反篇。又方言：病愈者或謂之除。爲人見其難，爲猶若也。因釋其業，是無術之事也。先聖有言曰：規有摩而水有波，我欲更之，無奈之何。此通權之言也。荀子：是規磨之說也。注：猶差錯之說也。規者正圓之器也，磨久則偏盡而不圓，失於度程也。文子曰：水雖平必有波，衡雖平必有差。又引此文，摩作磨，權上有於字。楊升庵外集引荀子云：今案，規磨猶云矛盾也。又引此文，此通權之言也，作此通於權者也。舊注：摩者旋而成圓也。物曰：規有摩，謂有痕迹也。又佩文摩作磨，古字通。規若今西洋發子者，磨減則窪搖也。有磨有波，則不能正圓取平，當改易之，以喻舊法先令雖善，然歷年久遠，或不適宜，則當改易之。此乃通達於權變者也。是以說有必立而曠於實者，言有辭拙而急於用者。故聖人不求無害之言，而務無易之事。易一作益。山曰：一作有益。物曰：無易，不可易之事。人之不事衡石者，非貞廉而遠利也。石不能爲人多少，衡不能爲人輕重，求索不能得，故人

不事也。一無能字。管子：權衡者，所以起輕重之數也。然而人不事者，其心非惡利也，權不能爲之多少其數，而衡不能爲之輕重其量也。人知事權衡之無益，故不事也。又後漢馮衍傳：業衡石而[illegible]量兮。注：衡，秤衡也。三十斤爲鈞，四鈞爲石。明主之國，官不敢枉法，吏不敢爲私利，貨賂不行，是境內之事盡如衡石也。此一無是字。此其臣有姦者必知，知者必誅。是以有道之主，不求清潔之吏，而務必知之術也。慈母之於弱子也，別提。愛不可爲前。物曰：前，先也。謂其愛莫厚焉。然而弱子有僻行，使之隨師；有惡病，使之事醫。不隨師則陷於刑，不事醫則疑於死。慈母雖愛，無益於振刑救死，則存子者非愛也。子母之性愛也，臣主之權筴也。母不能以愛存家，君安能以愛持國。謂以計筴之心相待者，不嚴以臨之，則下慢也。又鹽鐵論注：持作存。明主者通於富強，則可以得

陳深曰：說任法處，認他精細明白。

欲矣。人主之欲，霸王之業。故謹於聽治，富強之法也。明其法禁，察其謀計。法明則內無變亂之患，計得則外無死虜之禍。故存國者非仁暴也。暴元作義，從山氏正。謂仁與暴皆非安存之道。仁者慈惠而輕財者也，暴者心毅而易誅者也。毅，忍也，酷也。慈惠則不忍，輕財則好予。予一作與，下同。心毅則憎心見於下，發忿惡怒。易誅則妄殺加於人。不忍則罰多宥赦，好予則賞多無功。無功者多得賞。憎心見則下怨其上，妄誅則民將背叛。故仁人在位，下肆而輕犯禁法，偷幸而望於上；暴人在位，則法令妄而臣主乖，民怨而亂心生。故曰：仁暴者皆亡國者也。不能具美食而勸餓人飯，不能爲活餓者也；不能辟草生粟而

勸貸施賞賜，不能爲富民者也。此喻承上仁人言也。今學者之言也，不務本作而好末事，道虛惠以說民，此勸飯之說。勸飯之說，明主不受也。本作耕農，末事商賈。說民，使民心悅也。書約而弟子辯，別提。法省而民訟簡。訟一作說。是以聖人之書必著論，物曰：明著其論。又孟子：博學而詳說之，將以反說約也。明主之法必詳事。又用人篇：明主之表易見，故約立；其教易知，故言用。盡思慮，揣得失，智者之所難也；無思無慮，挈前言而責後功，愚者之所易也。明主操愚者之所易，以責智者之所難，故智慮不用而國治也。慮下一有力勞二字，一有者字。酸甘鹹淡，別提。不以口斷而決於宰尹，則廚人輕君而重於宰尹矣。上下清濁，不以耳斷而決於樂正，則瞽工輕君而重於樂正矣。治

張榜曰重臣者權臣卽前言專人也。

迨本題注謂內多係句讀亦首言術也韓子書曰術者人主之所執群臣不得而知也故多微語故謂之經亂世之文也春秋之末戰國之初恐未至如此然御臣之術盡於此篇。

國是非不以術斷而決於寵人則臣下輕君而重於寵人矣。人主不親觀聽而制斷在下。託食於國者也。託食謂國非其國也。有度篇。主有人主之名而實託於羣臣之家也。使人不衣不食而不飢不寒。又不惡死。別提則無事上之意。意欲不宰於君。則不可使也。宰猶制也。令生殺之柄在大臣而主令得行者。未嘗有也。虎豹必不用其爪牙。而與鼷鼠同威。溷鼷鼠小鼠也。萬金之家必不用其富厚。而與監門同資。荀子注監門主門也。有土之君。說人不能利。惡人不能害。卽託食也。索人欲畏重己不可得也。人欲殺夫物曰古句法。人臣肆意陳欲曰俠。別提人主肆意陳欲曰亂。人臣輕上曰驕。謂驕於富貴也。溷驕讀曰強哉矯之矯。壯也。人主輕下曰暴。行理同實。物曰。行理

猶行義也。下以受譽。上以得非。得亂暴之譏也。人臣大得。人主大亡。明主之國。有貴臣無重臣。貴臣者爵尊而官大者也。補者字。重臣者言聽而力多者也。明主之國。遷官襲級。物曰猶資格也。官爵授功。授作受誤。井曰授有功者。故有貴臣言不度行而有僞必誅。故無重臣也。

八經第四十八

㈠一本無闡下同。凡治天下。必因人情。溷管子因也者舍己以物爲法者也。人情者有好惡。故賞罰可用。就賞之利避罰之害。賞罰可用則禁令可立。禁令可立而治道具矣。君執柄以處勢。故令行禁止。柄者殺生之制也。勢者勝衆之資也。廢置無度則權瀆。廢置猶黜陟也。無度

茅坤曰逐段分疏辯析。

貨賂公行。請謁並聽。失法制也。賞罰下共則威分。下共謂與下共之也。下一作可非。是以明主不懷愛而聽。不留說而計。物曰。說音悅。故聽言不參則權分乎姦。姦臣得奪主權。智術不用則君窮乎臣。主道篇。明君之道。使智者盡其慮而君因以斷事。故君不窮於智。賢者效其材。君因而任之。故君不窮於能。是也。故明主之行制也天。以法從事。不雜私意。其用人也鬼。執術獨斷。神隱不測。天則不非。若天無私。孰肯誹議。鬼則不因。好惡不示。故無可因。揚權篇。主上不神。下將有因。曰鬼曰神。其意一也。因元作困。竊者誤。勢行教嚴而不違。而上元有逆字。與違字形似而衍耳。毀譽一行而不議。無違議者。能從法也。故賞賢罰暴。擧善之至者也。擧一作譽。賞暴罰賢。擧惡之至者也。是謂賞同罰異。同阿比者。指姦邪之臣。異其反也。指修潔之士。賞莫如厚。使民利之。譽莫如美。使民榮之。誅莫如重。使民畏之。毀莫如惡。使民恥之。然後一行其法禁。

一行謂不疑貳。誅於私家。不害公罪。賞罰必知之。溷有功者。必知而賞之。有罪者。必知而罰之。知之道盡矣。知之二字疑複衍耳。宜作治道盡矣。

右因情　一無右字。下同。舊注。一曰收智。

㈡力不敵衆。智不盡物。難三篇。夫物衆而智寡。寡不勝衆。智不足以徧知物。故因物以治物。下衆而上寡。寡不勝衆。君不足以徧知臣。故因人以知人。與其用一人。不如用一國。舊注。用君一人之智力。不如任衆而用一國也。故智力敵而羣物勝。物曰。謂以智力敵衆之與物。則爲其所勝也。揣中則私勞。不中則有過。卽設羣物勝之義也。難三篇。不任典成之吏。不察參伍之政。不明度量。恃盡聰明。勞智慮。而以知姦。不亦無術乎。主道篇。明君之道。有功則君有其賢。有過則臣任其罪。故君不窮於名。故不賢而爲賢者師。不智而爲智者正。臣有其勞。君有其成功。此之謂賢主之經也。物曰。謂用智之弊也。中者去聲。下君盡己之能。矜而自用。中君盡人之力。賞罰既立。羣臣不怠。上君盡人之智。任賢責成。人各自勵。是以事至而結智。聚結衆智。擇其善者。以斷事也。溷結會也。頭髻曰結。又謂之會。氾論訓注。

結猶聚也。一聽而公會。一聽，聽言不惑貳也。公會，不挾私而采擇之也。上文明主不懷愛而聽，不留說而計，是也。解老篇，議於大庭而後言。則立權議之士，知之矣。故欲成方圓而隨其規矩，則萬事之功形矣。而萬物莫不有規矩，議言之士，計會規矩也。聖人盡隨於萬物之規矩，故曰不敢為天下先。與此段意相發。物曰，會乃結也。謂會結臣所奏前後之言，須當以法令之公也。會如議會計會之會。一聽即使臣之以智至者，後不悖於前也。聽不一。則後悖於前。主聽惑貳，不能用形名之術，則下飾私智，其言與事前後乖繆，不相當矣。後悖於前，則愚智不分。不公會，則猶豫而不斷。既無法度，何以斷事是非。不斷則事留自取。物曰，謂百事留廢，其卒必至君自以其意取裁之也。一聽則毋墮壑之累。物曰，謂為臣所陷，如夜行者不覺墮壑中也。溯孟子注，壑，路旁坑壑。故使之諷。溯廣雅，諷，告也。家語，孔子為魯司寇，斷獄訟，進衆議者而問之曰，子以為奚若，某以為何若，皆曰云云。如是然後夫子曰，當從某子，幾是。是使之諷也。唐有轉對之制，宋太祖因之，許令百官以次轉對，亦諷告之遺意也。諷定而不怒。諷議詳審，是非判斷，則事功成而無危陷之患，故君無怒也。下曰同則君怒，物曰，謂衆皆知此言之出於某也，如是則雖罰不敢怒矣，其罪著故也。溯左傳引逸詩曰，謀事不令，集人來定。定字義同。是以言陳之由，必有筴籍。物曰，謂羣下奏言者不得徒說，必有策籍。

因以為據也。溯管子云，有符璽典法筴籍以相揆也。結智者事發而驗。待事發後，考其當否而施賞罰，徒悅智辯，則被誘惑。驗諸事後，智愚自分。結能者功見而謀。待事成後，量其功大小，而議其賞厚薄，如此則有能者自勸，而無能者自退，不得誣其能也。成敗有徵，賞罰隨之。事成則君收其功，規敗則臣任其罪。使智者盡慮，能者盡材，而君不與焉，有功則君之舉也，有過則臣之咎也。物曰，規，謀也。君人者合符猶不親，而況於力乎。主道篇言，已應則執其契，事已會則操其符，符契之所合，賞罰之所生也。據此，合符君之事也，尚不躬親，使人自知其言事當否，當者自得賞，否者自得罰，因其所成，各以自取，則君不與焉，而益尊矣，若親操勞力之事，代大臣斷，則下君盡己之能者耳。事智猶不親，而況於懸乎。事，役也。懸，如懸怒之懸，謂揭示也。用智術者，君之事也，尚不躬親，使智者盡其慮，而君因以斷事，故有智且韞藏，況敢驕矜衒飾，示于下乎。主道篇，有智而不以慮，使萬物知其處，是故去智而有明，即是義也。事智字又見五蠹。故其用人也不取同。其作非，寫者誤。同，謂衆人雷同譽之者也。說疑篇，為人臣者，破家殘賥，內構黨與，外接巷族，以為譽，從衆歸而民留之，是以譽盈於國，發聞於主，主說其言，而辯其辭，以此人者天下之賢士也。內外左右，其諷一而語同。又下文云，觀聽之勢，其徵在比周，而賞異誅罰，而罪同，此其義也。同則君

茅坤曰，權籍者，人主之利害也，寄於旁落，事於色授，是謂之因。

怒。衆之所譽，不察而用之，則必敝敗失人，逢臣危陷，雖怒莫及也。使人相用，則君神。因人以知人，汝所不知，人其舍諸。得賢則薦者俱賞，失能則言者俱罪，所謂使法擇人，不自舉也。是故君心不測而神矣。上文其用人也鬼，與此意同。君神則下盡。物曰，臣盡心力。下盡則臣不因君。好惡不示，何因為姦，臣下一有上字。而主道畢矣。

右主道舊注，一曰結智。

㊂知臣主之異利者王。主利在公，臣利在私，內儲云，君臣之利異，故人臣莫忠，故臣利立而主利滅。以異為同者劫。即不審公私之分者。與共事者殺。賞罰下共，則威分，故招篡弑之禍。溯文子，君臣異道則治，同道則亂。故明主審公私之分，別利害之地。主下一有者字，別一作辯。內儲云，事起而有所利，其君主之，有所害，必反察之，是以明主之論也，國害則省其利者，臣害則察其反者，是乃別利害之境也。得失之地，見解老篇。物曰，地，所在也。姦乃無所乘。公私既害，利害明辨，無可因乘以成姦也。亂之所生六也：主母。謂國大后。后姬。后妃姬妾。子姓。謂君之衆子也。漢書，田蚡侍酒，魏其跪起，如子姓。墨子，子姓皆從得厭，列子，子姓有可使求馬者乎。注，子姓，種姓也。君所寵者。兄弟。

一作弟兄。君同異母兄弟也。大臣。同姓異姓尊貴之臣。八姦篇稱父兄者。顯賢。處士高名者。詭使篇，簡上不求見者，世謂之賢。又云，賢者顯名而居。舊注，主母蓄妖，稱制，后姬倚寵相害，子姓則強庶逼，兄弟則公子擅國，大臣代主執物者，顯賢則虛名掩君。物曰，顯如顯學之顯。注，強庶，謂庶子之強者。物柄也。任吏責臣，主母不放。亡徵篇，主母畜穢，即淫放者。舊注，穢亂瀆貴於臣。物曰，放，肆也。禮施異等。禮制設施，各別等級。后姬不疑。物曰，疑，貳也。分勢不貳，庶適不爭。分扶問反，適音嫡。舊注，不令庶子貳嫡也。權籍不失，兄弟不侵。舊注，權柄國籍不失於下。下不一門，大臣不擁。擁壅同。亡徵篇，大臣甚貴，偏黨衆強，壅塞主斷，而重擅國者，可亡也。溯權歸一家，必且壅君。禁賞必行，顯賢不亂。禁私行，賞公功，則聲虛望者不得飾智辯以亂國法也。臣有二因，謂外內也。因此二者，以成姦謀。外曰畏。四鄰大國，君之所畏。內曰愛。后姬子弟左右，君之所愛。所畏之求得。八姦篇，大國之所索，小國必聽。所愛之言聽。八姦篇，貴夫人愛孺子便嬖好色，此人主之所惑也，託於燕處之娛，乘醉飽之時，而求其所欲，此乃必聽之術也。此亂臣之所因也。外國之置諸吏者，謂藉外國之威以得官者。誅其親暱

陳深曰昏主亂臣多犯此五患

重絫。則外不籍矣。 謂外因之姦發覺。則其罪及親戚妻子。則衆懼而姦止矣。絫絫通。妻子也。籍藉通。因也。重絫字見亡徵篇。 爵祿循功。請者俱罪。則內不因矣。 物曰。所請謁者皆有罪也。 外不籍。內不因。則姦宄塞矣。 纈左傳。亂在外爲姦。在內爲軌。軌宄通。 官襲節而進。以至大任。智也。 人說篇。明主之國。有貴臣。無重臣。貴臣者。爵尊而官大也。重臣者。言聽而力多也。明主之國。遷官襲級。官爵授功。故有貴臣。 其位至而任大者。以三節持之。 維持拘制。不得行姦。 曰質。曰鎮。曰固。親戚妻子質也。 物曰。以親戚妻子爲質也。 爵祿厚而必。 物曰。必如必罰之必。 鎮也。 鎮重也。示以尊重。令之有恥。物曰。謂以鎮靜其心也。纈鎮鎮壓。 父母墳墓 元作參伍貴帑。字音轉訛。 固也。 管子桓公問曰。使民必死必信若何。管子對曰。明三本。一曰固。二曰尊。三曰質。故國父母墳墓之所在。固也。注。人既戀本而哀墳墓。則其心固也。管子又云。田宅爵祿。尊也。妻子。質也。三者備。然後大其威。厲其意。則民必死而不我欺也。 賢者止於質。 物曰。賢者必仁。故爲其拘。故曰止也。 貪饕化於鎮。 爵祿之利。更昭其欲。故曰化也。 姦邪窮於固。 懷土思親。以杜惡念。故曰窮也。 忍不制。則下失。 隱忍不斷。則姦逃匿。

漏法網也。下文謂過貲失過誅。 小不除。則大誅。 物曰。小奸不除。必至大誅。 名實當則徑之。 物曰。徑直遂也。謂不牽制之也。 生害事。死傷名。則行飲食。 物曰。姦人有不殺則妨事。殺之則妨名者。則行酖毒以竊殺之。故諱而云飲食也。纈周禮春行羔豚疏云。行用也。 不然而與其讎。 物曰。謂若不酖之。則使其仇殺之也。 此謂除陰姦也。 物曰。陰姦謂不當顯戮之姦人。從法令言之。故曰陰姦。 緊曰詭曰易。 一疊詭字。行毒殺名之曰詭。易術與仇名之曰易。物曰。緊是也。詭變詭下事以欺上也。易更易上令以欺下也。纈晉文公鴆衛侯。孔子曰。晉文公譎而不正。反正曰詭。賈誼新書。緣法循道謂之軌。反軌爲易。 見功而賞。見罪而罰。而詭乃止。是非不泄。說諫不通。而易乃不用。 通漏也。人主周密。賞罰得正。則臣盡誠。國無陰姦。詭易權變之術止而不用也。 父兄賢良播出曰遊禍。 播亡遊放之士作禍。故曰遊禍。 其患鄰敵多資。 纈如苗賁皇伍子胥申公巫臣。卒禍楚國之類。 僇辱之人近習曰狎賊。其患發忿疑辱之心生。 纈如齊懿公刖邴歜之父。而使歜僕。納閻職之妻。而使職驂乘。後卒遇弒之類。 藏怒持罪而不發曰增亂。 纈持若持滿之持。

孫鑛曰此篇援盜用術之事

其患徼幸妄舉之人起。 纈如諸師逐衛侯。子公弒鄭君之類。 大臣兩重。提衡而不踦曰卷禍。 物曰。大臣二人。各有權勢。如提衡相持也。卷禍謂爲禍所卷在內也。纈提衡見有度。踦見亡徵。 其患家隆劫殺之難作。 戴驩皇喜敵。而宋君劫。田常闞止爭。而簡公弒。卽此類也。物曰。家隆謂私家隆盛也。 脫易不自神曰彈威。 自神猶云自重也。荀子。天子者。勢至重。居如大神。動如天帝。亦謂其尊嚴可畏也。容止無度。舉措輕忽。不自愼者。是彈除人君之威重也。物曰。彈殫也。 其患賊夫酖毒之亂起。 賊夫刺客之類。 此五患者。人主之不知。 之字無義。 則有劫殺之事。 已上說執術御下者。宜察五患以守其身也。 廢置之事。生於內則治。生於外則亂。 此至章末。覆說上文外因之義也。臣之用舍。一出於我。則臣盡公忠而國治。聽大國之請求而用舍。則臣務外交而國亂。 是以明主以功論之內。 所謂爵祿循功也。 而以利資之外。是故國治而敵亂。 內儲云。參疑廢置之事。明主絕之於內。而施之於外。資其輕者。輔其弱者。此謂廟攻。參伍既用於內。觀聽又行於外。則敵僞得。與此段意相發。參伍既用於內。卽此云以功論之內也。資其輕者。輔其弱者。卽此云以利資之外也。使敵國之臣藉吾勢威之利。以得其所欲。此乃假耳目於外之術也。

卽亂亡之道。 卽猶若也。 臣憎則起外若眩。 眩瞑眩。對下藥字。纈內儲云。姦臣者。召敵兵以內除。舉外事以眩主。 臣愛則起內若藥。 無君寵者。外藉大國以震眩其君。得主愛者。內構黨與以壅塞行姦。如毒藥之自中發也。此乃人主不察。故敵廢置亂國亡主之道也。

右起亂 舊注。一曰亂起。

㊃參伍之道。行參以謀多。 行比驗以審言辭。則下不得比周飾詐。多黨者可謀知也。 揆伍以責失。 詳偶會以度事情。則臣不得相爲匿非。有過者可督責也。 行參必析。 朋黨離散。皆奉公也。析一作折。 揆伍必怒。 激勵忠奮。各盡力也。 不析則瀆上。 黨與既具。慢主弄權。 不怒則相和。 專務私交。黨比爲一。 析之徵。足以知多寡。 及其未大而行參伍。黨之多少尚可知也。 怒之前。不及其衆。 禁之於始。不至黨多。黨多則必蔽欺。參伍之術不得行也。曰徵曰前。皆豫備之意也。 觀聽之勢。其徵在比周而賞異。誅罰而罪同。 異下一有也字。孤憤篇。智士者遠見而畏於死亡。必不從重人矣。賢士者修廉而羞與姦臣欺其主。

必不從置人矣。是當塗者之徒屬。非愚而不知患者。必汙而不避姦者也。故此云。下用比周而獨殊異者。脩智之士也。是以賞之。其阿同者。愚汙之吏也。是以罪之。此乃賢而去暴者也。故上文云。賞暴罰賢。舉惡之王者也。是謂賞同罰異。言會衆端。衆事之端。比驗偶會。反覆考察。則臣陳言之忠詐當否可見也。孟子。知言。亦此意也。必揆之以地。謀之以天。驗之以物。參之以人。四徵者符。乃可以觀矣。地利。天時。物理。人情。用此四者。度計比例。以取考證。然後是非善惡可斷也。一計興國。片言誤事。故重愼之。㴍禮記。言有物。而行有格。注。物謂事驗也。參言以知其誠。察其言。探其懷。人爲廋哉。易視以改其澤。不爲愛憎變操者。誠忠之臣也。故有時示威怒。改恩情。亦察忠邪之術也。物曰。澤利也。變易以示下。而改下所嚮利。執見以得非常。物曰。見謂獨見。㴍非常難察之事。一用以務近習。物曰。專職以使令之。所以使近臣各有所務也。㴍一用。如韓昭侯罪典衣與典冠類。重言以懼遠使。其言當事則賞。不當則罰。所以使外廷之臣。知所戒懼。不敢妄言橫議也。遠使對上近習。謂遠臣也。莊子云。君子遠使之。而觀其忠。近使之而觀其敬。舉往以悉其前。㴍舉往事以窮盡其前言得失。卽邇以知其內。㴍邇如武王不泄邇之邇。就其親暱。以探內情。如卜皮知御吏陰情類。疏置以知其外。疏分

也。就近臣以察內廷之姦。每官分置腹心之人。以察外朝之姦。皆假耳目之術也。㴍揚榷篇。欲治其內。置而勿親。欲治其外。官置一人。握明以問所闇。物曰。握明謂握我所明知也。闇謂。內儲所云。挾知而問也。詭使以絕黷泄。荀子。橘泄者。人之殃也。注。泄與渫同。慢也。內儲云。疑詔詭使。㴍枚乘傳。好慢戲。以故得渫黷貴幸。倒言以嘗所疑。內儲云。倒言反事。以試所疑。則姦情得。論反以得陰姦。內儲云。利害有反。又云。國害則省其利者。臣害則察其反者。設陳以綱獨爲。舉錯以觀姦動。陳一作諫。陳設法令。舉而措諸。以爲獨爲者之綱紀。法令旣立。則姦之動靜可察也。揚榷篇。上不與義之。使獨爲之。㴍獨爲謂專任也。明說以誘避過。循法則賞。循私則罰。明說此義。指示誘導。使各自知逃過刑辟之道也。下云。知罪避罪以止威。與此意同。卑適以觀直諂。卑下順適。以試其人。則其直諂之態別矣。宣聞以通未見。宣聞謂使人互聞伺告密也。物曰。不壅所聞。以通隱僻也。作鬭以散朋黨。物曰。謂使下相怒不比周也。深一以警衆心。物曰。深一深刻專一。泄異以易其慮。物曰。泄異漏泄異端。似類則合其參。內儲云。似類之事。人主之所以失誅。而大臣之所以成私也。㴍孤憤篇。人主不合參驗而行誅。陳過則明其固。或有固陋致過失者。其事明白。則矜不能

而從輕也。用人篇。人主立難爲。而罪不及。則私怨生。知罪避罪以止威。用人篇。明主立可爲之賞。設可避之罰。又云。上無私威之毒。而下無愚拙之誅。陰使時循以省衷。或使人陰伺。或時自循察。以省其人衷情也。㴍省如省其私之省。漸更以離通比。㴍漸遷官。以漸更易。以絕官僚私交黨比之路。下約以侵其上。居上者約束其下。不得擅行。在下者侵凌其上。有姦必告。管子。羣臣之道。下得明上。賤得言貴。故姦人不敢欺。相室約其廷臣。相室相國。廷臣約其官屬。軍吏約其兵士。元作兵士約其軍吏。誤寫易地。遣使約其行介。行介副使。縣令約其辟吏。辟召也。所辟除之吏。郎中約其左右。郎中近官貴者。后姬約其宮媛。姬指妾之貴者。㴍文選注。媛姬也。此之謂條達之道。條通也。上下通達。無壅蔽成姦也。詳說下。約則使上可推知。故不說也。㴍魏策。條達輻湊。注。如木枝分布。而四方湊之。如輻於轂也。言通事泄。則術不行。通漏也。人君不周密。則治術廢矣。

右立道謂立條達之道。

㊄明主其務在周密。其猶之也。㴍易曰。君不密則失臣。管子。先王貴周。周者不出于口。不見于色。一龍一蛇。一日五化之謂周。是以喜見則德償。怒見則威分。傍注。見謂不密。物曰。德償多所償也。㴍喻老篇。君見賞。臣則損之以爲德。君見罰。臣則益之以爲威。故明主之言。隔塞而不通。周密而不見。外儲云。好惡見。則下有因。而人主惑矣。辭言通。則臣難言。而主不神矣。故以一得十者。下道也。以十得一者。上道也。明主兼行上下。故姦無所失。㴍盡一人之智力。發十姦者。下之道也。假十人之耳目。知一姦者。上之道也。明主有時用己智力。以燭隱姦。故曰。兼行上下。管子。知能聽明者。下之聽也。所以用知能聽明者。上之道也。伍官連縣而鄰。而如也。朝廷之官。參伍互怒。州縣之吏。連及相糾。下約上侵。內外條通。如比鄰然也。㴍官一作宮。或家字誤。管子。制五家爲軌。十軌爲里。四里爲連。周禮。五家爲鄰。五鄰爲里。四里爲鄰。五鄰爲鄙。五鄙爲縣。又釋名。五家爲伍。又謂之鄰。鄰連也。相接連也。謁過賞。失過誅。賞罰俱過所望。井曰。謁告也。失不告也。上之於下。下之於上亦然。謂相告發。是故上下貴賤。相畏以法。相誨以和。㴍說文。誨曉教也。民之性。有生之實。

陳深曰。此篇言臣巧詐以何君。君設術以御臣。防之又防。說盡御臣之術。

有生之名。(物曰。生謂生產。)爲君者。有賢知之名。有賞罰之實。名實俱至。故福善必聞矣。(謂富强霸王之業成也。)

右主威(此目元在篇末。一作主意。今移置此。以爲此章之目。蓋謂周密之術。所以養人主之威也。)

㊅聽不參則無以責下。(內儲云。一聽則愚智不分。責下則人臣必參。)言不督乎用。則邪說當上。(外儲云。人主之聽言也。不以功用爲的。則說者多棘刺白馬之說。物曰。督責也。用效也。當敵也。)言之爲物也。以多信不然之物。(三人言爲市虎。類不然之物。已見外儲。物曰。謂必無之事。衆人言則可信也。)十人云疑。(物曰。十人言猶可疑。)百人然乎。(物曰。百人而似然。)千人不可解也。(物曰。至千人則殆不可解也。止議以爲信也。)吶者言之疑。辯者言之信。(物曰。謂人情聽吶則疑。聽辯則信也。)姦之食上也。(物曰。如月蝕日然。)取資乎衆。(謂得衆助以營私便也。敵國爲之訟。羣臣爲之用。左右爲之匿。學士爲之談。此四助者。邪臣之所以自飾也。見孤憤。)藉信乎辯。(謂借辯以信私議也。爲人臣者。求諸侯之辯士。養國中之能說者。使之以語其私。爲巧文之言。流行之辭。示之以利勢。懼之以患害。施屬虛辭。以壞其主。見八姦。)而以類飾其私。(內儲云。託於似類。似類之事。人主之所以失誅。而人臣之所以成私也。)人主不饜忿而待合參。其勢資下也。(人主聽言。當抑情忍怒。必待符合參驗。然後施行。不則賞罰之權。皆爲姦臣取利濟私之資也。合參。卽上文四徵者符也。法術之士。可以罪過誣者。公法而誅之。其不可被以罪過者。以私劍而窮之。私門之黨。可以功伐借者。以官爵貴之。其可借以美名者。以外權重之。今人主不合參驗而行誅。不待見功而爵祿。故主上愈卑。私門益尊。見孤憤。)有道之主。聽言督其用。課其功。功課而賞罰生焉。(言當事。事當功則賞。不當則罰。卽待合參者也。)故無用之辯不留朝。(物曰。不留在朝廷也。)任事者。知不足以治職。則放官收。(井曰。此下宜有脫字。)說大而誇。(卽無用者。)則窮端。(物曰。謂窮極其端緒。也。)故姦得而怒。(得謂無逃匿。怒謂不黨比。)無故而不當爲誣。(其言不副事功。是虛罔之說也。)誣而罪臣。(而猶則也。)言必有報。說必責用也。(物曰。報知報政之報。謂效也。)故朋黨之言不上聞。(物曰。謂不敢上奏也。)凡聽之道。人臣忠論以聞姦。

博論以內一。(雜三篇。以姦聞之者。以惡姦同於上者也。伺姦察罪。衆怨之府。非忠直者不能告發。故曰忠論。獻替之道。冀其覺悟而采納之。故博喩廣陳者。要在徵其言之審耳。故曰內一。)人主不知。(元作智。誤。上文云人主之不知。)則姦得資。(借忠論以讒毀正人。因博論以售其私計。)明主之道。已喜則求其所納。已怒則察其所構。(物曰。已我也。謂臣之言使我喜則必有所欲納。使我怒則必有所欲構也。)論於已變之後。以得毀譽公私之徵。(物曰。謂我被臣論。或喜或怒。是已變也。以已變之後而論之。則毀譽之情。或公或私。皆可得其徵也。)衆諫以效智。使君自取一以避罪。(傍注。雜陳衆說。以待君之自擇。欲以避罪。)故衆之諫也。敗君之取也。(物曰。敗君。敗政之君。)無副言於上。以設將然。令符言於後。以知謾誠。(無讀曰務。古字通用。上猶前也。姦臣之議。挾詐飾辯。預先設爲將然之地。務令其言與後事相稱副符合。以蔽主聽。不知其欺也。如公子汜議割河東。曰王講亦悔。不講亦悔。應侯謀弛上黨。反問王曰王意奈何。是皆設兩端爲嘗試。以辯制其主。姦臣衆諫之術也。)明主之道。臣不得兩諫。必任其一。(使其堅執其議。有過則任其罪。物曰。兩諫設兩端以諫也。兩諫猶不得。況衆諫乎。)語

不得擅行。必合其參。(行一作施。)故姦無道進矣。(道由也。言當則賞。不當則罪。得容姦詐乎。)

右參言(此目元在章前。下二章同。俗寫誤耳。)

㊆官之重也。毋法也。法之息也。上閽也。(物曰。官之權重。由無法也。法之不行。由上闇也。)上闇無度。則官擅爲。(百司循私。)官擅爲。故奉重無前。(術者主之所執也。法者官之所師也。主無術。國無法。故姦臣作威福以自奉。重無有過此人者。前先也。)奉重無前。則徵多。(招權納貨。)徵多故富。官之富重也。亂功之所生也。(其迹似功而實非功。故曰亂功。卽姦臣徵招斂兵。而顧往行和之類。)明主之道。取於任。(舊注。能任事則取之。)賢於官。(疑以曉官業者爲賢。○舊注。能守官則賞揚據注賢本或作賞。)賞於功。(待見功而爵祿。)言程主喜。俱必利。(物曰。其言中程。而君有慶。則薦與所薦俱必賞也。)不當主怒。俱必害。(使人相用之道。)則人不私父兄。而進其

陳深曰兩柱捌末又曰去行義黜慈仁專行法制

仇讎。望譽善之賞，畏敵賢之罪。勢足以行法。因爵位以得勢。奉足以給事。奉俸同。臣之俸祿。國相以下，各有其制，皆足以給官事也。外儲云：上大夫二輿二乘，中大夫二輿一乘，下大夫專乘。此明等級也。有難則以備不虞，平夷則以給朝事，亦此類也。而私無所生。不得妄為富重。故民勞苦而輕官。羣臣無私，則下民皆務耕農，不得附託於有威之門以避徭賦，故輕視而不諂附也。官指大臣用事者。備內篇：徭役多則民苦，民苦則權勢起，權勢起則復除重，復除重則貴人富。任事者毋重。使其寵必在爵。因爵為重，無私權也。處官者毋私，使其利必在祿。因祿增富，無私徵也。故民尊爵而重祿。不可以無功僥倖，故自然尊重。爵祿所以賞也。民重所以賞也，則國治。臣民勸功，故致富強。刑之煩也，名之繆也。物曰：刑之煩亂，由名繆而生也。賞譽不當則民疑。外儲云：今人主以其清潔也進之，以其不適左右也退之；以其公正也譽之，以其不聽從也廢之。民慣中立而不知所由。物曰：不當，即名繆也。民之重名，與其重賞也均。好名好利，無所低昂於其心也。說使篇：民之急名也，甚其求利也如此。賞者有誹焉，不足以勸；罰者有譽焉，不

定本韓非子纂聞卷第十八　二四　崇文院

足以禁。說使、六反諸篇所說即是。明主之道，賞必出乎公利，名必在乎為上。舉公效績，乃得名賞，不得以私義成名也。賞譽同軌，非誅俱行。軌，迹也。非，誹同。五蠹篇：譽輔其賞，毀隨其罰。然則民無榮於賞之內。物曰：賞之內，謂未及賞也。有重罰者必有惡名，故民畏。謂循上令。罰所以禁也，民畏所以禁，則國治矣。

右聽法　因法聽斷，則賞罰正。

⑧行義示則主威分。行義士之有私行私義者，示猶顯也。行義之徒尊顯，則治道廢，故主權分矣。說使篇：凡所治者刑罰也，今有私行義者尊。慈仁聽則法制毀。慈仁世儒所唱先王之道也。慈仁之說聽用，則有罪不誅，故國法敗。民以制畏上，而上以勢卑下。上有法制，故民畏服；君操賞刑，故下卑損。物曰：卑，卑之也。故下肆狠觸而榮於輕君之俗，則主威分。狠觸謂抗上犯法也。說使篇：夫立名號所以為尊也，今有賤名輕實者，世謂之高；設爵位所以為賤貴基也，而簡上不求見者，世謂之賢；威利所以行令也，而無利輕威者，世謂之重；法令所以為治也，而不從法令為私善者，世謂之忠。官

維祚八經每節還段爲文節意不相屬謂不聯屬非一片起伏首尾之文也孫武子亦然一句一義如串八寶識珍碎玉間錯而不斷攙雜會一處者非之此篇則是也但其用字用句圖崎嶇譎怪不可爲後學依據耳

爵所以勸民也，而好名義不進仕者，世謂之烈士；刑罰所以擅威也，而輕法不避刑戮死亡之罪者，世謂之勇夫。已上所說儒俠之徒輕君之風，世俗反以此為榮名也。民以法難犯上，而上以法撓慈仁。執公法，枉私愛。故下明愛施而務賕紋之政。明知君上私愛好施與，則苞苴盛而公法枉矣。滑稽傳：受賕枉法。紋義未詳。尺牘雙魚云：賣為贅女，當日得受紋銀若干。又云：典與某名下，當得紋銀若干。聊備參考。類說文：賕，以財枉法相謝也。又呂刑：惟貨惟來。釋文：來，馬本作求，云有求請賕也。鶡冠子：使下情不上通，上情不下究。謂之絿政。絿、賕通。潛夫論：事曲則詔意以行賕。白氏六帖：賕謂紛紜。又云：貨勢賕請。紋、問音通。問，遺也。賕問之政，謂賄賂公行也。舊注：務為貨賕，不說紋字。佩文韻府引韓子注：賕，賄也。紋，帛也。今本漏逸。是以法令隳。謂廢格不行也。尊私行以貳主威。行賕紋以疑法。疑亦貳也。聽之則亂治，不聽則謗主。五蠹篇：行仁義者非所譽，譽之則害功；工文學者非所用，用之則亂法。故君輕乎位。主威分也。而法亂乎官。法制毀也。此之謂無常之國。常者法也，法者治國之常經也。明主之道，臣不得以行義成榮，不得以家利為功。榮謂富顯，家利私便也。八說篇：匹夫有私便，人主有公利；不作而養足，不仕而名顯，此私

定本韓非子纂聞卷第十八　二五　崇文院

便也；息文學而明法度，塞私便而一功勞，此公利也。錯法以道民也，而又貴文學，則民之師法也疑；賞功以勸民也，而又尊行修，則民之產利也惰。夫貴文學以疑法，尊行修以貳功，秦國之富強不可得也。功名所生，必出於官法。試官呈功，循法得名。法之所外，雖有難行，物曰：行義之難及者。不以顯焉。物曰：其名不稱。故民無以私名。不得以私行為名也。設法度以齊民。問田篇：夫治天下之柄，齊民萌之度。信賞罰以盡能。明誹譽以勸沮。為善者得譽，故勸；行惡者有誹，故沮。名號賞罰法令三隅。名號，貴賤尊卑之稱也。說使篇：名號誠信所以通威也，而主揜障近習女謁並行，百官主爵遷人用事者過矣。三隅，三者各行於一方，如鼎足而立也。此云三隅，猶管子四維也。物曰：名號即誹譽，法令即法度，并賞罰為三隅。三隅，方也，三者皆方正也。故大臣有行則尊君，百姓有功則利上。物曰：有此三隅，故大臣之行皆尊君之行，百姓之功皆利上之功也。此之謂有道之國也。

右類柄　此處元有右主威三字，一無主威之目，移主威國法，人主治國之柄也，貳主威、疑國法，皆人臣之類擬上柄者也。故曰類柄。

定本韓非子纂聞卷第十八終

慈本顧注非見五蠹之民俘言亂閭繩詩書不如法者仁義不如詐戰更歎法文字而以吏爲師以法爲教皆慎法之術也其流遂爲秦坑之禍而非亦不知其至此也若其文之怪奇高妙則西漢以後不知爲矣又云通篇健後五蠹之害至尾方說出名目來。

張榜曰，五蠹區學等篇，是韓子絕妙文字。又曰，起二句來得開大壁公。

孫鑛曰，勁而多詐，肆而奧，有識論奇辯，韓退是韓子之爲，昔人與孤憤說難同稱，當以今古立論。

定本韓非子纂聞卷第十九　五蠹　顯學

江都　松皐圓纂聞

五蠹第四十九

文學之徒，游說之客，武俠之士，近御之臣，商工之民，此五者爲國之害，譬如木之有蠹，以自壞也。故曰五蠹，因以命篇。案楊升庵外集云，晉庾翼曰，秦塞斯路，利出一官，雖有處士之名，而無爵列于朝者，商君謂之六蝨，韓非謂之五蠹。

上古之世，人民少而禽獸衆，人民不勝禽獸蟲蛇。有聖人作。圝路史注作聖人有作。構木爲巢，以避羣害，而民說之。說一作悅。圝宋庫圝語音注，喜說之說。顧云，說古悅字，可見其从心者，後人所改，非古也。使王天下，號曰有巢氏。禮記，昔者未有宮室，夏則居橧巢。東征賦，諒不登櫟而椓蠡兮。注引作聖人作，構木爲巢，以羣居，天下號曰有巢氏。案有如有周之有。圝路史注引與選注同。唐類函引始學篇，上古皆穴處，有聖人教之巢居，號大巢氏。民食果蓏蜯蛤。說文，在木曰果，在地曰蓏。玉篇，有核曰果，無核曰蓏。蜯，選注作蚌，同。曹植遷都賦，覽

乾元之兆域兮，本人物乎上世，紛混沌而未分，與禽獸乎無別，椓蠡蜯而食蔬，摭皮毛而自蔽。脩務訓，古者民茹草飲水，采樹木之實，食蠃蠬之肉，時多疾病毒傷之害。○貨殖傳，總之楚越之地，果隋蠃蛤，不待賈而足，以故呰窳。徐注，地理志隋作蓏。正義云，案食蠃蛤等物，故多羸弱而足病也。淮南子云，古者民食蠃蚌之肉，多疹毒之患。圓案以韓子推之，史記果隋，漢志果蓏，並蓏字誤。蓏音郎果切，與隋音近，與蓏形似，故誤寫耳。其云不待賈而足者，即林中不需耕墾，正義以足病爲解，非也。圝路史注，蜯蛤作螺蠬。腥臊惡臭，圝通俗文，魚臭曰腥，猩臭曰臊。而傷害腹胃，民多疾病。選注無此十字。選生卻病機云，下尸蟲居腹胃。山曰，腹宜作腸，解老篇，民以腸胃爲根本。圝風俗通云，燧人取鑽木取火，炮生爲熟，令人無復腹疾。有聖人作，鑽燧取火，以化腥臊，而民說之，使王天下，號之曰燧人氏。此十四字，選注作天下號曰燧人氏。案管子，黃帝作鑽燧生火，以熟葷臊，民食之無茲胃之病，蓋黃帝益修敎其用耳。圝白虎通，鑽木燧取火，教民熟食，養人利性，避臭去毒，謂之燧人。中古之世，天下大水，而鯀禹決瀆。下文瀆作竇。近古之世，桀紂暴亂，而湯武征伐。今有構木鑽燧於夏后氏之世者，必爲鯀禹笑矣。有決瀆於殷周之世者，必

守株

孫詒讓曰文字不當疑衍以近人情此事實爲主此文近之。

王先謙曰更明爽

陳奇猷曰得轉皆從古字既起

爲湯武笑矣。然則今有美堯舜禹湯武之道於當今之世者。必爲新聖笑矣。禹字元在武下，從山氏正。是以聖人不期修古。修宜作循。謂不必循行古事也。禮記禮也者反本修古不忘其初。商子湯武不修古而王。商君傳修作循。趙策修古無愆。鮑注改修作循。吳注姚云一作循。史商君傳正作循。韓文考異引方氏云唐人書修近循。楚辭亦有誤者。則此字古已混耳。不法常行。易常故常也。商君傳聖人苟可以强國不法其故。論世之事。因爲之備。物曰必論時世，隨事爲備。宋人有耕田者。田中有株。顧張衡傳注作耕者無田字藝文及祖庭事苑同。慧琳引考聲云株杭殺樹之餘也。兎走觸株。折頸而死。因釋其耒而守株。冀復得兎。兎不可復得。而身爲宋國笑。顧祖庭事苑觸作抵其耒作耕藝文同而笑上有所字○四書釋地云孫學顏九歲時讀宋人揠苗助長笑問曰宋人若是其愚亦可概見乎余曰見莊列二書如資章甫而適越不知越人無所用者宋人也又不龜手之藥得百金不知有時用之以封者宋人也郎曹商爲宋王使秦得車王多莊子舐其同於舐痔往問富於齊國氏得其爲盜之言遂眞爲盜以贓獲罪者宋之向氏也自曝於日願其妻將以獻吾君邀重賞者宋之田夫也得人遺契歸數其齒告其鄰吾富可待者宋之游於道者也雖

狙公籠衆狙以芧自以爲智三年爲其君成一葉因以爲巧鬬里華子中年病忘取喩與至理相似好仁義者三世不解取喩於禍福相倚舍有愚意至一則宋有蘭子再則宋有蘭子蘭妄也所謂蘭子以技妄遊者也何莫非宋人郎謂宋多愚人也亦宜圓謂冀引釋地證守株之愚案如嫁女而教私藏爲其姑逐而不自非也反智其釜富者氾論訓爲宋人事說林載宋之買人爭買美璞敦其少毀而不知監止子理其毀瑕得千鎰內儲云宋崇門之巷人以善居喪得賞人之所以毀死者歲十餘人此數事亦含愚意諸子設愚必取宋人爲喩者猶之喩遠者必稱越人蓋當時語也。今欲以先王之政。治當世之民。皆守株之類也。古者丈夫不耕。草木之實足食也。婦女不織。禽獸之皮足衣也。女一作人。不事力而養足。人民少而財有餘。故民不爭。是以厚賞不行。重罰不用。而民自治。今人有五子。不爲多。子又有五子。大父未死。而有二十五孫。借此以說人民逐世學術。是以人民衆而貨財寡。事力勞而供養薄。故民爭。雖倍賞累罰。而不免於亂。堯之王天下也。

孫詒讓曰技顚解采

張榜曰響妙

茅茨不翦。司馬遷傳注屋蓋曰茨茅茨以茅覆屋也。爾雅翦齊也。采椽不斲。徐廣曰采一名櫟。顧淮南子作樸角不斲韓詩外傳樸椽不斲爾雅椒樸心疏云梆椒有心能濕江河間以作柱玉篇梂梆也可見梂與樸梆一木而異名也胡三省云采椽者蓋自山采來之椽因而用之不施斧斤示樸也此未考采椽對上茅茨采梂通用耳。糲粢之食。魏都賦注粢作糗七啓注同糲音葛反列子釋文糲令達反粢即夷反粢稷曰粢稷也糲麤粟飯也爾服虔云粢稷也。藜藿之羹。漢書顏注藜草似蓬也藿豆葉也。冬日麑裘。史記作鹿裘顧後漢書注同鹿子。夏日葛衣。顧淵鑑作冬則鹿裘夏則葛絺。雖監門之服養。史無服字正義云養以讓反顧服冬夏之服養食養之養。不虧於此矣。山曰二世紀虧作𧸘李斯傳同爾淵鑑虧作厭格致鏡原同而無雖服二字。禹之王天下也。身執耒臿以爲民先。史記身自持築臿正義云爾雅鍬謂之臿音初洽反。股無胈。脛不生毛。胈一作肢非史記集解胈膚毳毛山曰莊子堯舜於是乎股無胈脛無毛注胈白肉也。雖臣虜之勞。虜奴隷也。不苦於此矣。苦史作烈莊子云墨子稱道曰昔者禹之湮洪水親自操橐耜而九雜天下之川腓無胈脛無毛沐甚雨櫛疾風置萬國禹大聖也而形勞天下也如此文見修務訓○秦二世及李斯皆引用此篇語見附錄宜合看。以是言之。

夫古之讓天下者。是去監門之養。而離臣虜之勞也。故傳天下而不足多也。多猶貴也。今之縣令。一日身死。子孫累世絜駕。故人重之。俗注絜駕謂累世乘軒不徒行也物曰絜駕猶駕也山曰絜宜作棨即古乘字棨訛作桀再誤作絜呂春秋世世乘車食肉又云其爲利甚厚乘車食肉澤及子孫顧絜繫也齊語繫馬注良馬在閑非放牧者也。是以人之於讓也。輕辭古之天子。難去今之縣令者。薄厚之實異也。夫山居而谷汲者。膢臘而相遺以水。舊注谷水難得故節以水相遺也字曰武紀太初二年春正月令天下大酺五日膢五日注如淳曰膢音樓漢儀注立秋貙膢伏儼曰膢音劉劉殺也蘇林曰膢祭名貙虎屬常以立秋日祭獸王者亦以此日出獵還以祭宗廟故有貙膢之祭也又後漢律曆志立秋之日自郊禮畢始揚武武宮隷兵習戰陣之儀斬牲之禮曰貙劉物曰注節謂節時如膢如臘皆贈水也圓案始皇紀更名臘曰嘉平索隱引廣雅夏曰清祀殷曰嘉平周曰大蜡亦曰臘秦漢曰臘論非鄉飲酒膢臘祭祀無酒肉也爾說文膢楚俗以二月祭飲食之神也臘冬至後三戌臘祭百神也後漢書欲以立秋日貙膢時共劫更始注冀州北方八月朔作飲食爲膢其俗曰膢臘也。澤居苦水者。買庸而決竇。物曰庸傭同圓

孫鑛曰。連五非字。有意。

謂下濕之地。患水害者。務治溝瀆。令通利也。故饑歲之春。幼弟不饟。舊注。幼弟可惜。猶不饟之物曰。饟餉同。注。可惜可憐也。𦤎淵鑑作饑歲之春從弟不讓。至春農家貯儲殆盡。其饑更甚。故曰春也。穰歲之秋。穰一作饒。疏客必食。物曰。疏客客之疏遠者。𦤎笙賦注。必作畢。山海經文鰩魚見。則天下大穰。注。豐穰收熟也。引證此文。非疏骨肉愛過客也。𦤎過客行過之客。老子。樂與餌過客止。佩文韻引慣子。家富則疏族合。家貧則兄弟離。亦此意也。多少之實異也。𦤎淵鑑實作心。上文膢臘而相遺以水。作膢臘而買水。風俗通同。後漢禮儀志。及玉海引風俗通。買字作賣。是以古之易財。𦤎鹽鐵論注。之作人。非仁也。財多也。易輕也。仁者慈惠好予。論語。爲仁不富。今之爭奪。非鄙也。財寡也。輕辭天子。非高也。勢薄也。重爭土橐。非下也。權重也。下謂志操卑汙。物曰。橐行旅齎資也。謂之土橐者。縣令之資財也。故聖人議多少。論薄厚。爲之政。相時制宜。無所拘繫。故罰薄不爲慈。誅嚴不爲戾。稱俗而行也。故事因於世。而備適於事。若欲以寬緩之政。御爭鄙之民。不知古今異俗者也。古者文王處豐

鎬之間。地方百里。文元作大。從下文正。𦤎文王自岐遷豐。武王居鎬。鎬在豐東。行仁義而懷西戎。遂王天下。徐偃王處漢東。漢水名。秦紀裴注。尸子曰。徐偃王有筋而無骨。𦤎謂。號偃王由此。荀子注。徐國名。僭稱王。其狀偃仰而不俯。故謂之偃王。愚謂其人柔懦仁弱。偃武事。故傳此稱耶。地方五百里。行仁義。割地而朝者。三十有六國。割地謂納地結交也。人間訓作陸地之朝者三十二國。劉氏外紀亦因之。又見氾論訓。荆文王恐其害己也。舉兵伐徐。遂滅之。史記云。周穆王命楚伐滅之。古史考辨其𦤎。淮南子云。楚莊王。亦誤。故文王行仁義。而王天下。偃王行仁義。而喪其國。是仁義用於古。而不用於今也。故曰。世異則事異。答客難注。世作時。當舜之時。有苗不服。說苑云。其所以不服者。太山在其南。殿山在其北。左洞庭之波。右彭蠡之川。因此險也。所以不服也。禹欲伐之。舜不許曰。諭教猶未竭也。禹將伐之。舜曰。不可。上德不厚。而行武。非道也。乃修教三年。執干戚舞。有苗乃服。書云。舞干羽于兩階。

孫鑛曰。繼是對法。篇中分三節。層疊之論。

樂記。禹征有苗。三旬不降。禹乃班師振旅。歷數文德。執干戚舞于兩階。七旬有苗格。共工之戰。物曰。共工氏在女媧時。而前乎舜禹。而下云干戚用於古。不用於今也。可疑。案路史。共工氏傳。太昊氏沒。假鳳天常。鎮有實方。唐衰言共工氏有地在弘農之間。豈舜禹之後。弘農間別有共工氏歟。又案路史。勾龍生垂。垂臣高辛。爲堯共工。生噎鳴。是爲伯夷。生四岳。太岳生先龍。先龍生玄氏。玄氏乞姓。湯革夏。伐氏。氏人來朝。而共工氏世官。則豈是歟。㘞案。外儲云。堯舉兵而誅共工於幽之都。下分古今言之。屬文之宜。不必拘也。荀子。堯伐驩兜。舜伐三苗。禹伐共工。注。禹伐共工。未詳。蓋策亦有此語。吳注。此游士之辭。凡戰國言帝王事。類如此。皆不足辨矣。此說近之。𦤎文子。共工爲水害。故顓頊誅之。漢志。顓頊有共工之陳。虞夏之後。有共工之戰。衛傳無聞。鐵銛距者。及乎敵。鎧甲不堅者。傷乎體。一鎧銛見八說篇。距鉅通。史記正義云。鉅。剛鐵也。甲一作中。物曰。路史引此而距作矩。無中字。案荀子宛鉅鐵鈍。注。大剛曰鉅。距當是鉅字誤。及乎敵。謂能傷敵也。是干戚用於古。不用於今也。故曰。事異則備變。上古競於道德。中世逐於智謀。當今爭於氣力。齊將攻魯。魯使子貢說之。齊人曰。子言非不辯也。吾所欲者土地也。一無土字。非斯言所謂也。墨子作非此言之謂也。遂舉

兵伐魯。去門十里以爲界。墨子門作都。故偃王仁義而徐亡。子貢辯智而魯削。以是言之。夫仁義辯智。非所以持國也。去偃王之仁。息子貢之智。循徐魯之力。使敵萬乘。則齊荆之欲。不得行於二國矣。夫古今異俗。新故異備。元別提。如欲以寬緩之政。治急世之民。猶無轡策而御馯馬。此不知之患也。馯扞馯通。家語。假馯爲如腐索持扞馬。氾論訓。今世德益衰。民俗益薄。欲以樸重之法。治既弊之民。是猶無鏑銜橛策錣而御馯馬也。注。馯馬突馬也。今儒墨皆稱先王兼愛天下。𦤎稱先王。儒也。禮記。必則古昔。稱先王。兼愛。墨也。墨子有兼愛篇。則民視如父母。一作視民如父。何以明其然也。曰。司寇行刑。君爲之不舉樂。山曰。左傳。夫司寇行戮。君爲之不舉。杜預云。去盛饌。聞死刑之報。君爲流涕。山曰。爲下宜有之字。文王世子云。公族無宮刑。獄成。有司讞于公。其死罪則曰某之罪在大辟。公曰。宥之。有司三請。及三宥。不對走

（出。教刑于甸人。公又使人追之曰。雖然必赦之。有司對曰。無及也。反命于公。公素服不舉。爲之變。如其倫之喪。無服。親哭之。禮王制云。大司寇以獄之成告於王。王命三公參聽之。三公以獄之成告於王。王三宥。然後制刑。凡作刑罰。輕無赦。可見庶人在辟徒曰三宥而無去樂流涕之事。則與公族在辟者不同。世儒一例言之。以爲是則先王之道也。）此所舉先王也。（舉猶稱也。下舉先王同。又疑四篇君子之舉。知所舉。）夫以君臣爲如父子則必治。（世儒所唱。君之愛民。如父之於子。則其國必治。）推是言之。是無亂父子也。（果如世儒之言。可以慈愛爲治乎。父子之性愛也。然猶有子不從父教者。況於君臣以計相待。豈得無亂。）人之情性。莫先於父母。父母皆見愛。而未必治也。（一不重父母二字。見去音。）君雖厚愛。（一作雖厚愛矣。）奚遽不亂。（奚遽已見難二篇。物曰。奚遽重言。猶言何其也。）今先王之愛民。不過父母之愛子。子未必不亂也。則民奚遽治哉。且夫以法行刑。而君爲之流涕。此以效仁。非以爲治也。（效猶示也。）夫垂泣不欲刑者。仁也。然而不可不刑者。法也。先王勝其法。不

聽其泣。則仁之不可以爲治。亦明矣。（勝如呂春秋在於勝理。在於行義之勝。八經篇。君以法撓越仁。即勝仁也。物曰。令法勝仁。）且民者固服於勢。寡能懷於義。（懷義貞信之士。竟內不什數也。）仲尼天下聖人也。修行明道。以游海內。海內說其仁。美其義。而爲服役者七十人。（服役役同。）蓋貴仁者寡。能義者難也。（能好也。說苑。譬如水火之不相能也。）故以天下之大。而爲服役者七十人。而爲仁義者一人。魯哀公下主也。南面君國。境內之民。莫敢不臣。民者固服於勢。勢誠易以服人。故仲尼反爲臣。而哀公顧爲君。仲尼非懷其義。（非悅哀公之義而臣事之。）服其勢也。故以義則仲尼不服於哀公。乘勢則哀公臣仲尼。今學者之說人主也。不乘必勝之勢。（勢者勝衆之資。）而務行仁義。則可以王。（孟子以後。儒生常談。）是求人主之必及仲尼。而以世之凡民。皆如列徒。（舊注。即七十子。）此必不得之數也。（物曰。謂必不然之理也。）今有不才之子。父母怒之。弗爲改。鄉人譙之。弗爲動。師長敎之。弗爲變。夫以父母之愛。鄉人之行。師長之智。三美加焉。而終不動。其脛毛不改。（謂一毫不悛也。）州部之吏。操官兵。推公法。而求索姦人。（物曰。謂以公法推鞠也。）然後恐懼。變其節。易其行矣。故父母之愛。不足以敎子。必待州部之嚴刑者。民固驕於愛。聽於威矣。故十仞之城。樓季弗能踰者。峭也。（史注。許愼曰。樓季。魏文侯之弟也。峭史作陗。同。索隱云。陗峻也。高也。）千仞之山。跛牂易牧者。夷也。（史注。詩曰。牂羊墳首。毛萇曰。牝曰牂。案荀子。三尺之岸。而虛車不能登也。百仞之山。任負車登焉。何則陵遲故也。數仞之牆。而民不踰也。百仞之山。而豎子馮而游焉。陵遲故也。今夫世之陵遲亦

久矣。而能使民勿踰乎。）故明主峭其法。而嚴其刑也。布帛尋常。庸人不釋。（說山訓。琬琰之玉。在汙泥之中。雖廉者弗釋。弊箄甑瓾。在裀茵之上。雖貪者弗搏。注。釋舍也。）鑠金百溢。盜跖不掇。（掇史作搏。鑠金說林作鍊金。七命云。乃鍊乃鑠。注。說文。鍊冶金也。賈誼國語注。鑠銷也。說文。銷鑠金也。金經鍊鑠則益純粹精好。故曰鑠金。猶孟子兼金。注。好金也。其價兼倍於常者也。毛詩。於鑠王師。亦取光美之義。故爾雅。鑠美也。國語及鄒陽書。衆口鑠金。集注引國策作鑠金爲鍾。與此義自不同。凌稚隆云。新鑄之金也。舊注謂金銷爛雖多。跖弃而不掇也。並未得解。山曰。詩傳。掇拾也。六反篇。陳輕貨於幽隱。雖曾史可疑也。懸百金於市。雖大盜不取也。溺古今韻會引。溢作鎰。小爾雅。四尺謂之仞。倍仞謂之尋。尋舒兩股也。倍尋謂之常。鑠金美金。對上布帛。舊說以鑠爲冶鎔義。恐誤。然鹽鐵論。夫鑠金在鑪。莊蹻不顧。錢刀在路。匹婦掇之。濶齋引孫子。鑠金爲洪鑪。盜隸不探。劉子利害篇。銷金在鑪。盜者不探。非不欲也。掬而灼爛。大智度論。譬如燒金丸。雖眼見其好。不可以觸。燒人手。皆與舊說意同。故幷存之。）不必害。則不釋尋常。必害則手不掇百鎰。（李斯曰。非庸人之心重尋常之利深。而盜跖之欲淺也。又不以盜跖之行爲輕百鎰之重也。搏必隨手刑。則盜跖不搏百鎰。而罰不必行也。庸人不釋尋常。案搏必隨手刑。即此云必害也。謂法嚴而聞者多。則雖有巨盜大姦。自杜其念。不敢爲非也。若謂鑠爲銷爛。恐燒手而不掇。大失本意。）故明主必其誅也。是以賞莫如

厚而信。使民利之。罰莫如重而必。使民畏之。法莫如一而固。使民知之。故主施賞不遷。謂不遷時。行誅無赦。不宥有罪。譽輔其賞。賞者必有譽。毀隨其罰。罰者必得惡名。則賢不肖俱盡其力矣。今則不然。以其有功也爵之。一無以字。而卑其士官也。士官謂爲仕宦。以其耕作也賞之。而少其家業也。以務產業爲少。以其不收也外之。收謂錄用。而高其輕世也。以其犯禁也罪之。一脫也字。而多其有勇也。毀譽賞罰之所加者。相與悖繆也。故法禁壞。而民愈亂。今兄弟被侵。必攻者廉也。舊注。世謂之有廉隅之人。知友被辱。隨仇者貞也。知友知識交友也。隨仇謂隨報其仇也。顯學篇。設不爭鬭。取不隨仇。廉貞之行成。而君上之法犯矣。人主尊貞廉之行。而忘犯禁之罪。故民

程於勇。而吏不能勝也。物曰。程逞誤。圓昌言云。角才智。程勇力。不事力而衣食。則謂之能。不戰功而尊。則謂之賢。賢能之行成。而兵弱而地荒矣。耕戰之士惰也。人主說賢能之行。而忘兵弱地荒之禍。則私行立而公利滅矣。廉貞之行俠也。賢能之行儒也。儒以文亂法。游俠傳有而字。俠以武犯禁。而人主兼禮之。此所以亂也。夫離法者罪。而諸先生以文學取。生作王誤。戰國時。謂學士年長者爲先生。犯禁者誅。而羣俠以私劍養。故法之所罪。君之所取。吏之所誅。上之所養也。罪作非誤。卽上文夫離法者罪也。法取上下。取元作趣。從趙說正。四相反也。而無所定。圓法法之所非。取君之所取。上上之所養。下吏之所誅也。雖有十黃帝。不能治也。故行仁義者。非所譽。譽之則害功。謂息耕戰。工文學者。非所用。用之

蒲圓曰。從書誤例字。說超是。妙乃無中字有。

則亂法。謂擅犯禁。楚人有直躬。人作之誤。莊子。直躬證父。汜論訓。直躬其父攘羊。而子證之。直躬似今之諱號者。代醉編引呂覽曰。楚有直躬者。又曰。直躬請代父死。荊王憐其信且孝。乃不誅也。孔子聞之曰。異哉直躬之爲信也。一父而再取名焉。故曰。直躬之信。不若無信。此以直躬爲人姓名。山曰。事出論語。其父竊羊而謁之吏。令尹曰。殺之。井曰。殺直躬也。以爲直於君。而曲於父。報而罪之。物曰。聞其告。報卽時誅之。圓呂子報作執勝。以是觀之。夫君之直臣。父之暴子也。魯人從君戰。三戰三北。山曰。魯人指卞莊子。事見新序。圓甘誓釋文。軍走曰北。仲尼問其故。對曰。吾有老父。身死莫之養也。仲尼以爲孝。舉而上之。稱舉而升諸公。以是觀之。夫父之孝子。君之背臣也。每戰奔北。是背君也。故令尹誅。而楚姦不上聞。仲尼賞。而魯民易降北。上下之利。若是其異也。而人主兼舉匹夫之行。而求致社稷之福。必不幾矣。圓幾。冀通。古者

蒼頡之作書也。呂春秋。蒼頡作書。荀子。好書者衆矣。而蒼頡獨傳者一也。注。蒼頡黃帝史官。又本經訓注。蒼頡始視鳥迹之文造書契。自環者謂之私。環私見人主篇。物曰。私古文作厶。八背也。背私謂之公。說文。公平分也。从八从厶。音司。八猶背也。韓非曰。背厶爲公。古紅切。又焦氏筆乘引鄭夾際六書略云。韓子曰。自營爲厶。厶非自營之義也。厶於篆象男子之勢。故又音烏奧了。是象形之文。若自營之厶音私。與了絕之了。並同音而借。亦假借之書也。圓宋景文筆記引云。八厶爲公。古今韻會引云。自營爲厶。背厶爲公。案環營形音並相近。故誤混耳。環篆作𡈼。營篆作𡈼。韻會淵字注。江左韻書。淵娟營三字。皆从厶。毋羽夬消之夬音。故監韻以娟營切營字。以縈縈營年切淵娟二字。此一音遞相反切也。方謂娟嬛目嚶相混。已詳論于內儲。案毛詩。子之還兮。漢地理志作子之營兮。世本古義云。齊詩。子貢傳。申培說。豐氏本俱作營。又左傳。氧氧余在疚。周禮大祝注。引作嬛嬛。荀子。設掩面俱目。注。縈與還義同。可見營縈氣與環還嬛古字通用。此云自環。卽自營也。公私之相背也。乃蒼頡固以知之矣。以已同。圓佩文作已。今以爲同利者。不察之患也。臣利在私。故八經云。知臣主之異利者王。以異爲同者劫。然則爲匹夫計者。莫如修行義而習文學。行義修則見信。見信則受事。謂見舉用。文學習則爲明師。爲明

陳深曰。並舉儒俠。戰國遊俠之風太盛。太史公亟稱之。

茅坤曰。微妙之言。

師則顯榮。此匹夫之美也。然則無功而受事。無爵而顯榮。（此下一有爲字。疑焉字訛。）有政如此。則國必亂。主必危矣。（國有政字出論語。書云。施于有政。）故不相容之事。不可兩立也。（一無可字。內儲云。君臣之利異。故臣利立而主利滅。）斬敵者受賞。而高慈惠之行。拔城者受爵祿。而信兼愛之說。（兼元作廉。從趙說正。慈惠之行儒也。兼愛之說墨也。管子云。兼愛之說勝。則廉恥不立。）堅甲厲兵備難。（秦策。綴甲厲兵。吳注。厲即礪。山曰。厲利音義互通。堅甲利兵出孟子。）而美薦紳之飾。（薦紳即搢紳。）富國以農。距敵恃卒。（距拒通。）而貴文學之士。廢敬上畏法之民。而養遊俠私劍之屬。舉行如此。治强不可得也。（謂必亂弱。）國平養儒俠。難至用介士。（史本傳作介胄之士。）所利非所用。所用非所利。是故服事者簡其業。而遊學者日衆。是世之所以亂也。且世之所謂賢者。貞信之行也。所謂智者。微妙之言也。微妙之言。上智之所難知也。今爲衆人法。而以上智之所難知。則民無從識之矣。（從由也。劉商子云。微妙意志之言。上智之所難也。夫不待法令繩墨。而無不正。千萬之一也。故聖人以千萬治天下。）故糟糠不飽者。不務粱肉。短褐不完者。不待文繡。（短。短字誤。）夫治世之事。急者不得。則緩者非所務也。今所治之政。民間之事。夫婦所明知者不用。（國中庸。夫婦之愚。可以與知焉。）而慕上知之論。則其於治反矣。故微妙之言。非民務也。若夫賢良貞信之行者。必將貴不欺之士。（將一作待。）貴不欺之士者。亦無不欺之術也。（含勢舍術。徒恃彼信。必爲所欺。外儲云。不恃其不我欺也。恃吾不可欺也。）布衣相與交。無富厚以相利。（厚一作貴。）無威勢以相懼也。故求不欺之士。

複句。

茅坤曰。條論士風。識切時事。如滌垢而洞五臟。

陳深曰。百口號呼。有如鬨赴救之亡。後世數陳安危。從如此動人。

張榜曰。愈激切。

今人主處制人之勢。有一國之厚。重賞嚴誅。得操其柄。以修明術之所燭。（修明其術。以照隱微。術即七術八微。）雖有田常子罕之臣。不敢欺也。奚待於不欺之士。今貞信之士。不盈於十。而境內之官以百數。必任貞信之士。則人不足官。（官多人寡。）人不足官。則治者寡。而亂者衆矣。（任職者不盈十。亂事者以百數。）故明主之道。一法而不求智。（居官者以法爲師。不貴私智。）固術而不慕信。（固執吾術。不恃彼信。）故法不敗。而羣官無姦詐矣。今人主之於言也。說其辯而不求其當焉。其於行也。（其下元衍用字。從山氏刪。）美其聲而不責其功焉。（聲名也。責一作貴非。）是以天下之衆。其言談者。（元作談言。從殺次。）務爲辯而不周於用。（周合也。）故舉先王言仁義者盈廷。而政不免於亂。行身者。競於爲高。而不合於功。故智士退處巖穴。歸祿不受。而兵不免於弱。（歸祿猶言辭聘也。一本標注。歸疑當作辭。）政不免於亂。兵不免於弱。（一無此五字。）此其故何也。民之所譽。上之所禮。亂國之術也。（趙私便而學之。聽虛名而禮之。皆亂國者。）今境內之民。皆言治。藏商管之法者。家有之。而國愈貧。言耕者衆。執耒者寡也。（齊策。可爲。）（商管之法。注。管仲商鞅。）境內皆言兵。藏孫吳之書者。家有之。而兵愈弱。言戰者多。被甲者少也。（被一作披。）故明主用其力。不聽其言。賞其功。必禁無用。故民盡死力。以從其上。夫耕之用力也勞。而民爲之者。曰可得以富也。（劉淵鑑。曰可二字作何。藝文同。而無也字。下句皆同。）戰之爲事也危。（元脫爲字。劉藝文有爲字。）而民爲之者。曰可得以貴也。

今修文學。習言談。（圈談文作談論。）則無耕之勞。而有富之實。無戰之危。而有貴之尊。則人孰不爲也。是以百人事智。而一人用力。事智者衆。則法敗。用力者寡。則國貧。此世之所以亂也。故明主之國。無書簡之文。以法爲教。無先王之語。以吏爲師。無私劍之捍。以斬首爲勇。（荀子評，孫鏘曰，捍悍通。荀子注，悍凶暴也。）是以境內之民。（從山氏補以字。）其言談者。必軌於法。（順法爲度，不敢妄言。）動作者。歸之於功。（效利於上。）爲勇者。盡之於軍。（盡力奮戰。）是故無事則國富。有事則兵強。此之謂王資。（圈管子，國修而鄰國無道，霸王之資也。）既畜王資。（謂儲富強之業。）而承敵國之釁。（釁一作亹，韓策，今強國將有帝王之亹。阮瑀代曹公書，固非燕王淮南之釁也。山曰，正字通，釁通作亹。圈承乘音通。鄧禹傳，欲乘釁并關中。又敘傳云，乘釁而運。）超五帝侔三王者。必此

法也。（功出其上，與之齊名。）今則不然。士民縱恣於內。言談者爲勢於外。（藉外權以爲勢，制分篇，處士立名於內，而談者爲略於外。）外內稱惡。以待強敵。不亦殆乎。（稱擧也，謂交行姦惡。）故羣臣之言外事者。非有分於從衡之黨。（謂與從衡之徒，有交友之分，故助爲之說也。衡或作橫，同。秦策高注，連關中之謂橫，合關東之謂從。圈或黨於合從，或黨於連衡，各有其分也。）則有仇讎之患。而借力於國也。（借國之力，以報私怨。）從者合衆弱。以攻一強也。（弱一作強非。）而衡者事一強。以攻衆弱也。皆非所以持國也。今人臣之言衡者。曰。不事大。則遇敵受禍矣。事大未必有實。則擧圖而委地。效璽而請兵矣。獻圖則地削。效璽則名卑。地削則國弱。（元作國削，誤。圈削宜作小。）名卑則政亂矣。（名卑謂稱藩臣。）事大爲衡。未見其利也。而亡地亂政矣。人臣之言從者。皆曰。不救小而伐大。則失天下。失天下。則國危。國危而主卑。救小未必有實。則起兵而敵大矣。救小未必能存。而交大未必不有疏。有疏則爲強國制矣。出兵則軍敗。退守則城拔。救小爲從。未見其利。而亡地敗軍矣。是故事強。則以外權市官於內。救小。則以內重求利於外。國利未立。封土厚祿至矣。主上雖卑。人臣尊矣。國地雖削。私家富矣。事成。則以權長重。事敗。則以富退處。人主之聽說於其臣。（一作人主之於其聽說也，於其臣。）事未成。則爵祿已尊矣。事敗而弗誅。則游說之士。孰不爲用矰繳之說。而徼倖其後。（物曰，矰繳之說，謂射利也。）故破國亡主。以聽言談者之浮說。此其故何也。

是人君不明乎公私之利。（乎一作於。）不察當否之言。而誅罰不必其後也。皆曰。外事。大可以王。小可以安。（從衡之徒，自衒飾售其說者如此。）夫王者能攻人者也。而安則不可攻也。強者能攻人者也。而治則不可攻也。（強者者元作則而治，元漏而字，從山氏正。）治強不可責於外。（外一作朱，誤。圈治強之術在己，非所以求於外也。）內政之修也。（其國治強，敵國不能侵者，由務修內政也。圈管子，爲內政而寓軍令焉。）今不行法術於內。而事智於外。則不至於治強矣。鄙諺曰。長袖善舞。多錢善賈。此言多資之易爲工也。（圈廣韻，工巧也。）故治強易爲謀。弱亂難爲計。故用於秦者。十變而謀希失。（乘富強之資也。）用於燕者。一變而計希得。（其國弱小，計事極難。）非用於秦者必智。用於燕者必愚也。蓋治亂之資異也。故

周去秦爲從。朞年而舉。舉猶拔也。史記，周赧王五十九年，與諸侯約從，將天下銳師出伊闕，攻秦。秦昭王怒，使將軍摎攻西周。西周君奔秦，盡獻其地。是歲王赧卒，周民遂東亡。衛離魏爲衡。半歲而亡。未詳。汲冢古文載魏惠成王如衛，命子南勁爲侯。蓋此時事也。衛君逆命，故廢之，更命勁爲侯，與亡同。衛受魏封之後，遂附屬之，如一國然。故此書呼魏或稱衛者，亦由此也。是周滅於從。衛亡於衡也。使周衛緩其從衡之計。而嚴其境內之治。明其法禁。必其賞罰。盡其地力。以多其積。致其民死以堅其城守。天下得其地。則其利少。攻其國。則其傷大。萬乘之國。莫敢自頓於堅城之下。而使強敵裁其弊也。兵疲國弊，則鄰敵乘其隙，自危之道也。頓下疑少兵字。淮陰侯傳：今將軍欲舉倦弊之兵，頓之燕堅城之下。晉語：君之武震，無乃玩而頓乎。注：將見慢瀆而頓弊之。陳琳檄吳文：兵不鈍鋒。注：淮南子曰：不勞一卒，不頓一戟。頓與鈍同。左傳：師徒不勤，甲兵不頓。注：頓，壞也。管子：頓戟一譟而靡弊之。賈誼傳：芒刃不頓。注：頓，讀曰鈍。吳語：使吾甲兵鈍弊，民人離落。山曰：頓與屯、舍之屯同。越世家：頓刃接兵。正義云：頓刃，衆壘壁也。翻荀子：材伎股肱，健勇爪牙之士，彼將日日挫頓竭之於仇敵。

此必不亡之術也。謂恃己術，不恃外也。舍必不亡之術。而道必滅之事。治國者之過也。智困於內。而政亂於外。則亡不可振也。翻振，救也。民之故計。皆就安利。皆辟危窮。物曰：故計，猶常計也。今爲之攻戰。爲猶使也。進則死於敵。退則死於誅。則危矣。弃私家之事。而必汗馬之勞。翻晉世家：矢石之難，汗馬之勞。或曰：必，畢通，畢，盡也。家困而上弗論。則窮矣。弗一作爲，非。說使篇：斷頭裂腹，播骨乎平原曠野者，無宅容身，身死田奪。又云：今死士之孤，飢餓乞於道。窮危之所在也。民安得勿避。故事私門。而完解舍。完解舍，謂復除也。說使篇：士卒之逃事，伏匿附託有威之門，以避徭賦，而上不得者萬數。說疑篇：有務解免赦罪獄，以事威者。管子：上彌殘苛，而無解舍，與此義少異。翻管子：於是財用足，而飲食薪菜饒，是故上必寬裕而有解舍。解舍完則遠戰。遠戰則安。行貨賂而襲當塗者則求得。因權貴者，雖無功，得利祿。求得則私安。私安則利之所在。安得

陳深曰：到此方說出五蠹名目。

維評：一篇數十萬言，胸中如萬斛泉源，滾滾不竭，而縱橫變化，無中生有，意出意奇，每段一意，並不雷同，避他解中有發，喩中之喩，天下事勢如指掌，作長篇文字如此。

趙本題注：寬則寵名譽之人，急則用介冑之士。所養非所用，所用非所養。一篇主意在此。數句由折往復，引事設喩，說盡世情，字字精神，非胸襟開闊，本透徹，如此不可下注。

勿就。是以公民少。而私人衆矣。夫明主治國之政。主一作王。使其商工游食之民。少而名卑。食貨志：令賈人不得衣絲乘車，以困辱之之類。以趣本務。而外末作。以下元衍寡字，從山氏刪。外一作趨，非。翻管子：末作文巧禁，則民無所遊食。賈誼疏云：今毆民而歸之農，末伎遊食之民，轉而緣南畝，則畜積足，而人樂其所矣。今世近習之請行。則官爵可買。以貨取之，故云可買。官爵可買。則商工不卑也矣。翻或曰：也字衍。姦財貨買。一作姦買財買。貨疑盜字誤。姦財，盜買。謂奇伎淫巧，非法制者。得用於市。則商人不少矣。聚斂倍農。物曰：聚斂之利，倍於農穫也。山曰：倍宜作侔。下文云，侔農夫之利。而不貴耕戰之士。則耿介之士寡。物曰：謂戰士也。而商賈之民多矣。商賈元作高價，廣絕交論：耿介之士，疾其若斯。注引作商賈，今從之。是故亂國之俗。其學者則稱先王之道。以籍仁義。物曰：籍，藉同，因也。盛容服而飾辯說。以疑當世之法。而貳人主之心。貳一作二。

其言談者。元作言古者，寫者誤，若作言古者，與學者不別。僞設詐稱。僞作爲，誤。借於外力。以成其私。而遺社稷之利。遺，忘也。其帶劍者。聚徒屬。立節操。以顯其名。而犯五官之禁。管子：上有五官以牧其民，則衆不敢踰軌而行矣。下有五橫以揆其官，則有司不敢離法而便矣。注：橫謂糾察之官，得入人罪者。又齊策注引禮記：諸侯出命國家五官而後行。注：五官五大夫典事者。餘詳于十過篇。其近御者。積於私門。盡貨賂。而用重人之謁。退汗馬之勞。[illegible]人翻有功者。其商工之民。修治苦窳之器。苦窳見難一篇。聚沸靡之財。無用之物，人主所愈，沸靡盡者，賈人貯蓄，以射利也。備內篇：水煎沸竭，盡其上。亡徵篇：慮用靡貨財。長楊賦：靡沸雲擾。注：如靡之沸也。廣雅曰：靡，費也。山曰：荀子：天子諸侯無靡費之用。沸費音近，或通。呂子愼大覽：比周作弗周。大學鄭注：拂讀爲費，可證。費用侈靡之財，謂其無用也。翻左傳鄭悼公費，鄭世家索隱引鄒本費作沸。縻靡通。靡爛也。蓄積待時。而侔農夫之利。侔，齊也。翻侔，牟通。平準書：富商大賈，無所牟大利。此五者邦之蠹也。人主不除此五蠹之民。不養耿介之士。則海

讀[?]曰，源遠末分，亦是自然之勢。孫鑛曰，從孔墨說起，見得古事不可行，遠謨不可用。張榜曰，極其猖恣，從恣不可控御。

孫鑛曰，陡折轉，絕有力。

內雖有破亡之國，削滅之朝，亦勿怪矣。

顯學第五十

世之顯學，儒墨也。儒之所至，孔丘也。墨之所至，墨翟也。物曰，王極也。自孔子之死也，有子張之儒。荀子，弟佗其冠，神禫其辭，禹行而舜趨，是子張氏之賤儒也。有子思之儒。荀子，略法先王而不知其統，案往舊造說，謂之五行，子思唱之，孟軻和之。有顏氏之儒。有孟氏之儒。有漆雕氏之儒。有仲梁氏之儒。梁一作良。鹽鐵論注引良作梁。古音通。如王良，荀子正論作王梁，可證。詩傳引仲梁子曰，初立楚宮也。鄭志云，魯人也。當六國時。正義云，春秋時魯有仲梁懷，故言魯人。有公孫氏之儒。元脫公字。玉海引有公字。漢志，子思子二十三卷，顏子五卷，漆雕子十三篇，公孫尼子二十八篇。注，公孫尼子，七十子之弟子。又隋志云，一卷，似孔子弟子。玉海云，禮記緇衣，公孫尼子所作。沈約曰，樂記取公孫尼子。有樂正氏之儒。[?]卽樂正子春。自墨子之死也，有相里氏之墨。物曰，莊子云，相里勤之弟子，五侯之徒，南方之墨者，苦獲、已齒、鄧陵

子之屬，俱誦墨經，而倍譎不同，相謂別墨。有相夫氏之墨。山曰，相一作祖。[?]國史經籍志，高氏子略，作相芬氏。有鄧陵氏之墨。故孔墨之後，[?]焦氏類林之作而。儒分爲八，墨離爲三。物曰，陶淵明聖賢羣輔錄云，八儒，夫子沒後，散於天下，設於中國，成百氏之源，爲綱紀文儒，居環堵之室，蓽門圭竇，甕牖繩樞，併日而食，以道自居者，子思氏之所行也，衣冠中，動作順，大讓如慢，小讓如僞者，子張氏之所行也，顏氏傳詩，爲道，爲諷諫之儒，孟子傳書，爲道，爲疏通致遠之儒，漆雕氏傳禮，爲道，爲恭儉莊敬之儒，仲梁子傳樂，爲道，以和陰陽，爲移風易俗之儒，樂正氏傳春秋，爲道，爲屬辭比事之儒，公孫氏傳易，爲道，爲潔淨精微之儒。三墨，不累於俗，不飾於物，不忮於名，不忮於衆，此宋鈃尹文之墨，裘褐爲衣，跂蹻爲服，日夜不休，以自苦爲極者，相里勤五侯子之屬，俱誦墨經，而背譎不同，相謂別墨，以堅白同異之辯相訾，以觭偶不仵之辭相應，此苦獲已齒鄧陵子之墨。[?]案荀子又有子夏氏之儒，子游氏之儒。取舍相反不同，而皆自謂眞孔墨。孔墨不可復生，將誰使定後世之學乎。孔子墨子，俱道堯舜，而取舍不同，皆自謂眞堯舜。堯舜不復生，將誰使定儒墨之誠乎。山曰，誠猶眞也。[?]焦氏類林，儒墨作堯舜。殷周七百餘歲。山曰，一作千餘歲。

張榜曰，上下推盪，人所不解化境。

虞夏二千餘歲，而不能定儒墨之眞。今乃欲審堯舜之道於三千歲之前，意者其不可必乎。乎疑詞。無參驗而必之者，愚也。弗能必而據之者，誣也。故明據先王，必定堯舜者，非愚則誣也。愚誣之學，襍反之行，明主弗受也。一襍作雜。下同。雜八儒反三墨。墨者之葬也，冬日冬服，夏日夏服，桐棺三寸，服喪三日。元作三月。[?]淵鑑作日。墨子云，子以三年之喪，非三日之喪，是猶倮謂撅者不恭也。宋書禮志，引尸子，禹治水，爲喪法，曰桐棺三寸，制喪三日。世主以爲儉而禮之。補主字。[?]葬儉也。墨子有節葬三篇。儒者破家而葬，服喪三年，大毀扶杖。[?]淵鑑作儒者破家而葬，賃子而償，執喪三年，毀而扶杖。世主以爲孝而禮之。夫是墨子之儉，將非孔子之侈也。是孔子之孝，將非墨子之戾也。今孝戾侈儉俱在儒墨，而上兼禮之。

漆雕之議，不色撓，不目逃。不色撓，顏色不撓屈。孟子云，北宮黝之養勇也，不膚撓，不目逃。注，人刺其目，目不轉睛逃避。行曲則違於臧獲。物曰，違謂遜而去之。行直則怒於諸侯。世主以爲廉而禮之。臧獲，奴婢賤稱。詳見喩老篇。七命云，今公子違世陸沉。注引書孔傳，違，避也。○孟子云，曾子謂子襄曰，自反而不直，雖褐寬博，吾不惴焉。自反而縮，雖千萬人，吾往矣。朱注，訓縮爲直，引禮記冠縮縫爲證。案自反而縮，卽此云行直也。朱子何不引此。代醉編引蘇子由云，縮如王祭不供，無以縮酒之縮，是果何義也。皆坐不考韓子之過矣。宋榮子之議，荀子注，宋鈃，宋人，鈃音刑，又胡冷反。孟子作宋牼，牼與鈃同，口莖反。山曰，莊子云，宋榮子猶然笑之。設不鬭爭，取不隨仇。取如楊子取爲我之取。不隨仇，見上。隨一作墮，非。不羞囹圄，見侮不辱。此卽寢兵之說也。管子云，寢兵之說勝，則險阻不守。荀子云，宋子有見於少，無見於多。又云，子宋子曰，明見侮之不辱，使人不鬭，人皆以見侮爲辱，故鬭也，知見侮之爲不辱，則不鬭矣。注，漢志有宋子十八篇，班固曰，荀卿道宋子，其言黃老意，莊子說宋子曰，見侮不辱，救民之鬭。尹文子曰，見侮不辱，見推不矜，禁暴息兵，救世之鬭，此人君之德，可以爲主矣。宋子蓋尹文弟子也。世主以爲寬而禮之。夫是漆雕之廉，將非宋榮之恕也。是宋榮之寬，將非

張榜曰。以前言聽行。以後言治人。此三句總文。

又曰。韓子之文贍轉。而此則顯然甚快人。

孫鑛曰。四不可得。本是平論鋪而中間錯綜頓挫。脫去畦徑。覺聳神采發出。

漆雕之暴也。今寬廉恕暴俱在二子。人主兼而禮之。自愚誣之學。襍反之辭爭。（學一作辭。）而人主俱聽之。（愚誣之學。即儒墨也。莊子云。梁麗可以衝城。而不可以窒穴。然且語而不舍者。非愚則誣也。誣字義可見。）故海內之士。言無定術。行無常儀。（一作議。非。）夫冰炭不同器而久。寒暑不兼時而至。（山曰。此語又出家語。魏後漢傳。裴傳注引。器作同。至下有也字。鹽鐵論。冰炭不同器。日月不並明。注。顏淵曰。鮑魚蘭芷。不同篋而藏。堯舜桀紂。不同國而治。劉峻曰。薰蘭不同器。梟鸞不接翅。）襍反之學。不兩立而治。（謂侈儉相反。廉恕相讓。兩不相容。）今兼聽襍學。繆行同異之辭。安得無亂乎。（同異之辭。即墨者鄧陵子之徒。以堅白同異之辯相訾也。荀子云。夫堅白同異。有厚無厚之察。非不察也。注。莊子大同而與小同異。此之謂小同異。萬同在天地之間。故謂之大同。物各有種類所同。故謂之小同。是大同與小同異也。故曰。此謂小同異。莊子又曰。萬物畢同畢異。此之謂大同異。言萬物總謂之物。莫不皆同。是萬物畢同。若分而別之。則人耳目鼻口百體。草木枝葉花實。無不皆異也。此具畢同畢異。故曰。此謂大同異。）聽行如此。其於治人。又必然矣。今世之學士語治者。（談治術也。）多曰。與貧窮地。以實無資。（世儒之論。率多如此。物曰。謂與貧窮之民以地。而使無資力者富實。不乏也。）今夫與人相善也。（善宜作若。下同。相若謂其產業與人無異也。并曰。善等字誤。）無豐年旁入之利。（旁入竹木畜產之類。入一作人。誤。物曰。豐年之利。收穫之多也。）而獨以完給者。非力則儉也。與人相若也。無饑饉疾疚禍罪之殃。獨以貧窮者。非侈則墮也。（鹽鐵論。共其地。居此世也。非有災害疾疢。獨以貧窮。非惰則奢也。無奇業旁入。而猶以富給。非儉則力也。）侈而墮者貧。而力而儉者富。（六反篇。今家人之治產也。相忍以饑寒。相强以勞苦。雖當軍旅之難。饑饉之患。溫衣美食者。必是家也。相憐以衣食。相惠以佚樂。天饑歲荒。嫁妻賣子者。必是家也。所喻意同。）今上徵斂於富人。以布施於貧家。（物曰。布施始見。）是奪力儉而與侈墮也。而欲索民之疾作而節用。不可得也。今有人於此。義不入危城。不處軍旅。不以天下大利。易其脛一毛。（俶眞訓。雖以天下之大。易骭之一毛。無所槩於志也。山曰。孟子云。楊子取爲我。拔一毛而利天下。不爲也。）世主必從而禮之。貴其智。而高其行。以爲輕物重生之士也。夫上陳良田大宅。設爵祿。（陳上元衍所以二字。）所以易民死命也。（物曰。謂懸爵賞以易民死也。易換也。）今上尊貴輕物重生之士。而索民之出死。而重殉上事。不可得也。（出死。出死力也。殉。徇通也。）營一藏書策。習談論。聚徒役。服文學而議說。（一有也字。）世主必從而禮之。曰。敬賢士。先王之道也。夫吏之所稅。耕者也。而上之所養。學士也。耕者則重稅。學士則多賞。而索民之疾作而少言談。不可得也。立節參名。（名一作明。通。）執操不侵。（物曰。謂勵立節操。參以名譽。不爲人侵侮也。瑚曰。墨子。富有天下。名參乎天地。參如參於前之參。參名猶立名也。韻會。參叢立貌。）怨言過於耳。必隨之以劍。（瑚曰。惡聲至必反之。北宮黝之流。）世主必從而禮之。以爲自好之士。（荀子。善在身。介然必以自好也。說苑。申公子倍自好也。孟子。鄉黨自好者不爲。注。自喜好名者也。案外儲作自喜。）夫斬首之勞不賞。而家鬭之勇尊顯。（家鬭。即私鬭也。）而索民之疾戰距敵。而無私鬭。不可得也。（無一作毋。）國平則養儒俠。難至則用介士。所養者非所用。所用者非所養。此所以亂也。（見五蠹篇。）且夫人主之聽於學也。（學謂文學之士。）若是其言。宜布之官。而用其身。（一作而官殺之。）若非其言。宜去其身。而息其端。今以爲是也。而弗布於官。以爲非也。而不息其端。是而不用。非而不息。亂亡之道也。澹臺子羽。君子之容也。（家語。子羽有君子之容。而行不勝其貌。與此合。然史記乃云。狀貌甚惡。孔子以爲材薄也。誤。）仲尼幾而取之。（山曰。幾期同。）與處久。而行不稱其貌。（一無㸦字下同。）宰予之辭。雅而文也。仲尼陳深曰：善設譬喩，無一合譬，此喩最眞切。

幾而取。劉新序：晏子曰：嬰聞之，察實者不留聲，觀行者不譏辭。與處久，而智不充其辯。故孔子曰：以容取人乎，失之子羽。家語乎作則，下句同。以言取人乎，失之宰予。語見論語。故以仲尼之智，而有失實之聲。聲，名也。今之新辯濫乎宰予，而世主之聽眩乎仲尼。今飾辯者汎濫博文，過于宰我，世主之智不及孔子，故爲眩惑。爲悅其言，因任其身，爲猶若也。則焉得無失乎。是以魏任孟卯之辯，而有華下之患。華下見初見秦。秦昭王三十六年，客卿胡傷攻魏，擊敗芒卯于華陽之下。趙任馬服之辯，而有長平之禍。馬服，趙括也。馬服君趙奢之子，襲父封號，故曰馬服。趙孝成王六年，秦將白起破趙將軍趙括軍四十五萬於長平。此二者任辯之失也。夫視鍛錫而察青黃，區冶不能以必劍。青黃，劍色也。呂春秋：相劍者論其黃白堅牣。又越絕書：薛燭曰：夫寶劍五色並見，莫能相傷。覽冥訓：區冶生而淳鈞之劍成。注：區越人，著冶劍工也。音謳。又七命：楚之陽劍，歐冶所營。注：越絕書曰：吳有干將，越有歐冶。淮本經訓：鍛錫文鏡，乍晦乍明。注：錄鏡文如脂膩，不可刷也。又云：謂劍理之美也。山海經：昆吾之山，其上多赤銅。注引越絕書曰：赤堇之山破而出錫，若耶之谷涸而出銅，歐冶子因以爲純鈞之劍。汲郡冢中得劍一枝，長三尺五寸，乃今所名爲干將劍。汲郡亦非鐵也，明古者通以錫雜銅爲兵器也。荀子：桓公之葱，文王之錄。注：葱，青色也。錄與綠同。二劍以色爲名。曹植七啓說劍云：彫以翠綠。案：葱綠卽青黃也。水擊鵠鴈，陸斷駒馬，則臧獲不疑鈍利。趙策：吳干將之劍，肉試則斷牛馬，金試則截盤盂。蘇秦傳：陸斷牛馬，水截鵠鴈。山曰：說苑：干將鏌鋣，拂鐘不錚，試物不知，揚刃離金，斬羽契鐵斧，此至利也。又見韓策、荀子。圈尸子：水試斷鵠鴈，陸試斷牛馬，所以觀良劍也。七啓云：隨波截鴻，水不漸刃。七命云：斷浮毛以爲工。埤雅引陳琳武軍賦云：陸陷犀兕，水截輕鴻。輕鴻，鴻毛也。今人試刀劍，令髮浮轉於水，以刃斷之，觀其鋩鈍。水截輕鴻，殆類是也。臧獲已見上。發齒吻相形容，元脫相字。伯樂不能以必馬。物曰：觀馬必啓其齒，故曰發也。山曰：呂春秋：古之善相馬者，寒風是相口齒，筦青相膹肳。圈案：七命注引呂覽作管青相脣吻。圈埤雅引舊說：相馬，上脣欲得緩，下脣欲得急；上齒欲鉤，鉤則壽；下齒欲鋸，鋸則怒。韓詩外傳：夫驥罷鹽車，此非無形容也，莫知之也。淵鑑引此，必作別。授車就駕，而觀其末塗，則臧獲不疑駑良。物曰：末塗，馬疲之時也。淵鑑錯傳：秦能發六國，及其末塗之衰也，任不肖而信讒賊。國策云：行百里者半九十里，此言末路之難也。舜賦云：後往先至，遂爲逐末。注：言過材之馬，雖後往而能先至，遂爲驅逐者之末也。逐者

陳深曰：此喩虛誕無實用者。

以發足爲本，方謂擇選。注：則知末塗，蓋競逐者所趾之末，表所立也。觀容服，聽辭言，仲尼不能以必士；試之官職，課其功伐，則庸人不疑於愚智。故明主之吏，宰相必起於州部，州部之吏，賤職也。積功至宰相。猛將必發於卒伍。夫有功者必賞，則爵祿厚而愈勸；遷官襲級，則官職大而愈治。夫爵祿大而官職治，王之道也。磐石千里，不可謂富；象人百萬，不可謂强。列子釋文：木偶人形，故曰象人。圈周禮注：象人謂以芻爲人也。韓詩外傳：磐石千里，不爲有地；愚民百萬，不爲有民。案：愚、偶通用。王弼易注：磐，山石之安也。石非不大，數非不衆也，而不可謂富强者，磐石不生粟，象人不可使距敵也。元脫石字。圈合纂類語有石字。今商官技藝之士，上篇：官爵可買，則商工不卑矣。管子：商官非虛亡也。注：必弃本逐末，故壞。案：商賈以貨賄得官者，不能治事，徒具其數耳，故云非虛曠無其人也，而實與曠官同也。注誤。亦不耕而食。耕一作墾。是地不墾，與

磐石一貫也。任昉伐齊明帝表：毀譽一貫。注：莊子云：老聃曰：彼以死生爲一條，以可不可爲一貫。山曰：呂春秋：亡國之主一貫。圈一貫字見論語。又董仲舒傳：夫帝王之道，豈不同條共貫歟。羽獵賦：必同條而共貫。貫猶理也。儒俠毋軍勞而顯榮者，則民不使，與象人同事也。而顯，元作顯而敎夫。夫知禍磐石象人，知禍，能知。以之爲禍也。元作禍知，誤。而不知禍商官儒俠爲不墾之地、不使之民，不知其爲國害而尊用之。不知事類者也。故敵國之君王雖說吾義，吾弗入貢而臣；縱能愛慕，豈臣事之。圈弗能使之事我也。關內之侯，墨子：封城將三十里地，爲關內侯。呂春秋：魯請比關內侯以聽。春申君傳：韓必爲關內之侯。魏亦關內侯矣。王一舉，楚而關內兩萬乘之主。秦策亦載此事，作韓必爲關中之侯。候卽侯字訛。注：比之侯吏，非。吳氏何不正之。圈魏策：王不若與寶屢關內侯。鮑注：侯於關內耳。此時未爲侯。吳注：關內侯之稱，不獨起於秦也。雖非吾行，吾必使執禽而朝。泰族訓：百姓歌謳而樂之，諸侯執禽而朝之。左傳：男贄，大者玉帛，小者禽鳥。注：卿執羔，大夫執鴈，士執雉。魏策：越王使大夫種行成於吳，請男爲臣，女爲妾，身執禽而隨諸御。注：禽，鳥小贄也。吳注：執禽鳥，服役。圈謂吳說非。是故力多則人朝。力

孫鏘曰。此喻仁義必假飾儒墨之學如此。

寡則朝於人。故明君務力。（謂詧寓強。）夫嚴家無悍虜。而慈母有敗子。（山曰。李斯傳作格虜。索隱曰。嚴整之家。本無悍格之奴僕也。又呂春秋。家無筶怒。則豎子嬰兒之有過也立見。六反篇。母厚愛處子。多敗。推愛也。）吾以此知威嚴之可以禁暴。而德厚之不足以止亂也。夫聖人之治國。不恃人之為吾善也。（貞信之士。報國奉主。為善行者。）而用其不得為非也。（信賞必罰。雖有姦臣。不能爲欺。）恃人之為吾善也。境內不什數。（上篇。今貞信之士。不盈於十。謂寡也。）用人不得為非。（用法術也。）一國可使齊。為治也。用眾而舍寡。故不務德而務法。夫必恃自直之箭。百世無矢。恃自圜之木。千歲無輪矣。（歲一作世。）自直之箭。自圜之木。百世無有一。然而世皆乘車射禽者。何也。隱括之道用也。（括宜从木。見難勢篇。）雖有不待隱括。而有自直之箭。

自圜之木。良工弗貴也。（荀子。天下有不以此為隆正也。然而猶有能分是非治曲直者耶。用兩有字。與此同法。）何則乘者非一人。射者非一發也。不恃賞罰。而恃自善之民。明主弗貴也。何則國法不可失。而所治非一人也。故有術之君。不隨適然之善。而行必然之道。（舊注。適然謂偶然也。康誥。乃惟眚災適爾。既道極厥辜。文子。不用適然之數。而行自然之道。鬼谷子。事有適然。物有成敗。注。適然者有時而然也。）今或謂人曰。使子必智而壽。則世必以為狂。夫智性也。（上智與下愚不移。）壽命也。（死生有命。）性命者非所學於人也。（荀子。凡性者。天之就也。不可學。不可事。）而以人之所不能為說人。（不能為者。智與壽也。）此世之所以謂之為狂也。謂之（有誤。）不能然。（謂雖說人。而不能使其人明智如言也。離騷。世既莫吾知兮。人心不可謂兮。王逸云。謂猶說也。覽冥訓。雖有明智。弗能然也。注。然猶明也。）則是諭也。（徒曉諭耳。無益于用。）夫以仁義教人。（夫下元有論性也三字。誤剩衍耳。或）

孫鏘曰。不道民。不尚偽。兩意俱有。

（舊注文散逸。而遺此三字。誤混。）是以智與壽說人也。（一無人字。）有度之主弗受也。（知其無用。）故善毛嬙西施之美。無益吾面。（善謂美而譽之。藝文類聚善作言。西上有而字。吾作君。潛鑑善作若。美下有麗字。）用脂澤粉黛。則倍其初。（蔡邕女誡。傅脂則思其心之和。澤髮則思其心之潤。釋名云。脣脂以丹作。象脣赤也。黛畫眉也。楚辭。粉白黛黑。）言先王之仁義。無益於治。明吾法度。必吾賞罰者。亦國之脂澤粉黛也。（明吾以下。一作必賞罰則國治賞罰法度者國之脂澤粉黛。藝文同。）故明主急其功。而緩其頌。（功元作助。從山氏正。）故不道仁義。（道說也。）今巫祝之祝人曰。使若千秋萬歲。（秋一作歲。下同。若汝也。雲谷雜記。亦作千秋。無下千歲。周禮釋文。祝之考反。除大祝宗祝諸官。皆同。以意求之。案毛詩俾爾耆而艾。萬有千歲。古頌語體如此。）千秋萬歲之聲括耳。（括聒通。焦氏筆乘引詩發言盈廷。發讀為聒。可見古字音近者。可互通借。說文。聒讙語也。）而一日之壽無徵於人。（徵驗也。）此人所以簡巫祝也。（簡疎斥意。如孟子是簡驩也之簡。）今世

儒者之說人主。不言今之所以為治。而語已治之功。不審官法之事。不察姦邪之情。而皆道上古之傳。譽先王之成功。儒者飾辭曰。聽吾言。則可以霸王。此說者之巫祝。有度之主不受也。故明主舉實事。去無用。不道仁義之故。不聽學者之言。（上之元作者。從物氏正。案飾邪篇。明主使民飾於道之故。故事也。說也。繫辭傳。知幽明之故。）今不知治者。必曰得民之心。（施慈惠。收眾心。世儒之說。）〔欲〕（井曰。衍文。）得民之心。而可以為治。則是伊尹管仲無所用也。將聽民而已矣。（從民所欲。則苟安于故俗。而遺久遠之利。）民智之不可用。猶嬰兒之心也。夫嬰兒不剔首。則腹痛。（謂不剔髮。則氣鬱結。致有腹痛也。剔鬀同。音替。剃髮也。楚辭。接輿髡首兮。注。髡剔也。周禮鄭注。薙讀如鬀小兒頭之鬀。）不揊痤。則寖益。（寖一作寢。舊注。痤謂癰也。癰滅而潰之。揊拔也。案揊注文作擗。蓋古字通。周禮。瘍醫。注。謂）

總評議論甚精。筆勢甚緊遒。然骨力歛藏。中間分六段。亦是水到渠成。末是篇法。

披磔牲也。字典引舊注。作瘞癰也。當擗剔以除其疾。勿養癰滋毒也。曲禮。爲天子削爪者副之。注。既削又四拆之。鶡冠子。若扁鵲者。鑱血脉。投毒藥。副肌膚。閒寖益疾。漸加也。鹽鐵論。如人有疾不治。則寖以深。字彙補。擱數教切。音覆。引此一音顚。剔首揊痤。必一人抱之。慈母治之。然猶啼呼不止。嬰兒子不知犯其所小苦。致其所大利也。今上急耕田墾草。以厚民產也。而以上爲酷。修刑重罰。以爲禁邪也。而以上爲嚴。徵賦錢粟。以實倉庫。且以救饑饉備軍旅也。且將也。而以上爲貪。境內教戰陣。閱士卒。并力疾鬭。所以禽虜也。虜擄同。而以上爲暴。此四者。所以治安也。而民不知悅也。一作知之而不悅也。非已上說。愚俗童心。好亂惡治之由。夫求聖通之士者。上云伊尹管仲。爲民智之不足師用。智一作知。昔禹決江濬河。書孔傳。深之使通利。而民聚瓦石。舊注。欲以擊禹也。山曰。呂春秋。禹之決江水也。民聚瓦礫。事已成。功

已立。爲萬世利。禹之所見遠也。而民莫之知。故民不可與慮化舉始。而可以樂成功。子產開畝樹桑。孟子。五畝之宅。樹之以桑。鄭人謗訾。左傳。子產治鄭。使都鄙有章。上下有服。田有封洫。廬井有伍。大人之忠儉者。從而與之。泰侈者。因而斃之。從政一年。輿人誦之曰。取我衣冠而褚之。取我田疇而伍之。孰殺子產。吾其與之。又作丘賦。國人謗之曰。其父死於路。已爲蠆尾。以令於國。國將若之何。訾毀也。禹利天下。子產存鄭。皆以受謗。夫民智之不足用亦明矣。故舉士而求賢智。即儒墨之徒。飾文學者。世謂之賢智。爲政而期適民。期猶必也。必順民心。皆亂之端。未可與爲治也。

定本韓非子纂聞卷第十九　終

陳深曰。此篇是對秦王之書。

舊本題注。是篇疑[illegible]

陳深曰。此篇[illegible]

定本韓非子纂聞卷第二十　忠孝　人主　飭令　心度　制分

江都　松皐圓纂聞

忠孝第五十一

圓此篇蓋後人之所勸入者。讀者潛心。當自知之。

天下皆以孝悌忠順之道爲是也。而莫知察孝悌忠順之道。而審行之。是以天下亂。皆以堯舜之道爲是。而法之。是以有弒君。有曲父。堯舜湯武。或反君臣之義。亂後世之教者也。堯爲人君。而君其臣。舜爲人臣。而臣其君。湯武爲人臣。一無爲字。而弒其主。刑其尸。史記。紂自燔于火而死。武王逐入至紂死處。武王自

射之三發。而後下車。以輕劍擊之。以黃鉞斬紂頭。懸太白之旗。荀子云。紂首懸赤旆。而天下譽之。此天下所以至今不治者也。夫所謂明君者。能畜其臣者也。所謂賢臣者。能明法辟。治官職。以戴其君者也。今堯自以爲明。而不能以畜舜。舜自以爲賢。而不能以戴堯。湯武自以爲義。而弒其君長。山曰。長宜爲上。此明君且常與。而賢臣且常取也。故至今爲人子者。有取其父之家。爲人臣者。有取其君之國者矣。父而讓子。君而讓臣。此非所以定位一教之道也。臣之所聞曰。臣事君。子事父。妻事夫。三者順則天下治。三者逆則天下亂。此天下之常道也。明主賢臣而弗易也。則人主雖不肖。臣不敢侵也。今夫上賢任智無常。逆道也。圓上尚通。而天下常以爲治。是故田氏奪呂氏

孫詒曰，戰國時語，孟子亦有此言。

劉氏翁曰，譏堯設夫，漫無忌憚。

於齊。（謂田恒弒簡公。）戴氏奪子氏於宋。（戰國諸子，設以皇喜爲樂喜，故曰戴氏。左傳，右師將不利戴氏。注，戴氏樂族。毛詩，必宋之子。傳，子宋姓。皇喜劫宋君，事見內儲。）此皆賢且智也，豈愚且不肖乎。是廢常上賢則亂，舍法任智則危。故曰，上法而不上賢。（語出慎子。）記曰，舜見瞽瞍，其容造焉。（舊注，愁貌。濯字彙補引此文，云造音戚。）孔子曰，當是時也，危哉，天下岌岌。（造焉孟子作有蹙。趙岐云，岌岌不安貌。案墨子云，孔丘與其門弟子閒坐，曰，夫舜見瞽叟就焉。）此時天下圾乎。（就，憱同。楚策，汗明憱焉。注，不安貌。莊子，許由曰，殆哉圾乎天下。齧缺曰，殆哉圾乎仲尼。）有道者，父固不得而子，君固不得而臣也。（記曰至此，咸丘蒙問孟子之辭也。孟子爲辨之曰，否，此非君子之言，齊東野人之語也。）臣曰，孔子本未知孝悌忠順之道也。然則有道者，進不得爲臣主，退不得爲父子耶。（一無兩得字。）父之所以欲有賢子者，（有一作其，下同。）家貧則富之，父苦則樂之。君之所以欲有賢臣者，國

亂則治之，主卑則尊之。今有賢子而不爲父，則父之處家也苦；有賢臣而不爲君，則君之處位也危。然則父有賢子，君有賢臣，適足以爲害耳，豈得利焉哉。（元作哉焉，殺文。）所謂忠臣不危其君，孝子不非其親。今舜以賢取君之國，而湯武以義放弒其君，此皆以賢而危主者也，而天下賢之。古之烈士，進不臣君，退不爲家，是進則非其君，退則非其親者也。且夫進不臣君，退不爲家，亂世絕嗣之道也。是故賢堯舜湯武而是烈士，天下之亂術也。瞽瞍爲舜父而舜放之，象爲舜弟而舜殺之。（補下舜字。）放父殺弟，不可謂仁；妻帝二女而取天下，不可謂義。仁義無有，不可

孫籀曰，巧爲附會，推敲盡僞。

謂明。詩云，普天之下，莫非王土；率土之濱，莫非王臣。（濱湖上也，與下字對。濱之訓上，如謂海濱或爲海上，可見。）信若詩之言也，是舜出則臣其君，入則臣其父，妾其母，妻其主女也。（山曰，妾，猶婢也。左傳，男爲人臣，女爲人妾。又定姜曰，余以巾櫛事先君，而暴妾使余。又齊姜在桑上，妾字義可見也。賈誼，臣妾逋逃。孔傳，男曰臣，女曰妾。）故烈士內不爲家，亂世絕嗣，而外矯於君，（矯，曲也。）朽骨爛肉，施於土地，流於川谷，不避蹈水火，使天下從而效之，（烈士徇名，而天下慕效之。）是天下徧死而願夭也。（重名而輕身者，世謂之烈士，則逐臭之徒，欲死夭取名也。）此皆釋世而不治者也。（者作是，寫誤。）世之所爲烈士者，雖衆（爲，謂通。）獨行取異於人，（離俗乖世。）（以自介異，以釣名譽。）爲恬淡之學，而理恍惚之言。（恬淡之學，謂楊墨列莊之類，隱居巖穴之士所尚也。）（恍惚之言，謂務爲空妙幽微之論，上智之所難知者也。案老子云，恬淡爲上。又云，道之爲物，唯恍唯惚。愚謂此篇似非韓子之筆，若以老氏之教爲無用無法，則解老喻老，亦在所斥矣。且所引之記，北山之詩，並剿竊孟子之書。後人附託無疑。）

臣以爲恬淡，無用之教也；恍惚，無法之言也。言出於無法，數出於無用者，天下謂之察。（數謂術數。）臣以爲人生必事君養親，（一疊此四字。）不可以恬淡；必以言論忠信法術，言論忠信法術，（一無此六字。）不可以恍惚。恍惚之言，恬淡之學，天下之惑術也。孝子之事父也，非競取父之家也；忠臣之事君也，非競取君之國也。夫爲人子而常譽他人之親曰，某子之親，夜寢早起，强力生財，以養子孫臣妾，是誹謗其親者也。爲人臣常譽先王之德厚而願之，是誹謗其君者也。（山曰，荀子云，後王者，天下之君也。舍後王而道上古，譬之是猶舍己之君而事人之君也。）非其親者，知謂之不孝，（一作知其不孝。）而非其君

陳深曰。此段意憤悶。意激切。

作一句讀。用字法。

者。天下賢之。此所以亂也。故人臣毋稱堯舜之賢。毋譽湯武之伐。（大功曰伐。）毋言烈士之高。盡力守法。專心於事主者。爲忠臣。古者黔首悗密惷愚。故可以虛名取也。（惷作蠢竄者誤。史記。始皇二十六年。更名民曰黔首。應劭曰。黔亦黨黑也。密如愼密之密。說林上。有密密之語。悗密蓋無心不曉事之意也。禮記。哀公曰。寡人惷愚冥煩。莊子。悗乎忘其言也。林注。悗無心貌。舊注。悗忘情貌。山曰。呂春秋。夫說以智通。而實以愚悗。又靈樞本神篇。志意悗亂。智慮去身。音釋云。悗音悶。闕謂虛名。謂以仁義之說收取民心。所謂道虛。惠以悅民也。）今民儇詗智慧。欲自用。不聽上。（荀子。儇曲之儇子。注。方言儇疾也。又慧也。輕薄巧慧之子也。淮南王傳。爲中詗長安。徐注。詗伺候采察之名也。孟康音偵。）上必且勸之以賞。然後可進。又且畏之以罰。然後不敢退。而世皆曰。許由讓天下。賞不足以勸。盜跖犯刑赴難。罰不足以禁。臣曰。未有天下。而無以天下爲者。許由是也。（無以天下爲。謂其不欲也。）已有天下。而無以天下爲者。堯舜是也。毀廉求財。犯刑趨利。忘身之死者。盜跖是也。此三者殆物也。（物曰。殆物危事也。猶殆甚也。殆物猶言尤物。謂不常有也。）治國用民之道也。不以此三者爲量。（三者。許由堯舜盜跖。）治也者治常者也。道也者道常者也。殆物妙言治之害也。（殆物。指烈士肥遯。爲恬淡之學者。妙言。即恍惚之言也。）天下太上之士。不可以賞勸也。（上作平。誤。太上之士。巢許務下之徒。）天下太下之士。不可以刑禁也。（下元作平。刑上衍爲字。太下之士。盜跖莊蹻之類。）然爲太上士不設賞。爲太下士不設刑。則治國用民之道失矣。故世人多不言國法。而言從橫諸侯。（人一作臣。從橫諸侯。謂說諸侯以從衡之說也。或侯字衍。諸字屬下句讀。）言從者曰。從成必霸。而言橫者曰。橫成必王。山東之言從橫。未嘗一日而止也。然而功名不成。霸

趙本曰。注。舊內大臣左右近習當途總攝權臣也。賢士智士能士法術之士。總謂法度之士也。立論自孤憤中來。

陳深曰。馬虎豹。皆喩人主勢權。

楊愼曰。乘說二柄。如操雙劍。

張鼐曰。正設內捷。出奇中字眼。

陳深曰。二臣不並立。主當途之臣則法術之士遠矣。

王不立者。虛言非所以成治也。王者獨行謂之王。是以三王不務離合而正。五霸不待從橫而察。（離合。離彼合此。即從橫之說也。）治內以裁外而已矣。（內政修。然後外事可斷矣。）

人主第五十二

人主之所以身危國亡者。大臣太貴。左右太威也。（威元作感。一作成。從下文正。）所謂貴者。無法而擅行。操國柄而便私者也。所謂威者。擅權勢而輕重者也。（倚其幸愛。掩蔽主明。以爲輕重。故私威立。）此二者不可不察也。（山曰。愛臣篇。愛臣太親。必危其身。人臣太貴。必易主位。）夫馬之所以能任重引車致遠道者。以筋力也。（重重載。）萬乘之主。千乘之君。所以制天下而征諸侯者。以其威勢也。威勢者。人主之筋力也。今大臣得威。左右擅勢。是人主失力。人主失力。而能有國者。千無一人。虎豹之所以能勝人執百獸者。以其爪牙也。（山曰。此喩已見二柄。）而使虎豹失其爪牙。（而一作向。獨而讀爲如。鹽鐵論注。而作當。）則人必制之矣。今勢重者。人主之爪牙也。君人而失其爪牙。虎豹之類也。宋君失其爪牙於子罕。簡公失其爪牙於田常。而不蚤奪之。故身死國亡。今無術之主。皆明知宋簡之過也。而不悟其失。不察其事類者也。且法術之士。與當途之臣。不相容也。（見孤憤篇。）何以明之。主有術士。則大臣不得制斷。近習不敢賣重。（見和氏篇。）大臣左右權勢息。則人主之道明矣。今則不然。其當途之臣。得勢擅事以

王先慎曰，黨功猶以敗私黨。

孫詒讓曰，遊寓乃孤俠中詞意。

楊慎曰，部勒整飭。

環其私。五蠹篇，自環者謂之私，背私謂之公。管子云，兼上下以環其私。注，上則擅君之柄，下則用人材力，上下之利，皆用繞身，故曰環其私。因考，秦策，極身毋二，盡公不還私。注，還，反顧也。非還環通。又荀子，不還私，不反君。今本私作秩，字之誤也。荀子又云，比周以環主。又云，比周還主。注，還，繞也。謹環當作營。左右近習。朋黨比周，以制疏遠。則法術之士，奚時得進用。人主奚時得論裁。故有術不必用，而勢不兩立，法術之士焉得無危。故君人者，非能退大臣之議，而背左右之訟，獨合乎道言也。見和氏篇。則法術之士，安能蒙死亡之危，而進說乎。此世之所以不治也。明主者，主作王非。推功而爵祿，稱能而官事，所舉者必有賢，所用者必有能，賢能之士進，則私門之請止矣。謹論語，官事不攝。大曰政，小曰事。夫有功者受重祿，有能者處大官，則私劍之士，安得無離於私勇，而疾距敵。游宦之士，焉得無撓於私門，而務於清潔矣。撓，曲也。以私門爲曲者，知其姦邪也。傍注，私劍，俠客也。游宦，游說也。此所以聚賢能之士，而散私門之屬也。今近習者不必智，人主之於人也，或有所智而聽之。智一作知。入因與近習論其言，聽近習而不計其智，是與愚論智也。其當途者不必賢，人主之於人也，無一也字。或有所賢而禮之。入因與當途者論其行，聽其言而不用賢，是與不肖論賢也。故智者決策於愚人，賢士程行於不肖，則賢智之士奚時得用，而人主之明塞矣。見孤憤篇。昔關龍逢說桀而傷其四肢，王子比干諫紂而剖其心，子胥忠直夫差而誅於屬鏤。吳世家，賜子胥屬鏤之劍以死。索隱曰，劍名。見越絕書。愚案，屬注通用。鏤縷假借。注縷蓋毒淬之劍，所謂血注一縷則人立死，故曰注縷。

趙本舊注，通篇綜核之詞，極簡極精，別是一局，而戰國僞書多類此。

陳奇猷曰，環語淨，簡於八經，劣於揚搉。陳深曰，此後三篇，體裁各異，讀中蓋有奇辭也。危微之說，不欲人人知之，讀者亦不可以誼目視之。

此三子者，爲人臣非不忠，而說非不當也。然不免於死亡之患者，主不察賢智之言，而蔽於愚不肖之患也。無一於字。今人主非肯用法術之士，聽愚不肖之臣，則賢智之士孰敢當三子之危，而進其智能者乎。此世之所以亂也。此篇語多與孤憤二柄和氏等諸篇同者，蓋出後人之所附託也。

飭令第五十三

謹此篇與商子靳令篇文多同。

飭令則治不遷。治作法，寫者誤。謂號令整飭，則政治速斷，不遷延滯留者，由法度勤飭於官也。謹商子作治不留。法平則吏無姦。法已定矣，不以善言售法。善言猶巧言也。所謂罔以辯言亂舊制也。任功則民少言，任善則民多言。待見功而爵祿。物曰，善言仁義之言。售法，易法也。謹商子售作害。行法曲斷。曲，心曲也。賞信罰必，則民自斷於其心，不敢犯法。所謂太上禁其心也。物曰，謂決斷委曲皆當，則不得以巧辯浮辭狀罔任事也。謹商子法作治。一鄉一曲，其姦易知，任曲長而斷之，事無稽留也。平準書，兼并豪强之徒，以武斷於鄉曲。與此曲斷，事異而語同。以五里斷者王。以九里斷者强。井曰，五里九里，謂斷之早晚也。宿治者削。傍注，宿治，停閣不斷也。謹五里郊也。九里井也。宿，舍也。汲冢周書云，五里有郊，十里有井，二十里有舍，是也。商子說民篇，有姦必告之，則民斷於心。上令而民知所以應，器成於家而行於官，則事斷於家。故王者刑賞斷於民心，器用決於家。治明則同，治闇則異。同則行，異則止。行則治，止則亂。治則家斷，亂則君斷。治國者貴下斷，故以十里斷者弱，以五里斷者强。家斷則有餘，故曰日治者王。官斷則不足，故曰夜治者强。君斷則亂，故曰宿治者削。故有道之國，治不聽君，民不從官。荀子云，積微，月不勝日，時不勝月，歲不勝時。凡人好敖慢小事，大事至，然後興之務之。如是則常不勝夫敦比於小事者矣。是何也，則小事之至也數，其縣日也博，其爲積也大。大事之至也希，其縣日也淺，其爲積也小。故善日者王，善時者霸，補漏者危，大荒者亡。以刑治，以賞戰，厚祿以用術，國無姦民，則都無姦市。大邑曰都，必有城市。無姦市者，奇伎淫巧，苦窳沸靡，無用之物不設，寶貨也。五蠹篇，姦財貨賈得用於市，則商人不少矣。物多末衆，農弛姦勝，則國必削。物謂玩好之類。末衆，爲末作者多也。民有餘食，使以粟出爵。謹商子爵上有官字。必以其力，則農不怠。農作囊，寫者誤。出如握粟出卜之出，謂使富民各隨貲力多少。出粟取爵賞也。前漢晁錯上書。入粟縣官。得以拜爵。得以除罪如此。富民有爵。農民有錢。粟有所渫。其議蓋本於斯矣。商子必上有官爵二字。農作農。

三寸之管毋當。不可滿也。說林訓。三寸之管而無當。天下弗能滿也。注。當猶底也。授官爵出利祿。不以功。是無當也。無功者僥幸。則官遷失爵也。商子爵上有予字。國以功授官與爵。此謂以成智謀。以威勇戰。其國無敵。威謂作怒以赴敵也。蓋威當作成。成威二字。商子共作盛。亦誤耳。國以功授官與爵。則治見省。言有塞。見下元衍者字。一無此十五字。見省謂不煩也。有塞與上無當反對。謂不妄言也。中庸鄭注。塞猶實也。商子作則治省言寡五字是。此謂以治去治。以言去言。去治一作出治。商子治作法。以功與爵者也。與上宜有授官二字。故國多力。而天下莫之能侵也。兵出必取。取必能有之。按兵不攻必富。富作當誤。五蠹篇。無事則國富。有事則兵強。朝廷之事。物曰。政也。小者不毀庶務悉舉。雖小事必成濟。況大事乎。商子作朝廷之吏少者不毀也。多者不損也。效功取官爵。廷雖有辟

言。不得以相干也。群臣所陳。言當其事。事當其功。乃始得賞。能合形名。執術不貳。豈得爲邪僻之議。犯主誤事乎。所以言有塞也。商子功下有而字。辟作辯。干作先。荀子。邪說辟言之離正道。是謂以數治。任法數。去智辯。故致富強。以力攻者。出一取十。商子云。威以一取十。以聲取實。故能爲威者王。即是。以言攻者。出十喪百。旣無所得。又多所失。此任智辯之患也。商子喪作亡。國好力。此謂以難攻。國好言。此謂以易攻。富強則能攻人。貧弱則被侵攻。宜其能。元漏宜字。勝其官。元作害。輕其任。而莫懷餘力於心。莫懷元作道壞。莫負兼官之責於君。兼元作乘。內無伏怨。用人篇。內無伏怨之亂。外無矯服之患。明君使事不相干。元作使明者不相干。故莫訟。使士不兼官。故技長。使人不同功。故莫爭言。此節元多缺誤。從用人篇補正。○夫古人作文。豈特爲艱澀奇僻。難讀難解之地。以虛誇于後人哉。其間或有之者。率多屬傳寫已久。字音轉訛。文句漏缺者。已說者承誤。附會爲說。偶見率聽。似若可通。及王潛一味熟玩。發明正義。則其說之牽強固不俟辯。而予心之愉快。亦不可言。是讀古書之一樂也。如莫負乘官之責於君。物氏爲之解曰。負乘本易。字氏補曰。周易解卦六三。且乘。致寇至。王。其解豈不偏而美哉。惟負責者。謂之負乘。爲未穩耳。迨閱用人篇。正作莫負兼官之責於君。乃知乘兼字訛。意自分明。不必費解。而不爲隨解所欺矣。昔人云。須眼光透紙背。又云。一心兩眼。反覆考究。是讀古書之妙訣也。冀後之讀此書者。每遇盤根錯節。必斧而析。其義覩作纂聞者。如仇求疵斥非。勿爲盤說所愚。此謂易攻。四字剩衍。重刑少賞。上愛民。民死上。爲上致死。元作死賞。下同。誤。蓋上或作尙。因訛作賞。商子去強篇作上。下同。多賞輕刑。上不愛民。民不死上。下篇。刑勝治之首也。賞繁亂之本也。即此意。利出一空者。其國無敵。傍注。空音孔。利出二空者。其兵半用。利出十空者。民不守。管子。利出於一孔者。其國無敵。出二孔者。其兵不詘。出三孔者。不可以舉兵。出四孔者。其國必亡。注。凡言利者。不必貨利。慶賞威刑皆是。圓案。唐柳芳論氏族之事。曰。管仲曰。爲國之道。利出一孔者王。二孔者強。三孔者弱。四孔者亡。故冠婚者。人道大倫。周漢之官人。齊其政。一其門。使下知禁。此出一孔也。故王。魏晉官人尙中正。立九品。鄉有異政。家有競心。此出二孔也。故強。江左代北。諸姓紛亂不一。其要無歸。此出三孔也。故弱。隋氏官人。以吏道治天下。人之行。不本鄉黨。政煩於上。人亂於下。此出四孔也。故亡。傍注。二孔則分矣。十孔則多門矣。商子作其國不守。荀子曰。權出一者強。權出二者弱。重刑明民。大制使人。則上利。物曰。重其刑罰。明喩於民。大其

法制。使役於人。則君上之利也。商子。重刑明。大制不明者。六蝨也。六蝨成羣。則民不用。是故興國罰行則民親。賞行則上利。行刑重其輕者。輕者不至。重者不來。此謂以刑去刑。商子有刑去事成四字。罪重而刑輕。則事生。元疊刑輕二字。衍誤。此謂以刑致刑。其國必削。○代辭編引商子云。國以功授官予爵。則治省言寡。以六蝨授官予爵。則治煩言生。六蝨。曰禮樂。曰詩書。曰修善。曰孝弟。曰誠信。曰貞廉。曰仁義。曰非兵。曰羞戰。國有十二者。上無使農戰。必貧至削。

纂本題注。撰古法。蓋于心度。意淺。文亦淺。又云。此篇謂嚴刑主乎利民。非以爲民乃刑期無刑之意。

心度第五十四

聖人之治民。度於本。刑法者。治國之本也。不從其欲。民之所欲。喜亂而惡治也。期於利民而已。故其與之刑。導之以利。不行慈惠。非所以惡民。愛之本也。以重刑。去輕刑。是乃愛民之道也。刑勝而民靜。畏服而不犯。賞繁而姦生。謂犯。故治民者。刑勝治之首也。賞繁亂之本也。夫民之性。喜亂而

不親其法。（一無其字。）故明主之治國也。明賞則民勸功。嚴刑則民親法。（物曰。謂安於法。）勸功則公事不犯。親法則姦無所萌。故治民者。禁姦於未萌。而用兵者。服戰於民心。（孫子。令素行以敎其民則民服。）禁先其本者治。兵戰其心者勝。（山曰。蜀馬謖曰。夫用兵之道。攻心爲上。攻城爲下。心戰爲上。兵戰爲下。末引韓子文。）聖人之治民也。先治者强。先戰者勝。夫國事務先而一民心。專擧公而私不從。賞告而姦不生。（商君傳。告姦者與斬敵首同賞。）明法而治不煩。能用四者强。不能用四者弱。（務先。擧公。賞告。明法。所謂度於本也。）夫國之所以强者政也。主之所以尊者權也。故明君有權有政。亂君亦有權有政。積而不同。（積聚之久。治亂異迹。）其所以立異也。（明君尙嚴。亂主行愛。）故明君操權而上重。一

政而國治。故法者王之本也。刑者愛之自也。（謂愛民之道。自此生也。中庸云。知風之自。山曰。自宜作首。）夫民之性。惡勞而樂佚。佚則荒。荒則不治。不治則亂。而賞刑不行於天下者必塞。故欲擧大功。而難致力者。大功不可幾而擧也。（難。憚也。山曰。幾期同。）欲治其法。而難變其故者。民亂不可幾而治也。（商君曰。聖人苟可以强國。不法其故。）故治民無常。唯治爲法。法與時轉則治。治與世宜則有功。故民樸而禁之以名則治。維之以刑則從。（名謂毀譽也。以刑維持。使其從上也。一名謂禮義廉恥。）時移而治不易者亂。（俗薄民爭。而猶御以寬緩之政。所以亂也。）能治衆而禁不變者削。（法禁弛而不更張者。不知治術者也。）故聖人之治民也。法與時移。而禁與治變。能起力於地者富。（起作越誤。）能起力於敵者强。（起者勉勵）

孫鑛曰。出此則入彼。示有不賞不刑之民。

總本題注。大得意明人大笑之。又云。制書制刑賞也。分者別白功罪分明也。法重者得人情。刑輕者失事實。故有術者之法。其說起于商鞅。文字亦奇譎。一句還。

（超他之意。）强不塞者王。（能行强道。天下從之。令行禁止。無所壅塞。）故王道在所開。在所塞。塞其姦者必王。（山曰。商君傳。贊余嘗讀商君書開塞耕戰書。與其人行事相類。索隱曰。案商君書開謂刑嚴峻則政化開。塞謂布恩賞則政化塞。其意本於嚴刑少恩。一謂王道在因時而開塞也。當時之要。在開公道而勸耕戰。塞私義而禁言談也。尉繚子。今天下諸國士所率無不及二十萬之衆者。然不能濟功名者。不明乎禁舍開塞也。）故王術不恃外之不亂也。恃其不可亂也。（謂務內政。）恃外不亂而立治者削。（立治元作治立。竊者誤倒。惟養外交。欲使鄰敵不肯亂我。恃此以立政治。故弱。）恃其不可亂而行法者興。（彼欲亂我。而不可亂者。由我能行法也。）故賢君之治國也。適於不可亂之術。（從字氏補可字。）貴爵則上重。故賞功爵任。而邪無所關。（爵任必勝其任。然後授爵也。關由也。）好力者其爵貴。爵貴則上尊。上尊則必王。國不事力。而恃私學者其爵賤。爵賤則上卑。上卑者必削。故立國用民之道也。能閉外塞

私。（閉外謂不恃外交也。）而上自恃者。王可致也。（上尙通。）

制分第五十五（篇內有分爵祿。制則法之語。取以名篇。）

夫凡國博君尊者。未嘗非法重而可以至乎令行禁止於天下者也。（國法嚴重。士民從命。令行禁止。以及天下。人君能行此道。則威名遠播。國地廣而主位尊矣。）是以君人者。分爵祿。制則法。（則亦法也。）必嚴以重之。（嚴則衆畏。重則民信。）夫國治民安。事亂則邦危。法重者得人情。禁輕者失事實。且夫死力者。民之所有者也。人情莫不出其死力。以致其所欲。而好惡者上之所制也。民者好利祿。而惡刑罰。上掌好惡。以御民力。（傍注。掌好惡。賞功罰罪也。）事實不宜失矣。（法禁輕則無功得賞。有罪免誅。失事實也。事實既失。孰肯盡力。）然而禁輕事失者。刑賞失也。其治民。不秉法

劉辰翁曰。商君之法如此。

爲善也。唯任智辯而不知秉法。故刑賞並失也。飭令篇。法已定矣。不以善言售法。任功則民少言。任善則民多言。善字義同。如是則是無法也。故治亂之理。宜務分刑賞爲急。治國者莫不有法。然而有存有亡。亡者其制刑賞不分也。賞者有毀。罰者有譽。是以刑賞惑亂。不明白也。治國者。其刑賞莫不有分。皆知賞功誅罪。有特以異爲分。特元作持。從山氏正。一作時亦非。遯以異爲分。謂賞可賞罰可罰也。不可謂分。待事之至。然後施行。不能使民自知勸沮。豈得稱分刑賞乎。說疑篇。凡治之大者。非謂其賞罰之當也。賞無功之人。罰不辜之民。非所謂明也。賞有功罰有罪。而不失其當。乃在於人者也。非能生功止過者也。是故禁姦之法。太上禁其心。其次禁其言。其次禁其事。至於察君之分。物曰。明察之君。獨分也。越大臣之議。背左右之頌。獨合乎道言。故毀譽得實。而刑賞必於民心也。獨分猶獨斷也。是以其民重法而畏禁。願毋抵罪。而不敢胥賞。物曰。胥須同。故曰。不待刑賞。而民從事矣。知誅賞之皆在于身故也。是故夫至治之國。善以止姦爲務。是何也。其法

通乎人情。關乎治理也。關亦通也。然則去微姦之道奈何。其務令之相閱其情者也。閱作規誤。從下文正。則使相閱奈何。曰。蓋里相坐而已。舊注。同里有罪。罪必相坐。閔案。毛詩蓋云歸哉。箋云。蓋猶皆也。又疑與闔字通。范睢傳。不概於王心邪。索隱曰。戰國策概作關。而今本作闔。注。闔合同。據此蓋里即合里也。禁尚有連於己者。理不得不相闚。補下不字。尚賞字誤。荀子。賞賢使能以次之。注。賞當作尚。又焦氏筆乘。尚古賞字省文。則尚賞或通歟。下文告過者免罪受賞。失姦者必誅連刑。此乃刑禁慶賞皆來連於我也。惟恐不得免。失姦猶誅。況爲姦乎。有姦心者。不令得志。志作忘誤。闚者多也。告密既多。姦念自塞。如此則愼己而闚彼。發姦之密。隱微難知者。亦悉露。告過者。免罪受賞。失姦者。必誅連刑。如此則姦類發矣。姦不容細。私告任坐使然也。物曰。私告任坐二事。舊注。任保也。同里相保之人則坐之。故曰任坐。夫治法之至明者。任數不任人。傍注。數術數也。是以有術之國。不用譽

而得人之情。境內必治。任數也。山曰。譽宜作察。察又作詧。故相訛也。亡國使兵公行乎其地。而弗能圉禁者。任人而無數也。圉禁通。自攻者人也。任智辯則賞罰自招侵削。攻人者數也。任法數則富强足以服敵。故有術之國。去言而任法。試事課功。以行賞罰。不爲巧言利辭所蔽欺也。凡畸功之循約者難知。卒見行事。能立功勞。依順國約。無所乖戾。內情之惡。甚難察知。是姦臣之所以生事徼功也。畸偶之反。言不合事。事不合功。有功之名。無功之實。故曰畸功。下曰姦功。虛功變文耳。其實一也。過刑之於言者難見也。刑形通。徒聽談論。能陳情事。功辯麗辭。若可采用。過失之形。最難早見。是說客之所以騁詐誤事也。字曰。刑一作形。是以刑賞惑乎貳。難知故無功者貳功賞。難見故有罪者多宥赦。所謂循約難知者。姦功也。臣過之難見者。失根也。失根下曰。姦根可見。姦言邪說。爲過失之根本也。若聽其言。必試以事。則其失根可去也。吳越春秋。公子光謂專諸曰。天以夫子輔孤之失根也。循理不見虛功。姦臣行事。匿情營私。若循常理。推之徒見其有功。而乖實之跡。終不可得而見也。必過加賞。如陳需招楚兵。翟璜召韓兵。徼令敵國攻其國者。姦也。因往講解。

卻敵軍者。功也。能去國患。似循常約。然論其實。則皆情謀要賞。豈容誅乎。度情詭乎姦根。辯士議事。巧言如流。若以常情度之。徒見其合理。而挾私之源。遂爲難得而察也。必被詭辯。如蘇代說齊王。潘壽說禹情。其實爲子之游說。而外託乎正論也。則二者安得無兩失也。二者刑賞也。刑賞並疑貳。故曰兩失。是以處士立名於內。而談者爲略於外。處作虛誤。謂人主肆私行而禮之。故處士飾私學。以釣名譽也。略謀也。謂藉外交以便私計也。五蠹篇。士民縱恣於內。言談者爲勢於外。外內稱惡。以恃强敵。不亦殆乎。故愚怯勇慧相連。相連謂無別也。而以虛道屬俗。而容乎世。物云。虛道徒善也。屬俗謂合于世也。故其法不用。而刑罰不加乎僇人。如六反篇所論。公善宜賞之民。則世毀之。私惡當罪之民。則世譽之。國法之廢弛者由此。如此則刑賞安得不容其二。物曰。二貳同。傍注。功罪不明。疑賞疑刑。故實有所不至。從井氏補不字。謂賞多虛功也。而理失其量。失量謂不平也。量之失。非法使然也。法定而任慧也。法有一定之度。而以智辯亂之。懸卽善言。謂智辯也。飭令篇。法已定矣。不以善言售法。釋法而任慧者。則受事者。

安得其務。法者官之所師也，既無師法，豈得成事務功乎。務不與事相得，則法安得無失，而刑安得無煩。刑濫則事生，所以煩瀆也。是以賞罰擾亂，邦道差誤，刑賞之不分白也。

定本韓非子纂聞卷第二十大尾

韓非子纂聞跋

定本韓子纂聞二十卷，序目附錄一卷，凡廿一卷，爲小林君子駿而述，始乎五月之吉，卒乎十月之望。玆歲己巳之夏，子駿邀讀韓子，月六次以爲期。其所問難，出人意表，而其開悟之敏，若愚亦足以發也。其意每憾拙著增讀之書，略於解說，毋乃大簡乎，爲之操筆，更纂所聞，以作此舉。學既不博，聞亦不廣，此編豈足使子駿無憾乎。假使子駿之材之美，因之發明，探賾闡幽，而無憾乎，又豈足使後之人無憾乎。夫子駿之爲人也，游藝乎射御，演武乎鎗劍，問道乎經行，寄情乎詩吟，最好國歌。既

善其道，傍及史乘律令之書，莫不通涉。海內唱國歌復古者，推爲巨擘。開國剖符之采，足以比關內侯，老宰僮僕，足以給事也，而服不飾美，僅一妾不衣帛，登其門者，疎客必食，而性不嗜飲，膳不二味，王官士爵之尊，列國大夫不敢擬之也，而能下布衣韋帶之士，必與抗禮，不敢夸驕欺貧。夫方數十里之大都也，二百年不見兵之治安也，沃野千里，商車賈舶，萬貨之所輻湊也，三百五等諸侯之朝宗列邸第也，六十六國四民之寄寓奉事也，億萬士女雜沓，衣食乎其中也，生此世，居此地，難乎去淫靡之習，而知侈儉之地也，而子駿獨能行之，其有

成也必矣。增予所纂。廣予所聞。能使後之人果無遺憾乎此書乎。此予所以親書贈之。且有望乎子駿也。

己巳之冬　　江都　松皐圓謹識

青莊松皐先生之墓

先生諱圓。字行方。俗稱金三郎。號青莊。又號修文齋。姓蒲阪。江戶人。父曰忠成。西條藩世臣。先生其次子也。少時善病。不出。後有故冒松皐氏。仕幕府。爲庖吏。天保五甲午七月七日。病歿于家。享年六十。葬于青山慈光寺。娶橫山氏。生一男三女。女皆嫁。男夭。養族人清明。爲嗣。所著書。增讀韓非子。既行于世。其餘有定本韓非子纂聞。及大學孟子國語戰國策考。荀子謝校補正。墨子呂覽畢校補正。晏子孫音補正諸書。未梓。並藏于門人之家。唯國語考散亡。不知所在。可

惜也。明年門人謀于清明。協資立石。實乙未孟秋也。

門人川目直識。鈴木豐昌書。牛山戶田光新題面。

魏氏家藏方

提要

《魏氏家藏方》殘九卷，宋魏峴撰，日本宮內廳藏日本鈔本。存卷一、卷二、卷四至卷十。此書收作者家傳及其親自試用有效的驗方共一千零五十一種，歸納為中風、一切氣、心氣、頭風頭痛、傷寒、伏暑、瘧疾、腎氣、痰飲、補益等四十一門，每門列敘若干方劑，均有方而無論。

魏氏家藏方序

人受天地沖融之氣以生、莫不予之以上馬者之壽、然龜鶴之不能皆齊者、非天之降年爾殊也、七情蠱於內、六淫寇其外、於是乎疾生焉、夫一疾有一證、一證有一方、善醫者、雖復察脈審色、洞知其因、方茍未良、何所施巧、此簡冊之在天下、最不厭其博且多者、莫方書若也、峴自問仕已來垂四十稔、媿無秋豪之善足以活民、又以素弱多病、百藥備嘗、因摭　先大父文節公先人刑部所錄及峴躬試而教者、得方九千五十有一、釐爲四十一門、一十卷、集成一書、目曰魏氏家藏、不敢自奇、用鋟諸梓、以廣其傳、雖復所藏非富、未足以盡療世人之疾、或者採而用之、有所全活、則庶幾區區之心、不得於彼而得於此耳、雖然康節先生之詩曰、與其病後能求藥、不若病前能自防、又曰、用藥似交兵、兵交豈有寧、善養生者、常致意於金石草木之先、使性不爲情所流、主不爲客所感、各全其上馬者之壽、則是編也、譬諸武事、蓄而弗試、斯善矣、是又書外之意、尤惓惓於世之人云、寶慶丁亥中和節、碧溪魏峴序

魏氏家藏方目錄

卷第一

中風

第二卷

一切氣

心氣

中風服藥次第法
頭風頭痛
南嶽草靈丹
金花一聖散
天雄散
石膏散
治一切頭風
傷寒
十勸
參蘇散
普救散
伏暑
酒蒸黃連圓
香薷湯
冰雪飲子
瘧疾
雙聖丹 二方
三倍湯
加料平胃散
立效散

附子細辛湯
茶調散
香芎散
聖餅子 四方
防風散
至聖散
普濟散
黃龍圓
快脾飲
冲和湯
人參散
驅瘧散
二香飲子

辰砂祕真丹
養心丹
九僊丹
朱砂琥珀圓
朱附圓
補心圓
補心湯 二方
金鎖散
治腎氣
立神丹
木香定痛圓
受拜茴香圓
全蠍圓 二方
香硇圓
追痛圓
神應散
沉香散
立効散
百兩金
淋洗法

益心丹
補心丹
生血丹
八物定志圓
遠志圓
茯神酸棗仁湯
辰砂寧心散
金鈴子圓 三方
五香圓
茱萸內消圓
蠍梢圓 二方
胡椒圓
消腎脫鉗圓
火墜散
全蠍散
真珠散
黃仙餅子
治腎氣灸法

疝氣傳藥

痰飲

上清丹　南華丹

羽澤圓　青金圓

平胃圓　四倍圓

消飲圓　滌痰圓

刷痰圓　導痰圓

化痰消飲圓　溫白圓

透膈圓　決壅破飲圓

倍薑半夏圓　茱枳圓

茱萸半夏圓　橘皮茯苓圓

桔梗圓　半夏圓

天南星圓　生薑橘皮圓

白礬圓　半夏圓

香橘圓　痰嗽圓

橘苓圓　丁香半夏湯

茱萸半夏湯　豁痰湯

鍾乳生附湯　附子細辛湯

附子壁降湯　橘皮枳實湯

平肺湯　除飲湯

殊勝湯　清涎湯

鐵刷湯　五聖湯

星附定暈湯　刷痰湯

獨薑湯　歛氣散

參朮散　八寶飲

參訶飲　丁香導痰飲

第三卷

補益

僊方小延齡丹　伏火靈砂丹

煉陰丹　紫丹

伏火白丹　白丹

三陽丹　神仙養氣丹

養氣丹　養氣丹

聚仙丹　潤補小聚仙丹

鹿茸補髓丹　麋酥丹

神仙聖寶丹　入藥神丹

谷神丹　妙仙丹

草靈丹　茸臍靈砂丹

龍虎肉丹　勝灸丹一方

沈香益真丹　茸朱丹

第四卷

補益

虛勞

第五卷

脾胃

卷第七

瀉痢

卷第八

腳氣

催生

小兒諸疾

斬邪丹
扁金丹
太一丹
温胃丹
安神圓
牛黃圓
青龍圓 二方
龍腦青金圓
鎮驚圓
肥兒圓
鱉血煎圓
連胡圓
木香圓
木香分氣圓
茱萸圓
四君子圓
消乳痰圓
白朮半夏圓

碧玉丹
猪肚丹
鎮心安神丹
真珠圓
五疳圓
龍腦圓
朱砂圓 二方
辰砂安驚圓
天麻圓
補氣温疳圓
金連圓
苦楝圓
神麯豆蔻圓
消食圓
實脾圓
安心圓
半夏圓
神白圓

温疳圓
小鹿茸圓
大朱砂圓
猪肚圓
梅連圓
四君子湯
沈香磨脾湯
蘇香湯
化毒湯
銀白散
麯香散
蠋附散
烏蛇散
朱砂散
人參黃耆散
香硃散
止汗散
紅綿散
化毒散
紅紛散

小定志圓
內消圓
八物參朮圓
大黃圓
截風生胃湯
飯虎湯
山藥湯
和解湯
活脾圓
治走馬疳
星香散
安金散
天竺黃散
蠍附散
牡蠣散
龍骨散
歡喜散
龍腦散
烏梅散
六神散

魏氏家藏方目録卷終

魏氏家藏方卷第一

中風

大藥紫金丹

川烏頭（炮去皮臍）　乳香（別研）　地龍（去土）　白膠香（各壹兩別研）　天麻（各半兩）

五靈脂（各貳兩別研）　沒藥（各壹兩半別研）　木鼈子（去殼）　自然銅（荔枝皮者火煆醋焠柒次）　麝香肉（參錢別研）

右爲細末、於辰年辰月辰日辰時辰方、上取長流水爲圓、如不及辰年、只用辰月辰日辰時、面向辰方焚香、滴長流水、和於臼中、向辰方杵壹仟貳佰下、作壹佰陸拾圓、陰乾、霹靂酒磨下、（用鐵秤鎚猛火內燒通紅、焠入酒中、名霹靂酒、）左癱右瘓、日夕就床、不能坐立、及傷寒汗不流、腰脚搐搦、及婦人産後軟癱、脚膝細弱、兼治打撲傷損、筋骨損敗、服之立效、尋常傷風及頭風等疾、筋骨攣急、不能轉側、服之卽愈、如風證病重者、一夏二夏三夏各壹服、如病輕者、用酒化下、不拘時服、卽愈、前後親用奇效、危困立安、跛躄復常者佰拾人、近有人只用端午日午時合用之、亦效、兼試以治腸風亦效、有婦人手臂不能屈伸、只磨藥傅臂上亦愈、合時忌婦人雞犬猫畜見、合時於辰日前壹日先修製下藥、

神保丹

治左癱右瘓、或一手頑痺、一足不仁、或半身不遂、口喎喉腫、

川芎　甘松　藿香葉（洗去土）　牛膝（去蘆酒浸）　防風（去蘆）　羌活　麻黄（去節）　草烏頭　甘草（肆兩生）　石膏（半斤生）

天南星（湯泡柒次）　香白芷　香附子（去毛炒）　桔梗（炒）　茴香（淘去沙炒）　藁本　當歸（去蘆酒浸各壹兩）　大川烏（各壹兩半生去皮尖臍）　荊芥穗（貳兩）

右爲細末、糯米糊爲圓、每以參錢半重作壹圓、每圓分作肆服、頭風、薄荷酒嚼下、喉閉、生薑薄荷酒下、婦人血風久癱、豆淋酒下、（用黑豆炒熟、以酒投之、去豆只用酒、名豆淋酒、）傷骨、乳香酒下、脚上生瘡、木瓜酒下、耳內虛鳴、煨猪腎酒下、眼腫、菊花酒化下、小兒

每圓分作捌服，癱風先服順氣散，右在脚氣門後服此藥，癱風參伍日者服之，其效尤捷。

蠶龍丹，治一切風疾，卒中，潮搐，口噤不語，舌强，脚弱，鶴膝，癱瘓，半身不隨，偏風，口眼喎斜。丁知縣傳

五靈脂去沙石兩別研　草烏頭生去皮尖半兩

木鼈子新者去殼貳兩別研　白膠香別研

地龍去土　乳香各半兩別研

麝香壹錢別研

右爲細末，入諸別研藥拌和，以辰年辰月辰日辰時，取辰方上野水，溲做小阿膠片，風乾。每有患者，以壹片分作參服，用酒磨下，杯中急嚥，以白礬壹小塊研末，用童子小便同酒磨下。或口噤，灌少許入鼻中，待口開，壹時灌盡。小兒驚風，分作陸服，薄荷湯入酒化下。手足疼痛，薄荷酒下，或薑汁磨塗患處。如治牙疼，以少許塞之。

七生丹，治風邪乘虛入臟，留蓄胞膜，因氣所動，衝築往來，若塊妨進飲食，或游走經絡，時發寒熱，上攻頭面，時作昏痛，下至足脛不仁，久爲伏梁，宜服此方。

白附子　天南星

全蠍　半夏

殭蠶　乾薑

川烏頭

右等分，並生爲細末，生薑汁煮麪糊爲圓，如梧桐子大，每服參拾圓，生薑薄荷湯下，臨卧服。

大祛風丹王醫師傳

犀角鎊屑　羚羊角鎊屑

牛黃真者別研　鹿速腦別研

瑇瑁鎊屑各參錢　真珠貳錢鹽湯淨洗別研

全蠍新者只用稍尾去毒　白花蛇真新州者酒浸取淨肉

防風各半兩去蘆　石菖蒲切[illegible][illegible]者

天南星用新大塊白者捌兩入生薑貳斤切片慢火煮令透不辣焙乾貳兩

右爲細末，入水飛過朱砂貳兩，同再研，如煉蜜爲圓，每兩分作拾貳圓，每服壹圓，用生薑自然汁化開，熱湯浸服，不拘時候。

二烏圓，治風氣走注疼痛。

川烏頭生去皮臍　海桐皮

草烏頭生去皮尖　五靈脂各壹兩別研

右爲細末，先取不蛀皂角貳鋌，鎚碎，酒浸，揉取脂，濾去滓，打麪糊爲圓，如梧桐子大，每服貳拾

圓茶酒任下、

七星圓、治中風痰涎壅盛、

附子生去皮臍　白附子各貳錢炮

半夏湯泡柒次　香附子去毛

天南星湯泡柒次各半兩　石膏壹兩

地龍參錢去土

右爲細末、韭汁爲圓、如梧桐子大、每服柒粒、茶湯或溫酒任下、食後臨卧服、

川烏靈脂圓、治左癱右瘓、口眼喎斜、寒濕脚氣、一切風疾、悉皆治之、

川烏頭參兩去皮臍　天南星參箇大伍兩者炮

五靈脂炒別研

右等分、爲細末、以生薑自然汁爲圓、如梧桐子大、每服壹拾圓至拾伍圓、用薄荷自然汁、入酒吞服、空心食前、日參服、

消礬圓、治暗風癇病年深者、

消石半兩　赤石脂貳兩火煅

白礬壹兩枯

右爲細末、糯米粥爲圓、如菉豆大、每服拾伍圓、食後溫水下、日進參服、壹日壹次發者、服之半

月、永除根本、

何首烏圓、能壯筋骨、烏髭鬢、益血脉、助陽氣、又治一切風攻、手足沉重、皮膚不仁、遍身麻痺、及風勞氣疾、腸風下血、久服輕身延年、耳目聰明、

牛膝去蘆酒浸　大棗各肆兩

何首烏用壹斤、須是雌雄貳色者、雄色紅、雌色白、用雄參分、雌壹分、以快竹刀削去皮、切片、日中曬乾、於木臼內杵羅末、

黑豆半斤、同棗肉拌和、作壹重、鋪在甑底、然後以何首烏末蓋覆棗豆上、蒸閒、蒸候藥變黑色、氣透上下、棗豆香與藥香相和、同取棗豆曬乾、

右爲細末、酒糊爲圓、如梧桐子大、每服參拾圓、空心食前溫酒或熟下、

又方、治風活血、大補益、

何首烏壹斤、赤白色者各半、米泔浸參宿、取出、用竹刀刮去皮、薄切焙乾、

赤芍藥肆兩

右爲細末、煉蜜爲圓、如梧桐子大、每服參伍拾圓、食後溫酒或飫飲任下、日進貳服、切忌鐵器、須精細修合、知懷州李括與一武臣同官、怪其年七十餘、輕健面如渥丹、能飲食、叩其術、乃得此方、先是李括盛暑中半體無汗、暮年竊自憂之、服此藥一年許、汗遂浹體、初不知其能治此

也蓋其活血之驗已試之效可無疑矣然何首烏不宜久服頗作愆念更宜謹之庶不爲藥之所使

神感圓治腰疼脚氣及左癱右瘓卒中風疾外腎冷疼

破故紙 貳兩新瓦上炒香　地龍 去土

乾木瓜　川烏頭 各壹兩生用

荆芥穗 半兩

右爲細末用好醋煮麪糊爲圓如梧桐子大每服貳參拾圓鹽酒鹽湯任下如腰脚之疾食前服如鬲上風痰食後服不得食熱物

祛風大圓治一切風疾手足麻痺語言蹇澀痰涎壅盛頭目眩暈耳鳴忪悸舉動艱難口眼喎斜半身不遂牙關緊急不省人事此乃風證也但日服此藥諸證悉愈久服無毒性平不熱服之神妙切忌食酒麪雞魚一切海鮮若不忌口服之無效

芎藭　赤芍藥

防風 去蘆　白殭蠶 直者炒去絲

天麻　麻黄 去節

朱砂 研水飛　石膏 各壹兩

龍齒 火煅別研　白花蛇 好酒浸取肉

甘草 各半兩　川大黄 貳錢

蠍梢 炙　麝香 各參錢別研

右爲細末煉緊蜜爲圓每兩作伍圓每服壹圓用生薑自然汁化開却用温湯浸食後服日進貳服

黄圓子治丈夫婦人一切諸風口眼喎斜半身不遂手脚麻痺肌肉瞤動頭目旋暈痰涎不利遍身痒悶風虚卒中服之神驗如能常服此藥永無諸般風疾

甘草 炙　華陰細辛

川烏頭 各參兩生　白朮 炒

川芎　縮砂 去殼

羗活 各貳兩　白芷 肆兩

雄黄 壹兩透明者別研水飛

右爲細末煉蜜爲圓如彈子大每服壹圓細嚼白湯任下不拘時候

加味白圓子去風化痰清頭目

川烏頭 生去皮臍切片湯浸柒次　白殭蠶 直者炒去絲各壹兩

半夏 伍兩湯泡柒次　天南星 生參兩

伸屈、行履艱難、骨節疼痛、膝脛枯細、血弱不能榮養經絡、服之甚有神驗、

虎脛骨（連髓者尤佳）　淫羊藿（去莖，酒浸壹宿）
牛膝（去蘆，酒浸）　赤箭
天麻　獨活
川當歸（去蘆，酒浸）　熟乾地黃（洗去土）
肉蓯蓉（酒浸，去皴皮土）　鹿茸（去毛，酥炙；各貳兩）
沒藥（別研）　乳香（別研）
血蠍（別研）　麝香（別研；各壹兩）

右爲細末、煉蜜爲圓、如梧桐子大、每服陸拾圓、溫酒鹽湯任下、

油炒烏頭圓、去風氣、建脾、暖水臟、

草烏頭（貳兩，水浸軟，去黑皮，每箇剉作參塊，麩炒乾，揀去黑心者不用）
蒼朮（肆兩，剉作骰子塊）

右用銀銚入麻油壹兩、鹽半兩、先入烏頭、慢火炒、微轉色、次下蒼朮同炒、候烏頭褐色、乘熱入碾、以細絹羅、用白麪糊圓、如梧桐子大、每服貳拾圓、空心溫酒鹽湯下、

通痹圓、治三十六種風、左癱右瘓、口眼喎斜、半身不遂、手足頑麻、語言謇澀、一切風疾、功效如神、

川烏頭（生，去皮臍）　五靈脂（別研，炒）
川當歸（去蘆，酒浸，焙；各參兩）　草烏頭（伍兩，生，去皮尖）
沒藥（別研）　木鼈子（取肉，炒）
地龍（洗去土；各貳兩）　白膠香（壹兩，銀器內鎔過）
全蠍（麩炒）　朱砂（別研；各半兩）
乳香（別研；壹兩半）　麝香（別研；貳錢）

右爲細末、滴水爲圓、如雞頭大、風乾、每服壹圓、生薑汁磨化、溫酒浸服、婦人血風當歸酒磨下、小兒驚風每圓分作參服、金銀薄荷湯磨下、大人急中仆倒、磨壹圓灌之即甦、

追風圓、治諸風節[illegible]肢體痛、四肢不隨、[illegible]

草烏頭（肆兩，去皮尖，冷水浸參宿）　蒼朮（貳兩，米泔浸[illegible]宿，去麤皮，炒）
麻黃（去節）　白芷（各半兩）
防風（去蘆）　川芎（各壹錢半）
地龍（去土；壹兩）

右爲細末、水煮麪糊爲圓、如梧桐子大、每服柒粒、薄荷茶送下、空心臨卧、日進參服、只作散子、每服壹字、冷茶調服、忌熱湯熱物壹時辰、

省風湯、治中風、（姜居士傳）

天南星（壹箇，重柒錢者，炮，去浮皮，切片）

全蠍梢 貳箇炙

右爲麤末，平分兩服，水兩盞，生薑貳拾片，慢火煎至捌分，別用麝香壹錢，細研，入前藥內，調拌，再重湯煖令熱，細細呷服。若不省者，灌之。又方，人有患頭目眩，或遊風，或口眼瞤動，非痰，乃風之漸也。

天南星 壹枚半兩重者生用

右切片子，用水參大盞，入生薑參大片，同煎至壹大盞，去滓，稍熱服，不拘時候。

醒風湯 又提刑方

人參 去蘆　　白茯苓 去皮
附子 生　　白附子 炮
白朮 炒　　天南星 湯泡柒次
白芷　　防風 去蘆
天麻　　半夏 湯泡柒次
蟬蛻 各壹兩　　全蠍 半兩去毒

右細切，如小麥大，拌和，每服壹錢半或貳錢，量病加減，用水壹盞半，生薑參大片，大棗壹枚，煎至陸分，溫服。

延齡湯，治諸風，

甘草 壹兩炙　　白朮 貳兩炒
荊芥穗 參兩

右爲細末，茶清點服，不拘時候，每服貳錢。

木香附子湯，治急中風不語，口眼喎斜，半身不遂，肢體癱瘓。

附子 壹枚柒錢重者炮去皮臍　　南木香 壹兩不見火

右切片，量病勢重則分作貳服，輕則分作肆服，每服水壹盞半，生薑貳拾片，煎至半盞，去滓，空心食前熱服。間服小續命湯壹服。如急中，附子不炮。

一呷散，治卒中昏不知人，痰氣上壅，咽喉作聲，喉痹纏喉，一切風痰壅塞，命在須臾者，一服立見神效。

天南星 大者半兩　　白殭蠶 半兩
全蠍 柒箇去毒

右生爲細末，每服抄壹錢，用生薑自然汁半燈盞許，調藥灌之，消豁痰涎，如湯沃雪，卽時甦省，却隨證別用藥調理。

七聖散，治血風勞氣，筋骨拘攣，或風痛走注，琅山顯長老傳

白芷　川當歸 去蘆

川芎　全蠍

地龍 去土　麻黃 去節各壹兩

川烏頭 貳兩去皮尖半生半醋炙黃色

右爲細末、每服半錢、加至壹錢、豆淋酒調溫服、覺麻只半錢、

舒筋保安散治左癱右瘓、筋脉拘攣、身體不隨、脚腿沈重、少力行步艱難、兼治乾濕脚氣、經絡凝滯、

乾木瓜 伍兩　萆薢

五靈脂　白殭蠶

綿黃芪　威靈仙

白芍藥　牛膝

川當歸　松節

烏藥　乳香

天麻　防風

續斷　虎骨

已上拾陸味各半兩

右用木瓜拾陸味藥、用無灰酒壹斗、浸藥貳柒日、緊封札、不令透氣、候日數足、留下所浸藥酒、將諸藥如法曬焙令乾、擣羅爲末、每服參錢、用所浸藥酒壹大茶脚許、別以好酒壹盞侵服、

驅風散治諸風、

防風 去蘆　羌活

人參 去蘆　附子 生去皮臍

甘草 各貳錢半炙　荊芥穗

白芷　細辛

枳殼 各壹錢半去瓤麩炒

右㕮咀、每服參錢、水壹盞、生薑參片、煎至柒分、去滓溫服、

酸棗仁散治脚白虎風痛、徹骨髓、晝定夜發、並宜服之、蔣德傳

沒藥 別研　酸棗仁 別研

乳香 各半兩別研　敗龜 酥炙

牛膝 去蘆酒浸　桂心 懷乾不見火

附子 生去皮臍　補骨脂 炒

枳殼 去瓤麩炒　赤芍藥

羌活 各參分　虎脛骨 酥或酒浸炙

地龍 去土　當歸 去蘆酒浸

右爲細末、每服貳錢、溫酒調下、不拘時候、夫白虎風者、是感寒暑濕之毒、因虛將攝失理、經脉

凝滯氣血不行，以此風邪蓄於骨節之間，或在四肢，肉色不變，其疾疼痛，如虎之嚙，故名白虎風也。

治風痹方訣

大凡風痹，真氣昏亂，致有偏緩軟弱，喎斜涎流不隨之候，切不可便服風藥吐瀉，因此有損，非徒無益，而又害之。蓋緣常人多忽事機，先有目瞤腰痺，脚疼舌澀，面赤貪食等候，並謂等閑無慮，一旦疾作，昏沈舉族驚惶，止務速安，頃刻之間，藥餌妄進，不知性命之存亡，在須臾也。其次庸醫不明此理，倘遇人家倉卒相請，討無所出，便據方書用藥，或吐或利，或便用鍼灸拙術，既施，遂致不救，最下者，求速效急近利，不顧害之在後也。凡如此者，未有能已人之疾苦也，惟明哲之士，審觀要理，萬一失於衛生，遂至此疾，切不可當驚憂之際，任人妄攻，以自取斃。止用正氣藥，便是救性命之要策也，莫若用附子、木香，附子炮裂，去皮臍，貳兩，木香炮過，貳錢半，爲細末，每服肆錢，薑拾片，水貳椀，攪令溫服，有熱則候藥冷服之，比壞正氣者，蓋有間矣，氣正則精神漸定，數日之後，服風藥未晚也，小續命湯之類，併前藥勤服，自可取差，風藥如碧霞、金虎、靈寶之類，最不可服。初虞世論之甚詳，蘇沈方所用藥，尤合人情，今錄此方，以爲後來之戒。

追風餅治三十六種風，左癱右瘓，手足不隨，面口喎斜，偏正頭風，並皆治之。丁知縣傳

防風去蘆　羌活

海桐皮　葳靈僊各壹兩

石膏生用　撫芎各壹兩

細辛　蒼朮各壹兩半

草烏頭切，同蒼朮用鹽壹撮炒鹽令黑　藁本

天花粉各參兩

蔓荊子　萆薢

藿香葉去土　白芷各半兩

官桂參錢，去麤皮，不見火

右爲細末，蒸餅糊和爲餅子，如小彈子大，每服壹餅，溫酒或茶清嚼下，偏正頭風，薄荷茶嚼下，如半饑時服，頭風食後服。

治中風

卒中風口噤不開，先用白梅擦牙，後用生川烏

尖柒枚碾末用麝香水調服候壹時久再用朱附湯用生附子壹枚去皮臍砂鉢內細磨壹半用新汲水壹盞煎至大沸用朱砂飛過入末壹錢同前附子再煎溫服次日再用桂附湯生附子半隻去皮臍砂鉢內細磨用新汲水壹盞煎至大沸用桂肆錢取心好者細磨同前附子再煎微沸服日進貳服次日再用星附湯生附子半隻去皮臍砂鉢內細磨用新汲水壹盞煎至大沸用大天南星壹箇炮去皮臍折裂細磨同前附子煎至大沸通口服日進貳服神效不可具述

治卒中風

青州白圓子入麝香同研碎爲末生薑自然汁調灌之如牙緊可自鼻中灌入

治暗風但頭欲倒服之當時便安

猪牙皂角燒過　附子生去皮臍各壹錢

甘草半錢生用

右爲細末每服半錢米飲調服頓醒

治風搐口喎

蓖麻貳粒去殻細研入生麪少許用水調拌稀稠得所右喎塗左手心左喎塗右手心用淨水壹盞照口如口正便急洗去手心藥

中風服藥次第法

凡覺中風用大附子壹隻生去皮臍細切水貳升生薑貳拾片入麝香壹字慢火煎至壹升溫服壹枚大附子分作兩服風稍定次服南附湯其方如後

大附子壹隻生去皮臍　大天南星壹枚生

右各細切以水參升生薑參拾片慢火煎至壹升去滓分作兩服如或語言蹇澀甚者加猪膽壹枚取汁同煎服

頭風頭痛

南嶽草靈丹治頭風等疾朱縣丞謙之傳

草烏頭貳兩去皮尖炒　全蠍去毒

地龍去土　白殭蠶直者炒去絲

穿山甲炒　木鼈子去殼

乳香別研　没藥別研

天僊子　五靈脂別研

斑猫去頭足翅炒　赤脚蜈蚣已上各半兩

右爲細末米醋糊爲圓如梧桐子大朱砂麝香

爲衣，每服伍圓，空心食前溫酒下，婦人用淡醋湯下。

附子細辛湯，治頭痛連腦户，或額間與目相連，欲得熱物熨者。

細辛　川芎各壹兩

附子半兩，生，去皮臍　麻黄貳錢半，去節

右爲麤末，每服伍錢，薑參片，水壹盞半，煎至柒分，去滓服。

金花一聖散，治頭風。

川烏頭去皮臍　川芎

白芷

右等分，爲細末，每服壹字，先用葱青參肆寸，薄荷參肆葉，安於盞内，同藥食後點服。

茶調散，清神。

川芎壹兩貳錢　甘草炙

香白芷　香附子去毛

防風去蘆　細辛

縮砂仁各壹兩　薄荷葉貳兩

右爲細末，每服壹貳錢，食後茶調下。

天雄散，治諸般偏正頭風。

天雄壹隻，去皮臍，生薑自然汁半盞，蘸炙，汁乾爲度，半兩

鍾乳粉半兩　石膏火煅，參錢

雄黄別研　朱砂各壹錢，別研

右爲細末，每服壹小錢，臘茶少許，壹處同研，用猫兒薄荷煎湯，食後臨卧點服，不過貳服，即便痛止。

香芎散，治頭風。王醫師方

香白芷　菖蒲各參分，並炒

川芎　甘草各壹分，炙

川烏頭炮，去皮臍　香附子各貳分，去毛

右爲細末，每服貳錢，水壹盞，薑參片，煎至陸分，食微下溫服。

石膏散，治偏正頭風。

石膏　赤芍藥各壹兩

川芎參錢

右件生用，爲細末，每服壹錢，茶清調下，併喫參服，食後臨卧。

聖餅子，治頭風。

天南星湯泡，柒次　半夏湯泡，柒次

防風去蘆　乾薑泡洗

甘草（炙）　細辛
白附子（生）　朴硝（別研）
太陰石（別研）　川芎
白僵蠶（去絲直者炒）　陳皮（去白）
川烏頭（生去皮臍）　薄荷葉（各壹兩）
右爲細末、生薑自然汁拌和、打成餅子、如錢大、
每服壹餅、食後細嚼、茶下、

又方
天南星（炮）　川芎（各壹兩）
川烏頭（炮去皮臍）　草烏頭（生用去尖炒）
白芷　荊芥穗
石膏（各半兩）　全蠍
白僵蠶（去絲微炒各壹分直者）
右爲細末、每服壹錢、水壹盞半、生薑伍片、薄荷
參葉、白梅壹箇、同煎陸分、食前溫服、

又方
雄黃　硫黃
右等分、爲細末、糕糊爲圓、如梧桐子大、每服拾
圓、白梅茶湯下、

又方
天南星（壹兩炮切片）　蠍梢（壹拾肆箇）
右將南星片子、入建盞內、後用生薑汁浸貳指、
高慢火熬乾、入蠍梢同爲細末、每服半錢、食後
臨臥、沸湯調下、

治一切頭風、大病後亦可服、（王克明傳）
川芎　川烏頭（炮去皮臍各壹兩）
天南星（湯泡洗次）　甘草（炙）
乾薑（炮各貳兩）　石膏（煅）
防風（去蘆各壹分）　天麻（半兩）
右爲細末、生薑自然汁打糊爲圓、作餅子、每服
拾餅、食後荊芥茶湯嚼下、

傷寒十勸

一頭疼又身熱、便是陽證、不可服熱藥、
傷寒傳三陰三陽共六經、內太陰病頭不疼、
身不熱、少陰病有反發熱而無頭疼、其陰病
有頭疼而無發熱、故知頭疼又身熱、即是陽
證、若醫者妄投熱藥、決然致死、

二攻毒氣不可補益、
邪氣在經絡中、若隨證早攻之、只三四日痊

安醫者妄謂先須正氣以致邪氣流熾多致殺人

三不思飲食不可服脾胃藥

傷寒不思飲食自是常事終無餓死之理如理中圓之類亦不可輕服若陽病服之致熱氣增重或至不救

四腹痛亦有熱證不可輕服温暖藥

難經云痛爲實故仲景論腹滿時痛之證有曰痛甚者加大黄夫痛甚而反加大黄意可以見也唯身冷厥逆腹痛者方是陰證須消息之醫者見其腹痛便投熱藥以致殺人

五自利當看陰陽證不可例服補暖及止瀉藥

自利唯身不熱手足温者屬太陰身冷四逆者屬少陰厥陰外其餘身熱下利皆是陽證當隨證依仲景法治之每見醫者多緣下利便投暖藥及止瀉藥以致殺人

六胷脇痛及腹脹滿不可妄用艾灸

常見村落間有此證無藥便用艾灸多致毒氣隨火而盛膨脹發喘致死不知胷脇痛自屬少陽腹脹滿自屬太陰也此外惟陰證者可灸

七手足厥冷當分陰陽不可例作陰證治

有陽厥有陰厥醫者少能分辨陽厥而投熱藥殺人速於用刃蓋陽病不至於極熱不能發厥仲景所謂熱深則厥深是也熱深而更與熱藥豈復有活之理但看初得病而身熱至三四日後熱氣已深大便秘小便赤或語言昏憒及別有熱證而反發厥者必是陽厥也宜急用承氣湯下之若初得病身不熱大便不秘自引衣蓋身或下利或小便數不見熱證而厥逆者即是陰厥也方可用四逆湯之類二厥所以使人疑者緣爲脉皆沉然陽厥脉沉而滑陰厥脉沉而弱又陽厥時復指爪温陰厥常冷此爲可別也

八病已在裏即不可用藥發汗

傷寒證須看表裏如發熱惡寒則是在表正宜發汗如不惡寒反惡熱即是裏證若醫者一例發汗則所出之汗不是邪氣皆是眞氣邪氣未除而眞氣先涸死者多矣又別有半在表半在裏之證及無表裏之證不唯終不

可下，仍亦不可汗，但隨證治之。

九、飲水為欲愈，不可令病人恣飲過度。

病人大渴，當與之水，以消熱氣，故仲景以飲水為欲愈。人見此說，遂令病者縱飲，因為嘔，為逆，為喘，咳，為下利，為腫，為悸，為水結，為小便不利者多矣。且如病人欲飲壹椀，可與半椀之類，常令不足為善。

十、病初差，不可過飽及勞動，食羊肉，行房事，與食諸骨汁并酒。緣脾胃尚弱，飲食過飽，則不能消化，恐病再來，謂之食復。病方愈，氣尚虛，勞動太早，病若再來，謂之勞復。傷寒不忌食羊肉，行房事者，致死無疑。

防風散，療傷寒時氣，頭痛壯熱，惡風，百節酸疼，肩背拘急，面赤，虛煩聲重，咳嗽，寒熱不除，欲解利者，春夏多用之。

厚朴 去皮，薑汁製　陳皮 去白
甘草 炙　藁本 各貳兩
獨活　防風 去蘆
桔梗 各參兩，微炒
蒼朮 於木臼內略杵，去皮，却入布袋內打淨，秤貳兩

右為細末，每服參錢，薑參片，棗子貳箇，水壹大盞，煎柒分，溫服。沸湯點亦得。

來蘇散，治傷風及陰陽二毒傷寒。

蒼朮 捌錢，米泔浸壹宿，去皮，炒　香附子 肆錢，去毛
甘草 壹錢，炙　陳皮 去白
紫蘇葉 各貳錢

右為細末，每服貳錢，水壹盞半，生薑參片，煎至壹盞，不拘時候。如微覺傷風感冷及頭暈等，用臘茶湯調下。

至聖散，專治一切時行傷寒，不問陰陽，不拘輕重，孕婦皆可服之。

香白芷 壹斤，生剉　甘草 半斤

右貳味，焙乾，為細末，每服伍錢，水壹盞半，棗子壹枚，生薑伍片，連鬚葱白參寸，煎至捌分，熱服，用衣被蓋覆，約行五六里，更進壹服，汗出即愈。此藥迺異人傳授，救人無數。可卜病凶吉：如煎得黑色，或誤打翻，其病難愈；如煎得黃色，其病即愈。煎時須要至誠，無不應効。

普救散，治四時傷寒，渾身發熱，四肢疼痛，頭重眼疼，不問陰陽二證，並皆治之。

蒼朮 壹斤米泔浸參日焙乾　乾葛 半斤切焙
甘草 肆兩炙　香白芷 陸兩

右爲麤末、每服貳大錢、水壹中盞、煎柒分、去滓熱服、如要出汗、加連根葱白貳寸同煎、併兩服滓、再煎壹服、不拘時候、但用砂銚煎煮、不得犯銅鐵器、

普濟散、治傷寒感冒、表裏未分、不拘老幼、皆可服之、且宜導經絡、不致傳遍、臨川呂醫家傳方

川芎　白芷
香附子 去毛炒　陳皮 洗淨去白
青皮 去穰　升麻
乾葛　芍藥
甘草 炙　紫蘇葉

右等分、碾爲麤末、每服參錢、水壹盞半、生薑伍片、煎至柒分、不拘時候、如發熱頭疼、加連鬚葱白貳寸、如胷滿氣痞、加枳殼少許、

伏暑

酒蒸黃連圓、治暑毒伏深、無藥可治者、宜服之、如伏暑發渴、神效、尤妙、酒積脾疼、酒毒便血、竝主之、

黃連 肆兩、去鬚、以無灰酒浸、黃連面上約高壹寸許、入銀石器中、重湯煮乾爛、

碾爲細末、不見火尤妙、

右擣羅爲末、白麪糊爲圓、如梧桐子大、每服參拾圓、熱水下、胷膈涼、不渴爲驗、酒積脾疼、溫酒下、酒毒下血、米飲下、不拘時候、

黃龍圓、治久中積暑、每遇夏月、發熱、不思飲食、臟腑不調、

半夏 壹兩洗淨切片、米醋半盞煮乾、　黃連 去鬚
甘草 炙各半兩　木猪苓 去皮
白茯苓 去皮各壹兩

右爲細末、淡米醋糊爲圓、如梧桐子大、每服參伍拾圓、熱水呑下、不拘時候、

香薷湯

香薷葉 淨洗　甘草 炙
乾薑 壹兩半炮洗　橘紅 半兩
赤茯苓 去皮　檀香 不見火
縮砂 各壹兩　川厚朴 參兩去皮薑汁製

右爲細末、沸湯入鹽點服、有人不肯服五苓散、惡其滑精也、廼以此代之、若作渴、宜服後藥、

五倍子 去內蟲、　甘草 炙
烏梅 去仁、瓦上焙乾、已上各壹兩、

右爲細末每服貳錢新汲水調服卽愈

快脾飲治伏暑傷脾寒熱往來

香葺　紫蘇
草菓去皮　厚朴去麤皮薑製炒
青皮去瓤　陳皮去白
甘草炙　半夏湯泡柒次
麥糵炒　烏梅去核

右等分爲麤末每服貳錢水壹盞半生薑叁片棗子貳枚煎至柒分去滓溫服秋間去香葺加乾薑半兩同煎

冰雪飲子解暴暑

立冬日以糯米不計多少淨淘水浸置北墻陰下至立春日取以爲粉每服貳錢新汲水調下

瘧疾

雙聖丹

朱砂生壹分　黃丹炒壹兩

右貳味用大蒜煨熟和少蜜圓如雞頭大每服貳粒酒磨湯頓溫當發日五更服合時須端午日午時勿令雞犬婦人見

又方

滑石　硫黃

右等分爲細末酒糊爲圓如小雞頭大每服壹圓當發日五更用井花水下端午日合尤佳

沖和湯治暑瘧寒熱多痰

甘草貳錢半炙　黃芩壹錢半
柴胡去梗　人參去蘆
半夏湯泡柒次各半兩

右㕮咀每服叁錢水壹盞半生薑伍片棗子貳枚煎至柒分去滓溫服寒多加桂熱多增人參湯加乾葛

三倍湯治時行濕多風少寒甚熱微全不進食

乾薑炮壹兩　草菓去皮貳兩
白朮炒叁兩

右件㕮咀每服伍錢水壹盞生薑叁片棗子壹箇煎柒分去滓通口服併貳服滓再煎日進叁服大效

人參散治五般瘧疾服之不吐不瀉

人參壹錢　陳皮全者伍箇
烏梅　棗子各拾箇
甘草伍寸　生薑伍塊

草菓 柒枚

右爲麤末分作伍服每服以濕紙裹入鹽少許煨令香熟去紙入水壹大堍於甆器内同煎至壹大盞去滓當發日空心食前温服不發住服

加料平胃散治一切瘧疾或日久難治者

平胃散壹貼分爲兩服每壹服用水壹盞半入紅圓子貳拾粒連翹圓貳拾粒五苓散貳錢生薑伍大片棗子柒枚煎至柒分隔日煎下露星月壹宿當發日五更服

驅瘧散

附子 炮去皮臍叁錢　半夏 湯泡柒次

丁香 各壹錢

右㕮咀生薑柒片棗子壹枚水貳盞煎至壹盞去滓當發日五更服

立効散治一切瘧

白附子 炮　橘紅 各貳兩

右爲細末每服壹錢米飲下未發以前叁兩時辰連進壹貳服

二香飲子

每用附子壹隻重壹兩平分兩片半生半炮熟磨木香水壹盞沈香水壹盞生薑拾片煎至壹盞去滓未發前連進貳服

五獸飲子治寒熱

人參 半分　草菓 拾枚

半夏 壹兩湯泡柒次　橘皮 去穰

甘草 炙各半兩

右爲麤末每服伍錢水壹盞半生薑柒片烏梅貳箇煎至柒分去滓温服

薑橘飲

陳皮 肆兩去白　生薑 貳兩去皮

右爲麤末用水叁堍煎壹堍去滓分作貳服當發日五更服

生熟飲

厚朴 貳寸壹寸生壹寸炙　甘草 貳寸壹寸生壹寸炙

草菓 貳枚壹枚生壹枚炮熟　生薑 貳兩壹兩生壹兩煨

右㕮咀作壹服水壹大堍好棗柒枚擘破煎至壹盞去滓食前服

勝瘧飲

平胃散 壹兩　藿香葉 肆拾片

棗子 拾貳兩　檳榔 壹枚

右㕮咀水壹垸半煎至壹垸臨發前連併服

又方

青皮 去穰　陳皮 全者去白

棗子　草菓 各柒枚

甘草 肆寸分作兩片抛在地上將濕者壹片炙餘壹片生用

右㕮咀水壹垸煎柒分去滓服將滓再煎服

治久瘧諸藥不効者壹服立愈

五積散壹貼用水壹盞於發日隔宿將水露至五更大棗柒枚去核丁香柒粒同煎至陸分入無灰酒貳分再煎數沸於未發前壹時辰先食棗乘熱服之寒熱相等者加桃柳同煎

魏氏家藏方卷第一終

文政甲申冬校合句讀了

魏氏家藏方卷第二

一切氣

搜和成劑每兩作肆拾劑旋圓薑湯下

神僊備急丹治脾腎氣時作雷鳴腹脇脹滿不美飲食胸膈痞滯秘利不時及暴下嘔逆 慶元府慈應大師方

沈香 略炒　木香 濕紙裹炮

檳榔　白薑 炮洗

石菖蒲 酒浸壹宿　朱砂 別研

牡蠣粉 火煅釅醋淬柒次　桃仁 去皮尖炒別研

磁石　阿魏 酒化

硫黃 各半兩　茴香 淘去沙炒

縮砂仁 別研　紅豆 炒

禹餘糧石火煅米醋淬七次　當歸去蘆炒
神麴炒　附子炮去皮臍各參錢半
右爲細末，研桃仁爲膏，和入酒煮阿魏糊圓如
梧桐子大，每服參拾圓、貳肆拾圓，空心煎薑湯
下。內磁石、禹餘糧石，谷別研，水飛令極細入藥。
沈魏丹，治腹中積塊氣塊等疾。
三稜炮　蓬莪朮炮各壹兩
青皮去穰　五味子去枝
肉桂去麤皮不見火　川椒去目及合口炒出汗
茴香淘去沙炒　川楝子炮去皮
桃仁炒　巴戟去心各參錢半
附子炮去皮臍　胡蘆巴炒
檳榔　破故紙炒
茱萸湯泡七次炒　木香不見火
沈香不見火　阿魏用醋浸去砂石研作糊
硇砂參錢醋飛過　全蠍各半兩去毒
右將硇砂同阿魏打麪糊爲圓如梧桐子大，每
服參肆拾圓，生薑鹽湯下，不拘時候。
沈香煎圓，治下元冷憊，陽氣衰弱，筋骨無力，或成
下墜，小腸氣痛，臀臟風毒攻注，腰脚沈重，久服明
耳目，壯氣海。
天雄去皮生剉　漢椒去目并合口炒出汗
草烏頭去皮尖生剉　附子生去皮臍剉
黑豆緊小者　防風去蘆生剉
天麻生剉　牛膝去蘆
已上各貳兩，以無灰酒壹㪷同於銀鍋內，慢火
煮勿令大沸，酒盡焙乾。
沈香　丁香
木香各不見火　羌活
乾薑各壹兩炮洗　肉桂去麤皮不見火
肉蓯蓉酒浸去皺皮　紫巴戟去心各參兩
右並爲細末，煉蜜爲圓如梧桐子大，每服貳參
拾圓，空心溫酒下。
勝七香圓，消飲化滯。
青皮去穰　陳皮去白
香附子去毛炒　半夏湯泡七次
各貳兩爲細末，陳米半升，巴豆半兩去皮殼，同
炒陳米黃熟爲度，候冷去巴豆不用，同前藥爲
末，醋糊圓如梧桐子大，每服拾伍圓至貳拾圓，
薑湯下，不拘時候。

小塌氣圓治一切氣

牽牛 炒參兩　茴香 淘去沙炒

陳皮 去白炒各半兩

右爲細末薑糊爲圓如梧桐子大每服壹貳拾圓薑湯下不拘時候

分氣圓

木香 濕紙煨　檀香 各壹分

丁香 不見火　薑黃

白豆蔻仁　香附子 去毛各半兩

縮砂仁 壹兩　甘草 壹兩半炙

右爲細末神麯糊爲圓如雞頭大細嚼嚥下

又方

香附子 貳兩去毛　薑黃 壹兩貳錢半

縮砂仁　甘松

蓬莪朮 炮各壹兩　甘草 壹兩半炙

陳皮 去白　木香 各半兩不見火

右爲細末糊爲圓如梧桐子大每服參拾圓食前薑湯下

拈痛圓

附子 炮去皮臍　川烏頭 炮去皮臍

胡椒　乾薑 炮洗

高良薑 炒　肉桂 去皮不見火

蓽撥　當歸 去蘆

吳茱萸 湯泡次再炒炙

右等分爲細末酒糊爲圓如梧桐子大每服伍拾圓薑鹽湯下不拘時候

撞氣圓治一切氣

木香 不見火　三稜 炮

青皮 去穰　胡椒

肉桂 去皮不見火　茴香 淘去沙炒

甘草 炙　木瓜 各壹兩

乾薑 炮洗半兩　檳榔 炮壹枚

阿魏 壹錢

右爲細末用水浸蒸餅爲圓如彈子大朱砂爲衣每服壹圓鹽湯嚼下

十香圓治一切氣注刺心腹脹痛痰凝壅逆不美飲食臟腑多泄並宜服之

茴香 淘去沙炒　乳香 別研

沈香 微炒　蓬莪朮 炮

木香 濕紙裹煨　枳殼 去穰麩炒各壹兩

肉豆蔻貳兩炒　檳榔半兩

吳茱萸貳分用米醋半盞浸壹宿取出炒乾只用壹分

丁香參分不見火

右爲細末，用阿魏壹錢研開，入麪爲糊，圓如梧桐子大，每服參拾圓，生薑湯下，不拘時候，亦可作食藥服之。

朱附圓治十膈五噎。

附子壹箇柒錢重者，去臍下剜一竅，入朱砂參錢在內，再將取出附子屑塡滿，外用餅麪裹厚兩小錢許，可用巴豆柒粒，去殼，分作拾肆片，貼在麪上，再用白麪裹，仍用濕紙裹參伍重，以文武火煨令麪香，取出放冷，去麪、巴豆，將附子去皮臍，切片，焙乾爲末，朱砂別研，貳味和調，滴水爲圓如梧桐子大，每服貳拾圓，空心食前濃煎桂花湯下，日進壹服，病重再服。

橘杏圓治氣澀，大腸結秘不通，亦治脚氣，大便秘澀，竝皆治之。

陳皮浸洗去白焙乾參兩　杏仁壹兩去皮尖別研

右爲細末，煉蜜爲圓如梧桐子大，每服肆拾圓，米飲下，不拘時候。此藥滋大便，潤臟腑，非疏導之藥也。

五膈寧圓備五膈之患，膏肓鍼灸不及者。

甘草炙　麥門冬去心各壹兩

川椒去目炒出汗　遠志去心

附子炮去皮臍　乾薑炮洗

人參去蘆　桂心去麤皮不見火

細辛各陸分

右爲細末，煉蜜圓如彈子大，每服壹圓，含化，日進參服，令氣勢薰蒸，的有奇功。

橘皮茯苓圓降氣消痰，寬膈和胃，進美飲食，去濕利小便。

橘皮半斤去白焙碎肆兩爲末以生薑自然汁搜成餅子

枳實炒半兩　白茯苓貳兩去皮

右爲細末，麪糊爲圓如梧桐子大，每服伍陸拾圓，食後溫熟水下。

大溫白圓治憂、怒、思、鬱，三焦氣滯，咽嗌噎塞，脇肋膨脹，心腹疼痛，上氣奔喘，翻胃吐嘔，不思飲食，及飲酒過度，噫酸惡心，氣脉閉澀，痰飲不散，胷痞短氣，痛徹背膂，霍亂吐痢，手足逆冷。

生薑貳拾兩去皮切作片子　橘皮捌兩去白

右將薑壹處碾爛曬乾，入白朮壹兩、白茯苓柒錢、甘草半兩炙黄、竝爲細末，煉蜜圓如彈子大，每服壹圓，空心沸湯嚼下。

阿魏圓，治丈夫婦人一切氣、五聚積氣及奔豚腎氣上衝，心下雷鳴，注于兩脇，久成癥癖腹脹。

阿魏 壹兩半
官桂 去麄皮，不見火
附子 炮，去皮臍
川芎 剉，醋炒
朱砂 別研
當歸 切米，醋炒
陳皮 去白剉，夭醋炒
吳茱萸 米醋炒
肉豆蔻 炒
白芷 各半兩
白及
木香 不見火，各參分
蓬莪朮 炮，各壹兩
延胡索 醋炒
乾薑 炮洗

右爲細末，米醋半升，浸阿魏壹宿，用生絹濾去滓，取汁煮糊爲圓，如梧桐子大，朱砂爲衣，每服伍拾圓，溫酒或陳皮湯下，婦人醋湯下。

經進丁香調氣湯

白豆蔻 捌錢
縮砂仁
木香 不見火
丁香 柒錢，不見火
乾薑 炮洗
白朮 各半兩，炒
粉草 壹兩半，炙
炒鹽 壹兩參錢

右爲細末，每服貳錢，熱湯點服。

經進過脘湯

草豆蔻 壹兩，用生薑伍兩切片，同拌，以水參升，慢火煮，水乾爲度，收出焙乾
白豆蔻仁
益智仁 各半兩
炒鹽 壹兩半
蓬莪朮 炮
粉草 壹兩半

右爲極細末，每服貳錢，熱湯點服。

經進清中湯

白茯苓 去皮
人參 去蘆
白朮 炒，各壹兩，炙
新菖蒲 去皮淨，揀貳兩，以米泔浸參伏時，去苦水，用生薑連皮參錢切片，入鹽同拌，罨壹宿，焙
白鹽 壹兩半

右同爲極細末，每服貳錢，熱湯點服。

六乙湯，升降氣。

香附子 伍兩，炒，去毛
藿香葉 壹兩，去土

右爲細末，佰沸湯點服，不拘時候。

正真湯，治陰陽不和，氣不升降，下元虛損，上焦痰滯，

附子炮去皮臍　白茯苓去皮
人參去蘆壹兩　沉香不見火
烏藥　白豆蔻
白朮各半兩炒

右為細末，每服貳錢，水壹盞，生薑伍片，煎至柒分，不拘時候服。

四柱散，治伏氣蒸寒，小腸氣，腎氣，膀胱腫大，疝氣等疾，並皆治之。

天台烏藥好酒浸兩分　高良薑炒
青皮去穰炒　舶上茴香炒

右等分為末，每服貳錢，炒生薑童子小便調下，或炒生薑酒亦得，婦人血氣甚者，煎當歸酒下，不拘時候。

清氣散，治脾胃虛弱，臟腑挾寒，中氣不和，停痰積冷，腹內膨脹，清濁不分，腸鳴飧泄，手足厥冷，臍腹多疼，嘔吐惡心，胃膈不快，多困少力，肢節怠惰，常服和脾胃，快氣利膈，化宿滯，消飲食，清神養氣。

丁香不見火　縮砂仁
白豆蔻仁　白茯苓去皮
訶黎勒煨乾炮取肉用壹分　人參去蘆

京三稜洗濕紙裹煨　胡椒
良薑炒各半兩　檀香
丁香各壹兩不見火　木香壹分不見火
乾薑炮洗　橘紅各壹兩半
甘草炙貳兩　青皮湯泡去穰壹分

右為細末，每服貳錢，入鹽少許，煎棗湯調下，或入鹽沸湯點服，亦得，不拘時候。

塌氣散，治虛氣攻衝，心胃滿悶，元氣冷疼，及一切氣不調。

舶上茴香炒　枳殼去穰麩炒
高良薑炒　茯苓去皮
人參去蘆各壹兩　乾薑炮洗
蒼朮米泔浸壹宿炒　甘草炙各半兩
青皮去穰　陳皮去白各貳兩
丁香壹分不見火

右為細末，每服壹錢，水壹盞半，生薑叁片，棗子壹枚，同煎至柒分，食前入鹽熱服，或沸湯點服。

蓽澄茄散，治腎痺五聚積，氣上衝滿悶，氣噎不通。

蓽澄茄　延胡索炒
白茯苓去皮　人參去蘆各壹兩

蓬莪朮 半兩炮　附子 壹隻柒錢重，炮去皮臍
木香 壹分紙炮濕
右為細末，每服叁錢，水壹盞，生薑叁片，棗子壹枚，煎至伍分，去滓溫服，不拘時候。
沈香散，治冷氣攻注心腹脹滿，疼痛吞酸，膈痞氣促，壅逆不納飲食。
沈香 不見火　神麴 炒
舶上茴香 炒　陳皮 去白，各壹兩
甘草 炙　白朮 各半兩炒
乾薑 壹分，炮洗　草菓 叁箇切
右為細末，每服貳錢，水壹盞，生薑叁片，紫蘇柒葉，同煎至柒分，去滓，入鹽少許，空心食前服。中酒嘔吐，入鹽點，或酒調下亦得。
拈痛散，治丈夫婦人心腹痛疼不可忍者，服之立有神効。
五靈脂 別研　高良薑 炒
右等分為細末，每服叁錢，水壹盞，同煎至肆分，却入米醋壹盞，再煎至陸分，稱痛時熱服。
大紫蘇飲，治氣，通利胸膈。
大腹子　訶子 炮去核
桑白皮　厚朴 去麤皮，薑製炒
人參 去蘆，各叁分　陳皮 去白
紫蘇葉 各壹兩　草菓 炮
五味子 去核　茯苓 白者，去皮
甘草 炙　桔梗 各半兩炒
右為麤末，每服肆錢，水壹盞半，生薑叁片，鹽壹字，煎至捌分，去滓溫服，不拘時候。

心氣

辰砂秘真丹
辰砂 半兩，研細，水飛過　代赭石 火煅，醋淬柒次，別研
新羅參 去蘆　茯神 去木，各壹兩
赤石脂 煅，別研　蓮子心 各半兩
右為細末，用糯米粽為圓，如梧桐子大，每服貳拾圓，煎人參湯下，空心常服。
益心丹，治心氣不足，夢中遺泄。
黃耆 蜜炙　茯神 去木
人參 去蘆　遠志 水煮，去心
熟乾地黃 各壹兩，洗　北五味子 貳兩
龍齒 煅，別研　栢子仁 各半兩，別研
右為細末，煉蜜為圓，如梧桐子大，每服叁拾圓。

白湯下，不拘時候。

養心丹：寧心定志，升降真火，調養榮衛。

酸棗仁（略炒去皮，別研作膏）　茯神（去木）

人參（去蘆）　綿黃耆（蜜炙）

栢子仁（別研，各壹兩）　當歸（去蘆，酒浸）

熟乾地黃（洗）　遠志（去心）

五味子（各半兩）　朱砂（壹分，水飛研）

右為細末，煉蜜為圓，如梧桐子大，每服貳拾圓，人參湯下，食後臨卧服。

補心丹：治心氣不足，及婦人心血損耗，驚悸不寧，一切虛損，月事愆期，發熱發寒，雖曉證候，及癲邪之狀，皆主治之。

真辰砂（貳錢半）　雄黃（貳錢半，別研，水飛）

白附子（壹錢，狗牙者，炮為末秤）

右打和，用猪心內血為圓，如菉豆大，每服參粒，臨卧人參湯下。

九僊丹：安心志，固精氣。

兔絲子（水淘淨，酒浸壹宿，研爛成餅，焙為末）　石蓮子（去心殼）

益智子（炒，不去殼）

北五味子（酒浸）　香附子（炒去毛）

右等分為細末，酒糊為圓，如梧桐子大，每服佰圓，空心食前溫酒下。

韭子（洗淨，酒浸，焙乾）　金鈴子（酒浸蒸，去皮核，炒赤）

車前子（水淘淨，焙乾）　覆盆子（洗淨，酒浸，去蒂，炒）

生血丹：治血少氣澀，肌肉不榮，腳膝無力，眼目多昏等疾。

鹿角膠　白茯苓（去皮）

乾山藥（各壹兩半）　栢子仁（別研）

牡丹皮　兔絲子（洗淨，酒浸參日，研爛成餅）

枸杞子　五味子

人參（去蘆）　牛膝（去蘆，酒浸參日）

遠志（去心，各壹兩）　當歸（去蘆，酒浸）

肉蓯蓉（酒浸參日，各壹兩壹分）

熟乾地黃（各肆兩，洗）　生乾地黃（洗）

右為細末，煉蜜為圓，如梧桐子大，每服肆伍拾圓，空心食前溫酒鹽湯下。

朱砂琥珀圓

豶猪心（壹枚）　當歸（去蘆，酒浸）

麥門冬（去心，各壹兩）

參味，壹處用水壹椀半，慢火同煮，候猪心爛，

去貳藥，只取猪心，慢火熬，乾爛研，入後藥，

朱砂別研　龍齒別研
琥珀各半兩別研　人參去蘆壹兩
熟乾地黃洗　白茯苓去皮各貳兩
酸棗仁參錢炒

右為細末，和均，煉蜜為圓，如梧桐子大，每服伍拾圓，空心温酒下，

八物定志圓

人參去蘆　遠志煮去心
茯神去木　酸棗仁去皮微炒各壹兩別研
朱砂別研　紫石英火煅醋淬七次別研水飛
石菖蒲米泔浸壹兩　乳香各半兩別研

右為細末，煮棗肉為圓，如梧桐子大，每服參拾圓，棗湯或温酒下，不拘時候，

朱附圓，治心虛悸而汗出，

附子貳兩炮去皮臍蒸　酸棗仁半兩去皮炒別研
朱砂好右酒浸壹伏時別研　茯神去木各壹兩

右為細末，棗肉為圓，如梧桐子大，每服參拾圓，温酒鹽湯下，食前服，一方加鍾乳粉壹兩，名朱附鍾乳圓，

遠志圓，治心氣不寧，安魂定魄，去風涎，鎮驚氣，

酸棗仁炒別研　遠志去心
白附子炮　人參去蘆
石菖蒲　白茯苓去皮
天南星炮　龍骨煅
麥門冬去心　天麻
半夏麴　鐵粉各壹兩
辰砂半兩別研

右為細末，煉蜜為圓，如梧桐子大，朱砂為衣，每服參拾圓，温酒或人參湯下，不計時候，

補心圓，治男子婦人，童男室女，憂愁思慮，食飽走怒，耗傷心氣，精神不守，酒後房事，百脉離經，榮衛既失調和，臟腑遂生疾病，陰陽不足則寒熱往來，氣血虛耗，皮毛枯槁，心不足則怔忪冒亂，夢寐驚惶，腎不足則乏力失精，小便淋瀝，肝不足則目昏疲倦，四肢煩疼，肺不足則秘利不常，痰嗽喘急，脾胃不足則面黃腹急，飲食無味，五臟既有虧損，各有證候，難以一槩陳之，故立此方，生養氣血，補不足，瀉有餘，滋潤精血，養固真元，使邪氣無侵，令榮衛堅守，兼治鼻衄沙石淋，及婦人產後蓐勞，平日惡露，肌瘦骨蒸，久無子息，或姙月未足，多致損墮，

諸虛不足，日久淹延之疾，並皆治之。

酸棗仁（炒，去殼）　薏苡仁（炒）　栢子仁（炒）　車前子（炒）　五味子　覆盆子（去枝，炒）　穿心巴戟（去心）　菟絲子（淘淨，酒浸，研成餅）　肉蓯蓉（去皮，酒浸）

沉香（不見火）　乳香（別研）　鹿茸（酥炙）　當歸（去蘆，酒浸）　人參（去蘆）　防風（去蘆）　枸杞子　白茯苓（去皮）　熟乾地黃（洗）

右等分，爲細末，煉蜜圓如梧桐子大，每服伍拾圓，蓮心湯下，日進貳服，鹽湯飯飲亦得。

茯神酸棗仁湯，補心氣不足，治小便澁濁。

酸棗仁（炒）　人參（去蘆）　黃耆（蜜炙）　朱砂（別研）　遠志（去心，各半兩）

茯神（去木）　白朮（炒）　山藥（各壹兩）　木香（不見火）

右爲細末，每服貳錢，白湯點服，不拘時候。

補心湯，寧心定志，升降榮衛。

人參（去蘆）　龍齒　桔梗（去蘆，炒）　遠志（湯泡，去心，半錢）　茯神（去木）　半夏麴（炙）

枳實（去穰，麩炒）　當歸（去蘆，酒浸）　甘草（炙）　白茯苓（去皮，各壹兩）　黃芪（壹兩參錢，蜜塗炙）　桂心（去麤皮，焙乾，各壹兩陸錢參分）

右㕮咀，每服肆錢，水壹盞半，生薑參片，棗子貳枚，煎至捌分，去滓，食前服。

又方

酸棗仁（貳兩，泡去殼，研取肆兩）　乾山藥　蓮肉（去心，肆兩）　茯神（去木，各壹兩）

右爲細末，却入酸棗仁壹處和之，每服貳錢，食前空心煎棗湯調下。

辰砂寧心散，治男子婦人心血久虛，陰陽不和，憂愁思慮，睡臥不安，精神恍惚，五心煩熱，骨節酸痛，面如火爁，頭目昏眩，耳內蟬鳴，虛氣獨行，中滿氣隘，口無津液，狀若飲酒。此藥專治一切心疾，服之甚有神驗。

人參（去蘆）　木香（不見火）

白茯苓（去皮，各壹兩半）　白朮（炒）

藿香葉洗去土　肉豆蔻麪裹煨

酸棗仁別研　龍齒別研

白附子炮　遠志去心

甘草炙　牡蠣粉各壹兩

辰砂別研　肉桂去麤皮不見火各半兩

右爲細末、每服貳錢、水壹盞、生薑參片、棗子壹枚、煎柒分、空心食前臨卧溫服、

金鎖散、治遺精白濁、益血養氣、

鹿角霜壹兩半　白龍骨參分米醋浸令黃赤色

白茯苓去皮　益智仁各壹兩

菟絲子淘淨酒浸研成餅　車前子洗淨壹分

牡蠣粉半兩

右爲末、每服參錢、用船上茴香參拾粒、炒赤色香熟、入酒壹盞、煎肆伍沸、放溫調藥服、不拘時候服、

治腎氣

立神丹、治下部膀胱疝氣、小腸氣等疾、

茴香貳兩用斑猫貳拾壹箇去頭足翅、同炒香熟、去斑猫拾肆箇留柒箇用、

香附子肆兩去毛、入鹽少許同炒、

右同前斑猫柒箇、共參味、壹處爲細末、用醋糊爲圓、如梧桐子大、每服參拾圓、鹽湯或溫酒任下、不拘時候、

金鈴子圓

金鈴子貳拾壹枚、柒枚用巴豆柒粒、去殼、同炒、去巴豆、柒枚用斑猫柒箇、去頭足翅、同炒、去斑猫、柒枚用海金砂半兩同炒、去海金砂、

茴香淘去沙炒　巴戟去心

補骨脂炒　川烏頭炮去皮臍

胡蘆巴炒各壹兩

右爲細末、醋糊爲圓、如梧桐子大、每服拾伍圓、加至貳拾圓或參拾圓止、用溫酒任下、空心食前服、壹方不用巴戟補骨脂葫蘆巴、却用破故紙烏藥木香各半兩、

又方、消腎氣、溫暖下元、

金鈴子取肉碎麩兩炒黃　破故紙炒各

蒼朮米泔浸壹宿炒　茴香淘去沙炒微黃

台椒揀去目并合口者、令淨微炒出汗、

五味子酒浸壹宿炒

良薑節密香切成片子、炒、今春己上各貳兩

川烏頭壹兩半真者炮去皮臍　肉桂去麤皮不見火

杜仲薑汁和酒浸壹宿炒斷絲、各壹兩、先去皮、

熟乾地黃洗肆兩

右為細末，酒煮麪糊為圓，如梧桐子大，每服伍陸拾圓，食前鹽酒、鹽湯任下。

又方，治小腸氣，壹服立愈。

牽牛子 炒　青皮 去穰
良薑 各壹分，炒　川練子 炮，去核
舶上茴香 各半兩，炒　延胡索 壹兩，炒

右為細末，生薑自然汁煮糊圓，如梧桐子大，朱砂為衣，每服參拾圓，燒綿灰浸酒下，不計時候。

木香定痛圓 治小腸氣。

川練子 壹兩，去核，用巴豆參拾粒，去殼，每粒作貳片，同炒，去巴豆不用　茱萸 米醋煮熟，炒，各半兩
木香 生用　當歸 參錢，炒

右為末，米醋糊為圓，如菉豆大，每服參拾圓，茴香酒下，病發時服之。

五香圓 治膜外氣攻築疼痛，并痰嗽，及丈夫小腸氣疾。

舶上茴香 壹兩，炒　丁香 懷乾
乳香 別研　木香 各半兩，不見火
麝香 壹分，極好者，別研　蛤蚧 壹兩，頭尾全者，酥炙黃色
血竭 肆錢，別研　沙苑蒺藜 參錢，炒

黑牽牛 參錢，炒

右為細末，酒糊為圓，如菉豆大，每服拾粒，食前麝香湯送下。

受拜茴香圓 治一切疝氣。

舶上茴香 童子小便浸參日，壹日換壹次，參日每濾出，炒　金鈴子 炒
破故紙 如前法浸　吳茱萸 湯泡洗，次炒
杜仲 薑製炒，去皮斷絲　蛇床子 炒
川椒 去目合口者，用酒煮，濾出，炒　延胡索 炒，各貳兩
橘核 炒，揀緊小者，不每大，恐是枳核　川烏頭 參箇，大者，炮，去皮臍
南木香 壹兩，不見火
胡蘆巴 炒，參兩

右為細末，酒糊為圓，如梧桐子大，每服參拾圓至肆拾圓，空心溫酒送下，鹽湯亦得。此藥補腎消疝，止痛不動氣，比之內消圓尤為奇特，可受古今疝氣藥之拜。

茱萸內消圓 治膀胱、小腸疝氣，木腎偏墜等疾。

川練子 捌兩，每箇破作肆塊。貳兩用巴豆參拾粒，去殼，同炒焦，候巴豆黑，去巴豆不用；貳兩用斑猫伍拾箇，去頭足翅，同炒，候斑猫焦，去斑猫不用；貳兩用海金沙半兩同炒，候海金炒茶色，去海金沙不用；貳兩用黑牽牛壹兩同炒，連黑牽牛用。

山茱萸 去核
吳茱萸 湯泡七次炒
石茱萸
胡蘆巴 炒
破故紙 炒
舶上茴香 炒
烏藥 各壹兩

右爲細末，水煮麪糊爲圓，如梧桐子大，每服參拾圓，空心食前，温酒鹽湯送下。

全蠍圓，治小腸疝氣。

全蠍 肆拾玖箇，去毒，用生薑鋸肆拾玖片，於新瓦上，先鋪薑片，次鋪全蠍，就錢上，用文武火炙，翻轉再炙燥。
胡椒 肆拾炒粒
木香 貳錢不見火
狼毒
當歸 各半兩去蘆
茴香 淘去沙參錢炒
賓榔 壹箇

右爲細末，米醋糊爲圓，每服參粒，温酒下，不拘時候。

又方

茴香 淘去沙貳兩半炒半生
硫黃 壹兩柳木槌碎細

右爲細末，每服壹錢，温酒空腹調下。

蠍梢圓，治偏墜及頹氣、小腸氣。

全蠍 黃色者爲佳
延胡索 炒
牡丹皮
川練子 炮去核

當歸 去蘆
茴香 淘去沙

右等分，同炒黃色爲末，酒糊圓如梧桐子大，每服用茴香炒鹽細嚼半錢許，以酒送下貳參拾粒，不拘時候。

又方，治膀胱氣虛，脾腎氣癖，攻注兩腸，急脹奔豚，七疝痃癖痛等疾。

蠍梢 去尖炒
茴香 淘去沙炒
胡蘆巴 炒
益智 和皮炒
破故紙 炒
木香 不見火
良薑 炒
阿魏 麪煨別研
桂心 不見火去麤皮
巴戟 去心酒洗過焙乾剉用
朱砂 別研留貳錢爲衣
金鈴子 和皮炒，各半兩

右爲末，酒糊圓如梧桐子大，每服參拾粒，空心温酒鹽湯下。

香硇圓，治小腸氣刺滿脹痛，不可忍者，壹服便定神效。

乳香 半兩別研
好沈香 貳錢半碾
硇砂 壹錢細研

右用黃蠟半兩，熔化了，下藥末研和，作條子，便圓如雞頭大，每服壹圓，温酒吞下，只要分作壹

佰單捌圓，自有神驗、

胡椒圓治偏墜、

胡椒伍拾粒　斑猫貳拾壹箇去頭足翅

川楝子拾箇炮去核　淡豆壹佰粒

茴香半兩淘去沙炒　香附子壹兩去毛

右陸味，却將斑猫同炒訖，去斑猫，為末，米醋圓如菉豆大，每服拾伍圓，熱酒送下。

追痛圓治小腸氣痛不可忍、

川苦楝肆拾箇，作肆片，巴豆去皮肆拾粒，麩半升同炒至赤色，只用苦楝，去巴豆麩不用、

茴香壹兩淘去沙炒香

右為細末，酒煮麫糊圓如梧桐子大，每服貳拾圓，食前温酒或鹽湯下、

消膀胱鉗圓治一切下部疾痛不可忍者、

澤瀉　木猪苓去黑皮

白朮炒　木通去皮

青皮去穰　青木香

陳皮去白

川楝子炮去核以上各陸兩為末　胡蘆巴炒

茴香淘去沙炒　破故紙炒

以上各拾貳兩，各用斑猫參兩，各炒香熟，並去斑猫不用、

黑牽牛壹斤半，半生用，半炒熟，碾取末壹斤

右件並為細末，酒糊圓如梧桐子大，每服肆拾圓或伍拾圓，先用桃仁柒粒，茴香壹撮，蔥頭柒莖同炒香熟，細嚼，温鹽酒送下、

應神散療小腸氣痛不可忍、

延胡索炒　胡椒

右等分為細末，每服貳大錢，酒水各半盞，煎柒分，食前服、

火陸散治疝妙甚、

益智去皮取仁炒　茴香淘去沙炒

南木香生用

右等分為細末，每服貳錢，温酒調下，遇病發時服，以熱到疼處為驗、

沈香散治膀胱腎氣小腸疼痛不可忍者、

沈香不見火　青皮去穰

甘草各半兩炙　蓬朮炮貳兩

京三稜炮　香附子去毛

舶上茴香炒　桃仁去皮尖，炒，別研，各壹兩

右捌味剉碎，慢火炒令黃色，㨾為細末，每服貳錢，食前炒葱酒調下。

全蠍散 治小腸氣痛極，不食下泄。

全蠍貳拾肆箇，炒　茴香淘去沙，炒　青橘皮去穰，壹分，炒

川練子炮，去核　桃仁去皮尖，各半兩

右為細末，每服貳錢，水捌分盞，入鹽少許，葱白伍寸，煎陸分，食前熱服。

立効散 治小腸氣或疼不可忍，疾作時服甚驗。

大川練子伍箇，炮，去核　舶上茴香壹兩，炒　巴豆伍拾粒，去殼

青皮去穰，切長　木通壹把，參把剉

右件同炒令黃色，㨾揀去巴豆不用，將餘藥同為細末，再入海金砂壹錢，滑石末壹錢半，同研，每服壹錢，熱酒調下，立効。

真珠散 治膀胱蘊熱，風濕相乘，外腎腫脹，小便不利，塞痛。

白牽牛貳兩，微炒　陳皮不去穰

白朮炒　木通去皮

桑白皮各半兩

右為細末，每服貳錢，生薑湯調下，食前日午臨卧服。初服且進壹服，未覺驗再服。此藥不損氣，只是導利留滯。

百兩金 治腎氣疼痛。

破故紙炒　吳茱萸湯泡柒次，炒　木香不見火　麝香各少許，別研

茴香淘去砂，炒　川練肉生用，各壹兩　乳香別研

右為末，每服貳錢，食前沸湯調下。

黃仙餅子 治外腎腫痛，偏墜膀胱，婦人育腸痛痓死者，兼治水氣。

川練子參兩，去核，剉作塊子，壹兩用斑猫肆拾玖箇，麩半升，同炒焦；壹兩用硇砂壹錢，研碎，同麩半升炒焦；壹兩用巴豆肆拾玖粒，麩半升炒焦。斑猫、硇砂、巴豆、麩麵並不用，只留川練子

黑附子壹隻陸柒錢重者，炮，去皮臍　木香半兩，不見火　雄黃壹分，用醋煮拾沸，別研　船上茴香半兩，炒

破故紙壹兩，炒　桂半兩，去麤皮，取有味者，不見火

右為細末，酒糊為餅子，每服伍柒餅，空心酒嚼

下日進參服不半月卽除根本久年者亦治之如作圓子如梧桐子大每服拾伍圓至貳拾圓如神效

淋洗法治外腎偏硬如石停留不散及下部諸疾

貫衆　枳殼

藁本　杜仲

藿香　蛇床子

吳茱萸　官桂 各等分

右爲麤末水參伍椀藥末貳兩許用絹裹煎拾餘沸乘熱適手淋洗以藥包洗小腹并以衣被蓋片時不得見風甚妙

治腎氣兜法

牡蠣用淨洗舊草鞋兩隻密包裹用黃泥固濟大火煅壹日取出如粉碾細貳兩入熟艾半斤生硫黃半兩細碾打和每服伍錢用絹裹兜上

疝氣傳藥

以火煅牡蠣粉乾薑末水浸取清汁調傳腫疼處若只用乾薑末須臾如火燔不可忍

痰飲

上清丹治風痰頭痛不可忍

天南星 大者去皮　船上茴香 炒

右等分爲細末入鹽少許在銚內用淡醋打糊爲圓如梧桐子大每服參伍拾圓食後薑湯下

南華丹

天南星 肆兩薑製　白朮 炒

白茯苓 去皮　枳實 去穰麩炒

吳茱萸 湯泡柒次炒　橘紅 各貳兩

木香 半兩不見火

右爲細末以半夏陸兩湯浸柒次爲末再用薑汁熟煮半夏作糊圓如梧桐子大每服參伍拾圓食後生薑湯下

羽澤圓治風痰及酒後痰飲 史越王方

天南星　半夏

右各等分生切碎南星用皂角水半夏用礬水各浸柒日取出焙乾別用白殭蠶肆兩剉炒同爲細末生薑自然汁和圓如梧桐子大每服參伍拾圓食後薑湯下

青金圓治痰涎潮盛咳嗽及小兒急驚風

南鵬砂 黃色者半兩　川甜消 並別研

天南星 炮　眞鬱金 各壹分

片腦別研　麝香各少許別研

右爲細末，煉蜜爲圓，如梧桐子大，每服壹圓，含化，以人參湯嚥下。

平胃圓，治痰，章運使浩方

平胃散肆兩　半夏薑製爲末肆兩

右和諧用好棗壹佰枚，燈草壹小把，水壹大碗，同煮，候棗爛，去燈心，棗子去皮核，取肉爲圓，如梧桐子大，每服伍拾圓，空心薑湯下，熟水亦得。

四倍圓，化痰

木香壹兩不見火　橘紅貳兩

白朮肆兩炒　半夏半斤湯泡柒次

右爲細末，生薑自然汁打麪糊爲圓，如梧桐子大，每服肆伍拾圓，薑湯下，食後臨卧服。

消飲圓，去腹間虛熱

白朮炒　半夏麯各壹兩

白茯苓去皮　吳茱萸湯泡柒次炒

人參去蘆　枳實去穰麩炒

神麯炒　麥蘗炒各半兩別爲末

右爲細末，將神麯麥蘗，生薑汁煮糊爲圓，如梧桐子大，每服貳叁拾圓，食後薑湯下。

滌痰圓

白附子壹兩炮　天南星湯泡柒次

白殭蠶直者炒去絲　滑石叁兩

右爲細末，麪糊爲圓，如梧桐子大，每服叁肆拾圓，薑湯送下，不拘時候。

刷痰圓

天南星　半夏

白附子　川烏頭生去皮

已上各貳兩，爲細末，用水浸壹宿，次日去水，曝乾，先用皮紙於灰上閣令稍乾，然後曝，再研細，入後藥。

全蠍半兩　天麻壹兩

右爲細末，入前藥，和以麪糊爲圓，如梧桐子大，每服貳拾圓，生薑湯下，不拘時候。

導痰圓

天南星　半夏各肆兩

皂角半斤　生薑壹斤

右不得犯銅鐵器，用水浸高叁指許，煮叁遍，逐旋煮，水乾再添，候叁遍畢，去生薑皂角不用，只用半夏天南星爲末，生薑自然汁爲圓，如梧桐子大每服參拾圓或伍拾圓熟水下。

化痰消飲圓　陸仲安方

橘紅　壹斤用生薑壹斤同搗晒乾再用生薑壹斤又同搗候乾用
神麯　炒
人參　去蘆
麥蘗　炒各貳兩
半夏　湯泡柒次
縮砂仁
白茯苓　肆兩去皮

右爲細末，薑汁煮薄麵糊爲圓，如梧桐子大，每服參伍拾圓，至陸柒拾圓，生薑湯下，或熟水送下，不拘時候。

溫白圓

天南星　湯泡柒次
青皮　去穰
白茯苓　去皮
半夏　湯泡柒次
陳皮　去白
丁香　不見火
乾薑　炮洗

右等分爲細末，薑汁打麪糊爲圓，如梧桐子大，每服參拾圓，生薑湯下，不拘時候。

透膈圓　消五飲。

高良薑　炒
天南星　湯泡柒次
縮砂仁
陳皮　去白
揀丁香　不見火
青木香
肉桂　去麤皮不見火

右等分爲細末，生薑自然汁煮糊圓，如梧桐子大，每服參拾圓，至柒拾圓，食前生薑湯下。

決壅破飲圓　治脾胃冷膈，隘生痰飲，食遲化，涎沫壅塞，咽喉不利，酒後尤盛，此藥大能趕逐痰飲，快氣利膈。

半夏　湯泡柒次
桔梗　炒
枳實　去穰麩炒
天南星　湯泡柒次
青皮　去穰
麥蘗　炒

右等分爲細末，薑汁煮糊爲圓，如梧桐子大，焙乾，每服參肆拾圓，食後溫米飲下，或生薑紫蘇湯任下。

倍薑半夏圓

乾薑　貳兩泡洗
白礬　枯
半夏　湯泡柒次
天南星　湯泡柒次
橘紅　各壹兩

右爲細末，麪糊爲圓，如梧桐子大，每服參拾圓，薑湯下，不拘時候。

茯枳圓　治中焦停飲，癖閉膈不快，惡心嘔逆，痰氣隘盛，頭目旋運，不美飲食，此藥能降氣消飲，服之使小便流利，則痰氣降也。

茯苓 粉紅者肆兩，去皮

吳茱萸 湯泡柒次，各貳兩，炒

枳實 去穰，麩炒

右為細末，薑汁煮神麴糊為圓，如梧桐子大，每服叁伍拾圓，生薑湯下，食後稍空服。

茱萸半夏圓

天南星 炮

白茯苓 去皮

五味子 去枝

木香 壹分，不見火

白朮 炒

吳茱萸 湯泡柒次，炒

訶子肉 各壹兩

右為細末，用半夏末以生薑自然汁打糊為圓，如梧桐子大，每服伍拾圓，生薑湯下，不拘時候。

橘皮茯苓圓 降氣消痰，寬膈和胃，美進飲食，去濕利水。

橘皮 去白淨，秤肆兩為末，以生薑自然汁搜成餅子，曬乾

白茯苓 貳用，去皮

枳實 半兩，麩炒

右為細末，薑汁煮糊為圓，如梧桐子大，每服伍陸拾圓，溫熟水下。

桔梗圓 除痰下氣，治胷膈脹滿，寒熱嘔噦，心下堅痞，短氣煩悶，飲食不下。

桔梗 微炒

枳實 去穰，麩炒，各壹兩

半夏 湯泡柒次

陳皮 貳兩，去白

右為細末，滴水圓，如梧桐子大，每服伍拾圓，薑湯下。

半夏圓 治嗽化痰。

半夏 壹兩，湯泡柒次

丁香 貳錢半，懷乾

白礬 壹錢半，枯

右為細末，用生薑汁煮糊為圓，如梧桐子大，每服壹拾伍圓至貳拾圓，食後臨卧，薑湯送下。

天南星圓 專治酒後痰飲。

天南星伍兩，去臍，湯浸貳叁時，焙乾為細末，壹半用生薑汁打糊搜壹半為圓，如梧桐子大，每服肆伍拾圓，薑湯下。

生薑橘皮圓 升降津氣，消飲去痰，溫中散寒，快膈美食。

陳皮 壹斤，去白

藿香葉 各貳兩

人參 去蘆，各壹兩

半夏麯

白茯苓 去皮

右件為細末，用薑汁煮糊為圓，如梧桐子大，每服叁拾圓，薑湯下，食後服。壹方只用陳皮壹斤，生薑壹斤，神麯貳兩。

白礬圓治遠年日近風壅痰甚，一切喘咳。
知母　貝母
欵冬花　半夏湯泡柒次，各半兩
乚礬貳兩，半枯
右爲細末，以生薑自然汁爲圓，如梧桐子大，每服伍拾圓，蘿蔔子煎湯入薑汁少許送下，臨臥時服。
半夏圓治痰。
天南星　半夏
右各肆兩爲細末，生薑半斤研細拌作大圓子，以楮葉裹縛，於草中罨如罨麴之狀，候乾入橘皮、香附子肆兩，並爲末，薑汁煮神麴糊爲圓，如梧桐子大，每服參肆拾圓，食後薑湯下。
香橘圓降氣消痰，寬中快膈。
香附子去毛　橘皮去白
生薑
右等分爲細末，神麴麪糊爲圓，如梧桐子大，每服肆伍拾圓，白湯送下，不拘時候。
痰嗽圓治痰嗽狀如勞疾。
半夏肆兩，爲末，以生薑汁調成餅子，炙。

蒼朮去皮，參兩，切片，用米泔水浸壹宿，曬乾，用醋炒，參次。
陳皮去白，薑汁製，新瓦上炒。
右爲細末，薑汁爲圓，如梧桐子大，每服肆伍拾圓，米飲下，日進參服。
橘苓圓治停飲氣滯。
橘皮去白，秤貳兩　白茯苓去皮
白朮炒　半夏麴
縮砂仁各壹兩　天麻
藿香葉去土，各半兩
右爲細末，神麴糊爲圓，如梧桐子大，每服伍柒拾圓，薑湯下。
丁香半夏湯治冷氣上攻，惡心嘔逆，不思飲食，寒痰不止。
丁香不見火　半夏湯泡柒次
乾薑泡洗，各半兩　香附子去毛，壹兩
右爲剉末，每服參錢，水壹盞半，生薑拾片，煎至柒分，去滓，不拘時候。
茱萸半夏湯
吳茱萸湯泡，炒　半夏湯泡柒次
附子生，去皮臍　橘紅各參兩

木香參錢不見火　五味子半兩

甘草壹分炙

右㕮咀爲末每服肆錢水壹盞半生薑柒片煎至柒分去滓不拘時候熟服

豁痰湯治痰厥

陳皮洗去白　赤茯苓各參錢

半夏壹錢半　大附子壹隻去皮臍生用

天南星貳錢

右薄切片子分作參服水參大盞生薑貳兩慢火煎至陸分去滓溫服不拘時候

鍾乳生附湯治肺虛寒咳嗽痰壅

鍾乳粉分　附子生去皮臍各半兩

天南星壹兩

右爲細末每服貳錢生薑壹兩作拾片煎至柒分去滓不拘時候服小兒加減服之

附子細辛湯治寒痰咳嗽

附子炮去皮臍　細辛

甘草炙各半兩　菖蒲

人參去蘆各壹兩　五味子貳兩

右爲麤末每服伍錢水貳盞煎至壹盞去滓食前溫服煎時入薑伍片

附子陸降湯陸仲安方

附子生去皮臍　天南星湯泡柒次

橘紅　甘草炙

肉桂不見火　吳茱萸各壹兩半湯泡柒次炒

白朮炒　白芍藥

半夏湯泡柒次　白茯苓各參兩去皮

木香壹錢不見火

右㕮咀每服肆錢水壹盞半生薑伍片煎至柒分去滓不拘時候服

橘皮枳實湯

橘皮去白炒　枳實去穰麩炒各半兩

人參柒錢去蘆　半夏壹兩湯泡柒次焙

吳茱萸貳兩湯泡柒次炒

右㕮咀每服參大錢水壹盞半生薑拾大片棗子貳箇煎柒分不拘時候去滓溫服

平肺湯治肺經感寒邪痰嗽盛者

桔梗炒　桑白皮炒

陳皮炒各壹兩　半夏湯泡柒次

天南星炮　川薑炮洗各貳兩

人參壹兩半去蘆

右爲麤末，每服伍錢，水貳盞，生薑伍片，煎至柒分，去滓，食後服。

除飲湯

附子生去皮壹兩　白附子貳錢

天南星炮　白朮炒

白茯苓各半兩去皮

右爲麤末，每服半兩，水貳盞，生薑貳拾片，同煎至捌分，去滓，空心通口服。

殊勝湯　去痰涎，進飲食。夏參議方

半夏揀切片湯泡柒次　甘草壹寸判

右用水壹盞半，生薑柒片，同煎至壹盞，空心稍熱服。

清涎湯

半夏壹斤，以白礬肆兩，逐旋泡浸，冬半月、夏伍日、春秋柒捌日，候日數足取出，以生薑自然汁煮透，以無白星爲度

縮砂肆兩　甘草貳兩炙

白豆蔻壹兩　丁香半兩，不見火

右爲細末，每服貳錢，沸湯調下。不用丁香亦得。

鐵刷湯

附子炮去皮臍　天南星炮

半夏湯泡柒次各半兩　木香貳錢半生

右㕮咀，每服參錢，水貳盞，生薑拾大片，煎至柒分，去滓，食後服。壹方去半夏、木香，用丁香壹錢。

五聖湯　治肺虛咳嗽，上氣痰涎壅盛。

罌粟殻壹兩去穰頂蒂蜜炒　枳殻柒錢去穰麩炒

甘草生　麻黄去節，各半兩

良薑壹分炒

右㕮咀，每服肆錢，水壹盞，煎至肆分，臨卧服。

星附定暈湯　治肺經虛衰，脾臟怯弱，風邪痰飲伏留於三陽之經，氣體羸弱，每遇將息失宜，或有感冒，飲食不調，則痰作嘔吐，頭暈心胷痞悶，氣血不和。此藥消痰生胃，和正氣血，寬中定暈，升降三焦，止嘔快膈，進食思，是痰厥、痰實、氣痰、冷痰、停痰、宿飲，甚至旋暈嘔噦，如屋旋倒者，但服此藥必効。

大天南星壹兩，劈作兩片，壹半炮，壹半生

附子

天雄各壹隻，竝生作兩片，壹半生，壹半炮

川芎半生半炒　橘紅半生半炒

川當歸各半兩去蘆　丁香肆拾玖粒，半生半微炒

半夏圓大者參拾枚、壹半薑汁同研爲餅子、壹半白礬湯煮片時、
白附子拾肆枚半生半炮
甘草拾寸半生半炙
蠍梢貳拾枚半生半炒

右㕮咀，每服參大錢，生薑拾片，棗子壹枚，水壹盞半，煎至柒分，去滓，不拘時候服、

刷痰湯治留飲停痰、

半夏湯泡柒次
赤茯苓去皮
紫蘇葉
陳橘皮去白各壹兩
白朮半兩炒

右㕮咀，每服壹兩，水貳盞，薑壹分，拍碎，同煎至捌分，食前頓服、

獨薑湯治痰厥不省，語音不出、

生薑自然汁約壹小盞，溫遇服之，卽時吐出痰涎，便自無事、

欬氣散除痰下氣，止嗽進食、

白朮炒
糯米各貳兩
半夏麴肆兩
人參去蘆
白茯苓去皮
甘草炒各半兩

右爲細末，每服貳錢，水壹大盞，生薑參片，棗子壹枚，煎至陸分，不拘時候服、

參朮散治上膈痰壅，咳嗽聲微，或表中風邪，裏則不消、

人參去蘆
桑白皮炒各半兩
白朮炒
訶子去核
白茯苓去皮
桔梗炒
甘草炙各壹兩
大腹子貳枚

右爲細末，每服貳錢，水壹盞，生薑參片，棗子壹枚，煎至柒分，食後服、

八寶飲治嗽、

罌粟殼去穰蒂頂蜜炒
橘紅
款冬花
百合
桑白皮
桔梗炒
人參去蘆
阿膠剉蚌粉炒成珠

右等分，爲麤末，每服參大錢，水壹盞半，生薑伍大片，烏梅壹枚，北棗貳箇，擘開，同煎至捌分，去滓，臨卧溫服、

參訶飲治虛寒痰嗽、

訶子去核
白朮炒
黃芪蜜炙
白茯苓去皮
人參去蘆
半夏麴各貳錢半

陳皮去白　五味子各貳錢
甘草炙　款冬花各壹錢
右為麤末每服叁大錢水壹盞半生薑叁片棗
子壹枚煎至柒分去滓食前服
丁香導痰飲
半夏捌兩湯泡柒次　丁香不見火
附子炮去皮臍　甘草炙
白豆蔻各柒錢半　陳橘皮去白
縮砂仁　肉桂不見火各半兩
人參去蘆　乾薑炮洗肆兩
右為飲子每服叁錢水壹盞半生薑叁片棗子
箇煎至柒分去滓不拘時候

魏氏家藏方卷第三終

魏氏家藏方卷第肆

補益

沈附湯治下虛上盛氣不升降陰陽不分胸膈滿
悶飲食不進虛熱上衝肢體倦痛並皆治之
附子玖錢重者炮去皮臍細切　沈香細剉不見火
人參去蘆
右叁味各用貳錢和作壹服水貳盞生薑拾片
同煎至捌分去滓食前溫冷隨意服之
鹿茸湯補心血治虛勞咳嗽
鹿茸兩爁去炙　川芎
肉蓯蓉酒浸去皮　當歸去蘆浸
生乾地黃洗　白芍藥
白朮各半兩炒　五味子叁錢去皮
右為麤末每服伍大錢水貳盞煎至壹盞去滓
溫服不拘時候
又方益心血治虛勞四肢無力
鹿茸貳兩爁去毛酥炙　附子壹兩炮去皮臍
人參去蘆　黃耆各叁分蜜炙
茯神去木　金釵石斛酒浸
當歸去蘆各半兩　甘草壹錢炙

肉桂（壹分，去麤皮，不見火）

右爲㕮咀，每服肆錢，水壹盞半，生薑參片，煎至柒分，去滓，食前服。又方加五味子。

茸附湯 治脾腎俱虛，臟腑滑瀉。

鹿茸（壹兩，酒炙）　附子（貳隻，炮去皮臍）
肉豆蔻（麪裹煨）　當歸（去蘆，酒浸）
白朮（各壹分，炒）

右爲麤末，每服參錢，水壹盞半，薑柒片，棗壹枚，煎至柒分，去滓，食前溫服。

又方 補肝腎心血

鹿茸（去毛，切作片，酒浸炙）　肉蓯蓉（去皴皮，酒浸）
人參（去蘆）　遠志（去心，炒黃，各壹兩）
當歸（去蘆，酒浸）　白芍藥
熟乾地黃（各參分，洗）　肉桂（去麤皮，不見火）
附子（炮去皮臍，各半兩）

右焙燥爲麤末，每服伍錢，水壹盞半，生薑伍片，煎至捌分，取清汁，食前空心服。

羊肉湯 治血虛不進飲食。

精羊肉

右薄批作小片子，用水參大椀，煎至壹大椀，羊汁入當歸、芎藭各伍錢，再煮柒分，去滓，食前服。

小補髓湯（孫琳路分傳）

紫茸（挻，先煮，不妨，刮去毛，鋸作甘蔗段，再劈作薄片子）
大宿砂仁（揉碎，去膜）

右每服秤紫茸參錢，宿砂仁壹錢，水壹大椀同煮至壹盞半，去滓，取清汁壹盞，微溫空心飲之，日進貳服。如服此藥，須屏去壹切湯劑。

龍虎湯 調榮衛，治虛勞寒熱。

鹿茸（壹兩，去毛，酒浸炙）　附子（貳兩，炮去皮臍）
黃耆（鹽水浸炙）　茯神（去木）
肉蓯蓉（酒浸，去皴皮）　白朮（炒，各壹兩）

右爲麤末，每服參錢，水壹盞半，煎至柒分，食前去滓服。

加減十全湯 調榮衛，壯力，退熱，收虛汗，美飲食，悅顏色，諸虛百損皆可服之。

川芎
白芍藥
半夏（湯泡七次，焙）
人參（去蘆）
金釵石斛（酒浸）
川當歸（去蘆，酒浸）
熟乾地黃（酒浸）
秦艽（去蘆）
白朮（炒）
甘草（炙）

鹿角膠（剉麩炒成珠） 黃芪（蜜炙各壹兩） 銀州柴胡（去蘆各貳兩）

白茯苓（去皮） 肉桂（去麤皮不見火）

右㕮咀，每服叁大錢，水壹盞半，生薑伍片，棗子壹枚，入餳壹塊，煎柒分，去滓，熱服，不拘時候。

補氣湯 補榮衛，治虛勞咳嗽，寒熱往來，四肢之力。

鹿茸（去毛剉作段酒浸炙） 白朮（炒各壹兩） 北五味子（去梗） 人參（去蘆）

當歸（去蘆酒浸） 附子（貳兩炮去皮臍） 黃芪（鹽水炙） 金釵石斛

白茯苓（去皮） 山藥（炒各半兩）

右為細末，每服貳錢，水壹盞半，生薑叁片，棗子壹枚，煎至柒分，食前服。

附子降氣湯

附子（炮去皮臍） 白茯苓（貳兩去皮） 木香（各半兩不見火）

人參（去蘆各壹兩） 白朮（炒）

右為細末，生薑叁片，棗子壹枚，水壹盞半，煎柒分，去滓，食前服。

黃耆散 補男子婦人諸虛不足，應病後羸之，微發寒熱，精竭力弱，血氣勞傷，痰多嘔逆，不思飲食，骨節酸痛，嗽喘氣急，面色浮黃者，竝皆補之。

人參（去蘆） 半夏（湯泡柒遍滓切旋入） 當歸（去蘆酒浸） 白朮（炒各參兩） 甘草（炙） 神曲（炒各壹兩）

黃耆（洗撻破蜜水炙香前棹者佳） 白茯苓（去皮） 麥芽（炒） 白芍藥（肆兩） 肉桂（去麤皮不見火）

右㕮咀，每服參錢，生薑伍片，棗子參箇，水壹盞半，煎捌分，去滓，食前溫服。此藥有神妙之功，大勝黃芪建中湯。

大附散 治真陽不足，臟氣虛弱，榮衛損耗。

附子（泡去皮臍） 茯苓（白者去皮） 金釵石斛（洗淨細剉酒拌微炒） 黃耆（蜜水或鹽水炙） 川芎（各壹兩） 甘草（炙各半兩）

人參（去蘆） 白朮（炒） 山藥 當歸（去蘆尾酒浸） 木香（不見火）

右為細末，每服貳錢，水壹盞半，生薑叁片，棗子壹箇，煎至柒分，空心食前服。虛弱人傷風，加葱

白參寸、盜汗、加小麥參伍拾粒、同煎、吹咀亦得、

沉香歸附散、治氣不升降、順三焦、快脾氣、

沉香（不見火）　白豆蔻（各半兩）

人參（去蘆）　甘艸（參錢炙黃）

附子（炮去皮臍、以黑豆相拌同蒸參次、候冷揀去黑豆、只用附子、）

當歸（去蘆洗淨、各壹兩）

右為細末、每服貳錢、水壹盞、生薑參片、棗子壹枚、煎柒分、食前溫服、

龍虎飲、治虛勞、脚弱、壯筋益血、

鹿茸（酒浸酥炙）　附子（炮去皮臍、各貳兩）

人參（去蘆）　萆薢

金釵石斛（酒浸）　杜仲（去皮剉、薑製炒去絲）

肉蓯蓉（酒浸去皮）　木瓜

當歸（去蘆酒浸）　黃芪（蜜水炙、各半兩）

右吹咀、每服參錢、水壹盞半、生薑參片、棗子壹枚、煎柒分、去滓、食前服、

附子鹿角煎、塡精髓、補不足、

將鹿角寸截肆破之、用河水浸柒日、淨洗、每斤用杜仲半斤細剉、同入瓷缾內、貯水、以文武火煮參日、水耗則添、候角軟、去杜仲、將角焙乾為細末、每角肆兩、入附子壹兩、炮去皮臍、同為末、以所煮角膠圓、如梧桐子大、每服參伍拾圓、空心溫酒鹽湯下、

鹿茸地黃煎、益精養血、長肌肉、生津液、壯腰脚、

鹿茸（去毛酥炙）　肉蓯蓉（洗去土切片）

熟乾地黃（洗）　羊脊髓（各壹兩）

右以鹿茸地黃貳味為細末、以蓯蓉羊脊髓、入醇酒壹大盞、石器內慢火煮、候酒乾、研成膏、和前藥末、每服壹匙、溫酒化下、

補益延壽膏、當服百病皆愈、活血道氣、養神安志、服之半月、面悅澤、而體潤滑、不生瘡瘍等、

生乾地黃　熟乾地黃（各肆兩、各洗淨）

川當歸（去蘆酒浸）　防風（去蘆貳兩）

右為細末、用大鵝參條、去皮節、切片、研取汁壹椀、同前藥於銀器內熬成膏子、令厚、入蜜肆兩、同熬成膏、却頓砂器內、每用壹匙、空心或日午臨臥、以酒調服、半月見效、面色紅潤、如不飲酒人、入沸湯調之、亦無礙、大能去山嵐瘴氣、

沉附膏、治男子真氣傷憊、形羸氣劣、漸成勞瘵、將不救者、服之有效、

附子貳隻重柒錢者，慢火炮去皮臍，以快刀薄切如紙，平分作叁服，每服別用沉香、烏藥各壹錢重，各用水壹分，於麤磁器中磨膏子，別頓。取前附子壹分，以水捌分浸附子，在銀器内用物畫記水痕，更入水壹大盞，慢火煎至所記痕處，去附子滓，却入烏沉膏子和調，再煎略沸，傾出。夏用則用冰雪浸極冷服之，冬則露壹宿，來日早服。此藥徑歸丹田，滋助真氣，不停留胃膈僣燥。至虛弱危甚者，不過此壹劑，可保無虞。將附子滓用熟蒸餅和喫，或留滓焙乾為末，酒糊圓如梧桐子大，服之亦得。

椒黃酒補暖下元

台椒（去目并合口者，炒出汗）　熟乾地黃（洗）

右大約各壹掬，判碎，用生絹袋盛，酒浸壹宿，只飲酒，藥味淡則去舊藥，換新藥。貳味曬乾，亦可別用。

煮鹿角膠法（須用兩鍋，壹鍋常要溫湯，準用慢添）

鹿角（不用自死者，不以多少，叁寸許截斷，去麤皮）

右鹿角用河水浸柒日，其水每日壹易，候日足，洗淨，鍋内煮。每鹿角伍斤，用桑白皮半斤，楮實壹斤，舶上硫黃貳兩，朱砂貳兩，同煮，加水盡旋添湯，及壹伏時，自然軟。或火不相繼，未甚軟，再煮壹時。軟則放冷，取出，於當風掛起，便是白霜，可入藥用。其汁濾去藥滓，再熬，却成膠矣。滴冷處堅硬為度。

服秋石法

人參（壹兩，去蘆）　秋石（別研）

白茯苓（去皮）　乾山藥（各貳兩）

右將秋石研極細，叁味搗為末，拌和，棗肉為圓，如梧桐子大，每服叁拾圓，空心鹽湯或鹽酒下。陽氣虛極，入從蓉半兩，酒煮，加膠為圓，每料添入遠志半兩，去心用，通心氣，尤佳。

製附子調服法

凡服附子，當先製其毒。其法用新瓦壹片，置附子於上，以硬炭火肆面寬圍之，先用雪白鹽泡湯，貯其側，有頃藥裂，去皮臍，投鹽湯内，以潤復取，寘瓦上，既乾，又投湯内，如是叁肆次，又破作兩片，又如前法叁肆次，又破作肆片，又加前法叁肆次，又破作捌片，又如前法叁肆次，其藥皴裂既多，鹽味透徹，藥毒去盡，候冷，末之，白湯點服，每服貳錢，加薑汁少許，空心白湯點下，亦得。薑令入多，以附子作薑附湯服，每切作片子，煎之熟則去滓，其藥入經絡而無補於脾胃，入以脾腎為主，今所服藥既為末子，不入經絡，其末復留脾臟，則可以壯脾胃，進飲食。

羊腎羹治羸瘦虛損，陽氣衰弱，腰脚無力，服之令入肥健。

白羊腎壹對，去脂膜，切　葱白參莖，去鬚，切

肉蓯蓉壹兩，酒浸壹宿，去皴皮，切　羊肺參兩，切

右已上並於豉汁中煮，入伍味作羹，空腹食之。

羊腎粥

羊腎壹對，去脂膜，切　葱白參莖，去鬚，切

肉蓯蓉壹兩，酒浸壹宿，去皴皮　韮白參莖，去鬚，切

粳米壹合

右先將羊腎及蓯蓉入少酒炒，後入水貳大盞半，并米煮之，欲熟，次下葱白、韮白，煮作粥，入伍味調和，空腹食之。

附子粥

附子壹隻，炮令熟，去皮尖，為細末，和麵肆兩，壹處篩過，然後用薑汁入溫湯搜和，打成棊子麵，分作貳服，煮熟，以雞羊之類為汁，唯不可用猪肉汁，麵隨多少食。

虛勞

山藥圓治虛勞腎臟衰弱，小便白濁，腿膝無力。

山藥　兔絲子洗淨，酒浸壹宿，研成餅

附子炮，去皮臍　韮菜子炒

肉桂去麤皮，不見火　五味子去枝

牛膝去蘆　白茯苓去皮

金釵石斛酒浸，各壹兩　肉蓯蓉參兩，酒浸，去皴皮

熟乾地黃貳兩，洗　白龍骨壹兩半，飛，別研

山茱萸去核　牡丹皮

車前子各參分

右為細末，煉蜜和，擣參貳佰下，圓如梧桐子大，每服參拾圓，食前溫酒下。

栢子仁圓戢陽氣，止盜汗，進飲食，退經絡熱。

栢子仁　半夏麯各貳兩

人參去蘆　牡蠣火煆，醋碎

麻黃根　白朮炒

五味子各壹兩　麥麩半兩，炒

右為細末，用棗肉圓如梧桐子大，每服參肆拾

圓，米飲下，日進貳服，得效減壹服。

十八味黃耆建中湯，治男子婦人不問老幼，榮衛不調，五心煩熱，狀如勞瘵，其疾如勞，口苦舌乾，不思飲食，壹切虛損，竝皆治之。

黃耆（蜜炙）　肉桂（去麤皮，不見火）　人參（去蘆）　鱉甲（米醋炙）　南木香（不見火）　柴胡（去苗）

熟乾地黃　甘草（炙）　當歸（酒浸，去蘆）　白茯苓（去皮，各貳兩）　地骨皮（去骨）　秦艽（洗淨）

附子（炮，去皮臍）　川芎　半夏（湯泡七次，各壹兩）

五味子（酒洗[illegible]）　阿膠（碎炒）　白芍藥（肆兩）

右㕮咀，每服貳大錢，水壹盞半，生薑伍片，棗貳枚，同煎至柒分，去滓，空心服。

二十四味大建中湯，治男子婦人體虛，寒熱往來，日久未愈，不思飲食，肌肉消瘦，虛勞寒熱，口燥咽乾，神劾不可具述。

人參（去蘆）　桔梗（炒）

白茯苓（去皮）　柴胡（去苗）

甘草（炙）　當歸（去蘆）　川芎　半夏（湯泡七次）　草菓子　白芍藥　鱉甲（米醋炙）　烏梅肉　檳榔（半錢）　木香（壹錢，不見火）

陳橘皮（去穰）　秦艽（洗淨）　阿膠（蛤粉炒）　柏子仁　烏藥（各壹兩）　黃耆（蜜炙）　地黃（熟蒸）　五味子（各參錢）　地骨皮（去骨）　肉桂（去麤皮，壹錢半，不見火）

右㕮咀，每服肆錢，水壹盞半，生薑參片，棗子貳枚，煎至捌分，去滓，不計時候服。

木香黃耆湯，治虛勞，榮衛不和，時或潮熱，夜有盜汗，口乾引飲，四肢無力，肌體黃瘦。

黃耆（貳兩，蜜炙）　人參（壹兩，去蘆）　白芍藥　白茯苓（去皮）　白朮（壹兩半，炒）

木香（半兩，不見火）　甘草（半兩，炙）　肉桂（去麤皮，不見火）　牡蠣（各參分）　柴胡（壹分，去苗）

右㕮咀，每服貳錢半，水壹盞，煎至半盞，去滓，溫服，不拘時候。

當歸黄芪湯 補諸虚不足，調榮衛，退虚熱，進飲食。

黄耆 蜜炙

熟乾地黄 洗

人參 去蘆

白茯苓 去皮

甘草 炙

當歸 去蘆各貳兩

白芍藥 各壹兩半

牡丹皮

白朮 各壹兩炒

肉桂 去皮不見火各半兩

右㕮咀，每服肆錢，水壹盞半，生薑參片，棗子壹枚，煎至柒分，去滓，食前温服。

大補黄耆湯 調養氣血。

黄耆 蜜炙

川芎

當歸 去蘆酒浸

肉桂 去麤皮不見火

人參 去蘆

白茯苓 壹兩半去皮

肉蓯蓉 參兩酒浸

防風 去蘆

山茱萸肉 去核

白朮 炒

甘草 炙

五味子 各壹兩

熟乾地黄 貳兩洗

右㕮咀，每服伍錢，水壹中盞半，生薑伍片，棗子壹枚，同煎至捌分，去滓，空心食前温服。

參耆鱉甲散 治勞倦，補虚，壯力，調榮衛，進飲食。

人參 去蘆

鱉甲 去裙淨酒醋炙令黄

當歸 酒浸去蘆

甘草 炙各壹兩

附子 炮去皮臍，剉，生薑自然汁浸壹宿，蒸兩次

金釵石斛 酒浸炒

肉桂 去麤皮不見火各半兩

黄耆 蜜炙

白朮 炒

白茯苓 去皮

白芍藥 貳兩

乾薑 炮洗

右為細末，每服貳錢，水壹大盞，生薑參片，棗子、烏梅各壹枚，煎至柒分，去滓，空心食前，温酒調下亦得。

猪骨散 治諸勞氣，蒸熱倦怠，腰脚酸疼，四肢困重，不美飲食，肌膚瘦悴。

秦艽 洗淨

前胡 各壹兩

藁本 貳兩

鱉甲 醋炙洗淨

柴胡 去苗

川烏頭 炮去皮臍半兩

蕪荑 去皮壹兩

甘草 各半兩

右用雄猪脊骨壹全副，去頭尾各壹節，去肉，將骨細剉，入水貳大椀，磁器中煮，令水盡，除蕪荑、甘草貳味外，餘並入猪骨中，好酒壹斗，同煮令酒盡，卻入蕪荑、甘草同焙乾，為末，每服貳錢，温

酒調下，空心夜臥服，百無所忌。

無名散 大解勞倦。

天仙藤　烏藥
香白芷　香附子去毛，各壹兩
甘草半兩，炙　沉香參兩，不見火

右為細末，每服貳錢，水壹盞，生薑參片，烏梅壹枚，煎八分，食前稍熱服。

蓯蓉散 治虛勞傷憊，四肢羸瘦，腰膝無力，及不進飲食。

肉蓯蓉酒浸壹宿，去皴皮　熟乾地黃洗
附子炮，去皮臍　金釵石斛酒洗
黃耆蜜炙　白茯苓去皮
牛膝去蘆，各壹兩　人參去蘆
防風去蘆　白朮炒
五味子去枝　肉桂去粗皮，不見火，各半兩

右件㕮咀，每服肆錢，水壹盞半，生薑半分，棗子參枚，煎至陸分，去滓，食前服。

如意散 治憂思過度，心血不足，倦乏瘦悴，或夜發寒熱。

百合　黃耆蜜炙
當歸去蘆　茯神去木
人參去蘆　五味子
甘草炙　栢子仁
白茯苓去皮

右等分，為細末，每服參錢，水壹盞，生薑參片，烏梅壹枚，煎至八分，不拘時候服。

天仙藤散 治蒸熱勞氣，百骨酸痛，腰背拘急，小便赤黃，腳手沉重，胸中不快。

天仙藤　甘艸炙
桔梗炒　青皮去瓤，各壹兩
香附子　天台烏藥
川白芷　陳皮去白，各貳兩

右為末，每服貳錢，水壹盞，生薑參片，烏梅壹箇，煎至八分，時通口服。

白芍藥散 治虛勞盜汗，便濁，走失血少，筋痿。

白芍藥　白朮炒
牡蠣粉　附子炮，去皮臍
麒麟竭　肉桂去粗皮，不見火
栢子仁　黃耆蜜炙
烏魚骨　龍骨煅

熟乾地黃

右等分為細末每服貳錢食前溫酒調下、

入參散治虛勞少氣四肢疼痛心神煩熱嗜臥不得飲食減少、

入參去蘆　當歸去蘆
甘草各半兩炙　酸棗仁
熟乾地黃各壹兩洗　麥門冬壹兩半去心
黃耆蜜炙　白芍藥
白朮各參分炒

右為麤末每服參錢水壹中盞生薑半錢棗子參枚煎至陸分去滓不計時候溫服

大正氣散治眞陽不足臟氣虛弱榮衛損耗頭目昏暗耳鳴重聽四肢瘦倦胃膈痞滿面色痿黃畏風怯冷腹時時痛噫氣吞酸惡心嘔逆不進飲食心忪盜汗陰伏下焦足脛如冰血氣虛竭陰陽失守冷熱相搏四肢煩疼或發寒熱此藥大能補二脾穴平順胃氣調和臟氣若空腹常服令人飲食進美血氣充盛或陰證傷寒氣虛感冷並宜服之

白茯苓　黃耆蜜炙
陳橘皮去白　白朮麩炒各肆兩

川芎炒　甘草炙
附子炮去皮臍　乾葛生
烏藥去心　肉桂去麤皮不見火
山藥炮各貳兩　白薑炮洗
紅豆炒各壹兩

右為細末每服貳錢水壹盞生薑參片棗子壹枚煎至柒分食前服自汗加小麥佰餘粒同煎、

【自汗】

附子大建中湯

附子壹兩炮去皮臍　黃耆蜜炙
白朮炒　甘艸炙
當歸去蘆　熟乾地黃洗
木香不見火　肉桂去麤皮不見火
白芍藥各貳兩

右為麤末每服伍錢水壹盞半生薑伍片棗子壹枚煎至柒分去滓食前溫服

耆附湯治盜汗、

附子貳錢炮去皮臍　黃耆壹錢鹽水或蜜拌炙

右為麤末每服參錢水壹盞半生薑參片棗子壹枚煎至柒分去滓食前服、

延年斷汗湯

黃耆蜜炙　人參去蘆

白茯苓去皮　芍藥

肉桂去麤皮不見火　甘草炙

牡蠣粉分

右等分，爲麤末，每服叁錢，水壹盞半，生薑叁片，棗子壹枚，烏梅壹枚，煎至柒分，去滓，食前温服。

斷汗湯

黃耆壹兩蜜炙　防風去蘆

龍骨煅　麻黃用節根

白朮炒　牡蠣粉各半兩

右爲麤末，每服叁錢，水壹盞半，生薑叁片，棗子壹枚，煎至柒分，去滓，空心服。

茯神散，治虛勞起動自汗，煩熱驚悸，睡卧不得。

茯神去木　人參去蘆

熟乾地黃洗　牡蠣粉

麥門冬去心炒　黃耆蜜炙

酸棗仁炒　龍骨煅各壹兩

五味子　蒼朮米泔水浸壹宿去麤皮

甘艸炒各半兩

右爲麤末，每服肆錢，水壹中盞，生薑半分，棗子叁枚，煎至柒分，去滓，不拘時候温服。

治虛汗盜汗

雪白茯苓爲細末，煎烏梅陳艾湯調下貳錢服之，神効。

治盜汗

人參去蘆半兩　黃耆蜜炙

當歸去蘆各壹兩

右爲細末，每服肆錢，水壹盞，入淡豉叁拾粒，葱頭貳寸，煎至柒分，不拘時候服。

治盜汗

牡蠣粉　黃耆蜜炙

麻黃根

右等分，爲麤末，每服肆錢，水壹盞，煎陸分，不拘時候温服。

撲汗

牡蠣粉入好蛤粉叁分之壹，用紗帛包了，撲汗處，遇乾又撲，以頻撲爲佳。

白濁

玉鎖丹，治白濁。

絳凡 壹錢枯

茴香 淘去沙壹分炒

黑牽牛 參分炒

牡蠣 壹兩童子小便浸參日每日壹換取出醋紙裹煆通紅別研

兔絲子 壹分酒煎蒸再用酒浸壹宿研爛成餅

龍骨 壹錢煅

遠志 半兩

右為細末，蒜煨取汁，圓如梧桐子大，每服伍圓，空心麝香酒送下。

金鏁丹，治下弱胞寒，小便白濁，或如米泔，或若凝脂，夢漏精滑，關鏁不固，腰痛氣短，竝皆主之。

鹿茸 去毛酥炙

白茯苓 去皮

石菖蒲 九節者炒

鍾乳粉

陽起石 煅

桑螵蛸 炒

益智仁

舶上茴香 揀淨炒

五色龍骨 煅別研各壹兩

青鹽 各半兩竝別研

右為細末，棗肉為圓如梧桐子大，每服肆拾圓，棗湯下，日午臨卧服。

固真丹，治腎與膀胱虛冷，真氣不固，小便滑數。

韭子 肆兩

補骨脂 炒

鹿角霜

舶上茴香 炒

益智子

白龍骨 參兩煅別研細如粉

右為細末，以青鹽鹿角膠各壹兩，同煮酒，糊為圓如梧桐子大，每服伍拾圓，空心温酒送下，鹽湯亦得。

勝金圓，治男子婦人諸虛不足，小便白濁，婦人子宮久冷。

鹿茸 鹽去毛切片酥炙青為度

桑螵蛸 酒浸壹宿上焙

川當歸 去蘆酒浸

附子 壹隻炮捌錢

白茯苓 去皮

龍骨 煅別研

熟乾地黃 洗各壹兩

右為細末，以肉蓯蓉參兩，洗淨，切作片子，用酒壹升煮乾，研作膏，為圓如梧桐子大，每服參拾圓，温酒鹽湯任下，婦人醋湯下，食後服。

秘精圓，治漏精補益。

大附子 炮去皮臍

牛膝 去蘆酒浸壹宿

巴戟 去心

龍骨 煅通紅別研

肉蓯蓉 酒浸壹宿去皴皮

右等分為細末，煉蜜為圓如梧桐子大，每服貳參拾圓，空心温酒鹽湯下，甚者日午再服，小便如米泔者，不過拾服。

三白圓，又名素丹，治小便遺精白濁滑數及盗汗。

龍骨煅別研　牡蠣粉各壹兩

鹿角霜貳兩

右爲細末，滴水爲圓，如梧桐子大，以滑石爲衣，

每服拾圓，加至拾伍圓，鹽湯吞下，空心服。

縮泉圓　治丈夫小便頻。史越王方

烏藥　川椒去目并合口者出汗

吴茱萸九蒸九曝　益智炒

右等分爲細末，酒煮麵糊圓，如梧桐子大，每服

伍陸拾圓，臨卧鹽湯下。

固脬圓　治小便不禁，或虛寒頻併。

茴香壹兩淘去沙炒　大附子半兩炮

兔絲子貳兩淘洗淨酒浸研成餅　戎鹽壹分

桑螵蛸半兩炙焦

右爲細末，酒煮麵糊圓，如梧桐子大，每服參拾

圓，空心米飲下。

雙白圓　秘精，清小便。朱叔通傳

雪白茯苓去皮　鹿角霜

右等分爲細末，酒煮麵糊圓，如梧桐子大，每服

參伍拾圓，空心鹽湯下。

又方

苦楮　白茯苓去皮

右等分爲細末，酒煮麵糊圓，如梧桐子大，每服

參拾圓，天門冬煎湯下，不拘時候。

韭子圓

家韭子炒　巴戟去心

益智子炒　白茯苓去皮

右等分爲細末，酒煮麵糊圓，如梧桐子大，每服

伍拾圓，食前温酒或米飲下。

茯苓圓　治小便白濁。

白茯苓貳兩，用木猪苓肆兩，剉，水貳升同煮，乾

去猪苓，只用茯苓爲末，以黄蠟貳兩，鎔化爲圓，

如彈子大，空心細嚼壹圓，鹽湯送下，忌米醋。

固精圓　治小便精自出多，因驚而得，咸呼作膏淋，

服補藥過多無益，但服此藥立愈。

牡蠣煅令熟壹味只作壹亦長爲壹段煮甚好

右以獖猪臓近腹頭處貳參尺，洗淨，翻過，恐脂

油太多，略去了些小，如不甚多，則不須去，亦洗

令淨，却翻脂在內，旋旋入牡蠣末，候滿，札定兩

頭，慢火水煮，令臓爛，以指甲[illegible]得軟爲度，款款

取出，莫教取破，候令扒開臓，取出藥末，將臓切

細於砂盆內研成膏，和藥末為圓，如梧桐子大，每服肆伍拾圓至佰圓，米飲下，日進參肆服。初服半月日或仟餘日，小便所出狀如凝脂，或如敗血，或如細膿，脩若曲蟮糞不斷，每小便時必出參伍次或拾數次，切莫疑惑，此是敗精之出。服至半月，病勢已減半，月分至月餘，病已瘳矣，更服至佰日，永久不復發動。

茴香圓，治遺精夢漏，關鎖不固。

船上茴香炒　胡蘆巴

破故紙炒　白龍骨煅，各壹兩

胡桃參拾箇，研成膏

羊石子參對切開，鹽半兩擦，炙熟研成膏

右為細末，將膏子和酒浸蒸餅，搜成劑，杵熟，圓如梧桐子大，每服參伍拾圓，空心溫酒送下。

龍骨圓，治白濁。

糯米飯炊乾，肆兩　赤石脂火令焦黃

龍骨煅，別研　白茯苓去皮，各貳兩

右為細末，醋煮麵糊圓，焙乾，每服伍拾圓，空心鹽湯送下，食前服。

鎮心圓，治白濁。

益智仁貳兩　龍骨煅，半兩

牡蠣粉　茯神去木，各壹兩

龍齒壹分

右為細末，酒煮麵糊圓，如梧桐子大，每服參拾圓，空心鹽湯下，婦人艾醋湯下。

奪命圓，治白濁。

半夏大者肆拾以粒，各四破之，用石蘚筋壹握剉碎，同半夏炒令黃色，去石蘚只用

蓮子肉肆拾箇　龍骨煅，別研

白茯苓去皮，半兩　遠志去心

白凡枯，各半兩

右為細末，以車前草取自然汁，煮麵糊為圓，如梧桐子大，每服肆伍拾圓，空心鹽湯下。

魏氏家藏方卷第肆

文政甲申立春後三日校了　善

魏氏家藏方卷第伍

脾胃

金鎖正元丹、煖養脾胃、

大附子 炮去皮臍　白芷 炒

川練子 炒　乾薑 炮洗

茴香 淘去沙炒　青皮 去穰

肉桂 去麤皮不見火各壹兩　硫黃

牡蠣粉　石菖蒲 各貳兩

阿魏 麪餅子搜作　木香 炮各半兩

右爲細末、將阿魏餅作糊、爲圓如梧桐子大、每服叁拾圓、食前溫酒鹽湯下、

消穀丹、去脾臟風濕、進飲食、消浮腫、

肉豆蔻 麪裹煨　肉桂 去麤皮不見火

皂角黃　丁香 不見火

白茯苓 去皮　木香 不見火

訶子肉　白朮 麩炒

人參 去蘆　白薑 炮洗

橘紅　神麴 炒

厚朴 薑製宿炒　麥蘗 炒

蓽撥 洗淨　良薑 炒

右等分爲細末、煉蜜爲圓如彈子大、每服壹圓、薑湯嚼下、有虛寒加附子半兩、炮去皮臍、

衛經丹、治脾胃怯弱、久受虛寒、腰腹疼痛、泄瀉、無時面無顏色、精神不爽、腰膝酸重、胸膈痞塞、嘔吐惡心、痰唾稠粘、常服大壯脾胃、美進飲食、

縮砂仁　丁香 不見火

蓽撥 各壹兩　厚朴 薑汁製宿炒

白豆蔻　人參 去蘆

肉豆蔻 麪裹煨　神麴 炒

半夏麴 炒　附子 炮去皮臍

蓽澄茄　陳皮 去穰

乾薑 炮洗　白朮 炒各半兩

鹿茸 去毛酥炙各壹兩　麝香 壹錢別研

右爲細末、煉蜜和作劑、杵什餘下、圓如梧桐子大、每服伍陸拾圓、或柒拾圓、米飲鹽湯任下、不拘時候、

不老圓、治臟腑虛滑、久瀉、建脾胃、消痰飲、進美飲食、史越王方 先文節公授

川厚朴 去皮薑製炒　川白薑 濕紙煨

肉豆蔻 麪裹煨　白朮 炒各壹兩半

附子 去皮臍切小塊薑汁浸壹宿炒　肉桂 去麁皮
丁香 各壹兩　蓽撥 柒錢半
右爲細末，神麯生薑汁煮糊爲圓，如梧桐子大，
每服伍拾圓，米飲下，不拘時候。
加減理中圓　快膈壯脾胃，消痰飲。
半夏 湯泡柒次　白朮 參兩炒
乾生薑　梓朴 剉薑製炒
附子 去皮臍薑煮　人參 去蘆壹兩各
蓽撥　丁香 各半兩不見火
右爲細末，煉蜜爲圓，如梧桐子大，每服參肆拾
圓，食前米飲下。
加味火輪圓　大煖臟氣，固養元陽，進美飲食。
肉豆蔻 麪裹煨　附子 炮去皮臍
乾薑 炮洗　良薑 薄切滴少油炒
天雄 炮去皮臍　訶子 緊小者濕紙裹煨去核
蓽撥 各半兩
右爲細末，陳米粉煮糊爲圓，如梧桐子大，每服
柒拾圓，空心飲下。
棗肉豆蔻圓　補脾虛，止泄瀉。
鍾乳粉 肆錢旋入　丁香 不見火

人參 去蘆　肉豆蔻 麪裹煨
白茯苓 去皮各貳兩
右爲細末，煮棗肉爲圓，如梧桐子大，每服參拾
圓，沸湯送下，不拘時候。
椒朴圓　壯脾煖胃。
益智子 去殼炒　台椒 炒出汗
川厚朴 去麁皮薑製炒　陳皮 去白
白薑 炮洗　茴香 淘去沙炒
右等分，用青鹽等分，於銀石器内，以水浸乎藥，
用慢火煮乾，焙燥，爲細末，酒糊爲圓，如梧桐子
大，每服參拾圓，加至肆拾圓，鹽湯温酒下，空心
食前服。
又方　治脾胃虛乏，積伏冷氣，飲食不消，多困羸瘦，
面黄口淡，不思飲食。
梓州厚朴 壹拾兩去皮薑製炙　漢椒 炒出汗
鹽花 各壹拾兩　黑附子 貳兩炮去皮臍
右以水拾椀，於銀石器内，慢火煮，候水盡，焙乾，
同爲末，煉蜜同糯米粉打糊爲圓，如梧桐子大，
每服貳參拾圓，空心温酒下，如大便滑泄，生薑
米飲下。

又方，治脾胃虛冷，不思飲食，四肢倦怠，泄瀉無時，應脾虛證竝宜服之。

舶上茴香炒　陳皮去白
青鹽各肆兩　生薑連皮
厚朴各壹斤去麤皮　大棗壹佰貳拾枚
川椒去目合口者淨半斤炒出汗　黑附子貳兩炮去皮臍

右用水壹斗貳升同入銀石器內，煮大沸後用慢火煮，令水盡，取出焙乾，爲細末，酒糊圓如梧桐子大，每服肆伍拾圓，空心米飲下。

煮朴圓陸從老方

厚朴肆兩，去皮剉作寸段，用生薑肆兩細切，水貳椀同煮，水盡去生薑不用，將厚朴再切焙乾
附子貳兩炮去皮臍
川白薑肆兩，甘草貳兩剉半寸長，水貳椀同煮，水盡去甘草不用，剉再炒微黃
舶上茴香炒貳兩　半夏麯壹兩

右爲細末，煮棗肉和圓如梧桐子大，每服參拾圓，溫湯米飲下。

又

吳茱萸湯泡柒次　茴香淘去沙炒
台椒炒出汗各貳兩　白父參兩炒

附子伍兩生去皮臍　厚朴肆兩去麤皮薑製炙
良薑炒　神麯炒
胡椒　丁香不見火
肉豆蔻麪裹煨　麥蘖炒各壹兩半

將前拾貳味藥用酒醋薑汁各貳大椀煮，候乾取出，焙燥，入後藥。

舶上茴香炒　附子炮去皮臍剉再炒黃色各貳兩
川白薑肆兩，用甘草貳兩剉半寸許，水貳椀同煮，水盡去甘草，將薑切焙
厚朴肆兩，去皮剉，用生薑肆兩細切，水貳椀同煮，水盡去薑不用
半夏麯炒壹兩

右竝爲細末，煮棗肉和圓如梧桐子大，每服參伍拾圓，溫湯米飲下。

椒附香朴圓

椒紅炒出汗　附子炮去皮臍
蒼朮茅山者米泔浸壹宿　乾薑炮洗
厚朴去麤皮剉薑製炒　良薑各貳兩炒
吳茱萸湯泡柒次炒　茴香
益智

右爲細末，神麯糊爲圓，如梧桐子大，每服伍拾圓，空心米飲下。

朴附圓治脾胃久虛穀腸滑泄臍腹絞痛腸鳴泄
瀉肢體無力李學諭傳

川厚朴去麤皮剉作骰子塊　附子去皮臍切骰子塊各貳兩
大肉棗伍拾枚　生薑伍兩

已上肆味用水壹大椀煮乾揀出棗子將參
味藥焙乾

肉豆蔻麪裹煨　訶子煨取肉
川白薑炮洗各壹兩　人參去蘆半兩

右爲細末將前棗肉爲圓如梧桐子大每服伍
拾圓加至佰圓米飲下

養脾圓

鍾乳粉　人參去蘆
白茯苓去皮　附子炮去皮臍
吳茱萸湯泡柒次炒　細辛
南木香不見火　枳實麩炒
肉豆蔻麪裹煨　青皮去穰
金釵石斛　白朮麩炒
乾薑炮洗　麥蘖炒
神麯炒　丁香不見火
川椒去目并合口者炒出汗　陳皮去白

益智仁　縮砂仁
訶子肉　檳榔
肉桂去皮不見火　厚朴去麤皮剉薑製炒

右等分爲細末煉蜜搜和杵參伍佰下圓如豌
豆大每服參伍拾圓空心米飲下

又方治脾胃虛弱胷膈痞悶心腹疞痛四肢少力
腹脹腸鳴飲食不化

縮砂用連殼　乾薑炮洗各半斤
麥蘖炒　白朮炒
藿香葉去土　人參去蘆
白扁豆　厚朴去麤皮剉薑製炒
橘紅　白茯苓去皮
神麯　丁香各伍兩
甘草柒兩炙

右爲細末煉蜜爲圓每兩分作捌圓每服壹圓
細嚼生薑湯下空心服

建脾圓治丈夫婦人脾胃虛冷嘔逆惡心臍腹撮
痛冷痃癖胃惡聞食氣停寒積飲飲食不化臟寒
泄瀉等疾

厚朴去麤皮剉薑製炒　半夏薑製

白朮 炒各壹兩
橘紅
薑黃
白茯苓 去皮
蓽澄茄
益智仁
硫黃 金液丹代之
附子 壹隻玖錢重者炮去皮臍
肉豆蔻 參錢麪裹煨
肉桂 去皮不見火
胡椒
神麯 炒
丁皮
木香 各半兩
人參 去蘆各叁分
溫薑 煨各柒錢半
丁香 貳錢不見火

右爲細末，薑汁打糊爲圓如梧桐子大，每服伍陸拾圓，空心薑湯下。

又方：滋養胃氣，辟霧露寒濕，進美飲食，中酒壹圓即醒。

肉豆蔻 麪裹煨
草豆蔻
縮砂仁
白附子 炮
沈香 各壹兩不見火
白茯苓 去皮
橘紅
白豆蔻 取仁
紅豆
益智子
南木香 不見火
人參 去蘆
肉桂 去麤皮不見火
乾薑 炮洗
甘草 炙
白朮 各壹兩半炒

右爲細末，煉蜜爲圓如彈子大，朱砂爲衣，每服壹圓，食前薑湯嚼下。

茱萸健脾圓：治脾氣不和，臟腑或泄或秘，飲食入胃頻欲便利。

吳茱萸 湯泡柒次炒
川厚朴 去麤皮剉薑汁製炒各貳兩
神麯 炒
乾薑 半兩炮洗
附子 炮去皮臍各壹兩
白朮 各壹兩半炒
麥蘗 炒
肉豆蔻 壹兩半麪裹煨

右爲細末，麪糊爲圓如梧桐子大，每服柒捌拾圓，食前米飲下。

快脾圓 隨通判仲宣傳

生薑 陸兩洗淨切片，以飛羅麪肆兩拌和，就日中曬乾
橘皮 壹兩去穰
丁香 各貳兩不見火
甘草 炙
縮砂仁 參兩

右爲細末，煉蜜爲圓如彈子大，每服壹圓，食前薑湯熟水嚼下。

補脾圓：補實脾臟，兼治大便冷滑。

赤石脂 煅
乾薑 炮洗

肉豆蔻麪裹煨　厚朴去麤皮剉薑製炒
白朮各壹兩炒　訶子濕紙煨去核
麥蘗炒　神麴炒
蓽撥各半兩炒

右爲細末，醋糊爲圓如梧桐子大，每服參拾圓，食前熱水下。

補胃圓，補脾胃，進飲食，去宿寒。

肉豆蔻麪裹煨　梓朴去皮薑製炙
縮砂仁焙　白朮炒
乳香別研　人參去蘆
丁香不見火　乾薑炮洗
附子炮去皮臍　胡椒各壹兩

右爲細末，以北棗捌兩，用生薑自然汁煮去皮核，和藥杵貳參佰下，圓如梧桐子大，每服伍拾圓，米飲下，不拘時候。

固胃圓

梓朴去皮剉　生薑各壹斤剉
棗子半斤去皮核
白朮半斤　高良薑

已上參味用水貳㪷煮，棗爛水乾爲度。

草豆蔻各參兩　甘草炙
蓽澄茄　肉桂去皮
白豆蔻仁　橘皮去根各貳兩

右爲細末，麪糊爲圓如梧桐子大，每服柒拾圓至佰圓，清米飲下，或熟水亦得，不拘時候。

生氣養胃圓，治脾虛冷涎，飜胃藥食不納者，極効。

大附子壹隻炮去皮臍切塊薑汁半盞煮乾
厚朴壹兩去皮薑製　蒼朮壹兩米泔水浸壹宿剖去皮
陳皮壹兩去白　白茯苓壹兩去皮
甘草半兩炙

右爲細末，用大北棗伍拾枚，煮熟去皮核取肉，用大蒜伍枚，煨熟去皮膜，研爛，和棗肉搜藥末，圓如小梧桐子大，每服伍拾圓，漸加至佰圓，米飲吞下。

丁香開胃圓

白豆蔻　甘草炙
半夏麴各半兩　丁香壹兩半不見火
肥生薑參斤薄切焙乾取參兩　人參去蘆

右爲細末，煉蜜爲圓，壹兩作拾圓，每服壹圓，白湯嚼下，食前。

益胃圓治脾氣胃氣俱虚中脘停痰嘔噦不止

縮砂仁　川薑炮洗

陳皮去白　厚朴去皮剉薑製炒

丁香各貳兩不見火　白朮肆兩炒

肉豆蔻壹兩半麪裹煨　半夏貳兩半湯泡柒次

右爲細末好麪糊爲圓如梧桐子大每服伍陸拾圓至佰圓空心薑湯或橘皮湯下

温胃圓煖胃消痰進食

神麯炒　麥蘗炒

白朮各壹兩炒　半夏叁兩湯泡柒次

丁香半兩不見火　人參去蘆壹分

右爲細末生薑自然汁爲圓如梧桐子大每服叁肆拾圓薑湯下不拘時候

人參大温中圓治三焦不順脾胃冷心腹㽲痛嘔逆惡心兩脇刺痛胷膈滿悶腹脹腸鳴泄瀉頻併並宜服餌

高良薑炒　肉桂去麤皮不見火

紫蘇子　人參去蘆

陳皮去白　白朮各壹兩炒

川乾薑伍錢炮洗

右爲細末煉蜜爲圓每兩作捌圓每服壹貳圓食前生薑湯嚼下

麯蘗二薑圓治脾胃不和胷膈痞悶泄瀉下痢水穀不消

高良薑炒　乾薑炮洗各貳兩

神麯炒　麥蘗炒各叁兩

枳殻麩炒去瓤　肉豆蔻麪裹煨各壹兩

右爲細末酒糊爲圓如梧桐子大每服叁肆拾圓温熟水下不拘時候

消穀圓進飲食除宿滯破痰實常服不損氣益脾胃散宿酲

烏梅肉　川薑炮洗

神麯炒　麥蘗炒各壹兩

香附子去毛　官桂去麤皮不見火

縮砂仁各叁兩　益智仁各貳兩

紫蘇葉　茯苓去皮

甘草壹兩半炙

右爲細末煉蜜圓如梧桐子大每服叁伍拾圓食前熟水下

加減千金思食圓

烏梅肉　乾生薑各壹兩
小麥糵　神麯各貳兩焙炒
縮砂仁　甘草炙
橘紅各半斤

右爲細末煉蜜爲圓如彈子大每服壹貳圓米飲嚼下不拘時候

木香神麯圓治胃寒一切冷氣寬利胷膈消穀快氣進美飲食

華澄茄　木香各壹兩不見火
草豆蔻仁　乾薑炮洗
高良薑炒　神麯炒
麥糵　肉桂去麁皮不見火
陳皮去白各肆兩

右件剉碎再炒香熟同爲細末用神麯糊爲圓如菉豆大每服肆伍拾圓食後薑湯下

訶梨勒圓

吳茱萸去枝湯泡洗次　艾葉
厚朴去麁皮薑製炙　乾薑炮洗
良薑去鬚　白朮各壹兩炒
大附子貳兩炮去皮臍切作骰子塊

右件入好肉棗參拾枚酒米醋生薑自然汁各壹盌煮前藥乾爲末入肉豆蔻伍兩訶子炮熟取皮貳兩丁香半兩胡椒半兩爲末酒糊爲圓如梧桐子大每服伍拾圓空心米飲下

華澄茄圓治脾氣虛滯飲食難化痰涎壅盛

五味子去枝　木香不見火
官桂去麁皮不見火　丁香不見火
阿魏別研　全蠍炒
茴香淘去沙炒　青皮去穰
良薑各參分炒　草菓子取肉炒
胡蘆巴炒　白朮各壹兩炒
華澄茄貳兩半　神麯貳兩炒
甘草壹分炙　沉香半兩不見火

右爲細末酒糊爲圓如梧桐子大每服肆拾圓坐薑酒下不拘時候

蘇橘大圓治夏月多食生冷濕氣在內

紫蘇葉　陳皮去穰
乾生薑　人參去蘆各壹兩半
白茯苓去皮　縮砂仁各壹兩
甘草半兩炒

右爲細末，煉蜜爲圓，如彈子大，每服壹圓，溫湯嚼下，早晨服。一方加白豆仁半兩。

小建中圓 治虛中有積滯，不可服疏導之藥。

胡椒 紅豆去枝

白芷炒 乾薑炮洗

縮砂仁各壹兩 茴香壹兩半，淘去沙炒

甘草炙，各壹兩半 阿魏參錢，別研，麪裹煨，酒化開入藥

益智仁貳兩

右爲細末，麪糊圓如梧桐子大，每服參拾圓，生薑湯下，不拘時候。

小薑香圓 治百物所傷，胷膈不快，不思飲食。

香附子去毛炒 陳皮去白炒

丁香皮 麥蘖炒

縮砂仁 神麯各半兩，炒

蓬莪朮炮 甘草炙，各貳錢半

右爲細末，水浸蒸餅和圓，如小赤豆大，每服貳參拾圓，生薑湯下，不拘時候。

三稜圓 去積滯，快脾氣。

京三稜炮 益智仁

蓬莪朮炮 青皮去穰

陳皮去白 乾薑炮洗

右等分爲末，同炒令黃色，麪糊爲圓，如梧桐子大，每服參拾圓，薑湯送下。

料物圓 治脾元怯弱，不進飲食。

華撥 紅豆去獻

台椒去目并合口者，炒出汗 白薑炮洗

良薑微炒 胡椒

茴香淘去沙炒，各半兩 附子炮去皮臍，切片，煲炒，壹兩

右爲細末，酒糊爲圓，如梧桐子大，每服參伍拾圓，空心米飲下。

暜扳圓

陳倉米參合，用丁香、肉豆蔻各半兩同炒令香熟，去丁香、豆蔻，將米碾爲細末，別用炒了神麯、麥蘖爲末，打糊爲圓，如梧桐子大，每服伍陸拾圓，米飲下。

快膈圓 治脾胃虛弱，不美飲食，痰涎上壅，胷膈不快，及酒食所傷。

橘皮炮去穰，曬乾，秤壹斤，用生薑拾兩去皮，洗淨切片，同橘皮搗碎，曬乾，再以生薑陸兩切片，研搗，微炒，入後藥

半夏麯炒 藿香去土

丁香皮各肆兩　厚朴去麁皮薑製炙參兩

天南星湯泡柒次　茯苓去皮各貳兩

右爲細末生薑自然汁煮糊爲圓如梧桐子大每服參拾圓生薑紫蘇湯下

太倉圓治氣膈脾胃全不進食

白豆蔻仁　縮砂各貳兩

陳米壹升淘洗略蒸過銚內炒　丁香半兩不見火

右爲細末棗肉爲圓如小赤豆大每服伍柒拾圓至佰圓米飲下

朮附圓溫脾煖胃進飲食消痰飲實臟腑

厚朴去麁皮薑製炙　茯苓白者去皮

乾薑炮洗　白朮各肆兩炒

半夏貳兩湯泡柒次

已上並剉骰子塊入大青州好棗陸兩砂鉢內水浸没壹指許煮水盡取棗去皮核用麁布絞取肉入後藥

附子炮去皮臍　甘草各壹兩半炙

右柒味壹處焙乾爲末棗肉圓如梧桐子大每服貳拾圓空心食前白湯下

訶附圓治脾胃不和臟腑滑泄不止諸藥不効者

訶子炮去核　附子炮去皮臍

肉豆蔻麪裹煨　川薑炮洗

赤石脂煅別研

厚朴去麁皮剉薑製炒

右等分爲末麪糊圓如梧桐子大每服伍拾圓食前米飲下

沈香圓調順脾胃補益眞氣進飲食壯筋骨治虛乏輕脚膝

南木香不見火　沈香不見火

舶上茴香炒　丁香不見火

南番胡蘆巴炒　金釵石斛去根

補骨脂炒　巴戟去心

牛膝酒浸去蘆　青皮去穰

川芎各壹兩　附子半兩炮去皮臍

右爲細末煉蜜圓如梧桐子大每服參拾圓空心溫酒飯飲任下久服甚妙

丁沈圓治氣逆脾胃不和痓悶胷膈噎塞不利或氣時上攻衝飲食減少

肉豆蔻麪裹煨　丁香不見火

白豆蔻仁　木香不見火

縮砂仁　　檳榔
麥蘖炒　　訶子皮
麴薑　　青皮去穰
人參去蘆　　胡椒

右等分爲細末煉蜜圓如彈子大每服壹圓食前鹽湯嚼下。

已寒圓治胃有宿寒臟腑虛弱泄瀉頻數。

吳茱萸湯泡柒次炒　　肉桂去麤皮不見火
附子炮去皮臍　　川烏頭炮去皮臍
良薑炒　　厚朴去麤皮薑製炙各壹兩
赤石脂煅　　丁香不見火
縮砂仁炮　　肉豆蔻麵裹煨各半兩

右爲細末醋糊圓如梧桐子大每服參拾圓溫酒米飲下空心食前服。

棗肉圓治脾胃受寒或腸鳴泄瀉腹脅虛脹或胃膈不快飲食不美兼治腎泄腎泄者五更溏泄是也。

破故紙炒肆兩　　木香壹兩生用不見火
肉豆蔻貳兩麵裹煨

右爲細末燈心煮淮棗去皮核和圓如梧桐子大每服參伍拾圓煎人參生薑湯下食半空服或午食前鹽酒鹽湯下亦得。

快圓兒治酒後嘔吐。

半夏麴炒　　三稜濕紙裹煨
甘草炙各壹兩　　丁香參分不見火
生薑壹拾貳兩去皮切片子用青鹽壹兩淹壹宿焙乾。

右爲細末酒糊和圓如雞頭大候乾入甕器中收每服壹圓嚼下。

斆神圓專理脾胃快氣進食消飲磨積。

烏梅肉　　青皮去穰虛人減半
訶子煨去核　　陳皮去穰
南木香濕紙煨香各壹兩　　神麴炒
麥蘖炒　　乾薑炮洗各貳兩

右爲細末白麵糊爲圓如梧桐子大每服肆伍拾圓空心生薑湯下。

消食圓

半夏麴炒　　白朮各壹兩炒
白茯苓去皮　　枳實炒
吳茱萸湯泡柒次炒　　神麴炒別碾
麥蘖炒別碾　　人參去蘆各半兩

右爲細末將神麴麥蘖以生薑汁煮糊爲圓如

梧桐子大每服參拾圓薑湯下、

丁豆圓温中固臓氣、

肉豆蔻 麵裹煨　丁香 不見火

右等分為細末生薑汁煮棗肉和圓如小赤豆大每服參肆拾圓食前米飲下、

青鹽圓專治脾胃、王克明傳

破故紙 炒　茴香 洵去沙炒

石菖蒲　肉桂 去麤皮不見火

川椒 去目合口者炒出汗　牡蠣 煅

木香 不見火　陳皮 去穰

縮砂仁　當歸 去蘆酒浸

川練子 去核炒各半兩　厚朴 去麤皮薑製炙

鹿角霜　吳茱萸 炒各壹兩

桃仁 去皮尖炒　蒼朮 米泔浸壹宿炒各肆兩

草烏頭 貳兩鹽煮　青鹽 肆兩半炒乾

右為細末酒煮麪糊圓如梧桐子每服陸拾圓食前鹽湯下婦人醋湯下、

木香分氣圓

白附子 炮　白豆蔻

片子薑黃 洗炮　縮砂仁 各壹兩

木香 半兩麵裹煨　丁香 壹兩半不見火

甘草 肆兩炙

右為細末水浸蒸餅為圓如雞頭大每服壹拾圓白湯嚼下、

沈香養脾湯治脾胃久虚肌體羸弱心腹脹悶飲食遲化口苦咽乾喜飲湯水黃瘦自汗潮熱多驚

肉豆蔻 麵裹煨　厚朴 去麤皮薑製炙

甘草 炙　沈香 不見火各壹兩

人參 去蘆　黃芪 蜜炙各貳兩

訶子 煨去核　橘皮 去穰

木香 炮各參分　白朮 參兩炙

白茯苓 去皮壹兩半

右㕮咀每服貳錢半水壹盞生薑貳片棗子壹枚煎至半盞食前温服、

草菓養脾湯建脾化痰開胃進食久服無瘴痢疾

草菓仁　茯苓 白者去皮

縮砂仁 各半兩　桔梗 壹分

甘草 壹兩半炙

生薑 陸兩用白麵肆兩同拌和罨壹宿炒黃

右為細末每服壹錢沸湯點下、

丁香快脾湯、和脾胃、散寒痰、除積滯、進飲食、及療酒後嘔吐、

縮砂仁　草菓子
神麯炒　甘草炙
麥蘖炒　陳皮去穰参兩
生薑壹斤　丁香壹分不見火

右爲細末、每服貳錢、水壹盞、棗子壹枚、煎至柒分、去滓熱服、或沸湯點服亦得、不拘時候、

附子爍脾湯、温脾胃、散冷氣、利胷膈、進飲食、止嘔化痰、

川厚朴去粗皮薑製炙　半夏湯泡柒次
草菓子去皮炒　附子炮去皮臍各貳兩
陳皮去穰　白薑炮洗
甘草炙各半兩

右吹咀、每服肆錢、水壹盞半、生薑柒片、棗子貳枚、煎至柒分、去滓、食前服、

清脾湯、服之永無瘧痢之疾、

草菓仁炒　厚朴去粗皮薑製炙
川薑炮洗　甘草炙各壹兩
陳皮去穰　木香煨各半兩
麥蘖炒　神麯炒各貳兩
舶上茴香参分炒

右爲細末、食後入鹽沸湯點服、

醒脾湯朱叔通傳

天南星炮　藿香葉去土
附子生去皮臍　冬瓜子

右等分、吹咀、每服参錢、水壹盞半、生薑拾片、棗子壹枚、煎至柒分、去滓、不拘時候、

藿香養胃湯

白茯苓去皮　神麯炒
華澄茄　縮砂仁
薏苡仁炒　半夏湯泡柒次
藿香葉去土　人參去蘆
天台烏藥剉炒香　白朮各半兩炒
甘草参兩半炙

右吹咀、每服貳大錢、水壹大盞、生薑伍片、棗子貳枚、煎至柒分、去滓、温服、不拘時候

加減四君子湯、寬胷膈、消食、

人參去蘆　白朮炒
茯苓白者去皮各壹兩　枳殼半兩去穰麸炒黄

右爲細末、每服貳錢、水壹盞、生薑參片、棗子壹枚、煎至柒分、去滓温服、不拘時候、

大固腸湯、補脾元、温腸胃、養臟氣、進飲食、

肉豆蔻 麪裹煨　丁香 不見火

縮砂仁　附子 炮去皮臍

藿香葉 去土　肉桂 去麄皮不見火

草菓仁 各半两　厚朴 去麄皮薑製炙

荊南茴香 各壹两　川薑 叁分炮洗

訶黎勒　甘草 炙各壹两

右除肉桂丁香外拾味、壹處炒令香熟、入貳藥、同爲細末、每服貳錢、入鹽少許、食前沸湯調服、

胃愛湯

白豆蔻　丁香 不見火

白匾豆 炒　木香 不見火

藿香葉 去土　神麯 炒

麥蘖 炒　人參 去蘆

白朮 炒　茯苓 白者去皮

右等分、爲細末、每服貳錢、水壹中盞、生薑柒片、棗子壹枚、煎至柒分、去滓、食前温服、

三和湯

肉豆蔻 麪裹煨　人參 去蘆

草豆蔻仁　白茯苓 去皮

白豆蔻仁 各陸两　甘草 貳拾两

青州棗肉 參斤　陳皮 貳斤去白

蒼朮 貳斤去皮剉米泔浸壹宿　厚朴 參斤參两去皮薑汁製炙

右爲細末、空心入鹽沸湯調下貳錢、

十正湯、養脾胃、進飲食、治氣短、四肢怠倦、

白豆蔻仁　附子 炮去皮臍

陳橘皮 去穰　丁香 不見火

白茯苓 去皮　乾薑 炮洗

人參 去蘆　白朮 炒

肉豆蔻 麪裹煨　藿香葉 去土

右等分、㕮咀、每服伍錢、水貳盞、生薑伍片、棗子貳枚、煎至壹盞、去滓温服、不拘時候、

飫虎湯、治脾虚不思飲食、

草菓仁　人參 去蘆

甘草 炙　白豆蔻仁 微炒各壹两

高良薑 炮　乾薑 炮各半两

陳皮 柒錢炒

右爲細末、入鹽沸湯調下、食前服貳錢、

豆蔻湯、治脾胃虛弱、不思飲食、吐逆滿悶、胸膈不利、心腹刺痛、

草豆蔻仁 捌兩　　生薑 壹斤連皮切片

甘草 肆兩剉

右和入銀器內、用水浸過參指許、慢火熬乾、取出焙乾、爲末、每服壹錢、沸湯點服、夏月煎作冷湯服亦妙、

壯脾湯、治脾胃虛弱、臟腑泄瀉、胸膈停寒、不喜飲食、

附子 壹兩炮去皮臍　　白朮 半兩炒

人參 貳錢半　　乾薑 半兩

縮砂仁 貳錢　　肉豆蔻 貳錢麵裹煨

丁香 貳錢　　厚朴 生薑汁製壹宿炒半兩

右㕮咀、每服參錢、水壹盞半、生薑伍片、棗子壹枚、煎至柒分、去滓、食前服、

雄附湯、健脾溫中、治臟腑虛寒泄瀉、

天雄 貳隻炮去皮臍　　附子 肆隻重捌錢者炮去皮臍

綿黃耆 蜜炙　　新羅參 去蘆

白朮 炒　　白茯苓 去皮

白芍藥 各貳兩　　肉豆蔻 麵裹煨

木香 炮　　丁香 不見火各壹兩

川白薑 肆兩泡洗　　甘草 炙

沈香 不見火　　訶子 去核各半兩

右㕮咀、每服參錢、水壹盞半、入鹿角霜、乳香各少許、生薑伍片、棗子貳枚、同煎至壹小盞、空心服之、併滓再煎、常服不須入乳香、鹿角霜、如臟腑堅固、不必用訶子亦得、

獬豸湯

良薑 黃土煮　　白朮 各貳兩炒

甘草 炙　　縮砂仁

紅豆 各壹兩　　胡椒 半兩

右爲細末、每服壹錢、入鹽沸湯點服、食前、

鍾乳建脾散、去壹切冷氣、治脾胃久虛、胸膈痞塞、中脘氣滯、腹脹虛鳴、上氣喘急、心腹繞痛、宿食不化、留飲停積、痰逆嘔吐、噯氣不通、不進飲食、面黃肌瘦、四肢怠墮、及治鬲氣噎塞、霍亂吐瀉、

成煉鍾乳粉　　人參 去蘆各貳兩

肉豆蔻 麵裹煨　　訶子 煨去核

高良薑 炒　　厚朴 去麤皮薑製炒炙

白茯苓 去皮

陳皮去白　神麯炒
草菓仁　麥蘖各炒壹兩
乾薑壹兩半炮洗

右爲細末，每服貳錢，水壹盞，生薑參片，棗、枚，鹽壹捻，同煎至柒分，通口服，不拘時候。

增損平胃散

蒼朮米泔浸壹宿，剉，去麤皮，淨剉，日乾或焙
厚朴去麤皮，剉，生薑壹兩，研汁，罨壹宿，炒，再焙
陳皮去白，剉，炒，各壹兩　乾薑洗，剉，炒
黃耆軟者，剉，鹽水拌濕　甘草劈作貳片，炙黃
白茯苓剉，蓋蔬飯上蒸壹飯時，焙乾，或日乾亦可，各半兩

右爲細末，每服貳錢，食前沸湯點服，加人參半兩或貳錢半，去蘆，同茯苓製尤佳。

生氣散

白豆蔻仁　神麯炒
肉豆蔻麪裹煨　麥蘖炒
草豆蔻仁　白朮炒
縮砂仁　丁香不見火
南木香濕紙裹煨　人參去蘆
訶子炮去核　白茯苓去皮

甘草炒

右等分，爲細末，每服貳錢，入鹽少許，沸湯點服，不拘時候。

厚朴豆蔻散，治脾胃不足，飲食生冷傷動所致，當補脾養胃。

厚朴去麤皮，剉，薑製，炒　乾薑炮洗
草菓仁　肉豆蔻麪裹煨
良薑各柒錢半，炒　人參緊實者，去蘆
縮砂仁各半兩　白朮壹兩半，麸炒
丁香參兩半，不見火　藿香葉柒錢，去土
木香參分半，濕紙煨

右爲細末，每服參錢，水壹盞，肥棗貳枚，煎至柒分，溫服，不拘時候。

人參藿香散，和氣利膈，進食化痰。

半夏麯　白朮各壹兩，炒
白茯苓去皮　藿香各參分，去土
橘紅　甘草炙
人參去蘆，各半兩

右㕮咀，每服肆錢，水壹盞半，生薑柒片，棗子壹枚，煎至柒分，去滓，溫服，不拘時候。

沈香金粟散、温中和氣、調養心脾、進食止痢、

沈香（乾煨）　乾木瓜
人參（去蘆）　訶子（炮去核）
肉桂（去麤皮不見火）　半夏（紅麯炒）
木香（濕紙煨）　丁香（不見火）
檳榔　川芎
烏藥　陳皮（去白）
當歸（去蘆）　白薑（炮洗）
白芷（炒）　甘草（炙）
桔梗（炒）　良薑（炒）
遠志（去心）　白扁豆（炒）
縮砂仁　龍骨（煅各壹兩）
白茯苓（去皮）　附子（炮去皮臍）
藿香葉（去土）　蓮子肉（去心）
罌粟子（炒）　川厚朴（去麤皮薑製炒）
肉豆蔻（麪裹煨各壹兩）

右爲細末、每服參錢、水壹盞貳分、生薑伍片、棗子貳枚、同煎至捌分、和滓空心温服、

四和丁香散、治年高脾胃不和、飲食不化、頻頻洞泄、四肢無力、行步艱辛、常服壯氣、固腸胃、生津液、止瀉、

肉豆蔻（壹兩、分作肆分、壹分入陳米炒過、去米不用、壹分入丁香貳錢、穀米壹合、和炒裂、去米、壹分麪煨、去麪、壹分生用）
沈香（貳錢生用不見火）
甘草（參兩、半實炙、半生用）
乾薑（炮貳兩）

右爲細末、每服貳錢、食前米飲調下、或地榆訶子煎湯調下亦得、

人參丁香煮散、治脾胃久虛、飜胃吐逆、

人參（去蘆）　丁香（不見火）
高良薑（炒）　紅豆（去殼炒）
官桂（去麤皮不見火）　厚朴（去麤皮薑製炒）
乾薑（炮洗）　青皮（去瓤）
附子（炮去皮臍）　胡椒（各貳兩）
甘草（壹兩半炒）

右爲麤末、每服半兩、水參盞、生薑伍片、肥棗伍枚、煎至捌分、去滓、食前熱服、

正氣煮散、調氣不和、五臟停滯、不美飲食、傷寒嵐毒、諸般瀉痢、常服令人氣爽、飲食易消、積滯皆化、凡有病先投此藥、病後投此調氣尤佳、

青州棗　厚朴（去麤皮薑汁浸壹宿炒）

甘草 各壹斤　陳皮 去白
乾薑 各陸兩

右將厚朴生薑同擣盛甆器中將乾薑爲麤末
橬厚朴上罨壹宿次日先將罨厚朴同陳皮入
鍋內水煮乾次將棗子甘草入鍋內將煮藥炒
在上再入水煮乾燃爆再焙爲細末每服貳錢
水壹盞煎至柒分溫服入鹽沸湯調下亦得空
心食前常服

草豆蔻散治脾胃氣不和霍亂不止酒食所傷果
瘵脾泄能和壹切冷氣

厚朴 去麤皮用生薑參兩取汁浸炙候汁盡爲度　草豆蔻 去皮
陳皮 去白炒各貳兩　白朮 炒
乾薑 炮洗
訶子 炮去核各壹兩　甘草 參兩
五味子 參分

右爲細末每服貳錢水壹盞煎服霍亂冷飲下
若傷酒以酒調下脾痛不可忍者炒生薑酒下
參錢

木香煮散治脾元不和不思飲食心胸痞悶口淡
無味調順中焦兼解傷寒

白茯苓 去皮　人參 去蘆
厚朴 去麤皮入生薑壹分同杵炒令乾
木香 不見火　半夏 炒熟
白朮 各壹分炒　枳實 炒熟
官桂 去麤皮不見火　乾薑 炮洗
甘草 炙各半兩　陳皮 去白壹兩
檳榔 壹箇好者　草豆蔻 貳箇
訶子 伍箇煨去核

右㕮咀每服壹大錢水壹盞煎至柒分去滓熱
服不拘時候

雙棗散治脾虛退脾經邪熱皮瘡疾

甘草 炙　麥蘖 炒
白薑 炮洗各肆兩　錫糟 貳斤肆兩炒
橘皮 陸兩　香附子 壹斤去毛

右爲細末每服貳錢水壹盞生薑參片烏梅棗
子各貳枚煎至柒分和滓不拘時候服

沈香散通關膈氣小便不利

郁李仁 湯泡去皮別研　人參 去蘆
沈香 不見火　木香 不見火
青皮 去穰　陳皮 去白各壹兩

草豆蔻
檳榔
甘草各半兩炙
乾薑炮洗
肉桂去麤皮不見火

右每服壹大錢水壹盞煎至柒分溫服不拘時候

五香散治男子婦人壹切氣痛

烏藥壹兩
香附子去毛壹兩半
青橘皮半兩去穰
甘草參錢炙
益智仁半兩
蒼朮米泔浸壹宿半兩
陳橘皮半兩去白

右先用前五味同炒香熟次入陳皮甘草炒赤色並爲細末每服貳錢水壹盞生薑參片白艾參葉煎至柒分食前服

薑附散專治脾虛胃寒

每用生附子柒錢生薑壹斤肥者取自然汁同附子入砂器內慢火煮候附子化爲糊須不住用匙攪動恐焦直至薑汁煮耗盡約柒分取出挑入銀器內四面攤開頓重湯上時復攪轉重攤過候藥玖分乾可以捻不粘綴手盡取出捻成小餅子頓在篩子內或曬或焙乾碾爲細末再入胡椒丁香末各半兩空心米飲調下丁香不見火須候附子爲末了方可入

橘紅散調中養氣溫胃進食

陳橘皮去白
茴香淘去沙炒
高良薑炒
白芷各壹兩
甘草炙各肆兩
白朮各貳兩炒
薑黃

右爲細末每服貳錢入鹽少許食前沸湯調下

清膈散治脾家痐熱令人口甘

麥門冬去心
人參去蘆
草龍膽
陳皮去白
木通各半兩
沙參
金釵石斛各壹兩去根
柴胡去根
黃連去鬚

右爲末每服貳錢水壹盞煎至柒分去滓食前溫服日進貳服

清脾飲子治脾氣久虛中脘氣膈三焦不和飲食不進津液內燥遂致脾氣不清頭目重痛手足心熱羸瘦肌黃胃氣既虧中脘生痰不美飲食並宜服之

紫蘇葉壹兩去土　草菓炮
厚朴去麄皮薑製炙　人參去蘆
桑白皮各參分　香附子去毛炒
大腹皮酒洗炒各壹分　甘草炙
訶子皮炒各半兩

右㕮咀，每服參大錢，水壹盞半，生薑肆片，棗子壹枚，煎至柒分，取清汁，食前服。

三豆蔻飲子，治脾胃受冷過多，胷膈痞悶，氣不舒暢，飲食之後，胷間噎塞，吸吸氣短，全不思食，面無顏色，日漸氣弱，遂成瘦怯。庸醫不識此疾，往往作鬲氣治之，投藥愈多，疾愈不効，殊不知只是因脾胃間受冷過甚，遂致飲食減少，日漸氣弱，形瘦。若服此藥，不過參肆服，即便見効，至數服，自然美進飲食，氣自調暢，則前日所苦痞悶，氣短，形瘦乏力，應是脾胃之疾，竝皆愈矣。如無脾疾，每過天寒陰晦，最宜服之。

肉豆蔻壹兩剉　白豆蔻壹兩剉
草豆蔻貳兩剉只　甘草壹兩半剉
生薑柒兩

右先以生薑貳兩研爛，入前藥拌和，盦壹時許，打開，再以薑貳兩研爛如前，以前藥拌和，盦壹時，再打開，再用生薑參兩研爛，入前藥拌和，趂濕捻成圓，如雞子大，焙乾。每服壹圓，旋打散，用水壹大盞半，煎至壹盞，入鹽壹捻，㪅煎壹貳沸，約至捌玖分，熱服，併貳服滓再煎服，不拘時候。

快中飲子

草菓仁煨　人參去蘆
白朮炒　半夏麯炒
烏梅肉　縮砂仁
附子炮去皮臍　甘草炙

右等分，㕮咀，每服肆錢，水壹盞半，生薑伍片，棗子貳枚，煎至柒分，食前去滓服。

【翻胃】附子散

附子壹隻，極大者，坐於甎上，四面著火，漸漸逼熱，焠入生薑自然汁中，再用火逼，再焠，約耗薑汁半梳，焙乾，爲末。每服貳錢，水壹盞，粟米少許，同煎至柒分，不過參服。

順胃散，治翻胃。

用火附子壹枚，生薑半斤，肥嫩者，以新布揩去土切片爛研取自然汁半盞竝不得犯生水却以半斤硬炭熟火用新瓦壹片將火四圍簇定爲井子將附子蘸薑汁置井子中才乾又蘸以薑汁盡爲度附子去皮臍切片爲細末每服半錢許安手心內逐旋以舌舐盡藥末空心服不得犯水故不吐耳此法甚佳

如聖餅子治男子婦人爲氣翻胃

沈香貳錢半　安息香

木香各壹錢半不見火　丁香不見火

藿香葉去土　乳香各參錢別研

半夏湯泡柒次　桂心去麤皮各貳兩

右用天南星壹兩半炮紫色爲末半兩用生薑自然汁煮糊別用硫黄參錢研細水銀貳錢同前藥用南星糊爲劑分作肆拾玖餅每服半餅用生薑汁化開空心白湯送下

心脾疼

靈脂圓治脾血氣心疼

五靈脂去石砂炒　當歸去蘆酒浸

蓬莪朮炮　木香各半兩不見火

良薑貳錢半炒

右爲細末煉蜜爲圓如梧桐子大每服參拾圓加至伍拾圓米飲下

大效妙應圓治久積沈滯結聚癖氣塊時發疼痛心脾疼痛下痢無度不思飲食寬中快膈

附子壹隻陸錢重炮去皮臍　木香不見火

丁香不見火　蓽撥

蓽澄茄　胡椒各參分

硇砂貳分別研

右爲細末與硇砂和調湯浸炊餅心搦去水成糊爲圓如梧桐子大每服柒圓用生薑壹塊如大母指大劈開中心去少薑肉入藥在內連紙包裹數重浸濕煨令香熟取出去紙和藥細嚼佰沸湯少許送下不計時候

止痛圓治心脾疼及心腹脹滿痛不可忍

高良薑壹兩新瓦炒乾爲末　沒藥肆錢別研

右拌和每服貳錢熱酒調下如怕辣用濃米飲爲圓每服參拾圓白湯送下

檳茱圓治心脾痛

檳榔壹個剜去心入乳香壹粒如豆大麵裹煨去麵

茱萸炒　官桂去麤皮各壹錢不見火

右碾細末打和共分貳服煎葱酒參肆沸調下

硇附圓治虚中有積心腹肋脇脹痛

附子 半兩炮　丁香 壹錢不見火

乾薑 壹錢半　硇砂 壹錢湯飛

右爲細末旋入硇砂研和用稀麵糊爲圓如梧桐子大每服拾粒加至貳拾粒生薑湯下不拘時候

沈香圓治壹切心氣痛不可忍

沈香 半兩不見火　沒藥 別研

辰砂 別研　血竭 各貳錢別研

麝香 壹錢　木香 半兩不見火

右爲細末用銀甆器內熬生甘草膏子爲圓如皂角子大薑鹽湯磨下氣痛不可忍者醋方磨下

大溫白圓治恚怒怫鬱三焦氣滯咽嗌噎塞腸肋膨脹心腹疼痛上氣奔喘飜胃吐嘔不思飲食

生薑 貳拾兩去皮細切　橘皮 捌兩去白同生薑研細

白朮 壹兩炒　白茯苓 柒錢去皮

甘草 半兩炙

右爲細末煉蜜爲圓如彈子大每服壹圓空心沸湯嚼下

失笑散治心痛不問所因入口即定神方

檳榔　高良薑 剉滴油炒

右等分爲細末每服貳錢熱酒調下食前服

通中散治食糯米飲食過度心脾大痛

神麯爲末白湯調下參貳錢其糯米見神麯即化也

二珍散治丈夫婦人九種心痛

芫花 壹兩　高良薑 貳兩

右貳味米醋壹升入砂石器中熬乾爲度焙乾爲末每服半錢食空溫酒調下忌油膩之物

香附子散治心脾痛不可忍

高良薑 炒　香附子 去毛

右等分爲細末每服鹽米飲調下吳內翰得此方即修合次日登舟舟人妻病心痛欲死吳內翰以半椀與之飲其痛即愈

魏氏家藏方卷第伍

魏氏家藏方卷第陸

心腎

既濟補真丹 三茅山同元先生方

内經云一陰一陽之謂道偏生天地中稟陰陽混成之氣歲而動作不衰今則不然蓋將息喜怒勞逸憂愁思慮水火不足陰陽有所偏勝心火炎上而不息腎水上下不得升降乃至胞灌注瞳人眼昏力弱膚腠不密外邪臟腑不實真陽虛憊血弱氣耗故處此方廣濟世人以補諸虛不足而滋養之升腎水以制心火降心火以煖腎水交感陰陽既濟關元生真精和中焦使上下升降百骸安和溫煖脾胃健壯脚膝明目聰耳益壽延年添精補髓此丹服百日臍下溫煖體力勝常脚足有汗飲食美進神清喜悅是其驗矣若至心服至半月諸疾皆愈漸屛去一切煖藥專服至三年乃有地僊之効

大附子 貳隻生去皮臍每隻作肆片

陽起石 酒煮叁日研如粉壹分

伏火靈砂 壹分研細如粉

天雄 壹對每隻劈作肆片生去皮同附子入青鹽半兩以水叁升同煮令水盡

磁石 爲度切焙乾用連吸伍采針者火煆紅醋淬拾肆次研細如粉水飛去赤濁水半兩別研

鹿茸 爁去毛酥炙

麋茸 爁去毛酥炙

舶上茴香

補骨脂 炒

川當歸 酒浸壹宿去蘆

牛膝 酒浸壹宿去蘆各壹兩

鍾乳粉

蓽澄茄

夜明砂

肉豆蔻 麪裹煨

枸杞子

杜仲 去皮 鹽

丁香 各半兩不見火

兔絲子 貳兩淘淨酒浸叁宿焙乾

已上製度如法壹處爲細末入後膏子爲圓

膃肭臍 酒浸研

沈香 不見火

神麯 炒各半兩竝爲細末

麝香 半錢別研

安息香 壹分酒化別研

羊髓 貳兩研爛

肉蓯蓉 壹兩先去鹹研令極爛

羊石 壹對去筋膜研爛

已上捌味用水貳升同於銀石器內重湯熬不住手攪成膏

右件前藥末并膏子壹處和得所擣伍佰杵圓如梧桐子大每服佰圓鹽湯溫酒任下空心食

前久服神效只忌羊肉

神僊既濟丹夫人以腎爲本日以事物交戰損心勞神神動氣散兼飲食過度嗜慾無節虧損精神氣動神疲陰陽交錯水火不濟精神恍惚肢體煩疼夜夢陰交遺精白濁是致氣衰血弱百病所生之由也古聖神僊多方濟人遂出此方服之使人心腎之氣互相交養氣血榮盛精固神全乃得火不上炎而神自清水不下滲而精自固久服精神健壯輕身延年

人參去蘆
鹿茸燎去毛酥炙
遠志去心
巴戟去心
牛膝酒浸壹宿去蘆
當歸酒浸壹宿去蘆
訶子炮去核
生乾地黃洗淨各壹兩
石菖蒲米泔浸壹宿
栢子仁
兔絲子淘淨酒浸研成餅
鹿角膠酒化旋入
白茯苓去皮
五味子去核
金櫻子
鹿角霜肆兩

右件搗羅爲細末酒糊爲圓如梧桐子大朱砂麝香爲衣每服叁拾圓空心食前温酒下

又方治心氣不足上焦有熱小便赤濁

人參去蘆
木猪苓去黑皮
白茯苓去皮
澤瀉
黃連各半兩
半夏湯泡洗各壹兩

右爲細末燈心煮棗肉爲圓如梧桐子大每服肆拾圓米飲送下日午臨臥服

又方李亮卿方

麋茸
兔絲子淘淨酒浸叁伍日研成餅
人參去蘆
山茱萸湯泡取肉
沈香不見火
牛膝酒浸去蘆
五味子去核
當歸酒浸去蘆
鹿茸並燎去毛皮酒浸壹宿炙
肉蓯蓉酒浸去皮各壹兩
茯神去木
附子炮去皮臍各壹兩
遠志去心各柒錢半
巴戟去心酒浸
黃芪蜜炙
熟乾地黃洗各叁分

右爲細末煉蜜圓如梧桐子大朱砂爲衣每服伍陸拾圓食前鹽湯下

煮砂丹專養心腎王提點炳傳

辰砂有墻壁大塊者
山茱萸湯泡取肉
石菖蒲米泔浸壹宿
遠志湯泡去心
補骨脂炒
石蓮肉去皮

白茯苓（去皮）

熟乾地黄（肥實者水洗淨酒浸壹宿蒸伍次曬乾或焙乾秤）

穿心巴戟（去心）

北五味子（去枝）

附子（炮去皮臍各壹兩半）

沈香（壹兩不見火）

柏子仁（別研）

酸棗仁（湯煮壹貳沸去殼炒紫色）

人參（去蘆）

乾山藥（參兩）

右別用猜猪心參箇燈心壹兩半又將末砂用燈心裹放猪心內外再以燈心纏之麻線繫定於銀石器內水煮壹日壹夜取出餘物不用將朱砂研極細諸藥爲細末別用法酒壹升熬沈香山藥末爲膏子搜和衆藥得所入臼中杵參伍佰下圓如梧桐子大每服伍拾圓食前棗湯任下

坎离丹既濟水火

伏火靈砂（細研）

磁石（火煅醋淬柒次）

龍齒（壹兩黑豆蒸壹日去豆）

陽起石（酒煮）

鍾乳粉（各壹兩半）

右爲細末糭角爲圓如菉豆大每服拾粒加至貳拾粒空心棗湯下

救生丹治丈夫婦人心腎不交脾氣虛寒榮衛不行大內俱陷真氣不守津液枯少

膃肭臍（壹對壹兩已上者去膜研）

朱砂（半兩研）

附子（肆隻捌錢重者去皮臍酒煮拾沸焙乾用黃土拌和同蒸半時許）

白朮（炒）

人參（去蘆）

當歸（去蘆酒浸）

遠志（去心）

神麯（炒）

天門冬（去心各參兩）

肉蓯蓉（酒浸去皮土各伍兩）

鹿茸（爁去毛酥炙）

沈香（壹兩不見火）

右爲細末用精羊肉貳斤細切去皮膜秤酒煮過入砂盆內研爛別用好酒伍升入膃肭臍當歸肉蓯蓉天門冬末同熬成膏入餘藥末同搜圓如梧桐子大每服參拾圓加至伍拾圓溫酒下空心食前服

小補心丹煖養心腎（朱參封傳）

鹿茸（壹兩爁去毛酒浸炙）

伏火朱砂（別研）

伏火靈砂（別研）

當歸（去蘆各貳錢半）

陽起石（酒煮別研）

附子（炮去皮臍）

鍾乳粉（各半兩）

右爲細末酒煮肉蓯蓉爛研成膏搜和爲圓如梧桐子大每服參肆拾圓棗湯任下空心服

至効十精丹安神定志補養精血治夢寐不安睡多盜汗體發潮熱小便白濁任吉卿傳

人參去蘆　沈香不見火

鹿茸爁去毛酥炙　朱砂别研

琥珀别研　附子炮去皮臍

酸棗仁去殼炒　當歸去蘆酒浸

兔絲子淘淨酒浸壹宿研成餅　栢子仁同酸棗仁别研

右等分爲細末棗肉爲圓如梧桐子大每服參拾圓空心棗湯或温酒下日午臨卧服

還少丹大補心腎虚損脾胃怯弱精神昏耗氣血衰憊骨髓枯竭形容瘦瘁腰背拘急膝脛酸疼語言錯忘飲食减少耳重聲乾頭疼腦痛五心煩熱四肢懈怠肺氣風毒瘴瘧嘔吐

乾山藥　牛膝無灰酒浸壹宿各壹兩半

白茯苓去皮　杜仲去皮薑汁和酒製炒令焦

五味子去枝　豬實

山茱萸生去核　巴戟去心

肉蓯蓉無灰酒浸令透　遠志去心

舶上茴香生各壹兩　枸忌子生

熟乾地黄洗　石菖蒲各半兩

右搗羅爲細末煉蜜入棗肉和圓如梧桐子大每服參伍拾圓温酒或鹽湯下日進參服若只早辰壹服則倍加圓數至伍日覺有力拾日精神爽健半月氣力頗壯貳拾日目明壹月夜思飲食冬月手足常暖此藥亙有製度無毒不僭不燥正是平補心腎常服永無脾寒嘔逆瘴痢之疾更看體候加減身熱加山梔子壹兩精滑加補骨脂壹兩少精加續斷壹兩心病加麥門冬壹兩如婦人子宫久冷白帶下面無光彩艾醋湯下服之女容瑩潤氣血調和其功效不可具述

中虛丹治心血耗散心志不寧

朱砂陸錢懸胎酒煮壹伏時加酒乾旋添熱酒煮之温水浴

附子貳枚壹兩貳錢淨者各切作肆片剜作合子分入煮了辰砂在内用線扎定剜下附子末不用

猜豬心貳箇各切開去心中血將朱砂合子入在心内合定再用燈心鋪適以麻皮横扎甑蒸爛熟去豬心不用

酸棗仁去皮炒　滴乳香各半兩並别研

右將附子去皮臍爲末辰砂别研細肆味拌研令和度藥末多少用乾山藥末打糊圓如梧桐

子大每服貳拾圓至參拾圓，臨卧煎人參湯下。

固眞丹 治腎經虛寒，小腹滑數及白濁等疾。

天台烏藥 細剉　益智子 大者，去皮炒

右等分爲末，別用山藥炒黄爲末，打糊圓如梧桐子大，曬乾。每服伍拾圓，嚼茴香數拾粒，鹽湯或鹽酒下。越郡王加白茯苓等分，用羊腰子壹對，切片，伍味料初爊熟，食之，同煎圓子，以温酒空心送下。

靈砂寧神圓 治男子婦人大病之後傷損，榮衛或發汗吐瀉大過，或失血過多，精氣虧損，心神恍惚，不得眠睡，飲食全減，肌體瘦弱，怠墮倦乏，嗜卧無力，四肢酸痛。常服補虛益氣，滋養榮衛，壯脾爽神，諸疾不生。

辰砂 貳兩，不夾石者，絹袋盛，懸於銀石器內，取井花水入椒紅參兩，盛於器內，可浸，掛分受用，鍋子坐盛朱砂器在內，重湯煮，令魚眼沸，參晝夜爲度，取出辰砂，研，水飛

人參 去蘆　白朮 炒

鹿茸 燎去，酥炙　茯神 去木

黄耆 蜜炙，各參兩　石菖蒲 貳兩，米泔浸壹宿

右爲細末，次入辰砂，用棗肉和杵壹貳仟下，令熟，圓如梧桐子大，每服貳拾圓至參拾圓，温酒或米飲空心食前服。

赤石脂圓

川當歸 貳兩半，去蘆，酒浸　赤石脂 壹色不雜者，壹兩半

白茯苓 去皮　熟乾地黄 自蒸者，鋪中者再蒸

鹿角膠 剉碎，炒成珠　吳茱萸 湯泡柒次，炒，各壹兩

宣州大木瓜 壹箇，重半斤已上者，開壹蓋子，去穰，用艾葉填滿，將蓋子蓋定，用小竹針札定，飰甑內蒸熟，取艾同前藥焙乾，木瓜去皮，研成膏子

右爲細末，木瓜膏子爲圓如梧桐子大，每服伍拾圓，空心米飲下。

破故紙圓 治腎氣虛冷，小便無度。

破故紙 大者，鹽炒　茴香 鹽炒 沙

右等分爲細末，酒糊爲圓如梧桐子大，每服伍拾圓或佰圓，空心鹽酒鹽湯下。

膃肭臍圓 補心腎，壯陽益陰，固下元。

鹿茸 燎去毛，酥炙　當歸 去蘆，酒浸

破故紙 炒　杜仲 薑製，去絲，炒

五味子 去枝　附子 炮，去皮臍

舶上茴香 炒，各壹兩　沈香 不見火

膃肭臍 酒浸　龍骨 煅

鍾乳粉各半兩　熟乾地黃貳兩

右爲細末蜜和酒打糊爲圓如梧桐子大每服參拾圓空心鹽酒下

琥珀圓補心腎治憂愁思慮内耗元氣醉飽房勞下傷元臟致令精血不固神氣大傷心忡煩悸夢寐不安精神恍惚足脛酸疼小便白濁情思不樂多生恐怖頭目昏暈陰痿陽弱腰膝疼重一切虚羸悉皆主之

人參去蘆　麥門冬去心　白茯苓去皮　車前子　地骨皮　石菖蒲去鬚蒸　熟乾地黃洗　琥珀別研　五味子各半兩去枝

遠志去心　茯神去木　龍齒水飛　乳香別研　山藥　朱砂別研水飛各壹兩　黃芪蜜炙貳兩　柏子仁別研

右爲細末煉蜜圓如梧桐子大每服伍拾圓空心食前臨卧棗湯下

既濟圓治心腎氣虚客熱上燥神水下泄陰陽不和清濁相干下元虚憊腰脚疼重心神不寧水臟滑泄飲食不進

鹿茸燎去毛酥炙　白朮炒　山藥　遠志　續斷　牛膝酒浸去苗　舶上茴香炒　白龍骨黑豆蒸去豆火煅水飛　巴戟去心各參兩　兔絲子淘淨酒浸焙用　肉蓯蓉酒浸去皮土　蓮子肉炒　山茱萸去核各肆兩

沈香不見火　五味子去枝　補骨脂炒　白茯苓去皮　車前子酒浸　覆盆子　熟乾地黃洗各貳兩　鹿角膠蛤粉炒成珠　大附子炮去皮臍　僊靈脾去刺酒浸切焙微炒　杜仲去皮薑炒去絲　桑螵蛸酒浸炙黃　麝香半兩別研

右爲細末糯米飯爲圓如梧桐子大每服伍拾圓食前温酒鹽湯下

又方

磁石火煅醋淬柒次　鹿茸燎去毛酥炙　破故紙炒各貳兩　當歸酒浸去蘆

附子炮去皮臍
沈香叄分不見火
乳香別研
木香濕紙裹煨
朱砂別研
蓮子肉去心各壹兩
續斷壹兩半酒浸
酸棗仁去殼炒別研
石菖蒲去毛酒浸
栢子仁別研各半兩

右爲細末，煉蜜圓如梧桐子大，每服肆拾圓，溫酒鹽湯米飲下，空心食前服。

五子圓，固心腎，大補益。泉州曰傳茹傳

覆盆子
杜仲去皮薑製炒去絲
菟絲子淘淨酒浸研成餅
巴戟去心
枸杞子
遠志去心
五味子去枝
茯神去木
肉蓯蓉
當歸酒浸去蘆
山茱萸去核
牛膝酒浸去蘆
乾山藥
萆薢
熟乾地黃洗
黃精
破故紙炒各貳兩
青鹽別研
栢子仁別研各貳兩
石菖蒲去鬚壹兩

右爲細末，煉蜜圓如梧桐子大，每服叄伍拾圓，空心溫酒鹽湯下。

僊茅圓，大補心腎，有神功。

僊茅製了者
乾山藥
菖蒲九節者去鬚
白茯苓去皮

右等分，不犯鐵器，焙乾爲細末，北棗肉爲圓如梧桐子大，每服叄肆拾圓，空心溫酒鹽湯下，忌乳及酥，恐減藥力。

返精圓，此方迺趙待制遇異人得之，云是鍾離先生方，與人手書云：茯苓定心，沒藥養血，破故紙補腎，生者既壯，疾何自而生。待制公與其子服之，高年嗜慾不衰，髭鬚如漆，更能加功修養，可以致長生也。

破故紙貳兩隔紙炒令香熟
白茯苓壹兩去皮

右貳味爲細末，用沒藥半兩搥破，以無灰煮酒浸高沒藥壹指許，候如稠餳狀，搜前貳味圓如梧桐子大，每服叄伍拾圓，隨食湯下。如沒藥性燥難圓，再以少酒糊同搜圓，食前服。

坎离圓，平補五臟，升降心腎，治小便白濁，腰腿無力，心神不寧，下焦虛寒，陰冷遺瀝，並皆治之。

酸棗仁
菟絲子淘淨酒浸研成餅
栢子仁炒別研
五味子去枝

薏苡仁　覆盆子
人參去蘆　枸杞子
鹿茸燎去毛劉成片酒浸炙　牛膝去蘆酒浸
肉蓯蓉酒浸　當歸去蘆酒浸
杜仲薑製炒去絲　遠志去心
地黃洗　茯神去木壹兩各
沈香不見火　附子炮去皮臍
龍骨煅各半兩　朱砂參錢別研
麝香壹錢別研
右爲細末煉蜜圓如梧桐子大每服伍拾圓空
心温酒或人參湯下
養肝圓鎮心腎潤益五臟調順三焦久服應驗
沈香壹兩不見火　穿心巴戟貳兩去心
鹿茸參兩燎去毛劉成片酒浸炙　附子肆兩炮去皮臍
兎絲子淘洗伍兩酒浸壹宿研成餅
熟乾地黃自蒸者陸兩如舖中者再蒸過
右爲細末入麝香肉壹錢半煉蜜圓如梧桐子
大每服肆拾圓温酒鹽湯空心任下
沈香附子湯
用水壹盞以沈香壹塊於砂盆内旋以水少許
磨沈香參佰匝以餘水洗下將玖錢重附子壹
隻炮去皮臍切片子分作參服以沈香水煎每
服生薑伍片煎至柒分去滓食前服以吞既濟
丹尤佳
黃耆栢子仁散治丈夫腰腎損敗
栢子仁肆兩別研　肉蓯蓉酒浸去皴皮
遠志去心參兩各　車前子壹兩
人參去蘆　茯苓白者去皮
山藥　萆薢
黃耆蜜炙貳兩各
右爲細末酒服方寸匕日參服此藥大治怔忪
安心氣空心食前服
虎骨酒寧神志去虛風補五臟悅神彩強筋骨進
飲食久服活血養氣足膝輕健其効如神
虎骨貳兩酥炙　當歸去蘆酒浸
天雄炮去皮臍作肆片生薑貳兩切片子鹽少許水半升同煮水乾爲度
附子炮去皮臍作肆片生薑貳兩切片子鹽少許水半升同煮水乾爲度
肉蓯蓉酒浸去土　牛膝去蘆酒浸
川萆薢　肉桂去麤皮不見火
酸棗仁炒　茯神去木

綿黃芪 蜜炙　遠志 去心
金釵石斛

右為麤末，用酒壹斗浸柒日，每服壹合，空心服。

〔脾腎〕加減大橘皮煎圓　固壯脾經，補益下元，健美飲食，安神定志，兼能升降心腎，既濟水火，久服無病，行履如飛，不僭不燥。

鹿茸 爁去毛酥炙　茯神 去木
兔絲子 淘淨酒浸研成餅　大附子 炮去皮臍各貳兩
山茱萸 去核　沉香 不見火
巴戟 去心　丁香 不見火
人參 去蘆　當歸 去蘆酒浸
陽起石 別研半兩　橘紅 參兩
川厚朴 壹兩半去皮薑製炙　乾薑 炮洮
肉蓯蓉 酒浸鏟皮去　肉桂 去麤皮不見火
肉豆蔻 麫裹煨　牛膝 去蘆酒浸
川杜仲 剉薑汁浸炒去絲　茴香 淘去沙炒
補骨脂 各壹兩

右為細末，酒煮麫糊圓如梧桐子，每服伍拾圓，食前鹽酒、鹽湯或米飲下。飲食減少，用丁香附子煎湯下；胷膈不快，丁香、茯苓、乾薑、白朮、甘草煎湯下；大便作瀉，豆蔻附子煎湯下；心氣不足，睡臥不寐，茯苓附子煎湯下；受寒邪，薑附煎湯下；小便多，茴香鹽附煎湯下；虛冷腹疼，茱萸附子煎湯下；大便瀉血，縮砂附子煎湯下；口吐涎沫，津液稠枯，痰飲惡心，川烏附子南星煎湯下。

法製厚朴圓　壯脾腎。

台椒 去目炒出汗　青鹽
川厚朴 去皮並製炒　益智子 炒
橘紅　白薑 炒
茴香 淘去沙炒

右等分，以水浸平藥，慢火煮乾，焙燥為細末，酒煮麫糊為圓如梧桐子大，每服參拾圓，加至肆拾圓，鹽湯或溫酒下，空心服。

補骨脂圓　治脾濕流注腎經，漸成下部之疾。

大草烏頭 肆兩水浸壹貳片擦洗烏頭皮盡切片子乾每壹片烏頭用鹽肆兩淹春冬柒日夏秋參日候鹽味入盡曬乾慢火旋旋炒直候巴焦偶取參兩片嚼加不麻人方用

蒼朮 肆兩去皮米泔浸壹宿連泔煮米捌沸取出以水流去泔切片子焙燥

貳味用葱白大者拾莖，濕紙裹煨，切碎爛研，

拌上件藥同淹壹宿焙乾。(華撥爲不須葱花亦得)

川練子(炮去核)　台椒(去目口者熬壹宿)

補骨脂(炒)　巴戟(去心)

桃仁(沸泡去皮尖炒褐 巴研如油旋入)

舶上茴香(炒)　白茯苓(去皮各貳兩)

右爲細末，酒煮麪糊圓如梧桐子，每服參拾圓，溫酒鹽湯任下，食前服。

胡蘆巴圓，治脾腎虛冷，腰𦛗疼痛，小腸膀胱等病，攻衝，大能補益，美進飲食。

胡蘆巴　破故紙(炒各貳兩)

華撥　木香(不見火)

華澄茄　丁香(不見火)

川練子(炒)　檳榔

穿心巴戟(去心)　肉桂(去麤皮不見火)

舶上茴香(炒)　青皮(去)

枳殼(水浸壹宿去穰切麩炒)　附子(生去皮臍各壹兩)

右爲細末，酒煮麪糊圓如梧桐子大，每服拾伍圓，食前鹽湯下。或作散子，每服貳錢，水酒各半盞同煎，參肆沸溫服。

朴附圓，益腎氣，固臟腑，實脾元，進飲食，暑月陰氣在內，又多飲冷，用此燥脾。(陸駙泊仲安方)

厚朴(去皮薑製炙)　附子(泡去皮臍)

茴香(淘去沙炒)

右等分，用生薑自然汁浸過，煮乾爲細末，神麯打糊爲圓如梧桐子大，每服參伍拾圓，食前鹽采飲或湯酒送下。

薑香圓，治脾腎百病，服之一月，飲食倍進。

生薑(拾兩和皮細切與茴香淹貳宿)　茴香(伍兩淘去沙用)

右焙乾爲細末，酒煮麪糊圓如梧桐子，每服肆拾圓，鹽湯鹽酒任下，早晚食前服。訖，如人行參伍里後方可喫食。如患腎氣人，加青鹽壹兩同圓。此方廉宣仲博士親題云：紹興王從道提舉服此藥，年八十四，能飲冷水食生菓無病。

三妙圓

鹿茸(燎去毛酥炙)　鍾乳粉

肉豆蔻(麪裹煨)

右等分爲細末，棗肉爲圓如梧桐子大，每服參伍拾圓，棗湯下，食前服。

椒蠟圓，治腎冷諸病。

川椒(去目并合口者，酒浸壹宿，焙乾，擲銚內去汗，令潤，研去白)

桃仁 去皮尖麩炒紫色　杏仁 去尖
茯苓 白者去皮

右各等分，爲細末，用黄蠟叁兩，鎔過，調前藥爲圓，如梧桐子大，每服壹貳拾圓，空心食前鹽湯任下。

愈痛圓　治男子婦人驚憂氣滿，脾腎積寒，内挾冷氣，人成痃癖癥瘕，透隱皮膚，或兩脇牽痛不已，及小腸奔豚氣痛，皆主治之。

川萆薢　鼈甲
川當歸 去蘆酒浸　三稜 炮
破故紙 炒　神麯 炒
蓬莪朮 炮　麥蘖 炒
熟乾地黄 洗，各壹兩　乾漆 炒令煙盡
延胡索 炒　茴香 淘去沙炒
沈香 不見火　肉桂 去麤皮不見火
没藥 各半兩別研　麝香 半錢別研

右爲細末，醋煮麪糊圓，如梧桐子，每服貳拾圓至叁拾圓，温酒或鹽湯任下，不拘時候，日貳服。

正氣散　治脾腎虚弱，氣不歸元，腹急脹滿，雷鳴有時，泄瀉，不思飲食。

蒼朮 伍兩，米泔浸壹宿，去麤皮　陳皮 肆兩，去白炒
香附子 去毛炒　益智 炒
茴香 淘去沙炒　甘草 炒，各壹兩
麥蘖 炒　茯苓 白者去皮
厚朴 去皮，薑製炒　草菓子
訶子 炮　烏藥
丁香皮　白薑 洗炮
蓬莪朮 炮　三稜 炮
青皮 去瓤　良薑 炒
人參 去蘆，各壹兩

右爲細末，每服貳錢，水壹盞，生薑叁片，棗子壹枚，鹽少許，煎柒分，食前服。

魏氏家藏方卷第陸

魏氏家藏方卷第七

瀉痢

太素神丹，治久患痼冷，臟腑虛滑，痢下膿血，婦人血海虛冷，赤白帶下，經候不時，久無子息，男子下部積冷，腰膝無力，寒疝，膀胱一切冷病。鄭德容傳

牡蠣雪白左顧極大者，壹斤　硫黃壹兩　膩粉半兩

右件先用炭參斤，燒牡蠣令通紅，放冷，碾成粉，分爲兩處，各半斤，用大甘鍋子壹箇，鹽泥固濟，只留口，以牡蠣肆兩實在鍋子底，次將硫黃、膩粉同碾細，用紙底小竹筒置牡蠣之上，鍋子中心四邊再以牡蠣實之，却取竹筒，要得不近鍋子四邊也，然後再以肆兩餘牡蠣實捺硫黃之上，去鍋子口留參貳寸，周匝用熟火參斤簇鍋子中，焰出，以匙抄餘牡蠣糝之，焰出又糝，以焰絶爲度，放冷，取出再碾如粉，然後取大新甎壹片，鑿成壹池子，深約壹半甎已上，將未經煅餘牡蠣平分，壹半實鋪在池子底，次將已煅過硫黃、牡蠣在上，更將餘壹半牡蠣覆之，實捺平，後用新白瓦壹口蓋定，以木炭壹秤周匝燒之，候火盡爲度，却取出，於土内理埋半日，令出火毒，研細，滴水爲圓如梧桐子大，每服參伍拾圓，溫米飲送下，食前服。

保壽丹，治臟腑虛寒，瀉痢不止。陸駐治仲安傳

附子炮，去皮臍　肉豆蔻麩裹煨，各壹兩

赤石脂煅　白薑炮，洗

蓽澄茄各半兩

右爲細末，麵糊爲圓如梧桐子大，每服參拾圓，米飲送下。

煮附丹，治脾虛臟寒，冷熱積滯，氣結腸間，虛脹□痞，後重滑洩。

附子壹隻，柒錢重者，生，去皮臍，分切作肆片　生薑陸兩，淨切

厚朴去麤皮，秤，貳兩，剉　半夏湯浸柒次

益智洗淨

川椒去目并合口者，炒出汗　青鹽各壹兩

右用水伍勝，銀石器内慢火煮乾，焙乾爲末，法酒麵糊圓如梧桐子大，每服參拾圓，加至伍拾圓，溫酒或米飲送下，空心食前，日午、日進參服。

火毒丹，暖脾臟，止惡心吐瀉。

小棗伍拾枚，去皮核　胡椒參佰粒

右同研成骨子，用飛羅麪不問多少，銚内炒令色微黄，用生薑自然汁搜成膏，分作小劑，却將前棗椒貳味如水糰糖心入在逐箇麪劑内，却搓成圓子，用濕紙裹煨微香爲度，去紙嚼喫，不拘多少。

大臟丹　治脾元虚弱，久瀉不止，腸胃不固，致成五洩，服之神驗。

大蒜 濕紙煨　厚朴 去皮，薑製，研，各壹兩

硫黄 半兩，别研

已上叁味，用豬大腸柒寸，去膜，入藥在内，兩頭縛定，以好酒叁勝煮爛，同研成膏。

茴香 淘去沙，炒　肉豆蔻 麪裹煨

訶子 煨，去核，炒　白茯苓 去皮

神麯 炒　草菓仁

白礬 枯　白艾葉

麥糵 炒，各半兩

右爲細末，入前骨子和圓，如梧桐子大，每服伍柒拾圓，米飲送下。

養臟丹　治證前。

豬大臟 半斤　大附子 貳隻，炮，去皮臍

厚朴 薑製，炒爲末，秤肆兩

硫黄 貳兩，研細，同厚朴入豬臟内，以麻繩繫定兩頭，用水伍勝煮乾，取出細研

龍骨 生用　肉豆蔻 麪裹煨

木香 不見火　白茯苓 去皮

牡蠣 煅　大訶子 炮，去核

茴香 淘去沙，炒，各壹兩　破故紙 炒，貳兩

右爲細末，入麝香壹錢，薄麪糊爲圓，如梧桐子大，每服佰圓，空心食前鹽湯或飯飲下。

内灸丹　治臟腑滑洩，裹急腸鳴等病。

蓽撥　胡椒

乾薑 炮，洗　良薑 炒

丁香 不見火　附子 炮，去皮臍

吴茱萸 湯泡柒次，各壹兩　肉桂 去麤皮，不見火

山茱萸 去核，炒　肉豆蔻 麪裹煨

草豆蔻 去殼，各半兩

右爲細末，棗肉爲圓，如梧桐子大，每服伍拾圓，空心食前陳米飲任下，日進叁服。

固陽圓　治臟腑滑洩，去寒氣，固眞陽。

陽起石 煅，别研　乾薑 炮，洗

右各等分，爲細末，糯米飯圓如梧桐子大，每服

伍柒拾圓米飲下覺虛寒氣短尤宜服之

暖下圓治臟寒洩瀉

大附子貳隻生去皮臍以生薑壹斤研細取自然汁煮附子候軟切作片子再慢慢煮候附子玖分熟漉出焙乾好丁香肆柒粒同研爲末却將煮附子薑汁熬成膏和圓如小梧桐子大每服參拾圓至伍拾圓食前煎沈香湯送下

暖臟圓

吳茱萸湯泡柒次炒　黃連去毛剉炒令赤色

右等分爲細末用大蒜頭煨熟研爛爲圓如梧桐子大每服參拾圓空心食前米飲下

厚腸圓治腸胃虛寒不能尅消水穀大腑飧洩

人參去蘆　白朮炒

厚朴去麤皮薑製炒　丁香不見火

華撥　紅豆

訶子肉煨　附子炮去皮臍

肉豆蔻麪裹煨　神麯炒

縮砂仁　麥蘖炒

白豆蔻　良薑各貳兩炒

檳榔　胡椒

華澄茄　白芍藥

陳皮去白洗　甘草炙

乾薑炮各肆兩　肉桂伍兩去麤皮不見火

白茯苓去皮　當歸各壹兩去蘆

右爲細末稀餳搜和秤貳兩分作拾粒每服壹粒或貳粒嚼細白湯送下不拘時候

又方治臟腑滑泄不禁不以大人小兒皆可服之

肉豆蔻麪裹煨　訶子皮煨

白朮炒　白茯苓各壹兩去皮

南沒石子　赤石脂各半兩別研

右爲細末白麪糊爲圓如梧桐子大每服伍拾圓空心食前米飲任下小兒別圓服之

又方治肺受寒邪入於腸胃遂致大便虛滑臟腑不實脾衰氣弱

川薑炮洗　肉豆蔻麪裹煨

良薑炒各壹兩　神麯炒

麥蘖炒　熟硫黃別研

山茱萸取肉　肉桂去麤皮不見火

鍾乳粉各壹分　附子壹隻生去皮剉青鹽半兩同炒

川椒去目合口者炒出汗　白石脂別研各半兩

右爲細末入鍾乳粉和用粟米粉打糊爲圓如梧桐子大朱砂爲衣每服伍柒拾圓至佰圓濃艾鹽湯送下不拘時候或用固腸飲子下亦妙

固腸圓

大附子 壹隻炮去皮臍　白薑 炮洗

肉豆蔻 麪裹煨　橘紅

大訶子 去核　椒紅 各壹兩去目合口炒出汗

右爲細末糯米粉糊圓如梧桐子大每服佰圓鹽飯飲下空心食前服

又方治臟腑滑洩

眞龍骨 煅　赤石脂 煅

右等分爲細末蒸餅糊爲圓如菉豆大每服伍拾圓乾林瓜紫蘇湯下食前服

補眞斷下圓治虛寒泄瀉注下不禁

陽起石 煅　細辛 去葉

赤石脂 煅　川椒 去目合口炒出汗

肉豆蔻 麪裹煨　白礬 枯

乾薑 炮洗　附子 炮去皮臍半兩

硫黃 參兩別研

右爲細末稀醋煮麪糊圓如梧桐子每服伍拾圓空心米飲送下 壹方加鍾乳粉

煮朴圓

厚朴 貳兩去皮剉生薑肆兩切片水貳椀煮乾爲度去薑不用　訶子 紙裹麪濕煨去核半兩

附子 壹兩炮去皮臍　乾薑 半兩炮洗

肉豆蔻 壹兩麪裹煨

右爲細末薑汁煮麪糊圓如梧桐子大每服參伍拾圓食前米飲下

朴附圓

白艾葉　附子 炮去皮臍

吳茱萸 湯泡柒次炒　厚朴 去麤皮各壹兩

右用生薑汁半盞同好酒半盞煮炒令乾燥別用肉豆蔻半兩赤石脂半兩同爲細末酒煮麪糊圓如梧桐子每服參伍拾圓空心食前米飲送下

又方

厚朴 去皮秤貳拾貳兩剉用生薑貳斤切片水壹斗於砂石器內煮自曉至暮水乾添湯候乾取出去薑

乾薑 肆兩炮洗　甘草 貳兩炙

已上參味同煮如前法取出焙乾

補骨脂 炒　舶上茴香 炒

附子炮去皮臍各伍兩　肉豆蔻肆兩麪裹煨

右已上柒味竝爲細末，煮棗肉爲圓如梧桐子大，每服伍拾圓，米飲送下，或溫酒亦得，空心食前服。

酒煮黃連圓 厚腸胃，止泄瀉。

黃連去鬚伍兩　厚朴去麁皮參兩

肉豆蔻壹兩麪裹煨

右竝剉，用無灰酒、米醋各壹勝，慢火熬盡，烈日照乾，爲末，再用酒醋打麪糊爲圓如梧桐子大，每服伍柒拾圓，米飲送下。

香連圓 治陰陽相搏，冷熱不調，或瀉或痢。

木香貳寸分作兩段壹段用糯米炒去糯米壹段生用

黃連半兩壹半用茱萸炒去茱萸壹半生用

右各自爲細末，皆用粳米粉糊圓如梧桐子，每服貳拾伍圓，白痢用乾薑湯送下，木香拾伍圓黃連拾圓赤痢甘草湯下，黃連拾伍圓木香拾圓婦人暴血氣攻心痛不忍者，醋湯下，木香貳拾圓小便赤弁血淋，燈心人參湯下，黃連貳拾圓竝食前服。

又方 治血痢。

木香不見火　黃連去鬚

乾薑各壹兩炮洗　乳香半兩別研

右爲細末，粳米飯爲圓如梧桐子大，每服參拾圓，食前米飲下。

薑連圓 治痢下赤白。

宣黃連去鬚　生薑連皮同黃連炒各肆兩

肉豆蔻麪裹煨　當歸去蘆貳兩

罌粟殼參兩去頂蒂穰蜜炒　乾薑炮洗

阿膠剉麩炒成珠各壹兩

右爲細末，以棗子肆拾玖枚、生薑肆兩切片，銀石銚內同棗子水浸煑候乾，取棗去皮核，搗成膏爲圓如梧桐子大，每服伍拾圓，空心米飲下。

蒜連圓 治臟腑虛滑。

黃連壹兩去鬚剉用茱萸壹兩同炒去茱萸

右爲細末，獨頭大蒜濕紙裹煨熟，研爛，搜黃連爲圓如梧桐子大，每服參拾圓，食前米飲送下。

連朴圓 厚腸胃。

黃連好者伍兩　厚朴拾兩去麁皮

右㕮咀，生薑壹拾兩取自然汁浸煑乾，爲細末，清麪糊爲圓如梧桐子大，每服伍柒拾圓，空心米飲送下。

木香圓治臟腑冷濕之氣留於脾經注下不已經年未効米穀不化飲食無味肌肉瘦瘁心多嗔恚

木香 不見火　破故紙 炒各壹兩
高良薑 炒　縮砂仁
厚朴 去麤皮薑製炙各叁分　赤石脂
陳皮 去白　肉桂 去麤皮不見火
白朮 各半兩炒　胡椒
吳茱萸 湯洗柒次炒各壹分　檳榔 壹枚
肉豆蔻 肆兩麪裹煨

右爲細末用獖猪肝肆兩陳米泔水煮入鹽壹錢蔥白叁莖生薑貳拾片同煮肝熟研成膏子搜前藥爲圓如梧桐子大每服伍拾圓至佰圓飲送下不拘時候日進叁服

艾參圓治虛羸久不進食臟腑不固小便常多

艾葉 糯米糊蒸過大火焙乾　麥糵 炒

右等分爲細末米醋打糯米粉糊圓如梧桐子大每服叁伍拾圓空心醋湯温酒或米飲下

厚胃圓治脾胃不和泄瀉不止諸藥不効者

訶子皮 紙裹煎濕煨香去核　龍骨 煅
肉豆蔻 麪裹煨　附子 炮去皮臍

赤石脂 煅　木香 不見火
川白薑 炮洗

右等分爲細末水煮麪糊圓如梧桐子每服肆伍拾圓米飲送下食前服

赤圓子治脾濕虛寒

天雄 壹對慢火煨取出洗淨切作骰子塊鹽汁製銀銚內炒黃色　附子 各叁枚重壹兩者依前法製皮
川烏頭 製同前
乾薑 肆兩切片炒

右爲細末入鍾乳粉壹兩神麯打糊爲圓如梧桐子大用生朱砂爲衣陰乾却曬每服伍拾圓温酒空心食前服

峻補圓專治虛弱常欲滑泄

天雄　附子
川烏頭 各貳兩並炮去皮臍劈作兩片再煨透熟
良薑　乾薑 炮洗
吳茱萸 湯泡柒次炒　胡椒
硫黃 別研　厚朴 去麤皮薑製炙各叁兩

右爲細末酒煮麪糊圓如梧桐子每服叁拾圓空心食前温酒米飲送下如無天雄只用大川烏附子亦得

烏紫金圓、一切瀉痢、不問新舊冷熱、及腸風下血、竝皆治之、

肉豆蔻 壹兩剸去灰土、揀最大者、每箇鑚竅、入丁香柒粒在內、用醋紙裹煨拾分、油出盡為度、

罌粟殼 去頂蒂瓤、極淨切片、用好酸醋浸壹宿、炒乾秤半兩、

滴乳香 貳錢半別研

右為細末、湯泡烏梅肉研爛、和圓如梧桐子大、每服伍拾圓至柒拾圓、瀉用米飲下、痢用薑湯下、腸風臟毒下血荊芥地榆煎湯下、竝食前服之、

養真圓、治臟腑不固、補諸虛弱、

羊肚 壹枚草特如常去脂膜　羊腎 壹對去膜

白朮 貳兩炒　神麯 壹兩半炒

丁香 不見火　蓽撥 各柒錢半

沈香 不見火　熟乾地黃 洗

大附子 炮去皮臍　乾薑 炮洗

蓽澄茄　白茯苓 去皮各壹兩

當歸 去蘆酒浸　厚朴 去麤皮薑製炙

白豆蔻仁　人參 去蘆

半夏麯　鍾乳粉 各半兩

天門冬　益智

右㕮咀、同羊腎切細、入在羊肚子中、以線縫肚子口、於淨甑蒸極熟為度、趂熱於木臼中擣碎、曝乾或焙乾、再碾為細末、用熟棗肉為圓、如梧桐子大、每服伍柒拾圓、空心食前米飲下、

補中圓、治赤白痢、

白芷 貳兩　罌粟殼 去蒂瓤壹兩半生半炒

當歸 焙去蘆　枳殼 麩炒去瓤

陳皮 半兩去白炒　橡斗 各壹兩大者柒枚小者拾枚

右為細末、煉蜜為圓、如彈子大、每服壹圓、水壹盞、白痢入石榴皮壹片、赤痢入烏梅半箇、煎至柒分、食前服、如赤白痢、入烏梅石榴皮同煎、

香茸圓、治日久冷痢、

乳香 參錢別研　鹿茸 半兩酒浸壹宿炙

肉豆蔻 壹兩、淨洗、每箇作兩片、安乳香在內、外用麵裹、煨去麵、

右為細末、陳米飰和圓、如梧桐子大、每服伍拾圓、食前米飲送下、日進參肆服、

杏霜圓

杏仁 參箇去皮尖　百草霜

巴豆 陸粒參稜者去皮取油盡為度

右同研細用粳米飯爲圓如芥子大每服貳圓赤痢甘草湯下白痢煎艾湯下忌生冷油膩濕麵菜熱物水瀉新汲井花水下

如聖圓治赤白痢

川百藥煎 好者不拘多少研細篩過

右白湯調陳米糕爲圓如梧桐子大略用百草霜爲衣如白冷痢以櫻粟殼壹枚炙黄色煎湯送下赤痢甘草湯下不拘時候

三建圓止下泄寬膈進食補助真元

天雄　附子 各壹兩

川烏頭 貳隻已上並炮去皮臍　陽起石 別研

鍾乳粉 各半兩

右爲細末神麯打糊爲圓如梧桐子大朱砂爲衣每服拾圓薑湯送下食前服

神應乳香圓治諸般惡痢

乳香　没藥 各壹分並別研

訶子肉 壹錢

安息香 壹分酒少許蒸壹時久研濾去滓重湯煮成膏

右爲細末用安息香膏搜成餅子攤盞中別以杏仁燒煙薰令乾纔轉再熏圓如菉豆大如硬入白湯少許潤之每服參拾圓空心食前乳香湯下

肉附圓治泄瀉不止

附子 壹隻重柒錢炮去皮臍　肉豆蔻 壹兩貳錢麵裹煨

右爲細末麵糊爲圓如梧桐子大每服伍陸拾圓米飲下不拘時候

椒附圓治臍腹痛注下或滑腸頻併多有冷沫

川椒 去目合口炒出汗　附子 生去皮臍

乾薑 洗生用

右等分爲細末麵糊爲圓如梧桐子大每服參拾圓米飲下食前服

韭附圓老人尤宜服之

大附子壹隻炮去皮臍再炒令微黄色爲末以韭菜根研爛絞取汁圓如梧桐子大每服參拾圓米飲空心下 須是曬乾服不乾恐麻

肥腸圓治脾泄下痢

硫黄 貳兩別研　吴茱萸 肆兩湯泡柒次焙

已上貳味用獖猪大腸肆尺去脂膜洗淨入貳味藥在內用麻線縛兩頭好米醋壹椀砂石器內慢火煮乾爛研成膏

厚朴 拾兩去皮薑汁浸壹宿炒令黃色
附子 貳兩炮去皮臍剉再炒令黃 南木香 貳兩濕紙裹煨令香

右爲細末用前骨子搜和杵仟餘下圓如梧桐子大每服伍拾圓食前米飲送下

猪肚煎圓治因病後或泄瀉久服熱藥過度脾土燥而不能制水服積藥則多耗氣精液不能傳送或痢甚則頻併或下白膿腹肋時痛此藥潤腸和臟氣進飲食

舶上茴香 貳兩 舶上硫黃 壹兩別研
川椒 貳兩揀開口無者用白麫肆兩同炒候麫黃取椒放地上出汗
枳殼 貳兩去穰以炒椒麫同炒令香熟去麫不用

右爲細末用猪肚壹箇洗淨者脂入硫黃末右內用線密縫以無灰酒肆勝慢火煮爛別研令極細和藥爲圓如梧桐子大每服參拾圓空心米飲温酒送下

水煮青鹽圓治脾積瀉經年不効者

附子 生去皮臍剉炒 人參 去蘆
京三棱 炮 肉桂 去麁皮不見火
木香 濕紙裹煨 鹿茸 燎去毛
縮砂仁 蓬莪朮 酒浸生

益智仁 舶上茴香
陽起石 酒壹盞煮乾各壹兩別研 川椒 貳兩去目合口者炒出汗
陳皮 參兩去白 厚朴 肆兩去皮薑汁浸壹宿炙乾

右並剉入青鹽肆兩水浸藥平壹指許煮乾爲度焙乾爲細末酒煮麫糊圓如梧桐子每服參拾圓食前温酒鹽湯下

青腸湯治脾胃虛弱內受風冷倉廩不固下痢不實食不充肌力減氣弱下部酸倦

人參 去蘆 白朮 炒
高良薑 炒 肉桂 去麁皮不見火
當歸 去蘆酒浸 赤茯苓 去皮
訶子 濕紙裹煨 厚朴 去麁皮薑製炒
肉豆蔻 麫裹煨 甘草 炙

右等分爲細末每服肆錢水壹盞半粳米佰粒同煎至米分食前温服

萬安湯治脾泄冷痢腹痛裏急寒中色白沫穀不化大進飲食 臨安馮大夫傳

人參 去蘆 甘草 炙各半兩
大川烏 炮去皮臍剉鹽炒黃去鹽 草菓子 麫裹煨
乾薑 炮洗各貳兩

右爲麤末，每服叁錢，水壹盞半，生薑貳片，棗子壹枚，去核，同煎至捌分，去滓，空心食前熱服。

調中湯，治赤白痢，由腸胃虚弱，冷熱之氣乘虚相搏，血滲入腸，則瀉爲痢，重者血與膿相雜，狀如濃涕，輕者濃血上赤脉，狀如魚腦，日夜不絶，臍腹疠痛，不思飲食，竝宜服之。

木香壹錢，不見火　防風去蘆
黄耆蜜炙　甘草炙，各壹分
人參去蘆　白茯苓去皮
當歸去蘆，酒浸　熟乾地黄洗，各貳兩

右爲麤末，每服叁大錢，水壹盞，生薑叁片，棗子壹枚，煎至柒分，去滓，食前通口服。如血痢，加竹茹壹塊同煎。

櫻粟殼去頂蒂，擦，半兩，剉碎，蜜拌炒令黄

四味茯苓湯，治伏暑瀉痢，不進飲食，赤痢腹痛者，服之神效。

宜黄連伍兩　藿香葉貳兩
阿膠粉炒，壹兩　白茯苓去皮，壹兩半

右爲飲子，每服肆錢，水壹盞半，煎柒分，去滓，早晚食前温服。

櫻榆湯，治痢。

櫻粟殼去頂蒂，擦蜜炒，半斤　赤芍藥
陳皮去白　甘草炙，各半兩
地榆肆兩　五倍子壹兩

右爲麤末，每服叁錢，水壹盞，生薑叁片，棗子壹枚，煎至柒分，去滓，食前温服。

櫻粟湯，治痢。

大櫻粟殼拾枚，赤痢蜜炙，白痢生用
甘草半寸，炙　橘皮壹兩，去白

右用陳米半合，水兩椀，同煎至壹椀，分作叁服，嚥下駐車圓。

六物湯，治赤白痢，秋後不効，最宜服之。

櫻粟殼去頂蒂，擦蜜炒　棗子各壹拾貳枚
香薷壹握　橘皮貳枚，全者，去白
甘草伍寸，炙　生薑拾片

右爲麤末，作叁服，用水壹中椀，煎至柒分，去滓，空心温服。

圓通大聖散，治丈夫婦人小兒赤白痢不痊者，竝宜服之。此方廼觀音夢中傳授。

木香方圓貳寸，不見火　黄連半兩，去鬚

右貳味以水半勝同煮乾去黃連只取木香切
焙爲細末分作參服第壹服用陳米湯調下第
貳服陳米飲調下第參服甘草湯下小兒隨意
加減

如神湯不問新久瀉痢或赤或白或水瀉竝治之

罌粟殼 大者去頂帶穰滓剉蜜拌濕炒乾

當歸 去蘆　丁香 不見火

白朮 各壹兩炒　乳香 半兩別研

右㕮咀病輕者每服參錢水壹盞煎柒分去滓
通口服甚者每服半兩水壹盞半煎至捌分去
滓只壹貳服見效

神應散治瀉痢

罌粟殼 去頂帶穰貳兩半用蜜半兩許拌銚盛貳時炒令紫色

川乾薑 壹分半洗炒　甘草 炒

人參 去蘆炒　當歸 去蘆各壹分

右爲細末每服參錢米前米飲調下

木香散治隔年痢不止

木香 用黃連半兩同炒　甘草 炒

罌粟殼 去頂帶穰生薑半兩同炒

右等分爲細末入麝香少許陳米飲調下貳錢
血痢尤宜服之

人參散 仕提舉文蔚傳

人參 去蘆　罌粟殼 去頂帶穰蜜炒

阿膠 蛤粉炒成珠子　糯米

右等分㕮咀每壹兩分作肆服每服水壹盞煎
至柒分去滓通口服

豆蔻散治赤白痢

肉豆蔻 貳兩麪裹煨　罌粟殼 去頂帶穰蜜炒

木香 壹錢不見火　白朮 炒

人參 去蘆　黃耆 蜜炙

甘草 炙　白茯苓 去皮各貳兩

右㕮咀每服參錢水壹盞半棗子參枚生薑伍
片烏梅貳枚煎至陸分去滓不拘時候服

又方治久年新近泄瀉赤白下痢

肉豆蔻 壹兩貳錢半麪裹煨香　罌粟殼 去頂帶穰蜜炒

橘紅　香附子 去毛各肆兩

甘草 貳兩炙　川薑 壹兩炮洗

右爲細末每服參伍錢用陳米飲調下不拘時
候服

又方治瀉痢腹痛裏急後重晝夜赤

肉豆蔻麪裹煨　罌粟殻去頂蒂穰蜜炙

石榴皮　黃連

右等分為細末每服參錢食前米飲調下、

柘子散治赤痢、

側柘子貳拾伍枚、研爛、冷熟水淘、紗帛濾去查、入蜜再調、進貳服、忌肉及魚腥之物、

二宜散治赤白痢、

甘草慢火油浸　乾薑炮洗

右等分為末每服壹錢水捌分、煎至肆分、經宿露、空心服、如赤多即甘草陸分乾薑肆分、白多即甘草肆分、乾薑陸分、忌生冷油膩物、

香罌散治積痢、

木香半兩用黃連半兩同炒　甘草壹兩炙

罌粟殻去頂蒂穰半兩用生薑半兩同炒

右為細末、入麝香少許、食前陳米飲調下、

白石脂散、治泄瀉或便血或痢、不以老人小兒、並宜服之、

白石脂真者用炭煅通紅、研細、每服參錢、空心米飲調下、

赤石脂散

赤石脂煅　肉豆蔻麪裹煨各肆兩

縮砂壹兩

右為細末、每服貳錢、空心米飲調下、

三磨散、治臟腑虛滑泄瀉不止、

川厚朴長參寸闊壹寸、去皮、鑽數拾孔、薑汁半盞塗炙、薑汁盡為度、

附子壹隻炮去皮臍　肉豆蔻大者壹枚麪裹煨

右用第壹米泔水壹大盞、分參處、參味各磨濃、和入生薑伍片、煎至柒分、食前温服、

抵聖散、治遠年脾泄不瘥者、汪去偏傳

人參去蘆　陳皮去白

木香不見火　肉桂去麄皮不見火各壹兩

附子柒錢炮去皮臍　甘草參錢炙

白朮炒　白茯苓去皮各半兩

訶子拾陸枚温紙裹數重煨香去核　肉豆蔻捌枚麪裹煨

右為細末、每服參錢、無灰酒調、空心面東服之、如人行伍里路、再投酒壹呷、忌麸豉汁、豆豉汁、如年深者、貳服即瘥、

丁香散、治一切冷氣瀉、及脾泄、腹內刺痛、

丁香壹分不見火　肉豆蔻貳枚麪裹煨

附子壹兩炮去皮臍、剉如豆塊、生薑肆兩、淨洗和皮切碎、同附子入銚內慢火

炒令黃乾爲度、

右爲細末、每服貳錢、溫粥飲調下、空心食前、日進參服、

固腸飲、治心脾冷痛不可忍、老幼霍亂吐瀉、甚効、

訶子 去核取肉炒　甘草 炙

厚朴 薑製炒　乾薑 炮

草菓 用仁　陳皮 炒

良薑 炒　白茯苓

神麯 炒　麥糵 炒

右等分爲末、每服貳錢、水壹盞、煎至柒分、入鹽少許、食前服、急用沸湯入鹽調服、小兒半錢、

又固腸飲、治腸胃虛弱、內挾風冷、臍腹撮痛、下痢及處滑、或變膿血、

肉豆蔻 炮　人參 去蘆

白朮 炒　赤石脂

肉桂 去皮　當歸 洗切片

良薑　附子 炮去皮臍

厚朴 薑汁製炒　甘草 炙減半

右件拾味各等分、碾爲麤末、每服伍錢、水壹盞半、入粳米壹小撮、煎至柒分、去滓、空心食前溫服、

炙肝散、治脾氣虛弱、肝脉有餘、邪來傷正、洩瀉不實、倉廩不藏、飲食減少、力乏氣短、飲食不化、肌膚倦怠、面無顏色、

當歸 去蘆　破故紙 炒

高良薑 炒　縮砂仁 各參分

羌活 洗　肉桂 去麤皮不見火

陳皮 去白　白朮 炒

赤茯苓 去皮　吳茱萸 湯泡柒次炒

肉豆蔻 麪裹煨各半兩　厚朴 參錢薑製炒

右爲細末、每服參錢、以豮猪肝參兩、切片、摻藥於上、以漿水壹椀、醋少許、鹽壹錢、同煮、水煮盡、空心連肝嚼下、

生氣散、治脾臟氣虛、泄瀉不止、百藥不効者、

鍾乳粉　赤石脂 煆

陽起石 火煆候紅、好酒內浸壹通、研細、各半兩、

右爲細末、用附子壹隻、炮去皮臍、只用半隻、入乾薑拾片、水貳盞、煎至柒分、調生氣散貳錢、空心服、半日再服、

薑香散、治久患脾洩瀉、

宣黃連 壹兩，去鬚　生薑 肆兩

右剉如豆大，炒令薑乾脆深赤色，去薑，取黃連爲末，每服貳錢，空心臘茶清下，甚者不過貳服即瘥。

如聖飲 治痢。

罌粟殼 去頂蒂穰，蜜炙，肆兩　橘皮 去白

白艾　當歸 去蘆

甘草 各貳兩，炙　烏梅 壹兩

右爲麤末，每服參錢，水壹盞半，生薑參片，棗子壹枚，如赤痢入地榆，白痢入乾薑壹小塊，煎至柒分，去滓，空心溫服。

御米飲

罌粟殼 去根，米醋炒　甘草 炙，各半兩

川厚朴 去麤皮，薑汁製炒　人參 去蘆

白茯苓 去皮　白薑 洗炒，各壹兩

大烏梅 伍枚，連核

右爲麤末，每服伍錢，水壹盞半，煎至壹盞，溫服，入棗壹枚，薑參片同煎，亦得。如赤痢，更加黑豆貳柒粒。

先君刑部所藏五痔方、

予少之時忽患便血，至三十歲後，漸苦飜花內痔之疾，日夕爲惱，及從宦以來，聞有良醫則必訪問方藥，其說皆以爲有血則必有痔，有痔則必有血，往往謂先當醫痔，則血自不作。後因隨侍 先人守官 中都，繼而 先人進登通顯，士夫間有以方見贈者，有告以某郡某邑有善醫者，即以書屈致，或不憚裹糧往見，大抵各自立說，強此弱彼，究其極，至則無非用毒藥，或生砒、雜以膽礬、硇砂，或用油煎斑猫、巴豆之屬，或用桑柴灰自然餅藥，或用灸法，或以毒藥薰洗，或用刀及藥線去之，其說率不過此而已。若論其疾生於不便之處，每遇登厠疼痛如割，飲食坐臥不得自如，苟不速以瞑眩之藥攻之，何緣有瘳？根若不除，久則成漏，此固然矣。又恐患者恨不能即愈，一旦遽聽庸醫投以狼虎之藥，不特其疾轉增痛楚，萬一至於穿腸漏血，其害寧小小哉？所以不敢輕信醫者之言，必待親見有此疾者所用何藥及身曾試之有效方，敢用也。先人在 中都，予正苦飜花之疾，伏枕呻吟，閱

日甚久雖用朴消大黃等煎洗及服應干痔藥如水投石忽家間幹辦官沈武經薦清河坊李防禦名用和者以醫遊際德壽官蒙恩補官且賜銀絹鞍馬乃是丞相爲中書舍人日行詞給誥至今出入德壽官乞折簡招之試令一看遂稟先人許之李防禦既至一見所患云限十日醫可便堪乘馬出入予初未深信姑令用藥雖未免疼痛三兩日而其疼止是覺急重耳十日之内痔果焦枯但李防禦自謂名醫不無索價緣此人多不敢輕易見之渠昔在宣城時有二子長曰李大官人却專令供奴僕之職只以姓名呼之仍不時箠撻李官人者輒赴愬於天府又哀鳴於鄰人馬輿嗣謂我欲將李防禦眞方開板散貼臨安府四門馬曰何損於彼不若借汝褒費仍歸宣城貨藥却以此方見惠李從其說馬既得此眞方即攜李防禦親筆藥方一冊來見沈幹辦沈遂與之俱來面授予稟先人既與月給又補進義副尉充號簿官予既得此方且親見李防禦手法自後凡數次疾作命門僧大師妙莊修製每用之即得輕減鄉曲潘宰舊有此疾其大如拳亦用是藥半月而愈此方用藥雖簡收功甚速且不驚人又不甚疼予慶元四年戊午赴郴陽守至郡五六月其痔再作且復便血舉室驚憂郴陽與五嶺接境絕無醫藥予謂家人不須憂慮自有方書當先服止血藥然後用李醫之方擇日治之遂令郴州職醫李炳依方辦藥仍教以手法及諭以其間修製曲折李頗曉解是日早上至午間及酉後凡三次傅藥半夜忽痔上黃膏水流衣被霑濕當夜更不上藥且教黃水流出至次早其痔已消縮一半理更上藥一二日纔年高氣衰非少日比頃歲全不覺痛今次用藥却覺氣脈相連應外腎作疼予忽省記李防禦嘗說若是老人用藥應得外腎疼時令人將手於火上烘熱熨外腎及穀道悶遂用此說其痛即止痔既消縮遂不曾再傅藥若欲醫治他人須是傅藥三兩日直候黃水流出漸少方是痔根惡水出盡如此則痔頭自然焦黑若膏水正出便不傅藥其痔無緣斷根須令外科早晚看視若是虛怯之人三兩日一次

用藥自然藥性緩慢直候痔頭焦枯方止予親試之已三十餘年是以備諳今六十有三矣氣血衰弱與二十年前事體不同但得痔疾不致苦楚足矣所以不敢深治之也予謂世間大小方脉皆有方書獨痔疾苦無好方恐後失記李醫方藥病中因詳細直書之以備異日遺忘今載李氏方于後慶元五年正月望日定齋居士書

水澄膏此是護肉藥方

鬱金　白及

右等分同爲細末候内痔登厠翻出在外用温湯洗淨不須坐入即側卧床沿上用新水和藥於盞内調令稀稠得所用篦子挑藥輕手塗在穀道肆邊好肉上只留痔頭在外却用薄紙團轉蓋在藥上仍用羊毛筆蘸温水塗在連紙上要紙護定水澄膏不令肆散耳才覺藥乾又用温水濕之後却用枯藥

枯藥

好白礬肆兩　生砒貳錢半

朱砂壹錢生研令拾分細

右各研爲細末生將砒安在建盞中次用白礬末蓋之用火煅令煙絕其砒盡隨煙去止是借砒氣於白礬中將枯礬取出研爲細末須是研令拾分細可也先看痔頭大小將所煅白礬末抄在手掌心上入生朱末少許貳味作壹處以口津唾就掌心調令稀稠得所用篦子塗在痔上週遭令遍日參上須子細看痔頭顏色只要色轉焦黑乃是取落之漸至夜自有黄膏水流出以布帛襯之水儘多爲妙乃是恶毒之水切勿它疑至中夜更上藥壹遍至來日依舊上藥參次縱有些小疼痛不妨如換藥時用瓷椀壹隻盛新水或温湯在痔側以羊毛筆蘸管輕手刷洗痔上去了舊藥却上新藥庶免搓身仍用護藥此藥只是借用砒氣又有朱砂在内少解砒毒所以不甚疼痛者蓋非專用毒藥也次用荆芥湯洗之參兩日之後黄膏水流出將盡仍看痔頭焦黑爲度以篦子敲打痔頭見得漸漸堅硬黑色却於枯藥中增添生朱減退白礬自然藥力慢緩矣須用藥參兩日以後方可增減且以日子漸漸取之庶不驚人全在用藥人看痔頭轉色增減厚薄傅藥方是活法

荆芥湯

荆芥不拘多少生剉

右爲麤末用水參兩椀入瓶內常常煎下如用了依舊入瓶內用火煨之可用參伍次

潤腸圓

大黃濕紙裹煨剉細　枳殼去穰麩炒

當歸去蘆

右參味等分細末蜜圓每服貳叁拾圓白湯送下更量臟腑虛實多寡服之緣爲已用枯藥之後痔將欲焦枯糞門急迫恐大便堅實難出所以預先服此潤腸圓予以平生稟受虛弱臟腑素來不實不曾服此却自合松子仁大麻仁藥準備只要臟腑稀滑耳

龍石散

龍骨煅過去火毒　香白芷

好黃丹　軟石膏煅過去火毒

右等分爲極細末乾糝瘡口上又須候痔頭焦枯落盡以藥收斂瘡口更預先準備些好血竭末或要止血或要收斂瘡口要用

雙金散

黃連　鬱金

右等分爲細末用蜜水調傅痔頭上虛弱之人已用枯藥痔上忽有些小疼痛用此傅之其痛即定壹方只用腦子末傅亦可定疼

國老湯

甘草生剉不拘多少

右用水壹兩椀入瓶中常常煎下熏洗痔瘡蓋緣甘草自是痔藥又解砒毒若瘡口將斂其痒異常尤要此藥澆洗溫熱隨意內侍霍承宣諱夫貴居郴州亦緣久苦內外痔疾不敢飲酒食麪坐卧痛楚因見予用此方傅貼有效來求此方用之有効且云果是妙方全無疼痛用藥之時坐卧飲食並不相妨今日專來相謝今霍承宣量移信州可詢之庶知此方之妙李氏方止此

固榮丹治或痔大作下血不止宜服此藥

代赭石火煅通紅醋焠貳拾壹次焙淨搗羅過再就乳鉢內研極細秤貳兩

五倍子麩炒　訶子去核剉炒燥

鹿角膠剉麩炒肥爲度　木賊去節剉炒各壹兩

當歸剉洗淨去蘆　川芎用刷牙子洗剉炒各半兩

右爲細末入代赭石末和水煮糯米粉厚糊爲

圓如梧桐子大、陰乾、每服佰圓、米湯下、以止爲度、未効再進、代赭石大治腸風下血痔疾、建脾、縮小便、亦治鼻衂吐血尿血、訶子治腸風下血、五倍子治五痔下血不止、當歸川芎治腸風下血、血既多、以此滋血、不致枯竭也、鹿角膠固血道、補血虛、或下血未已、急進此藥、不輟、則自然收斂、不滲失也、腸本無血、血自痔竅中出、乃借路耳、吐血鼻衂尿血、横流不攝、當用前諸方、隨證服之、

烏玉圓、治腸風痔漏、

椶櫚　亂頭髮皂角水洗各貳兩

苦楝根貳兩半　蝟皮肆兩

牛角腮參兩剉洗　乳香

麝香各半兩別研　豬蹄甲後蹄肆拾玖箇洗淨

芝麻　雷丸生用各壹兩

右除乳麝外、用藏瓶或砂合盛、以鹽泥固濟、周回用火煅、煙盡存性、不可太過、候去火、入乳麝再研細、用酒打麪糊爲圓、如梧桐子大、空心食前、胡桃酒下貳參拾圓、楊氏方名椶櫚圓、添不蝍皂角壹兩半、餘用浙東提舉司局方、加槐角肆兩、燒灰存性、榼藤子壹兩貳錢半、炒、苦楝根減壹半用、牛角腮肆兩、猪蹄甲只用貳拾伍箇、麝香貳錢、芝麻乳香麝香雷丸苦楝根榼藤子不燒外、餘藥各燒灰存性、不用藏瓶、每服伍拾粒、荆芥茶或溫酒米飲任下、

朴藥圓、治腸風下血痔疾、

厚朴壹斤去麤皮　白朮半斤

麥蘖陸兩

右爲細末、生薑自然汁煮神麯末陸兩爲糊、圓如梧桐子大、每服參拾圓、茶酒白湯任下、不拘時候、

木鼈散、治痔不以內外、洗藥、

木鼈去殼切作片爛搗　地骨皮

紫金皮　當歸去蘆

枳殼各半兩　黑豆參合

右先以豆煮軟、水伍勝、煎至肆勝、去滓、乘熱熏、通手淋洗、可用肆次易之、如身體生瘡紫黑、添檸木皮或葉同煎洗、

木槿散、乾痔封瘡口、

木槿花八月九日採取陰乾

右爲末、傅瘡口、其瘡自合、至妙、此貳藥乃醫家秘方、壹方用葉烟研、塗痔上、極妙、

必應散 治五種腸風下血、糞前有血名外痔。糞後有血名內痔、大腸出名脫肛。穀道四邊有努肉如乳頭名鼠嬭。痔有穴腸出血名漏。並皆治之、

黃牛角䚡 壹枚捶碎　白蛇蛻 壹條

猪牙皂角 柒梃　穿山甲 壹片柒拾鱗

蝟皮 壹兩

右並剉碎、入砂瓶內、以鹽泥封固、候乾、先少著火燒、令煙出後、用大火煆、令通赤爲度、取出攤冷爲末、先以胡桃肉壹枚分肆分、壹分臨卧時細研如糊、酒調下、便睡、先引出蟲、至五更時壹服、次日辰時壹服、並參錢、藥末久患不過參服即効、

落痔膏 治男子婦人壹拾參般痔、萬不失一、

灰莧灰 壹㪷　純白炭灰 壹㪷

右各淋取灰汁伍勝、共壹㪷、以薄紙數重脊箕內盛了、淋伍柒度、取釅清灰汁、入鐺內、煎至壹貳合、却用風化石灰入細絹籮子內、羅過參伍度、臨時旋將汁少許、調風化石灰少許、以篦子

挑藥點痔頭、少時拭去、又點、如此數度、如墨色、其痔自焦落、更看落後裏面似石榴子、內平、便用鹽湯洗、不得出風、却用前封瘡木樺散、

治痔疾

乳香　烏藥

檳榔　蜜陀僧 分兩不拘

右件肆味以新水磨傅、

痔藥

黃連 貳兩　朴硝 壹兩

楊樹自然蛀屑 貳兩

右件同爲細末、煎湯半盞、熏半洗、

洗痔方

茵陳　荊芥

黃芩　枳殼

五倍子　朴硝

赤小豆　木蓮

右等分剉碎、每貳兩用水參椀、煎熟、濾滓熏洗、

又方

野苧根 壹斤　橡斗子殼 壹勝

右共搗碎、用水壹㪷煮及柒分、乘熱以盆盛洗

熏患處候湯溫通手洗之冷則止藥湯可留煖用參伍次甚妙

治大便下血

烏金圓

枳實貳兩去穰麩炒　橘紅

生乾地黃洗各壹兩

右爲末淡麪糊圓如梧桐子大每服伍拾粒臨睡熟湯下

又方郭士仲傳

當歸去蘆　枳殼去穰麩炒

地榆　槐花炒令黃色各壹兩半

百草霜陸兩羅令極細　白礬陸兩枯

白梅拾貳兩

右爲細末用白梅浸出酸水去核只用淨肉搗令極爛壹處和前藥圓如梧桐子大如難圓用少陳米飲麪糊爲圓每服伍拾圓空心食前用米飲送下加至壹佰圓已上無害

續斷圓治下血不止

續斷參兩水浸洗過細剉　黃耆貳兩蜜水拌炒

枳殼去穰麩炒　白殭蠶直者炒去絲各壹兩

右細末湯化雪糕和爲圓如梧桐子大朱砂爲衣每服參伍拾圓米飲下大便前有血食前服大便後有血食後服

黃連圓治大便下血

黃連貳兩去鬚　生薑肆兩並剉作骰子塊

右貳味同炒香熟去生薑只用黃連醋煮麪糊圓如梧桐子大每服參拾圓食前烏梅湯下

梅茸圓補陰陽不足及一切下血不止男子婦人皆可服

麋茸真好者　鹿茸有血者

右等分用酥炙研爲細末用煮熟烏梅取肉研令爛入熟麪糊少許和爲圓如梧桐子大每服壹佰粒米飲湯下日貳參服大凡男子便血皆是酒色損耗氣血之過若用他藥而不治其源必未能速效要當先養其氣氣固則血自不下須久服此或要加附子亦不妨但不可服黃連等恐損動脾胃愈無益矣

又方

鹿茸貳兩好嫩者如常法製

右爲細末用烏梅肉煮軟研碎和前鹿茸末成

圓卽圓之不拘烏梅多少米飲下陸柒拾圓食前服。

蒲黃圓治大便下血無時久不差者。高密幹珂傳

熟乾地黃壹兩　當歸去蘆

黃連去鬚　石菖蒲各半兩

右爲細末用生藕節取汁同蜜爲圓如梧桐子大每服肆伍拾圓米飲熟水任下食前服。

獨連圓

好貫黃連叁兩淨洗日乾分爲叁服壹分剉作半寸入陳米壹兩微炒紫黃色壹分亦剉炒熱爲度壹分生用焙爲細末研粟米粥和杵數佰下圓如梧桐子大每服伍拾圓空心陳米飲吞下壹服立効如急速不及製只用生黃連爲末依法用之貳服抵壹服功此方治血痢水瀉佰發佰中。

二薑圓治臟寒大便血作。

良薑薄切片炒　乾薑炮洗刮去皮各壹兩

烏梅肉半兩

右爲細末水煮稀陳米搜圓如菉豆大候乾每服壹佰粒食前温米飲下。

艾附湯

大附子貳兩炮去皮臍切片　熟白艾壹兩

川薑半錢炮洗

右㕮咀每服叁錢水壹盞半煎柒分去滓食前温服。

歸附湯

當歸半兩去蘆　附子壹兩炮去皮臍

右㕮咀每服叁錢水壹盞半生薑伍片煎柒分去滓食前温服。

沈香湯失血之後脾虛人尤宜服。

香附子去毛炒兩　白茯苓去皮

縮砂仁　甘草炙剉各壹兩半

沈香貳錢不見火

右爲細末入鹽湯點服如煎服則用薑棗。

神授散治大便下血不止。

白雞冠花　生薑去皮

右等分同於沙盆內爛研捻作餅子焙乾爲細末白湯調下不拘時服此方乃 趙八節使傳壽皇御前見一樂人黃瘦壹日忽肥壯呼來問之乃云久患失血因得此方遂獲安痊。

壽皇面賜此方與　嗣秀王、傳於　大父、

越桃散、治下血及血痢、

越桃 梔子也　槐花

青州棗　乾薑

右等分、燒存性、爲末、每服貳錢、食前用陳米飲調下、

栢芷散、治大便下血、

側栢 貳兩、酒浸、砂器炒焙乾　香白芷

右爲細末、每服貳錢、米飲調下、不拘時候、

木香訶子散

木香 半兩、不見火　訶子皮

當歸 去蘆、各壹兩

右爲細末、每服參肆錢、用第貳米泔壹盞、煎至柒分、溫服之、不拘時候、

二灰散、治下血、

乾側栢 略焙、爲末、伍錢　桐子炭 存燒爲灰、却爲末、貳錢

燒了椶櫚灰 燒存性、爲末、不可燒作白灰、參錢

右參味、打和、作貳服、糯米飲調下、立止、不拘時候服、

妙應散

橄欖不拘多少、風前浪乾、連核於炭火內煅成灰、逐箇鉗出、碾爲細末、每服貳錢、空心食前用臘茶調下、

山梔散、治鮮血箭出如紅線者、壹服立效、

揀新老山梔不拘多少、去皮、焙乾、研細、若油出成團、即擘開、猛火焙乾、手擦細羅、取末、甆器盛、發時用新汲水調下貳錢、忌酒麵等毒物參伍日、

練根散、治便血、王解元良臣傳

木蓮 名木饅頭、收陰乾　枳實 去穰、麩炒

右等分、爲細末、每服參錢、米飲調服、不拘時候、

治大便下血、

槐花 炒　白礬 枯

右等分、爲細末、白麵糊爲圓、如梧桐子大、每服參拾圓、米飲吞下、食前服、

腸風臟毒

烏金圓、治腸風臟毒下血不止、

乾椶櫚　乾薑

大象斗子　烏梅

右肆味、燒灰存性、爲細末、入枯了白礬末伍味

各等分，麵糊爲圓如梧桐子大，若糞前有血，卽空心服，糞後有血，卽食後服，每服肆伍拾圓，米飲下。

倍槐圓治腸風下血。

五倍子壹分　槐花貳分

五靈脂壹分

右爲細末，麵糊爲圓如梧桐子大，每服參拾圓，食前米飲下。

硫附礬圓治經年久病腸風下血，虛弱甚者，壹服見效。

附子壹兩，炮，去皮臍

綠礬別研爲細末，肆兩，用瓶子盛蓋之，火煆食頃，候冷取出，入臍壹分、硫黃壹兩，同礬研過，依前入瓶子內，更燒食頃，候冷取出，再研爲極細末

右合和壹處，以粟米粥爲圓如梧桐子大，每服拾圓，空心生地黃汁呑下，溫酒、米飲亦得。

神應圓

新栢葉蒸熱，焙乾　槐花瓦上炒

雞冠花瓦上焙

右等分，酒煮麵糊爲圓如梧桐子大，每服參拾圓，米飲下，不拘時候。

梅茸圓治腸風臓毒，經年下血不止者，服之，其效累驗。

烏梅肉用新瓦焙乾　鹿茸火爐去毛，酥炙

鷹爪黃連去鬚，用米醋壹盞炙乾

右等分，爲細末，酒煮麵糊爲圓如梧桐子大，每服參拾圓，鹽酒或米飲湯下，空心食前服。傳元拾餘年便血，服此藥遂愈，不用黃連亦得。

黃連圓治腸風瀉血。

黃耆蜜炙　黃連去鬚，各等分

右爲細末，麵糊爲圓如梧桐子大，每服貳參拾圓，食前米飲下。

小豆圓治腸風臓毒。

赤小豆　好硫黃各壹兩

附子生用，去皮臍，半錢

右爲細末，煮糊爲圓如梧桐子大，每服貳拾圓，空心食前醋湯下。

巨勝七寶圓治一切年深日近腸風下血，痔漏及有頭成瘡者。

蝟皮壹枚，燒灰存性　附子壹隻，炮，去皮臍

白礬壹分，枯　硫黃壹分，研

榼藤子參枚打破取白根　猪牙皂角去皮
皂角刺燒灰存性各壹兩
右爲細末、研胡桃肉入少酒、麵糊爲圓如梧桐子大、每服伍柒圓至拾圓、空心酒下、如有頭成瘡用朱砂壹皂子大、與拾數圓同研、水調傅瘡上、經旬日自好、

地黃圓、治臟毒、
熟乾地黃、貳兩洗　黃連壹兩半去鬚毛上炒
枳殼壹兩去瓤麩炒黃
右爲細末、煉蜜圓如梧桐子大、每服伍拾圓、空心米飲下、

枳殼圓、治臟毒、
枳殼用酸米醋浸參日、挑內炒焦黑存性
右爲細末、麪糊圓如梧桐子大、每服參拾圓、食前米飲下、

枳巴圓、治酒食所傷、遂成痔疾、發則便血、
枳殼去瓤每兩片入巴豆去殼者壹粒、合在內以線扎定、用米醋煮軟爛黑色、去巴豆、剉砂焙乾
右爲細末、醋煮麪糊爲圓如梧桐子大、每服參拾圓、臘茶湯下、不拘時候、如疾作服之、不宜多服、

妙應圓、治腸風臟毒、
五倍子不拘多少
右爲細末、酒煮麵糊爲圓如梧桐子大、每服肆拾圓、米飲下、食前服、百無所忌、旋捜旋圓、累驗、自斷根本、

槐花湯、治酒毒便血、經年不效者、
橡斗子壹分燒　槐花壹兩同炒黃色貳味
白礬壹分枯
右爲細末、每服貳錢、溫酒調下、不拘時候、

膠艾理中湯、治腹虛便血、
右用理中湯、加黃耆阿膠艾當歸煎、食前服、

薑香散、止血有奇功、若腸風臟毒行血不止者、可服、若是腸藏虛弱、則不可服也、專以涼藥攻之、必至脾虛、血必大下、宜謹之、
乾薑　香附子
烏梅各燒灰存性　烏藥
右等分細末、煎烏梅湯調下、不拘時候、

梅薑散、治臟毒瀉血不止、婦人血崩漏下、
椶櫚　烏梅

乾薑 各等分竝燒存性

右爲細末，每服貳錢，米飲調下，不拘時候。

茶調香附散治腸風臟毒

香附子不以多少，於木石臼內搗去皮毛，用清水或米泔浸壹宿，取出控乾，入無油鍋內炒香熟紫黑色爲度，取出去火毒，碾爲細末，每服參錢，濃臈茶調下，空心服。

燒梅散治臟毒

大白梅 枳殼

右同燒存性，爲末，米飲調下，不拘時候。

治腸風下血

蓮子肉 杜仲 薑製炒去絲

榧子肉 莭花

右等分爲細末，麵糊爲圓如梧桐子大，每服參拾圓，烏梅湯送下，空心服。因傷酒得此疾，用酒送下；心氣不足，用米飲送下；如又不止，却用節根煎湯送下，食前服。

又方

椶櫚茅根各少許，燒灰存性，米飲調下貳錢，與前藥相間服。

治腸風

貳參桑葉燒灰存性，每服貳錢，米飲調下，食前服。更量虛實，如虛羸人不宜服。

治臟毒下血久遠不瘥者

烏梅肉 生乾地黃

右等分爲細末，煉蜜圓如梧桐子大，每服伍拾圓，米飲吞下，不拘時候。

又方

右用茶節、篛葉燒成黑灰，研細，入麝香少許，空心米飲調下。

治便血

鹿角膠切成片，用蚌粉炒成珠，研爲細末，每服參錢，食前米飲調下。

大小便不通

乳朱圓治小便不通

鍾乳粉 滑石 各半兩

朱砂 貳錢半別研

右爲細末，棗肉爲圓如梧桐子大，每服參拾圓，燈心湯下，食空服。

瞿麥湯治小便不通

苦杖　瞿麥

右等分爲細末，每服半兩，水貳盞，加燈心參拾莖，煎壹盞，不拘時候服。

參訶散　治體弱大便不通者。

生訶子皮　人參去蘆

右等分爲細末，第貳糭米泔水調下，不拘時服。

霹靂煎　治大便久閉不通，不治能閉殺人。

用好北棗壹枚，去核，實以輕粉，用麻皮扎定，水貳盞，煎至壹盞，取棗食之，以所煎湯送下。才服畢，即便仍前再作壹服，立待通利，如黑彈子大。

大便秘澀

皂角剉細，焙乾爲細末，生葱白細切研熟，將葱和皂角末圓如毬子大，埋在臍心中，以手或片帛繫定，壹飰久未通再換，如臟腑大秘經日不通者，不過參次。

又方

枳殼參錢，麩炒　橘皮末參錢　甘草貳錢，微微炙

竝爲細末，煉蜜圓如梧桐子大，每服參肆拾圓，熟水任下，不拘時候。

魏氏家藏方卷第七終

魏氏家藏方卷第捌

脚氣

活絡丹　治風濕相搏，遂致筋脉拘攣，足脛疼痛，渾身倦怠。

眞木瓜去心　牛膝去蘆
肉蓯蓉　天麻
黃芪蜜炙　大當歸去蘆，各貳兩

已上陸味，用好酒浸參日，取出焙乾。

川附子炮，去皮臍　虎骨酥炙
川萆薢
沒藥別研　乳香別研，各半兩

右爲細末，用法酒打麪糊圓如梧桐子大，每服伍拾圓，煎木瓜湯或鹽酒下，空心食前服，或用小續命湯下尤妙。

神僊輕脚圓　治脚弱不能久行久立，壯筋骨，延年益氣。

遠志去心　楮實子炒
巴戟去心　白茯苓去皮
五味子去枝　杜仲剉，薑製，炒去絲

舶上茴香炒　兔絲子淘去泥酒浸壹宿研成餅

覆盆子北地堅實者尤佳　芡實乾者去殼

山茱萸去核各壹兩　乾山藥

肉蓯蓉酒洗去皴皮切片再用酒浸壹宿焙

宣木瓜去穰切片焙　萆薢已上各淨秤壹兩

牛膝酒浸剉再用酒浸壹宿焙乾秤貳兩

右爲細末，用北棗肥好不破者貳佰箇，蛇床子肆兩，水煮令熟，去蛇床子，用棗子去皮核取肉，搜藥末，杵圓如梧桐子大，每服參拾圓或伍拾圓，溫酒空心任下。

思仙續斷圓，去寒濕，壯筋骨。

杜仲貳兩去皮蘆製炒斷絲　金蠍去毒

木瓜　五加皮

防風　當歸去蘆酒浸

萆薢　天麻酒浸

薏苡仁　續斷

白朮炒　羌活

牛膝去蘆酒浸　生乾地黃洗

右等分爲細末，以好酒參升化青鹽參兩，木瓜半斤，去皮穰切片，同青鹽熬成膏，和圓如梧桐子大，每服參拾圓至伍拾圓，食前溫酒鹽湯下。如膏子少，添酒煮麪糊。

木瓜圓，除風濕，暖筋脉，壯脚力。

吳茱萸壹兩湯泡柒次炒　羌活

青鹽　木瓜各半兩

右前參味爲末，將木瓜開頂去穰，入藥在內，以瓦器盛，甑上蒸令爛，入乳鉢內細研，圓如梧桐子大，每服參拾圓，空心鹽湯或鹽酒下。

椒龍圓，治壹切乾濕脚氣。

川椒去目及閉口者炒出汗　地龍去土

草烏頭七箇生去皮尖　金蠍去毒

防風　防己

赤小豆

右等分爲末，新汲水爲圓如梧桐子大，每服拾圓至貳拾圓，冷酒壹盞任下，鍾動時服，再服至天明，喫荊芥臘茶壹盞，如初患半年，只壹服效，如患壹貳年者，貳服取效，患參年者，伍柒服，可取其效。

萆薢圓，壯筋骨，活血脉，治乾濕脚氣。

川萆薢　牛膝酒浸去蘆

天台烏藥　石菖蒲各肆兩　薏苡仁各貳兩

右爲細末，雄木瓜壹個，當中横切，每服拾字，切肆破，去皮穰，以無灰酒銀石器中用物合定，煮糜爛，研成膏，和圓。如圓不成，以木瓜酒打麪爲圓，如梧桐子大，每服貳參拾圓，空心食前，木瓜酒下，或木瓜湯亦得。瑯郎中云：一道人貨脚氣藥，大治脚心隱痛，只用烏藥、薏苡仁爲末，雪糕爲圓，如梧桐子大，服如前。

香犀圓，專瀉腿膝脚氣及風毒在經絡，小便閉澁。

犀角屑　羚羊角屑

玳瑁屑　琥珀末

地骨皮　大黄各半兩

威靈仙去骨　黄芩各壹兩

牽牛子炒伍兩　芍藥貳兩

右爲細末，淡麪糊圓如梧桐子大，曬乾，每服參拾圓，加至伍拾圓，熟水下，不拘時候。

異方黄蓍圓，治腎臟風上攻頭目，面虛腫，兩耳常鳴，或如風雨，流注脚膝，痒痛，注破生瘡，脚心隱痛，行履艱難，腿膝腰胯冷疼，四肢無力，小便滑數，拉宜服之。

黄蓍蜜炙　舶上茴香

川烏頭生去皮臍　川苦練

烏藥　沙苑白蒺藜

赤小豆比餘藥加增七炒　防風去蘆

川椒去目合口炒出汗　地龍去土

川狼毒　海桐皮

威靈仙　陳皮去白

右等分，爲細末，酒煮麪糊圓如梧桐子大，每服伍柒拾圓，茶酒任下，早晚食前各壹服。

補洩防葵圓，治乾濕脚氣，浮腫，腨膝疼痛，行步不得，氣衝心腹，不思飲食，能開胸膈，調脾胃，除風濕，虛氣弱，不敢服瀉藥者用此。

木香不見火　檳榔

大黄生　大麻仁各貳拾分

枳殼去穰麩炒　桂心去麄皮不見火

萆薢各壹分　牛膝酒浸拾分

訶子去核　山茱萸去核

芎藭　獨活

前胡　羚羊角屑各肆分

附子

右爲細末，煉蜜爲圓，如梧桐子大，每服貳拾圓，空心溫酒下，壹日壹服，微洩爲度。

奇應輕脚圓 治緩風濕痺，脚膝頑弱，腰腿疼痛，足脛腫滿，或麻木不仁，或生瘡不已，應脚氣之證，不可專服補藥，宜用此方。

宣木瓜 壹箇，用竹刀切開頂作蓋，剜去穰，入熟艾實之，蓋上，蒸熟，薄切，焙乾
肉蓯蓉 酒浸壹宿，去土
防風 去叉頭蘆
牛膝 酒浸壹宿
金毛狗脊 去毛
川萆薢
青鹽 別研
海桐皮 各壹兩
川烏頭 肆兩，生用，去皮臍，爲末

右爲細末，將烏頭末酒煮麪糊圓，如梧桐子大，每服拾圓至拾伍圓，空心溫酒或鹽湯下。

乳香木瓜圓 治壹切脚氣疼痛，脚膝緩弱，行步艱難，不能屈伸，服之貳料神效。

宣木瓜 壹箇，開頂去穰
乳香 別研
熟艾
茴香 淘去沙，炒，各半兩
青鹽 參錢

右肆味爲細末，入在木瓜內，蓋定，便竹釘釘合，用炊餅劑裹定，就蒸令熟，取出，去麪不用，於砂鉢內擣極細，看乾濕得所，用好酒煮麪糊圓，如梧桐子，每服伍拾圓，空心米飲下，日進貳服。

薏苡仁圓 治腰脚走注疼痛，此是脚氣。

薏苡仁
茴半
白芍藥
牛膝 去蘆
川芎
丹參 去蘆
防風 去蘆
獨活 各半兩
熟乾地黃 酒蒸
側子 壹枚
桂心 不見火，去粗皮
橘紅 各壹兩

右爲細末，煉蜜爲圓，如梧桐子大，每服參肆拾圓，酒下，食前參服，木瓜湯亦得。

茱萸木瓜圓 治脚氣腿膝疼痛，或腫或不腫，及脚氣上衝，步履艱辛者，服之神效。

大宣木瓜壹箇，去穰留頂蓋，入吳茱萸填滿，用竹籤劄定頂蓋，入甆甑內，上甑蒸候木瓜熟爛，將茱萸研爲細末，却將爛木瓜搜和爲圓，如菉豆大，焙乾，每服肆伍拾圓，木瓜湯下，不拘時候。

常服木瓜圓

木瓜 乾，半斤
木香 半兩，不見火
烏藥 貳兩

右爲細末酒煮麪糊圓如梧桐子每服參拾圓至肆伍拾圓溫酒下食前臨卧服

換腿圓治壹切脚氣

當歸（酒浸去蘆）　天南星（炮）
黄芪（蜜炙）　防風（去蘆）
石楠葉　續斷
薏苡仁　天麻
羌活　金釵石斛（酒浸）
川萆薢（各貳兩）　檳榔
木瓜（去皮穰）　牛膝（酒浸去苗各肆兩）

右爲細末酒煮麪糊圓如梧桐子大每服參拾圓至伍拾圓空心溫酒鹽湯下

除濕圓輕健腰脚治筋骨諸疾及治諸風

當歸（酒浸去蘆）　防風（去蘆）
川芎　川萆薢
威靈仙　肉桂（去粗皮不見火）
杜仲（剉薑製炒去絲）　大川烏頭（炮去皮臍）
藁本　神麴（炒）
白朮（炒各半兩）　附子（捌錢炮去皮臍）
乳香（貳錢別研）　沒藥（參錢別研）

右爲細末酒煮麪糊圓如梧桐子大每服貳拾圓空心溫酒或淡醋湯下

木瓜圓治脚疼痛

木瓜（去穰）　牛膝（酒浸壹宿去蘆）
杜仲（剉薑汁炒去絲）　續斷
萆薢

右等分爲細末酒煮麪糊爲圓如梧桐子大每服參拾圓溫酒或鹽湯下食前服

又方專治壹切脚氣腿膝疼痛（王沆深傳）

花木瓜（壹箇切下皮作蓋去穰）
附子（壹隻炮去皮臍爲細末）

右將附子末安在木瓜内再以熟艾實之將頂蓋之用竹簽簽定後以麻線縛之用米醋不拘多少於甆器内煮爛於器中爛研爲膏卻用武參隻椀以匙攤於椀内自有厚薄得所連椀覆於焙籠上慢火焙時時以手摸如不沾手以匙抄轉依前攤開勿令面上焦乾恐成塊子如此數次省乾濕得所方可爲圓空心用溫酒送下參伍拾圓此方前後屢効

牛膝木瓜圓

牛膝(去蘆)　肉蓯蓉(洗去沙土，酒浸)

乾木瓜　何首烏

綿黃耆(蜜炙)　天麻

已上陸味各伍兩，除何首烏別用米泔内搗碎，磨爲末，不要鐵器，餘藥用酒壹斗浸七日，浸乾，焙爲末。

金毛狗脊(去毛)　川續斷

萆薢(各壹兩)

右用大木瓜貳箇，重斤半以下者，切開留頂，去瓤，入青鹽貳兩在内，瓶裹蒸爛，研成膏，拌前件藥末和圓如梧桐子大，每服參拾圓，空貳服，温酒鹽湯送下。年老人入黑附子尤佳。此藥無毒，平補性温，如木瓜膏子少，添煉蜜少許。

乳香没藥圓　治風濕相搏，骨節疼痛，腰脚無力。

乳香　没藥(各貳錢半，並別研)

川烏頭(炮，去皮臍)　黃耆(蜜炙)

五靈脂(別研)　萆薢

熟乾地黃(洗)　當歸(去蘆，酒浸)

威靈僊(去泥，各半兩)　木瓜(各錢半)

右爲細末，好醋打麵糊爲圓，如梧桐子大，每服貳拾圓，食前温酒下。

柏子仁圓　論曰：於此有人，脅痛筋脉攣急，不得屈伸，遇寒尤甚，皆由肝虚，風邪氣留於血脉，客搏於筋，筋得寒則急。又曰：寒凝則血不流，血不流則筋不榮，筋不榮則乾急而痛，其脉緊細，宜服此藥。

柏子仁(去殼，炒)　黃耆(蜜炙)

枳實(去瓤，麩炒)　覆盆子

五味子(去梗)　附子(炮，去皮臍)

白茯苓(去皮)　金釵石斛(去苗，酒拌)

酸棗仁(湯浸，去皮，別研)　鹿茸(去毛，酥炙)

肉桂(去粗皮，不見火)　沉香(不見火)

熟乾地黃

右等分爲細末，煉蜜和圓如梧桐子大，每服參拾圓，食前温酒下。

鹿茸四斤圓　補氣血，壯元陽，强筋骨，除風濕，理腰重脚弱，筋骨酸疼，倦怠無力，常服極妙。

肉蓯蓉(酒浸壹宿，去皺皮)　牛膝(去蘆，酒浸壹宿，焙)

乾木瓜(大片者，去心，酒)　天麻(通明者，各貳兩)

鹿茸(去毛，酒浸炙)　虎脛骨(醋炙令黃)

附子(炮，去皮臍，切片，用酒煮令透)　杜仲(去皮，剉，酒灑炒，去絲，令焦乾)

北五味子（去枝研作餅焙炒）　川當歸（淨洗酒浸壹宿各壹兩）

右爲細末，煉蜜爲圓，如梧桐子大，每服參拾圓至陸拾圓，溫酒鹽湯下，脚疼木瓜湯下，空心食前服。

舒筋圓，治血弱氣虛，風濕乘之，筋脈不舒，頸項緊痛，不能轉側，連耳皆痛。

天麻　白附子（炮）

當歸（去蘆酒浸）　川烏頭（炮去皮臍）

宣木瓜　防風（去蘆叉下兩）

全蠍（米泔用鹽汁略浸過）　乳香（別研）

沒藥（別研）　川椒（去目出汗）

肉桂（去麤皮各壹分）

右爲細末，酒煮麪糊圓，如梧桐子大，每服參拾圓，加至伍拾圓，黑豆酒下，不拘時候。

神功異寶圓，治年深日近，乾濕諸般脚氣，此乃秘藏之方。

附子（大者壹隻生去皮臍）　赤小豆

雄烏豆（生）　川獨活

青鹽（別研）　川練子（取肉炒）

破故紙（酒浸壹宿炒各壹兩）　川萆薢

黑牽牛（生用半兩）　牛膝（柒分半酒浸壹宿）

川烏頭（貳錢半生去皮）　草烏頭（貳分半生去皮）

地龍（拾肆條如前皆去土）　舶上茴香（柒錢半去土炒）

蜘蛛（拾肆除頭尾全下項蓋去子并）　（黃去土切撥尾上焙）

蜈蚣（赤足者貳條綫裝裹醋炙怒）　熟艾（貳兩）

大木瓜（貳隻）

右將青鹽熟艾，拌入在木瓜內，用頂蓋定，蒸拾數次，爛爲度，研成膏，兩入少無灰酒，煮麪糊爲圓，如梧桐子，每服拾伍圓，拾日後加伍圓，至參拾圓止，空心溫酒或熟水下。

四蒸圓，治新舊脚氣，不論乾濕，男子久服，輕身明目，脚有力。

威靈仙　苦葶藶（炒）

黃蓍（蜜炙）　續斷

烏藥　松節

蒼朮（米泔浸壹宿去麤皮炒）　橘皮（去白）

右各半兩，剉塊，用大花木瓜肆箇，每箇可容壹兩藥者，切蓋子，去瓤，留蓋，令皮厚，作甕子，裝藥在內，將頂蓋合定，入籠床，慢火無灰濃酒蒸，香熟，日中曬，如是參日，方取諸藥焙碾爲末，將木

爪研成膏子、圓如梧桐子大、每服伍柒拾圓、加至佰圓、鹽湯溫酒下、空心食前服、脚氣痛甚者、入黄連乳香各半兩、服之立效、

五香鐲痛圓、治脚氣攻刺、連腹疼痛、大便閉澁、

木香 不見火
沈香 不見火 各壹兩
乳香 別研
藿香葉 去土
麝香 別研 參錢
牽牛 捌兩 取末貳兩

右爲細末、滴水爲圓如梧桐子大、每服伍拾圓、熟水呑下、不拘時候、

七宣圓、治脚氣之後、臟腑不順利者、

木香 不見火
枳殼 去穰 麩炒
訶子 去核
當歸 去蘆 各半兩
羌活
川芎 各壹兩
大黄 次蒸壹

右爲細末、煉蜜圓如梧桐子大、每服參拾圓至伍拾圓、米飲下、不拘時候、

輕脚圓、治風寒濕留滯肝腎二經、下部虛、大發則攻築膝腹俱痛、自汗、惡心嘔吐涎沫、肢體酸削、不進飲食、

宣州木瓜 貳枚、用竹刀切下蓋子、刮去子、却塡熟艾令滿、以蓋子蓋子、用竹釘簽定、入甑蒸爛、然後以文武火焙乾、入後藥、

肉蓯蓉 酒浸壹宿
萆薢 各貳兩
防風 去蘆去叉股者
天麻
青鹽
甘草 炙
没藥 別研 各半兩
牛膝 酒浸
金毛狗脊 去毛 淨秤
海桐皮 去麁皮
全蝎 去毒
川續斷 各壹兩
乳香 別研

右爲細末、用川烏頭伍兩、炮去皮臍、爲末、酒煮爲圓如梧桐子大、每服參拾圓、漸加至肆伍拾圓、溫酒送下、鹽湯亦得、早晚食前各壹服、常服壯脚膝、補虛損、下部之疾、愛不再發、

除濕巡經圓、祛寒治濕、生腎水、輕腰脚、尋痛定疼、壹切脚氣、

好川椒

右用大木瓜壹箇、切壹頭蓋、去子及穰、將椒末實塡於內、再以前頂合定、外以紙封縫、於飯上蒸令爛熟、去外皮、將藥并木瓜壹併研細如膏、圓如梧桐子大、焙乾、每服參伍拾圓、加至柒捌拾圓、空心溫酒下、日進參服、

煖腎圓治五種脚氣　張鄧州劫濟

連珠甘遂　桔梗各壹兩　木香不見火　檳榔壹箇

右生爲末每服貳錢雙量虛實增减用雄猪石子貳隻破開去膜入藥糝在內外用葱白漢椒鹽少許紙裹煨香熟伍更初細嚼無灰酒下天明取下毒物或鵝子白或黄或黑如鷄冠塊子是積也或腎臟有積風氣及腰背疼並可服之如瀉下病源即用白粥補之如喫此藥後並忌諸湯藥切忌有甘草相反也

氣轉精圓治脚氣衝心痛初用此藥下之只用壹服

木香不見火切　甘遂洗淨　半夏米泔浸壹宿洗入薑汁中浸蘸　黑牽牛瓦上炒半生半熟　枳殼去瓤麩炒各壹分

右同細末以酒煮麪糊圓如梧桐子大每服貳拾圓木瓜數片煎酒送下貳更時服如病重壯人壹服可增作肆伍拾圓服後陸拾日內不得服甘草之藥

趂痛圓　孫尚子傳

附子壹隻炮去皮臍切作片子　黑牽牛壹兩

右件炒附子令黄仍同牽牛罨附子壹宿來日去牽牛只將附子碾爲細末薄酒麪糊圓如梧桐子大每服參拾圓食前鹽湯或酒送下

蠲毒圓治脚氣

黑牽牛壹斤炒　破故紙各肆兩炒　白膠香　不蚛皂角參拾鋌

右將皂角槌碎煎湯中泡濃汁以絹濾過熬成膏圓上件藥每服參拾圓米飲送下不拘時候

補瀉圓治乾濕脚氣及膝腿無力行步艱難

南木香不見火　檳榔　牛膝酒浸去蘆　大黄各參兩　黑附子炮去皮臍　續斷　五加皮　山茱萸各貳兩　羚羊角屑　川芎　大麻仁去皮研如泥　枳殼去瓤麩炒　官桂去粗皮不見火　萆薢　杜仲去皮薑製炒去絲　防風去蘆頭　生犀角屑　訶子肉各壹兩半

右爲細末次入大麻仁拌和蜜爲圓如梧桐子

大空心食前温酒送下參拾圓，加至伍拾圓。忌熟麵生果熱物，如常服無忌，神效不可具述。一方不用續斷、杜仲、防風、五加皮，却用獨活、前胡。

神方脚氣圓

橘皮 肆兩，去白　乾生薑 貳兩

右貳味，以蜜半斤煉化，去上沫，下藥在内，熬成膏可圓，即圓如梧桐子大。每服參拾圓，薑湯下，不拘時候。

神効木瓜湯，治脚氣。夫脚氣之由，皆因風濕毒氣聚處攻注下經爲病，治之宜先滌導毒氣去體□，後以補腎驅風藥調治之。

吳茱萸 陳百以沸湯泡柒次，炒，仔肆兩

乾木瓜 細剉，焙乾，參兩半

大腹子 細剉，貳兩半

橘葉 洗，焙乾，肆兩，切

右肆味，各剉如米粒大，拌和。每服秤貳錢半重，水貳盞，先浸壹食久，然後以慢火煎至捌分，去滓澄清汁，柒分盞温服，早晚食前臨卧時各壹服。日計參服，先服此藥約半月餘日，却服後牛膝圓。

兎絲子 水淘去浮者，曝乾，酒浸壹宿，去酒，蒸壹次，砂盆内爛研成膏，作餅焙

熟乾地黄 焙切

白茯苓 去皮

五加皮 有皺攪香氣者，搓剉焙，各貳兩

肉桂 去麤皮，俵乾

附子 炮去皮臍

薏苡仁 各貳兩

牛膝 去蘆，酒浸壹宿，焙乾

石楠葉 浸火炙，研去毛

防風 去蘆，各壹兩

右爲細末，用大木瓜去皮瓤，蒸令爛，研膏，和摚前藥令均調，入木石臼内杵仟餘下，圓如梧桐子大，焙乾，用潔砂甆器貯之。每日空心及晚食前，用木瓜湯或鹽酒呑下參拾圓，漸加至伍拾圓，日進貳服。此藥專治腎虛風濕，容於經絡，毒氣每發，則筋骨拘攣，腰脊、脚膝、臂痛，延心□痛不能步立者，服之無不驗也。

五倍湯 應元堂清虛指 魏瀛化王傳

白朮 炒　羌活

防風 去蘆　甘草 炙

薑黄

右等分，剉如麻豆大。每服參錢，水壹大盞，生薑參片，煎至柒分，去滓，食前温服。

左經湯，治風濕所搏，肢體沈重，

羌活　前胡

蒼朮（入泔水浸壹宿，去皮，炒）　人參（去蘆）

白茯苓（去皮，各兩）　川芎

枳殼（麩炒，去穰）　桔梗（炒）

甘草（各半兩，炙）　官桂（去粗皮，不見火）

附子（生，去皮臍）　乾木瓜

乾薑（炮，洗，各兩）

右㕮咀，每服貳錢半，水壹盞半，生薑參片，薄荷兩葉，煎至柒分，去滓，食前服。

獨活湯　治氣弱當風飲啜，風邪客於外，飲濕停於內，風濕內外相搏，體倦而麻，甚則惡風多汗，頭目昏眩，遍身不仁。（[illegible]）

當歸（去蘆，酒浸）　羌活

甘草（各半兩，炙）　白朮（炒）

芍藥　附子（生，去皮臍，各壹兩）

黃耆（炙）　防風（去蘆）

薑黃　薏苡仁（各參錢）

右㕮咀，每服參錢，水兩盞，生薑伍片，棗子壹枚，慢火煎至壹盞，取清汁服，不拘時候。

六半湯　治熱濕腳氣，不能行步。

白芍藥（壹兩）　甘草（炙，半兩）

右貳味㕮咀，每服秤貳錢半，用水壹盞，煎至陸分，去滓，入無灰酒少許，再煎數沸，食前熱服。

沙節湯　治風毒腳氣，下注兩腿疼重，淋㵸。

橘葉（去皮，焙）　沙木節

木通　羌活

川椒（各兩半）　川烏頭（炮）

蔥白（連）

右為散，水參升，煎至減半，通手淋洗，再煖可兩日用。

般和湯　治腳腫。

以四物湯、小續命湯各壹兩，合和，每服肆錢，水壹盞半，薑參片，煎至柒分，去滓，食前服。章謐節之節推云：常有人卒患腳腫，服之遂愈。

茱萸湯　治腳氣入腹，困悶欲死，腹脹方。（蘇長史方）

吳茱萸（茱萸湯泡，焙，次炒）　木瓜（切，兩顆）

右貳味，以水壹斗參升，煮取參升，分參服，相去如人行伍里，再進壹服，或吐或利，或大熱悶即差，此起死人方。

小風引湯　治中風腳痛虛弱者。（胡洽名風引湯，六）

獨活　白茯苓（去皮）

人參去蘆，各參兩　防風去蘆
當歸　石斛各貳兩
附子炮，去皮臍　大豆貳升

右捌味，㕮咀，以水玖升、酒參升，煮取參升，分肆服，每壹服如人行伍里間再服。胡洽云內方治脚弱，與此別用。半夏、芍藥各貳兩，合拾味，本只有捌味，減當歸、石斛，名小風引湯。刪繁方無石斛，以療肉寒風變痿痹疼脚弱，名曰惡風。

半夏湯，治脚氣上入腹，腹急，上衝胃膈，氣急欲絕。

半夏參升，湯泡柒次　桂心捌兩，去麁皮，不見火
乾薑伍兩，泡　甘草炙
人參去蘆　細辛
附子炮，去皮臍，各貳兩　蜀椒貳合，炒，去汗

右㕮咀，以水壹斗，煮取參升，分為參服，初進呷細細服，恐氣衝上格塞不得下。

追毒湯，治脚弱風熱上入心腹，煩悶欲絕。

半夏貳兩，湯泡柒次　黃耆蜜炙
甘草炙　當歸去蘆
人參去蘆　厚朴去麁皮，薑製炒
獨活　橘皮各壹兩，去白
枳實去瓤，麩炒　麻黃各貳兩，去節

御府松節湯

生乾地黃洗　芍藥各貳兩
桂心參兩，去麁皮，不見火　生薑肆兩
貝母洗淨　大棗貳拾枚

右拾陸味，㕮咀，以水壹斗貳升，煮取參升陸合，分肆服，日參服，夜壹服。

松節　蘇木
牛膝　川芎
獨活　木瓜微炒
羌活　當歸去蘆，微炒
防風去蘆　芍藥已上壹兩
乳香別研　沒藥已上各貳兩半，別研

右為麁末，每服參錢，水貳盞，酒半盞，煎至柒分，去滓，不拘時候服。

五痺湯，治風痺、寒痺、氣痺、濕痺、血痺等五疾，并皮膚頑麻，肌肉酸痛，手足不隨，一臂無力，腰脊強硬，筋脉拘急，發熱惡風，不時汗出，或飲酒當風，肌肉頑麻，臂痛，舉物艱難。紹興朱藏一丞相前後以錢數仟緡并指使恩澤與國醫樊彥端，求得於其子丞相之子元忠少卿，以傳余云：前後治人無一不

五三二

立驗元忠家一國人因夏月大雨中治圃中濕四股發熱如火腓膝痛楚如刀刺直聲號叫祈死不能投之參服即安元忠總領淮東軍馬錢糧化軍鎮江凡軍士及婦人痛此寒濕血氣痹五者服之無不効驗前後合此藥幾千餘斤濟人真愈疾萬全神方也

片子薑黃 肆兩　白术 參兩令月炒半炒

川羌活 貳兩　甘草 壹兩炙

右㕮咀每服參錢水壹大盞生薑拾片煎至柒分去滓稍熱食前服

蠲痛湯治濕痹腰腳疼痛

金毛狗脊 先用火燎去黄毛令淨剉碎再炒以香為度　天麻 温水洗淨剉焙

川萆薢 剉微炒　薏苡仁 炒香

大附子 炮去皮臍　人參 去蘆各貳兩

酸棗仁 温湯浸過去皮焙　梔子仁 生

杜仲 去麤皮剉文武火炒絲斷為度各壹兩半　羌活 生

白术　當歸 温水洗淨切片焙各壹兩

甘草 炙各參分

川續斷 去苗焙

右㕮咀每服肆大錢水壹盞半生薑拾片或柒片煎至柒分去滓通口服食前日進貳服

順氣散治久有腳氣時上攻衝往來不定流傳腸胃轉氣雷鳴並皆治之

檳榔 拾箇　訶子 拾箇去核生用

沈香 壹分不見火

右㕮咀作壹服水貳椀入紫蘇參拾葉煎至貳盞去滓作貳次服不拘時候

虎骨散治壹切風濕腳疼痛不可忍者

虎骨 貳兩酥炙微赤　羚羊角 壹兩鎊

白芍藥 貳兩

右㕮咀酒伍升浸伍日夏參日秋冬柒日候日足每服柒分盞食前溫服即再用酒柒分盞入藥內如痛未退再換藥浸酒服之

烏藥散治中濕頭疼身熱腰痛及乾腳氣

天台烏藥　川萆薢

右貳味合炒黃色同為細末溫酒下貳錢若乾腳氣用苦楝子壹箇碎破漿壹升煎至伍合調下空心服

芎桂散治腰腳冷痹風麻肢節疼痛不思飲食

牛膝 貳兩去苗酒浸　白茯苓 壹兩去皮

桂心 去粗皮 不見火　川芎
防風 去蘆　人參 去蘆
附子 炮去皮臍　當歸 去蘆剉 微炒
川烏頭 炮去皮臍 各壹兩　羌活 各參分
甘草 炙微赤 壹分　白朮 各半兩 炒

右㕮咀，每服參錢，水壹盞半，生薑伍片，棗子參枚，煎至柒分，去滓，不計時候溫服。

七聖散　治老人腳膝疼痛，不可履地。

杜仲 去皮剉 薑汁炒去絲　續斷
萆薢　防風 去蘆
獨活　牛膝 去蘆 酒浸
甘草 炙

右等分，為細末，酒調下貳錢，食前服。

續斷散　治老人風冷轉筋骨痛。

續斷 兩　牛膝 去蘆 酒浸 兩

右為細末，溫酒調下貳錢，食前服。

檳榔散　治腳氣上攻，頭面、四肢浮腫，上氣喘急。

乾生薑　紫蘇莖葉
陳橘皮 須久年者 去白　桔梗 去蘆 炒

右等分，㕮咀，每服參錢，水貳盞，煎至捌分，去滓，下檳榔末貳錢，再煎參數沸，食前空時服之，徐徐行履，藥力過，又進壹服，切忌壹切鹹物。甚有奇驗，不過兩服，當自見效。

舒筋散　治腳膝疼痛，不能久立。

用自合五積散，每服貳錢，水壹大盞，生薑參片，棗子壹枚，煎至柒分，入麝香當門子末少許，食前服之，不過參兩服。

治腳氣淋漈，藥固暖去風。

川椒 半兩　蛇床子 參兩
紫梢花 半錢 別研　吳茱萸 壹兩
甘松 壹分　[illegible] 壹兩
細辛 壹兩

右為麤末，煎湯薰洗。

附子除濕酒

附子 壹隻 炮去皮臍 切作片子　木瓜 須宣木瓜 乾者亦得
牛膝 淨洗　杜仲 去麤 薑製炒斷絲
白朮 紙裹煨去濕氣 切片 各壹兩

右為麤末，作壹生絹袋，以無灰酒參升浸之，夏參日，春秋伍日，冬柒日，每日取半盞，和酒半盞，頓熱飲之，當留壹半酒養藥，將服過半，即增酒。

虎骨酒，去風，補血，益氣，壯筋骨，強脚力。

虎脛骨 真者　草薢

仙靈脾　薏苡仁

牛膝　熟乾地黃 洗

右等分，細剉，絹袋盛，浸酒貳斗，夏參日，春秋伍日，冬柒日，取壹盞溫服，再入壹盞，服佰日。婦人去牛膝。

治大腿骨內痛，熨法

生薑半斤，洗淨曬乾，入好真麝香壹錢半，砂盆內研細，於痛處才良久，將薑鋪於痛處，用綿紮包裹著，熨斗用火些小熨之，移時，薑乾疼即住。熨時先飲酒兩參盞尤妙。

沈香飲子

沈香 不見火　檳榔

香附子 去毛　人參 去蘆，各半兩

木香 根　白豆蔻仁

甘草 炙　青皮 去瓤

白朮 炒，各壹分

右㕮咀，每服參錢，水壹大盞，煎柒分，去滓，服不拘時候。

木香飲子，治陰氣冷積，臟腑脹滿，衝心嘔逆，泛氣促，鬲塞不通，飲食不下，腹脇滿痛，小腹頑痺，脚膝冷疼，並皆治之。

木香 捌分，不見火　吳茱萸 湯泡柒次，炒

桔梗 各陸分，炒　大腹子 伍箇

大黃 剉分

厚朴 捌分，去麤皮，生薑自然汁浸，慢火炒

右㕮咀，每服參錢，水壹大盞，入生薑參片，同煎至柒分，去滓，食前溫服，如人行拾里再服，良久氣通乃走，大便秘可服，大便通住服。

三建登僊酒，治中風癱瘓，及脚膝軟弱，不能行步，頑麻疼痺，及老人、虛人、產婦，壹切脚氣等疾，並宜服之。

牛膝 去蘆，酒浸　肉蓯蓉

當歸 去蘆，酒浸　熟乾地黃

天麻 生　草薢

杜仲 去皮剉，薑製炒去絲　羌活

獨活　附子 生，去皮臍

薏米 各炒　肉桂 去麤皮，不見火，各半兩

防風 去蘆　川烏頭 生，去皮臍

人參 去蘆　白茯苓 去皮

白朮（麩炒）
川椒（去目合口，炒出汗）
木香（不見火）
乾木瓜
茴香（淘去沙炒）
破故紙（炒，各貳錢半）

右㕮咀，以好酒伍升，每升參盞，浸春伍日，夏參日，秋冬柒日，每取酒壹盞，湯溫令熱，空腹飲之，如空心日午臨臥服，使酒氣醺醺相續，如能飲兩盞亦不妨，不能飲者，可作伍陸日飲盡，則病自除，如未効，更壹料，其病可除矣，此藥累用治奇效。

腰痛

磨腰丹（史越王方）

木香（不見火）
辰砂（別研）
沉香（不見火）
乾薑（泡洗）
硫黃
肉桂（去麤皮，不見火）
麝香（別研）
丁香（不見火）
附子（炮，去皮臍）
藿香（去土）
零陵香（不見火）
陳橘皮（去白）
吳茱萸（湯泡柒次，炒，各壹兩）
膩粉（各壹錢，別研）

右為細末，煉蜜為圓，如雞頭大，每用時先以生薑自然汁半盞，於銚內煎令沸，頓藥在盞內浸少時，以指頭搯研令盡，放溫，於密室中令人蘸藥腰上摩之，用至拾圓，骨健身輕，精舉氣足，體堅實。

定痛圓　治腰疼。

莪蔄
橘核（微炒）
糖毬子（生）

右等分為細末，酒麵糊為圓，如梧桐子大，每服參拾圓，空心溫酒下。

補髓青娥圓

破故紙（酒浸，蒸，以脂麻炒令香）
菟絲子（淘淨，酒浸，蒸，研作餅，焙乾，各肆兩）
韭子（炒）
胡桃（各壹兩，別研）

右先將前參味同為細末，煉蜜與胡桃肉同搗和圓，如梧桐子大，每服參拾圓，空心食前鹽湯溫酒任下。

神效定痛圓　治腰痛不忍，生立不得。

破故紙（炒）
延胡索（各壹兩，炒）
茴香（淘去沙炒）
黑牽牛（半兩，炒）

右為細末，研蒜膏子為圓，如梧桐子大，每服貳拾圓，細嚼胡桃酒下，空心食前服。

倍力圓治腰痛

牛膝（酒浸去蘆） 羌活（去土）
巴戟（去心） 官桂（去粗皮）
天麻（酒浸） 狗脊（生去毛）
草薢（生） 杜仲（去皮，薑汁製炒去絲）
茴香（淘去沙炒） 桐皮
附子（炮去皮臍） 川烏頭（炮去皮臍）
青鹽（各壹兩，別研） 没藥（別研）
木香（濕紙裹煨） 防風（去蘆洗，各半兩）

右爲細末，用黑牽牛肆兩，微炒，取粉和麵同煮糊圓，如梧桐子大，每服叁拾圓，食前鹽湯下。

神仙青娥圓（胡應試傳）

肉蓯蓉（洗） 川牛膝（去蘆洗）
川草薢（各貳兩） 川椒（去目）
山茱萸（淨取） 舶上茴香（各壹兩）

用好酒浸，春夏叁日，秋冬陸日，漉出焙乾。

川練子（作肆片，麩炒，叁兩） 破故紙（肆兩，麩炒）
胡蘆巴（麩炒） 白茯苓（去皮，各貳兩）
附子（壹隻柒錢重者，炮去皮臍）

右爲細末，用前浸藥酒煮麵糊爲圓，如梧桐子大，每服叁伍拾圓，空心鹽酒下。服之延年不老，烏鬚，治口齒，活血，駐顏，大壯筋骨，補虛損，及壹切虛勞，如乾濕脚氣，以木瓜酒下；婦人諸疾，血氣，煎艾醋湯下；壹切小腸氣、膀胱疝氣，並主之。

川韭圓：治氣虛腰腿痛，小腸頻數，不進飲食。

破故紙不拘多少，略以鹽炒爲末，用豬腰子薄切片，于乳鉢內研細，去盡筋膜，和藥同研得所，圓如梧桐子大，每服伍陸拾圓，溫酒送下，食前空心服。若難圓，以酒麵糊同圓。更加茴香與破故紙等分，亦得。

左經圓：治筋骨諸疾，疼痛，通榮衛，導經絡，專治心腎肝三經之疾，服後小便淋澀，乃其驗也。

草烏頭（肉白者，生，去皮尖） 木鼈子（去殼，別研）
白膠香（別研） 五靈脂（各伍錢，別研）
當歸（去蘆，壹兩） 斑猫（佰個，去足翅，以醋煮熟）

右爲細末，用黑豆去皮，生研杵粉壹斤，醋煮麵糊爲圓，如雞頭大，每服壹圓，酒磨下。筋骨疾但不曾針灸傷經絡者，肆伍圓必効。

宣經圓：治腰疼，兼治經絡邪熱，瘡腫腿腫。

芍藥（貳兩） 威靈仙（壹兩，去苗）

牽牛 伍兩炒

右爲細末，淡麪糊爲圓如梧桐子大，米飲送下，不拘時候。

勝金圓治腰疼。

補骨脂 炒　杜仲 去麤皮，薑汁炒去絲

延胡索 炒　牛膝 去蘆酒浸，各壹兩

當歸 去蘆洗，參分

右爲細末，酒煮麪糊圓如梧桐子大，每服參拾圓，細嚼胡桃酒送，食前服。

憎愛圓，又名忘杖圓。

黑牽牛 炒　延胡索 炒

當歸 去蘆，各壹兩

破故紙 壹兩參分，酒浸壹宿，瓦上炒熟

右爲細末，以獨頭蒜濕紙裹煨熟，研爲膏子，圓如梧桐子大，每服拾圓至拾伍圓，溫酒空心食前日進貳服。

巴戟散治腎臟風濕腰痛行立不得。

巴戟 去心　萆薢

牛膝 去苗酒浸　石斛 去根

白茯苓 去皮　桂心 去麤皮不見火，各參分

附子 壹兩，炮去皮臍　五加皮 半兩

防風 去蘆半兩

右㕮咀，每服肆錢，水壹中盞，煎至伍分，次入酒壹合，更煎參兩沸，去滓，食前溫服。

追痛散治腰疼不可忍。

葶藶子 炒　菴閭子

橘核 取仁炒

右等分爲細末，每服壹大錢，酒壹盞，煎至柒分，空腹熱服，日參服。

神金散治腰痛。

黑牽牛 半兩　延胡索 貳兩

黃丹 貳錢　甘草 壹錢

右壹處炒，令牽牛裂，去黃丹，爲細末，溫酒調下，食前服壹大錢。

魏氏家藏方卷第捌

魏氏家藏方卷第九

消渴

水葫蘆圓、治渴、生津液、

百藥煎 參兩
白梅肉 研成膏搜入飲藥
烏梅肉
乾葛
訶子 炮去皮
甘草 壹兩半炙
榆柑子
紫蘇子 微炒
麥門冬 去心各半兩
人參 各壹兩去蘆

右為細末、用好黃蠟、鎔、去滓、將上件藥末、火、上和圓、如櫻桃大、每服壹圓、含化、

清中圓、治渴有奇功、

宣連 不以多少、剉、以好酒浸過壹指許、約壹伏時、漉出焙乾、

右為細末、用醋糊為圓、如梧桐子大、熟湯下參伍拾圓、不拘時候、

清心圓、治消渴、

蜜陀僧 貳兩
黃連 壹兩

右為細末、湯泡蒸餅為圓、如梧桐子大、濃煎茄根空盞湯下、伍圓至拾圓、或參拾圓止、臨臥覺惡心任服、

滋渴湯 趙顯學傳

綿黃芪 壹兩生
人參 去蘆
乾生薑
麥門冬 去心
烏梅肉
甘草 各半兩炙

右切成片子、每服壹兩、用水兩椀、煎壹椀許、纔過渴時、暖壹半以壹半冷者和之、作熟水飲、若脾泄人加草菓半兩、

加料梁令黃芪湯

用崗前梁令黃蓍湯合下壹料、如方煎服、只用多枳椇枸棘、本草云、大治上焦熱、根葉花枝皆可用、每斤銼作壹小把、用水壹椀、煎取壹半、卻用煎下枸棘汁、煎上件藥、婦人只煎當歸建中湯下亦得、

竹龍散、治渴大効、

五靈脂 別研
黑豆 去皮

右等分、為細末、每服貳錢、冬瓜煎湯調下、瓜葉子皆可、壹日兩服、小渴者只壹服、瘥、渴止之後、宜服八味圓、仍以五味子代附子、沈存中載於靈苑方、得效者甚多、頃間官有渴者、飲水無數、日食蔗貳拾條、與之兩服、遂不飲水、不食蔗矣、

解渴飲子、生津液、除煩燥、止渴、

人參（去蘆）　綿黃芪（蜜炙）
麥門冬（去心）　乾葛（有粉者）
枇杷葉（去毛蜜刷炙）　生木瓜（去皮各貳兩）
甘草（壹兩半炙）　烏梅肉
生薑（各半兩）

右件細剉，用水約斗餘，銀石鍋內煮，佰拾沸候，欲飲時溫半盞許，自在飲之，須食後服。

吐血

蒲黃散，治卒吐血不止。

用蒲黃壹錢，煎湯調下，服之立止。

靈脂散，治吐血不止。

用吊藤半兩，沒藥半兩，五靈脂壹兩，擣羅為末，每服壹錢，溫酒調下，不拘時候。

又方，治吐血至壹斗者，

大小薊不拘多少，生研取濃汁，調白及末貳錢，不過參服止。

又方

糯米貳合，洗淨，煮粥，入阿膠壹片，小者貳片，生薑少許，待溫，入人參末半錢，攪和服，不拘時候。

又方

甘草參兩，白礬貳兩，竝生用，同擣細作壹服，以酒壹勝，童子小便半勝，壹處煎至壹大盞，放溫，徐徐服盡。

又方

藕節（拾箇）　青蒿（如無乾者亦得）
生地黃（無生者則用乾地黃代之）

右等分，砂盆內研取汁壹盞，分作兩服，併喫貳服，如未止，再依前作貳服。

又方

熟艾三雞子大，水參盞，煮壹盞，頓服。

又方

燈心燈上燒灰為末，溫水調下壹盞，食後服。

治咯血

側栢葉伍兩，水伍盞，煎至參盞，分作參服。

六乙散，治咯血發寒熱。

黃耆（陸兩炙）　甘草（壹兩炙）

右為細末，如常點服，不拘早晚，乾喫亦得。

血妄行

應聖圓，調榮衛，斂血歸氣，專止大腑失血，神效。

阿膠（蛤粉炒）　熟乾地黃（洗）

黄耆酒炙各[illegible]
木賊燒存性
五倍子燒存性
棕櫚煅存性
艾葉
鷄冠花燒存性各半兩
地榆去蘆剉炒焦
槐花炒
側柏炒
蒲黄隔紙炒令色變
人參去蘆
赤石脂煅各壹分

右爲細末、煉蜜和圓如梧桐子大、每服肆拾圓、空心米湯下、

黑聖散、治吐血過多、傷酒食飽、低頭掬損、嘔血不止、并血妄行、口鼻中俱出、但聲未失者、投之無不見效、

圖百草霜不拘多少、研羅爲細末、吐血傻血、用糯米飲調下壹貳錢、立效、鼻衄搐壹字入鼻中、立差、皮肉破處、及灸瘡出血、百般用藥不止者、摻半錢或壹字立止、

順氣散、順血令有所歸、
四物湯如法煎、調與蒲黄末貳錢、不拘時候服、
如上漏處熱塞滿、要煎蘇子降氣湯服之、

固經散、治鼻涕膿血者、
夜明螺亦名蚶螺、大者煅存性、

右爲細末、用貳錢、降真末半錢同和、臨時用腦麝些小、以紙撚點藥入鼻中、每壹番用紙撚壹番換藥、壹日叁次、仍間服金沸草散、

又方
皂角刺紫嫩者、以白瓷器鋒刮下、不得用鐵器、但取刺尖處皮兩寸許、不見火、懷乾、不拘多少、以多爲上、但揀紫皮、刮淨稱作貳兩、磨成末、用乳香壹兩、麝香腦子各用少許、同爲細末、用無灰酒調下、每服貳錢許、食後服、日進叁服、與前方相間用之、

止血散、治鼻中膿血、兼衄血、
千葉石榴花爲細末、吹鼻中、立愈、

又方
用葱連白炒、貼脚心、及將朴消與生地黄研細、用紙貼脚腕、立止、

治血妄行吐血
熟乾地黄洗去土、焙乾爲細末、用好真京墨、新汲水磨半盞許、分作貳服、調地黄末服之、

鼻衄

神功散

用白叉壹味爲細末雪水調令稀稠得所塗遍鼻上頻用雪塊熨藥上無雪只用冷水掃仍用掠頭子於髮際緊繫如婦人無掠頭子止用頭鬚相接亦得其效如神

又方

香白芷 太平州者乞佳

右爲細末用茅花煎湯下無花取根用

又方

用紙撚蘸清麻油於鼻中搐之數遍

又方

用黑錫丹以棗湯任下面青身冷虛弱人方可服須子細用之

水腫

通氣圓治脾腎氣虛腎水流溢四肢作腫面目虛浮腰脚腫脹遊走不定小便赤澀大便秘結脹滿氣痞脚膝無力食少倦怠漸成水證

附子 大者壹隻生去皮臍切成薄片子

大蒜頭 伍枚剝去皮細搥令碎

赤小豆 揀淨伍兩

已上參味同於砂鍋內用水伍勝慢火煮乾爲度先用水參勝煮漸添至伍勝只取附子焙乾爲末餘藥不用

白花商陸根 兩半

南木香

沉香 貳錢不見火

車前子

右同附子爲細末用薏苡仁末水煮作糊爲圓如梧桐子大每服肆伍拾圓薏苡仁煎湯下空心食前日進參兩服病甚者日進伍服不妨其效如神

餘糧白朮圓專治男子婦人氣血虛損頭面四肢浮腫

白朮 炒

木香 濕紙裹煨

白豆蔻 麵裹煨

乾薑 洗炮

茴香 淘去沙炒

白蒺藜 炒去刺

肉桂 去皮不見火

京三稜 炮

川芎

附子 炮去皮臍

青皮 去穰

牛膝 去蘆酒浸

白茯苓 去皮

羌活

蓬莪朮 炮

當歸 去蘆洗淨酒浸焙乾各半兩

蛇含石 火煅醋淬參次別研

禹餘糧石 火煅醋淬參次各參兩別研

鍼砂 伍兩火煅醋淬參肆次別研

右爲細末水泡蒸餅作糊搜和杵仟餘下圓如梧桐子大每服伍拾圓溫酒下白湯亦得空心食前服

橘薑圓治腫脹此藥不瀉不利小便只泄氣自退須服半月日間方見功效

蓬莪朮炮　生薑

青橘皮去穣

右等分用好醋煮令爛只取青皮壹味爲末煮粟米粥爲圓如梧桐子大每服伍拾圓食前淡薑湯呑下茶酒亦得

内消圓通水道

焰消壹兩　胡椒肆拾玖粒

號丹壹字

右爲細末飯爲圓如梧桐子大每服拾伍圓至貳拾圓止用滑石末通煎湯送下欲使之通水道也

狼毒圓治腹脹水腫等疾

雄黃生　狼毒

肉桂去麤皮不見火肆錢　大附子炮去皮臍煙

漢椒去目出汗炒　乾漆搗炒

甘遂生用各壹兩貳錢　當歸半兩去蘆

芫花醋炒　川大黃生

檳榔生用各壹兩半　大戟生

桃仁去皮炒　茱萸生

厚朴去皮薑製　乾薑炮洗

枳殼生去穣　犀角生用壹兩各

鼈甲炙　銀州柴胡生用各壹兩肆錢

右爲細末煉蜜爲圓如梧桐子大每服拾圓溫湯下

椒巴圓治十種水氣

胡椒貳佰粒

巴豆拾粒去皮膜心用竹紙貳拾餘重出油盡頻換紙油盡爲度

右爲細末醋煮麪糊爲圓如菉豆大每服壹圓食後淡薑湯下實者貳服虛者壹服以小便頻數爲效壹兩日不妨忌食鹽物淹藏之類大忌濕麪

沈香散療脹滿喘急眠睡不得

沈香不見火　木香不見火

枳殼麩炒去穣各半兩　蘿蔔子炒壹兩

右爲㕮咀每服貳錢水壹盞半生薑伍片煎柒

分去滓服不拘時候

羌活散治一切腹脹急

羌活　蘿蔔子

右各壹兩剉同炒香爲麄末分作參服每服水貳盞入藿香葉大錢參堥切碎同煎捌分去滓腹空時連進參服以泄氣爲度後服半硫圓調補通合硫黃黑錫藥常服以壓虛氣所以不用黑錫丹爲有導氣藥故也

快氣消塊散去積除痃癖氣塊脹硬疼痛噎塞服之立效

陳皮去白炒　京三稜切壹兩煨去苗

石菖蒲節密者

益智大者剪破去殼用麩炒令黃色去麩各壹兩

北細辛蘆者去葉土壹兩淨　蓬莪朮炮

青木香　吳茱萸湯泡柒次炒各參錢

右爲細末每服貳大錢水壹盞半煎至捌分空心溫服日進參服

治水氣

綠豆參合　商陸半斤

右同煮候豆熟爲度只喫豆盡從小便出此方甚妙不拘時候

淋瀝小便閉澀閉

篛灰散治淋如神

篛葉壹兩燒灰存性　滑石半兩別研

右爲細末入麻油數點臘茶湯調下不拘時候

瞿麥散治心臟積熱小便赤澀及一切五淋沙石旋血痛不可忍

瞿麥　葵子

滑石別研　木通去皮

防風去蘆　夏枯草

生乾地黃細剉焙炒各壹兩　甘草炙半兩

右爲散子每服貳錢水壹盞用燈心壹小束葱參寸同煎陸分不計時候溫服甚者不過參服

又方治小便淋瀝小腹脹痛

滑石末壹兩用斑猫拾肆枚去頭足翅同滑石炒去斑猫不用將滑石不用生葱研汁圓如梧桐子大每服柒圓用麝香湯送下空心食前服

木通散治脚氣脹補藥大多淋閉腹脹

當歸去蘆　梔子仁

芍藥　甘草炙式上用赤得

赤茯苓去皮　木通去皮

右等分爲散子每服參錢水壹大盞煎至柒分去滓不拘時候服

治冷淋

乳香內白石研細溫酒下食前服

小便閉澀

真琥珀不拘多少爲細末燈心棗湯下食前服

八味圓見局方老人及虛弱人小便不通當服八味圓之屬不宜服涼心經䟽導之藥署月多誤以爲伏熱亡宜詳審

積滯

軟紅圓

每用巴豆柒粒以黃連參塊如巴豆大同煮壹沸去黃連取出巴豆去殼剝去心膜用紙裹於瓦上捍去油拾分淨成霜用號丹壹錢先將巴豆在乳鉢內旋入些小號丹同巴豆研細方入盡號丹再研須研令極細如粉不爾藥不均恐服時緊慢無準也然後以黃蠟如母指大者壹塊稍多不妨先就茶盞內鎔開撥去黑滓令淨方以研了巴豆號丹旋入攪和火上再煮頻攪令均候黃丹微赤色取出捻作鋌子收起旋圓如菉豆大每服壹粒至參粒溫陳米飲下不拘時候如藥收多時堅硬即於火上烘動圓之

皂香圓磨積快脾氣

五靈脂別研　巴豆去油別研　丁香不見火　沈香不見火　安息香壹錢別研　肉豆蔻麩裹煨

青皮去穰各肆兩　杏仁去皮尖各捌拾壹粒　木香不見火　胡椒各壹分　檳榔貳兩　乾薑炮洗各壹兩

右爲細末水煮麪糊爲圓如梧桐子大每服貳圓薑湯任下血氣菖蒲湯下

丁香內化圓治食積腹痛裹治冷痢

巴豆壹兩去殼鐵叉燈上燒存性　丁香不見火參兩　胡椒伍兩

烏梅去核貳兩　縮砂去皮肆兩

右爲細末用陳米飲搜和杵仟餘下圓如小梧桐子大每服柒粒溫水下不拘時候

眼目

清明丹明目補肝清膽還元固本退翳障黑花暗

物花花之疾，升降上熱下冷，有奇功。

好猪肝 壹具忌用鐵醋浸一日盡去筋血皮膜用竹刀切作片研令極細
木賊草 炒
蒼朮 米泔水浸壹宿再炒
遠志 去心
荊芥穗
川烏頭 炮去皮臍
車前子 炒
地膚子 炒
黃芩
人參 去蘆
雄小黑豆 炒去殼各壹兩
川芎
麥門冬 貳兩半去心
蟬退 去土
蔓荊子 去殼者各半兩
川羌活 去蘆節
當歸 去蘆酒浸
甘菊花 各壹兩半
枸杞子 去蒂酒浸
防風 去蘆
旋覆花 去梗
白芷
玄參
海螵蛸 炙去殼
白茯苓 壹兩貳浸去皮
甘草 炙各貳兩
苦胡麻仁
草決明子 炒

右為細末，用前猪肝為圓，如彈子大，如肝少，入蜜。每服壹圓，食後荊芥茶湯下。

八味圓，補肝腎，明眼目。

牛膝 去蘆酒浸壹宿
當歸 去蘆酒浸壹宿

菟絲子 洗淨酒浸參宿研成餅
遠志 湯泡去心
綿黃耆 蜜炙
地骨皮 去土
石菖蒲 九節者去毛
熟乾地黃 去土

右等分為細末，酒煮山藥糊為圓，如梧桐子大，每服伍拾圓，空心鹽湯送下。

菟絲子圓，治眼暴赤，退腫，除冷淚出痛。

菟絲子 洗淨酒浸爛研成餅
香白芷
人參 半兩去蘆
車前子 微炒
細辛 各壹兩
麝香 壹兩別研

右為細末，煉蜜為圓，如梧桐子大，每服參拾圓，不拘時候，日進參服。

夜光圓，治男子肝腎風虛，目多昏痛，時有黑花，當風有淚，羞明怕日，翳膜障遮，視物不明。久服補肝明目，髮白再黑，強志爽神。此藥神效，不可盡述。

菊花
熟乾地黃 各壹斤半兩
川椒 壹拾貳兩去目微炒

右為細末，煉蜜為圓，如梧桐子大，每服參拾圓，空心日午，鹽湯下。忌食動風等物。

還睛圓

川芎
荊芥

防風去蘆 白茯苓去皮
青葙子淘去土 白朮炒
兔絲子淘去土酒浸參宿研成餅 蔓荊子去土
羌活去蘆 覆盆子去萼

右等分，爲細末，煉蜜爲圓如梧桐子大，每服參拾圓，食後麥門冬湯下。

生地黃煎補肝明目。

生地黃淨洗 枸杞子揀去
五味子揀去

右等分，不犯銅鐵器，搗爲細末，煉蜜圓如梧桐子大，每服柒拾圓，食前鹽酒鹽湯米飲任下。

菊花散治男子婦人風毒氣毒翳膜遮障，羞明怕日，倒睫多淚，緣瞼赤爛，及治婦人血風攻疰，及暴赤眼腫痛，但是一切眼疾，及小兒瘡瘡熱毒入眼生翳膜。

菊花壹斤拾貳兩去梗 荊芥穗
旋復花去梗各壹拾肆兩 甘草肆兩炙
決明子炒 木賊
蒼朮各壹拾壹兩米泔浸壹宿去麤皮炒
枸杞子陸兩

右爲細末，每服壹錢半，清米泔水或薄荷蜜湯調下，食後服之。

治目疾不能視物

葳靈僊 僊靈脾各等分

右爲細末，茶調下，食後服。

治兩目清盲。

臘月黃牛膽入黑豆不拘多少，須揀拾分圓者，經壹佰日取出豆，去膽不用，每服豆肆拾玖粒，食後白湯嚥下。

七奇湯洗眼目，婦人患眼，可煎服，卻用滓再煎湯洗之。

生乾地黃洗 川芎
白芍藥 當歸洗各壹兩並生用
甘草 鷹爪黃連
秦皮各參錢並生用

右爲麤末，每服患重者伍錢，輕者參錢，水柒分椀，煎至半椀，先熏眼，候溫去滓洗，再溫再洗，日伍柒次，別換。

三神湯治肝腎俱虛，虛熱上衝，眼目隱澀，或生翳膜，侵睛，迎風有泪，視遠無力，及眼暴赤腫，目睛疼

痛、熱泪如湯者、宜用之、

川黃、連去鬚壹兩　川當歸去蘆洗淨半兩

杏仁去皮尖壹分灶不見火

右㕮咀、每用參錢以軟淨生絹片包、線繫定、銀盞盛水半盞、重湯煮、令水減參分之壹、候冷、時以藥包蘸藥汁洗眼、入眼中、漸漸化瞖膜、成淚、消去、每次煎可用參伍日、每用畢、須以淨物密蓋、勿爲塵垢入藥、

治眼赤疼

秦皮　甘草

黃柏皮　黃連

右等分、爲麄末、入砂糖壹塊、如彈子大、用水貳椀煎至壹椀、去滓、乘熱洗眼、候冷再煎再濾洗之、如此可用伍度、奇妙、

聖效散、洗眼、

爐甘石壹兩火煅　黃連半兩

海螵蛸半兩水浸柒日每日換水　青鹽別研

白礬枯　鋛丹水飛

輕粉各壹兩

右研極細末、每用壹字、湯泡洗眼、點亦得、

治暴赤眼

宣連去鬚參兩　砂糖貳拾文

當歸去蘆　赤芍藥各貳兩

右爲細末、綿裹藥伍錢、入水壹盞半、蒸頃令濃、別用小綿毬蘸洗赤處、候口苦爲度、少時再頓令熱、如前法洗之、

治赤眼

銅青拾伍文　地龍拾文

右用水兩椀、煎至壹椀、白器內澄清、每用半盞、溫過洗之、又眼赤則用消風散搐鼻、左搐左鼻、右搐右鼻、

又方

用好乾薑、湯浸洗之、奇効、

治爛眶風眼、

銅青　白堅

右等分細研、每用壹錢許、滾湯泡、澄、取清汁洗、每服可洗參次、

羗活膏

羗活　芙蓉葉

黑豆　麫

黄皮根子

右等分爲細末，生水調，用青皂紗貼之，

金線膏，治風毒氣赤眼，壹兩日見效，及醫膜遮障紅赤瘀肉，壹月日洗下，

黄丹 貳兩，用銀銚內炒紫色，[illegible]火傾在淨地上令冷

朴硝 半兩，研

白砂蜜 肆兩，與炒了黄丹壹處，於銀石器內熬熟，壹傾先冷，用新綿子用兩重濾去汁，其滓再熬成膏，別淨瓶內盛，

右每用壹皂子大，於淨器中熱湯化開，先將藥熏眼，候湯温洗眼，餘適了便睡，藥且留用，參伍次功效不可具述，

點眼方

黄連 貳兩，極細研　黄丹 壹錢，極細研

蜜 兩半

右用銀盂盛，在重湯中以文武火同煎成膏，筋挑放水中，點成珠方取出，候温將蜜絹兩重濾過用，或點或泡湯熏洗，如眼昏澀障翳，亦可去，

又方

用黄連、當歸各半兩，温水壹貳次洗去泥，令極淨，然後用銅刀切片，竹刀亦得，以水壹大椀，銀銅器內煎，如水乾未濃，再添少水，覺汁濃去滓，只將汁再熬成膏，每用銅筋點眼，點時須仰面，令人點，覺口中有苦味，方是藥透，却以鹽湯漱口，此藥退赤脉，日日點之，久而目明睛黑，方知効驗，

玉龍膏，治諸風毒，眼赤澀，眵淚隱痛，或生瘀肉翳膜，悉皆治之，

甤仁 肆拾箇，去皮　杏仁 柒箇，去皮尖

以上貳味同研如膏，攤在碗椀內，用熟艾如雞子大，燒煙熏，令如粟米色，取下細研，

鵬砂 透明者，黑豆大　滴乳香 黑豆大

牙硝 黑豆大　輕粉 壹錢大

腦麝 各少許

右同研，入白蜜少許，研爲膏，用甆合盛，每點半粟米許，

一輪雪，治暴赤眼腫脹疼痛不可忍者，壹點立效，

朴硝壹兩，用熱湯泡開，用皮紙濾過，在建盞內，火上煅水乾，括出朴硝，入腦子少許，研細，尼器藏之，每用壹菉豆許點之，

治障眼
虎骨 半貳錢　孕婦手甲 拾枚炒乾
右爲細末點之，如見物則不用再點、
治爛弦風眼、
覆盆子
右件取葉擣碎，以汁滴眼中，即有蟲出、
治作赤眼
用蘿蔔如鴨子大，去中肉，却用黃連壹拾文爲
麤末，用取下蘿蔔肉，再入蘿蔔內，以濕紙裹之，
灰火煨熟，去紙取汁，點眼極妙、
治眼白赤
鬱金　焰硝
右各少許，研細，搐鼻中，熱淚出即愈、

耳疾

穿珠圓 治上壅耳聾、
石菖蒲 節密者去毛半兩　麝香 半錢
右爲細末，鎔黃蠟半兩，和爲塊，每用小石蓮大，
中間以大鍼穿竅，夜間安兩耳內，日間取去、
紅綿散 治聤耳出膿奇效、
白礬 不拘多少枯
右每用壹錢，入烟脂壹字，麝香少許，再同研細，
先以小杖子綿纏繳，去耳內膿水盡，別用綿杖
引藥入耳，或用葱管吹入亦可，如壯盛人積熱
上攻，耳出膿水不能瘥者，用涼藥瀉之即愈、

治耳聾

用綿裹甘遂塞耳中，便嚼甘草，少時拔去甘遂，
氣自通快，蓋甘遂甘草相反故也，切不可貳物
同嚼之、
治耳聾多年不聽者、
浮石不以多少，火煅通紅，取出，用紙壹張盛藥，
於地上出火毒壹伏時，研細，每服貳錢，不飲下，
食後日參服，近年者拾餘日漸聽，遠年深者月
餘見效、
治耳鳴
生川烏頭 火　雄黃
右爲細末，用綿裹塞耳內、
又方
葱管入地龍末，塞耳內、
治聾
不問年深日近，取小鼠膽，令人側卧，瀝膽入耳

中須煎膽汁送下，初每服半日方可，雖參拾年
者亦差。

牙齒

異香丹治勞心思慮過度，胃中客熱上攻，口氣齒
衄，時時血出，牙齒浮動，或疼痛不能咀嚼飲食，並
宜服之。

白芷　藿香葉新者，淨洗
零陵香葉　木香不見火
桂花不見火　香附子去毛，淨洗
甘松淨洗　丁香不見火
雞心檳榔　白豆蔻仁各壹兩
榆柑乾參錢，去核
當歸去蘆，洗淨，酒浸壹宿，焙乾，用壹錢

右為細末，用甘草膏子為圓，如小雞頭大，每服
壹粒，含化，柒日後口有異香，面色光澤，久服身
體皆香，行步輕健。

又方

甘草不拘多少，炙黃，碾為細末，煉蜜為圓，如雞
頭大，每服壹粒，含化。

紅娘圓治蚛牙。淨智莊大師傳

紅娘子　福礬枯
全蠍　真石灰

右等分，先將餅藥於盞內火上煎，候微沸，即投
石灰，次投諸藥末，便圓，微乾，看蚛花大小圓，以
綿包安患處。

香烏圓治風蛀牙疼不可忍者。

透明乳香　川烏頭尖

右等分，滴水為圓，如梧桐子大，安在蛀牙竅子
內，噤定，須是食頃，涎多吐出，溫水漱口，如無竅
子，旋用藥末擦傅牙縫，噤定，食頃，涎多吐出，溫
水漱口，如此用藥參兩次，即愈。

揩痛圓治蛀孔。

龍骨　乳香
血竭　生附子尖
蠍梢各等分

右研細末，水圓成塊，塞蛀孔中。

鶴膝湯治牙疼。

鼓椎草又名鶴膝草

右件煎湯灌漱，即妙。

蒼耳湯

蒼耳根

右件濃煎湯熱漱，壹椀以下便定，或用五積散，入麝香少許，同煎服亦可。

升麻細辛湯治風牙疼。

升麻　荊芥穗

防風去蘆半兩　細辛壹兩去土

右爲麤末，每服肆錢，水壹盞半，煎至壹盞，去滓熱服，漱令冷吐之，爲細末揩齒，良久吐出，溫鹽湯漱之亦得。

竹葉湯治齒衄。

苦竹葉

右不拘多少，濃煎湯漱之。

大牢牙散，治齒痛及血出，齒疎肉爛惡氣，齒脫用藥再生，疎者則密，有蟲則消，兼通腎氣，亦治纏喉風、小兒走馬疳。

白礬枯　百藥煎炒

乾薑炮　蓽撥各壹兩

草烏頭炒　川烏頭炒

地骨皮　縮砂各半兩

右爲細末，每服用揩牙，少頃，溫水或鹽湯漱口。

忌鹹酸鮓醬，每日食後及早晚使，尤妙。

堅牙散，治一切風牙、痛牙，小兒亦可用。

升麻　露蜂房炙

細辛　高良薑

猪牙皂角　草烏頭炮

香白芷　木律炒各壹兩

蓽撥　胡椒各貳兩

半夏半兩湯泡柒次

右爲細末，每用半錢，手點揩牙，溫湯漱，如痛多者，用壹錢點揩。

失笑散治牙疼。

蓽撥　地龍去土

天南星　川烏頭

胡椒

右等分，爲細末，先用刷牙灌漱牙淨，用藥乾傅痛處，隨手見效。

立應散，大治齒痛。

草烏頭壹箇揀淨極大者，去皮臍生用

香白芷壹兩

右爲細末，每日兩次擦，如有熱涎吐之，少時用溫水漱痛自定。

玉池散治風蚛牙疼痛，并宣露動搖，血出，煩悶口氣。每服以手揩牙腫處，良久漱嚥無妨。如大段為搜者亦可用。

地骨皮　香白芷
川升麻　防風
細辛　槐花
川芎　當歸
藁本　甘草

右等分為細末，每服叁大錢，水貳盞，入黑豆半合，生薑叁片，同煎至壹盞半，和滓隨宜漱之。

青鹽散治牙齒疼痛，時時浮動。

蠍梢　胡椒各壹錢
乾薑貳錢　青鹽別研壹錢

右為細末，入磁合內，旋旋搵揩齒間，良久鹽湯漱之。

全蠍散治牙疼甚妙，壯盛人方可用之。傳壹齋

腦子　血竭
南鵬砂　乳香
全蠍

右等分為細末揩之。

香芥散治風牙疼不可忍者。

荊芥穗　香附子去毛

右等分為麤末，每服伍錢，水壹椀，煎至半椀，去滓，頻頻嗽之。

炙皂散治風牙疼。

不蚛皂角去皮壹斤　生地黄取汁貳斤
生薑取自然汁貳斤

右以皂角蘸汁，慢火炙盡為度。每日早辰以牙刷刷皂角濃汁出揩牙，旬日後要無一切齒疾。

養源散

熟乾地黄焙叁兩　破故紙貳兩
青鹽別研壹兩

右先將地黄炒令焦，次入破故紙同炒令爆聲定，却入青鹽同炒，碾為細末，臨睡揩牙，早辰用亦得。

烏石散

草烏頭　升麻各拾文
寒水石拾文，銀鍋內煆通紅　細辛拾伍文
蔓荊子伍文

右爲細末揩牙少時以溫鹽湯漱之

薑黃散治牙痛不可忍者

薑黃　細辛

白芷

右等分爲細末併擦兩參次鹽湯漱之立効政和八年胡長文給事之父牙疼不可忍面腫偶無薑黃檢本草云川芎亦治牙疼遂以代之坐間便見腫消痛止後用川芎代之亦驗

香椒散治牙疼

草烏頭生去皮尖取白者用　胡椒

乳香別研　蠍梢不去毒

右等分爲細末每用少許擦牙疼處吐出頓減立止

內補散補腎去風牢牙定疼

皂角不蛀者刮去皮子以炭火燒爲灰略存性壹兩

青鹽炒乾別研　北細辛去樓葉各壹錢

香附子炒去毛用麁磚擦去麁皮洗淨貳兩

舶上茴香炒貳錢

右爲細末和調以密器收貯每用揩牙

五倍子散口齒疳蟲蝕

五倍子參分　黃丹壹分

右爲細末以綿裹貼斷上塗之亦得日可用參伍次

黃蘗散口臭蟲蝕作孔

黃蘗壹兩炙少　麝香壹錢別研　青黛半兩

右爲細末每取少許摻貼疼處壹日上參肆次

殊聖散治牙疼

白礬　膽礬

右等分研細末飛過入麝香擦牙

臙脂散治牙疼

百藥煎　坯子

右等分爲細末擦牙津吐之

芫花散治牙痛諸藥不効者

芫花碾爲末擦痛處令熱立効

赤荊散治牙宣

赤土荊芥同爲細末揩齒上以荊芥湯漱之

燒茄散

用糟茄切片新瓦上烘金乾黑色爲末傅之

治牙疼

細辛　麻黄

前胡

右等分爲細末，以米醋同煎，灌漱立効。

治風蚛牙疼

獨活洗淨切片，濃煎熱漱，冷吐之。

治風牙腫痛

巴豆壹粒，切開作兩邊，入麝香、乳香末各少許，摻在巴豆中，捻合，用線繫定，如左邊痛以右邊巴豆塞之，右邊痛以左邊巴豆塞之，以涎出盡爲度。

又方

生薑　升麻

川地黄　旱蓮

木律　荷蒂

青鹽　猪牙皂角

槐角　細辛

右等分，壹處入在甕合內，鹽泥固濟，煅成炭，取出爲末，先漱灌後揩擦嗞之，亦無害，其驗不可具述。

發背癰疽

猪蹄湯，洗瘡屢效。

猪蹄壹隻洗淨，用水參升，煮令拾分爛熟，去蹄，取清汁用，入後藥。

黄耆　黄連

赤芍藥各參兩　黄芩

狼牙根　薔薇根各貳兩

右剉碎，用猪蹄汁煎，約乾參分之壹，濾淨，以汁分作參次，用筆洗瘡，去惡肉，甚快，用膏藥傅之。

加減香連湯，治諸般癰疽發背已破未潰，惡證竝皆治療。

木香不見火　沉香不見火

檀香不見火　乳香別研

雞舌香別研　藿香去土

赤芍藥　連翹

桑寄生　當歸去蘆

升麻　黄耆蜜炙

大黄

右等分，爲細末，酒水合和同煎服，視病輕重加減大黄同煎，立效。木香散，治諸般惡毒發背癰疽已破未潰者，竝皆治之。

生乾地黃洗　木香不見火
麥門冬去心　升麻
羌活　芍藥
白芷　川芎
肉桂去麤皮 不見火　木通去皮
當歸去蘆　黃芪蜜炙
桔梗　甘草炙
連翹

右等分爲細末，溫酒調服，初用而患人大便未曾泄，即多加大黃服之。如以水合酒煎之，尤佳。若以十全內補散加木香，以酒水煎之，亦有火效。幾急以十全內補散搜雲母膏貳兩或壹兩爲圓，仍以木香酒調內補散任下。

破膿如神散　應未潰者服之即潰

老紫皂角鍼熟炒令黃色　當歸去蘆
赤芍藥　川芎不見火

右等分爲細末，每服貳錢，入乳香少許，酒壹大盞煎壹貳沸，服之。不潰再服。

大托裏散

菉豆　甘草各半兩 炙

大栝蔞壹箇 取子炒　乳香貳錢 別研
沒藥貳錢 別研

右爲細末，用無灰酒參勝熬壹勝，頓服。毒未消再服。

黃芩散　治癰疽大小便不通。

麥門冬去心　大黃
赤茯苓去皮　木通去皮
甘草各半兩 炙　燈心壹捻

右㕮咀，每服參錢，水壹大盞煎至捌分，去滓，空心溫服。

又方　治癰疽發背未成即散，已成即潰。

日疼可用銀星草，夜疼即用金銀花鷺鷥藤也。
日夜俱疼全不止，貳方等分切令差。

右㕮咀，水酒煎服。

清涼膏　治初腫發未成膿者，貼之即散；有膿者已破而尚腫，亦可用之。

木鼈子去殼　黃蘗
敗荷葉　黃芩
芙蓉葉　黃連
草烏頭　朴硝別研

花蘂　玄參

右等分爲細末，用薑汁調成膏，傅上，如熱甚，即以水井蜜調傅，外以紗片掩其上，乾即再換，多傅尤佳，如痛甚，即加乳香、沒藥，如有絲瓜，取自然汁調傅之，亦妙。

搨毒膏

生乾地黃　玄參
枸杞子　大黃
木鱉子　白芷
赤芍藥　當歸
桑白皮　肉桂
猪牙皂角　連翹
白斂　升麻
防風　桔梗
柳枝　桃枝
槐枝　桑枝各壹兩
乳香　沒藥各壹兩半，並別研
黃丹斤半　男子髮貳兩，洗淨

右用麻油浸，浸過半寸許，春秋伍日，夏參日，冬柒日，和藥壹處，入髮，煎用慢火熬候白芷色黑，髮脫斷，即濾去衆藥，再煎，以柳枝不住手攪之，約兩箇時辰許，其油覺稠粘，即取起，令溫，却入黃丹攪均，再煎，令沸，又挈起，凡參伍次，方定，又煎，試以壹貳滴滴水中，不散，即入乳香、沒藥再煎，仍試滴水中成珠子，即入瓶收，覆地上出火毒貳宿。

生肌藥：生新肉，去惡肉，膿毒漸令口合。

石膏煅　號丹
當歸去蘆，各壹兩貳錢　乳香半兩，別研

右爲細末，用麻油調，塗瘡口，仍於外以搨毒膏貼之，壹日壹換。

收瘡口藥

五倍子燒　木香不見火
桑白皮　檳榔
紫藤香　黃丹
訶子去核

右等分爲細末，乾摻，如瘡乾，即以麻油調傅之。

三羊散：治內外臁瘡及諸般惡瘡。

三月羊糞入瓶內，鹽泥固濟，煅存性，爲末。

膩粉

右等分拌和先以温水淨洗瘡去皮用壹匙摻放瘡上

治軟癤

用久使銀鍋底墨碾爲細末水調塗之或鷄子清絲瓜汁調傅之亦妙

神聖散治瘰癧

雄鶏鵒糞 肆兩揀好小者
蚌蝶 緊細首古足
南木香 壹兩不見火
臘茶 貳兩細研

右爲細末每服貳錢食後茶清調

白斂散傅瘡長肉生肌

白斂
白礬 枯別研
遠志
雄黃 各半兩別研
梨蘆 壹分
麝香 壹錢別研
白芷 壹兩

右爲細末以臘月猪脂調傅之

梨蘆粉治諸般癬瘡

梨蘆
硫黃 各半錢別研
斑猫 拾枚去頭足翅
膩粉 壹錢

右爲細末以清油調和候癬痒發先以布揩擦動次用藥塗之

鹿香散治下臁瘡

鹿角燒灰入麝香少許乾摻神妙

六物散

五倍子 半兩燒
黃蘗
當歸 去蘆炒
膩粉
白礬 枯別研
滿藍 各半錢

右研令極細以鹽水洗瘡拭乾傅之

積熱喉閉舌腫口瘡

甘草圓治口乾舌澀

人參 去蘆
甘草 炙
烏梅 微炒各壹兩
生乾地黃 貳兩

右爲細末以棗肉同煉蜜和杵參貳佰杵圓如彈子大綿裹含化

神巳圓治喉閉

巴豆 貳粒去殼
烏梅肉 壹箇白梅亦得

右和圓如菉豆大每服參粒置口中立效如牙關閉者用少許揩牙即開

清膈圓治膈上壅熱舌腫口瘡驅風凉血

當歸 去蘆
防風 去蘆
羌活 各壹兩
大黃

乾葛 川芎各半两
荆芥 薄荷葉各壹分
甘草炙，參分 白芍藥壹两半

右爲細末，用糕糊爲圓，如大雞頭大，每服壹貳圓，食後臨卧細嚼嚥下，能飲酒人醉後臨睡化壹圓，甚妙。

瀉心湯

人參去蘆 黄連
乾薑炮，洗 黄芩
甘草炙

右等分，爲細末，每服參錢，水壹盞半，生薑拾片，煎至柒分，去滓溫服。

玉礬湯治喉閉不通水穀。

白礬研化，以竹筒盛，猛灌之。

馬嚙湯治喉閉深腫連頰，吐氣，名馬喉閉。

馬嚙鐵壹具，水參盞，煎至壹盞，溫服。

吹喉散治大人小兒喉閉腫塞，不下水漿，須臾不療，宜用此方。

鵬砂 龍腦
青黛各壹錢 馬牙消

白礬 生膽礬各壹錢半
硝石參錢 白殭蠶貳拾壹枚，別研

右各研細，拌和，每用筆管抄少許，吹在咽喉内，立效。

碧雲散治喉閉。

明淨白礬爲末，壹錢，瓦上鎔成汁，入巴豆去殼壹粒在礬内，候礬乾爲度，細研，分爲肆服，每服壹字，以竹管吹入咽中，以涎出爲效。壹方用青礬。

回生散治諸般喉閉危急之疾。上醫師傳

鴨嘴膽礬別研 草烏頭不去皮

右等分，爲細末，和調，遇喉閉吞嚥不下，以蘆管吹壹字入鼻中，先含水壹口，藥入咽中，即時涎出。若覺涎少，復用川大黄參塊，如骰子大，水壹盞，煎至柒分，入朴硝壹錢，再煎壹沸，令溫服，搐鼻了，咽喉即開，吞嚥無阻，纔得利，後病如失去。神效不可具述。

立應散治咽喉腫痛，語聲不出者。

大鵬砂半錢

右研細，用筆管吹入喉中。

追涎散治喉閉。

石綠、膩粉等分，用薄荷酒調下，灌入喉中，吐涎即止。

白殭蠶散治纏喉風，并急喉閉，喉腫痛者。

白殭蠶 真好白色者壹兩，新瓦上炭火略炒微黃色
天南星 白者壹兩，炮裂，剉去臍皮

右為細末，每服壹字，用生薑自然汁少許調藥末，以熱水投之，呷下，吐出涎痰即快，不時服之。

壹方只用白殭蠶。

又方

白殭蠶半錢，為細末，薑汁調服之，如自服不得灌下。若痰涎壅塞不能吐，卻下蘇沈良方內一字散，以薄荷揉碎，拈藥揩牙及咽喉取痰涎。

青礬散治喉閉。

白殭蠶　白礬
銅綠 螺青亦得，各半兩　甘草 炙，壹錢

右件同於鐵銚內煎，令白礬枯，每服壹錢，生薑汁調下，涎出立愈，如口不開，即灌之。

硝石散

硝石　蒲黃
青黛　甘草 炙

右等分，為細末，乾摻口中，津嚥下。

開咽喉捷法速效方

巴豆壹粒，去殼微煨，以紙熱捲令緊，中心切斷，隨所患安在右鼻中，衝破即去之。

寬咽酒治喉閉，逡巡不救。

酒壹盞，皂角半條，就酒揉挼，濃汁出，急煎壹沸，淘溫與服，立便衝破，吐出水及痰血。此方經驗極妙。如口噤吞嚥不得，即以麻油挼揉皂角灌。

酒煮礬治喉閉，咽喉腫痛。

白礬 明[illegible][illegible][illegible][illegible][illegible] 伍[illegible]兩[illegible][illegible]兩

右為細末，砂石器內，以無灰酒煮至紫黑色為度，入砂合內收，與面油膏相似，每用半匙許，含化，候取出痰即消。此藥煮時須慢火煎熬，熱時須攪稀放冷，如稍健硬，即又添酒煮，直至紫色為度。

玉筋硝治喉閉

硇砂 少許，為君　白礬 皂子大，為臣
馬牙硝 壹分，為佐　硝石 肆兩，為[illegible]相
黃丹 伍錢，伍分、　巴豆 陸粒，陸甲為

蛇蛻壹條全皆爲末攪和

右用麄鍋子依次第逐旋下藥下到巴豆時須逐箇咬破下候火糊蝶盡方再下壹箇如此陸次然後旋下蛇蛻方成候冷罐子自破藥作塊每用壹字以竹筒子吹入喉中加些小咽喉不利只合化少許合時忌鷄犬婦人見

魏氏家藏方卷第九終

魏氏家藏方卷第拾

婦人

拱辰丹溫煖子宮久服能令有孕

鹿茸酥炙去毛　山茱萸去核　沈香貳錢不見火　當歸酒浸去蘆　附子炮去皮臍各壹兩

右爲細末酒麵糊爲圓如梧桐子大每服伍拾圓空心溫酒鹽湯任下

後愆疾

官桂去麄皮不見火　川椒去目并合口炒出汗　豆卷黑豆芽　大麻仁去殼　地黃酒浸炒　防風去蘆　糯米炒　甘草半炙各兩　腦子別研

右爲細末煉蜜爲圓作泱拾粒每服壹粒細嚼溫酒下食前服產前入月一日可服壹粒臨產極減腹疼更無他苦產後每日壹粒至滿月極令人易將理強健胎衣不下子死橫生暈絕不語以壹粒濃煎棗湯調灌之即甦

眞人積德圓

白艾葉伍兩，用陳米醋潤炒
川芎貳兩，微炒
熟乾地黃伍兩，酒浸
當歸去蘆，貳兩，酒浸
官桂貳兩，去麁皮，不見火
白芍藥貳兩

右為細末，煉蜜為圓，如梧桐子大，每服參拾圓，米飲下，空心食前服。

艾茸圓，治婦人下臟久虛沈寒痼冷。

白艾葉細剉末，醋半盞，同煮盡為度
當歸去蘆，酒浸
赤芍藥
吳茱萸湯泡淡，次炒
天雄炮，去皮臍，剉再炒
蓽撥
沈香壹分，不見火
肉桂去麁皮，不見火
沒藥別研
木香各半兩，不見火

右為細末，醋麪糊為圓，如梧桐子大，每服伍拾圓，空心溫酒鹽湯下。

地黃鹿茸圓，補虛調經。

鹿茸燎去毛，酥炙
山藥各參兩
五味子去梗
卷柏
續斷洗乾，炒
白艾醋炒
白薇
阿膠剉，蛤粉炒成珠

黃耆蜜炙
厚朴去麁皮，薑汁炙，各貳兩
肉蓯蓉肆兩，酒浸，去土
澤蘭
熟乾地黃貳兩，酒浸

右為細末，煉蜜為圓，如梧桐子大，每服參拾圓，鹽湯下，空心食前服。

鹿茸圓，治經候過多，其色瘀黑，甚則崩下，吸々少力，臍腹如冰，冷汗如雨，衝任虛損，風冷之氣客於胞中，氣不禁固。

禹餘糧石火煅，醋淬柒次，別研
熟乾地黃洗，炒
當歸去蘆，炒，各壹兩
白艾葉洗，醋浸炒
卷柏葉醋浸，炒
麒麟竭別研
赤石脂煅，別研
沒藥各半兩，別研
續斷酒浸
附子炮，去皮臍，各壹兩

右為細末，酒煮麪糊為圓，如梧桐子大，每服參伍拾圓，空心食前，溫酒或淡米醋湯下。

紫石英圓，治婦人血虛生熱，益氣補不足。

紫石英火煅紅，別研
阿膠蛤粉炒
赤芍藥
當歸去蘆，酒浸
川芎
續斷各壹兩

鹿茸 【去毛，酥炙】
官桂 【去皮，不見火】
白朮 【各半兩，炒】
柏子仁 【貳錢，別研】
熟乾地黄 【酒浸】

右為細末，煉蜜為圓，如梧桐子大，每服貳拾圓，空心温酒下。

菟絲子圓，治婦人本虛縱弱，陰陽不升降，小便泔白，淋出無度，男子精滑不固，並宜服之。

鹿角霜
菟絲子 【浸研成餅】

右為細末，酒糊為圓，如梧桐子大，每服貳拾圓，空心食前温酒、醋湯下，漸加至參肆拾圓。

黄耆除熱圓，治氣血虛弱，或寒或熱，四肢乏力，男子婦人小兒皆可服。

熟乾地黄 【酒浸】
白芍藥
地骨皮
人參 【去蘆，各壹兩】
黄耆 【貳兩，蜜炙】
當歸 【壹兩半，去蘆，酒浸】
川芎 【參分】

右為細末，煉蜜為圓，如梧桐子大，每服參拾圓，空心米飲下。

紫粟圓，治氣虛後血崩。

陽起石 【煅】
赤石脂 【煅，各半兩】
熟乾地黄 【酒浸】
當歸 【去蘆，酒浸，各貳兩】
牡蠣粉 【半錢，米炒】

右為細末，用降真香、五倍子各貳兩，剉碎，用米醋貳升浸烏梅肉半兩，同浸參兩日，濾去降真、五倍子，將烏梅肉、醋熬成膏，搜前藥末，杵壹貳佰下，圓如菉豆大，每服伍柒拾圓，温米飲或鹽湯下，不拘時候。壹貳錢，五倍子末壹分，同煮。

當歸圓，治婦人氣血俱虛，經候過多，臍腹痛，全不思食，身體倦怠。

赤石脂 【煅，別研】
當歸 【去蘆，酒浸壹宿】
牡丹皮
人參 【去蘆】
延胡索 【炒，別研】
白朮 【炒】
白芍藥
甘草 【炒】
白茯苓 【去皮】
白薇 【去蘆，炒】
川芎
白芷 【炒】
藁本 【去土】
官桂 【去皮，不見火】
沒藥 【別研】
乳香 【別研】

右等分，為細末，煉蜜為圓，如彈子大，每服壹圓，食前溫酒化下。

勝金圓 治男子婦人諸虛不足，小便白濁，婦人子宮久冷。

熟乾地黄 酒浸
白茯苓 去皮
桑螵蛸 酒浸壹宿上炒乾
附子 壹隻[illegible]玖錢重者炮去皮臍
鹿茸 燎去毛酥炙
龍骨 別研
川當歸 去蘆酒浸各壹兩

右為細末，以肉蓯蓉壹斤煮乾，研成膏搜圓，用好酒，每服叁拾圓，食前鹽湯溫酒下，子宮久冷醋湯下。

又方 治婦人胎前産後百病。

延胡索 蛤粉炒
白芍藥
赤石脂 煆別研
白茯苓 去皮
龍骨 別研
官桂 去麤皮不見火
沒藥 半兩別研
人參 去蘆
白芷
藁本
當歸 去蘆酒浸
白薇
白朮 各壹兩炒

右為細末，煉蜜搜和圓如彈子大，每服壹粒，溫

艾煎圓

吳茱萸 湯泡炒
乾薑 炮
陳橘皮 去白
牡蠣 煆
禹餘糧石 煆米醋淬七次別研
香附子 貳兩炒去毛
當歸 去蘆酒浸微炒
厚朴 去麤皮薑汁製炒
茴香 炒
官桂 去麤皮各壹兩
艾葉 醋炒各半兩

右為細末，醋煮麪糊為圓，如 每服伍拾圓，空心艾醋湯下。

澤蘭圓 治久患虛羸，肢體沉，臍下冷。

肉蓯蓉 酒浸去皮
熟乾地黄 酒浸
山茱萸 去核
五味子 去梗
延胡索 粉炒
蕪荑 炒
山藥
藁本 各壹兩
麥門冬 去心
柏子仁 各壹兩半
防風 去蘆
芎藭
細辛
牛膝 去蘆
當歸 去蘆微炒
石膏 煆別研水飛
桂心 去麤皮不見火
人參 去蘆
金釵石斛 去根酒浸
澤蘭 貳兩

鍾乳粉 參兩　艾葉 微炒
甘草 炙各炙錢
右為細末，煉蜜和搜杵參伍佰下，圓如梧桐子大，每服參拾圓，空心及晚食前溫酒下。

靈脂圓 治脾血氣心疼。
五靈脂 炒　蓬莪朮 炮
當歸 去蘆酒浸　木香 各壹兩不見火
良薑 貳錢半炒
右為細末，煉蜜為圓，如梧桐子大，每服參拾圓，加至伍拾圓，米飲下。

三香圓 治血虛及冷傷血。
五靈脂 半兩　乳香
沒藥 各貳錢
右為細末，醋麵糊為圓，如麻子大，每服參肆拾圓，醋湯下，不拘時候。

十補圓 治婦人虛損血敗不足。
熟乾地黃 酒浸壹宿　艾葉 薄醋糊擬遍炒
川續斷 去心者去蘆　鹿茸 去毛酒浸壹宿炙
肉蓯蓉 酒浸壹宿　阿膠 蚌粉炒
當歸 去蘆酒浸壹宿各貳兩　牡蠣 鹽泥裹火煅別研

赤石脂 煅研別　附子 炮去皮臍各壹兩
右為細末，煉蜜為圓，如梧桐子大，每服參伍拾圓，溫酒或用白湯任下，空心食前。

滋養圓 治婦人真血損傷，經絡乾枯，精髓既虧，肌肉瘦悴，百節疼痛，蓋以津液耗少，若藥性稍溫則上炎，微燥則自利，但用滑潤之藥滋養，自然諸疾並愈。
肉蓯蓉 酒浸壹宿　山茱萸 去核
柏子仁 炒　當歸 去蘆酒浸
酸棗仁 炒　乾木瓜
鹿茸 酥炙去毛　白茯苓 去皮各壹兩
附子 炮去皮臍半兩
右為細末，用生地黃自然汁熬成膏搜和為圓，如梧桐子大，每服肆拾圓，用豬腰子湯任下，空心食前服。

安經圓 治婦人赤白帶下。
香附子 去毛　牡蠣 煅各貳兩
木香 不見火　木通 生各半兩
石燕子 火煅醋淬用　丁香 不見火壹錢
右為細末，湯浸蒸餅為圓，如梧桐子大，每服貳

拾圓、溫酒鹽湯下、
內炙圓、補爕血海、
白艾葉 半斤用糯米漿過焙乾用米醋拌炒去米
附子 炮去皮臍切片用炒令黄
當歸 各去蘆酒浸
海螵蛸 各壹両
白芍藥
丁香 半両炒
右為細末、米醋麵糊為圓、如梧桐子大、每服叁
拾圓、米飲或醋湯下、食前服、
琥珀圓、治血海久冷、月經不調、久服自然有孕、
熟乾地黄 酒洗
白朮 炒 各壹両
續斷 去蘆酒洗
附子 炮去皮臍
蓬莪朮 煨炒各両
雄黑豆 炒去殼
劉寄奴 去梗浄洗各一両
當歸 去蘆酒浸
白芍藥
青橘皮 去瓤
延胡索 炒
茴香 淘去沙炒
牡丹皮 炒焙粉
烏藥 炒
蛇床子 炒
陳橘皮 去白
金釵石斛 去蘆酒浸壹宿
白芷 炒 各半両
已上並以米醋無灰酒各叁升、同煮乾、焙燥、入
後藥、

防風 去蘆
桔梗 炒
官桂 去麤皮不見火 各壹両
琥珀 別研
蒲黄 紙隔炒
右並為細末、醋麵糊為圓、如梧桐子大、每服叁
拾圓、空心食前米飲或溫酒下、
追氣圓、治血氣成塊刺痛走注、
蓬莪子 微炒
官桂 去麤皮不見火
良薑 各半両
右為細末、醋麵糊為圓、如梧桐子大、焙乾、每服
拾伍圓、空心溫酒下、
龍骨圓、治婦人血滑崩漏者、緣血氣虛寒、榮衛不
調、衝任經虛、即血脉不禁而崩下、或墜胎下漏、並
宜服之、此藥固養血脉、溫下元、止崩漏帶下、嘆子
臟、神效無比、血崩日夜不止者、即日見效、
禹餘粮石 火煅醋淬研細水飛過
烏魚骨 燒灰
白龍骨 煅 各半両
鹿茸 燎去毛酥炙
附子 炮去皮臍
右為細末、粟米粉煮糊為圓、如梧桐子大、每服
叁拾圓、溫酒或淡醋湯下、空心日午晚食前服、
陽起石圓、專治血氣虛冷、久無子息、

陽起石 煆黄半兩白酒　熟乾地黃 酒浸肆兩半　白朮 炒各錢半

吳茱萸 湯泡七次炒貳錢半　牛膝 去蘆酒浸　乾薑 炮洗肆兩半

右爲細末，煉蜜爲圓，如梧桐子大，每服貳拾圓，食前溫酒任下。

十味養榮湯 治婦人勞疾，臟腑血氣不足，衝任虛損，臍腹疼痛，寒熱往來，心忪恍惚，憂不樂，面少光澤，月水不調，顏色多變，氣道壅塞，倦好睡。

熟乾地黃 酒洗　五味子 去枝　牡丹皮 炒　白茯苓 去皮各壹兩　川芎 各壹兩半

黃耆 蜜炙各壹兩半　肉桂 去粗皮不見火　白芍藥 炒　當歸 去蘆酒浸　甘草 炙貳錢

右㕮咀，每服伍錢，水壹盞半，生薑叁片，棗子壹枚，煎至柒分，去滓，食前空心服。人方加人參、地骨皮各壹兩。

十三味當歸補虛湯 治婦人諸虛不足，心胸痞悶，四肢倦怠，頭目昏眩，心間恍惚，飲食多傷，或時惡寒惡熱，一切虛寒，並皆治之。

當歸 去蘆酒浸　黃耆 槌破蜜炙各壹兩

熟乾地黃 淨洗　白朮 炒　白芍藥　甘草 炙　吳茱萸 去枝梗湯泡七次炒　良薑 各壹分炒

附子 炮去皮臍　乾薑 炮洗　人參 去蘆　川芎 各半兩　杜仲 去皮剉炒去絲

右㕮咀，每服貳錢，水壹大盞，生薑伍片，棗子貳枚，煎至伍分，去滓，空心服。

活絡湯 治血虛氣短，面目浮腫，四肢乏力。

五加皮　白芍藥　白朮 各壹兩炒　甘草 炙各半兩

續斷 去蘆酒浸　當歸 去蘆酒浸　官桂 去粗皮不見火　附子 貳錢炮去皮臍

右㕮咀，每服肆錢，水壹盞半，生薑伍片，棗子壹枚，煎至捌分，去滓，入酒少許，食前服。

羊肉湯

精羊肉 半斤，煮熟，去肉取汁拾餘盞，掠上油珠，如未盡，再以紙搭去面上浮油去介

當歸 去蘆酒浸　生薑 連皮各壹兩

川芎 各半兩

右㕮咀以羊肉汁拾盞煎至參盞分爲肆分服
空服之壹日內服盡來日再爲之兩日滓合煎
再爲壹服此方廼古方及必用方有之恐人不
知此藥補氣血其功效如神故重錄于此
中嶽湯治婦人室女血海不調發熱疼痛
白芍藥 伍兩　甘草 半兩炙
右㕮咀每服伍大錢貳盞煎至捌分去滓食前
服
琥珀衛生散治產後諸疾證候危惡者但服之以
正氣血後却參曲調治
百草霜　琥珀 的者
頭黃灰　朱砂 透明者
京墨 燒紅　髮灰 已上並別研
白附子 炮　白殭蠶 直者炒去絲各半兩
當歸 壹兩去蘆酒浸
右爲細末打和入麝香肉壹分研細再和每服
貳大錢炒薑酒調下產後第貳叁日服之敗血
不停不變他疾
佛手散治婦人血下過多山崩墜等疾
白龍骨 煅別研　晉礬 枯

烏賊骨 炙去皮　赤石脂 煅別研
牡蠣 煅別研　地榆
乾柏葉 炒　續斷
阿膠 炒　乾薑 洗炮
芍藥 各壹錢半　木香 炮
檳榔 各錢　甘草 炙
乾茜 錢半　當歸 貳錢去蘆酒浸
棕櫚灰 半兩
右爲細末空心日午溫酒或陳米飲調下
救脫散治婦人血氣不調所下臭穢經年不止
烏龍尾 是倒懸塵炒　伏龍肝 炒
門伏兔上塵 門臼上塵是也　梁上塵 炒
棕櫚 燒灰
右等分爲細末每服貳錢麝香當歸酒調下不
拘時候
安宮散活血定痛
安息香　沒藥 各貳錢半並別研
甘草 炙　當歸 去蘆酒浸
香附子 去毛各壹兩　烏梅肉 貳錢半
白芍藥 壹兩　乳香 貳錢別研

右爲細末，每服參錢，水壹盞半，煎至柒分，入酒壹大呷，食前服。

半夏散，治產後中風，不省人事。

半夏末如豆許，用竹管吹入鼻中，立醒。

參訶散，治產後大便不通。

人參 訶子各等分，爲細末，每服貳錢，空心溫米飲調下。

地黃散，治產後惡物不盡，及腹內疞痛等疾，服之甚妙。

川當歸（去蘆，酒浸） 生乾地黃（各壹兩，炒）

生薑（壹兩，切細，同炒令火焙乾，於瓷器內，候冷，用半兩）

右爲細末，每服壹錢，用生薑炒酒調下。

排陳散，治產後或失血後，鬱滯氣種種節滯，敗血一疼，內惡物下及敗血作病，或脹或痛，胷膈脹悶，發寒發熱，四肢疼痛。

四物湯加延胡索、沒藥、香白芷等分，爲細末，每服貳錢，淡醋湯或童子小便調下。

蠣香散，治血崩。

椶櫚（燒灰存性，別研，壹錢） 牡蠣粉（半錢）

右拌和，入麝香少許，空心米飲調下。

鹿角散，治血海虛損，經水不止，漏下白水。

烏賊骨 白龍骨（煅，別研）

牡蠣粉（各半兩） 龜甲（醋炙焦黃）

鹿角（燒灰，各兩半，入麝少許）

右爲細末，每服貳錢，煎烏梅甘草生薑湯調下，溫酒米飲亦得，空心食前服。

獨芎散，治血崩久不止，百藥不効。

大芎藭（不計多少，剉，新瓦上慢火炒令紫色，熱）

右爲細末，每服貳錢，水壹盞，入木賊草去根節，細剉，用壹撮許，同煎至柒分，去滓溫服，不拘時候。

卷栢散，治體虛經水不止，血妄行。

烏賊骨（燒令焦） 卷栢葉（酒浸）

白龍骨（各半兩）

右爲細末，每服貳錢，空心米飲或溫酒調下。

斂經散，治婦人敗血及經脈過多。

川白芷 椶櫚皮

烏梅 綿子

右等分，燒爲灰，每服貳大錢，煎茅花酒調下，只參服便住。

化榮散，治室女經脉妄行，胞絡枯澁。

赤茯苓（去皮） 白芍藥

赤芍藥（各參錢） 黃芪（蜜炙）

熟乾地黃（酒浸） 當歸（去蘆酒浸）

栢子仁（炒） 阿膠（蛤粉炒成珠）

右爲細末，煎烏梅湯調下貳錢，不拘時候，日進貳服。

赤豆散，治婦人大便下血，困倦全不思食。

赤豆（半兩生） 當歸（壹兩去蘆酒浸洗）

右爲細末，每服貳錢，溫酒調下，不拘時候。

三龍散，治婦人赤白帶下神効。

烏龍尾（壁上塵） 赤龍鱗（槲皮燒灰存性）

黃龍肝（大竈中心上下）

右等分爲細末，溫酒調下。

消毒膏，治婦人乳赤腫欲作癰者。

天南星爲末，生薑自然汁調塗之，白散甚妙。

草麻膏，治婦人生産數日不下，及胞衣死胎不下。

草麻肆拾玖粒，去殼研如泥，塗足心，纔下便急洗去之。如生腸出不收，用藥塗頂心，其腸即收。

靈脂酒，大治崩漏。

五靈脂新者，不拘多少，燒存參分性，出火毒，爲細末，每服貳錢，却以炭灰燒鐵秤錘，候通紅，以銀盃（盃）盛，以無灰酒試於外，投之，用酒調藥服之，謂之霹靂酒。五靈脂須用成塊則力緊易取效。此藥志誠漸進壹錢至貳錢。有一老婦年八十，崩漏凡數年，得此藥服則病失去，家間常試之亦效。

治婦人經候淋瀝不斷，用四物湯加側栢煎服。

催生。

側金盞子七七粒 細研，用東流水調下

不問橫生與倒坐 子母團圓免悲泣

右側金盞子，廼黃蜀葵花子也。難産之時，作壹服，暖順流水調下。

小兒諸疾

斬邪丹，治小兒胎驚積在內，時發肚疼，呼喚不出，身體發熱，腹內虛鳴，小便不通，冷熱腹痛，眠睡不穩，正睡多驚，但是小兒驚積實熱疾，並宜服之。

郁李仁 青黛（各參兩 水飛研）

蠍梢（壹兩炒） 麝香（壹錢貳分半）

巴豆霜貳兩，去殼皮，研，於新瓦上出油如粉

右伍味，計捌兩捌錢柒分半，爲細末，酒煮麵糊爲圓，如黍米大。初生孩兒每服壹粒，貳歲者伍粒，參歲者拾粒，用釣藤、桃條煎湯下。如無釣藤，只用桃條亦得。忌生冷、油膩等物。

碧玉丹，治小兒虛冷痰上。此藥有扶危起死之功，用匾金丹兼此服之，無不更生。但存微喘，以藥錢子或指頭撥口灌之，藥下即甦，累有神效，宜信心服之。

陽起石煅，酒淬，研　　太陰玄精石煅

黑附子各炮，去皮，兩研　　青黛

寒水石煅　　天南星湯洗，炮裂

白附子生　　半夏各湯洗七次，研末

右爲細末，再研極細無聲爲度，麵糊爲圓，如麻子大。每服貳拾圓，薄荷湯下，量歲數與服。如大人霍亂吐瀉，亦可服，圓如梧桐子大，每服參伍拾圓，用井底泥水下。

匾金丹，治小兒胎風諸癇，手足瘛瘲，目睛上視，搖頭弄舌，頸項強直，牙關緊急，口吐痰沫，反拗多啼，精神不寧，睡臥多驚，吐利生風，昏塞如醉之疾，並宜服之。

天南星炮　　白花蛇酒浸，去皮骨，炙，各日

金蠍去毒　　麝香別研

草烏頭炮燒存性，各半兩　　蜈蚣各酒浸，炙焙，無酒

乳香　　朱砂並各別研

右爲細末，酒浸蒸餅，搜作餅子，如雞頭大，伍服參兩餅，薄荷湯化下，參歲以上服伍餅。

猪肚丹，治小兒疳瘦，盜汗多驚，少力，大便有蟲者，並宜服之。

川黃連去鬚　　木香不見火

胡黃連各壹兩　　肉豆蔻煨，去皮

白蕪荑　　蘆薈

羌活　　鼈甲醋炙，去裙，各半兩

右爲細末，用獖猪肚壹箇，洗令淨，先以香白芷貳兩入在猪肚中，蒸熟，去白芷不用，却入前藥在肚內，縫合，再蒸令極爛，同研，杵貳叁佰下，成膏，圓如黍粟米大，每服拾粒，米飲下，不拘時候，量小兒大小加減服之。

太一丹，治小兒諸風驚癇，潮發搐搦，口眼相引，頸項強直，精神昏困，痰涎不利，及一切風虛之疾，並

皆治療。

天南星炮　　烏蛇酒浸取肉各參錢

乾蠍壹錢半微炒　　白附子炮參錢

天麻去蘆　　麻黃去根節

大附子炮去皮臍　　白殭蠶揀淨碎炒肆錢

已上爲細末，以水壹升調浸參日，以寒食麪壹斤拌均，踏作麴，須陸月陸日以諸葉罨柒日，取出逐片用紙袋盛掛當風處拾肆日方可用。每麴末壹兩入後藥。

琥珀研壹兩　　辰砂壹錢研飛

雄黃參錢研飛　　甘草半錢炙爲末

右研細，煉蜜爲圓，如雞頭大，每服壹圓，溫水化下，不計時候。

鎮心安神丹治風痰壅盛，神思不爽，多困少力。

防風去蘆　　天麻

人參去蘆　　天竺黃各貳錢

白附子炮壹錢　　殭蠶拾條直者炒去絲

全蠍壹拾箇去毒　　朱砂生壹錢別研

牛黃　　麝香各少許並別研

右爲細末，煉蜜爲圓，如梧桐子大，每服壹圓，煎薄荷湯下，不計時候。

溫胃丹治腹痛啼哭不止。

人參去蘆　　白朮炒

木香各壹兩不見火　　五味子去枝

當歸去蘆洗淨　　高良薑各半兩炒

右爲細末，白麪糊爲圓，如黍米大，每服拾粒，米飲下。

眞珠圓治小兒諸驚疾。

眞珠末　　生附子尖

川烏頭尖　　蠍梢

蛇含石煅　　半夏麴

右等分爲細末，粟米糊爲圓，如黍米大，半歲小兒每服伍圓，周歲拾圓，參歲拾圓，加至拾伍圓，昏困冬瓜子煎湯下，驚搐金銀薄荷湯下，夜臥不安薄荷湯下，夜啼乳香湯下，腸急五皮湯下。

安神圓治小兒驚，鎮心臟，熱化痰涎，小兒常服永無驚悸之疾。

琥珀如無以茯神代之　　人參去蘆

遠志去心　　天麻

花蛇肉酒浸去骨　　白附子炮

麻黃去節　羌活
大川烏頭炮去皮臍　蟬蛻洗去土并去白筋
南木香不見火　真珠末
白殭蠶直者炒去絲　全蝎生薑汁炙各半兩
朱砂貳錢別研　金銀箔各參拾片別研入
麝香壹錢別研

右為細末，煉蜜為圓，如龍眼大，朱砂為衣，壹圓作肆服，用薄荷湯下。

五癇圓　治小兒五癇，驚悸狂呼，發搐上盛，涎潮等疾，如尋常涎盛緊慢，服之。此藥不動臟腑，養小兒家，宜預合，以應倉卒之用，其驗如神。

皂角去皮捶碎，水參肆升浸取汁，濾去滓，於銀器內重湯熬成膏子　半夏湯洗柒次炮
白礬枯各半兩　天南星
辰砂別研　白殭蠶直者炒去絲
蝎梢炒　白附子炮各半兩
雄黃別研　麝香壹錢別研
烏蛇酒浸去骨炒壹兩
蜈蚣大者壹條去頭足酒浸炙

右為細末，先用皂角膏子和，次以生薑汁煮糊為圓，朱砂為衣，小兒壹貳歲圓如麻子大，每服壹貳拾圓，參肆歲貳參拾圓，陸柒歲圓如菉豆大，每服參肆拾粒，並用薄荷湯下。

牛黃圓　治小兒癇發，即迷悶，手足抽掣，口內多涎，良久方醒。

牛黃　麝香並別研
乾蝎　半夏湯泡柒
蟬殼各壹分　天南星炮
白附子炮　白殭蠶直者炒去絲
天麻各半兩

右為細末，以棗參柒枚微煮，去核皮，水銀壹兩，同棗研令星盡，入藥末和圓，如菉豆大。如癇發者，煎黃牛乳汁下參圓，日進參服。如驚風，煎荊芥湯下兩圓。

龍腦圓　治小兒驚風墜痰。

鉛白霜壹錢　綠礬壹錢半生
朱砂別研　天南星薑汁浸參日各半錢

右為細末，水浸蒸餅為圓，如梧桐子大，每服壹圓，薄荷湯下。壹月小兒服半圓。

青龍圓　治小兒驚積實熱，及急驚風。

青黛　輕粉各壹分

蠍梢 參箇

巴豆 貳柒粒去皮膜油盡

麝香 少許

右先將巴豆於乳鉢內研如麪，次入諸藥研極細，圓如粟米大，朱砂爲衣，每服參圓，薄荷湯下。

小兒瘦減圓數服

又方治心包久蓄驚痰，發作不時，大人心疾亦宜服之。

天南星 炮陸錢

白附子 炮

白殭蠶 各貳錢直者炒去絲

全蠍 去毒

大葉薄荷 乃土薄荷各壹錢

川芎 肆錢

右爲細末，水煮白麪糊爲圓，如麻子大，大人梧桐子大，量大小加減服之，荊芥湯下。

朱砂圓治傷寒及小兒熱，鎮心壓驚。

黃牛膽壹枚，看大小，入天南星末在內，懸在透風處肆拾玖日，取合時用朱砂參錢、麝香壹錢同南星末研細，以牛膽皮子煎湯爲圓，如雞頭大，每服伍圓，用新汲水嚼下，薄荷湯亦得。

又方治小兒鎮心壓驚墜涎

朱砂 細研急水飛過

白殭蠶 炒去絲取直者洗淨用

白附子 湯浸紙裹煨候冷取出切片

天南星 炮刮去麄皮各半兩

麝香 半錢別研

乾蠍 壹兩慢火炒令熟

右爲細末，麪糊爲圓，如粟米大，每服拾圓，煎金銀薄荷湯下，如遇驚取下痰涎後，且以此藥服壹貳服，無不效驗。或有虛汗，用麻黃根煎湯下。

又方治小兒驚積實熱，鎮心臟，化痰涎。

朱砂 壹分細研

巴豆 拾粒去皮膜出油盡

杏仁 伍箇於熱湯內浸過去皮尖

半夏 貳箇湯泡洗柒次

右爲細末，麪糊爲圓，如菉豆大，荊芥薄荷湯下。貳歲只壹圓，參歲如壹圓，伍歲服參圓，如是驚伏痰在內，即通利藥出，如無驚不必更下，甚妙，且穩，亦不可多服。

龍腦青金圓鎮心壓驚，退潮熱，治盜汗，殺疳蛔，瘡腹大，醫瀉痢，安五臟，益顏色，治瘡疥，長肌膚。

腦麝 壹字別研

青黛 別研

雄黃 水飛別研

朱砂 別研

胡黃連

蘆薈

膩粉 別研各壹分

右爲細末，猪膽浸蒸餅爲圓，如菉豆大，曬乾，入甆器內貯之，每服貳圓至參圓，一切驚悸體熱瘡疥，薄荷湯下，一切疳氣瀉痢蛔蟲，米飲下，常

五七四

服百病不生、

辰砂安驚圓、理風熱涎盛、身體拘急、睡中不穩、鎮心止驚、

天麻　白附子炮各壹分　防風去蘆　川芎貳錢

甘草炙　人參去蘆　茯神去木各半兩　朱砂貳錢半留爲衣

右爲細末、煉蜜爲圓、如雞頭大、每服壹圓至兩圓、用薄荷荊芥湯下、

鎮驚圓、治小兒驚風、

天麻　蟬殼　朱砂別研　全蠍拾[illegible]箇去毒　白附子炮　金箔

右爲細末、乳汁爲圓、如梧桐子大、每服壹貳圓、薄荷湯下、

天南星炮　防風去蘆　殭蠶直者微炒去絲各壹分　雄黃別研　麝香別研各壹分　銀箔各貳拾片

天麻圓、治小兒諸驚、

天麻半兩　全蠍去毒炒壹錢

天南星炮去皮半兩　白殭蠶

右爲細末、酒煮麪糊爲圓、如大麻子大、壹歲兒服拾圓至拾伍圓、荊芥湯下、此藥性溫、可以常服、永除諸風疾、

肥兒圓、小兒疳病者、多因闕乳、喫食太早、或因久患臟腑胃虛蟲動、日漸羸瘦、腹大不能行、髮豎發熱無精神、

黃連　神麯炒各壹兩　大麥蘗　肉豆蔻麪裹煨　史君子肉　木香不見火各貳錢　檳榔半兩不見火　乾蝦蟆壹箇酒炒焦色

右爲細末、麪糊爲圓、如蘿蔔子大、每服叁伍拾粒、量歲數加減、熟水吞下、食空服、

補氣溫疳圓、補虛羸、退疳氣、進飲食、生肌肉、

肉豆蔻壹兩麪裹煨候熟用　史君子仁壹兩麪炙再熟炒乾如前法煨　縮砂仁參分　訶子皮半兩

右肆味同裹藥麪爲細末、水和成劑、圓如菉豆大、每服伍拾圓、溫米飲下、食前、

鼈血煎圓、治小兒諸般疳疾、

木香半兩炒　胡黃連貳兩
當歸壹兩去蘆　人參半兩去蘆
茯苓壹兩白者去皮　呵子半兩去核炮
檳榔壹兩　史君子肆拾玖箇炮
鼈甲貳兩醋浸炙　麝香半兩別研
蘆薈貳錢半別研　蕪荑壹兩

右為細末、麪糊為圓、如麻子大、每服貳拾圓、米飲下、不計時候、

金連圓、治小兒疳氣、

胡黃連壹兩去蘆　當歸壹兩去蘆
木香半兩不見火　川楝子壹兩去核微炒

右為細末神麪糊為圓、如麻子大、每服參拾粒、陳米飲吞下、

連胡圓、治疳熱、

黃連去鬚　胡黃連去蘆
神麴炒　麥蘗炒
柴胡去梗　蕪荑仁研
白茯苓去皮各壹兩　青皮半兩去穰

右為細末、猪膽汁為圓、如麻子大、每服貳拾圓、米飲下、

苦楝圓、治疳、

苦楝子參兩去枝并核　蕪荑參兩
川黃連壹兩半去鬚

右為細末、蒻葉裹粟米、煨成飯、圓如黃米大、每服拾伍圓至貳拾圓、空心米飲送下、日參服、

木香圓、治小兒疳氣、

木香不見火　人參去蘆
白茯苓去皮　青皮去穰
陳皮去白　肉豆蔻麪裹煨已上各壹分
京三稜壹兩炮

右為末、麪糊圓、如麻子大、每服拾圓、[illegible]湯下、

神麴豆蔻圓、治小兒疳氣、羸弱、臟腑虛怯、及滑泄不止、飲食減少、腹脹、寒熱、面黃肌瘦、引飲無度、

神麴半兩炒　肉豆蔻參箇麪裹煨
麥蘗半兩炒　宣連半兩去鬚
史君子拾肆箇去殼　蕪荑仁壹分
蘆薈壹分各研

右為細末、用猪膽汁浸麪作糊、為圓如黍米大、每服貳拾圓、飯飲空心吞下、

木香分氣圓、治小兒脾胃虛弱、飲食過傷、積滯內

停或多吐逆胃膈不快面黄腹急下痢無度

香附子水浸壹宿擣去皮毛令淨飯上蒸過壹次焙乾秤壹兩　南木香壹錢麫裹煨

甘草半兩炙　京三稜半兩濕紙裹煨炙熱切焙

縮砂仁壹兩

薑黄半兩米泔浸壹宿切焙

右爲末用白麫糊爲圓如黍米大每服貳拾圓飯飲吞下

消食圓治小兒宿食不化瘦悴

神麯炒　麥蘖炒

青皮去穰　木香不見火

丁香不見火　京三稜炮

陳皮去白　蓬莪朮炮

乾薑炮洗　良薑炒

右拾味各等分爲細末用神麯糊圓如麻子大每服拾伍圓生薑湯吞下大人圓如梧桐子大亦可服

茱萸圓治小兒脾臟虚泄瀉不止

猪臟頭壹箇　吴茱萸參兩湯泡柒次炒

右將吴茱萸納在猪臟內兩頭緊緊繫定用好酒參升煮令極爛入沙盆內研細圓如菉豆大每服參貳拾圓米飲下

實脾圓治小兒脾虚不美飲食兼治乳食不消黄瘦等疾

人參去蘆　白朮炒

縮砂仁　陳皮去白

麥蘖各半兩炒　神麯參錢炒

半夏麯參錢　藿香去土參錢

右用蒸餅糊爲圓如黍米大每服參伍拾圓白湯吞下食前服

四君子圓治脾虚不尅化乳食能充肌體悦顔色

縮砂仁　烏梅肉

陳皮去白　呵子紙裹煨去核

右肆味等分爲末棗肉圓如麻子大每服參拾圓至伍拾圓棗湯熟水下

安心圓治小兒慢驚服砂藥者新愈後

附子壹兩炮去皮臍

右件爲末麫糊圓如黄米大朱砂爲衣每服貳拾圓米飲下

消乳痰圓一醫者謂此乃得之於入內醫官云是禁中方

大半夏半兩切作骰子大用蘿蔔壹箇亦切作骰子大用水壹椀煮盡爲度

不用蘿蔔、

人參貳錢半去蘆頭 蝎末焙乾杵

右貳味焙乾、同爲細末、生薑自然汁煮糊圓如菉豆大、每服貳拾圓、薑湯食後服、量小兒大小加減、

半夏圓治小兒痰疾介嗽、

半夏柒箇圓大者、湯泡柒次、切、生薑汁浸壹宿 定粉 北礬灰各壹分

右參味爲細末、麪糊圓如菉豆大、濃煎白茅根湯下伍圓至柒圓、食後服、

白朮半夏圓、化痰治小兒咳逆、寬利胸膈、思乳食、

半夏半兩湯泡柒次洗去滑 白朮炒 人參去蘆 甘草炙 乾薑各貳錢半泡洗

右伍味爲細末、生薑汁打麪糊爲圓、如菉豆大、每服拾圓、乳食後稍空煎生薑湯下、

神白圓、小兒利膈下涎、去心胸噎塞、并嗽、胃虛不宜服、

天南星湯泡柒次 半夏湯泡柒次各半兩 白殭蠶直者炒去絲 白礬生用各壹分

右爲末、用杏仁柒箇去皮尖、巴豆壹粒去心膜、同研和、再用去皮生薑汁爲圓、如梧桐子大、陰乾、每服伍圓、嬰嗽、生薑湯下、久嗽嚼胡桃肉、黃蠟各少許吞下、

温痡圓

平胃散加蘆薈、猪膽爲圓、如麻子大、每服貳拾圓、米飲下、

小定志圓、治嬰孩稟賦不足、心神睡臥不寧、常服壓驚邪、止夜啼、

酸棗仁去皮炒 人參去蘆 白茯神各貳錢去木 遠志去心微炒 乳香半錢別研

右爲細末、煉蜜和圓如粟米大、每服貳拾粒、別研生珠砂爲衣、人參湯下、

小鹿茸圓、治小兒胎氣不足、精血虛少、頭大開解、

鹿茸酒浸炙 蓯蓉酒浸炙 當歸去蘆酒浸 熟地黃洗 茴香淘去沙炒 破故紙炒 石斛酒浸 人參去蘆 白朮炒 五味子各壹兩

右爲細末，酒煮麪糊爲圓，如麻子大，每服貳拾圓，鹽湯吞下，空心食前。

內消圓治小兒頭面手脚虛浮。

青橘 伍箇湯浸去穣　巴豆 柒箇去殼

木香 壹錢炮　防已 壹錢半

丁香 拾粒不見火

右青橘同巴豆炒蒼色，去巴豆不用，以其餘藥爲末，蒸餅圓如麻子大，每服貳參歲伍圓，肆伍歲柒圓，或拾圓，男孩兒陳皮湯下，女孩兒煎艾葉湯下，日參服。

大朱砂圓治小兒心氣不足，不省人事，多驚悸恍惚。

朱砂 別研　人參 去蘆

石菖蒲　遠志 去心

麥門冬 去心　甘草 炙

茯神 去木各半兩　酸棗仁 去皮炒別研

全蠍 去毒石灰炒　杏仁 去皮尖各壹分

麝香 少許別研

右爲末，煉蜜爲圓，如鷄頭大，每服半圓，煎木香麥門冬湯化下。

八物參朮圓平補心氣，安神鎮驚，除鬲熱痰實，

麥門冬 去心　遠志 去心

菖蒲　茯神 去木

白茯苓 去皮各壹兩　白朮 半兩炒

人參 去蘆壹兩　牛黃 貳錢別研

右同爲細末，次研入牛黃，煉蜜圓如黍米大，以朱砂爲衣，每服貳參拾圓，熟水下。

猪肚圓治小兒肌體黃瘦，不思飲食，身體潮熱，四肢無力。

柴胡 壹兩去蘆頭　蕪荑 壹兩

胡椒 壹百粒　木香 壹分不見火

胡黃連 壹分　雄黃 壹分研

麝香 少許別研　雄猪肚 壹箇

右爲細末，用糯米入猪肚內縫定，煮爛，去糯米，細切猪肚，和藥末擣爲圓，如小菉豆大，米飲空心食前下貳拾圓。

大黃圓治小兒增寒壯熱，發渴，腹中結實，不能乳食者。

川大黃 別炒　柴胡 去苗

檳榔 各半兩　赤茯苓 去皮

人參 去蘆　木香 不見火

桂心 去麤皮不見火

桃仁 湯浸去皮尖雙仁麩炒黄各壹分

枳殼 麩炒去瓤

右爲末蜜圓如麻子大每服以温水下伍圓日參服量兒大小與之

梅連圓治小兒大便下血

黄連 去鬚

烏梅肉 半兩

當歸 去蘆各貳錢半

右爲末煉蜜圓如菉豆大粥飲下不拘時候

截風生胃湯治小兒稟受氣弱臟腑泄瀉乳嬭不化或湯青水此乃驚證之漸也宜急服神妙

天南星 壹箇重半兩以上者慢火炮熟細剉

好人參 不拘多少焙乾細剉

右貳味各壹錢半水壹盞生薑貳小片大棗壹枚冬瓜子仁拾肆粒慢火同煎取濃汁用注兒灌下每服作參兩次喫仍先嚐過恐生麻兒口

四君子湯加神麴麥蘖黄蓍治小兒病後脾胃怯弱五心煩熱不美飲食

白朮 炒

白茯苓 去皮

神麴 炒

人參 去蘆

黄蓍 各壹兩蜜炙

麥蘖 各壹兩炒

甘草 壹分炙

右爲細末沸湯點服壹錢

飯虎湯治脾虚不思飯食

人參 去蘆壹兩

高良薑 半兩炒

陳橘皮 柒錢去白

甘草 炙壹兩

草菓仁 炮壹兩

乾薑 半兩炮洗

白豆蔻仁

右件爲細末入鹽沸湯點下食前

沈香磨脾湯治小兒脾胃不和黄瘦多汗不食

香附子 壹兩去毛

人參 去蘆

麥蘖 炒

甘草 炙各半兩

縮砂仁

神麴 炒

沈香 不見火

右爲細末每服壹錢沸湯調下不拘時候

山藥湯治脾胃怯弱不喜飲食

山藥 半兩炒

粟米 壹分略炒

人參 去蘆半兩

白朮 半兩炒

木香 壹錢濕紙裹煨

甘草 壹錢炙

右爲細末每服貳錢水半盞入陳紫蘇壹大葉同煎至壹半去滓温服食前

蘇香湯，平小兒心肺，消痰壅欬嗽。

紫蘇葉　木香（不見火）
人參（去蘆各壹兩）　甘草（炙）
五味子（去枝）　陳橘皮（各半兩去白）

右為細末，每服半錢，入生薑自然汁少許，同荊芥湯調下。

和解湯，治小兒四時感冒寒邪，壯熱煩燥，鼻塞多涕，驚悸自汗，肢節疼痛，及麩瘡、豆瘡、已發未發者，皆可服。

羌活　防風（去蘆）
人參（去蘆各壹兩）　乾葛
川升麻（輕者）　甘草（微炙各半兩）

右陸味為麤末，每服叁歲兒壹錢，水叁分盞，生薑半片，棗子少許，同煎至貳分，去滓溫服，不拘時候，量兒大小加減。

化毒湯，治小兒瘡豆已出未出，並可服之。

紫草（嫩者）　升麻
甘草（炙各半兩）

右剉如麻豆大，以貳錢，糯米伍拾粒，煎壹盞，去滓溫服。

活脾圓，治小兒脾困，成慢脾風。（吉氏家傳）

天南星（炮去皮）　半夏（湯泡柒次）
白附子（炮）

右等分為末，煉蜜圓如菉豆大，服叁圓或大段吐瀉，米飲下。

銀白散，治小兒胃虛吐瀉，煩渴，成慢脾者。（醫官劉彬傳）

乾葛　人參（去蘆）
白茯苓（去皮）　山藥
半夏（湯泡柒次，洗去滑，壹分，薑製成餅，炒黃）
白匾豆（各半兩炒）　糯米

右件同為細末，每服貳錢，水捌分，生薑貳片，同煎陸分，溫服。

治走馬疳。

枯礬入些甘草麝香，頻擦蟲蝕牙處。

麴香散，治小兒慢驚，皆因吐瀉所致，若大吐數日不止，便作驚候，急服此藥，即可止吐。

赤麴　藿香葉（各半兩去土）
丁香（不見火）　肉豆蔻（麪裹煨各貳錢）

右為細末，每服壹錢，壹歲嬰孩半錢，煎香楠木湯調下，楠木定驚止吐，神妙不可言。

星香湯治小兒吐或兼瀉或獨瀉服前藥未效急服此藥既止吐瀉又能截驚

大天南星藿香葉同生薑等分約半兩用水壹大椀煎乾取出獨取天南星爲末去藿香葉生薑不用量小兒大小每服壹錢入冬瓜子少許同煎壹盞至半盞天南星須是極大半兩以上者尤佳

蠍附散治小兒吐瀉既久用前貳藥不効已成驚證手足搐搦口眼牽邪急服此藥拾止捌玖壹日之間須數服爲妙

全蠍 [illegible]　　白朮 壹錢炙黄

人參 去蘆壹錢蒸過

附子 陸錢重者去皮臍取壹錢炮

梓朴 伍錢甘草水煮焙乾取壹錢不用甘草

右爲末竹茹煎湯調下半錢立効如急驚切不可服須審證可也

安全散專治慢驚後餘末退精神不爽與第參第肆藥相間日壹服凡此伍藥隨證用之病者無不全安

人參 去蘆壹錢焙　　白朮 炒

白附子 炮　　南星 薑汁壹椀煮乾切片炒

天麻 炮　　辰砂 研别

當歸 去蘆焙　　乳香 研别

沒藥 别研　　吊藤 句干者焙

白僵蠶 直者炒去絲　　全蠍 去毒焙

白茯苓 去皮焙　　羗活

防風 去蘆焙　　川芎 焙

甘草 炙各壹兩　　麝香 錢下

右並秤淨藥爲細末每服壹錢水壹小盞薄荷生薑棗子煎至陸分或只用薄荷湯調下

烏蛇散專治一切驚風[illegible]

心肺中風宜煎服之

烏蛇梢 壹兩生用　　白附子 炮

半夏 湯泡柒次各壹分　　天麻

白僵蠶 直者炒去絲　　人參 去蘆

石菖蒲 壹寸玖節　　川附子 壹枚重半兩微炮去皮臍

全蠍 去毒　　羗活 各半兩

右件擣羅爲末每服貳錢水兩盞入生薑拾片薄荷伍葉同煎至壹盞濾去滓放溫時時滴入口者

天竺黄散退風熱驚熱驚風
天竺黄 蟬蛻洗
殭蠶直者去絲炒 山梔子
甘草炙 鬱金
右等分為細末每服壹錢熟水調下
朱砂散治小兒驚熱和氣劉氏家傳
朱砂別研 白茯苓去皮
人參去蘆 山藥各等分
甘草減半半生半炙
右為末金銀薄荷湯下和氣米飲下發熱竹茹煎湯下量大小下壹字或半錢或壹字
蠍附散醒脾去虛風張氏家傳
大附子壹錢炮去皮臍 大全蠍拾枚
大白附子叁箇炮 天麻貳錢
右件為末每服半錢濃煎冬瓜子湯調下
人參黄蓍散治小兒身熱肌瘦自汗
人參去蘆 綿黄芪蜜炙
白茯苓去皮 山藥
百合 甘草炒各壹兩
右為細末每服貳錢濃煎麥門冬湯點服不以
時候小兒服壹錢頻服甚妙
牡蠣散治卧時盗汗風虛頭痛忪悸恍惚口乾羸
瘦者
牡蠣赤煅 白朮炒
防風去蘆各叁兩
右同為細末每服壹小錢溫酒或米飲調下止
汗有驗
香殊散治小兒盗汗
香白芷壹兩剉碾為細末 朱砂壹錢研細
右為壹處同和每服壹錢濃煎小麥湯調下
龍骨散治小兒夜後常有盗汗黄瘦
白龍骨煅 牡蠣粉
黄蓍剉 人參去蘆
熟乾地黄洗 甘草炙
麻黄根各半兩 麥門冬壹兩去心
右件擣羅為末每服壹錢水壹盞煎至伍分
和滓不計時候溫服量大小與之
止汗散治小兒頭汗盗汗
白茯苓去皮 牡蠣粉各半兩
右等分為末遇有汗處撲之汗自止

歡喜散治小兒外感風邪發熱頭痛無汗惡風或些小溫熱鼻塞清涕淚出噴嚏並皆宜服

防風去蘆　人參去蘆

甘草炙　天麻

前胡各貳錢半　細辛

柴胡各壹錢　白茯苓去皮

桔梗各貳錢炒　枳殼去穰麩炒貳錢半

川芎參錢

右爲細末每服參歲以上抄壹錢用水陸分盞薄荷兩葉同煎參兩沸通口服不拘時候量大小加減服之

紅綿散治小兒夾驚傷風渾身壯熱睡臥多驚服目上眂潮搐不定風邪相干此藥大有功効兼治一切驚風

全蠍去毒焙　天麻細剉用好酒浸壹宿焙乾

天南星炮大者取淨已上各半兩　麻黃去節柒錢

人參去蘆壹分洗淨焙　白附子炮兩隻

朱砂伍錢好者入諸藥研和

右件壹處爲細末壹字貳歲每服用小半錢參肆歲每服壹小錢水用壹燈盞肆歲用水小半盞

用白綿約壹皂子大同煎候綿色轉紅爲度却去綿不用只服藥汁如發或驚搐緊無時與服如夾驚傷風壹日兩服中時臨臥進兩服須臾即愈

龍腦散治一切風熱

龍腦薄荷　殭蠶直者去絲炒

川芎　防風去蘆

甘草炙各半兩　細辛半錢

右件爲細末每服半錢米飲調下臨時有病隨證用湯使

化毒散治瘡豆出不透倒靨頭焦

白芍藥

右爲細末用蒲桃研細入白湯內去滓只用白湯調服壹貳錢其豆子即出若患腹痛連進貳服若無新蒲桃以舊蒲桃代之亦妙

烏梅散治小兒冷熱痢心神煩渴腹痛胃腸滯悶

烏梅肉微炒　訶梨勒煨用皮各伍枚

甘草炙微赤剉參分

右爲細末水壹盞煎伍分去滓放溫不計時服

紅粉散治小兒渾身虛腫氣喘不思飲食

朱砂研別　檳榔各壹錢

輕粉半錢

右爲末每服壹字及半錢薄荷湯調下喫壹服則大便微通利仍用觀音散人參散調其胃氣忌生冷麤硬等物若是脾虛不可服此更宜詳審用之

六神散治小兒泄瀉後脾虛身體發熱

人參去蘆　當歸去蘆

川芎　地黃洗

地骨皮　甘草炙

右等分爲麤末每服貳錢水捌分盞薑貳片煎至陸分去滓食後下

麥門冬散治小兒嘔吐脉數有熱

麥門冬去心　半夏麴

人參去蘆　白茯苓去皮各參分

甘草炙壹分

右爲細末每服貳錢水壹盞薑參片煎至伍分去滓溫服日貳參服

茯苓散治小兒諸渴不止

白茯苓壹兩去皮　烏梅貳錢半微炒

乾木瓜半兩

右爲細末每服壹錢熟水調下不拘時候

龍膽散治小兒一切疳日漸黃瘦無問遠近皆效

龍膽　木香不見火

蝸牛　夜明砂

地龍去土　熊膽

蘆薈　麝香研別

朱砂研別　青黛各壹分別研

乾蟾頭壹箇炙令黃焦

右件藥爲末每服以粥飲調下半錢量大小以意加減更吹少許入鼻中蟲子自出黃白色可醫黑色難療

加味觀音散補虛調胃氣進乳食止吐瀉

白扁豆微炒　石蓮肉去心炒

人參焙去蘆各壹分　白茯苓壹錢半去皮

神麴貳錢炒　甘草炙

香白芷　綿黃耆搥碎用蜜水拌炙

木香各壹錢炒　白朮壹錢半炒

右爲末每服嬰兒用壹字貳參歲半錢肆伍歲壹錢用水壹小盞或半銀盞棗子半箇煎拾數

沸溫服、

止吐散治小兒吐乳、令乳母服此方、

人參（去蘆） 生薑

陳橘皮（去白）

右件擣羅爲散、每服參錢、水壹中盞、煎至陸分、去滓溫服、分貳服、服了良久、令兒飲乳、大効、

草豆蔻散治小兒吐不納乳食、

草豆蔻（參枚去皮） 甘草（壹分炙微赤剉）

人參（半兩去蘆）

右爲麤散、每服壹錢、水壹小盞、煎伍分、去滓、不計時、量大小增減服之、

丁香草菓散治大人小兒脾虛發熱及潮熱、他藥不治者、服之如神、

丁香（壹錢半揀新辣者不見火） 麥門冬（半兩去心湯洗）

草菓（參箇麪裹煨麪裂爲度） 淡竹葉（拾葉）

人參（去蘆） 白茯苓（貳錢半去皮）

半夏（薑汁浸） 甘草（炙）

小兒加陳皮（各貳錢去白）

右爲麤末、分作陸服、用水壹盞半、薑參片、棗壹箇、煎柒分、去滓、不拘時候、

點出卽驗也

醒脾散治小兒慢驚、脾困、及大患後全不進乳食、

大天南星（壹兩、每箇切作伍陸塊、用生薑壹兩切片、厚朴壹兩剉碎、水參升煮、令南星透、揀去厚朴、生薑、只用南星、淬切焙乾）

冬瓜子（壹佰貳拾粒、去殼用參拾粒）

白茯苓（半兩去皮）

右爲細末、每服壹錢、水半盞、生薑壹片、煎參分、溫服、或用蟬殼煎湯調下亦得、

桔梗散治小兒卒得欬嗽吐乳、

桔梗（炒） 人參（去蘆）

陳皮（湯浸去白各壹分） 甘草（炙）

麥門冬（去心） 紫苑（去苗土各半兩）

右爲麤末、每服壹錢、以水壹小盞、煎伍分、去滓、量大小服之、

犀角飲治小兒心經受熱、驚啡異常、目多赤脉、痰壅氣滿、不快乳食、

半夏（湯泡柒次切片半兩） 犀角（鎊壹分）

人參（壹分去蘆切片） 白茯苓（參錢切片）

甘草（壹錢炙）

右件爲麤末、每服貳錢、水壹盞、生薑貳片、煎至

參分、去滓、不拘時候旋旋與服、

越桃飲子、退小兒積熱、

山梔子　甘草炙

大黃　紅芍藥各壹分

連翹　黃芩各半分

右件爲細末、每服半錢至壹錢、蜜湯調下、大退積熱、

木香煎、治食不知飢飽、積滯內停、脚大脚細、下痢無度、

南木香剉　肉豆蔻麵裹煨

乾蟾兩箇酥炙　胡黃連

史君子去殼　五靈脂各壹兩、搗羅爲細末別研

巴豆柒粒去油盡　麝香壹分別研

右爲細末、拌和、滴水、於石臼中搗壹貳佰下、爲圓如黍米大、每服參粒、溫生薑湯下、乳後量兒大小加減服之、

辰砂膏、壓驚化涎、理嗽利膈、退風熱、

天南星炮熟　辰砂各壹分別研

白殭蠶直者炒去絲　乳香各壹錢別研

蝎梢　麝香各半錢別研

右陸味、並須製訖秤、再研、和煉蜜少許和劑、蜜不欲多、每服量多少、煎金銀湯或熟水化下、乳後服之、

把搐膏、治小兒一切驚風、

藿香葉參錢去土　天南星炮

白附子炮　麻黃去節

天麻各貳錢　白殭蠶壹錢半直者炒去絲

蝎梢拾箇去毒　腦麝各少許

蜈蚣壹條

右件爲末、煉蜜爲圓如鷄頭大、每服壹圓、葱白湯化下、

烏犀膏、治小兒傷風挾邪、諸癇驚風、壯熱、手足瘈瘲、漸成慢驚風候、痰涎壅滯、眼目上視、及冒冷渾身壯熱、並皆治之、

川烏頭

天南星各極大者參箇、並燒存性、內如皂子白星爲度用、

玄參末　薄荷末各伍錢

右研細、用煉蜜爲圓如鷄頭子大、每服壹圓、小兒半圓、薄荷湯下、筋力緩急、乳香葱白湯下、

羌活膏、散風熱、化痰、安驚、

羌活 荊芥穗
甘草 各半兩炙 白朮 炒
白附子 炮 白茯苓 去皮
川芎 防風 去蘆
朱砂 壹半入藥壹半爲衣各貳錢 桔梗 去蘆頭洗半兩

右爲細末煉蜜爲圓如鷄頭大每服壹圓至兩圓用薄荷荊芥煎湯化下

佳唇膏小兒常服永不生風痰證心無驚面多紅潤唇臉如丹常服無疳積諸癖疾患

白殭蠶 壹兩去頭足絲直者生爲末以薑汁和爲餅子於火上炙乾又再炙長沒以汁爲餅子乾爲度
朱砂 貳錢細研用水壹椀浸淘參遍去黃色傾紙上候乾研如粉細

右同合和研煉蜜爲膏入甆合子內貯每用如鷄頭大參歲只可壹圓如參歲已下更分用之飲湯熟水化下

烏金膏治小兒疳氣灌入陰間黃亮色

通草 黃皮
大黃 各壹分燒留性

右爲末每服壹錢猪猪膽調成膏於陰上塗如未退煎蛇床子湯洗後再調塗之

人參膏應一切脾胃不和並宜服之

人參 去蘆壹兩 白朮 炒
丁香 不見火 藿香葉 各半兩
白豆蔻

右件爲細末煉蜜爲圓如鷄頭大每服壹粒至貳粒米飲化下乳前服

助胃膏治小兒脾胃虛弱或吐逆泄瀉臍腹疼痛不進飲食

白茯苓 去皮 白朮 炒
川厚朴 去皮薑製炒 藿香葉 洗去
甘草 炙 訶子 煨去
人參 去蘆 陳皮 去白各半兩
木香 煨 草菓 去皮
丁香 不見火 肉豆蔻 麵裹煨各貳錢半
没石子 伍箇

右碾如粉煉蜜爲圓如鷄頭大每服壹歲以上兒壹粒煎生薑棗湯下食前其餘大小更以意加減如覺兒胃有寒脾脉弱小便白而多大便或青黃不定常常服之甚妙

牛黃膏治膈熱及諸熱鎮心解毒

川欝金半兩，用皂角參寸、巴豆柒粒，水壹碗，銚內煮乾，不用皂角、巴豆　甘草炙，各半兩　馬牙硝　寒水石各壹分　朱砂壹錢　鵬砂　腦麝少許

右為末，煉蜜為膏，圓如梧桐子大，每服壹圓，麥門冬熟水化下。

朱砂餅子，治小兒急慢驚風。

天南星炮　白附子炮　白蠷蠶洗，各壹分　白花蛇參錢，去皮骨

右為細末，用天麻末、白麪少許，煮糊為圓，如梧桐子大，每服壹餅，以朱砂為衣，用金銀薄荷湯化下，不拘時候。

諸雜方

千鍾酒，解酒毒。

蜜曲陸貳兩，又名雞㮇子，研為膏，入白附子末壹兩，研和作餅，懸於風處，候乾作麨

縮砂仁　白薑炮，各壹兩

右為細末，稀麪糊為圓，如梧桐子大，每服參拾圓，熱鹽湯下，少頃便蘇醒。

治腋氣。

蜜陀僧、黃丹等分，為細末，每用時先以皂角水洗淨腋間，然後以蒸餅兩箇夾在腋間，少時然後用藥摻傅。

又方

用開通錢拾文，火煆，醋焠，盡為度，去醋，以其盞底者細研如粉，入蜜陀僧半兩，枯礬壹錢，輕粉壹字，麝香壹錢半，同研為末。候浴了，剃却腋毛，以生薑壹塊，厚切作片，蘸藥自抹，不得用它人手，左右更互上之，易三度，則自然除也。

又方

金粉　黃丹　黃連　槐花

右等分，為細末，至夜以少蜜和水調傅之，拾日見効。

又方

土礬伍錢　蜜陀僧參錢　膩粉參拾文　龍骨參錢

右為細末，每用半錢，以生薑自然汁調，得所塗之立効。

神僊救人圓，治體氣，不問參貳拾年者，用之不過

參伍次除根、

風化石灰 壹錢壹字　泥礬 參錢壹字

真膽礬 枯　白礬

膩粉 各貳錢

右研如粉細、入腦子輕粉少許、再研、先用湯洗兩脈、却以藥末壹錢、濃米醋調塗之、

治湯火傷、清涼膏、

南粉 肆兩細研

右用臘月豬脂壹斤、銀瓦器內煉去滓、趁熱入新磁器內、次入南粉、待其溫、用竹篦攪、庶不上滿下澄、湯火所傷、用篦子取藥塗上、痛所並無瘡瘢、

又方

炒脂麻出火毒、碾爲細末、麻油調塗之、甚妙、

治誤吞錢方

爛嚼慈菰嚥之、多爲妙、生熟皆可、

又方

用活鵝、提脚倒提、良久、放于開嘴、內涎出、以椀貯之、入生麻油參兩、滴令小兒飲之、少頃喫少溫白湯、即惡心、其錢吐出、

治諸骨鯁

砂糖如鷄子大、爛嚼、仰面以熱酒嚥下、骨隨酒便下、

又方

草麻子柒粒、去殼研細、入寒水石末、纏令乾濕得所、以竹篦子挑貳參錢入喉中、少頃以水嚥之、即下、

治魚骨鯁

白梅取肉去核、以砂糖含化、須臾骨軟自下、此方甚驗、

又方

象牙屑和砂糖作圓含化、

治寸白蟲

酸石榴樹根向東行者、取皮、楝樹根皮、各參錢、用水兩椀、煎捌分、夜露壹宿、次日候服、空待飢、以食時先炙豬肉數片食訖、即將前藥服之、當有所下、服藥後微似有頭暈、勿怪、甚者只兩服除根、

又方

用雞子壹箇、入韶粉壹錢、重打和、於飯甑上蒸

熟、次日五更、再於湯瓶上傾熱、細嚼嚥下、忌葷

味伍柒日、候蟲下盡方住服、

又方

生榧子拾數箇、五更細嚼嚥下、

治一切蛇毒所傷、

赤脚蜈蚣 壹條凡上焙乾　透明雄黄

巴豆霜 各壹錢　麝香 少許

右爲細末、用杏核數箇、各磨成壹竅、去仁、填藥

在內令滿實、却用蠟圓子塞竅、臨時用開蠟圓、

以針挑藥末少許、塗所傷處、候黄水出即瘥、用

服後以藥圍子[illegible]壹枚可救拾數人、

又方

取金錢草研爛、入生薑蜜酒合和、飲了藥、到傷

處恐人倒、用扶兩手、蛇毒即消、

誤食毒藥、咽喉急閉、

用羊蹄根細研、醋調飲、吐出涎、灌蜜水、聲方出、

治中砒霜巴豆毒

用黄連汁飲壹杯、即醒、

解毒方、

用苦參爲末、冷水調下壹大錢、藥毒吐出即瘥、

解百藥毒方

用出了蠶子紙燒灰、研爲細末、每服壹錢、新汲

水調下、即愈、

解一切毒

大甘草不拘多少、於麻油瓶內浸、愈久愈佳、每

日空心切壹片食之、遇毒即吐、

染髭髮方、

針砂 醋煮　訶子 麩炒去核

五倍子　百藥煎

蕎麥 壹錢加無以少麩用

右爲細末、醋煮蕎麥粉爲糊、稀稠得所、先淨洗

髭鬢了、揩拭令極乾、然後用前藥塗染、却用荷

葉包裹、不黑再染壹兩度自黑、

烏髭方

蛤粉 兩半　鉛粉 兩半

輕粉 貳字　黄丹 兩半

烏賊骨 貳字　杏仁 伍箇去皮尖

乳香 皂子大別研　槐子石灰 壹兩

右研令極細、用甆合收、勿透氣、先以温水洗髭

令淨、量多少用荷葉濃煎、水調塗、用煮荷葉包

裹緊蝦臨、雖用來、早再用皂角水澤去其髭、柔軟而直不脆、用藥須帶熱厚爲佳、

又方

每用水銀壹錢、重就石榴樹上揀梢頭極大者壹箇、就蒂開壹竅、入水銀在內、令盡、以蠟固濟其竅、候經霜了、就樹搖動、聽得已化作水、則取出、每用些小拭髭、其黑如漆、

尋痛圓　治腰背脊骨節因撲損疼痛發作、

杜仲去麁皮薑汁炒貳兩　當歸去蘆酒浸

延胡索各半兩炒

右爲細末、煉蜜爲圓、如彈子大、每服壹圓、鹽酒嚼下、不以時候、

治打撲傷損骨碎、痛楚不可忍者、

水蛭壹兩、同自然銅壹兩、於砂銚中炒、候水蛭焦蘇、去自然銅不用、只將水蛭爲細末、每服壹錢、燒竹膜灰壹錢、燒絲灰壹錢、麝香少許、同和溫酒調下、其痛立止、其骨損處先以薄舊綿包令骨齊整、次用薄杉木片子夾之、外以軟帛札定損處、甚者服藥參日、每日食前貳服、曾經治壹人、第參日後其損處覺如蟲行而痒、漸可屈伸、觀之如黃膠纏滿損處、後平復如故、累有效、

又方

骨碎補去苗爲細末、以黃米或糯米作粥、和藥末裹傷處、痛止腫消、

又方

生地黃壹斤、生薑肆兩、擣細、入糟壹斤、同炒和、乘熱以布裹罨傷損處、冷即易之、先能整痛、後整骨、大有神效、乾德中冀州士人徐墦因墜馬傷損手足疼甚、醫方用一效、

治筋斷須續者

旋復花根絞取汁、以筋相對、取汁塗而封之、即續如故、

治攧撲閃肭疼痛、

用艾葉細切、同糟拌和、攤在痛處、以綿帛縛定、久之自愈、

又方

牛皮膠拾文、好米醋壹大盞、浸膠令軟、慢火上煎、約參肆分、入馬屁孛貳文、同煎數沸、看痛處隨大小上用紙貼之、壹日壹换、候痛定即愈、

洗面藥　治粉刺、

益母草以多爲妙、先燒作黑灰、熬灰狀、不可燒

今大過用飯飲作團，炭火中煅過，隔壹宿，打碎，再用飯飲作團，重煅，似此伍柒次，煅候如粉，可用。如面藥，須先用皂用洗面，然後用藥壹字，不可多。欲取粉刺，隔夜先以酸漿洗面，就調此藥傳之，來早洗去。

諸湯

香橘湯

小橘壹斤，以木架在盆上，薄切作小片子，核，

用甘草叁兩炙、鹽叁兩、生薑陸兩，同橘漿淹壹宿，焙乾，如尚有餘漿，焙時頻蘸，令盡，碾爲細末，漿服，白味極佳。

醍醐湯

梅捌　甘草柒　桂貳　乾薑壹

更着陸兩鹽　甜似波羅蜜

慶僊湯

好茴香淘去沙皮　甘草炒

右等分爲細末，入鹽，沸湯調下。

鳳池湯

烏梅肆兩去仁連核用　桔梗去蘆炒

甘草炙　鹽各叁分

右爲細末，每服壹錢，沸湯調下。

清谷湯

伍月伍日取菖蒲，切作片子，每肆兩，用鹽壹兩，淹壹宿，焙乾，入甘草壹兩、檀香貳錢，壹處碾爲末，點服。重午菖蒲不苦

紫薑湯

生薑壹斤炒　舶上丁香皮

鹽　甘草炙兩

丁香伍拾粒不見火

右爲細末，沸湯點服。

清韻湯

縮砂叁兩　石菖蒲壹兩

甘草半兩炒

右爲細末，入鹽，沸湯調下。

玉塵湯

半夏陸兩　白礬貳兩

右爲細末，以磁瓶盛水浸，春夏伍日，秋冬柒日，每日易水，以不渾爲佳，用灰池紙襯乾，用生薑自然汁搜作餅，入炙甘草貳兩半、丁香壹錢，同爲細末，鹽湯點服。

魏氏家藏方卷第拾終

文政九年丙戌上巳前一日校合句讀畢

新刊演山省翁活幼口議

提要

《新刊演山省翁活幼口議》二十卷，元曾世榮撰，日本文政三年（一八二〇年）鈔本。全書二十卷，卷一至卷三議明至理，卷四、卷五論初生兒證候，卷六詳解小兒脈象指紋，卷七為面部氣色辨證，卷八闡述疑難證病機，卷九論胎中受病，卷十至卷十六論痰熱證候及治法，卷十七至卷二十論腫脹等病證治法方藥。曾世榮，字顯德，號育溪，又號演山翁，衡陽人。

活幼口議序

世言醫病與醫國同一源流國以新造之病為難攻人以幼稚之疾為難療新造之國病在於人心之未孚法制之未備故事不厭乎議如周人之於市鄭人之於鄉校是已幼稚之童病在於氣血之未全筋脉之未力既不可以言語求又未易以智巧索諒

論而從辯且未足以究其萬分之一況欲忌魚登於紙上之塵言其有簣筝而蠏蟛蜞者幾希矣茲演翁口議之所由作也翁質直而不華雅朴而實辯如議證議藥議諸氏之方皆鑿鑿乎如老法吏之議刑辟絲髮不可以動移求之文理誠若不旦索之義理沛然有餘鳳髓玉訣政亦不容多

遜也或曰輪人之輪庖丁之牛應之於手得之於心蓋非區々口耳所能造今議以口為言其脉莫能教子不見全牛之妙途庭蓋可知已吁有是哉使釋鑿而特以原本為第一議曰乳哺曰食忌曰傷憐不必議可也然且以不絕於口翁之此意豈獨為醫工計哉有能以幼々為心寶有其書

主後其說究如省翁之耳提面命將護於褱鳳之初調理於生育之後於其疾乎何憂其或以豎子之梗為予告亦將語之曰翁有口議在由是幼吾幼以及人之幼舉而同歸壽域中此翁之初心然也然則是議也又當求諸省翁之心謹毋曰滕口說

時歲在癸未梅月朔旦石峯熊槐書

新刊演山省翁活幼口議目錄

卷之八

病證疑難一十八論 并序

卷之九

識胎中受病諸證一十五篇 并序

卷之十

十種證候發搐 并治大略序

卷之十二

卷之十三

卷之十八
議傷寒
人參枳實湯
議驚熱風痰
疎風散
議疳疾証候
史君抵掌圓　胡黃連圓
肥兒圓　蘭香散
立効散　獨活飲子
三黃散　人參散
抵掌散　黃芪散
地骨皮飲
議痢疾證候　生熟飲子
豆蔻散　千金飲子
雞清圓　白餅子
大艾煎圓　香脯
朮蔻苓圓
議疳熱
人參散　宣氣圓
訶蚊圓
卷之十九
議泄瀉
豬肚散　既濟丹
朮附湯
議吐證
八白飲　人參溫中圓
正胃散　煨附圓
青金丹　豆蔻散
半丁圓　正氣圓
塩豉圓
議渴證
二黃圓　石膏湯
大戊己餅子　香薷飲
藿香圓
議喘急證　定喘飲
八味理中圓　雄黃丹
又方
卷之二十
議瘡疹證候
議癍疹瘡瘍
人參羌活飲　豆蔻草果飲子
議眼證候
透關散　大黃點明膏
至妙立消膏　生熟地黃圓

新刊演山省翁活幼口議目錄終

活幼口議總論

撮錄代前序云求之文理識否不足試則不敢妄喙
始記議中述其切要一二言之識者令鑒

撮要

一兒在胞胎必須飲食有常起居自若使神全氣和胎氣常安生子必俊

一懷娠之後最忌食熱毒等物庶兒疾降生兒有臍突瘡癬等患

一乳母常須養其血和其氣以志定使乳汁溫平令兒疾作自安不過下矣

一嬰兒平常無病不必服藥所恐過度不能為風

一初生兒必忌外客所觸庶免致客忤然古人所以忌客一脈

一兒疾不宜食肉太早傷其脾胃也致成積痛積

一兒疾變蒸作熱非謂其病雖不藥自愈

一小兒受病在腑有自愈者故先賢惟理其臟未言其腑皆陽臟陰如麻子一證乃是腑病

一小兒顱顖未合乃氣虛所致切忌視為尋常

一兒生穀道無竅多至不救藥無速驗必假物透以通之

一驚風發搐手足不定執捉恐風痛逆入經絡致害肢體

一小兒毋令入神廟中恐神惜門爍必生怖畏
一小兒哭極與知哭極與樂賜思慮濃毋使吐嗽
一兒患吐瀉女吐胃瀉是為急證吐瀉不止脾虛風
即生急宜療之
一兒患瘡疹發驚不可下驚藥有熱不可用退熱藥
有汗不可止汗或吐不可理吐或下亦有可不可
一兒患鼻孔黑如煤耳輪瘢焦黑目翻指甲黑作鴉
声或吼叫數声叉手尋之撈衣皆無可治療
一兒忌肥瘡臟瘡水銀及用鐵父之忌風無皆不可
輕用
一食忌甜成府飽傷冷或積肥生疳如焦髮幸娘饒
臟恐無已不可食

辨疑

一兒患陰癇其脈浮數洪緊是陰中之陽非真陽也
一兒患慢驚得脈數呼吸粗大是其陰絕非陽回也
一兒患豆疹似熱非傷寒也但看耳後有赤縷者是
一兒患身反張非驚風也或被寒凉暴亦愈然作驚
風所傳
一嬰兒閑響即擊跳者非驚也乃肺肝不足而神有
未安
一熱在筋脈亦發搐者非真搐也如或過劑則變做
為真

一議張氏方書南人得病不可以北人慶方自是南
北異道不可不辨也

補遺

二卷云　三才之道各得其九上當有九九者
三字
四卷云　不除心上當有血字

正訛

五卷云預判判害上判字當作知字
十二卷心氣不足而生之慚字合當作漸字
之上治幣大蔡令亦未能審於是非揭之本端以俟
今之有識云

治幼口藏總論　平

剞劂演山省翁活幼口議卷之一

議明至理序

竊聞前瑞表正同公測度之主名自意到心開華氏秋持之旨改方議幼師傳至理為良惡藥活人學造精粹始妙純乎其道者惟膺專誠達乎其議者可行必用夫人知其難不知其所以難究其學未究其自然學之難者吳過乎藥備脫其意參詳審察以盡其善然後可以知其難易之旨也僕世居江南叨忝醫士極意開陳管見頗私海宇同聲然則純從人羣竟由有自所著是書悉議幼幼詮候誠為學者契筆一悟至理無間不通指去編論之為體取洞明之見方行淺揭文會宜探深開異世仲聖以叙衆情者豈不題歟

議明至理二十五篇

議原本

議曰古人有擇婦孕產之文前公著昭教胥子之法教篇列名為世規模安得人人而尚之世有君子小人之別故當述陳利害明哲審評而已夫人立室安家求嗣必純納婦種子在賢且德然而婦乃賢淑夫又賢良生男不肖者有之非夫婦之夫情人倫夫序事有不備者良由公始不能善此莊肅之氣姻娌不與拎顧護愛之理氣胎出食宜在冲和冲和者同其天地之寬量應于四時之運行此氣之間懷胎之次但常令孕婦樂以忘憂不作怖畏亦無恐懼飲食有常起居自若此乃以順其中而合其神以和其氣而益其脉生之興調而助之扶而補之何患胎氣不安生子不偉所謂婦人之性自未鄰賓因由暴躁以動其氣氣動則傷血血傷則損脉脉損則胎氣不固胎氣不固其子何宜愛子者宜順保其胎氣調婦者宜勻和其血脉然後乃曰得其所哉況夫人生清淨與天地以同原性稟真常合陰陽而微質母懷指血成形夫抱氣神為子何由聰慧蓋為母性漏寬所以智能乃值父精廣愛亦有婦相妬自幫鈕乃是主家相從意同道合至誠健忍怡然一婦一夫專注愍恕莫在多媱多慾雖由性見亦有至理存乎中矣

議通變

議曰患有利生嬰孩至於童稚血氣柔弱疾病危症夫疾之在急不可合宜醫之欲安豈可減裂至於垂手則可行有其巔險則仿蹤醫學得中務令勝善良工追慕慕用在人通變為醫解行存志志若通則醫不繁機能變則荼不荼音問乳也通變者為奇得忘者為妙古云心通方學通愚曰志變作良醫僕撤著此書殊無文墨但資雖則嘍嘍嘍嘍其意乃欲使學者通變而已通者正理廣博觸受感和變者之明根源閒發胸臆若只按古調理今人處用率方飲食坐臥不問饑飽勞逸不使燃其天時地利豈可不知大吠雖鳴尤宜盡意春夏秋冬

四時有正邪之令，吐利驚痫五臟傳久泰之疾，所謂可以進則進，可以止則止，猶甚堪行即行，不堪行即轉（時先）（宜月別）（當安故）是謂通變之道，聰慧之施謀機業器智度攻封，此乃兵家之權綫，罰為用審察詳辨，診切視聽，此乃醫家之業大概，一切所為，皆由通變，惟有治人用功過於兵法，主治在乎通而知其變，此乃良工用心規矩，疑其變且留不通，此乃庸夫用心，操執常運，其通而知其變，見其證而知其病，生死預決，危困不能斯，乃上工之謂。順逆相挍，利害相混，何由而通，何因而變，斯乃下客之謂。嗟十幼難易，傳候變，我即同其證與候，而變治之，或輕或重，而從我亦隨其輕與重，而理之，通變之道如是而之。

議難易

議曰：天地陰陽，尚有盈虧，世人陰陽，自致順逆，失其調度者，邪正相干，違其安和者，患災相攻。小兒一科，古人云有異於常者，為難，然長幼受疾，自是不同，所有難易之言者，非謂陰陽勝伏，非謂傳變差殊，非謂脈氣參差，非謂臟腑虛實，是以違其證者，患謂之難，達其候者，總謂之易，無以難證而妄之謂之易，無以易候而妄謂之難。難易之功，不出至誠，窮理盡性，為得之矣。原夫醫學師範，任參古風，是必聽記諸家，明文旨歸要訣，史真端的，當參輕重，較量而觀兒幼傳變，又不可執滯於古意，亦不可滋持於常情，拔萃盡善，究竟周旋，無一證一候留連於其間，方可謂十舉十全之妙道者，那古人云，心中了了，指下難明，小兒方脈，指下易明，心用了了，其誠不然。患閱家昧，純有生於前，功供養思之掌，功重負利害，不可自送，寸能何堪，稱答家傳三世之業，未果彰名，益由減裂用藥，倉皇太急，故有得失，嗚呼，既無深思遠慮，豈有廣見多聞，若求僥倖之功，必害平生之福，達哉淺見，寧保無虞，性命相挍，豈可視為容易，證候未明，萬毋勉強，學者宜詳察之。

議參詳

議曰：調理嬰孩一科，天下之難事也，且古從今，若哉大詳其議，世有勞能之士，未嘗疑業立，此等方脈之術也，然其參習至理，妙無它焉，所謂審察究詳按考，備既已定矣，不為虛設，夫苟瞭然取次，應急相挍，致誤盈噫。審者審契表裏，察者察定陰陽，究者究竟臟腑，詳者詳悉標本，按者按明虛實，考者考較輕重，推者推詳前後，備者備準端的，八法千心十全保命，口無泛語，意無濫思，脈無虛究，藥無虛發，凡有嬰兒，先以視之為上，聽聲為次，察脈又為次。且嬰兒所受胎氣未充，其色白，其形萎，其氣怯，其聲濁。得顧顖（音戶 音信 顖門也）同實捎長，不任變蒸，既於變蒸不備，則形骸萎而不壯，情性不舒，疾病無特不有，初生之兒，所受胎氣充足，其色紫，其形繁其氣壯其聲清蕩滑頗顛正頒稍長漸受變蒸既而變蒸漸退則骸實形固情寬性緩疾病經年不作凡為醫工者誠守業毋浪游毋泛飲毋微遙毋躭執用之則專心專不以遵之則穩妥從其執而從機明行用以審而致執無依不可設急無太過迫性莫不及決則壯力不切過須不究及竟毋允遇臨危赴急者纔一見使人愴然者勿可詢衆而說但如前八法明度而已若也閱之為常聽之為妄視聽不專守之致飢虛作實令作熱表為裏虛為通如此含皇妄得不有誤誤今述總要須當致謹參詳乃謂成全日用善工者耶

議專實

議曰觀形看候察色聽聲匪究陰陽受十邪正皆由一氣生成之衰一氣皆先大飽運造化鑑慈察賦不當改把虛怯換重作疾其在實實虛虛損益得中標本無差過與不及以意逆之凡為醫工須知表裏俱審盈虧不和則疾疾臨揣順則四大悉正世傳小方脉書八十餘家究竟證候良方妙劑不過五十然其傳變形容諸證該千述萬各顯其長不得不錄是故醫家明理藥不繁務乃知至妙廣博言拿欲使學者通變而已大抵小兒得疾所受無過驚積冷熱疳理不致散漫者乃為上工其候傳散斷為下客傳散者驚即作痫熱即成風積成疳痢虛假故前冷致吐瀉吐為喉嚨其證泛泛其醫毗毗若不專其原凡斷入江海愈遠愈深弥闊弥大上上治之未萌傳不得中中治之已行已疾作下下治之紫焕我有得之盲者治之岬嵕以知此用藥劑之規矩行道從之精專嬰孩無隱疾之情藥無有反功之歎勿致矜衿乃招慶善矣

議審究

議曰幼幼方脉在乎承審推詳究竟盡善深明其理為得之矣不以惷愚為務不以疑似為怯不以表用試功不以昧忽為向每一證無不審究旨意及師授之同每一候無不參度辟呢千萬之理所見至良決定有效無可疑者方與投藥庶無怨強肆膽之為豈有傷人壞證之害

我有之蓋其成裂致也初生之兒蓄其胎氣少稔斷乳之子究其飲食傷脾離母之後察其暑濕寒邪非同驚童覺其驚逆關分勞則傷氣動則傷神役則傷心絕即傷漏毋有四忌醫上次為右也順事致欲嬰孩何疾加之四曰調護謂調適其寒溫致令不受邪觸各不怯凍秋不柬涼夏知清冷冬覺溫煖二曰保抱謂保倫情所欲投所絕依之意乳須及時食無過劑務無令欲戕勿令飢坐臥起止惟毋當知三曰撫育謂幼則順其嬌痴長則變其情意撫之乃常保其神而知其骸育之乃安其形而調其性四曰鞠養謂兒長成宜鞠問之毋令縱恣毋令忍暴毋令悖逆毋令頑慢四者窮理盡性

殺慈母令忽暴母令悖逆母令頑慢四者窮理盡性可謂慈母之道凡兒初生之後出三日氣脉定已脫輸風之難過七日精神全方離鎖肚之害越百日勝理得不致咳嗽之危千日外胃氣正不為青黑之咎又亦有四焉一曰知愛二曰順敬三曰謹訓四曰寬責知愛者不恣兒詈口漫順敬者不聽暴虐嬉戲謹訓者至戕禮貌相待寬責者忠怒丁寧拳喻若加觀習呵叱不罹驚怛怖畏此之用恨恨之意患者也又子相的無恭相順斯為善矣

議同異

議曰合之則同離之則異水火之設品物之聚皆有同異何可概哉夫水之爲性潤則不潤及其滋也由性而潤之水之爲性流則不流其滋也由性以流之爲物有品彙出其境則異於常人事有尊卑合其道則異於衆幼々抱疾不作傳變古今皆知言曰癖積吐利及其更也即作驚風疾熱未爲推異可以循其證候而療之稍或變常當審其輕重而理之兹則世醫務學莫執此端可否之意以盡其善殊不知疾作有同異之別其所受之常曰同所作不常曰異前件八證候中皆能傳之俗流不知其所以傳作即曰症異其實同症異所致當知所受在於傳變欲以暴急之間妄投圓散冷熱相互虛實相推表裏相隨陰陽相反亂於百脉觸於五臟迫於經絡逆於榮衛是以本證逆作它症則名不得其名所療不當其理攻劫無滿卒全性命即其所受乃謂症異積證之中得疾在異甚多（在異甚是積等八候所出不當而傳之致四滿從異所受故也）痞氣之疾外候頗衆其候但於積病壞證而與調理痞氣亦然詢其源則應其端條其證則療其疾是以圓散不良陳疾病莫延久凡兒所受異疾蓋由失之明察而成成人往々抱疾篤之疾皆有矣

議根本

議曰夫人之生以氣血爲根本人之命以安樂爲壽元男即二八衛氣方正女即二七榮血方行天癸至得其氣與血始然又參年既未登即曰小兒然分形其亦已載乃初不戒其於古之令之世者男年十六女年十三乃適嫁娶其道雖不慮乃其理依於適情々動々中男破陽太早則傷其精氣女破陰太早則傷其經脉雖成胎孕令育必虧兒生但後天氣不備體作儒又或男子過於八八女人過於七七產孩嬰孩何足爲善又或陰盛陽虧陽盛陰虧又或女問胎不服藥男以陰發飲丹如此爲後皆不足與議非正論也爾賢著述詳被調理未嘗與究其源遂見分短夭刺害由斯復見男女長成疾抱虛勞相繼而死者人謂傳尸或曰有鬼所致或曰有蟲所作愚謂不然傳尸者傳受胃內氣血之尸也乃是父精不足母氣虛羸而得之何更外有尸而可傳

作空穴脉有虫為禍病作急癥甚入其候難則男女長大勿广勞瘵相承但稟賦受氣如花陽培似木堅植發壯指謝各由根本所致凡為人子無能自知况又恣妄於女年忍不氣虛脉脆惟恨天命病家堅信藥之不良無自責其根本不充所以然也

新刊活幼口議卷之一終

新刊演山活幼口議卷之二

議虛實

議曰五行之為物各有軟硬虛實浮沉之性生乎地位之地資質自然固壯金之至堅隱生盡土質輕色淡火之至虛猛發堅木鹹烈炎熾土有固滯水有盈涸本有岩石數十年之秀實者不得陽氣亦萎有之人之資質稟賦父精氣母血脉渾撲胞胎調攝鞠育凡兒變蒸之後其形可知是以顖顙未合筋骨未弱顖顙青筋脉盡不榮顖顙常坑骨泄便便顖顙腫起風痰不止顖顙久令吐利清青顖顙虛軟羸痛不足顖顙陷閉養為易挽顖顙呐長風作即二顖顙連額鬚風易浮顖顙未完怡熱惟於顖顙紋狀所氣不同陷顖動數神氣有弱顖顙宮乃天受人從宮顖顙者乃精神之門戶也開闔之竅籥也上下相貫百會相通七孔應透五臟所藉泥丸之宮魂魄之穴氣實則合氣虛即開良由長大不可不合近者一見當知其可否用藥凡兒有顖顙未合受病沉重者慎勿將作尋常判思究竟化恐得其何況膜然妄投圖數此亦嬰兒慮患者有口匡救之說曷不謹歟

議脉氣

議曰天地造化萬物發萌之端其果有漸其根悉用其名則常其用則別夫人之種性所受胞胎含容隱容生而未顯長而能知利鈍巧醇良狠戾皆未與言論而性

有自然之理血氣身体形質於父母否泰皆禀業賦於天地故天地生我以資質相與且仁義在我以古朴享素壽夭貧富分之以時貧愚貴賤委之以命惟心惟性乃忠乃神通達智慧之者不可得而言之漸矣其所言漸者久矣知乎微妙之道寄乎清淨之室微妙之道乃心脉之所生清淨之室係肺氣之所主初誕乎兒胃氣未全其脉方行於大極五臟之脉心為元首一月之内未有可拠虫形已具且脉氣方乎天地同參血肉初共人事相爭真邪離合形如混沌初分自此乃曰脉氣之漸矣其脉初行太始陰陽未諧日顋之下髮際之前爲鋪三指但按其冷熱察其證候斷可謂脉氣之生漸且微也百日之外脉氣行之大初左右食指三節側有紋紋風氣隨所發依輕重攻擊而生至於五百七十四日之外行於大素於脉應動於息有數高骨之間一指分三部取之浮沉察之緩數可知冷熱虛實之理千日之外行之四方遊於五臟外應臉頰耳花準頭唇口眼目五色隱顯一氣盈虧相生則平而善相尅則兇而惡反其危困然後按之大衝大衝之脉在脚面凹陷之間其脉定吉凶休復德指順息則可尚鑿指或逆徵可謂絶矣切切脉氣分之有五深其究竟其次察之證候輕重審之表裡虛實然後可以試藥得不虛設医工之良也識徵侵害而後知之

試投藥

試曰水有淺潤而可深山有頹荒而可林地有傾陷而可固物有損益而可添藥有貴賤人有尊卑心存至理道究弟達然其貴賤長幼嬰孩所患疾病異端傳變異證者受氣禀賦資質厚薄故也由是根不同而体不備氣不充而志不寧貴者則驕多賤者則勞盛驕多即胎而將之勞盛乃孕育而招之凡兒氣受之不足或託陰之有餘月期過滿或者承之有虧所稟剛柔而然化把虛實而已從生成應有別饑飽亦無違察貴賤各体其根較究幼皆循其理凡療小兒非以一脉之謂不可同常之見所言投藥者或用投之于適也的投之久練也比熟投之窮研也精研投之並後投之勝前良工用心之至是謂投藥之專否以史例投于難也凡小或以峻藥投于貴此謂又症不可混亂而設遠次而絶合以通利皆屬閉錯未扶而下之當用温補者察詳按而調之執謂天心宗之有耶所謂不可攻擊者曰虛曰如曰嬌曰重不宜胃致皆曰久曰閑所不言之曰沉有多曰乾以多禁其後加之以母之情絣也似條父之性急也怒戀子之意頑不敢也病之候難悟遏以母之孺神父之遺業如此人事易可效强而與勞心枉究哉不惟無補而又無恩觀其病家情意相順裡與相傾之又頌功歸於我行者於先矢可以不成行之是使信譖卻愈也藥卻效用其湯劑済為之良皆域在彼此母忽之之謂

也

識下藥

識曰凡調理小兒須先觀視氣色察其證候其或氣色有不正者（謂啼哭也或戰也）即急察紋診脈有不定者（脈謂沉也）即究證候其或證有懷候作變（謂有寒熱或傷風內傷及中暑者）即選良妙方藥以主之不及則無妨切不可大過若以意揣其疾有投其某深恐有爭誇其所以醫者意也審思前賢載述妙用無窮之意又參詳又見師傳教誨指示取舍方法之意又既度自己智能療治輕重度量斟酌成全之意三者既備可謂醫者意也如此從竟無不合前集大醫家為用心藥以治人所以下藥皆臨機輸變是也可以下即下當下不下其候必須則過矣不當下而下其餘反為已疾矣下藥之法慎勿躊躇者也思慮可否之間或又復再四則疑在中有疑切須用藥須當預察無大過不及之識既而定已投之決效非止利下之謂下又非於投劑之謂下下者有先有後或先利而後補或先補而後利或先扶表次救裡或先救裏後解表如此者眾矣 偏而言之用藥得其中輕重得其所是謂下藥毋恣意毋致緩毋貪早毋競利毋勉強毋疑惑或得或失利害有之利則僥倖以全其功害則為世不可言也凡為醫士用藥不可妄知不容無知不可執見毋徇象見主觀藏某明識俱見按脈對證心無斷絕道副自然以應上古聖意論明留至君臣問答語言其妙於道而已

識行醫

識曰醫之為字左七右八乃言表裏其下凡畫乃六凡道合之二十四以按二十四氣古人設意義理深與蓋象於天地之間以應人倫之道与其成人之 天為契論獨小兒氣脈微弱難以謂之醫蓋是七表八裏未合故云調理恐曰不然焉不知其善用心者則奇妙純粹在其中矣茲說孰是經云醫者意也以意理之為得抗之為失得失之昆於人禍福是以純粹之妙良工之能學者究備行則盡心可謂善術之道凡見脈不若試證證証不如識病識病平如藥對小兒作疾多是無有歷家輕証所以有爭淨矣如病人色爲但易其某於速安愈醫者要須得中無有太過不及之害所謂醫之為術神聖工巧明其標本表裡陰陽參其盈虧然後衛參手升降補瀉腑臟胃氣其盛衰然後可以度其疾之陸重較其方之優劣行醫之功譬如彈弩發矢一視決中十全為工如此準繩可謂醫者意也若也觀僥倖勿謂醫之良工為福使之然也智者謂宜察戒二者不可偏有僕謂良患福為醫士者乃醇乎醇者耶

識藥賦

識曰天人皆知胞胎或形產有其相約以十箇月為之

而生究竟至理即有二百七十日為定論亘古自今蓋相間說然而施中虛計一月應數大抵九九為上八八次之七七又次之人生稟賦天地二儀之氣會合三才之道各得其九三二十七即二百七十日為正血氣充完實精神固乎為人具足相貌智性俱通八八者三才各得其八三八二十四即二百四十日生血氣薄之不及精神有虧為人拙謬鄙鈍智意忘遺七七者三才各得其七三七二十一即二百一十日所受胎氣不足為人狂愚無志乖劣狠戾故也其間或有太過不及之者皆失其正數大過則氣血養之有餘不足則氣血養之無逮夫人得中之道以為純粹陰陽得所剛柔兼濟氣血相和百脈相順所以生人心智血通精神俱備臟腑充實形体固壯騐者一觀嬰孩顖顱可知之未周之兒顖顱同合髓固（一作黑）神清口方皆厚骨麗齒滿臍深肚軟莖小卵大齒細髮潤聲洪睡穩此乃受氣充足稟賦得中而血之一周三歲之間其顖前大其顱虛軟頭前作坑口闊神露胃高骨細臍削臍突髮黃莖跳卵小莖大氣促聲散皆由受氣不足怯弱得之驚悸易得智性難通父母愛惜良工以憂不以貧富貴賤之所生但賢者當以告之若也愚者之人寧不投藥指或素刀不及更言延緩之大凡初生孩子少具精神者良由夫婦之情未諧適心未綢繆且吝且驚神不和悅將來得其所宜樂則情深動則情興催則情思交則情極深契其意重為其心生男必溫生女必淑斯可知淳和之至如此是故醫家不可一槩用藥宜斟酌輕重比附推詳度究可否不至悠妄交為虛設以成重害參審得失之議盡善盡美應機而已

議辨理

議曰古今天下同議者貧富貴賤是也所產男女自幼及長總曰小兒然幼幼有才兒嬰兒孩兒長曰髫童也童稚童殊不究竟富貴之風貧賤之席二者人情間於中道混而言之血肥胎氣血之不同故以辨之貴者富者風化同途貧者賤者門列一等所以禮只相遠日用致恩雖有少沃宜審其偏正（妄之子任之者）有度其親疎（把）（之子用人說生也之乃為宜矣）中等常情之家禮只未所日用得過者又有大過不及之論夫人之運神於性惟心不可役心役則氣耗氣耗則血衰血衰則虛自此始背望不來而且憊心空不足而且虛原夫精元假之為肚為肥為形為骸胎質賴之乃氣乃血乃乳乃脈貴富生子順養撫育之有餘貧賤生子調護因受之不足有餘者大過之謂不足者不及之謂也大過則傷之不節不及則傷之失時不節失時皆生病疾寒暑冒之或衣或裡冷熱攻之或脾或胃所謂審度淵源醫者必須知之貴富生子食之有傷於不精寒之有傷於大燠暑氣有傷於風

宗衆病有傷於水冷腸胃氣血弱而不剛使之然也貧賤生于食之有傷於不時寒之有傷於凍暖暑之有傷於煩躁脾胃有傷於濕臟水停下分腸胃氣血壯而不堅使之然也父母不自貴愛怡稟氣虛謬況貴子懦弱者耶是故胎氣不足血脈陰翳之有虧良由男女風情興造次其節絕生之後乎嬰兒固同將護有乎飢飽寒暑勞逸之不同又於更蒸之時有傷於氣血又在五行之時有傷於脾胃由是撫養之失情調育之不意調度之不從將理之無去故易得其病々易得虛々易得壞々易得失貴循之乎疾之又是也未寒先衣未熱先涼未食先飽（上毛食飽小兒也病）未戰先脹々々之忌要食之過暖寒之宜冷熱之就濕故易得病々々之未虛強食令之虛脈氣未壞強藥爲之壞乎不究則不精甲不專則不妙矣若能之得法要之爲要歸乎圓敏不良智者吁哉

論料理

論曰大凡人之處性愚魯用心狠戾者不可以学醫師不擇善禍難逃踪其或氣志怯懦爲性懦弱者亦不可以言藥素問有云人如舟也藥如水也水能消舟亦能覆舟一回一敗對證尽善起治危困未足爲奇一有其剝壞證候且過在再其智拙鈍非歸藥也学者讀攬究其純粹施其精研魁救斯將以副規矩不可得而述者医之良工也夫医之用藥將之用兵古人亦有言矣且如善医明證良將得策藥能勝病卒能守城若也將無計策医失証候病何以瘥城何以固今人皆知發藥殊不究竟表裏臟腑虛實冷熱經絡榮衛投之不當反爲它害亦不可執用一方一藥且大墨局四味理中圓小柴胡湯之類皆大人藥劑所謂意到證見藥無不驗能者此理證候方藥諸家所載無不應效但究竟不到有乎得其尽由攻乎異端涉獵繁雜背性不專事任狂簡確実与言更請思之

演山省翁活幼口議卷之二

新刊演山省翁活幼口議卷之三

議調理

議曰医手調理其患等並參詳虛實之因究竟淺遠之理若用疾之輕重當察病之進退為其所患淺深稍重證候稍退直取其功而全其效者医之良工可以扶持循證解利克於服藥次第療愈毋令加進若日安此乃善能調治譬如水流從下道滔暹疾徐則自清溪則自圓就則自方停則自滿因滿次就漸漸而流者乃自然而然不可得使之然也脉氣之流行遇冷熱寒凉風溫燥濕亦由水之流就也調理謂疾作而來得受氣行在乎性拘騰良即循其法度性稍即收手扶持是以調謂乎節理調有序節有無太過不及序者已得其所宜然後謂之理無太過不及可以謂之調調者而有度知度而在於形容理者直可法正法而全於規矩譬之絲不及絡頭不得梳斯昏亂也絡之取其條直梳之術其通解無意發之遺有紀後之慶者哉謂調理之工也大旨以危而用急見愈而用緩者乃共度也斟酌權衡勿過偏墜先約其輕重察其進退藥與病勢相參病與圓散相及医自意識智與医同藥與疾諳疾用藥等用之無忽何慮疾不瘳病不愈哉嗚呼學者理切勿恃其自能執其偏見事有優長須預學問尽心而後已

議傷痛

議曰老夫見孫長大方子不惟驕恣之甚復加愛惜傷天不任用也聽思既嚴從令叫鬧火湖既放從令飲酬卧並是從令衣著撫拍顧覺掌衣裹作以手掌兜衣被拍背引風指物言出驚因戲排莫觀扇貞心情悶燥乞坐被手找咲渠惡欲令合咲觸助拍戲門非仕宦莫手扎脚年不及時莫當梳掠衣裹無忌莫頻服藥戲弄之物不可恣樂乃斂先其勿可與從莫近猴猻也僧忌莫把媽雀也損脈把冊觀書把女觀作女工也男方学行勿令綽略紀方学語勿令伴從坐莫久勝皆抑抑行莫令早筋骨柔弱恐莫與觀其可與学順時調侯自然安樂當鳴琴啟蒙手掩耳臥卧適時須令早起飲食飽飫須當戒止非時莫衣常食莫久火疾宜炙拔味服承夜莫侍燈照其睛思想莫當風坐莫近水莫極與和悅極与嗜好當知撫育至理

議食忌

議曰溥天之下產育既同將護之因有所不同者貧富之謂欤然富与貴飲食卧具有益於兒母貧賤又何以言之古人有云病不服藥謂之中医正如此說外護寒邪內節飲食審揃順時何疾之有前云富与貴偏其大過貧与賤用所不及此不及之意乃与中医之言溥其所哉且如農家之候數至其時溫熱有作令兒漸因舒展筋骨生長百脉和順從絡自然之理何必加藥凡兒

漸民必漸飲食東西南北地産異風田種桃榆山有果
蔬野有蔬魚有淡池水有清濁人之所生隨土地之
所宜飲食亦隨其所有西人不慣食北物以炒為脂以
炙為蔬北人何可食南物以魚為菜以麥為飯米麥咸近
海嗽之鹹酸居山食之野味北果多涼南果多熱東果
多酸西果多辛寒從多食五臟六腑強納疾病生焉凡
小兒心之有病不可食鹹肉肺之有病不宜食焦苦肝
之有病不宜食辛辣脾之有病不宜食酸酸苦之有病
不宜食甘甜之由物其色氣而害於我也運于臟腑能
通心氣苦攝脾甘入六腸胃能補腎燥能益肺氣補
炊宜於肝涼利氣味作養之味辛可以燥潤肺病忌代心
臟鳴肉以蝦魚鱉鹿腥臊之類腎病忌食生冷甘甜
之氣之物潤燥潤之氣能純鴨卵肚臟失解發色氣之
物心病忌食心血雞豬雞羊犬腎炒炒煎燉木肝病忌
食肺頸肚豬雀油臟是越忘小兒不問有病無病然不
可與食腰子及肚臟心血令患夜馬痲候惡犯疳蘇疳
蟲亦不可與食令兒心氣壅結水實不通三焦虚神
清冷膈飛禽毛雀不可與食令兒生瘡癬病疥癩療遺
悶鮭魚蝦蠏蠔蛤螺螄螃蜆之類不可與食令兒腸胃
不禁或泄或痢或通或閉食甜成痔食飽傷氣食冷成
積食酸損智食苦耗神食鹹閉氣食肥生痰食辣傷肺
代味淡薄臟腑清氣乃是愛其子惜其兒故與禁忌者

也恣與飽飫更與厚滋味乃是惜而不愛害之有傷以至
丁矣痛瘵疾作無辜救療無門悔之不及育子之家當
宜知之理宜戒之

議貴者

議曰信夫執術為醫術術至重其或輕舉有不得其補
失其理如盲索塗事或殊虞鳴乎斯不復續死不復生
哀哀之誠誰為罹歎當知醫家一門上古聖賢則天徹
道詳氣四時逆順陰陽否通表裏然後察之五臟六腑
三焦百脈究竟標本致虧參審純生變而代謝榮枯流
行注厥如此知者少知者風然有仿作偏執任恭輕欺
者衆矣仿作者悖其時運以誇紛侮謗者以道之事通
而使易任恭者不能務本以從師輕欺者非惠言執以
為是四者人事何害傳方窮絲明心盡性者攝醫之務
宗其道有四不可遺其一者行之惻惻施之存思仔之
周至受之千掌惻惻者毋務於悉治患者常加愛護周
至者運用無爲平等者勿論高下如此推誠揣入醫學
之道若也縱恣身心嬉遊妄作及其訪問臨時檢束以
薄規矩術乃自敗之端殃積于後虧七數年江湖把術
治人親見同道不有能醉恐不為良或好龍狼或倚術
或或綢或到或射或獵或詭或飲或歌或舞倭遊花衢
狂穿柳陌或習弓弩或縱鞍韁或樂煙粉恣詞或恍風
情可惡此不用心不常靜性縱與凡流醫士得無恥乎

其實非訴只用以註九百種究晚涉狂妄須知至家者流連九道綱領鉴識紀者貴之為事志在前賢所指無時不習者乃可謂良医受道之職也果能守之以道分之以安天地副為神明欽焉

叙錢氏方

叙曰晉制有医工錢氏課之　試方用薬明證識脈度究竟嬰孩臟腑冷熱表裡虚実傳變頓取其效正所謂医神之意準繩法則之道如此後世欲以及其蹊者盍闕如也往往循錢君之書紀錢君之業錢君之意罔不之聞也惡非其意徒自是其說幼兒飲其方藥而良者用功而達深造之於是廣採其言乃也不可據其妙四方皆可遵其說凡八十一家者合述精通莫若錢君智意通效究竟不背再三亦無中道而廢門人閻公編集亦其錢君心臟樞計依洪纖粹妙理希奇紙筆不可得而録者耶特有高見之士一悟錢君意旨豎之与薬規矩法度無以異錢君運乎中顯乎機而自然造化者莫之能語也良工妙用信乎野老之言毋曰管見後之學者尽心討論必有深書於衡次且總義於人揚名于後世之道不亦宜乎

叙王氏方

叙曰小兒方書世傳有三王氏東漢作方論二十篇今家宜是其說大同小異往往好事作總君子刊施濟衆

就平增損有有之大抵其言有序自微至著其旨有畝自德至顯詁訓周通事無紧述参以數十名家比較優劣始知先生薬用淳和方排継續考之而取其功究之而欲其疾對酌升降以和為用其意在調理尽善之寂也雖然後学之士治家之子檢閱披觧或有不當毋至左武致害其書故得家宝之称天良士用心妙理治人豎之与薬猶若權衡權衡者法之一端也参究均平考較定論循方以応脈有餘而不素王氏之書乃切切方脈之規模習小圖散宜可通此如大人疾患有叔和脈訣考五行有路疎于分書字六爻有火珠卦文知貫賤有人倫風鑑相法如斷小術皆名家所集詳辯以為上有致諸妙義得毋枉究更然各有廣要篇章於不遠越而在總歸非口測量谷蒙之謂至老足欽至妙之道也已

議張氏方

議曰宋朝徽宗太子壽王總患幼時常發痼疾諸大名医莫之安愈時有草沢医士張渙扶蠢貨薬于都下召之入内用薬即效官至翰林医正張氏北人也留方五百有餘逐病叙說深参其要近傳于世目曰張氏妙選四方士夫業而用之殊不知南人得病以北人處方自是道地相反意叙不同所謂北人水氣故南人瘟疫盛地氣天時使之然也北人水氣盛盛則抗湿湿即与燥

之南人益庚傷、即不熱、宜発散史加涼熱之薬病於傳作已陰実熱不宜疾何能然矣切在陰陽稍偏表裏固閑賦稍怯前宜可以熱制令以涼止燥其説證候可以循簡述論頗有從矣然其方薬初從人疑之次復惑之或有不當必多悔之曰南人用北人方薬曷不知之予旨參究今爲不必歸方知前有云意与医同薬与病踏方可從之者也擬予云、、而用之旨斯謂患匿不無妄投其所任乎寺其預當審之匿其參之

議幼〻前書

叙曰調理嬰孩小児上古漁帝天行方留児史近之謂小児之庚今是一門故不載入宗閑始自巫人顱顖經籐卑三卷自後習者継述不求世傳諸家之書於近計安古遊亦絶之旨凡八十一家近世湖南潭州国之廣收其文集入編集目曰幼〻新書四十冊僅數十万言排列名方似渉繁碎猶如元帥要退伏兵欲以一箭救陣乃定太平假將求選一夫善射急於百万軍衆皆張弧矢以待比較優劣臨機對壘就敵之勢不可得而用之奇正退其潜伏猶豫再三乃非良將者耶臨時撿閲審較可否考其效驗正由渇而掘井闘而鑄兵不亦晩乎学医之士若不究竟胸次了〻肘後簡任直截收克之功者也取次綫慢智意不逮徬徨之久出不得已歸急而毀自不知懲而且恨有如馬服子強戰無不

孫子曰上兵伐謀可以比喻良医用薬何異良將用兵医無智則不可行將無謀則不道者猶犬馬之大難与言其至理焉能以知其道若夫文武医卜農工商賈行之以礼務之以本識其道者無不貫之矣執医之士不明是道妄惑苟簡必須剤諸於其間斯乃何亦之流温恭無倭直節有規夲乃謂医道之士明道而見之達理

聡

而門之良由務学則聡聰須知識〻知則專誠〻專乃通性〻通則明道〻明則仕用以副自然所謂常山之蛇撃其中則首尾俱応医之亦已處用得中無不応節斯乃謂明道之理如此宜于危急而已矣

淡山省翁活幼口議卷之三

新刊演山省翁活幼口議卷之四

議初生牙兒證候序

蓋夫男女以正夫婦遵乎德義合乎陰陽以運生成之理者順乎天地之性應乎四時之令榮衛流通潛靈傳數是故胞胎含蓄血脉造化豈能逃乎玄元綱紀哉所以得其正數者愚魯之為能失其正數者富貴以為戇皆涵養各由本質故賦之有利鈍稟之有虛實賢哲明智庸野鄙陋皆共由之斯可知矣今之孕婦懷胎保以為常飲食不節起居不宜未誕之間勞役很若男子視胎以為常恣其所欲任其所施類梭觸織所以兒生之後百脉致虛三焦不順關竅不通榮衛不和者初生之間便作疾患怪異多端不可傳而詳述今舉二十有六證候槩而言之智者察之審其可否比附與之療理助其榮衛調順經絡得宜而已

議初生牙兒證候二十六篇

議呵欠

議曰呵者即張口而又合之欠者謂神不足故名呵欠非是疾痛初生牙兒多有此作不足怪訝錢氏有謂呵欠適悶良由胎氣怯弱榮血不壯衛氣少順即不蔭心血不蔭心則神不守神不守則呵欠適悶無他患也古方有朱砂蜜法用煎人參湯調和飲之者不若定志圓五七粒麥門冬湯化開與服至妙也

議伸舒

議曰伸者舒其胷堂展其氣脉舒者引其頭頸直其手足努而作之良久復作初生牙兒多有如此亦非病也良由母懷胎胞起坐不得寬展或將綳帛兜束肚皮或緊襠褲勒縛大緊或臥已盤旋或睡不轉側是故促偪胎蒙氣失舒暢降生之後自然如此若但知與按揉未知調之百脉宜將五木湯浴之功效謂用桃李槐柳皂莢各取枝煎湯候溫與浴仍與觀音散少少與服效且妙矣

議噴嚏

議曰肺之氣壅腠理不通外感寒邪或已傷風關竅閉塞欝欝于中及至噴嚏方有少解不能發散漸入胷堂逆生痰熱痰熱既有即加之咳嗽輕則氣促短急重則驚風搐搦搐搦之利若在初生尚云不可宜與消風散服之咳嗽宜與金沸草散人參羌活散二藥皆和且順雖則嫩弱服之無恙其劑溫純化痰利膈效之至矣

議臍突

議曰胎乃育形臍乃根本胎氣固則形體壯壯臍深則根命長受氣卒遺形萎臍突凡兒斷臍剝益漸長漸深吻乳調和愈固愈實是血脉之相順致形体之相資初生之兒自熱在胷堂則頻頻伸引呃呃作聲努脹其氣抑入根本之中所以臍突腫赤虛大可畏無識之夫將

謂肺臟不利所使之然皆非也蹄肺不盈尺一臟之內隨其根蒂自虛實者深之弱者淺之深淺之理以其禀賦得之此乃良由胎中母多驚悸或因食熱毒之物有作宜與大連翹飲子其熱自散其臟腑本不必以藥傷之恐毒傷入為害醫工當知之矣

議夜啼

議曰王氏擧水鏡先生云天蒼蒼地王王小兒夜啼踈客堂又云啼而不哭是煩哭而不啼是躁無辜瞞云定多啼而似祟凡初生兒日夜煩啼眞如有祟或謂熱在心經藥與踈利或謂寒停臟腑與服温煖醫者察而治之乃善也皆兒啼哭胃堂御冕首更張嘉灯者心經有熱宜踈利服三黃圓或煮一數加灯心麥門冬子良若兒啼哭頭低身曲腹哭杜緊者臟腑留寒宜與益之胃風湯加黃耆煎效若不識證候但以蟬蛻二七枚全者去大脚為末加朱砂一字蜜調吻立效

議口生瘡

議曰嬰孩口古生瘡乃心脾受熱流沫煩啼甚則不乳妙藥良方已載于後然牙兒吻乳之初口內生白煩躁驗人皆莫知其由將謂神祟使之究竟其理母於未誕之月恣飲醋酸貪食肥膩熱毒胎氣所受其兒脫胎之後所襲熱毒之氣悉皆散出于表舌係于心唇于于脾所言心脾熱是也欲以下其氣未可利臟腑但以吳茱萸末米醋調傅脚心經夜即愈藥性雖熱能引熱就下其功至良又有心肺熱者瘡漬顋頷初作數點胭脂紅漸散班駁加丹加之身體有熱連翹飲主之但禁火氣餘無慮矣

議身體熱

議曰嬰孩變蒸作熱按法應期三十二日方初生之三十一日乃作蒸所受相參有造化之令者脉氣得之煩助也其或大過不及所發蒸不應期蒸不順時蒙衝逆之流行臟腑未之安益胎氣塩伏誕浮湯和兒與母俱勞其神脉共身然受其熱若調理者循其法度調而理之法以度之七十二日初生胃弱不合加餌少須外飫法以父母各呵兒額七遍父先呵之曰飛為吾兒煩惱其宜我精我氣受大為送陰陽和肥聖力扶持薄有還令隨呵愈之急急如律令母復呵咒之曰爾為吾子胎氣充汝我血我脉母銀母阻萬神唱生有福為主稍失調度隨呵而愈急急如律令次煎葱白玄參湯或五木湯候温浴立效

議血眼

議曰胎氣充足兒將分降胞囊已破先行清水其兒既誕血即送下緣由胞氣頻澁轉側差緩其血壓瘀眶皆遂致濺滲臟則灌注其睛不見瞳人輕則外胞赤腫上下爛眩若投涼藥恐寒臟腑宜與服生熟地黃湯流行氣血或用杏仁二枚細嚼乳汁三五匙臘粉少許蒸熟

以絹片包裹頻熨切效重盛者加黃連朴消最良

議卵腫

議曰外名膀胱內通腎臟一處承受三經所傳其外腎冷熱皆由心氣主之心經有熱熱入小腸或赤或白或淋或澁心經有寒寒流膀胱或秘或疝或腫或光凡兒初生兩箇石子俱大光浮名曰卵腫一邊差大名曰偏墜蓋由驚氣所行傳受于中或母懷孕驚憂之氣不散胞胎之間兒亦受之所以生下便有卵腫外宜黑散傳之內用清心順之黑散者用黃連黃芩大黃黃蘗等分為末猪膽汁同蜜調傳之立效清心以犀角地黃青與服若有熱大連翹飲宿夜安定晨朝慶之

議姐瘡

議曰初生牙兒至於長大三焦四體五臟九竅皆待全功不作瘡瘍者乳固良婦善護胞胎不貪婬慾從己受胎至于降生更不交侵男女實幸其兒氣血相參宗衛相順臟腑自和皮膚自滑一見兒孩肌膚頭面斯可知之矣嗚呼為人起根成自一點不淨之物處母胎中漸數形狀臨產之時真智相投以隨業力而生其有匹夫匹婦何以知其至理恣心合意即於臨產之月尚行房事以亂其氣以傷其脉以耗其神以敗其血兒生之後遍身瘡潰滿頭瘡瘍精神不爽啼哭煩躁並是胎內所受以纖觸淨以邪于正賢士明公不言而唯愚魯鄙野豈可告哉謹書請鑒切幸聽之

議鼻塞

議曰凡兒稟賦胎氣充實三關九竅五臟六腑內外呼吸上下貫通流行百脉正順三焦者皆由所禀元命自然之氣也凡產牙兒三朝五日六晨一臘忽然鼻塞吻乳不能開口呼吸者多是乳母安睡之時不知持上兒子鼻中出息吹着兒顖或以水浴洗用水温冷不避風邪所以致兒鼻塞宜與通關膏傳之消風散服之或有驚悸作熱杜薄荷散與服通關膏用白殭蚕猪牙皂角荊芥香附子川芎細辛等分為末

議聤耳

議曰凡兒胎氣不充實關竅不通利蓋由稟賦不足胞受有虧臟傷腎經腎為根本水之一數也外應耳孔或去水入耳或曰乳汁入耳較之即非兒生氣脉根壯臟腑固實雖水及乳入耳必不此作自是氣不充脉不實使之然也兒無補腎之方但清心肺而已初生之兒而有作者甚重也卒難療理用藥傳摻少愈愈而後發至于過周與服黃耆白茯苓人參白芍藥川當歸熟地黃甘草等分作湯劑以固其內內若固實不必摻傳亦自並愈摻方用壁上蜘蛛一枚瓦上火乾坯子白礬腦子麝香各少許同研令勻雞羽引入自愈

議便血

議曰兒生七日之内大小便有血出者此由胎氣熱盛之所致也母食濃酒細麵炙煿醃鹹等流入心肺兒在胎内受之熱毒亦傳心肺且女子之臟其熱即入於心故小便有之男子之臟其熱即入於肺故大便有之血出淡淡有似烴水盛則其血加鮮凢遇有此不可它藥盡以生地黄根研取自然汁五七匙一二匙蜜半匙和匀温温與服移時安愈男皆効不請醫甘露飲宜莫與服不必地黄黄一無恙勿自忘投圓散徒從矣

治幼口議卷之四

治幼口議卷之五

議致癰

議曰母患血熱兒在胎中受之其血亦熱母氣壅兒在胎中受之亦壅幼氣壅聚在經絡臟腑之間積滯不散毒氣相交内不通利即從外消外無能消其血與氣壅在一處多是生腎膂或香髀脉腫大如拳紅赤似血其兒本躰是一塊瘀血又加生瑰壅毒卒未能消醫有何法者述之士全不勞苦以鍼失燬柄取次攻之十不得一外傳用朴消天南星川當歸秋芙蓉葉黄蜀葵花乳香木鱉無名異其壅已熟即研白丁香少許津唾調傳菉豆大見又破潰膿血送出宜先與服托裏排膿消毒散熱藥宜用生甘草瓜蔞根苦梗桔梗地枳殼川當歸綿頭滿芎錦紋大黄等分為末服一錢七瓢熱與服以利為度勉効万一不可荒亂意欲速消以惡毒草藥致発難保苦哉

議撮口

議曰兒患諸風疾傳入患候至於撮口病致危急凡有臍風撮口胎風撮口鎖肚撮口弔腸撮口卵疝撮口應病悉入成風　入心脾俱能發作夫患在撮口者皆由結滞于中于及腸胃閉不得通氣不能化腹中滿脹肚上漬筋撮口不乳証狀不急若不速與利不無因救療醫工若將撮口以為常則候傳入豈可投藥應患用以

真珠天覺利之神通疾去氣和兒活用者敬信而已

議合數

議曰胎受已滿產降必全尽一氣而包囊閉九竅以通連在乎十月之中形骸已具分免臨時之內谷道無穿所緣兒在胎中七孔九竅若不通利如何四体百骸而能生長期由熱壅所致肺經之極結于肛口閉兒不通降生之後無腹滋潤乾燥之合若投寒涼之藥愈閉不通若不温平之藥而又不通即是兒氣不順腸日月虛澁谷道乾燥閉合可長方不詳載藥无驗速至於此等定須當以物透而通之金釵為上玉簪次之蘇合香圓內入孔中九凡剌三寸許屎出為快也曽見肛門內合小便通利大便至死無能通者恩部燒火筯剌之事出不得已既然內合決無奇方試以金玉重力剌之尤勝火筯智者別有妙法請者其後以濟家若宜哉又有初生胎熱一二日不通者與服洗心散以通為度四順飲加制芥煎亦良

議閉小便

議曰小腸乃心之府也水實流行隨其氣而利之心氣若壅小便不通心氣若冷小便多酒（音謂酒致絲也）心氣若寒小便多旋心氣若熱小便艰澁心氣積熱小便白赤（先赤而後者之）白所言閉小便者依謂下結腹肚脹緊膨滿不通其綿熱盛用力努旋點滴而出乃是閉不通利于心疼痛精神昏悖速用生大地龍數條妥少許研傳並卯仍燒蚕蛻級灰留性朱砂腦子麝香同研煎麥門冬燈心湯調與服移時見效

議盤腸

議曰氣和乃升降安樂之由也氣逆則壅結疾病之致也如如有患盤腸非暴所得元由氣鬱積久不散榮壅衛結五臟六腑无一舒暢其氣乘虛發作衮流上下萦隘于腸胃之間有声汩線連連而設如猫吐急視之不忍何以所堪差乎一身四大無主又有吊腸一證寒氣壅結内不伸舒雖不引氣鼓動臟腑胃堂與臍上下吊促彷由逼僂號悲疼痛二候既作驗醫驚然俱氣所患受發不同盤腸宜以匀氣散加沉香煎服之無不愈吊腸當用真珠圓加以沉香乳香煎鈎藤湯送下微通即痊然後更與調氣順助根本方佳勝也

議咳嗽

議曰欬嗽屬肺經所主肺主氣外屬皮毛腠理凡諸牙兒孾兒日夜切與保待毋令風吹腦顋背腠致使肺受寒邪欬嗽不已作熱多痰若被風吹即曰感受次第傳之五臟虛處即任所入蓋初生兒氣微易得傳變良由頭動五臟有傷和氣五臟不和三焦不順故有傳變是以我生於一腎水也腎主虛邪生我在五脾土也脾主食吐逆虛痰四肢昏口我生於三肝木也肝主風癲癇

眼目魁栽即二心火也心主驚恐悸頻從血脈膽怯其歎傷受或吐逆或痰涎或厥冷或恐悸至眼目兩雖黑紫如被物傷成重發癇古人云久嗽成癇謂藥力不及候已傳過難可調理預當告之

議哯乳

議曰產婦血敗者當下榮者化乳血下不盡母致其病乳有不調兒招其病凡兒吻其乳有不到於胃堂蓄滯積滿或冷或餒故以哯出或間之無怒否曰不宜也久哯令兒神困力乏氣怯肌羸脾虛若畏逆作癇疾及至成疾脾風定矣初生與周晬之兒胃氣未備假食未發全藉吻乳快如無恙自然臟腑充百脈順則体壯神壯清幼幼失乳如人絕食食爲根本資養性命豈可絕乎乳幼本只柔弱血氣雖微臟腑淨薄根基危脆豈可失乎乳之若失乖繆甚多乳之若絕性命難保其或母用性不順則氣血亂氣血亂則乳汁不和乳汁不和令兒哯逆宜其速與象理若作尋常必致害生小沉香煎及益黃圓與與服之當飲其驗乳母宜服藿香正氣散加枳术至良

議自汗

議曰血不榮則神不備氣不衛則脈不充理其血用和其氣安其神周調其脈陰陽均平氣血相參百脈順流三焦五臟自然以益其木兒生至周晬之兒不可自汗自汗即亡陽亡陽即氣怯氣怯則形虛脈虛則神散神散即驚風作驚風已作搐搦施爲醫者失之究竟血不氣不衛作疾不輕爲害必大禍生起於微人事何不察膺夫天炎之曰自汗豈能成風癇耶愚曰渠莫知其所以然者非我究也本與一端虛以類之智者應有諸云觀其瀾而探其海知其末須明其本通變之士審乎得失是是非非不離乎中載度疎謹而後已察礼幼自汗切勿止之方用白术一分小麥一撮水煮令乾去麥爲末煎黃耆湯調與服以愈爲良若以上汗又爲脾氣作熱煩躁所謂氣血相參則汗自止矣

議自利

議曰自汗不利者由血不榮虛于表也自利無汗者由氣不衛虛于裏也其或有自利亦自汗者榮衛俱虛也凡爲其人止藉血榮氣衛扶首身体血既不榮又氣不衛裏外不相參上下不升降開發不閉通經絡不調適榮衛不循環臟腑不充求且醫工何以良餌則性命何以保待究竟在始醇全章之良由水穀不分自利腸胃怯弱自利臟腑不和自利冷熱相制自利陰陽不調自利榮衛不順自利前件自利皆由氣虛傳之初生幼幼忽爾自利者與順榮衛平調陰陽制其冷熱和其臟腑分其水穀生其胃氣則內外充實何泄利有作宜以參苓白术散加以車前瞿麥姜棗同煎更量虛實加減

議哭無声

議曰鐘鳴声大淵遠流長形處胞胎之中受氣充足水火兼濟心腎不虧耳目兩竅相通大小二腸相佐所以發声清響洪亮者根固本壯稟賦充實而自然之理也初生啼哭發声不出吮々而作聲々而爲其或短歎上下氣不相襲醫與果訣云此由胎氣不足何更投藥假使成人父母不悅吁哉根本不壯何須藥餌如果本之蓁水奚宜也古意違用父母呼呵及以葱熨令声發越雖然妙理紊緣目無根本産子育兒當知其義理哉

議視无情

議曰天地清明萬物咸明一氣盈通三元克備人之受胎應數降生之後不以貧富其子皆致精神全氣脉壯視聽欣嬉取與喜怒周睟之間於人事情懷意旨慷吒以知其逆順方可謂兒孩性識之本也其或周睟已過不認名不猥親常々然顙蹙容喝臉含啼東喚西向南呼北面其坐若木其臥若尸其行躑躅其立用撥筋骨氣脉柔怯虛弱食不辭飽渴不知飲者也長成慵懶必有如此胎氣於數不足者難保千日良方妙劑不謂此設醫宜察之學宜究之

議反身張目上竄

議曰此等證候係驚風惡逆所發初生三五日之間便有舉目上竄將身反張然其非疾所作情實驗人凡醫工必作驚風瘈之其候非也焉一所由兒在胎中受母飲食熱毒之氣蘊在胃堂誕下三日之前宜與黃連去熱臧粉散毒古人預計利害其又與人參朱蜜湯皆清心肺積毒既化兒護無恙若不如此所生箇箇反張上竄或有无作之者鄙婦不問食啖熱毒之物何可怪哉或投驚風涼藥亦愈但須明其所以用藥智者裁之萬一不由驚風所傳牟與詳悉

議乳失時哺不節

議曰物萌失之灌溉長必萎焦兒誕遺之乳哺壯必怯弱大凡生成之理合乎中道者以應運化之宜也夫人失乎正札者乃違玄元之數也凡兒在胎則和氣養之食不及乳乳飽即不食無致剝也雖食無乳禍害生焉是故乳不可失時食不可不節乳失時兒不病自衰食失節兒無疾自怯乳者壯其肌膚食者厚其腸胃所謂乳哺二周三歲則益其躰今人未周奪其乳入月恣肥甘豈不致疾傷害熟爲吁嗟

滇山省翁活幼口議卷之五

新刊演山省翁活幼口議卷之六

小兒形證訣歌

初生牙兒一塊血也無形證也無脉有驚當知是胎驚
有熱當知是胎熱三朝綳抱未知安七日一臘古來說
臍風撮口老娘來鎖肚清筋唇口撮又有肉邪客忤兒
不乳一齊神自脱只將妙藥保安康良久牙兒命得活
若知難救命須臾嫌兒指甲暴唇黑女子初生小便血
正是胎中受熱得男兒兩目閉不開或患丹瘡俱熱極
目閉丹瘡消毒良血出須用生地黃又有初生便發延
或將向火或加綿神情不穩目斜視強直反張深可怜
醫人若作驚風錯但只凉心便安樂須宜以許地黃多
更加紫蜜神仙藥牙兒未周不識驚忌他聲響不安寧
日不目
日內卒周名撒𢹂驚熱須當順變蒸三十二日為一變
六十四日為一蒸一十八次變蒸足方有脉自寸口生
變蒸未足在面部左眼大陽陰右處眉棱上下俱是木
準是中宮鎮是土耳間屬腎常土虛唇口兩畔脾所居
面中臚臉屬心火惟有人中是肺都五行相生重却輕
若還相剋着工夫順候易理逆難療智不通兮性莫麁
心主驚兮肺主氣肺主風兮脾主味胃家不得冷熱虛
吐瀉下止驚風至自古皆言心主驚五臟六腑有驚名
心驚血散氣不後流入虛堂百病生肺驚哭水肺喘細
乾嘔無時脾胃病腎候咬牙肝搐眼夜啼腸怒臉紅心
五心熱是脾搐悸面青下白臉皇驚若在三焦絡作瀉
或入腸就加痛聲

脉指訣歌

小兒食指辨三關男左女右一般看皆知初氣中風候
末是命門易亦難要知虎口氣紋脉側指看形分五色
黃紅安樂五臟和紅紫依稀有損益紫青傷食氣虛煩
青黑之時證候逆忽然純黑在其間好手醫人心膽寒
若也直上到風關粒米短長分兩端如鎗衝射驚風至
分作枝又有數般弓反裏順外為逆順逆交連病已難
又頭長短猶可救如此醫人子細看男兒兩歲尚為嬰
三歲四歲切為名五六次第年少長七齡八亂漸論情
九歲為童十稚子有病開隔辨其因十一癇痰歸癲風
府病還同勞病攻瘧痢定為況積熱退他潮熱不相同
初看掌心中有熱便知身体熱相從肚熱脚冷傷食定
脚熱額熱是感風額冷脚熱驚所得瘡疹發來耳後紅
小兒有積宜與瀉傷寒三種解為宜食瀉之時須有積
冷瀉須用與溫脾水瀉且與滋臟腑先將瑞腸散與之
孩兒無事忽大呌不是驚風是天弔大呌氣促長聲麁
誤哭熱毒悶心竅急須吐下却和脾若將驚藥真堪笑
痢疾努氣眉頭皺不努不皺腸有風冷熱不調分赤白
脫肚肉毒熱相攻十二種痢何為忌禁口刮滑一作腸大
不同孩兒有病不可下不熱自汗兼自瀉神困顋陷四

肢冷乾嘔氣虛神怯怕吐虫面白毛焦穗疳氣潮熱食不化鼻塞欬嗽及虛痰脉細腸鳴煩躁譫若將有積與躁通下了之時必生詑孩兒實熱下無妨面赤睛紅氣壯強脉大弦洪肚上熱脉𤸎喉痛尿如湯屎硬腹脹脇助滿四肢浮腫夜啼長遍体生瘡肚隱痛下之必愈世為良

指下脉訣歌

二三歲時看虎口更加中指按高骨浮即風生數主驚緊是癲癇洪作熱沉細腹痛緩沉虛瀉痢多由此脉初微遲有積無虫蟲遲壚元來胃脘迸四歲脉不在指端一指高骨按虛實五六家轉尋三部平正閑上為準則七八稍移指少許九十次第分位取十一十二也同看十四十五三指觀小兒有病脉不多先定浮沉遲數冊言數外沉遲為陰浮數陽更看面部屬何方青色驚風白虛瀉赤生痰熱黑難當黃是脾家瘀積作醫人審度療何方

三脉五脉直說

凡看小兒初生至半睟之間有病即與看額前眉上髮際下以名中食三指輕手滿曲按之兒頭在左舉右手在右舉左手食指為上名指為下若三指俱熱感受寒邪鼻塞氣麄三指俱冷臟寒吐瀉若食中熱上熱下冷若名中指熱夾驚之候若食指熱胷堂不寬若名指熱乳食不和

識曰半睟以上方可看虎口周睟以上看虎口兼一指脉若五百七十四日變蒸滿足只與看一指脉以食指家轉分取三部凡言三部者非寸閑赤係小兒三部面看氣色為一部虎口紋脉二部寸口一指脉三部五脉者上按額前下診大衝併前三部謂之五脉凡兒有患不屬恩候即不可與診大衝之脉其脉定生死之要會也其證候危恩故當診之不可看恐污人情傷於不任用矣

三閑指紋要訣

氣閑命門

初閑氣候

中閑風候

流珠形主膈熱三焦不和氣不調順飲食欲吐或瀉作熱或腸鳴自利煩躁啼哭

環珠形主氣不和脾胃虛弱飲食傷滯心腹膨滿作熱夾食虛煩煩悶

長珠形主夾積傷滯腹肚疼痛或有寒熱腸肋膨緊合不剋化或虫動不安

長蛇形主中脘不和積氣攻刺飲食不下痞氣欲傳纖
腸不寧膨脹乾噦

去蛇形主脾虛冷積泄瀉或吐或渴煩躁氣麁喘息
飲食不化神困多睡

弓反裏形脉內感受寒邪頭目昏重心神驚悸沉沉默
默倦怠昏悶四肢稍冷咳嗽多痰小便赤色

弓反外形主痰熱心神不寧睡臥不穩作熱夾驚夾食
風癇證候

槍形主邪熱痰盛生風神情恍惚睡下安穩欲發搐搦
驚風傳授

魚骨形主驚風痰熱證候已定可以截風化痰利驚退
熱不作諸惡候若已傳過必作它證

水字形主驚積食積膈熱煩躁心神迷悶夜啼三焦不
順痰涎壅盛涎潮口禁潮如搐搦

針形主心肺受熱熱極主風驚悸煩渴沉沉默默不食
神困四肢痿弱及驚風暴發痰涎壅盛搐溺

透關射指面主驚風痰熱四證皆聚停在胃膈不能散
其候所受雖重證順則可療

透關射甲主驚風惡候受驚傳入經絡風熱發生作入
八候虛痰不下危急惡證雖可療治

指紋脉訣說 紋有黃紅青紫黑色

議曰黃色無形者即安樂脉也紅若無形亦安寧脉有
前件形者即病之脉只第而變初作一點子氣現多紅
脉至於風関其色方変紫色病已傳過青色已受之極
黑色其病危急純黑分明不可療治三歲已上病重危
急指甲口鼻多作黑色並見脉絶神匹證候忠逆雖有
妙藥良方亦用孩童有命

議指紋脉總要

議曰消息指紋脉訣考詳諸家所載參較至理其說不
同所以錢氏王氏二家文意並不詳載但只言論其證
候而已然而證候且幼幼之疾若不定其指端說病是
何用意僕留心頗又其紋脉述之不繁摘參諸家之善
前後所斷龜鑑較其正理醇乎醇故不勞再三乃訣定
如此者蓋欲微妙曲全一家直指明智之士謹更考之

必有五調形容毋曰管見可也

詳解紋脉

識曰流珠只一點子紅色環珠其形差火長珠其形圓長以上非謂圈子總皆紅脉貫氣之如此来蛇即是長珠散一頭大一頭尖去蛇亦如此乃分其上下故曰来去角弓又張其裏外向裏為順向外為逆鎗形直上魚骨分開水字即三脉並行針形即過關一二粒米許射甲命脉射外透指命脉曲裏一十三位悉有輕重元由一氣自微至著從漸至總輕重參詳前云五色者曰黄紅紫青黑由其病盛色能加變又攜加進即越黄紅之色紅盛作紫又有紅紫之色紫盛作青又有紫青之色青盛作黑又有青黑之色至於純黑之色者不可得而療治之也

新刊演山省翁活幼口議卷之七

小兒面部氣色并序

夫天地有儀故稟賦生成相貌男女方質稽陰陽毁合形軀五體之中面目彰乎氣色五臟之内神竅有以災詳形究真邪潛一氣而分部位脉推隱顯洞諳經以測源流魁伏便臨剛柔升降生栽栽生即山中獲吉魁仙。他魁惡順裏招殃肝家無氣常宜腎水澄清謂有精神氣全肺準多光氷烘臉矓火燄凡人有火色史何況小兒土唇紅作湯頓赤鋭驚眉頭露々父母專憂頭上角、醫工少樂凡理嬰孩先看面部定氣察色取為要也良由内有疾而形于外是以本位與地位一体和悅易安氣色其神色交參病傳難療先求逆順次較盈虧交使歸入不逃乎源危篤死生必知乎本輒述于右諧更推詳舉一隅以類衆隅精三索而還再索妙在智遠良用心通醫工善理所謂多智多謀藥效方書宜其廣知廣見深求決定取舍專識良師致力不殊乎方學者行醫須盡其理至誠畫畫難以述之務學惟精得中為妙

五臟五色本立

心主紅　脾主黄　肺主白　肝主青

腎主黑

五行相生

金生水　水生木　木生火　火生土

土生金

五行相剋

金剋木　木剋土　土剋水　水剋火
火剋金

五行本生相侵

心氣侵黃　脾氣侵白　肺氣侵黑　腎氣侵青
肝氣侵紅

五臟生本相臨

心氣臨青　脾氣臨紅　肺氣臨黃　腎氣臨白
肝氣臨黑

五臟勝伏相交

白色交心　黑色交脾　青色交肺　紅色交腎
黃色交肝

五臟受歛剋入

黑色入心　青色入脾　紅色入肺　黃色入腎
白色入肝

五臟畏受

肺本辛金畏丁火受己土　腎本癸水畏己土受辛金
肝本乙木畏辛金受癸水　心本丁火畏癸水受乙木
脾本己土畏乙木受丁火

五臟子母生成

肺脾是母腎是子　腎肺是母肝是子
肝腎是母心是子　心肝是母脾是子

分定五位所屬

心臟部位

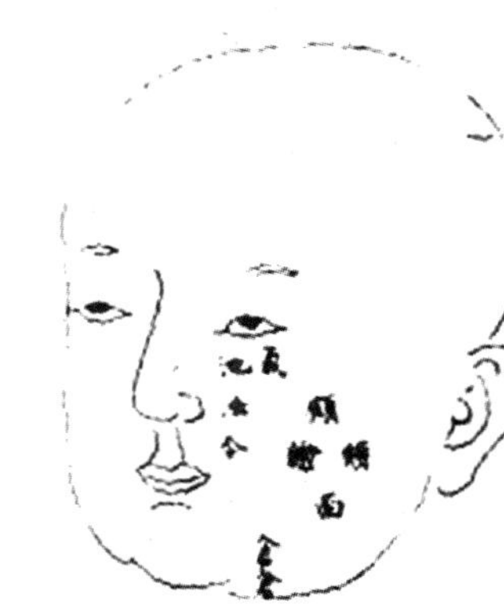

顴面臉頰心火所屬氣池之下法令之傍食倉之上高骨紋之一寸二分皆屬心之部位

脾臟部位

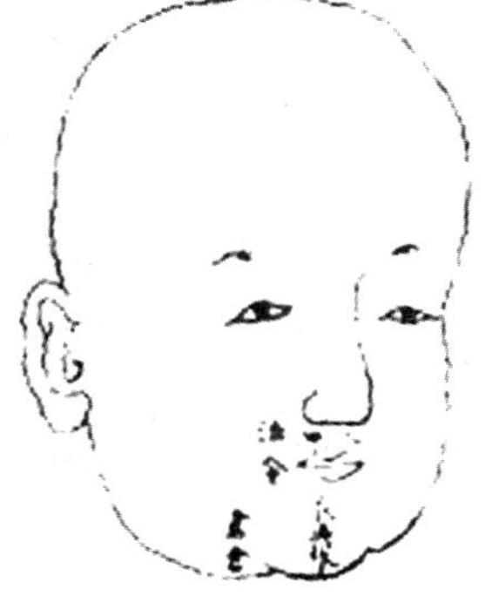

承漿之上人中之下法令之内食倉之傍其合即唇其開即口合即屬脾開即屬心四方二寸四分擺動之所皆脾之部位

肺臟部位

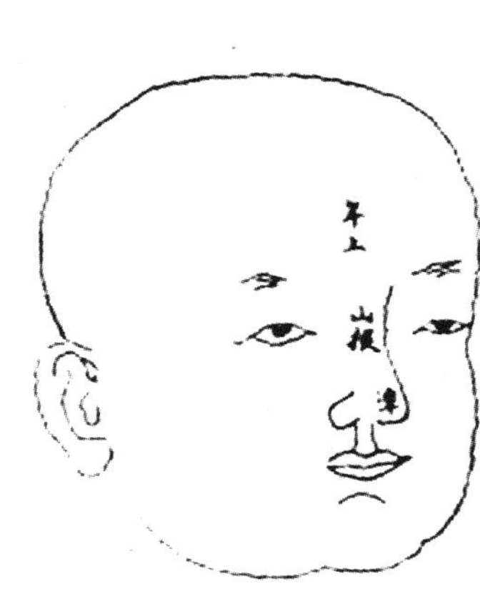

準頭至山根兩孔并中梁皆頭直下年上壽上裏外通息皆屬肺之部位

腎臟部位

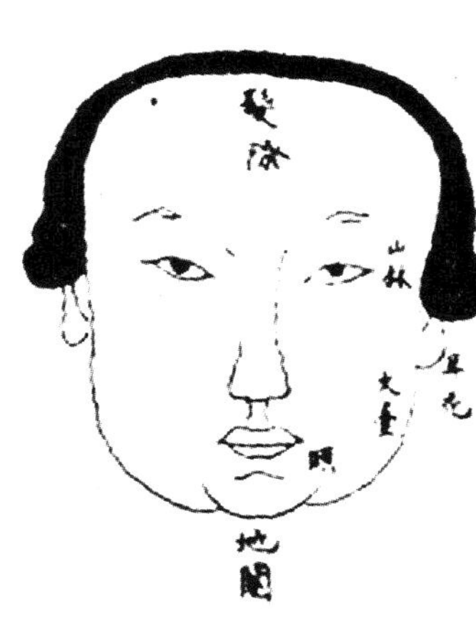

耳花及輪廓文臺山林頭髮際並地閣四維如海岸皆屬腎之部位

肝臟部位

風池與正眉氣池泡皆頭上下貼動處太陽及太陰連及山根所皆屬肝之部位

命門部位

天中與天庭司空及印堂額角方廣處有病定存亡青黑驚風恐体和滑澤光不可陷兼損紙黑病難當青則甚憂急忽然亦堪傷此是命門地醫人勤較量

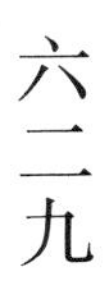

五臟伏畝喜傷

肺所伏者心所畝者肝所喜者辣所傷者焦苦二変七蒸之臟和則喜懽氣爽神清氣強疾主喘滿欲嗽傷風作熱虚痰壅盛

腎所伏者脾所畝者心所喜者鹹所傷者甘甜五変十蒸之臟和主行坐語戲咲語疾主崩砂黒齒戴齒咬牙停耳猥汁

汗所伏者肺所畝者脾所喜者酸所傷者辛辣初変六蒸之臟和則鬼神壯意智生疾主風痓搐搦眼目腫赤疼痛

心所伏者腎所畝者肺所喜者苦所傷者鹹仍三変八蒸之臟和則情性和悦疾主驚癎恐悸虐躁嗜味纏語狂煩燥流口涎

脾所伏者肝所畝者腎所喜者甜所傷者酸鹹四変九蒸之臟和則消穀氣長飲食疾主嘔噦宿積虚痢瀉癖瀬熱不思乳食

面部氣色總現

五位總作流波泛濫隔膜縣藍青色者驚積不散欲發風後其神彩觀觀不穩上上下下證変風生(此有一字闕)

五位總作閃爍然黙無妙映火紅色者疾積壅盛驚悸增進其神彩視物不定悦悦總總候変驚速

五位總作混衰泛發衣傳土壊黄色者食積疳傷欲作疳後或痞癖有之其神昏觀散漫昏昏沉沉其後寒熱瞬發飲食不歛氣悪短而且仍喜睡嘔噦有之瀉痢有之

五位總作澀浮虚野露入谷白色者肺氣不利大腸滑泄水穀不分欲作吐利其眸緩澀失其精神朦朦朧朧性情不育光昏重無五臟少實百病多虚或吐利之後有失調補

五位總作浸浸殘殘覆天弥覆黒色者傳不順證変即逆候表裏有虧臟腑欲絶其血不榮其氣不衛榮衛失序経絡沉瀝皎皆亦欲為危危思其神魂昭乎乎黙黙者為人不久也

五位分部定位

肺部所主

鼻孔名仍竈尖處名準頭眼尾名大小眥中央坎陷名山根若鼻孔黒如煤即肺経焦燥作黒燥如墨者即肺家絶其候難治鼻中赤痒宿蟲蛔長或瀉白滲臓寒因寒或流清涕傷風喜睡肺熱鼻塞閉息吹得有妨吻乳閉氣閉阻感風寒邪熱亦如此鼻下生瘡潰爛即宿鼻中常臭積熱為咎

腎部所主

耳穴之前名曰耳苑耳穀各輪輪裏名廓輪廓焦黒腎家虚熱其黒如炭腎絶死且耳門生瘡衛積常耳中

腎出腎熱痼極其名聤耳膿汁不止瘡痒如烈其候虛熱忽聽不聰心腎氣壅常作閉々熱氣上攻或如蟲刮榮虛衛熱耳輪如冰麻豆相侵耳輪紅熱傷寒是則熱極內痛腫氣相攻清心涼膈開竅通塞兒孩兩腎常虛無病若有攻擊使令無益

肝部所主

眼睛有窍內藏其神水究五輪眶眩屬脾熱卽生眵兩眥屬心熱痛如針勾屬肺家熱赤生砂黃屬肝膩昏稽瞳津中心瞳人腎熱不明兒孩眼目痛卽使哭泉方封治更與忌毒或患斑瘡從其而缺經效良藥速療無妨眼本屬肝怕熱怯寒令有治法極理何難眼忽連眨驚

風交雜忽然寒倒睛惱風已至肝絕定睛或翻無神撞去中陷十無一生

脾部所主

唇卽口門語言之專舌居其中飲食之宗齒牙咀嚼咽喉相約牙質既剛角宮羽商嬰孩未定唇口見病上卽人中下乃承漿上下四方皆屬脾鄉口內屬心　脾有熱舌瘡唇裂三焦蘊熱唇紅如血深紅重渴轉卽流沫鵝口慕口木舌色可以布設未兆之功可以預防也

種德書堂校正

善本鼎新刊行

濵山省翁活幼口議卷之七

濵山省翁活幼口議卷之第八

病證疑難序

觀夫恭依冥曲累工混沌名山川源取次滿流鑿掘到海天地有自然之理至哲無造化之功醫究一門道通千聖小方脈者乃衆科出倫議論之要也九為調理先哉可否之宜學習篇章首察艱難之屬誰知活人作德我收醫道通仙陰陽昭然行功獲奧於戴得歸奧古本契全真識性悟撰方為至妙前賢著議後學推誠己述淵源顛留確實持燈臨夜洛陛摘植索途捧寶釋義頭顯良工與鑿演職剖疑難事日聊陳管見同由一十八章幸希同志証是品第非涉狂誑詐淺陋之言以展悵洪之謄一隅再舉三後方欽

病證疑難一十八篇

一　逆證似順

議曰順逆有別陰陽不均證候相如色脈致亂惟是驚風發作按脈察證以較之陽候證脈俱得其陽陽者順也陰候證候俱得其陰陰者逆也陽候有陰脈者其證欲傳陰候得陽脈者其證又是也謂如急驚風乃是陽癇得脈浮數洪紘陽中之陽又有得脈沉緊陽中有陰慢驚風乃是陰癇得脈沉細遲弱陰中之陰又有得脈浮大陰中有陽所言逆證似順乃謂陰中有陽助陽不醒回陽不生其候偏虧雖則陰中有陽其陽非真脈使

疑貳不可攻理詳而知之累其可否而後已

二　陰證反陽

議曰小兒傷寒惟察表裏而理之不以陰陽證候究竟者蓋無關前關後之脉所謂純陽之孩合而言之此說陰候者慢驚是也凡兒吐瀉疾作慢驚其候無反證良由急驚傳來已成陰癇藥用寒凉證入慢脾藥用燥熱其候反陽者反從陽也其脉愈盛其證愈逆故云反也陰陽俱壞實謂難治醫工不知其所以但見其搐搦肆意退熱截風良久却不引搐但只合眼聚痰冥冥如搐證候有如此何藥理之請議較之

三　陰盛強于陽

議曰慢驚風候謂之陰盛又其欲絶之特虛痰上攻咽喉引氣呼吸粗大其脉浮數其證強陽得之醫工將謂陽回以得其所宜與下痰藥用太迅痰涎即時隨藥而下兒命即時隨藥而化衆言醫殺之愚曰非也謂渠無智不識證絶而用之雖不下藥亦死之矣

四　虛極生熱

議曰痺候有作斯證初發即謂痺氣次第傳至痺極是謂虛極之候陰陽二氣不勻上下氣不升降榮衛兩虛臟腑滑洩豈可攻療善醫痺者隨順藥餌以助之淡薄飲食以扶之榮衛漸得均勻氣脉方得升降既而陰陽二氣已得調和臟腑已勻充實肌膚已自肥壯醫工已知痺傳在虛候名作痺極遂與補氣藥服之稍多反生大熱所謂虛極多補熱盛煩渴疾作痺勞名曰丁奚皆由藥助虛極生熱而致之也

五　冷久必寒

議曰癥積已作證候所傳自是孩童飲食不化氣滯中脘再食停氣復傷前積積之為病皆致其冷冷之既久脾胃虛怯虛怯既存陰陽相勝寒熱間發痞癖有加脉氣無定醫人不理陰陽今其均平但作痞癖治之或投砒或投粉也既粉利下太速疾不去根為患反重難施和劑良由利動臟腑虛必入腹發作煩燥腹肚脹緊氣促泣從難以調治療理此等證候宜以母思係全是乎

六　熱多作燥

議曰熱分外身籍陰陽一氣受邪三焦致熱三焦者本實無狀隱伏得名所通五臟六腑相干血脉皮毛溫平由實燥熱由虛靜則為之一名動則分之三所上焦喉舌至膈中焦至于中脘下焦至于丹田以大拇指展中指作一握自咽收坎処分作三停則知上中下三焦所為也溫極即熱熱盛即燥燥盛即焦寄于其中矣大人患此猶尚不可況小兒三焦隱伏熱多作熱寒凉之藥所授不堪畢竟從長何制調理若不早療疾作無辜

七　理實致虛

議曰虛則作疾實亦是病按實理虛遺病去疾句知其

治熱外審其證候三實兩虛神不安者三虛兩實人有得夫虛之為病其候則遠實之為病其候則緩實未致害虛即作搐迅矣肝心脾肺腎子母相生肺肝脾腎心五臟相尅且如脾胃經虛遲嚥不食又心氣不足驚悸有作所療子母俱虛小便閉澁利之可乎所以知其內者母虛奪子實子虛藉母榮其又肺家有熱宜瀉之否大腸滑利宜溫之可醫工但究母虛理其子實者攻其子則母亦虛所謂母能令子實子能令母虛脾病瀉心理實致虛矣

八　利表傷裏

議曰傷寒豆疹皆論表裏二義不同所受又是傷寒所傳從表入裏豆疹所發自裏出表作熱形證與傷寒頗似病家不究輕重所受相尚與服升麻葛根湯或過劑飲餌其表已解其汗不上汗出稍多裏虛作瀉且熱乘熱悉化疹豆自然過出所緣其熱利其表遍出雖多疹亦不成豆亦不是比此小亦自其熱力有限裏外不相續榮衛不加助即於中道而廢漸作黑陷非食毒感風之咎自是助發大過失其自然之理至死莫知其由是謂利表傷裏故也使良方妙劑難以助乎哀哉

九　退熱作湯

議曰小兒發熱一證與大人同熱在三焦方瀉肺驚下利虛煩方湯上盛下虛方湯水火不相濟方湯伏暑溫熱方瀉津液燥竭方瀉渴證本無但有其熱熱在手表攻動其裏裏自無熱受之以虛表熱傳裏反致其瀉表裏俱虛引飲入脾頭面手足受濕虛浮作腫醫工下之從增其病宜與扶表救裏庶幾有命方得獲安疾證于此死者多矣

十　療驚發風

議曰有痰者必有熱隨之有驚者必有風繼之刹其驚其風豈有散其熱即痰不生此醫家者流所得其宜調理證候截風定搐以明其要也如此富兒豪貴家既見纔覺有熱不問元因便投驚藥日躰數粒日既積多雖則驚悸不作忪恐無妨其兒所服寒涼藥多脾胃虛弱不吐即瀉遂成慢風更與驚藥愈加其疾調理醫工當究其後免貽其重禍害生焉

十一　風痰隱久

議曰風者肝主之肝稍不和則風所由縱痰者脾受之脾若不壯則痰所自盛痰之與風驚之與熱四證互馳則流行於經絡之由傳變乞疾所有風痰相襲久而不化隱在肝脾所由飲食冷熱相干故不自散雖則療理愈而後作以至長成且風痰常常在牙頰之間吐茹無盡生發有因其風痰致病或作齁䶎或作喘息或硬牙閉或腫頰頻臨於肺則咳嗽于手心則恍惚善術醫士未能達與下其痰恐風搐狂若逐其風又疑痰作梗須

是風疾並化妙藥奇方以徐以漸减痊可也食不禁戒服藥無功若療風疾深意兒竟不可致緩久則害發于疾當宜察之

十二驚熱無時

議曰因驚而得熱其熱常發不緊乎心而屬乎血更加氣血榮衛毋得稽環驚熱時常發作或生瘡癬或發癢痰熱來神困心虛熱去唇焦口苦呻吟求飲恍惚忘飢兒孩受此難辛藥餌如何救療人参甚活想不相關蝎尾當歸有效巴鼻更無妙餌病不干心説道難醫請誠普意

十三恐悸喘息

議曰驚悸心屬喘息得同而言各異曰非心主之若心所受其疾不作喘發是知肝藏魂肺藏魄魂魄不安恐悸傷乎肝肺肺受其驚而受其喘須求水飲肝受其驚發喘細細若張口大喘者肝肺俱不利鎮心安神調氣定喘必未盡善當於損益魂魄固數瀉心補肝立見功效所述疑難更請探頤毋蹶高安

十四食鍾嗽逆

議曰兒孩鍾息竜竜恬遊擊響高声傷乎其神鍾中不穩乃心不寧乳奶飢渴飲食宜細撥物觸志傷乎其氣令肺作喧千咳發嗽其氣逆不升降其志分不伸舒陰陽在或爭攣鬱問良久敗氣發声合飯而黑啼哭声焦粧則咳逆致蹶盛則咽塞不通所受之後常作欬逆者良由食鍾驚擊得輕閉竅塞通臟腑即不宜升降榮衛乃利益若不早治欬逆于腸終身致疾而難療矣

十五令子無辜

議曰夫人所籍者陰陽而生所宜者氣血而長血氣不順則五臟以違其和陰陽不均則百脉以亂其脉流之於表裏相參注之於經絡致急忌日啐乳兒等閑捉挲人更齊當身躰抬東頭目搖動此乃陰陽自鬱榮衛失正病名桐然禁十二種無辜疾之一也亦請下議見之無不復宗脉發以教合如其然也久而不已愈加其適以臨出見之所以無餘然之故一言為舒其氣消散均其陰陽適其酒漸（上解下志 裏寒有作）休言乳奶無妨曾見父毋慟哭

十六受氣不足

議曰三才降氣數成方謂為人方象論功道合始如得志胞胎既備心定神全血脉未充骨萎髓薄筋力藉乎骨髓智謀出乎心神為人恍惚者斯可知多忘者應由是偏係者乃如然沐備者必若此不及數之重者候存五歎大過受之深者身負五硬由其肺心脾肝腎所屬者氣血脉筋骨所受者躰合肢項嗓其或有疾於證候不足議者往往無辜無辜形骸必定受氣不足謂如五硬五歎只許關名稍有求醫難者方藥後進執謂遲與

療理者野老付之一笑

十七飯多傷氣

識曰幼幼未降形處胞胎藉母氣血滋蔭由如養素已誕之後繼將哺之以乳乳者化其氣血數養肌膚百脈流和三焦順順身肢漸舒骨力漸壯三周所光一生為本其或母因產得疾血竭氣耗乳不成汁當召妳子看顧貧乏之家食不繼口奚能謀此其乳少其食多不益兒躰其有不產之婦抱幼繼宗終夜號啼惟飼飯食初傷其氣次傷其形久傷其神重傷其命姿囂声欬躁怒皮皺項軟足重唇焦骨露但見眼有睛光將久氣散神敗凡人生子寬乳為上獨以穀食扶持十亡未保一二抑服圓數塊失强為勉之息假乳蔭要傳為人死中半活矣

十八臍中受熱

識曰初生未及蔭乳洗罷便用斷臍帶留一握綿裹三重受氣根全者其臍自深成胎數闌者其臍自突臍者受質之根也為人之本也形躰之基也元命之壽也迭月之前一臘之後其兒臍紅高腫不作水濕亦無風候但將習堂仰起呃呃作声闔家無見責之名媼有傷臍帶致之非也若愚一觀察知心氣受之胎熱與利丁火少項不展習堂呃声遂止越宿視之臍根復本醫工與傳及洗總施謬妄故書于揩果其宜哉謾舉頭以請之云

耳

演山省翁活幼口議卷第八終

濱山省翁活幼口議卷第九

議胎中受病諸證序

原夫脉胎血氣本自調順，既成胎孕，育失將護，致使胎氣不安，轉動不常，胃觸根本，初生幼幼，邪正相干，易得其病。今述一十五篇，類而舉之，欲使智者察其已身所受輕重，所發逆順，調治可否，鞠育持令，產婦以正其神，養其血，和其氣，使乳汁溫平，兒得調順，雖有疾作，而自安平逸半矣。重則減之為輕，輕則未成之容易，多謂輕之為重，重則候變而作禍矣。於戲，萬物之中所尊貴者惟人，肖天地生成之道，故難值其安靜，揣躭顧濟知之。脉抱胞氤渾樸之懷，合清濁之淵源，納運成之臟腑。嗟乎，受胎無益於形，有傷加之以藥，誠在出不得已而致之者。在胎内失調，初生宜其和益；若在初生失理，則於嗡嗾之間而療之，順平而愈者也。受之變無数，足其所患，猶未除散，遂成宿疾，終身之咎也。其兒所受胎氣不足為患，非傷肢害體者，並可與整，使其平復，獲奉之甚，良工盡心，斯為妙矣。

議胎中受病諸證一十五篇

一　鬼胎

議曰：婦人產育有患鬼胎者，常鄙謂婦人納鬼之氣而受之，實非也。鬼胎者，乃父精不足，母氣衰羸，滋育涵沫之不及，護愛安存之失調，方及六八箇月以降生，又有過及十箇月而生者，初產氣血虛羸，降誕艱難，所言鬼者，即胎氣怯弱，榮衛不充，致子萎削，語猶如果子胎實之時，有所蔭藉不到，灌溉為物，褊小其形，猥衰，無有可愛，如斯之謂。胎氣陰萎，當與圓散扶挾，乳哺勻調氣血，充榮腸胃，固壯即保其靜養。蓋由受氣不足，稟賦不全，忽爾橫殤，非可惜耶。

二　魃病

議曰：小兒有患魃病者，非五臟傳變，亦非六腑所主，世緣兒生後方及周晬，母復有孕，血氣所陰分之兩端，是故胚胎漸侵，乳汁成毒，虛邪相攻，兒吻致疾，飲乳其氣，鬱傷其神氣，令兒瘠虛尫羸，枯瘁煩躁，頻餐嗄哄，日復不可得療理，但速與斷其乳，溫平胃氣，和順血脉，自然而愈。其有萎怯致瘦，乃成無辜證候，何足惟訝者耶。

三　胎氣

議曰：初生牙兒三朝之後，滿月之前，所受諸證作疾，輕重不同者，蓋由胎氣稟賦有壯有弱，其母飲食恣縱，飽起止無忌，坐臥不擇，令兒得疾，不寒即熱，不虛即怯。熱乃作重，寒乃作泄，虛則作驚，怯則作結。寒則溫之，熱則涼之，虛則壯榮，怯則益衛，驚用安神，結用微利，審詳用之，不必過劑。

四　胎病

議曰：牙兒胎病，謂月数將滿，母失護愛，或勞動氣血相十或坐卧飢飽相役或飲食冷熱相制或恐怖血脉相亂胎氣有傷兒形無補或因動土興工或由營葺房卧或移安居或更薦蓆雖不犯凶神悪殺終干礙子轉兒身有因如此得病者乃成終身之患重則損根摩枝輕則拳挛跛躄若也胎病由氣之致患者乃尚可醫或傳成風為疾者斷不可醫初生幼幼有被于邪者即時和順調理大凡生長嬰孩有如長江行舟一向不值風濤波浪方為穩當何向胎氣不固或生下作疾所謂萌芽既傷將來易殺榮茂矣

五　胎病作熱

議曰兒在胎中母多驚悸或因食熱毒之物降生之後兒多虚痰氣急短而眼目昏沉神困呵欠不發神舒呃呃作声大小便不利或通利即有血水盛則手常拳緊脚常搐縮眼常斜視身常掣跳皆由胎中受熱宜速與服大連翹飲子解散諸熱次與服消風散數服無恙

六　胎氣蘊熱

議曰兒在胎中母多憂怒鬱悶之情不散又因胎氣燥濕兒作娘難母生驚悸是致乳汁不和兒吻成毒故能作熱令兒食则嘔吐眼不定蕃神不安穩聞響即驚若不解蘊毒熱如干久作熱重成疾害生先宜順氣次服四順若不安愈後根次効

七　胎病風熱

議曰兒在胎中母常喜食動風之物熱毒流傳致兒受之隱在經絡則手足拳挛注入血脉則肌膚枯燥其兒眼常喜亂血不蔭心神不守含怯人恂物視作定目昔不早療恍恍惚惚形體雖長情性無拙為人多荒網記久忘雖久受病不無生益父母但知惜昔嬌姿安養其無用之兒如此者凡胎風服藥至用貴細者以常方難言功效

八　胎病驚熱

議曰兒在胎中母因驚悸驚氣入胎兒當受之降生之後其兒精神不爽顔色虚白初則温温有熱其後頻亦鋭驚抱物即恐声響即悸若不留抱安京取次難為調適既有胎驚時傳胎風之候產母謹護忌食一切熱毒之物若作屎常鳥難遊益是血脉柔弱臟腑虚怯不堪重劑何可攻繋是使智昏怯懼育之昏也雖受熱已自散即於項上生癤其大如拳名曰驚氣須當破之而使合之勿傳毒藥恐壞肌膚不惟傷壞深恐有害反為無益禍莫大焉

九　胎病風痰

議曰兒在胎中母喜食熱毒之物熱即生風俾肺不利遂有風痰雖不能損枝傷軆其痰與風相襲痰多風不散熱盛痰復生且風與痰皆能令兒作熱邪毒更加熾紅爐母炙炙燒餅鹹動風之物即時害生葉非不驗

乳汁之咎也如兒或患風痰不必下截風化痰藥但清心肺凉膈順利三焦則自然安愈亦忽可投大凉恐寒臟腑所宜者以消風散下白圓子至長令小作圓

十　胎病結熱

議曰兒在胎中母失調理恣縱飲食不加將護蘊熱頗久及至降生熱氣隱藏傳入于裏遂作閉結其結由熱極得之大便不通利衝心腹脹臍突撮口發氣停嬰急以三黄圓或四順七寶以通為良不必遽剋切亦可下積圓子藥不惟無益恐反為害

十一　胎病寒邪

議曰兒在胎中母因患受寒邪熱氣傾蒸傳入胎臟兒當受之及至降生令兒關節不通精神昏濁作熱加蒸啼聲不響總叫號人未知之皆將謂驚風妄動攻治妄鎮心亦由所受寒邪之氣初只在表久則傳裏所謂邪氣以亂其真故血脈及毛皆不得其便腠理所抑邪不得解變熱有邊氣血致傷煩躁益增無能自暢但與小柴胡湯服之稍輕次以人參羌活散然胎中所受未分表裏既生蘊疾當議和解為之良也

十二　胎病榮熱

議曰兒在胎中母於食物尤喜嗽嚵瓜古人有曰珍羞飫壓炙煿餘稍益毒性至熱又是流臟攻及血脈傳入經絡輕則令兒偏躰生出癍瘡熱毒瘡疹之類流平發作或於頭額生核重則發大痲瘋潰即爛壞皮膚十死一生何堪忍見初生幼幼毒氣如蠱乳內蒸鬱參求抱裏拘藥挾乳（抱即地骨皮　毛熟即黄芪）常與清心平調血脈母慎其口父抱令餘醫工順理與扶其危

十三　胎病衝熱

議曰兒在胎中母傷和氣飢飽勞役神疲力倦多矣其有不勝役者即有憂愁思慮徒乎其中動之真氣攻之虛邪于亂神氣流入胎臟兒乃受之既生之後兒常昏困眼急氣麤重則喘急睡思不穩狂啼煩哭肌肉不住亦生瘡痍熱發早晚精神少異良工正醫干調攝碌攝●解既正熱目散止

十四　胎病積寒

議曰兒在胎時將順其身母喜食諸生冷物過度令蟲既寒腸鳴泄利時時有作降人之後其兒肚上青脉膨脹虛緊之者乃是虛氣入腹吮吮作聲日夜不禁甚則撕辰然是臟腑陰陽二氣受不均調若不溫平分氣長成沉結陽結易治冷結難醫仍宜抑母服藥庶得乳溫令子調和不至延病成害為之歎也

十五　胎病潮熱

議曰兒在胎中母曾發作子瘧或是因患瘴氣母或飲酒無厭或是冒風傷暑熱入經絡有傷榮衛母雖分免以既其難兒襲其氣陰陽不解初生激發血氣不和作

熱燥表充寒濕緊身躰作顫當工夫諳其理即以交炷交之經絡未全用之枉究醫士但與調中均其陰陽二氣若是肚緊宜以全條蛇蛻去腊炒令熱手帕盛繫肚臍上即漸安樂

演山省翁活幼口議卷之九

演山省翁活幼口議卷之十

十種證候發端

治法畧序

切聞天地之大惟人之性蓋矣物象之衆惟人之忘鑒矣是故人爲一物而靈於物氣受一元而妙於元惟智者爲能明之然其天地不陷乎人物之根於是人物不逃乎天地之數無情者悉由造化而生有情者皆自交接而養倘諳先王之道君君臣臣父父子子成人人爲後達乎上古咸同天性順合聖意小人不知其所以愚情又是易足與語哉嗚乎既爲醫工調理幼幼誠爲不易須當試度幼幼稟賦形骸有壯羸怯弱於脉較之滋甚情性有寬燥異於袖衣之性清重濁以氣定之分然虛實以色推之若也形躰不壯神全則未爲盛色脉不充氣固則無依羨氣與神而有虧藉乎圓散脉共色以無補宜乎療醫氣壯即脉順脉順即神全神全即色正色正即五臟安和百脉調適矣色脉若不正定即與固其真氣真氣若不和則神不悅神不悅則形躰何安觀其脉則知其氣氣若不順則形羸繫其氣則知其神神若不清則氣濁亂神者五臟之主也氣者一身之樞也色者虛實之表也脉者溇变之令也脉之流行不可不察色之變易不可不究神之散漫不可不療氣之蠢実不可不理嬰孩五臟受虛其面白其氣怯其神潰其

脈亂其脈遲麤五臟受熱其脣紅其氣促其神昏其脉數其脉拈禮五臟受實其瞼赤其氣壅其神劣其脉浮其脉煩躁五臟受冷其鼻黃其氣泄其神困其脈沉其脉嗜臥所由冷熱虛實傳受驚痒積癖凡病按其標則知其本皆其絕則起其危後進攻醫但按圖說執滯易剤不拾實效今者是書乃述源流不特贅贅論於一隅以別之蓋性[illegible]以羨補不足益有餘故也即非議治膠柱混不愚之謂與熱研其誤至理自明無退難解之意載留斯以好術之上足知可法以備閱者後世得捕閱要得無遺焉當與智者[illegible]說[illegible]論矣所宜詳一[illegible]驚風後[illegible]病也予[illegible]搐搦之證大[illegible]一之其所用藥往往利以鉛粉或水銀巴豆皆有毒等既已壯者之後精神由尚留況未快乳食皆去有餘熱其候欲得安痊和平只可用平穩藥調胃氣不可直便與服爆熱藥者與服之其候復作何可恠耶

議曰小兒驚風之後胃氣多虛不食況況默默或瀉尚不止只可助胃生氣須以截風藥移在（平胃散）或（觀音散）中謂用全蝎天麻殭蚕白附防風兔治之類生薑棗子同煎自然胃壯瀉止諸風不作雖則驚熱及搐搦皆去其精神未爽不可便謂無事若用補藥助虛就薑豆蔻硫黃附子之類則熱復來其候又發非病不除驛者妄謬病家無見亦不可不告之白意

驚之候正謂醫療宜可速云調理之說用藥乃在一時之久者也實後證候轉加深重醫者既知當下却可量其輕重如病五六分只下三四分許隨通且利熱去痰消則病與證次第徐徐而減痊若不揣度一槩併蕩下之大過傷害臟腑疾傳陰證乃作慢驚風候豈可陷於生胃回陽誠爲枉究既是醫工莫不知之矣

二慢驚風候醫云陰癎也良由急驚用寒涼之藥太過轉動因重乃傳作慢驚或因吐利不止而成慢驚或因氣浴感風不解而作慢驚或因風食二癎不治而變成慢驚或因咳嗽下痢轉虛而成慢驚因由甚劇緊而本之病家怕驚不怕瀉良醫怕瀉不怕驚其瀉不止則驚風愈盛若與治驚更用寒涼之藥且瀉轉多病加進重矣

議曰小兒脾胃虛怯方作吐瀉其證有五有熱吐冷吐虛吐痰吐食吐所言熱吐者謂母飲酒喫肥炙煿腌藏或冒風傷暑致熱兒吻乳入胃遂成熱吐冷吐者謂兒胃冷加以宿冷之物與食即吐虛吐者其兒肌弱神困癖積未消胃受久虛即吐痰吐者其兒胃氣本虛後感寒邪生痰作熱留滯胃脘故吐食吐者其兒胃弱飲食不節強食傷脾作熱抽因吐後即逆病家但知其吐不明其所以吐且吐兼瀉共作名曰

霍亂其吐候又推輕重有五初則乳自流出謂之哯哯之不已即謂之吐吐之不也即作嘔嘔之不已即傳噦噦之不已即作噦文於月自嘔噦噦皆有出声動氣嘔者口開而作噦者心留上下氣逆鬱藥噦者無物可出即腸虛胃寒引氣噦噦作声此等候悪須更證變即慢脾風熱吐者先去風痰冷吐虛吐與生胃氣痰吐下却其痰火與正氣食吐宜與塌氣豈可一槩理之吐瀉不止脾虛風生眼開慢驚眼合慢脾治之不當更下驚藥死不旋踵豈可得而救療況分長幼病分虛實有吐瀉三五日發風者有一日半日而發者大抵女孩以吐爲急男以瀉爲速若氣虛暴瀉暴吐煙作便得之惟有痢瀉不成風候水則患無災證於於虛之矣但滯腸止瀉爲先吐即生胃爲正蓋風之藥加而用之凡驚藥及寒涼之藥切不可用亦不可用大熱藥其候乃屬陰證醫者識之勿作爲常

三小兒熱證古分十種爲熱例有驚熱疳熱風熱潮熱傷寒熱痰熱積熱丹熱瘡疹熱餘毒熱

議曰十種熱證病各不同已有觸類而作潮熱者即疳癖熱也類近積熱證先腹肚熱脚冷者是傷寒熱與瘡疹熱亦相類且傷寒有三種皆從表發入裏且瘡疹隨五臟所受從裏出表故不同根風熱與驚熱亦相近疳熱與餘毒熱類疳有五證虛有五候皆由脾家陰陽不順若驚熱盛即風熱作丹毒熱有數種皆五臟熱毒所作自上發下曰毒自下發上曰丹總名之曰丹毒各隨輕重人有一種名曰纏帶横腰過肚上或至胃前相交者重有如火燒其候亦同丹治病後餘毒熱諸證皆有之須適輕重類諸證而調解不可越前病用藥如傷寒後有餘毒熱即於傷寒調理不及而解除皆做之大抵驚熱涼之風熱化之疳熱補之潮熱散之傷寒熱解之痰熱分之積熱利之丹熱消之瘡疹熱順表之諸證餘熱皆和之此理雖則大槩如是言畢竟用之有理乃爲醫士善學議有不達其理者斯可謂之管見之

四小兒積證五六有可治不可治其說已舊子家貫

議曰古人有言不盡意者非失言也妙用奇功不可得而書乎紙筆之間且學者初識未可他得紙碎篇兒多潤性識關通心智自然運出然後可謂之醫者急也此科最爲難事積證最爲要緊今病家將作尋常醫者不至急切治之若等閑病之有幾速及至傳變方覺因重久難良工信乎野老不虛云耳東漢王氏不言疳與浮及痢即述證而已所證治未病之病凡小兒有自幼及長不患驚風痫瘧癖痃者有之矣未聞無患積證者謂五臟之所積名曰積六腑之所聚名曰聚且小兒只理五臟受病故不有六聚候者

心臟屬陽雖有疾不治而自愈且胃屬納氣生以斷乃脾主受有疾當治之臟屬陰治之尤難調治四季有積欲下之理皆可用藥但與究其虛實然後利之既有積氣不能全實量其輕重故古人有換積磨積消積化積無下積之說是知積之一證不可直便攻下若積虛極先和脾調胃令其充實次與推下若積諸二三分作之者可先下而急與調胃藥服之稍用當量小兒氣血虛乃計較所謂積證作疾無可與之藥和一味當下斯為患去有積不可妄攻久則為己病矣惟有疳證先宜定去寒熱寒熱已去方可換下以通為度下之大過反生重熱雖有重熱卻不宜用涼藥乃以調理胃氣藥與治之尤宜深究無令傳變

演山省翁活幼口議卷之十

荊州演山省翁活幼口議卷之十

㊃小兒傷寒正受夾驚夾食

議曰正受傷寒所由感受邪冒冷氣首傷於腠理壯即傷風裏即壯熱頭痛鼻塞流涕斯乃正傷寒候又有傷風傷暑傷冷傷濕皆能作熱用之但不修故又有夾驚因驚之時而又傷寒故云夾驚傷寒又有因於食之時而感受寒邪故曰夾食大抵傷寒或有他證似積之類切不可妄下若下之大半表裏俱虛難以調理謂之壞證又人誤除而為可要小兒傷寒故余四門家或已傷寒有驚候亦不可下驚乘邪走夾驚證亦不可用驚藥以和傷寒之可表解惟以當表不可令兒汗出如上氏杜青方散和劑方人參羌活散之類名乾在表候請藏而於證當下首以用散未藥七寶洗心散四順飲之類不可用以同下攻以取積藥下之其熱不去反成無辜夾食者於理用下須當審凡下之要其虛實而用須究門先傷寒後夾食或先夾食後傷寒然傷寒夾食乃在於食時之間惟母覺知其先後多是不覺若知其理以後受者而先調理既不明其先後即可長解以候裏證有者方可與下凡為善也且下與表二理不可併行有乎得失且如家寶有云三日前在表三日後在裏斯乃大概均而言之恐誤人傳之不當又為其表已罷其在表却

解在裏即下不可以日限為拘其或有在表裏之間亦服和解又不愈小柴胡湯治之又不愈候傳裏下為良（小兒氣血怯弱）切不可意忌取愈惟在用心明究表裏若也審察妄治用藥不當何哉

㊅小兒有急驚風痰熱四證如何用藥

議曰小兒有熱熱盛生痰痰盛生驚驚盛作風風盛發搐又盛牙關緊急又盛反張上竄痰涎擁牙關緊風熱搏聞經絡即作搐搦涎壅胃口悶亂不自悟入中於手足攣急諸關竅不通百脈凝滯有退熱而愈有宜下驚而愈者有截風而愈者有化痰通關而愈者皆是依證用藥不可不究其所以然病之病在熱不可妄治痰病在驚不可妄治風病在痰不可便治驚病在風不可便治搐凡治小兒病在驚驚由於熱得只可退熱化痰其驚自止病在風風由驚作只可利驚化痰其風自散病在痰痰急須退熱化痰若也有搐須用截風散驚此乃醫工至妙之道若以急錯治驚痰不化熱亦不退驚如何自止化其痰熱若不退風亦不散痰如何去是知不治之治所以治之之謂欺學者深可留心操志於此一端究竟無至得失乃謂之醫全通道而已矣

㊆小兒泄瀉除痢瀉為虛熱瀉餘皆臟腑虛寒而得之

議曰小兒臟寒腑冷大腸不禁謂之瀉分別輕重究竟從速有源有泄有滑有利有洞五者不同豈可一概而理之源者糟粕不聚由其尚濃似瀉非瀉泄者無時而作或出不知利者直射濺溜氣從中脫滑者穀食直過腸胃不化洞者傾然下之如桶散潰餘更不留即知其冷臟寒腑冷瀉之作疾其來故速輕重可知凡冷瀉糞出青色者益肝受肝經所制肝病乙木能克己土所勝之功故現本質由其臟之虛寒非謂驚也又瀉明黃良久變青色乃臟寒之微又瀉乘物直過名為寒滑凡虛滑三五次即用之若不急供且其臟潤其胃平順三焦和正榮衛不爾即慢驚證候傳變如此之急欲以止瀉藥次第理之往往不及惟務溫其臟腑臟腑既溫寒何能留於腸胃之間或以熱藥頓止則熱又為已疾須先投燥腸藥然後生胃正氣無服切不可急急過劑投之熱藥積成臟腑至虛或復重用之四肢厥冷者是謂逆證當用黑附子白朮乾薑即塗輕重而用化投熱藥瀉止而痢作無疑此瀉良方已著在後請意度之為待而妙矣

㊇小兒痢疾醫云五痢八痢究其理種數多端輕重不一豈可定言

議曰痢者利也痢之為疾無積不成及至積化成痢且脾胃亦虛即不可更下蓋痢皆生其胃溫其脾寒其腸和其氣無不愈也若成痢疾故不可下下之又

虛作為浮腫虛滿嘔急不食亦未可使補補則傷熱能令脫肛不收先與禁邪一切毒食之物頻與生胃潤氣或赤或白即是冷熱不調或受暑致濕即與分陰陽氣利水設通者裏急即與厚腸胃腹肚痛即與和順氣溫臟腑或純白者乃積冷毒加之即與撥去日毒邪與溫其脾胃其痢自止凡痢疾能飲食可以治之如藥調理無不痊愈稍久胃氣不能飲食疾名禁口有不食至死又有每氣使胃口亦不飲食或患痢疾日食毒物不止物須呼血頻滿肛門疼之深黑可於腹肚疼痛裏急後重名曰剝腸日夜頻行低瓜直過者名曰滑腸此二證痢疾最為惡候乃是一十一種中皆能傳變而作此候凡言小兒飲食者飲謂飲乳食謂飲飲若病中能飲水疫食果子魚肉之類皆亦助其邪不能令臟腑充實只是白粽子爛粟飯可吃若以糊粥稀粘臟不進脾胃之物猶其增困初有胸乳汎化漸安五臟平和六腑調貼然後陰陽自均氣脈自壯固致傷則不必卿之或有餘毒宜以煩調攻劫不可收擊又有將氣作痢熏皆相參而成而由天氣觸雨不常陰濕之氣冷熱相干腸胃搏輸不緊遂成其疾腹肚疼痛裏急後重他藥無治者宜與服木香黃連地榆川當歸白芍藥治五惡為末蒸乃梅肉閘丸子湯下三五十圓以杯子大加減神

㊈小兒痢疾其證數端其候不同發作不常治療不一方論不等鼓載不盡輕重斟酌隨宜設方加減當量從長調治必有可理若良工頻熟而已

議曰痢者其也痢因脾家有積虛而所致其積不下復食粘膩甘甜生冷炙煿之物故得名曰痢初作為疾名曰痢氣皆由飲食不節生冷相投積傷久滯不化而得之久則痢氣傳於五臟傳是名痢趕候又及傳名痢逆候飲食不生肌肉作為煩躁名痢虛候肝發潮熱五汗常有名痢勞候腹大似細手足無肉皆名丁奚候自丁奚鵝食此五虛熱未去名曰哺露十歲以下名曰痢十歲以上名曰疳治疳之理志不用痢藥五臟俱傳是非常治痢之法理其氣虛　其血豹調令脈壯消其虫子散去痢熱和順三焦詳而後已無用急切攻治亦無勉強投藥只可循候而設不得過劑若冷藥為動臟腑燥藥易損三焦當察端的國致通其輕重故無得失之歎矣

㊉小兒諸證悉皆著載方藥療理法度惟有咳嗽一證究其能盡月內芽兒難除百日嬰孩亦難調理前人亦有此言豈不盡心究竟若也輕易有乎得失學者當知之

議曰所言芽兒及嬰兒欬嗽難治之旨蓋為初生血

氣傚的五臟未充孔體未固應變蒸未周之兒所感風邪攻及膀胱表裏相干邪正相搏於陽未和不可發表攻治妄吐妄下妄汗妄補皆令兒疾轉盛不惟無益甚有傷害幼幼咳嗽乳母之過固散根源醫人之罪皇特乎兒及嬰兒難為調理隨小兒有患咳嗽未敢輕許一二服藥便見安樂雖傷寒傷風證候已除千捷且咳嗽尚作大概究竟小兒咳嗽先有無熱與痰有熱在表無熱傳過裏是表傳退則表傳退則傳過痰枷熱盛痰壅即吐宜服補肺散人參茯苓麻黄白术杏仁甘草阿膠呼于地骨皮桑白皮桔梗前胡加半夏風熱加荊芥大麻服之自然痰化熱散咳嗽漸愈未可宜用花蕊藥白礬南星石膏雄黄硃砂粉之類丸滋潤脾肺次用王氏［金華散］少少特特與服或以白圓子如雄黄腦子隨大小作圓丸兒患嗽須究表裏未可一向攻嗽若用金石藥直入胃脘乃成搐搦風候手足勾曲又何所益巴豆輕粉砒霜藥下之腸胃不禁須更成風亦何所宜只用溫平與表順和其氣滋潤肺經和順三焦其痰漸化其熱自退不必攻擊所謂理嗽宜補氣化痰益肺生胃胃開氣壯即嗽漸減胃正即痰不生肺滋即嗽不有在乳母當忌食稍長又用安存避風回避忌生冷然小兒氣弱其嗽作熱與夫大人一同且用藥調理實不同乎又有時氣吹欬喘其天時冷熱不調切切虛怯定患着寒其嗽日夜不輟或吐或喘痰熱壅盛至重者利之即愈謂用大黄朴硝枳實汰及半夏人參厚朴柴胡心神煩悶胃脹不快方宜與服無熱與痰亦不可下伏請鑒辨毋致得失

演山省翁活幼口議卷之十一

新刊演山省翁活幼口議卷之十二

議急慢驚風等證候總序

驚者總名也。嬰孩小兒心氣不足，皆忌卒伏，恍惚無定，
神不守舍，怯怯怕物，漸作怖畏，怖畏之盛已作恐懼之
多，乃抱怔忪，怔忪之久則自惕惕，惕惕既有痰涎之為，
斯乃心氣不足而生之漸，性分較重耳。又有一氣虛弱
恭爾深驚，更不由漸，即便兩目偏視之定，睛目無所
視聽之間，瞳子無所開，精神損也，心智受氣致之。良久
伏歎，甚至五臟六腑震亂，所之驚風，而下後之速則誠然
初幼多因啞啞不急之化，此其一象作驚，以斷之亦也
周伏入，不可以皆傳也，以殘積所以皆亡也，久而之所觸
者傷也，陽陽不散，髒腑閉，於胃室者怔怔也，是知積驚
難散，由其不能自化，如恐恐悸悸者無自能知，又兵不
為積聚且怖畏之誠，常在其中，無以自遣，倘因觸心
神，其折之風，其將生痰，其肺作熱，其心發驚，四證相臨
宜者先發戰，如雷聲霹靂，至響不為，皆有何益？聲相應
消無所加矣。惟有小兒在僻靜處，或神廟中心存怖畏
之時，忽被無知小人戲叫鬼來鬼來，且紀奔走無門，驚
氣入心，若不速利其驚氣，少頃則指甲黑，唇口青，所受
重害，不可得療理。自古及今，調理嬰孩最為難事。是皆
恐藥成愈，且驚風至難也，慢驚又難也，慢脾候也難也。
分輕述調理小兒至難者證候，前後有所不逃療理，或
若人未備其甚，或之著于集，後人未明，皆今與詳悉本
末，開條列各指於速證，直欲可追廣，有益於學者，習以
務家治療之。夫以仕宦子弟易曉其理，如知陰陽稍有
偏側，遂而扶之，不至大損，蚤日熟研，可補緩急，良士一
觀足知。野老肺腑，意不藏機，亦無琢飾巧偽，更無妄論
隱情，且欲皆濟，使嬰孩初生自幼至長有意無疏，受病
不害，惟衍教嚴整，又婚嫁又母，即無箪有憂傾愛者之
歎。行於順事，不妨再三，伏或至洪成復依此。

議急驚風證候

議急驚風證候，上竄，叉張搐搦，口噤，痰涎壅熱，併有之
其或有他也，他而皆有浸有作（僵仰之急也，此發之所分）今任佃有更
有外啼分別，如天陰陽虛走之理，有也古引搐速及解
手中休動，動仍則搐搦，但作久而搐作，口搦有急有發，
但只目動口痰，痰痰痰者假之輕也，搐則盛也，搦又重
也。又取手關節急伏中有是，即是驚風候，知手關不緊，
口無痰涎，只叉張搐搦，上竄若未，可伏作驚風候。蓋夾
驚夾食，傷寒瘡疹，或三焦壅熱而臟不宜，氣入經絡，熱
在筋脈，亦作搐搦。伏氏云：搐有真假，不言痛也。前有云
急驚童其分數，皆是幼熱之輕重而與利之。
議急驚皆是正候，氣壅是潮，其證候猛緊，不只徐徐而
未搐，即急說，唇口有獸狀，引連併作，謂云急驚驚命服
是驚驚，藥三聚，雖是此皆之有去輕重調理。

議急驚先當定搐搐由風也風由熱也搐既已作方可下熱退驚然若不退驚亦不散不移其將搐搦又作所謂退行候乃是醫家不明總見搐定便言安樂僕謂急驚風難治有三只有初驚將其風痫發作斟酌輕重去風定搐隨而愈之斯恐庸醫或常人慕見妄使下之既下了諸證猶存皆一難治也又其兒正搐親人一向執捉不令其搐且風痫不得散發逆入經絡藥力不及難痫成瘛瘲在血脉或注經絡二難治也又兒患候有明有逆順即易理逆即難療痫恐病延既久不得氣解遂候傳變越失元由而作它證者三難治也

議治急驚風候用藥非謂難也要在審察病候循其次序不投不安次第下藥無不愈之理多是病家倉皇不求吾醫治於山野庸醫之言病候延久不無傳變傳即證更變即候悪凡經二三手醫藥不效兒更困吾無能安樂士大之家救方錄證一日兒病證候危悪緊急臨時以何方對治若急無門衆口紛紛皆言有藥不明端的一向攻擊信乎見識淺陋措置不起有乎得失用藥不及則無妨事可以療理若也大過即時害生

識療嬰孩豈可以藥有快投之大過或不及由尚不可況纔證候乃為枉害兒童雖分長幼有患臟腑命令法弱易冷易熱易虛易實若攻之相重其不任從藥熱言疾不瘳又為它害為不謹歟今當議急慢驚風及慢脾風方藥即是先賢指住應備後急至要起效之者、將更換可否之理

議急驚風痰熱痫痓痙癲此八種候惟痓與痙少有異、者類同驚風發作之狀痓脚手冰冷痙舉身僵仆痫癲不殊目睛流涎手足搐搦十歲以下常作驚風即謂之痫至十歲以上所發則曰癲

議驚風痰熱已論在前且驚與風其痰與熱各自有本證候受病逆風為疾四者併聚有驚有風有痰有熱或因驚而有風生痰作熱或有熱而作驚成風生痰或積痰而發熱熱盛生驚變風或久有風伏痰涎常有因驚而發熱閉塞嬰孩童雖四者形證一不可有吾明脉證上診暴作者亦當知之理驚成風退熱化痰久盛二者醫風散熱療痰須驚四證相須藥宜併理古人麼方亦合此意然吾醫者不可不究其源遠者見候將作尋常用方輕忽病無少安證傳它候不逆且悪偏不旋理

議嬰孩急驚風候使須先審察四證四證之中而作八候八候者一搐二搦三掣四顫五反六引七竄八視一搐者臂肘搐縮二搦者十指開合搦之不已即成握拳男子看大拇指其指按在外為順在裏為逆女子反看之三掣者肩膊搐掣或連身跳起四顫者或手或脚或頭或身四体顫動五反者身首反後六引者以手有如挽弓狀男左手直右曲為順右直左曲為逆女子反看

之乜竅皆眼上竅觀烏嘴子上竅為嘴下竅為逆女子又有之八視皆男子仵目視左為順視右為逆女子反前之此看四證八候次第隨之右只出得驚風及痰熱不散未可言安痰與熱聚將來必致癇疾所治之法其痰與熱須察之可下即下痰熱既下驚風未盡消去則痛依前又有發作所言四證相須不可留一若理得驚風已定便使下了痰熱且驚風不復有作此理至為妙也

誠嬰孩有患征痰熱大有驚風者只可退熱化痰不且安以驚風藥何也驚風之藥其味多寒涼經絡令自然事稍有攻擊透其痰熱入於經絡卻成風疾之疾猶尚致之

誠嬰孩五臟經絡虛即生風既虛所受且驚自然而有作驚風有作八候次第而生所謂兒童無病不可與服攻擊所治之藥

誠嬰孩有小大有壯弱驚風發作有淺深但輕重大者加分劑重者多與服數乃合其理

誠嬰孩開竅即擊跳者乃肝肺不足魂魄不按故神有不安即開竅擊跳者非謂驚也屬角地貴圓土之又兒心氣虛怯神不安定連作擊跳者宜與四君子湯加衣砂脾胃氣壯神魂俱消自然不恐

誠嬰孩欲發驚風洗先神不定傾危但右眼上及下或已定其睛如其神恍恍惚惚怕物懼入不若常日嬉戲者急當療之如有熱先退熱有驚散驚熱退不去痰驚散不作風良久自然安定神情和悅氣脈舒暢若待風重而理驚痰盛而退熱事由至變不治四證俱全回可治療

誠嬰孩急驚風發搐手足不可熱捉及以手用力按之即傷經絡經絡既傷亦無所並則癈服害躰

誠醫忌驚風候有大有小有輕有重有順有逆有偏有正詳審久長之第進藥且病家無不含望驚必醫家須是正定無自疑惑

誠忌驚而曰用醫其驚氣和平方可調理若以急驚之謂調理事致緩也慢醫病此消息

誠醫急驚初用藥在我則我醫證候遲上又參傳支舀緩緊治之切不可信病家反左右人說其所欲稍嗔人情有手待失主治在我豈可妄信致之差繆罪業歸那

誠忌驚和無痰而後痰盛仍有搐而後不搐者此證所傳候之至盛人少知之蓋由初醫誤治病家不理以三五家用藥或庸士所見不同有太過不及之害如此焉不理歟

誠驚忌驚須量輕重下之得其中為良且驚風願去痰熱已化不作後患所下之藥積多巴霜膩粉為患即傳慢候無疑

議嬰孩有急風痓風痙風中等證候皆上竄牽搐号叫
天吊言癥甚多初無痰後有痰初作搐後不搐不牽俱
且皆風之惡候已是傳過若作驚風更與下之爲害必
也

議急驚欲下之理須在急驚上竄搐視反張所作之時
可下若傳過或已搐定多幾之間未可直使緊下有乎
得大

議急驚用藥先與服截風定搐次與下熱熱去則無風
風散散不搐是知以藥之功在我意汝不忘妄爲皆
到此默功方知難易

議急驚有上竄者有搐有搦有引有反有直有作有叫
者有哭者有痰涎潮響有血吐發作各隨四證輕重而
受之急驚截風之搐爲要風搐既定錯證漸息定搐須
用通關之非倫常滑通截風乃用調和

議凡定上竄足視乃於男女之順候忽反足則逆也人
抵逆則難治順則易理不以逆證候爲不可治古人言
雖治謂陰陽相反證候來生須用審究其證詳察其候
以意盡力致之取效而未痊者爲之奈何

議世方有云治急慢驚風候者言之失急急驚乃陽病
慢驚乃陰病正恐治陽作陰治陰反陽定一藥以全兩
證又有云治陰陽二證湯寒之說能曉此理可謂通變

議急驚但至爲要急任於片時之間若或忘緣直有待
失一時所見見其端的用藥無疑只在疑情未須投藥
藥發無疑其意前者疑在未發藥之前良其妙矣

議急驚頻頻心背先被於了者決定發癇不可常藥供
常謂風癇可灸驚熱不可灸蓋風與癇痰涎壅盛胃脇
胃並肢氣迷悶不能有知心如所失既灸首穴痰化心
開即漸安愈驚之與熱心神常存開知被灸忽痛不能
驚悸特盛其疾是重所以用艾在先藥必未有益

議驚風疾愈未嘗見用灸而治每見若嘔碗嬌無術只
投艾炷兒生三五日之間便以艾燒之不惟失穴因痛
增悸絡絡未公如何愈病皆者消詳不可枉塗

議初生尚爲有四二五七日有患吊腸鎖肚世言入吊
鎖肚相衝忽曰非也欲所致初生氣弱不任其邪肚
緊有筋脈肋脹滿氣從禁口不乳斯證但用其味天風
固下之既通即愈屢救初生無不獲安若能急服藥得
瘥長大皆肥壯甚貫未詳其患錯戴之者曰初生之兒
方離胎結分降之後偶被邪氣干亂臟腑微怯不受其
觸故作疾曰吊腸鎖口鎖肚乃以天麻間推下惡毒虛
邪之氣急去血脈順得流行臟腑和調充實自然明長
氣壯形神俱備體質醇厚誠爲可愛

議嬰孩又有臍風同衝臍不如法有傷臍帶受濕衰風
由此成患皆能撮口乳食不下彩脹青筋腳直無力只
依臍風治法

議發急驚風兒叫一聲者難治心之驚絕痛絕于内乃傷其根本之謂

議發急驚風未投藥四肢俱直已服藥四肢膈彈者難治

議急驚啼啼藥者難治又藥不下者難治

議急驚搐搦之後四體俱軟者難治

議急驚發作之後卻作搐跳者難治

議急驚搐後目睛斷轉者不可治

議驚風搐搦已住神情收慢手擎拂衣或守日水體皆亦不可治

議驚風諸候盡搐已住但神情昏慢氣促者未可保治

議驚風證候已住其他搐搦不發情性收縱於中外謂十全必有再發之理如或再發不可調治矣

議急驚風鼻中出血者易治口中出血者難治鼻中出血者其熱已散故易治口中出血者心血妄行故難治

議驚風屎尿已遺者難治大小便閉者易治

新刊活幼口議卷之十三

演山省翁活幼口議卷第十三

真珠天麻圓

治急驚風諸量用之以通為度此方仍治取腸鎖肚撮口至為妙絕功效無比圓如麻子大初生兒者三日三圓五日五圓七日七圓加青黛名青黛圓

天南星炮　天麻　白附子炮，各一分

膩粉半分　巴霜一字　蕪荑炒

全蝎炒　滑石各一分

右事治為末水煮麵糊圓如　大每服一歲五圓二歲十圓大小加減薄荷湯熱茶清送下

議曰此方乃下驚風又去痰熱須先服截風定搐、與下之功不可以多利之但通為度宜且詢問前人已未曾下恐怕病家不能此理遂致疎失若初發在我則當循證截風定搐或朱蝎散尚有痰熱宜與下之免作風候且小兒候驚發搐則不知先有熱在臟若知有熱在臟甚易驚者蓋熱盛即心氣虛一驚觸心心氣遂散所以面青唇白良久驚氣却收其或肝虛入肝肺虛入肺五臟六腑皆由虛處其驚氣自然投入因而作痰痰歎亦截然急驚之急痰熱相觸觸亂神情氣脈血弛經絡乘熱熱即生風風熱不散筋骨脈縮或搐或搦或掣或引各於輕重所適而然古謂宜疏風定搐清熱與痰通而下之其搐搦自定矣

李句舒平緩自說風熱白散何志義不處者神不知
物直言至簡良士當知之矣

却風散

治嬰孩小兒急驚風候方作搐搦熱盛涎潮宜下之

天南星四枚炮去皮為末　巴豆四枚去油如霜
大半夏拾枚切，用甘草水煮熟，焙為細末　白殭蚕一分去絲炒
全蝎七文炒去毛

右件和勻每服宜半錢煎金銀薄荷湯調下

揭風湯所治在前

全蝎去毒十個　天南星一兩為末，水調作餅，包裹炮令赤色，蝎不用炒亦得
天麻一錢　朱砂一錢另研　輕粉半錢
梔子一字　麝一字

右件為末和勻每服半錢煎金銀薄荷湯調以通為度

青金圓

治嬰孩小兒急驚風痰涎壅盛欲下去痰退熱

巴霜半錢　青黛一分　天南星炮半兩
輕粉一錢　滑石一錢　全蝎一錢去毒炒

右為末水煮麵糊為圓麻子大每一歲五圓二歲七圓三歲十圓大小加減用薄荷茶清送下以通為度

議曰凡有小兒證候不問長幼日視指切心究竟到醫雖藥術奉疾之輕重所謂對酌對治已進其去藥入腸胃倘合符節者上也倘親之後付度方法思惟斟理良久始進其涼用醫投藥者次也不體全功何謂張癡非四病之異端乃謂究竟不若是今議術風之疾有急有慢驚大以搐急謂急搐慢謂慢驚既未當古人云論陰陽病者是也陽病曰急驚陰病曰慢驚陽病頻赤體熱唇紅脈數手閑緊口流涎陰病者吐利作熱生風不有陽證惟有搐搦半竟脈來散緩乃是陰候無可疑惟是陽證傳陰、盛陽虧陰證作疾速用救如急驚風候陽盛陰虧陰氣叫當用下之使陰陽二氣均平調當衍二服和順方乃可宜前件方藥輕則搐風盛則劫風重則青金或以真珠元諸餅而後已其切察之輕重當以湯劑待中臨妙莫公是也若或忽慢寄加禍上醫者至察勿令致此

截風丹

治嬰孩小兒四證已作八候未具者速宜與服

全蝎去毒　白姜蚕去絲炒　天麻
白附子炮　天南星一分炮　朱砂一分
赤腳蜈蚣一條炙　麝一字

右為末煉蜜為圓雞頭實大每服一二粒煎金銀薄荷湯化下

定搐散

治嬰孩小兒急驚四證八候俱作者宜服

天麻　白附子炮　天南星炮

炒僵蠶一錢（微炒） 朱砂一錢 代赭石一兩（醋淬七次，研末）
雄黄一錢 乳香一錢 白花蛇頭（酒浸，去骨）
腦子一字 麝香一字 赤脚蜈蚣一條（酒炙）

右為細末，每服半錢，煎金銀薄荷湯調下，煉蜜如雞頭大，亦佳。

議曰：搐證未作，痰熱壅盛，致生其風，風不自散，流入筋脉，又入經絡，遂發搐搦。定其搐搦，先用截風，風若不如，則搐搦自息矣。且搐搦已作，痰熱有歸，痰候傳極，其風不可待而截，搐不可待而定，由如遺漏火熾張烈，難以撲滅。如此患，皆理宜下之。大抵湯劑用下乃良，陰癇何以加之？兒分虛如用藥，惟有發或作搐。

大小皆然。風之為疾，得微所笑，乃五臟虛受之，發之在逐臟之未前，因驚而作，或痰與熱而為發其原，而定其疾，皆要也。有其風，即發搐；有其搐，即因風。風定搐其議相續，今述截風，風散不待搐搦，定愈風痰。驚熱有液，便與服之，令不搐搦，故曰截風。既已搐搦併作，宜與定搐散服之，不散與服蠍金丹。其勢加重，即與下之。凡下之法，醫家出不得已而為。如風搦有餘之方，當其輕重，合入且便擬下，更不截風定搐之藥，得大之議，信由恐還合甚，智者良工審其考較。

蠍金丹

治嬰孩小兒急驚八候四證未分，脫去尚存風熱痰涎。其驚風證候欲再發作，宜服蠍金丹。

天麻一分 白花蛇（酒浸，取肉，炙，如無，烏稍蛇代用）
全蝎二十一箇（去毒，炒） 蜈蚣（赤脚者，去頭足，炙）一條
白附子（炮）一分 白殭蠶（去絲，炒） 黑附子（炮，去皮）半兩
牛黃一分（如無，以大黃代之加用） 天南星（炮）半兩
辰砂半兩（研） 麝香一錢

右為末，煉蜜為圓，如芡子大，煎金銀薄荷湯磨化下。

議曰：所患驚風痰熱四證，皆能搐竄斜視，叉張惟足。驚風作搐，名曰真搐，為其病受不傳，即作痰熱所發。或因傷寒等疾發作搐，名假搐，為其更有傳變，其搐視人各呈，脈候皆不盛於藥，不當發作，秋久

新刊演山省翁活幼口議卷之十四

慢驚風傳變二六候變

凡慢驚風候若是急驚傳來而尚陽症其陽即虧不必回陽又不特治陽只可截風調胃均平陰陽可冷可熱可緩可急是也若直便與服附子流黃之屬使陽所傷又是急驚學者理宜知之既知陽證傳作陰證即與服保命丹三二服兼前牛黃清心元子其有四症且八候稍緩疾成陰癇者即與服之若已傳過八候不作四症尚在只須須者與服定命飲子若脚手冰冷者乃四逆候方可回陽次第服合者即傳作慢脾風候且也寬風疾漸痰盛搐搦不止不可下者且與蟬蝎之一丸其疾冠熱盛口渴自堅者白虎元功效勿風搐搦身體罷殘風疾不化宜服大南星元

議曰慢驚所受此等症候別無他疑者只依下項用藥無不效者切不可延久其陽易化陰氣漸盈藥力不及使人難治又不可一向遽併服藥每次一二服了須當察症候輕緊有無傳變稍覺寬定其藥放慢或勢漸緊宜以次第緊急藥與服不可既頻一藥又不可便換湯解遽併與之所謂察其輕重審其進止而後已今者妙方不勞檢閱隨合如法對症投治甦效萬一

議慢驚若是急驚傳來是知前人不曾截風定搐偏執而傳陰陰重傷於其風熱熱隨流從入於治又有冒服大寒涼之藥過多又有下積取瀉致作又有臟腑虛寒洞泄而為其所受多端已載前篇

議理慢驚當知陰癇之說其證屬陰臟冷氣虛或尚泄瀉不止且驚正作多因無識之人一向治驚更不理瀉藥用寒涼伐之今藥愈虛泄瀉不止陰症愈生驚搐愈增若用止瀉藥稍然八候復加四證不退慢驚雖曰難治益醫亦不曾究竟病作加進深為重害

議慢驚當察之所視為要眼睛定為輕寬視為重四肢厥冷為重睛定不能為重雖於不左右轉亦重汗出如流亦重口面忽作然黯色至重感風搐搦慢驚眼在半開半合之間乃知陰氣所盛傳入臟間陽氣已虧脾經屬微次第入脾故言慢脾風候

議慢驚與急驚風候自是不同未可一向下定搐藥急驚痰潮竅不通故以麝香等藥通利定其搐搦慢風陰重陽虧諸經已虛不宜通關又涼其臟易作慢脾風

議慢驚不可用攻急驚陽癇搐易理慢驚陰癇最難治服藥已愈而尚虛之未省三五日之間者有之俗謂過街候發無定論不可輕易妄例投之攻擊剿前功俱喪

議慢驚所治之理須究問原因所發若是急驚傳陰為慢驚者乃陽癇所作陰癇也當察陽證未純其陰證用

藥斟酌如同洩瀉而作慢驚者男兒爲重如同吐逆而作慢驚者女子爲重即陽脫而陰盛小兒有長幼之别臟腑有虛實之分有瀉二五次便成風候乃由虛之盛也或有二三日泄方成風候或有五七日瀉不止而成候是瀉成風由可速治益回陽調中補氣之爲易若又瀉漸傳成風者爲虛爲之故難療理

議嬰孩小兒洞泄成風以補藥治之（[illegible]）脈取瀉成風（[illegible]）宜以溫脾壯氣藥調之（[illegible]）藥成風（[illegible]）臟腑（[illegible]）以助氣補脾藥溫之（[illegible]）陽癇傳作陰癇者（[illegible]）慢驚以截風藥治之（[illegible]）

議驚風證候所以用藥不一治療不等由發作不同故（[illegible]）述在前彈則四者之議備爲大槩皆言傳之間發辯其乾坐可否之意而施設之

議驚搐慢驚之候其患在慢治急驚之候其患在急何也盖急無過因熱生風作驚然搐作驚他物觸之作驚驚然傳在即變生風搐搦等候皆熱作袁若也順證依法下之諸候自息然慢驚所作不常當宜者察問意[illegible]細所以故宜消息爲之慢也不可含生恐損有寸得失非先治諸路然或之爲慢也又曰慢驚無事攻益所麻至爲難事無妄當何

議驚慢驚不可與諸無妨諸脫有之無藏不諳亦有之無見不明而有之又不可言難恐於人事但存妙理究竟深得法度者投藥必愈不晚於理藏度未良者千萬無順人情投解既無可否之說若或所見不到即與毒術者調治庶不枉究若也壞證傷候必敗其德实有愧恨倉皇者耶

保命丹

治嬰孩小兒急驚風候傳慢驚宜服保命丹良方

白茯苓　朱砂（分研）　白附子（炮）

牛黄（[illegible]）　天南星（[illegible]）

全蝎（炒半兩）　天麻（[illegible]）　甘草（炙一文）

鵬砂（一文）　腦　麝香（[illegible]）

右爲末和勻煉蜜爲丸雞頭大每服一丸金銀薄荷湯化下

議曰此一方已述矣似所治急傳慢候用之极良其藥純和截驚安神化痰定搐功効非常然急驚傳來初入慢候須較陰陽虧盈乃爲法則陰盛陽虧方謂陰癇宋虛衛弱方傳陰癇心驚神散方傳熱熱絡系絡弱方傳熱熱癇之爲病四依不收精神失守百病千邪五臟交虛但隨四證而作八候醫工當察探本理之若也證傳候變即入慢脾十死一生至爲難事誰究所受探理想於古意或大過不及總爲虛設

觀音全蝎散

治嬰孩小兒因吐而傳慢驚風候，宜服觀音全蝎散

黄耆一錢　人參一分　木香一錢

炙草　石蓮肉炒　匾豆炒

白茯苓各一錢　白芷　全蝎

防風　羌活各一錢　天麻二錢

右為末，每服半錢壹錢，棗子半个，水一小盞，煎至半，與服，不拘時候。慢脾尤宜服之。

議曰：觀音散，東漢王氏所留，調理嬰孩，清神固氣，補虛益脉，開胃止吐，醒脾醇，音之善者耶？所緣用藥藏風者何？正於危急之際，郎作兩解，佐之先與，出其胃氣，次服截風定搐，如此療理，不惟透回致續，又且未能藥入脾胃之間，悟其深理，因創一行，或加白丸子末，以半和之，乃盡其妙。

犀角散

治嬰孩小兒同吐瀉，神困力乏之，欲傳作慢驚風候

犀角錺二錢　白木真逍炙錢火　甘草半錢炙

陳皮去白一分回省炅

右為末，每服壹錢，水小中盞，金銀薄荷同煎三五沸，通口無時。

議曰：此方治小兒同吐瀉，神困力乏之，欲發慢脾風候，正謂救急，不可令緩。若已傳受，即風即熱，即痰即驚，交相致作，神散不定，上竄搐搦，患由脾虛之所致也。脾經既虛，次第胃虛，其藥白术、陳皮預理脾胃，犀角退熱，次風熱既不作，痰無所生，醒脾壯胃，風何得有？漸見愁省，其與醒脾散及既濟丹相間服，一向取愈，為良。其方全不用逐風化痰之藥者，蓋是證候欲作慢驚，所以未宜先投緊藥，故用此方，謂之和劑，一正其脾氣，得無傳變，不勞療理，簡徑微妙，譬前賢昔作之施，功利益而已。

醒脾散

治嬰孩小兒吐瀉不止，痰作驚風，脾困昏沉，默默不食

醒脾散方

木香炮一錢　全蝎七个　天麻炒一錢

人參一分　白茯苓一錢　白木炒一錢

甘草炙一錢　白姜炮一錢　白附子炮一錢

右為末，每服半錢，大者加服，水少許，棗子同煎至五七沸，通口無時服。

議曰：此良方最為勝者。小兒吐瀉脾虛，作痰驚風，神困氣弱，沉沉默默，皆脾經虛之已成風痰，併聚故作不醒，宜多與服，仍加既濟丹及觀音全蝎散，供良其痰。復有引絮搐搦，無與驚風元散及麻黃寒涼等藥，其證愈忽，其候愈盛，不惟驚風未退，且痰熱助之，令兒痰作得變，得即慢脾，變即俠逆慢脾，猶截方藥尚

可理之陰逆之候何可醫治陰逆者陰謂陽氣欲絶
逆謂受證不順不頻欲絶但增吁嗟使人無所措手
醒脾良方豈可隱匿（其所謂治人飲子）

神保既濟丹

治嬰孩小兒肚瀉或已作風候脈之功効

硫黄　　焰消　　陳橘皮

青橘皮（並去白）　五靈脂（川者良）　半夏麴（炙炒可）

以上等分硫消二味細研令匀一處用磁器鎔汁傾出候冷細研旋入諸藥細匀

右爲末秫米粉水煑糊爲丸如　大每二歲兒服二十丸大者加之並温飯飲下空心食前此方均分陰陽二氣多服有益

議曰陰陽二氣不均冷熱相制驚風已作搐搦已定或陽斷陰盛或陰斷陽盛或驚風未散吐瀉不止或噎逆或瘛瘲或脚手漸冷或眼目欲合或服涼藥太多或虚煩不定或沉沉默默不省或恍恍惚惚生驚但胃氣未能達與服之若是危急不待作丸子只以米温飯飲調與服以愈爲度若脚手水冷者服之立温未止者服之立止雖慢驚慢脾風候並宜與服仍加藿苛湯使危良智者明理必加欽重愚者蒙昧必懷猜預此方至灵少有知用請敬而行之

治嬰孩小兒吐瀉脾胃虚弱（然）作慢驚風候搐搦不已醫工截風不止服痰不下散熱不退即驚不去其證欲傳慢脾風候宜服定命飲子

半夏（洗半錢 各千分）　天麻一分　甘草（炙）

白茯苓　白术　老生姜（各減 子）

右件一處用水一盞於磁器内煑令水乾將半夏天麻白术茯苓切焙爲細末每服半錢或一盞生姜棗子湯調與服無時

議曰此方建脾化痰去風散熱功効如神醫工少有知用初學之士只知有腦麝香竅者方用之俗夫使言仔藥殊不知腦麝乃醫家出不得已用之其物通利開竅閉閉塞疏滌理利骨節其藥屬陰能化於陽只有急驚宜用慢驚慢脾傷寒等患悉宜禁止其或癎痫藥用之虚者亦禁惟有痓痓癲癇宜用定命飲子每經效驗野老處定此方其功造化深智高明往往欽詢痰搦建得脉息虚怯不敢頓下者宜與夫芝元若手足差冷兼進回陽行醫用藥至於此等證候乃主治治傷之推也

新刊省翁活幼口議卷第十四

新刊演山省翁活幼口議卷第十五

慢脾風候　治法載要

議曰慢脾風候即是慢驚風所傳元由吐瀉脾虛驚與風傳入故曰脾風若其脾家受風者更遂風無風可逐若也逐驚無驚可療但有痰涎虛熱來去兒病至此所以難醫蓋由諸與候驚與風傳往已極惣歸虛處惟脾所受何故不曰胃風胃屬陽其病即傳陰臟故無胃候兒既尚有胃氣可以一向生胃氣與回陽即斬然省若更一向攻擊驚風脾亦不受而又傳嵗諸性不可得而加藥若見脈合即是脾風宜服下項藥

議治慢脾風乃是不得已而設其疾危如燈無油漸見合減錢氏所用金液丹又青州白圓子各半細研和勻飯飲調許湯下一分半分許此乃截風回陽又一方以四君子湯加生附子末四分之二腳手冰冷者用和勻半生姜冬子煎與服此方古人用之更不同常所載下項良方亦尽世之善也

議治慢驚慢脾須禁腦麝膩粉水銀粉霜之類及寒涼動臟腑等或以燥熱俱不可用只宜回陽醒脾湯使與服

議慢脾風候十箇孩兒有箇以艾灸之須審斟酌病候有已未脈絕之理若也一臟絕即不可用藥謂如服無尤指甲黑四肢虫釋五体俱冷並不可勉強下藥

議慢驚風候至於痰涎在膈之時諸臟皆虛喉中声如拽鋸一二日之間不散但只閉日此乃虛之盛也只是虛痰飽養其氣未有所知之者直便下去痰涎其兒隨時化去宜用下項妙沙丹服之乃良

議嬰孩所患急驚慢驚脾三者皆由風痰所作以漸傳變未有初得病而便慢脾或急驚傳來或即吐瀉而得久病其氣虛脫而得傷寒表裏俱虛傳入陰經亦成慢候久嗽成癇亦傳慢候霍乱吐利亦傳慢候脾困久瀉亦作慢候吐血亦傳慢候虫積衝心亦傳慢候肝風筋急亦傳慢候大小便閉亦作慢候心虛煩躁亦作慢候煩渴引飲亦傳慢候腹肚疼痛亦傳慢候腸裏咬疔亦傳慢候徹日夜汗出亦傳慢候走馬疳急亦傳慢候諸丹毒亦傳慢候龍帶纏腰亦傳慢候膀胱弔疝外腫墜由亦傳慢候墜由陰墜勾由四体浮腫亦傳慢候以上小兒所患諸疾皆能傳作慢驚風候由慢驚乃傳作慢脾脾氣既絕胃氣已尽無可得而治療故也

議嬰孩五臟易冷易熱易虛易實醫方並不治腑受病曰脾不病耳曰非也小兒在腑有疾自愈者有之在臟不可不治臟者陰屬腑者陽偏謂小兒先陰而後陽又曰小兒乃純陽之氣在腑則順在臟則逆故前賢能理其臟未言治腑也又皆一臟常主虛不可攻療若有肾臟患但清心補絲心與肾即既濟也肺與肾乃子母也

無子脐未及諸治若治肝臟即他病發生故戒上不可療

諸嬰孩慢候皆由臟虚陽虧陰盛應小兒所患臟病陽虚陰盛者無不入慢候而變惟吐与瀉痢与積致入慢候其證速也虚又速也宜用良方治法循其次第無不獲安然其慢驚肝無令速愈須瘳之理既和且平更用剎肝養胃藥〻不可過劑用冷極湯藥若失之即吁哉

白殭蚕圓

治嬰孩小兒慢肝風候痰涎剩盛不化宜用白殭蚕圓良方

白殭蚕 大者炒　製牛膝五味者 分

五靈脂 川者　錢子地龍

半夏末 生姜汁合一分浸用　全蝎 炒

右件為末水煑半夏末糊圓如麻子大每服三十元煎金銀薄荷湯下

議曰肝家有風乃虚所致驚搐所由生也痰涎是故作也陰癇不發其實驗医若也悪急從之術然愈見其宜識為不可所以禁卸脳广通利関竅之妻恙無利益治法所宜者分選用妙方類以治人白殭蚕圓一味去痰尤能截風既已傳入慢肝則风痰泯致驚搐交臨医工宥候藥用當推木敵決之可否候未脫去陽者直宜予服之若陽虧陰盛至危至急脉變非常精神色脉殊於人情若當服下項良方

附硫圓

治嬰孩小兒慢脾風候附硫圓散方四肢冷厥服之亡佳

黒附子 炮二个去皮臍用　蝎梢 七个

熟硫黄末 一分

右件為細末生姜自然汁和圓如菉豆大每一歲二十圓米飲下

黒附湯

治慢脾痰盛四肢逆冷黒附湯方

黒附子 炮去皮臍末　白朮 一分

南星 炮一分　甘草 炙一　半夏 湯洗七次一分

右㕮咀每服二大水小小盞生姜三小片棗一个煎至半去滓通口以匙挑与服所覺手足煖其候漸省藥即止之

辰砂膏

治嬰孩小兒慢驚風傳慢脾風候有冷痰在鬲綱作不散此疾屋久不可頓下其兒搐搦因至重者宜服此方

大黒附子 一个八九錢重者去皮臍頂上剜一孔入辰砂細研半分内在孔中用附朮

天南星 炮十　蝎梢

朱砂 細

右為末，以朱砂和勻，煉蜜為圓，雞頭子大。每服一圓至兩圓，金銀薄荷湯入酒三五滴，煎化與服。

議曰：此三方皆用黑附子，直不可執謂性熱，兒在幼小，豈與服之。其兒患脾風，脚手冷者，有微有暴，審其輕重，輕即用湯，盛即以圓，重即以膏服之。皆救須候手足煖，陽氣回，即為之快矣。既已溫煖，更以醒脾正胃藥氣服除，是慢驚傳入慢脾候，方可與服之。硫黃其功甚速，又且逐風化痰，醒脾正胃，溫煖臟腑，補益腸胃，奪命回陽，省活危困，至速至驗。切不可合皇家救命散，以爾大過不及之時，則救學于後方逞字，免不至誤誕故也。

七寶妙砂丹

治嬰孩小兒慢驚風及慢脾候，神情昏困，常上有虛痰不能消化，不可服巴豆、輕粉，恐動臟腑，只將神仙所留妙方與服。其痰須臾自下，良久神情已定，眼目微開，漸與溫平藥調理胃氣，兼順理驚風等與服，勿更攻擊。其方乃一文開元通寶銅錢，名七寶妙砂丹。錢樣見後。

其錢背上下有兩月子，只有一个月子者不用。錢色淡黑，頗小諸錢，將錢頭挾起頭，於炭火內燒，寒時四維上下各出黃白珠子，遍般都是，將出候冷，傾放於盞中，入朱砂末少許，只作一服，煎金銀薄荷湯退下。多收此錢，准備緩急，救先燒成珠子收拾，亦得。此方遂下小兒虛痰，別無它作搐候者用之，乃係十全功效，無可疑誤。

◎ 此是錢樣

議曰：調治嬰孩小兒慢脾風候，無過前件等對證劑。救須審慢脾已傳未傳之理，其兒眼開未合，而在慢驚脚手不冷之時，未可便與回陽，且與七寶妙砂丹一二服。眼合沉困，陰搐極盛，若方可與服回陽丸、服回陽醒脾湯劑，手足漸煖，仍與觀音全蝎散、庭醒脾散，兼服丸。慢脾風候最為惡證，只可前方調治。蓋曰緊急不得所趁用之，之不惟無益，徒勞其功，虛延其候，閉蔽其痰。此疾傳陰陽至病盛，如燈无油，只見次第焰去，若不回陽生胃，只知截風去驚，咒痰轉見增長。且兒陰證未至十分，與茶如其寒涼攻消，陰重陽虧，難以救療。若也共其陽氣，隨陰而化，所謂測之在始，亢在於末，直使脾風證候如其所述，用藥由可救活。若都大意見不同，難以省治，惜哉。

癇疾證候

右方其述多端，王氏者載有三：驚癇、風癇、食癇。風癇之疾，由於風熱而作；驚癇之疾，由於驚積而得；食癇由於食積而得。其驚三者發作大抵相類。風癇有熱生痰，驚癇神亂，啼叫，恍惚無定；食癇因食而致，驚食未能化氣

何間而之間生痰致風由風成癇
識治風癇先用化痰寬利胸膈開通關竅安鎮心神定
其搐掣然後与治風癇藥服之
識治驚癇先凉三焦利驚去熱安神定志平調臟腑溫
化痰涎然後与治驚癇服之
識治食癇先用推下開而停積驚氣次和順中脘次安
臟腑然後与治癇藥服之
識曰驚之与癇風之与熱皆遞相襲有熱必恐有風
有驚必慎成癇治風先退其熱治癇先用散驚此乃
至要之識学者當明其理所言癇之為疾古述繁多
或云六畜牛馬鷄羊猪犬其声音相類形脉相尚有
若六畜之状故得其名宝鑑載云一百二十種其説
大繁其傳乃抛住走癇疾無越三證皆由所生總而
言之不必煩求有恢初機枉定遂成狠学如此一病
向陳蠡䋞向其驚風者于王氏獨之得其詳要以合
札法今則看書持示良妙載治至簡底蔑所史頗漸
蠡癒靡不快欲学者深詳必無枉究
治小兒食癇先用真珠天麻圓推下次服定癇妙藥
治小兒風癇先用化風丹去其風然次服定癇妙藥

化風丹

法製黄牛膽 二分　羌活　獨活 各一分
天麻　防風　斗巾

荊芥穗　人参　川芎
右為末煉蜜為圓如芡子大每服一圓薄荷湯化下
服。
識曰風之為病其状多端皆由腠理踈弱榮衛虚怯経
絡不順開竅閉塞其氣發痙瘛勃 音帝 其脉凝注
有同天地晦冥日月暈蝕颶暴發與精神俱潰者一
身四体皆不我有是謂風癇之至也所謂化風化其
所受之風不待久傳迅变化浅五臟鹽熱三焦作壅
速与流利熱即風生壅即風長閉氣不通其風何能
自散若言化之即順助之其榮衛経絡順行流行若
也便与截風定搐為已成癇其風不散若更攻擊即
衛任百脉多不発作畢竟隱伏人而再発無能去根
此方得名化風不復加進矣

比金丹方

人参　白茯苓　遠志 去心
山藥　辰砂　天麻 各一分
石菖蒲　川芎　甘草 一分炙
天南星 二分 地生 姜汁製　麝 一
右為細末煉蜜為元皂子大每服一粒煎金銀薄荷湯
化下
識曰風行於四時和順於内外長養萬物能生能敗
法令王周惟風之德夫人一身亦同天地順則和逆

則害所發之風由其虛而作惡其熱而生有其痰乎熱而發其驚搐夜不通氣脉流注逆有傳變於身為害當用逐之何向童稚幼脆嫩嬌危脆百病總歸于可豈可取次誅急凡治風有法度不可極刀施功若傳待即須更而更倉皇即猛撩而失深意審詳還其逆順以療之醫逐在後預進不及所載在前狀化不盡者正謂庸工匠之陋也善治驚搐也化其痰和其氣鎮心神安寬悉通關竅順經絡使其榮衛常順流行調其臟腑表和充實邪自和土風從何入主有益小自然而散此癎由驚為疾豈可見留當令血脉充肌膚壯頭目清精神備飲食即睡卧穩寒暑知特臟腑素固其經絡自和榮衛自須比金之名大定不壞斯乃順調善撰而已

奪魂散

治定癎良方奪魂散

白殭蚕（去絲炒黄色半两） 蛇含石（燒紅用米醋淬七八次研碎）

白附子（炮一分） 生金

生銀 牛黄（如無以膽製代加用之）

烏梢蛇頭（酒炙七八寸） 白茯苓

天麻（各二分） 天南星（米泔浸一分生薑汁浸用）

半夏（湯洗二分生薑汁浸研） 赤脚蜈蚣（一條酒浸炙）

犀角（各二錢） 腦子 麝

右為末蒸棗肉為丸如〇大每服十丸至十五丸二十丸煎金銀薄荷湯下朱砂為衣

議曰癎之為疾又是一種證候右言驚風所傳古人有謂食風驚三癎右言不干驚風所傳古云驚風三發便為癎且癎為疾痰熱壅盛傳入經絡塞于心肺是致關竅不通故作癎疾發作有如驚風大平或因驚而生痰多或因熱而作風盛大小便不利上下氣不通心神悶亂若因而復生生而復死沉沉默默無由甦省忽爾氣透關竅漸得關通魂魄稍得安定向後心被觸惱氣不寧則發作如前是知癎之為疾乃由虛痰冷涎頑結于胃膈驚風併發于關膈常無精神心致不寧而存恍惚燥埋不專至狀不從心自致害何足怪者耶奪魂散方妙效秘傳修合如法治神驗豈非至寶之謂也

新刊滇山省府治幼口識秘之十六

識十種熱證候

医云熱有十種驚熱痱熱風熱潮熱傷寒熱癨熱積熱丹熱瘡疹熱餘毒熱

識曰有驚熱即有風熱此言驚風熱又有風都熱乃感風威病頗同傷寒熱又傷寒熱類同瘡疹熱又瘡疹麻豆之後有餘毒作熱其傷寒後亦有餘毒作熱

識積熱有同瘡熱疼來潮作又似瘧熱綜曰潮熱益發作有期

識丹熱瘧熱各自脉之不類諸證今暫淨攷所治諸熱良方有四主治分諸熱證悉有功效非特稱傾而分之乃是所療治其根本而已無不應驗更不參他策只此四方既攷為不失一截列在下請宜審察投柰隨病療愈神異病症儘尽心汁論以其簡要不悖煩劳士此就彼搜閱再三執若良將用兵奇正故互難有先思必不能述真其病候或有同異其證候無過於折頗為定必不諜遠綜錯矣章自時退熱之理秘不可傳道由心悟得之可謂醇乎醇者之者耶

識顖證諸熱

識血熱即遍躰生瘡疾痛疥瘙痱及豆疹作丹毒癍帶之属

識骨熱即外冷內熱其病骨蒸候

識實熱即心脉壯實五臟六腑氣充大便硬少或閉不通

識虛熱三焦不順五臟不和欲作癇候啼哭煩躁夜出虛汗或瀉痢後有熱

識三焦熱即上膈虛煩作渴頰赤驚悸夜後啼哭胸中譫語

識五心熱虛煩多驚小便赤六腑不安穩氣粗或作痰疾

識肝經熱眼目赤腫疼痛眵淚羞明或筋脉拘急有哭風疾

識肺經熱鼻瘡生瘡不開香臭或餘毒不散

識胎熱兒在胎中受母飲食家衛不順有餘毒之熱發作驚疾或後作出之後留作熱證

識傷寒後餘毒熱雖曾解表餘熱傳脉或入經絡久而不散

識瘡疹餘毒熱其兒所患瘡疹不甚快速有餘熱留滯在百脉之間

識項上生核作熱數大微紅者名驚氣核小三五連之長短相類雜者乃餘毒熱亦為驚癧初生乳幼者有患之

識三焦瘟毒熱上攻咽喉之外名作頸熱氣血凝滯經絡不行熱毒攻注致生癰癤

議麻豆作熱類似疹候麻子乃腑丈病傷欲易調理
無不厭若亦能自愈只恐喫毒冒風爲之逆也
議溫氣熱即是臟氣血熱相襲而感小兒又令有臟氣
之溫未経急瘡疹者即重熏大小相傳皆作是疾
議小腸熱心経不利小便淋澁或滴管內疼痛
議胃熱作氣口臭或冬嘔逆不思飲食亦由胃家虛熱
浮之
議脾熱口苦饑困多睡因喫食毒物積聚在脾不化脚
稍水冷
議邪熱肺経感受寒邪陰陽二氣不正痰延咳嗽
議寒熱謂先寒後熱其狀如瘧乃虛中有積久患瘡
癖瘕癥亦作寒熱稍冷
議傷風熱鼻塞重頭痛腳熱類似傷寒候
議傷暑熱煩躁引飲頭目昏重將正盛暑或冒感冒
議榮衛即血熱也
議衛熱即氣熱榮衛不順即氣血不相參虛之致也
議筋熱咬指甲見血
議骨熱病作癇砂黑齒爛斷以至定爲病極候
議煩熱即啼之不已
議躁熱即哭之不已皆由三焦不順心中積熱虛煩躁
悶
議變蒸熱只在五百七十四日之內三十二日一變六
十四日一蒸在其數余作者應也
議大腸熱乃是肺家有熱在裹流入大腸秘結不通
議瘡疹熱乃是肺經有風在表肺主皮毛故出瘡疹風
議痰熱因感風生痰在上焦久不化作熱或在咽中心
議驚氣熱良由小兒受驚其驚氣不散留在上焦無得
自化故作熱毒攻在頭項之間
議疳熱即是積熱證若加腳冷當與下之
議客忤熱初生之兒觀或外來兒觸其邪以亂其正故
作熱
議痢熱驚風不散聚在經絡或入臟腑其候常合不省
人事
議疾夜熱亦驚之所受入經十傳散於經絡
以上諸證受病治法分類于後
已分十種熱證附諸熱類
驚熱　癇熱　驚氣熱　痰瘀熱　客忤熱　五心熱
傷寒熱　傷風熱　傷暑熱　夾驚熱　夾食熱
疳熱　虛熱　煩躁熱　筋熱　胃熱　骨熱
以上並宜與服蔥根肥甲散
風熱

疳熱　変蒸熱　肝熱　大腸熱　癮疹熱
並宜加麥門冬子去心煎
骨熱
実熱　血熱　三焦熱　小腸熱　龍帶熱
並宜加大黄及燈心煎
瘡疹熱
麻子熱　温気熱　已出痘熱　未出痘熱
並宜加紫草茸川當歸同煎
餘毒熱
胎熱　肺熱　傷寒後餘毒熱
瘡疹後餘毒熱
並宜加薄荷煎
傷人食積作熱　作吵熱　痲痂毒熱
並宜加大黄朴消煎
以上宜服大連翹飲子　見後加用件　方見同
潮熱
実熱　衛熱　瘴気　両日一発
三日一発
積熱
脾熱　胃熱　痞癖熱　肚熱
瘧熱
邪熱　寒熱　脾瘧　鬼瘧夜発

羊癲熱
以上宜服梨漿飲子
八種虚劑作熱
吐熱　瀉熱　霍乱吐瀉熱
以上並宜服正気圓調胃散用調助胃氣不可
以凉薬退熱胃氣和其熱自然而散愈
虚中積熱　腹痛積熱　虫痛積熱
以上並推下積
脱甲散　亦名惹熱散
調理嬰孩小兒傷寒躰熱頭目昏沉不思飲食夾驚夾
食寒熱大小便閉澁或赤或白煩躁作渇冷汗妄流夾
積傷滞臓腑遂青黄躰瘦日夜大熱及瘡傷風傷暑
驚癇客忤筋骨臓腑邪気等熱並宜服之脱甲散良方
柴胡二両去芦　川當皈二両浄洗　龍膽草三両去芦
白茯苓去皮二両　人参二両　知母五両
甘草炙四両　川芎二両　麻黄二両去節
右件為細末毎服一大分水一小盞入小葱白連鬚一
寸同煎至半温服不拘時候
按曰此方散熱状表散裏表虚冷汗不妄行裏熱
冷気不閉結外即通関内即開渠通関流行経絡
開泄不壅臓腑然其知母當帰順正陰陽人参甘
草和益腸胃柴胡川芎散去寒邪茯苓龍膽止汗

生津麻黃去節留根仍全表裏急自達散出汗或
五盛鬱熱在表裏之間抱熱不可積傳驚癎之候
用五凡功急根至良方曰脫甲奇妙送難盡識書
載易詳但奇減用之對證功效眾無凡消者耶

大連翹飲 治證在前

連翹　瞿麥穗　滑石　車前子
牛蒡子少　紅芍藥兩各一　山梔　木通
川當歸　防風兩各一　黃芩去心一兩半　柴胡去蘆
甘草二錢兩各　荊芥穗半兩　蟬蛻去足八錢
右件一十五味㕮咀每服一大錢水小小盞湯使在前

識曰此方解利心經邪熱心與小腸為表裏小腸乃
水實常宜通利壅則結滑則脫熱則淡盛則淋千
涼心經三焦自順不待疾作而解證成而療者殊
忘有之矣一十五味加湯使依前議處臨熱客熱
寒邪風邪胃入肺經心包受之心不受爾傳于小
腸或閉或淡或赤或白淋瀝不通氣衝不順壅之
作疾其發多端以至兩熱眼目脫赤唇口白瘡汗
液不生涕唾稠盛鬱在表裏俱得其宜驚風悉能
散化痰熱亦自消除連翹之功不虛識爾

○梨藶飲 治證在前

青蒿浸水花須用童子小便浸一日一夜日乾為度　柴胡去蘆　人參
黃芩去心　前胡　秦艽去土　甘草中炙
右木分㕮咀每服一歲兒半分兩歲一分已水小小
盞入生稿生梨少許薄荷二葉生地黃一寸同煎至
半去滓通口空心食前服兩滓併煎作一服

識曰此方治脾積寒熱其狀如瘧乃由脾氣陰陽
相勝故也其寒在先陰勝於陽其熱在後陽勝
陰陰陽循之經絡傳歸于不依前後作不越三日
而止重則頭痛咽逆久則二三歲不歇左脇有塊
小者如桃李大者似杯碟治法下去癥積疾塊自
消然寒熱亦未能自解宜先與服梨藶飲連滓併
二服定去寒熱了方可下積聚之藥桂寒涼何以
禦之答曰所謂先寒後熱號陰陽勝伏遞相更變
陰積陽鬱送之致反致寒極熱生熱極陰作更汗
自汗表有少解氣點後作氣虛然宜所服梨藶飲
以毒攻毒藥用青蒿以寒禦寒其熱不有寒必無
加自然藥與衛陰子陽合寒熱再潮未之有也和
梨藶之功妙哉絕偏循能和用無不得安若患三
載不過兩服曾經十年只以此方妙用至純使人
欽歎而已

正氣調胃散

治嬰孩小兒八種虛痢作熱或吐或瀉或熱霍亂上下
氣不後常心虛煩悶亦作熱並不可加用寒涼之藥宜

子服此方正氣調胃散兼生熱飲子如不納食宜服分氣紫蘇飲子正氣調胃散良方

厚朴一兩生薑如法二兩搗爛取汁中一二兩泡粘米二日乾焙炒　藿香葉

半夏湯洗七次一兩泡去　白扁豆炒

陳皮去白一兩　甘草炙　薏苡仁炒各一兩

白茯苓　白朮

右為末每服一錢以水一小盞生姜二小片棗子同煎

議曰吐瀉作熱由其陰陽不順邪正相干臟腑不和上吐下瀉久有只吐而熱者人有只瀉而熱者皆是運動真氣上下不升降久吐瀉俱作因霍亂其兒陰陽二氣不正臟腑氣虛止吐且瀉加之臨也不禁風生作夜候變即從脾風病家不知其理醫工周究其詳古人不述其後致後學必招利害今知吐瀉有前熱自寒虛衰作亡可解利其表若乙攻裏由虛生虛循此調理可審其宜大小一同輕重尽善至理之言明者可鑒

議吐瀉詳證六法所治

議曰脾不和即胃不生氣不足即氣不正胃乃脾家之本其乃衛宜之根根本堅固百虛不作表裏充實諸邪不入治法服藥有六分入水數即與五分散服分之香氣即有香竹散後之分均陰陽即子既渴服之分溫脾胃氣調順三焦去濕即分理中圓服之令平正五臟氣散虛溫中即與正氣調胃散服之令溫中脘醒脾和胃去虛助氣開胃進食即與分氣紫蘇飲服之以上六證用藥皆和調順臟腑且臟既溫亦和既正且順熱之一亦自然狀散此亦證候万一不可直便用寒涼藥退熱若將熱藥止吐與瀉攻後陰陽二氣差錯致作風生逐急正風又從涼藥取次施為皆為乖繆由是吐瀉之熱不可用以寒涼或致反誤利害歷時矣

議潮熱有五

一因傷寒之後餘毒不解成潮熱宜服脫甲散兼小柴胡湯

二因疳氣有塊陰陽不均成潮熱先服鱉甲飲次三稜煎圓

三因癖積食傷冷滯脾胃不和成潮熱先服脫甲次鵝氣下之後潤胃

四因陰陽不和臟腑虛怯成潮熱或胃暑濕脾癥成潮熱單服煨薑散

五因瘡疹後餘毒不解成潮熱宜服大連翹飲子更與助胃氣

議曰潮熱潮熱來之有則或百一發或兩日一發或三日一發不越三日先寒後熱正定來者易治亂日者

六六六

雜揉致使脾胃仰足虛候同出而異名只有單熱潮發之候疳長作必若微發傷冷積滯痞氣者脚冷渾身熱若有蟲積其肚亦熱如火凡兒有患脚冷肚熱者便與下之須量熱輕重分數而利有虫多者取之少則安之取虫宜在於春旺冬實之時其或兒壯虫癆不拘此說

○議痢熱

凡小兒患痢之時本熱久則氣虛其臟腑虛極作熱此病患候終見痢候作熱此兒臟腑虛弱同於虛熱主治其證三焦熱引致不散四肢浮腫者理宜溫補臟腑散除濕化喘則難治所謂熱積熱吐浮熱虛不可發散退熱不任寒涼藥但對其病源則其臟腑和其榮衛生其胃氣令進飲食次與痢疾服之參酌赤白多少膿血相雜裏急後重用行血厚腸胃和中脘溫臟腑其熱自然退愈凡兒患痢不問輕重悉禁葷腥冷熱炙煿醃鹹惡毒之物若噤口復愈而復作若也欲安須用戒絕之矣

議曰幼幼患痢悉由積毒而受虛熱而發三焦不和五臟壅伏冷熱相攻陰陽交通是以作疾腸胃洞虛所言正患之時不熱稍愈其体溫壯衆實能知此等皆由勞其形役其氣食其毒酸其臟餘毒不化所以作熱隱伏於百脈經絡之間無由歸本若更逆抑何得而安所用正氣謂胃智者然而唯然病痢之熱安自內和若和則上下氣相承表裏相順使飲食以自然而然行坐以快樂而樂是謂和矣其或患眉蹙首搖腹揉臍撫体物拳焦啼煩躁皆由不和也所欲和者食飼粳粟米餌參苓薏湯澡臥避風溫仍常以肚調胃散與服無疾無加惟熱熾愈能禁飲戒且安且樂而已

○議積證

應諸家方書並不言蒸者蓋所患只因五臟受病從陰成積其脾主食由食生冷果子甜熱毒亦物積在中脘不化久而成疾故名曰積積之為患有輕有重其類多端病候不一豈可槩舉凡小兒有積熱無不肚熱脚冷要知輕重但約肚熱為之分數其肚有及七分脹五分熱亦有三五分脹七八分熱者盛則兩脇膨脹緊滿既有此證須審其候方可服藥庶不致誤矣

議曰因積病久傳作腫脹小兒腫脹之病下項諸證皆由積毒患不治而漸變作證候隨其輕重所發是以不同蓋小兒食肉太早無不有積因積不化無不成癖飽飫過度無不氣脹由脹受濕無不發腫頭面脚手虛浮者濕在於脾理脾去濕隨手退愈若腹肚脹腫先膨蓋急至於作喘所謂乘虛入腹為疾難醫不可容易轉動臟腑須究榮衛虛實若虛及分數先宜調中理其固實方可疎利若理不能充實則壞證

虛敗豈可轉動不惟無益恐涉深害

新刋演山省翁活幼口議卷之十六

新刋演山省翁活幼口議卷之十七

總論腫脹

腫脹二證此由虛中有積久患失治漸傳作證候傳化多端隨虛實挾輕重察盛衰審女裏主治先固其本後正其標得無恙矣

腫

受溼腫 脚手面目虛浮　　食毒氣腫 腹肚胃虛脹患

傷寒虛氣入腹腫　　瀉痢虛氣入腹腫

氣虛腫　　血虛腫

榮衛俱虛腫

脹

痞氣脹　　痞極脹　　痞積脹　　氣積脹

疹氣脹　　癖氣脹　　瘕積脹　　鎖肚脹患

上高脹　　中脘脹　　食傷膨脹　　蛔虫脹

脾氣脹　　冷積脹　　虛積脹

以上腫脹虛積並當下之用藥各有法度

○議腫

受溼腫　　傷寒虛氣入腹

食毒氣腫　　瀉痢虛氣入腹

○議曰此四種所患病不相同皆由虛盛乃得之受溼謂脾胃受溼冷久不能化氣浮四肢頭面皆腫食毒氣由脾胃傷之冷積毒氣停留胃脘致虛入腹作

腫傷寒由下之太早裏虛入裏作腫泻痢之久脾氣亦虛是以致腫以上宜平調胃氣補臟充實方可去腫先服四味理中丸減半乾姜加白术桑白皮同煎傷寒虛腫加枳實作喘加淡豆瀉痢虛腫服正氣調胃〻氣既壯以救土滲利之其腫即退再調補臟腑用觀音散良益固本復矣

氣虛腫亦名氣虛　血虛腫亦名血虛　榮衛俱虛腫亦名氣血虛

議曰小兒所患腫脹一門最為要急前人少有究竟然腫脹已作皆由榮衛不順臟腑怯弱壅滯三焦流注百脈表裏俱虛邪正相亂所以致受四七浮盛腹肚膨滿多由食毒得之飲食得之癥瘕得之飢飽得之積久不化諸虛所入攻疾斯病〻由虛得我則妄訖通下因虛致虛根不能去疾加已甚是謂壞証危候智者怯而為謹愚者暴以攻擊二醫不同誠為難治原夫智者高之謂高量斟酌輕重良者審之難曰良工由宜審其可否之意疑者瑞之雖其病盛不可利只宜與瑞其氣明者施之明其虛實已定良方起活謹遵其理始可調治藥用至真對證施效即無慙矣

以上先與服榮衛飲子次服分氣飲子

榮衛飲子

調補果損氣血俱虛榮衛不順四肢頭面手足俱浮腫以至喘急者並宜服榮衛飲子良方

川當歸　熟乾地黃洗淨　人參　白茯苓
川芎　白术　甘草炙　白芍藥
枳殼麩炒製　黃耆蜜炙　陳皮

右等分㕮咀每服二錢匕水小盞煎至半去滓通口不拘時候

議曰榮者血溫流行於脉衛者氣順調和於絡是故榮行脉中衛行脉外陰陽相安循環無正自如至長不离呼吸無少滯凝其脉方調其氣乃順呼吸之間脉不應息氣有遺滯流注經絡隱伏臟腑虛熱則發癰疽背部實熱則患瘡瘍瘡疥況其榮與衛陰及陽偏結有作易感外邪亦易致虛百病皆由茲始此方最良雖兒幼小並可與服以壯其根　血榮氣衛順且和矣臟寒虛溫且壯矣蠱衄自然而平法弱自然而正陰陽調均氣脉充實乃曰妙工

分氣飲子

調理小兒腫脹作喘氣短促急坐卧不任四肢浮腫飲食嘔噦神困昏沉宜服分氣飲子良方

五味子　桔梗　白茯苓　甘草炙
陳橘皮　桑白皮　草果去皮　大腹皮
白术　枳殼去穰切炒　川當歸　紫蘇

蘇子　半夏麯

右等分㕮咀每服二大錢匕水小盞生薑二小片棗子半箇煎至半去滓通口不拘時候兼八味理中元煎服

以上宜用救生丹通利

議曰清濁無混邪正不干上焦得之清涼下部受之溫煖氣滯則少升降血虛則多流注雖是乳子呼吸一息其脉有五徐徐隱指不違其數者亦同大人流行但隨小大受之短淺而已者也留滯其脉遲數於病大過不及皆有作甚生療治鬱則分之逆則順之滯則利之帶則降之調理之法先宜以順其氣大抵鬱後氣順即易治脉壯亦易理証候排傳榮衛之意滯當以先明不待傳入而後究竟此方分氣須宜甚益與分水散之分者不同為用明者察之　致遠曲

大效神功救生丹

治小兒氣虛喘急四肢浮腫腹肚脹急衝滿臍部作熱乍寒或渴或秘皆由久停虛積榮衛不順宜用推去其惡毒之氣神功救生丹良方

雄黃分研　朱砂各一分研　巴豆二十一粒去殼

乾薑二錢

右用水醋一盞以巴薑就煮令乾去薑不用將巴出油和推朱砂勻蒸糕搜丸如麻子大每一歲三丸並用酒浸赤為藥以少許送下

議曰夫幼幼受疾其來發端無過驚風痰熱疳積吐利而已前賢眾多述論證候編著方慕究竟推詳各有確實與見其有無辜疳積異作證候者千篇集或有罕見其證未詳其理者盡世難測難知如龜胷決肋蹶蹶是也又後有壞證忽然自服諸家丸散輕重搠拔驗之不得全功疾之如為他害提脾風之類是也照照就久方法何宜學醫之士過此等病未嘗言許而屈若能此附臟類調理雖則未能猶尚安然多是帰積而強而為稍或得失利害甚重余議救生丹方載譚氏所療無辜積議效驗至良恍但後生聞而知之且驚且喜孟浪未嘗知用者也參究而又意到即合功以副全功然後乃謂神乎微乎其妙至理醫工於此等證候須當至誠施設治療起孩十舉十全百發百中矣

○議脹

疳氣脹　疳極脹　疳積脹　氣積脹

議曰小兒患疳證候皆由虛所傳積乃為母積既已作虛氣傳轉遂成疳疾其名數種皆漸所致不可更與通利尤加重候即宜和益消疳調氣若尚有虛積便自後重當兼蹋氣以去之先與保神功

保童丸以至泄氣爲快餞泄虛氣即散（故奧氏是也）不傷其氣功效至良應患疳積便利無度大有功效

褐丸子

治小兒陰陽不和臟腑怯弱乳食不消心腹脹滿嘔逆氣急或腸鳴泄瀉頻併後中冷痛食癥乳癖痃氣痞結積聚腸胃或秘或利〻〻面腫滿不思乳食及療五種疳氣八種痢疾飢肉消瘦氣麄腹大神色昏憒情意不樂常服散冷熱氣調和臟腑去疳積止瀉痢進乳食生飢肉悅顏色功效非常不能縷述褐丸子良方

蘿蔔子（二兩微炒）　陳皮　青皮（去白各一兩）

黑牽牛（一兩半[illegible]）　京三稜（炮一兩）

蓬莪术（三錢）　胡椒（一錢）　木香（二錢）

又一方加胡黃連半兩去陳半兩蘿蔔子只使一兩

右爲細末麪糊爲丸麻子大每服三五十丸煎蘿蔔湯下

議曰證候不明醫之過也丸散不良士之繆也去醫藏藥審証察候猶若權衡以究標本醫藥純全之道凡調理小兒雜病須究疳証積候乃五臟所傳及至變作他患殊失源流迭而不及所以作疾此方最善寬腸下氣散結去鬱其疳與積已作未作順傳逆傳並皆宜服功益常方大學腸胃充實精府按證所療無不効故京華之下作疳藥貨會名聞四方活幼多數今不隱藏故述詳悉請啟用之

痞氣服　癖氣服　癥積服

議曰痞癖之氣同根異名作疾有塊皆在左脇男女亦同然痞者陽證癖者陰證緣小兒脾胃不和陰陽二氣交錯冷熱相制皆由積之所致故先寒後熱一如其瘧汗出則息若先下却其積則熱往往不去反增加重而又作腫虛滿頭面凡兒有是疾醫者不可輕易投砒治之其砒有大毒衝冒三焦作渴引飲水停在脾〻爲四肢亦作浮腫重則致喘煩躁虛悶懊惱不安砒之爲藥豈可妄投宜先與服[illegible]飲加屢使如法取令寒熱退三五日了却與三稜丸磨化積毒以利爲度去其根本若未通更服

三稜煎丸

治嬰孩小兒食傷生冷粘膩熱毒等物脾胃積滯久不剋化令兒肚熱腳冷痞癖寒熱及療癥瘕中脘不和膨脹上膈氣壅心腹不得宣通所以作疾此藥溫良但是諸積滯食不化並宜與服三稜煎丸方

京三稜　蓬莪术（各半兩炮）　芫花（一分）

鱉甲（去裙襴醋炙令黃半兩）　淡豆豉（二錢重）

子部　第一冊

巴豆一十一粒去油　川當歸十分　杏仁去皮尖一分炒存

右前六味一處以米醋一椀煑令乾仍銚炒起更細截焙為末次入當歸末又入杏仁巴豆和勻水煑麪糊為丸麻子大每服二十丸生薑湯下大小加減服之

議曰此方亦名消積丸又名化積丸其藥破氣行血和脾開胃蕩瘀磨癥瘕諸積氣滯之皆療之總調理嬰孩之法須從脾胃之源脾胃者乃飲食之總路也古云人無根株飲食為命然飲食之物有所宜則投氣有血脉勻則肌膚壯精神旺有所不利則腸胃虛弱肌瘦面目黃疾病作是以藥固護扶其胃氣和則飲食自然消化其脾胃壯即飲食自然應之若飲食消化即氣旺飲食不化即氣虛小兒服此初安穩臟次血肌膚三焦所順百脉俱調效驗至來醫療第一

鎖肚臍急

議曰此一證候兒在胞胎中無患只由初生七日內有患觸受而成急如水火其作延久漸見加重以至肚上青筋撮口不乳其候甚速得名臍急其兒感觸邪氣入臍衝心不能自化遂變風候及至成風不可更投藥餌雖然鎖肚撮口不乳其色未變精神未亂者速使下藥以通為度才通便安切效至聖無可疑者如已鎖肚吮乳如法漸次氣壯內重撫恍可免宜服真珠天麻圓方在急驚証內

附初生鎖肚撮口施藥法說

夫人纔生下男女忽有一證男在三五七女即二四六日奇偶之有數陰陽之顯道者遂感客忤邪正相干令兒肚緊青筋禁口不乳此由客情外來致襲其邪陰陽不順胃腸其正初生男女氣脉未定精神未全不勝邪氣所以古人云客一觸遂其此病諸惱感交適被氣侵臨為懸絕皆邪也上古醫家著述繁雜徵窮至要世俗雖有如先理無灸法血氣方生宜因臨證者以只以外為妄法既受此厄越日救時母泣父啼痛心侍斃哉謂傷嗟雖可與古賢參較如科傳授四世實緣四條之難熟一日扣遇高明深詰其妙方藥祕傳俱用受嗚呼天地生萬物惟人尊貴人能仰於天地之間且天地豈特害於人自是事在遇不遇之如此稍有愆漫悔怨耽滯於人情者多矣僕輒行小惠普濟初生於討神聰選材修合其或高下民戶生兒有被此難無問輕重不拘早晚施與衆餌決定保全頓然甦活豈小補哉

上膈脹　中脘脹　食傷膨脹

議曰膈與脘上下相承膨與脹輕重自別脘受疾久則塔悶膈作病傳則鬱結是和膈調胃豈脘臨脾胃弱者猶隔也有如隔礙脘者猶管也通即流

利二位皆由飲傷於冷脾胃過時停滯氣不順於三焦怯弱脉虛傳於五臟所謂脾不磨食不化胃不開食無益所以膨脹若於膨脹之時不與消利遂致虛滿又於虛滿不為踈補其氣即攻中脘又於中脘不化即胃上膈既在上膈為疾必作彤證傳即為重醫莫容易取愈食傷膨張宜服三稜煎圓中脘痞脹宜服王氏塌氣圓上膈鬱脹宜服大棗連圓

大棗連圓

治小兒飲食過度膨於胃膈上下氣不宜通鬱滯迷悶情思少樂大則作喘強食不化作渴煩躁坐卧不仕肢體倦怠腹脹疼痛宜服大棗黃連良方

蓬莪朮　京三稜各一分醋煨　乾薑炮　青皮

陳皮去白　木香　丁香各二分　巴豆二十一粒去皮心膜出油

綠小細棗二錢

右為末醋糊為丸麻子大每服七丸至十丸大者加服生薑棗子湯下

議曰痞鬱結注所因脾胃飲食生冷粘膩積氣不化滯在胃膈乃總名上曰三焦下曰三脘上下相貫來去相侵虛處所受弱處所發致疾乃因久不刻化成害或由常不宜通癥瘕痞癖積之所由至疳痢吐瀉積之所致作今用此方大寬胃膈平厚腸胃正氣溫中消疳癖積能止吐瀉進美飲食藥有神功尤宜察證

蛔虫脹

議曰此證候作與脾氣冷積虛積大抵相似然小兒腹肚緊脹天明吐津沫要羹肉與方少安乃蛔虫候脾氣多噎咽飲食不下虛中有積腹緊吊痛冷積脹緊膨滿心腹不仕坐卧內脹心肅上下攻刺疼痛內虫痛脹先與下虫丸殺虫其虫困次與水晶丸推下餘證各與調胃藥服却推下積宜服小兒沉香煎丸

小沉香煎丸

乳香　沉香各一分　肉豆蔻一個

杏仁一分　百草霜一分　木香

丁香各一分　巴豆十四粒去油和霜

右為末黃酒封頭蠟和為丸如菉豆大每服三五丸淡生姜湯送下腹急肚痛不止服之功效常服以通為度

議曰此方乃感腹丸加沉乳二藥是也療小兒虛中積證癥積疳疾冷積食積脾氣乳積腸胃久虛臟腑中脘不和痞氣鬱結或瀉或痢或嘔或臟腹肚疼痛兒體虛羸不堪動轉者並與服之其方此真珠丸等取積大不同耳只恐服此未能能通利者也通利幾為之率乃胃逐虛存實和脾生胃之藥功無加踏

下虫丸

治小兒貪蚘虫（食不為）苗虫（有不出）胃虫（血不出）然宜
服下虫丸方

鶴虱（炒）一　光粉（炒）二　膩粉二大
史君子（一分）　檳榔（生）一分　龍牙根一錢
貫衆（五分）　龍膽根二錢
苦楝根皮（二錢）

右為細末，水煮糊為圓如麻子大，每服三五十圓，空心食前甘草湯下，或以豬肉青炙與服尤妙

議曰小兒疳積虫積皆由食肉太早，脾胃本弱，受之不磨，痰傷不化，何況更加生冷硬之物，脾胃虛弱，因積生虫，只有一種蛔蟲胃也，蛔多令兒喜食瓜味內諸之物，議肚脹心胃彭滿，苗多令兒清瘦神困，肚脹青筋疳氣漸盛，腸鳴瀉臭食即嘔哦，胃多令兒喜食酒肉，食不生飢，常作困遁，嗔脹睏肚，煩躁迷悶，眠不安席，並宜服此，真虫自化，盛用利下，仍須調胃和氣助之

新刊演山省翁活幼口議卷之十七

演山省翁活幼口議卷第十八

小兒傷寒證候此議三種乃為正要有正受夾驚夾食有連傷寒並用脫甲散其病既分三種須當究論輕重鼻塞小便赤欬嗽閉竅不通壯熱面紅頭疼體重渾身手足俱熱

凡治小兒正受傷寒及感寒邪傷風諸證宜服人參羌活散小便赤色或心神不寧病在表裏之間或再漢發宜與小黴粥為一二服

凡治小兒夾驚傷寒神困昏悸頭疼氣粗宜服王氏杜[illegible]散

凡小兒夾食傷寒即先與微利次與脫甲散或人參羌活散下之紫霜圓為上取微利為度大抵小兒傷寒不可專表亦不專下亦不可併行表下之理外兒症之劑重即成壞證難療

議曰凡小兒傷寒雖無多事須是認證分明應傷寒傷風只可表惟有夾食宜用下之凡夾食傷寒鄉散吟似有積證相類但此等傷寒自是不同不可不習知其端的然後次第消藥仍丁寧病家令避風濕與忽生冷勿令強力無恣飽食恐傷胃氣其病再復且医家調理即須審度無有是瘡疹盛時交左右鄰舍有無所患之者若或有之亦不妨事但表解藥與服不可妄投驚藥緣無恙矣惟有壞證盖由前人用藥

不當撥亂陰陽故致爲壞或因觸受風邪故致爲壞
或因強力食毒故致爲壞或用冷溫傷經絡故致於
爲壞々則雖極治医學宜乎疲心而已凡小兒傷寒
候惟有咳嗽一證不爲容易若有此證宜服人參枳
實湯雖效萬一勿可攻擊爲医者察之爲良

大效人參枳實湯

治嬰孩小兒傷寒後氣不和順喘急噴嗽胃膈鬱塞日
夜煩悶神困力乏不思飲食仍療虛痰煩滿頭目昏暈
但是傷風感冷咳嗽並宜服之

枳實（麸炒去穰切）　桑白皮
半夏（湯洗七次切）　甘草（炙）
白茯苓　款冬花
五味子　阿膠（炒）
細辛（各半兩）　人參（壹分）
麻黃（去節）　苦梗（各半兩）

右㕮咀每服一小撮水小盞生姜三片棗半箇烏梅少
許同煎至半去滓通口服二滓併煎

議曰小兒傷寒作熱頭痛等證或已発散退熱或已
化痰定喘或已安神定志或已開胃進食兒孩平復
父母忘憂喜之甚矣尚有一證日夜咳嗽多方不愈
良由元受邪氣入肺葉內無能得出不堪吐利何由
而安凡見傷寒後反感風咳嗽不愈者宜服此方湯
使肺氣如去[illegible]盡益將口說吸法々服之不過三
五次痊此方瀉肺補氣當[illegible]化痰滋潤五臟和益
三焦不惟理嗽調中更善

小兒驚熱風痰

議曰此名四證已述前篇兼載八候續之今後學驚
熱或作風痰未分陰陽二癎之前医者即先與化痰
驚風退熱利驚如此後病证完不惟繁雜乃無法所
治是故緣於療理若已何病於證何患凡此四證相
須不可攻其一也利其驚則風熾退其熱則痰壅久
之[illegible]理未宜善者然一日省悟錢氏方宜凡散正爲
此等兒孩病後有痰即壅有熱即閉有風即猛有驚
即潤昏々沉々輕藥不能散重則[illegible]傷害似與服蹤
風散只[illegible]一服之間風痰驚熱悉皆消去神情
慶悅四體和安觀其此藥似有使兒剛之即和順[illegible]
痰利驚散風解熱只與一服不較其特可見[illegible]
見医工調治此等證候多是疑惑進退法懼若[illegible]
特延其日則候傳變驚目驚作風自風生痰自痰
熱自熱聚或急或慢八候相從更覆傳[illegible]
之時不可得而進此藥然後風所熱四證相侍如服
方會極力[illegible]衝盡使散動不致停留及其聚而自散
首[illegible]入諸[illegible]經[illegible]故作搐搦引掣等候矣

大效[illegible]散

治嬰孩小兒驚熱風癇四證結聚於胷臆之間令兒昏困況重閉竅不通諸脉氣閉所以默々欲食不食欲起不起倦伏不知其證候者但不經吐利宜與服之立見魅省大效踈風散良方

錦紋大黃（緊實者三夊重）　雞心檳榔（貳重）

舊陳橘皮（去白貳夊）　朴消（壹夊）

黑牽牛（壹分中熟）

右五味為末每二歲兒服半夊匕三歲一夊匕先用生蜜調就次煎薄荷湯點與服不拘時候

議曰風癇在上即吐在下即瀉（諸高上下也）一服之間決定安樂未可便投他藥恐相致誤常人只和用腦子麝香參苓朮附子（皆內）無禮貫之藥似此四證如何和順調理

疳疾證候方議

議曰五疳八痢本經所載詳明然究竟疳在五臟五疳故有五名及其順逆相傳变動臟腑則病不輪證候而作者豈可以五疳為數八痢為拘疳者始自於疳痢者起自於痢疳以飲食不節過傷脾胃痢即脾胃虛弱而受積毒治疳之藥理脾胃溫中補氣消疳然也治痢之藥理腸胃去湿調中滋血和氣為上

大效史君檳榔圓

治嬰孩小兒食肉太早傷及脾胃水穀不分積滯不化疾作疳氣等候宜服大效史君檳榔良方

內豆蔻（兩箇炮）　檳榔（一箇大）　宣連

胡黃連　陳皮　青皮

川楝子肉（炒）　蕪荑（炒去）　神麴

麥芽（並炒）　木香　夜明砂（炒去土）

蘆會　川芎（各壹夊重）　麝香（一字）

右為末積豬膽汁薄荷為圓如麻子大每服三五十圓溫飯飲下

議曰積是疳之母所以有積不治乃成疳疾又有治積不下其積存而臟虛成疳尤重大抵小兒患疳泄浮無時不作風候者何惟疳浮名熱瀉其臟腑轉動有限所以不成風候雖瀉不風亦轉它證作渴虛熱燥煩下痢腹滿喘急皆疳候虛證古云疳虛用補虛是知疳之為疾不可更利動臟腑發作之初名曰疳氣腹大脹急名曰疳虛浮痢頻併名曰疳積五心虛煩名曰疳熱毛焦髮稀肚大青筋好喫異物名曰疳極（[illegible]病傳臟已極）熱發往來形躰枯槁面無神彩肉無血色名曰疳勞手足細小項長骨露尻臀無肉肚脹腸突名曰丁奚食加吃嘰頭骨分開作渴引飲虫從口出名曰哺露此皆疳候又因多食生冷疳粘肥膩積滯中脘不化久亦成

疳治疳之法量候輕重理其臟腑和其中脘順其三焦使胃氣溫而納食益脾元壯以消化則臟腑自然調貼令氣脉與血脉相參壯筋力與骨力具健神清氣爽疳消蟲化漸次安愈若以藥攻之五臟踈都腸胃下去積毒取出虫子雖曰医療即非治法蓋小兒臟腑虛則生虫虛則積滯虛則疳羸虛則脹滿何更利下若更轉動腸胃致虛由虛成疳々虛證候乃作無辜之孩難救矣

胡黃連圓

治嬰孩小兒一切證候及一切疳痢他藥無功此藥極效胡黃連圓方

胡黃連　蘆薈　草黃連

肉豆蔻炮　桂　人參

朱砂　麝香一字　使君子去殼

木香　吊藤　龍齒

白茯苓以上各一錢重

右各生用為細末取猜猪膽兩枚裂汁和末令勻卻入袋内盛之以繩扎定湯煮半日取出切破袋子更入　莨菪子二錢重微炒　黃丹一錢重　二味別研如粉入前藥和勻搗五百杵為圓如菉豆大但是疳與痢用粥飲下五七圓子幼者三圓不嗔粥飲乳頭令吻能治一十二種疳痢及無辜者功效非常

議曰疳之疾危多由於漸痢之後逆傳自於延以延為初見其輕言之曰常後知其重告之無門是以疳痢皆由積毒攝恣口腹因虛以致虛用害而傷害医工見有此等自是憂疑病家欲得便毖豈無性急更併音逐取治展轉愈深或疳極而胲下痢或熱盛而加作渴或煩躁四肢虛浮或飲食一時吐吐常方不能安愈快削恐越傷和惟宜服此

肥肌圓

治小兒一切疳氣肌瘦肢弱神困力乏常服殺虫消疳開胃進食肥肌圓方

黃連去須一兩　川楝子肉各半兩炒　川芎半兩

陳皮　香附子炒各一分　木香二錢

右為末水煮細麵糊為圓麻子大每服三五十圓溫飯飲下

議曰驚疳積痢各分證候用藥今有小兒患疳虛困又作痢疾二候相加最為急重疳痢併行臟腑虛乏之極熱毒並重皆係積之又滯雖曰係積無積可療乃虛受之然謂其虛補之不及所見其證不得良方以何對治雖獲其方不審其候亦難療也良由脉與病同藥與證對医工運功扶而起之必得安樂胡黃連圓無以加諸肥肌良方亦佐勝

蘭香散

治小兒走馬疳牙齒潰爛以至崩砂出血齒落者蘭香散方

輕粉 一錢重　蘭香子 末　又 密陀僧 半兩醋淬為末

右研如粉傅齒及齦上立效

議曰嬰孩受病證候多疳良由氣鬱三焦疳分五臓內有腎經常虛得疳名之曰急以馬走為喻治療頗難此等一證初作口氣名曰臭息次第齒黑名曰崩砂盛則齦爛名曰潰槽又盛血出名曰宣露重則齒自脫落名曰腐根其根既腐何由理之嗟吁富家育子餔以甘肥腎堂受之虛熱或緣母在難月恣味珍羞令兒所招即非偶然而作今將秘方述于後

又方傅齒立效散

鴨嘴膽礬 一錢重匙上煅紅研　麝香 少許

右研勻每以少許傅牙齒齦上 又一方用蟾酥一字加麝香和勻傅之

議曰血之流行者榮也氣之循環者衛也變蒸足後飲食之間深恐有傷於榮衛而作眾疾其或氣傷於毒血傷於熱毒攻之虛臓所受何臓爲虛然蓋小兒腎之一臓常主虛不可令受熱毒攻及腎臓傷乎筋骨惟齒受骨之餘氣故先作疾名曰走馬非徐徐而作所宜服藥甘露飲地黃膏化毒丹消毒飲其外證以前行立效散及蟾酥膏傅之切忌與食熱毒之物此疳不同常證乃係無辜有亦逆宜深究保全為上若用常方難擬愈治

獨活飲子

治腎疳臭息候良方

天麻　木香　獨活

防風　麝香 少許細研和入

右各壹錢重爲末每服一錢匕小者半錢麥門冬熟水調下

三黃散

治腎疳崩砂候良方

牛黃　大黃　生地黃

木香　青黛

右等分爲末每服一錢匕熟水調服

人參散

治腎潰槽候良方

肉豆蔻 炮　胡黃連　人參

杏仁 炒　甘草 炙

右等分爲末每服一錢匕小者半錢溫熟水調服

檳榔散

治腎疳宣露候良方

木香　檳榔　人參

黄連　甘草炙

右等分為末每服一錢小者半錢熟水調服

黄耆散

治腎疳腐根牙良方

黄耆蜜炙　牛黄　人參

天麻　蝎炒　杏仁炒

白茯苓　川當歸　生地黄洗

熟乾地黄洗

右等分為末每服小者半錢已煎天門冬熟水調服 麥門冬亦得

地骨皮散

治腎疳齦齶牙齒肉爛腐臭鮮血常出良方

生乾地黄半兩　真地骨皮　細辛各壹分

五倍子炒令黑貳錢重

右為細末每用少許傅之頻與功效尤不妨

議曰本經所載疳證有五謂五臟所受故得其名今述腎疳一臟有五證候者最為要急不可同常此疾具陳有五種候傳迅疾可畏乃知走馬之號不遲初發之時兒孩口臭上干胃口氣息臭腎漸進損筋齗肉生瘡或腫或爛其齒焦黑又進從牙槽內發作瘡腫破潰膿爛又進熱過入脉時時血出其熱注之牙斷偶壞槽實齒枕六七歲孩落盡不復更生豈可治療今以此方宜速與隨其傳變而理不待疾作而後藥也

痢疾證候方議

豆蔻散

治嬰孩小兒腸胃虛弱糟粕不聚瀉痢不止或赤或白冷熱不調日夜頻併怠而又變宜服暖腸豆蔻散良方

肉豆蔻煨壹個　胡粉炒黃錢

龍骨生壹錢　白礬枯壹錢

右為末每服壹錢溫飯飲調服不拘時荐糊圓麻子大五六十圓

議曰胡粉即是鉛粉也以鉛法造出韶州名韶粉定州名定粉總名光粉其性澀故用之以澀其腸冷不虛滑豆蔻溫臟之藥安和腸胃龍骨白礬澀腸止痢所患腸虛滑下痢日夜無度者服之隨時痊癥懸當裡之物輸臟之屬急與禁止亦治秋間白痢至效

生熟飲子

治嬰孩小兒虛積痢疾肚疞痛下痢裏急後重日夜無度宜服生熟飲子良方

罌粟殼大者四個一半炙半一味去木內瓤淨隔之者佳

陳皮貳片半炙　甘草貳寸半炙　烏梅二個半燒

淮棗二個半煨　生姜大二塊半煨　木香壹錢半炙作兩片

訶子（二个大者半生半煨） 黑豆（陆十粒半炒） 黃芪（二寸半炙）
白朮（大一塊半煨） 川當歸（二寸半煨）
右件各半生半熟，㕮咀和勻，每服叁钱，水小盞入磁
瓶内煑去半，濾滓，任意與服，至多勿慮。所有生黑豆
不要打破，只圓全同煎服。

議曰：病有冷熱，藥有生熟，病有陰陽，藥有造化，病
有虛實，藥有君臣。按君臣以理虛實，分生熟而均
冷熱，治療之本之法也。平和腸胃之方也，須益三
焦之功也。安調五臟之至也，陰陽既分，冷熱既散，
腸胃既厚，三焦既益，五臟既順，良由藥有造化。且
水穀自分，榮衛自正，糟粕自聚，飲食自納，其瀉與
痢，何患不愈。生熟飲子之功，乃益天下之妙，不可
忽。

神效雞青圓

治翠（羶？）孩小兒一切痢疾，神效雞青圓良方。
木香（一分） 上黃連（六分，酒浸） 肉豆蔻（一個，麪裹）

右三味先碾為細末，取雞子青搜藥作餅，於慢火上
炙，逼令黃色，變紅者，稍乾，擘破碾羅為末，白麪糊圓
麻子大，每服三五十圓，溫飯飲下。

議曰：木香、黃連一陰一陽，藥木香善導水利氣脉，
黃連厚腸胃，二味君臣相佐，陰陽相順，加之豆蔻
溫和臟腑，止瀉痢，功效弥良。凡兒患瀉與痢，不問

埋（?）候輕重，並宜揔先與服，不問臟腑冷熱，愈多愈
效。然雞青為物有毒，是以毒氣引藥，致效若去此
一味，其功不作矣。

大效至聖千金飲子

治小兒脾積虛痢，便下五色，先由吧吐，後作泄瀉，脇肢
疼痛，枳肋脹滿，受濕虛鳴，膿血相雜，下如豆汁，亦如瘀
血，日夜無度，食少肌羸，宜服大效至聖千金飲子良方。
綿黃芪（蜜炙） 甘草 陳皮
罌粟殼（炙） 木香 白芍藥
地榆 川當歸 枳殼（麩炒）
黑豆（炒） 烏梅 淮棗
白朮 訶子（煨，去核） 黃連

右等分㕮咀，每服貳钱，水小盞煎至半，去滓，通口與
服。

議曰：臟腑虛中加燥，故患熱痢，或爾虛寒，乃患冷
痢，或由暑氣冒之，水穀不分，或受濕氣臨之，腸胃
有作，或因食毒傷脾肺，或因宿冷停積臟腑，或腑
內久衰不解，或因冷熱相欺，或因飲食過多，或因
飢飽不及，多食酸鹹，常啖魚鯗，或是母懷胞胎，恣
其口腹，積之日久，氣不宣通，遂令疾患，有加發作
無度，畢竟腸胃虛損，日夜呻吟，痢下頻併，宜服此
方，效驗若神。

治小兒虚痢作渴不止大艾煎圓良方

大艾煎圓

大艾葉 炒一　乾薑粉　胡粉 炒

海螵蛸　龍齒

右件等分爲末煉蜜圓雞頭子大每服一粒至二五飯飲磨化

議曰下部既虚無不作瀉々之加虚無不成痢瀉痢轉虚故有上盛三焦不順所以作渴渴若不住則瀉不止痢不歇又以止渴其藥性凉瀉痢尤甚此方兩獲全功扶救痢疾不致其虚亦不致熱

白餅子

治小兒秋痢號曰毒痢純下白膿肚痛白餅子良方

北巻 半兩白　蔵粉 一文重

白麪 半兩　胡粉 一炒文各

右件和匀水搜作餅如錢大每服半餅大者一餅飯飲磨化

議曰秋氣金旺則母虚矣夏月火燥則子困矣夫人五臓六腑乃循四時而行故曰秋濕脾胃若胃口有毒禁閉不食輕粉却毒次用豆蔻麪與喫兼雞青生熟飲閉服開胃醒脾乃愈

术蔻麪

治小兒禁口痢一粒飯一喫宜服术蔻麪良方

白术 半兩　肉豆蔻 炒麪　木香 二文重

右爲末白麪貳兩入藥水搜作削切作絛子水煑令熟用葱白生薑塩各少許和汁滋味與之看入多少仍兼雞青圓服

香脯

治小兒刮腸下痢禁口不食閉眼合口至重者香脯妙方

精猪肉 一兩薄批作片　膩粉 半文重

右將肉於炭火上慢炙旋鋪膩粉令匀炙令成脯每以少許與喫如未知喫且放鼻頭自然要喫此方治胃口有毒至奇至妙

痢熱證候方議

議曰小兒痢患乃是五臓所受積氣相傳分證患痢有患熱者由其腸虚之盛積者乃痢之母所有積不治遂傳成痢又有治積不下其積存而臓虚其痢傳而歸臓腑傳遍經絡致受由此作熱證候尤重雖不發作風疾畢竟危困況重經云痢熱證謂勞形作渴虚煩頻吐不食下項良方通其輕重而與服之仍擇所當勿可緩恐誤致年遣便計利害

人參散

治小兒痢熱虚煩作渴不思飲食四肢況重服人參散

良方

人參　蓬莪术　川當歸

龍膽草根　甘草炙　赤芍藥

白茯苓　枳殼浸去穰切作小片用麩炒令赤色

右等分為末每服半錢煎麥門冬湯調服無時候

神妙宣氣圓

治小兒疳熱久熱肌肉消瘦形容憔悴神情不樂飲食雖多不生肌肉宜服此方大有功效神妙宣氣圓良方

蓬莪术炮　赤芍藥　川當歸

大黃炮　鱉甲醋炙去裙焙乾為度

右等分為細末水煮麪糊為圓麻子大一歲二十圓熟水下大小加減

蚵蚾圓

治小兒急無辜疳三焦虛熱飲水不歇下痢頻併日夜無度煩躁乾嘔食入即吐如此惡證服常疳藥分水穀止煩渴治下痢進飲食並無效者宜用此方治之隨藥取安一服虛熱去兩服煩渴止三服瀉痢住不過三服諸證悉瘥就救萬一神聖秘蜜蚵蚾圓良方

蟾蜍一枚夏月取生活者乃是溝渠中腹肚大不能跳又不能鳴者身上多癩磊是也

右取糞虫一杓放桶中更以尿灌四畔令乾即留得其虫却將蟾蜍打殺頓在虫上任其虫咀食兩日間用新布作袋包裹小麻繩繫於急流中推一宿明日取上滓乾瓦上焙為末入麝和勻湯浸蒸餅圓麻子大每小者二十圓大者三十圓溫飯飲下或用麥門冬子去心煎湯空心食前日進二服功效如神

宜至誠修合

演山省翁活幼口議卷之十八

新刊演山省翁活幼口議卷之十九

池瀉證候方議

議小兒泄瀉傷積而作瀉者初以補藥治不止之時須當下去其積推積綠下其瀉自止下之宜與小沉香煎圓理虛中積甚良多與服之哉以小塌氣圓又不下更與三稜煎服之切不可以宜轉藥恐成滌蕩矣積滯已下與服調胃溫脾藥及既濟丹此乃理積瀉夏月暴瀉由其臟寒虛腸滑利泄速與契聖丹如滑不禁進螮腸散次與契聖既濟丹若洞利其瀉不常發作較人速與螮腸散子次與朮附湯稍與遲緩其候必更療瀉之理豈可相侍病家無知醫工當謹

螮腸散

治嬰孩小兒腸胃虛寒臟腑久冷泄瀉不止螮腸散良方

真鉛粉（炒 半兩）　白石脂（二錢）

白礬（枯 一錢）　白龍骨（壹錢）

右為末每服半錢匕大者一錢溫飯飲調下薄糊作小圓多服效

治小兒陰盛陽虧臟腑虛寒泄瀉不止契聖既濟丹良方

契聖既濟丹

熟地黃（壹分）　白礬

半夏末（湯浸七次 壹錢 生薑十四錢 炒）

右為末雪糕圓如麻子每服三五十圓溫飯飲下

朮附湯

治小兒臟腑虛寒泄瀉洞利手足厥冷朮附湯

附子（半兩 炮）　白朮（壹分）

乾薑（炮 壹錢）　甘草（炙 一錢）

右㕮咀每服一錢水小盞煎至半去滓與服手足煖止之須是洞世手足冰冷方可與服

○小兒吐證方議

所述證候在前今具良方千後其證又有風搐吐即類痰吐治之文氣吐即類胃寒吐理之驚吐即類熱吐積滯吐即類冷吐氣逆吐即類食吐療之

八白飲

治嬰孩小兒脾虛胃弱腸有風痰水穀入口急皆嘔噦脾痛氣之飲食不下霍亂吐利神情恍惚心胸膨滿中脘不和八白飲方

沉香　藿香葉　人參

草菓　白川乾薑（炮）　半夏曲

白芍藥　白檳榔　白豆蔻

白茯苓　白朮　白扁豆（炒）

白芷

右件等分為末瀉後復吐或吐後復瀉每服一錢水小盞生薑二小片棗子半箇煎三五沸通口不拘時

候

人參溫中圓

治嬰孩小兒驚吐熱吐心神躁亂中脘不和漸加悶悸恍惚無定人參溫中圓良方

人參　白朮　白茯苓

半夏湯洗七次　陳皮　肉豆蔻煨

右等分為細末蒸淮棗肉為圓麻子大朱砂為衣藿香生薑湯三五十圓不拘時候多服切處

調中正胃散

治嬰孩小兒中脘不和胃氣不正胃冷傷熱吐逆煩悶神困力乏飲食不美虛弱思睡揰不安穩調中正胃散良方 加木香名木香散

藿香葉　白朮　人參

白茯苓　甘草炙　陳皮去白

山藥　白扁豆炒　半夏曲

川白薑

右等分為末每服一錢水小盞生薑二小片棗子半箇煎三二沸服

煨附圓

治嬰孩小兒積滯吐胃虛鬱結中脘痞悶氣不舒暢關膈嘔逆即吐宜服煨附圓及溫中圓煨附圓良方

黑附子炮二錢　丁香五箇

右以水拌附末裹丁香再用麪劑包於熇灰中煨熟去麪為末生薑自然汁圓如麻子大每服三十圓煎薑棗湯下

青金丹

治小兒陰陽二氣不均霍亂吐逆青金丹良方

水銀重二錢　硫黃

右和研令水銀不見星只作墨色取生薑汁作糊圓麻子大每服十圓至二十圓用淡生薑湯下

豆蔻散

治嬰孩小兒虛吐飲食之間便作嘔逆蓋由脾寒或吐無時吐後畜悶胃虛鬱結上下氣逆宜服豆蔻散及香朴圓豆蔻散良方

肉豆蔻煨一箇　木香　丁香

白朮　白茯苓　甘草炙一錢

藿香葉半錢

右為末煎藿香棗子湯調一錢半服之心功生薑湯亦得

半丁圓

治嬰孩小兒痰吐風壅所致或因感風痰盛咳嗽作熱煩悶神不安穩睡眠不寧可進飲食或欲飲食食之即嘔蓋由風痰在膈飲食不下先服半丁圓次用正胃散及正氣溫中散半丁圓良方

半夏（湯泡七次各一兩）丁香（[illegible]）

右將半夏末水攪作劑包丁香再以麪劑裹煨令熟

去麪為末生薑自然汁圓麻子大每服三二十圓淡

生薑湯下

正氣圓

治嬰孩小兒食傷癖冷逆不升降嘔吐不已胃腸留滯

積滯不化宜服增氣圓或一句只作乾嘔噦聲頻作宜

服正氣圓良方

藿香葉　厚朴（薑製）　陳皮

半夏曲（炒）　白朮　白茯苓（各一兩）

甘草（炙）　乾薑（一錢）　三稜（炮各一錢）

右為末煉蜜為圓如梧大每服一圓生姜棗子湯化

開後服

鹽豉圓

治幼幼嘔乳不止宜服此立效兼小沉香氣圓鹽豉圓

良方

鹽豉（[illegible]）　膩粉（一錢匕）

右研圓如麻子大每服三圓至五圓藿香湯下乳頭

吻亦得

渴證方儀

議小兒渴證一見唇紅如丹三五分者即發三五分渴

若六八分紅者亦六八分作渴其有發渴唇紅焦黑者

即久渴虛盛疾加傳經證候危篤故也凡小兒有痱渴

引飲不歇心肺虛熱唇焦舌裂有渴渴者肌膚羸弱神

困力乏有痢渴者虛熱積臟腹歇肚痛有傷寒候發渴

者有瘡癬虛煩引飲不歇俱在三焦不順五臟蘊熱煩

躁昏悸神情不樂分分證所受主治用藥

治小兒三焦虛煩作渴引飲不歇宜服三黃丸如朴消

小許量作小圓子煎麥門冬飲下

治小兒傷寒候發渴唇口焦乾強燥盛者竹葉石膏湯

主之

治小兒瘡癬作渴不止大光灰餅子主之

治小兒熱渴作渴五苓散如乾葛主之煩熱杏蒲飲如

黃連治之小便澀淋水痛不通煎車前湯主之用草

前末甘草炙二味煎湯

治小兒痱渴蛸子藿香圓主之

喘急證候方儀

小兒有因驚異觸心肺氣虛發喘有傷寒肺氣壅盛發

喘有或風咳嗽肺虛發喘有因食鹹鹺傷肺氣發虛疾

作喘有食毒熱物胃觸三焦肝肺氣逆作喘喘與氣急

同出異名別之輕重疾究兩端喘即口閉溢於胸臆氣

急即取息短滿心神迷悶盛即如之喘促不待傳變宜

速降下寬中補肺利膈化痰因氣邪愈惟有驚喘暴急

心肺不和停積不散金火相剋逆而不實錯亂血脈擊

餘痰、胸速療乃瘳後即加重重即傳變、即八候有作

治小兒心肺不和息數脉急上下不升降中脇痞滿鬱

悶胸膈坐臥煩悶神情不樂飲食不下八味理中圓方

八味理中圓

人參　甘草炙　白朮

乾薑　枳實麸炒　白茯苓

五味子去梗　桑白皮去赤皮

右等分為細末煉蜜為圓小指大每服一圓淡豆豉

五粒水小小盞煎至半去豉通口服無時

大効雄朱化痰定喘圓

治小兒因驚發喘逆觸心肺暴急張口虛煩神困大効

雄朱化痰定喘圓方

雄黃　朱砂以上各研　蟬蛻

全蝎炒　地龍　白殭蠶

天南星　白附子以上各生二分　輕粉重半錢

右為末麺糊為圓麻子大每服三十圓薄荷茶清送

下食後服

又方定喘飲子

天麻　防風　羌活

甘草炙　人參　苦梗

白朮　川芎　半夏麯

右等分㕮咀每服二錢匕水一小盞入麥門冬子拾

肆粒同煎去滓通口食後服

雄黃丹

治小兒齁鮯喘滿欬嗽心胸煩悶傷熱觸毒雄黃丹良

方

雄黃　朱砂各一分研一錢　杏仁十四粒炒

巴豆七粒　豉淡者二七粒

杏巴豉三味用米醋半盞乾薑一片指大煑

令乾研成膏皂角一寸截炙焦先去子與皮

法製牛膽一分同雄朱與杏膏研令細

右和入杏膏麪糊為圓麻子大每服一歲兒五圓壯

者七圓三歲十圓淡生薑湯下

新刊演山省翁活幼口議卷之十九

演山省翁活幼口議卷之二十

○瘡疹證候方議

凡兒所患瘡疹水豆麻子蚊丁火疱等諸家之説或有異同大抵此證出乎五臟肺曰水疱肝曰膿疱心曰血疱脾曰黄疱腎曰黑子小兒不問長幼所出黑子陷者最爲惡候或因風吹或由觸毒皮下隱隱出而不透名黑陷子死者多矣又由服藥有誤冷水其内毒不發出爲害甚重凡瘡疹之疾證有多端其欲發出之時或有作熱者不作熱者有驚有譽者有狂燥者有叫哭者有煩躁者有自汗者有譫語者有呵欠者有通悶者有神昏者有嘔吐者乃臟所發於五臟虚實之不同耳或謂耳鼻御指中指冷爲之驗者鑿空之言中或可令得至要妙訣凡兒作熱有如傷寒候疑惑之間不敢直謂者但看耳後有紅脉赤縷定是瘡疹證候更無可疑若發驚不可下驚藥有熱不可退熱有汗不可止汗或吐不可理吐但順其表温其中自然而發出或有首尾不可下或曰首尾皆可下衆疑謂之非説愚曰二家所説皆善也且兒氣脉充實宜微下之恐作煩躁若也氣虚宜不可下恐瀉易就如欲利下即用消毒飲子七寶洗心散或四順清凉飲一二服以通爲度切不可用真珠圓及有巴粉之類並宜禁之如有熱煩躁與順大連翹飲加紫草茸功效但減黄芩令人繞見瘡疹已出未出便與升麻葛根湯其性頗寒只宜少少與服其或不當者益用大過反壞其表凡服葛根湯宜加白芍藥糯米人參紫草茸川當歸功效甚良

○議癥瘕痞癖

癥（音貞又音正）傷食得之痛刺脹肋心胃煩悶飲食不下吐逆惡心久不醫治漸成癥結又曰食結

瘕（音假又音加）傷血得之胃膈膨悶痛引少腹時或攻築上搶心胃雖不阻食肌肉不生久而不治漸成瘕結又曰血結

痞（音鄙又音匕之音伓）傷氣得之心膜膨脝肚大腸滿痛刺往來注扛左肋面黄肌瘦倦怠無力久而不治漸在痞塊又曰氣塊

癖（音澼）傷積得之其證如腸癖之疾便利無度滑不成糞似痢非痢似虫非虫腹肚乾痛上築心胃滿悶久而不治頑結不散後結成塊有類痞狀

以上四證皆作寒熱有如瘧候一般盡由傷及五臟惟痞癖在腸肋塊其氣結聚男女皆在左腸曰證大同小異凡治寒熱先以梨漿飲進一二服退其寒熱其寒熱已消去三五日後方可與服磨痞圓即日頻頻與服癥瘕之疾只與三稜圓下去積毒以通爲度

人參蘿蔔飲

治小兒瘡癖肉食砒藥圓子作渴煩躁頭面浮腫腹肚
緊脹喘促坐臥不得肌膚羸瘦困乏寒熱尚在宜服人
參蘿蔔飲方
白朮　桔梗　甘草炙
人參　麥門冬子去心
右等分為末每服一大錢匕取生蘿蔔汁半盞煎至
半候冷與服
豆蔻草果飲子
治小兒瘡氣未解重復取利致之虛乏腹肚疞痛不思
飲食面目虛浮強食嘔吐宜服此方豆蔻草果飲子良
方
肉豆蔻一箇煨　草果　檳榔各一箇
綿黃芪蜜炙　白茯苓　白芍藥
白朮　甘草　陳皮各一錢
半夏曲一錢
右㕮咀每服二錢匕生薑三小片烏梅半箇棗子一
箇用藤紙包裹蘸濕煨令香熟去紙用水小小盞煎
至半去滓通口空心食前兩滓併煎兼與小沉香煎
圓服之切效
○眼患證候方議
凡小兒患眼皆由熱毒得之方藥甚衆惟有班瘡眼患
此疾最為惡候若有是疾皆由兒病不謹口腹或班瘡
方愈便與食毒藥熱　毒入肝腎之間便作腫痛羞明
怕日眵淚難開毒瞽瞤其炙煿膾鱗油麵白卯黃牛母
豬米醋鮭鯗鮓醬雞羊鵝鴨蝦蠏魚鱉腥膻鱔鰻飛禽
包氣之屬悉為斯毀又至熱退痛止睛中白翳已生或
一隻兩睛隨其輕重得之宜速與療
透關散
治小兒班瘡初作眼患痛澁羞明怕日出淚頻多或已
覺漸成白翳子宜用神效透關散良方
華澄茄不拘不少
右為細末每以少許吹入鼻中於食後頻數吹之訖
證皆可用之
大效點明膏
治班瘡眼患只在百日內治之容易久即氣定難以療
理大效點明膏良方
覆盆根處有史路傍杜鵑五七尺者
右掘取土中根淨洗搗取粉澄濾令細日乾每用蜜
和以少許點白丁上令其自消自散日二三次點用
至妙立消膏
治小兒眼患初作眾翳浮翳或來或去漸發差大侵睛
減明至妙立消膏良方
雪白食鹽生研少許須以淨石
右以大燈心點鹽輕手指定浮翳就點凡三五次點

見效令子勿驚恐不疼痛亦不礙人多技之勿慮墜
目勉效
生乾地黄湯
治小兒疳蝕眼患閉合不開羞明怕日及至開眼有如
内障㨾〻失所宜服生乾地黄湯方
生乾地黄　熟乾地黄各一兩並洗
麥門冬子去心半兩　川當歸一分
枳殼水甘浸一宿麩炒秤一分　杏仁湯泡去皮尖麩炒令赤
防風　甘草炙
赤芍藥各一分
右㕮咀每服一大錢水小〻盞以黑豆七粒煎至黑
豆熟去滓通口服
小防風湯
治小兒熱毒眼患小防風湯方
大黄煨　山梔子　甘草炙
赤芍藥　川當歸洗　防風
羌活
右等分㕮咀每服二大錢水小〻盞煎至半去滓通
口服食後
小流氣飲
治小兒風毒眼患小流氣飲方
蟬蛻去大脚　甘草炙　羌活

天麻　川當歸　赤芍藥
防風　大黄　腦薄荷
杏仁
右件等分㕮咀每服大錢水小〻盞煎至半去滓通
口食後服
小菊花膏
治小兒積毒眼患小菊花膏良方
黄連　黄芩　大黄
菊花　羌活　蒼朮米泔浸
荊芥穗　防風
右等分為末煉蜜為膏如指大每服一餅細嚼白湯
下
○總議小兒眼患
議曰除疳蝕班瘡二證外皆由五臟所積熱毒而
作又有胎内受氣稟母所食熱毒稍長因毒相觸
忽作障瞙不由腫赤熱毒積成其候者此等決定
難醫若加寒涼之藥壞害尤甚若赤腫眵淚疼痛
醫損證〻與忌其熱毒之物清心涼肝順氣行血
解熱散毒認證瀉臟常宜用四順清涼飲隨風熱
毒所發輕重加藥與服万一勉效不必執滞古藥
指證攻療蓋小兒無患氣眼所患即與大人不同
至重者謂赤腫等俱作宜與利下即便解散若有

瘀血眼胞内外四維腫盛即從鼻中取出敗血立
愈既無氣眼不作攀努雖有赤脉貫睛亦是熱毒
所致即不可鈎鐮鍼割九當利下並以大黄藥洗
心散之屬乃佳

○治諸病雜方

石葦散

治小兒熱淋沙淋石淋石葦散方

石葦去毛　海金沙　木通

滑石

右爲末水小盞煎至半通口服

桃紅圓

治小兒驚齁欬嗽痰涎壅盛喘急桃紅圓良方

天南星炮二日　白附子炮　川烏炮各二分

石膏火煅錢　地龍乙錢　白礬枯乙文

右爲末自然薑汁搜圓麻子大朱砂爲衣令半紅半
白每服三五十圓淡生薑湯下

犀角地黄膏

天門冬去心　麥門冬各去心　白茯苓

茯神　生地黄各洗　前胡

柴胡　人參　玄參

甘草炙　川芎　天麻

防風　羌活

右等分爲末煅金墨一挺留性煉蜜圓○大金箔爲
衣每服一粒薄荷湯化服

丹毒至效散

治小兒一切丹毒及龍帶發作至效散方先服消毒飲次用傳之

黄丹一文重　朴消一文重　赤小豆兩頭尖者爲末半合

右研令匀井水調以雞毛刷立效

犀灰散

治小兒心經虚熱小便淋痛莖管内疼不可忍者犀灰
散良方

蚕蛻紙不拘多少

右燒留性爲末入麝每服半錢以燈心湯調

磁石散

治小兒湯火傷磁石散方

景德鎮磁器不拘多少

右打碎埋竈内炭火鋪上經一宿取出放地上出火
毒碾爲末入黄丹水調傳湯火傷處

茆根湯

治小兒傷寒後有一證忽然鼻中出血五七歲以上至
大人亦有此作名紅汗謂不曾解表其汗出血故從鼻
出者自解茆根湯方

生地黄汁　生蜜　酒各小小盞

茆根一握搗煎汁如稠餳

右共煎取一盞相和溫服小小半盞立效

治小兒心肺蘊熱及心血妄行鼻衄出血不止良方

右將故藤紙被一片作撚子包麝燒熏入鼻或吹入鼻中又令患人吸呷尤佳故藤紙被至舊亦得或燒內小罐中留性每服二錢入麝酒調服極妙

木香金線膏

治小兒心脾受熱唇口生瘡仍治燕口唇白鵝口舌白重舌舌下硬木舌舌硬腫以上皆係心脾熱並宜用下項藥傳御心次服連翹飲子仍與金線膏刷口內舌上功效

吳茱萸不拘多少

右為末用釅米醋調塗脚心更以紙貼糊黏傳之立效

又有重齶一証於上齶合生一肉如指大小赤腫妨食及吃乳斯由熱極而作速宜下之不尔熱毒亂咽喉加其腫塞悶絕而斃宜服踈風散下之方在前

生肌散

治小兒脚腫生瘡及諸瘡口不合者生肌散方

真地骨皮　五倍子　甘草各生

黃蘗炙　黃連炒

右為細末乾摻瘡上以麄末用沸湯泡熏洗乾處津液調傳

大效金線膏無

治小兒口瘡方

黃丹一錢　生蜜一兩

右相和深甌盛甑內蒸令黑為度每用少許雞毛蘸刷口內

天南星圓

治小兒痰多嗽呷喘急咳嗽天南星圓方

天南星炮　半夏湯洗七次　白礬枯各一錢

雄黃細研一錢

右為末煎煞皂角膏為圓入少許麪作糊圓如麻子大每服二三十圓淡生姜湯送下

通關散

治乳幼被母鼻息吹着兒顖令兒鼻塞不能食乳通關散良方

香附子炒三分　川芎七分　荊芥四分

白殭蚕炒三分　細辛葉二分　猪牙皂角一分

右為末取生葱白去須搗調藥塗顖門上

秘傳頭瘡瘡方

吳茱萸鹽醃者佳如無以口鹽浸一二

右為末釅米醋調刷傳頭上大人肩蛆瘡用之立効

茱連圓

治小兒夏月暴瀉注下茱連圓方

土黃連去須　吳茱萸各一兩　陳皮半兩去白

右為末水煮麪糊為圓如麻子大每服二十圓飲下

摩風膏

治小兒遍身疥瘡痒摩風膏方

苦參　歷青　蕪荑炒

黃蠟各一錢　巴豆三五去殼　輕粉五〇

真麻油半兩　蝎二五

右同油煎至巴焦濾去所煎物入輕粉和勻傳疥功效

薑黃散

治小兒血淋方

薑黃為末

右每服半錢用紅湯調下連二三服以通為度

小牛黃圓

治小兒膈熱痰涎綢盛心神不寧睡不安穩煩躁怔忪四体作熱宜與服之但覺驚風痰熱常服功效

乾葛炒取一兩　甘草炙一錢　黃芩去心皮一分

防風半兩　麝半字　山梔子半兩去皮取二

右為細末入麝和勻如皂子大煉蜜為丸常服薄荷湯化下

四聖湯治二十一證

白朮　人參　白茯苓　甘草炙

治久吐胃寒加石蓮子木香黃芪名生胃散

治嘔嘔噦不止加白扁豆薏苡仁炒霍香名銀白散

治胃膈煩悶冷熱不調痰涎欬嗽不美飲食日夜壯熱加知母貝母烏梅乾姜名寬中散

治腹肚疼痛加陳皮青皮棗子生薑名溫中散

治夜啼煩躁腹肚冷痛加沉香朱砂名鎮心斷邪散

治表裏虛弱時氣作熱欲傳疹候加細辛瓜蔞名惺惺散

治脾寒胃熱陰陽不順溫壯常作加滑石地骨皮名六神散

治霍亂吐利神不安穩加藿香丁香名霍香散

治脾胃虛弱飲食不進加製厚朴陳皮等分名平胃散

治吐食不納穀氣加丁香半夏麴名益神散

治脾胃久虛不納食頻吐或瀉不止加肉豆蔻青皮天台烏藥名理中散

治熱瀉水穀不分加豬苓車前子名導赤散

治虛熱煩躁安神定志加犀角川芎名安神散

治心氣不足神情恍惚加石菖蒲石蓮肉石膏名補心散

治驚熱夜啼煩躁加白附子全蝎藏粉名清神散

治脾虛肌瘦神困面無顏色食不尅化腸胃久寒吐逆

無時加黑附子枳殼吳茱萸麥蘖細辛名溫脾散

治霍亂吐瀉或腸鳴自利腹肚疼痛加川白薑名人參散

治傷寒身熱頭痛煩渴加麻黃乾葛天麻朱砂名解肌散

治心神不寧驚悸煩赤瘈瘲加朱砂羌活防風天麻名鎮心散

治脾胃虛弱腹肚泄利調中進食加訶子陳皮名益黃散

治虛積痢腹肚痛裏急頻併加陳皮罌粟殼名調中散

以上二十一證所加藥味並有詳載集普其善以顯其功然出於聖達理豈可適諧理

天麻散

南星（十分湯浸春秋五日冬七日夏三日）

珠砂（一分） 麝香（一字） 每一字杏仁湯調化下（人參湯亦可）

濱山省翁活幼口議卷之二十終

活幼口議二十卷元曾世榮撰見于焦竑國史經籍志余家舊藏鈔本僅八卷入理說并殆不可句弟從庭當從朝鮮國醫方類聚中錄出成編分詔是書所載自具診視理療之法以至于平素鞠養保攝乳哺語誡諄諄不啻識之甚詳使懷抱中物免於朝夕夭閼其幼幼之心可謂篤矣世榮又著有活幼心書楊仲叔序稱衡邑遭災連甍巨棟數千室俱煨燼其書板有好事者納諸池中而得無恙以為天心之使然良有以也乃若是書亦當神物撝護者不宜付于闕加之咲矣後閱十餘年今秋七月叔父清園君於竹洞後人人見友雪所藏足本而被借鈔無之餘遂錄一通以傳家於是乎感世榮慈幼之所存果不至湮滅而喜余前言之足以徵矣　記其顛末如右

文政庚辰孟冬二十有二日東都丹波元胤識于柳沂精廬

難經集注

提 要

《難經集注》五卷，明王九思撰，或稱此書為宋王惟一注，日本活字本。每半葉十行二十字，四周單邊，單魚尾，白口。《難經集注》為現存最早《難經》注本，它集三國吳呂廣、唐楊玄操、北宋丁德用、虞庶、楊康侯五家注《難經》之文，合為一編，按脈診、經絡、臟腑、腧穴、針法等次序分為十三篇，共五卷。佚存叢書本之前，日本刊本及《中國醫籍考》等皆為宋王惟一所輯。至佚存叢書，始題『難經集注，盧國秦越人撰，呂廣、丁德用、楊玄操、虞庶、楊康侯注解，王九思、王鼎象、石友諒、王惟一校正』，未注明輯者及年代，書後林衡跋言『明王九思』輯。至守山閣叢書本則首題明確『難經集注，明王九思、石友諒、王鼎象、王惟一輯』，後清代諸家書目皆言輯者為『明王九思』。王九思字敬夫，號渼陂，鄠縣人，通醫學，曾與人合注《難經》。

難經集註序

黄帝八十一難經者斯乃渤海秦越人之所作也越人受桑君之秘術遂洞明醫道至能徹視藏府刳腸剔心以其與軒轅時扁鵲相類乃號之爲扁鵲又家於盧國因命之曰盧醫世或以盧扁爲二人者斯實謬矣按黄帝有内經二帙帙各九卷而其義幽賾殆難窮覽越人乃採摘英華抄撮精要二部經内凡八十一章勒成卷軸伸演其首探微索隱傳示後昆名爲八十一難以其理趣深遠非卒易了故也既弘暢聖言故首稱黄帝斯乃醫經之華則救疾之樞機所

謂說牙角於象犀收羽毛於翡翠者矣逮于吳太醫令呂廣爲之註解亦會合玄宗足可垂訓而所釋未半餘皆見闕余性好醫方問道無倦斯經章句特承師授既而耽研無斁十載于茲雖未達其本源蓋亦舉其綱目此教所興多歷年代非唯文句舛錯抑亦事緒參差後人考覽良難領會今輒條貫編次使類例相從凡爲一十三篇仍舊八十一首呂氏未解今並註釋呂氏所未盡因亦伸之並別爲音義以彰厥旨昔皇甫玄晏總三部爲甲乙之科近世華陽陶貞君廣肘後爲百一之製皆所以盡情極慮濟育羣生者矣余今所演蓋亦遠慕高仁邇遵盛德但恨庸識有量聖旨無涯綆促汲深玄致難盡前歙州歙縣尉

楊玄操序

難經集註目錄

王翰林集註黃帝八十一難經卷之一

丁德用　楊玄操　楊康侯
盧國秦越人撰　呂　廣　虞　庶　註
王九思　王鼎象　石友諒
王惟一　校正音釋

經脈診候第一凡二十四首

一難曰十二經皆有動脈

呂註是手足經十二脈也○丁註十二經皆有動脈者是人兩手足各有三陰三陽之經也以應天地各有三陰三陽之氣也所謂天地三陰三陽各有所主其時自春分節後到夏至之前九十日爲天之三陽所主也夏至之後秋分之前九十日天之三陰所主也秋分節後冬至之前九十日是地之三陰所主也冬至之後春分節前九十日地之三陽所主也凡左右上下各有此三陰三陽之氣合爲十二故人亦有十二經也所主左右上下之分也又人膈以上者手三陰三陽所主也即通於天氣膈以下足三陰三陽所主也即通於地氣其通天氣者爲氣爲脈其通地氣者主味歸形故十二經通陰陽行氣血也又經者徑也遞相灌漑無

所不通所以黃帝云十二經處百病決死生不可不通也其言十二經皆有動脈者即在兩手三部各有會動之脈也即左手寸部心與小腸動脈所出也心脈曰手少陰心包絡脈曰手心主小腸脈曰手太陽其應東南方君火在巽是也左手關部肝膽動脈所出也肝脈曰足厥陰膽脈曰足少陽其應東方木在震是也左手尺部腎與膀胱動脈所出也腎脈曰足少陰膀胱脈曰足太陽其應北方水在坎是也右手寸部肺與大腸動脈所出也肺脈曰手太陰大腸脈曰手陽明其應西方金

在兌是也右手關部脾胃動脈所出也脾脈曰足太陰胃脈曰足陽明其應中央土在坤是也右手尺部心包絡與三焦動脈所出也心包絡曰手厥陰三焦脈曰手少陽其應南方相火在離是也此三部動脈所出故經言皆有動脈也○【楊註】凡人兩手足各有三陰脈三陽脈合十二經脈肝脈曰足厥陰脾脈曰足太陰腎脈曰足少陰膽脈曰足少陽胃脈曰足陽明膀胱脈曰足太陽肺脈曰手太陰心脈曰手少陰心包絡脈曰手心主大腸脈曰手陽明小腸脈曰手太陽包絡脈曰手厥陰三焦脈曰手少陽凡脈皆雙行故有六陰六陽也○【呂註】足太陽動委中足少陽動耳前○【楊註】下關穴也又動懸鐘○【呂註】足陽明動趺上○【楊註】衝陽穴也在足趺上故以爲名又動頸人迎又動大迎○【呂註】手太陽動目外背○【楊註】瞳子窌穴也○【呂註】手少陽動客主人○【楊註】又動聽會○【呂註】手陽明動口邊○【楊註】地倉穴也○【呂註】又動陽谿足厥陰動人迎○【楊註】按人迎乃足陽明脈非足厥陰也○【呂註】厥陰動人迎誤矣人迎通候五藏之氣非獨因厥陰而動也按厥陰脈動於回

骨焉○【呂註】足少陰動內踝下○【楊註】太谿穴也按此動脈非少陰脈也斯乃衝脈動耳衝脈與少陰並行因謂少陰脈動其實非也亦呂氏之謬焉少陰乃動內踝上五寸間也經曰彈之以候死生是也○【呂註】足太陰動髀上○【楊註】箕門穴也○【呂註】手少陰動腋下○【楊註】極泉穴也又動靈道少海○【呂註】手心主動勞宮手太陰脈動大淵○【楊註】又尺澤俠白天府也○【虞註】呂楊二註惟呂各取其經脈流行之穴言其動脈與本經下文獨取寸口之義不相乖也庶今舉之經曰脈會大淵

大淵在兩手掌後魚際間乃手太陰脈之動也太陰生氣是知十二經脈會於太淵故聖人準此脈要會之所於人手兩掌後魚際間分別三部名寸尺關於三部中診其動脈乃知人五藏六府虛實冷熱之證謂一經之中有一表一裏來者爲陽去者爲陰兩手合六部六部合之爲十二經其理明矣察陽者知病之所在察陰者知死生之期故曰十二經皆有動脈也乃合診法

獨取寸口以決五藏六府死生吉凶之法何謂也

丁註 夫獨取寸口診法者於一指之下各有上下辨其長短浮沈滑濇遲數見病吉凶也此法是黃帝脈要精微論中之旨也越人引此一篇以爲衆篇之首也昔黃帝問曰診法何如岐伯對曰常以平旦陰氣未動陽氣未散飮食未進經脈未盛絡脈調勻氣血未亂乃可診有過之脈切脈動靜視精明察五色視五藏有餘不足形之盛衰參伍決死生之分也此者是獨取寸口之法也○楊註 自難曰至此是越人引經設問下文然字下是解釋其義餘悉如此可推而知也

然寸口者脈之大會手太陰之脈動也

呂註 太陰者肺之脈也肺爲諸藏華蓋主通陰陽故十二經皆會手太陰寸口所以決吉凶者十二經有病皆見寸口知其何經之動浮沈滑濇春秋逆順知其死生也○丁註 其手太陰者是右手寸部也肺金所主肺爲五藏六府之華蓋凡五藏六府有病皆見於氣口故曰大會也○虞註 五味入胃化生五氣五味者甘辛鹹苦酸五氣者羶腥香焦腐乃五行之氣味也其味化氣上傳手太陰太陰主氣得五氣以灌溉五藏若胃失中和則不化氣手太陰無所受故寸口以浮沈長短滑濇乃知病發於何藏故經云寸口者脈之大要會也五藏別論曰五味入口以藏於胃以養五藏氣本經曰人受氣於穀玉機眞藏論曰因胃氣乃能至手太陰陰陽應象論曰味歸形形歸氣氣歸精精歸化夫如是則知人之氣自味而化上傳手太陰故寸口爲要會也

人一呼脈行三寸一吸脈行三寸呼吸定息脈行六寸

呂註 十二經十五絡二十七氣皆候於寸口隨呼吸上下呼脈上行三寸吸脈下行三寸呼吸定息

脈行六寸二十七氣皆隨上下行以寤行於身寐行於藏晝夜流行無有休息時○丁註言人一呼脈行三寸一吸脈行三寸呼吸定息脈行六寸者即是天地陰陽升降定息也即是周於六甲而又日月曉昏人呼吸上下以六氣周身故呼吸定息其脈約行六寸也

人一日一夜凡一萬三千五百息脈行五十度周於身漏水下百刻榮衛行陽二十五度行陰亦二十五度爲一周也故五十度復會於手太陰寸口者五藏六府之所終始故法取於寸口也

呂註人一息脈行六寸十息脈行六尺百息脈行六丈千息六十丈萬息六百丈一萬三千五百息合爲八百一十丈爲一周陽脈出行二十五度陰脈入行二十五度合爲五十度陰陽呼吸貫通脈絡循環無端脈行周身畢即漏水百刻亦畢也謂一日一夜漏刻已盡天明日出脈還寸口是周而復始也故曰寸口者五藏六府之所終始也○丁註按舊經註脈息行八百一十丈以爲恰當漏下二刻得周身一度如百刻計周身五十度如此則行陽五十度行陰亦五十度此說正與經意不同也經言行陽二十五度行陰亦二十五度共得五十度而復會也所謂行陽行陰各二十五度者謂一歲陰陽始於立春故交相復會於立春其行五十度也日之曉昏人之寤寐皆在於平旦日行二十四時復會於此人氣始自中焦注手太陰行其經絡計二十四亦復交會於手太陰其右寸內有穴太淵是脈之大會始終故各計二十五所以言寸口者脈之終始也○虞註二百七十息脈行一十六丈二尺及一周身應漏水下二刻一萬三千五息脈行八百一十丈應漏水下百刻是知一日一夜行五十周於身凡行陰陽分晝夜是故行陽二十五度行陰二十五度也

漏水下百刻圖

一歲陰陽升降會於立春　一日陰陽曉昏會於艮時　一身榮衛環周會於手太陰同天度一萬三千五百息榮衛始於中焦以注手太陰陽明　陽明注足陽明太陰　太陰注手少陰太陽　太陽注足太陽少陰　少陰注手心主少陽　少陽注足少陽厥陰　厥陰復環注手太陰天度二十四氣晝夜二十四時人身經二十四條流注與天同度所以計一萬三千五百息

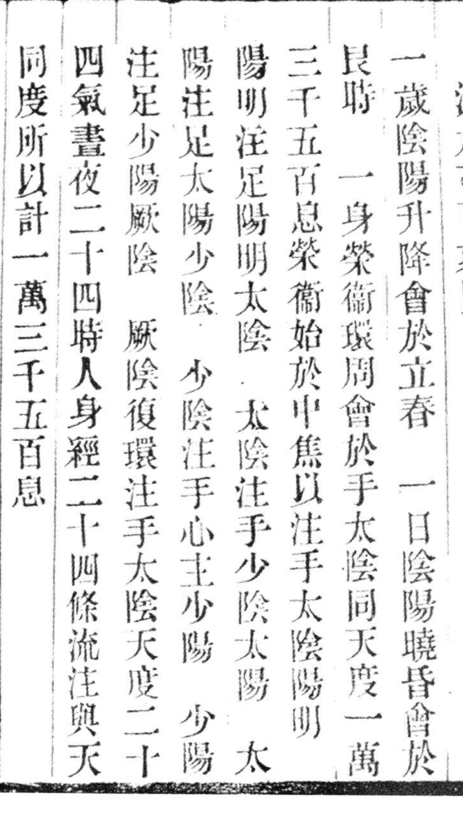

二難曰脈有尺寸何謂也然尺寸者脈之大要會也

呂註諸十二經脈三部九候有病者皆見於尺寸故言脈之大要會也○楊註舊經註此就爲五藏六府之法者非也大要會者謂尺寸陰陽往復各有要會也

從關至尺是尺內陰之所治也從關至魚際是寸內陽之所治也

呂註至尺者言從尺至關其脈見一寸而言尺者是其根本寸口長一寸而脈見九分陽數奇陰數偶也

故分寸爲尺分尺爲寸

丁註分寸爲尺者蓋從關至尺澤穴當一尺也於其尺內分一寸以代一尺之法是故分寸爲尺分尺爲寸也

故陰得尺中一寸

丁註陰數偶也

陽得寸內九分

丁註陽數奇也

尺寸終始一寸九分故曰尺寸也

丁註尺寸之法舊經有註言諸家所傳撰不同概

引三寸輒相去一寸以備三寸並不見一寸九分之理其一寸九分之法者蓋爲尺寸之位各有陰陽始終也陽氣者生於尺而動於寸陰氣者生於寸而動於尺是以法陽氣之始於立春上至芒種之節其數九三陽王於前法寸內九分而浮夏至之節其氣下行至立冬而終其數十乃三陰王於後法尺中一寸而沈故知尺寸各有始終也此是越人引其陽中陰陽始終也所謂陰中陰陽始終者陰氣復從立秋而生下至冬至之節其數十冬至之後隨少陽上行至立夏之節其數九此天地陰陽始終尺寸陰陽亦與天地有始終也天地要會之門在於四立謂之天門地戶人門鬼門人之氣口人迎左右神門亦法之○【楊註】寸關尺三部諸家所撰多不能同故備而論之以顯其正按皇甫士安脈訣以掌後三指爲三部一指之下爲六分三部凡一寸八分華佗脈訣云寸尺位各八分關位三分合一寸九分王叔和脈訣云三部之位輒相去一寸合爲三寸諸經如此不符則後之學者疑或㒲深然脈法始於黃帝難經起自扁鵲二書爲醫道之祖諸家論說已是枝葉爾亟宜務本遺末不容逐末忘本今的舉旨歸用明大要宜依黃帝內經以掌後三寸爲三部則寸與關尺各得一寸備三才之義也此乃一定不可移改晉王叔和可謂得之矣凡診脈者先明三部九候之本位五藏六府之所出然後可以察其病情以別輕重如其本位尙迷則病源莫辨欲其愈疾亦難矣哉三部者寸關尺也九候者天地人也一部之中各有天地人三部之中合爲九候以候五藏之氣也其五藏六府所出者如右手寸口心與小腸脈之所出也關上者肝與膽脈之所出也尺中者腎與膀胱脈之所出也關前一分者人迎之位也關後一分者神門之位也右手寸口者肺與大腸脈之所出也關上者脾與胃脈之所出也尺中者命門三焦脈之所出也關前一分者氣口之位也關後一分者神門之位也凡五藏之脈並爲陰陰脈皆沈六府之脈並爲陽陽脈皆浮假令左手寸口脈浮者小腸脈也沈者心脈也餘皆倣此斯乃脈位之綱維診候之法式也○【虞註】楊氏引論數家寸尺長短部位互有不同令後人難以依據今特發明以示後學華佗之說一如脈經言果不謬矣王

叔和以三寸爲式義極精微此乃黃帝內經之說豈有誤哉況上古以一膚指爲四寸王叔和必取其膚指之三寸與今之一寸九分短長相近也何休註公羊傳云側手爲膚按指爲寸卽其義也況越人生於周採靈樞素問作此難經今之寸尺度量乃周之制也故越人取一寸九分爲定式乃天九地十之義也

二難圖說

按後諸圖皆從天地氣候以分陰陽終始其天門地戸人門鬼門是陰陽升降關格門戸其氣口人迎左右神門是呼吸上下關格門戸

陰氣始於立秋　陽氣始於立冬

陰氣終於立夏　陽氣終於立春

天地陰陽升降始終之圖

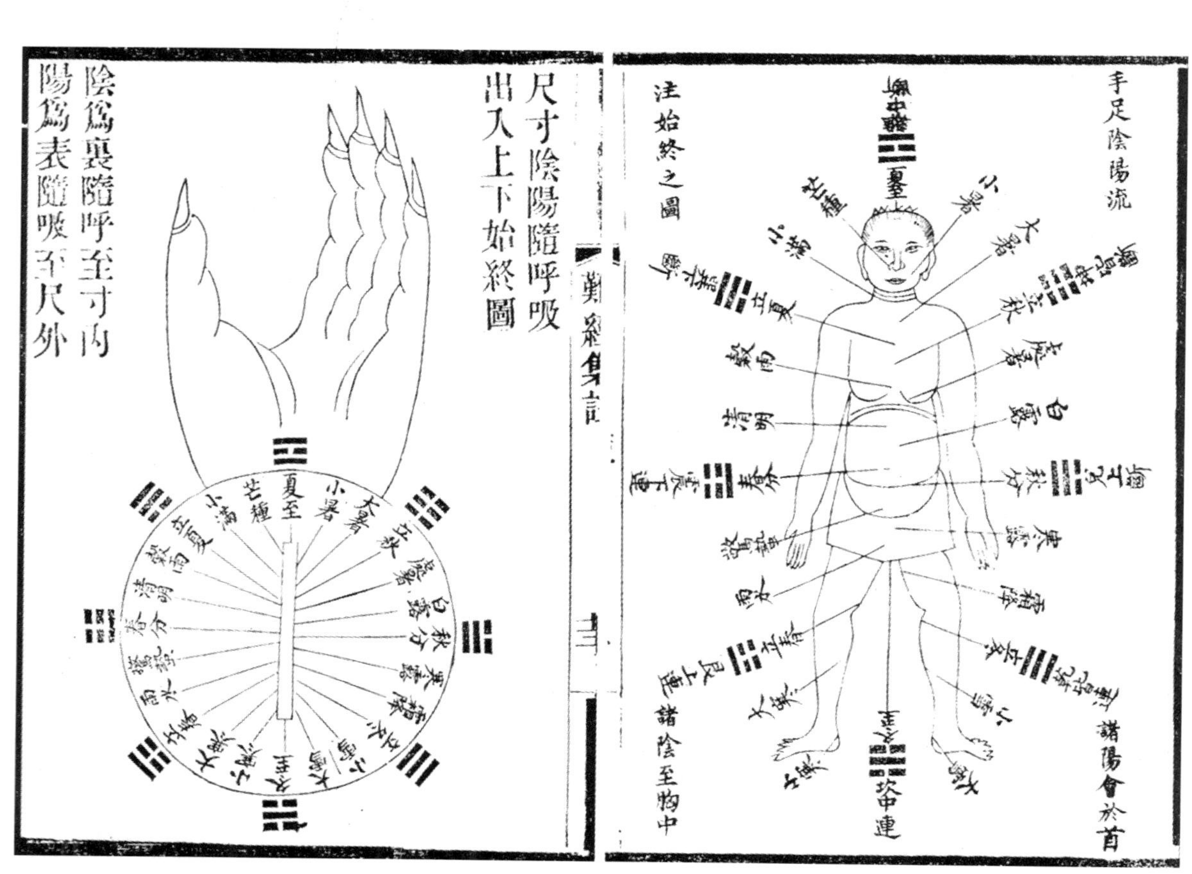

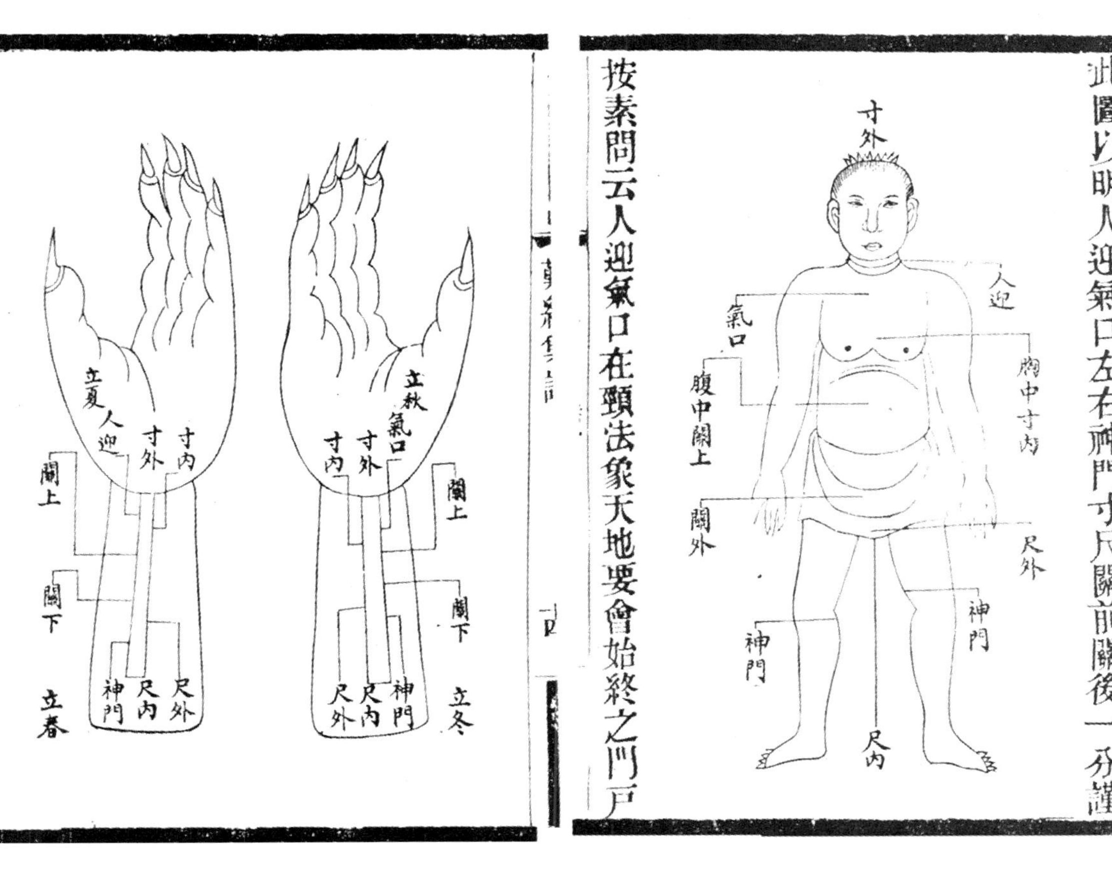

三難曰脈有太過有不及有陰陽相乘有覆有溢有關有格何謂也然關之前者陽之動也脈當九分而浮過者法曰太過減者法曰不及遂上魚爲溢爲外關內格此陰乘之脈也

呂註過者謂脈過九分出一寸名曰太過減者脈不及九分至八分七分六分也過不及皆非平脈遂上魚者出一寸至魚際也一名溢脈一名外關之脈一名內格之脈一名陰乘之脈一脈有四名也○丁註太過者寸脈本脈浮又加實大是爲陽太過也上魚者陰陽溢浮而損小者是陽不及也

陽不及則陰出乘之又名陰溢此皆是外關內格○虞註氣有餘脈乃太過氣不足脈乃不及外關則內脈不得出故曰不及亦曰陰乘脈內格則外脈不得入故曰太過亦曰溢脈下文關後之義反此言之也

關以後者陰之動也脈當一寸而沈過者法曰太過減者法曰不及遂入尺爲覆爲內關外格此陽乘之脈也

呂註過者謂脈出過一寸至一分二分三分四分五分此太過之脈也減者謂不滿一寸脈見八分

七分或六分五分此爲不及之脈遂入尺以爲覆覆脈者脈從關至尺澤皆見也此覆行之脈所以言覆者脈從關至尺澤脈見一寸其餘伏行不見也今從關見至尺澤故言覆行也一名覆脈一名内關一名外格一名陽乘之脈也○丁註太過者爲尺脈本沉又加實大名曰陰太過沉而損小者是謂不及陰不及則陽入乘之此爲陽覆又名内關外格也

故曰覆溢是其眞藏之脈人不病而死也

呂註脈來見覆溢者此病之相乘相尅之脈非外邪中風傷寒之類脈而如此人雖未病可決其死不可治○丁註人之藏腑虧損使陰陽不守本位見此覆溢病雖未昭死期已至○虞註陰陽不相榮脈乃上魚入尺故見覆溢之脈脈而覆溢必由關格所致本經曰關格者不得盡其命而死也不病亦死矣

三難圖說

凡診脈於掌後約文密排三指頭指半指之前爲寸外陽中之陽半指之後爲寸内陽中之陰第二指半指前爲關上陽半指後爲關下陰半指之前尺外陽半指之後尺内陰第三指半指之前爲尺外陽半指之後爲尺内陰寸外陽浮散寸内陰浮大關上陽弦長關下陰弦緊尺外陽沉滑尺内陰沉濇此左手脈之陰陽察其脈狀明其覆溢

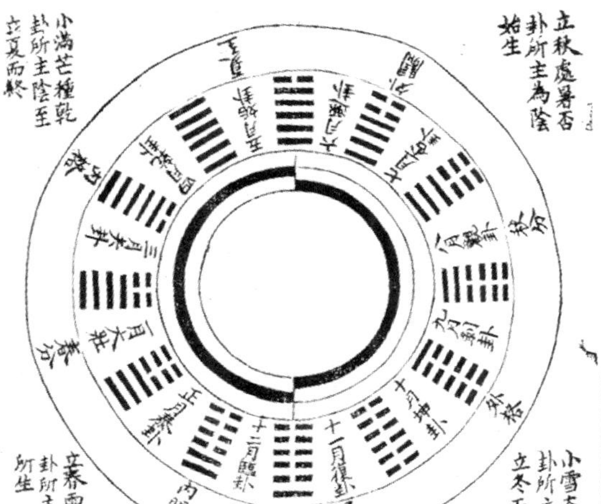

立秋處暑否卦所主爲陰始生

小滿芒種乾卦所主陰至立夏而終

小雪大雪坤卦所主陽至立冬而終

立春雨水泰卦所主爲陽所生

秋分　外格　冬至　内關　春分　夏至

十一月復卦　十二月臨卦　正月泰卦　二月大壯　三月夬卦　四月乾卦　五月姤卦　六月遯卦　七月否卦　八月觀卦　九月剥卦　十月坤卦

夫夏至之後陰出二分故曰天關冬至之後陽入三分故曰地軸所以人之脈陰出陽入名曰關也其立夏陰氣乃終名曰地戸立冬陽氣乃終名曰天門其關格門戸是陰陽始終之要其過於本位應見而不見名曰不及不應見而見名曰覆溢其關格覆溢是陰陽相勝皆當不病而死

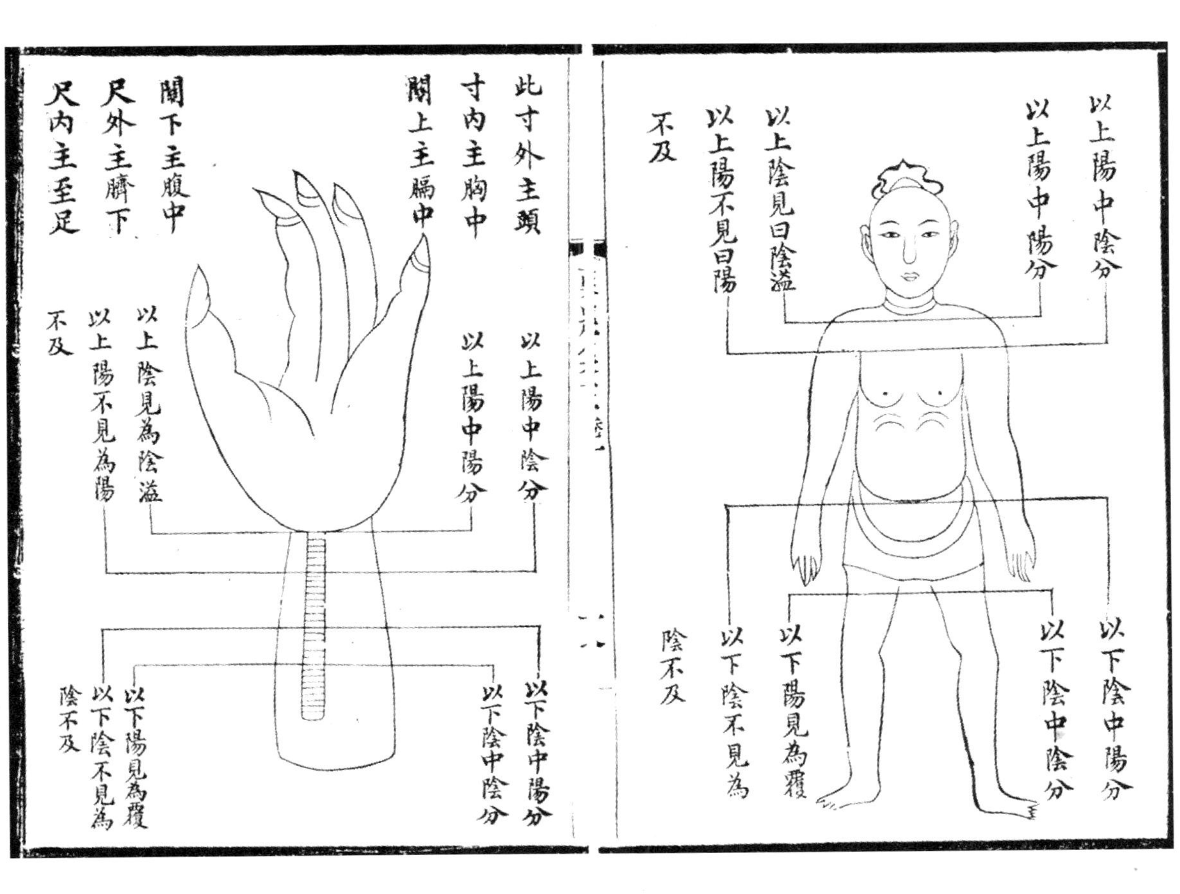

四難曰脈有陰陽之法何謂也然呼出心與肺吸入腎與肝呼吸之間脾受穀味也其脈在中

呂注 心肺在膈上藏中之陽故呼其氣出腎肝在膈下藏中之陰故吸其氣入脾者中州主養四藏故曰呼吸以受穀氣○丁注 經言呼出者非氣自心肺而出也爲腎肝在膈下其氣因呼而上至心至肺故呼出心與肺也心肺在膈上其氣隨吸而入至腎至肝故吸入腎與肝也夫呼者因陰出吸者隨陽入其呼吸陰陽相隨上下經歷五藏之間乃脾受穀味以涵養之也故言其脈在中

浮者陽也

丁注 謂脈循行皮膚血脈之間在肌肉之上則名曰浮也○楊注 按之不足舉之有餘故曰浮○虞注 陽象火而炎上故曰浮也

沈者陰也

丁注 謂脈循行貼節輔骨名曰沈○楊注 按之有餘舉之不足故曰沈○虞注 陰象水而潤下故曰沈

故曰陰陽也心肺俱浮何以別之然浮而大散者心也浮而短濇者肺也

丁註心者南方火也故脈來浮而大散大者是藏散者是府也肺者西方金也金主燥故脈來浮而短濇短者藏也濇者府也○楊註細而遲來往難或散或一止名曰濇也○虞註心象火明燭於外故浮大而散肺屬金其位居高故浮短而濇故曰心肺俱浮也

肝腎俱沉何以別之然牢而長者肝也

丁註肝者東方木也其脈牢而長牢者藏也長者府也○楊註按之但覺堅極故曰牢○虞註肝屬木根本生於地牢義可知枝葉長於天長理自明也

按之濡舉指來實者腎也

丁註腎者北方水也主寒其性濡沉濡者藏也沉滑者府也○楊註按之不足舉之有餘謂之濡也大而長微強按之隱指愊愊然者謂之實○虞註水性外柔按之乃濡水性內剛舉指來實則其義也

脾主中州故其脈在中

丁註脾者中央土也能和養四藏故隨四時而見所以經不言脈之象也○楊註脾王於季夏主養四藏然其脈來大小浮沉皆隨四時之氣於四立前十八日而見寬緩是脾之王氣也上有心肺下有腎肝故曰在中也○虞註上文言呼吸之間脾受穀味此言脾主中州其脈在中穀者谷也谷空也謂人之呼吸之氣藉穀味以充脾屬土位居中央以長以養惟土是任故受穀味乃處中州其轉旋運化有生生不已之妙故曰其脈在中

是陰陽之法也脈有一陰一陽一陰二陽一陰三陽有一陽一陰一陽二陰一陽三陰如此之言寸口有六脈俱動耶然此言者非有六脈俱動也謂浮沉長短滑濇也

丁註經前引五藏之脈以應五行今引此三陰三陽之脈以應六氣其浮滑長三陽也其沉短濇三陰也而於三部中察此六脈卽可知陰陽盛衰之機也若皮膚之下是脈體之爲陽部也若有此三陰之脈見是陰上乘於陽也若肌肉之下是脈體之爲陰部也若有此三陽之脈見是陽下乘於陰也此乃是上下察陰陽之法也○楊註過於本位謂之長不及本位謂之短也

浮者陽也滑者陽也長者陽也

楊註 按之往來流利展轉替替然者謂之滑沉者陰也短者陰也濇者陰也所謂一陰一陽者謂脈來沉而短也

丁註 其脈若在左尺而見此是腎與膀胱之正脈也順也若在左寸而見此是病脈也逆也

一陰二陽者謂脈來沉滑而長也

此脈見於陰部即是陽下乘於陰也

一陰三陽者謂脈來浮滑而長時一沉也

此陰不足以固攝陽自不能潛藏也

所言一陽一陰者謂脈來浮而濇也

丁註 浮濇者肺脈若見右手寸口是本部陰陽之正脈順也若見別部即爲病脈逆也

一陽二陰者謂脈來長而沉濇也

丁註 乏血氣者脈皆濇也

一陽三陰者謂脈來沉濇而短時一浮也

丁註 是脈若於陽部見之所謂陰伏陽也

各以其經所在名病逆順也

楊註 隨春夏秋冬審其六脈之常變則知病之發何藏府以定順逆

五難曰脈有輕重何謂也然初持脈如三菽之重與皮毛相得者肺部也如六菽之重與血脈相得者心部也

呂註 菽者豆也擬脈之輕重如三豆之重在皮毛之間皮毛者肺氣所行也言肺部也心主血脈次於肺故來如六菽之重也

如九菽之重與肌肉相得者脾部也

呂註 脾在中央主肌肉次於心故來如九菽之重

如十二菽之重與筋平者肝部也

呂註 肝主筋又在脾下故來如十二菽之重也

按之至骨舉指來疾者腎部也

呂註 腎主骨其脈沉故按之至骨而得疾水象也

故曰輕重也

丁註 經言菽者豆也此是診脈舉按之法也此篇當在四難之前以等陰陽高下○虞註 脈之輕重經中所載甚詳若依經逐位尋之未免固執今舉一例爲式假令左手寸口如三菽之重得之乃知肺氣之至如六菽之重得之知本經之至如九菽之重得之知脾氣之至如十二菽之重得之知肝氣之至按之至骨得之知腎氣之至夫如是可知五藏之氣更相灌溉診脈從可以得準繩定吉凶

言疾病自不爽毫髮矣餘可類推

六難曰脈有陰盛陽虛陽盛陰虛何謂也然浮之損小沉之實大故曰陽盛陰虛沉之損小浮之實大故曰陽盛陰虛是陰陽虛實之意也

【呂註】陽脈本浮今輕按浮而損小是爲陽虛陰脈本沉今重按沉而損小是爲陰虛損小實大其陰陽虛實昭然也○【丁註】陽脈本浮輕手而按其脈損至而小此是陽虛不足也陰脈本沉重手而按其脈損至而小此是陰虛不足也陽脈本浮更加實大此是陽盛陰虛也素問曰諸浮者腎不足也

○【虞註】人之所稟者陰陽也陰陽平權衡等則無更虛更實之證今言盛與虛則爲病之脈脈要精微論曰陰盛則夢涉大水恐懼陽盛則夢大火燔灼陰陽俱盛則夢相殺毀傷夫如是可驗陰陽虛實之意也

七難曰經言少陽之至乍大乍小乍短乍長陽明之至浮大而短太陽之至洪大而長太陰之至緊大而長少陰之至緊細而微厥陰之至沉短而敦此六者是平脈也將病脈邪然皆王脈也其氣以何月各王幾日然冬至之後得甲子少陽王復得甲子陽明王復得甲子太陽王復得甲子太陰王復得甲子少陰王復得甲子厥陰王王各六十日六六三百六十日以成一歲此三陽三陰之王時日大要也

【呂註】少陽王正月二月其氣尙微少故其脈來進退無常陽明王三月四月其氣始萌未盛故其脈來浮大而短也太陰王五月六月其氣太盛故其脈來洪大而長太陰王七月八月乘夏餘陽陰氣未盛故其脈來緊大而長少陰王九月十月陽氣衰而陰氣盛故其脈來緊細而微也厥陰王十一月十二月陰氣盛極故言厥陰其脈來沉短以敦敦者沉重也四時之一陰一陽六王卽難經三陽在前三陰在後其王所以不同者其移各異也難經謂從正月至六月春夏半歲浮陽用事故言三陽王在前從七月至十二月秋冬半歲沉陰用事故言三陰王在後此四時陰陽夫婦之王也○【張註】夫三陰三陽之氣王隨六甲以言之此法是按黃帝六節藏象論來天以六六之節成一歲其自冬至之後得甲子卽是來年初之氣分也其甲子或在小寒之初或在大寒之後人身少陽之氣未出陰分故其脈乍大乍小乍短乍長也復得甲子

陽明王陽明之至浮大而短爲二之氣其候始暄其氣未盛是故陽明之至浮大而短太陽之至洪大而長復得甲子爲三之氣陽盛之分故太陽之至洪大而長也太陰之至緊大而長復得甲子爲四之氣暑溼之分秋氣始生乘夏餘陽故太陰之至緊大而長也少陰之至緊細而微復得甲子爲五之氣清切之分故少陰之至緊細而微也厥陰之至沈短而敦復得甲子爲終之氣盛陰之分水凝如石故厥陰之至沈短而敦也此三陰三陽之王脈隨六甲之日數故有此六脈之狀是謂平脈也

八難曰寸口脈平而死者何謂也然諸十二經脈者皆係於生氣之原所謂生氣之原者謂十二經之根本也謂腎間動氣也此五藏六府之本十二經脈之根呼吸之門三焦之原一名守邪之神故氣者人之根本也根絶則莖葉枯矣寸口脈平而死者生氣獨絶於內也

呂註寸口脈平而死者非應四時脈其脈狀若平和也又曰十二經皆係於生氣之原所謂生氣之原者爲十二經本原也夫氣衝之脈者起於兩腎之間主氣故言腎間動氣挾任脈上至喉嚨通喘息故云呼吸之門上係手三陰三陽爲支下係足三陰三陽爲根故聖人引樹以設喻也其三氣之原者是三焦之府宣行榮衞邪不妄入故曰守邪之神也人以尺脈爲根本寸脈爲莖葉寸脈雖平尺脈絶上部有脈下部無脈者死也○楊註寸口脈平者應四時也所云死者尺中無脈也尺脈者人之根本根本既絶則莖葉枯焉然則以尺脈爲根本寸脈爲莖葉故引樹以爲譬也○丁註腎間動氣者謂左爲腎右爲命門命門者精神之所舍元氣之所係也一名守邪之神者以命門之神固守邪氣不得妄入入則死矣此腎氣先絶於內其人不病病卽死矣○虞註經言十二經皆係於生氣之原謂腎間動氣也何以言之謂兩腎之間動氣者乃人之所受父母之元氣也腎者北方子之正位故聖人云元氣起於子子者坎之方位坎者卽父母之元氣也謂乾爲天爲父坤爲地爲母今坎之初六六三乃坤之初六六三也坎之九二乾之九二也謂乾坤交於六三九二而成坎卦坎主子位所以元氣起於子也腎者水也黃庭經云是

水之精坎之氣令言兩腎之間即人之元氣也術士云腎間曰丹田亦曰隱海中有神龜呼吸元氣故曰呼吸之門也人之三焦法天地三元之氣故曰三焦之原十二經脈憑此而生故曰十二經之根也今寸口賴穀氣以養脈尚平和奈人之生氣之原已絶於兩腎之間則十二經無所相依據雖寸脈平和人當死矣所以喻木之無根本也腎者足少陰之經也左爲腎右爲命門命門有穴在背十四椎節下又有志室二穴在十四椎節下兩傍各三寸有神守於命門不令邪入志室邪入志室八則死矣

九難曰何以別知藏府之有病然數者府也遲者藏也

楊註 去來急促一息過五至爲數去來悠緩呼吸三至爲遲

數則爲熱遲則爲寒諸陽爲熱諸陰爲寒故以別知藏府之病也

呂註 府者陽故其脈數藏者陰故其脈來遲○楊註 陽脈行疾故病乃數陰脈行遲故病乃遲若直云病在藏府不顯其名則病莫知淮的不知數而弦者病在膽遲而弦者病在肝也其餘藏府悉從遲數之中見兼脈以推之○虞註 陽氣盛則數陰氣虛則遲藏府寒熱於遲數可立辨○丁註 脈亦同於漏刻如春秋二分晝夜五十刻則陰陽相等脈亦平和冬夏二至晝夜不等夏至之前晝六十刻此六十刻爲陽盛故陽則爲熱冬至之前夜六十刻此六十刻爲陰盛故陰則爲寒惟陰陽漏刻一定而人之損益不同故脈有或遲或數也

十難曰一脈爲十變者何謂也然五邪剛柔相逢之意也假令心脈急甚者肝邪干心也

呂註 夏心主脈當浮大而散今反急甚者肝邪來干心也○楊註 干猶乘也○虞註 母乘子曰虛邪

心脈微急者膽邪干小腸也

呂註 小腸心之府脈當浮大而洪長而微急者膽邪也○虞註 陽干於陽陰干於陰同氣相求也

心脈大甚者心邪自干心也

呂註 心脈雖洪大當以胃氣爲本今無胃氣故其脈大甚也此爲心自病故言自干心也○虞註 此失時脈也

心脈微大者小腸邪自干小腸也

呂註 小腸心之府微大者其脈小爲小腸自病故言自干也○虞註 小腸太陽脈也王於五六月其脈洪大而長今得之微大是知小腸之邪自干小腸也此乃本經自病法曰正邪故云自干也

心脈緩甚者脾邪干心也

呂註 緩者脾脈乘心故令心脈緩也○虞註 心脈緩甚此乃子來乘母法曰實邪

心脈微緩者胃邪干小腸也

呂註 胃脈小緩見於心部小腸心府故言干之○虞註 於心部中輕手得之小緩是也

心脈濇甚者肺邪干心也

呂註 濇爲肺脈見於心部是火不足以制金也○虞註 金反凌火此是微邪脈也

心脈微濇者大腸邪干小腸也

呂註 微濇大腸脈小腸心府故見於心部也

心脈沈甚者腎邪干心也

呂註 沈者腎脈水來剋火也○虞註 心火炎上其脈本浮今反見沈是水來剋火法曰賊邪也

心脈微沈者膀胱邪干小腸也

呂註 微沈者膀胱脈也小腸心府故亦見於心部

五藏各有剛柔邪故令一脈輒變爲十也

呂註 此皆夏王之時心脈見如此者爲失時脈○楊註 剛柔陰陽也邪者不正之名非身有王氣而六氣干身爲病者通爲之邪也○虞註 推此十變之候乃五行勝復相加故聖人謂之五邪也五藏各有表裏更相乘之一脈成十故十變也有陽有陰故曰剛柔也於本位見他脈故曰相逢干也聖人乃以心一藏爲例其餘皆可知也○丁註 其言肝邪干心膽邪干小腸者此皆虛邪干心也心邪自干心小腸邪自干小腸者此皆爲正邪也脾邪

干心胃邪干小腸者此皆爲實邪也肺邪干心大腸邪干小腸者此皆微邪也腎邪干心膀胱邪干小腸者此皆賊邪也所謂剛柔相逢者則十雜也其十雜者甲與已合甲爲剛已爲柔戊與癸合戊爲剛癸爲柔丁與壬合丁爲剛壬爲柔丙與辛合丙爲剛辛爲柔乙與庚合乙爲剛庚爲柔凡剛柔相逢爲病者剛甚則爲病重柔甚則爲病微柔逢剛謂從所不勝於剛故爲病甚也剛逢柔謂從所勝於柔故爲病微也其一脈十變之法亦無非是一部中之二經有此五邪相干爲之十變凡兩手

三部各有二經六部之內各有五邪十變也故從其首計其數六部十變也數有六十是謂六十首也黃帝曰先持陰陽然後診六十首之謂也

十一難曰經言脈不滿五十動而一止

呂註經言一藏五十動五藏二百五十動謂之平脈不滿五十動者無有五十動也是以一藏無氣也

一藏無氣者何藏也然人吸者隨陰入呼者因陽出今吸不能至腎至肝而還故知一藏無氣者腎氣先盡也

楊註按經言持其脈口數其至也五十動而不一代者五藏皆受氣是爲平和無病之人矣四十動而一代者一藏無氣四歲死四十動而一代者二藏無氣三歲死二十動而一代者三藏無氣二歲死十動而一代者四藏無氣一歲死不滿十動而一代者五藏無氣也七日死難經言止本經言代按止者覺於指下突然而止代者循至尺中停久方來止與代兩經言雖不同然據其脈狀居然一轍正何妨兩存之也○虞註此與第八難生氣獨絕之義畧相似八難言父母生氣原已絕於兩腎之間故云死也此言一藏無氣言呼吸之間腑行穀氣腎間父母之原氣已無穀氣所養原氣漸耗乃知四歲必死故云腎氣先盡也○丁註五十動者是天地陰陽以漏刻爲制度人之脈其爲自有損益故無常數其益過於六十心肺有餘也心肺有餘則腎肝不足也其損者不及四十之數則心肺不足乃腎肝有餘也今陽氣虛少故不滿五十也其言動而止者謂吸不能至腎至肝而還此是陽不榮於下故腎氣先絕也絕則止也此節又與生氣獨絕於內同法也

十二難曰經言五藏脈已絕於內用鍼者反實其外五藏脈已絕於外用鍼者反實其內內外之絕何以別之然五藏脈已絕於內者腎肝脈已絕於內也而醫反補其心肺五藏脈已絕於外者其心肺脈已絕於外也而醫反補其腎肝陽絕補陰陰絕補陽是謂實實虛虛損不足益有餘如此死者醫殺之耳

呂註心肺所以在外者其藏在膈上上氣外爲榮衞浮行皮膚血脈之中故言絕於外也腎肝所以在內者其藏在膈下下氣內養筋骨故言絕於內也○丁註夫五藏內外者爲心肺在膈上通於天

氣也心主於脈肺主於氣外華榮於皮膚故言外也腎肝在下通於地氣以藏精血以充骨髓心肝外絕絕則皮聚毛落腎肝內絕絕則骨痿筋緩學者倘不能辨其內外虛實致使鍼藥悞投實實虛虛損不足益有餘如此死者是醫殺之也

王翰林集註黃帝八十一難經卷之一

釋音

一難榮衛上于平反 二難際音祭 三難覆芳福切反復也

乘食陵切侵也 濡音如又乳兗切下同 四難別之上彼列反

濇音色 五難菽音叔 六難沈持林反

七難敦都昆反重也 八難莖行衡二聲 九難數色角切

十難緩音浣

王翰林集註黃帝八十一難經卷之二

盧國秦越人撰 丁德用 楊玄操 楊康侯 呂廣 虞庶 註

王九思 王鼎象 石友諒

王惟一 校正音釋

十三難曰經言見其色而不得其脈反得相勝之脈者即死得相生之脈者病即自已色之與脈當參相應爲之奈何然五藏有五色皆見於面亦當與寸口尺內相應假令色青其脈當弦而急

呂註 色青肝也弦急者肝病見肝脈也○虞註 色青脈弦中外相應也素問曰肝部在目下可於此視其色再參其脈

色赤其脈浮大而散

呂註 色赤心也浮大而散心脈也是謂相應○虞註 色赤脈大色脈相應也素問曰心部在口可視色合脈

色黃其脈中緩而大

呂註 色黃者脾也中緩而大脾脈也○虞註 此色脈相應也素問曰脾部在脣若見黃色可知其脈

色白其脈浮濇而短

呂註白者肺也浮濇而短肺脈也○虞註肺部見於闕庭兩眉上也

色黑其脈沈濡而滑

呂註黑者腎色也腎主水水性沈腎在五藏之下故其脈沈濡而滑○虞註腎色之見於面部當驗其地閣

此所謂五色之與脈當參相應也

呂註此正經自病不中他邪故也○虞註謂應本經虛實之證也○丁註經言色青脈弦而急色赤脈浮大而散色黃脈中緩而大色白脈浮濇而短色黑脈沈濡而滑此係本經自病不雜他色也色脈無不符合所以言當參相應也

脈數尺之皮膚亦數

丁註數屬心所以尺部皮膚亦熱也

脈急尺之皮膚亦急

丁註急者臂內經絡滿實所以堅急也

脈緩尺之皮膚亦緩

丁註緩者肌肉消故皮膚亦緩弱也

脈濇尺之皮膚亦濇

丁註肺主濇所以臂之皮膚亦濇也

脈滑尺之皮膚亦滑

丁註腎主水其脈滑所以臂內皮膚亦滑也可知皮膚之滑濇急緩數又與色脈相應也○呂註此謂陰陽藏府色脈之與皮膚無不相應也

五藏各有聲色臭味當與寸口尺內相應

丁註相應者如何如脈數色赤皮膚熱此是心之一藏色脈皮膚相應也脈急色青皮膚急此是肝之一藏色脈皮膚相應也脈緩色黃皮膚緩此是脾之一藏色脈皮膚相應也脈濇色白皮膚濇此是肺之一藏色脈皮膚相應也脈滑色黑皮膚滑此是腎之一藏色脈皮膚相應也凡診脈者先須循臂之內外然後診脈以視色○虞註肝脈弦其色青其聲呼其臭羶其味酸心脈洪其色赤其聲笑其臭焦其味苦脾脈緩其色黃其聲歌其臭香其味甘肺脈濇其色白其聲哭其臭腥其味辛腎脈沈其色黑其聲呻其臭腐其味鹹此即相應之謂也

其不相應者病也

虞註相應謂本經自病也假令肝病脈弦色青多呼好羶喜酸此自病而相應也不相應者何假令

肝病脈濇色白多哭好腥喜辛此爲相反以聲色臭味皆是肺之見證金來賊木爲之賊邪不相應者病必重也

假令色青其脈浮濇而短若大而緩爲相勝浮大而散若小而滑爲相生也

呂註 色青者肝也浮濇而短者肺也肺勝肝爲賊邪若大而緩爲脾脈也肝勝脾故言相勝也浮大而散心脈也心爲肝之子若小而滑腎脈也腎爲肝之母肝爲腎之子子母相生故爲相生也○丁註 經引肝之一藏其脈當弦急其色當青乃爲順若色青脈浮濇金來剋木爲逆若大而緩是木去侵土亦爲逆故爲相勝若浮大而散若小而滑是子來實母母來撫子俱爲順候故爲相生

經言知一爲下工知二爲中工知三爲上工上工者十全九中工者十全八下工者十全六此之謂也

呂註 色之與脈皮膚之與脈聲色臭味之與脈有相生相勝之別然三者之中惟上工能全知也○丁註 上工能洞悉色脈皮膚臭味三法相生相勝之順逆故治病十全其九中工僅能知二故治病十全其八下工僅得知一故治病十全其六上下大相懸絕可不勉哉○虞註 人而無恆不可以爲醫凡爲醫者先將素問靈樞難經諸書研窮玩索以明人身藏府經絡穴道部位及陰陽生剋標本虛實脈象氣色內傷外感情志臭味之旨次辨草木金石蟲禽之藥性次究迎奪隨濟瀉補之鍼法充之於膽細之於心如此治病乃爲上工

十四難曰脈有損至何謂也然至之脈一呼再至曰平

呂註 平者謂平調之脈也

丁註 平者無過不及之脈也

虞註 一呼一吸爲之一息一呼再至一吸再至乃是平脈損則減之而屬陰至則加之而屬陽損脈呼多而至少診損脈者定其呼數至脈呼少而至多診至脈者定其至數若其脈來不減不加呼吸四至是合乎常度陰陽和無偏勝也

三至曰離經

呂註 一呼再至曰平一呼三至是一息六至也大離其常經矣

丁註 離經者謂失其常度也

虞註 經者常也謂脈離乎常度也夫人身之脈一

呼脈行三寸一吸脈行三寸呼吸定息脈行六寸一日一夜一萬三千五百息脈行八百十丈乃爲一周今一呼三至一吸三至是一息六至也較平脈之一呼再至一吸再至已多二至矣多至爲陽爲熱陽固有虛實熱亦有虛實虛者補之實者瀉之然須審明在何藏府以施補瀉或有本經自病或有他經來剋或有相傳不已用堵截法者或有相損無盡用塡納法者或有瀉其子以減其勢者或有補其母以培其本者調劑得當自病去脈平

四至曰奪精

呂註其人病困奪精者鼻目唇口間已奪去精華也○丁註至數倍於平脈精神自爍○虞註平脈一息行六寸今一呼四至一息行一尺二寸則一日一夜乃行兩周時之度數矣夫人納味歸形形歸氣氣歸精其形足氣足精足者必陰陽無偏勝者也一旦脈反其常一呼四至一吸四至脈數加是其熱可知由是形則削矣氣則衰矣精則憊矣形削氣衰精憊則一身之精神非頓爲熱勢所奪去乎譬如人一日行一百里今一日行二百里神疲氣乏何以支持

五至曰死

呂註五至之脈陽亢陰竭勢難望其轉機者矣○虞註此之平脈倍而又半陰氣已竭其能久乎死可待也

六至曰命絶此死之脈也

呂註不出一日死○虞註五至已爲死脈六至自宜決其命絶矣

何謂損一呼一至曰離經

虞註前之至脈離經謂脈行過半此之損脈離經謂脈行減半離經者卽離其常度之謂也

二呼一至曰奪精

虞註平人之脈一日一夜周身五十度今二呼而脈一至一日一夜不及十分之三周身脈只行二百二丈五尺其人氣耗血枯神鬬色夭精華已奪去矣

三呼一至曰死

虞註平人之脈三呼脈六至一日一夜行八百一十丈今三呼脈一至脈只行一寸半一日一夜只行六十七丈五尺不及五周身如此之候死可待也

四呼一至曰命絶此損之脈也

虞註 四呼當八至今四呼脈一至一日一夜不及四周身氣血已盡藏敗神去故命絶也

至脈從下上損脈從上下也

呂註 至脈從下上者謂腎先病至即一呼三至一呼四至之謂也損脈從上下者謂肺先病損即一呼一至二呼一至之謂也

損脈之爲病奈何然一損損於皮毛皮聚而毛落

虞註 一損損肺肺主皮毛故皮聚而毛落也

二損損於血脈血脈虛少不能榮於五藏六府也

虞註 二損損血脈血脈者心主之心既受損自血脈虛少矣奚能榮於五藏六府也

三損損於肌肉肌肉消瘦飲食不能爲肌膚

虞註 三損損脾脾者受納五味以涵養藏府以生長肌膚今既受損失其運化之權不能培植則肌肉自是消瘦矣

四損損於筋筋緩不能自收持

虞註 四損損肝肝主筋素問曰肝者罷極之本其華在爪其充在筋傷則陰縮而攣筋

五損損於骨骨痿不能起於牀反此者至於收病也

虞註 五損損骨腎主骨故骨痿不能起於牀素問曰腎熱則腰脊不舉骨枯髓減發爲骨痿痿者無力也○呂註 敗者取也經但載損家病不載至家病至家之病爲陽或藏或府每多頭痛身熱與損家病異今獨載損家病證非畧彼而詳此蓋按脈以求已可洞悉其情形矣

從上下者骨痿不能起於牀者死

呂註 從肺損至骨五藏俱盡死期立至矣○虞註 經文歷言損家病證一損肺二損心三損脾四損肝五損腎猶第五難言脈之輕重以菽較之亦自肺至腎遙遙相合

從下上者皮聚而毛落者死

呂註 從腎損至肺亦復五藏俱盡故死也肺位最高腎位最下故言從上而下從下而上也

治損之法奈何然損其肺者益其氣

呂註 肺主氣故當以鍼藥益其氣也○丁註 肺主氣肺損以鍼補之當刺其手太陰經之大淵穴以藥補之當投以參耆之品

損其心者調其榮衛

呂註 心者榮衛之本今損當以鍼藥調之○丁註

心主血脈心損宜從榮衛調之先刺手少陰經中井並刺手厥陰經中井及手少衝手中衝諸穴是虛補其母之法也再投鹹味以爽之○虞註心主血脈在色為赤在音為徵在聲為笑在變動為憂因憂受損致血脈不華當從榮衛以調之

損其脾者調其飲食適其寒温

呂註脾主飲食脾損則不能健運調飲食適寒温使氣仍和暖以復其生生之權也○丁註脾損則謝其飲食適其寒温不使傷於積滯困於寒涼氣化自然充暢矣○虞註脾損飲食不為肌肉宜節飲食不使氣不疏通適其寒温者啟玄子謂春涼食夏冷食秋温食冬熱食也本經曰飲食勞倦傷脾涼食冷食之說似未可憑信

損其肝者緩其中

呂註肝主怒其氣急故以鍼藥緩其中○丁註肝為將軍之官其主怒其氣急宜食甘以緩之鍼當補足厥陰合曲泉穴是也○虞註怒則氣急脈乃絃硬須以甘味緩其中素問曰肝苦急急食甘以緩之

損其腎者益其精此治損之法也

呂註腎藏精今損故以鍼藥補益其精○丁註益其精者以鹹味補之鍼當補足少陰經中復溜穴是其母也○虞註腎欲堅急食苦以堅之用苦補之

脈有一呼再至一吸再至有一呼三至一吸三至有一呼四至一吸四至有一呼五至一吸五至有一呼六至一吸六至

虞註此重明前之至脈病證悉載於下文

有一呼一至一吸一至有再呼一至再吸一至有呼吸再至

虞註此重明損脈輕重生死亦載於下文

脈來如此何以別知其病也然脈來一呼再至一吸再至不大不小曰平一呼三至一吸三至為適得病

虞註一呼三至曰離經離於常經知病始得

前大後小即頭痛目眩

虞註病在三陽

前小後大即胸滿短氣

丁註前大者謂寸外大也後小者謂寸內小也寸前大則頭痛目眩寸後大則胸滿短氣經言寸部法天主胸以上之病○虞註病在三陰

一呼四至一吸四至病欲甚

虞註 呼吸四至是一息八至也其邪正在鴟張其病有進而無退也

脈洪大者苦煩滿

虞註 病在三陽陽盛煩滿

沈細者腹中痛

虞註 病在三陰腹部屬陰故腹中痛也

滑者傷熱

虞註 滑者陽脈也其來替替然流利之至是熱甚於氣分也

濇者中霧露

虞註 八至而濇傷於陰寒深矣因知其中霧露也

一呼五至一吸五至其人當困

虞註 脈一息十至氣血亂甚矣其人之危困不待明言

沈細夜加浮大晝加

虞註 陰旺於夜陽旺於晝陰脈夜甚陽脈晝甚

不大不小雖困可治其有大小者爲難治

虞註 十至之脈危困極矣不大不小陰陽相等容或可治若再有大小如夜加晝加則難治矣

一呼六至一吸六至爲死脈也

虞註 三倍於常是爲絶魂非死脈而何

沈細夜死

虞註 陰脈絶於陰分

浮大晝死

虞註 陽脈絶於陽分

一呼一至一吸一至名曰損

虞註 一呼二至之脈漸見損象也

人雖能行猶當著牀所以然者血氣皆不足故也再呼一至再吸一至名曰無魂無魂者當死也人雖能行名曰行尸

虞註 一息一至陽已敗絶魂屬陽陽敗則魂去魂去則魄存人雖能行不過遊氣未散魄動而已矣故命之曰行尸

上部有脈下部無脈其人當吐不吐者死上部無脈下部有脈雖困無能爲害所以然者人之有尺譬如樹之有根枝葉雖枯槁根本將自生脈有根本人有元氣故知不死

丁註 經言脈有從上下者是謂五藏之氣不相榮養致令有此損脈也五藏之氣隨呼吸上下遞相

涵養也肺脈主氣氣則隨吸而下至肝腎其吸不能至肝至腎者則腎先損而病骨痿也腎氣不能榮於上其肺即病肺病則皮聚毛落也若損甚者皆死一呼再至曰平一呼三至即是陽甚於陰之候病雖初得脈已見異故曰離經前大者謂寸外大也後小者謂寸內小也前小者寸外小也後大者寸內大也前大後小則頭痛目眩前小後大即胸滿短氣經曰上部法天以候胸以上至頭素問曰寸外以前主頭角耳目寸內以後主胸中關以上主膈下脇傍關內以後主腹中尺外以前主臍下尺內以後主至足下凡左右脈見大小隨部定之一呼四至是陽氣勝於陰一倍故曰奪精二呼一至是陰勝於陽三倍亦曰奪精見洪大者爲邪在於陽苦煩滿見滑者傷於熱也見沈細者爲邪在於陰當腹中作痛見濇者是中於霧露也至一呼五至一吸五至沈細則夜甚浮大則晝甚已危困而難治若一呼六至一呼一至再呼一至必不可療上部有脈下部無脈邪實在上氣不得通當吐其邪而升其氣上部無脈下部有脈雖困無能爲害者謂腎間元氣尙存根本未動故也○楊註上部寸口下部尺中也○虞註元氣者即稟父母先天之氣也

十五難曰經言春脈弦夏脈鉤秋脈毛冬脈石是王脈耶將病脈耶然弦鉤毛石者四時之脈也春脈弦者肝東方木也萬物始生未有枝葉故其脈之來濡弱而長故曰弦

呂註萬物始生之時未有枝葉柔耎彷彿如弦脈亦如之○丁註春脈弦微弦曰平平者謂有胃氣也胃者土也爲倉廩之官以生以養者也四時脈之弦鉤毛石皆微有其象耳若但弦鉤毛石者是無胃氣也是病脈而非平脈也

夏脈鉤者心南方火也萬物之所盛垂枝布葉皆下曲如鉤故其脈之來疾去遲故曰鉤

呂註心脈法火當夏陽盛陰虛陽盛其脈來疾陰虛其脈去遲上至寸口疾下還尺中遲寸口滑不洩其脈環曲如鉤

秋脈毛者肺西方金也萬物之所終草木華葉皆秋而落其枝獨在若毫毛也故其脈之來輕虛以浮故曰毛

呂註秋木凋零肺脈本浮故應其候而見輕

冬脈石者腎北方水也萬物之所藏也極冬之時水凝如石故其脈之來沈濡而滑故曰石

呂註腎脈法水水凝如石又伏行溫於骨髓故其脈實牢如石也

此四時之脈也如有變奈何然春脈弦反者爲病何謂反

丁註反者見秋脈如毛即爲肝病

然其氣來實強是謂太過病在外

呂註實強者陽氣盛也少陽當微弱今來實強是太過矣陽主表故其病爲在外○丁註病在外者爲少陽脈當微弦今來實強是氣有餘也豈非太過乎

氣來虛微是謂不及病在內

呂註厥陰之氣養於筋其脈弦今來虛微是氣不足也不足則病在內○丁註病在內者肝不足也肝藏血養筋不足則筋緩溲便難此是肝之內證也虞註太過之脈謂脈息實強不及之脈謂脈息虛微太過則眩冒顛仆不及則令人胸痛引背下則兩脇脹滿等證

氣來厭厭聶聶如循榆葉曰平

呂註少陽厥陰屬木王於春其脈如循榆葉是微弦之象正應候而適得其平

益實而滑如循長竿曰病

呂註此謂弦多胃氣少也○丁註長而不軟象若循竿是有病也

急而勁益強如新張弓弦曰死

呂註此謂但弦無胃氣也○丁註脈來如新張弓弦胃氣已竭無生機矣

春脈微弦曰平弦多胃氣少曰病但弦無胃氣曰死春以胃氣爲本

呂註胃以穀味涵養此身則胃氣者立命之本也

丁註胃爲水穀之海藏府皆賴穀氣以養胃氣之於人顧不重哉

夏脈鉤反者爲病何謂反

丁註夏脈微鉤來疾去遲反是則爲病矣

然其氣來實強是謂太過病在外

呂註實強者太陽之氣盛也太陽脈浮散今見實強故謂之太過○丁註太陽小腸與心爲表裏小腸有病在表在外也

氣來虛微是謂不及病在內

呂註手少陰主血脈其氣尚平實今反見虛微故曰不及也○丁註少陰心脈王夏今反虛微是謂不及不及則病在內喜笑其神不守○虞註少陰經心脈本平實今反虛微故曰不及太陽小腸脈本浮大今反實強故曰太過其太過不及之證詳於下文玉機眞藏論曰夏脈太過其病身熱而膚痛爲浸淫其不及者令人煩心上見欬唾下爲氣泄

脈來累累如環如循琅玕曰平

呂註心脈滿實累累如環如循琅玕蓋以金玉之堅物以喻其實象此爲心之平脈○丁註心脈滿實如環如循琅玕言心脈之微鉤累累如連珠適得其平也

來而益數如雞舉足者曰病

呂註心脈但當浮散不當數也雞舉足者喻其數也○丁註心脈但當浮散今又加其至數故以雞舉足喻之

前曲後居如操帶鉤曰死

呂註後居者卽後直之謂如帶鉤之前曲後直也是但鉤而無胃氣也○丁註操者執也如手執帶鉤前曲而後直也是無胃氣而但鉤也

夏脈微鉤曰平鉤多胃氣少曰病但鉤無胃氣曰死夏以胃氣爲本

呂註胃主中州以養藏府者也

秋脈微毛反者爲病何謂反然其氣來實強是謂太過病在外

呂註肺脈者當微毛今見實強是太過也太過則其病在外○丁註外者謂手陽明大腸也其見證喘欬洒淅寒熱肩背作痛

氣來虛微是謂不及病在內

呂註肺脈輕浮如毛今按之益虛微是不及也病在內矣○丁註病在內者不及之證也其見證面白善嚏悲愁不樂皮毛乾燥○虞註太過不及病象顯然玉機眞藏論曰秋脈太過則令人逆氣而背痛慍慍然秋脈不及則令人喘呼吸少氣而欬上氣見血下聞病音

脈來藹藹如車蓋按之益大曰平

呂註車蓋上小下大藹藹言其輕耎也脈見是象適得其平○丁註藹藹者言車蓋之輕耎也車蓋上小下大脈來於微毛中而形其有力者平脈也

不上不下如循雞羽曰病

呂註 如循雞羽者是其氣虛微胃氣少之故也○丁註 不上不下者即不浮不沉也太陰脈當輕浮按之有力爲平今不上不下如循雞羽是失其常度并見其無力矣病矣

按之蕭索如風吹毛曰死

呂註 無胃氣矣○丁註 風吹毛者飄騰不定無歸之象是本原已竭行將死矣

秋脈微毛曰平毛多胃氣少曰病但毛無胃氣曰死秋以胃氣爲本

呂註 四藏皆稟胃氣以生也

冬脈石反者爲病何謂反然其氣來實強是謂太過病在外

呂註 冬脈當沉濡今反實強豈非太過太過者其病屬陽故言其在外○丁註 反者冬得長夏之脈也腎與膀胱相爲表裏其氣來實強是病在足太陽也故其病爲在外

氣來虛微是謂不及病在內

呂註 冬脈沉濡今見虛微明是不及不及者病在陰分矣內矣○丁註 足少陰腎脈也主水王冬其脈沉濡而滑今虛微少氣是不及而病在內矣如氣逆心懸少腹急痛泄如下重皆是也○虞註 冬脈太過則令人解㑊脊脈痛而少氣不欲言冬脈不及則令人心懸如病飢䏚中清脊中痛少腹滿小便變

脈來上大下兌濡滑如雀之啄曰平

呂註 上大者足太陽下兌者足少陰陰陽得所爲胃氣強故謂之平雀啄謂本大末兌也○丁註 腎脈之來濡滑今來大而去小是上大下兌也雀啄者喻其濡滑也

啄啄連屬其中微曲曰病

呂註 啄啄不息謂之連屬其中微曲是脾來乘腎脈緩而曲故病○丁註 啄啄謂如雀啄之連連不已有促數之象是腎衰之候也

來如解索去如彈石曰死

呂註 來如解索謂緩而無力也去如彈石謂疾而無情也○丁註 解索以喻其遲耎無力彈石以喻其疾硬無情是腎絕之候也

冬脈微石曰平石多胃氣少曰病但石無胃氣曰死冬以胃氣爲本胃者水穀之海主稟四時故皆以胃

氣爲木是謂四時之變病死生之要會也

虞註 胃屬土居於中央萬物歸之故曰水穀之海王於辰戌丑未故曰主稟四時謂弦鉤毛石四時之脈象皆以胃氣爲本若胃氣少則病若無胃氣則死故曰四時變病死生之要會也萬物非土孕育則形質不成易曰坤厚載物德合無疆

脾者中州也其平和不可得見衰乃見耳來如雀之啄如水之下漏是脾衰之見也

呂註 脾寄王四季故平和之時不能見其主脈若衰則居然有變異之昭著如雀之啄如水之下漏是腎來乘脾侮其所難勝故僅得使之衰而不得使之絶也○丁註 脾王於四季無主脈之可尋雀啄水漏之見正其衰敗之候也○虞註 如水之漏是脾脈太過如雀之啄是脾脈不及太過則令人四肢不舉不及則令人九竅不通惟平和則不可得其主脈也

十六難曰脈有三部九候

呂註 三部者寸關尺也九候者上部三候中部三候下部三候三三九候也○丁註 三部者寸關尺也九候者浮中沈也是毎部有三候也○虞註 三部法三才以象天地人三部之中亦分天地人以成九候上部之天以候頭角上部之人以候耳目上部之地以候口齒中部之天以候肺中部之人以候心中部之地以候胸中之氣下部之天以候肝下部之人以候脾胃下部之地以候腎故曰三部九候也

有陰陽

呂註 寸口者陽脈見九分而浮尺部者陰脈見一寸而沈○丁註 陰陽者即二難中尺寸陰陽前後上下之法也○虞註 三難之中各有一陰一陽來者爲陽去者爲陰察陽者知疾病之重輕察陰者知死生之時日

有輕重

呂註 肺脈如三菽之重謂之輕腎脈按之至骨如十五菽之重謂之重○丁註 輕重者即五難中輕重之法也○虞註 切陽脈以輕手取爲陽脈浮也切陰脈以重手取爲陰脈沈也是即輕重之謂也

有六十首

呂註 首者綱領之謂也一脈十變計有六十也○丁註 六十首者是十難中一脈變爲十是也○虞

註六十首者乃一脈以應四時是也春脈弦夏脈鉤秋脈毛冬脈石季夏及四季脈緩以九候計之已得五十四矣再有本脈之六合成六十也

一脈變爲四時

呂註於手太陰動脈以決四時順逆吉凶之謂也○丁註十五難言四時之脈以微弦微鉤微毛微石爲得是脈隨四時而變也非手太陰一脈也○虞註凡屬切脈先辨浮沈長短滑濇乃三陰三陽之脈也六脈隨四時而變已有二十四脈矣今六十首是備言手足三陰三陽之脈合之爲十二十二脈有弦鉤毛之變其計之夫固有六十脈也故曰一脈變爲四時

離聖久遠各自是其法何以別之

呂註三部是一法九候是一法陰陽是一法輕重是一法六十首是一法此定法也世有各是其是各法其法者惜離聖遠而不能爲之別也○丁註越人自謂其時去聖已遠而後人之各執己見立爲成法未免愈久而愈失其眞無從剖別

然是其病有內外證

呂註診法固有不同病證猶有可驗既有是病即有是脈內外無不相符也○丁註是字作視字解亦可蓋治病必先觀其顏色審其好惡察其動靜驗其飲食者也然字者越人自答之辭也內外者以內有是病即外有是證以內見何脈即外見何象相應之際絲毫不爽者也○虞註一藏一府乃一表一裏府之病主於外故有外證藏之病主於內故有內證

其病爲之奈何然假令得肝脈

虞註肝脈弦軟而長

其外證善潔面青善怒

虞註肝藏清淨故善潔青者木色肝屬木木有病其面色自青善怒者肝之志也況木能生火病則火又易動也

其內證臍左有動氣按之牢若痛

虞註五積之候肝之積名曰肥氣在臍之左也

其病四肢滿閉

虞註肝本脾土脾主四肢木病則土爲所剋故四肢閉滿

淋溲便難轉筋有是者肝也無是者非也

丁註肝者東方木也其治在左應震臍左有動氣

按之牢若痛其病四肢滿閉者謂木氣不舒也淋溲者厥陰肝脈繞於陰器也便難轉筋者肝藏血肝有病則營分不足大便因之以難營分不足則筋失所養未免攣急無是者非肝病也○虞註淋溲便難以肝脈循於陰器有病則其氣不舒以致淋溲肝木本是陰藏有病則其血不足以致便難筋爲木之枝幹木身有病枝幹有不爲之動乎若無是見證則非肝病○呂註夫肝與膽相爲表裏肝旣有病有不及之膽乎膽爲清淨之府善潔者膽之應也青爲木色怒是肝志其餘動氣滿閉淋溲是氣分不舒所致便難轉筋是血分不足所致

假令得心脈其外證面赤口乾喜笑

丁註面赤火色也口乾火旺也喜笑心之志與聲也旣得心之病脈自見心之病證也○虞註心脈浮大而散心屬火火性炎上故面赤口乾也喜笑者心在聲爲笑也

其內證臍上有動氣按之牢若痛其病煩心心痛掌中熱而啘有是者心也無是者非也

丁註心者南方火也其位在離故臍上有動氣其病煩心心痛心病心證也掌中熱者心之經也啘者有聲而無物心中熱故發啘也有是證者心之病無是證者卽非也○虞註心之積名曰伏梁在臍上其煩其痛乃心包絡也正心不受病病則旦占夕死夕占旦死手厥陰心包絡之脈下膈絡三焦上循胸中入肘下臂至掌後兩筋橫紋陷中行於掌心爲勞宮穴掌中熱者心包絡病也啘者有聲而無物心包絡熱所致也○呂註旣有心之病脈自有心之病證面赤口乾心火旺也臍上有動氣心位在上也煩心心痛心病之確證也掌中心之經也啘有聲無物因心熱而發也

假令得脾脈

虞註脾脈中緩而大

其外證面黃善噫

丁註黃爲脾之色面色見黃脾有病矣○虞註脾土也在變動爲噫

善思

虞註脾在志爲思

善味

虞註脾爲倉廩之官故善味

其內證當臍有動氣按之牢若痛

虞註脾之積名曰痞氣當臍之中

其病腹脹滿食不消體重節痛怠惰嗜臥四肢不收有是者脾也無是者非也

丁註當臍有動氣者脾主中州也其病腹滿食不消者以運行不健也脾主四肢病則體重節痛怠惰嗜臥不收者無力以舉也夫人自有身以後而得以養此身者惟賴胃與脾耳胃與脾爲倉廩之官受盛水穀以安奠形骸以涵濡藏府者也然胃僅司容納而運化則脾大權獨攬也五味入胃由脾布散以輸精液以化糟粕故脾胃爲後天之本也○虞註溼氣勝則令人膨脹脾陽不旺食乃不消脾主健運病則其運不健自體重節痛怠惰嗜臥也脾主四肢四肢不收乃無力以舉之也○呂註脾主中州動氣所以當臍脾病則運化之權弱矣腹脹滿食不消所由起也脾旺則人之力強脾弱則人之力替體重節痛等證皆無力故也

假令得肺脈其外證面白善嚏悲愁不樂欲哭

丁註既得肺之病脈自有肺之病證面白者金色也善嚏者肺氣通於鼻感邪而肺氣不寧也悲愁不樂欲哭者肺之志也○虞註面白者金之色也肺主皮毛皮毛感邪內合於肺肺氣不寧故善嚏也肺在志爲憂在聲爲哭也

其內證臍右有動氣按之牢若痛其病喘欬洒淅寒熱有是者肺也無是者非也

丁註肺屬金應西方兌位動氣故在臍右也肺主氣肺病則氣不順而作喘欬肺主皮毛爲風寒所傷則洒淅而寒熱○虞註肺之積名曰息賁在右脇下肺主皮毛皮毛襲邪肺已受傷則爲喘爲欬洒淅寒熱並作矣○呂註肺屬金色白面白者金之色也肺氣通於鼻爲邪所侵氣不寧而善嚏矣肺在志爲憂在聲爲哭有病則悲愁不樂欲哭矣金位居西動氣所以在臍右肺主氣又主皮毛冒風感寒自氣機不順腠理疎泄喘欬洒淅寒熱並見矣

假令得腎脈其外證面黑善恐欠

丁註腎屬水色黑面黑者水之色也善恐者腎之志也腎雖水藏有眞陽在焉病則眞陽亦衰故氣相引而欠也○虞註巨陽虛則欠

其內證臍下有動氣按之牢若痛

虞註腎之積名賁豚在臍下

其病逆氣小腹急痛泄如下重足脛寒而逆有是者腎也無是者非也

楊註 腎爲橐籥有病則腎氣不和故逆氣小腹急痛泄如下重足脛寒而逆是腎中眞陽爲寒氣所遏也○虞註 腎氣不足衝脈亦虛故氣逆腎者足少陰之脈循少腹與足厥陰足太陰三陰會於臍下今腎病故少腹急痛五泄之候腎爲後重腎者胃之關病致氣虛故泄如下重再足少陰之脈從小指趨足心出然骨循內踝入跟上腨膕內廉腎中眞陽不足故足脛寒而逆○呂註 腎爲水藏面黑者水色也善恐者腎志也欠則腎中眞陽不足陰氣上逆也動氣在臍下腎脈循行處也逆氣者腎病傷及氣海也小腹急痛泄如下重腎陽爲寒所困也足脛寒而逆腎脈由足而起陽不足以和之也○虞註 經言是其病有內外證默以會之惟肝脈善潔二字是表證心脈不見手太陽外證脾脈中有善噫二字是表證肺脈亦無手陽明之證腎脈中只有一欠字是足太陽不足之證其餘考之黃帝素問皆是本藏之所見證越人之言外證者是證之形於外者也

十七難曰經言病或有死或有不治自愈或連年月不已其死生存亡可切脈而知之耶然可盡知也診病若閉目不欲見人者脈當得肝脈強急而長

丁註 閉目爲肝之病證故脈強急而長○楊註 強急猶弦急○虞註 肝木之脈弦軟而長今見強急肝有病矣目爲肝竅閉不欲見人血分虧甚矣

而反得肺脈浮短而濇者死也

丁註 浮短濇者是肺脈肝病而見肺脈金來剋木也病必死矣○楊註 肝爲木肺爲金肝病得肺脈大仇至矣故必死也

病若開目而渴心下牢者脈當得緊實而數反得沈濡而微者死也

丁註 心之病證而反見腎脈心火腎水水來剋火故知死也○楊註 心病得腎脈水勝火故死也按之短實而數有似切繩謂之緊也按之無力若有若無輕手乃得重手不得謂之微也○虞註 病開目而渴心下牢脈又緊實而數此是陽病得陽脈脈不相反今見沈濡而微謂陽病得陰脈故曰死也

病若吐血復鼽衄血者脈當沈細而反浮大而牢者

死也

丁註此是肺之病證而反見心脈心火肺金火來勝金故知死也○虞註血屬陰吐血衄血脈得沈細則脈與病相應今反浮大而遊與病相反故死也

病若譫言妄語身當有熱脈當洪大而反手足厥冷脈沈細而微者死也

丁註此是實邪之火證今反手足厥冷脈沈細而微是水勝火故決其死也○虞註肺主聲心主言熱乘於心肺故譫言妄語肺主皮毛邪客於衛分氣不得宣通自當身熱脈來洪大是病與脈相應也今手足厥逆脈沈細而微陽病得陰脈故云必死也

病若大腹而洩者脈當微細而濇反緊大而滑者死也

丁註此是脾土之證也脈見緊大滑者是邪實體虛難以勝任也脾爲後天之本豈容失其氣化乎

楊註自肺至脾五病以病脈相反皆決其死經云五逆者死此之謂也○虞註溼氣勝則脹脾不禁故洩脈微細濇病脈相應緊大而滑與病相反也

如此之候未必能生

十八難曰脈有三部部有四經手有太陰陽明足有太陽少陰爲上下部何謂也然手太陰陽明金也足少陰太陽水也金生水水流下行而不能上故在下部也

丁註夫脈有三部者寸關尺也若合兩手言之即六部也每部之內各有二經六部之內合爲十二經今言有四經者如手太陰陽明之脈候於右手之寸部足少陰太陽之脈候於左手之尺部每部有二經以兩手合言之則部有四經矣肺屬金居於最高其治在右與大腸相爲表裏故脈皆在右手之寸位腎屬水居於最下命門在左與膀胱相爲表裏故脈皆在左手之尺位肺金生腎水水性下流而不能上是水生於金而性不同於金也○

楊註手太陰肺屬金肺爲諸藏華蓋其位最高其治在右故其脈在右手上部手陽明大腸是肺之府故脈亦隨肺而在上部足少陰腎脈屬水其位最下命門在左故其脈在左手下部足太陽膀胱是腎之府故脈亦隨腎而在下部肺爲腎母腎爲肺子金生水水就下而不能上是水生於金而性

不同於金也脈有三部寸關尺也部有四經如左寸心與小腸右寸肺與大腸每部有二經以兩手合言之則部有四經炎上部寸也下部尺也

足厥陰少陽木也生手太陽少陰火火炎上行而不能下故爲上部

丁註足厥陰肝也屬木足少陽膽也與肝相爲表裏木能生火而生手少陰心手太陽小腸火火性炎上而不能下故在左手之上部○楊註左尺腎水生左關厥陰少陽木木生火故生左寸手少陰手太陽火火性炎上而不能下自宜居於上部也

手心主少陽火生足太陰陽明土土主中宮故在中部也

丁註心包絡合右尺之少陽三焦相火而生足太陰脾足陽明胃土土主中宮故在右關中部○楊註火能生土故心包絡與右尺之少陽三焦相火以生右關之足太陰脾土足陽明胃土土主中州故居中部○虞註經言手心主少陽火生足太陰陽明土土主中宮故在右手中部惟只言火生土之意不言手少陰生足太陰陽明而言手心主少陽生足太陰陽明是手心主少陽同在右手尺部也手心主少陽火生關上太陰陽明土關上太陰陽明土卻生寸口太陰金寸口太陰金卻生左手尺中少陰水左手尺中少陰水卻生左手關上厥陰木關上厥陰木卻生左手寸口少陰火心包絡三焦相火寄位於右尺是以生太陰陽明土也此乃五行母子更生相養者也足厥陰足太陰何以居於左右兩手關部蓋厥陰肝木是少陰腎水之子也母居左尺子自宜居於左關太陰脾土是少陽心包絡之子也母居右尺子自宜居於右關此皆五行子母更相生養者也

丁註五行更相生養者謂右寸金生左尺水左尺水生左關木左關木生左寸君火左寸君火生右尺相火右尺相火生右關土右關土生右寸金是子母更相生養之義也

脈有三部九候各何所主之然三部者寸關尺也九候者浮中沈也

丁註三部之中各有浮中沈是爲九候何所主者三部九候以別病之部位也○楊註寸居上關居中尺居下三部各有浮中沈三候三三合爲九候也浮爲陽沈爲陰中在不浮不沈之間○虞註一

部之中各有三候浮者爲府沈者爲藏中者不浮不沈之間以候其胃氣部既有三候既有九爲病自各有所主也

上部法天主胸以上至頭之有疾也

【丁註】兩手寸口皆爲上部即寸外主頭寸內主胸中是也於一指下有內候外候之法診脈時能不盡心以求之哉○【楊註】所謂自膈以上爲上焦也

中部法人主膈以下至臍之有病也

【丁註】言左右兩關也第二指半指之前候膈下半指之後候臍上左右同○【楊註】所謂自膈以下爲中焦也

下部法地主臍以下至足之有疾也

【丁註】下部左右兩尺第三指半指之前候臍下有疾半指之後以候至足之有疾○【楊註】所謂自臍以下爲下焦也

審而刺之者也

【丁註】刺字當作次第之次此是審三部之內條外候從頭至足之有疾也刺字恐傳寫之誤也○【楊註】用鍼者必當審詳三部九候病之所在然後各依其源而刺之也

人病有沈滯久積聚可切脈而知之耶然診在右脇有積氣得肺脈結脈結甚則積甚結微則氣微診不得肺脈而右脇有積氣者何也然肺脈雖不見右手脈當沈伏

【丁註】病久積聚可切脈而知之者五藏六府皆有積聚今云右脇有積氣肺脈當見結設不見結亦當沈伏脈行肉上爲之浮脈行筋下爲之沈其脈浮行於肉上而無常數而止者名曰結也其脈沈行於筋下而必重按而得者名曰伏也伏者藏病積也浮結者府病聚也兩手三部各有浮沈結伏之爲病也於肺部可悟也○【楊註】往來緩時一止而復來謂之結也脈結甚者其積已根深蒂固血脈早爲之窒塞矣脈結微者其積尚勢輕力薄血脈稍因之凝滯耳○【虞註】積脈主積塊其脈往來緩時一止復來爲結其積之重輕隨脈之甚與微而定○【楊註】右脇有積氣肺脈當見結若肺脈不見結右部脈亦必沈伏沈伏者須按之至骨乃得也

其外痼疾同法耶將異也然結者脈來去時一止無常數名曰結也伏者脈行筋下也浮者脈在肉上行

也左右表裏法皆如此假令脈結伏者內無積聚脈浮結者外無痼疾有積聚脈不結伏有痼疾脈不浮結爲脈不應病病不應脈是爲死病也

丁註有是病必有是脈內有積聚脈宜結伏外有痼疾脈宜浮結設見結伏浮結之脈而無結伏浮結之證見結伏浮結之證而無結伏浮結之脈脈不應病病不應脈死候也

楊註舊經註云手心主心包絡脈也手少陽三焦脈也故合爲左手中部足太陰脾脈也足陽明胃脈也故合爲右手中部此經作如此分別若依脈經配三部又與此不同也

舊經之註甚是牴牾具列此圖以正其文楊氏曰手心主心包絡脈手少陽三焦脈也故合爲左手中部足太陰脾脈也足陽明胃脈也故合爲右手中部此經以如此分別若依脈經配三部又與此不同夫此法楊氏不能明其理故言不同也是師將三部反倒配合五行六氣而言之師謂此寸尺反倒又問三部各何所主經云上部法天主胸以上至頭有疾中部法人主膈下至臍上有疾下部法地主臍以下至足有疾故云審而刺之者也又王叔和將自左寸逆行言之曰

左心小腸肝膽腎右肺大腸脾胃命女人反此背看之尺脈第三同斷病

蓋兩尺反倒同主臍以下至足有疾故扁鵲云審而刺之王叔和云用心子細須尋診

手少陰君火生手厥陰少陽相火手厥陰少陽相火生足太陰陽明土足太陰陽明土生手太陰陽明金

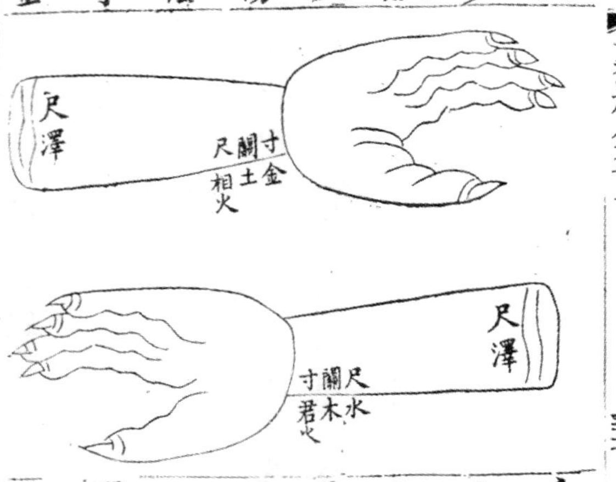

尺澤
寸 金
關 土
尺 相火

尺澤
尺 水
關 木
寸 君火

手太陰陽明金生足少陰太陽水足少陰太陽水生足厥陰少陽木足厥陰少陽木生手少陰太陽火

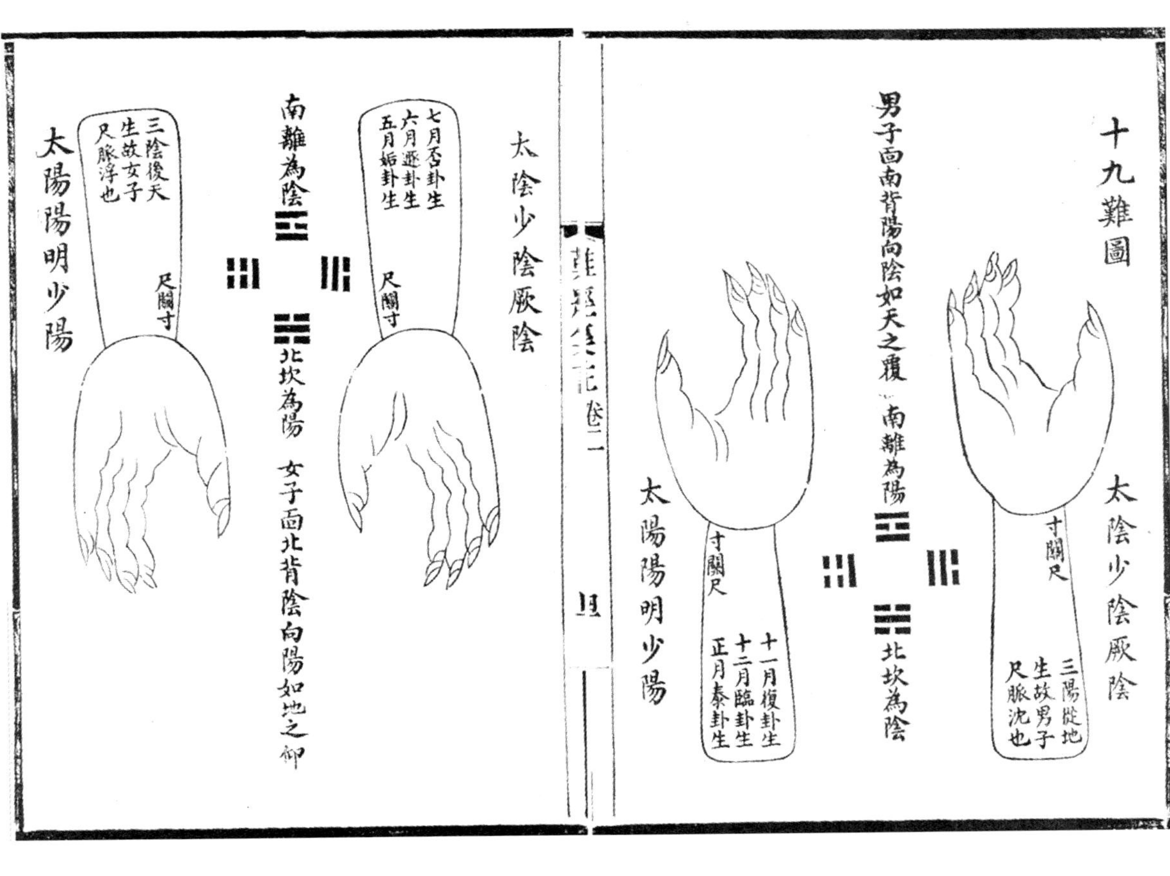

十九難曰經言脈有逆順男女有恆而反者何謂也

然男子生於寅寅爲木陽也女子生於申申爲金陰也

楊註元氣起於子人之所生也男從子左行三十至巳女從子右行二十至巳爲夫婦懷姙也古者男子三十而娶女子二十而嫁取法於此夫人十月而生男從巳至寅左行得十月故男行年起於丙寅女從巳右行至申得十月故女行年起於壬申所以男子生於寅女子生於申○虞註經言男子生於寅女子生於申謂人所生之年皆從巳上起也男左行十月至寅而生女右行十月至申而生術家起運言男一歲起於丙寅女一歲起於壬申難經不言起而言生謂生下已爲一歲矣丙壬二干水火也水火爲萬物之父母寅申二支木金也爲生物成實之終始水胞在申火胞在寅二氣自胞相配故用寅申也金生於巳巳與申合故女子取申木生於亥亥與寅合故男子取寅所以男年十歲順行在亥女年七歲逆行亦在亥男年十六天癸至左行至巳巳者中之生氣女年十四天癸至右行亦在巳與男年同在本宮生氣之位陰

陽相配乃成夫婦之道故有男女也上古天眞論曰男二八而天癸至精氣溢寫陰陽和故能有子楊氏言男三十行年在巳方娶其說非也女二七天癸至任脈通衝脈盛月事以時下故能有子楊氏言女二十右行之巳方嫁其說亦非也楊氏之言但據古禮爲男女嫁娶之常以左行右行至巳湊合耳昔聖人於此十九難中論男女配合之道陰陽交會之所脈之順逆强弱太過不及使後人恍然於男女不一之理若止言三十而娶二十而嫁於本經診治之道毫不相關

故男脈在關上女脈在關下是以男子尺脈恆弱女子尺脈恆盛是其常也

丁註夫男子女人之尺脈是陰陽之根本也逆順者爲陽抱陰生陰抱陽生也三陽始於立春正月建寅故曰男生於寅木陽也三陰生於立秋七月建申故言女生於申金陰也男子之氣始於少陽極於太陽所以男子陽脈見於關上尺脈恆弱女子之氣始於太陰極於厥陰所以女子陰脈見於關下尺脈恆盛男女之禀氣不同其脈亦因之而異○楊註男子陽氣盛故尺脈弱女子陰氣盛故尺脈强

反者男得女脈女得男脈也其爲病何如然男得女脈爲不足病在內左得之病在左右得之病在右隨脈言之也女得男脈爲太過病在四肢左得之病在左右得之病在右隨脈言之此之謂也

丁註脈之爲不足太過者以男禀天地之陽如春夏萬物生長理應寸盛而尺弱今反尺盛而寸弱是腎邪旺而心火衰不能生長病在內女禀天地之陰如秋冬收藏理應尺盛而寸弱今反寸盛而尺弱是虛火盛而腎水衰不能收藏病在外在左在右隨脈定之○楊註男得女脈爲陰氣盛陰主內故病在內女得男脈爲陽氣盛陽主外故病在四肢○虞註寸爲陽尺爲陰男以陽用事宜寸盛而尺弱今反之是水邪乘侮心陽陰不足也病在內女以陰用事宜尺盛而寸弱今反之是火旺而爍腎陰陽太過也病在四肢素問曰四肢爲諸陽之本

音釋

十三難臭尺救切　十四難奪徒活切　中霧上音蒙

槁苦老切　十五難厭益涉切　聶之涉切

操七刀切　藹於蓋切　兌音銳尖也

啄丁木切　啄都木切　解舉蟹切

十六難別彼列切　溲疏有切　啘之劣切

噫於其切　嚏丁計切　樂音洛

淅音息深出也　脛形定切　十七難鼽音求鼻寒而清

衄女六切鼻中出血也　譫之廉切多言也

洩音泄　十八難脇虛業切胸脇也　痼音故病也

十九難妊汝鴆切　恆音常久也

王翰林集註黃帝八十一難經卷之二

王翰林集註黃帝八十一難經卷之三

丁德用　楊玄操　楊康侯

盧國秦越人撰　呂廣　虞庶　註

王九思　王鼎象　石友諒

王惟一　校正音釋

二十難曰經言脈有伏匿伏匿於何藏而言伏匿耶然謂陰陽更相乘更相伏也脈居陰部而反陽脈見者爲陽乘陰也

丁註脈之陰陽非獨寸爲陽尺爲陰也以前後言之則寸爲陽部尺爲陰部以上下言之則肌肉上爲陽部肌肉下爲陰部今陰虛不足陽入乘之故陰部見陽脈或陽部見沈濇而短此是陽中伏陰也○楊註謂尺中浮滑而長

脈雖時沈濇而短此謂陽中伏陰也脈居陽部而反陰脈見者爲陰乘陽也

丁註寸口之內肌肉之上脈時見沈濇短也○楊註尺中見浮滑而長是陽來乘陰今寸部見沈濇而短是陰來乘陽

脈雖時浮滑而長此謂陰中伏陽也

丁註寸口之內肌肉之下脈時見浮滑而長者是

陰中伏陽也○楊註浮滑而長陽脈也於陰脈中見之是陰中有伏陽也

重陽者狂重陰者癲脫陽者見鬼脫陰者目盲

丁註重陽者尺寸皆陽甚之脈是陽極而無陰陰先絕陽不能獨留陽亦隨之而脫矣重陰者尺寸皆陰甚之脈是陰極而無陽陽已去陰不能獨留陰亦隨之而脫矣陽甚則狂陰甚則癲鬼者陰氣也陽脫則鬼不避故得見目者陰精也陰脫則目無神故致盲○虞註尺寸脈皆陽謂之重陽重陽則狂如譏亂神昏妄言譫語皆是也陽甚則陰竭陰竭則陽無以存無以存則脫也陽脫則陰氣環繞故鬼亦爲其所見尺寸脈皆陰謂之重陰重陰則癲如肉消骨痿毛悴色夭皆是也陰甚則陽盡陽盡則陰無以立無以立則脫也陰脫則精神散失故目亦因之以盲○楊註重陽者狂謂陽甚無陰但見陽象不見陰象也重陰者癲謂陰甚無陽但見陰象不見陽象也陽賴陰攝無陰則爲孤陽陽孤則難以自立亦必隨陰俱脫矣陰藉陽和無陽則爲獨陰陰獨則難以自主亦必隨陽俱脫矣陽一脫則觸處皆凄鬼陰物也無陽以御之竟皇然呈露矣陰一脫則其神即散目陰精也無陰以養之自闇然無光矣

二十一難曰經言人形病脈不病曰生脈病形不病曰死何謂也

丁註夫人以脈爲主設其人形體羸瘦精神困倦不可謂之無病也診其脈惟息數不應脈數不見死絕之脈雖病必生設其人飲食如常行動無恙不可謂之有病也診其脈非息數不應脈數竟見代革之脈不病亦死何也蓋藏府已壞不可救藥矣

然人形病脈不病非有不病者也謂息數不應脈數也此大法

呂註形病者謂形體羸瘦脈惟息數不應脈數而藏府無恙病不至死脈病者謂藏府已壞形雖如常未改常而代革頻見勢難望生可見治病之必憑於脈也○虞註形病脈不病者其人顏色憔悴形容枯槁必謂其病甚矣然診其脈雖息數不應脈數榮衞有傷而雀啄蝦遊諸忌脈不見可決其生脈病形不病者其人肌肉不減神色如昨難謂其有病也然按其脈竟或至而或不至藏府已損

是行屍走肉之餘生不久定決其死

二十二難曰經言脈有是動

虞註 言非平常之動也

有所生病

虞註 脈動反常自必病至

一脈輒變爲二病者何也然經言是動者氣也所生病者血也

虞註 氣病傳血此乃一脈變爲二病

邪在氣氣爲是動

虞註 脈動反常邪在氣也

邪在血血爲所生病

虞註 氣受邪傳之與血故血爲所生病

氣主呴之

虞註 呴之氣流行之象也

血主濡之

丁註 氣主呴之呴者謂運行不息之象血主濡之濡謂濡潤也氣行則血行氣止則血止○虞註 濡者潤澤之意言人身所稟者氣血也氣血通行一身和暢氣留而不行者爲氣先病也血滯而不濡者爲血後病也故先爲是動後所生病也

丁註 夫人一身氣爲衛血爲榮衛行脈外榮行脈中邪從外入氣先受之氣機一塞血分亦滯蓋血必藉氣以行也由氣及血是氣病在先血病在後也○虞註 人身經絡氣呴之則和血濡之則潤設邪從外襲氣分受傷運行之機因之窒塞氣不流行血何以動其滯而不濡也宜也夫氣不病則已氣一有病血難無恙蓋氣爲血之先導也故氣病居先血病居後○楊註 經言手太陰之脈起於中焦下絡大腸還循胃口上膈屬肺從肺系橫出腋

下下循臑內行少陰心主之前下肘循臂內上骨下廉入寸口上魚循魚際出大指之端其支者從腕後直出次指內廉出其端交陽明經是動則喘滿欬逆膨膨肺脹缺盆痛肩背痛掌中熱兩手交瞀臑臂之內前廉作痛汗出少氣小便數溺色變此皆手太陰經病之見證也舉此一經以概其餘夫人所以立命者氣與血也氣爲陽陽爲衛血爲陰陰爲榮氣血充足然後可以無病設邪中於陽陽爲氣故氣先病陽氣在外故也邪在陽不能使邪清於陽則邪必及陰陰爲血故血後病血在內

故也氣實則熱氣虛則寒血實則爲寒血虛則爲熱熱寒有不同先後則一定蓋外邪總自外而入非內傷之自內而起也凡藏府之病有虛有實有寒有熱有表有裏有淺有深須辨其脈息觀其顏色聽其聲音察其好惡知病之曲折量藥之重輕如此醫治其庶幾矣若不能洞悉情形而曰著手成春恐未必也黃帝曰夫十二經脈者所以調虛實處百病決生死吉哉言也○**虞註**凡人血隨氣行氣行血動氣既留而不行血自滯而不濡非病必氣先血後也

二十三難曰手足三陰三陽脈之度數可曉以不然

手三陽之脈從手至頭長五尺五六合三丈

楊註一手有三陽兩手合爲六陽故曰五六合三丈也○**虞註**手太陽之脈自兩手小指之端循臂上行於耳珠之前長五尺兩手合一丈手陽明之脈起於兩手大指次指之側上循臂絡於鼻左之右右之左長五尺兩手合一丈手少陽之脈起於兩手小指次指之端上臂終於耳前長五尺兩手合一丈故曰五六合三丈也

手三陰之脈從手至胸中長三尺五寸三六一丈八尺五六三尺合二丈一尺

楊註兩手各有三陰合爲六陰故曰三六一丈八尺○**虞註**手太陰之脈起於中焦下絡大腸還循胃口屬肺出腋下下肘入寸口上魚際出乎大指之端長三尺五寸兩手合七尺手少陰之脈起心經屬心系下膈直絡小腸上肺出腋下循臂出手小指之端長三尺五寸兩手合七尺手厥陰之脈起於胸中屬心包下膈絡三焦出脇下腋循臑入肘下臂出小指次指之端長三尺五寸兩手合長七尺故曰二丈一尺

足三陽之脈從足至頭長八尺六八四丈八尺

楊註兩足各有三陽故曰六八四丈八尺也按此脈度數中人之形七尺五寸茲云八尺以人有長短也足六陽脈從足指而上行或以其紆曲故曰八尺也○**虞註**足太陽之脈起於兩足小指之側上循膝交膕中循背上頭入目內眥長八尺兩足之上計合一丈六尺足陽明之脈起於足大指次指之端循脛對上挾臍左右各二寸終於額角髮際長八尺兩足合一丈六尺足少陽之脈起於足小指次指之端上循兩膝外廉入季脇上循目外

背長八尺兩足合一丈六尺故曰四丈八尺也

足三陰之脈從足至胸長六尺五寸六六三丈六尺五六三尺合三丈九尺

楊註兩足各有六陰故曰六六三丈六尺也按足太陰少陰皆至舌下足厥陰至於頂上今言至胸中者是約其相循之次也○虞註足太陰之脈起於足大指循指內側過核骨後內踝前上腨循脛膝股入腹屬脾絡胃連舌本長七尺五寸兩行合長一丈五尺足厥陰之脈起於足大指毛際之處循足跗上內踝一寸上踝八寸出足太陰之後入膕中循股入陰毛中繞陰器抵少腹挾胃屬肝絡膽循喉嚨入頏顙連目系出額長六尺五寸兩行合長一丈三尺足少陰之脈起於足小指之下斜趨足心上腨循股貫脊屬腎絡膀胱貫肝入肺循喉嚨挾舌本長六尺五寸兩行合長一丈三尺故云三丈九尺

人兩足蹻脈從足至目長七尺五寸二七一丈四尺二五一尺合一丈五尺

楊註人長七尺五寸而蹻脈從踝至目不得有七尺五寸也今經言七尺五寸者是脚脈上至於巔頂焉言至目者舉其綱維也○虞註人有陰蹻陽蹻二脈兩足合四脈陽蹻者起於跟中循外踝上行入風池陰蹻者亦起於跟中乃是足少陰之別脈也自然骨之後至內踝直上陰股入陰間上循胸裏入缺盆過出人迎之前入頄內廉屬目內眥合太陽脈長七尺五寸兩行合一丈五尺由此推之至目者是兩足陰蹻脈也故經言從足至目長七尺五寸以合一丈五尺也

督脈任脈各長四尺五寸二四八尺二五一尺合九尺凡脈長一十六丈二尺此所謂十二經脈長短之數也

丁註此節云十二經脈長短又言陰蹻從足至目又言督任二脈何獨不言陽蹻陽蹻亦起於跟中循外踝上入風池亦長一丈五尺今經惟言兩足蹻脈從足至目殆合陽蹻陰蹻爲一例歟言八尺者凡中庸之人以省尺量之皆得四尺經之尺非黍尺也是以同身寸之尺以絜長短故皆八尺○楊註督脈起少腹骨中央繞臀貫脊上額交巔絡腦不止長四尺五寸今言四尺五寸者殆取其上極於風府而言之也合手足十二脈爲二十四脈

并督任兩蹻又四部共爲二十八脈以應二十八宿凡長一十六丈二尺榮衛一周循環無端終而復始始而復終者也○虞註經言督脈起於下極之俞繞臀貫脊上至風府入絡於腦長四尺五寸任脈者起中極底上毛際循腹上關元至咽循面入目長四尺五寸則督任兩脈合長九尺以十二經合二十四脈計長一十三丈八尺兼以督任陰蹻三脈合長二丈四尺共二十七脈合長一十六丈二尺以法三九之數應漏水下二刻楊氏言二十八脈以陽蹻亦隸其數以尺寸核之則不止十

六丈二尺矣楊氏之言誤也

經脈十二絡脈十五何始何窮也然經脈者行血氣通陰陽以榮於身者也其始從中焦注手太陰陽明陽明注足陽明太陰太陰注手少陰太陽太陽注足太陽少陰少陰注手心主少陽少陽注足少陽厥陰厥陰復還注手太陰別絡十五皆因其原如環無端轉相灌溉朝於寸口人迎以處百病而決死生也

丁註天地陰陽一歲終始於二十四氣日月昏曉一日終始於二十四時人之榮衞周行於二十四經脈復會於寸口人迎寸口人迎者手太陰脈口也其穴名太淵百脈朝會之處也十二經脈十五絡脈皆從中焦注手太陰循序而注手經足經以肺爲一身之綱領也○楊註行手太陰訖即注手陽明行手陽明訖即注足陽明循環無端終而復始也○虞註其始從中焦者謂直兩乳間名曰膻中穴亦名氣海言氣從此而起注太陰肺也肺行訖傳之於手陽明也素問曰膻中爲臣使之官謂胃化味爲氣自此上傳於肺也○楊註經脈十二絡脈十五凡二十七氣以法三九之數天有九星地有九州人有九竅是也其經絡流行皆朝會於

寸口人迎所以診寸口人迎即知其經絡之病死生之候矣○虞註厥陰還注手太陰如此推尋丈尺則前後經義相違離聖久遠難以質証

經云明知終始陰陽定矣何謂也然終始者脈之紀也寸口人迎陰陽之氣通於朝使如環無端故曰始也

楊註經脈流行應於天之度數周而復始故曰如環無端也

終者三陰三陽之脈絕絕則死死各有形故曰終也

楊註陰陽氣絕其候亦見於寸口人迎見則死矣

其死各有形証故曰終也○丁註所言三陰三陽之脈絶絶則死死各有形其義本經自解在二十四難中

二十四難曰手足三陰三陽氣已絶何以爲候可知其吉凶不然足少陰氣絶則骨枯少陰者冬脈也伏行而温於骨髓故骨髓不温即肉不著骨骨肉不相親即肉濡而郤肉濡而郤故齒長而枯髮無潤澤髮無潤澤者骨先死戊日篤己日死

丁註足少陰之經腎脈也屬水王冬内榮於骨髓外華於髮設其氣絶則齒長而枯髮無潤澤必戊日篤而己日死也此足少陰絶之候也○楊註足少陰腎脈也腎主冬故云冬脈腎藏内榮骨髓經因明其伏行而温於骨髓腎氣既絶骨髓如何得温勢必肉濡而郤郤者離間也謂齗肉離間其齒齒失所養其根不固自必長而枯矣腎主津液雖細至毫毛無不藉津液以潤今少陰氣絶則髮何從而潤澤戊篤己死土來尅水也○虞註陰陽有太少故手足皆有三陰三陽各司其司各任其任三陰有開闔太陰爲開厥陰爲闔少陰爲樞開者有布化之權闔者有閉藏之責樞者有轉旋之妙三經無或失職今足少陰腎脈已絶是一經已失其職不復有轉旋之樞必死不治矣診要經終論曰少陰終者面黑齒長而垢腹脹閉上下不通而終與此相合

足太陰氣絶則脈不榮其口脣口脣者肌肉之本也脈不榮則肌肉不滑澤肌肉不滑澤則肉滿肉滿則脣反脣反則肉先死甲日篤乙日死

丁註足太陰經者脾之脈也屬土王季夏其氣内養於肌肉外榮於口脣氣絶則脣反肉滿甲日篤而乙日死者木來尅土是侮其所不勝也○楊註足太陰脾脈也脾主肌肉設其氣絶則必肉滿而脣反甲乙木也脾土也木能尅土故云甲日篤乙日死也○虞註太陰脾經也脾屬土其華在脣其充在肌其竅在口氣絶則肉無所養肉滿脣反見焉矣甲篤乙死言木爲土仇被所尅制也素問曰太陰終者腹脹閉不得息善噫嘔嘔則逆逆則面赤而死即此候也

足厥陰氣絶則筋縮引卵與舌卷厥陰者肝脈也肝者筋之合也筋者聚於陰器而絡於舌本故脈不榮即筋縮急筋縮急即引卵與舌故舌卷卵縮此筋先

死庚日篤辛日死

丁註足厥陰者肝之脈也屬木王春其華爪其充筋氣和則筋柔舌緩氣絶則筋無所養而舌卷卵縮並見焉庚日篤而辛日死者金來剋木也○楊註足厥陰肝脈也肝主筋氣絶則必舌卷而卵縮庚辛金也肝木也金能剋木故云庚日篤而辛日死也

手太陰氣絶則皮毛焦太陰者肺也行氣温於皮毛者也氣弗榮則皮毛焦皮毛焦則津液去津液去則皮節傷皮節傷則皮枯毛折毛折者則毛先死丙日篤丁日死

丁註手太陰經者肺之脈也屬金王秋其華在毛其充在皮氣絶則津去皮毛失所養自見枯折矣丙丁者火剋金也○楊註手太陰肺脈也主氣人之津液賴氣以運滋及皮毛今氣已絶不復有津液之潤立見枯折矣丙篤丁死火爍金也○虞註肺運津液潤及皮毛氣和則皮滋而毛澤氣絶則皮毛失所涵濡枯折立見丙丁者剋金日也

手少陰氣絶則脈不通脈不通則血不流血不流則色澤去故面黑如黧此血先死壬日篤癸日死

丁註手少陰經者眞心脈也屬君火王夏主血脈其華在面其充在血氣和則色華而血足氣絶則脈不通血不流蓋脈者氣血所貫注以行也氣行則血動血活則氣通血旣不行脈何以動脈之不通血之不流也血已死矣色何能澤有不面黑如黧哉○楊註經云手三陰今惟言太陰少陰而心主一經不及之何也蓋以心主者心包絡之脈也少陰者心脈也二經同候少陰旣絶心主亦絶矣初無心主氣絶之見證也心屬火主血脈氣和則面華而潤其氣絶則面黑如黧者以血脈不通也夫脈者氣血所涵濡以動也氣盛血旺則脈亦充足氣弱血虧則脈亦虛細今血旣不流則脈何由以通哉壬篤癸死火不勝水也○虞註心主血脈血充則脈旺其華在面今旣氣絶脈自不通脈之不通者以血之不流也血不流色即枯槁自面黑如黧矣壬癸者剋火日也

三陰氣俱絶則目眩轉目瞑目瞑者爲失志失志者則志先死死則目瞑也

丁註觀三陰氣俱絶是指足三陰也足少陰者腎也腎藏精與志足厥陰肝也肝藏魂通於目故氣

絶則失志魂去而目眩也○楊註三陰者是手足三陰脈也是五藏之脈也五藏者人之根本也目者精神之所聚也三陰氣絶則精神俱去目眩而見之不眞矣轉者瞳人反背也瞑則茫無所見矣腎藏精與志精氣已竭其志有不失乎三陰皆絶只一日半死也○虞註五藏之脈皆屬三陰五藏之脈皆會於目今三陰俱絶故目眩目瞑也八之五志各屬一藏肝志怒心志喜脾志思肺志憂腎志恐今三陰已絶五志皆失不有喜怒憂思恐矣楊氏之疏失志僅止言腎一藏也本經曰陰陽相離則悵然失志此之謂也

六陽氣俱絶則陰與陽相離陰陽相離則腠理泄絶汗乃出大如貫珠轉出不流則氣先死旦占夕死夕占旦死

丁註六陽俱絶是手足三陽也再言陰與陽相離者以手三陽通天氣分之爲陽足三陽通地氣別之爲陰天地陰陽否隔所以言陰陽相離也離則腠理泄絶汗乃出大如貫珠其死不出於旦夕也○楊註六陽氣絶死在旦夕六陽氣絶之狀何妨畧述之經云太陽脈絶者其絶也戴眼反折瘈瘲其色白絶汗乃出出則終矣少陽脈絶者其絶也耳聾百節盡縱目環絶系絶系其色青一日半而死也陽明脈絶者其絶也口耳張善驚妄言色黄其上下經盛而不仁則終矣此是三陽絶之狀也經云六陽今僅三陽之絶狀以手足諸陽之氣絶其絶狀並同可不必詳言陰與陽相離者陰陽俱脫不有陰陽矣腠理泄者陽氣已絶毛孔皆開陰氣亦從腠理而泄矣絶汗乃出大如貫珠此眞陰外泄故轉出不流也旦占夕死夕占旦死者只有半日也惟少陽絶尙能一日半焉○虞註陰陽相離彼此隔絶腠理開疎汗乃大出夫如是則六陽皆絶其死明矣况三陽之脈本有離合太陽爲開陽明爲闔少陽爲樞開者司動靜之機闔者有固守之權樞者握轉旋之妙三經不得相失今六陽已絶失其動靜之機弛其固守之權停其轉旋之妙三經相失死在目前六陽者素問曰上下經乃成六也

經絡大數第二凡二首

二十五難曰有十二經五藏六府十一耳其一經者何等經也然一經者手少陰與心主別脈也心主與

三焦爲表裏俱有名而無形故言經有十二也

丁註手少陰與心主別脈者以心與小腸爲表裏心主與三焦爲表裏也少陰是眞心脈爲君火心主是心之包絡與三焦同爲相火雖是無形然亦列於經中也○楊註手少陰眞心脈也手心主心包絡脈也二脈俱是心脈而少陰與太陽合脈心主與三焦合脈三焦有位無形心主有名無藏故二經爲表裏也五藏六府各一脈爲十一脈心有兩脈合爲十二經焉據此而言六府亦止五府耳○虞註心主者手厥陰脈也三焦者手少陽脈也

二經相爲表裏合爲十二經手厥陰心包絡脈者起於胸中出屬心包下膈歷絡三焦其支者循胸中出脇下腋三寸上抵腋下下循臑內行太陰少陰之間入肘中下臂行兩筋之間入掌中出中指之端由此推之心包外有經脈出於中指內相維絡於三焦歸於少陰之經配手厥陰之脈手少陽脈者出於手小指次指之端上出次指之間循手表腕出臂外兩骨之間上貫肘循臑外上肩交出足少陽之後入缺盆布膻中散絡心包下膈循屬三焦依此推尋乃與心包更相維絡三焦配手少陽心包配手厥陰二經俱各有流行經脈惟無藏府故配之爲表裏諸家論脈言命門與三焦爲表裏在右手尺中獨此經言心主與三焦爲表裏也又左寸火右寸金左關水右關土左尺水右尺火左尺男右尺女可以驗經中夫婦對位之理若三焦配命門爲表裏則水火同位也

二十六難曰經有十二絡有十五餘三絡者是何等絡也然有陽絡有陰絡有脾之大絡陽絡者陽蹻之絡也陰絡者陰蹻之絡也故絡有十五焉

丁註十二經十五絡者謂每一經各有一絡肝心腎三經在左絡在右脾肺心包經在右絡在左陽蹻經在左足外踝絡在右足外踝陰蹻經在右足內踝絡在左足內踝脾之大絡者脾象土主中宮王四季分養四藏故曰脾之大絡是名大包穴在淵液下三寸布胸中出於肋間是也○楊註十二經各有一絡爲十二絡今云十五絡者有陰陽之二絡脾之大絡合爲十五絡也人有陰陽兩蹻在兩足內外男子以足外者爲經足內者爲絡女子以足內者爲經足外者爲絡故有陰陽蹻二絡也經云男子數其陽女子數其陰當數者爲經不當

數者爲絡此之謂也脾之大絡名曰大包則脾之絡爲一大絡也凡經脈之表裏支而橫者爲絡絡之別者爲孫也

奇經八脈第三 凡二首

二十七難曰脈有奇經八脈者不拘於十二經何謂也然有陽維有陰維有陽蹻有陰蹻有衝有督有任有帶之脈凡此八脈者皆不拘於經故曰奇經八脈也經有十二絡有十五凡二十七氣相隨上下何獨不拘於經也然聖人圖設溝渠通利水道以備不然天雨降下溝渠溢滿當此之時霶霈妄行聖人不能復圖也此絡脈滿溢諸經不能復拘也

丁註 奇者無表裏配合之謂別道而行不受十二經之拘制也維持蹻捷衝上也督都也陽脈之都綱也任妊也生養之本原也帶束也諸脈之總束也○楊註 奇異也其脈非十二經所能拘制別道而行與正經有異故曰奇經也其數有八故曰八脈也○虞註 奇音基斜也零也不偶之義謂此八脈不拘制於正經陰陽無表裏配合奇而行之之經也所以比之溝渠滿溢別有道路而行楊註以爲奇異之奇誤會矣

二十八難曰其奇經八脈者既不拘於十二經皆何起何經也然督脈者起於下極之俞並於脊裏上至風府入屬於腦

丁註 督脈起於下極之俞長強穴在脊骶絡任脈於二陰之交繞臀貫脊上至風府穴在腦後髮上三寸下項循肩而下奇經之一脈也○呂註 督脈者陽脈之海也○楊註 督之爲言都也是陽脈之都綱也脈比於水故呂註爲陽脈之海此奇經之一脈也下極者長強穴也○虞註 經言督脈起於下極上入屬於腦呂註爲諸陽之海楊註爲陽脈之都綱考諸脈經督脈起於會陰穴循脊中上行至大椎穴與手足三陽之脈交會上至瘖門穴與陽維會其所上至百會穴與太陽交會下至於鼻柱下水溝穴與手陽明交會由此推之實爲諸陽之海陽脈之都綱也

任脈者起於中極之下以上至毛際循腹裏上關元至咽喉間上頤循面入目絡舌

丁註 中極者穴名也在臍下四寸於中極之下者曲骨穴也是任脈所起也循腹裏上關元至咽喉間天突穴也是任脈之所會奇經之二脈也○楊

　註任者妊也是生養之根本也位中極之下長强之上此奇經之二脈也〇虞註考諸鍼經任脈起於會陰穴上毛際是曲骨穴在少腹下與足厥陰會於此上至關元乃臍下三寸至咽喉與陰維脈會素問曰女子二七而天癸至任脈通衝脈盛月事以時下故能有子也楊註以爲生養之本艮由此也

衝脈者起於氣衝並足陽明之經俠臍上行至胸中而散

　呂註衝脈者陰脈之海〇丁註衝脈亦起於會陰之下爲五藏六府之海五藏六府咸稟其氣並陽明之經俠臍旁而上與任督兩脈一原而三岐異名而同體也〇楊註經云衝脈者十二經之海也如此則不獨爲陰脈之海也呂註殆未考訂焉衝者通也此脈下至於足上至於頭通受十二經之氣血故謂之衝此奇經之三脈也〇虞註素問曰衝脈起於氣街難經曰起於氣衝鍼經兩列其名可見衝與街名雖異而穴則一也素問曰並足少陰之經難經言並足陽明之經按少陰之經俟臍左右各五分陽明之經俠臍左右各二寸氣衝又陽明脈氣所循行如此推之則衝脈起於氣衝在陽明少陰二經之內俠臍而上行也督脈任脈衝脈此三脈皆自會陰穴而起一原而分三岐行於陰陽部分不同故名各異也

帶脈者起於季脇廻身一周

　丁註季脇下一寸八分章門穴是也廻身一周猶如束帶名符其實也是奇經之四脈也〇楊註帶之爲言束也能總束諸脈使得調和也季脇在肋下下接於髖骨之間是也廻繞也繞身一周猶如束帶焉此奇經之四脈也

陽蹻脈者起於跟中循外踝上行入風池

　丁註陽蹻脈起於跟中循行外踝中衝穴也上入風池項後髮際陷中是也是奇經之五脈也〇楊註蹻捷也此脈主人行走之機供步履之用也是奇經之五脈也

陰蹻脈者亦起於跟中循內踝上行至咽喉交貫衝脈

　丁註陰蹻脈亦起踝中循行內踝照海穴也上行至咽喉交貫衝脈循頄入背與太陽陽蹻脈會合是奇經之六脈也〇楊註其義與陽蹻同也此奇

經之六脈也○虞註陰蹻脈起於足然骨之下照海穴至內踝上循陰股入陰循腹上胸入缺盆出人迎之前入頄內廉屬目內眥合於太陽陽蹻而上行

陽維陰維者維絡于身溢畜不能環流灌溉諸經者也故陽維起於諸陽會陰維起於諸陰交也

丁註陽維者維絡諸陽故曰陽維起於諸陽會也陰維者維絡諸陰故曰陰維起於諸陰交也○楊註維者維持之義也爲諸脈之綱維二脈盈溢積畜能綱維而不能環流也爲奇經八脈也

比于聖人圖設溝渠溝渠滿溢流於深湖故聖人不能拘通也而人脈隆盛入於八脈而不環周故十二經亦不能拘之其受邪氣畜則腫熱砭射之也

丁註凡八脈爲病宜以砭射之○楊註九州之內有十二經水以流通地氣人有十二經脈以流通血氣溝渠者十二經之外也故取以譬奇經之別道而行也○虞註十二經隆盛入於八脈而不環周可見八脈之別道而行十二經所不能拘制也八脈受邪爲腫熱以砭射之者外治速於內治也

二十九難曰奇經之爲病何如然陽維維於陽陰維維於陰陰陽不能自相維則悵然失志溶溶不能自收持

呂註陰陽不能相維則神思不爽悵然失志矣溶溶懈怠貌以無與會而懶於檢束也○丁註陰陽維者是陰陽之綱維也今陽不維陽陰不維陰則氣象委靡精神不暢悵悵然若有所失溶溶緩慢之象言其懈怠而坦率也

陰蹻爲病陽緩而陰急陽蹻爲病陰緩而陽急

呂註陰蹻在內踝下病則其脈從內踝以上急外踝以上緩也陽蹻在外踝下病則其脈從外踝以上急內踝以上緩也○丁註奇經八脈以比聖人圖設溝渠之理以備通水道焉非自生其病蓋諸經隆盛而散入也宜以砭射之諸陽蹻盛散入陽蹻則陽蹻病諸陰脈盛散入陰蹻則陰蹻病陰蹻爲病則陽緩而陰急內踝上急外踝上緩也陽蹻爲病則陰緩而陽急外踝上急內踝上緩也以陰蹻脈起於內踝下陽蹻脈起於外踝下也緩急猶虛實也

衝之爲病逆氣而裏急

丁註逆氣氣不上行也裏急腹痛也○呂註衝脈

從關元上至咽喉病則其氣逆而不上致腹脹痛也○虞註衝脉並足少陰之經俠臍上行腎氣不足傷於衝脉則其氣逆而不上自形裏急也

督之爲病脊强而厥

呂註督脉由脊而上至頭面其爲病也宜見之於脊也○丁註督脉起於下極之俞貫脊而上入風池其病故脊强而逆

任之爲病其內苦結男子爲七疝女子爲瘕聚

呂註任脉起於胞門子戶故其脉結爲七疝瘕聚之病○丁註任脉起胞門子戶循腹裏上關元至咽喉其病也則男子結爲七疝女子結爲瘕聚○虞註任脉當少腹上行故其內苦結男子病七疝者謂厥疝槃疝寒疝癥疝附疝脉疝氣疝是也女子病瘕聚者瘕名有八謂青瘕黄瘕燥瘕血瘕狐瘕蛇瘕鱉瘕脂瘕是也瘕者假物之形也皆由氣血虛弱寒凉不慎所致也

帶之爲病腹滿腰溶溶若坐水中

呂註帶脉起於季脇繞身一周猶如束帶病則其脉不固如束帶之鬆於身也宜乎肚腹膨滿腰軟無力溶溶若坐水中也

陽維爲病苦寒熱陰維爲病苦心痛

呂註陽爲衛主表衛者氣也故苦寒熱陰爲榮主裏榮者血也心生血故苦心痛○丁註陽維維諸陽經病則苦寒熱陰維維諸陰經病則苦心痛也

此奇經八脉之爲病也

楊註見他書云衝脉起於關元循腹裏直上於咽喉任脉起於胞門子戶俠臍上行至胸中此說雖異詳有所據不妨引之以備參考呂註言與經不同者殆因此也○虞註素問言衝脉起於氣街俠臍上行至胸中任脉起於中極當臍上行至咽喉上頤循面入目呂楊氏所註皆非也

榮衛三焦第四凡二首

三十難曰榮氣之行常與衛氣相隨不然經言人受氣於穀穀入於胃乃傳與五藏六府五藏六府皆受於氣其清者爲榮濁者爲衛榮行脉中衛行脉外營周不息五十而復大會陰陽相貫如環無端故知榮衛相隨也

丁註榮與衛交相維持者也夫人自有身以從全賴穀氣以養之穀入於胃遊溢精氣上輸於肺肺氣散其精以灌溉於五藏六府其氣之清者爲榮

其氣之濁者爲衛榮行脈中衛行脈外五十度周於身於平旦復大會於寸口陰陽相貫員如環而無端也○楊註營即榮榮者榮華之義也言人肌膚之色澤所以得榮華者由此血氣也或有以營爲經營之營言十二經脈常行不已以經紀人身故得長生也此說似亦可取衛者護也是精悍之氣行於經脈之外晝行於身夜行於藏衛護人身故謂之衛氣凡人榮衛二氣一晝夜五十度周於身於寅時復大會於手太陰陰陽之環繞初無端緒然皆藉胃中之穀氣以涵養此五藏六府也○虞註經言人受氣於穀穀入於胃乃傳與五藏六府以胃爲水穀之海遊溢精氣上輸於心與肺肺主氣氣爲衛心主血血爲榮氣爲表行於脈外血爲裏行於脈內二者相依而行一日一夜五十周於身復會於手太陰如環之無端轉相溉灌也經言清氣爲榮濁氣爲衛似榮衛二字有倒置之疑傳寫之誤亦未可知陰陽應象論曰清陽實四肢濁陰歸六府即此意也

三十一難曰三焦者何稟何生何始何終其治常在何許可曉以不然三焦者水穀之道路氣之所終始也

楊註焦元也天有三元之氣所以生成萬物人法天地所以亦有三元之氣以養人身形三焦皆有其位而無正藏也○虞註天有三元以統五運人有三焦以統五藏今依黃庭經配八卦屬五藏法夫人之有三焦者猶天之有三元也心肺居上部心屬火爲離肺屬金爲兌乾爲天統上焦以行天氣脾胃居中部脾胃屬土爲坤艮亦屬土統中焦以主運氣肝腎居下部肝屬木爲震腎屬水爲坎巽爲風風從下起統下焦以通地氣夫如是可知離兌坤震坎五卦以配五藏乾艮巽三卦以統三焦以合八卦

上焦者在心下下膈在胃上口主內而不出其治在膻中玉堂下一寸六分直兩乳間陷者是

楊註自膈以上謂之上焦主布陽氣以溫皮膚肌肉若霧氣之鬱蒸於其間焉胃上口穴在鳩尾下二寸五分是也○虞註膻中者穴名也直兩乳間陷者是也素問曰膻中者臣使之官喜樂出焉主奉行君相之令而布施氣化多陽者多喜膻中爲二陽藏所居故喜樂出焉上焦主入水穀內而不

出其爲病止言冷熱虚則補其心實則瀉其肺如此治者萬無一失靈樞經曰上焦如霧謂其氣如霧之絪縕於其間也胃氣自膻中上輸於肺肺以溉灌諸藏經曰肺行天氣即此義也

中焦者在胃中脘不上不下主腐熟水穀其治在臍傍

楊註 自臍以上謂之中焦變化水穀之味以涵養五藏六府中脘穴在鳩尾下四寸是也○虞註 中焦乃脾胃也中焦爲病止言冷熱虚則補其胃實則瀉其脾如此治者萬無一失靈樞經曰中焦如漚謂腐熟水穀也其治在臍傍臍傍左右各一寸乃足陽明胃脈所發俠臍乃天樞穴也中焦主脾胃故其治在此經中

下焦者在臍下當膀胱上口主分別清濁主出而不內以傳導也其治在臍下一寸

楊註 自臍以下謂之下焦三焦本爲決瀆之官下焦則分別清濁以傳導也臍下一寸陰交穴也○虞註 下焦爲病止言冷熱虚則補其腎實則瀉其肝如此治者萬無一失靈樞經曰下焦如瀆謂膀胱主水也素問曰三焦爲決瀆之官水道出焉臍下一寸是足三陰任脈之會適當膀胱之上口也故名曰三焦其府在氣街一本云衝

丁註 三焦爲決瀆之官實總護諸陽水中之火府也夫三焦與手心主爲表裏其在上者爲陽合包絡而通心火其在下者爲陰屬膀胱而合腎水故其府在氣街一本云衝者非越人之言乃後人因別本不同而加者也如果係越人之言則必不云一本也○楊註 氣街者氣之道路也三焦是行氣之主故其府在氣街氣街者即關元穴也一本云衝此非扁鵲之言係呂氏所加言別本有云氣衝者○虞註 氣街在少腹毛中兩旁各二寸乃足陽明脈氣所發三焦主三元之氣故其府在氣街考諸鍼經氣街本名氣衝衝者通也與街之四達之義無異不妨通用之也以氣街爲府者何也謂足陽明胃化穀爲氣三焦亦主三元之氣故以氣街爲府也

藏府配象第五 凡六首

三十五難曰五藏俱等而心肺獨在膈上者何也然心者血肺者氣血爲榮氣爲衛相隨上下謂之榮衛通行經絡榮周於外故令心肺在膈上也

丁註心肺主通天氣故在膈上○楊註心主血肺主氣血與氣周流於經絡肌膚故謂之榮衛心爲君主之官肺爲相傅之官君相位尊自宜居高而視遠而在膈之上也○虞註心爲帝王高居遠視肺爲相傅佐君理政心主血血爲榮肺主氣氣爲衛血流據氣氣動依血血氣之相隨而行猶君相之布化以治也故心肺居於膈上也

三十三難曰肝青象木肺白象金肝得水而沈木得水而浮肺得水而浮金得水而沈其意何也然肝者非爲純木也乙角也庚之柔大言陰與陽小言夫與婦釋其微陽而吸其微陰之氣其意樂金又行陰道多故令肝得水而沈也

丁註乙與庚合語其大陰與陽語其小夫與婦非爲純木者以其釋去微陽吸受微陰立意樂金故也木受氣於申長生於亥皆是陰道又帶金氣故肝得水而沈也○楊註四方皆一陰一陽東方甲乙木甲爲陽乙爲陰餘皆如此又甲爲木乙爲草丙爲火丁爲灰戊爲土己爲糞庚爲金辛爲石壬爲水癸爲池又乙帶金氣丁帶水氣己帶木氣辛帶火氣癸帶土氣此皆五行陰陽配偶也言肝之非爲純木者乙與庚合配爲夫婦因釋去微陽吸受微陰是木已得金氣矣木受氣於申長生在亥並是陰道肝雖是木以多行陰道樂就金氣宜其得水而沈○虞註乙與庚合配爲夫婦從夫之性故得水而沈下文丙與辛合亦然

肺者非爲純金也辛商也丙之柔大言陰與陽小言夫與婦釋其微陰婚而就火其意樂火又行陽道多故令肺得水而浮也

丁註肺白象金金性本沈今肺反浮以辛納火性且又受氣於寅長生在巳行於陽道之多故得水而浮也○楊註肺之非爲純金以丙與辛合配爲夫婦因釋其微陰婚而就火是金已得火氣矣金受氣於寅長生在巳並是陽道肺雖是金以多行陽道樂親火氣宜其得水而浮

肺熟而復沈肝熟而復浮者何也故知辛當歸庚乙當歸甲也

丁註復歸本性也○楊註肝生沈而熟浮肺生浮而熟沈是死則歸本之義也熟者死也死則不能配合矣木死則變爲純陽金死則變爲純陰自浮者因熟而復沈沈者因熟而復浮也辛歸庚乙歸

甲者以金無火氣木無金氣則爲純金純木矣三十四難曰五藏各有聲色臭味皆可曉知以不然

十變言肝色青

虞註 五藏止有五變十變者合藏府而言也肝屬木木色青黃庭經云肝者木之精震之氣其色青位居東方

其臭臊

虞註 臭氣之總名也臊爲木氣所化與羶相類

其味酸

虞註 酸者木之味也洪範曰曲直作酸曲直者言木之曲而又直也

其聲呼

虞註 肝在志爲怒怒則發聲而呼矣

其液泣

虞註 悲由金發本不屬木以目爲肝竅故泣爲其液

心色赤

虞註 心屬火火色赤

其臭焦

虞註 五臭之變皆由火化惟心火最旺故其臭屬焦

其味苦

虞註 味由性異火性猛烈一經燔灼味無不苦洪範曰炎上作苦

其聲言

虞註 言爲心聲以言從心而發也

其液汗

虞註 心主血汗卽血之所化也

脾色黃

虞註 黃者土之色土王四季位居中央脾爲土藏其色亦黃

其臭香

虞註 土性喜燥燥則其臭則香

其味甘

虞註 脾爲倉廩之官五味入胃由脾布散以此五味以養五藏且土性本甘甘能受和洪範曰稼穡作甘

其聲歌

虞註 意由脾出得意則歌素問曰脾在聲爲歌

其液涎

虞註 脾之脈連舌本散舌下故涎爲其液

肺色白

虞註 肺屬金金色白

其臭腥

虞註 金爲火蒸其臭則腥

其味辛

虞註 金之味辛洪範曰從革作辛

其聲哭

虞註 宫商角徵羽五音雖有心肝脾肺腎之別然皆由肺而出也何也蓋肺屬金主氣而音必藉金以宣賴氣以達也但金氣悽慘涉於悲哀故其聲爲哭

其液涕

虞註 肺氣通於鼻故涕爲其液

腎色黑

虞註 腎屬水水色黑淮南子云水者積陰之氣而成水也

其臭腐

虞註 水不清潔其臭則腐月令云其臭朽朽與腐相類

其味鹹

虞註 水之味鹹洪範曰潤下作鹹

其聲呻

虞註 水藏位居最下聲不易達呻者卽所以見其力怯也

其液唾

虞註 舌下有穴曰醴泉又曰玉池通於腎水口中之津由此而來故唾爲其液

是五藏聲色臭味也

丁註 肝主色五色之變在木心主臭五臭之變在火脾主味五味之變在土肺主聲五音之變在金腎主液五液之變在水

五藏有七神各何所藏耶然藏者人之神氣所舍藏也故肝藏魂肺藏魄心藏神脾藏意與智腎藏精與志也

虞註 心有所憶謂之意因事而處物謂之智

丁註 五藏七神者宣明五氣篇註云心藏神精氣之化成也肺藏魄精氣之匡輔也靈樞經云並精而出入者謂之魄肝藏魂神氣之輔弼也靈樞經曰隨神而往來者謂之魂脾藏意與智意主所思

智能獨理腎藏精與志精爲有形之本志則專一不移靈樞經曰意之所存謂之志○虞註氣之所化謂之精意之所存謂之志○楊註肝心肺各一神脾腎各二神五藏合有七神

三十五難曰五藏各有所府皆相近而心肺獨去大腸小腸遠者何謂也經言心榮肺衛通行陽氣故居在上大腸小腸傳陰氣而下故居在下所以相去而遠也又諸府者皆陽也清淨之處今大腸小腸胃與膀胱皆受不淨其意何也然諸府者謂是非也

丁註六府皆爲陽陽則無不清淨也大腸小腸胃與膀胱亦陽也而各受穢濁是不清淨矣不得因其爲陽而亦謂之清淨也○楊註謂是非也何指大腸小腸胃與膀胱而言也諸府皆爲陽陽則清淨者也大腸小腸胃與膀胱亦爲陽而所受非清淨不得謂之清淨也使因其爲陽而謂之清淨則大謬矣

經言小腸者受盛之府也大腸者傳瀉行道之府也膽者清淨之府也胃者水穀之府也膀胱者津液之府也

楊註府之各有所司猶藏之各有所主也

一府猶無兩名故知非也小腸者心之府大腸者肺之府胃者脾之府膽者肝之府膀胱者腎之府

楊註一府猶無兩名謂膽之外不得爲清淨之處小腸謂赤腸大腸謂白腸膽者謂青腸胃者謂黃腸膀胱者謂黑腸下焦所治也

丁註藏與府一表一裏也故府之色類藏之色○楊註自胃受納水穀由脾布散傳化至下焦分別清濁而出故曰下焦所治也

三十六難曰藏各有一耳腎獨有兩者何也然腎兩者非皆腎也其左者爲腎右者爲命門命門者諸神精之所舍原氣之所繫也故男子以藏精女子以繫胞故知腎有一也

丁註腎有二枚一左一右在脊之第十四節兩旁膂筋間左一枚爲腎屬水右一枚爲命門屬火命門者神精之所舍止原氣之所維繫人身立命之根本也男子於此爲生化之源而藏精女子於此得氤氳之氣而繫胞腎與命門不同故腎止有一也○楊註腎雖有兩其一非腎脈經曰左尺爲腎脈右尺爲神門脈則一爲腎一爲神門也神門者神氣之原也男子藏精於此女子繫胞於此立命

之根本生化之源頭也此神門之不同於腎也故腎止有一也神門卽命門也○虞註腎有兩枚一左一右左爲腎屬水右爲命門屬火命門者男藏精女繫胞立命之基生化之源也故腎止有一也

三十七難曰五藏之氣於何發起通於何許可曉以不然五藏者當上關於九竅也故肺氣通於鼻鼻和則知香臭矣肝氣通於目目和則知白黑矣脾氣通於口口和則知穀味矣心氣通於舌舌和則知五味矣腎氣通於耳耳和則知五音矣

楊註竅者五藏之門戶也藏氣和則門戶亦和矣然耳目口鼻止有七竅而曰上關九竅則明明上有九竅也觀本文之心氣通於舌則舌之亦爲一竅也審矣餘一竅不知何指自慚見聞不廣不敢妄擬姑闕之以俟高賢補入

五藏不和則九竅不通

楊註九竅之神明悉由五藏之充足

六府不和則留結爲癰

丁註六府屬陽而主氣不和則氣不流通而血亦爲之凝滯則所襲之邪留結不散有不釀而爲癰者乎凡人藏府之氣調和充暢則體常舒泰偶一不和內證外證有所不免○楊註六府陽也陽氣不和則血脈凝濇結爲癰腫凡邪氣之來先遊於六府

邪在六府則陽脈不和陽脈不和則氣留之氣留之則陽脈盛矣邪在五藏則陰脈不和陰脈不和則血留之血留之則陰脈盛矣陰氣太盛則陽氣不得相營也故曰格陽氣太盛則陰氣不得相營也故曰關陰陽俱盛不得相營也故曰關格關格者不得盡其命而死矣

丁註榮衛否塞氣血不得相濟關格而死矣○楊註人之所有者氣與血也氣爲陽血爲陰陰陽或俱盛或俱虛或更盛或更虛皆所以爲病也

經言氣獨行於五藏不營於六府者何也然氣之所行如水之流不得息也故陰脈營於五藏陽脈營於六府如環之無端莫知其紀終而復始而不覆溢人氣內溫於藏府外濡於腠理

丁註諸陰不足陽入乘之爲覆諸陽不足陰出乘之爲溢此是陰陽之偏勝○楊註覆溢者謂上魚入尺也陰陽各安其常則脈無覆溢之患藏府腠理自是調和

藏府度數第六 凡十首

三十八難曰藏唯有五府獨有六者何也然所以府有六者謂三焦也有原氣之別焉主持諸氣有名而無形其經屬手少陽此外府也故言府有六焉

丁註 腎爲原氣之主三焦爲原氣之別三焦亦主持諸氣者也而稱之爲外府者以五府有五藏相配三焦之爲府無藏之可與相配是五府之外又是一府也外府也故言府有六也

三十九難曰經言府有五藏有六者何也然六府者止有五府也然五藏亦有六藏者謂腎有兩藏也其左爲腎右爲命門命門者謂精神之所舍也男子以藏精女子以繫胞其氣與腎通故言藏有六也府有五者何也然五藏各一府三焦亦是一府然不屬於五藏故言府有五焉

丁註 五藏止有五府三焦一府以配於心包絡是均爲相火同氣相求之義與藏無關也則三焦之爲府非正府也而腎則明明有兩枚焉故藏有六而府止有五也○楊註 五藏六府是言其大概也本文或言其俱五或言其俱六五也六也並應天地之數也以正藏府言之藏府俱五也則藏五以應地之五嶽五府以應天之五星以俱六言之則藏六以應六律府六以應乾數以藏五府六言之則藏五以應五行府六以法六氣以府五藏六言之則藏六以法六陰府五以法五常正藏府之俱五者以手心主非藏三焦非府也藏府俱六者合手心主及三焦也○虞註 天以六氣司下地以五行應上天地交泰五六之數而成也人法三才謂人頭圓象天足方象地具藏府五六之數以成體則三才備矣十一之數相因而成故不離於五六也漢書 五六乃天地之中數也

音釋

二十難 瘖 於立切 癲 都田反 盲 武庚切

二十二難 呴 呼后反 二十三難 蹻 喬腳二音 溉 音蓋

二十四難 眩 黃絢反 二十八難 跟 古痕切 蹕 普弭切

砭 悲廉切 二十九難 疝 所晏切 瘕 古訝切

三十一難 膻 音誕 脘 古卵切

三十四難 臊 蘇曹切

王翰林集註黃帝八十一難經卷之三

王翰林集註黄帝八十一難經卷之四

丁德用　楊玄操　楊康侯

盧國秦越人撰　呂廣　虞庶　註

王九思　王鼎象　石友諒

王惟一　校正音釋

四十難曰經言肝主色

虞註肝木也木之華蔓敷布五色故主色也

心主臭

虞註心火也火之化物五臭出焉是故五臭心獨主之也

脾主味

虞註脾土也土甘甘受味故主味禮云甘受和即主味之義也

肺主聲

虞註肺金也金擊之有聲故五音皆出於肺也

腎主液

虞註腎水也液即是水故腎主液

鼻者肺之候而反知香臭耳者腎之候而反聞聲其意何也然肺者西方金也金生於巳巳者南方火也火者心心主臭故令鼻知香臭腎者北方水也水生於申申者西方金也金者肺肺主聲故令耳聞聲

楊註五行有相因成事有當體成事者肺腎二藏相因以成事也其餘三藏自成之也

四十一難曰肝獨有兩葉以何應也然肝者東方木也木者春也

虞註五行在地東方成木肝屬木以應其位在五常木又爲仁應春故云木者春也

萬物之始生其尚幼小

虞註當春之時正萬物始生之際木之根株芽蘖尚是幼

意無所親

虞註言木於初生之時尚是幼小煢煢子立其意若無有相與親近者

去太陰尚近

虞註物之發生全賴土之培植今木尚是幼小出土未幾喻肝之與脾土相去甚近

離太陽不遠

虞註物之發生又藉水之潤澤今木尚是幼小與水更親喻肝之與膀胱相離不遠

猶有兩心

【虞註】水爲木父土爲木母以水土異處故眷彼戀
此猶有兩心
故有兩葉亦應木葉也
【楊註】肝凡七葉言兩葉者以左三葉爲一葉右四葉爲一葉也亦應木葉者言如木之葉未有偏於一面者也○【丁註】五行有定位木居東方東方爲陽氣發生之始以應春令人身之藏府亦然蓋人列三才之中藏府之五行一猶天地之五行也當春之時萬物初生木之根芽尚是幼小伶仃獨立其意若無有所親然去土尚近離水不遠繫彼戀此猶有兩心以喻肝之上近於脾而下近於膀胱也因有兩心故有兩葉亦所以應木葉之象也

四十二難曰人腸胃長短受水穀多少各幾何然胃大一尺五寸徑五寸長二尺六寸橫屈受水穀三斗五升其中常留穀二斗水一斗五升
【楊註】凡人食入於口而聚於胃故經云胃者水穀之海胃中穀化則傳入小腸
小腸大二寸半徑八分分之少半長三丈二尺受穀二斗四升水六升三合合之大半
【楊註】小腸受胃之穀而傳入於大腸八分分之少半言八分之外尚有如一分之少半也
廻腸大四寸徑一寸半長二丈一尺受穀一斗水七升半
【楊註】廻腸者大腸也受小腸之穀而傳入於廣腸也○【虞註】水穀在胃有三斗五升傳入小腸則穀剩四斗水少八升六合合之少半又傳入大腸水穀之數比之在胃各減一半至此則水分入膀胱穀傳入肛門也
廣腸大八寸徑二寸半長二尺八寸受穀九升三合八分合之一
【楊註】廣腸者直腸也一名肛門受大腸之穀而傳出
故腸胃凡長五丈八尺四寸合受水穀八斗七升六合八分合之一此腸胃長短受水穀之數也
【楊註】據甲乙經言腸胃凡長六丈四寸四分所以與此不同者甲乙經從口至直腸而數之故長此經從胃至腸而數之故短彼此各有所據似異而實同也
肝重四斤四兩左三葉右四葉凡七葉
【楊註】肝足厥陰配足少陽少陽之數七故有七葉

左三右四陰多陽少也

主藏魂

虞註魂者神氣之輔弼也○楊註肝者幹也於五行爲木故其體狀似枝幹也肝神七人老子曰名明堂宮蘭臺府從宮三千六百人又云肝神六童子三女人肝神又名藍藍

心重十二兩中有七孔三毛盛精汁三合主藏神

楊註心纖也所以識萬物無微不洞然也又心任也能任萬物也又心爲帝王身之主也其神九人太尉公名絳宮太始南極老人元先之身從宮三千六百人心神又名呴呴○虞註神者精氣之化成也

脾重二斤三兩扁廣三寸長五寸有散膏半斤主裹血溫五藏主藏意

楊註脾俾也在胃之下俾助胃氣主化水穀也其神五人玄光玉女子母從宮三千六百人脾神又名俾俾

肺重三斤三兩六葉兩耳凡八葉

虞註肺者金之精兌之氣位居於西西是八門八葉之應於此也

主藏魄

楊註肺勃也其氣勃鬱也其神八人大和君名曰玉堂宮尚書府從宮三千六百人又云肺神十四童子七女子肺神又名鳴鳴○虞註魄者精氣之匡輔也

腎有兩枚重一斤一兩主藏志

楊註腎引也腎屬水主引水氣灌注諸脈也其神六人司徒司空司命司隸校尉廷尉卿腎神又名傴傴○虞註專一不移謂之志

膽在肝之短葉間重三兩三銖盛精汁三合

楊註膽敢也有果敢而決斷也其神五人太一道君居紫房宮中從宮三千六百人膽神又名灌灌○虞註膽者中正之官決斷出焉

胃重二斤二兩紆曲屈伸長二尺六寸大一尺五寸徑五寸盛穀二斗水一斗五升

楊註胃圍也圍受食物也其神十二人五元之氣諫議大夫胃神又名且且○虞註胃爲倉廩之官五味出焉

小腸重二斤十四兩長三丈二尺廣二寸半徑八分分之少半左廻疊積十六曲盛穀二斗四升水六升

三合合之大半

楊註 腸暢也通暢胃氣去滓穢也其神二人元梁使者小腸神又名潔潔○虞註小腸爲受盛之官化物出焉

大腸重二斤十二兩長二丈一尺廣四寸徑一寸當臍右廻疊積十六曲盛穀一斗水七升半

楊註 大腸即廻腸也以其廻曲因以名之其神二人元梁使者大腸神又名洄洄○虞註大腸爲傳道之官變化出焉

膀胱重九兩二銖縱廣九寸盛溺九升九合

楊註 膀橫也胱廣也其體短而橫廣又名胞胞者軳也軳者空也以需承水液焉今人多以兩脇下及小腹兩邊爲膀胱謬之至也○虞註膀胱爲州都之官津液藏焉

口廣二寸半脣至齒長九分齒以後至會厭深三寸半大容五合舌重十兩長七寸廣二寸半

楊註 舌者泄也能以言語宣泄也○虞註脣者聲之扇舌者聲之機

咽門重十兩廣二寸半至胃長一尺六寸

楊註 咽嚥也藉以嚥物也又咽嗌也居於扼要氣之往來所必由也爲胃之系經曰咽主地氣胃爲土故云主地氣也

喉嚨重十二兩廣二寸長一尺二寸九節

楊註 喉嚨者空虛也其中空虛可以通氣息也呼吸之道路肺之系也經云喉主天氣肺應天故云主天氣也喉嚨與咽似可混而爲一然有肺系胃系之別也

肛門重十二兩大八寸徑二寸大半長二尺八寸受穀九升三合八分合之一

楊註 肛釭也形似車釭故謂之肛門即廣腸也又即直腸也○丁註 胃爲水穀之海小腸居胃之下在臍上二寸後附於脊左旋而環受盛胃中水穀而分清濁水液滲於前糟粕歸於後滲於前於臍下水分穴而滲入膀胱從前陰而出歸於後由下口而傳入大腸小腸下口即大腸上口當臍左旋而下接廣腸廣腸即大腸之下節糟粕從後陰而出斤兩尺寸升斗之法於同身寸推之先立其尺然後以造斗秤斗面闊一尺底闊七寸高四寸厚三分可容十升秤如指節方一寸爲一兩十六兩爲一斤經言藏府之長短輕重悉由同身寸推之

也

四十三難曰人不食飲七日而死者何也然人胃中常存留穀二斗水一斗五升故平人日再至圊一行二升半日中五升七日五七三斗五升而水穀盡矣故平人不食飲七日而死者水穀津液俱盡即死矣

丁註人受氣於穀以養其神水穀盡神即去故安穀者生絶穀者死也○楊註胃中常留水穀三斗五升設平人不食飲七日兩至圊而日去五升七日之間而胃中所存留者已盡人無水穀以養津液亦隨之俱盡矣死矣圊厠也○虞註飲食爲養命之源七日不食飲胃中空虛津液俱盡而死矣

四十四難曰七衝門何在然唇爲飛門齒爲戶門會厭爲吸門胃爲賁門太倉下口爲幽門大腸小腸會爲闌門下極爲魄門故曰七衝門也

丁註衝者通也通出入而開闔有時者謂之門飛動也兩唇之動如兩翼之飛也内門曰戶齒之不容物之徑入猶戶之不容人之徑入也會厭者會合也咽喉爲扼要之關隘呼吸所必由也賁勇也言胃受納之勇壯也太倉者以胃之能聚水穀也幽暗也言其近於穢濁猶之近於幽暗也會爲闌門者言大小腸交會之處分別清濁之有所闌也下極肛門也謂之魄者取魂升魄降之義也且大腸爲肺之府肺藏魄故以魄名之○楊註自唇至下極爲七門亦言其次序也茲先以飲食論之夫人之於飲食始由唇受次及於齒經齒咀嚼由舌以運至咽咽通胃系由胃系以至於胃胃爲倉廩之官容留水穀脾爲運化精液上輸於肺由肺布散以養藏府肌肉以充精神血脈渣滓仍由胃之下口傳入小腸小腸上口即胃之下口小腸分別清濁於大腸相連之處水分穴間將水液滲入膀胱由前陰而出糟粕傳入大腸大腸上口即小腸下口自大腸以及廣腸廣腸即大腸下節所謂肛門是也糟粕由肛門而出飲食之次序大略如此今經以七衝門名之者以其通出入而有關鍵也飛動也兩唇之運動如兩翼之奮飛也戶内門也齒居唇内無異内門會厭者會合也咽居要害呼吸之所必經也賁者勇也胃於水穀勇於容納也太倉猶倉廩也幽隱也胃之下口近於穢濁之幽隱也會爲闌門大小腸交會之處分清別濁之有所闌也下極肛門也名以魄者以大腸是肺府肺

十

藏魄故也

四十五難曰經言八會者何也然府會太倉

虞註太倉在心前鳩尾下四寸是也爲胃之募胃化氣以養六府故府會於太倉

藏會季脇

丁註季脇章門穴也足厥陰少陽之所會是脾之募脾運穀味以養各藏故藏會季脇○虞註章門穴是脾之募也在季脇之端側卧屈上足伸下足舉臂取之乃足厥陰少陽之會也

筋會陽陵泉

丁註陽陵泉穴名也在膝下一寸外廉是也○虞註陽陵泉穴在膝下宛宛中足少陽膽之脈氣所發衆筋結聚之所也

髓會絶骨

丁註絶骨穴名也在外踝上四寸即陽輔穴是也

虞註絶骨陽輔穴也亦足少陽膽之脈氣所出

血會膈俞

丁註膈俞穴名也在第七椎下兩傍同身寸各一寸五分是也○虞註膈俞二穴在脊骨第七椎下兩傍各一寸五分足太陽膀胱脈氣所發也

骨會大杼脈會太淵

丁註大杼穴名也在項後第一椎兩傍相去同身寸一寸五分太淵穴在右寸内魚際下○虞註大杼亦足太陽脈氣之所發在脊第一椎兩傍各一寸五分太淵在手魚際間是手太陰之脈氣所發也

氣會三焦外一筋直兩乳内也熱病在内者取其會之氣穴也

丁註氣會於上中下三焦外一筋直兩乳内言氣之會合三焦於一筋直兩乳内也兩乳内膻中穴

也是即取所會之氣穴猶上文之季脇等穴也○楊註人之藏府筋骨髓血脈氣皆有會合之穴設有熱病在内可取其會合之穴以去其疾

四十六難曰老人卧而不寐少壯寐而不寤者何也然經言少壯者血氣盛肌肉滑氣道通榮衛之行不失於常故晝日精夜不寤老人血氣衰肌肉不滑榮衛之道濇故晝日不能精夜不得寐也故知老人不得寐也

丁註天地交泰日月曉昏人之寤寐皆相合也人一日一夜脈行五十度周於身少壯之人氣血充

足榮衛合度於晝之行陽二十五度自合於陽之動而精神清爽於夜之行陰二十五度亦合於陰之静而舒泰安眠其所以應乎天者由其體之無虧損也老人則反是矣○楊註衛氣晝行於陽陽者皮肉也夜行於陰陰者藏府間也人目開衛氣出則寤人目合衛氣入則寐少壯之人氣血充盛榮衛調和自合於陰陽之動静而日精夜寐也老人反是

四十七難曰人面獨能耐寒者何也然人頭者諸陽之會也諸陰脈皆至頸胸中而還獨諸陽脈皆上至頭耳故令面耐寒也

丁註天地陰陽升降各有始終陽氣始於立春終於立冬陰氣始於立秋終於立夏小滿芒種夏至小暑大暑五節陽盛之時人頭象之故面獨能耐寒小雪大雪冬至小寒大寒五節陰盛之時人足象之故足亦不耐寒○楊註按諸陰脈皆至頸胸中而還獨諸陽脈盡會於頭面以諸陰脈至頭面者之少也經云三百六十五脈悉會於目如此則陰陽之脈皆至於面不獨諸陽脈之至於頭面也

虛實邪正第七 凡五首

四十八難曰人有三虛三實何謂也然有脈之虛實有病之虛實有診之虛實也脈之虛實者濡者爲虛緊牢者爲實

丁註脈緩軟者爲濡按之而有力者爲牢實○楊註按之如切繩之狀者謂之緊

病之虛實者出者爲虛入者爲實

丁註陰陽者内外也陽不足陰出乘之在内俱陰則出者爲虛陰不足陽入乘之在外俱陽則入者爲實○楊註從内至外爲出從外之内爲入出則内傷致病爲虛入則外邪所乘爲實

言者爲虛不言者爲實

楊註病自内起爲虛虛則似有微熱神識尚是清朗依然有言病由外邪爲實實則未免壯熱神識因之昏亂不得有言○楊註虛病無大熱神識清而有言實邪有壯熱神識亂而無言

緩者爲虛急者爲實

丁註陽主躁陰主静陰病緩陽病急故緩者爲虛急者爲實也○楊註觀勢之緩急即知病之虛實

診之虛實者濡者爲虛

楊註耎而浮細曰濡

牢者爲實

楊註 微絃實大而長曰牢

癢者爲虛

楊註 癢者氣欲逆而榮衛不足也

痛者爲實

楊註 痛者氣不通有凝結所致也

外痛內快爲外實內虛

楊註 輕手按之則痛爲外實重手按之則快爲內虛

內痛外快爲內實外虛

楊註 重手按之則痛爲內實輕手按之則快爲外虛凡人病按之則痛者皆爲實按之則快者皆爲虛

故曰虛實也

楊註 總結上文之虛實也○丁註 於心腹皮膚內外其痛按之而止者虛其痛按之而甚者實內外皆然

四十九難曰有正經自病有五邪所傷何以別之然

經言憂愁思慮則傷心

丁註 憂愁思慮最易耗血心主血血耗則心液虧矣傷矣○呂註 心藏神五藏之主聰明睿智皆由心出憂愁思慮則神疲而心傷○虞註 任治於物慮靈不昧曰心憂愁思慮則擾其清明而受傷矣

形寒飲冷則傷肺

丁註 肺主氣氣爲陽形寒飲冷正所以遏其氣而肺受傷矣○呂註 肺主氣氣宜溫和溫和則內充藏府外固皮毛形寒飲冷是鍼鋒侵伐溫和爲寒冷所遏割矣傷矣

恚怒氣逆上而不下則傷肝

丁註 肝爲風木之藏性動而急怒則氣逆而致傷○呂註 肝爲將軍之官在志爲怒怒則氣逆而難平也傷也○虞註 素問云怒則血菀積於上爲逆厥又云怒甚嘔血氣逆所傷也

飲食勞倦則傷脾

丁註 脾受穀味而主四肢飲食過度勞倦過分其健運之力有所不及也傷也○呂註 脾主健運飲食不節勞倦異常雖是健運亦欲困亟也傷也○虞註 脾爲倉廩之官五味出焉所納五味化生五氣以養人身設飲食勞倦過分亦足受傷是故聖人飲食有節起居有常不敢稍溢其分量以致偶

乖其生化養生之道可不慎哉

久坐溼地強力入水則傷腎

丁註 腎雖水藏宜溫不宜寒觀於氷凍可知矣久坐溼地強力入水非所以溫之適所以寒之有乖其融和之氣矣傷矣○呂註 溼地本不宜居何況久坐入水本非益事何況強力腎雖水藏亦宜溫和今以溼水侵之是拂其生化之機矣傷矣○虞註 腎爲水藏位居下部坐於溼地甚是逼近況出於久坐乎入於水中已是寒凜況出於強力乎且水與水遇尤易感應亦同氣相求之義也能無傷乎生氣通天論曰因而強力腎氣乃傷經脈別論曰度水跌仆喘出於腎與胃

是正經之自病也

丁註 言上文之病皆正經自病非有他邪也○呂註 言皆本藏自病不從外來也○虞註 呂氏言皆本藏自病不從外來其義非也即如形寒飲冷則傷肺形寒是寒感於皮毛此從外來也飲冷是冷入於胸腹亦從外來也飲食等亦然聖人大意言正經虛則不任侵伐不任侵伐則每易致病故曰正經自病也

何謂五邪然有中風

丁註 中者傷也肝屬木主色而應風邪邪散於五藏爲五色○呂註 肝屬木應風○虞註 東方生風風生木又巽木爲風

有傷暑

丁註 心屬火主臭而應暑邪邪散於五藏爲五臭○呂註 心屬火應暑○虞註 心火主暑王於夏素問曰夏傷於暑秋必痎瘧

有飲食勞倦

丁註 脾屬土主味而欲有節邪散於五藏爲五味○呂註 脾主健運故勞倦屬之○虞註 正經自病言飲食勞倦五邪爲病亦有飲食勞倦蓋正經病以正經虛而傷飲食今一味傷於飲食而致病

有傷寒

丁註 肺屬金主聲而惡寒邪邪散於五藏爲五聲○呂註 肺主皮毛應寒○虞註 寒入皮毛謂之傷寒

有中溼

丁註 腎屬水主液而惡溼邪邪散於五藏爲五液○呂註 素問曰溼勝寒○虞註 水流溼

此之謂五邪

呂註 此五者乃外邪也故謂之五邪○虞註 此五者是外邪也外邪之來各從其類

假令心病何以知中風得之然其色當赤何以言之肝主色

虞註 中風之病肝先得之心病因中風而得是肝邪入心其色乃赤也何也肝主色也

自入爲青

虞註 本經自病也

入心爲赤

虞註 肝邪入心其色乃赤

入脾爲黃

虞註 肝邪入脾其色乃黃

入肺爲白

虞註 肝邪入肺其色乃白

入腎爲黑

虞註 肝邪入腎其色乃黑

肝爲心邪故知當赤色也

呂註 肝主中風心主傷暑心病中風是肝爲心之邪也色當赤也

其病身熱脇下滿痛

呂註 身熱者心滿痛者肝二藏之病證也○虞註 身熱者心也脇下滿痛者肝也心病中風由肝而得故證亦兩經並見也

其脈浮大而弦

呂註 浮大者心脈弦者肝脈二藏脈並見也

何以知傷暑得之然當惡臭何以言之心主臭

虞註 傷暑之病心先得之火之化物五臭出焉

自入爲焦臭

虞註 火性炎上則生焦臭此正經自病也

入脾爲香臭

虞註 火之化土其臭乃香

入肝爲臊臭

虞註 火之化木其臭乃臊

入腎爲腐臭

虞註 火之化水其臭乃腐

入肺爲腥臭

虞註 火之化金其臭乃腥

故知心病傷暑得之也當惡臭其病身熱而煩心痛

其脈浮大而散

呂註 心邪自干心故臭脈與病獨是本經見證
何以知飲食勞倦得之然當喜苦味也虛爲不欲食實爲欲食何以言之脾主味
虞註 飲食勞倦脾先受病心病因飲食勞倦而得是脾邪入心也喜苦者火性也虛實之食不食脾陽之旺不旺也何也脾主味也
入肝爲酸
虞註 味本不酸入肝而酸者木氣所化也
入心爲苦
虞註 味本不苦入心而苦者火氣所化也

入肺爲辛
虞註 味本不辛入肺而辛者金氣所化也
入腎爲鹹
虞註 味本不鹹入腎而鹹者水氣所化也
自入爲甘
虞註 土之味甘本經自病自見本味
故知脾邪入心爲喜苦味也
呂註 心病因飲食勞倦而得是脾邪入心也喜苦味者心屬火火味苦苦從其性也
其病身熱而體重嗜卧四肢不收

呂註 身熱者心體重以下者脾二藏之病證也
其脈浮大而緩
呂註 浮大者心脈緩者脾脈二藏脈並見也
何以知傷寒得之然當譫言妄語何以言之肺主聲
虞註 傷寒之病肺先得之心病因傷寒而得是肺邪入心故譫言妄語也何也肺主聲也
入肝爲呼
虞註 金能剋木呼者有不任其侵之義故立子云呼亦當嘯
入心爲言

虞註 言爲心聲素問云在聲爲笑謂金與火之相當猶夫與婦之相見喜而爲笑也
入脾爲歌
虞註 土爲金母母與子遇得意而歌也
入腎爲呻
虞註 水爲金子子與母遇亂極而呻也
自入爲哭
虞註 肺屬金主秋秋者愁也其音商商傷也故自入爲哭也
故知肺邪入心爲譫言妄語也

呂註 心病因傷寒而得是肺邪入心也肺屬金主聲譫言妄語金韻爲火鑠而亂也

其病身熱洒洒惡寒甚則喘咳

呂註 身熱者心惡寒喘咳者肺二藏之病證也

其脈浮大而濇

呂註 浮大者心脈濇者肺脈二藏脈並見也

何以知中溼得之然當喜汗出不可止何以言之腎主溼

虞註 中溼之病腎先得之心病因中溼而得是腎邪入心也汗由心出而液自腎來何也腎主溼也

入肝爲泣

虞註 悲哀動中則傷魂魂傷則感而泣下目爲肝竅故泣由肝來

入心爲汗

虞註 水火交泰蒸而爲汗

入脾爲涎

虞註 脾之脈連舌本散舌下故涎由脾來

入肺爲涕

虞註 寒感皮毛內合於肺肺寒則涕生以肺氣通於鼻也

自入爲唾

虞註 舌下有二隱竅曰廉泉下通於腎動而津液自出

故知腎邪入心爲汗出不可止也

呂註 心病因中溼而得是腎邪入心也汗出不止是液經心陽蒸而爲汗也

其病身熱小腹痛足脛寒而逆

呂註 身熱者心也小腹腎藏所居也足脛腎脈所循也腎陽爲溼所遏氣化不旺自痛與寒立見矣二藏之病證也

其脈沈濡而大

呂註 大者心脈沈濡者腎脈二藏脈並見也

此五邪之法也

五十難曰病有虛邪有實邪有賊邪有微邪有正邪何以別之然從後來者爲虛邪

丁註 假令心病得肝脈來乘是爲虛邪肝是木心是火火生於木故云從後來者爲虛邪也○呂註 心王之時脈當洪大而長反得弦小而急是肝王畢木傳於心奪心之王是肝往乘心故言從後來也肝爲心之母母之乘子是爲虛邪

從前來者爲實邪

丁註心病得脾脈來乘是爲實邪心是火脾是土土生於火故云從前來者爲實邪也○呂註謂心王得脾脈心王畢當傳於脾今心王未畢脾來逆奪其王故言從前來也脾者心之子子之乘母謂之實邪

從所不勝來者爲賊邪

丁註火所不勝於水心病腎脈來乘則爲賊邪○呂註心王得腎脈水勝火爲賊邪

從所勝來者爲微邪

丁註火所勝於金心病肺脈來乘則爲微邪○呂註心王得肺脈火勝金爲微邪

自病者爲正邪

丁註無他邪相乘則爲正邪○呂註心王之時脈實強太過反得虛微爲正邪也

何以言之假令心病中風得之爲虛邪傷暑得之爲正邪

呂註從後來者肝乘心也虛邪也心屬火感暑傷暑自是正邪

飲食勞倦得之爲實邪

呂註從前來者脾乘心也土生於火故爲實邪

傷寒得之爲微邪

呂註從所勝來者肺乘心也金本畏火故爲微邪

中溼得之爲賊邪

呂註從所不勝來者腎乘心也水來剋火故爲賊邪○丁註夫在天之寒在地爲水在人爲腎腎主水與寒在天之風在地爲木在人爲肝肝主風在天之暄暑在地爲火在人爲心心主暑在天之燥在地爲金在人爲肺肺主燥在天之溼在地爲土在人爲脾脾主溼此是天地人三才相通也今經以寒合肺以溼合腎亦貼切不移可見聖人別有會心也

五十一難曰病有欲得溫者有欲得寒者有欲見人者有不欲見人者而各不同病在何藏府也然病欲得寒而欲見人者病在府也病欲得溫而不欲見人者病在藏也何以言之府者陽也陽病欲得寒又欲見人藏者陰也陰病欲得溫又欲閉戶獨處惡聞人聲故以別知藏府之病也

丁註府屬陽藏屬陰陽病熱熱則欲得寒以暢之欲見人者陽病不厭擾也陰病寒寒則欲得溫以

和之不欲見人者陰病每好靜也別其欲得寒欲見人欲得溫不欲見人卽知病之在府在藏也寒溫該飮食衣服而言之也

五十二難曰府藏發病根本等不然不等也其不等奈何然藏病者止而不移其病不離其處

丁註 藏病爲陰陰主靜故止而不移○呂註 藏屬陰象地地靜而不動故藏病止而不移

府病者彷彿賁響上下行流居處無常

丁註 府病爲陽陽主動故上下行流居處無常○呂註 府屬陽象天天動而不靜故府病行流無常

故以此知藏府根本不同也

藏府傳病第八 凡二首

五十三難曰經言七傳者死間藏者生何謂也然七傳者傳其所勝也間藏者傳其子也何以言之假令心病傳肺肺傳肝肝傳脾脾傳腎腎傳心一藏不再傷故言七傳者死也間藏者傳其所生也

丁註 七傳者傳所勝也心病傳肺以次相傳六傳仍傳至心人生精力幾何而能任邪之徧剋耶況心爲身之主宰至六傳水來剋火大敵重臨危險立至斷不能復傳至肺也是一藏不能再傷於第七傳而死也間藏者母傳於子傳所生也○呂註 七字疑次字之誤次與間方相合心傳肺至腎傳心心之再傷亦祗有六傳也是以次傳其所勝而死也○虞註 七傳者死明明七字也呂氏疑次字之誤謬矣心病傳肺六傳仍傳至心心藏再傷不能復傳至肺也則一藏不再傷是指心之不任再傷於第七傳而死也間藏者乃母傳於子傳所生也

假令心病傳脾脾傳肺肺傳腎腎傳肝肝傳心是母子相傳竟而復始如環之無端故言生也

丁註 心傳脾脾得生氣再傳於肺是母子相傳故言生也○呂註 間藏者間其所勝藏而相傳也心勝肺脾間之脾勝腎肺間之肺勝肝腎間之腎勝心肝間之肝勝脾心間之相傳正所以相生也

五十四難曰藏病難治府病易治何謂也然藏病所以難治者傳其所勝也府病易治者傳其子也與七傳間藏同法也

丁註 藏屬陰陰病而又傳所勝如肝勝脾脾勝腎腎勝心心勝肺肺勝肝以次相剋故難治也府屬陽陽病又傳其子如木病傳火火病傳土土病傳

金金病傳水水病傳木以次相生故易治也是眞與七傳間藏同法也○楊註前章之相剋相生與此章之相剋相生無異惟此章不皆是藏耳

藏府積聚第九 凡二首

五十五難曰病有積有聚何以別之然積者陰氣也聚者陽氣也故陰沈而伏陽浮而動氣之所積名曰積氣之所聚名曰聚故積者五藏所生聚者六府所成也積者陰氣也其發有常處其痛不離其部上下有所終始左右有所窮處聚者陽氣也其始發無根本上下無所留止其痛無常處謂之聚故以是別知積聚也

丁註積者藏之陰氣所積也陰主靜故發有定處痛不離部聚者府之陽氣所聚也陽主動故發無定處痛無常所別其病之是靜是動即知病之爲積爲聚也○呂註積爲藏之陰氣陰靜而不動積之所以發有常處痛有定部也聚爲府之陽氣陽動而不靜聚之所以發無根本痛無常處也於其靜其動之間即爲積爲聚之別也

五十六難曰五藏之積各有名乎以何月何日得之然肝之積名曰肥氣在左脇下如覆杯有頭足久不愈令人發欬逆痎瘧連歲不已以季夏戊己日得之何以言之肺病傳肝肝當傳脾脾季夏適王王者不受邪肝復欲還肺肺不肯受故留結爲積故知肥氣以季夏戊己日得之

楊註積者藏之陰氣所積也其藏有病傳其所勝受其傳者適當王不受邪遂結而爲積今肝積在左脇下肝之部位居於此也肥氣者肥盛也積之如覆杯而隆然猶肉之肥盛而擁起也頭足盛言其有形也欬逆者氣血因積而虧爲欬爲逆也熱有間斷者謂之瘧瘧作無已者謂之痎然瘧每由少陽經而發而厥陰與少陽爲表裏因有痎瘧也於季夏戊己日得之者季夏未月也戊己土日也月分與日正脾土極王之時肝木不能制其所勝即於是月日而得此積也

心之積名曰伏梁起臍上大如臂上至心下久不愈令人病煩心以秋庚辛日得之何以言之腎病傳心心當傳肺肺以秋適王王者不受邪心復欲還腎腎不肯受故留結爲積故知伏梁以秋庚辛日得之

楊註伏不動也梁者以其形大故以棟梁之梁喻之也臍上至心下心之部位也

脾之積名曰痞氣在胃脘覆大如盤久不愈令人四肢不收發黃疸飲食不爲肌膚以冬壬癸日得之何以言之肝病傳脾脾當傳腎腎以冬適王王者不受邪脾復欲還肝肝不肯受故留結爲積故知痞氣以冬壬癸日得之

楊註 痞否也否塞成積也脾主中央其積故在胃脘四肢不收者脾衰無力也黃疸徧體皆黃溼之蘊而爲熱也飲食不爲肌膚其力量不能充足也

肺之積名曰息賁在右脇下覆大如杯久不愈令人洒淅寒熱喘欬發肺壅以春甲乙日得之何以言之心病傳肺肺當傳肝肝以春適王王者不受邪肺復欲還心心不肯受故留結爲積故知息賁以春甲乙日得之

楊註 息靜賁動也言其積之時靜時動也肺主氣主右積亦在右洒淅寒熱者氣虛則微寒微熱也喘欬發肺壅者氣虛則喘欬而壅塞也

腎之積名曰賁豚發於少腹上至心下若豚狀或上或下無時久不已令人喘逆骨痿少氣以夏丙丁日得之何以言之脾病傳腎腎當傳心心以夏適王王者不受邪腎復欲還脾脾不肯受故留結爲積故知賁豚以夏丙丁日得之此是五積之要法也

楊註 賁豚者言其積如豚之能奔也腎之別氣始於少腹終於臚中故其積發自少腹上至心下若豚狀之或上或下無時也喘逆少氣者邪盛正虛也骨痿者腎主骨腎虛則精不足以養之骨自痿軟而無力也

五泄傷寒第十 凡四首

五十七難曰泄凡有幾皆有名不然泄凡有五其名不同有胃泄有脾泄有大腸泄有小腸泄有大瘕泄名曰後重胃泄者飲食不化色黃

楊註 泄利也胃之下口不固所進飲食不待脾之消磨徑傳大腸而出胃屬土故其色黃○虞註 幽門不固飲食不及脾運徑由大腸而出化風論曰久風入中則爲腸風飧泄飧泄完穀而泄也

脾泄者腹脹滿泄注食即嘔吐逆

楊註 注者無節度也言利下猶如水注幾無關鍵也脾病不能運化故腹脹吐逆○虞註 中央生溼溼生土土生脾脾惡溼溼氣相勝則腹脹而泄注土性主信又主味今土病於味無信故腹脹吐逆陰陽應象論曰溼勝則濡瀉謂溼氣內侵脾胃則

水穀不分而泄注

大腸泄者食已窘迫大便色白腸鳴切痛

楊註 窘迫者急也言食訖即欲登厠迫急而不可緩也大腸為肺之府肺屬金故其色白腸鳴切痛氣分為邪阻而不和也○虞註 大腸氣虛所以食畢而急欲登厠白者大腸為肺之府象金色也正邪相擊故腸鳴切痛

小腸泄者溲而便膿血少腹痛

楊註 溲小便也小腸屬心心主血脈故便膿血小腸居於少腹故少腹作痛

大瘕泄者裏急後重數至圊而不能便莖中痛此五泄之法也

楊註 瘕聚也裏急腹中欲泄之甚也後重者氣滯於廣腸欲泄不得是以數至圊而不能便也二陰相離不遠後陰之氣已滯前陰之氣有不因之以滯乎自小便不利而莖中痛也腎開竅於二陰腎經受邪其泄如是○虞註 腎開竅於二陰腎經受邪氣機窒塞裏急腹中之痛甚欲泄後重肛門之氣滯難泄所以數至圊而不能便也氣分不利小便亦艱難則莖中痛矣

五十八難曰傷寒有幾其脈有變不然傷寒有五有中風有傷寒有溼溫有熱病有温病其所苦各不同

中風之脈陽浮而滑陰濡而弱

丁註 肌肉之上陽脈所行輕手按之而太過者謂之滑肌肉之下陰脈所行重手按之而不足者謂之弱按之不足舉之有餘是中風之脈也○楊註 傷於八節之虛邪其病惡風者謂之中風冒冬令之嚴寒即發熱惡寒者謂之傷寒先傷於溼又中於暑溼熱相搏謂之溼溫冬傷於寒至夏方發灼熱惡寒頭痛身疼謂之熱病温病者非春時之病温是天地間一種乖戾之氣時行傳染沿村闔戶所謂疫癘是也至於風之中人自外而入風為陽邪陽亢陰爍故陽部之脈浮而滑陰部之脈濡而弱也

溼溫之脈陽濡而弱陰小而急

丁註 肌肉之上陽脈所行濡弱是溼氣之所勝火也肌肉之下陰脈所行小急是溼氣之不勝木也楊註 小細也急疾也○虞註 溼溫之病暑溼相搏其人頭必多汗何以言之本經曰腎主溼入心為汗寸口為陽脈見濡弱是陽氣之虛也尺內為陰

脈見小急是陰氣之甚也

傷寒之脈陰陽俱盛而緊濇

丁註傷寒之脈尺寸俱盛因寒而熱故見緊濇中霧露者亦然水得寒而象見凝結人得寒而脈見緊濇寒之爲害也甚矣○虞註如切繩狀曰緊如刀剖竹曰濇

熱病之脈陰陽俱浮浮之而滑沈之散濇

丁註陰陽俱浮者謂尺寸俱浮也浮之而滑者輕手按之而滑是心陽熱甚也沈之而散濇者重手按之而散濇是津液虛少也○楊註輕手按而得者爲浮重手按而得者爲沈

溫病之脈行在諸經不知何經之動也各隨其經所在而取之

丁註疫癘之氣散行諸經不知何經虛而受此邪須隨其病之在於何經而後議治○楊註鬼癘之氣散行諸經未可預知臨病人而診之審其病之屬於何經然後可以施治

傷寒有汗出而愈下之而死者有汗出而死下之而愈者何也然陽虛陰盛汗出而愈下之卽死陽盛陰虛汗出而死下之而愈

丁註陰陽盛虛者非言脈之浮沈也言寒暑病與燥溼不同人之五藏六府共十二經爲病各異手太陽少陰屬火主暄手陽明太陰屬金主燥手少陽厥陰屬相火主暑此是燥暑暄六經以通天氣病不體重惡風惟躁素問曰諸浮躁者病在手是也若以承氣下之卽愈服桂枝取汗汗出卽死足太陽少陰屬水主寒足陽明太陰屬土主溼足厥陰少陽屬木主風此是風寒溼六經以通地氣病卽體重惡寒素問曰諸浮不躁者病在足是也若以桂枝取汗汗出卽愈服承氣下之卽死此是五藏六府配合陰陽大法也所以經云陽虛陰盛汗出而愈下之卽死陽盛陰虛汗出而死下之而愈其義初非顚倒也○楊註此說顚倒於義不通未可遵循也若反此行之乃爲順爾○虞註諸經義皆不錯此段義例必係傳寫之誤凡傷寒之病脈浮大而數可汗之汗之則愈病在表也脈沈細而數可下之下之則愈病在裏也如此施治萬無一失

寒熱之病候之何如也然皮寒熱者皮不可近席毛髮焦鼻槁不得汗

丁註 寒熱之病亦有一定之候皮寒熱者肺也皮膚不可近席毛髮皆焦者肺主皮毛也肺開竅於鼻熱勢過甚則氣燄上炎薰而爲枯槁也汗者從毛孔而出者也腠理爲邪所閉結則汗何從而得外泄哉

肌寒熱者皮膚痛唇舌槁無汗

丁註 肌寒熱者脾也脾主肌肉脾受邪則氣不健運皮膚因以作痛也唇者脾所屬也脾之脈連舌本散舌下涎又爲其液病則其液漸竭自唇舌枯槁也汗者液所化也脾無力以運之則無以爲汗而外達也

骨寒熱者病無所安汗注不休齒本槁痛

丁註 骨寒熱者腎也腎主骨病無所安者言身不得安也腎又主液汗注不休津液外泄也齒爲骨之餘津液過泄內無所養齒本自枯槁而痛也○

楊註 五藏皆有寒熱經僅言三藏定是殘闕也

五十九難曰狂癲之病何以別之然狂之始發少臥而不饑自高賢也自辨智也自貴倨也妄笑好歌樂妄行不休是也

丁註 狂病者病在手三陽而反汗故陽盛卽發狂也病在足三陰而反下故陰盛卽發癲也○楊註 狂病之候於初發之時不欲眠臥又不飲食自賢智自貴倨歌笑行走不休是陽氣盛極所致也經言重陽者狂卽此病也今人以爲癲疾謬矣

癲病始發意不樂直視僵仆其脈三部陰陽俱盛是也

丁註 經言重陽者狂重陰者癲三部陰陽俱盛者狂病三部皆見陽脈癲病三部皆見陰脈也○楊註 癲顚也樂居陽分陰病故不樂也直視目不轉睛也僵仆臥而如尸也是陰氣盛極所致也今人以爲癇病誤矣

六十難曰頭心之病有厥痛有眞痛何謂也然手三陽之脈受風寒伏留而不去者則名厥頭痛入連在腦者名眞頭痛

丁註 手三陽之脈從手至頭風寒伏而不去上及於頭作痛謂之厥頭痛風寒入於泥丸以及於腦謂之眞頭痛○楊註 厥者逆也手三陽之脈受風寒伏留而不去則循行而上入於頭名厥頭痛足三陽之脈受風寒亦作頭痛今經不言省文也○

虞註 風寒之氣入於三陽之經其頭厥痛者其痛

易己風寒之氣循風府而入於泥丸宮遂及於髓海腦中痛甚而手足冷至肘膝者乃謂之眞頭痛也

其五藏氣相干名厥心痛

楊註 諸經絡皆屬於心若一經有病其脈逆行逆則乘心乘心則心痛故曰厥心痛是五藏氣衝逆致痛非心家自痛也

其痛甚但在心手足青者即名眞心痛其眞心痛者旦發夕死夕發旦死

丁註 眞心不病外經受五邪相干名曰厥心痛其痛甚則手足青而冷神門穴絕者死病名眞心痛也○楊註 心者五藏六府之主法不受病病即神去氣竭故手足爲之青冷也心痛手足冷者爲眞心痛手足溫者爲厥心痛也頭痛亦然從今日平旦至明日平旦爲一日今云旦發夕死夕發旦死是正得半日而死也

神聖工巧第十一 凡一首

六十一難曰經言望而知之謂之神聞而知之謂之聖問而知之謂之工切脈而知之謂之巧何謂也然望而知之者望見其五色以知其病

楊註 望色者假令肝部見青色者肝自病見赤色者心乘肝肝亦病故見五色知五病也

聞而知之者聞其五音以別其病

楊註 五音者謂宮商角徵羽也以配五藏假令病人好哭者肺病也好歌者脾病也故云聞其音知其病也

問而知之者問其所欲五味以知其病所起所在也

楊註 問病人云好辛味者則知肺病也好食冷者則知內熱故云知所起所在

切脈而知之者診其寸口視其虛實以知其病在何藏府也

丁註 視當作持字爲以手循持其寸口也○楊註 切按也謂按寸口之脈若弦多者肝病也洪多者心病也浮數則病在府沈細則病在藏故云在何藏府也

經言以外知之曰聖以內知之曰神此之謂也

丁註 夫脈合五色色合五味味合五音故有此望聞問切之法經內前篇具說習之者能知此乃是神聖工巧之良醫也○楊註 視色聽聲切脈皆從外而知內之病也

藏府井俞第十二 凡七首

六十二難曰藏井滎有五府獨有六者何謂也然府者陽也三焦行於諸陽故置一俞名曰原所以府有六者亦與三焦共一氣也

丁註 三焦者臣使之官位應相火宣行君火命令使行於諸陽經中故置一俞名曰原所以府有六亦是三焦之一氣故三焦共一氣也○**楊註** 五藏之脈皆以所出爲井所流爲滎所注爲俞所行爲經所入爲合是謂五俞以應金木水火土也六府亦並以所出爲井所流爲滎所注爲俞所過爲原所行爲經所入爲合其俞亦應五行惟原獨不應五行原者元也元氣者三焦之氣也其氣尊大故不應五行所以六府有六俞亦以應六合於乾道也然五藏亦有原則以第三穴爲原所以不別立穴者五藏法地地卑故三焦之氣經過而已所以無別穴六府既是陽三焦亦是陽故云共一氣也○**虞註** 天以六氣司下地以五行應上六氣者風寒暑燥溼火也五行者金木水火土也十一之氣相因而成人應之以六府法六氣五藏法五行亦十一之氣相因而成也天得六謂天屬陽以陰數配之地得五謂地屬陰以陽數配之而成陰陽也人府藏亦然六府配六氣者謂膽木配風膀胱水配寒小腸火配暑大腸金配燥胃土配溼三焦少陽配火三焦爲原氣在六府陽脈中自立爲一原也五藏配五行者肝木心火脾土肺金腎水五藏法陰無原一穴者謂五行陰脈穴中原氣暗主之故原井俞同一穴也故曰三焦共一氣其理明矣詳此經義以後問答文理有闕

六十三難曰十變言五藏六府滎合皆以井爲始者何謂也然井者東方春也

虞註 經言井者東方春也春者施化育不求報者也春者仁也在五常爲仁在五行爲木木性仁也井水也井水濟人亦不求報故言井者東方春也易曰井養而不窮以象春之仁也

萬物之始生

虞註 萬物始生由春氣之化育也諸蚑行喘息蜎飛蠕動當生之物莫不以春而生

虞註 井有仁焉故聖人法春育物以象於井也夫葭灰方飛蟄蟲始振所以蚑蟲行喘息蜎蟲飛蠕蟲動皆因春氣而生也蜎井中蟲也

故歲數始於春

虞註春木也下文甲亦木井有仁仁亦木也今以井爲始者謂仁道至大在歲春爲首在日甲爲首在經脉井爲首也

日數始於甲故以井爲始也

楊註凡藏府皆以井爲始井猶谷井非如掘成之井也山谷之中泉水初出之處名之曰井井者主出之義也泉水既生停留於坎瀠瀠未盛故名之曰滎停留既深便有挹注之處故名之曰俞俞者紆徐順流漸成渠徑徑者經也經行既達而會於海故名之曰合合者會也此是水之流行也人之經脉亦如之故取以名穴焉以井爲始者以其發源之地也歲數始於春者正月爲歲首故也日數始於甲者謂東方甲乙也正月與甲乙皆屬於春也〇丁註十二經氣穴三百六十五穴皆以井爲始以至其終也

王翰林集註黃帝八十一難經卷之四

王翰林集註黃帝八十一難經卷之五

丁德用　楊玄操　楊康侯

盧國秦越人撰　呂廣　虞庶　註

王九思　王鼎象　石友諒

王惟一　校正音釋

六十四難曰十變又言陰井木陽井金陰滎火陽滎水陰俞土陽俞木陰經金陽經火陰合水陽合土陰陽皆不同其意何也然是剛柔之事也陰井乙木陽井庚金陽井庚庚者乙之剛也陰井乙乙者庚之柔也乙爲木故言陰井木也庚爲金故言陽井金也餘皆倣此

丁註經言剛柔者謂陰井木陽井金庚金爲剛乙木爲柔陰滎火陽滎水壬水爲剛丁火爲柔陰俞土陽俞木甲木爲剛己土爲柔陰經金陽經火丙火爲剛辛金爲柔陰合水陽合土戊土爲剛癸水爲柔〇楊註五藏皆爲陰陰井爲木滎爲火俞爲土經爲金合爲水六府皆爲陽陽井爲金滎爲水俞爲木經爲火合爲土以陰井木配陽井金是陰陽夫婦之義故云乙爲庚之柔庚爲乙之剛餘並如此〇虞註所剋者爲妻謂孤陽不生孤陰不長

井滎亦名夫婦剛柔相因而成也

六十五難曰經言所出爲井所入爲合其法奈何

楊註奈何猶如何也

然所出爲井井者東方春也萬物始生故言所出爲井所入爲合合者北方冬也陽氣入藏故言所入爲合也

丁註人之陽氣隨四時而出入故春氣在井夏在滎秋在經冬在合其所取氣穴皆隨四時而刺之也○楊註春夏主生養故陽氣在外秋冬主收藏故陽氣在內人亦如之

六十六難曰經言肺之原出于太淵

丁註在右手掌後魚際下是脈之大會故云肺之原出于太淵○楊註穴在掌後是也○虞註鍼經言五藏有俞無原原與俞是一穴而出難經又言五藏之原之出是即鍼經中俞穴也兩義皆是也

心之原出于太陵

丁註在掌後兩筋陷中此即是心包絡之原也○虞註在掌後兩骨間

肝之原出于太衝

虞註在足大指本節後二寸是又曰足大指本節後二寸或一寸半是也

脾之原出于太白

丁註在足內側核骨下

腎之原出于太谿

丁註在足內踝後跟骨間是也

少陰之原出于兌骨

丁註神門穴是也此是眞心之脈也○楊註此皆五藏俞也所以五藏皆以俞爲原少陰眞心脈也亦有原在掌後兌骨端陷中者一名神門一名中都前云心之原出于太陵者是心胞絡脈也凡屬心病皆在心胞絡脈以眞心不病故無俞也今有原者外經之病不治內藏也

膽之原出于邱墟

丁註在足外踝下微前是也○楊註在足內踝後微前是也

胃之原出于衝陽

丁註在足跗上五寸骨間動脈是也

三焦之原出于陽池

丁註在手小指次指本節後陷中是也○楊註在手表腕上也

膀胱之原出于京骨

[丁注]在足外側大骨下赤白肉際

大腸之原出于合谷

[丁注]在大指次指間虎口內○[楊注]在手大指歧骨間

小腸之原出于腕骨

[丁注]在小指腕骨內○[虞注]在手腕陷中指腕者誤也○[虞注]以上十二經皆配於五行遇五行相勝之年於王前先瀉其原不足之年於王前先補其原即此原也

十二經皆以俞爲原者何也然五藏俞者三焦之所行氣之所留止也三焦所行之俞爲原者何也然臍下腎間動氣者人之生命也十二經之根原也故名曰原三焦者原氣之別使也主通行三氣經歷於五藏六府原者三焦之尊號也故所止輒爲原五藏六府之有病者皆取其原也

[楊注]臍下腎間動氣者丹田也丹田者人之根本也精神之所藏五氣之所由生生之府也男子以藏精女子主月水以生養子息和合陰陽之門戶也在臍下三寸方圓四寸附著脊脈兩腎之根其中央黃左青右白上赤下黑三寸象三才四寸象四時五色象五行兩腎之間名曰元海又名玄竅中有神龜呼吸元氣上至顛頂下至足底周身無所不至也是受生之初一點靈光鍾於母腹吾儒所謂太極是也由是而五藏由是而六府由是而四肢百骸由是而能視能聽能持能行由是而能仁能義能禮能智由是而能聖能神能文能武究竟生身本原皆從太極中那一些兒發出來耳老子曰玄牝之門是謂天地根何以謂之玄牝之門而曰天地根也豈非吾身之天地吾身之玄牝耶吾身天地之根吾身玄牝之根耶吾身玄牝之門吾身天地之門耶而天地之門之所從出者獨不有所謂先天地生而爲天地之根乎故天地之根乃天地之所由以分天而分地也而玄牝之門之所從出者獨不有所謂先玄牝生而爲玄牝之根乎故玄牝之根乃玄牝之所由以分玄而分牝也何以謂之玄也豈非從有名之母中發出來也何以謂之玄之又玄豈非從無名之始中發出來也從可知丹田乃生身之本立命之根也故曰腎間動氣者人之生命也○[虞注]在天則三元五運相

地之原氣也故五藏六府有病皆取其原也○丁

註三焦者是十二經根本是生氣之原也爲臣使之官宣行榮衛所以在陽經輒有其原也

井榮俞經合圖此圖明其經絡始終五藏六府之原

手厥陰心包絡之經起於中衝穴在手中指之端去爪甲角如韭葉是也終於天池穴在腋下乳後一寸著脇肋間是也

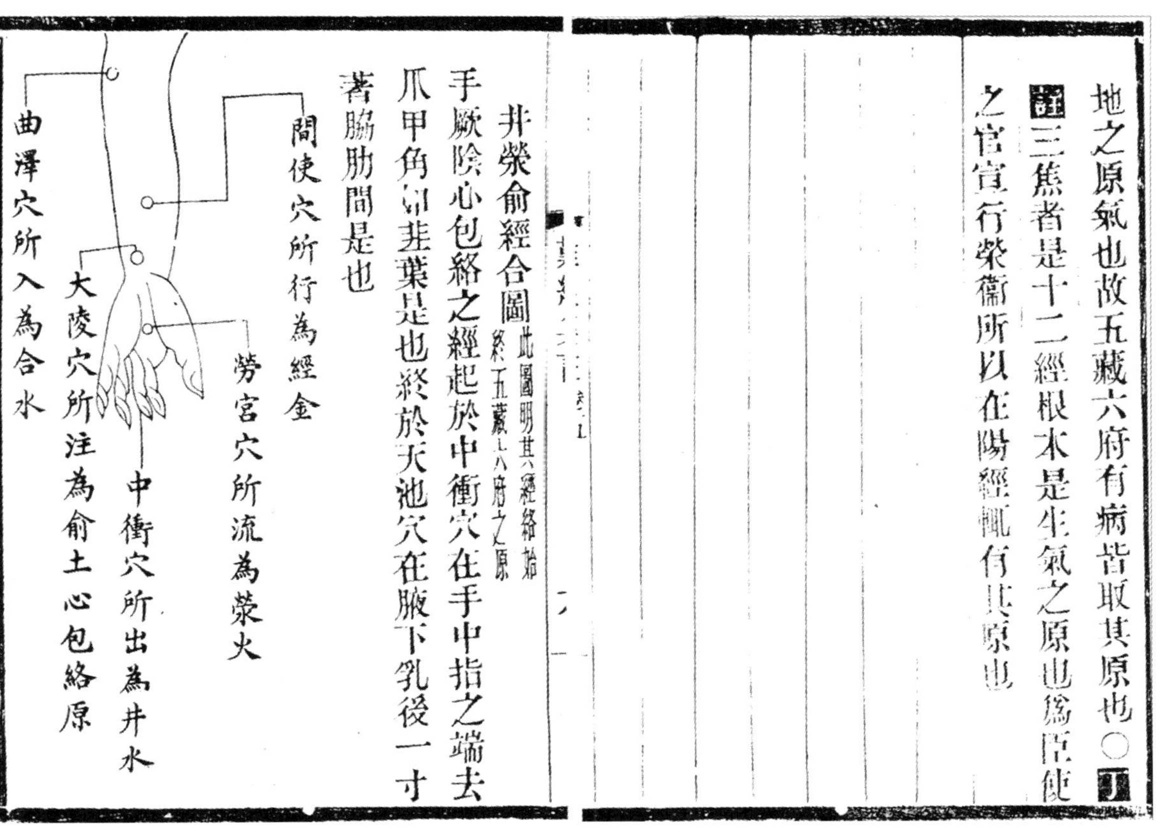

手太陰肺之經起於少商穴在手大指內側去爪甲角如韭葉是也終於中府穴在雲門下一寸乳上三肋間是也

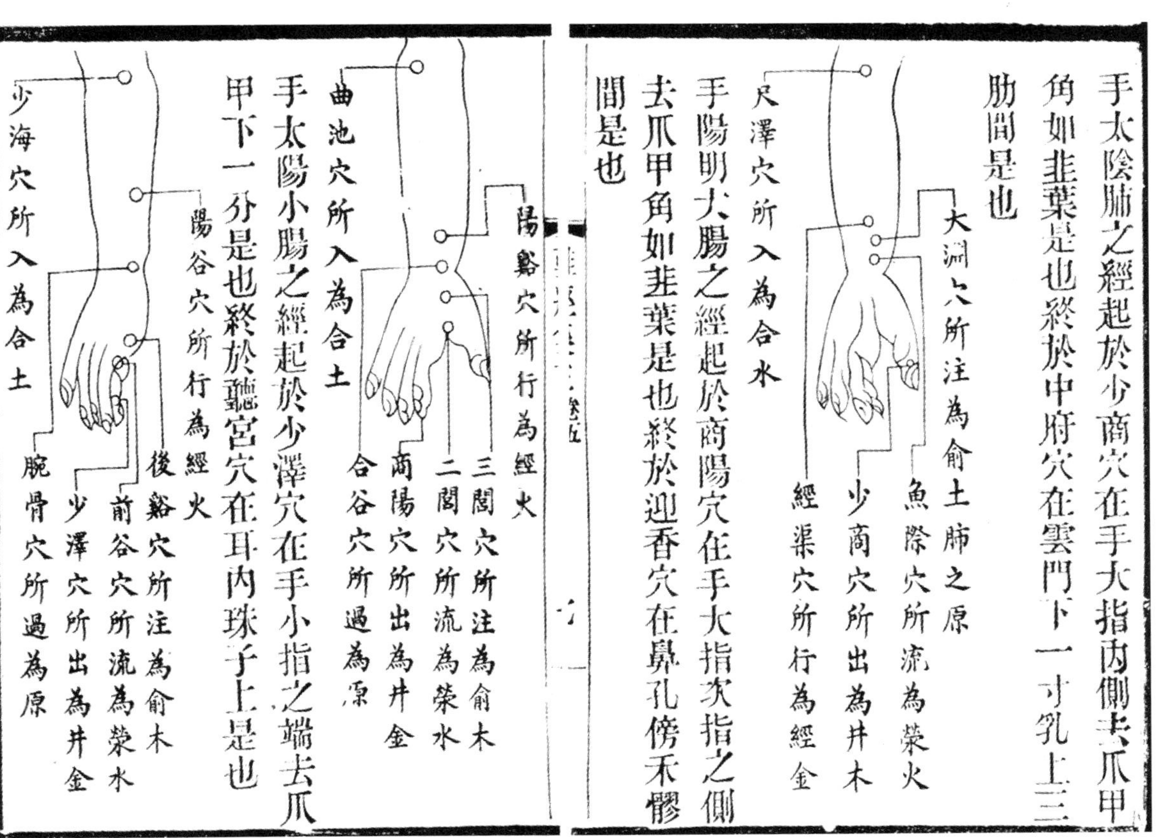

手陽明大腸之經起於商陽穴在手大指次指之側去爪甲角如韭葉是也終於迎香穴在鼻孔傍禾髎間是也

手太陽小腸之經起於少澤穴在手小指之端去爪甲下一分是也終於聽宮穴在耳內珠子上是也

手小陽三焦之經起於關沖穴在手小指次指之側去爪甲角如韭葉是也終於耳門穴在耳前起肉缺者是也

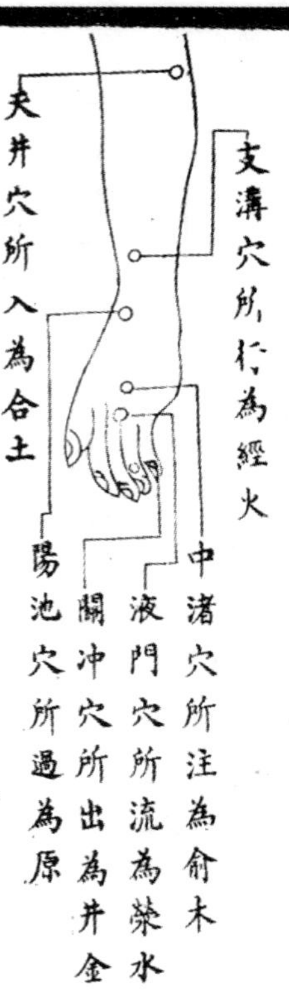

支溝穴所行為經火
中渚穴所注為俞木
液門穴所流為榮水
關沖穴所出為井金
陽池穴所過為原
天井穴所入為合土

手少陰眞心之經起於少沖穴在手小指內側去爪甲角如韭葉是也終於極泉穴在腋下肋間動脈是也

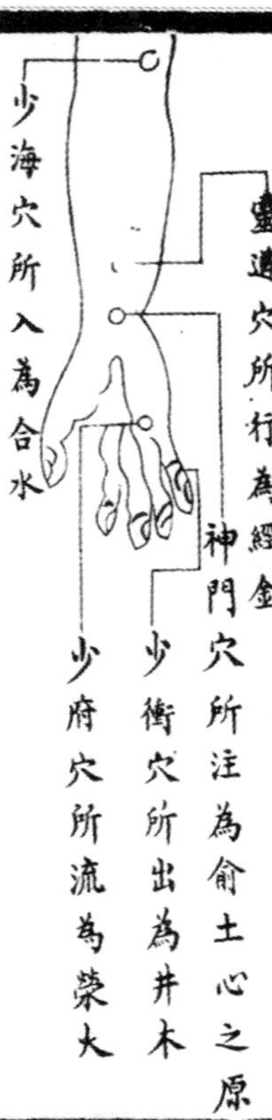

靈道穴所行為經金
神門穴所注為俞土心之原
少衝穴所出為井木
少府穴所流為榮火
少海穴所入為合水

靈樞經曰少陰獨無俞者不病乎言外經病而藏不病也是治外不治內也以少陰眞心應君火之位故不治內而治外也

足厥陰肝之經起於大敦穴在足大指之端去爪甲角如韭葉是也終於期門穴在不容傍一寸五分二肋端是也

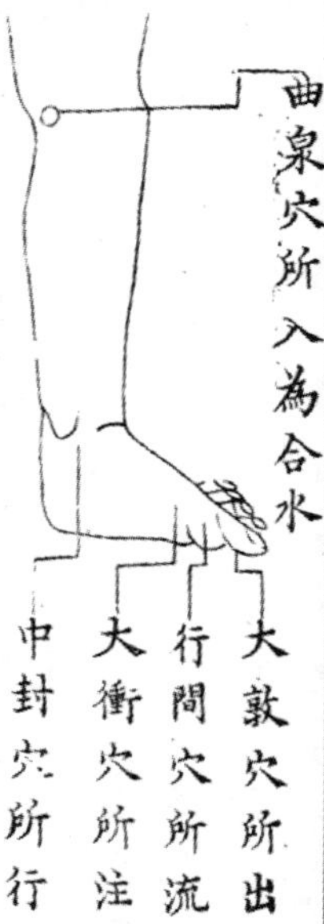

曲泉穴所入為合水
大敦穴所出為井木
行間穴所流為榮火
大衝穴所注為俞土
中封穴所行為經金

足陽明胃之經起於厲兌穴在足大指次指之端去爪甲角如韭葉是也終於頭維穴在面五行額角髮際本神傍一寸五分是也

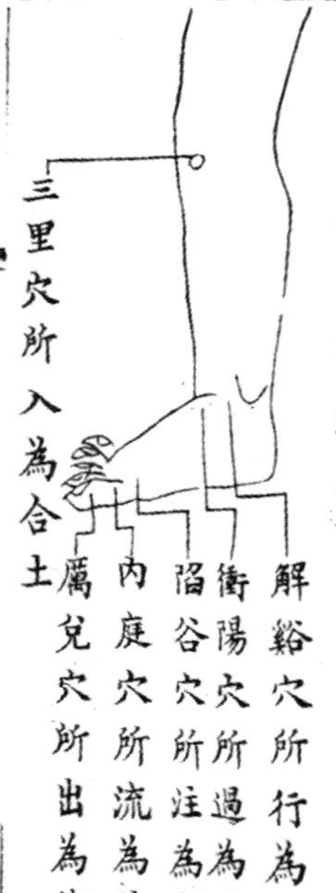

解谿穴所行為經火
衝陽穴所過為原
陷谷穴所注為俞木
內庭穴所流為榮水
厲兌穴所出為井金
三里穴所入為合土

足太陽膀胱之經起於睛明穴在目內眥淚孔邊是也終於至陰穴在足小指外側去爪甲角如韭葉是也

至陰穴所出為井金
通谷穴所流為榮水
束骨穴所注為俞木
京骨穴所過為原
崑崙穴所行為經火
委中穴所入為合土

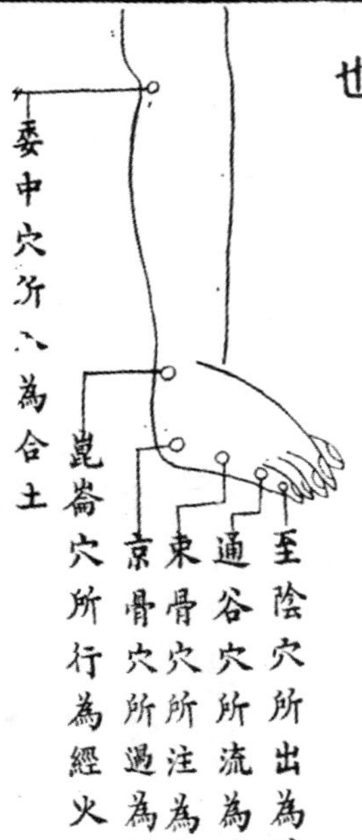

足少陰腎之經起於湧泉穴在足心陷中屈足卷指宛宛中是也終於俞府穴在璇璣傍一寸巨骨下是也

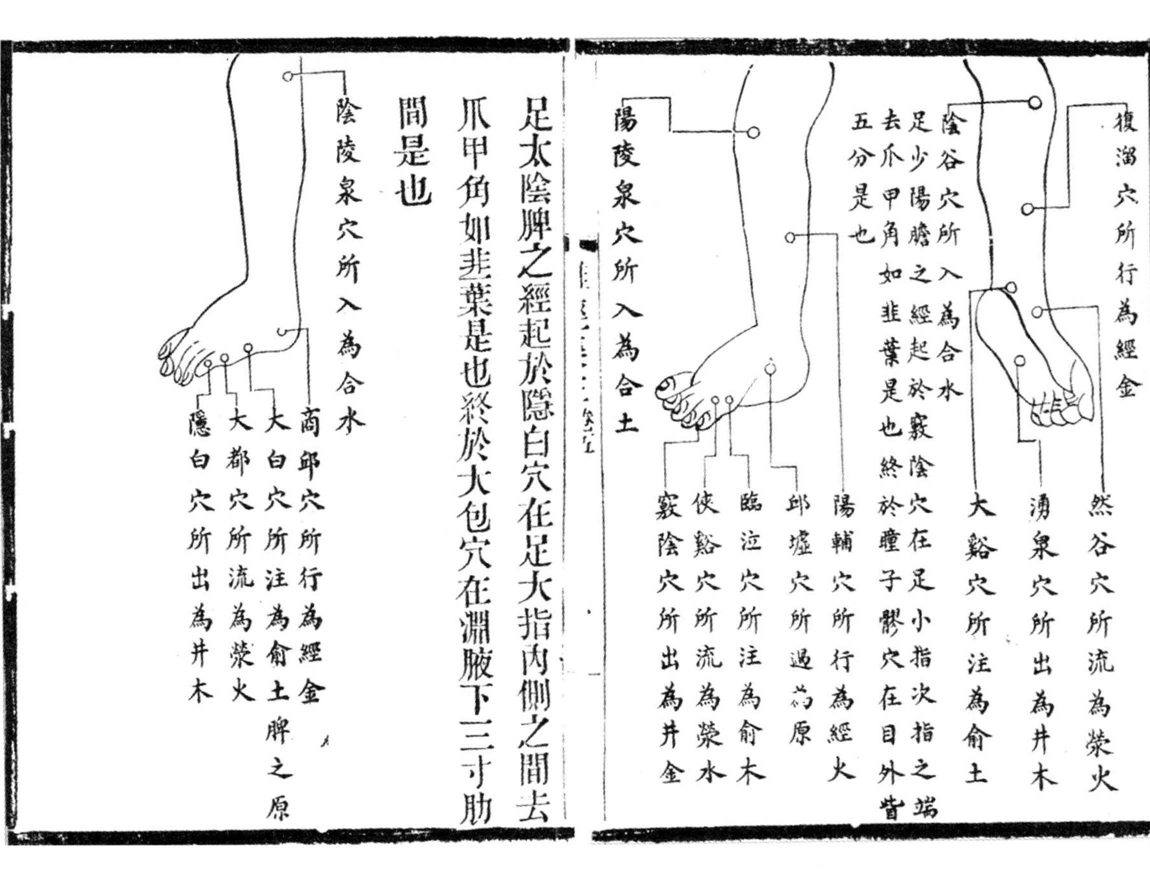

六十七難曰五藏募皆在陰俞皆在陽者何謂也然陰病行陽陽病行陰故令募在陰俞在陽

丁註人背爲陽腹爲陰是言五藏俞皆有陽者背俞也故肺俞二穴在第三椎下兩傍相去同身寸之一寸五分是也心俞二穴在第五椎下兩傍相去同身寸之一寸五分是也肝俞二穴在第九椎下兩傍相去同身寸之一寸五分是也脾俞二穴在第十一椎下兩傍相去同身寸之一寸五分是也腎俞二穴在第十四椎下兩傍相去同身寸之一寸五分是也肺之募中府二穴在雲門下一寸乳上三肋間是也心之募巨闕一穴在鳩尾下一寸是也脾之募章門二穴在季脇下直臍是也肝之募期門二穴在不容兩傍一寸五分是也腎之募京門二穴在腰中季脇本是也○楊註腹爲陰五藏之募皆在腹故云募皆在陰背爲陽五藏之俞皆在背故云俞皆在陽內藏有病則出行於陽陽俞在背也外體有病則入行於陰陰募在腹也故鍼法云從陽引陰從陰引陽此之謂也

六十八難曰五藏六府各有井滎俞經合皆何所主然經言所出爲井所流爲滎所注爲俞所行爲經所

入爲合井主心下滿
呂註井者木木者肝肝主滿也○虞註井法木以應肝脾位在心下今邪在肝肝乘脾故心下滿當治之於井不令木乘土也
滎主身熱
呂註滎者火火者心心主身熱也○楊註滎法火以應心肺屬金外主皮毛今心火灼於肺金故身熱謂邪在心也故治之於滎不令火乘金則身熱必愈也
俞主體重節痛
呂註俞者土土者脾脾主體重也○虞註俞法土應脾今邪在土土必刑水水者腎腎主骨故病則節痛邪在土土自病則體重宜治於俞穴
經主喘咳寒熱
呂註經者金金主肺肺主寒熱也○虞註經法金應肺今邪在經則肺爲病得寒則咳得熱則喘今邪在金金必刑木木者肝肝在志爲怒怒則氣逆乘肺故喘何以然謂肝之支別從肝別貫膈上注肺脈要精微論曰血在脇下令人喘逆此之謂也治之於經則金不刑於木矣

合主逆氣而泄
呂註合者水水主腎腎主泄也○虞註合法水應腎腎氣不足傷於衝脈則氣逆而裏急腎主開竅於二陰腎氣不禁故泄邪在水水必乘火火者心法不受病肝木爲心火之母爲腎水之子一憂母受邪二憂子被刑肝在志爲怒憂則怒怒則氣逆此五行更相乘剋故病有異同今治之於合不令水乘火則肝木不憂氣逆自降腎已無邪則泄自止井滎俞經合五者法五行應五藏邪湊其中故主病如是善診者審而行之則知自病或係相乘
虛則補之實則瀉之
此五藏六府其井滎俞經合所主病也
丁註此是五藏井滎俞經合也經言井主心下滿井法木以應肝肝木來侵脾土脾居心下故心下滿也當取諸井滎主身熱滎法火以應心心火來鑠肺金肺主皮毛故身熱也當取諸滎俞主體重節痛俞法土以應脾脾土來侮腎水腎主骨則病節痛土自病則形體重土水兼病故體重節痛也當取諸俞經主喘咳寒熱經法金以應肺肺主氣爲喘爲咳肺主皮毛爲寒爲熱故喘咳寒熱也當

取諸經合主逆氣而泄合法水以應腎腎爲橐籥不固則氣逆不禁則下泄故逆氣而泄當取諸合

用鍼補瀉第十三凡十三首

六十九難曰經言虛者補之實者瀉之不實不虛以經取之何謂也然虛者補其母實者瀉其子當先補之然後瀉之不實不虛以經取之者是正經自生病不中他邪也當自取其經故言以經取之

丁註此經先立井滎俞經合配象五行即以十二經中各有子母遞相生養然後言用鍼補瀉之法也假令足厥陰肝之絡中虛虛則補其母合即其母也絡中實實則瀉其子滎即其子也如無他邪當自取其經故言以經取之也○楊註春得腎脈爲虛邪是腎氣虛不能養肝當補腎腎壯則肝自旺肝爲腎子即補其母法也春得心脈爲實邪是心氣盛逆來乘肝當瀉心心平則肝自舒肝爲心母即瀉其子法也不實不虛是諸藏不相乘也春得弦多及但弦者皆是肝藏自病也則即於足厥陰少陽之本經而補瀉之經有金木水火土之別隨時而取之可也

七十難曰經言春夏刺淺秋冬刺深者何謂也然春夏者陽氣在上人氣亦在上故當淺取之秋冬者陽氣在下人氣亦在下故當深取之

丁註春夏刺淺秋冬刺深者是即春夏刺井滎從肌肉淺薄之處秋冬刺經合從肌肉深邃之處是四時隨所在之刺法也○楊註經言春氣在毫毛夏氣在皮膚秋氣在分肉冬氣在筋骨此四時之氣也其四時受病亦各隨正氣之深淺故用鍼以治病者各依四時氣之深淺而取之也

春夏各致一陰秋冬各致一陽者何謂也然春夏溫必致一陰者初下鍼沈之至腎肝之部得氣引持之陰也

虞註經言春夏養陽言取一陰之氣以養於陽慮成孤陽也致到也及也言到於腎肝引持一陰之氣於陽也肝腎者至陰也

秋冬寒必致一陽者初內鍼淺而浮之至心肺之部得氣推而內之陽也

虞註經言秋冬養陰言至陰用事無陽氣以養故取一陽之氣以養於陰免成孤陰也心肺者陽也故言至心肺之部也

是謂春夏必致一陰秋冬必致一陽

楊註 人皮三分心肺之部陽氣所行也入皮五分腎肝之部陰氣所行也陽爲衛陰爲榮春夏病行於陽故引陰以和陽秋冬病行於陰故內陽以和陰也○虞註 楊氏所註言三分爲心肺之部五分爲肝腎之部此乃玄珠密語分天地氣而言之故有三分五分之說也○丁註 人之肌膚頗有厚薄之別但皮膚之上爲心肺之部陽氣所行肌肉之下爲腎肝之部陰氣所行春夏陽氣上騰所用鍼沉內至腎肝之部引持陰氣以和其陽故春夏必致一陰也秋冬陰氣下降所用鍼浮內至心肺之部引持陽氣以和其陰故秋冬必致一陽也可知經言春夏必致一陰秋冬必致一陽者無非調和陰陽之旨也

七十一難曰經言刺榮無傷衛刺衛無傷榮何謂也

然鍼陽者卧鍼而刺之刺陰者先以左手攝按所鍼榮俞之處氣散乃內鍼是謂刺榮無傷衛刺衛無傷榮也

丁註 人之榮爲陰衛爲陽二者爲之表裏卧鍼而刺蓋恐傷於榮也刺陰先以左手攝按所鍼之穴令陽散而內鍼者蓋恐傷於衛也○楊註 入皮三分爲衛氣病在衛用鍼則淺故卧鍼而刺之深則恐傷榮氣故也入皮五分爲榮氣故先按所鍼之穴待氣散乃內鍼恐傷衛氣故也○虞註 三陰三陽各主氣血鍼有淺深不同故聖人論行鍼之道恐過不及有傷於榮衛也血氣形志篇曰太陽多血少氣少陽少血多氣陽明多氣多血厥陰多血少氣少陰多氣少血太陰多氣少血啟玄子註曰血氣多少天之常數故用鍼之道常瀉其多也

七十二難曰經言能知迎隨之氣可令調之調氣之方必在陰陽何謂也

然所謂迎隨者知榮衛之流行經脈之往來也隨其逆順而取之故曰迎隨調氣之方必在陰陽者知其內外表裏隨其陰陽而調之故曰調氣之方必在乎陰陽

丁註 夫榮衛通流散行十二經之內俱有始有終其始自中焦注手太陰一經一絡然後注手陽明一經一絡其經絡有二十四節候亦二十四遙遙相合凡氣始至而用鍼取名曰迎而奪之其氣流注及終出鍼而捫其穴名曰隨而濟之又補其母亦名曰隨而濟之瀉其子亦名曰迎而奪之又隨呼吸出內其鍼亦曰迎隨此皆是調和陰陽之法

故曰必在乎陰陽也○楊註氣之行於身無時或已衛氣晝行於身體夜行於藏府迎者逆也隨者順也謂衛氣逆行榮氣順行病在陽必候榮衛行至於陽分而刺之病在陰必候榮衛行至於陰分而刺之是迎隨之意也又迎者瀉也隨者補也宜瀉者迎其氣之方來逆鍼以奪其氣宜補者隨其氣之方去順鍼以濟其氣是調氣之方必在陰陽也陰虛陽實則補陰瀉陽陽虛陰實則補陽瀉陰或陽并於陰陰并於陽或陰陽俱虛或陰陽俱實皆隨病所在而調其陰陽則病無不已○虞註迎取也乃五行六氣各有休王假令木氣有餘之年於壬前先瀉其化源玄珠密語曰木之行勝也蒼竊先見於林木木王剋土宮音失調倮蟲不滋八身應之先於十二月瀉其化源是即迎也不足之年補其化源是即隨也調氣之方必在陰陽者言引外至內引內至外如月生無瀉月滿無補也定人之呼吸觀寸之寒溫從陽引陰從陰引陽春夏致一陰秋冬致一陽故曰調氣之方必在陰陽也知其內外表裏者謂察脈之浮沈識病之虛實以外知內視表知裏故曰知其內外表裏也隨其陰陽而調之者謂隨其病之在何陰陽脈中而調治之也

七十三難曰諸井者肌肉淺薄氣少不足使也刺之奈何然諸井者木也滎者火也火者木之子當刺井者以滎瀉之故經言補者不可以爲瀉瀉者不可以爲補此之謂也

丁註諸井在手足指梢故言肌肉淺薄也井爲木是火之母滎爲火是木之子故肝木實瀉其滎肝木虛而不足補其合瀉之復不能補故言不可以爲補也○楊註冬刺井病在藏取之井應刺井者則瀉其滎以去其病冬陰氣緊陽氣伏故取井以下陰氣取滎以通陽氣也○虞註不致而致故春乃瀉滎也

七十四難曰經言春刺井夏刺滎季夏刺俞秋刺經冬刺合者何謂也然春刺井者邪在肝夏刺滎者邪在心季夏刺俞者邪在脾秋刺經者邪在肺冬刺合者邪在腎

丁註其言春刺井者謂邪在肝不令肝木邪害於脾土故刺諸井也夏刺滎者謂邪在心不令心火邪害於肺金故刺諸滎也季夏刺俞者謂邪在脾

不令脾土邪害於腎水故刺諸俞也秋刺經者謂邪在肺不令肺金邪害於肝木故刺諸經也冬刺合者謂邪在腎不令腎水邪害於心火故刺諸合也此是治五邪之定法也○楊註鍼法之微妙無窮若不知變通難以治疾細繹經文可悟變通之義經曾云冬刺井春刺滎今又云春刺井夏刺滎理極精微法極玄妙鍼之一法可固守其一定之見乎○虞註春刺井夏刺滎季夏刺俞秋刺經冬刺合乃經之大綱也七十三難言春刺於滎此因王氣相乘火奪木王法曰實邪故瀉之於滎所以

經言瀉者不可以爲補也

其肝心脾肺腎而繫於春夏秋冬者何也然五藏一病輒有五也假令肝病色青者肝也臊臭者肝也喜酸者肝也喜呼者肝也喜泣者肝也其病衆多不可盡言也四時有數而並繫於春夏秋冬者也鍼之要妙在於秋毫者也

丁註八之五藏繫於四時五藏一病輒有五者謂五聲五色五味五液五香五臭若持鍼者能洞悉其五邪治中病源則鍼之要妙在於秋毫未可粗心從事也○楊註藏府之病各有形證今略舉肝家一藏言之經言春刺井爲邪在肝不令肝木之邪侵及脾土是堵截法也設肝自病實則取肝中火瀉之虛則取肝中木補之若是則神明於病神明於鍼矣要訣自在於秋毫間矣○虞註五藏各有聲色臭味液以見於證於井滎俞經合而行補瀉之法其中要妙在於秋毫心領神會之自得

七十五難曰經言東方實西方虛瀉南方補北方何謂也然金木水火土當更相平東方木也西方金也木欲實金當平之火欲實水當平之土欲實木當平之金欲實火當平之水欲實土當平之東方者肝也則知肝實西方者肺也則知肺虛瀉南方火補北方水南方火火者木之子也北方水水者木之母也水勝火子能令母實母能令子虛故瀉火補水欲令金不得平木也經曰不能治其虛何問其餘此之謂也

丁註四方者五行之正位也其王應四時即春應東方木夏應南方火秋應西方金冬應北方水長夏應中央土東方木實西方金虛木反凌金金難制木火爲木子先當瀉心水爲木母又當補水實者瀉其子虛者補其母如是則木自平金自和矣○楊註五行以勝相加故木勝土金勝木木肝也

金肺也肺氣虛弱肝氣強實木反凌金金家不伏欲來平木金木交戰二藏相傷故用鍼者審定病情先須瀉心心氣既通肝氣自和又當補腎腎家一旺水來潤木肝氣乃定則肺不復來平肝然後卻補脾氣脾是肺母母氣傳子子便強壯故曰不能治其虛何問其餘此之謂也○**楊註**木實可凌金虛今據肝家一條以例五藏假令東方肝木實西方肺金虛實木來凌虛金金雖制實木以致肝欲制肺肺乃不伏二藏爭勝反旺於火當先瀉心心屬火火者木之子子氣既通肝陽自伏肝氣既復則肺亦安靜然後再補脾脾是肺母母氣投子子氣便實故言母能令子實子能令母虛不能治其虛何問其餘○**虞註**五藏五行更相平伏宜憑補瀉以調治之素問曰邪氣盛則實真氣奪則虛以下凡有虛實悉從此推經言木實金虛瀉火補水夫木實者謂木有餘則土遙畏之土畏之則金失所養金必虛矣若不瀉火火必從而爍金金乃仇讎於木金木相勝以致兩相刑剋故必先瀉火以滅木之盛勢木勢一滅則土無所畏乃可漸養其金補水者水能制火火退則心自寧木無火助木亦自平火爲木子故子能令母實也木盛侵土土便衰弱弱則不能顧金土爲金母故母能令子虛也

七十六難曰何謂補瀉當補之時何所取氣當瀉之時何所置氣然當補之時從衛取氣

虞註肺行五氣灌漑五藏通注六經歸於百脈氣旺則體強壯氣衰則體委靡衛者即氣之所流行也氣或有虧惟衛自治故曰當補之時從衛取氣也

當瀉之時從榮置氣

虞註邪在榮分當內鍼於所實之經待氣引鍼而瀉之故曰當瀉之時從榮置氣置者取也迴也

其陽氣不足陰氣有餘當先補其陽而後瀉其陰

虞註假令膽不足肝有餘先補足少陽而後瀉足厥陰也

陰氣不足陽氣有餘當先補其陰而後瀉其陽

虞註先補不足後瀉有餘者恐益虛其虛也

榮衛通行此其要也

楊註此是陰陽更虛更實之證須通榮衛病則愈也○**丁註**於當補之時從衛取氣衛者陽也補當

從陽分以求之也當瀉之時從榮置氣榮者陰也瀉當從陰分以理之也陰陽之有餘不足自當先補其不足後瀉其有餘使榮衞通行卽持鍼之要妙也故曰此其要也

七十七難曰經言上工治未病中工治已病者何謂也然所謂治未病者見肝之病則知肝當傳之與脾故先實其脾氣無令得受肝之邪也故曰治未病焉中工治已病者見肝之病不曉相傳但一心治肝故曰治已病也

丁註 素問曰春勝長夏長夏勝冬冬勝夏夏勝秋秋勝春此四時五行相勝之理也人之五藏有餘者行勝不足者受邪上工先補不足無令受邪而後瀉有餘此是治未病也中工持鍼惟瀉其有餘故言治已病也○楊註 五藏得病每傳其所勝肝病傳脾之類是也若當其王時則不受傳亦不須用此法也假令肝病當傳脾脾以季夏王王時則不受邪故不須實脾氣也若非季夏未免受肝之邪當預實脾氣勿令其受肝邪也如此者謂之上工以其能防患於未然也中工則未能洞達故止守一藏而已

七十八難曰鍼有補瀉何謂也然補瀉之法非必呼吸出內鍼也

楊註 補者呼則出鍼瀉者吸則內鍼故曰呼吸出內鍼也○虞註 謂用鍼補瀉之法呼吸取生成之數爲之

然知爲鍼者信其左不知爲鍼者信其右當刺之時必先以左手壓按所鍼之處彈而努之爪而下之其氣之來如動脈之狀順鍼而刺之得氣因推而內之是謂補動而伸之是謂瀉不得氣乃與男外女內不得氣是謂十死不治也

楊註 凡欲下鍼之時先定其穴便以左手按之以右手彈其所按之處脈已動應於左手之下仍卽以左手捻按之然後持鍼以刺待氣應於鍼下因推入榮中此卽是補也若得氣便搖轉而出之此卽是瀉也若久留鍼而待氣不至則留鍼於衞中久亦不得氣再內入於榮中久又不得氣三處以候而氣不應於鍼者爲陰陽俱盡不可復鍼如此之候一無生理故云十死不治衞爲陽陽爲外故云男外榮爲陰陰爲內故云女內也○虞註 自衞得氣推之於所虛之分開穴出鍼爲補自榮取氣開

穴出鍼爲瀉候人吸氣則內鍼呼盡則出鍼即先補後瀉也反此行之即先瀉後補也玄珠密語之補瀉法言按之得氣內於天部天部得氣推之至地部天地氣相接則出鍼曰瀉反此行之曰補與此義相反○丁註鍼法於左手候之將左手先按所刺之穴俟其氣來如動脈而應於指即便內鍼是迎而奪之也瀉也氣過順鍼而刺之是隨而濟之也補也男子陽氣行於外女人陰氣行於內男子則輕手按其穴女子則重手按其穴過時而氣不至不應於手指者皆不可刺之也刺之則無功其氣已絶故十死不治也不必留鍼以候氣也

七十九難曰經言迎而奪之安得無虛隨而濟之安得無實虛之與實若得若失實之與虛若有若無何謂也然迎而奪之者瀉其子也隨而濟之者補其母也假令心病瀉手心主俞

虞註心病卻瀉手心主俞心者法不受病受病者心包絡也手心主者即手厥陰心包絡也包絡中俞者土也心火也土是火子乃瀉其俞此是瀉子法也

是謂迎而奪之者也

虞註迎謂取氣奪謂瀉氣也

補手心主井是謂隨而濟之者也

虞註心火井木今補心主之井是補母也木者火之母也隨謂營衞取氣濟謂補不足之經

所謂實之與虛者牢濡之意也

虞註牢濡虛實之意也

氣來實牢者爲得濡虛者爲失故曰若得若失也

楊註此是本藏自病而行斯法非五藏相乘也○丁註五藏虛即補其母是謂隨而濟之實即瀉其子是謂迎而奪之如欲爲其補瀉當先候其五藏之脈及所刺之穴如氣來牢實者可瀉之虛濡者可補之設不能明其牢濡安能辨其若得若失也

八十難曰經言有見如入有見如出者何謂也然所謂有見如入者謂左手見氣來至乃內鍼鍼入見氣盡乃出鍼是謂有見如入有見如出也

丁註欲刺人脈先以左手候其穴中之氣其氣來而內鍼候氣盡乃出鍼非迎隨瀉補之法也謂不虛不實取其本經之法也○楊註此還與彈而努之爪而下之相類也

八十一難曰經言無實實無虛虛損不足而益有餘

是寸口脈耶將病自有虛實耶其損益奈何然是病非謂寸口脈也謂病自有實虛也假令肝實而肺虛肝者木也肺者金也金木當更相平當知金平木假令肺實而肝虛微少氣用鍼不補其肝而反重實其肺故曰實實虛虛損不足而益有餘此者中工之所害也

【丁註】范公云不爲良相定作良醫以相秉斡旋之權醫寄死生之任欲爲醫者非造至上工不可也每見中工治病實實虛虛非惟無益適爲所損醫之一道可不愼哉

音釋

六十七難募音暮　六十八難腧盎涉切

王翰林集註黃帝八十一難經卷之五

難經集註跋

難經集註五卷明王九思等集錄吳呂廣唐楊玄操宋丁德用虞庶楊康侯註解者按晁公武郡齋讀書志載呂楊註一卷丁註五卷虞註五卷陳振孫書錄解題載丁註二卷馬端臨經籍考引晁氏作呂楊註五卷蓋當時各家別行至九思等始摭輯以便觀覽耳葉盛菉竹堂書目載難經集註一冊不著撰人名氏此則書名偶同非九思所集按王圻續經籍考載金紀天錫難經集註五卷盛之所收恐此耳盛正統進士九思弘治進士則其非是編也明矣其他諸家藏弆書目及乾隆四庫全書總目並未收入若殷仲春醫藏目錄宜裒蒐無遺而亦遺之蓋似失傳者然以余不涉醫家但知據目錄考之耳因質諸醫官多紀廉夫廉夫云近代醫書絕無援引久疑散佚廉夫於醫家雅稱賅洽而其言如此則知其果失傳也夫方伎一家固有其人其存其佚何干我事然小道可觀至理存焉則亮非可棄也癸亥花朝于瀑識

經穴彙解

提要

《經穴彙解》八卷，日本原昌克編，日本嘉永五年（一八五四年）刊本。是書成於日本文化四年（一八〇七年）。此書爲針灸著作，專述十四經經穴與經外奇穴之部位，有圖解、入針深淺及可灸與否，以《靈樞經》、《針灸甲乙經》爲主，參考中國、朝鮮針灸專著及其他醫書近二十種，對每一經穴均詳予考證。卷首列同身寸取法以備急救取穴之需。現有日本叢桂亭初刻本及其影印本。

東陽原先生編輯　　千里必究

經穴彙解全八卷

江都　青藜閣
水戶　東壁樓　書肆

經穴彙解叙

余重表弟山崎子政善世以針科仕
朝尤妙手爪之運見爲侍醫兼醫
學教諭嘗語余曰靈素之外明
堂尚矣甲乙収而傳焉繼之有
徐叔嚮秦承祖甄權等書俱係
于亡佚是可惜也宋仁宗儆貞
觀故事命翰林醫官王惟一撰
定銅人針灸圖經於是三陰三
陽合任督而爲十四孔穴三百
六十五其義始備矣元滑壽著

發揮一依忽公泰金蘭循经云忽氏之書此間無傳然攷其文正與銅人同則循經全採之于銅人而滑氏不及寓目於銅人也自此而降各家撰述頗多得失互存後學不能無迷今本之於靈素甲乙參之於銅人圖經而上自千金外臺下至明清諸書蒐羅衆說會粹精要正之以經脉流注量之以尺度分寸揣之以宍郄骨間動脉宛宛中則莫有孔穴非錯之弊明堂之能事畢矣若夫方圓迎隨之微吹雲見蒼之妙則在於得之心手豈可言傳耶

水藩侍醫原子子柔撰經穴彙解八卷纂廿有餘家之説考証辨訂定為一家之學以嘉惠後學殆與子政之言符盍其用心也勤矣書已上梓以問序于余余非顓門故昧乎經俞之義焉得揩辭然子柔在數百里之外懇請不已因綴所聞於子政揭于卷端以諗讀斯書者云

文化四年歲在丁夘仲春上澣
東都醫官督醫學丹波元簡譔

水戸藩 扈從士員立原任書

經穴彙解自序

舅氏淡園碕翁作經穴彙解上下二卷以其季子失明從事於鍼刺故有此著也余幼時在武城侍膝下校之無何季子夭翁亦棄此書而不省也余之東歸從遊二三子偶問俞穴余素不解鍼刺往往失其對於是想往時彙解之事乞之翁再閱則所引僅僅三五家而已未足以取徵於斯焉余乃以家藏書備補之增為八卷

須擇据考遂輸通攻諸
說頗具余業已脫稿故不取
其說安井元越俞穴折衷全抄
通攻采擇之不精憾多遺漏
余固浅見寡聞引証疎脫豈
會遂輸通攻而已哉希後之
覽者正之
享和癸亥仲春之日
南陽原昌克撰

凡例

一孔穴註解。以甲乙經為古。千金方。外臺秘要次之。
至後世。隨意增減。諸說紛紜。使人茫然。故此編務
辨諸家之謬。令學者知所適從。

一今世言經穴者。率皆奉滑氏十四經發揮穴歌。以
為金科玉條。廼就各經揣摩以認俞穴。或自手而
到於頭。或自足而到於頭。唯其流注是視。不復審
各體全穴。故至數穴相接之處。動致混錯。如下廉
豐隆。耳門。聽宮。聽會。重取一穴。而莫之能省。蓋發
揮穴註。雖據資生經為文。然其部分穴名。不主各
體而主各經。蓋傚外臺秘要。更於手足十二經之

外加奇經任督二脈。創設十四經之目。因配以諸
穴。學者由是而學焉。所以失也。今取俞穴。先就頭
面腹背項頸各部。悉詳其處所。然後推求絡經上
下前後。猶指掌。故此據甲乙千金。以分諸部為圖。
若其流注則具之於後。

一經絡流注交會及穴歌。盡具十四經發揮。其與經
脉篇有異同。則岡本為竹。著臟腑經絡詳解。悉之。
奇經八脉亦同。今諸經俞穴。有異同者。外臺秘要。
移肺經中府雲門。入脾經之類。必記之。備參考。灸
壯刺分。則諸書異同稍少。而至攻病則有不可守
者。故不載穴下。舉具于續編主治部中。如禁刺灸

穴亦不可不知焉。載在各穴下。

一此編一主甲乙經。故繫諸本註。但內經文可徵者。先記而后及甲乙。使學者知古書可據也。有異同辨之。兩可者共載。誤謬必從有考證者。所增補者書增註。每穴名下。必記其書目者。又從其古者。

一千金方曰。呉蜀多行灸法。有阿是之法。阿是天應穴。取病人。稱快者。自是陷中。而經脉所歷也。故奏驗不尠。乃古所謂痛所爲俞之義也。然徒執阿是而謂經穴之似迂者。去大道而從捷徑也。療其病。不知其所以愈也。所謂阿是而無名稱者。皆載之續編主治部中。

一凡奇穴。別分部。其阿是穴而無名目者。不收錄本邦之灸法。傳異域者。載在聖濟總錄神應經等。又如九曜点之類。乃今不錄。詳諸續編主治中。

一同身寸者。不必用。只急卒之際。或用之。而其法不一。諸說載在開卷第一者。所以先其急也。

一孔穴註解。資生經等。引他書者。就其所引之書校之。若不見其文者。直書資生經。或書今本不見。

一閱書之際。遇其異名。則不易知。乃細書異稱於目錄穴名下。便其搜索。

一引書目錄。只載其孔穴下所引據者。於考案條中所證訂。如素難諸註。諸史註疏之類。總不註于穴下者。皆不列目錄。而誇博洽。且偶有目錄外書。而註穴下者。則正錄題名。若癸辛雜識。幼幼新書。五雲抄等是也。引書省題名。例細書目錄下。

一家藏聖濟總錄。謄寫本也。其分寸字畫。不能無疑。故多不取徵于此。呉文炳鍼灸大成。無註于穴下者。楊繼洲鍼灸大成。往往載其說於穴下。單記大成者。楊氏之大成也。如呉氏鍼灸大成。只記呉文炳。不言大成。以別之。

一流注編中。穴下所細註。一一載甲乙經文。故不記甲乙經。若有引他書者。則必記其所引書名。又不曰某經之所發。某經之所溜。單記所發所溜者。省本

經之字也。但肺經一條。悉加大陰經之字。以示之。其經絡別走某經之類。亦省本經字。

一奇穴部。所載穴名。註文不同而其穴相同者。不敢改論焉。以其不拘經絡流注也。

一凡奇穴同名異穴者。於各條不下註說。但如與俞穴同名者。必註曰與某部某穴同名異穴。教讀者不誤。

經穴彙解

目次

經穴彙解

引書目錄

素問　靈樞

脉經　肘後方 肘後

甲乙經 甲乙　千金方 千金

千金翼方 千翼　王氷内經次註 次註

外臺秘要方 外臺　明堂灸經 明堂

資生經 資生　神應經 神應

本事方 本事　聖濟總錄 聖濟

徐氏鍼灸大全 大全　十四經發揮 發揮

類經　醫學綱目 醫綱

奇效良方 良方　醫經小學 小學

鍼灸聚英 聚英　醫學入門 入門

東醫寶鑑 寶鑑　古今醫統 醫統

醫宗金鑑 金鑑　楊繼洲鍼灸大成 大成

活嬰秘旨推拿方脈 秘旨

臟腑經絡詳解 圖本

經穴彙解卷之一目次

折量分寸法三首並圖

頭面部第一並圖

前髮際傍行凡七穴並圖

神庭 髮際　曲差 鼻衝

本神　頭維

頭中行直鼻中入髮際壹寸却行至風府凡八穴並圖

上星 鬼堂 明堂 神堂　顖會 頂門 顖門 鬼門 顖上

前頂　百會 三陽五會 鬼門 泥丸宮 巔上

天滿 三陽 五會

後頂 交衝

強間 大羽　腦户 匝風 會額 合顱

風府 舌本 鬼枕 鬼穴 曹谿

頭第二行直眉頭俠中行各壹寸半却行至玉枕凡十穴

五處　承光

通天 天臼　絡却 強陽 腦蓋

玉枕

頭第三行直瞳子上入髮際伍分却行至腦空凡十穴

臨泣　目窓 至榮

正營　承靈

腦空 顳顬

後髮際傍行凡五穴

瘖門 舌横 舌厭 瘂門 舌腫　天柱

風池

耳上凡八穴並圖

天衝　率谷

角孫　曲鬢

耳後凡十二穴並圖

顱息 顱顖　瘈脈 資脈

翳風　浮白

竅陰 枕骨　完骨

面中行直神庭下行凡五穴並圖

素窌 面王　水溝 鬼宮 鬼客廳 鼻人中 人中

鬼市　兌端

齗交　承漿 天池 鬼市 懸漿 垂漿

面第二行直曲差下行凡八穴

攢竹 員在 始光 夜光 明光 元柱

睛明 泪孔 淚孔 淚空　迎香 衝陽

禾窌 頗 長頻

面第三行直目上臨泣下行凡十二穴

陽白　承泣 鼷穴 面窌

四白　巨窌

以上總計單雙一百三十穴

經穴彙解卷之一

水戸　侍醫　南陽　原昌克子柔・編輯

折量分寸法

凡取俞穴折量分寸之法。說者不一。以其專主同身寸而不據靈樞骨度篇。故多為參差。夫俞穴所在。即肌肉之分理。節解骨縫陷罅處也。故曰動脈應手。或曰宛宛中。或曰陷者中。則索宛陷摸動脈以得俞穴。不必用分寸者。可知矣。古人雖或言分寸。亦大概言之。不必拘拘也。且夫同身寸者。古書所無也。又名同指寸。始見孫真人之說。以本人手指度本人之身體。故曰同也。非布醫師之手指於病者而度之之謂也。

王太僕註素問。每穴曰同身寸之幾寸。後人遂廢骨度篇而用同身寸。明堂灸經。引扁鵲載同身寸。醫書動假扁鵲而為根蒂。未詳其由來。按寸字起於寸口。从又从一。本取布指診脈之象。是人身專以寸口為一寸。又家語云。布指知寸。公羊傳云。膚寸而合。註曰。側手為膚。皆言布指為寸。非度手指兩紋中間。而為寸之謂也。試度兩乳間為九寸半。以指布之一指當一寸。則布指之義。不為強定俞穴之際。至其無骨節縫會可以憑認者則據骨度分寸。折量之而後肥瘦長短。各得其所。及病急卒。以已手布病者身體。肥瘦長短。以意將息。譬鳩尾至臍中。布指容八指。則一指當一寸。四指為中脘。三指為上脘。容七指。則一指弱為一寸。庶乎其不差。其他同身寸。未必用焉。頃三人相會。一人長五尺六寸。以曲尺度同身寸。得七分半。一人長五尺三寸。而得八分。一人長五尺而得七分半。且目口取一寸。或以兩乳八寸之法。取脊脇類。皆無稽之甚。不可從焉。

崔知悌曰。凡孔穴尺寸。皆隨人形大小。須男左女右量手中指一節兩紋中心。為一寸。孫真人曰。凡孔穴皆逐人形大小。取手中指第一節。為一寸。千金翼無一字云。三寸者。盡一中指也。此二說同義。徐鳳曰。大指與中指。相屈如環。取中指中節橫紋。上下相去長短為一寸。謂之同身寸法。楊繼洲曰。手中指第二節內廷橫紋頭。相去為一寸。取稻稈心量。或用薄篾量。皆易折而不伸。縮為準。用繩則伸縮不便。故不準。後人多從此說。

孫真人曰。凡孔穴在身。皆是臟腑榮衛。血脉流通。表裏往來。各有所主。臨時救難。必在審詳。人有老少。體有長短。膚有肥瘦。皆須精思商量。准而折之。無得一槩致有差失。其尺寸之法。依古者捌寸為尺。仍病者男左女右。手中指上第一節。為一寸。亦有長短不定者。即取手大拇指第一節。橫度為一寸。以意消息。巧拙在人。又曰。以肌肉文理節解縫會宛陷之中。及以手按之。病者快然。如此仔細安詳用心者。乃能得之耳。此說為得。吾門以此說為法。世人偶誤讀橫度大拇指第一節文。度大拇指上下兩橫紋間為一寸者。非孫氏之意也。凡言橫者。以人身直立言焉。手指亦同。大淵大陵曲澤等條下。皆有橫紋語。可見也。千金方。又曰。以古尺比今尺。得八分。

本邦曲尺與唐尺同。則八分。今曲尺八分也。試宛轉隨指橫度橫紋。得曲尺一寸。橫度第一節。則得八分。此言指廣。即布指之義也。且千金不言橫紋。廼橫度第一節耳。

肘后方曰。以病人手橫掩下併四指。名曰一夫。夫家語作扶。公羊作膚。蓋以音同。千金方曰。凡量一夫法。覆手併舒四指。對度四指上中節。橫過為一夫。夫有兩種。有三指為一夫者。此腳弱灸以四指為一夫也。亦依支法存舊法。外臺秘要方曰。謹按明堂劄。當以立為正。取穴必須直立。膝臏骨。坐立便即移動不定。故宜立取之。其寸取病人中指上節為一寸。若取尺寸有長短。取穴必不著。又按秦承祖華陀等。取穴並云。三指四指為準。取三里穴四指。指闊六分。四六二十四。只闊二寸四分。取穴如何得著。黃帝為本。諸說並不可信。今按灸腳氣八種法之類。三里上下廉。從肘后方。以下諸書多有一夫法。處穴致參差。故不取。

一夫之法也。只記諸說備考索。

孫思邈取手大拇指第一節横度為一寸圖

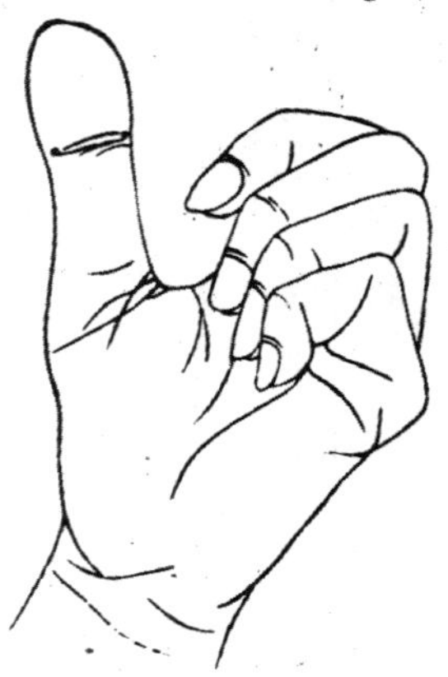

量手中指而為一寸圖

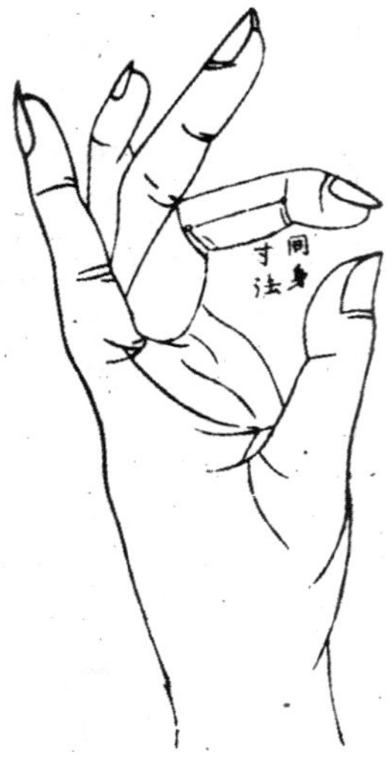

同身寸法

頭面部第一

靈樞骨度篇曰。人長柒尺伍寸。○頭之大骨圍。貳尺陸寸。○髮所覆者。顱至項尺貳寸。○髮以下至頤。長壹尺。○角（額角）以下至柱骨（天柱骨）長壹尺。○兩顴之間。相去柒寸。○耳前當耳門者。廣壹尺參寸。○耳後當完骨者。廣玖寸。○項髮以下至背骨（背甲乙作脊）長貳（貳甲乙作參）寸半。○結喉以下至缺盆中。長肆寸。（缺盆中天突也）

按類經曰。如髮際不明。則取眉心。直上後至大杼骨。折壹尺捌寸。此說拘拘。有頭顱大而項縮者。有項長顱小者。或有眉上顏額廣者。此類不少。故就各部骨度置穴。蓋髮際不明。則使病者上視。顏額皺紋不生處。是髮際。如後髮際。以瘂門定之。如以理說之。則其失天壤。可不慎乎。

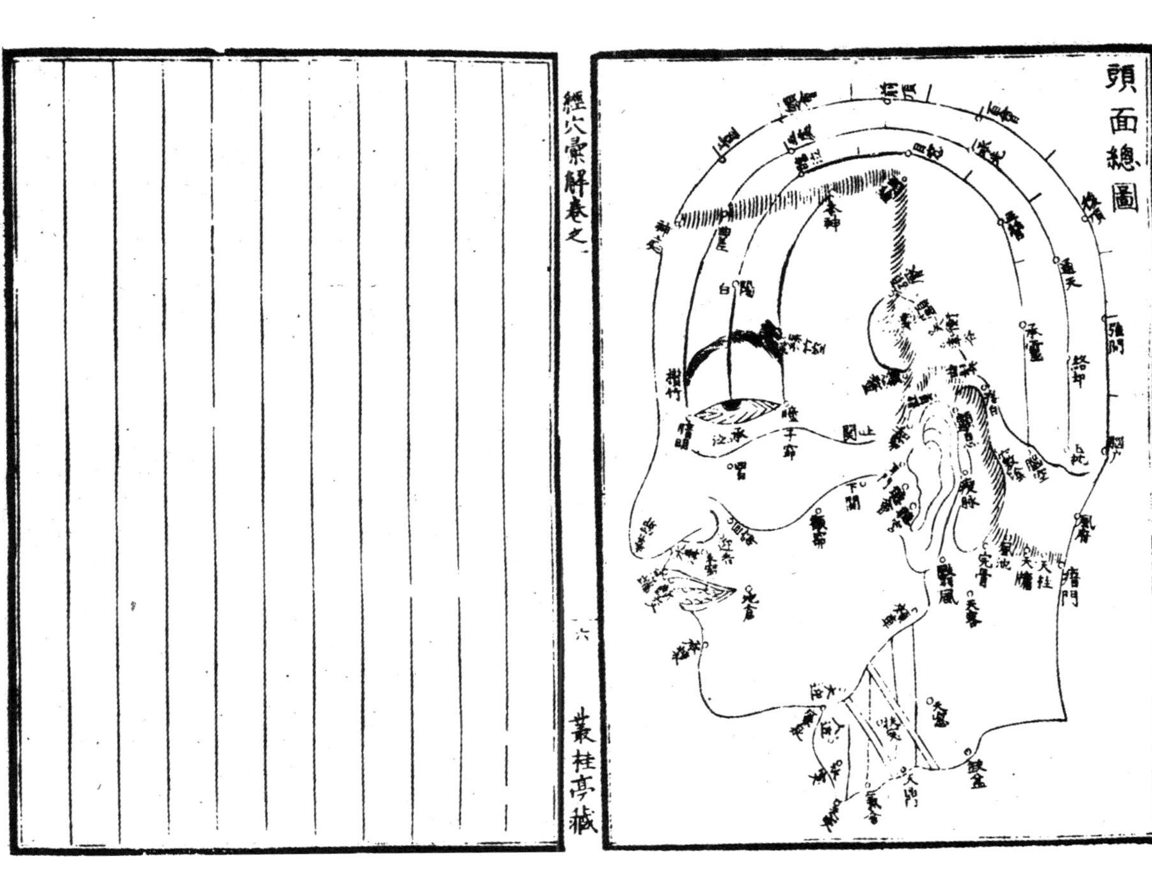

前髮際傍行圖

前髮際傍行凡七穴

神庭　一名髮際。本事髮際直鼻。　禁刺

按外臺秘要方。本事方。資生經。聖濟總録。並作入髮際伍分。諸書從之。千金翼方。載一說曰。入髮際壹分。東醫寶鑑曰。額前。皆拘矣。類經有髮高者。髮際是穴。髮低者。加貳參分之說。凡髮際。高低以意將息而得穴。亦無用之辨也。今從古說。

曲差　一名鼻衝。侠神庭兩傍。各壹寸伍分。在髮際。正頭取之。

按。差。徐氏鍼灸大全。作茬誤。十四經發揮。類經。鍼灸聚英。呉文炳鍼灸大成。楊繼洲鍼灸大成。作入髮際。醫宗金鑑。作髮際間。非也。東醫寶鑑。作入前後際。誤也。此穴去神庭壹寸半。則難折量。今以直睛明上。為曲差。直瞳子髎上。為本神。其間以直目瞳子上。入髮際伍分。為臨泣。不然。先定額角。自神庭至額角爲肆寸伍分。分置四穴。大原先安醫門摘要曰。神庭直鼻上。入髮際伍分則曲差亦入髮際伍分。無鬙之說。不可從。

本神甲乙曲差兩傍各壹寸伍分。在髮際。甲乙

按此穴直絲竹空。上髮際。故甲乙經屬髮際傍行部。千金方屬面部第四行。至絲竹空瞳子髎可見。甲乙千金。載一說曰。直耳上。入髮際肆分。千金翼作貳分。諸書皆有此說。不取。外臺作上目直耳上入髮際肆分。東洋先生曰。蓋上月是一曰之誤。又醫學入門作臨泣外。壹寸半。而臨泣直瞳子。處曲差本神中間。

頭維甲乙額角髮際。俠本神兩傍各壹寸伍分甲乙 禁灸。甲乙

按氣府論云。足陽明脉氣所發者。額顱髮際傍。各三。王氷次註曰。謂懸顱陽白頭維左右共六穴也。資生神應經。類經。聚英。呉文炳。金鑑。作入髮際。非矣。菅沼長之鍼灸則曰。入髮際壹寸伍分。妄矣。千金曰。灸頭兩角。兩角當迴毛兩邊起骨是也。蓋指此穴。神應經曰。取曲鬢一寸。非也。

頭中行。直鼻中入髮際壹寸。却行至風府。凡八穴

頭中行二行三行之圖

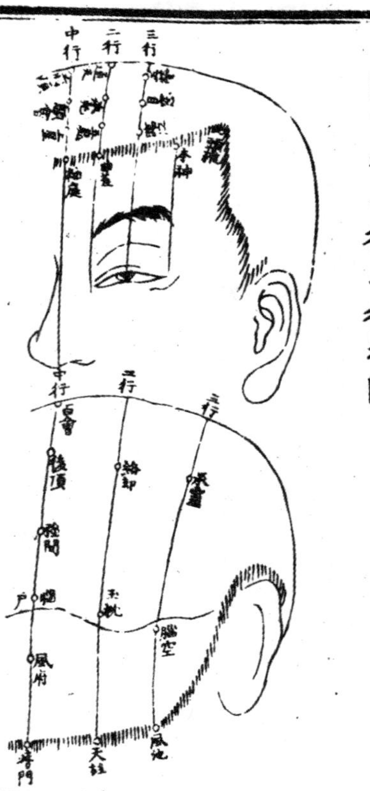

上星甲乙一名鬼堂千金一名明堂資生一名神堂類經顖上直鼻中央。入髮際壹寸。陷者中。可容豆。甲乙 神庭後入髮際壹寸。聖濟 不宜多灸。外臺引甄權

按入門大全。作神庭上伍分。非矣。先以旋毛與耳上定百會。至神庭爲伍寸。壹寸上星。壹寸顖會。顖會百會中間。置前頂。從百會至腦戶肆寸伍分。水熱穴論曰。頭上五行行五。王氷註曰。頭上五行者。當中行。謂上星。顖會。前頂。百會。後頂。次兩傍謂五處。承光。通天。絡却。玉枕。又次兩傍。謂臨泣。目窓。正營。承靈。腦空也。按中行。凡七穴。行五則餘強間。腦戶二穴。未聞古人論及之者。暫俟知者。千金作神

庭上貳寸。資生經載。明堂經。所謂明堂。卽此穴。今
移入一名千金異鍼灸篇曰。卒癲灸督脉三十壯
在直鼻人中上入髮際三報之。未知何處
顖會。甲乙 一名顖上。一名鬼門。千金 一名顖門 李時珍奇經八脉攷
一名項門。大成 上星後壹寸。骨間陷者中。甲乙 禁刺 入門寶鑑
按入門後作上。醫門摘要作壹寸伍分非矣。千金
翼曰。邪病鬼癲。囟上主之。一名鬼門。千金註曰。顖
會一名鬼門。字書云。囟古作顖。又諸風篇曰神庭
上貳寸。隔上星說。分寸。故不取。千金翼作壹寸。誤
前頂。甲乙 顖會後壹寸伍分。骨間陷者中。甲乙

按明堂作百會前壹寸。類經亦載此說。非矣。入門
後作上。
百會。甲乙 一名三陽五會。甲乙 一名鬼門。一名泥丸宮。事本
一名巔上。一名天滿。類經 一名三陽。一名五會。大成 巔
上。素問 前頂後壹寸伍分。頂中央旋毛中。陷可容指。
甲乙 頭頂凹中。肘后 直兩耳尖。發揮
按頂中央之頂。外臺作項。字誤。資生。神應。發揮。類
經。聚英。古今醫統。容指作容豆。無異義。甲乙。旋毛
中三字。以大概而言之。肘后方。作直鼻中入髮際
伍寸。神應經作去前髮際伍寸。後髮際柒寸。是以
骨度折量也。然腦戶在枕骨上。妄用折量。多差謬。

三陽五會。史記扁鵲傳。正義曰。三陽。太陽。少陽。陽
明。五會。百會。胷會。聽會。氣會。臑會也。或以此說註
之。難經曰。八會者。何也。然。府會。大倉。藏會季脇。筋
會陽陵泉。髓會絕骨。血會膈俞。骨會大杼。脉會大
淵。氣會三焦外一筋。直兩乳內也。熱病在內者。取
其會之氣穴也。滕萬卿註之曰。按內經。載熱病五
十九刺法。各處熱邪。隨分取之。由是立八會法。以
適簡約。蓋此八會。十三穴。諸熱在內者。各隨其部
分而治之。鍼太子尸蹷。取外三陽五會者。豈止百
會一穴。疑兼取此會之五處者。可知矣。然三陽五
會之名。出甲乙經。又肘后方。治尸蹷方。針百會。針

入三分。補之。外臺方。治尸厥。針百會。通鑑。唐高宗。
苦頭重。不能視。召侍醫秦鳴鶴。診之。刺百會腦戶
二穴。胡三省曰。鍼灸經。百會一名三陽五會。腦戶
一名合顱。是為百會。一名者。尚矣。孫真人曰。脚氣
舊法。多灸百會。風府。五臟六腑俞募。頃來灸者。悉
覺引氣向上。愼不得灸。以上大忌之
後頂。甲乙 一名交衝。甲乙 百會後壹寸伍分。枕骨上。甲乙 陷
者中。明堂
按入門。百會後之後。作下。明堂。枕上有玉字。非。
強間。甲乙 一名大羽。甲乙 後頂後壹寸伍分。甲乙 腦戶前壹
寸半。千金翼 一曰禁灸。類經

按先取枕骨上定腦户。腦户。百會間。置後頂強間。千金翼曰。大門。腦後尖骨上壹寸。似指強間。羽門。字畫相近。詳于奇穴部。

腦户 素問 一名匝風 作各切 一名會額 甲乙 一名合顱 外臺 跳骨上。強間後壹寸伍分。甲乙 不可灸。令人瘖。甲乙 刺頭中腦户入腦立死。素問 灸五壯。次註

按跳骨空論曰。脊骨上空在風府上。王氷曰。上謂腦户穴。跳當作枕。諸書作枕。是枕骨也。仰卧當枕者。骨空論云。頭橫骨為枕。是也。自後頂至此廣參寸。凡言枕骨。腦户蓋在枕骨之鋭者上。又云。顱際鋭骨。蓋指之也。甲乙曰跳骨蓋以鋭骨

為跳骨。跳字。似有其意也。通鑑。秦鳴鶴刺高宗胡三省曰。鍼令人瘂。舊傳。鳴鶴鍼微出血。頭疼立止。蓋此穴以禁鍼。微出血也。

風府。素問 一名舌本。甲乙 一名鬼枕。一名鬼穴。千金 一名曹谿。本事 髓空在腦後伍分。顱際鋭骨之下。素問 七次脈。頸中央之脈。督脈也。名曰風府。靈樞 項上入髮際壹寸。大筋內。宛宛中。疾言其肉立起。言休其肉立下。甲乙 禁灸 甲乙

按骨空論云。風府在上椎。上椎者。蓋天柱骨之第一節。伏而不見者也。宛宛。舊作穴穴。今訂之。此穴直高骨下。不拘折量。故甲乙經。不言腦户下壹寸。古説可見也。千金作項後入髮際壹寸去上骨壹寸。千金翼。作瘂門上壹寸。入門。大全。作腦户下壹寸半。不取。

頭第二行直眉頭。俠中行。各壹寸半。却行至玉枕。凡十穴。

五處（甲乙）督脈傍。去上星壹寸伍分。（甲乙）曲差後壹寸（增註）

禁灸（甲乙）　灸三壯（外臺）

按入門。五作巨字誤。類經。金鑑。作曲差後伍分非也。第二行。前從眉頭睛明。後至天柱。係一線定之。曲差至玉枕。爲陸寸半。布置諸穴

承光（甲乙）五處後貳寸。（甲乙　外臺）五處後壹寸（千金　千金翼　次註）五處後寸半。（資生　聖濟）

禁灸（甲乙）

按三說。不知孰是。姑從甲乙經。入門。作巨處後字誤。

通天（甲乙）一名天臼。（甲乙）承光後壹寸伍分（甲乙）

按。臼。外臺。作白。寶鑑。作伯。類經。一說直百會傍壹寸伍分。是以承光。爲五處後壹寸伍分。故有此解。

絡却（甲乙）一名強陽。一名腦蓋。（甲乙）通天後壹寸參分。（甲乙）

禁刺（入門）

按腦。醫統。作胸。字誤。外臺。作反行。在通天後。反行。無謂。神應經云。腦後髮際上。兩傍起肉上。各壹寸參分。腦後枕骨。俠腦戶。自髮際上肆寸半。然玉枕俠腦戶。蓋此說非也。諸書作通天後壹寸伍分。說見下。

玉枕（甲乙）絡却後柒分。（甲乙　次註）柒分半。（千金　千金翼　外臺）俠腦戶傍。壹寸參分。起肉枕骨。入髮際參寸（甲乙）　一云禁刺。（類經）

按資生經曰。銅人云。玉枕。在絡却後壹寸半。明堂上下經。皆云柒分半。若以銅人爲誤。則足太陽穴亦同。若以明堂爲誤。不應上下經皆誤也。予按素問註云。玉枕在絡却後柒分。則與明堂之柒分半。相去不遠矣。固當從素問爲準。然而玉枕二穴。既俠腦戶矣。不應止柒分。則至于腦蓋也。銅人壹寸半。蓋有說焉。識者當有以辨之。註曰。今以諸經校勘。在絡却後寸半者。是張介賓曰。甲乙經之數。與督脈之數。不相合。蓋骨度篇。載中行分寸。未言側行。意側行長。不及中行。乃可知也。顱頂圓形。不同故。分寸不可定也。絡却曰壹寸參分。玉枕曰柒分資生。聖濟。作絡却後壹寸伍分。發揮。類經。聚英。入門。醫統。吳文炳。金鑑。大成。從之。非是。以上諸穴俠中行。壹寸伍分。至此曰壹寸參分。是側行。稍狹貳分。猶腹部狹於胸部也。古來之說。不可不知也。側行之穴。難折量。故不取入髮際參寸。五字依枕骨上起肉。村上親方。骨度正誤。承靈。腦空。去督脈各貳寸壹分。風池去督脈。各貳寸。絡却玉枕。去督脈各壹寸伍分。天柱去督脈壹寸參分。未詳其所據。

蓋臆說

頭第三行直瞳子上。入髮際伍分。却行。至腦空。

九十穴。

臨泣 甲乙 當目上眥直入髮際伍分。陷者中。甲乙 正睛取之。經類 一云禁灸 經類

按。氣府論云。直目上髮際內。各五。次註云。謂臨泣。目窗。正營。承靈。腦空也。上眥。千金。千金翼。外臺。同。次註。資生。聖濟。以下無眥字。是也。第三行。前自直瞳子。後至風池。引一線。定第三行。自前髮際至腦空。折量爲伍寸伍分。入髮際伍分。取臨泣。次第處置。腦空。俠玉枕。其穴易得也。

目窗 甲乙 一名至榮。甲乙 臨泣後壹寸。甲乙

按。榮。外臺。作營。壹寸。大成。作寸半。非也。

正營 甲乙 目窗後壹寸 甲乙

承靈 甲乙 正營後壹寸伍分 甲乙 一云禁刺 經類

按。千金翼。作壹寸。非也。

腦空 甲乙 一名顳顬 甲乙 承靈後壹寸伍分。俠玉枕骨下陷者中。甲乙

按。顳。大全。作頸。誤。玉枕者。穴名。骨者。枕骨。俠玉枕傍有骨。其下。故言骨下。千金。作俠玉枕傍枕骨下陷中。是。次註曰。俠枕骨。後枕骨上。不可讀。入門云。搖耳有空。不取。與奇穴顳顬同名異穴。聖濟曰。魏公苦患頭風。發即心悶亂目眩。華陀當鍼而立愈。

後髮際傍行凡五穴

瘖門 素問 一名舌横。一名舌厭。甲乙 一名瘂門 千金翼 一名舌腫。寶鑑 項後中。復骨下。素問 後髮際宛宛中。入繫舌本。仰頭取之。甲乙 不可灸。灸之令人瘖。甲乙 禁深刺。經類

按。氣府論云。項中央二。次註曰。謂風府瘖門二穴也。舌横。外臺。作横舌。舌厭。醫統。作厭舌。瘂。入門。作啞。千金翼曰。一云。腦户下參寸。次註曰。去風府壹寸。呉文炳。從之。聖濟。神應。發揮。呉文炳。皆曰入髮際伍分。寶鑑曰。風府後伍分。說已見。此穴不須折量。古書不言分寸者。可見。張介賓曰。大椎上骨節空也。復當作伏。蓋項骨三節。不甚顯。故云伏骨下。

也。

天柱 素問 項中。大筋兩傍。素問 俠項後髮際。大筋外廉。陷者中。甲乙

按。口問篇曰。天柱。經。俠頸。俠頸者。頭中分也。經者。蓋所謂流注也。

風池 素問 風府兩傍。素問 顳顬後。髮際陷者中。甲乙 按之引於耳中。次註

按。入門曰。耳後壹寸半。拘兵。顳顬腦空一名。是與頷厭等註顳顬。不同。資生。既作腦空是也。類經曰。大筋外廉。非矣。聚英。醫統。大成。作顳顬後。腦空下。誤也。

耳上凡八穴

耳上之圖

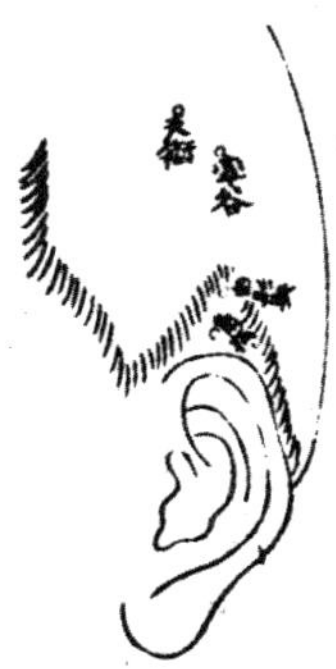

天衝（甲乙）耳上如前參分（甲乙）

按千金衝作衝誤。千金。千金翼。外臺。資生。作參寸。誤。發揮。類經。聚英。大成。作耳後髮際貳寸。然千金。側人明堂圖中。天衝在懸顱懸釐後。耳上穴明矣。別有伏人耳後六穴。此穴不與焉。素問云兩角上

各二。註曰。謂天衝曲鬢甲乙有頭緣耳上卻行至完骨部。自天衝始。故今以此穴。取耳上貳寸如前參分入門。作承靈後壹寸半。是腦空穴也。醫統作耳後髮際貳寸。如前參寸。金鑑。作從率谷後行耳後參分許入髮際貳寸。並非也。諸書言耳後者蓋耳上誤。特聖濟與甲乙同。

率谷（甲乙）耳上入髮際壹寸伍分。嚼而取之（甲乙）陷者。宛宛中。（明堂）

按外臺。明堂。作蟀谷。大全。或作率骨。發揮有如前參分字。不知何據。

角孫（甲乙）耳廓上。中間。開口有孔。（甲乙）髮際下。（次註）禁刺（入門）

按千金。千金翼。外臺。資生。聖濟。神應。作耳廓中間上。次註。作耳上郭表之中間上。髮際之下。入門。吳文炳。作耳廓上。中間髮際下。得之。氣府論云。耳郭上各一。次註曰。謂角孫甲乙。廓字下蓋脫上字。今補之。

曲鬢（甲乙）耳上[入]髮際曲隅陷者。中。鼓頷有空。（甲乙）

按。明堂。大全。作曲髮。王執中曰。曲髮疑髮（髮當作鬢）又字誤也。聚英。作曲髩。千金。千金翼。無入字。是宜削之。世人以耳前曲周下。小曲髮際爲曲鬢。甲乙。屬耳上部。千金。千金翼。共不屬耳前。入門曰。以耳掩

前尖處是穴。恐有耳之大小。然稍爲勝前說。

耳後凡十二穴

耳後之圖

顱息甲乙一名顱顖。大全耳後間青絡脈甲乙青脈中。聖濟刺入一分。出血多則殺人。甲乙 禁刺資生。聖濟入門

按入門。聚英。息作顖。大全。寶鑑。爲一名。間字蓋傳寫誤。在青字上。千金。千金翼。外臺。作青脈間。是也。入門。作耳後上。金鑑。作耳後上間。皆非矣。岡本曰。耳後上尖骨。陷中。此說近是。逼耳而取穴也。瘈脈。翳風。皆同。

瘈脈甲乙一名資脈甲乙耳本後。雞足青絡脈。刺出血如豆汁。甲乙青脈中。聖濟 禁灸。千金 禁刺。入門

按千金。千金翼無後絡二字。外臺。無脈字。岡本曰。耳後正中起骨。如雞拳足者。陷中。是亦一說。聖濟。曰。不宜出血多。即出血如豆汁之意。

翳風甲乙耳後陷中。素問 按之引耳中。甲乙 先以銅錢二十文。令患人咬之。尋取穴中。聚英 引鍼經。

按明堂云。耳後尖角。是與瘈脈混。醫統。呉文炳。大成。從之。入門。作耳珠後。並非。

浮白素問耳後入髮際壹寸。甲乙

按千金翼註曰。翳風前。竅陰後。外臺曰。下曲頰後。逕非。據完骨外上定浮白下定完骨中間取竅陰

竅陰甲乙一名枕骨。類經完骨上。枕骨下。搖動應手。甲乙

按資生。聖濟等。作搖動有空。無應手之文。似不可解。入門。醫統。作搖耳有空。甲乙。搖動言動脈。故曰。應手。金鑑。作耳後高上。枕骨下。非也。與足部竅陰同名異穴。聖濟。作首竅陰。

完骨素問耳後入髮際肆分。甲乙 旁。完骨。增註

面中行直神庭下行凡五穴

面總圖

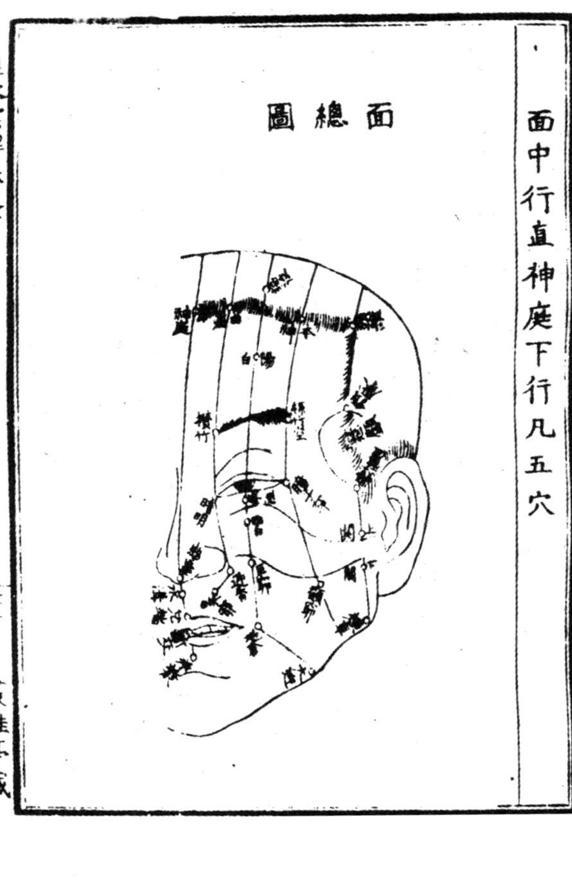

素髎甲乙 一名面王。甲乙 鼻柱上端。甲乙 陷中。入門 準頭。類經

禁灸甲乙

按髎。諸書或作髎。外臺。作扇。髎髎以音通用。扇又同。無異義。下倣此。王。外臺。作玉。資生。作上。聚英。醫統。呉文炳。大成。作正。大全。作土。蓋寫誤。

水溝甲乙 一名鼻人中。肘后 一名鬼宮。一名鬼客廳。千金 一名鬼市。一名人中。千金翼 鼻柱下。人中直唇取之。甲乙 陷中。類經 鼻柱下。溝中央。神應

按聚英。醫統。大成。作近鼻孔。非是。醫學綱目曰。口含水突處。七種類稿曰。人居天地之中。天氣通於鼻。地氣通於口。天食人以五氣。鼻受之。地食人以五味。口受之。此穴居中。故云若。曰人有九竅。自人中而上。皆雙。自人中。而下。皆單。故云此則可名爲竅中。又老子釋畧曰。鼻爲天門。口爲地戶。天地間人中是也。

兌端千金 唇上端。甲乙 上唇中央。尖尖上。入門

按甲乙兌端。作壯骨。字誤。目錄。又作兌骨。明堂。作頤前下唇之下。開口取之。是承漿穴。不可從。大全曰。唇珠上。珠字無謂。此強作歌括之弊也。

齗交素問 唇內齒上。齗縫中。甲乙 齗縫筋中。資生

按齒上。類經。作上齒。千金。外臺無中字。金鑑。大成。齗作齦。義同。內經集註曰。齗交穴。一在唇內齒下齗縫中。蓋上古以齗交有二。督脈之齗交。入上齒。任脈之齗交。入下齒也。以上下之齗齒相交。故名齗交。未知據何書。不可從。盧復醫種子曰。蜀僧慧融。入漸遊會稽。針佝僂人。使之卧。取齗交穴。骨節漸伸。尋愈。此穴乃督之井也。脊中骨節。屬督脈所轄。氣機一透。骨自然伸。似玄門轉河車法。能開關交會。可至長生。況一伸骨節乎。斯法書不從載。慧融。靜中悟出。

承漿甲乙 一名天池。甲乙 一名鬼市。千金 一名懸漿。資生 一名垂漿。聖濟 頤前唇之下。開口取之。甲乙 唇下宛宛中。肘后 下唇之下。千金 下唇稜下。明堂 陷中。發揮

面第二行。直曲差下行。凡八穴

攢竹甲乙一名員在。一名始光。一名夜光。一名明光。甲乙一名元柱。醫統眉頭。又云眉本。素問陷者中。甲乙禁刺灸。入門

按員在。資生作員柱。寶鑑大成作圓柱。在疑寫誤。明光。資生。大成。作光明。始光。聚英。醫統。呉文炳。作始元。

睛明甲乙一名泪孔甲乙○外臺作泪孔。泪淚同字一名淚空聚英目内眥素問内眥外甲乙禁灸資生禁刺入門

按千金。作精明。精睛音通。類經曰。内眥外。壹分宛宛中。入門曰。紅肉陷中。並非也。甲乙。次註。皆曰。灸三壯。醫統曰。或問。睛明。迎香。承泣。絲竹空。皆禁灸。何也。曰。四穴。近目。目畏火。故禁灸也。以是推之。則知睛明可灸。王註誤矣。而醫統穴下。註灸三壯。可謂矛盾。

迎香甲乙一名衝陽。甲乙鼻空外廉素問禾窌上。鼻下。孔傍。甲乙不宜灸。外臺

按孔。外臺。作乳字誤。千金。作和窌上壹寸鼻孔傍。誤。入門。呉文炳。並大成。作禾窌上壹寸。神應經。作鼻孔傍伍分。皆非。說見下。

禾窌甲乙一名䪼。外臺一名長頻。資生直鼻孔下。俠谿水溝傍伍分。甲乙禁灸。入門

按窌。明堂。作聊。蓋音相通。䪼。大成。作顴。長頻。大全。作長髎。聚英。作長頰。又大全曰。禾髎。一名禾窌。髎窌同字。故不取。俠字下谿字。衍。千金等無之。是也。宜削之。禾窌。在水溝傍伍分。迎香。又在禾窌上鼻下孔傍。則迎香。逼鼻孔。取之。氣府論云。鼻孔外廉。此之謂也。千金曰。迎香。在禾窌禾原作和字訛上壹寸。是入鼻孔。神應。資生。發揮等。迎香註。曰鼻孔傍伍分者誤矣。經絡流注。右左行。左右行則壓水溝。過鼻孔外廉。而上。可以證也。資生曰。銅人經。禾髎二穴。在鼻孔下。俠水溝傍伍分。明堂下經。作禾窌。窌卽髎也。上經。乃作和窌。皆云在鼻孔下俠水溝傍伍分。

則是一穴也。而銅人手少陽穴。復有和窌二穴。在耳前兌髮陷中。其穴相去遠矣。恐明堂上經。誤寫禾字。作和字也。

面第三行直目上臨泣下行凡十二穴

陽白 甲乙 眉上壹寸直瞳子。甲乙

按入門陽作揚字誤。資生聖濟作直目瞳子。

承泣 甲乙 一名鼷穴一名面窌。甲乙 目下柒分直目瞳子。甲乙 陷中。資生 正視取之。金鑑 禁灸 甲乙 灸三壯。資生 禁刺。資生

按鼷外臺作谿。千金翼曰目下柒分匡骨下。外臺甄權曰眼下捌分。共非是。金鑑曰目下胞。

四白 甲乙 目下壹寸。面頄骨顴空。甲乙 直瞳子。發揮 正視取之。類經 禁灸。類經 入門

按頄顴頯頔義未詳。頄音逵。玉篇面顴也。廣韻頄

間之骨。集韻與頯同。顴骨也。顴音權。廣韻頔也。集韻輔骨曰顴。或作顴。或作顴。與頄頯音別義同。通作權。頯音逵。集韻面頯也。説文權也。集韻頄骨。一曰厚也。或作頄。頔音拙。面秀骨。博雅顴頄頔也。倶混為同義。然一骨數字。可疑。因考頄是頰間骨之總名。餘字是頄骨中之名。何則頔者漢高祖隆頔龍顏。史記作隆準。準音拙。集韻面顴也。莊子頯頯然。註高露發美之貌。爾雅博而頯。註中央廣兩頭銳。乃頄骨秀銳高露者也。高祖頄骨鼻傍高秀連頰骨。故曰龍顏。从出高出也。由是觀之目下窌窌際。纔容一指。乃壹寸也。其間柒分。而取承泣。其餘

参分。到頄骨秀高處。是顴也。顴髎下。註已曰兌骨。可以見也。面。舊作向。氣府論云面鼽骨空各一。王氷曰。謂四白穴也。又下文顴髎註有面頄骨字。内經本不分部。故曰面。甲乙經據内經。遂用面字。傳寫誤作向。故今改之。千金外臺等無面以下五字。鼽字書不載。蓋頄古字。經脉篇云。目黄口乾鼽衄。又云。洟出鼽衄。从九者音裘。説文病寒鼻窒也。鼽鼽易混。故記。

巨窌 甲乙 俠鼻孔傍捌分直瞳子。甲乙

按巨千金翼資生作臣字誤。聚英呉文炳醫統大成共曰平水溝非也。大成引聚英曰巨髎一名巨

窌。今本不見。大全亦為一名。髎窌義同。今不取。

地倉 甲乙 一名會維。甲乙 俠口傍肆分。如近下。甲乙 有脈微微動。若久患風其脈亦有不動者。本事

按會外臺寶鑑作胃。千金翼一説曰口角一韭葉近下動脉。資生本事口下有吻字。分下有外字。發揮無如近下三字。

大迎 素問 一名髓孔。甲乙 在口下當兩肩。素問 曲頷前壹寸参分。骨陷者中動脉。甲乙 地倉下斜向後頷骨上。増註

按参分千金千金翼外臺資生聖濟大成作貳分。次註以下諸書皆同甲乙。

面第四行。直本神下行。凡六穴

絲竹空甲乙一名巨窌。甲乙一名目髎。外臺眉後素問陷者中。甲乙眉尾骨後入門動脉。增註 禁灸。甲乙

按目髎。大全作月髎。巨窌。恐字誤。入門。脫空字。

瞳子髎甲乙一名太陽。一名前關。千金註一名後曲。外臺目外去眥伍分。甲乙動脉增註 禁針灸。入門

按資生曰。前關目後半寸。亦名太陽穴。又曰。銅人有上關下關。各二穴。素問亦同。明堂上下經。有上關而無下關。惟上經。有前關穴。又不與下關穴同在上關之下。恐別自是前關穴。一名太陽穴。理風赤眼頭痛目眩澁等疾。所不可廢。故附入于下關

之後。乃今據千金方。前關太陽。即瞳子髎一名也。資生。爲別穴者誤。

顴髎甲乙一名兌骨。甲乙鼽骨下素問面頄骨下廉陷者中。甲乙兌骨端。外臺 禁針灸。入門

面第五行。直頭維下行。凡十二穴

頷厭甲乙耳前角上。素問曲周顳顬上廉。甲乙頭維直下髮際。增註 禁深刺。次註

按醫學綱目曰。周當作角。非曲周者。自額角下耳前髮際。其形曲周者。顳顬上廉。資生。大全並言腦空上廉非也。顳顬。註家多誤爲腦空。蓋腦空一名顳顬。遂以相混耳。既有上廉等之語。非穴名者。可見也。即俗所謂米嚼也。自髮中出顏面者。顳顬上廉。頷厭也。中央懸顱也。下廉懸釐也。皆取之髮際。故謂曲周。千金傷寒篇曰。顳顬穴在眉眼尾中間上下有來去絡脉。是其非腦空者。可見。外臺作曲

角。次註。醫統作曲角下。資生。聖濟。發揮。聚英。呉文炳。寶鑑。作曲周下。類經作耳前曲角。入門作對耳額角外。金鑑作兩太陽曲角上廉。大成作曲周上。愈精愈疑。稱角者有二。額髮際作角者一。耳前髮際作角者一。故内經頭維曰額角。又頷厭懸釐曰耳前角。又言曲周者。額角下。髮際曲周者是也。言耳前角者。髮際曲周而更出又作角者是也。故内經有角上角下語。腦空穴在腦骨之空處。故曰腦空一名顳顬。不與此顳顬同。故讀古文者。不可不知也。諸家不知角義及腦空義。妄意改易。可不慎哉。諸書謂曲周下者。即就眉上髮際而言下懸顱

懸釐。謂曲周上者。就耳前髮際斜向目外眥者。而
言上上下字不易解。世人多疑之。故一從甲乙經。
千金同曲角曲周者。所謂小額也。
懸顱甲乙一名髓空。素問直解耳前角下素問曲周顳顬中甲乙
按骨空論云髓空在腦後伍分。與此不同。素問直
解。又載一說曰。腦後參分鋭骨之下。是與骨空論
髓空混。今爲一名髓空者。未知其當否。暫記以資
博聞。千金翼。作顳顬上廉中。外臺。作曲角顳顬上
廉。次註。作曲角上。資生。聖濟。發揮。寶鑑。作曲周上。
聚英。作顳顬中廉。入門。作斜上額角中。醫統。作曲
角下。顳顬上廉。呉文炳。頷厭。懸顱二穴。同註。類經。

金鑑作耳前曲角上。兩太陽之中。大成。作曲周下。
以上諸說要皆是大同小異。而與頷厭混。
懸釐甲乙曲周顳顬下廉。甲乙
按千金翼。釐。作氂字誤。外臺。周作角。次註。醫統。呉
文炳。作曲角上。兩太陽下廉。資生。聖濟。發揮。聚英
寶鑑。大成。作曲周上。金鑑。作耳前曲角上。入門。作
從額斜上頭角下陷。誤。
上關素問一名客主人。素問一名客主。一名容主。大全一名
太陽。醫壘元戎耳前上廉。起骨端。開口有孔。甲乙動脈宛
宛中。資生下關上。隔一骨。醫門摘要禁深刺。甲乙
按千金。千金翼。外臺。次註。無端字。發揮。類經。聚英。

入門。醫統。呉文炳。作起骨上廉。大成。作耳前骨上。
千金翼。作聽會上壹寸。金鑑曰。聽會上。直行壹寸。
並非也。靈樞云。刺上關者。呿不能欠。呿張口也。欠
張口而復合也。是開口取穴也。卽甲乙所謂開口
有孔之義也。聖濟曰。若刺深。令人欠而不得㰦。是
貫解。
下關素問客主人下。耳前。連脈。下空下廉。合口有孔。張
口卽閉。甲乙耳中有乾擿抵不可灸。甲乙○註曰。擿抵。一作適之。不
可灸。一作鍼久畱鍼。
按靈樞云。刺下關者。欠不能呿。是合口有孔也。資
生。類經。聚英。入門。醫統。寶鑑。無下空二字。連古文

動字。千金翼曰。耳門下壹寸。宛宛中。動脈際。側臥
開口取之。非。
頰車甲乙一名機關。一名鬼林。千金十一名曲牙。類經耳下曲
頰端陷者中。開口有孔。甲乙
按氣府論云。耳下牙車之後。各一。次註曰。謂頰車
二穴也。類經。呉文炳。寶鑑。大成。作曲頰端近前。聚
英。頰。作頷。金鑑作近前捌分。入門。作耳下捌分。據
千金及翼方。卒中風口噤不開。灸機關二穴。穴在
耳下捌分小近前之說。並似拘矣。資生。引千金曰。
一名機門。門是關字之誤。又千金翼曰。耳下二韭
葉。宛宛中。側臥張口取之。不可從也。又千金。十三

鬼穴。耳前髮際。宛宛中。耳垂下伍分。名鬼牀。是指頰車。千金翼。無耳前髮際。宛宛中之七字。今移入一名。

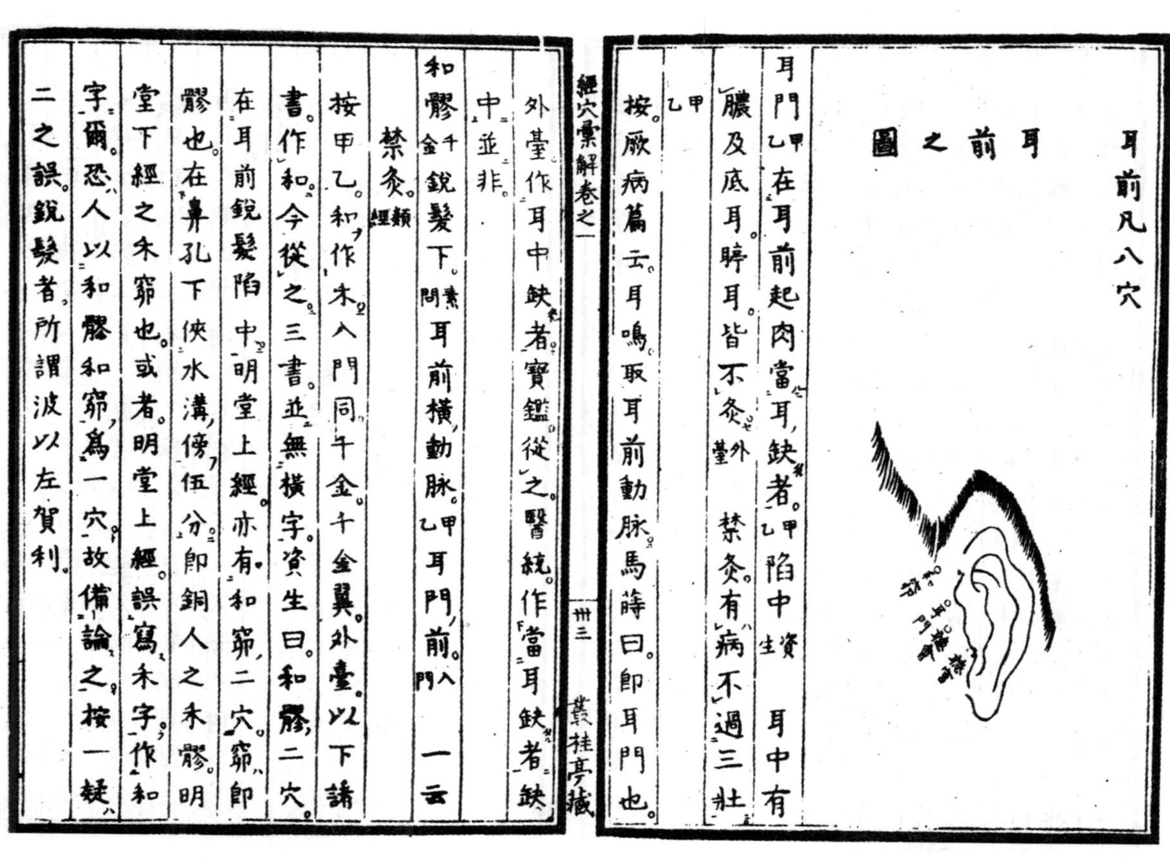

耳前凡八穴

耳前之圖

耳門甲乙 在耳前起肉當耳缺者。甲乙 陷中資生 耳中有膿及底耳。聹耳。皆不灸。外臺 禁灸。有病不過三壯。甲乙

按。厥病篇云。耳鳴。取耳前動脈。馬蒔曰。即耳門也。

外臺作耳中缺者。寶鑑從之。醫統。作當耳缺者。缺中。並非。

和髎千金 銳髮下。素問 耳前橫動脈。甲乙 耳門前。入門 一云禁灸。類經

按甲乙。和作禾。入門同。千金。千金翼。外臺。以下諸書。作和。今從之。三書。並無橫字。資生曰。和髎二穴。在耳前銳髮陷中。明堂上經。亦有和窌二穴。窌即髎也。在鼻孔下俠水溝。傍伍分。即銅人之禾髎。明堂下經之禾窌也。或者。明堂上經。誤寫禾字。作和字爾。恐人以和髎和窌。爲一穴。故備論之。按一疑二之誤。銳髮者。所謂波以左賀利。

聽會（甲乙）一名聽呵（資生）一名後關一名听呵（大全）耳前陷者中張口得之動脉應手（甲乙）耳微前（明堂）耳珠前（入門）

按類經呵作河資生神應發揮類經聚英醫統寶鑑大成作上關下壹寸非矣類經金鑑作去耳珠下亦非本事方曰側卧張口取之呉文炳曰一名多所聞耳中珠子如赤小豆是聽宫之註聚英醫統亦同蓋誤聽宫作聽會也千金翼舌病篇曰聽會在上關下壹寸動脉宛宛中一名耳門亦誤

聽宫（甲乙）一名多所聞（素問）一名窓籠（靈樞）在耳中珠子大〔明〕如赤小豆（甲乙）

按氣血論耳中多所聞二穴根結篇少陽根於竅陰結窓籠窓籠者耳中也甲乙明字衍諸書皆無之是也入門作耳前珠子傍是耳門穴也今據内經甲乙經當在耳中珠子上

項頸部第二凡十九穴

骨度篇曰結喉以下至缺盆長肆寸

項頸之圖

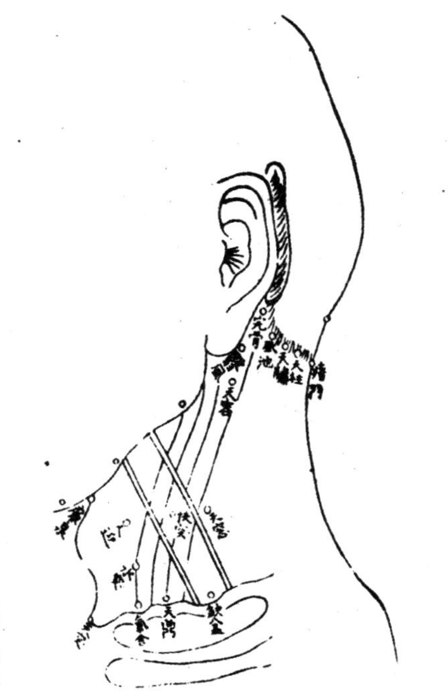

廉泉（靈樞）一名本池（甲乙）一名舌本（資生）頷下結喉上舌本下（甲乙）當頤直下骨後陷者中（千金諸風篇）結喉上中央（類經）

按舌本大成作舌水大全作吉本氣府論曰喉中央二次註曰謂廉泉天突二穴也刺瘧篇曰舌下兩脉廉泉也是謂兩脉中央也千金並翼方聖濟發揮無舌本下之下字入門寶鑑下作間聚英醫統作頷下結喉上肆寸此穴何須折量類經曰仰而取之説見下

人迎（素問）一名天五會（甲乙）俠喉之動脈也又頸側在嬰筋之前（靈樞）頸大脉動應手俠結喉以候五臟氣（甲乙）

不灸。禁深刺。甲乙
按資生。聖濟。聚英。醫統。大全。呉文炳。寶鑑。大成。無
天字。千金翼。作大筋脉。次註。發揮。類經。聚英。入門。
醫統。大成。金鑑。作結喉。側。壹寸伍分。此依甲乙。扶
突。註。然。頸側。諸穴。不須分寸。但取筋之前後。此古
法也。此穴俠結喉。聖濟曰。仰而取之。不取。
水突甲乙一名水門。甲乙頸。大筋。前。直人迎。下。氣舍。上。甲乙
人迎。下。氣舍。上。二穴之中。入門
按突。甲乙作天字。誤。類經曰。俠氣舍。上。內貼氣喉。
千金註曰。曲頰下壹寸。近後。並非。
氣舍甲乙頸。直人迎。下。俠天突。陷者。中。甲乙貼骨尖上有

缺。類經
按類經。作俠天突邊。入門。寶鑑。作俠傍。拘矣。金鑑。
作結喉下壹寸。非。
扶突素問一名水穴。外臺嬰筋之後。靈樞人迎後壹寸伍分。
甲乙
按壹寸伍分。說見前。與人迎。隔一大筋。是穴也。千
金。作氣舍。後壹寸半。發揮。呉文炳。寶鑑。聚英。從之。
大成。作氣舍。上。並非。千金翼。外臺。次註。作曲頰。下
壹寸。人迎。後。拘矣。次註曰。仰而取之。非。是凡頸側
諸穴。仰。則筋脉難摸索。故正面而取之。
天鼎甲乙一名天頂。大全缺盆上。直扶突。氣舍。後壹寸伍

分。甲乙側頰。入門
按天突側。皆言缺盆。取其形狀。故靈樞指天突言
缺盆之中者。可見。焉直扶突絕句。言此穴在扶突
直下。當氣舍後也。扶突與人迎隔筋。其直下就氣
舍後取之。次註。作半寸。蓋寸半之誤。資生。聖濟以
下諸書。作扶突後壹寸。拘矣。千金。作頸缺盆直扶
突。曲頰下壹寸。人迎後。與扶突。註混。不可從。明堂
作天頂。蓋音通。人以為一名。暫從之。
天窓素問一名窓籠。甲乙俠扶突。素問曲頰下。扶突後。動脉
應手陷者。中。甲乙頸大筋前。資生
按窓。資生。作牕。籠。外臺。作聾。聚英。大全。作籠。靈樞

云。窓籠者耳中也。張介賓曰。即聽宮。與此不同。入
門曰。完骨下髮際上。頸上大筋處。誤也。前大成。作
閒。又奇穴部。有天窻。與之不同。
天容靈樞耳下曲頰之後。靈樞頰車後陷中。入門
按甲乙。無下字。千金。外臺。等。皆作耳下。千金翼。無
曲字。
天牖素問頸筋間。缺盆上。天容後。天柱前。完骨後。髮際
上。甲乙禁灸。資生○醫統曰。資生云。究灸一壯。今本無此文。禁刺。入門
按完骨後。千金。千金翼。外臺。以下諸書作完骨下。
不是。氣府論云。下完骨後。各一。次註曰。天牖。二穴
可以見也。靈樞。任脉側。七次動脉。一次人迎。足陽

明也。二次扶突。手陽明也。三次天窓。手太陽也。四次天容。足少陽也。五次天牖。手少陽也。六次天柱。足太陽也。七次風府。督脉也。發揮作天窓後窓。客字相似故誤耳。千金作髮際上壹寸。入門從之。就髮際上求之。於擧筋頸筋間。乃上兩筋合下髮際也。故不須折量分寸。其言壹寸者。誤。入門作耳下大筋外。類經云。上俠耳後壹寸。亦誤矣。明堂云。皃骨穴下髮際。宛宛中。皃骨穴未詳。恐完骨之誤。

缺盆 素問 一名天蓋。甲乙 肩上横骨陷者中。甲乙 禁深刺。甲乙

按天聚英。呉文炳。作尺骨空論云。失枕在肩上横

骨間。次註曰。謂缺盆穴也。資生。發揮。聚英。醫統。呉文炳。並作下。非。是入門寶鑑作前。馬蒔註證發微作去中行寸半。非矣。

水戸醫官篠本淵　子潛

門人　水戸醫官高野龍　子隱　同校

常陽　臼井教美　叔韞

水戸　大谷彰　伯常

經穴彙解卷之一畢

經穴彙解卷之二目次

肩部第三凡二十六穴並圖

背腰部第四並圖

背中行自第一椎下行至尾骶骨凡十四穴

背第二行自第一椎兩傍俠脊各壹寸半下行至骶骨下及八髎凡四十四穴

大杼　風門熱府
肺俞　闕俞厥陰俞
心俞背俞　膈俞
肝俞　膽俞
脾俞　胃俞
三焦俞　腎俞高蓋
大腸俞　小腸俞
膀胱俞　中膂俞膂内俞
白環俞　上窌
次窌　中窌中空
下窌　會陽利機

背第三行自第二椎兩傍俠脊各三寸至二十一椎下凡二十八穴
附分　魄戸魂戸
膏肓俞　神堂
譩譆　膈關
魂門　陽綱
意舍　胃倉
肓門　志室精宮
胞肓　秩邊
以上總計單雙凡一百十二穴

經穴彙解卷之二

水戸　侍醫　南陽　原昌克子柔　編輯

肩部第三凡二十六穴

肩之圖

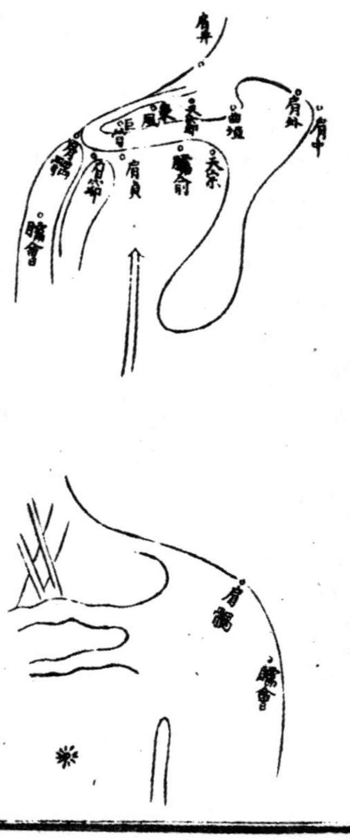

凡取肩部諸穴爲三次。取肩髃。肩髎。肩貞是一次也。上肩端。取巨骨。秉風。踰骨。取天宗。臑俞是二次也。取肩井。其後定天窌。擧臂。取曲垣。肩外。肩中。是三次也。而後取臑會。肩貞。肩部諸穴難分。故今定此法。

肩井甲乙　一名膊井資生　肩上陷者中。缺盆上。大骨前。甲乙　大骨前壹寸半。以三指按取之。當中指下陷者是。聖濟　前直乳中增註　禁深刺。聖濟　孕婦禁刺。類經

按膊。聖濟作髆。陷者。千金。千金翼。次註。聖濟。類經。作陷解。寶鑑作陷罅。大骨。肩上大骨也。非胸前大骨。壹寸半。資生。類經。聚英。入門。皆同。不可必拘也。

肘后方曰。两肩小近頭凹處。指捏之安令正得中穴耳。千金曰。卵偏大癩病灸肩井在肩解臂接處。龔廷賢萬病回春曰。拿提一條伸手主提在地與肩一般高肩上有窩名肩井穴

肩中俞 甲乙 肩胛内廉去脊貳寸陷者中。甲乙

按胛舊作甲。千金翼外臺明堂同。古字通用。今據千金訂之從易讀。下皆傚此。入門作脾字誤。金鑑作髀。類經曰。大椎傍貳寸。金鑑從之。拘入門曰。大杼傍貳寸非矣。就胛内廉而取之

肩外俞 甲乙 肩胛上廉去脊參寸陷者中。甲乙

按類經云。與大杼平。似拘入門作去大杼傍參寸

寶鑑從之並誤。但可就胛上廉而取之

大窌 甲乙 肩缺盆中毖骨之間陷者中。甲乙 一曰直肩井後壹寸 類經 須缺盆陷處上有空起肉上 聚英 誤。鍼陷處令人卒死。聚英所引銅人今本無所見

按資生作天上髎毖骨。千金入門吳文炳大成作上毖骨。千金翼外臺聖濟類經作上毖骨。次註作上伏骨。張介賓曰。毖音秘。肩髃向肩井缺盆中兩乂骨之際。内間有秘伏之小骨。此毖骨也。作毖誤

秉風 甲乙 俠天髎〔在〕外肩上小髃骨後舉臂有空舉臂取之 甲乙

按天舊作人刋誤。今訂之在字衍。外臺在俠字上是也。千金並翼方作肩上髃後。外臺聖濟發揮作小髃後。資生髃作髎字誤。吳文炳作天髎髎肩上小顒后不可讀。蓋錯置。入門曰。天宗前。疑窌誤

曲垣 甲乙 肩中央曲胛陷者中。按之動脉應手 甲乙

按動脉應手。千金以下諸書作應手痛。外臺作按之痛應手央。作尖字誤

天宗 甲乙 肩解下參寸 素問 秉風後大骨下陷者中 甲乙

肩貞 素問 肩曲胛下兩骨解間肩髃後陷者中 甲乙 禁灸 入門

按解入門作髆。通評虛實論云。刺大骨之會各三。次註曰。大骨之會肩也。謂肩貞穴在肩髃後骨解

間

巨骨 素問 肩端上行兩乂骨間陷者中。甲乙 一曰禁刺 類經

按明堂作肩端上兩行骨。兩行二字倒置

臑俞 甲乙 肩臑後大骨下胛上廉陷者中舉臂取之 甲乙

按氣府論云。曲掖上骨空各一。次註曰。謂臑俞穴也。臑大全作膈誤。肩臑次註同千金並翼方外臺以下諸書作肩窌非矣。金鑑云。從肩貞上行肩端臑上肩骨下

肩髃 靈樞 一名扁骨 明堂 一名中肩井 一名扁肩 類經 一名肩尖 外科樞要 舉臂肩上陷者 素問 肩端兩骨間 甲乙 肩外

頭。近後以手按之有解宛宛中。千金 肩頭正中 同上 髆骨頭。資生

按素問髃骨之會各一。次註曰肩髃穴也。又曰雲門髃骨次註曰。今中誥孔穴圖經。無髃骨穴。有肩髃。刺熱論新校正曰。驗今明堂中誥圖經。不載髃骨穴。尋其穴以瀉四支之熱。恐是肩髃穴。醫門摘要曰。上有巨骨。後有秉風。不可混無用之辨哉。千金註曰。外臺名扁骨。

肩窌 甲乙 肩端臑上。斜舉臂取之。甲乙 肩端外陷。入門 肩髃後外廉。圖本

按外臺臑上之下有陷中二字。斜作針誤。入門曰。

臑會上。非臑發揮作腨誤

臑會 甲乙 一名臑窌。甲乙 一名臑交。聚英 臂前廉。去肩頭參寸。甲乙 宛宛中 資生

按肩頭。次註作肩端。外臺臂作肩。

背腰部第四

氣府論曰。大椎以下至尻尾及傍十五穴。至骶下凡貳拾壹節。脊椎法也。

骨度篇曰。膂骨以下至尾骶貳拾壹節。長參尺。上節長壹寸肆分。分之壹奇分在下。故上柒節至於膂骨玖寸捌分。分之柒。凡取背部諸穴。除脊骨者。諸說紛紛。按背腧篇曰胸 頭註曰。一本作背。 中大腧在杼骨端。肺腧在三焦之間。心腧在五焦之間。膈腧在七焦之間。肝腧在九焦之間。脾腧在十一焦之間。腎腧在十四焦之間。皆挾脊相去參寸所。則欲得而驗之。按其處應在中而痛解。乃其腧也。灸之則可。

刺之則不可。氣盛則寫之。虛則補之。以火補者。毋吹其火。須自滅也。以火寫者。疾吹其火。傳 甲乙作拊 其艾。須其火滅也。甲乙經曰。兩旁俠脊各壹寸伍分。按量兩乳間。去其半。肆寸有奇。除兩傍各壹寸伍分。餘分壹寸半有奇。是脊骨之分也。又素問云。譩譆在背下俠脊傍參寸所。厭之令病者呼譩譆。譩譆應手。俠字。旁字。除骨而言也。所者許也。古人不必拘分寸。以大概示之故云。按之應在中而痛解或云。譩譆應手也。神應經曰。如背俞前賢書中。皆云俠脊各寸半。是共折參寸。分兩傍取之。殊不知言俠脊。其俠字。是除骨而言。若帶脊骨當以兩傍

各貳寸共折肆寸分兩傍此說雖得折爲肆寸者不是。後世又用兩乳捌寸之說度背腰故云去脊中貳寸。貳壹寸伍分。共不可從也張介賓遂驗魚骨。就突處而定穴。蓋原王叔權里醫之說妄矣。凡節字取義於竹節。故有骨節關節手指本節等語。脊骨突處謂之節。經曰。節下間。則突處下間是穴也。且張氏取經文之節下間之語而作異說何矛盾之甚耶。凡人之項骨有三。名曰柱骨。又曰天柱骨角頸莖也。連脊共二十四節。今人誤以項骨高者爲大椎其幹依肘后方灸大椎在項上大節高起者外臺類經鍼灸大全等。以平肩者爲大椎香

川太冲曰凡大椎以椎大爲名若其骨不大何得謂大椎乎。故稱一椎爲極當今定以與肩齊爲一椎雖椎小亦可也。大小固非所拘設令一椎之上。或一椎之下有椎特大者則雖在何處亦可稱大椎。如是或有二十二椎或有二十椎而不應二十一椎之數矣。唯是一椎而後次第算下而以平肩者爲大椎者此膠柱之說也。爲貫解香月牛庵卷懷食鏡曰。先師玄益曰。凡定大椎法令患人端坐正面動首頸則項骨共動。取其不動爲大椎甚易知。故據此說使人頭俯。項骨高起。仰則不見是項骨第三節也。其下乃大椎也。下第七節八節之間

第十四節十五節之間是俯仰屈折之處也。從其處上行數之定大椎此亦一法也

馬蒔曰大椎乃督脉經穴至腰俞共二十一椎其曰二十四椎者以項骨三椎不算也。至尾骶穴亦不算。今人灸大椎者。但是項骨高起者。見其骨高而大誤以爲大椎而取之愚今除項骨三節則大椎。又數爲第一椎此說得之。按脊椎二十一節。古來通說亦無異論。蓋是皮上隔肌肉摸索而命之也。非剮剝視之數之而言之者陳明善洗冤錄曰項與脊骨各十二節。註曰。自項至腰。共二十四髓骨上有一大髓骨。人身項骨五節。背骨十九節。合

之得二十有四。是項之大髓卽在二十四骨之內此說與今之所見不符東洋先生臟志曰。脊背面有鰭如魚其節十有七上細下巨如箏之狀此言一出而天下大疑之今驗之脊骨實十七節也隔皮膚而數之爲二十一節者。併腰髁骨也其骨此脊骨巨大內拘而爲臀尻其窮處卽所謂尾骶骨者是也。其骨背有椎節形。凡四。於皮肉上摸之則與脊骨齊。乃與十七節連數爲二十一椎。其椎節形傍宛陷處有孔。通內面。左右各四卽八髎也古書曰。第一空第二空者。不誣。洗冤錄曰。男女腰間。各有一骨。大如掌。有八孔作四行樣者。是也。此

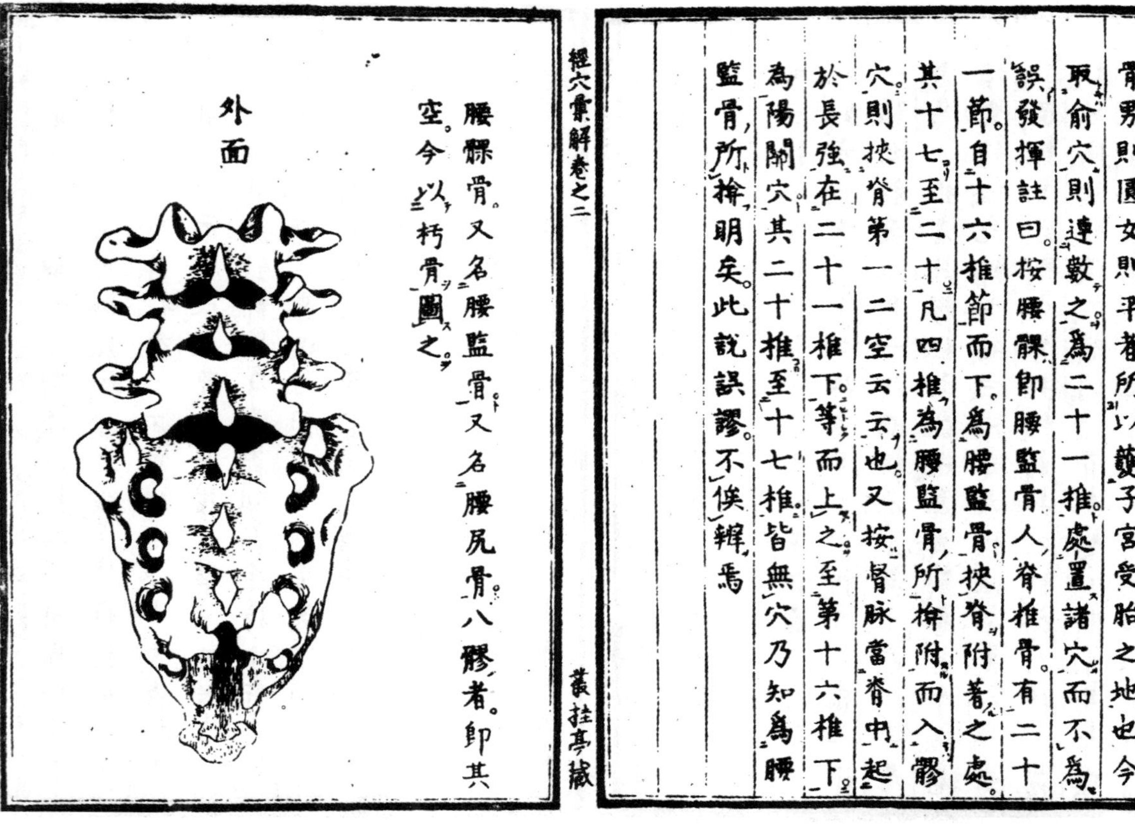

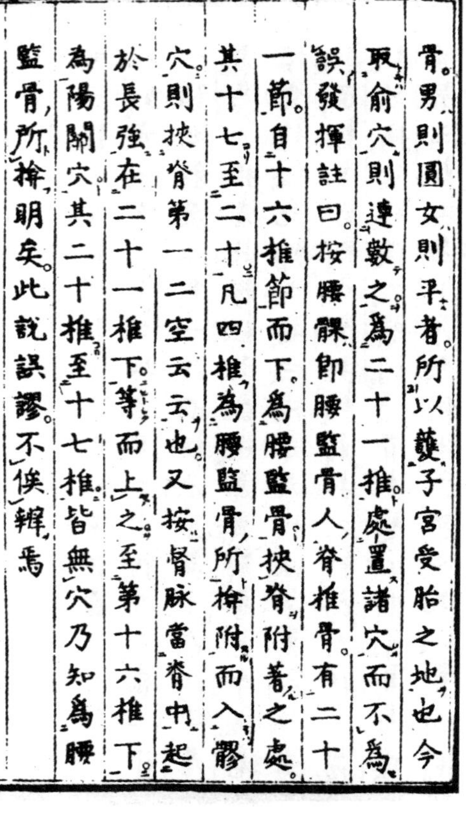

骨。男則圓女則平者。所以藏子宮受胎之地也。今取俞穴則連數之為二十一推處置諸穴。而不為誤。發揮註曰。按腰髁即腰監骨。人脊推骨有二十一節。自十六推節而下為腰監骨。挾脊附著之處。其十七至二十凡四推為腰監骨所掩附而八髎穴則挾脊第一二空云云也。又按督脉當脊中起於長強。在二十一推下。等而上之。至第十六推下為陽關穴。其二十推至十七推皆無穴。乃知為腰監骨所掩明矣。此説誤謬。不俟辨焉。

腰髁骨。又名腰監骨。又名腰尻骨。八髎者。即其空。今以朽骨圖之。

外面

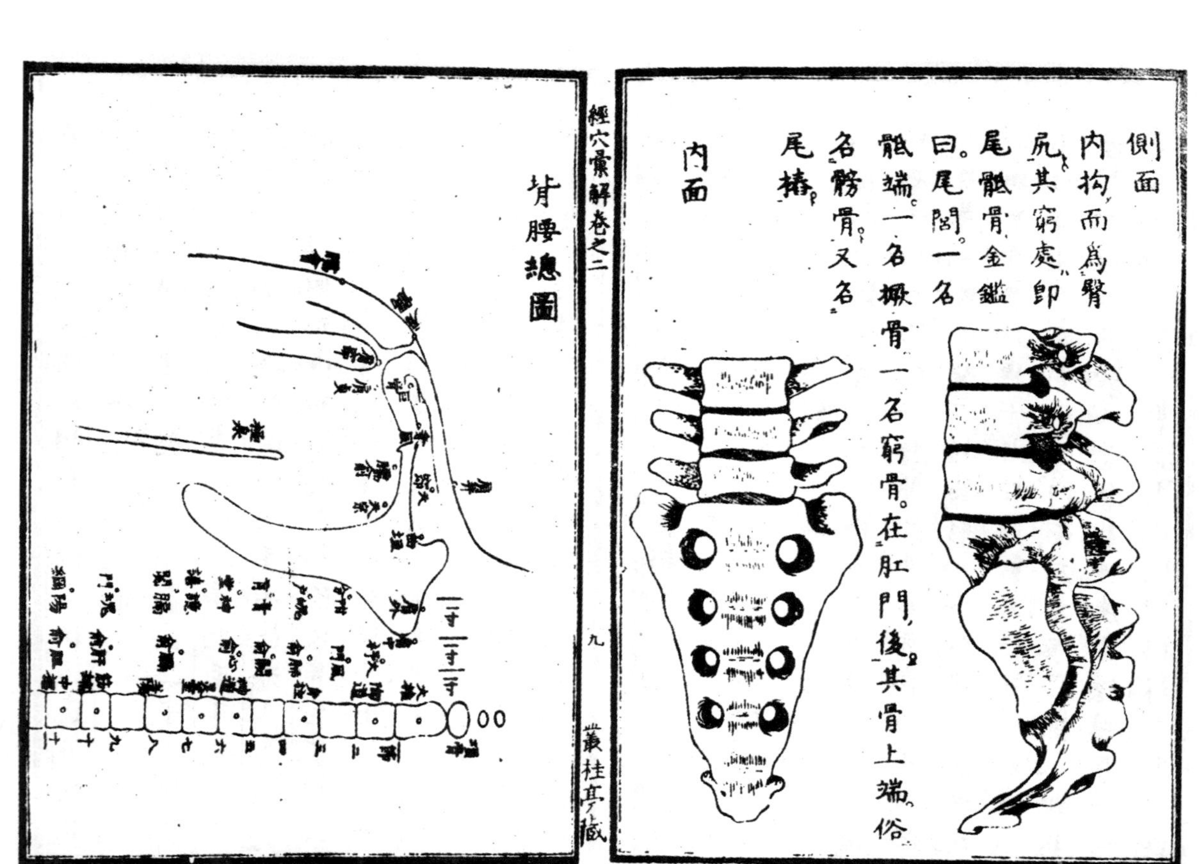

側面

内拘而為臀尻。其窮處即尾骶骨。金鑑曰。尾閭一名骶端。一名橛骨。一名窮骨。在肛門後。其骨上端。俗名髎骨。又名尾椿。

内面

背腰總圖

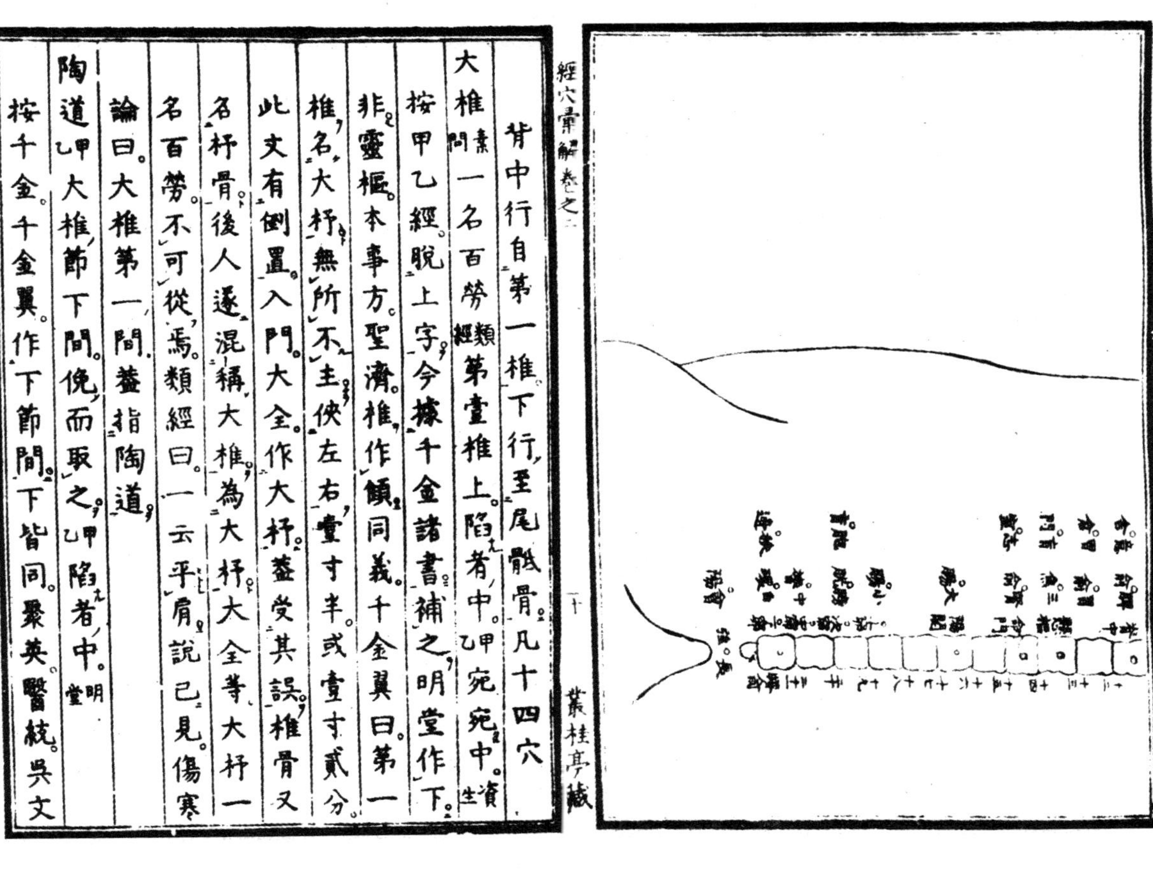

背中行自第一椎下行至尾骶骨凡十四穴

大椎（素問）一名百勞（類經）第壹椎上陷者中（甲乙）宛宛中（資生）

按甲乙經脫上字。今據千金諸書補之。明堂作下。非。靈樞本事方聖濟椎作傾。同義。千金翼曰。第一椎名大杼。無所不主。俠左右壹寸半。或壹寸貳分。此文有倒置。入門大全作大杼。蓋受其誤。椎骨又名杼骨。後人遂混稱大椎為大杼。大全等大杼一名百勞。不可從焉。類經曰。一云平肩。說已見傷寒論曰。大椎第一間。蓋指陶道。

陶道（甲乙）大椎節下間。俛而取之。（甲乙）陷者中。（明堂）

按千金千金翼作下節間。下皆同。聚英醫統呉文炳等無節字。非。千金諸風篇與甲乙同。

身柱（甲乙）第三椎節下間。俛而取之。（甲乙）宛宛中。（明堂）

按和名塵氣。以治塵氣名之。梶原性全頓醫抄曰。塵氣發於肺臟是也。村上良元慈幼密旨載其候有四。紅知利氣。知利知利氣。波美知利氣。黃知利氣。醫門摘要曰。和俗謂之塵氣。預灸則不生諸病。病氣積於此而傷其身。猶塵氣積柱下。生濕氣而破家宅。故即名此穴謂之塵氣。（釋日本紀所傳方書。以癥為知利氣。）

神道（甲乙）一名臟腧（千金）第伍椎節下間。俛而取之。（甲乙）

禁刺（入門　類經）

按千金曰。治卒病惡風欲死及肉痺不知人。灸第伍椎名曰臟腧。百五十壯。多至三百壯便愈。（翼方）內痺下有乳癰二字。

靈臺（次註）第陸椎節下間。俛而取之。（次註）禁刺（入門）

按刺熱篇云陸椎下間主脾熱。是謂靈臺穴。然其名甲乙千金外臺併不載。資生以下皆載之。程行道外臺註引聖濟總錄且云。後人論註所增穴也。

按甲乙所載十一穴。素問云督脈氣所發者二十八穴。項中央二。（次註曰。謂風府瘂門二穴）髮際後中八。（次註曰。謂神庭上星顖會前頂百會後頂強間腦戶八穴）面中三。（次註曰。謂素髎水溝斷交三穴）大椎以下至尻尾及傍十五穴。次註以會陽而解及傍二字。然會陽是雙穴也。加之為十六穴。其數不合經文。蓋亡一穴也。否則督脈氣所發者二十八穴者。二十九穴之誤。而十五穴則十六穴之誤歟。

至陽甲乙第柒椎節下間。俛而取之。甲乙宛宛中明堂

按刺熱篇云。柒椎下間主腎熱。明堂作微俛而取之。

筋縮甲乙第玖椎節下間。俛而取之。甲乙

按入門作筋束。字誤。

中樞次註第拾椎節下間。俛而取之。次註

按類經曰。此穴諸書皆失之。惟氣府論督脈下王氏註中有此穴。及考之氣穴論曰。背與心相控而痛。所治天突與拾椎者。其穴卽此。按氣穴論曰。天突與拾椎及上紀。次註曰。按甲乙經。經脈流注孔穴圖經。當脊拾椎下並無穴目。恐是七椎。又註氣府論曰。中樞在第十椎節下間。何其說矛盾乎。與彼背俞註同。王氷疎鹵。不足深責也。馬蒔曰。十椎下無穴。當是大椎。亦遺有中樞。金鑑載此穴。

脊中甲乙一名神宗。資生一名脊俞。資生引明堂第拾壹椎節下間。俛而取之。甲乙禁灸。甲乙禁刺入門

按骨空論曰。灸脊中。說見陽關。大全中作柱。

懸樞甲乙第拾參椎節下間。伏而取之。甲乙

按資生曰。銅人云。懸樞在拾參椎節下間。明堂上經作拾貳椎節間下。經作拾壹椎下。脊中穴旣在拾壹椎下。不應懸樞又在拾壹椎下。固知其誤矣。考之素問。亦與銅人同。當以銅人為正。明堂上經亦誤。參字作貳字也。要之接脊穴在拾貳椎節下爾。接脊穴。載奇穴部。

命門甲乙一名屬累。甲乙一名竹杖。俗名第拾肆椎節下間。伏而取之。甲乙

按千金曰。胞落頽。灸背脊當臍。不稱穴名。類經曰。平臍用線牽而取之。恐有差。故不取。又曰。千金云。腰痛不得動者。令千金作患病人正立。以竹杖千金無杖字柱地。度至臍。千金有斷竹二字乃取杖取杖作以度度背脊。灸杖杖千金作竹上二字頭畫千金無畫字處。此法舊出于肘后方。而文有異同。今閱千金方。無竹杖字。類經所引證者。千金翼之文。而腎俞之說也。詳于腎俞條。俗呼為竹杖穴者。蓋與于類經洗寃録曰。凡命門骨最屬虛怯。以手擊之。卽可立斃。因命門骨左右兩穴。有紅筋若細絲。通於兩內腎。拍斷卽死。外無痕跡。若有稱拍著命門處。身死只檢驗命門骨紫赤者是也。命門骨自尾蛆骨倒數上第七髗。兩傍各有一小穴者是。

陽關次註第拾陸椎節下間。坐而取之。次註

按甲乙。千金。外臺不載。資生作伏而取之。素問曰。失枕在肩上橫骨間。折使揄臂齊肘正。灸脊中。次

註曰。揄讀為搖。搖謂搖動也。然失枕。非獨取肩上橫骨間。乃當正形灸脊中也。欲而驗之。則使搖動其臂。屈折其肘。自項之下。橫齊肘端。當其中間。則其處也。是曰陽關。在第拾陸椎節下間。督脉氣所發。按揄是揄誤。

腰俞（甲乙）一名背解。一名髓空。一名腰户。（甲乙）一名髓孔。一名腰柱。（外臺）一名髓俞。（大全）一名髓府。（大成）第貳拾壹椎節下間。（甲乙）宛宛中。以挺腹地。舒身。兩手相重支額。縱四體。後乃取其穴。（資生）按神應經。作自大椎至此。折參尺。舒身。以腹挺地。聚英。作挺身伏地。舒身。素問直解。髓空。為肩井者。誤。俞扁鵲傳。作輸。無異義。

長強（靈樞）一名窮骨。一名骶上。一名骨骶。（靈樞）一名氣之陰郄。（甲乙）一名龜尾。（肘后）一名尾翠骨。（千翼）一名龍虎穴。一名曹溪路。一名三分閭。一名河車路。一名朝天巔。一名上天梯。（衛生寶鑑）一名撅骨。（類經）一名尾閭。（醫統）一名氣郄。（大成）尻骨下空。（素問）脊骶端。（甲乙）趺地。取之。（資生）骶骨端。許參分。（聚英）陷者中。（明堂）

按癲狂篇云。灸窮骨二十壯。窮骨。骶骨也。馬蒔曰。長強也。又云。灸骨骶二十壯。又刺骶上。張註曰。長強也。今移入一名。骨空論云。脊骨下空。在尻骨下空。次註曰。不應主療經闕其名。新校正云。按長強。

在脊骶端。正在尻骨下。王氏得非誤乎。又曰。灸撅骨。次註曰。尾窮謂之撅。撅當作𩪘。字典曰。𩪘本作𦢊。音厥。說文曰。臀骨也。明堂。脊骶作脊骸。誤。尾翠骨上參寸。骨陷間。不合諸說。聚英。大成。趺作伏。是也。

背第二行自第一椎兩傍俠脊各壹寸半。下行
至骶骨。下及八髎。凡四十四穴
按内經曰。大椎上兩傍各一。凡二穴。王氷曰。未詳
何俞。新校正曰。按大椎上傍無穴。張介賓曰。今於
大椎上傍按之甚痠。當有穴。意者甲乙經等。猶有
未盡。吳昆曰。當是天柱二穴。在俠項後髮際大筋
外廉陷中者。馬蒔曰。大椎乃督脉經穴。至腰俞共
二十一椎。其曰二十四椎者。以項骨三椎不筭也。
至尾骶穴。亦不筭。今人灸大椎者。俱是項骨高起
者。見其骨高而大。誤以為大椎而取之。愚今除項
骨三節則大椎。又數為第一椎。其兩傍。卽大杼穴

乃足太陽膀胱經穴名也。新校正。以為大椎傍無
穴。意者亦若今人以項之高骨為大椎耳。此說不
是。以王張為穩當。千金曰。治百種風灸腦後大椎
平處兩廂。量貳寸參分。須取病人指寸。量兩廂各
灸百壯。得瘥。是不說穴名。蓋大椎上兩傍也。分寸
稍異。

大杼素問 項第壹椎下兩傍。各壹寸伍分。陷者中。甲乙 正
坐而取之。類經 禁灸資生

按類經。金鑑。每穴作去脊中貳寸。說既見千金。類
經作項後入門。作第壹節外。下諸穴皆作幾節外。
王氷註氣府論。刺瘧篇。以背俞為大杼穴。又註水
熱穴論。為風門熱府。又註刺熱論。爲未詳。又註舉
痛論。為心俞。令讀者范然。刺熱論新校正曰。王註
水熱穴論。以風門熱府為背俞。又註氣穴論。以大
杼為背俞。此註云。未詳。蓋疑之。素問直解曰。背俞
指肺俞。非也。骨空論曰。視背俞陷者灸之。是以況
指背部俞穴。與形志篇曰。欲知背俞云云同。水熱
穴論曰。大杼膺俞缺盆背俞。此八者。以寫胸中之
熱也。由是觀之。為大杼者益非也。背俞必有所指。
舉痛論曰。寒氣客於背俞之脉。則血脉泣。脉泣則
血虛。血虛則痛。其俞注於心。其為心俞者。為有所
據。千金翼曰。第壹椎名大杼。無所不主。俠左右壹

寸半或貳寸貳分。蓋斯文錯置。大全曰。大杼一名
百勞。說見大椎下。難經云。骨會大杼。似指大椎。

風門熱府。甲乙 第貳椎下兩傍。各壹寸伍分。甲乙 陷者中。
明堂 正坐取之。大成

按千金。外臺。以下諸書。皆分熱府。以為一名。只千
金翼。同甲乙。今從古說。

肺俞素問 參焦之間。素問 第參椎下兩傍各壹寸伍分。甲乙

按氣穴論云。中膂兩傍各五。凡十穴。次註曰。謂五
臟之背俞也。千金曰。對乳引繩度之。此捷法也。資
生曰。甄權鍼經云。以搭手左取右。右取左。當中指
末。是穴。今試度之。共不當其穴。不可從。神應經。肺

俞。膈俞。肝俞。腎俞。共作貳寸。說已見。

闕俞（千金）一名厥陰俞。（千金）第肆椎下兩傍。各壹寸伍分。（千金十）正坐取之。（類經）

按此穴千金肺臟篇引扁鵲。

心俞（素問）一名背俞。（次注）伍焦之間。（素問）第伍椎下兩傍。各壹寸伍分（甲乙）陷者中。（明堂）正坐取之。（類經）禁灸（甲乙）

禁刺。（入門）

按千金諸風篇一云。第柒節對心橫三間寸非也。

又治不能食胸中滿。膈上逆氣。悶熱。灸心俞二七壯。小兒減之。千金翼曰。心煩短氣灸心俞百壯。鍼入三分。

膈俞（素問）柒焦之間。（素問）第柒椎下兩傍。各壹寸伍分。（甲乙）陷者中。（明堂）正坐取之。（類經）

按難經曰。血會膈俞。

肝俞（素問）玖焦之間。（素問）第玖椎下兩傍。各壹寸伍分。（甲乙）陷者中。（明堂）正坐取之。（類經）

按千金一云。玖椎節脊中。非矣。形志篇云。欲知背俞。先度其兩乳間。中折之。更以他草度去半已。即以兩隅相拄也。乃舉以度其背。令其一隅居上。齊脊大椎。兩隅在下。當其下隅者。肺之俞也。復下一度。心之俞也。復下一度。左角肝之俞也。右角脾之俞也。復下一度。腎之俞也。是謂五臟之俞。灸刺之度也。肝脾二俞。果是異說。可見素問者。各家之說。而不出一人之手也。

膽俞（脈經）第拾椎下兩傍。各壹寸伍分。正坐取之。（甲乙）陷者中。（明堂）

按氣府論云。六府之俞各六。痺論云。六府亦各有俞。金鑑作第玖椎下。而無肝俞。蓋脫簡。

脾俞（素問）拾壹焦之間。（素問）第拾壹椎下兩傍各壹寸伍分。（甲乙）陷者中。（明堂）

按。千金賊風篇曰。凡人脾俞無定所。隨四季月應病。即灸臟俞。是脾穴。當時蓋有此說。而行殆墜穿鑿。

胃俞（脈經）第拾貳椎下兩傍。各壹寸伍分。（甲乙）宛宛中。（明堂）

正坐取之。（類經）

三焦俞（甲乙）第拾參椎下兩傍。各壹寸伍分（甲乙）正坐取之。陷者中。（明堂）

腎俞（素問）一名高蓋。（大成）第拾肆椎下兩傍。各壹寸伍分。（甲乙）陷者中。（明堂）正坐取之。（類經）

按通評虛實論云。少陰俞去脊椎參寸傍。次註曰。謂足少陰腎俞也。千金翼曰。對臍當脊兩邊相去壹寸伍分。名腎俞。本事方曰。與臍平。此捷法也。千金翼又曰。腎俞主五臟虛勞少腹弦急脹熱。灸五十壯。老小損之。若虛冷可至百壯。橫三間寸灸之。

腰痛不得動者。令病人正立。以竹杖拄地度至臍取杖度背脊灸杖頭隨年壯良灸訖藏竹杖勿令人得之丈夫痔下血脫肛不食長洩痢婦人崩中去血帶下淋露去赤白雜汁皆灸之此俠兩傍各壹寸横三間寸灸之又諸書載杖子王臍中截斷却回杖于背上當脊骨中杖盡處卽是拾肆椎命門穴也用稈心取同身寸參寸揩作壹寸伍分兩頭是腎俞穴也皆不取

大腸俞脉經第拾陸椎下兩傍各壹寸伍分甲乙伏而取之類經

按脉經曰在第拾陸椎闕其詳

小腸俞脉經第拾捌椎下兩傍各壹寸伍分甲乙伏而取

之類經

按難經本義云謝氏曰在拾陸椎下兩傍各壹寸伍分非也

膀胱俞脉經第拾玖椎下兩傍各壹寸伍分甲乙陷者中明堂伏而取之類經

中膂俞甲乙一名脊内俞資生第貳拾椎下兩傍各壹寸伍分俠脊胛而起甲乙伏而取之類經

按膂次註作䏿外臺以下諸書皆作中膂内俞或以為一名甲乙千金千金翼並無内字入門金鑑從之此編凡徵古典故不補内字脊胛而起外臺作脊起肉次註作脊䏿胂起肉胛當作胂胛是肩甲也不與此穴關涉蓋傳寫之誤膂音呂與䏿通膂謂脊側肉也胂肑也胂謂之膍膍背側之肉也起者言背側肉逼膂肉復起者也人或疑起下脫肉字不審古義也聚英作脊伸字誤

白環俞甲乙第貳拾壹椎下兩傍各壹寸伍分伏而取之甲乙挺腹地端身兩手相重支額縱息令皮膚俱緩乃取其穴資生　禁灸甲乙醫統○類經灸三壯　禁鍼灸入門

上窌甲乙第壹空腰髁下壹寸俠脊陷者中甲乙

按類經曰腰髁骨卽拾陸椎下腰脊兩傍起骨之俠脊者次註曰餘三髎少斜下按之陷中是也入門曰上髎下狹類經曰拾陸椎者不是當拾柒椎

次窌甲乙第貳空俠脊陷者中甲乙

中窌甲乙一名中空大成第參空俠脊陷者中甲乙

下窌甲乙第肆空俠脊陷者中甲乙

按以上四穴謂之八髎素問曰八髎在腰尻分間是也又曰尻骨空在髀骨之後相去肆寸次註曰是謂八髎穴也今按髀當作髁千金曰大小便不利灸八髎穴在腰目下參寸俠脊相去肆寸兩邊各四穴計八穴故名八窌甲乙以八窌非脊中屬二行又言俠脊而自明不繫二行者蓋便覽者此穴驗枯骨則其空自明

會陽甲乙一名利機甲乙陰尾骨兩傍甲乙骨外各開壹寸

半（入門）
按陽。入門作陰。誤也。機外臺作机。陰尾舊作陰毛。傳寫之誤。據千金外臺而訂之。發揮作尾骶骨。骶是骶之誤。金鑑作陰尾尻骨。兩傍伍分許。

背第三行自第二推兩傍。俠脊各參寸至貳拾壹推下。凡二十八穴。

附分（甲乙）第貳推下附項內廉兩傍各參寸陷中。（甲乙）（入門）正坐取之。（經類）

按氣府論云俠脊以下至尻尾二十一節。十五間各一。次註曰。今中誥孔穴圖經所存者十三穴。左右共二十六。謂附分。魄戶。神堂。譩譆。膈關。魂門。陽綱。意舍。胃倉。肓門。志室。胞肓。秩邊。十三也。類經金鑑作參寸半。下皆同。

魄戶（甲乙）一名魂戶。（鑑實）第參推下兩傍。各參寸。（甲乙）正坐取之上直附分。（次註）宛宛中。（明堂）

按水熱穴論云五臟俞傍五。此十者。以寫五臟之熱也。次註曰。俞傍五者。謂魄戶神堂。魂門。意舍。志室五穴。

膏肓俞（千金）第肆推下兩傍各參寸。（資生）令人正坐曲脊伸兩手。以臂著膝前。令正直。手大指與膝頭齊。以物支肘。勿令臂得動搖。從胛骨上角摸索至胛骨下頭。其間當有四肋三間。灸中間。依胛骨之裏肋間空。去胛骨容側指許。摩膂肉之表肋間空處。按之自覺牽引胸戶中。（外臺作於肩中）灸兩胛中各一處。若病人已困。不能正坐。當令側臥。挽上臂令前。求取穴灸之也。求穴大較以右手從右（千翼作左）肩上柱。

指頭表所不及者是也。左手亦然。乃以前法灸之。若不能久正坐當伸兩臂者。亦可伏衣襆上伸兩臂。令人挽兩胛骨使相離。不爾胛骨覆穴不可得也。其穴近第伍椎相準望取之千金

按千金翼外臺胛作甲。古字通用。神應經作第伍椎下兩傍。各參寸半。大全作四柱下參分。並非。大成曰。人年二旬後。方可灸此二穴。又按此穴古書不載。千金始有此名。蓋原左傳醫緩之語。杜預曰。心上膈下。不可屬肩背也。腹中論曰。肓之原。出於臍下。九鍼十二原篇曰。膏之原。出於鳩尾。肓之原出於脖胦。膏肓之字。既見于此。而脖胦者氣海也。

謝士泰刪繁方。說其病形。全依左傳而為說者也。以非經穴之事。故不錄于此。千金及翼方。係奇穴。不屬大陽經。今時人間習熟。以肺俞呼挾肓。呼膏肓為廣肓。故今舉于此云。

神堂甲乙第伍椎下兩傍。各參寸陷者中。甲乙正坐取之。明堂

按次註曰。上直魄戶。甲乙無膏肓穴。素問曰。俠脊以下至尻尾二十一節十五間各一。次註曰。今中誥孔穴圖經。所存者。十三穴。王亦不記膏肓。故不言上直膏肓而言直魄戶。張介賓以大杼列于此行曰。近世有膏盲一穴。亦合十五穴。然此穴自晋

以前所未言。而原數則左右共二十八穴也。非矣今加膏肓為十四穴。不可考者一穴也。

譩譆素問背下俠脊傍參寸所。厭之令病者呼譩譆。譩譆應手。素問肩髆內廉俠第陸椎下兩傍。各參寸。甲乙

上直神堂。次註陷者中。明堂正坐取之。資生

按刺瘧篇曰。五胠俞各一。適肥瘦出其血也。王氷曰。五胠俞謂譩譆。呉昆以為魄戶神堂譩譆膈關魂門之五穴。張介賓曰。胠脇也。一曰旁開也。水熱穴論云。五臟俞傍各五。以寫五臟之熱。即此謂也。蓋此五者乃五臟俞傍之穴。以其傍開近脇。故曰傍。五胠俞。即魄戶神堂魂門意舍志室也。應手。入

門。作指下動。原骨空論註也。

膈關甲乙第柒椎下兩傍各參寸。陷者中。正坐開肩取之。甲乙上直譩譆。次註

按膈。次註聚英。醫統。作鬲。外臺。發揮。開。作闕。

魂門甲乙第玖椎下兩傍。各參寸。陷者中。正坐取之。甲乙

上直鬲關。次註

按千金註。及聚英。呉文炳。大成。引外臺云。作魂門拾椎下。陽綱拾壹椎下。意舍玖椎下。今本與甲乙同。大全作膈關七柱八。魂門非也。

陽綱甲乙第拾椎下兩傍。各參寸。陷者中。正坐取之。甲乙

上直魂門次註

按綱。明堂。作附。入門。作剛。正字通。附剛字之譌。資生聚英醫統曰。闊肩取之。明堂曰。微俯而取之。似無謂。

意舍（甲乙）第拾壹推下兩傍。各參寸。陷者中。（甲乙）正坐取之。上直陽綱。（次註）

按明堂。作第玖推下。闊肩取之。非矣。

胃倉（甲乙）第拾貳推下兩傍。各參寸。陷者中。（甲乙）上直意舍。（次註）正坐取之（經類）

按金鑑。作拾推。脫貳之字。

肓門（甲乙）第拾參推下兩傍各參寸。入肋間（甲乙）上直胃倉（次註）陷中（經類）

按肓金鑑作膏。誤。入門。載痞根穴。蓋指此穴。詳于奇穴部。資生曰。經云與鳩尾相直。未詳為何經。千金。並翼方次註。無入肋字。外臺以下諸書。作又肋。甲乙。本作入肘。肓門。不可入肘。又無又肋。甲乙肘字。肋之誤。諸書又字入之誤。故改作入肋。

志室（甲乙）一名精宮。（大成）第拾肆推下兩傍。各參寸。陷者中。正坐取之（甲乙）上直肓門。（次註）

按室。入門。作堂。誤。明堂作參寸半。微俛而取之。非

胞肓（甲乙）第拾玖推下兩傍。各參寸。陷者中。伏而取之（甲乙）上直志室。（次註）

秩邊（甲乙）第貳拾壹推下兩傍。各參寸。陷者中。伏而取之（甲乙）上直胞肓（次註）

按資生發揮。入門。聚英。大全醫統。呉文炳。寶鑑。外臺。程敬通註一說。大成並作貳拾推下。

經穴彙解卷之二 畢

門人

水户醫官 秋山盛 德卿

下野 本田恭 子讓

下館 大島員 子輻

水户 木内政章 伯斐

同校

經穴彙解卷之三目次

胸部第五胸腹圖

胸中行自天突下行至中庭凡七穴

天突 玉户 天瞿　璇璣

華蓋　紫宮

玉堂 玉英　膻中 元兒 上氣海 元見

中庭

胸第二行自俞府俠璇璣兩傍各貳寸下行

至步廊凡十二穴

俞府 輸府　彧中

神藏　靈墟

神封　步廊

胸第三行自氣户俠俞府兩傍各貳寸下行

至乳根凡十二穴

氣户　庫房

屋翳　膺窗

乳中　乳根 薜息

胸第四行自雲門俠氣户兩傍各貳寸下行

至食竇凡十二穴

雲門　中府 膺中俞 肺募 府中俞

周榮　胸鄉

天谿　食竇

腹部第六

腹中行自鳩尾下行至會陰凡十五穴

鳩尾 尾翳 神府 髑骬 骬骭　巨闕 心募

上脘 胃脘 上管 上紀 胃管　中脘 大倉 胃募

建里　下脘 幽門

水分 分水 中守　神闕 臍中 氣舍

陰交 少關 横户 丹田　氣海 脖胦 丹田 下肓

石門 利機 丹田 三焦 命門 募 精露

關元 次門 大中極 下紀 丹田 小腸募

中極 氣原 膀胱募 玉泉　曲骨 尿胞 屈骨端 屈骨

會陰 屏翳 金門 下極 平翳

腹第二行自幽門俠巨闕兩傍各半寸下行

至横骨凡二十二穴

幽門 上門　通谷

陰都 食宮 通關　石關 石闕

商曲 高曲　肓俞

中注　四滿 髓府

氣穴 胞門 子户　大赫 陰關 陰維

横骨 下極 屈骨

腹第三行自不容俠幽門兩傍各壹寸半下

行至氣衝及急脉凡二十六穴

不容　承滿

梁門　關門
太乙　滑肉門
天樞（長谿 長谷）（谷門 大腸募）（循際）
外陵　大巨（腋門）
水道　歸來（谿穴）
氣衝（氣街）　急脉
腹第四行自期門上直兩乳俠不容兩傍各壹寸半下行至衝門凡十四穴
期門（肝募）　日月（神光 膽募）
腹哀　大横（腎氣）
腹屈（腸窟 腹結）（腸結 陽窟）　府舍

衝門（慈宮 上慈宮）
側脇部第七凡二十穴並圖
淵腋（腋門）　輒筋
大包　天池（天會）
章門（長平 脇髎）（脾募 肋髎）
京門（氣俞 氣府）（腎募）　帶脉
五樞　維道（外樞）
居髎
以上總計單雙凡一百三十七穴

經穴彙解卷之三

水户　侍醫　南陽　原昌克子柔　編輯

胸部第五

骨度篇曰。胸圍肆尺伍寸。腰圍肆尺貳寸。結喉以下至缺盆中長肆寸。缺盆以下至髑骬長玖寸。過則肺大。不滿則肺小。髑骬以下至天樞長捌寸。過則胃大。不及則胃小。天樞以下至横骨長陸寸半。過則迴腸廣大。不滿則狹短。横骨長陸寸半。○兩乳之間。廣玖寸半。

按髑骬胸前岐骨際也。缺盆中天突也。天樞謂臍心。臍心不易見。故以傍穴而言。

胸腹總圖

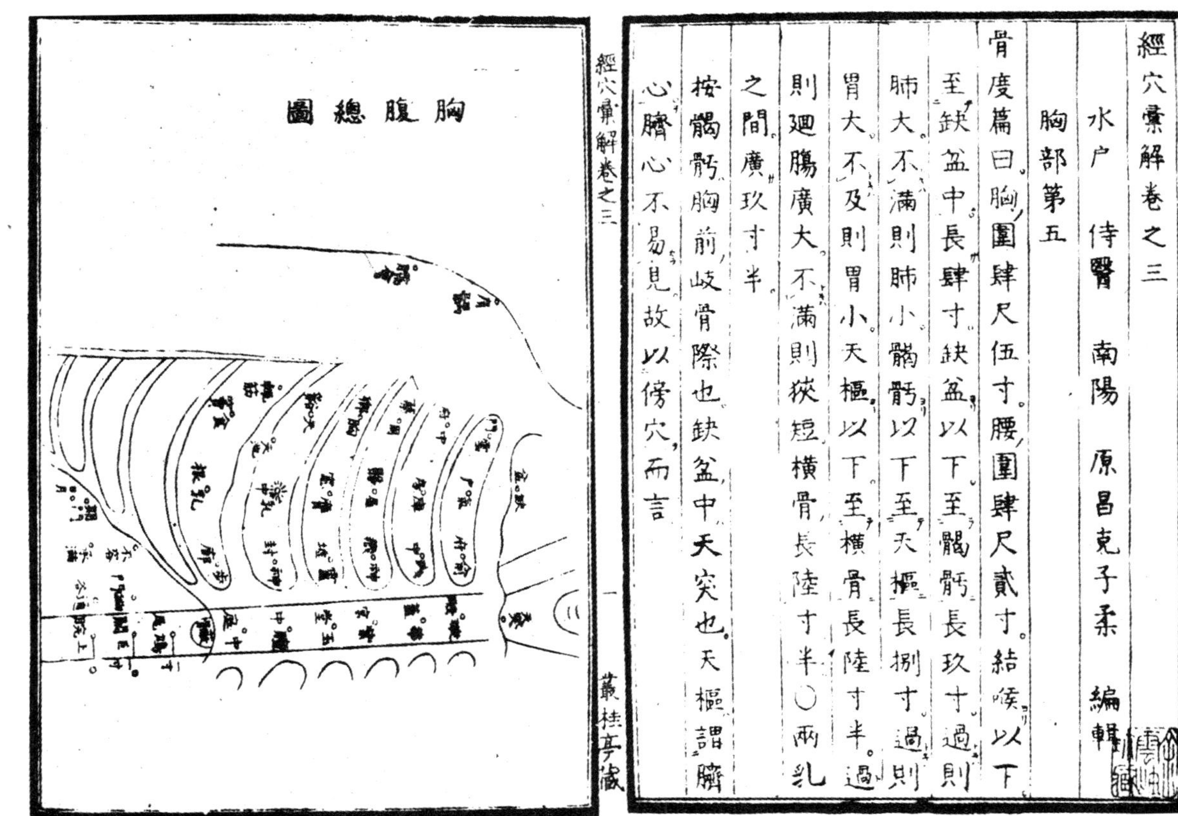

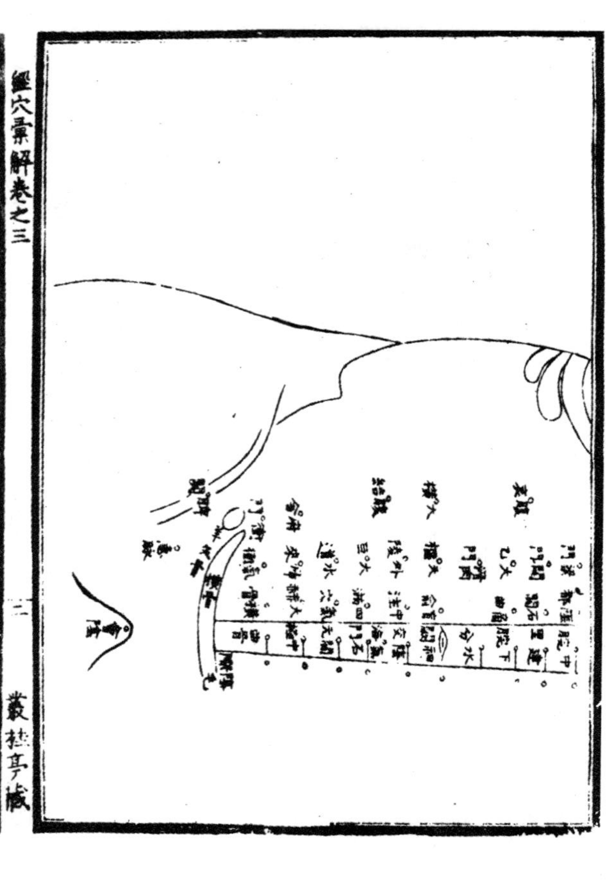

按兩乳間玖寸半。甲乙經亦同。今試折量兩乳間。為玖寸半。則壹寸當一指。此之胸圍肆尺伍寸。則略合。其他如手足大緊相同。以兩乳間捌寸折法。不啻胸圍不合。其他亦然。舉體分寸。一從骨度篇。至兩乳間。特不用何居。此不知胸部除任脈之失也。胸部任脈廣壹寸半。而其傍各肆寸。直兩乳。學者思諸。兩乳間橫折捌寸之法。未知出于何人。神應經曰。橫寸膺部腹部。並用乳間橫折作捌寸。腹部應有橫寸。悉依上法。張介賓輩一從之。終為定法。千載無見者。悲哉。洗寃録曰。左右肋骨男子各十二條。八條長。四條短。婦人各十四條。今驗之是

也。

胸中行自天突下行至中庭凡七穴

天突 素問 一名玉户 甲乙 一名天瞿 千金 缺盆之中 靈樞 頸結喉下貳寸。中央宛宛中。低頭取之。甲乙

按玉寶鑑作五。誤。素問云。任脈氣所發者。喉中央二。次註曰。謂廉泉天突二穴。千金千金翼外臺作伍寸。甲乙註引氣府論註曰。伍寸。今本作肆寸。聚英醫統寶鑑呉文炳同。明堂作伍分。發揮入門大成作壹寸。類經作參寸。共不是。次註入門作低針取之字誤。骨度篇曰。自結喉至天突肆寸。是主骨度而言之。正面正身取之。甲乙經以為結喉下至

天突貳寸。是主取穴刺鍼而言之。故曰。低頭取之也。取此穴者。低頭取之。故資生經曰。其下針直橫下。不得低手。何則低手傷咽喉。此解低頭取之義也。低頭則咽喉沈。而鍼刺無害。不可不知也。今人不知低頭則貳寸。正面則肆寸之義。謾作二說。非也。近世多自天突至岐骨際。折作捌寸肆分。如然則中庭當岐骨際。不可從也。按骨度篇。自天突至岐骨際玖寸。又云。膺中骨間各一。今用玖寸。即捌寸肆分為中庭穴。其下至岐骨際陸分。是古法也。

璇璣 甲乙 天突下壹寸。中央陷者中。仰頭取之。甲乙

按璣。千金作機。恐誤。氣府論云。膺中骨陷中。各一。

次註曰。謂璇璣華蓋紫宮玉堂膻中中庭六穴也。胸部。載分寸。舉其大概也故曰陷者中。只取骨間。下同大成。作壹寸陸分非。說見下。

華蓋甲乙 璇璣下壹寸。陷者中。仰頭取之。甲乙

按發揮。作貳寸。入門寶鑑大成。金鑑。作壹寸陸分共非。矣又不合骨度之數。壹貳肋骨。容而不躁作壹寸者。取之骨間之義也

紫宮甲乙 華蓋下壹寸陸分。陷者中。仰頭取之。甲乙

玉堂難經 一名玉英甲乙 紫宮下壹寸陸分陷者中。仰頭取之。甲乙

膻中難經 一名元兒。甲乙 一名上氣海類經 一名元見大全 玉

堂下壹寸陸分。陷者中仰而取之。甲乙 橫直兩乳間。

千金 禁刺 千金翼

按膻。千金千金翼。外臺。作亶古通用大全曰一名亶中不取。資生類經。而作卧。難經曰。玉堂下壹寸陸分直兩乳間陷者是。諸家以為註文混入本文。故不載本文。千金心臟篇曰。胸痺心痛灸亶中百壯。穴在鳩尾上壹寸。忌針非也。

中庭甲乙 膻中下。壹寸陸分。陷者中。仰而取之。甲乙

按明堂。作膻中下壹寸。入門金鑑。作鳩尾上壹寸。此自天突至岐骨際。作捌寸肆分之誤也

胸第二行。自俞府。俠璇璣兩傍各貳寸。下行至步廊凡十二穴

俞府素問 一名輸府大全寶鑑 巨骨下。去璇璣傍各貳寸。陷者中。仰而取之。甲乙

按甲乙。外臺。明堂。俞作輸。下皆同。資生。聖濟。大全。寶鑑。作腧。千金千金翼發揮聚英作俞是也俞府出內經。俞。輸。腧。以音通用大全。寶鑑以為一名今暫從之千金翼而作卧外臺作仰卧而巨骨胸前巨骨也。非穴名。璇璣次註。作任脈非也。大全曰璇璣之傍參寸所不是。醫門摘要曰。胸部間一肋取穴不可泥壹寸陸分。可謂能知取穴之法也

或中甲乙 俞府下壹寸陸分。陷者中仰而取之。甲乙

按而。千金。並翼方作卧。外臺。作仰卧而骨間。各取一穴同上。明堂云壹寸。非矣。或。千金。千金翼。外臺。明堂。聖濟。資生聚英。寶鑑。作彧。入門。作域類經。以下諸書。每穴有去中行貳寸之解。不是。說見下

神藏甲乙 或中下。壹寸陸分。陷者中仰而取之甲乙

按而。千金翼。作卧。

靈墟甲乙 神藏下。壹寸陸分陷者中仰而取之甲乙

按千金曰。墟或作墻入門作虛聚英。醫統作去中行各開壹寸。上字誤。

神封甲乙 靈墟下。壹寸陸分。陷者中。仰而取之甲乙

步廊 神封下壹寸陸分。陷者中。仰而取之。甲乙

按。廊。千金。外臺。聖濟。資生。作郎。類經曰。俠中庭入門曰。去中庭外非也。横對中庭稍下陸分許。

胸第三行自氣户俠俞府兩傍各貳寸。下行至乳根。凡十二穴

氣户 甲乙 巨骨下。俞府兩傍各貳寸。陷者中。仰而取之。甲乙

按。氣府論云。膺中骨間各一。類經。聚英。醫統。呉文炳。金鑑。大成。每穴有去中行肆寸之解。説見下。次註曰。去膺窓上肆寸捌分。聚英。醫統。呉文炳。無上字。金鑑曰。巨骨下壹寸。並拘。寶鑑曰。資生云。自氣户至乳根六穴。去膺中行各肆寸。相去各壹寸陸分。今本不載。

庫房 甲乙 氣户下壹寸陸分。陷者中。仰而取之。甲乙

按。岡本作壹寸。非也。取諸骨間。不必拘説。既見

屋翳 甲乙 庫房下壹寸陸分。甲乙 陷者中。仰而取之。千金

按次註曰。氣户下參寸貳分。聚英曰。巨骨下肆寸捌分。隔穴而説分寸者。不能無誤。

膺窓 甲乙 屋翳下壹寸陸分。甲乙 陷中。聖濟

按資生。窓作牕。同字。次註作胸兩傍俠中行各相去肆寸。巨骨下肆寸捌分誤。

乳中 甲乙 當乳。資生 即乳頭上。入門 禁刺灸。甲乙 微刺。資生 又寶鑑引入門曰。鍼宜淺刺貳分。今本不見。

按甲乙。千金。千金翼。外臺無註。古書之所妙。次註曰。膺窓之下。即乳中也。資生註云。亦相去寸陸分

非是相去二字不成義類經曰一傳胎衣不下以
乳頭向下盡處俱灸之即下
乳根甲乙一名薜息千金乳下壹寸陸分陷者中仰而取
之甲乙乳下第一肋間宛宛中千金
按千金方曰薜息在乳下第壹肋間宛宛中是也
今移入一名寶鑑作壹寸肆分非矣醫學正傳曰
婦人在乳房下起肉處陷中只陷中二字可取

胸第四行自雲門俠氣户兩傍各貳寸下行至
食竇凡十二穴
雲門素問巨骨下氣户兩傍各貳寸陷者中動脉應手
舉臂取之甲乙 刺太深令人逆息甲乙 禁針入門
按氣穴論云膺俞十二穴次註曰謂雲門中府周
榮胸鄉天谿食竇左右則十二穴也資生雲作云
通用次註有每穴横去任脉陸寸之解類經聚英
從之說見下
中府脉經一名膺中俞甲乙一名肺募千金一名府中俞大全
雲門下壹寸乳上參肋間陷者中動脉應手仰而
取之甲乙 禁灸入門

按凡胸部諸穴各在骨間不待折量而言分寸者
言大概也千金外臺一云壹寸陸分明堂大成岡
本從之非也胸骨狀如偃月故第二行折量稍長
第三行與中行平學者察諸膺中俞聚英醫統作
膺俞素問曰膺俞次註曰中府穴
周榮甲乙中府下壹寸陸分陷者中仰而取之甲乙 禁
灸入門寶鑑
按榮甲乙作營誤今訂之
胸鄉甲乙周榮下壹寸陸分陷者中仰而取之甲乙
天谿甲乙胸鄉下壹寸陸分陷者中仰而取之甲乙
食竇甲乙天谿下壹寸陸分陷者中仰而取之甲乙舉臂

取之金十

按金鑑作腹哀上行參寸或從乳上三肋間動脈應手處往下陸寸肆分迂甚矣次註曰雲門食竇舉臂取之餘並仰取之

腹部第六

腹部折量諸說衆多不知所適從按除中行法內經云衝脈氣所發者二十二穴俠鳩尾外各半寸至臍寸一俠臍下傍各伍分至横骨寸一腹脈法也甲乙經云自幽門俠巨闕兩傍各半寸循衝脈下行至横骨又至肓兪云直臍傍伍分甲乙銅人等皆云衝脈足少陰之會蓋以骨空論為主也獨難經云並足陽明之經俠臍上行恐非也鳩尾內經所稱指蔽骨不可以為穴名也其名本以蔽骨狀似鳩尾古書指蔽骨者什之八九不可不知也鳩尾外無穴而言俠鳩尾外即除蔽骨而取之也

又至臍言俠臍則除臍可見也鳩尾與臍上下相照其中間明於言外是古文辭法也又內經云足陽明脈氣所發者脅中骨間各一俠鳩尾之外當乳下參寸俠胃脘各五俠臍廣參寸各三下臍貳寸俠之各三甲乙經云自不容俠幽門兩傍各壹寸伍分至氣衝又自期門上直兩乳俠不容兩傍各壹寸伍分下行至衝門因此考之臍傍伍分足少陰經也其傍壹寸伍分足陽明經也其傍壹寸伍分上直兩乳足大陰經也共計參寸伍分取一繩自臍傍横量至直乳下斷去之又去貳分半折為參寸伍分以定三經此不問除任脈幾寸始得

其法失去貳分半。說見下

世人皆云。胸部每行至腹內屈伍分。兩乳間捌寸。腹脾經。相去柒寸。不知何據。骨度篇曰。胸圍肆尺伍寸。腰圍肆尺貳寸。腰減於胸參寸。雖今人皆然。兩乳相去玖寸半。是古法也。胸部各以貳寸相去至乳中。左右共捌寸。其所餘寸半。此任脈與鳩尾與臍之分也。凡玖寸半。腹部各相去凡參寸半。而為柒寸。合任脈之分壹寸半。凡捌寸半。胸去中行肆寸柒分強。至乳中腹去中行。肆寸貳分強。至直乳中。此腰減於胸參寸。則腹居于其中。可知減於胸自臍至橫骨陸寸半。又橫骨長陸寸半。腹部四

行。共不出其兩端。然則自胸至腹漸漸狹。而腹至橫骨更狹。故二行三行。四行依分量目巧取之。何有內屈之理。諸書一據兩乳捌寸說。故如其所載去中行幾寸去任脈幾寸。皆無稽之言。故不取也。而今不言任脈廣幾寸者。無明文也。甲乙經不容註曰。去任脈參寸。除幽門俠巨闕伍分。不容俠幽門壹寸伍分。所餘壹寸。兩傍合為貳寸。又千金方曰。去任脈貳寸。所餘伍分。兩傍合。為壹寸。不知孰是。故今以臍與鳩尾。定除任脈之分量。不言幾寸者。內經之意也。世人以兩乳捌寸之度。除任脈。果如何耶。其說至中府雲門去乳中貳寸。而窮矣。故

其言曰。以同身寸矣。一胸之際。而乳間用長尺。乳後用短尺。豈有此理乎。極知兩乳間捌寸。無稽之言也。

腹中行自鳩尾下行至會陰凡十五穴

鳩尾 素問 一名尾翳 靈樞 一名䯏骭 甲乙 一名神府 千金 一名䯏骭 聚英 大成 臆前蔽骨下伍分。甲乙 其骨垂下如鳩尾形，故以為名。人無蔽骨者，從岐骨下行壹寸。聖濟 禁刺灸。甲乙 宜針。外臺引甄權 此穴大難針，大好手方可針。資生

按古書中稱䯏骭者有三義，或岐骨，或蔽骨，或謂穴名。又稱鳩尾者亦同，後人不之知也。素問曰：鳩尾下參寸胃脘，胃脘，上脘也。又足陽明脉氣所發之章云：俠鳩尾之外，當乳下參寸，俠胃脘。言陽明經至直乳，俠蔽骨下行，岐骨下參寸，至上脘傍，復

下行也。又云：䯏骭至臍捌寸，大倉居其中。大倉，中脘也。言自岐骨際至臍捌寸，中脘在其中央也。此䯏骭指岐骨際，俠鳩尾之外之鳩尾指蔽骨。何則？蔽骨有長短，故皆據岐骨為度。蔽骨長為伍分，乃稱鳩尾穴者，皆在岐骨下壹寸。千金傷寒篇曰：灸心下三處，第一處去心下壹寸，名巨闕；第二處去心下貳寸，名上脘；第三處去心下參寸，名胃脘。各灸五十壯。然人形大小不同，恐寸數有異，可繩度，隨其長短寸數最佳。取繩從心頭骨名鳩尾頭，度取臍孔中，屈繩取半，當繩頭名胃脘。又中屈半繩，更分為二分，從胃脘向上度一分，即是上脘。又上

度取一分，即是巨闕。此說不是。俗多以從鳩尾穴至臍為捌寸，或自蔽骨為捌寸，而以腹部臍上柒寸伍分折量諸穴，置其間，故不合。遂以中脘為鳩尾下參寸，或參寸半，妄說也。又按甲乙經曰：上脘在巨闕下壹寸伍分，去蔽骨參寸；中脘在上脘下壹寸，居心蔽骨與臍之中。此皇甫氏之誤也。滑壽遂以䯏骭鳩尾共做蔽骨而看，故曰上脘去蔽骨參寸。註上脘曰：巨闕下壹寸，當壹寸伍分，強合內經鳩尾下參寸文。蓋鳩尾穴在蔽骨下伍分，古來相傳之說也。滑壽曰：無蔽骨者，從岐骨際下行壹寸是也。然不辨蔽骨長短，故後人論說棼然。今按

岐骨至臍為捌寸，岐骨下行壹寸為鳩尾穴。此蔽骨長伍分，為常人之度，其下伍分為鳩尾穴，是大概而言之。由此觀之，假令蔽骨長壹寸，亦以為伍分，自蔽骨端至臍中折為柒寸伍分，以定其穴。其僞準擬而取之也。若蔽骨短不見者，以岐骨下壹寸取鳩尾，恐無害，學者察諸。村上親方骨度正誤曰：䯏骭者，蔽心骨而從岐骨之間垂下如指之大骨也，附胸骨之部分也，是胸腹之界限也。不察于此，而以岐骨為限，以分骨度，豈合經旨乎？捨蔽骨而取岐骨，豈合骨度乎？其弊由不知䯏骭有三義。肘后曰：心厭者，指鳩尾，或言心厭尖。心厭之說多

參差蓋不知有三義也厥與蔽同護於心臟之意也廣雅曰髑骬缺盆䯏也玉篇曰肩骨不是

巨闕 脈經 一名心募 大成 鳩尾下壹寸 甲乙

按肘后方曰正心厭尖頭下壹寸不是又曰心厭尖尖四下一寸以赤度之此文不解恐有脫誤資生曰鳩尾拒者少令強壹寸中人有鳩尾拒之亦不可解千金外臺巨闕註散見各篇者差謬多不與明堂篇所記同以其文繁故不錄于此金鑑曰兩岐骨下貳寸大成亦作鳩尾兩岐骨下壹寸兩字不可解骨度正誤曰巨闕一穴今人多言臍上陸寸非也是亦自張氏始是由岐骨蔽骨之差也

當作陸寸伍分矣此說亦誤

上脘 脈經 一名胃脘 一名上紀 素問 一名胃管 鄉藥集成 一名上管 寶鑑 巨闕下壹寸 千金 臍上伍寸 類經 鳩尾下貳寸 增註 孕婦禁灸 類經 不可針 鄉藥集成

按甲乙經作巨闕下壹寸伍分去蔽骨參寸也非矣說既見爲壹寸伍分腹部傍穴皆不合內經每寸一穴意上脘中脘下脘外臺皆作管

中脘 甲乙 一名大倉 素問 一名胃募 千金 髑骬至臍捌寸大倉居其中爲臍上肆寸 素問 上脘下壹寸 甲乙 鳩尾下參寸 千金 孕婦禁灸 類經

按至臍臍上皆自臍中度之經云上紀者胃脘也次註曰謂中脘資生類經以胃脘上紀爲中脘一名而經曰鳩尾下參寸胃脘伍寸胃脘脘管也上脘中脘皆胃脘也然則上紀者蓋上脘一名資生類經共承王冰之誤千金翼胃病篇曰心下貳寸名胃管又曰胃管在心鳩尾下參寸是上脘中脘共稱胃管又鍼灸中篇作心下肆寸 甲乙 作在心蔽骨與臍之中非也說既見肘后方曰在心厭下肆寸千金霍亂篇曰在心厭下肆寸臍上壹夫巨闕註言心厭夫者指蔽骨此言心厭者似指岐骨然易混故不取

建里 甲乙 中脘下壹寸 甲乙 臍上參寸 類經 鳩尾下肆寸 門入

孕婦禁灸 類經 禁灸 門入

下脘 脈經 一名幽門 聖濟 建里下壹寸 甲乙 臍上貳寸 類經 鳩尾下伍寸 門入 孕婦禁灸 外臺引甄權

按難經曰大倉下口爲幽門滑壽曰在臍上貳寸下脘之分以幽門不爲穴名今從聖濟總錄氣府論曰鳩尾下參寸胃脘伍寸胃脘

水分 甲乙 一名中守 千金 一名分水 明堂 下脘下壹寸臍上壹寸 甲乙 鳩尾下陸寸 門入 孕婦禁灸 外臺引甄權 禁刺 資生註曰明去水氣惟得針水溝針餘穴水盡即死何於此却云可針今按勘之不當針爲是

按明堂醫學綱目作分水今爲一名難經云大腸小腸之會爲闌門滑壽曰在臍上壹寸水分穴諸

家以關門不為水分。一名暫記之。以俟知者。又奇穴有水分。

神闕外臺古名。臍中。甲乙一名氣舍。外臺禁刺。甲乙

按古書無註。氣穴論曰。臍一穴。甲乙。千金。並翼方。次註皆曰臍中。而無神闕之名。此名見于外臺。資生。大全。寶鑑。舍作合。恐字誤。

陰交甲乙一名少關。一名橫戶。甲乙一名丹田。神相全編臍下壹寸。甲乙自臍中心度之。增註孕婦禁灸。外臺甄權引

按外臺。甄權云。穴在陰莖下。附底宛宛中。程敬通曰。似屬會陰。非陰交也。類經。聚英。醫統。吳文炳並曰。三焦募。神相全編曰。丹田。臍下壹寸是也。

氣海脈經一名脖胦。一名下肓。甲乙一名丹田。本事臍下壹寸伍分。甲乙宛宛中。明堂忌不可針。千金孕婦禁灸。外臺

按脖。吳文炳作脝。大成作脖。肓作音。吳文炳作壹寸。非。本事方曰。氣海一穴。道家名曰丹田。引甄權

石門甲乙一名利機。一名精露。一名丹田。一名命門。甲乙一名三焦募。大成引聚英。今本不見。臍下貳寸。甲乙女子禁刺灸。中央不幸使人絕子。甲乙

按甲乙曰。三焦募。孫真人曰。至如石門。關元二穴。在帶脈下。相去壹寸之間。針關元。主婦人無子。針石門。則終身絕嗣。神庭一穴。在於額上。刺之主發狂。灸之則愈癲疾。其道幽隱。豈可輕侮之哉。

關元素問一名下紀。素問一名次門。甲乙一名丹田。資生一名大中極。大全一名小腸募。大成引聚英。今本不見。齊下關元參寸。素問

按周密癸辛雜志曰。張安道養生訣云。丹田在臍下參寸是也。資生經曰。臍下貳寸。名石門。明堂載甲乙經云。一名丹田。千金。素問註。亦謂丹田在臍下貳寸。世醫因是遂以石門為丹田。誤矣。丹田乃在臍下參寸。難經疏論之詳。而有據。寶鑑曰。關元。一名丹田。按陰交。氣海。石門。關元。皆名丹田。恐有誤。類經曰。此穴。當人身上下四旁之中。故又名大

中極。疑是中極之解。誤寫于此也。暫存之。脈經。甲乙並曰。小腸募。

中極脈經一名氣原。一名玉泉。甲乙一名膀胱募。千金翼臍下肆寸。甲乙關元下壹寸。千金孕婦禁灸。外臺針即有子。

又云。灸不及針。資生

按脈經。甲乙並曰。膀胱募。

曲骨甲乙一名尿胞。一名屈骨。一名屈骨端。千金橫骨上。中極下壹寸。毛際陷者中。動脈應手。甲乙

按臍中以下至橫骨。長陸寸半。是古法也。今人瞻心下至橫骨。折作伍寸。此誤讀張介賓說。遂至此。張氏至曲骨。折作伍寸。謂毛際曲骨穴。非謂橫骨

也。甲乙經中極下壹寸爲曲骨。當橫骨上壹寸半毛際。從俗說則此穴當陰毛中橫骨。故知其非是

千金曰。小便數起灸玉泉下壹寸。名尿胞。一名屈骨端。又赤白沃陰中乾痛惡合陰陽小腹䐜堅。小便閉刺屈骨入寸半灸三壯。在中極下壹寸。即曲骨也。今移爲一名。

會陰（甲乙）一名屏翳（甲乙）一名金門（千金）一名平翳（大全）一名下極（金鑑）大便前小便後。兩陰之間（甲乙）

按千金云。金門在穀道前。囊之後。當中央是也。從陰囊下度至大孔前中分之。今移爲別名。

腹第二行自幽門俠巨闕兩傍。各半寸。下行至橫骨。凡二十二穴

幽門（甲乙）一名上門（甲乙）巨闕兩傍各伍分陷者中（甲乙）

按明堂入門大全。作壹寸半。千金心臟篇作壹寸。金鑑從之。以上諸書似有所見。然不合經文。今定不容穴內又壹寸伍分取此穴。

通谷（甲乙）幽門下壹寸陷者中。（甲乙）俠上脘（類經）

按聚英引素問註曰。自肓俞至幽門去中行各壹寸誤也。今閱次註曰。俠巨闕兩傍相去各半寸。下五穴各相去壹寸。是謂幽門以下五穴上下之間。各壹寸非去中行之謂。不然不合內經。俠鳩尾外各半寸。至臍寸一之文而相去二字惑諸人

陰都（甲乙）一名食宮（甲乙）一名通關（醫學綱目）通谷下壹寸（甲乙）俠胃管（千金）

按醫學綱目引摘英曰。通關在中脘傍。各伍分。針入八分。左撚能進飲食。右撚能和脾胃。許氏曰。此穴一針四效。凡下針後良久。覺脾磨食。覺針動爲一效。次針破病根。腹中作聲爲二效。次覺流入膀胱爲三效。又次覺氣流行腰後骨空間爲四效。主治五噎。吞酸多睡。嘔吐不止。是爲陰都穴明矣。乃今移入一名。

石關（甲乙）一名石闕（千金）陰都下壹寸。（甲乙）並建里（醫門摘要）

商曲 甲乙 一名高曲。千金 石關下壹寸。甲乙 並下脘。醫門摘要

按商曲。寶鑑作商谷。

肓俞 甲乙 「商曲下壹寸」直臍傍伍分。甲乙

按肓千金外臺金鑑作盲。資生作育。類經曰。商曲下壹寸。當作貳寸。內經云。俠鳩尾外各半寸至臍寸一。蓋古必自幽門至肓俞有七穴。甲乙經以來已闕之。甲乙。商曲下壹寸。以直臍傍之字見之。後人誤以貳作壹也。距古之遠。無所可考。今姑不取商曲下壹寸伍字。唯定此穴於臍傍伍分。從張氏說。

中注 甲乙 肓俞下壹寸。資生

按甲乙千金外臺次註作肓俞下伍分。發揮類經聚英入門醫統寶鑑共從資生。據內經俠臍下傍各伍分至橫骨寸一之義。則資生為得。

四滿 甲乙 一名髓府。甲乙 中注下壹寸。甲乙 俠丹田。千金

按髓外臺作隨。聚英吳文炳大成府作中。千金曰。丹田兩邊相去各壹寸半。千金翼無半字。蓋從脘字也。丹田在臍下貳寸是也。此說可從。又曰。俠丹田兩傍相去參寸。即心下捌寸臍下橫文是也。不可從。丹田是石門也。發揮作氣海傍壹寸。非也。

氣穴 甲乙 一名胞門。一名子戶。甲乙 四滿下壹寸。甲乙

按脉經曰。胞門在大倉左右參寸。大倉中脘別名也。千金婦人篇曰。胞門關元左邊貳寸。是右貳寸名子戶。此二說不與本穴相關涉。又冠中字詳于奇穴部。又婦人良方胎動不安論曰。服藥致補燰而反使胞門子戶為藥所爆搏。自註曰。巢氏病源並產寶並謂之胞門子戶。張仲景謂之血室。

大赫 甲乙 一名陰維。一名陰關。甲乙 氣穴下壹寸。甲乙

按千金腎臟篇曰。屈骨端參寸。不合諸書。且千金屈骨端為曲骨。橫骨之別名。益不可解。此他千金言屈骨者。不一。說見下。

橫骨 素問 一名下極。甲乙 一名屈骨。千金 大赫下壹寸。甲乙 肓俞下伍寸。發揮 陷中。入門 禁刺。入門

按大全周身經穴賦作橫谷。又曰一名屈骨端。千金曰。屈骨端陰上橫骨中央宛曲如却月中央是也。此名橫骨。千金翼同。千金霍亂篇灸慈宮。註曰。橫骨在臍下橫門骨是。蓋橫門骨言橫骨也。又陰癩篇曰。灸玉泉。穴在屈骨下陰。又三焦篇曰水道穴在俠屈骨相去伍寸。千金翼曰。屈骨在臍下伍寸。屈骨端水道兩傍各貳寸半。又淋閉篇曰。玉泉下壹寸。名尿胞。一名屈骨端曲骨穴下。宜合考。凡言屈骨者。不一。恐有差。却月。入門作如仰月。陷中。曲骨外壹寸半。吳文炳作仰月。中央去腹中行各壹寸半。李時珍作偃月。醫統作臥月。洗寃錄曰。婦

人隱處。其骨為羞秘骨。不可撿驗。蓋橫骨也

腹第三行。自不容。俠幽門。兩傍各壹寸半。下行至氣衝及急脈。凡二十六穴

不容 甲乙 幽門傍。壹寸伍分。去任脈參寸 兩肋端。相去肆寸 甲乙 對巨闕。類經

按兩字。諸書作四。此穴對巨闕。巨闕傍貳寸。直貼肋端。四肋之數不合。且以肋數言之。必有第字。至此。特不冠第字。只千金。作直四肋端。次註冠第字。而期門言第二肋。期門在不容傍。而二四易位。故人多疑之。今考之。不容直貼左右兩肋端。此肋為岐。左右分垂。如一肋而相分。故因其形狀言兩也

甲乙曰。去任脈參寸。按幽門俠巨闕兩傍伍分。不

容幽門傍壹寸伍分。凡貳寸也。參當作貳。去任脈傍貳寸。取此穴。類經。引此文作貳寸。千金千金翼外臺。作去任脈貳寸是也。甲乙經曰。相去肆寸。謂相去兼任脈而量之也。次註。作俠腹中行兩傍相去各肆寸。誤讀甲乙文。增各字。則相去字不成語。今刪去任脈參寸。並相去肆寸之數言。入門作平巨闕參寸。醫統聚英。作去中行任脈各參寸。共受甲乙寫誤而不深考也。明堂作在上管兩傍各壹寸非矣。

承滿 甲乙 不容下壹寸。甲乙 對上脘。類經

按千金及翼方。大腸篇曰。俠巨闕相去伍寸。巨闕

在心下壹寸。灸之者，俠巨闕兩邊各貳寸半。非說既見。

梁門(甲乙)承滿下壹寸。(甲乙)對中脘(類經)。孕婦禁灸(類經)。

關門(甲乙)梁門下太乙上。(甲乙)梁門下壹寸。(千金)對建里(類經)。

按千金翼門作明。誤。外臺作伍分。非也。

太乙(甲乙)關門下壹寸。(甲乙)對下脘(類經)。

按千金並翼方外臺次註資生聖濟寶鑑作太一。無異義。千金翼門作明。誤。

滑肉門(甲乙)太乙下壹寸。(甲乙)天樞上壹寸。對水分(類經)。

按聚英醫統作下夾臍下壹寸至天樞去中行參寸。下夾之下字與文炳作一。

天樞(脉經)一名長谿。一名谷門(甲乙)一名大腸募(肘后)一名循際。一名長谷。(千金)去肓俞壹寸伍分。俠臍兩傍各貳寸。陷者中。(甲乙)滑肉門下壹寸(次註)。魂魄之舍。不可鍼(千金)。孕婦禁灸(同上)。

按谷門千金千金翼外臺資生聖濟類經發揮聚英大全醫統作穀門。音通。資生谿作雞。肓作育。千金脾臟篇曰長谷俠臍相去伍寸。一名循際。又曰俠臍相去參寸。魂魄之舍。不可針。大法在臍傍壹寸。合臍相去可參寸也。千金翼作俠臍相去各貳寸。聚英與文炳作去肓俞半寸。蓋寸半之誤。大成作壹寸。脫字。奇穴部魂舍可合考。

外陵(甲乙)天樞下大巨上。(甲乙)天樞下壹寸(次註)。對陰交(類經)。

按千金作天樞下半寸。非也。半寸當作寸半。當時或有此說。外臺作長谿下伍寸。東洋先生曰寸疑當作分。又從千金之說也。景岳全書曰。在臍左右各開壹寸半。灸疝立効。永不再發。屢用屢驗。臍者陰交之誤。

大巨(甲乙)一名腋門。(甲乙)長谿下貳寸。(甲乙)外陵下壹寸(次註)。對石門(類經)。

按腋外臺作掖。千金作臍下壹寸兩傍各貳寸。非也。長谿天樞也。

水道(甲乙)大巨下壹寸(增註)。

按甲乙千金千金翼次註外臺。共作大巨下參寸。以下諸書從之。聚英與文炳作貳寸。千金千金翼曰俠屈骨相去伍寸。此水道蓋奇穴。詳奇穴部。寶鑑作天樞下伍寸。非是。說見下。

歸來(甲乙)一名谿穴。(甲乙)水道下壹寸(增註)。

按甲乙千金千金翼氣府論註聖濟作貳寸。水熱穴論註新校正作參寸。外臺作伍寸。千金註資生引外臺作參寸。說見下。千金婦人篇作俠玉泉伍寸。不是。

氣衝(素問)一名氣街。(素問)歸來下鼠鼷上壹寸。動脈應手。(甲乙)宛宛中。(資生)灸之不幸。使人不得息。(甲乙)禁刺(資生)。

按大全曰。一名氣沖。衝沖古通用。非。一名。不取骨空論曰。毛際動脈。歸來下。動脈是也。千金外臺作歸來下壹寸。鼠鼷。素問曰。刺氣衝中。脈血不出。爲腫鼠僕。註曰。氣衝在腹下俠臍兩傍相去肆寸。鼠僕上壹寸。動脈應手。新校正云。別本僕作鼷。張介賓曰。僕當作鼷。千金翼作鼠鼷。醫門摘要曰鼠鼷羊矢同。非矣。羊矢骨與是不同。按王氷言俠臍兩傍相去肆寸者誤。又水熱穴論註曰臍下橫骨兩端。鼠鼷上壹寸。本草別錄。馬刀。條曰。除肌中鼠鼷。外臺其門註曰。鼠鼷痛。小便難。金鑑曰。腿班中有肉核名曰鼠鼷。谿鼷音通。說文曰。小鼠也。卽春秋

言鼷鼠食郊牛角者。陳藏器曰。鼷鼠極細卒不可見。尹文子曰。鄭人謂玉未琢者爲璞。周人謂鼠未腊者爲璞。周人遇鄭賈人曰。欲買璞乎。鄭賈曰。欲之。出璞視之。鼠也。因謝不取。戰國策同。蓋僕鼷者璞之轉訛也。按毛際腿中肉核。動應手。俗所謂横根所是也。千金外臺並作歸來下壹寸。入門作天樞下捌寸。夫臍下至橫骨陸寸半。骨度爲然。何得捌寸。素問曰。俠鳩尾之外。當乳下參寸。俠胃脘各五。次註曰。謂不容。承滿。梁門。關門。太乙。五穴也。又曰。俠臍廣參寸。各三。註曰。謂滑肉門。天樞。外陵。也。又曰。下臍貳寸。俠之各三。註曰。謂大巨。水道。歸來。

也。馬蒔曰。鳩尾下參寸胃脘。伍寸言鳩尾下壹寸曰巨闕。又下壹寸半。曰上脘。今曰參寸者。正以鳩尾上之蔽骨數起也。鳩尾下參寸半爲胃之中脘。今伍寸者字之誤也。以下至横骨言自中脘以下。有建里。下脘。水分。神闕。陰交。氣海。石門。關元中極。曲骨等穴共計壹拾參寸。今曰陸寸半。壹者疑當爲貳。陸寸半者二則爲拾參寸也。是腹部中行之脈法也。此註牽强傅會。可笑也。巨闕下壹寸半。取上脘穴强合經文。此承皇甫氏之謬也。不知臍下至横骨陸寸半爲壹拾參寸。訛以壹爲貳。故誤如此。解書何難之有。如其無徵。何學者察諸。折衷曰

天樞。與任脈神闕。相對。氣衝與任脈曲骨相對。而自曲骨至神闕相去伍寸也。如斯從天樞至氣衝。亦當相去伍寸。然甲乙說天樞氣衝之間相去分寸。甚有餘。而難合于曲骨神闕相去之寸。恐非也。經曰。下臍貳寸。各三。貳寸中有三穴也。不可解。凡臍下肆寸而別取此氣衝穴於毛際。與經文合。從甲乙。千金等。大巨水道歸來相去爲貳寸。則至歸來陸寸。歸來下半寸間取此穴而不合經文毛際。語竊疑。素問上文言夾臍參寸各三。至此乃言下臍貳寸各三。貳字參誤。不然則各字不穩。且大巨水道歸來各每寸一穴則與外陵並度之得臍下

肆寸乃歸來下壹寸為氣衝穴。正與横骨二穴相對。又俠鳩尾之外當乳下參寸之參亦伍之誤。然則俠鳩尾之傍當乳下行伍寸。毎寸一穴。各字義亦穩矣。仍記數言以待來哲。因次註俠中行貳寸語。以此穴為横骨兩端。不覺衝門同處。甲乙千金以氣衝屬腹部三行。以衝門屬四行。腹部四行自兩乳下行至横骨端。因知自胸至小腹漸狹也。而其書俠任脈幾寸。使人知在某行中也。甲乙千金。以部分列。故言自某穴俠某穴幾寸。至某穴言起自某穴傍下行至某穴也。外臺始以穴繫經而以任脉屬腎經。督脈屬膀胱經及滑壽。十二經合任督二脉為十四經。爾後說經穴者一據十四經。至一行中別布置三四所。廼每穴不能言俠某幾寸。後人不知此義也。故以腹部四行置横骨陸寸半中。準擬分量。目巧度之。骨度正誤曰。自天樞至横骨陸寸半。蓋腎經與任脉。不為臍下伍寸也。脾胃之兩經可取於陸寸半矣。是亦臆說古書。言横骨有二義。以横骨為穴名。故有此誤。

急脈素問厥陰毛中。素問陰髦中陰上。兩傍相去貳寸半。按之隱指。堅然甚按則引上下也。其左者中寒則引少腹下引陰丸善為痛。為少腹急中寒。此兩脉皆厥陰之大絡通行其中。故曰厥陰急脉。卽睪之系也。可灸而不可刺也。次註

按類經曰。此穴自甲乙經以下諸書皆無。是遺誤也。金鑑堅然作而堅。

腹第四行。自期門上直兩乳。俠不容兩傍各壹寸半。下行至衝門。凡十四穴

期門（傷寒論）一名肝募（大成）第二肋端。不容傍。各貳寸伍分。上直兩乳。舉臂取之（甲乙）承滿傍（增註）

按第二肋及兩肋說詳于不容下。本文不容字寫誤。當作承滿。其傍各壹寸伍分。上直兩乳。第二肋端。是期門也。第二肋千金曰。奔豘灸期門百壯。穴直兩乳下第二肋端傍。肋舊作脇誤（針灸篇婦人病中作肋）第二肋。言乳下第二肋也。端本事方作間非矣。不容當兩肋端。其傍壹寸伍分則在膺骨間。而甲乙千金。共屬腹部。可疑之一也。不容在肋端。其傍壹

寸伍分。又謂肋端。可疑之二也。在膺骨間。而謂肋端。可疑之三也。自大橫倒量上行。至不容不合骨度之數者壹寸。可疑之四也。故謂傳寫之誤也。今試自直臍大橫穴量之。大橫上參寸。腹哀。腹哀上壹寸伍分。日月。日月上伍分。橫平當通谷也。通谷傍壹寸伍分。承滿也。承滿傍壹寸伍分。直兩乳下行。當肋端。於是不容誤謬可始解矣。近世唯取不容二字。不取肋端直兩乳五字。何也。聚英作乳直下壹寸半。大成作乳傍壹寸半。直下又壹寸半。不是。寶鑑曰。令人仰卧。從臍心正中。向上伍寸。以墨點定。從墨點兩邊橫量各貳寸半。此乃正穴。大約

直兩乳為的。此說為是。而言貳寸半者。不可從。

日月（甲乙）一名膽募。一名神光（千金）期門下伍分。（千金）

按千金。外臺。資生。聖濟作期門下伍分。是也。次註作第三肋端。橫直心蔽骨傍各貳寸伍分。上直兩乳。無贅之言也。何則日月在期門下伍分。期門乳下肋端是也。假使期門在不容傍蔽骨下壹寸伍分傍。此不容也。其下伍分無橫直心蔽骨之理。資生經有陷中字。此以期門取不容傍之誤也。以為期門在不容傍壹寸伍分。則此穴亦在胸中骨間。故謂陷中。杜撰也。甲乙經作期門下壹寸伍分。蓋據期門在不容傍之文。後人謾補入壹寸字也。故

今從千金等。聚英日月無。說見輒筋。

腹哀（甲乙）日月下壹寸伍分（甲乙）禁鍼灸（入門）

按入門作日月下壹寸。非也。說見期門

大橫（甲乙）一名腎氣（醫綱）腹哀下參寸。直臍傍（甲乙）

按千金作貳寸。資生。聖濟。發揮。類經。聚英。醫統。吳文炳。作參寸伍分。寶鑑作壹寸陸分。共非也。說見上。腎氣穴。醫學綱目引扁鵲曰。臍傍相去各肆寸。主治脚氣。蓋此穴也。乃今移入一名。千金膀胱篇曰。俠臍兩邊各貳寸伍分。非也。

腹屈（甲乙）一名腹結（甲乙）一名腸結（十翼）一名腸窟（外臺）一名陽窟。（聚英。吳文炳）大橫下壹寸參分（甲乙）

按資生作參分。蓋脫壹寸字也。

府舍甲乙腹結下參寸。甲乙

按千金。針灸篇婦人病作去大横伍寸。聚英吳文炳。作腹哀下參寸入門。寶鑑。作大横下參寸。大成作腹結下貳寸。寶鑑同之。共非也。醫門摘要曰。衝門上七分是也。

衝門甲乙一名慈宮甲乙一名上慈宮。聚英上去大横伍寸在府舍下横骨兩端。約文中動脉。甲乙

按千金曰。泄利所傷。煩欲死者。灸慈宮二七壯。在横骨兩邊。各貳寸半。不是。

側脇部第七凡二十六

骨度篇曰。角以下至柱骨長壹尺。行腋中不見者長肆寸。腋以下至季脇長壹尺貳寸。季脇以下至髀樞長陸寸。

按角顴角也。柱骨天柱骨也。共見面部。

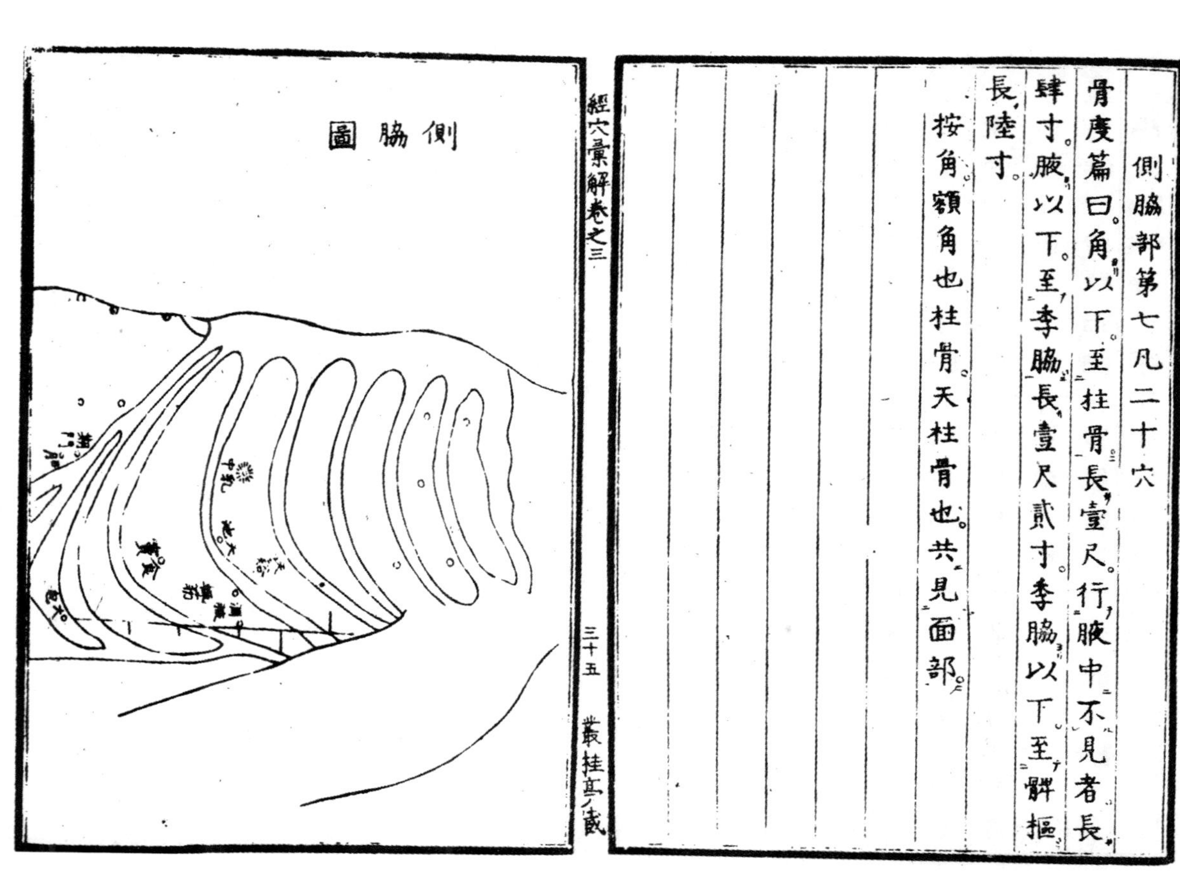
側脇圖

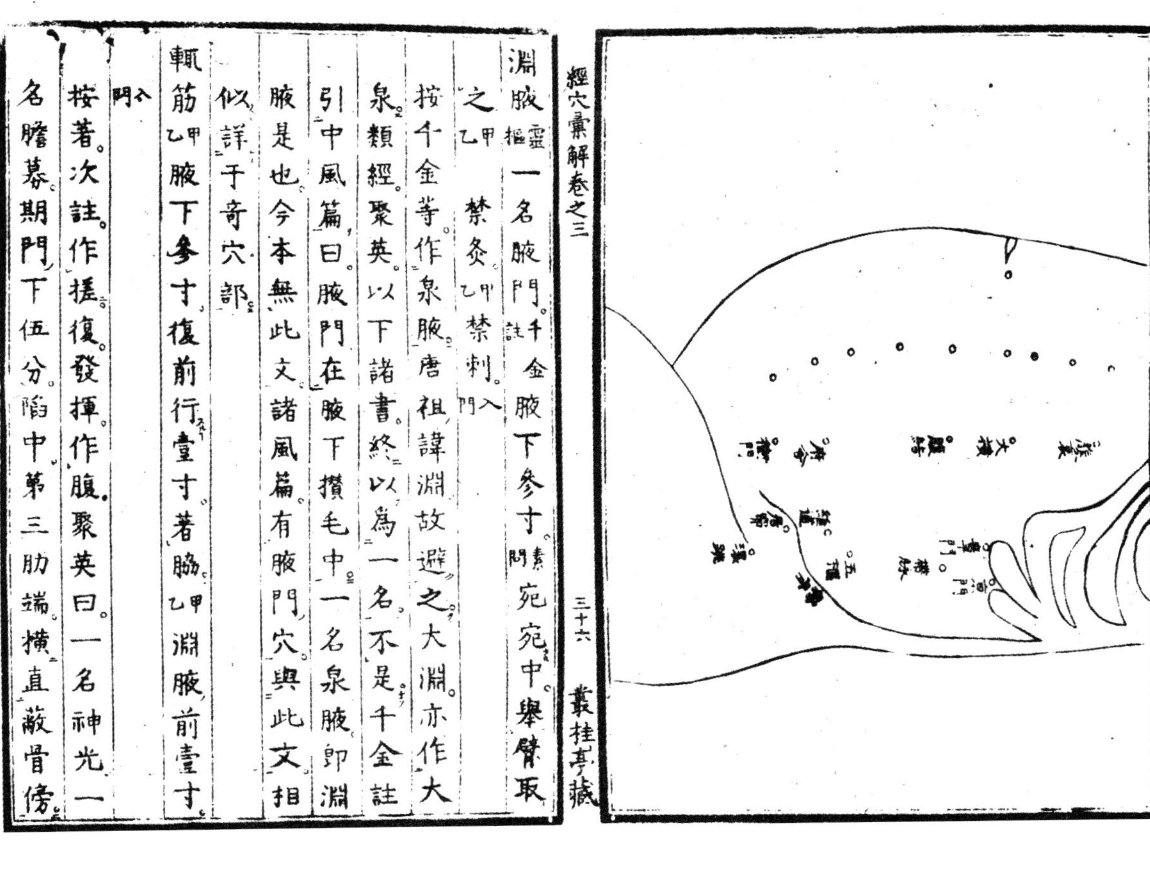

淵腋（靈樞）一名腋門。（千金註）腋下參寸。（素問）宛宛中。舉臂取之。（甲乙）禁灸。（甲乙）禁刺。（入門）

按千金等作泉腋。唐祖諱淵。故避之。大淵亦作大泉。類經。聚英。以下諸書。終以為一名。不是。千金註引中風篇曰。腋門在腋下攢毛中。一名泉腋。即淵腋是也。今本無此文。諸風篇有腋門穴。與此文相似。詳于奇穴部。

輒筋（甲乙）腋下參寸。復前行壹寸。著脇。（甲乙）淵腋前壹寸。（入門）

按著。次註。作搓。復。發揮作腹。聚英曰。一名神光。一名膽募。期門下伍分。陷中第三肋端。橫直蔽骨傍貳寸伍分。上直兩乳。側臥屈上足取之。是次註。日月之註文。而神光。膽募。日月之別名也。聚英。輒筋下。闕日月穴。蓋脫簡。吳文炳。醫統。大成。受其誤也。金鑑亦不知其誤。而作從淵腋下行。復前壹寸。三肋端。橫直蔽骨傍柒寸伍分半。直兩乳。謬妄不可讀。

大包（靈樞）脾之大絡。名曰大包。出淵腋下參寸。布胸脇。（靈樞）出九肋間。及季脇端。（甲乙）側脇。（入門）腋下陸寸。（大全）脇下。至季肋壹尺貳寸。此穴居其中。（增註）

按聚英。吳文炳。作兒肋間。兒疑九誤。

天池（靈樞）一名天會。（甲乙）乳後壹寸。腋下參寸。著脇直掖擷肋間。（甲乙）側脇陷中。（入門）

按脇。千金。作肋。而無參寸字。擷。千金翼。作掘。本輸篇曰。腋下參寸。手心主也。名曰天池。語而不詳。次註。作乳後貳寸。入門。作乳外貳寸。金鑑。作乳傍壹貳寸許。骨空論云。擷骨。王冰曰。尾窮謂之擷骨。擷。䯓通用。說文曰。擷。臀骨也。䯓本作髍。非此義。醫門摘要曰。按禮。內則云。不涉不擷矣。擷字言肋骨形如擷。字彙云。擷。揭衣也。肋骨皆如擷。何特此穴曰擷肋。或曰。擷與掘通。又轉與崛通。崛起貌。金鑑作擷起肋骨。按直腋下。乳後有肋骨。稍高大崛起者是也。余嘗剝剝刑屍。觀肋骨。枚枚無所異。不見崛起者。按字書曰。搌投也。蓋此穴逼骨而取之也。腋下參寸。前行壹寸。乃輒筋。當肋後其肋前。是天池也。大包言側脇。天池言着脇。則以僅著脇部也。脇或作肋。着肋亦通。乳中。天谿二穴相並然在膺骨陷中。則天谿微高。天池在乳後壹寸。逼肋骨胸鄉。天谿食竇諸穴胸部四行。雖在側脇屬胸部。實是着脇處。則以乳後壹寸取此穴。逼骨欲投肋下之處也。

章門 脉經 一名長平。一名脇窌。甲乙 一名脾募。千金 一名肋髎。大全 大橫外。直臍季脇端。側臥屈上足。伸下足。舉臂取之。甲乙

按千金。明堂作大橫文外。文蓋之誤。千金肺臟篇及千金翼無文字。季脇者。淵腋直下。肋骨到此。其末不似偃月。其骨頭向前。其尖曰端。脇與腹部之交。就脇之所盡曰季脇。而不言季肋者。向後更有小肋也。愈知言季脇之有字法也。京門下註。有季肋之文。可證也。千金。千金翼。外臺。次註以下諸書。皆作季肋。不辨其義也。神應。類經。大成。作臍上貳寸。兩傍各陸寸。入門作橫取陸寸。資生註所引難疏及聚英作兩傍玖寸。皆拘矣。類經又曰。臍上壹寸捌分。兩傍各捌寸半。是帶脈之註。不可從。时后曰。小肋屈頭也。大全。一名季肋。是京門也。故不取。

類經曰。肘尖盡處是穴。此捷法也。假令用此法。必取季脇端可也。凡用捷法者。說既見腎門摘要曰。類經云。脾募也。按在腹曰募。在背曰俞。募者。募結之義。而經脉結聚于此。俞者輸也。脉氣轉輸于此也。千金翼曰。多汗。四肢不舉。少力。灸長平五十壯。在俠臍相去伍寸。不鍼。而言不鍼者。可疑。千金曰。泄痢。不嗜食。雖食不消。灸長谷五十壯。三報。穴在俠臍相去伍寸。一名循際。是天樞異名。而穴註與章門同。大全曰。飛虎。卽童門也。童章字相似。恐是章門誤。又支溝一名。又奇穴有飛虎。

京門 甲乙 一名氣府。一名氣俞。甲乙 一名腎募。大成 監骨腰

中。季肋本俠脊。千金 屈上足。伸下足。舉臂取之。類經

按俞。外臺作輸。季肋。資生。類經。作季脇。蓋據素問兩季脇之間。灸之文也。然言兩季脇之間。未辨何穴也。或誤讀章門下註。言季脇也。季脇季肋說既見。監骨。次註作骼骨。又居髎下註云。監骨。次註作骼骨。骼與骼通。監有攝守義。左傳。君行則有守。守曰監。監骨。攝持腰股之骨也。骼。玉篇。腰骨也。曰監骨。曰腰髖骨。曰腰髁骨。由此觀之。監。髖。髁。共骼之轉音同義。古書皆言監骨。蓋古言也。而此穴如與腰骨不相與。而章門當季脇。淵腋直下。則在向後季肋之本。肋末連接腰骨。略屬腰部。故曰監骨腰

中。王太僕監骨下。加與字益通。就脇腹之交取章門。故曰季脇。向後更有小肋。其本是京門也。鄭曰季肋是也。章門曰端京門曰本可以見也。千金翼。外臺。與千金同。甲乙作監骨下腰中。挾脊季肋下壹寸捌分。是以帶脉註文。混入于此。傳寫之誤。故從千金。折衷曰以帶脉之法。恐非也。法。疑注誤。可謂能解書也。類經。作臍上伍分傍。玖寸半。拘矣。

帶脉 甲乙 季脇下壹寸捌分。甲乙 陷者宛宛中。明堂

按千金。千金翼。外臺。作季肋。後人不辨章門季脇之義。妄改作肋也。果其說之是乎。帶脉當徵如後而下也。不得取於季脇章門下。神應經曰。季肋下。

壹寸捌分臍上貳分傍柒寸半。類經。作臍傍捌寸半。肥人玖寸。瘦人捌寸拘何則肥瘦人人殊。如腹便便者。豈得用折量乎。

五樞 甲乙 帶脉下參寸。一曰。水道傍。壹寸伍分。甲乙 陷中。資生

按傍。千金。千金翼。外臺。作下。入門。作外。自章門至居髎。凡捌寸參分。骨度。季脇至髀樞陸寸間。不可容此四穴。岡本。斜從小腹向陰毛際。取此諸穴。恐非也。甲乙。千金。載五樞水道傍。壹寸伍分一說。今量之。自季脇章門穴。至五樞。肆寸捌分。章門直臍傍也。水道。臍下肆寸也。骨度篇。季脇下。至髀樞。陸寸。以臍下至橫骨陸寸半之寸。當之。略相同。然水道。間府舍。說分寸者不穩。但取之帶脉下參寸。可也。明堂。作帶脉下貳寸。大成。作水道傍伍寸伍分。非也。

維道 甲乙 一名外樞。甲乙 章門下伍寸參分。甲乙

按類經。作中極傍。捌寸伍分。不可從。

居窌 甲乙 章門下捌寸參分監骨上陷者中。甲乙

按監骨。次註。作髂骨。蓄內經云。兩髂髎者是也。髀樞與少腹交腰之處。崛起骨。謂之髂骨。說已見骨度篇曰。季脇以下。至髀樞長陸寸。據此則捌寸參分。當作陸寸參分。脇側陸寸之際。何容捌寸參分。

髂骨上參分許。陷者是也。謂章門下則維道微前行。居髎亦傍骨斜下。何則帶脈五樞。謂季脇下。帶脉下者。可見。凡謂髎者。取骨罅巨髎。顴髎。肩髎。八髎類。可徵也。或取之環跳下股骨頭。而合捌寸參分之法。然其上有環跳而屬足部。居髎在其下屬季脇之中。謬誤較然。次註。作章門下肆寸參分。肆恐字誤。金鑑。從維道。下行參寸。非也。

水戸醫官清水方敬子考

門人
陸奥 川嶋務子本
結城 小林宜振子振 同校
水戸 田崎廣林子挂

經穴彙解卷之三 畢

經穴彙解卷之四目次

陽谿 中魁　偏歷
溫溜 逆注 蛇頭　下廉
上廉　手三里
曲池 鬼臣 陽澤　肘髎 肘尖
五里 尺之五里　臂臑 頭衝 頸衝
手少陽三焦及臂凡二十四穴
關衝　液門
中渚　陽池 別陽
外關　支溝 飛虎
會宗　三陽絡 通間
四瀆　天井

清冷淵　消濼
手太陽小腸及臂凡十六穴
少澤 小吉　前谷 手太陽
後谿　腕骨
陽谷　養老
支正　小海
以上總計凡一百二十穴

經穴彙解卷之四

水戶　侍醫　南陽　原昌克子柔　編輯

手部第七

夫欲取手足經穴。先以指按井穴經渠緩緩從指所之而上。則筋肉自分。到肘中大筋外。尺澤之處。廼為流注之谿谷肉經。所謂分肉之間。谿谷之會。以榮衛舍大氣者是也。如絡穴別走他經者則須據其經考之。

骨度篇曰。肩至肘長壹尺柒寸。肘至腕長壹尺貳寸半。腕至中指本節長肆寸。本節至其末長肆寸半。

按正誤曰。自大椎下脊中至肘尖為壹尺柒寸。妄

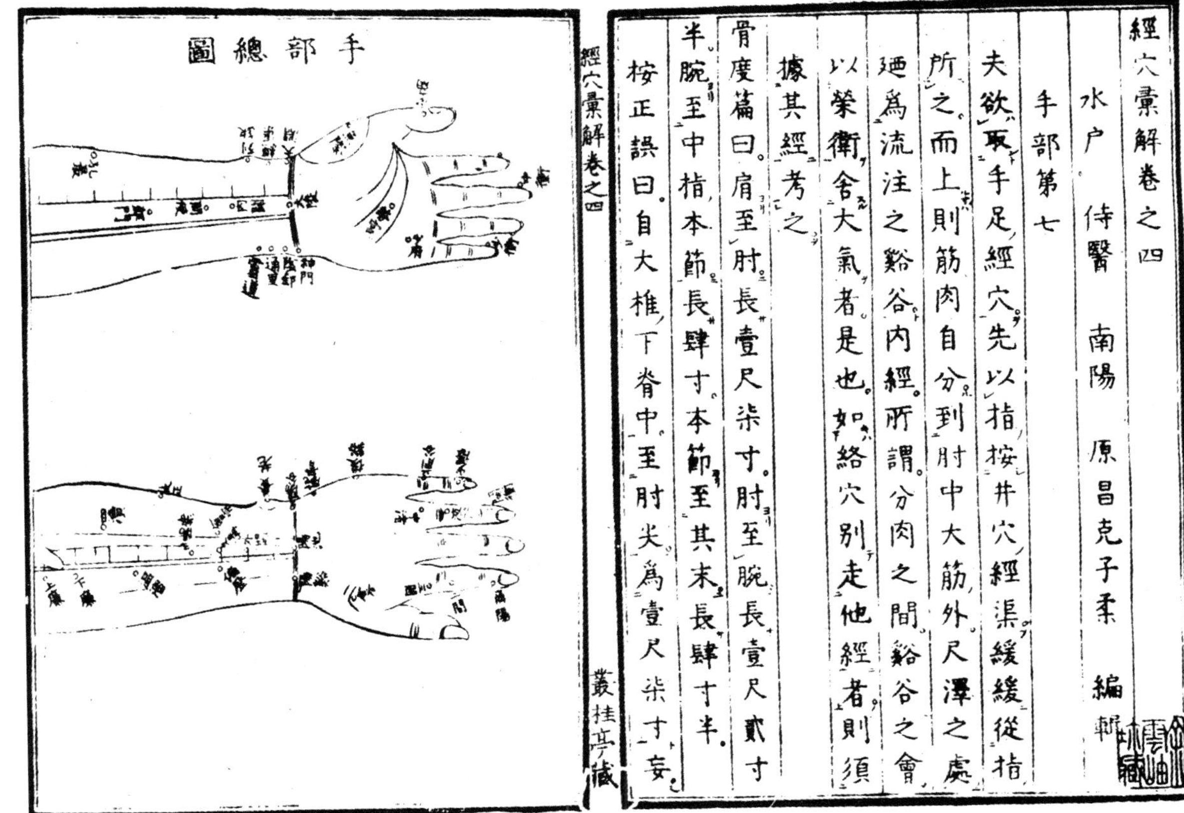
手部總圖

手太陰肺及臂凡十八穴

少商（靈樞）一名鬼信。（千金）手大指內側。去端如韭葉（素問）為井（靈樞）。爪甲上與肉交者。（同上）禁灸（聖濟）（資生）

按凡去爪甲如韭葉者，去其爪甲所與肉交形似韭葉者也。故古典言爪甲上與肉交者。俗人不悟，以為去爪甲容韭葉許。誤矣。何則甲後容韭葉則過第一節也。妄哉。折衷云。甲乙少澤穴下曰。在手小指端去爪甲壹分。據之則韭葉之分寸。當為壹分。凡爪甲上。謂甲後也。手之上下指尖頭為下，前後指尖頭為前。手指之內外，以伏掌言之。外臺甄權曰。大拇指甲外畔當角。是以反掌言之。與古說

不合。外。恐寫訛。聖濟曰。唐刺史成君綽忽頷腫大如升。喉中閉塞。水粒不下三日。甄權以三稜針刺之。微出血。立愈。

魚際（素問）手魚也。為榮（靈樞）。手大指本節後內側散脈中

（甲乙）禁灸。（入門）

按魚者。謂手魚腹也。此穴世人多取掌後橫紋內側。誤矣。靈樞曰。魚際者手魚也。滑壽曰。曰魚曰魚際云者。謂掌骨之前。大指本節之後。其肥肉隆起處。統謂之魚。魚際則其間之穴名也。又孫真人脈論曰。從肘腕中橫文至掌魚際後文。却而十分之。所謂魚際指魚腹赤白肉際也。凡魚腹四邊皆可

謂魚際也。脈論所說者，非穴名也。折衷曰，凡手足，拇指之節數，原與諸指不同。故於諸指也第三節，為本節也。於拇指也，第二節為本節也。即入門所謂魚際，在大指二節後內側散脈中，是也。獨張氏以為本穴在寸口之前，魚之後，以側腕高骨，強為本節，非也。十四經鈔曰，經曰，入寸口上魚，循魚際，出大指之端。是可見經脈流行之次序。然滑氏取穴，於魚腹下腕骨上。故於本文上，魚下為句，學者其再詳之。

大淵 素問 一名鬼心。千金 魚後壹寸，陷者中也。為腧。靈樞 掌後 甲乙 橫紋頭。明堂

按，魚後，魚腹後也。魚際後有腕骨。阻腕骨，是即壹寸弱。故此穴取腕後也。聚英曰，一名太泉。非是。說見淵液、大成作掌後內側橫紋頭，非也。十二原篇云，陽中之少陰，肺也。其原出於太淵，不與本輸篇合。

經渠 靈樞 寸口中也。動而不居，為經。靈樞 陷者中。甲乙 脈中

聖濟 禁灸。甲乙

按，動而不居，謂動脈也。入門云，寸口下近關上脈中。非矣。

列缺 靈樞 一名童玄。折衷引醫統。今本不見。腕上分間，去腕寸半。別走陽明也。靈樞 骨罅宛宛中。外臺引甄權 傍關骨上側

增註 為原。千金

按，分間，謂分肉間也。寸半，舊作半寸，字倒錯也。據甲乙訂之。外臺甄權曰，腕後臂側參寸，交叉頭兩筋骨罅宛宛中。參寸，二字誤也。資生作以手交叉頭指末，神應經作手側腕上寸半，以手交中指頭末兩筋兩骨罅中。發揮從之。而中指作頭指。註曰，當作食指。折衷曰，第二指為頭指，即食指也。又謂之鹽指。發揮註曰，頭指當作食指，非也。類經引滑氏作食指末。聚英醫統吳文炳共引滑氏作頭食指末。大成作食指盡處。入門作鹽指。寶鑑引資生作中指。今試之，不當寸半處，不可從也。此穴當陽明經之分。甲乙曰，太陰之絡，是脫別走陽明之四字也。外臺註曰，謹按銅人鍼經、甲乙經、九墟經無五藏所過為原穴，惟千金方外臺秘要方有之。蓋是林億之註也。乃今原穴皆記各穴下。又抄十二原篇，徵古時有原穴。原穴見大淵下，與千金不同。

孔最 甲乙 太陰之郄。去腕柒寸。甲乙 陷者宛宛中。明堂

按，去腕，千金、千金翼、外臺、明堂等作腕上。入門、寶鑑作腕側上。金鑑云，上骨下骨間。未知所指。不可從甲乙。有專金二七水之父母八字。千金外臺共不載。是五行家之文，非皇甫氏之文。註語誤入本文。註云，此處闕文，非也。

尺澤素問一名鬼受。千金一名鬼堂。千翼肘中之動脈也。爲合。靈樞肘中約上。甲乙臂屈橫紋中。兩筋骨罅陷者。宛宛中。外臺引甄權大筋外。入門 禁灸。甄權

按尺甲乙作天。刋誤明堂作釋臂屈下。有伸字。聚英作屈肘。呉文炳肘中作肘后。約上謂橫文約上也。

俠白甲乙天府下去肘伍寸。動脈中。手太陰之別。甲乙尺澤上伍寸。銅人

按俠。呉文炳作夾。壽世保元曰。先於兩乳頭上塗墨。合兩手直伸夾之。染墨處卽是穴也。恐有差不可從。

天府素問腋內動脈。靈樞腋下參寸。臂臑內廉動脈中。甲乙舉臂取之。聖濟 禁灸。甲乙

按資生類經曰。以鼻取之入門作舉手以鼻取之。呉文炳。金鑑作以鼻尖點墨。共是捷法也。欲據此法須急舉手。緩則當俠白。故不取捷法。呉文炳並大成作肘腕上伍寸非也。

手厥陰心主及臂凡十六穴

中衝靈樞中指爪甲上。與肉交者。素問爲井。靈樞去爪甲如韭葉陷者中。甲乙爪甲角。次注內端。大全

按內經甲乙諸書。無內外側字。次註聚英言爪甲角亦無內外。文大全言內端者原于邪客篇。稻垣道恒筋骨銅人圖曰。手厥陰中衝穴。古來不辨中指之內外。靈樞二篇曰。勞宮掌中。中指本節之內間也。勞宮在內間則中衝亦當在中指內側也。七十一篇曰。心主之脉出於中指之端。內屈循中指內廉以上留於掌中。既曰端內曰內廉。明是中指內側爪甲角。按本腧篇曰。心出於中衝手少陰也

是厥陰而言少陰。張介賓曰。以心與心胞本同一藏其氣相通。皆心所主。又引邪客篇曰。手少陰之脉獨無腧。然而此篇既論井滎腧經合則不當爲無腧之解也。金匱真言論曰。南風生於夏病在心。俞在胸脇。又論俞者可見也。只與邪客篇異例也。本腧一篇不及手厥陰。乃知脫少陰一條傳寫誤以厥陰作少陰。邪客篇明言心主之脉出於中指端內屈循中指內廉以上。厥陰起中指者可知也。又經筋篇曰。手心主之筋起於中指。手少陰之筋起於小指之內側。此篇不曰脉而曰筋。其所通亦不同。張曰。經脈營行表裏。經筋出入藏府。然而終

篇不論此事。蓋臆說。古人皆言內經不出于一時一人之手。若靈樞無異論。然間亦有可疑者焉。至心與心主之兩脈多不吻合。蓋以不出一口之論也。

勞宮 靈樞 一名五里 甲乙 一名鬼路。千金 一名掌中。類經 掌中。中指本節之內間也。為滎 靈樞 掌中央動脉中。甲乙 橫紋 資生

按掌中手掌中央也。明堂經。作手心中。以無名指屈指頭著處是也。發揮曰。資生經云。屈中指。以今觀之。莫若屈中指無名指兩者之間取之為允。今按資生經曰。屈無名指著處。是與滑氏所引不同。

入門曰。屈中指取之。皆捷法也。予試之間有不合者。不可用也。屈指使掌中凹。直中指內間橫紋中。陷者此穴也。捷法不可悉廢。亦不可深泥也。十三鬼穴鬼路。卽勞宮也。詳于間使。

大陵 靈樞 一名心主。脉經 一名鬼心。大全 掌後兩骨之間。方下者也。為腧 靈樞 手腕第一約理中。當中指 肘后

按千金註。以鬼心為大淵。大全為大陵。折衷引千金亦為大陵。蓋以千金掌後橫文名鬼心。有兩說。未知孰是。姑存二說。方下謂陷中也。脈經曰。心主在掌後橫理中。肘后曰。心主云云。其文以肘后為詳。故繫之本註。又以心主為一名。千金曰。吐血嘔

逆灸手心主五十壯。千金翼云。大陵是也。甲乙千金翼外臺資生。發揮作兩筋間陷者中。千金作兩骨間。次註作掌後骨兩筋間。類經聚英醫統金鑑作掌後骨下橫紋中。義同十二原篇曰。陽中之大陽心也。其原出於大陵。是心包經而為心之原者。說已見。

內關 靈樞 去腕貳寸。出於兩筋之間。靈樞 絡別走少陽。甲乙 與外關相對。類經 大陵後貳寸。入門 為源。千金

按靈樞曰。刺兩關者。伸不能屈。兩關者。內關外關也。謂伸肘而取之也。千金註曰。外臺作伍寸。今本作貳寸。

間使 靈樞 一名鬼路。千金翼 兩筋之間參寸之中也。為經 靈樞 掌後參寸。陷者中。甲乙 大陵後參寸。入門

按參寸之中。言掌後參寸。兩筋之中間也。肘后作兩腕後。兩字衍。鬼路。千金翼云。從手橫紋上參寸。兩筋間。鍼度之。名鬼路。此名間使。大全歌括類經並為一名。千金十三鬼穴註為勞宮者。恐非也。千金風癲篇作腕後伍寸臂上兩骨間。千金翼諸風篇作貳寸。誤。

郄門 甲乙 手心主之郄。去腕伍寸。甲乙 掌後。千金 大陵後伍寸。入門

按千金註曰。外臺云。去內關伍寸。今本無此語。

曲澤靈樞肘內廉下陷者之中也屈而得之爲合靈樞大
筋內側橫紋中動脈神應
按屈者屈肘也甲乙作屈肘入門作肘腕內橫紋
中央非也
天泉甲乙一名天溫甲乙曲腋下去臂貳寸舉臂取之甲乙
按溫外臺資生類經聚英寶鑑呉文炳醫統大成
並作濕千金無去臂二字是也類經作去肩臂不
穩據去臂二字則當曲澤上貳寸對腋處然前人
共取之於臑內廉對腋處腋下貳寸自曲澤隨分
肉而上則至腋下退貳寸此穴也千金並翼方外
臺作舉腋取之無異義

手少陰心及臂凡十八穴
少衝甲乙一名經始甲乙手小指內廉之端去爪甲如韭
葉手少陰脈之所出也爲井甲乙爪甲角資生
按凡手指言內外者以伏掌而取之故此穴取小
指爪甲角對無名指處直少府後也靈樞闕少陰
一條本輸篇曰心出於中衝手少陰也說既見
少府甲乙小指本節後陷者中直勞宮爲榮甲乙掌內大全
按本千金作大在掌中小指次指間橫直勞宮今
世人取掌外側者非也類經聚英大成作骨縫亦
粗金鑑曰小指本節末外側非也
神門甲乙一名兌衝一名中都甲乙一名銳中聚英掌後銳

骨之端靈樞陷者中爲俞甲乙當小指次註動應於手同上
按甲乙經作兌骨千金外臺等同兌銳通凡稱兌
骨皆言骨頭尖者也兌皆兌肉共同滑壽張介賓
以兌骨爲腕下踝骨後世諸人不曉遂以據之岡
本氏和語抄辨之詳矣果滑張之說是乎素問曰
顴際兌骨又曰肘外銳骨豈頭肘有踝骨邪類經
曰足跗後圓骨曰踝手腕後圓骨亦名踝圓銳形
異何其言之妄也腕骨註曰起骨下陽谷註曰銳
骨下養老註曰踝骨上豈一踝骨而有三名乎說
詳于後予故以自肘至腕壹尺貳寸半法定之先
取掌後橫文後壹寸當小指間點之此爲通里穴

次取橫文與通里之中央動脈中。此掌後伍分。廼
爲陰郄。穴則神門。自在掌後尖骨端橫文微後。可
見也。後人泥滑張之說。以心經取諸側腕。故以神
門爲腕骨中側。腕宛宛中。誤矣。繆刺篇云。少陰銳
骨之端。次註曰。謂神門穴也。今取心經於掌內側
小指無名指間。直到肘外。銳骨之內也。掌後側腕
爲小腸經。說見于後。俗醫之取此四穴。唯布四指
以定之。妄謬甚矣。次註作掌後伍分。不取。

少陰郄 甲乙 掌後脉中。去腕伍分。甲乙 當小指無名指間

增註

按甲乙。少陰上有手字。外臺。次註。作少陰郄。千金

並翼方。資生。聖濟無少字。後世皆同

通里 靈樞 掌後壹寸。別走太陽。靈樞 陷者中。明堂 直陰郄後

增註

按里。千金千金翼。作理。掌。甲乙。作腕。經脈篇云去
腕壹寸半。馬蒔曰。半字衍。觀下掌後壹寸可見。是
也。諸書共無半字。類經。作腕側。非也。說見下

靈道 甲乙 掌後壹寸伍分。爲經。甲乙

按甲乙或曰。壹寸。諸書皆載之掌後壹寸。此通里
也。千金不載。或曰。一說是也。

少海 甲乙 一名曲節 甲乙 肘內廉。節後。陷者中動脉應手
爲合。甲乙 與小腸經小海俠肘內大骨相對。增註

禁灸。甄權

按小海。少海。二穴唯隔一骨內外。耳。故諸醫聚訟
紛紛。小海註曰。俠肘內大骨外廉。少海註曰。俠肘
內大骨內側。其義較然著明。故增註曰。與小腸經
小海俠肘內大骨相對。小腸經支正。既取外廉。則
小海又在大骨外可知也。故甲乙少海註云肘內
廉。節後。可見已。外臺所引甄權曰。穴在臂側曲肘
內。橫文頭。屈手向頭而取。是少海穴。欲取此經。仰
手。微屈腕。又微屈肘。內向自掌後神門穴就分肉
緩緩到肘內。過大骨又內側數寸。留腋下中央。聚
毛裏是極泉也。取小腸經。亦屈腕屈肘。若前法自

後谿緩緩隨外側。到肘內俠大骨出外廉。是小海
穴也。俱以分肉探之。奚疑。故取小海唯過肘內。大
骨取陷者中。則不拘甄氏所謂橫文頭自得之也。
千金翼。銅人。資生。入門。類經。聚英。醫統。共從甄氏。
說如次註。明堂。資生。發揮。呉文炳。聚英。醫統。並云
肘內大骨外。去肘端伍分。罔本氏以爲小腸經小
海穴註混于此是也

青靈 明堂 肘上參寸。伸肘。舉臂。取之。明堂 禁刺。入門

按甲乙。千金。外臺不載此穴。近時鍼灸書皆有。入
門作青靈泉。發揮無伸肘字。呉文炳。作伸臂舉臂。
折衷曰。小海後參寸。

極泉（甲乙）腋下筋間動脈。入胸中。（甲乙）臂内。（聖濟）

按千金。胷作骨。字誤。千金翼。外臺。呉文炳。無中字。入門。醫統。寶鑑中。作處。折衷曰。腋下中央。聚毛裏是穴。得之。

手陽明大腸及臂凡二十八穴

商陽（靈樞）一名絶陽（甲乙）手大指次指爪甲上去端如韭葉（素問）為井（靈樞）內側（甲乙）爪甲角（千金）禁灸（入門）

按大指次指。類經。金鑑。作食指。入門。大全。作鹽指。無異義。下同。

二間（靈樞）一名間谷。（甲乙）本節之前二間為滎（靈樞）內側陷者中（甲乙）

按本節之前。謂大指次指本節之前。受上文。故畧之也。三間亦同。聚英。呉文炳。作食指。說見上。

三間（靈樞）一名少谷（甲乙）本節之後三間為腧（靈樞）內側陷者中（甲乙）

按聖濟。作內廉側。千金翼。瘧病篇曰。虎口第二指節下壹寸。

合谷（靈樞）一名虎口（甲乙）大指岐骨之間。為原（靈樞）大指次指間（甲乙）大指虎口兩骨間。陷者中。（千金）姙娠不可刺（聖濟）

按大指與次指。岐骨也。明堂作兩骨罅間。宛宛中。無異義。千金翼曰。虎口後。縱文頭立指取之宛宛中。縱文頭。不及岐骨。故不取此穴。孕婦禁刺。蓋徐文伯故事。說見于三隂交。

陽谿（靈樞）一名中魁（甲乙）兩筋間陷者中也。為經（靈樞）腕中上側。（甲乙）張大指次指取之（金鑑）

按筋。甲乙作傍。非也。腕中。腕骨之中也。十四經鈔作髃骨。下非也。資生曰。辛師舊患傷寒。方愈食青梅。既而牙疼甚。有道人為之灸屈手大指本節後陷中。灸三壯。初灸覺病牙癢。再灸覺牙有聲。三壯疼止。今二十年矣。恐陽谿也。今按治齲齒痛者。合谷有奇驗。其以為陽谿非。

偏歷 靈樞 去腕參寸。別入大陰。靈樞 陷者中。明堂 上側 增註

按去腕。甲乙以下諸書。作腕後。義同。別入。甲乙作別走。聖濟。聚英。發揮。寶鑑。作腕中後。

溫溜 甲乙 一名逆注。一名蛇頭。甲乙 腕後陸寸。甲乙 動脈中。明堂 從偏歷穴。上行參寸。金鑑

按溜。千金。千金翼。明堂。寶鑑。作留。古通用。入門。作流。資生。吳文炳。醫統。大成。蛇作池。大全。作地。聚英。作沱。字誤。甲乙載少士伍寸。大士陸寸。千金。外臺。以下諸書從之。凡分寸據其人折量。豈獨此穴。以大士少士別之耶。故不取。明堂作伍寸陸寸。間亦不取。徐氏歌作腕後伍寸非。銅人並大原先安醫門摘要。作小士陸寸。大士伍寸。錯置。

下廉 甲乙 輔骨下。去上廉壹寸。與輔齊兌肉。其分外邪。甲乙 曲池下肆寸。經類

按入門。大全。作曲池前伍寸。並非也。輔骨下。輔骨之前也。與。舊作恐。蓋字誤。今改作與。千金。無與輔

以下。九字。邪。斜也。其分。分肉也。外臺。資生。聖濟。以下諸書。並無與齊二字。邪。外臺。類經。入門。作斜。資生。作針。聚英。吳文炳。大成。引銅人。作斜針。

上廉 甲乙 三里下壹寸。其分抵陽明之會。外斜。甲乙 曲池下參寸 類經

按陽明之會。舊作陽之會。外臺等。有明字。今補之。資生。作其分獨抵陽明之會。外斜針。聖濟。醫綱。無針字。醫統。無斜針二字。千金。無其分以下八字。入門。大全。作曲池前肆寸。非也。

手三里 甲乙 曲池下貳寸。按之肉起。兌肉之端 甲乙

按明堂。聚英。作三里。一名手三里。大成。吳文炳。從之非是。資生。神應。入門。大全。作曲池下參寸。是上廉穴。不可從也。今從甲乙。取之銳肉端。可也。折衷曰。一名鬼邪。非。鬼邪是足三里。

曲池 靈樞 一名鬼臣。千金 一名陽澤。千金翼 肘外輔骨陷者中。甲乙 屈臂而得之。為合。靈樞 肘骨中。以手按胸取之。甲乙 屈肘兩骨之中。次註 臂相連處。本事

按十金翼小腸篇曰。陽澤一名鬼臣。今移入一名。

按胷次註。資生以下諸書作拱胷。千金曰。肘後轉屈肋。曲骨之中。轉。輔之誤。肋。肘之誤。資生。作屈肘曲中。蓋脫字。兩骨。外臺。聖濟。明堂。發揮。作曲骨。此穴應屈肘迫其兩骨屈曲間取之。千金。諸風篇。作

兩肘外曲頭。世人多據明堂、本事方、入門等，取横紋頭者，誤也。本事方曰，臂相連處，以手拱胸取之，紋盡處是穴。

肘窌 甲乙 一名肘尖 外科樞要 肘大骨外廉陷者中。甲乙 與天井相並，相去壹寸肆分。類經 近大筋。入門 曲池外傍微後隔骨陷中。增註

五里 靈樞 一名尺之五里。靈樞 天府下伍寸。素問 肘上參寸，行向裏大脉中央。甲乙 禁刺。甲乙

按向，千金並翼方作馬，誤。脈，入門作筋。

臂臑 甲乙 一名頭衝。千金 一名頸衝。千金翼 肘上柒寸，䐃肉端。甲乙 肩髃下壹夫，兩筋兩骨罅陷宛中，平手取之，不得拏手，令急其穴即閉。資生 禁刺。資生

按柒寸，舊作柒分。䐃，舊作膕。皆傳寫之誤。今據千金、外臺等訂之。壹夫，銅人圖作參寸，是也。然不可輙改。千金曰，頭衝在伸兩手直向前，令臂著頭對鼻所注處灸之，各隨年壯。千金翼云，一名臂臑。又按千金翼伸兩作兩伸，注作立，外臺作住。此法恐致差謬，故不取。

手少陽三焦及臂凡二十四穴、

關衝 靈樞 手小指次指之端也。為井。靈樞 爪甲上去端如韭葉。素問 與肉交者。靈樞 爪甲角。甲乙 無名指甲後。千金翼 禁灸。甄權

按入門小指次指作四指。資生一云，握拳取之。繆刺論云，手中指次指爪甲上去端如韭葉。王冰曰，謂關衝穴。新校正曰，按甲乙經，關衝穴出手小指次指之端。今言中指者誤也。

液門 靈樞 小指次指之間也。為滎。靈樞 陷者中。甲乙 本節前陷。入門

按液，甲乙、千金翼、外臺作腋，千金作掖。今從靈樞。

資生一云，握拳取之。

中渚 靈樞 本節之後陷者中也。為腧。靈樞 握掌取之。入門

按本節之後，謂小指次指間本節之後也。受上文，故不重言。千金、外臺作本節後間，諸書從之。千金翼作小指次指後本節後間，蓋上後字衍。聚英、寶鑑、吳文炳、醫統、大成作液門下壹寸，拘矣。

陽池 靈樞 一名別陽。甲乙 腕上陷者之中也。為原。靈樞 手表上。甲乙 自本節後骨直對腕中。類經 斜近外踝處。增註

禁灸。資生 聖濟

按腕上，腕骨之上也。手表上，千金、外臺無上字。入門作手掌背横紋陷中，同義。聚英、吳文炳、大成作

從本節直摸下至腕中心非也。素問云掌東骨下。灸之。王氷曰。陽池穴也。呉崑曰。陰郄穴也。醫學綱目曰。未詳當否。

外關靈樞去腕貳寸。靈樞陷者中。別走心主。甲乙兩筋間。類經與内關相對。大成

按心主舊作心。今據諸書補之。兩筋。大成。金鑑作兩骨。聚英。呉文炳。作陽池上壹寸。大全作腕後壹寸。並非也。

支溝靈樞一名飛虎類經上腕參寸。兩骨之間陷者中也。爲經靈樞臂外。千金外關上增註

按大全曰。飛虎穴。即童門穴也。又云。是支溝穴。以手於虎口一飛中指書處是穴也。童是章。書是盡之誤。而章門。未聞名飛虎。恐有誤脫。入門曰。陽池後參寸。無異義。

會宗甲乙腕後參寸。空中。甲乙支溝外傍壹寸。入門支溝。會宗。止隔一條筋。支溝上側。會宗外側。綱目一云。禁刺類經

按空中言骨上空。資生。聖濟。發揮。呉文炳。大成。作空中壹寸。誤矣。程敬通曰。支溝在腕後參寸兩骨陷中。會宗。亦在腕後參寸空中。腕後空。唯兩骨陷中耳。別無有空也。一云。在腕後參寸。空中壹寸。而三陽絡。又在支溝上壹寸。會宗。故未易取也。侯高

明者訂之。金鑑曰。以支溝。會宗二穴。相並平直空中。相離壹寸也。拘矣。

三陽絡甲乙一名通間。次註臂骨空在臂陽。去踝肆寸兩骨空之間。素問臂上。大交脉。支溝上壹寸。甲乙陽池後肆寸。入門禁刺。甲乙

按絡。千金作胳。誤。明堂。作肘前伍寸。是四瀆穴也。通間。聚英。醫統。呉文炳。大成。作通門。

四瀆甲乙肘前伍寸。外廉陷者中。甲乙三陽絡上參寸半。

增註按寶鑑。作陸寸。非也。

天井靈樞肘外大骨之上。陷者中也。爲合。屈肘乃得之。靈樞大骨之後兩筋間。甲乙曲肘後壹寸。叉手按膝頭取之。兩筋骨罅。資生所引甄權

按千金。作肘後外。大骨。類經。作大骨夫後。聚英。作輔骨上。兩筋叉骨罅中。屈肘拱胸取之。

清冷淵甲乙肘上貳寸。伸肘舉臂取之。外臺資生肘上參寸。千金千金翼天井上行壹寸。金鑑

按甲乙。作肘上壹寸。是天井穴也。壹恐字誤。故不取。千金。千金翼。入門。大全。作參寸。外臺。資生。發揮。聖濟。類經。聚英。寶鑑。醫統。呉文炳。大成。作貳寸。不知孰是。姑從王氏。淵。千金。作泉。説既見。

消濼甲乙肩下臂外開腋斜肘分下行。甲乙在分肉如蛇

頭者。岡本
按滲大全作瀝。註證發微作鑠。醫學綱目作爍。分
謂分肉也。下行。舊作下胻字之誤。註曰。一本無胻
字。聚英醫統呉文炳大成無行字。此穴在開腕斜
則肘分肉下行者。故今據千金外臺次註訂之開。
發揮類經聚英寶鑑作開誤。

手太陽小腸及臂凡十六穴
少澤 靈樞 一名小吉。甲乙 小指之端也。為井。靈樞 去爪甲一
分陷者中。甲乙 外側。千金 去爪甲角如韮葉。入門
前谷 靈樞 一名手太陽。千金 手外廉本節前。陷者中也。為
滎。靈樞 小指外側。甲乙
按本節。謂手小指本節。承上文也。下同。千金曰。苦
心下急熱痺。小腸内熱小便赤黃。刺手太陽。治陽
手太陽在手小指外側本節陷中。今為一名。又見
奇穴部。
後谿 靈樞 手外側本節之後也。為腧。靈樞 陷者中。甲乙 腕前
起骨下。明堂 横紋尖上。大全 仰手握拳取之。類經

按谿明堂作淺握掌外側腕前本節之後横紋尖
是也。
腕骨 靈樞 手外側腕骨之前為原。靈樞 起骨下陷者中。甲乙
按腕骨者。掌臂相交之處。又單稱腕。又稱腕中腕
上者皆同義。此穴在腕前。而名腕骨者以近腕也。
猶鳩尾下伍分名鳩尾横骨上寸餘名横骨也。世
人多取諸踝骨前誤也。欲取此穴。則先握掌向内
以手小指外側本節後横紋頭盡處取後谿隨骨
而上行腕前有小起骨。其前是腕骨穴也。凡言上
下者。向肩為上。向指頭為下。故内經去腕作上腕
又上廉穴。近肘下廉穴。近腕。是上下之辨也。凡言

前後者。向指頭爲前。向肩爲後。故謂掌後腕後也。又前谷在本節前。後谿在本節後。是前後之義也。俗醫解起骨爲踝骨。而不考上下前後字。只就踝骨前上側取此穴。所以誤也。靈樞有外側字。豈欺我哉。入門作掌後外側高骨下。不知而臆斷。可笑也。起骨聖濟作銳骨。

陽谷 靈樞 銳骨之下陷者中也。爲經。靈樞 手外側腕中 甲乙

按銳骨說已見。握掌向內。則踝骨前有尖骨。是銳骨也。銳骨前陷中。不待摸索。即當腕骨之中。腕中。二字可見也。今人多就踝骨後上側取此穴。此不知上下義。何粗之甚。甲乙有外側二字。豈得取之上側乎。大全作手外側骨踝下骨踝。蓋錯置。而以銳骨爲踝骨。不可從。

養老 甲乙 手太陽郄。在手踝骨上一空。腕後壹寸。陷者中。甲乙

按空謂骨上之孔。故內經有骨空論。其他如大迎骨空。面頰空。或四髎第一空第二空。可以見也。千金並翼方。外臺作踝骨一空。在後壹寸。在蓋腕字之誤。發揮類經以下諸書與甲乙同。資生作踝骨上空寸。蓋脫字也。明堂空作穴。無害。吳文炳醫統聚英大成作云字誤。世人取此穴於踝上壹寸。不知千金外臺有誤字也。一穴失其所。三穴不得真。

故歷揆後谿。腕骨。陽谷。直隨外側上行。腕後壹寸正當踝骨外側。自有一空。此養老穴也。然後甲乙腕後壹寸。踝骨上一空。九字可讀也。聚英作踝骨前上。杜撰甚矣。內經曰。手太陽經出踝中。亦可徵焉。後讀岡本氏所著。蓋與予說同。

支正 靈樞 上腕伍寸。內注少陰。靈樞 去養老穴肆寸。陷者中。明堂 外廉。類經

按甲乙。上腕作肘後。諸書從之。資生少陰作少陽誤。

小海 靈樞 肘內大骨之外。去端半寸。陷者中也。伸臂而得之。爲合。靈樞 禁灸 甄權

按經筋篇云。手太陽筋起小指之上。結於腕。上循臂內。結於肘內銳骨之後。彈之應小指之上。張介賓曰。結於肘下銳骨之後。小海之次。但於肘尖下兩骨罅中。以指捺其筋。則痠麻應於小指之上。是其驗也。伸。甲乙作屈。去端。作肘端。外臺引甄權之說。作屈手向頭而取之。類經吳文炳大成從之。明堂聚英醫統作少海誤。

水户醫官吉田　尚先子新
門人　水户　大河内政存子策
　　　下野　片岡恒升卿　同校
　　　水户　梅田　白　子達

經穴彙解卷之四畢

經穴彙解卷之五目次

足部第八并圖

足太陰脾及股凡二十二穴

隱白 鬼壘 鬼眼　大都

太白　公孫

商丘　三陰交 承命 太陰

漏谷 太陰絡　地機 脾舍

陰陵泉　血海 百蟲窠

箕門

足厥陰肝及股凡二十二穴

太敦 水泉 大順　行間

太衝　中封 懸泉

蠡溝 交儀　中都 中郄 太陰

膝關　曲泉

陰包 陰胞　五里

陰廉

足少陰腎及股凡二十穴

湧泉 地衝　然谷 龍淵 然骨

太谿 呂細　大鍾

照海 陰蹻　水泉

復留 伏白 昌陽 外命　交信

築賓　陰谷

足陽明胃及股凡三十穴
厲兌　内庭
陷谷　衝陽 會源 會陽
解谿　豐隆
巨虛下廉 下巨虛 下廉　條口
巨虛上廉 上巨虛 上廉　三里 鬼邪 下陵
犢鼻　梁丘 跨骨
陰市 陰鼎　伏兔 外丘 外勾
髀關
足少陽膽及股凡二十八穴
竅陰　俠谿

地五會　臨泣
丘墟　懸鍾 絶骨
陽輔 分肉 絶骨　光明
外丘　陽交 別陽 足髎
陽陵泉　陽關 關陵 關陽 陽陵
中犢　環跳 髖骨 分中
足太陽膀胱及股三十六穴
至陰　通谷
束骨　京骨
金門 關梁　申脈 鬼路 陽蹻
僕參 安邪　崑崙

跗陽 附陽　飛揚 厥陽
承山 魚腹 肉柱 傷山　承筋 腨腸 直腸
合陽　委中 郄中 腿凹 血郄 委中央
委陽　浮郄
殷門　承扶 肉郄 皮部 陰關
以上總計一百五十八穴

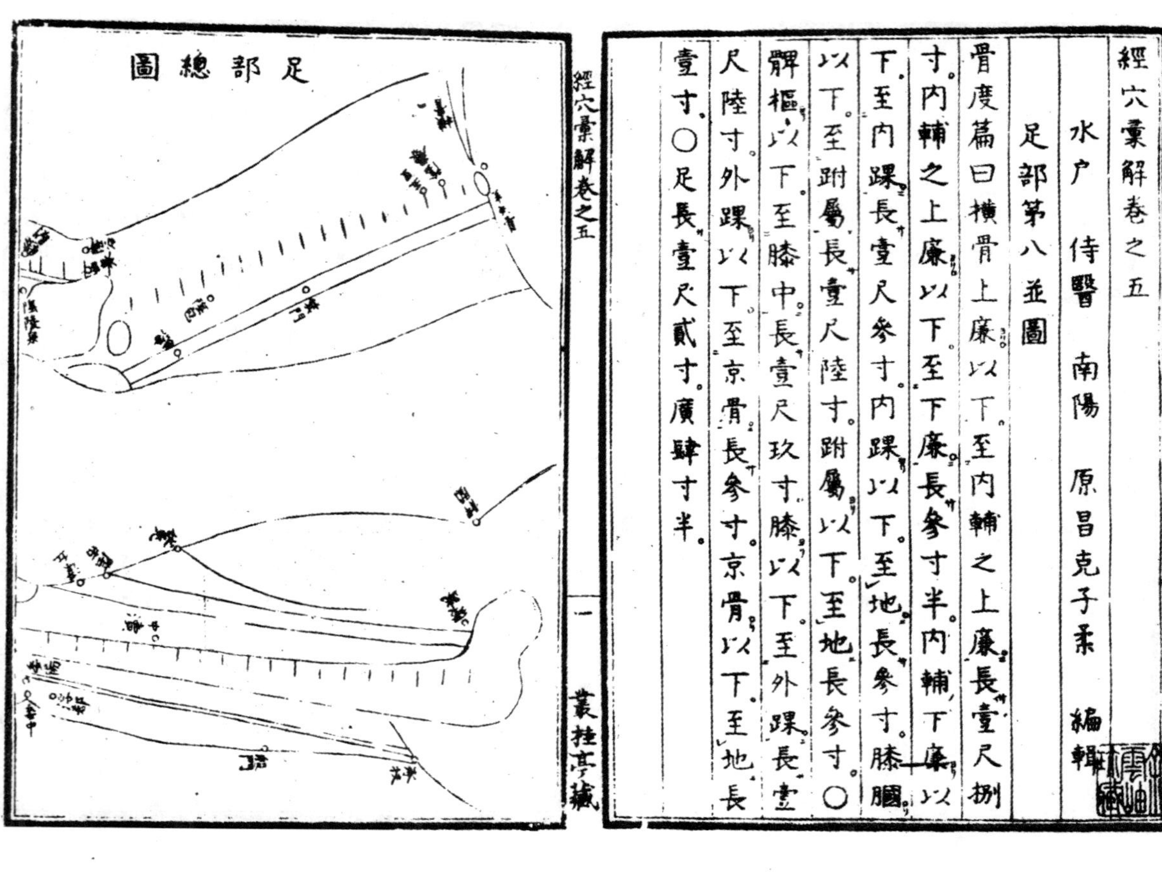

經穴彙解卷之五

水戶 侍醫 南陽 原昌克子柔 編輯

足部第八 並圖

骨度篇曰。横骨上廉以下至内輔之上廉。長壹尺捌寸。内輔之上廉以下至下廉。長參寸半。内輔下廉以下至内踝。長壹尺參寸。内踝以下至地。長參寸。膝膕以下至跗屬。長壹尺陸寸。跗屬以下至地。長參寸。○髀樞以下至膝中。長壹尺玖寸。膝以下至外踝。長壹尺陸寸。外踝以下至京骨。長參寸。京骨以下至地。長壹寸。○足長壹尺貳寸。廣肆寸半。

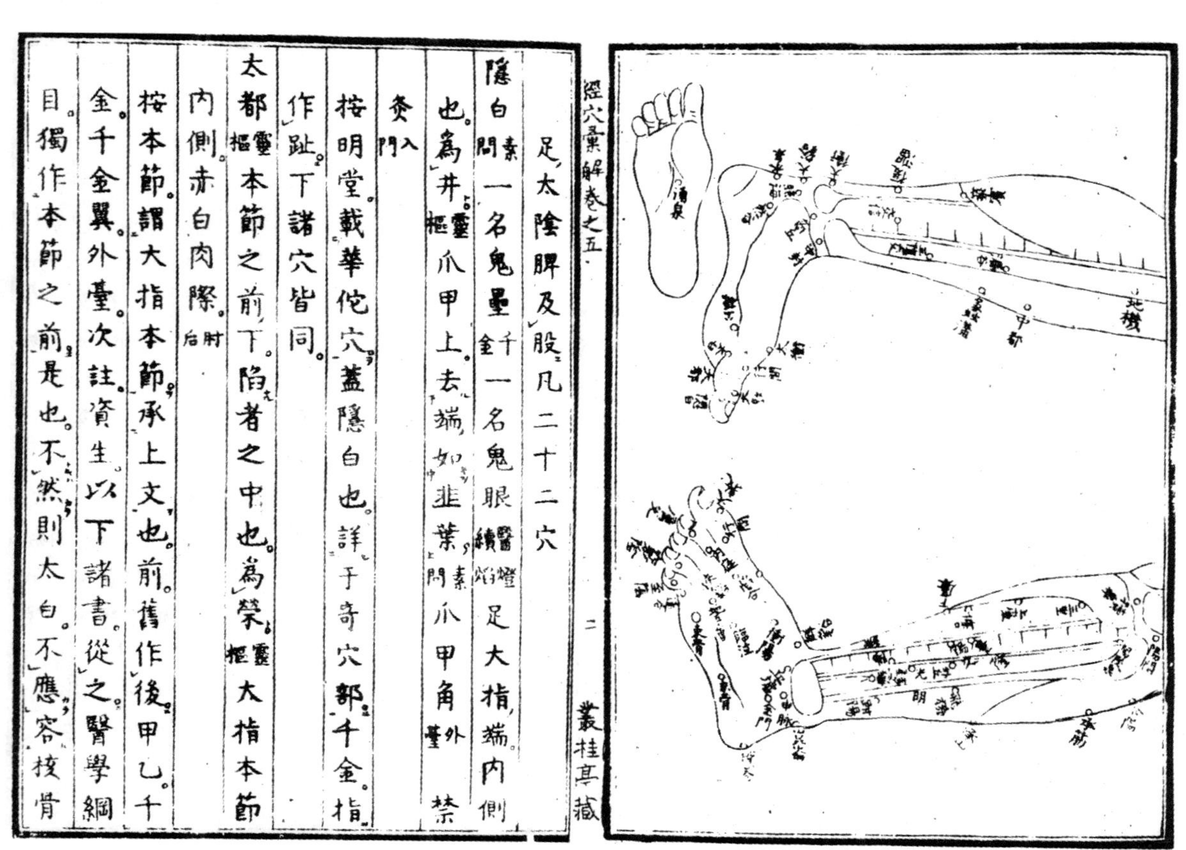

足太陰脾及股凡二十二穴

隱白 素問 一名鬼壘 千金 一名鬼眼 醫燈續焰 足大指端内側也。爲井。靈樞 爪甲上去端如韭葉。素問 爪甲角。外臺 禁灸。入門

按明堂載華佗穴。蓋隱白也。詳于奇穴部。千金指作趾。下諸穴皆同。

太都 靈樞 本節之前下陷者之中也。爲滎。靈樞 大指本節内側赤白肉際。肘后

按本節。謂大指本節。承上文也。前舊作後。甲乙。千金。千金翼。外臺。次註。資生以下諸書從之。醫學綱目獨作本節之前是也。不然則太白不應容核骨

下。故今訂之。金鑑作次節末骨縫。非也。肘后。側下赤字。誤作寸。今改訂之。

太白 靈樞 核骨之下也。為腧。靈樞 內側陷者中。甲乙 赤白肉際 類經

按核。舊誤作腕。經脈篇云。脾足太陰之脉。起於大指之端。循指內側白肉際。過核骨後。甲乙。千金。千金翼。外臺。次註。皆作核。故知腕字傳寫之誤。今訂之。核。梅核桃核之核。大指本節後骨之如梅核者。是也。甲乙等。謂內踝前大骨。卽然骨也。次註解腕字。以為內踝前者。不知其誤也。發揮流注條作覈骨。註之曰。一作核骨。俗云。孤拐骨是也。孤拐骨踝

骨別名。非核骨也。類經云。卽大指本節後內側圓骨也。得之。甲乙。內側下有核骨字。省之。

公孫 靈樞 去本節之後壹寸。別走陽明。靈樞 為源。千金

按本節之後壹寸。近上側逼骨。本節者。大指之本節也。入門。金鑑作大白後壹寸。不是。類經曰。內踝前陷中。正坐合足掌相對取之。千金說源經者。不與本輸篇同。未知其據。暫記俟後日

商丘 靈樞 內踝之下。陷者之中也。為經。靈樞 內踝下微前甲乙 前有中封。後有照海。此穴居中。神應 內踝下。有橫文。如偃口形。類經 三穴隔小筋。增註

按丘。入門作坵。金鑑作邱。口恐刀字。

三陰交 甲乙 一名承命。一名太陰。千金 內踝上參寸。骨下陷者中。甲乙 骨後筋前。入門 孕婦禁刺 類經

按千金及千金翼。灸癲卵法作捌寸。誤。千金曰。狂邪驚癇。灸承命穴。在內踝後上行參寸動脈上。又曰。女人漏下。灸太陰。名三陰交。千金翼云。大陰內踝上一名三陰交。又云鍼足太陰穴。在內踝上十夫。一名三陰交。今並移入于別名。骨下。謂骭骨後也。肘后曰。踝尖上參寸。金鑑從之。非也。凡踝上踝下之屬。皆除骨言之。資生曰。昔宋太子善醫術。出苑逢一娠婦。太子診曰。女。令徐文伯診曰。一男一女。針之。瀉三陰交。補合谷。應針而落。果如文伯言。

外臺引集驗方曰。內踝上大脉。並四指是也。捷法之說。既見上。

漏谷 甲乙 一名太陰絡。資生 內踝上陸寸。骨下陷者中。甲乙 禁灸 入門

按谷。大全作裕。絡。千金作胳。聚英作經。誤。聚英。異文炳。並大成。骨下作骭骨下。金鑑作夾骨。

地機 甲乙 一名脾舍。甲乙 膝下伍寸。甲乙 膝內側輔骨下陷中。伸足取之。明堂

按甲乙曰。太陰郄。別走上壹寸。空在膝下伍寸。刺腰篇曰。刺散脈。在膝前骨肉分間。絡外廉束脈。王冰註之曰。是地機。機入門作箕。蓋以音通。輔。舊作

轉。資生同傳寫之誤。內輔骨至踝骨。壹尺叁寸。先取其中。爲陸寸半。少下。爲漏谷。其下取中。乃三陰交也。其陸寸伍分中。除壹寸半。取地機。共着骱骨。金鑑。作從漏谷上行伍寸。在膝下伍寸內側夾骨陷中。非矣。從漏谷。上行則伍寸半。

陰陵泉（靈樞）輔骨之下。陷者之中也。伸而得之。爲合。（靈樞）膝下內側。（甲乙）與陽陵泉內外相對。一曰。稍高壹寸許（類經）　禁灸（入門）

按靈樞曰。陰之陵泉。或無之字。陽陵泉亦同。伸而得之。言伸足而得之也。以指。按輔骨後。傍骨而上則至輔骨下指自止者。此穴也。資生。作當曲膝取之金鑑。作曲膝橫紋頭。非也。類經。聚英。作或曲膝。取之。廢古書。一何至于此。固本。以此穴。爲曲泉。上是曲膝之失也。

血海（甲乙）一名百蟲窠。（大全）膝臏上內廉。白肉際貳寸半。（甲乙）骨後筋前（入門）陷中（類經）

按外臺。資生。發揮。半作中。誤。千金翼。聖濟。作貳寸。千金註。入門。大成。作叁寸。金鑑。作壹寸。並非也。類經。作膝內輔上橫。入伍分。拘矣。

箕門（甲乙）魚腹上。越兩筋間。動脈應手。太陰內市。（甲乙）陰股內。（資生）血海上陸寸。（入門）　禁刺。（入門　類經　一說）

按越兩筋。千金。無越兩二字。千金翼。外臺無兩字。又按外臺一作股上起筋間。類經。聚英。醫統。從之。資生。發揮。大全。寶鑑。醫統。吳文炳。亦作越筋間。越起字之訛。字畫相近而誤。寶鑑引靈樞曰。股上起筋間。是外臺一說之祖。然今本無此語。甲乙曰太陰內市。千金。千金翼。外臺並作陰市。內。蓋字之訛。太陰內市。疑是入陰股內。暫記。俟來哲。今以資生。係本註。

足厥陰肝及股凡二十二穴

大敦靈樞一名水泉千金一名大順醫學正傳足大指之端。及三毛之中也。為井。靈樞爪甲上與肉交者。素問去爪甲如韭葉。甲乙

按次註曰。爪甲角。非也。此穴取爪甲上近三毛之中處是古來之說也。類經載一說曰。內側為隱白。外側為大敦。聚英醫統從之非也。凡井穴靈樞有言內外側。又有不言之。似不可混焉。甲乙有靈樞所不言而言之者。廼古傳不可廢。唯此穴曰及三毛之中。又繆刺篇云。三毛上。何取外側。千金曰。足大指聚毛中是也。又云。石淋。灸水泉三十壯。大敦

是也。今為一名。又云。卒時癃遺便灸足節理三毛中。十壯。劇者百壯。卒不止灸之。並治陰卵腫。蓋指大敦。聚英醫統作大指縫間。非也。

行間靈樞足大指間也。為滎。靈樞動脈陷者中。甲乙大指次指岐骨間。上下有筋。前後有小骨尖。其穴正居陷中。類經

按大全作大指外間。千金外臺脈下有應手二字。

太衝靈樞行間上貳寸陷者之中也。為腧。靈樞足大指本節後貳寸。或曰。壹寸伍分甲乙動脈應手。次註

按甲乙載二說。諸書從之。考之。其云自行間貳寸。則帶本節而言。云自本節後貳寸。則除本節也。然

則壹寸伍分之說。近是。今據靈樞取行間穴上貳寸是矣。外臺作貳寸半。類經曰。在足大指本節後。行間上貳寸內間。有絡亘連至地五會貳寸。骨罅間。動脈應手陷中。資生曰。診太衝脈。可訣男子病死生。聚英作診病人太衝脈有無。可以訣死生。又註太谿曰。男子婦人病。有此脈則生。無則死。張介賓註衝陽曰。仲景所謂趺陽也。按仲景趺陽者。非穴名。指趺上動脈。太衝衝陽太谿共所謂趺陽也。

中封靈樞一名懸泉千金內踝之前壹寸半。陷者之中。搖足而得之。為經。靈樞斜行小脈上。千金貼足腕上大筋陷中。類經為源。千金

按壹寸半。甲乙。千金並翼方。外臺以下諸書作壹寸。與商丘混。今從古說。千金雜病論次註作壹寸半是也。搖足甲乙以下皆作仰足取之。陷者中。伸足乃得之。千金筋極篇作內踝前筋裏宛宛中。癭瘤篇作兩足趺上曲尺宛宛中。千金曰為源說既見。

蠡溝靈樞一名交儀資生去內踝伍寸。別走少陽。靈樞陷者中。明堂

按諸書作內踝上。儀大全作仪。千金曰。交儀在內踝上伍寸。不言蠡溝一名。故從資生。

中都甲乙一名中郄千金一名太陰。外臺厥陰郄。內踝上柒

寸。骭中。與少陰相直（甲乙）脛骨中。（外臺）爲經。（千金）

按與少陰相直五字未詳。少恐太之誤。以上二穴。取骭骨中。外臺。一作陰陵泉。三陰交中間。

膝關（甲乙）犢鼻下貳寸陷者中（甲乙）

按千金千金翼作參寸。非類經聚英寶鑑大成。呉文炳作犢鼻下貳寸。傍千金曰厥陰郄蓋誤。

曲泉（靈樞）輔骨之下。大筋之上也。屈膝而得之。爲合。（靈樞）大筋上。小筋下。陷者中。（甲乙）膝內屈文頭。（千金）

按輔骨。內輔骨也。

陰包（甲乙）一名陰胞（大全）膝上肆寸。股內廉。兩筋間。足厥陰別走（甲乙）陷者中。（明堂）踡足取之。看膝內側。必有槽

者中。（類經）

按包資生曰。明堂作胞。今從徐鳳爲一名。別走甲乙註曰。此處有缺。外臺類經同。

五里（甲乙）陰廉下。去氣衝參寸。陰股中。動脈（甲乙）

按千金千金翼作陰廉下貳寸。外臺作陰廉下貳寸。去氣衝參寸。未知孰是。陰廉去氣衝貳寸。則此穴在陰廉下壹寸。恐字誤。岡本以爲陰股横紋中亦可疑。刺禁論曰。刺陰股下參寸。張註曰。五里穴也。

陰廉（甲乙）羊矢下。去氣衝貳寸。動脉中（甲乙）陰股横紋中。（岡本）

按類經。金鑑作羊矢下斜裏參分。直上未詳。類經曰。羊矢在陰傍股內約文縫中皮肉間。有核如羊矢。入門載羊矢穴。詳于奇穴部。

足少陰腎及股凡二十穴

湧泉（靈樞）一名地衝（甲乙）。足心也。為井（靈樞）。足下中央之脉。（素問）取足心者，使之跪（素問）。陷者中。屈足捲指宛宛中。（甲乙）

按衝，聚英作衝。足心，脚掌中心也。肘后曰：灸蹶心。當拇指大聚筋上六七壯，名湧泉。此說恐有訛。千金作脚心大趾下大筋，又作足心下當拇指大筋上。外臺所引甄權明堂並作白肉際，非。

然谷（靈樞）一名龍淵（甲乙）。一名然骨（類經）。然骨之下者也。為滎（靈樞）。足内踝前起大骨下陷者中（甲乙）。内踝前直下貳寸（千金）。

按淵，千金作泉。說已見。素問曰：傷少陰之絡，刺足内踝之下，然骨之前。又曰：無積者，刺然骨之前。次註曰：然谷穴也。千金翼、聚英作壹寸。

太谿（靈樞）一名呂細（類經）。内踝之後，跟骨之上，陷者中也。為腧（靈樞）。動脈（甲乙）。内踝後伍分（類經）。即原也（類經）。

按聚英曰：男子婦人病，有此脉則生，無則死。說已見類經。曰原者，未知何據。

大鍾（靈樞）當踝後繞跟，別走太陽（靈樞）。動脈（次註）。大骨上，兩筋間（聚英）。

按甲乙、千金、外臺、資生等作足跟後衝中。次註作内踝後街中。又作足跟後。聚英、呉文炳、大成作踵中。按衝、街、踵皆傳寫之誤，當作陷入門。作大谿下伍分，拘矣。

照海（甲乙）一名陰蹻（大全）。足内踝下壹寸（甲乙）。容爪甲（千金）。前後有筋，上有踝骨，下有軟骨，其穴居中（神應）。

按神應經曰：内踝下肆分。類經一云：内踝下肆分。微前高骨陷中，非也。千金、千金翼、外臺無壹寸二字。素問云：陰陽蹻四穴。王冰註之，以為陰蹻照海、陽蹻申脉。

水泉（甲乙）少陰郄。太谿下壹寸，在足内踝下（甲乙）。微後（增註）。為源（千金）。

按下疑後誤。然千金、千金翼、外臺從之，以下諸書

皆同。故不讒改之。太谿在踝後，則其下壹寸當内踝後。故以增註示其意已。千金：水泉一名大敦。說見太敦。

復留（靈樞）一名伏白。一名昌陽（甲乙）。一名外命（外臺）。上内踝貳寸，動而不休。為經（靈樞）。陷者中（甲乙）。前傍骨是交信，後傍筋是復留。二穴止隔一筋（類經）。

按留，甲乙作溜。古字通用。千金作伏留，無異義。動而不休，言動脉也。類經作前傍骨是復溜，後傍筋是交信。聚英、醫統、呉文炳、金鑑從之，是傳寫之誤。故今二穴換地矣。金鑑筋作骨。神應經作踝後伍分，與大谿相直。且有除踝語。然踝上皆除踝而言

骨度分寸。固然。

交信甲乙足內踝上貳寸。少陰前，太陰後，筋骨間。陰蹻之郄。甲乙復溜前。入門三陰交後，下壹寸。增註

按入門作三陰交後非也。此穴在後下壹寸也。少陰前，言本經復溜穴，太陰後，言三陰交也。千金。千金翼。外臺。聚英。醫統。共作太陰後廉。資生曰。太陰後廉前，筋骨間腨。金鑑作從復溜斜外上行復溜穴之後貳寸許，後傍筋非也。又資生曰。按素問氣府論。陰蹻穴註云謂交信也。在內踝上貳寸。少陰前太陰後，筋骨間。陰蹻之郄。竊意陰蹻即交信也。至氣穴論。陰陽蹻穴註。乃云陰蹻穴。在內踝下。足

謂照海。陰蹻所生。則是陰蹻乃照海。非交信云云。王氷。註素問。此類極多。學者須知之。

築賓甲乙陰維之郄。在足內踝上腨分中。甲乙

按賓入門作濱。腨分中，腨腹分肉之中也。金鑑曰。俗名腿肚。聚英。醫統。作內踝上伍寸。入門曰骨後大筋上，小筋下，屈膝取之。是陰谷之註誤。不可從。

陰谷靈樞輔骨之後。大筋之下。小筋之上也。按之應手。屈膝而得之爲合。靈樞與曲泉並向膕處。增註

按此穴在曲泉後大筋小筋之間也。按之應手。謂動脉也。甲乙作膝下內輔骨後。次註。類經。聚英。醫統。金鑑。從之。千金。千金翼。外臺。資生。入門。發揮。資

鑑。無下字。是也。輔骨。呉文炳作側骨。

足陽明胃及股。凡三十六穴

厲兌 靈樞 足大指內次指之端也。爲井。靈樞 爪甲上。與肉交者。素問 去爪甲角。如韭葉。甲乙 外側。衛生寶鑑

按繆刺篇曰。足中指次指爪甲上。王太僕既辨之。大指下。內字衍。宜削。

內庭 靈樞 次指外間也。靈樞 陷者中。甲乙

按次指。大指次指也。入門作次指三指岐骨陷中。金鑑作次指本節前岐骨外間。非也。

陷谷 靈樞 中指內間上行貳寸。陷者中也。爲腧。靈樞 足大指次指外間本節後陷者中。去內庭貳寸。甲乙

按明堂。谷作骨。甲乙舊作大指次指間。外臺從之。

共間上。脫外字。今據千金。千金翼。資生。補之。入門。作骨陷中。

衝陽 靈樞 一名會原。甲乙 一名會湧。聖濟 足跗上伍寸。陷者中也。爲原。搖足得之。靈樞 骨間動脈上。去陷谷參寸。甲乙 內庭上伍寸。入門

按跗。甲乙作趺。同。參寸。千金方。一說。神應。類經。作貳寸。金鑑陷谷條。作從衝陽下行貳寸。共非也。素問云。刺跗上中大脈。血出不止死。張介賓曰。即仲景所謂趺陽。說已見千金翼脫肛篇曰。衝陽穴。恐有誤謬。載于奇穴部。

解谿 靈樞 上衝陽壹寸半。陷者中也。爲經。靈樞 腕上 甲乙 繫鞋處。明堂 足大指次指間。直上跗上。宛宛中。類經 去內庭上陸寸半。入門

按谿。明堂作溪。甲乙註。並類經曰。氣穴論註。作貳寸半。今本作壹寸半。刺瘧論註。作參寸半。誤。

豐隆 靈樞 去踝捌寸。別走太陰。靈樞 外踝上捌寸。下廉胻外廉陷者中。甲乙

按發揮無下廉之廉字。聚英。踝作跗。非矣。

巨虛下廉 素問 一名下廉。靈樞 一名下巨虛。千金 下上廉參寸。靈樞 條口下壹寸。外臺 三里下陸寸。入門 舉足取穴。資生

按參寸。外臺作貳寸。非。資生引明堂曰。兩筋兩骨罅陷宛宛中。蹲地坐取之。是誤引上廉註也。肘后

曰。上廉下一夫。不取。素問曰。巨虛者。蹻足胻獨陷者。下廉者陷下者也。

條口 甲乙 下廉上壹寸。甲乙 上廉下貳寸。外臺 舉足取之。資生 三里下伍寸 類經

按肘后曰。上廉下一夫。資生作廉上壹寸。廉字上脫下字。又引明堂作上廉下。上下字畫易誤。蓋傳寫之誤。

巨虛上廉 素問 一名上廉。靈樞 一名上巨虛。千金 下三里參寸。靈樞 蹻足胻獨陷者。素問 犢鼻下。胻外廉陸寸。次註 胻骨外。大筋內。骨之間。明堂 兩筋兩骨罅陷宛宛中蹲坐取。神應

按肘后曰。三里下一夫。不取。

三里素問一名下陵。靈樞一名鬼邪。千金膝下參寸。分間。素問下陵膝下參寸。骱骨外。三里也。爲合。靈樞低跗取之。同上骱外廉。甲乙附脛骨外邊捻之。凹凹然也。肘后兩筋肉分間。次註大筋內筋骨之間。陷者宛宛中。明堂重按之則足跗上動脈止矣。次註小兒禁灸。類經一說

按氣府論曰。三里以下至足中指。各八俞。分之所在穴空。次注曰。謂三里上廉下廉解谿衝陽陷谷。內庭厲兌。八穴也。鍼解篇曰所謂三里者下膝參寸也。所謂跗之者。舉膝分易見也。新校正曰。按全元起本。跗之作低胻。太素作付之。按骨空論。跗之疑跗上。刺腰痛論曰。刺陽明於骱前。次註曰正三里穴也。按取此穴上逼骨下傍筋。不附骨則無驗。捷法甚多。不可從。肘后曰。以病人手橫掩下併四指。名曰一夫。指至膝頭骨下。指中節是其穴。不取。一夫說既見。只以附脛骨以下係本註。聚英一說。入門作犢鼻下參寸非也。凡言膝上膝下。皆除膝臏骨而言之。資生本事方作舉足取之。發揮聚英醫統從之。蓋原鍼解篇。類經作竪膝低跗取之。原邪氣藏府病形篇。

犢鼻素問膝下胻上。膝解大筋中。甲乙膝頭眼外側。入門形如牛鼻。故名。類經刺犢鼻者。屈不能伸。靈樞禁灸。入門

刺膝臏出液爲跛。素問

按膝下。千金。並翼方。次註。外臺作膝臏下胻上。言骱骨上。骨空論云。骱骨空在輔骨之上端。次註曰。謂犢鼻也。膝解。舊作俠解。千金。次註。外臺。資生。聚英。吳文炳。同。傳寫之誤也。聖濟。明堂。發揮。類經。作骨解。胻。千金。資生。作骭。骭脚脛也外臺脚氣篇。作膝蓋上外角宛宛中。不是。金鑑作膝蓋骨下胻骨上陷中。俗名膝眼。此處陷中兩旁有空。膝眼非指穴名。然易混。屈不能伸言取此穴屈足而取之。

梁丘甲乙一名跨骨。大成陽明郄。膝上貳寸。甲乙兩筋間。千金

按丘。金鑑作邱。千金一說。作參寸。大成作膝臏上

壹寸。非。

陰市甲乙一名陰鼎。甲乙膝上參寸。伏兔下。若拜而取之。甲乙陷者中。次註膝內輔骨後大筋下。小筋上。類經禁灸。甲乙雖云禁灸。家傳亦灸七壯。大成○次註曰。灸三壯。

按千金。消渴篇作當伏兔上行參寸。臨膝取之。入門作伏兔陷中。又按素問云。股骨上空。在股陽出上膝肆寸。次註曰在陰市上。伏兔穴下。在承捷也。按今此處無穴名。蓋陰市穴也。未詳。梁丘直膝頭上。斜從分肉到橫骨傍橫文。止髀關。此其流注之谿谷。可考矣。

伏兔素問一名外勾。大全一名外丘。寶鑑膝上陸寸。起肉間。

子部　第一册

（甲乙）正跪坐取之。（資生）膝蓋上柒寸。（資生一說）左右各三指。

按捺上有肉起。如兔狀。因以此名。（類經）膝髀罅上。陸寸。向裏。（入門）禁灸（甲乙〇千金任 邪兔語。灸百壯。）

按兔素問作菟。千金翼聚英吳文炳同。兔菟通。吳昆作兔。外量起肉。作起內。寫誤。蓋言柒寸者自膝蓋上度之。

髀關（甲乙）膝上伏兔後交分中。（甲乙）跨骨橫紋中。（入門）禁灸（類經一說）

按分。發揮類經作文。又通類經作膝上壹尺貳寸。拘矣。髀大全作脾。又作髀。誤。

足少陽膽及股凡二十八穴

竅陰（靈樞）足小指次指之端也。為井。（靈樞）爪甲上與肉交者。（素問）去爪甲如韭葉。（甲乙）第四指外側（入門）

按千金翼作去爪甲角如韭葉。

俠谿（靈樞）足小指次指之間也。為滎。（靈樞）二岐骨間本節前。陷者中。（甲乙）

按俠聚英吳文炳作夾。千金無二字。金鑑作地五會下行壹寸。拘矣。

地五會（甲乙）足小指次指本節後間。陷者中。（甲乙）灸之令人瘦。不出三年死。（甲乙）禁刺（入門）

按資生類經聚英入門醫統吳文炳大全大成作去俠谿壹寸拘矣。凡取之骨節陷罅。不用折量所以古書不言分寸也。入門脫會字。

臨泣（靈樞）上行壹寸半。陷者中也。為腧。（靈樞）小指次指本節後間。陷者中。去俠谿壹寸伍分。（甲乙）

按靈樞曰。臨泣上行。言臨泣者自俠谿上行千金。千金翼外臺作去俠谿壹寸半是也。臨泣下當脫俠谿二字。此穴取岐骨際者非也。岐骨間而不逼骨。故靈樞云壹寸半。陷者中。大全一說去俠谿七分半非。

丘墟（靈樞）外踝之前下。陷者中也。為原。（靈樞）外廉踝下。如前。（甲乙）骨縱中。（聚英）伸脚取之。（千金翼一說）

按入門丘。作坵。金鑑作邱。如大全。入門作微。寶鑑同。甲乙曰。去臨泣壹寸。千金千金翼。外臺次註。明堂。資生。以下諸書。作參寸。此穴不可用分寸。故不取。

懸鍾（甲乙）一名絕骨。（千金）足外踝上參寸。動者脈中。足三陽絡。按之陽明脈絕。乃取之。（甲乙）骨絕頭陷中。（外臺）當骨尖前。（類經）

按者字衍。千金並翼方。外臺無脈字。外臺絡上有大字。陽明跗上脈也。踝上就骬骨而上參寸許則有絕隴處。其骨鋒尖者。俗呼揚技骨也。其前是懸鍾也。千金咳嗽篇。作內踝上。上字誤也。又千金曰。脚

外踝上一夫。又云。肆寸。本事方資生一說。作肆寸。肆寸則與陽輔穴相並。不可從。外臺灸脚氣篇云。壹尺。肘后。作外踝上參寸餘。指端取踝骨上際。屈指頭肆寸。便是與下廉頗相對。分間二穴也。千金翼云。外踝上。三指當骨上取法。以草從手指中文横三指。令至兩畔齊。將度外踝。從下骨頭與度齊向上當骨點之。並非是。神應經云。雖曰外踝上除踝參寸。必以絕隴處為穴。此說為得。

陽輔（靈樞）一名絕骨。（素問）一名分肉。（類經）外踝之上。輔骨之前及絕骨之端也。為經。（靈樞）外踝上肆寸。輔骨前絕端。如前參分。去丘墟柒寸。（甲乙）

按氣穴論云。分肉二穴。次註曰外踝上。絕骨之端。參分。筋肉分間。陽維脈氣所發。新校正曰甲乙經。無分肉穴。疑是陽輔。素問直解曰。臍上參寸。水分穴也。恐非。又骨空論云。外踝上絕骨之端。灸之。次註曰。陽輔穴也。刺瘧云。鍼絕骨。王曰。陽輔穴也。難經云。髓會絕骨。滑壽曰。絕骨一名陽輔。按與懸鍾同一名。恐有差謬。去丘墟柒寸。則以踝骨為參寸。外臺作膝蓋下外側。參寸。傍廉骨當小指兩筋間。非也。類經引次註曰。作如後貳分。今本與甲乙同。醫門摘要曰。輔骨當作骬骨。非也。千金翼諸風篇曰。外踝上參寸。一云。肆寸。又云。一夫。

光明（靈樞）去踝伍寸。別走厥陰。（靈樞）外踝上。（甲乙）陷者中。（明堂）

外丘（甲乙）足少陽郄。少陽所生。在外踝上柒寸。（甲乙）骨陷中。（入門）陽交後。（增註）

按丘金鑑作邱。甲乙。舊作內踝。寫誤。陽交已作外踝。千金。外臺。以下諸書。作外踝。故今訂之。

陽交（甲乙）一名別陽。一名足窌。（甲乙）陽維之郄。在外踝柒寸。斜屬三陽分肉間。（甲乙）與外丘並。（入門）下廉後。外丘前。（增註）

按陽明經下廉。本經外丘。太陽經飛揚。共踝上柒寸。是三陽之分肉也。

陽陵泉（靈樞）膝外陷者中也。為合。伸而得之。（靈樞）膝下壹

寸。骭外廉（甲乙）膝下外尖骨前。（千金）陷中。（千翼）側骨下宛宛中（外臺）

按靈樞曰。陽之陵泉。説已見。神應經。無泉字。蓋脱字也。臟腑病形篇曰。其寒熱者。取陽陵泉。刺腰痛篇云。刺少陽成骨之端出血。成骨。在膝外廉之骨獨起者。婁善全曰按此謂陽陵泉。呉昆曰陽關穴也。張註曰此乃胻骨之上端。所以成立其身。故曰成骨。甲乙。成作盛。氣穴論曰。寒熱俞。在兩骸厭中。二穴。次註曰骸厭。謂脚外俠膝之骨厭中。王氷捨兩字爲骸厭。兩字不可除。集註曰。膝解爲骸。兩骸厭中二穴。謂少陽之陽陵泉也。入門。作膝品骨下壹寸。外廉兩骨陷中。類經。作尖骨前筋骨間。亦通。神應經作膝下外骨前陵分。拘矣。類經入門聚英。醫統呉文炳。金鑑大成。作蹲坐取。是。原于臟腑病形篇陽陵泉者。正竪膝予之齊。取之説也。

陽關（甲乙）一名關陵。（千金註）（千金）一名陽陵。（聚英）一名關陽。（寶鑑）陽陵泉上參寸。犢鼻外。陷者中。（甲乙）外輔骨上。膝蓋傍筋骨間（本圖）

禁灸（甲乙）禁針（入門）

按千金作關陽。蓋錯置。後人遂以爲一名。然資生入門。作貳寸。金鑑。作膝上貳寸。非也。素問云。寒府在附膝外解營。類經曰。謂在膝下外輔骨解間也。凡寒氣自下而上者。必聚於膝。是以膝臏尤寒。故名寒府。營。屈也。當足少陽經之陽關。

中犢（甲乙）髀骨外。膝上伍寸。分肉間陷者中。（甲乙）禁刺灸（入門）

按犢。千金。外臺以下諸書作瀆。未知孰是。入門。作下瀆。字誤。又作大骨外。聚英。呉文炳。並曰少陽之絡。別走厥陰。諸書所不言也。本經之絡。乃光明也。恐誤。本事方曰。風市是中瀆。非。詳于奇穴部。

環跳（甲乙）一名臏骨。（大全）一名分中。（呉昆）兩髀厭分中。（素問）髀樞中。側卧伸下足。屈上足。取之。（甲乙）硯子骨下。宛宛中。（神應）屈上足。横紋頭骨下。容指。陷中。（増註）

按千金作鐶銚。千金翼。作環銚。髀厭。猶兩骸厭中之厭。髀樞。謂髀上廉就小腹動揺處。其下直下行當膝頭者也。氣府論有髀樞中傍各一之文。恐陰股横紋將盡之中。碾子骨下傍是穴也。屈上足。按之則自有陷。可容指。伸則筋骨張起。其陷即無焉。硯子骨。入門作碾子骨。千金翼一説。無子字。大全。作硯子。骰與股通。分中是分肉之分。中即繆刺論所謂刺樞中。厥病篇。所謂側而取之。在樞合中之中。言髀樞中。呉昆曰。分中穴名。即環跳也。以其當身之半。故曰分中。果是異説。暫係之一名。以示學者。外臺曰。環跳風市。疑其別名。非。醫門摘要曰。按此穴。肩上前後左右之中央。自兩乳引繩而取之。

妄誕。

足太陽膀胱及股。凡三十六穴

至陰（靈樞）足小指之端也。為井。（靈樞）爪甲上。與肉交者。（素問）
小指外側。去爪甲如韭葉。（甲乙）爪甲角。（千金）宛宛中。（明堂）

通谷（靈樞）本節之前。外側也。為榮。（靈樞）陷者中。（甲乙）
按本節小指之本節也。承上文。

束骨（靈樞）本節之後。陷者中也。為腧。（靈樞）足小指外側。（甲乙）

京骨（靈樞）足外側。大骨之下。為原。（靈樞）赤白肉際。陷者中。
赤白肉際。（次註）
按而得之。（甲乙）
按聚英曰。小指本節後大骨名京骨。其穴在骨下。
而赤白肉。作赤白骨。字之誤。

金門（甲乙）一名關梁（甲乙）足太陽郄。一空在足外踝下。（甲乙）
陷中。（千金）外踝下壹寸。（類經）陽維所別屬。（甲乙）
按聚英作梁關。醫統。呉文炳。大成同。一空。骨空也。
聚英作申脉下壹寸。即外踝下壹寸伍分。近白肉
處。何有骨空。又神應經作外踝下少後。丘墟後。申
脉前。可謂欠其詳。外踝下可容爪甲。而定申脉當
其下。摸索骨空而得之。

申脉（甲乙）一名鬼路。（千金）一名陽蹻。（大全）外踝之下半寸所。
（素問）陽蹻所生。足外踝下。陷者中。容爪甲許。（甲乙）禁
灸。（入門）
按資生。發揮。入門。呉文炳。大成。作白肉際。恐非。此

穴。外踝下伍分所，容爪甲許，則不至白肉際，故不取。千金曰，勞冷氣逆，腰髖冷痺，屈伸難，灸陽蹻一百壯。在外踝下，容爪，指此穴。大全為一名，據此。

僕參（甲乙）一名安邪。（甲乙）跟骨下陷者中，拱足得之，足太陽脈之所行也。為經。（甲乙）白肉際。（明堂）

按，下，醫統作上，誤。為經，本輸篇及本書以崑崙為經穴，疑誤，故今削之。

崑崙（靈樞）外踝之後，跟骨之上。為經。（靈樞）陷中。細脈動應手。（甲乙）外踝，從地直上參寸，兩筋骨中。（千金）妊娠刺之，落胎。（聚英）

按，入門作崘崑，誤。大全曰，一名下崑崙。資生曰，明

堂有上崑崙，又有下崑崙。銅人只云崑崙，而不載下崑崙。按千金翼，明堂有內崑崙。然則下崑崙非一名，自是異穴也。三崑崙詳于奇穴部。蓋其中一崑崙即此穴。素問云，外踝後灸之，次註曰，崑崙穴也。

跗陽（甲乙）一名附陽。（大全、大成）陽蹻之郄。足外踝上參寸，太陽前，少陽後，筋骨間。（甲乙）陷者中。（明堂）宛宛中。（資生）飛揚下。（入門）

按，跗，千金、千金翼、次註、外臺、聖濟、資生、大全、寶鑑作付。明堂、類經、聚英、入門、金鑑、醫統作附。吳文炳陽作揚。少陽，膽經也。太陽，本經也。諸書皆無異論。

然太陽恐少陰之誤也。大成引聚英，作一名付陽。大全亦同。附、付、跗相通。非一名，暫記而不削。

飛揚（靈樞）一名厥陽。（甲乙）去踝柒寸，別走少陰。（靈樞）足外踝上。（甲乙）陷者中。（明堂）骨後。（入門）

按，靈樞，揚作陽。聖濟、發揮、類經、金鑑同。資生、大全作玖寸，非。刺腰痛篇曰，刺飛揚之脈，在內踝上伍寸，少陰之前，與陰經之會。似指此穴。靈樞、甲乙並云，飛揚，足太陽之絡，別走少陰。然內踝上伍寸則蠡溝穴也。按內當作外，伍當作柒。暫記，俟智者。刺腰痛篇新校正有伍寸作貳寸，為復溜穴之說。其文繁，故不記于此。

承山（靈樞）一名魚腹，一名肉柱，（甲乙）一名傷山。（千金）腨下去地壹尺所。（素問）兌腨腸下分肉間，陷者中。（甲乙）

按，傷山，寶鑑、大成作腸山，果是也。腨，外臺作踹，非也。資生、聚英一云腿肚下。類經作腿肚下夬。入門作拱足，去地壹尺取之。

承筋（甲乙）一名腨腸，一名直腸。（甲乙）腨下陷脈。（素問）腨腸中央陷者中。（甲乙）禁刺。（甲乙）

按，腨，外臺作踹，非。千金曰，脛後從脚跟上柒寸。類經、聚英、入門、大全、金鑑從之。柒寸二字誤。次註作腨中央如外，如外二字亦誤。外臺引救急方云，以繩從脚心下度至脚踵，便截斷度，則迴此度從脚

跟縱量向上。盡度頭。當腨下際。宛宛中。是穴。千金霍亂篇註。又有取繩度之之法。恐致差謬。並不取。

合陽甲乙膝約文中央下貳寸。甲乙

按千金。發揮。聚英。大成。金鑑。作參寸。入門。大全。寶鑑。一說。作壹寸。並非也。

委中素問一名郄中。素問委中央。靈樞一名血郄。類經一名腿凹。金鑑膕中央。為合。委而取之。靈樞約紋中。動脈。甲乙曲脚之中。背面取之。又云。膝後屈處。次註兩筋間。神應陷中。類經令人面挺腹地而取之。資生一云。禁灸。發揮

按委屈也。緩緩屈膝。而取之。病形篇曰。屈而取之。卽是也。素問曰。刺解脈。在郄中。結絡如黍米。刺之。

血射。以黑見赤血。而已。次註曰。郄中則委中穴。靈樞曰。膀胱合入於委中央。又曰。若脉陷。取委中央。

併入一名。資生。引甄權。曰。曲瞅內。

委陽素問三焦下輸。在足於太陽之前。少陽之後。出於膕中外廉。名曰委陽。是太陽絡也。手少陽經也。三焦者。足少陽太陰之所將。太陽之別也。上踝伍寸。別入貫腨腸。出於委陽。並太陽之正。入絡膀胱。約下焦。靈樞屈伸而索之。同上膝脘橫紋尖。入門

按四時氣篇云。邪在三焦約。取之太陽大絡。甲乙。索。作取。足太陽之陽。舊作指。今據甲乙及諸書訂之。前。千金翼。資生。作後。而無少陽之後四字。蓋脫

文也。甲乙。外廉下有兩筋間。扶承下陸寸。此足太陽之別絡也。屈身而取之之文。扶承。是承扶之穴千金。資生。聖濟等。並作扶承。詳于承扶。下扶承下陸寸。千金。外臺。資生。聖濟等皆從之。然承扶下陸寸者。殷門穴也。殷門註曰。肉郄下陸寸肉郄。承扶一名也。因知承扶下陸寸五字。殷門之註。誤寫于茲也。否則扶承二字。殷門之訛。故不取也。屈身是屈伸之訛。外臺。入門。同。資生。類經。吳文炳。寶鑑。醫統。金鑑。既作屈伸。是也。委陽。實在委中之外。兩筋問。不問分寸。自明。委。屈也。委陽名義。固然。故扶承下陸寸五字。為衍文。次註曰。去臀下橫文陸寸。亦

承甲乙。謬。醫學綱目曰。詳銅人云。委陽在承扶下陸寸。以今經文考之。當壹尺陸寸。蓋銅人說。始于甲乙。甲乙之說。乃脫簡而脫去壹尺二字也。今按其取穴。是。雖然甲乙等。必取近穴。以註釋。故言。膕外廉。豈歷殷門浮郄。而取諸承扶乎。未見經註用尺餘。聚英。陸寸。作貳寸陸分。醫統。吳文炳。作壹寸陸分。不可解矣。入門。作委中外貳寸。鑿矣。諸家於經註。讀承扶下陸寸字。而不讀膕中外廉字。此何心哉。註證發微。削膕中外廉字。其踈謬最甚。次註。謂浮郄穴上側也者。亦誤矣。

浮郄甲乙委陽上壹寸。屈膝得之。甲乙膕外廉橫紋上。壹

寸。（增註）

按後人不知甲乙委陽註有衍文。於承扶下伍寸。取此穴者妄也。甲乙爲屈膝得之。可以證也。千金。千金翼作展足。外臺資生發揮聚英寶鑑作展膝。非。

殷門（甲乙）肉郄下陸寸（甲乙）膝後膕上兩筋之間。去臀下横文陸寸。（註次）禁灸（入門）

按肉郄者承扶一名。大成作浮郄下参寸非也。

承扶（甲乙）一名肉郄一名陰關一名皮部。（甲乙）尻臀下股陰腫上約文中。（甲乙）禁灸（入門）

按千金千金翼。明堂資生大全入門作扶承。承扶扶承混稱通用。千金千金翼作股陰下文中。註曰。一云尻臀下陷文中。外臺作股陰上衝紋中。一云。股陰下衝紋中。明堂作尻臀下衝文中。聚英作股陰上衝文中。入門作横紋中。資生腫作衝。按腫恐衍。衝集韻與横通。衝說文通道也。其義似通。然未見指約紋而爲衝紋者。衝疑衝誤。

水户醫官介川知明 龍

門人
水户 猿田敬 子敬
水户 本間德 有鄰 同挍
江户 山形豹 公班

經穴彙解卷之五

經穴彙解卷之六目次

經穴彙解卷之六

水户　侍醫　南陽　原昌克子柔　編輯

經脉流注第十

素問云。夫人之常數。太陽常多血少氣。少陽常少血多氣。陽明常多氣多血。少陰常少血多氣。厥陰常多血少氣。太陰常多氣少血。此天之（天恐人字）常數。（新校正云。甲乙經十二經水篇。血氣多少與素問不同。大陽多血多氣。大陰多血少氣。）足太陽與少陰為表裏。少陽與厥陰為表裏。陽明與太陰為表裏。是為足陰陽也。手太陽與少陰為表裏。少陽與心主為表裏。陽明與太陰為表裏。是為手之陰陽也。

難經云。經脉者。行血氣通陰陽以榮於身者也。其始從中焦注手太陰陽明。陽明注足陽明太陰。太陰注手少陰太陽。太陽注足太陽少陰。少陰注手心主少陽。少陽注足少陽厥陰。厥陰復還注手太陰。

醫種子曰。足三陰經。胸腹無脉。銅人圖強為陰經者。非也。然人手之陰經。自腋而出。足之陰經。自髀而入。入者入於腹內。故能屬臟絡府。上膈挾咽連舌入腦。非在皮膚肌肉之外者也。註圖者惑於甲乙。強膺俞胸俞衝脉之穴。以為屬足三陰經。脉氣所發十四經發揮尤為謬甚。真千古之長夜矣。徧攷陰陽離合。氣府氣穴。經脈經別等篇。深知所列之穴。的非陰經。故表而出之。

手太陰肺經　左右凡二十二穴

經脉篇云。肺手太陰之脉。起於中焦。下絡大腸。還循胃口。上膈屬肺。從肺系橫出腋下。（雲門　中府）下循臑內。（天府　俠白）行少陰心主之前。下肘中。（尺澤）循臂內上骨下廉。（孔最）入寸口。（經渠　大淵）上魚。循魚際。（魚際）出大指之端。（少商）其支者。從腕後（列缺）直出次指內廉。出其端。

又云。手太陰之別。名曰列缺。起於腕上分間。並太陰之經。直入掌中。散入於魚際。○取之去腕半寸。（馬蒔曰半寸當作寸半。）別走陽明。

經別篇云。手太陰之正。別入淵腋少陰之前。入走肺。散之大腸。上出缺盆。循喉嚨。復合陽明。

繆刺論云。邪客於手足少陰太陰。足陽明之絡。此五絡皆會於耳中。上絡左角。

邪客篇云。手太陰之脉。出於大指之端。內屈循白肉際。至本節之後太淵。留以澹。外屈上於本節之下。內屈與陰諸絡會於魚際。數脉並注。其氣滑利。伏行壅骨之下。外屈出於寸口而行。上至於肘內廉。入於大筋之下。內屈上行臑陰。入腋下。內屈走肺。此順行逆數之屈折也。

經筋篇云。手太陰之筋。起於大指之上。循指上行。結於魚後。行寸口外側。上循臂。結肘中。上臑內廉。入腋下。出缺盆。結肩前髃。上結缺盆。下結胸裏。散貫賁。合

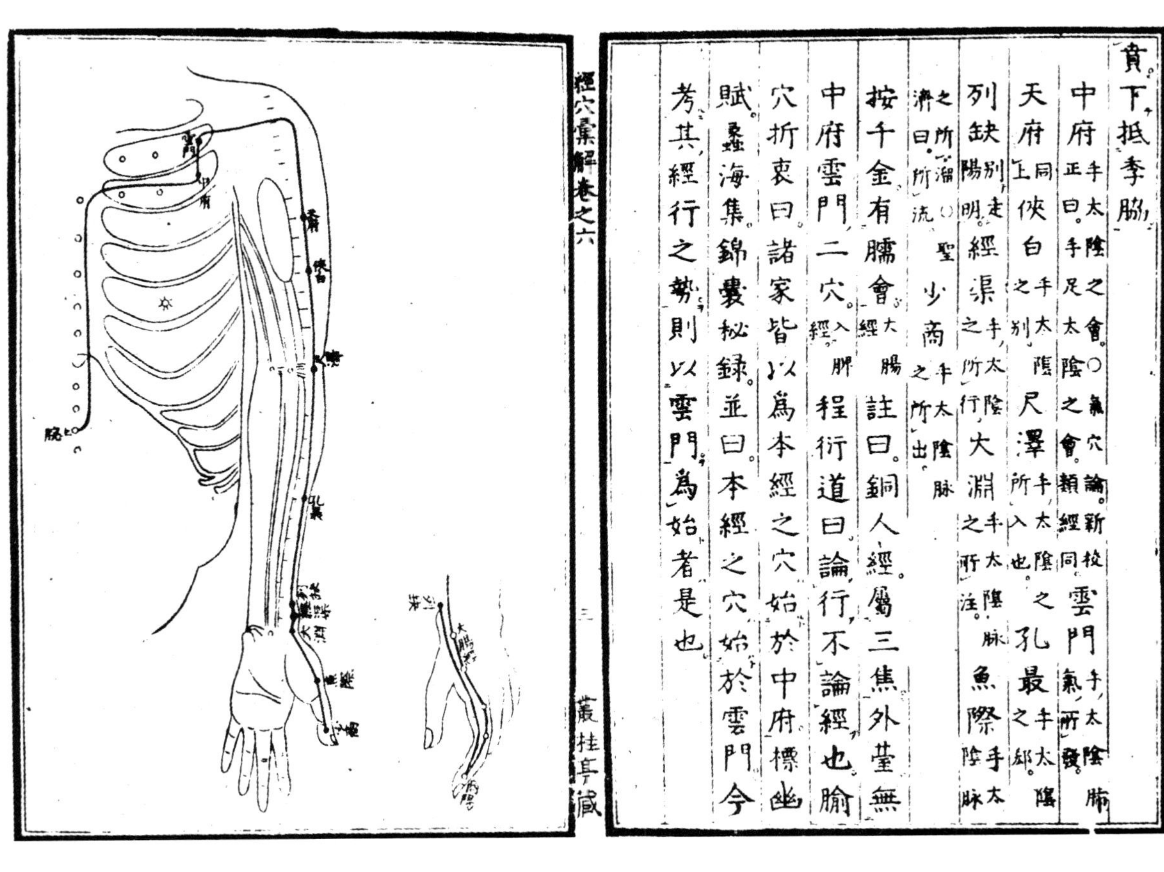

貫下抵季脇。

中府(手太陰之會○氣穴論新校正曰手足太陰之會類經同)雲門(手太陰肺氣所發)天府(同上)俠白(手太陰之別)尺澤(手太陰之所入也)孔最(手太陰之郄)列缺(別走陽明)經渠(手太陰之所行)大淵(手太陰之所注)魚際(手太陰脉之所溜○滎曰所流)聖少商(手太陰脉之所出)

按千金有臑會(大腸經)註曰銅人經屬三焦外臺無中府雲門二穴(入脾經)程衍道曰論行不論經也腧穴折衷曰諸家皆以為本經之穴始於中府標幽賦蠡海集錦囊秘錄並曰本經之穴始於雲門今考其經行之勢則以雲門為始者是也

手陽明大腸經　左右凡四十二穴

經脉篇云大腸手陽明之脉起於大指次指之端(商陽)循指上廉(二間三間)出合谷兩骨之間(合谷)上入兩骨之中(陽谿)循臂上廉(偏歷溫溜下廉上廉三里)入肘外廉(曲池)上臑外前廉(肘髎五里臂臑臑會)上肩出髃骨之前廉(肩髃)上出於柱骨之會上(巨骨秉風)下入缺盆(天鼎)絡肺下膈屬大腸其支者從缺盆上頸(扶突)貫頰入下齒中還出挾口(地倉)交人中左之右右之左(禾髎)上挾鼻孔(迎香)

又云手陽明之別名曰偏歷去腕參寸別入太陰其別者上循臂乘肩髃上曲頰偏齒其別者入耳合於宗脉

氣府論云手陽明脉氣所發者二十二穴鼻空外廉項上各二(次註謂迎香扶突二穴也)大迎骨空各一(大迎穴名也)柱骨之會各一(謂天鼎二穴也)髃骨之會各一(謂肩髃二穴也)肘以下至手大指次指各六俞(謂三里陽谿合谷三間二間商陽六穴也)

經別篇云手陽明之正從手循膺乳別於肩髃入柱骨下走大腸屬於肺上循喉嚨出缺盆合於陽明也

經筋篇云手陽明之筋起於大指次指之端結於腕上循臂上結於肘外上臑結於髃其支者繞肩胛挾脊直者從肩髃上頸其支者上頰結於頄直者上出手太陽之前上左角絡頭下右頷

商陽(手陽明脉之所出)二間(所溜○資作所流非)三間(所注)合谷(所過)

陽谿（所行）偏歷（別走太陰）溫溜（郄）下廉　上廉（抵陽之會○外臺作陽明之會）三里　曲池（所入）肘髎　五里　臂臑（陽明絡之會○聚英作手足太陽陽維之會○）臑會（絡○氣府論云○手少陽之會次註曰手陽明少陽二絡氣會）（之會○聚英曰○陽維會○）肩髃（蹻脈之會○聚英曰足少陽陽蹻之會○）巨骨（同上）天鼎（所發）扶突（同上）禾髎（同上）迎香（手足陽明之會○氣府論曰○手陽明脈氣所發次註曰○謂迎香扶突）

按千金無臑會（入肺經）發揮同（入三焦經）外臺曰。兩傍四十二穴並下三單穴共四十五穴。無迎香（入胃經）有肩髎（三焦）兌端。齗交。水溝（共督脈）甲乙經曰。兌端手陽明脈氣之所發。

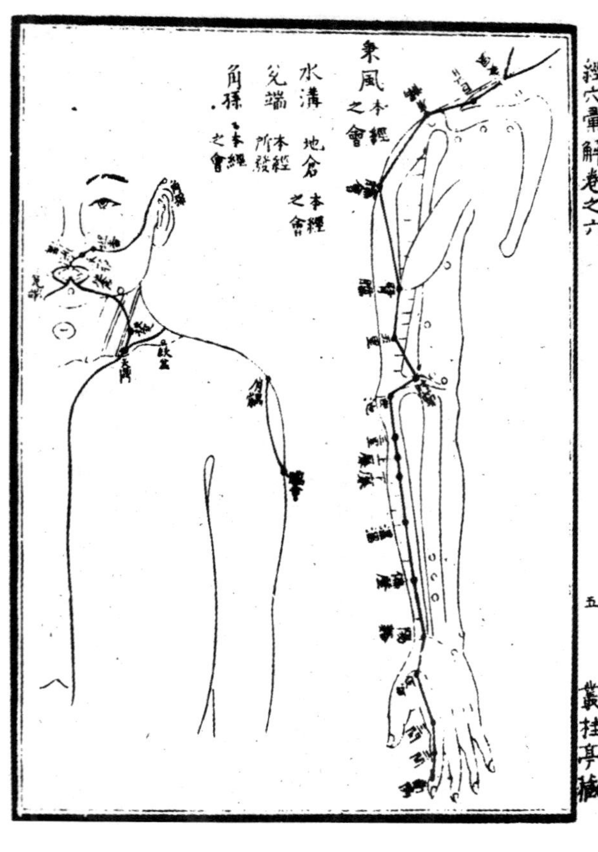

足陽明胃經（左右凡九十二穴）

經脈篇云。胃足陽明之脈。起於鼻之交頞中。旁（迎香）納太陽之脈（睛明）下。循鼻外（承泣四白巨窌）入上齒中。還出挾口（地倉）環脣下。交承漿。却循頤後下廉。出大迎。循頰車上耳前（下關）過客主人。循髮際（懸釐懸顱頷厭頭維）至額顱（神庭）其支者。從大迎前下人迎。循喉嚨（水突氣舍）入缺盆下膈屬胃（上中脘）絡脾。其直者。從缺盆下乳內廉（氣戶庫房屋翳膺窗乳中乳根）下（不容承滿梁門關門太乙滑肉門）挾臍（天樞外陵大巨水道歸來）入氣街中（氣衝）其支者。起於胃口。下循腹裏。下至氣街中而合。以下髀關。抵伏兔。下膝臏中（陰市梁丘犢鼻）下循脛外廉（三里上巨虛條口下巨虛）下足跗（解谿衝陽）入中指內間（陷谷內庭厲兌）其支者。下廉三寸而別（豐隆）下入中指外間。其支者。別跗上。入大指間出其端。

又云。足陽明之別。名曰豐隆。去踝八寸。別走太陰。其別者。循脛骨外廉。上絡頭項。合諸經之氣。下絡喉嚨。

氣府論云。足陽明脈氣所發者六十八穴。額顱髮際傍各三（次註謂懸顱陽白頭維左右共六穴也）面鼽骨空各一（謂四白穴也）大迎骨空各一（大迎穴名也）人迎各一（人迎穴名也）缺盆外骨空各一（謂天髎二穴也）膺中骨間各一（謂膺窗等六穴也○氣戶庫房屋翳乳中乳根）俠鳩尾之外。當乳下三寸。俠胃脘各五（謂不容承滿梁門關門太一五穴也）俠臍廣三寸各三（謂滑肉門天樞外陵也）下臍二寸俠之各三（謂大巨水道歸來也）氣街動脈各一（氣街穴名也）伏兔上各

一。(謂髀關二穴也)三里以下。至足中指。各八俞。分之所在穴
空。(謂三里上廉下廉解谿衝陽陷谷內庭厲兌八穴也。)
經別篇云。足陽明之正。上至髀。入於腹裏。屬胃。散之
脾。上通於心。上循咽。出於口。上頞䪼。還繫目系。合於
陽明。
經筋篇云。足陽明之筋。起於中三指。結於跗上。邪外
上加於輔骨。上結於膝外廉。直上結於髀樞。上循脇
屬脊。其直者。上循骭。結於膝。其支者。結於外輔骨。合
少陽。其直者。上循伏兔。上結於髀。聚於陰器。上腹而
布。至缺盆而結。上頸。上挾口。合於頄。下結於鼻。上合
於太陽。太陽為目上綱。陽明為目下綱。其支者。從頰
結於耳前。
動輸篇云。足之陽明。何因而動。岐伯曰。胃氣上注於
肺。其悍氣上衝頭者。循咽上走空竅。循眼系。入絡腦。
出顑。下客主人。循牙車。合陽明。並下人迎。此胃氣別
走於陽明者也。
平人氣象論云。胃之大絡。名曰虛里。貫鬲絡肺。出左
乳下。其動應衣。脈宗氣也。
承泣(陽蹻任脈足陽明之會。)四白(所發)巨髎(蹻脈之會)地倉(蹻脈手足陽明
之會。○蹻聚英。作任。)大迎(足太陽脈氣所發。○太陽。外臺作陽明。)頰車(所發)上關(手
少陽足陽明之會。○次註曰。手足少陽足陽明。三脈之會。)下關(足陽明少陽之會。○氣府
論云。足少陽脈氣所發。)頭維(足少陽陽維之會。○聚英。陽維。作陽明)人迎(所發。○聚

英曰。足少陽之會。)水突(所發)氣舍(同上)缺盆(氣府論云。足少陽脈氣所發。○次註
曰。足陽明脈氣所發。○新校正曰。骨空註。作手陽明。)氣戶(所發。○以下直行。)庫房(同上)
屋翳(外臺曰。足陽明脈氣所發。)膺窗(次註曰。足陽明脈氣所發。)乳中(同上)乳根
不容　承滿　梁門　關門　太乙　滑肉門
天樞　外陵　大巨　水道　歸來　氣衝(乳根
以下十三穴。足陽明脈氣所發。歸來一穴。甲乙無說。次註曰。足陽明脈氣所發。)髀關(氣府論云
足陽明脈氣所發。伏兔上各一。次註曰。髀關二穴也。○以下文。)伏兔(所發)陰市(同上)梁
丘(郄)犢鼻(所發)三里(所入。○氣府論云。足陽明脈氣所發。)上廉(與大腸合。)條
口(所發)下廉(與小腸合。)豐隆(別走太陰。)解谿(所行)衝陽(所過)陷谷(所注)
內庭(所溜。○寶鑑曰。所流。)厲兌(所出)
按中指外間。岡本曰。足中指者。大指之次指。不與
手中指同焉。按手足五指。以在其中。曰中指。足而
以大指次指。為中指者可疑。入中指外間之中指
蓋誤字。何則本輸篇云。厲兌者。足大指次指之端
也。內庭次指外間也。以次指言之。未嘗言之中指。
至陷谷。乃曰中指內間。上行貳寸。夫陷谷在第三
指內間。若此中指。為大指次指。則與厥陰經行間
同處也。凡曰中指者。手足共以第三指。為中指也。
又類經曰。大指次指。謂大指之次指。即食指也。足
亦同。古人不必以大指次指。為中指。中指當作次
指。
按頰車。大迎。缺盆。氣衝。四穴。經脈篇。膽經條。明說

足少陽之會。馬甲乙等不記者，遺脫也。外臺曰：兩傍九十三穴，去下承漿一單穴，共九十二穴。無頭維入膽經缺盆入三焦經。有迎香大腸耳門三焦承漿任脉大全有膝眼四穴。載奇穴部發揮以下諸書無上關。入膽經

頷厭　懸顱　懸釐　水溝
睛明　迎香　承漿
神庭本經之會
上脘本經之會　下脘本經所生

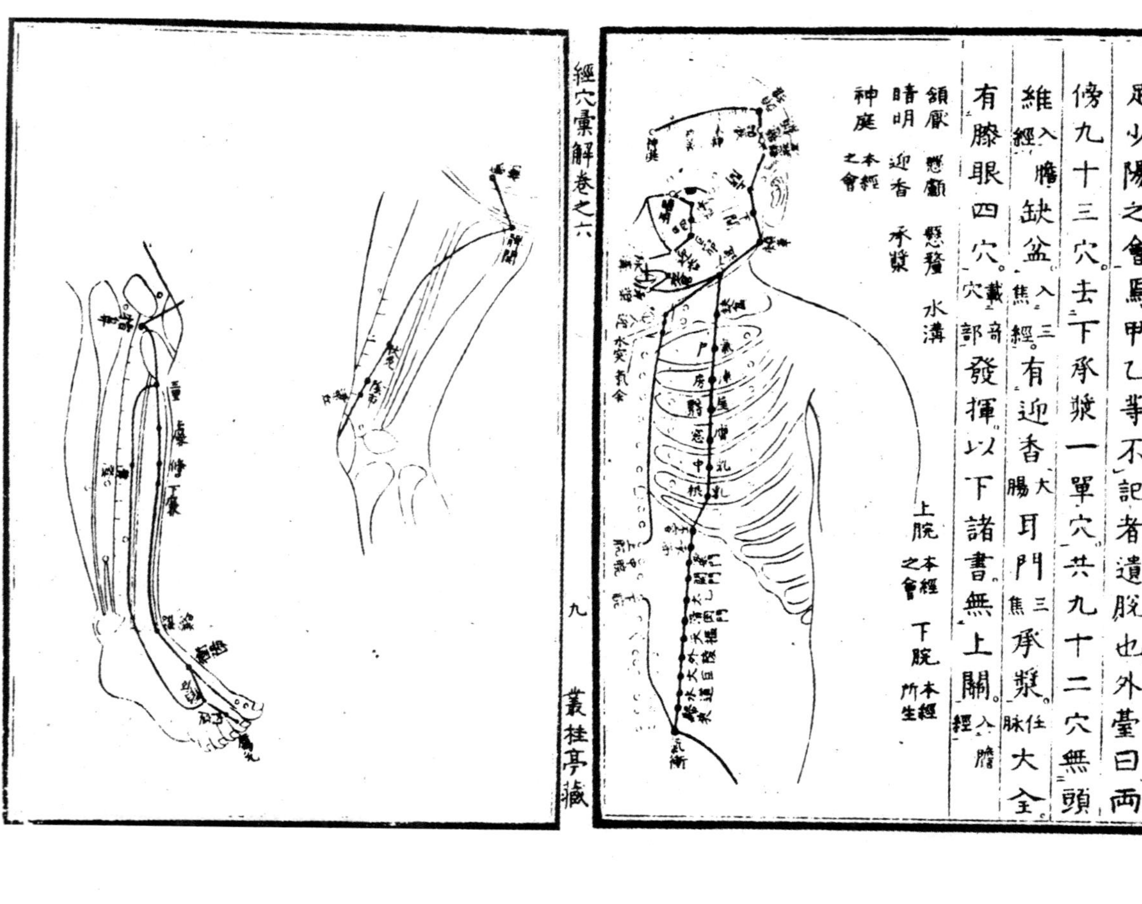

足太陰脾經左右凡四十二穴

經脈篇云：脾足太陰之脈，起於大指之端，隱白循指內側白肉際，大都過核骨後，太白公孫上內踝前廉，商丘上腨內，三陰交循脛骨後，漏谷交出厥陰之前，地機陰陵泉上膝股內前廉，血海箕門入腹，衝門府舍腹結大橫屬脾絡胃，上膈，腹哀日月期門大包挾咽，食竇天谿胸鄉周榮中府連舌本，散舌下。其支者，復從胃別上膈，注心中。

又云：足太陰之別，名曰公孫，去本節之後壹寸，別走陽明。其支者，入絡腸胃。

經別篇云：足太陰之正，上至髀，合於陽明，與別俱行，上結於咽，貫舌中，此為三合也。

經筋篇云：足太陰之筋，起於大指之端內側，上結於內踝。其直者，絡於膝內輔骨，上循陰股，結於髀，聚於陰器，上腹，結於臍，循腹裏，結於肋，散於胸中。其內者，著於脊。

隱白足太陰脉之所發　大都所溜○寶鑑作流　太白所注　公孫別走陽明　商丘所行　三陰交足太陰厥陰少陰之會　漏谷絡　地機郄　陰陵泉所入　血海所發　箕門太陰內市。太陰脉氣所發　衝門足太陰厥陰之會○外臺厥陰作陰維　府舍足太陰陰維厥陰之會。此脉上下入腹，絡胸結心肺，從脅上至肩，此太陰郄，三陰陽明支別。○外臺無厥陰二字，此脉以下二十六字。○資生作卅三脉上下三入腹，又此作此。○聚英作入腹絡肝肺結心肺　腹結　大橫太陰陰維之會　腹哀同上　食竇所發○次註曰：手太陰脉氣所發　天谿所發　胸鄉同上　周榮同上　大包

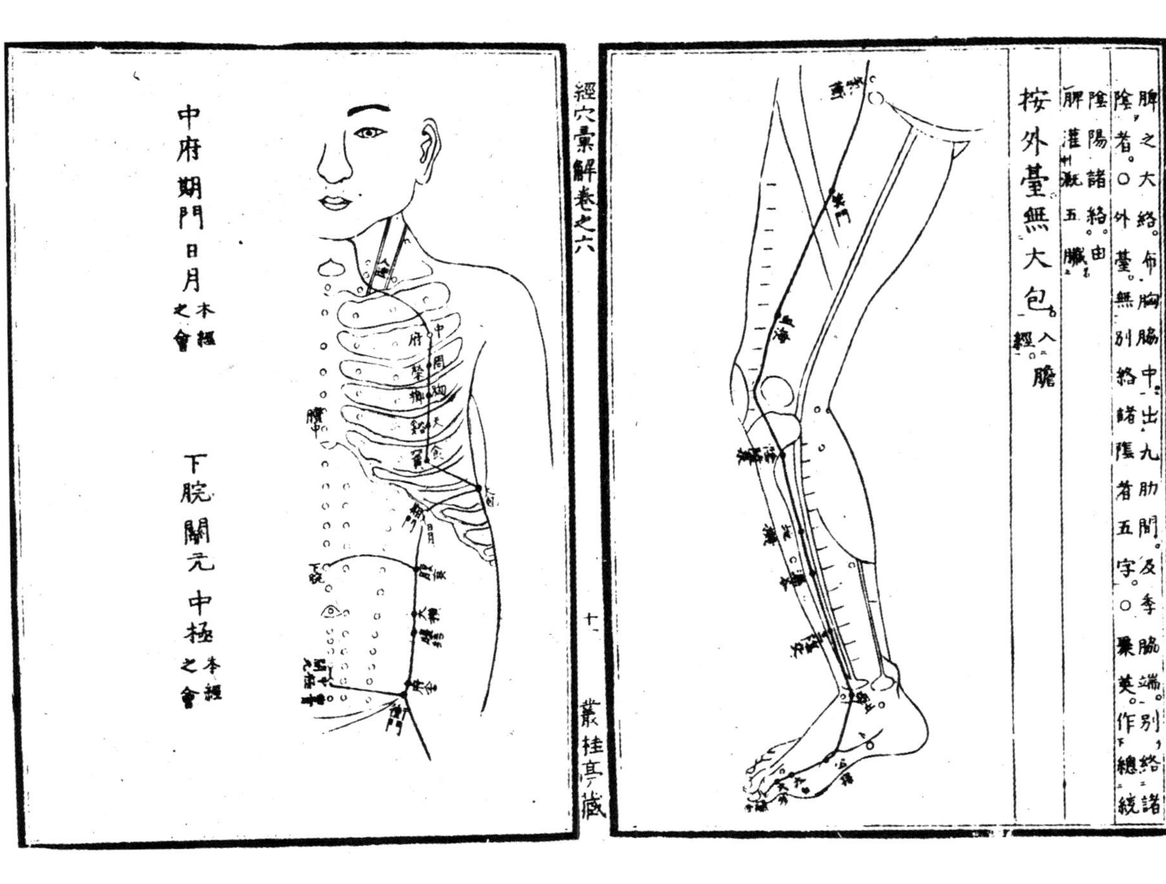

脾之大絡。布胸脇中。出九肋間。及季脇端。別絡諸陰者。○外臺無別絡諸陰者五字。○彙英作總統陰陽諸絡。由脾灌溉五臟。

按外臺無大包。入膽經。

手少陰心經 左右八十八穴

經脈篇云。心手少陰之脈。起於心中。出屬心系。下膈絡小腸。其支者。從心系上挾咽。繫目系。其直者。復從心系。却上肺。下出腋下。極泉下循臑內後廉。青靈行太陰心主之後。下肘內。少海循臂內後廉。抵掌後銳骨之端。靈道。通里。陰郄。神門。入掌內後廉。少府循小指之內。出其端。少衝

又云。手少陰之別。名曰通里。去腕壹寸半。別而上行。循經入於心中。繫舌本。屬目系。其實則支膈。虛則不能言。取之掌後壹寸。別走太陽也。

經別篇云。手少陰之正。別入淵腋兩筋之間。屬於心。上走喉嚨。出於面。合目內眥。此爲四合也。

經筋篇云。手少陰之筋。起於小指之內側。結於銳骨。上結肘內廉。上入腋。交太陰。挾乳裏。結於胸中。循臂下繫於臍。

氣府論云。手少陰各一。次註。謂手少陰郄穴也。陰陽蹻各一。陰蹻一。謂交信穴也。陽蹻一。謂跗陽穴也。

邪客篇云。黃帝曰。少陰獨無腧者。不病乎。岐伯曰。其外經病。而藏不病。故獨取其經於掌後銳骨之端。其餘脈出入屈折。其行之徐疾。皆如手少陰心主之脈行也。少陰。銅人作厥陰。

極泉 手少陰脈氣所發。○以下直者 青靈 少海 所入 靈道 甲乙或云。手少陰脈之所行也。爲經。 通里 少陰經別走太陽。 少陰郄 神門 所注 少府

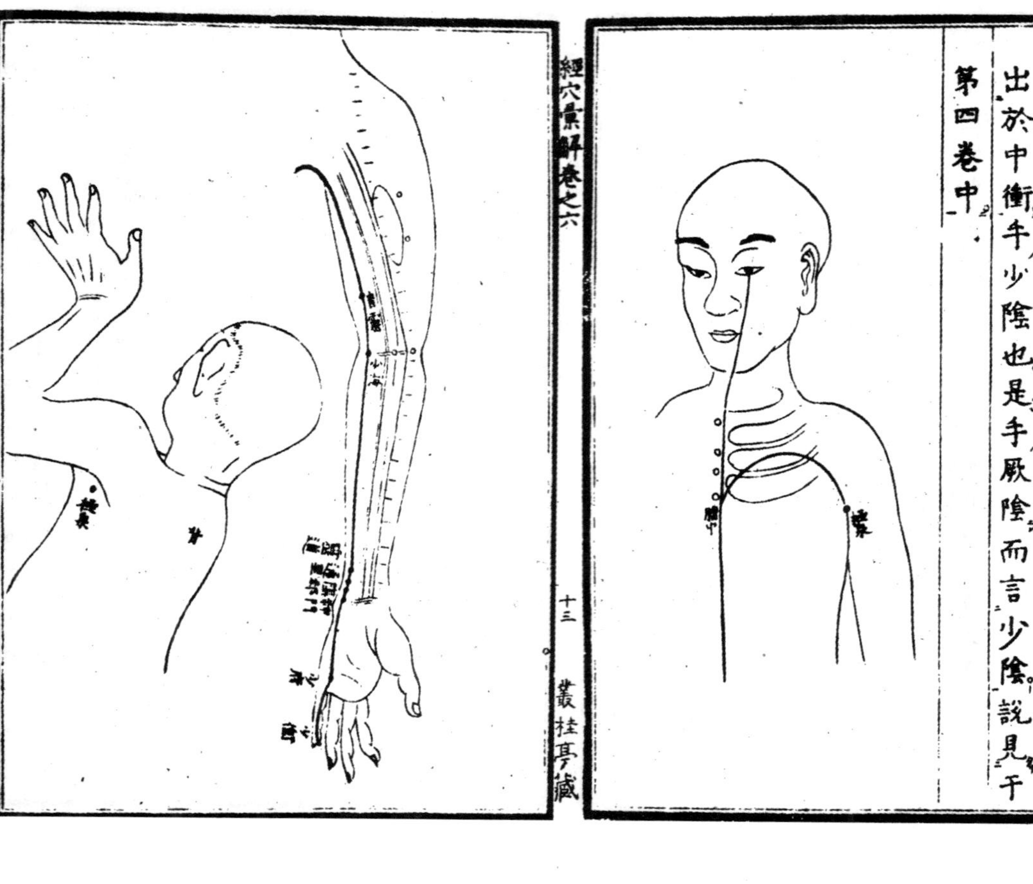

（所溜）少衝（所出）

按古書無青靈穴。左右一十六穴也。本輸篇曰。心出於中衝。手少陰也。是手厥陰而言少陰。說見于第四卷中。

手太陽小腸經（左右凡三十六穴）

經脈篇云。小腸手太陽之脈。起於小指之端（少澤）。循手外側（前谷。後谿）。上腕（腕骨。陽谷）。出踝中（養老）。直上循臂骨下廉（支正）。出肘內側兩筋之間（小海）。上循臑外後廉。出肩解（肩貞）。繞肩胛（臑俞。天宗。秉風。曲垣。肩外。肩中。大椎。大杼）。交肩上。入缺盆。絡心。循咽下膈。抵胃屬小腸。其支者。從缺盆循頸（天窗）。上頰（顴窌）。至目銳眥（瞳子窌）。却（和窌）入耳中（聽宮）。其支者。別頰上䪼。抵鼻。至目內眥（睛明）。斜絡於顴。

又云。手之太陽之別。名曰支正。上腕伍寸。內注少陰。其別者。上走肘。絡肩髃。

氣府論云。手太陽脈氣所發者。三十六穴。目內眥各一（次註謂睛明二穴也）。目外各一（謂瞳子髎二穴也）。鼽骨下各一（謂顴髎二穴也）。耳郭上各一（謂角孫二穴也）。耳中各一（謂聽宮二穴也）。巨骨穴各一（巨骨穴名也）。曲掖上骨空各一（謂臑俞二穴也）。柱骨上陷者各一（謂肩井二穴也）。天窓上四寸各一（謂天窗。竅陰。四穴也）。肩解各一（謂秉風二穴也）。肩解下三寸各一（謂天宗二穴也）。肘以下至手小指本各六俞（謂小海。陽谷。腕骨。後谿。前谷。少澤。六穴也）。

經別篇云。手太陽之正。指地。別於肩解。入腋走心。繫小腸也。

經筋篇云。手太陽之筋。起於小指之上。結於腕上。循臂內廉。結於肘內銳骨之後。彈之應小指之上。入結於腋下。其支者。後走腋後廉。上繞肩胛。循頸。出走太陽之前。結於耳後完骨。其支者。入耳中。直者。出耳上下。結於頷上。屬目外眥。

少澤（手太陽脈之所出）　前谷（所溜）　後谿（所注）　腕骨（所過）　陽谷（所行）　養老（郄）　支正（絡。別走少陰）　小海（所入）　肩貞（氣府論云。手少陽脈氣所發。甲乙次註作手太陽）　臑俞（手太陽陽維蹻脈之會。○外臺作手足太陽。聚英作陽蹻）　天宗（所發）　秉風（手陽明太陽。手足少陽之會。）　曲垣　肩外俞　肩中俞　天窗（所發）　顴髎（手少陽太陽之會）　聽宮（手足少陽手太陽之會）

按外臺二十六穴。無肩貞。曲垣。肩外。肩中。顴髎。聽宮六穴（共入三焦經）。而有睛明（膀胱）。發揮有天容（膽經）。諸書從之。非也。銅人圖曰。天容。十四經。爲手太陽經。甲乙經言。手少陽脈氣所發。靈樞二篇。二條。俱爲足少陽。五篇曰。足少陽根于竅陰。入于天容。故知甲乙經手字。當是足字誤也。是以予所圖。天容爲膽經。求不從後人之誤。此說爲得

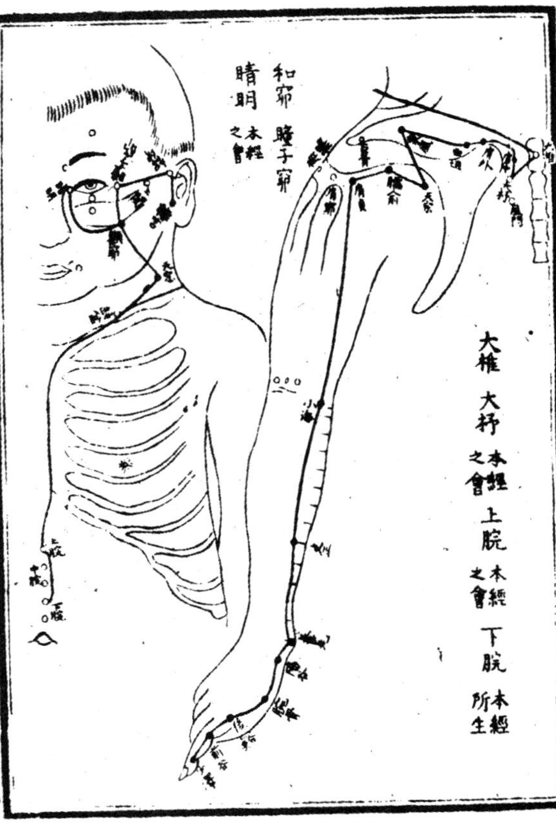

和窌　瞳子窌

睛明　本經之會

大椎　大杼　本經之會

上脘　本經之會

下脘　本經所生

足太陽膀胱經（左右凡百二十六穴）

經脈篇云。膀胱足太陽之脈。起於目內眥（睛明）上額（攢竹。神庭。曲差。五處。承光。通天）交巔（百會）其支者。從巔至耳上角（天衝。率谷。曲鬢。浮白。竅陰。完骨）其直者。從巔入絡腦（絡卻。玉枕）還出。別下項（天柱。大椎。陶道）循肩髆內。挾脊（大杼。風門。肺俞。厥陰俞。心俞。膈俞。肝俞。膽俞。脾俞。胃俞。三焦俞。腎俞。大腸俞。小腸俞。膀胱俞。中膂俞。白環俞）抵腰中。入循膂。絡腎。屬膀胱。其支者。從腰中下挾脊。貫臀（上窌。次窌。中窌。下窌。會陽。承扶。殷門）入膕中（委中）其支者。從髆內左右別下。貫胛。挾脊內（附分。魄戶。膏肓。神道。譩譆。膈關。魂門。陽綱。意舍。胃倉。肓門。志室。胞肓。秩邊）過髀樞（環跳）循髀外。從後廉（浮郄。委陽）下合膕中。以下（合陽。承筋）貫踹內（承山。飛陽。跗陽）出外踝之後（崑崙。僕參。申脈。金門）循京骨（京骨。束骨）至小指外側（通谷。至陰）

又云。足太陽之別，名曰飛陽。去踝七寸。別走少陰。經別篇云。足太陽之正，別入於膕中。其一道下尻五寸，別入於肛，屬於膀胱，散之腎，循膂當心入散。直者，從膂上出於項，復屬於太陽。此爲一經也。

氣府論云。足太陽脈氣所發者七十八穴。兩眉頭各一。次註謂攢竹穴也。入髮至項三寸半，傍五。相去三寸。謂大杼風門各二穴也。○新校正。後人誤認將項爲項。其浮氣在皮中者，凡五行，行五。五五二十五。中行則顖會。前頂。百會。後頂。强間五。督脈氣也。次挾傍兩行則五處。承光。通天。絡却。玉枕。各五。本經氣也。又次傍兩行。則臨泣。目窓。正營。承靈。腦空。各五。足少陽氣也。項中大筋兩傍各一。謂天柱二穴也。風府，兩傍各一。謂風池二穴也。挾背以下至尻尾二十一節。十五間各一。今中誥孔穴圖所存者。十二穴。左右共二十六。謂附分。魄戶。神堂。譩譆。膈關。魂門。陽綱。意舍。胃倉。肓門。志室。胞肓。秩邊。十三穴也。五臟之俞各五。六府之俞各六。肺俞。心俞。肝俞。脾俞。腎俞。膽俞。大腸俞。胃俞。三焦俞。小腸俞。膀胱俞。委中以下至足小指傍各六俞。謂委中。崑崙。京骨。束骨。通谷。至陰。六穴也。

經筋篇云。足太陽之筋，起於足小指，上結於踝，邪上結於膝。其下循足外踝，結於踵，上循跟，結於膕。其別者，結於踹外，上膕中內廉，與膕中幷上，結於臀，上挾脊上項。其支者，別入結於舌本。其直者，結於枕骨，上頭下顔，結於鼻。其支者，爲目上綱，下結於頄。其支者，從腋後外廉，結於肩髃。其支者，入腋下，上出缺盆，上結於完骨。其支者，出缺盆，邪上出於頄。

睛明手足太陽。足陽明之會。○外臺作手足太陽。陽明。次註。加陰蹻陽蹻。五脈之會。攢竹足太陽脈氣所發。曲差　五處　承光　通天　絡却　玉枕　天柱以上七穴。同攢竹。大杼手足太陽之會。○次註曰。督脈別絡。手足太陽三脈之會。○外臺。作足太陽手少陽之會。○聚英。作手足太陽少陽之會。風門督脈。足太陽之會。肺俞五藏之俞。○次註曰。並足太陽脈之會。厥陰俞　心俞　膈俞　肝俞　膽俞所發　脾俞　胃俞　三焦俞所發　腎俞　大腸俞　小腸俞　膀胱俞　中膂俞　白環俞所發　上髎足太陽少陽之絡。次髎　中髎次註曰。足厥陰。支別者與太陰少陽結於腰踝下。挾脊第三第四骨空中。其穴卽中髎。下髎。○發揮曰。足少陰少陽。結之會也。聚英。少陰作厥陰。下髎次註曰。足太陰之絡。從合陽明上貫尻骨中。與厥陰少陽。結於下髎。新校正曰。詳王註曰。足太陰之絡。按甲乙經。乃太陰之正。非絡也。王氏謂之絡者。未詳其意。會陽督脈氣所發。承扶　殷門　浮郄　委陽太陽之別絡　委中所入　附分太陽之會。○外臺作手足太陽之會。魄戶以下除膏肓之外。十三穴。皆太陽脈氣之所發。膏肓　神堂　譩譆　膈關　魂門　陽綱　意舍　胃倉　肓門　志室　胞肓　秩邊　合陽　承筋所發　承山　飛揚別走少陰。跗陽陽蹻之郄　崑崙所行　僕參同上。○聚英曰。陽蹻之本。申脈陽蹻所生。○聚英曰。陽蹻所出。金門太陽郄。陽維所別屬也。京骨所過　束骨所注　通谷所溜。○聚英。所流。至陰所出

按氣府論曰。手太陽脈氣所發者。三十六穴。目內眥各一。次註曰。謂睛明二穴也。千金。無蹻陽入膀外臺曰。兩傍一百二十恐脫二字穴。註曰。並二十二單穴

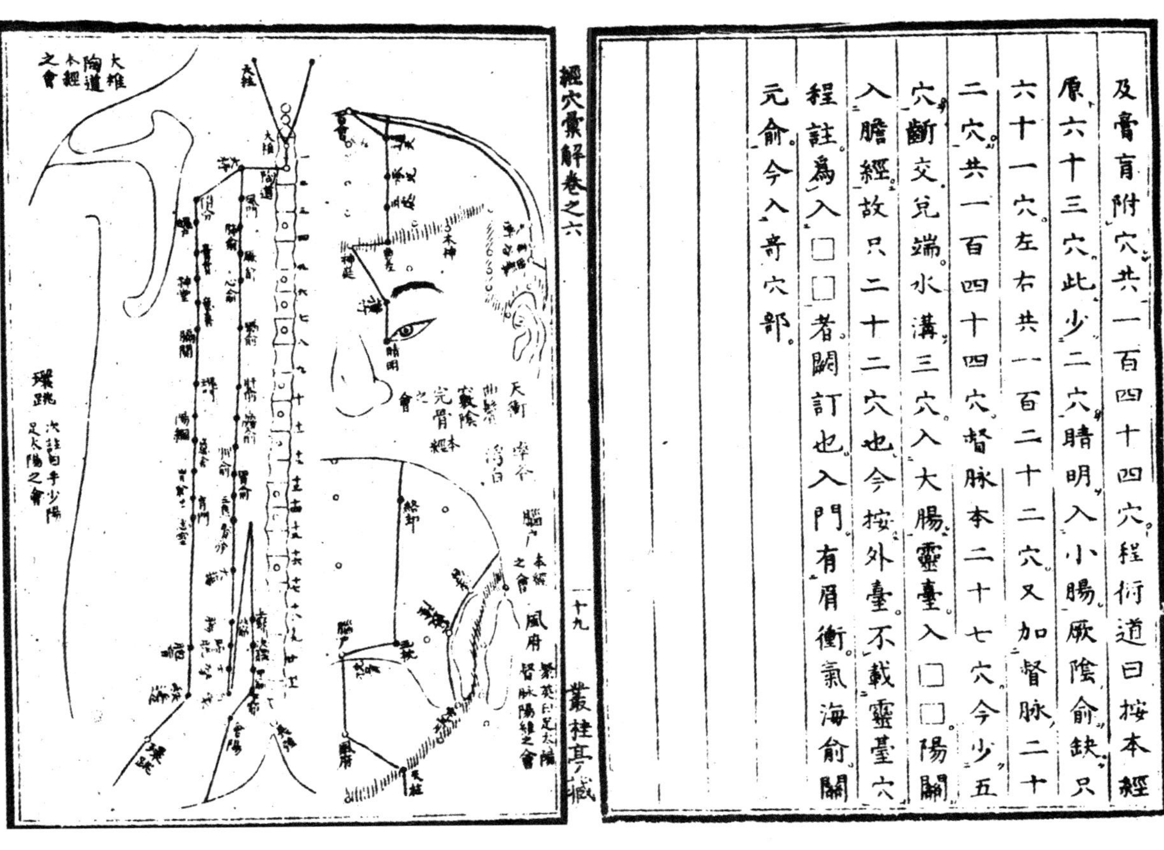

及膏肓附穴。共一百四十四穴。程衍道曰。按本經原六十三穴。此少二穴。睛明入小腸。厥陰俞缺。只六十一穴。左右共一百二十二穴。又加督脉二十二穴。共一百四十四穴。督脉本二十七穴。今少五穴。齗交兌端。水溝三穴入大腸。靈臺入□□。陽關入膽經。故只二十二穴也。今按外臺不載靈臺穴。程註爲入□□者。闕訂也。入門有眉衝。氣海俞。關元俞。今入奇穴部。

足少陰腎經　左右凡五十四穴

經脉篇云。腎。足少陰之脉。起於小指之下。邪走足心。湧泉出於然谷之下。然谷循内踝之後。照海水泉別入跟中。大谿太鍾以上踹内。復溜。交信。三陰交。築賓。出膕内廉。陰谷上股内後廉。貫脊。長強屬腎。絡膀胱。横骨。大赫。氣穴。四滿。中注。肓俞。關元。中極。其直者。從腎上貫肝膈。商曲。石關。陰都。通谷。幽門。入肺中。步廊。神封。靈墟。神藏。彧中。俞府。循喉嚨。挾舌本。其支者。從肺出絡心。注胸中。

又云。足少陰之別。名曰大鍾。當踝後繞跟。別走太陽。其別者。并經上走於心包。下外貫腰脊。

氣府論云。足少陰舌下。厥陰毛中急脈。各一。次註。足少陰舌下二穴。在人迎前陷中。動脈前。是曰舌本。左右二也。急脈。在陰髦中。陰上兩傍。

經別篇云。足少陰之正。至膕中。別走太陽而合。上至腎。當十四顀。出屬帶脉。直者。繫舌本。復出於項。合於太陽。

經筋篇云。足少陰之筋。起於小指之下。並足太陰之筋。邪走內踝之下。結於踵。與太陽之筋合。而上結於內輔之下。並太陰之筋。而上循陰股。結於陰器。循脊內。挾膂。上至項。結於枕骨。與足太陽之筋合。

湧泉 足少陰脉之所出。 然谷 所溜。○外臺作留。○聚英曰。別於太陰。蹻脉之郄。○足少陰郄 脉氣所流。 大谿 所注。 大鍾 別走太陽。足少陰絡。 照海 陰蹻脉所生。 水泉

復溜 所行。 交信 陰蹻之郄。 築賓 陰維之郄。 陰谷 所入。 橫骨 大赫

氣穴 四滿 中注 肓俞 商曲 石關

陰都 通谷 幽門 自橫骨以下。至此十一穴。衝脉。足少陰之會。 步廊 神封 靈墟 神藏 彧中 俞府 自步廊以下六穴。共足少陰脉氣所發。

按骨空論云。衝脉者。起於氣衝。並少陰之經。挾臍上行。至胸中而散。甲乙經。自橫骨至幽門十一穴。皆云衝脉之會者。原于此。俞穴折衷。有廉泉。

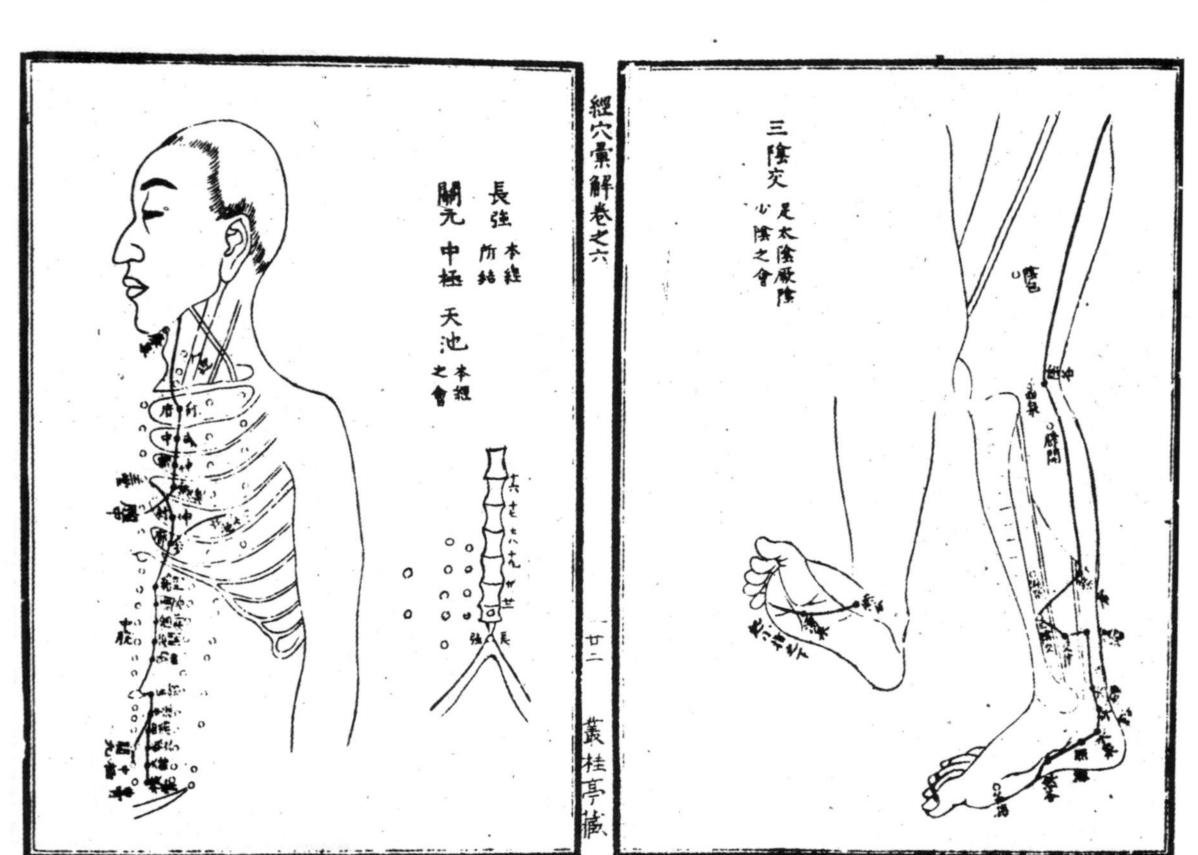

手厥陰心包經 左右凡十八穴

經脉篇云。心主。手厥陰心包絡之脉。起於胸中。出屬心包絡。下膈。歷絡三膲。其支者。循胷出脇。下腋參寸。上抵腋下。(天池)循臑內。(天泉)行太陰少陰之間。入肘中。(曲澤)下臂行兩筋之間。(郄門。間使。內關。大陵。)入掌中。(勞宮)循中指出其端。(中衝)其支者。別掌中。循小指次指。出其端。

又云。手心主之別。名曰內關。去腕貳寸。出於兩筋之間。循經以上。繫於心包。絡心系。

經別篇云。手心主之正。別下淵腋參寸。入胸中。別屬三焦。出循喉嚨。出耳後。合少陽完骨之下。

經筋篇云。手心主之筋。起於中指。與太陰之筋並行。

結於肘內廉。上臂陰。結腋下。下散前後挾脇。其支者。入腋。散胸中。結於臂。

邪客篇云。心主之脉。出於中指之端。內屈。循中指內廉。以上。留於掌中。伏行兩骨之間。外屈。出兩筋之間。骨肉之際。其氣滑利。上貳寸。外屈。出行兩筋之間。上至肘內廉。入於小筋之下。留兩骨之會。上入於胷中。內絡於心脉。

天池(手厥陰。足少陽之會。○聚英曰。手足厥陰。少陰之會。)　天泉　曲澤(心主脉之所入)

郄門(郄)　間使(所行)　內關(絡別走少陽。○千金作太陽。)　大陵(所注)　勞宮(所溜)　中衝(所出)

按外臺。兩傍一十六穴。無天池。入膽。

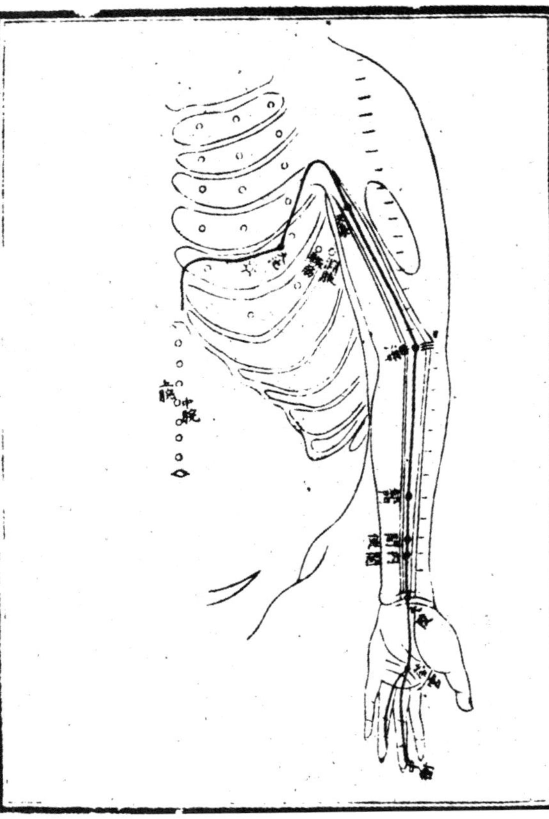

手少陽三焦經 左右凡四十四穴

經脉篇云。三焦。手少陽之脉。起於小指次指之端。(關衝)上出兩指之間。(腋門。中渚。)循手表腕。(陽池)出臂外兩骨之間。(外關。支溝。會宗。三陽絡。四瀆。)上貫肘。(天井)循臑外。(清冷淵。消濼。臑會。)上肩。(肩窌)(肩貞。秉風。)而交出足少陽之後。(天窌)入缺盆。布膻中。散絡心包。下膈。循屬三焦。其支者。從膻中上出缺盆。上項。(肩井)繫耳後。(天牖。翳風。瘈脉。顱息。)直上出耳上角。(角孫。懸釐。頷厭。)以屈下頰。至䪼。(顴窌)其支者。從耳後入耳中。(聽宮)出走耳前。(聽會。耳門。和窌。)過客主人前。交頰。至目銳眥。(瞳子窌)

又云。手少陽之別。名曰外關。去腕貳寸。外遶臂。注胸中。合心主。

氣府論云。手少陽脈氣所發者三十二穴。鼽骨下各一。次註。謂顴髎二穴也。眉後各一。謂絲竹空二穴也。角上各一。謂懸釐二穴也。下完骨後各一。謂天牖二穴也。項中足太陽之前各一。謂風池二穴也。俠扶突各一。謂天窓二穴也。肩貞各一。肩貞穴名也。肩貞下三寸分間各一。謂肩髎臑會消濼各二穴也。肘以下至手小指次指本各六俞。謂天井支溝陽池中渚液門關衝六穴也。

經別篇云。手少陽之正。指天。別於巔入缺盆。下走三焦。散於胃中也。

經筋篇云。手少陽之筋。起於小指次指之端。結於腕上。循臂結於肘上。繞臑外廉上肩走頸。合手太陽。其支者。當曲頰入繫舌本。其支者。上曲牙循耳前屬目外眥。上乘頷結於角。

本輸篇云。三焦下腧。在於足大指甲乙作大陽之前。少陽之後出於膕中外廉。名曰委陽。是太陽絡也手少陽經也。

又云。手少陽出耳後上加完骨之上。

衛氣篇云。手少陽之本在小指次指之間上貳寸。標在耳後上角下外眥也。

關衝手少陽脈之所出。　液門所溜　中渚所注　陽池所過　外關絡別走心主　支溝所行　會宗郄　三陽絡　四瀆　天井所入　清冷淵　消濼　肩髎所發　天髎手少陽陽維之會○千金。手作足。次註。作手足少陽陽維三脈之會。　天牖所發　翳風手足少陽之會。　瘈脉　顱息足少陽脈

氣所發○足當作手。　角孫手足少陽手陽明之會○氣府論云。手太陽脈氣所發。太恐少之誤。次註。槩英陽明作太陽。　耳門　聽會所發○次註曰。手陽明脈之分。　和髎手足少陽。手太陽之會○次註。無手陽明三字。

按外臺曰。兩傍五十六穴。無肩髎入太陽　顱息入耳門入胃而有肩井膽　聽宮小腸　天容膽　顴髎。肩貞。肩外俞。肩中俞。曲垣共小腸　缺盆胃　九穴。發揮有臑會。大腸

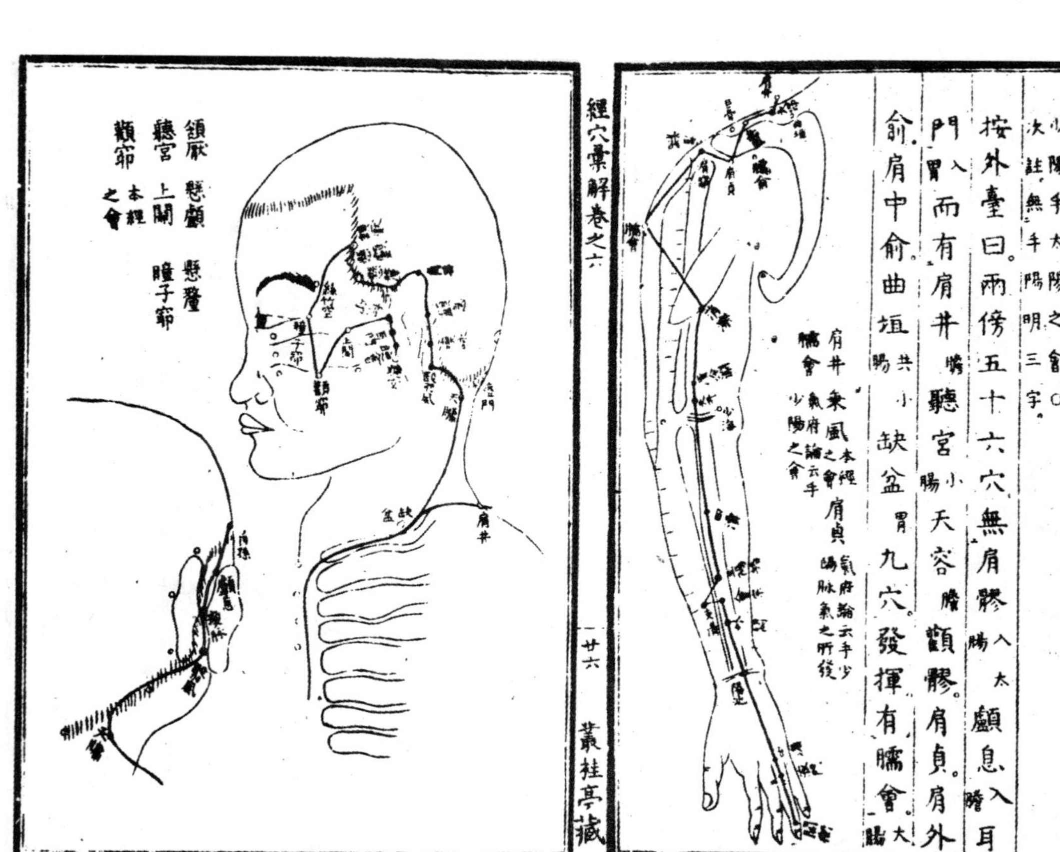

足少陽膽經　左右凡八十六穴

經脈篇云：膽足少陽之脈，起於目銳眥（瞳子髎），上（絲竹空）抵頭角（頭維、頷厭、懸顱、懸釐、曲鬢、率谷、天衝），下耳後（浮白、竅陰、完骨、角孫、本神、陽白、臨泣、目窗、正營、承靈、腦空、風池），循頸行手少陽之前，至肩上（肩井），却交出手少陽之後，入缺盆（大椎、大杼、天窌、秉風、缺盆）。其支者，從耳後入耳中，出走耳前，至目銳眥後。其支者，別銳眥，下大迎，合於手少陽，抵於䪼，下加頰車（頰車），下頸（天容），合缺盆，以下胸中，貫膈（日月），絡肝，屬膽，循脅裏（章門），出氣街（氣衝），繞毛際，橫入髀厭中（環跳）。其直者，從缺盆下腋（淵腋、輒筋），循胸過季脅（京門、帶脈、五樞、維道、居窌），下合髀厭中，以下循髀陽（中瀆、陽關），出膝外廉（陽陵泉），下外輔骨之前（陽交、外丘、光明），直下抵絕骨

之端（陽輔、懸鐘）下，出外踝之前（丘墟），循足跗上（臨泣、地五會），入小指次指之間（俠谿、竅陰）。其支者，別跗上，入大指之間，循大指歧骨內，出其端，還貫爪甲，出三毛。

又云：足少陽之別，名曰光明，去踝五寸，別走厥陰，下絡足跗。

氣府論云：足少陽脈氣所發者，六十二穴。兩角上各二（次註：謂天衝左右各二穴也）。直目上髮際內各五（謂臨泣、目窗、正營、承靈、腦空，左右是也）。耳前角上各一（謂頷厭二穴也）。耳前角下各一（謂懸釐二穴也）。銳髮下各一（謂和髎二穴也）。客主人各一（客主人穴名也）。耳後陷中各一（謂翳風二穴也）。下關各一（下關穴名也）。耳下牙車之後各一（謂頰車二穴也）。缺盆各一（缺盆穴名也）。腋下三寸，脅下至胠八

間各一（腋下，謂淵腋、輒筋、天池，腋下至胠則日月、章門、帶脈、五樞、維道、居髎，九穴也。左右共十八穴也）。髀樞中傍各一（謂環跳二穴也）。膝以下至足小指次指各六俞（謂陽陵泉、陽輔、丘墟、臨泣、俠谿、竅陰，六穴也）。

經別篇云：足少陽之正，繞髀入毛際，合於厥陰。別者入季脅之間，循胸裏，屬膽，散之上肝，貫心，以上挾咽，出頤頷中，散於面，繫目系，合少陽於外眥也。

經筋篇云：足少陽之筋，起於小指次指，上結外踝，上循脛外廉，結於膝外廉。其支者，別起外輔骨，上走髀，前者結於伏兔之上，後者結於尻。其直者，上乘眇季脅，上走腋前廉，繫於膺乳，結於缺盆。直者，上出腋，貫缺盆，出太陽之前，循耳後，上額角，交巔上，下走頷，上

結於頄。支者，結於目眥，為外維。

熱論云：少陽主膽，其脈循脅，絡於耳。又云：少陽病衰，耳聾微聞。

瞳子髎（手太陽、手足少陽之會）　絲竹空（足少陽脈氣所發）　頷厭（手少陽、足陽明之會。○外臺曰：足少陽、陽明會）　懸顱（所發。○聚英曰：足少陽、陽明會）　懸釐（手足少陽、陽明之會）　曲鬢（足太陽、少陽之會）　率谷（同上）　天容（手少陽脈氣所發。手當作足，說見手太陽條下）　天衝（足太陽、少陽之會）　浮白（同上）　竅陰（同上。○外臺曰：手足太陽、少陽之會。聚英作足太陽、手足少陽）　完骨（同上）　本神（足少陽、陽維之會。○聚英曰：陽維脈所止）　陽白（同上。○次註曰：足陽明、陰維二脈之會。新校正曰：按甲乙經，陽白，足少陽、陽維之會。今王氏註云：足陽明、陰維之會。詳此在足陽明脈氣所發中，則足陽明近是，然陽明經不到此，又不與陰維會，疑王註非。發揮曰：手足太陽、少陽、足陽明五脈之會。聚英曰：手足陽明、少陽、陽維五

脈之會。臨泣足太陽。少陽陽維之會。○外臺。無陽維。目窓足少陽。陽維之會。正營同上承靈同上腦空同上風池同上○氣府論云。足少陽脈氣之所發。肩井手少陽。陽維之會。○手。外臺。作手足。環跳所發○次註曰。足少陽。太陽之會。淵腋次註曰。足少陽脈氣之所發輒筋所發○聚英曰。足太陽。少陽之會。日月足太陰少陽之會。○顳經曰。太陰少陽陽維之會。京門腎募也。帶脈次註曰足少陽帶脈二經之會。五樞次註曰。足少陽帶脈二經之會維道足少陽帶脈之會。居髎陽蹻足少陽之會。中瀆所發○聚英曰。絡別走厥陰。陽關陽陵泉所入陽交陽維之郄外丘郄。少陽所生。光明絡別走厥陰。陽輔所行懸鍾足三陽絡○外臺曰。犬絡。丘墟所過臨泣所注地五會俠谿所溜竅陰所出

按外臺曰。兩傍一百四穴。無肩井入三焦經日月入脾經而有頭維胃經顱息三焦經大包脾經天池心包經章門肝經

後腋。轉穀。飲郄。應突。脇堂。旁庭。始素。此七穴今入奇穴部千金。丘墟下。有跗陽膀胱經資生。神應。入門大全。寶鑑。有風市。今入奇穴部聚英。闕日月。發揮。聚英。無絲竹空。入三焦經天容。入小腸經而有聽會。三焦經寶鑑。有角孫。重複也。按膽經流注。挾經脈篇。則其經穴。有所不經歷者岡本氏寶如所辨。但絲竹空。天容。二穴。載見小腸經。手甲乙云。足少陽脈氣所發。外臺既屬此經。聽會一穴。甲乙云。手少陽脈氣所發。外臺亦屬之。三焦經不言其會。發揮以曲差睛明為會者。諸書所不說也又頰車。大迎。氣街。三穴。經脈篇。明言其會。甲乙以下不記者。蓋遺脫也。

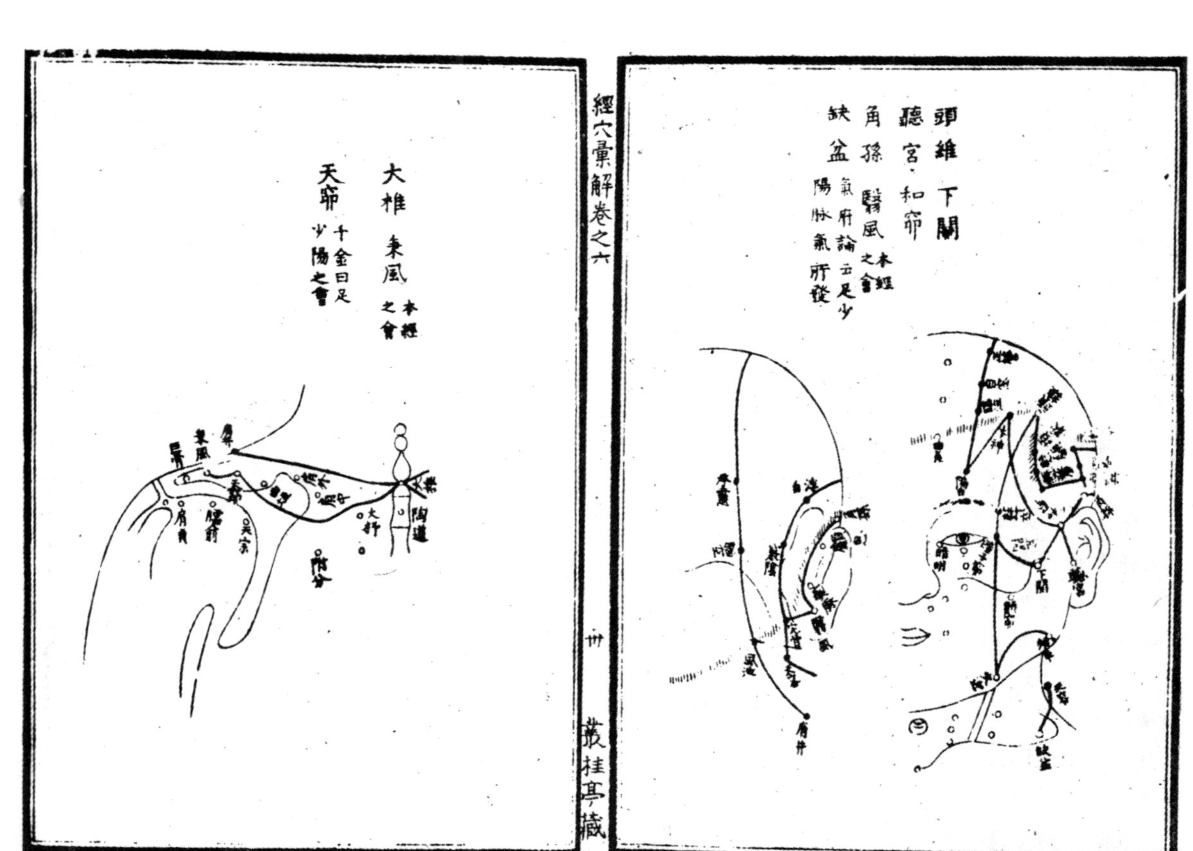

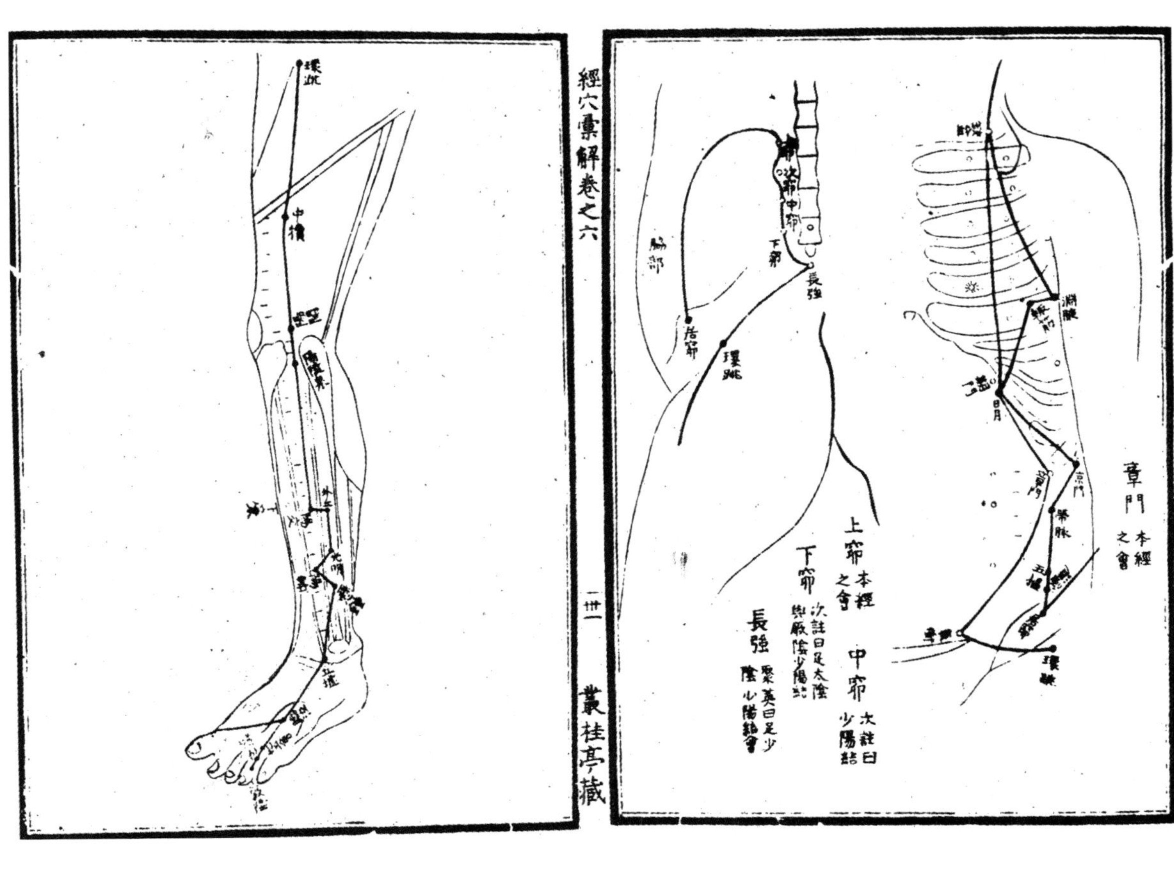

足厥陰肝經 左右凡二十八穴

經脈篇云。肝足厥陰之脈。起於大指叢毛之際大敦上循足跗上廉行間大衝去內踝壹寸中封上踝三寸交出太陰之後三陰交蠡溝中都上膕內廉膝關曲泉循股陰陰包五里陰廉入毛中急脈衝門府舍過陰器抵小腹曲骨中極關元挾胃屬肝絡膽上貫膈章門期門布脇肋。循喉嚨之後上入頏顙連目系上出額。與督脈會於巔其支者從目系下頰裏環唇內其支者復從肝別貫膈上注肺會於巔下甲乙經注有一云其支者從小腹結於腰髁夾脊下第三第四骨孔中之文

又云。足厥陰之別名曰蠡溝去內踝伍寸別走少陽

其別者循脛結於莖

經別篇云。足厥陰之正別跗上上至毛際合於少陽與別俱行。此為二合

衛氣篇云足厥陰之本在行間上伍寸所標在背腧也。

經筋篇云。足厥陰之筋起於大指之上上結於內踝之前上循脛上結內輔之下上循陰股結於陰器絡諸筋

熱論云。厥陰脈循陰器而絡於肝

大敦足厥陰脈之所行。 行間所溜 大衝所注 中封所注○聚英作所行。 蠡溝絡別走少陽。 中都郄 膝關所發○千金曰足厥陰郄 曲泉所入 陰包絡別走○註曰此處有缺 五里 陰廉 急脈次註曰厥陰之大絡 章門

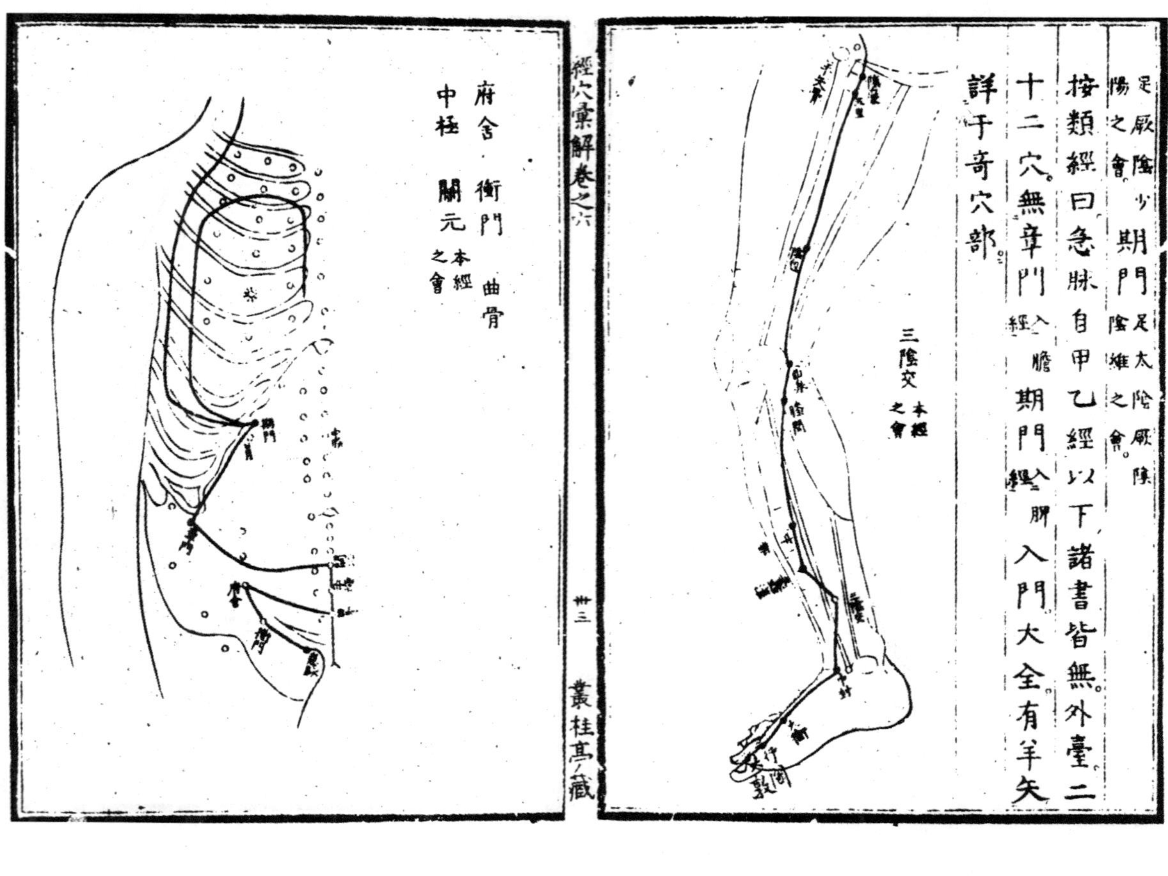

足厥陰少陽之會。期門足太陰厥陰陰維之會。

按類經曰。急脈自甲乙經以下。諸書皆無。外臺二十二穴。無章門（入經）膽期門（入經）脾入門。入門大全有羊矢。詳于奇穴部。

督脈（凡二十八穴）

氣府論云。督脈氣所發者。二十八穴。（次註少一穴。今）項中央二。（謂風府瘂門也。）髮際後中八。（謂神庭上星顖會前頂百會後頂強間腦戶八穴也。）面中三。（謂素髎水溝斷交三穴也。）大椎以下至尻尾及傍十五穴。（脊椎之間有大椎陶道身柱神道靈臺至陽筋縮中樞脊中懸樞命門陽關腰俞長強會陽十五俞也。）至骶下凡二十一節脊椎法也。

骨空論云。督脈者。起於小腹以下骨中央。女子入繫廷孔。其孔溺孔之端也。其絡循陰器合篡間。繞篡後別繞臀至少陰與巨陽中絡者。合少陰上股內後廉。貫脊屬腎。與太陽起於目內眥。上額交巔上。入絡腦。還出別下項。循肩髆內。俠脊抵腰中。入循膂絡腎。其

男子循莖下至簒與女子等其少腹直上者貫臍中央上貫心入喉上頤環脣上繫兩目之下中央

營氣篇云上額循巔下項中循脊入骶是督脉也

經脉篇云督脈之別名曰長強挾膂上項散頭上下當肩胛左右別走太陽入貫膂

難經曰督脉者起於下極之俞並於脊裏上至風府入屬於腦

長強督脉別絡少陰所結○聚英曰足少陰少陽結會督脉別走任脉腰俞所發陽關次註曰督脉氣所發命門所發懸樞同上脊中同上中樞次註曰督脉氣所發筋縮所發至陽同上靈臺次註曰督脉氣所發神道所發身柱同上陶道督脉足太陽之會大推三陽督脉之會○聚英有手足二字瘂門督脉陽維

之會風府同上○聚英曰足太陽督脉陽維之會腦户督脉足太陽之會強間所發後頂同上百會督脉足太陽之會○聚英曰手足三陽督脉之會前頂所發顖會同上上星同上神庭督脉足太陽陽明之會素髎所發水溝督脉手足陽明之會○外臺次註無足字○兌端手陽明脉氣所發齗交次註曰任督二經之會○聚英曰任督足陽明之會

按甲乙千金外臺無陽關中樞靈臺外臺無兌端

入太陽經折衷有會陽曰氣府甲乙本穴明係督脉至銅人經係之足太陽經蓋推其意甲乙千金無嫌他經之相混以本穴列於足太陽第三行之末故遂轉取之耳今係之於督脉以復其舊比之他經之有絡穴者發揮穴歌作二十七穴無會陽滑壽曰按内經督脉所發者二十八穴據法十椎下一穴名中樞陰尾骨兩傍二穴名長強共有二十九穴今多斷交一穴少中樞一穴會陽二穴則係督脉別絡與少陽會故止載二十七穴此說謬誤不可讀也又長強一穴為兩傍者古所無也不可從焉

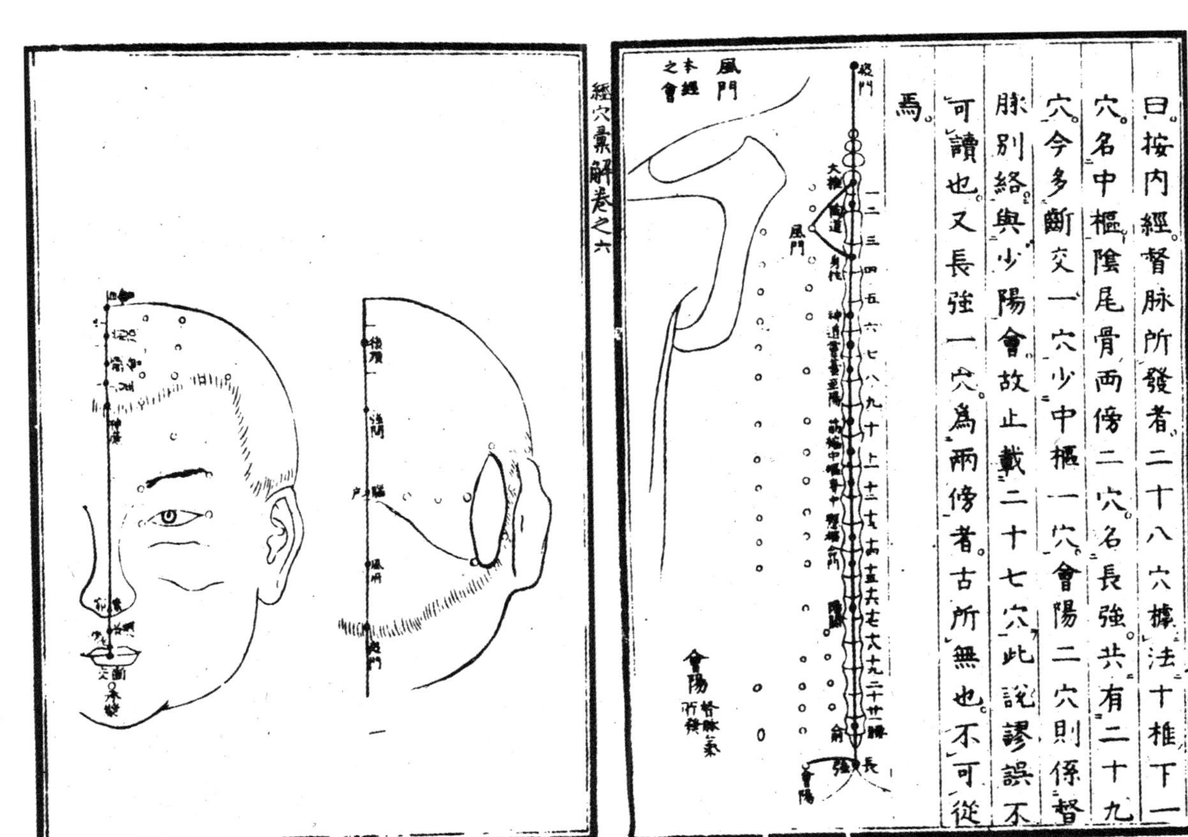

任脈凡二十四穴

氣府論云：任脈之氣所發者二十八穴。(次注：今少一穴。)喉中央二。(謂廉泉、天突二穴也。)膺中骨陷中各一。(謂璇璣、華蓋、紫宮、玉堂、膻中、中庭六穴也。)鳩尾下三寸胃脘五寸胃脘以下至橫骨六寸半一。(新校正云：詳一字疑誤。)腹脈法也。(鳩尾、巨闕、上脘、中脘、建里、下脘、水分、臍中、陰交、脖胦、丹田、關元、中極、曲骨十四俞也。)下陰別一。(謂會陰一穴也。)目下各一。(謂承泣二穴也。)下脣一。(謂承漿穴也。)齗交一。(齗交穴名也。)

骨空論云：任脈者，起於中極之下，以上毛際，循腹裏，上關元，至咽喉，上頤循面入目。(按骨空論督脈者起少腹之條，有其少腹直上者，貫臍中央，上貫心，上頤環脣，上繫兩目之下中央之文，宜合考。)

衛氣篇云：絡陰器，上過毛中，入臍中，上循腹裏，入缺盆，下注肺中，復出太陰。(馬蒔曰：此任脈也。)

五音五味篇云：衝脈、任脈皆起於胞中，上循背裏，爲經絡之海。其浮而外者，循腹右上行，會於咽喉，別而絡脣口。

經脈篇云：任脈之別，名曰尾翳，下鳩尾，散於腹。

難經曰：任脈者，起於中極之下，以上毛際，循腹裏，上關元，至喉咽。

會陰(任脈別絡，挾督脈衝脈之會。) 曲骨(任脈足厥陰之會。) 中極(足三陰任脈之會。) 關元(同上) 石門(所發) 氣海(同上) 陰交(任脈氣衝之會。○外臺曰：任脈衝脈少陰之會。次注作任脈陰衝之會。銅人曰：任脈氣所發。) 神闕 水分(所發) 下脘(足太陰任脈之會) 建里 中脘(手太陽少陽足陽明所生任脈之會。○次注曰：手太陽少陽足陽明三脈所生，任脈氣所發也。) 上脘(任脈足陽明手太陽之會。) 巨闕(所發) 鳩尾(任脈之別) 中庭 膻中 玉堂 紫宮 華蓋 璇璣(中庭以下六穴任脈氣所發。) 天突(陰維任脈之會) 廉泉(同上) 承漿(足陽明任脈之會。)

按氣府論云：任脈之氣所發者二十八穴。王冰曰：今少一穴，乃今所載二十四穴也。加承泣、齗交二十七穴。外臺無承漿(入胃經)，折衷無廉泉(入腎經)。據口齒類要，舌下廉泉此屬腎經也。氣府論云：足少陰舌下、厥陰毛中急脈各一。王冰曰：足少陰舌下二穴，在人迎前陷中動脈前，是曰舌本，左右二也。又類經曰：按刺瘧論所載曰：舌下兩脈者，廉泉也。氣府論曰：足少陰舌下各一。衛氣篇曰：足少陰之標在背腧與舌下兩脈。然則廉泉非一穴，當是舌根下之左右泉脈，而且爲足少陰之會也。

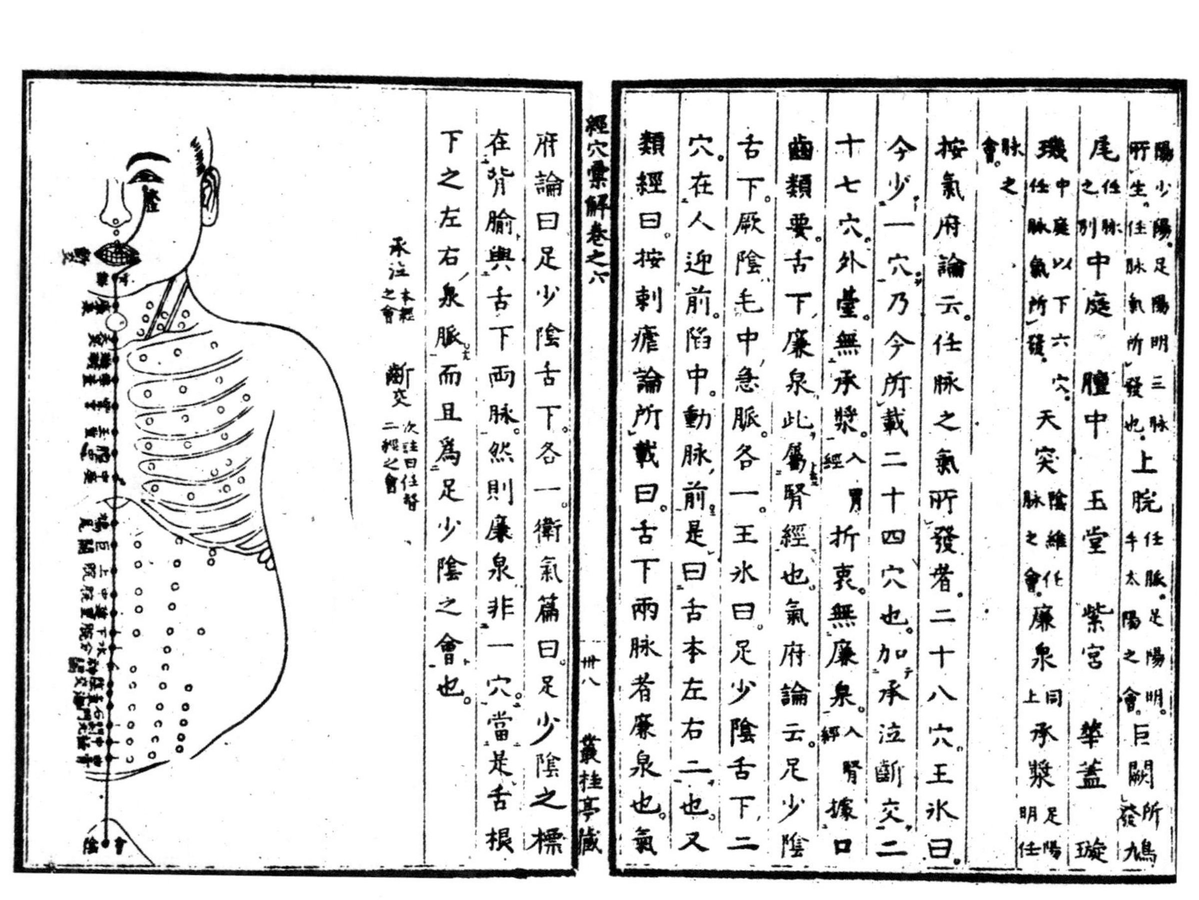

門人
水户醫官楊　元資子祐
水户　沼田　秀　春卿
水户　長久保起敬子考　同校
陸奥　山形　玄之玄卿

經穴彙解卷之七目次

奇穴部第十一

頭面第一

左金津右玉液
海泉　舌柱
懸命鬼祿　頸縫
下頤　面八邪穴承光 攢竹 禾窌 人迎
迴髮五處　督脈
左角　結喉
維角　舌根
額頂　中矩垂矩

背腰部第二

肩頭　肩柱骨
巨闕兪　臣覺
胃官下兪三穴
背甲中間　腰目
腰目窌　腰眼鬼眼 癸亥
項椎　脊梁中央
督兪高蓋　氣海兪
關元兪　髃骨
中樞　靈臺
陽關　關兪陽陰兪
督脊　五胠兪
精宮　痞根
中空　下極兪

肩上　脊背五穴
夾脊　濁浴
下腰　榮衛四穴
回氣　團岡
後腋　接脊
胛縫　背籃
尾翠　身八邪穴肩井 肺兪 風門 曲澤
第二十二椎兩傍
四花患門六花　經門四花
騎竹馬穴

胸腹部第三

氣堂　通關
龍頷　天瞿傍穴
胸堂　痃市
石關　轉穀
歛郄　應突
脇堂　旁廷注市
始素　九曲中府
帝門　腋門大陽陰 腋間
氣門　辟息
神府　肓募
乳上　通谷

經穴彙解卷之七

水户　侍醫　南陽　原昌克子柔　編輯

奇穴部第十一

奇穴者。乃所謂阿是天應是也。而無其名目者。及此土灸法。傳漢地者。載在神應經聖濟總錄。總收諸主治部中。不錄于此。以無其名目也。因本氏阿是要穴曰。皇甫士安甲乙經素問氣府論王註及滑伯仁十四經發揮所載俞穴。今所存惟有三百五十六穴。此佗四花。風市。腰眼。痞根等諸穴。以爲之奇俞。亦皆阿是也。內經無奇輸。靈樞刺節直邪

論有奇輸二字而非云三百五十六穴之外別有奇輸也。又阿是名素靈所無。千金方始見之。經筋篇云。以痛爲輸。馬玄臺註證發微曰。俗曰天應穴者是也。夫輸穴本繫經絡者。而奇輸阿是。豈有外經絡之理乎。風市者足少陽膽經之所注。腰眼者足太陽膀胱經之所流。其佗可類推也。崔氏四花穴。四明高武考之。爲足太陽第二行膈俞膽俞四穴。凡奇輸明所屬之經絡及本穴。而鍼灸之効始可照然也。乃今以阿是要穴所載遺漏不爲不少。更輯奇俞名目散在諸書者。以錄之。又只淺見寡聞。何能盡于此乎。又以俟後進君子。而如馬蒔所

謂其奇穴必繫經絡者間有與諸書所載不符者云

頭面第一

天聽 傷寒三四日以上宜先灸胸上二十壯以繩度鼻正上盡髮際中屈繩斷去半便從髮際入髮中灸繩頭名曰天聽（千金）

按千金翼聽作窻會作匈

神聽四穴（資生） 前神聽後神聽（類經）百會四面各相去壹寸（資生）去前頂伍分自神庭至此穴共肆寸後神聽去百會壹寸（類經）神聽百會四花求各取壹寸（大全）以百會穴為中四邊各開貳寸半（銀海精微）

按資生經曰明堂有此四穴而銅人無之其穴治頭風目眩狂亂風癇亦所不可廢者

 三

明堂 鼻直上入髮際壹寸（資生）

按資生曰按銅人明堂及諸家鍼灸經鼻直上入髮際壹寸皆云上星穴明堂經於此復云明堂穴不知何所據所謂疑以傳疑也大全曰府下伍分（府下言風府）啞門中門下伍分髮際終更有明堂一穴差

大門 猥退風半身不隨灸大門腦後尖骨上壹寸（千金翼）

髮際 兩眼小眥上髮際（資生）平眉上參寸（類經）

按資生曰岐伯灸頭旋目眩及偏頭痛不可忍牽眼䀮䀮不遠視灸一壯立瘥類經曰主治頭風眩

暈疼痛延久不愈。灸三壯。又曰：治衄血於項後髮際。兩筋間宛中穴。灸三壯。蓋血自此入腦注鼻中。故灸立止。

囟門　從鼻頭直入髮際。度取通繩分為三斷。繩取一分入髮際。當繩頭。針是穴治馬黃疸等病。（千金）

按千金翼。針作鋥。

陽維　耳風聾雷鳴。灸陽維五十壯。在耳後引耳令前弦弦筋上是。（千金翼）

顖中（千金）

額上（千金）

耳上（千金）若目反上視。眸子動。當灸顖中。取之法橫度口盡兩吻際。又橫度鼻下亦盡兩邊。折去鼻度半。都合口為度。從額上髮際上行度之。灸度頭一處。正在顖上未合骨中隨手動者是。此最要處也。次灸當額上入髮際貳寸許。直望鼻為正。次灸其兩邊當目瞳子直上入髮際貳分許。次灸頂上迴毛中。次灸客主人穴。在眉後際動脈是。次灸兩耳門。當耳開口則骨解開動張陷是也。次灸兩耳上。捲耳取之。當捲耳上頭是也。一法大人當耳上橫三指。小兒各自取其指也。次灸兩耳後完骨上青脈。亦可以針刺令血出。次灸玉枕。項後高骨是也。次灸兩風池。在項後兩轅動肋（肋恐作脉）當外髮際陷中是也。次灸風府。當項中央髮際。亦可與風池三處高下相等。次灸頭兩角。兩角當迴毛兩邊起骨是也。（千金）

耳尖　按耳尖上。捲耳取尖上。（大成）

耳孔中　耳門孔上橫梁是。鍼灸之治馬黃黃疸。寒暑疫毒等病。又治卒中風口喎不正。以葦筒長五寸。以一頭刺耳孔中。四畔以麪密塞之。勿泄氣。一頭內大豆一顆。并艾燒令然。灸七壯即瘥。患右灸左。患左灸右。千金不傳。耳病亦可灸之。（千金）

鬢中　耳前兩邊（雲林神穀）

按雲林神穀。白灸哮吼神法。患者耳前兩邊名鬢中二穴。壽世保元耳前作胸中。未知孰是。

顳顬　眉眼尾中間上下有來去絡脈。（千金）

按與腦空異。千金曰。針灸之。治四時寒暑所苦疸氣溫病等。

當陽　眼急痛。不可遠視。灸當瞳子上入髮際壹寸。隨年壯。（千金）去臨泣伍分。（類經）

按資生曰。銅人無當陽穴。而明堂下經有之。亦不可廢者。其穴與臨泣相近。大全曰。當陽二穴當瞳人。

當容　肝勞邪氣眼赤。灸當容百壯。兩邊各爾。穴在眼小眥近後。當耳前三陽三陰之會處。以兩手按

之有上下横脈則是與耳門相對是也千金

按千金翼無小背近三字外臺耳前下有客主人三字

眉衝 一名小竹當兩眉頭直上入髮際資生 禁灸入門

按資生曰明堂上經有眉衝穴而銅人經無之又曰其穴與曲差相近入門曰直眉頭上神庭曲差之間大全曰眉衝二穴兩眉頭直上入髮際相求鍼灸大成作直眉頭神庭曲差之間膀胱經攢竹後有此穴

曲眉 兩眉間千翼

按面風游風云云灸二百壯

魚腰 眉中間大成

印堂 兩眉中間大全 陷中大成

按此穴曲眉魚腰穴同處蓋異名也針之治目疼灸之治急慢驚風大全曰兩眉角痛不已

大陽 眉後陷中大陽紫脉上大成

按絲竹空也洗寃錄曰眉際之末者大陽穴宜與瞳子髎合考奇効良方曰大陽二穴在眉後陷中大陽紫脉上是穴治眼紅腫及頭痛宜用三稜鍼出血出血之法用帛一條緊纏其頂紫脈即見刺見血立愈

魚尾 目眥外頭纇經

按銀海精微曰小眥横紋盡處大全曰眉外頭小字是外之誤眉字是目之誤此穴似瞳子髎疑是其穴千金曰眼戴精上插灸目兩眥後二十壯蓋指魚尾

睛中 眼黑珠正中取穴之法先用布搭目外以水淋一刻吳文炳作冷水方將三稜鍼於目外角離黑珠壹分許刺入半分之微然後入金鍼約數分深旁入吳文炳無旁入二字自上層轉撥向瞳人輕輕而下斜插定目角即能見物一飯頃吳文炳作一法要出針輕扶偃卧仍用青布搭目外再以冷水淋三日夜止初針之

時正坐盤膝將筋一把兩手握於胸前寧心正視其穴易得治一切內障年久不能視物頃刻光明神秘穴也大成

光明 對瞳人上眉中是光明穴銀海精微

內迎香 鼻孔中治目熱暴痛用蘆管子搐出惡血効大成

鼻交頞中 鼻孔頞中一穴針入六分得氣即寫留三呼寫五吸不補亦宜灸然不如針千翼

按經脈篇曰是陽明之脉起於鼻之交頞中是其名稱所出

鼻準 鼻柱尖上是穴專治鼻上生酒酢風宜三稜

鍼出血。効大成

鼻柱　治涕出不止。灸鼻兩孔與柱齊七壯。千金

夾上星　治鼻中息肉。夾上星相去參寸。各百壯。千金

上齗裏　正當人中及脣。針三鋥。治馬黃黃疸等病。千金

按千金翼作三分鋥。

上腭　入口裏邊在上縫赤白脉是。針三鋥。治馬黃黃疸四時等病。千金

按千金翼脉下有上字。

舌下　俠舌兩邊。針治黃疸等病。千金

按千金翼灸黃法作舌下俠舌兩邊針鋥。次註曰。

足少陰舌下二穴在人迎前。是曰舌本。不與是同。口齒類要曰。舌下廉泉此屬腎經。説已見。

脣裏　正當承漿裏邊逼齒齗。針三鋥。治馬黃黃疸寒暑温疫等病。千金

按内經集註曰。任脉之斷交入下齒。詳斷交下。

俠人中　火針。治馬黃黃疸疫通身並黃語音已不轉者。千金

俠承漿　去承漿兩邊各壹寸。千金

鷰口　狂風罵詈撾斫人名爲熱陽風。灸口兩吻邊鷰口處赤白肉際各一壯。千金

按千金風痹狂邪口眼相牽等往往灸之。宜據本類。考之千金曰。狂走刺人。或欲自死。罵詈不息。稱鬼神語。灸口吻頭赤白際一壯。又小兒大小便不通。灸口兩吻各一壯。

頰裏　從口吻邊入往對頰裏去口壹寸。針主治馬黃黃疸寒暑温疫等頰兩邊同法。千金

按千金翼針作鋥。

聚泉　舌上當舌中。吐出舌中直有縫陷中是穴。治哮喘咳嗽及久嗽不愈。若灸則不過七壯。灸法用生薑薄切一片搭於舌上穴中。然後灸之。如熱嗽用雄黃末少許。和於艾炷中。然後灸之。如冷嗽用款冬花爲末。和艾炷中灸之。灸畢以清茶連生薑

細嚼嚥下。又治舌胎舌強。亦可治。用小鍼出血。大成

左金津右玉液　舌下兩傍紫脉上。類經 捲舌取之。大成

按大全曰。金津一穴。在舌下左邊。玉液一穴。在舌下右邊。醫經小學曰。舌底紫脉有二穴。左爲金津右爲玉液。奇效良方曰。在舌下兩脉。紫脉上是穴。捲舌取之。治重舌腫痛喉閉。用白湯煮三稜針。出血。

海泉　舌下中央脉上。類經

按大全曰。在舌理中。奇效良方曰。在舌下中央脉上是穴。治消渴。用三稜鍼出血。癰論曰舌下兩脉廉泉也。海疑是廉字之誤。廉泉之説既見。

舌柱　舌下之筋如柱者。類經
按終始篇曰。重舌刺舌柱。又按海泉舌柱疑是同處。
懸命　一名鬼祿。鬼邪妄語。灸懸命十四壯。穴在口唇裏中央絃。絃者是也。又用剛刀決斷絃絃者乃佳。千金
按千金翼。剛作鋼。明堂作上唇中央絃上。
頭縫　額角髮尖處。治頭目昏沈大陽痛。大全
按是頭維穴歟。
下頤　頤下骨陷中。次註
按骨空論云。髓空在腦後伍分。顱際銳骨之下。一

在齗基下。次註曰。當頤下骨陷中有穴。容豆。中誥
圖經。名下頤。
面八邪穴　外科全書云。面八邪。
一承光　兩穴在髮際。
二攢竹　兩穴在眉心。
三禾窌　在口上唇人中兌端左右。
四人迎　在口下唇
迴髮五處　以繩橫度口至兩邊。既得口度之寸數。便以其繩一頭更度鼻。盡其兩邊兩孔間。得鼻度之寸數中屈之。取半合於口之全度中屈之。先覓頭上迴髮。當迴髮中千金翼有十字灸之。以度度四邊左右

前後當繩端而灸。前以而為正。並依年壯多少。一年凡三灸。皆須瘡瘥。又灸壯數如前。若連灸。火氣引上。其數處迴髮者則灸其近當鼻也。若迴髮近額者。亦宜灸。若指面為瘢。則闕其面處。然病重者亦不得計此也。千金
按千金翼。連灸作速灸。
督脈　卒癲。灸督脈三十壯。三報。穴在直鼻中上入髮際。千金
左角
結喉
維角

舌根
按以上四穴。出千金翼方雜法篇中。無穴註。
額頂
按出大全鵜膝風條。無穴註。未知何處。
中矩　一名垂矩。在頷下骨裏曲骨中。此一穴出□華佗傳也。主中風舌強不能語及舌乾燥。丹波康賴醫心方
按燥。一本作[illegible]。誤也。

背腰部第二

肩頭　灸癖法。八月八日日出時。令病人正當東向戶長跪。平舉兩手。持戶兩邊。取肩頭小垂際骨解宛宛中。灸之。兩火俱下。各三壯若七壯。十日愈。千金

按資生經云。灸牙疼法。隨左右所患肩尖微近後骨縫中。小舉臂取之。當骨解陷中。灸五壯。予親灸數人。皆愈。灸畢項大痛。良久乃定。永不發。予親病齒痛。百方治不驗。用此差。

肩柱骨　肩端起骨尖上。大成

按與肩頭穴同處。

巨闕俞　第肆推。名巨闕俞。主胸膈中氣。灸隨年壯。

第肆推。名厥陰俞。主胸中膈氣積聚好吐。隨年壯灸之。千金翼 同上

按與腹部巨闕同名異穴。千金曰。胸膈中氣灸闕腧。註曰。扁鵲云。第肆推下兩傍各壹寸半。名闕腧。詳于背部二行中。

臣覺　背上甲內側。反手所不及者。骨芒穴上。捻之痛者是也。千金 骨芒穴上陸分。千金翼

按千金註曰。臣覺亦作巨覺。千金翼云。狂走喜怒悲泣。灸巨覺。而甲作俠。註曰。一云巨闕俞。又雜法篇作巨覺。註曰。一作覺。千金頭註曰。骨芒疑膏肓之誤。

胃脘下俞三穴　治消渴咽喉乾。灸胃脘下腧三穴。灸百壯。穴在背第捌椎下。橫參間寸灸之。千金

背甲中間　狂走刺人。或欲自死。罵詈不息。稱鬼神語。灸背甲中間三壯。報灸之。倉公法。神效。千金

腰目　消渴小便數。灸腰目。在腎俞下參寸。亦俠脊骨兩傍。各壹寸半。左右以指按取。千金 以指按陷中。千金翼

按千金曰。消渴小便數。灸當脊梁中央解間一處。與腰目上。兩處。凡三處。

腰目窌　腰痛。灸腰目窌七壯。在尻上約左右是。千金

腰眼　一名鬼眼。大成 一名癸亥。阿是穴 令病人平眠。以

筆於兩腰眼宛宛中。點二穴。各灸七壯。此穴諸書所無。而居家必用載之。云累試累驗。類經

按腰目以下三穴。蓋同穴也。鍼灸大成曰。鬼眼。專主勞蟲。令病人舉手向上。略轉後些。則腰上有兩陷。居家必用云。治諸勞瘵。已深難治者。以癸亥日二更盡。入三更。令病人平眠。以筆於兩腰眼點兩穴。各灸七壯。累試累驗。類經曰。癸亥二更後將交夜半。乃六神皆聚之時。勿使人知。令病者解去下衣。舉手向上。略轉後些。則腰間兩傍。自有微陷可見。是名鬼眼穴。即俗人所謂腰眼也。正身直立。用墨點記。然後上床合面而卧。用小艾炷。灸七壯。或

九壯十一壯尤好其蟲必於吐瀉中而出燒燬遠棄之可免傳染此四花等穴尤易且效岡本阿是要穴一名癸亥

頂推〔千金〕

脊梁中央　消渴小便數灸兩手小指頭及足兩小趾頭並灸頂推佳又灸當脊梁中央解開一處與腰目上兩處凡三處〔千金〕

按千金翼灸黃法脊中推上七壯蓋同處

脅俞　一名高蓋〔資生〕在陸推下兩傍各半寸通灸〔資生〕〔入門〕正坐取之〔金鑑〕　禁鍼〔資生〕

按資生背俞第二行載此穴曰銅人經缺此穴明堂經有之今依明堂入在此恐銅人本不全也類經寸半作貳寸入門灸三壯主寒熱心痛腹痛雷鳴氣逆高蓋與腎俞同名

氣海俞　在拾伍推下兩傍各寸半通灸〔資生〕〔入門〕正坐取之〔大成〕

按類經寸半作貳寸入門入足太陽經主腰痛痔漏資生曰明堂有氣海俞而銅人無之恐銅人本不全

關元俞　在拾質推下兩傍各寸半通灸〔資生〕〔入門〕伏而取之〔大成〕〔金鑑〕

按類經寸半作貳寸入門入足太陽經主風勞腰

痛泄痢虛脹小便難婦人瘕聚諸疾資生曰明堂有關元俞而銅人無之恐銅人本不全

髃骨〔次註〕〔新較正〕見肩髃下

中樞〔次註〕

靈臺〔次註〕

陽關〔次註〕

關俞〔千金〕　一名厥陰俞〔資生〕

以上四穴載背部中行部

督脊　小兒驚癇脊強反張灸大推並灸諸臟腧及督脊上當中從大推至窮骨中屈更從大推度之灸度下頭是督脊也右背部十二處十日兒可灸三壯一月已上可灸五壯〔千金〕

五肚俞〔素問〕　見譩譆下

精宮〔入門〕　見志室下

痞根　專治痞塊拾參推下各開參寸半多灸左邊如左右俱有左右俱灸〔入門〕以指揣摸自有動處卽點穴灸之大約穴與臍平〔類經〕

中空　從腎俞穴量下參寸各開參寸是穴此卽膀胱經之中髎也〔大成〕

按不當中髎是註誤

下極俞　第拾伍推名下極俞主腹中疾腰痛膀胱寒澼飲注下隨年壯灸之〔千翼〕

按難經下極之腧滑壽曰。兩陰之間屏翳處也。不
與此同。千金。無第拾伍推及中字。
肩上　脾俞下肆寸。俠脊梁壹寸半。二穴。千翼
脊背五穴類經　治大人癲。小兒驚癇。法灸背第二椎
及下極骨兩處。以繩度中折。繩端一處。是脊骨上
也。凡三處畢。復斷此繩作三折。令各等而參合。如
ム字。以一角。注中央。灸下二角。俠脊兩邊。便灸之。
凡五處也。以丹注所灸五處。灸百壯。削竹為度。勝
繩也。千翼
夾脊　治霍亂轉筋。令病人正合面臥。伸兩手着身。
以繩橫兩肘尖頭。依繩下。俠脊骨兩傍相去壹寸

半。灸一百無不差者。千翼
按註曰。肘後方云。此華佗法。
濁浴　俠膽腧傍行相去伍寸。千金
按千金曰。治胸中膽病。千金翼同。
下腰　八魁正中央脊骨上。灸數多尤佳。三宗骨是
忌鍼。千金
按千金曰。泄痢久下。失氣勞冷。灸下腰百壯。三報
千金翼無央字。又按八魁三宗骨未詳。東醫寶鑑
魁作髎。稍通。
榮衛四穴　大小便不利。欲作腹痛。灸榮衛四穴百
壯。穴在背脊四面各壹寸。千金　千翼

按背脊四面。未知何處。恐脫語。醫學綱目云。在背
脊四面各壹寸。捌分腰眼下參寸。挾脊相去肆寸。
兩邊各四穴。灸十壯至百壯
回氣　五痔便血失屎。灸回氣百壯。穴在脊窮骨上。
千金　赤白肉下。類經
按千金翼回作廻。曰五痔便血失屎。灸回氣百壯。
在脊窮骨上。赤白下。灸窮骨。惟多為佳。赤白下。蓋
言下纖物。類經加肉字。曰脊窮骨上赤白肉下。更
按窮骨上。似無赤白肉。果夫張氏之是乎。
團岡　腹熱閉時大小便難。腰痛連胸。灸團岡百壯。
穴在小腸俞下貳寸。橫三間寸。灸之。千金

按千金翼腹作腹中。似中膂穴。醫學綱目東醫寶
鑑作環岡。
後腋　治頸漏。背後兩邊腋下後文頭。類經　千金　引腋後
廉際兩筋間。主腋外相引而痛。手臂拘攣急不得
上頭。外臺
按類經。作後腋下穴。阿是要穴曰。頸漏今所謂氣
腫一曰瘰癧漏也。
接脊　小兒痢下赤白。秋末脫肛。每廁肚疼不可忍
者。灸拾貳椎下節間。名接脊穴。灸一壯。如小麥大。
明堂
胛縫　背端骨下。直腋縫尖。及臂。取貳寸半。瀉六吸。

主治肩背痛連胛（醫綱）
按玉龍賦曰肩脊痛兮五樞兼於背縫寶鑑無貳
寸半三字
背籃 治癰如神令病人跣足於平正處并脚立用
繩一條自脚枝周匝截斷却於頂前般過背上兩
繩盡處脊骨中是穴先點記待將發急以艾灸之
三七壯其寒熱自止此法曾遇至人傳授妙不可
言名曰背籃穴也（壽世保元）
尾翠 骨上參寸骨陷間（明堂）
按與長強同名骨上蓋言窮骨上
身八邪穴 外科全書云身八邪

一肩井 在兩頸側
二風門 夾脊對第四節
三肺俞 夾脊對第五節
四曲澤 在兩臂曲
按四節五節當作二節三節
第二十二椎兩傍 主腰背不便筋攣痹縮虛熱閉
塞灸隨年壯兩傍各壹寸伍分（千翼）
按脊椎二十一節古今通說今言二十二椎者連
數項骨者歟恐有誤
四花患門 一名六花（幼幼新書）
蘊沈良方曰灸三十種骨蒸法崔丞相灸勞法外

臺秘要崔相家傳方及王寶臣經驗方悉編載然
皆差誤毘陵郡有石刻最詳余取諸本悉校成此
一書此古方極為委曲依此治人未嘗不驗往往
一灸而愈予在宣城久病虛羸用此而愈
唐中書侍郎崔知悌序曰夫含靈受氣稟之於五行
（外臺作同義）攝生乖理降之以（萬安方作於）六疾岐黃廣記蔚
（外臺作也）有舊經攻灸兼行顯著斯術骨蒸病者又名傳
屍又謂殗殜又稱伏連（萬安方作死敗）又曰無辜（萬安方無此四字）
丈夫以癖氣為根婦人以血氣為本無問長（萬安方作老）
少多染此病嬰孺之流傳注更苦其為狀也髮乾而
聳（而聳萬安方作聳耳）或聚或分或腹中有塊或腦後兩邊有

結多者乃至五六或夜臥盜汗夢與鬼交雖自（外臺萬安方作目）
視分明而四肢無力或上氣食少漸就沈羸縱
延日時終於殲盡余昔忝洛（十藥神書作潞）州司馬嘗三十
日灸治（外臺萬安作活）一十三人前後瘥者數逾二百至於
狸骨獺肝徒聞曩說金牙銅鼻罕見其能未若此方
扶危拯急非止單攻骨蒸又別療氣療風或瘴或勞
或邪或患狀既廣灸治（萬安作活）不可具述略陳梗槩又
恐傳授訛謬以誤將來今故具（萬安具故）圖形狀庶令
覽者易悉使所有（外臺萬安作在）流布頤（外臺萬安作願）用家藏未
暇外請名醫傍求上藥還魂返魄何難之有遇斯疾
可不務乎（陳仕賢濟世良方曰青囊經云此四花穴法醫者固要精於熟點患者全在慎於保）

實不然何能取效男女五勞七傷氣虛血弱骨蒸盜汗形容憔悴咳欬痰喘五心煩熱諸虛髓爽腹中積聚久病痼疾凡所有見悉皆治之

取穴法

先定（萬安方作兩）穴。令患人平立正取一細繩蠟之勿令展縮（以上六字聖濟萬安細註）順脚底貼肉堅踏之男左女右（以上四字萬安細註）其繩前頭與大拇指端齊。後頭令當脚根（聖濟萬安作跟）中心向後引繩循脚脛（萬安作肚）貼肉直上至曲脉（外臺作膕）中大横文截斷又令患人解髮分（濟世良方有開字）兩邊令（濟世良方作要）見頭縫自顖門平分至腦後乃平身正坐取向所截繩一頭令與鼻端齊引繩向上正循頭縫至腦後貼肉垂下循脊骨引繩向下至繩盡處當脊骨以墨點記之（墨點不是灸處）又取一繩子。令患人合口。將繩子按於口上兩頭至（聖濟有兩字）吻却抱（聖濟萬安作鉤）起繩子中心至鼻柱根下令如∧此便齊兩吻截斷將此繩展令直於前來（醫學正傳作量）脊骨上墨點處。横量取平勿令高下繩子先中摺當中以墨記之。却展開繩子横量以繩子上墨點正壓脊骨上墨點為正兩頭取平勿令高下於繩子兩頭以白圈記白圈是灸穴也（以上六字萬安細註）

以上是第一次點二穴。

按大全曰是灸穴。名曰患門二穴。患門名創于此。入門曰。如婦人足小難以准量。可取右手肩髃穴貼肉量至中指頭齊亦可不若只取膏肓灸之亦妙次灸四花無有不効類經又載此說曰庶乎得宜然不當患門不可從又曰婦人以膏肓穴代之亦可也不當患門不可從十藥神書曰婦女纒脚者短小非自然也若以量脚繩子加之首必不及也今移附於右肩髃穴點定引繩向下至中指盡處截斷以代量足之用

次二穴。令其人平身正坐稍縮臂膊取一（濟世良方有蠟字）繩繞項向前雙垂與鳩尾齊鳩尾是心岐骨人有無心岐骨者至從胸前兩岐骨下量取壹寸即鳩尾也即是雙截斷却皆（聖濟作脊）翻繩頭向頂後以繩子中停取心。正令當喉嚨結骨上其繩兩頭夾項雙垂循脊骨以墨點記之。（墨點不是灸穴）又取一繩子令其人合口横量齊兩吻（濟世良方有如一字樣之四字）截斷還於脊骨上（萬安有以字）墨點（聖濟有處字）横量始（聖濟作如上）法繩子兩頭以白圈記之白圈是灸穴處（類經曰是四花左右二穴也）

以上是第二次點穴通前共四穴。同時灸。日別灸七壯至二七壯累灸至一百壯或一百五十壯為妙候灸瘡欲瘥又依後法灸二穴

又次二穴。以第二次量口吻繩子於第二次雙繩頭盡處墨點上當脊骨直上下竪點令繩中停（醫學正傳令繩中停作其繩子三字）中心在墨點上於上下繩盡頭（正傳作處）以白

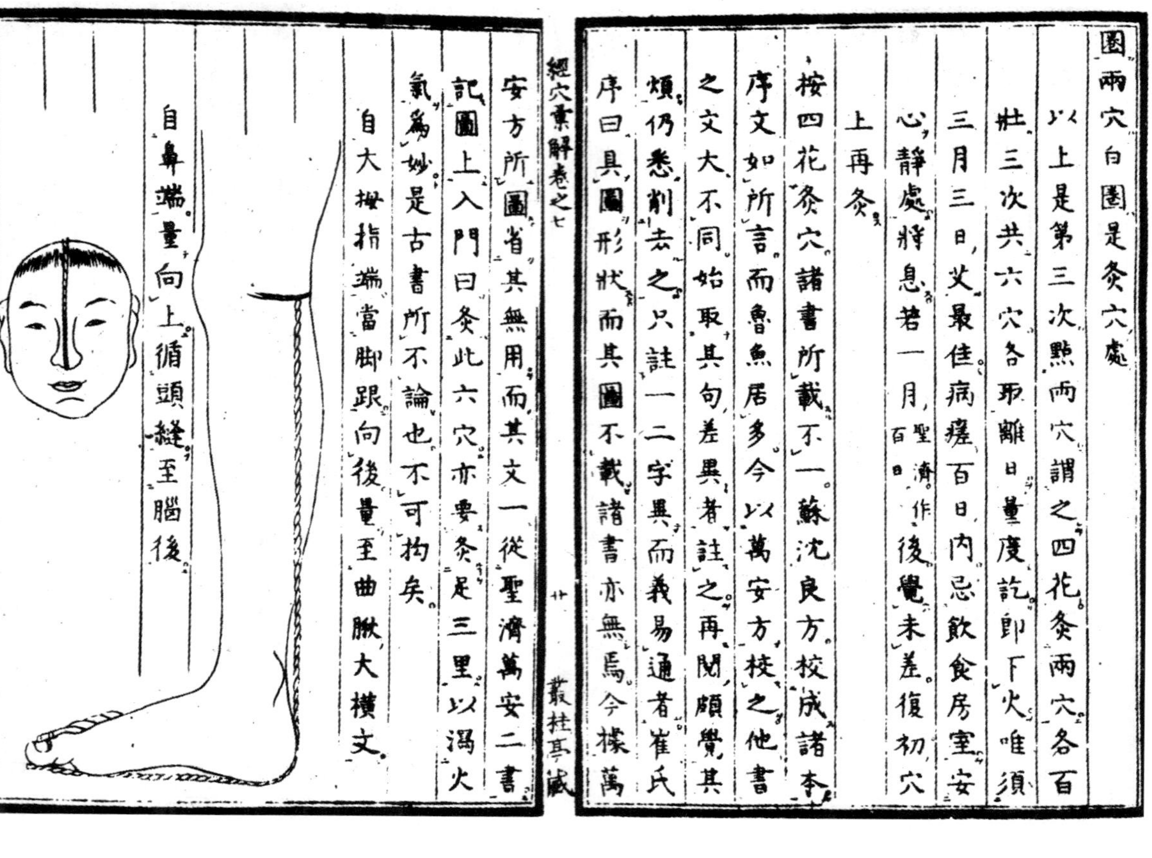

圖兩穴白圈是灸穴處

以上是第三次點兩穴謂之四花灸兩穴各百壯三次共六穴各取離日量度訖即下火唯須三月三日艾最佳病瘥百日內忌飲食房室安心靜處將息若一月（聖濟作百日）後覺未差復初穴上再灸

按四花灸穴諸書所載不一蘇沈良方校成諸本序文如所言而魯魚居多今以萬安方校之他書之文大不同始取其句差異者註之再閱頗覺其煩仍悉削去之只註一二字異而義易通者崔氏序曰具圖形狀而其圖不載諸書亦無焉今據萬

經穴纂解卷之七　廿　叢桂亭藏

安方所圖省其無用而其文一從聖濟萬安二書記圖上入門曰灸此六穴亦要灸足三里以瀉火氣爲妙是古書所不論也不可拘矣

自大拇指端當脚跟向後量至曲脷大橫文

自鼻端量向上循頭縫至腦後

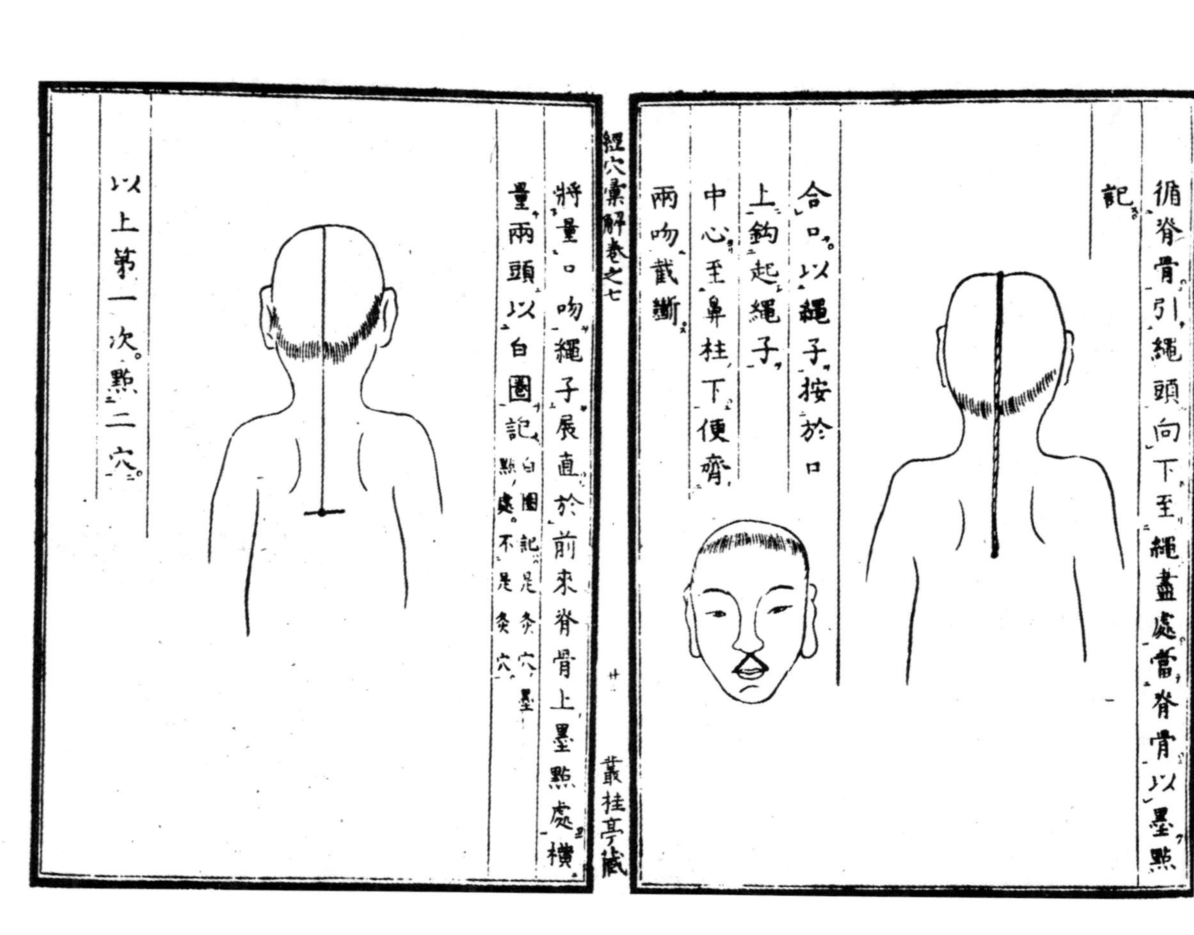

循脊骨引繩頭向下至繩盡處當脊骨以墨點記

合口以繩子按於口上鈎起繩子中心至鼻柱下便齊兩吻截斷

經穴纂解卷之七　廿一　叢桂亭藏

將量口吻繩子展直於前來脊骨上墨點處橫量兩頭以白圈記（白圈記是灸穴墨點處不是灸穴）

以上第一次點二穴

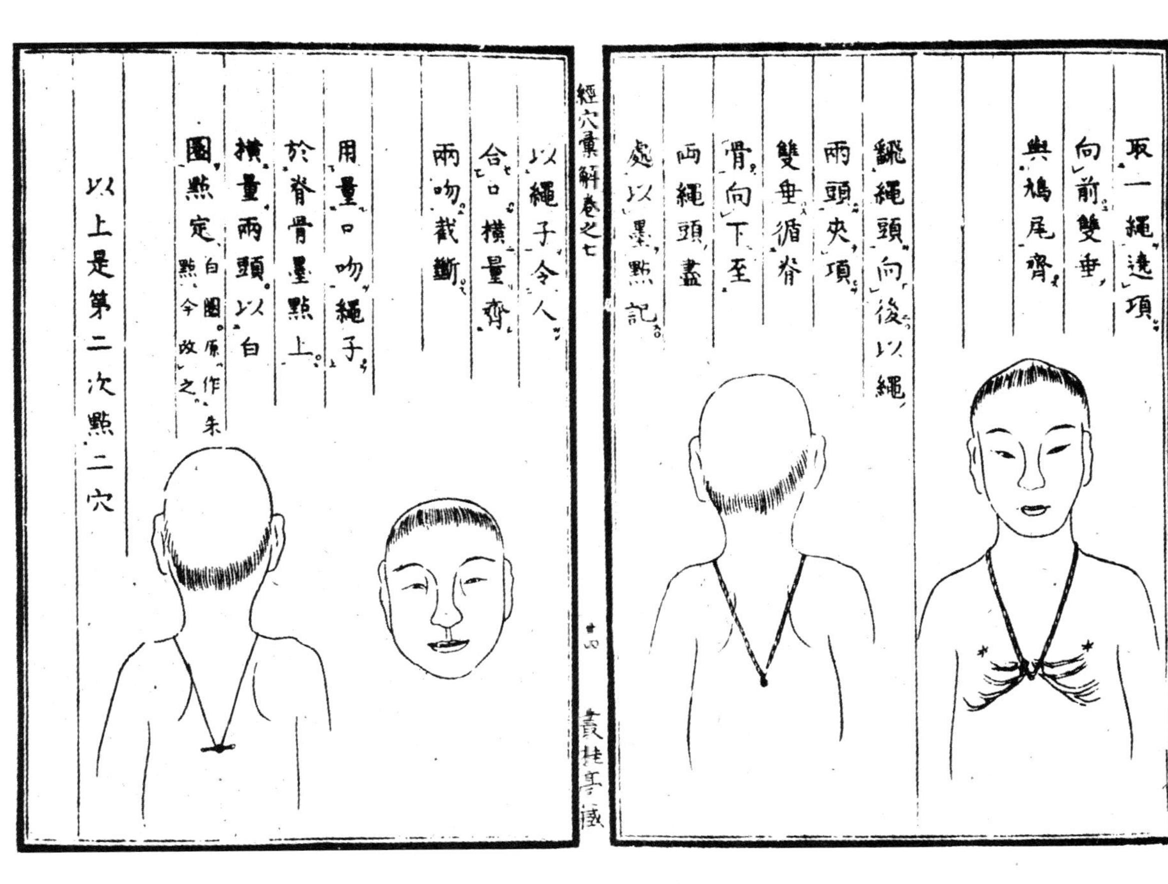

取一繩遶項，向前雙垂，與鳩尾齊。

飜繩頭向後，以繩兩頭夾項，雙垂循脊骨，向下至兩繩頭盡處，以墨點記。

以繩子令人合口，橫量齊兩吻截斷。

用量口吻繩子，於脊骨墨點上，橫量兩頭，以白圈點定。白圈，原作朱點，今改之。

以上是第二次點二穴

以第二次量口吻繩子，於第二次雙繩頭盡處墨點，直上下，直量繩盡頭，用白圈記。

以上是第三次點二穴。　以上圖狀

總圖

以上是都點了六穴。白圈是灸穴，墨點不是灸穴。

按資生曰，凡取四花穴，以稻稈心量口縫如何闊，斷其長多少，以如此長裁紙四方，當中剪小孔，別用長稻稈，踏脚下，前取脚大指為止，後取脚曲䐐橫文中為止，斷了，却環在結喉下，垂向背後，看稈止處，即以前小孔紙當中安分為四花，蓋灸紙四角也。今按此法世俗所謂畧四花。鍼灸聚英曰，初疑四花穴，古人恐人不識點穴，故立此捷法，當必有合於五臟俞也。今依此法點穴，果合太陽行背二行膈俞膽俞四穴。難經曰，血會膈俞。疏曰，血病治此，蓋骨蒸勞熱，血虛火王，故取此補之。膽者肝之腑，藏血，故亦取是俞也。崔氏止言四花而不言膈俞膽俞四穴者爲粗工告也今只依揣摸脊骨膈俞膽俞爲正然人口有大小闊狹不同故四花亦不準。更按高武說崔氏四花而不據其法漫爲膈膽二俞學者思諸。又資生曰。一醫傳一法先橫量口吻取長短以所量草就背上三椎骨下直量至草盡處兩頭用筆點了。再量中指長短爲準却將量中指草橫直量兩頭用筆圈四角。其圈者是穴。是又畧法不可從。

經門四花　入門曰。卽崔氏四花穴。不灸背上二穴各開兩傍共成六穴上二穴共闊壹寸下四花相等。俱吊線比之以離卦變作坤卦降心火生脾土

之意也然此皆陽虛所宜。華佗云。風虛冷熱惟有虛者。不宜灸。但方書又云虛損癆瘵。只宜早灸膏肓四花。乃虛損未成之際。如瘦弱兼火雖灸亦只宜灸內關三里以散其痰火。早年欲作陰火。不宜灸論而未果。

騎竹馬灸法　用薄篾量患人手上尺澤穴橫紋比起循肉至中指尖止截斷外用竹杠一條以竹杠兩頭置凳上令患人去衣騎竹杠以足微點地以先比篾安杠上竪篾循背直上篾盡處以墨點記只是取中非灸穴更以薄篾量手中指節兩橫紋爲壹寸將篾於所點墨上兩傍各量壹寸是穴各

灸五壯或七壯。止不可多灸。此法灸之。無不愈者蓋此二穴心脈所過凡癰疽之疾皆心氣留滯。故生此毒灸此則心脈流通。卽時安愈可以起死回生有非常効。神應

按類經曰一本作各開貳寸。聚英曰依法量穴在督脈脊中至陽筋束二穴中外太陽行背二行膈俞肝俞之內。非正當穴也。疑必後人傳訛以參寸爲貳寸耳豈有不得正穴徒破好肉而能愈病哉此不能疑也。阿是要穴曰此穴出諸書未知其始

胸腹部第三

氣堂　失欠頰車蹉灸背第伍椎一日二七壯滿三日未瘥灸氣衝二百壯胸前甲骨中。是亦名氣堂 千金

按氣堂恐氣衝之誤甲千金翼作寅

通關　中脘傍各伍分主五噎鍼入八分左撚能進飲食右撚能和脾胃此穴一鍼有四効凡下鍼後良久覺脾磨食覺鍼動爲一效次鍼破病根腹中作聲爲二效次覺流入膀胱爲三效又次覺氣流行腰後骨空間爲四效 醫綱

龍頷　心痛冷氣上灸龍頷百壯在鳩尾頭上行壹寸半不可刺 千金

天瞿傍穴　瘿灸天瞿三百壯橫三間寸灸之 千金

按天瞿即天突一名東洋先生曰按瞿疑當作衢千金明堂云天衢在耳上如前參寸此解不是說見天衢

胸堂　上氣厥逆灸胸堂百壯穴在兩乳間 千金 不刺 千金

按千金曰吐血唾血灸胸堂百壯又出驚癇篇千金翼堂作膛並無穴註此穴似指膻中醫學綱目以爲膻中然千金既言灸膻中次灸胸堂則非膻中

痃市　一切痃無新久先仰卧灸兩乳邊邪下參寸第三肋間隨年壯可至三百壯又治諸氣神良一名痃市 千金

按痃千金翼作注與旁廷同名其處不遠

石關　在心下貳寸兩傍各伍寸灸五十壯主產後兩脇痛不可忍 衛生寶鑑

按與腹部石關同名異穴

轉穀　在傍二骨間陷者中主胸脇支滿不欲食穀入穀不化嘔吐復出舉腋取之 外臺

按此穴在後腋條後在傍蓋指後腋歟似有脫字後腋見背部外臺以後腋飲郄應突腋堂旁廷始素七穴入足少陽經今移入于奇穴

飲郄　食門下壹寸骨間陷者中主腹滿臚脹痛引脇傍腹鳴濯濯若中有水聲仰腹取之 外臺

按食門未知何處蓋指轉穀歟

應突　飲郄下壹寸主飲食不入腹中滿大便不得節腹鳴泄注仰腹取之 外臺

腋堂　腋陰下二骨陷者中主胸脇支滿臚脹賁豚噫噦喘逆臚視目黃舉腋取之 外臺 忌鍼 千翼

按東洋先生曰臚疑當作臆千金翼曰吐血唾血灸腋堂百壯資生曰在腋下引明堂下經居髎下載此穴大全曰居髎合取八寸三腋堂二骨間腋

下。

按門脘蓋指章門淵腋而不的。是作歌括之弊也。

旁廷　一名注市。腋下四肋間高下正與乳相當。乳後貳寸陷中。俗名注市。舉腋取之。刺入五分。灸五十壯。主卒中惡飛尸遁尸注胸脇滿。千金 脇堂下二骨間陷者中。舉腋取之。外臺

按廷外臺作庭。與前條疰市同名。其處亦不遠。

始素　腋脇下廉下貳寸骨陷者中。主脇下支滿腰痛引腹筋攣陰氣上縮。舉臂取之。外臺

九曲中府　旁廷注市下參寸。千金 刺入五分。灸三十壯。主惡風邪氣遁尸內有瘀血。千金

帝門　脾胃之間。名曰帝門。在季肋下前壹寸半。脉經

按類經所載九門無此穴。

腋門　一名大陽陰。一名腋間。腋下攢毛中壹寸。灸五十壯。主風。千金

按手少陽液門易混。又與大巨同名異穴。千金淵腋穴下註引中風篇曰。腋門在腋下攢毛中。一名泉液。即淵腋是也。今本無此文。

氣門　婦人絶嗣不生。灸氣門穴在關元傍參寸各百壯。千金

按類經載九門曰。氣門溲溺之門。居前陰中。由氣化而出。故曰氣門。不與此同。大抵與水道相似。

薜息　千金 見乳根下。

神府　心痛暴絞急絶欲死。灸神府百壯。在鳩尾正心。有忌。千金

按千金翼作附鳩尾正當心。

盲募　結氣囊裏鍼藥所不及。灸盲募隨年壯。盲募二穴從乳頭邪度至臍中。屈去半。從乳下行度頭是穴。千金

按千金翼邪作斜。行下有盡字。盲一本作胃。非也。

乳上　以繩橫度口。以度從乳上行。灸度頭。千金翼

按千金治卒癲灸兩乳頭三壯。又曰小兒暴癇灸兩乳頭。女兒灸乳下貳分。又幼科準繩曰。小兒喘

脹。俗謂馬脾風。又謂之風喉者。以草莖病兒手中指裏近掌紋至中指尖截斷如此。二莖自乳上微斜直立兩莖於稍盡頭。橫一莖兩頭盡頭點穴。灸三壯。此法多曾見愈。

通谷　心痛惡氣上脇急痛。灸通谷五十壯。在乳下貳寸。千金

按與腹部二行通谷同名異穴。

魂舍　小腸泄痢膿血。灸魂舍一百壯。小兒減之。穴在俠臍兩邊相去各壹寸。千金

按千金翼無各字。天樞云魂魄之舍。不可下鍼。蓋天樞之異名。分寸稍差。大抵似盲俞穴。暫俟再考。

肋頭　第一屈肋頭。近第二肋下，卽是灸處。第二肋頭。近第三肋下，向肉翅前，亦是灸處。千翼

肋罅　以繩量病人兩乳間，中屈之。又從乳頭向外量，使當肋罅，於繩頭灸。隨年壯。千翼

長谷　一名循際。泄痢不嗜食，雖食不消，灸長谷五十壯。三報。穴在俠臍相去伍寸。千金

按千金天樞註，以長谷為天樞一名。說已見千金翼。曰多汗四支不舉少力，灸長平五十壯。在俠臍相去伍寸。不鍼。按長平章門一名，而此穴似章門。說見章門。醫學綱目作循元。

腋下　噫噦膈中氣閉塞，灸腋下聚毛下，附肋宛宛

中五十壯。千金

按千金又云，一切瘰癧，灸患人背兩邊腋下，後文上。隨年壯。千金翼曰，灸瘰法，垂兩手，兩腋上文頭，各灸三百壯。鍼亦良。千金又曰，一切瘰癧，灸兩胯裏。患癧處宛宛中，日一壯，七日止，神驗。兩胯外臺作兩腋。

直骨　灸遠年咳嗽不愈者，將本人乳下大約離一指頭，看其低陷之處，與乳直對不偏者，此名為直骨穴。如婦人，卽按其乳頭直向下，看其乳頭所到之處，卽是直骨穴之地位。灸艾三炷，其艾只可如赤豆大。男灸左，女灸右，不可差錯。其嗽卽愈。如不愈，則其病再不可治矣。壽世保元。○案，竹堂簡便方同。

按乳根也。

乳下　小兒癖，灸兩乳下壹寸，各三壯。千金

按灸乳下者多，其穴處又小異，並錄于此。千金曰，治反胃，灸兩乳下各壹寸，以瘥為度。又灸乾嘔，三十壯。又灸五尸，隨病左右，多其壯數。灸卒吐逆，七壯。又嗽，灸兩乳下黑白際，各百壯。又轉筋四厥，灸兩乳根黑白際，各一壯。又曰，小兒溫瘧，灸兩乳下一指，三壯。又婦女人月經不嘗來，服黃芩牡丹湯後，灸乳下壹寸黑員際，各五十壯。千金翼曰，一切惡注，氣急不得息，欲絕者，及積年不差者，男左手

虎口文，於左乳頭，並四指，當小指節下間灸之。婦人以右手也。活人書問，咳逆曰，若服藥不差者，灸之，必愈。其法，婦人屈乳頭向下，盡處骨間，灸三壯。丈夫及乳小者，以一指為率，正以男左女右，艾炷如小豆許。與乳相直間陷中動脈處是。資生云，灸咳逆法，乳下一指許，正與乳相直骨間陷中。

中胞門　大倉，左右參寸。脉經　關元，左邊貳寸是也。右貳寸，名子户。千金

按脉經胞又作膀。

子户　關元穴傍右貳寸。金鑑

按胞門子户者，氣穴之別名。詳于第三卷中。

子宮　中極兩傍。各開參寸。大成

按醫經小學曰。治婦淋。關元兩傍。各開參寸半。濟世良方云。子宮虛冷。不能成孕。灸子宮三穴。各七壯。揣心坎中高骨。以墨記之。用單心一條。從墨記至胸中。折斷。揩作七分。以四分量臍上。灸之。補血三分。量臍中。灸之。補氣。仍以臍下三分。折半正子宮穴。灸之。溫煖精氣。受孕之所。有神効。

錢孔　度乳至臍中。屈肋頭骨是。灸百壯。治黃疸。千金

臍四邊穴　治小兒暴癇者。身軀正直如死人。及腹中雷鳴。灸大倉及臍中上下兩傍各壹寸。凡六處。千金又治小兒卒腹皮青黑。灸臍上下左右。去臍半

寸。並鳩尾骨下壹寸。凡五處。各三壯。同上

臍上下　小兒顖陷。灸臍上下。各半寸。千金又療黃疸。當灸臍上下兩邊。各壹寸半。一百壯。外臺引資氏

鳩尾骨穴　小兒顖陷。灸臍上下及鳩尾骨端。各一壯。千金漏。灸鳩尾骨下宛宛中。七十壯。同上又少年房多短氣。灸鳩尾頭。五十壯。同上

按醫學綱目引田氏云。胸下骨尖上。灸三壯。主小兒疳瘦。

身交　胞落頽。灸身交。五十壯。三報之。臍下橫文中。千金翼

遺道　遺溺。灸遺道。俠玉泉伍寸。千金

按千金翼。作遺尿鍼遺道。入二寸補之。灸隨年壯。

腸遺　俠玉泉。相去各貳寸。千金

按寶鑑。作腸達。千金翼。作貳寸半。類經從之。

玉泉　男陰卵大癩病。灸玉泉百壯。報之。穴在屈骨下陰。以其處卑多不灸之。及泉陰穴。亦在其外。千金腰痛小便不利。苦胞轉。灸玉泉七壯。穴在關元下壹寸。大人從心下度取摑寸。是玉泉穴。小兒斟酌以取之。同上

按玉泉。與中極同名異穴。

泉門　婦人絕嗣不生。漏赤白。灸泉門十壯。三報。穴在橫骨當陰上際。千金

按千金翼。作漏下。

泉陰　陰卵偏大癩病。灸泉陰百壯。三報。在橫骨邊千金

按邊字上當有兩字。千金翼。邊下有參寸二字。千金又曰。癩病。灸橫骨兩邊二七壯。俠莖是。蓋指此穴。類經。邊作旁。

尿胞　一名屈骨端。千金見曲骨下。

金門千金　見會陰下。

按與四肢部金門。同名異穴。

羊矢　氣衝外壹寸。入門會陰旁參寸。股內橫文中。按皮肉間有核如羊矢。類經

按入門入足厥陰經。

蘭門　曲泉兩傍。各參寸。大全歸來下。莖根毛內。傍伍寸。小學毛際玉莖傍開貳寸。鍼入貳寸半。主治木腎紅腫。如升大不痛。醫綱

按寶鑑曰。蘭門。在玉莖傍貳寸。治疝氣衝心欲絕。

男陰縫　一名鬼藏。按陰反向上灸。治馬黃黃疸等病。若女人玉門十三鬼穴並千金翼有頭字。是穴男女鍼灸無在千金

按千金風癲篇。灸陰囊縫三十壯。令人立以筆正注當下。已卧核卵上灸之。勿令近前中卵核。恐害陽氣也。又十三鬼穴陰下縫風癲篇。囊下縫。卵走

醫學綱目曰。小兒偏墜若非胎中所有在後生者。於莖中腎囊前中間弦子上。灸七壯立愈。此法相似在囊前縫上。

關門　玉莖傍貳寸。鍼入二寸半。灸二七壯。主治疝氣衝心欲死。醫綱

鬼門　牛鈎弄舌撮口。灸鬼門穴在乳下一參寸七壯。幼幼新書

按與十三鬼穴鬼門。同名異穴。

氣衝　一名氣中。醫綱氣衝在氣海傍。各壹寸半。鍼入二寸半。灸五十壯。主治腹痛腸鳴。又名氣中主治婦人血瀝氣喘。醫綱

按與胃經氣衝同名異穴。千金曰。失欠頰車蹉。灸背第伍椎。一日二七壯。滿三日不差。灸氣衝二百壯。胸前喉下甲骨中是。亦名氣堂。此氣衝亦是異穴。說既見。

水分　在水分傍各壹寸半。鍼二寸半。灸五十壯。主治單蠱脹氣喘。醫綱

食倉　食關　治脾胃。在中脘傍寸半位。小學

血門　血門中脘傍參寸。小學

神庭　在龜尾。註曰一作鳩尾。下伍分。脉經

水道　三焦膀胱腎中熱氣。灸水道隨年壯。穴在俠屈骨相去伍寸。千金上屈骨在臍下伍寸屈骨端水道

俠兩傍各貳寸半。千金翼

按屈骨橫骨之一名。說既見水道與腹部三行水道。同名異穴。宜合考。

囊底　一名海底。醫綱陰囊十字紋中。大成

按千金曰。若眼反口噤。腹中切痛。灸陰囊下第一橫理。十四壯。灸卒死亦良。蓋此穴綱目奇效良方等皆云。治陰中濕痒。外腎生瘡。小腸疝氣。小兒疝卵偏重。

龍門　婦人胞落頹。灸龍門二十壯。三報。在玉泉下女人入陰內外之際。此穴畀今廢不針灸。千金陰中上外際。千金翼

按玉泉見上。非中極之一名。千金曰。婦人遺尿不知出時。灸橫骨當陰門七壯

陰莖 卒癩。灸陰莖上宛宛中。三壯。得小便通。卽瘥。千金 治卒癩。牽陰頭正上灸莖頭所極。又牽下向穀道。又灸所極。又牽向左右髀直行。灸莖所極。同上 當尿孔上是穴。千金 又灸陰莖頭三壯。千金

按千金又曰。凡男癩當騎碓軸。以莖伸置軸上。齊陰莖頭前灸軸木上。隨年壯。此他灸法多多不襍錄。

冲門 去大橫伍寸。在府舍下。橫骨端約中動脉。外科大成

門人

水户醫官篠本恭 子寬

水户 岡善 淵夫

水户 石井潤 子德 同校

水户 木内成文 叔斐

經穴彙解卷之七

經穴彙解卷之八目次

手足陽明　手足十指端
手大指節理　大拇指頭
八邪八穴八關
大都二穴　上都二穴
中都二穴液門　下都二穴中渚
三門　鬼眼四穴
鬼哭　手五冊
手髓孔　足五冊
足髓孔　手太陽
奪命惺惺蝦蟇　鶴頂
脚後跟　漏陰

膝眼四穴膝目鬼眼　關儀
營池四穴陰陽　陰陽
環谷　風市
膝下　膝外
女膝大母女胥女須　巨陽
足太陽鬼路　腎系
華佗　足大指節橫理
承命　少陽維
大陰蹻　大陰
厥陰　八風八穴
氣端　八衝

八會　獨陰
內踝尖　外踝尖
通理　大趾甲下
髖骨　腕骨
跨骨　維會
前承山　鞋帶
鼠尾　內崑崙
上崑崙　下崑崙
伏兔　腓腸
鹿溪　慈門
下滿　大幽

胡脈　肋户
食門　曲尺
扁鵲十三鬼穴　脚氣八處灸穴

經穴彙解卷之八

水戸　侍醫　南陽　原昌克子柔　編輯

奇穴部第十二

四支第四

髀石子頭　還取病人手自捉臂，從腕中大澤文向上一夫，接白肉際。灸七壯。治馬黃黃疸等病。千金

按髀，千金翼作臂。澤作淵，是也。

河口　腕後陷中動脈。千金

按千金翼作手腕後陷中動脈。此與陽明同。類經曰，按此當是手陽明陽谿之次。千金曰，心痛，灸臂腕橫文三七壯。又曰，治丁瘡，掌後橫文後五指，男

左女右七壯，即瘥。已用得効。丁腫灸法雖多，然此一法甚驗。出意表也。此二處亦似河口。

地神　治自縊死，灸四肢大節陷，大指本文，名曰地神。灸七壯。千金

虎口　心痛，灸兩虎口白肉際七壯。千金

按千金翼曰，治煩熱頭疼，刺虎口。

飛虎　即童門穴也。又云，是支溝穴。以手於虎口一飛中指，書處是穴也。大全

按此穴，闕其詳。詳于支溝條。

大骨空　手大指第二節前尖上，屈指當骨節中。灸二七壯。主治內障久痛及吐瀉。類經　中節上，屈指當

骨尖陷中。大成　禁鍼。類經

按醫學綱目，灸九壯，以口吹火滅。千金翼曰，脾風占候，言聲不出，或手上下，灸手十指頭，次灸人中、大椎、兩耳門前脉，去耳門上下行壹寸。次兩大指節上下六穴，各七壯。

小骨空　手小指二節尖上。大全

按玉龍賦曰，治眼爛，能止冷淚。醫學綱目曰，灸七壯，亦吹火滅。千金翼曰，喉痺，針兩手小指爪文中，出血三大豆許，即愈。左刺左，右刺右。此處相近。

拳尖　中指本節前骨尖上，握拳取之。類經

按千金曰，風瞖，患右目，灸右手中指本節頭骨上

五壯。如小麥大。左手亦如之。千金翼曰，牙疼，灸兩手中指背第一節前有陷處，七壯。下火立愈。

中魁　手中指第二節前骨尖上，屈指得之。又曰，在手腕中上側兩筋間陷中。灸二七壯。蓋此以陽谿言也。觀者辨之。主治五膈五噎。類經　宛宛中。金鑑

按千金翼曰，牙齒疼，灸兩手中指背第一節前有陷處，七壯。下火立愈。大成曰，治五噎反胃吐食，可灸七壯，宜瀉之。又陽谿二穴，亦名中魁。

中泉　手腕外間，陽池、陽谿中間陷中。類經

五虎四穴　手食指、無名指背間，本節前骨尖上，各一穴。握拳取之。類經

按奇效良方曰。手食指及無名指第二節骨尖。握拳得之。治五指拘攣。可灸五壯。

二白四穴　掌後横紋上肆寸。手厥陰脉。兩穴相並。一穴在兩筋中。一穴在大筋外。針三分。瀉兩吸。主治痔漏下血。裏急後重。或痒或疼。（醫綱）即郄門也。在掌後横紋中直上肆寸。一手有二穴。一穴在筋内兩筋間。即間使後壹寸。一穴在筋内與筋内之穴相並。（大成）

四關四穴　即兩合谷。兩大衝是也。（大成）

按關呉文炳作開。奇效良方大衝作行間。

龍玄　側腕交义脉。（神應）兩手側腕。义紫脉上。（大成）

按醫學綱目。作在列缺上青脉中。灸之主治下牙疳。

龍虎　側腕紫脉中。（小學）

按醫經小學曰。龍虎側腕紫脈中。滿口牙疼灸七壯。恐是龍玄。然不可攷。暫記。

四縫四穴　手四指内中節是穴。用三稜鍼出血。治小兒猢猻勞等証。（大成）

神授　牙癰。灸神授二七壯。隨人大指上直去骨罅處。起用患人手一跨。（癰疽神秘灸經）

手心　犬癇之爲病。手足拳攣。灸兩手心一壯。（千金）灸黄。手心中七壯。（千翼）療卒死。令人痛爪其人人中取

醒。不起者。捲其手。灸下文頭。隨年壯。（外臺）

交脉　卒中風。灸手交脉三壯。左灸右。右灸左。其灶如鼠屎形。横安之。兩頭下火。（千金）短氣不得語。灸小指第四指間交脉上七壯。（同上）齒疼。灸外踝上高骨前交脉上七壯。（千翼）

高骨　掌後寸部前伍分。針一寸。灸七壯。治手病。（大成）

金門　瘰癧之發於項後耳之間。累累如貫珠者是也。法當灸金門二壯。掌後參寸半是穴。（外科大成）

劍巨　馬刀之發在耳後。侵入髮際。微腫堅硬如石。甚者。引項癢也。當灸劍巨二七壯。在掌後參寸。（外科大成）

肘尖　忤注。灸手肘尖隨年壯。（千翼）治瘰癧。左患灸右。右患灸左。如初生時。男左女右。灸風池。（入門）肘骨尖上。屈肘得之。（大成）肘尖端處。（金鑑）

按千金腸癰篇曰。屈兩肘正灸肘頭銳骨各百壯。下膿血即瘥。千金翼曰。灸手肘尖。註曰。一作文外科大成曰。取穴令患者端坐。义手平胸。肘後突出尖骨。是灼艾人須立於患人後。因穴在後面内側小尖骨尖。以指按之。患處酸麻者是真穴。此乃大肘尖之傍。小肘尖。仰手與小指對直者是也。按此骨尖小指即麻爲驗。此穴與肩尖穴。多不取。不真。惟此取法最確。故重表而出之。宜珍之。勿忽。今按

恐是少海穴。

衝陽　肘外屈横文外頭。千翼

按千金翼註曰。是曲池穴。衝陽在足趺上伍寸。外臺同。外科全書曰。足八邪。足左右五指岐骨間各有四穴。其衝陽穴亦可刺。在足背對中指近曲處左右亦同。蓋同名異穴也。千金曰。狂走刺人或欲自死罵詈不息稱神鬼語。灸兩肘内屈中五壯。又治五尸灸手肘文隨年壯。千金翼曰。呀嗽灸兩屈肘裏大横文下頭隨年壯。又丁腫在左灸左臂曲肘文前取病人三指外於臂上處中灸之兩筋間。從不痛至痛腫在右從右灸不過三四日瘥此他

散見諸篇主治部中詳之

硯子骨　踠豆瘡灸兩手腕硯子骨尖上三壯男左女右。千金○頭註曰硯明板作睍硯子骨未詳何處硯千金翼作研無異義

天心　乾掬寸許。秘旨

按文不解。所圖在勞宮内傍。

横文　掌盡處横文。指至中指尖主吐。秘旨

按千金曰。灸掌後横紋後五指男左女右七壯即瘥。已用得效。丁腫灸法雖多然此一法甚驗出於意表也。

版門　大指節下伍分。治氣促氣攻。版門推向横文主吐。横門推向版門主瀉。秘旨　横門。門疑是紋字

靠山　大指下掌根盡處踠中。能治瘧疾痰壅。秘旨

按踠當作腕。千金翼曰。轉筋在兩臂及胸中灸手掌白肉際七壯。

威靈　虎口下兩傍岐有圓骨處。遇卒死症。搯指即醒。有聲則生無聲則死。秘旨

一扇門　二扇門　中指兩傍夾界下半寸是穴。治熱不退汗不來。搯此即汗如雨不宜太多。秘旨

精靈　四指五指夾界下半寸。治痰壅氣促氣攻。秘旨

二人上馬　小指下裏側對兒邊是穴。治小便赤澁清補腎水。秘旨

按千金曰。短氣不得語灸小指第四指間交脉上。

七壯。

外勞宮　指下正對掌心是穴。治糞白不變五谷不消肚腹泄瀉。秘旨

一窩風　掌背根盡處踠中。治肚痛極效急漫驚風。

又一窩風　指至中指尖主瀉。秘旨

按踠當作腕。

鬼城　千金一名十宣。良方邪病大喚罵詈走。灸十指端去爪壹分。千金在手十指頭上去爪甲角壹分每一指各一穴兩手共十穴。故名十宣。治乳蛾用三稜針出血則効。良方

按千金曰。治卒忤死灸十指爪下各三壯。蓋同處。

十宜大成。良方等所說乃鬼城也。今移入一名。

十指頭　短氣不語。灸手十指頭。合十壯。（千金）脾風占候。聲不出。或上下手。當灸手十指頭。（同上）

按。合。外臺作各。是也。

手足陽明（千金）

手足十指頭　手足陽明。謂人四指。凡小兒風病大動手足掣瘲者。盡灸手足十指端。又灸本節後。（千金）

按。外臺引備急方云。療卒死而張目反折者。灸手足兩爪甲後各十四壯。

手大指節理　灸黃法。屈大指節理。各七壯。（千金翼）

按。外臺引肘后云。卒心腹煩滿。灸兩手大拇指內

邊爪後第一文頭各一壯。又千金曰。脾風占候聲不出。或上下手。灸兩大指節上下。各七壯。又曰。治目卒生翳。灸大指節橫文三壯。左灸右。右灸左。資生曰。小兒雀目。夜不見物。灸手大指甲後壹寸內廉橫文頭白肉際。各一壯。醫學綱目引摘玄曰。喉痺頷腫如升。水粒不下。手大指背頭節。三稜針刺之出血。以上所說。大低似同處。蓋取奇穴者無定論。臨機應變。其巧拙各分。蓋古人之治理。不必拘拘。

大拇指頭　五尸。灸兩手大拇指頭。各七壯。（千金）

按。千金又曰。水通身腫。灸兩手大指縫頭七壯。

八邪八穴（大成）一名八關（醫綱）在手五指岐骨間。左右各四穴。（大成）

大都二穴　在手大指次指虎口赤肉際。握拳取之。（大成）

按。良方曰。治頭風牙疼。類經曰。治虛勞。一法。取手掌中大指根稍前肉魚間近內側大紋半指許。外與手陽明合谷相對處。按之極痠者是穴。此穴同長強。各灸七壯。甚妙。更按此穴與大指節理宜合考。

上都二穴　在手食指中指本節岐骨間。握拳取之。（大成）

中都二穴　一名液門。在手中指無名指本節岐骨間。（大成）

按。少陽經液門。同名。下都一名中渚。亦少陽經之穴名。

下都二穴　在手無名指小指本節後岐骨間。一名中渚也。中渚之穴在液門下伍分。兩手八穴。故名八邪。（大成○良方曰。以上三穴。治手臂紅腫。）

按。醫學綱目引潔古曰。眼痛睛欲出者。須八關大刺十指出血。即十指縫。今移入八邪之一名。五雲抄。又載八關。即八邪。刺癰篇云。諸癰而（千金作血）脉不見。刺十指間出（千金翼作見）血。血去必已。千金引此文。且

曰先視身之赤如小豆者盡取之八邪八關之名古典不載大成所説主治同良方

三門　二名少骨手次指本節後内側陷中治蜂窩疽外科大成

鬼眼四穴　手大拇指去爪甲角如韭葉兩指並起用帛縛之當兩指岐縫中是穴又二穴在足大趾取穴亦如在手者治五痫等症當正發時灸之大効良方

按醫燈續焰曰足大拇指離爪甲一韭葉許名鬼眼穴金鑑曰鬼眼在足兩大指内去爪甲如韭葉許此二説不説手鬼眼又有鬼哭穴其法亦同蓋

奇穴隨意命名頗致紛煩

鬼哭　治鬼魅狐惑恍惚振禁以患人兩手大指相並縛定用艾炷於兩甲角及甲後肉四處騎縫着火灸之則患者哀告我自去爲効入門

按千金曰治卒中邪魅恍惚振禁灸鼻下人中及兩手足大指爪後甲本令艾丸半在爪上半在肉上七壯不止十四壯炷如雀屎大千金翼曰野十全無野字狐魅合手大指急縛大指灸合間二七壯當狐鳴而愈外臺引備急方曰卒死而口禁不開者縛兩手大拇指灸兩白肉中二十壯蓋皆同處資生引秦承祖而共無鬼哭之名

手五冊　手髓孔

足五冊　足髓孔

灸手五冊次灸手髓孔次灸手少陽次灸足五冊次灸足髓孔千金偏風篇　灸猥退風半身不隨法先灸天窻云云次手髓孔腕後尖骨頭宛宛中次手陽明大指奇後次脚五冊屈兩脚膝腕文次脚髓孔足外踝後壹寸千金翼　癩狂二三十年者灸天窻云云次足五冊同上

按五冊髓孔其法不詳未見他籍載之

手太陽　手小指端灸隨年壯治黄疸千金　苦心下急熱痺小腸内熱小便赤黄刺手太陽治陽在手第

二指本節後壹寸動脉千金翼　鼻中擁塞針手太陽入三分在小指外側後壹寸白肉際宛宛中同上

按第二指者食指也凡手十指各有灸刺穴拳尖中魁大小骨空既擧之綱目曰主治困睡多無名指第二節尖灸一壯屈指取之千金曰一切病食疰灸手小指頭隨年壯男左女右又曰男癩灸手季指端七壯病在右可灸左左者灸右之類不可枚擧凡無名稱者詳載于主治部中足趾亦同但如大拇指頭十指頭雖非穴名擧其一二使後學知毎指有刺灸之穴而已

奪命類要　一名惺惺入門　一名蝦蟆醫綱　手膊上側筋骨陷

中。（聚英）曲澤上壹尺。（醫綱）禁灸。（醫綱）

按聚英引劉宗厚曰。暈鍼奪命穴。救之男左女右。取之不回。却再取右。女亦然。此穴正在手膊上側。筋骨陷中。蝦蟆兒上。自肩至肘。正在當中。註曰。劉氏止言奪命穴。而不言何經何絡。今按此穴分。是肺大腸脉分。而古亦無奪命穴。醫學綱目曰在曲澤上壹尺。針入三分。主治氣昏暈。東醫寶鑑作目昏暈。入門曰。針暈者。神氣虛也。不可起針。以針補之。急用袖掩病人口鼻回氣。內與熱湯飲之。卽甦。良久再針。甚者針手膊上側筋骨陷中。卽蝦蟆肉上惺惺穴。或三里卽甦。若起針壞人。綱目又曰直

兩乳頭。以篾量過。當兩臑脈絡上灸之。臑絡脉俗呼為蝦蟆穴也。主治紫白癜風。按奪命。惺惺。蝦蟆。三名。共是同穴。今併名。為一項。或傳小兒丹毒治法。其法以口吮臑膊上。久而滿口皆血。甚良。蓋是奪命穴也。

鶴頂　膝蓋骨尖上。灸七壯。主治兩足癱瘓。兩腿無力。（醫綱）

脚後跟　白肉後際。鍼灸隨便。治馬黄。黄疸。寒。暑。諸毒等病。（千金）

按外臺引救急方。曰。霍亂轉筋。灸足跟後黑白肉交際。當中央。千金曰。腰痛灸脚跟上橫文中白肉際。十壯。良。

漏陰　女人。漏下赤白。四肢酸削。灸漏陰。三十壯。穴在內踝下伍分。微動脚脉上。（千金）

按千金翼。無脚字。

膝眼四穴（千金）一名膝目。（外臺）一名鬼眼。（金鑑）膝頭骨下兩傍陷者。宛宛中是。（千金）膝蓋下兩邊。（外臺）膝前。（大全）禁灸。（資生）

按大全作膝根誤。金鑑曰。膝蓋骨下。胻骨上陷中。千金八種灸法。有膝眼穴。曰脚氣初得脚弱使速灸之。

關儀　女人陰中痛。引心下及小腹絞痛。腹中五寒。灸關儀百壯。穴在膝外邊上壹寸。宛宛中是。（千金）

按五寒恐有訛謬。蓋五臟寒之言歟。

營池四穴　一名陰陽。女人漏下赤白。灸營池四穴。三十壯。穴在內踝前後兩邊池中脉上。（千金）

按千金翼作池上脉。

陰陽　女人漏下赤白泄注。灸陰陽隨年壯。三報。穴在足拇趾下屈裏表頭白肉際是。（千金）橫文兩傍乃陰陽二穴。就橫文上以兩大指中分。望兩傍抹為分陰陽。治肚腹膨脹泄瀉。二便不通。臟腑虛蚤治。（秘旨）

按千金翼同。秘旨不言足大指者。蓋遺脫也。

環谷（靈樞）

按出于四時氣篇。說見下。

風市　兩髀外。可平倚垂手直掩髀上。當中指頭。大筋上捻之。自覺好（肘後）。可令病人起正身平立。垂兩臂直下。舒十指掩着兩髀。便點當手中央指頭。髀大筋上是。灸之百壯。多亦任人。輕者不可減百壯。重者乃至一處五六百壯。勿令頓灸。三報之（千金）。平立垂手。當中指頭。髀兩筋間是（外臺）。膝上五寸。外側兩筋間（類經）。從環跳下行。膝上外廉（金鑑）。

按四時氣篇曰。徒𤸎。先取環谷下參寸。以鈹鍼鍼之。馬蒔曰。按各經無環谷穴。止足少陽膽經有環跳穴。今曰參寸。意者風市穴乎。外臺曰。黃帝三部鍼灸經無風市二穴。此處恐是環跳。風市疑其別名。未詳所出。本事方曰。風市即中瀆。在髀骨外膝上五寸分肉間陷中。並非。千金曰。尿牀。垂兩手兩髀上。盡指頭上有陷處。灸七壯。是指風市。

膝下　姙娠三月。灸膝下壹寸。七壯（千金）。轉筋脛骨痛。不可忍。灸膝下廉橫筋上三壯（同上）。

按千金翼作屈膝下廉。

膝外　灸癧瘍法。五月五日午時。灸膝外屈脚當文頭。隨年壯。兩處灸。一時下火。不得轉動（千金翼）。

女膝　一名丈母。一名女須。一名女壻（癸辛雜識）。足跟後。（同上）

按周密癸辛雜識曰。劉漢卿郎中。患牙槽風。久之頷穿膿血淋漓。醫皆不效。在維陽有丘經歷。益都人。妙鍼法。與漢卿鍼委中及女膝穴。是夕膿血即止。旬日後用此法。頷骨蛻去。別生新者。其後又張師道亦患此證。復用此法鍼之而愈。殊不可曉。丘嘗治消渴者。以酒酵作湯飲之而愈。皆出於意料之外。委中穴在腿脷中。女膝穴在足後跟。俗言丈母腹痛。灸女壻脚後跟。乃附而至此。亦女膝是也。然灸經無此穴。又云女須穴。

巨陽　腰痛。灸足巨陽七壯。巨陽在外踝下（千金）。

足太陽　一名鬼路。胞衣不出。刺足太陽入四分。在外踝後壹寸。宛宛中（千金）。身重腫。坐不欲起。風勞脚疼。灸尺太陽五十壯。鍼入三分。補之（千金翼）。

按巨陽太陽共是同義。然不可合以爲一。並存以備後考。千金曰。狂癲鬼語。灸足太陽四十壯。千金翼曰。足太陽名鬼路。千金十三鬼穴。鬼路註曰。申脈。足太陽蓋申脈歟。千金翼尺字恐足之誤。

腎系　消渴小便數。陰市二處。在膝上當伏兔上行參寸。臨膝取之。或三二列。灸相去壹寸。名曰腎系者。註曰。黃帝經云。伏兔下貳寸（千金）。

華佗　療男子卒疝。陰卵偏大。取患人足大指。去爪

甲伍分。內側白肉際。明堂

按千金曰。癰腫。灸兩足大拇指奇中立瘥。又先人小兒。大便失禁。灸兩脚大指去甲壹寸。三壯。又灸大指奇間各三壯。程敬通曰。奇間。當是岐間。資生作岐是也。千金又曰。瘑殰。灸足大指奇間二七壯。又大人小兒。癰腫。灸兩足大拇趾奇中立瘥。仍隨病左右。大抵似華佗穴。

足大指節橫理 千金

按詳于大敦。

承命　狂邪驚癎病。灸承命三十壯。千金

按穴註。詳于三陰交。

少陽維　內踝後壹寸動筋中是。外臺

按筋當作脉。

大陰蹻　內踝下向宛宛中是。外臺

大陰　內踝上壹夫。千金

按此穴治癩疝。名太陰者。一載中都。一載三陰交。又千金翼曰。婦人逆產。足出。針足太陰入三分。足入乃出針。穴在內踝後白肉際陷骨宛宛中。又外臺曰。太陰二穴。在內踝上捌寸骨下陷中是。指地機邪。宜與三陰交條併考。外臺又曰。黃帝三部鍼灸經並銅人腧穴經。並無少陰維太陰太陰蹻三穴名。

厥陰　治卒癲。灸足厥陰。在左灸右。在右灸左。三壯。

在足大趾本節間。千金

按是蓋指大敦穴也。

八風八穴 大成　一名八邪。外科全書　足五指岐骨間。兩足共八穴。故名八風。

按靈樞曰。五指間各一。凡八痏。足亦如是。乃是手八邪。足八風之祖。外科全書曰。足八邪。足左右五指岐骨間。各有四穴。其衝陽穴。亦可刺。在足背對中指近曲處。左右亦同。嘗攷針經。在足又名八風穴。衝陽穴既見。宜合考。

氣端 千金

八衝　足十趾去指奇壹分。兩足凡八穴。曹氏名曰八衝。極下氣有效。其足十趾端。名曰氣端。日灸三壯。並大神要。其八衝可日灸七壯。氣下即止。千金

按外臺引蘇恭曰。若脚十指酸疼悶。漸入趺上者。宜灸指頭正中甲肉際三炷。即愈。千金翼作足十指奇端去奇一分。

八會　狂走易罵。灸八會。隨年壯。穴在陽明下伍分。千金

獨陰 大成　一名獨會。小學　足三指下橫文。灸外腎腫。平小學

足趾下橫紋中。類經　足第二指下。大成

按大全曰。婦人產難。不能分娩。獨陰即至陰穴。類

經曰。即至陰穴。當是足小指也。未詳孰是。皆主治小腸疝氣。心腹痛。乾嘔吐。女人經血不調。死胎胞衣不下。又醫學綱目有獨陰穴。在足四指間。灸三壯。主治月經不調。又醫經小學曰。獨會在足二指下横紋中間。又治產難。獨陰。獨會。蓋同穴也。

內踝尖　足內踝骨尖大成

按千金曰。若筋急。不能行者。內踝筋急。灸內踝上四十壯。外踝筋急。灸外踝上三十壯。立愈。又曰。癥瘕。灸內踝後宛宛中。又諸惡漏中冷息肉。灸足內踝上。

外踝尖　卒淋。灸外踝尖七壯。千金 重舌。灸外踝上三壯。同上 外踝尖上參寸。類經

按內外踝上。針灸多效。千金。外臺。所載。極多。詳于主治部中。而有言白肉際。青脉上交脉。又踝上容爪甲者。幼幼新書曰。騰釣不熱。乳食尋常。多睡。眼不開。灸足踝上肆寸。男內踝。女外踝。各三七壯。綱目引東陽曰。治久漏瘡。足內踝上壹寸。灸三壯。至六壯。

通理　足小指上貳寸。主婦人崩中。及經血過多。鍼入二分。灸二七壯。寶鑑

大趾甲下　尸厥而死。脈動如故。刺大趾甲下內側。去甲參分。千金

按千金又曰。扁鵲云。卒中惡風。心悶煩毒。欲死。急灸足大趾下橫文。隨年壯。立愈。今按。大趾甲下。十三鬼穴中。鬼壘也。指隱白。

髖骨　膝蓋上梁丘。傍外開壹寸。類經 委中上參寸。髀樞中。垂手取之。大成 梁丘兩傍。各開壹寸伍分。兩足共四穴。大成

按三說不同。又小學有腕骨。

腕骨　腕骨四穴梁丘。傍各開寸半。腿痛。小學

按。與髖骨同處。髖腕。若有一誤。

跨骨　即梁丘穴也。大成

維會　足外踝上參寸。此即玉泉穴也。大成

按楊繼洲曰。此兩解不可倶屬經外奇穴。並存以俟知者。

前承山　小兒望後跌。將此穴久掐。久揉。有効。秘旨

按。無穴註。而所圖。在腨前對承山處。

鞋帶穴　小兒望後仰。掐此。秘旨

按無穴註。而所圖在跗上。外臺引文仲曰。療傳屍立脚於繫鞋處。橫文以手四指於文上量脛骨外逼脛當四指中節。按之有小穴。取一縷麻。刮令薄。以此麻緩繫上。灸令麻縷斷。男左女右。患多瘥。

鼠尾　瘰癧穴法。用草一莖。男比左手。女比右手中節橫紋。攢量過四肢紋盡處。比交折斷。將至絲螺

骨尖中。比至脚后惣筋中。是穴。鼠尾左。灸左右灸。
一右。俱有俱灸。一年五壯。年深多灸。又曰。二鼠尾。在
手臂上大肉處。是穴。瘡瘍經驗全書。
内崑崙　治脚轉筋。鍼内崑崙。穴在内踝後陷中。入
六分。氣至瀉之。千翼
按千金翼又曰。少腹堅大。如盤盂。胸腹中脹滿。飲
食不消。婦人癥聚。瘦瘠。灸内踝後宛宛中。隨年壯。
上崑崙 資生
下崑崙　上崑崙。針伍分。下崑崙。外踝下壹寸。大筋
下。資生引明堂。
按資生曰。明堂。有上崑崙。又有下崑崙。銅人只云
崑崙。而不載下崑崙。豈銅人不全耶。抑名不同。未
可知也。但上經云。内崑崙。在外踝下壹寸。下經曰。内
崑崙在内踝後伍分。未知其孰是。予謂既云内
崑崙。則當在内踝後矣。下經之穴。爲通上崑崙在
外踝故也。
伏鬼
腓腸
鹿溪
按右三穴。千金。驚癇篇。足部十四處。灸穴下載之。
未詳其處。
慈門 千金

按千金曰。悲泣邪語。鬼忙歌哭。灸慈門。三十壯。千
金翼曰。狂邪鬼語。灸慈門。五十壯。
下滿 千金筋極篇。千翼轉筋條。
大幽 千金風癇篇。千金翼同。
胡脉 千金翼雜療篇。
肋户　犬癇之爲病。手足拳攣。灸兩手心。一壯。灸足
太陽。一壯。灸肋户。一壯。千金
食門　出外臺。飲郄註。
按以上六穴。無註解。未詳其處。
曲尺　小品方曰。在一脚趺上。脛之下。接腕曲屈處
對大指岐。當踝前。兩筋中央。陷者中是也。醫心方

扁鵲十三鬼穴　鬼宮 鬼市　鬼信 鬼路　鬼壘 鬼堂　鬼心 鬼藏　鬼路 鬼臣　鬼枕 鬼封　鬼牀
千金方曰。凡百邪之病源。起多途。其有種種形相。
示表癲邪之端。而見其病。或有默默而不聲。或復
多言而謾說。或歌。或哭。或吟。或笑。或眠坐溝渠。噉
食糞穢。或裸形露體。或晝夜遊走。或嗔罵無度。或
是蜚蠱精靈。手亂目急。如斯種類。癲狂之人。今鍼
灸與方藥。並主治之。凡占風之家。亦以風爲鬼斷。
千翼凡下無十字。
扁鵲曰。百邪所病者。針有十三穴也。凡針之體。先
從鬼宮起。次針鬼信。便至鬼壘。又至鬼心。未必須

併鍼止五六穴。卽可知矣。若是邪蠱之精。便自言說。論其由來。往驗有實。立得精靈。未必須盡其命。求去與之。男從左起針。女從右起針。若數處不言。便徧穴(千翼作遍而無穴字)針也。依訣而行針灸等處。並備主之。(千翼無以下十五字)仍須依掌訣捻目治之。萬不失一。

黃帝掌訣。別是術家秘要。縛鬼禁劫五嶽四瀆山精鬼魅。並悉禁之。有目。在人兩手中十指節間。第一針人中。名鬼宮。從左邊下針。右邊出。第二針手大指爪甲下。名鬼信。(卽少商)入肉三分。第三針足大趾爪甲下。名鬼壘。(千翼有五指皆針四字○卽隱白)入肉二分。第四針掌後橫文。名鬼心。入半寸。(註曰。卽大淵穴也。千翼寸作解)第

五針外踝下白肉際。足太陽。名鬼路。火針七鋥。鋥三下。(註曰。卽申脉穴也。)第六針大推上入髮際壹寸。名鬼枕。(卽風府)火針七鋥。鋥三下。第七針耳前髮際宛宛中。(千翼無上七字)耳垂下伍分。名鬼牀。(卽頰車)火針七鋥。鋥三下。第八針承漿。名鬼市。從左出右。第九針手橫文上參寸。兩筋間。名鬼路。(註曰。卽勞宮穴也。千翼有此名間使四字。)第十鍼直鼻上入髮際壹寸。名鬼堂。火針七鋥。鋥三下。(註曰。卽上星穴也。)第十一針陰下縫。灸三壯。女人卽玉門頭。名鬼藏。第十二鍼尺澤。橫文外頭(千翼作橫文中內外兩文頭)接白肉際。名鬼臣。火針七鋥。鋥三下。(註曰。此卽曲池穴也。)第十三針舌頭壹寸。當舌中下縫。刺貫出舌上。

名鬼封。仍以一板橫口吻。安針頭。令舌不得動。已前若是手足皆相對。針兩穴。若是孤穴。卽單針之。

按千金翼之文。大同小異。或語句上下。而其意同者不註。

脚氣八處灸穴

千金曰。凡脚氣初得脚弱。使速灸之。並服竹瀝湯。灸訖。可服八風散。無不瘥者。惟急速治之。若人但灸。而不能服散。服散而不灸。如此者。半瘥半死。雖得瘥者。或至一二年。復更發動。覺得便依此法速灸之。及服散者。治十十愈。此病輕者。登時雖不卽惡。治之不當。根源不除。久久期於殺人。不可不精

以爲意。

初灸風市。 次灸伏兔。(千翼無灸字。下同。)

次灸犢鼻。 次灸膝兩眼。(千翼作膝目。)

次灸三里。 次灸上廉。 次灸下廉。

次灸絶骨。

凡灸八處。第一風市穴。可令病人起正身平立。垂兩臂。(千翼作手。)直下舒十指。掩著兩髀。便點當(千翼無當字)手中央(千翼無央字)指頭髀大筋上是。(千翼無是字)灸之百壯。多亦任人。(四字。千翼作逐輕重灸之)輕者不可減百壯。重者乃至一處五六百壯。勿令頓灸。三報之佳。第二(千翼無勿以下十字)伏兔穴。令病人累夫端坐。以病人手夫掩

橫（千翼作橫掩）。膝上夫下。傍與曲膝頭齊。上傍側夫際。當中央。是灸百壯。亦可五十壯。第三犢鼻穴。在膝頭蓋骨上際。外骨邊（骨邊千翼作角平處）。以手按之得節解。則是。一（千翼有法字）云。在膝頭下近外三骨箕蹥中。動脚以手按之。得窟解。是灸之五十壯。可至百壯。第四膝眼（千翼作目）穴。在膝頭骨下。兩傍陷者宛宛中。是（千翼有灸百壯之三字）。第五三里穴。在膝頭骨節下壹夫。附脛骨外。是。一（千翼有法字）云。在膝頭骨節下參寸。人長短大小。當以病人手夫度取。灸之百壯。第六上廉穴。在三里下壹夫。亦附脛骨外。是灸之百壯。第七下廉穴。在上廉下壹夫。一云（二字千翼作亦字）。附脛骨

外。是灸之百壯。第八絕骨穴。在脚外踝上壹夫。亦云。踝寸。是（千翼有灸百壯之三字）。凡此諸穴（千翼無穴字）。灸不必一頓灸盡壯數。可日日報灸之。三日之中。灸令盡壯數爲佳。凡病一脚則灸一脚。病兩脚則灸兩脚。凡脚弱病皆多（皆多千翼作多者）。兩脚又一方云。如覺脚惡（千翼作異下同）。便灸三里及絕骨各一處。兩脚惡者。合四處（千翼作穴）灸之。多少隨病輕重。大要雖輕。不可減百壯。不瘥。速以次灸之。多多益佳。

按八穴皆冠第幾之二字。爲次千金翼無。諸穴既有本條。宜參考。

水戶醫官楊　元貞子幹
門人
常北　丹　彝　叔承
江都　大内陽　春卿
水戶　小田文卿子章
同校

門人大谷彰年六十七全部八卷不假鏤鏤鏡書之

經穴彙解卷之八　畢

南陽原玄璵先生著述目錄

嘉永七年甲寅初春再刻

發行
書林
京都三條通富小路東入　須原屋平左衛門
大坂心齋橋筋安堂寺町　秋田屋太右衛門
江戶日本橋通一丁目　須原屋茂兵衛
同　淺草茅町二丁目　須原屋伊八
水戶下町本町三丁目　須原屋安治